賈二强　主編

陝西師範大學國際長安學研究院

長安學研究文獻匯刊·考古編·金石卷

第八輯

科学出版社

内 容 簡 介

本書匯編清代金石著作《漢甘泉宮瓦記》《隋唐石刻拾遺》《唐御史臺精舍題名考》《唐尚書省郎官石柱題名考》《關中金石記》五種，希冀爲長安學、地方史、學術史及中國古代文化研究提供資料，以促進學術研究和社會文化的發展。

本書可供文獻學、中國古代史、考古學等專業學者及相關專業本科生、研究生學習、參考。

圖書在版編目（CIP）數據

長安學研究文獻匯刊.考古編.金石卷.第八輯 /賈二强主編. —北京：科學出版社，2018.9

ISBN 978-7-03-058816-6

Ⅰ. ①長… Ⅱ. ①賈… Ⅲ. ①長安（歷史地名）–文化史–文集 ②金石學–中國–文集 Ⅳ. ①K294.11–53②K877.24–53

中國版本圖書館CIP數據核字（2018）第212561號

責任編輯：范鵬偉 / 責任校對：王 媛
責任印製：張克忠 / 封面設計：黄華斌

編輯部電話：010–64011837
E-mail:yangjing@mail.sciencep.com

科 學 出 版 社 出版
北京東黄城根北街 16 號
郵政編碼：100717
http://www.sciencep.com

北京匯瑞嘉合文化發展有限公司 印刷
科學出版社發行 各地新華書店經銷

*

2018年9月第 一 版 開本：889 × 1194 1/16
2018年9月第一次印刷 印張：44 1/4
字數：750 000

定價：389.00元

（如有印裝質量問題，我社負責調换）

《長安學研究文獻匯刊·考古編·金石卷》編輯委員會

前言

金石文獻上古時即已出現，指以青銅器爲主的金屬器具以及石磚陶器作爲載體的文字、辭句或篇章，是除了竹木簡牘、絲帛、紙質載體形態文獻之外，中國古代文獻的另一重要淵藪，其包涵的歷史文化信息，具有其他形態不可替代的作用，因此受到歷來學者們的高度重視。作爲一個系統並有著自身學理的學科——金石學，其興始於北宋，劉敞《先秦古器記》、歐陽修《集古録》、趙明誠《金石録》，確立了據金石保存文獻、考訂史籍的學術傳統；至南宋時期獲得巨大發展，出現專録漢碑的洪适《隸釋》、備録全國石刻目録的王象之《輿地碑目》、陳思《寶刻叢編》，偏於記録書家石刻的佚名《寶刻類編》，專録古器物的王黼《宣和博古圖》、王俅《嘯堂集古録》和主要著録商周青銅器銘文的薛尚功《歷代鐘鼎彝器款識法帖》等，諸體大致齊備，表明是時金石之學已基本成熟。

元明兩朝，受空談心性、不務實學的學術風氣影響，加之金石器物出土較少之故，經歷了一個相對沉寂的時期。其間雖仍時有金石學者與著作，如元代之吾丘衍《周秦刻石釋音》、楊鈞《增廣鐘鼎篆韻》、潘昂霄《金石例》，明楊慎《石鼓文音釋》、盛時泰《蒼潤軒碑跋》、都穆《金薤琳琅》、趙崡《石墨鐫華》等，或訂石刻之音訓，或采石刻古文奇字，或述碑碣之製作義例，間有考訂經史者，然多疏漏舛謬，罕有新見。

明末清初金石學再度勃興。清代前期中期，經過顧炎武、朱彝尊、錢大昕、畢沅、孫星衍、王昶、阮元等著名學者的宣導，到嘉慶、道光間金石學成爲顯學。有清一代，搜討、收藏、鑒賞、研究金石的風氣盛行不衰，有關金石的著述層出不窮，研究成果蔚爲大觀，重要著述達1000多部。其研究方法雖難出宋人窠臼，研究範圍却已全面擴大，體例亦更臻完善，既有存目、録文、摹圖、摹字等環節的材料整理，又有通過題跋方式從内容上進行經史、小學、義例等方面的考訂闡發；既有專門研究，又有通論；既有地域研究之分，又有全面總括。

在金石學研究中，『陝西』是一個特殊區域。關中作爲周秦漢唐故都之所在，碑碣吉金文字之富甲於海内，商周青銅器、秦漢瓦當，唐代昭陵、宋代碑林碑石，匯集了一大批寶貴的金石文獻。加之歷代不時有新的金石出土，因此自北宋以來，陝西一直是金石學家青睞的一方寶地，如吉金之學的開山之作北宋劉敞《先秦古器記》，就是作者根據他在陝西任職期間所獲古器而作；而第一部專記一地金石的北宋田概《京兆金石録》，則是記録長安古碑所在的著作。明末清初以來，更是形成了長久不衰的訪古求碑熱潮。

前代金石著録雖詳於古，直到清代中葉，元明以下金石都不大受到學者關注，然陝西正是漢唐碑石的集中之地，以此在歷代金石著作中，對陝西金石的研究占有很大比重。以清人名家著作爲例，顧炎武《金石文字記》有一半左右的篇幅記録秦地金石，朱彝尊《曝書亭金石文字跋尾》、錢大昕《潛研堂金石文跋尾》、王昶《金石萃編》等也分别有三分之一左右的内容爲陝西金石。又有多種專以秦地金石爲研究對象的著作，如朱楓《雍州金石記》、畢沅《關中金石記》、毛鳳枝《關中金石存逸考》等等，約有數十種之多。

陝西金石學在整個金石學研究中占有極其重要的地位，自宋至清也經歷了幾個不同的發展階段，呈現不同的特色。

金石文字，可資正經訂史，可評其文之優劣，亦可賞其書體之美。然自劉敞《先秦古器記自序》中提出古器研究有明其制度、正其文字、次其世謚三法，歐陽修在《集古録目序》中指出金石『可與史傳正其闕謬』，趙明誠《金石録序》稱『蓋史牒出於後人之手，不能無失，而刻詞當時所立，可信不疑』，以《集古録》『是正訛謬，有功於後學甚大』，之後論金石者多以『正經補史』爲研究宗旨，爲清代金石考據學的繁榮奠定了基礎。

元明學風空疏，然就陝西地區而言，由於受關學影響，研究風氣稍有不同。明代關中大儒吕柟繼承北宋張載理學傳統，以『文必載道，行必顧言』爲號召，高揚『關學』的旗幟，使『關中自古稱理學之邦』不僅引爲鄉里之榮，也成爲天下公論。關學一向講求經世尚用，强調實踐功夫，影響及於金石之學，形成一種重實地考察，注重金石文獻可靠性的研究風氣。被錢謙益譽爲『關中汲古二士』的趙崡與郭宗昌是其中的典型代表，其金石著作《石墨鐫華》、《金石史》，發論雖然未脱明人空疏積習，但因有著親身實地訪碑著録的研究基礎，所以多能糾正宋人因僅據拓本或輾轉傳抄而導致的文本和考訂失誤。

清初顧炎武、黄宗羲等前明遺老治學以返孔孟真淳爲要旨，大力提倡『經世致用』之學，金石作爲『實學』之一類，重新受到學人關注。顧炎武首開風氣，提倡金石考訂的學術觀念，正與關學的學術風氣相契合。他多次前往關中，晚年定居於陝，整理刊刻了其一系列金石著作，揭示金石可資考證的意義，一開清代金石考據學的先聲，因此可以説，清初金石學的復興實與陝西的學術同氣相求，密切關聯。這一時期關中本土學者，如王弘撰等人的研究興趣却多在金石書法，他們倡導漢碑，其尊碑抑帖的主張對後來的碑學有很大影響，於清代金石學重考據的主流研究之外别開生面。

乾嘉時期漢學發展至高峰，陝西的金石研究在這一時期也發生至關重要的一大變局，對於整個金石學的發展産生很大影響。畢沅是乾嘉學派的領軍人物之一，乾隆三十六年至五十年（1771–1785）其蒞陝爲官，位至封疆大吏，且究心於金石之學，將政治權力廣施於學術研究，故群賢畢至，少長咸集，一時蔚爲大觀，也成就了陝西金石學之高峰。畢沅對於陝西金石的研究成就，主要有三：一是有組織地、大規模地搜訪金石，修護金石文物。這一方面促使了金石器物在這個時期的大量出土，同時也使很多金石文物，如碑林、昭陵等得到了很好的修繕保護。二是組織幕府學者編撰方志金石志。宋代方志中金石的相關内容多收録在藝文、碑記或其他相近門類之下，直到明末《吴興備志》『金石』方首次作爲一級類目出現在方志中，然而這種做法仍屬偶然，到清初此種局面未有太大改觀，設立金石類目的方志屈指可數。而畢沅在陝共編纂方志28種，設有『金石』門類者达13種，且其中11種爲一級類目，這種爲金石立志的做法大大提升了金石的學術地位，對於乾嘉時期金石學科格局的確立有奠基之功。三是這類金石專書和金石志，十分純熟地運用金石文字以考經訂史，使得這一宋人提出、在清初由顧炎武倡導的金石考據的學術方法，在此時演變成爲金石之學的主流，同時也使之廣泛推及文字學、音韻學等研究領域，取得了多方面的卓越成就。此外，畢沅陝西幕府中培養出一大批金石學者，如嚴長明、孫星衍、錢坫等，均在金石學研究上取得了不凡的成績。

道光以降，漢學高潮漸至消歇，風光不再，陝西金石學也後繼乏力，故其學漸入低谷。然篳路藍縷，遺風尚存，學人仍孜孜以求，其學術風貌雖蹈其舊，然拾遺補闕，求全求真，精化深化，亦成一時之特色。其中傳統金石考據方面，集大成者則屬毛鳳枝無疑。毛氏長期居陝，遍搜關中金石文字，著成《關中金石文字存逸考》、《金石萃編補遺》、《古誌石華續編》、《關中金石文字古逸考》及《關中金石文字古存考》諸書，以傳統金石考據的方法，對關中遺留金石文獻做了精深考證，堪稱清末陝西金石學的代表。然因其生涯寥落，《關中金石文字古逸考》、《關中金石文字古存考》兩種不知存世與否，其《關中金石文字存逸考》、《金石萃編補遺》、《古誌石華續編》三書，幸得其門生顧家相、顧燮光父子前後歷數十年之功，在毛氏身後梓行於世。

陝西擁有深厚的金石學傳統，充分利用這類豐富的學術資源，對於長安學、地方史、學術史乃至中國古代歷史文化的研究，具有無可替代的價值。由於成書時代綿長，各類文獻性質各異，保存狀況複雜，利用這些材料存在種種不便。有鑒於此，本編意在將歷代陝西金石文獻匯爲一編，俾其爲當今社會文化發展發揮應有的作用。

本編所收宋至清末民初陝西金石文獻120餘種，基本涵蓋傳統金石之學的目録、録文、題跋考訂、義例、摹圖、方志相關金石部分等主要類别，賞鑒品評書法藝術之帖學類前代即爲别途，近世之影印則多入現代學術，因而未予收録。各書如有不同版本則以文本完足文字精審可以信據爲主要准的，而前代所謂珍罕秘本，則非主要考慮因素。

編輯過程中，國家圖書館、陝西師範大學圖書館慨允提供資料，俾全書得以成編，謹致衷心感謝。

時間匆迫，思慮未周，所在差謬，尚乞學人讀者指正。

陝西省2011協同創新中心
陝西師範大學國際長安學研究院
（李向菲執筆　賈二强審定）
二〇一六年十月

目録

漢甘泉宮瓦記

欽定四庫全書總目

漢甘泉瓦記一卷

國朝林佶撰佶字吉人侯官人康熙乙卯舉人直
武英殿壬辰
特賜進士授內閣中書此瓦乃佶之兄侗得於陝西
石門山中琢以爲研今其後人猶藏之瓦背一
印外圓而中以格斗界之字隨格斗作三角形
其文曰長生未央世亦多有拓本王士禛詩註
及此卷末張潮跋均以爲長生甘泉四字誤也

漢甘泉宮瓦記題辭

余每見銅雀瓦研輒詆爲贋物不復寶愛蓋其色澤欵識皆不足以動人吳中駔儈類能爲之後于曲阜孔君東塘許見漢銅尺孔君因言其鄉農人往往于田中耕得古物余恨不能爲彼中田畯循行阡陌間或有所得已卯夏新城王阮亭先生以閩中林君吉人所著漢宮瓦圖郵示于余余讀其記知厥兄同人于田間瓦礫中得之余又恨不能手把此瓦一日三摩挲也夫天下至賤而易壞者無過于瓦自漢武以

迄于今凡一千七百餘年今此瓦不獨完好如故且入土既久古色爛然物雖至賤遂無難駕珪璧而上之然苟非博雅好古如林君者則此瓦暴露既久又安知其不爲鉏犁之所破碎乎獨是瓦之形大抵狀如剖竹今觀此圖又似平圓如鏡當是瓦之在簷牙者其下垂之一端如此恨無由向林君一質問之耳夫漢家宮闕萬戶千門頗稱壯麗即簷牙之瓦當亦不下若干萬而僅留此一片于零甎斷甓間豈製此瓦之際其時日干支獨勝耶歙縣張潮題

昭代叢書乙集卷三十九

歙縣 張潮 山來 輯

吳江 沈楙悳 翠嶺 校

漢甘泉宮瓦記

侯官林 佶吉人著

瓦徑五寸强

厚一寸弱

圍一尺六寸弱

銘四字

右漢甘泉宮瓦予家所藏也甘泉宮址在今陜西淳化縣治山中康熙辛丑予兄同人與祝丈光遠自三原往遊其地見道旁畊夫鋤田積瓦礫如邱阜皆隱隱有文多刓缺不可識因憩樹下見有小物墳起者剔之獲此瓦甚完好字畫獨全亟懷以歸考三輔黃圖甘泉宮一曰雲陽宮秦始皇二十七年作周十餘里漢武帝建元中增廣之周十九里師古曰秦林光宮在磨石嶺嶺側有甘泉故漢武建甘泉卽取爲名其嶺高出他山距長安三百餘里而能望見長安城

堞宮表有通天臺雲雨悉在臺下山中宮殿臺觀略與建章相比百官皆有邸舍帝嘗以五月避暑八月歸每邊警烽火通甘泉以人主不常在長安故兩通之也今去漢二千年宮觀淪沒人亦無有向荒山古道而流連憑弔者家兄短衣匹馬裵回於夕陽隴畝之間田夫牧豎方且揶揄而怪訝之乃適獲此瓦以償其好事之願吁亦異矣予庚子生于三原家兄獲此瓦時予始二歲稍長家兄輒舉以相示曰此不易得也旣壯學書知摹古文奇字乃知是物可貴庚午

學作詩漫爲歌以紀家兄亦從而賦之頗聞於人間有屬和者又四方博雅之士多欲摹其文以爲傳翫因考圖記詳夫得之始末俾覽者有徵焉

甘泉宮瓦記

吴江 徐 釚電發

甘泉宮瓦閩中林子同人從父宦遊長安於亂山中得之徑五寸强厚一寸弱背平可研墨以水漬之有翡翠紋如古彝器郎唐宋以來所謂瓦頭研也蓋入土歲久其質理亦溫潤可愛按甘泉宮址在今淳化縣距長安三百餘里一曰雲陽宮史記秦始皇二十

七年造漢武帝建元中增廣之雕文刻鏤窮極奢侈與栢梁建章相埒今至漢已久遺迹都不可攷唯當年瓦礫委棄荒烟野草中者久而未泐往往襍出於風霜兵火之餘如此瓦者字畫猶甚完好余把玩久之因思項藉入咸陽阿房既焚漢家創業宜崇節儉乃所爲長樂未央複閣飛樓千門萬戶照耀於秦山渭水間者周數十餘里即今三輔黃圖西京襍記所載抑何盛也及至炎祚一移玉墄珠簾化爲灰燼雖片瓦僅存亦久摧剝於樵夫牧豎之手何意二千餘年乃得博雅好古之士如林子者長鑱木柄搜剔於荒崖殘塚之墟懷之而歸如獲拱璧裹以錦囊注以名泉時復爲之摩挲寶玩俛仰太息恍若置身西京以上則瓦之所遭不厚幸也哉甲戌五月余客三山同人令弟吉人出示此瓦并摹其文示余遂爲之記再賦四絶句以寓憑弔云

武帝乘龍事可哀更無人到集靈臺唯留一片甘泉瓦曾照西京烽火來集靈臺李夫人葬處

雲陽宮殿久摧殘遺瓦猶同渭水寒莫向銅駝問消

息金仙清淚不曾乾

已無寶鼎薦芝房碧瓦徒憐委路傍猶勝臨漳老銅雀不從臺畔看分香

土花如繡色逾妍拾取荒山夕照邊留與詩人供嘯詠夜深常得伴陳元

又詩

常熟 王譽昌露湑

地指雲陽是處哀漫憑遺瓦想樓臺金莖甲帳神仙窟剩有長生兩字來

磨洗鱗鱗片碧殘自然鮮潤自清寒當年雨露知多

少重疊苔痕漬未乾
斵成員璧列文房猶勒甘泉字在傷不用龍睛開半
勺玉蟾蜍吐露華香
霜毫氷繭共濤妍獻賦應隨到日邊釋却褐衣臨郎
署明光殿上賜重元
祥符　周在浚　雪客
瓦頭研得自甘泉製度應知元狩年今日摩挲藏寶
匣不教衰草泣寒烟
古朴知從西漢遺通天臺閣入雲奇依稀尚有長生

字如見東方奉御時
高人弔古每流連偏在荒殘水石邊拾得瓦頭如拱
璧漢家遺蹟得君傳
曾爲高僧記未央雀臺遺物誤香姜何期今日桐陰
裏老眼重觀古墨香
山陽　張鴻烈
不見甘泉宮猶見甘泉瓦茲瓦未壐時鱗次蒼苔下
兵戈歷歲年陵谷遞傾瀉金玉爲塵沙隨風肆飄灑
何期此物存模文諒非假林子具豪情拾得跨鞍馬

雄劍徒在匣古陶時復把默坐想秦灰孰是長留者
平湖　陸　葇　義山
丹青三代物科斗古文書偶得猶堪喜專心更不虛
澄淘巖谷鑄瓴甋重璠璵認取長生字銷炎憶玉魚
瓦上細看是長生未央四字
海內眞風雅三山有二林時定俱不合仙骨總非今
金石廬陵癖鄉嬛廣武淫交游雖恨晚猶許托同音
秀水　朱彝尊　竹垞
西京無書家但有急就凡將篇其後闕里闕乃得五

鳳二年甎滕公石室閟已久文體倜詭乖自然芝英
鶴頭書歲遠俱沉堙孰能抉淵奧寘索崔張先福州
林侗嫙蒼雅裏中忽出甘泉瓦長生未央字當中逸
態橫生恣塗寫定州漢廟不足珍銅雀香姜盡流亞
吾聞甘泉本是祖龍之所遺武帝因而恢拓之非無
益壽延長字今已蕩盡捐錙鏷金銅仙人別渭水椽
桷自毀化作龍鱗而當知是瓦定有鬼神護不然安
得團圞如鏡勿使纖毫虧伊誰搵此隸法古毋乃史
遐丞相斯下至元封人物能爾爲侗也好奇莫與並

譔搨硬黃墨一挺裝池作冊要客題重之不異焦山鼎吾生大嗜金石文南逾五嶺西三雲手披叢篁剪荆棘殘碑斷墖搜秋墳攜歸蓬屋少香芸壁魚散走飢鼠嚙蠹涎粉蛀徒紛紛侗兮侗兮眞好事殿闕遺墟靡不至短衣匹馬尋昭陵陪葬諸臣辨銜位旁及降王一十四右先咄毖左什毖殿以阿那范頭利舊史缺略新史刪侗也爲之考其次試入儲藏蘭話堂長物何論金一筩君家嚴君政不苛至今秦地猶謳歌年過八十尙健飯丹砂不餌朱顏酡循陔之養樂

事多長生瓦兆本爲此請君一日三摩挲

山陽 邱象隨 季貞

陸離土鑑臺雕蟲廢址依稀認舊宮可惜張華未相見當時放失志圖中

朝餘風露暮餘烟古道荆榛有歲年烽火舊連三百里未央宮瓦落甘泉

仔細長生兩字摹長安八代帝王都離宮別館知多少鈎弋香魂倩玉奴

好古先生非好奇收將遺瓦重人思最憐世上敦龐氣銷盡秦皇漢武時

新城 王士禛 貽上

漢宮一百四十五（三輔黃圖漢畿千里內外宮館一百四十五所）橫絕南山包九嵕未央建章最廣麗渭北更起甘泉宮甘泉之山化金碧千門萬戶交玲瓏通天臺高屹宮表下瞰雲雨靑濛濛武皇求仙跨滄海射魚牽犬東門東（秦始皇紀立石東海上以爲秦東門）孫卿已誅五利死飛廉桂館猶龍從上陵磨劍勢一變雲陽烟草悲秋風帀帳珠簾盡黃土何況片瓦埋荒叢林生好古極幽賾短衣匹馬空

山中太乙壇邊弔鈎弋悲歌躑躅斜陽紅此瓦出土事非偶長生古篆疑神工濯以淸泉襲綈錦攜歸嶺海光熊熊令弟繪圖亟示我使我懷古憂心忡終南渭水舊遊歷漢家陵闕隨飛蓬豈知一瓦供賞識遠與石鼓岐陽同兄視羽陽（羽亦作棫）弟銅雀鐵兒愼勿加磨礲

跋

長汀 黎士宏 媿曾

記戊辰入三山晤林敏子先生時年七十坐臥小園頗饒樹石之勝季君吉人他出得交其長君同人并

見同人所著昭陵壘蹟考曾跋數行歸之今更見其漢瓦圖說園陵寢殿久已化爲冷雨寒風一二零瓴斷甓何足有無乃同人得此寶惜珍藏吉人作記語尤淒麗一時學士大夫又從而歌之咏之使二千年間成敗興亡歷歷在眼豈徒其物之謂哉閎敏子健甚率諸子閉戶著書興復不淺人生何事抑唯適志爲歡耳父子兄弟以文章名德標長風流享人世不爭之福覺潁川朗陵去人不遠矣

東武李澄中漁村

丙寅歲余在京師會爲人題未央瓦研已不復記憶矣丁丑秋來閩中與林子吉人交一日偕邱洗馬季貞過樸學齋林子出其兄同人所藏甘泉宮瓦頭研相示上有長生甘泉四字其樸質古茂與未央迥殊余家有季孫行父所城口古瓦二葉其質甚堅瓦口有籀文一日千秋一日萬歲字畫圓潤可愛叩之作金石聲今觀此瓦正與相類其爲甘泉舊物無疑覺未央銅雀不辨而知其贋矣甘泉宮在陝西淳化亂山中同人於旅次不意而搜得之搨以爲冊命海內詩人題咏之備矣嗟乎以武帝之雄才大略其所開拓西過玉門南至於海卽今之七閩兩粵皆其地也漢祚既移今所流傳於人間者獨有數瓦在耳余爲紀其始末而歸之且以誌人代之感焉

跋

古者宮殿之瓦其色黝然與民間無異特精粗不同耳後世創爲琉璃之窰雖不知始于何時然觀小李將軍所畫宮圖與近代無異則是宮瓦黃綠之色自隋唐間當已有之因讀林君漢瓦記偶筆于此以俟博雅好古者詳考焉歙縣張潮

隋唐石刻拾遺二卷

隋唐石刻拾遺序

探綠字於東井西雍之墟討翠珉於龍興虎觀之域非車攻之紀績陳寶之命祥不足以盱奇眸而擴奧臆也東京以降自鄗無譏然而字青石赤簡古難求堂甓瓦當捘掇殆盡究之義娥或遺贋鼎莫辨薦紳先生難言之故夫諏史論世當以隨唐爲準昔弇山尚書之撫關中也鸞文鳳藻之彥同汎芙渠鴻飛獸駭之資悉登金薤蓋已有美必收無義弗究矣然而物之顯晦有時而文之繁省或異虎癡世講才吞鳳石學富雞碑謁余青門博索周秦已來石刻而疏證之拾關中金石記所遺隨唐誌錄七十餘種宋以後不與焉榷搨必精甄綜必確諮詢必廣裁斷必嚴足以覘稽古之識矣篋中舊臧唐莒襄公碑亦可補畢記之未備故附之開元之末虎癡來此才三數月耳稱是以求安見隨唐以前如漢曹全裴岑諸碑者不復出於山谷榛莽閒供其搴悅也哉既付之梓爰爲敘之壬午季秋陶山唐仲冕𥕢

隋唐石刻拾遺題辭

物聚於所好好之臧否恆視所聚以爲準長安古都會于闐之玉崑崙虛之璆琳琅玕析支渠搜之織皮游其地者捆載馱負而去比比也虎癡孝廉客此數月獨於隋唐石刻竭力捘求輯拾遺一編以補關中金石記之闕豈所好獨殊而以博古自高異哉碑碣之傳重其人也其人重故斷楮殘縑猶可寶貴歐虞褚薛顏柳諸君子往矣風操節概至今於翰墨閒見之虎癡所聚如此他日啟篋陳列覺鐵畫銀鉤龍跳虎臥不啻正襟危坐對往哲於一堂憬然動景仰之思睪然深竊比之願所聚之臧爲何如耶虎癡可謂善用其好矣樂園嚴如熤

弇山畢尚書輯金石記於關中得隋石十一唐石二百七十七虎癡是編於畢記外又得七十有四惟僧懷仁所集聖教序記柳誠懸所書魏公先廟碑數種爲眼前習見之本餘皆近今出土尚書所未及見可知地不愛寶盡發所藏得好事者爲之裒集吉金貞石之壽不若紙傳爲最永也余嘗欲集周秦以來碑碣鼎彝條舉源流疏證得失𥕢爲金石叢話以附考訂諸家之末奔走四方未遑卒業今客西安得與虎癡晴鞭雨屐肆力蒐求合之敝篋所藏不下五六百種稍需釐訂以伸夙志及見是刻先成且羨且妒矣虎癡長沙寧鄉人與哲昆華耘並舉於鄉稱競爽著有式相好齋詩文初稿此其

嘗鼎一臠窺豹一斑云上元車持謙

隋唐石刻拾遺目錄

卷上

隋

唐

附錄

關中金石記隋唐石刻原目

關中爲石墨淵藪乾隆辛丑鎭洋畢公沅巡撫其地修葺碑林網羅放失自漢迄元得墨本七百餘種著關中金石記八卷淹雅該博視洪薛歐趙諸家不啻十增八九今夏五月自燕之秦急取是記按籍而求得隋唐石刻幾二百種隋唐以前此間

亦少真蹟自宋至明穹碑林立精刻無多且非行客所能備致也晴窗檢點得畢記所遺者凡如干種斷珪殘璧不忍棄遺備錄原文略加攷案分上下二卷題曰隋唐石刻拾遺行篋無書不能詳考疎陋之誚固所難辭特欲拾瀋掇珍以志此閒爲不虛到吾鄉唐陶山先生開藩於此爲製序付梓寘諸碑林俾後之訪古者藉爲底冊先生驥父執也耆年篤學著述等身既以所撰上海吳淞江涇陽龍洞渠及唐莒公唐儉等碑刊寘長安永爲藝林珍賞而獎進後學之心孜孜靡已昔在江南嘗刻許月南孝廉宣西通等書翁海邨文學吾妻鏡補驥何人斯以輇材末學得與晁秦諸子共託蘇門誠爲厚幸是編之成未周兩月同爲搜訪者偃師段嘉謨襄亭上元車持謙秋舲吳縣蔡成軨曼受無錫周行雨香諸君子及中表弟陶山先生從子釗敬之家弟本誠實甫也而校讎訂闕則秋舲之力居多云道光二年秋七月關中行客長沙黃本驥虎癡自識

隋唐石刻拾遺卷上　　聚學軒叢書第四集

長沙黃本驥編　　貴池劉世珩校刊

隋

周羣賓墓志 正書

周驃騎將軍右光祿大夫雲陽縣開國男羣君墓誌銘　公諱賓字客卿張掖永平人也自壽邱之山卿雲照三星之色襄城之野童子爲七聖之師繼喆傳賢肇終古而長懋垂陰擢本歷寒暑而流芳曾祖澄西河鼎望行滿鄉閭後涼召拜中書侍郎建威將軍玉門太守屬涼王無諱擁戶北遷士女波流生民塗炭乃與燉煌公李保立義歸誠魏太武皇帝深加禮辟授使持節大鴻臚散騎常侍高昌張掖二郡太守封永平侯贈涼州刺史祖幼文西平鎮將考天慶汝南太守政修奇績世襲茅土州閭畏憚豪右敬推家享孝子之名朝揖良臣之譽門稱通德里号歸仁公惟岳惟神克岐克嶷幼而卓爾爽慧生知長則風雲英聲自遠永安二年從隴西王爾朱天光入關任中兵參軍內決機籌外總軍要除平東將軍太中大夫周太祖龕定關河公則功參草創沙苑苦戰勳冠三軍封雲陽縣男邑五百戶大統十七年除岐州陳倉令周二年除敷州中部郡守歷居宰莅民慶來蘇野有三異之祥朝承九里之潤保定二年授司土上士

四年遷下大夫濟濟鏘鏘允具瞻之望兢兢謇謇見匪躬之節天和二年授驃騎將軍右光祿大夫四年任豫州長安別駕駿騾驥足起千里之清塵鬱鬱鳳林灑三春之德澤君子仰其風猷小人懲其威化諒人物之指南寔明君之魚水俄以其年十二月遘疾薨于京第春秋五十有五夫人許昌陳氏開府儀同金紫光祿大夫岐州使君西郡公豊德之長女也繇翔飛鳳則四世其昌天聚德星則三君顯号清音麗響與金石而鎗鏘秀嶺奇峯隨風雲而縈鬱夫人資光婺宋栗敬嚴閨淑愼內和容言外皎高門儷德君子好逑保定元年先從朝露春秋卅五爲仁難恃天

無鐲善之徵樹德遂孤神闕聰明之鑒唱隨俄頃相繼云亡逝者如斯嗚呼何已公夫人之即世也時鍾金革齊秦交爭車軌未并主祭幼沖且隨權瘞今世子營州總管司馬武陽男志亥子右勳衛大都督上洪男盜運屬昌朝宦成名立思起蓼莪心纏霜露攀風枝而永慟哀二親之不待陟岵屺而長號痛百身之罔贖乃以今開皇十五年歲次乙卯十月丙戌朔廿四日己酉厝于雍州始平縣孝義鄉永豐里高岸爲谷愚公啟王屋之山深谷爲陵三州塞長河之水懼此貿遷故以陳諸石鏡銘曰　白帝朱宣寔粤金天西河艮將張掖開邊承暉接響世挺英賢賢哉上

喆時人之傑夏雨春風松心竹節肅等霜嚴淸同冰潔司戎幕府作守敷陽蝗歸河朔寶見陳倉大夫濟濟士實鏘鏘文龜玉印紫綬金章首僚驥足曜此龍光必齊之姜必宋之子儷德高門家榮桃李行滿婦箴聲揚女史春秋代序春非昔春閱人成世世不常人精華已矣空想芳塵儔曰怛逝時屬屯窮蒿里尙隔黃泉未通孝于惟孝追遠追終卜茲元宅穴此幽宮山浮苦霧樹動悲風流冰噎水上月凝空悠悠自古冥冥皆塵

嘉慶己卯四月偃師段嘉謨訪出此石於武功縣之南鄉移至縣署大堂南海吳榮光觀並記

案志云厝於雍州始平縣隋始平今西安府興平縣地武功東與興平接壤故志出其地段君襄亭得此志及唐任令則碑因輯金石一隅錄唐陶山先生爲之序

舍利塔記　正書

維大隋仁壽元季歲次辛酉十月辛亥朔十五日乙丑皇帝普爲一切法象幽顯生靈謹於岐州岐山縣鳳泉寺奉安舍利敬造靈塔缺一字太祖武元皇帝缺一字明皇太后皇帝皇后皇太子諸王子孫等并內外羣官爰及民庶六道三塗人非人等生生世世值佛聞法永離苦因同缺一字妙果　舍利塔下銘

案此記得之長安碑工未詳所在文云岐州岐山縣卽今鳳翔府岐山縣也關中金石記有舍利塔額文曰諸佛舍利寶塔六大字隸書在大荔金石文字記載有同州舍剎落記其文字及年月與此記正同惟同州武鄉縣大興寺八字爲異爾大荔縣新設附同州府郭金石文字記所載同州之塔卽大荔塔也特遺其額耳雍州金石記云今在同州興國寺興國寺卽隋大興寺數十年前塔毀僧俗以碑與舍利爲冢葬之故畢氏僅見其額又今山東益都縣城南廣福寺卽隋之勝福寺亦有此塔其記文及年月並與此同惟青州逢山縣勝福寺八字爲異蓋當時分送舍利之州凡三十事載唐僧道宣廣宏明集中故文字年月並同惟同青二州爲分書此則正書以青州本證之此本靈塔下缺者爲願字明皇太后上缺者爲元字妙果上缺者爲升字金石萃編載青州塔記於元明皇太后句脫太字諸王子孫譌王爲皇永離苦因譌因爲空附正於此

元太僕墓志 正書

大隋故朝請大夫夷陵郡太守太僕卿元公之墓誌銘　君諱空一字字空一字智河南洛陽人魏昭成皇帝之後也軒邱肇其得姓卜洛啟其興王道盛中原業光四表其後國華民譽瓊萼瑤枝源派流分奮乎百世具諸史冊可畧言焉六世祖遵假節侍中撫軍大將軍尙書左僕射冀青兗豫徐州諸軍事冀州牧常山王高祖素假節征西大將軍內都大官常山康王曾祖忠使持節散騎常侍鎭西大將軍相太二州刺史侍中尙書左僕射城陽宣王祖昺使持節散騎常侍都督徐州諸軍事平東將軍徐州刺史宗正卿父最使持節侍中驃騎大將軍開府儀同三司尙書左僕射華敷南秦并幽晉六州諸軍事六州刺史司徒公樂平愼王維君幼挺奇資早飛令譽識鎭表于觀虎風流見于乘羊落落高標排青松而獨聳亭亭峻節映綠竹而俱貞吐納美風規雍容善辭令通人仰其好仁僚友稱其孝友于是聲譽流洽孟晉追羣周保定四年詔擢爲左給事中士禁內清切王事便蘩許史之親乃膺斯授金張之寵方降此榮陳力劾官獨高前代天和四年遷爲給事上士貴游子弟寔符東皙之辭名士俊才不忝荀綽之記望袁准而高視顧蘇林而載馳建德元年入爲主寢上士粵自居中遷于內寢自非不言如子夏至愼若嗣宗豈能淑愼于否臧無言于溫木三年二月轉爲掌式中士君淸修疾惡正色讜言簪筆自肅于權豪霜簡不吐于强禦故已聲齊乳虎号擬蒼鷹官得其人斯之謂矣五

年四月以君婞正幹職遷爲司御上士時三方鼎足務在并兼既物色賢人且資須戛馬五監三令未易其人宣政元年以軍功封豫州之建寍縣男邑二百戶其年八月又錄晉陽之役加使持節儀同大將軍大象二年又仍舊封進爵爲子擁茲絳節擬上將之儀苴以白茅開建國之社尋遷少駕部下大夫昔金日磾以謹養致肥武帝擢之中監百里傒以時使不暴穆公授以少卿望古儔今于茲爲美開皇元年出爲益州武康郡太守公導之以德齊之以禮田餘滯穗野有遺金又進爵爲伯轉儀同三司從格例也秉彼躬珪輝煥五等服茲衮冕照映三台九年授使持

節扶州諸軍事扶州刺史十六年改授渝州諸軍事渝州刺史公頻刺二州申威千里抑强而惠鰥寡舉善而矜不能猾吏無所竄其情姦盜不能匿其跡聖士纂承洪緒釐改刺州選能任官更授夷陵太守公肇膺嘉舉彌勵清勤巴祇暗居不空一字官燭王閎獨坐不發私書由是徵入爲太僕卿朝議大夫如故時達遽令式賚弓矢總騶騄之監長統昆空一字之令丞駔駿加銳於軍容犧牲備腯于柴望方當控茲八駿御彼六龍登柏梁而賦詩出上林而奉蹕而晦明之疾既湊膏肓之豎先侵大業九年扈從遼碣空一字月空一字日遘疾云亡薨于懷遠之鎮春秋六十有四嗚

呼哀哉迺以十一年太歲乙亥八月辛酉朔空一字四日空一字葬于大興縣空二字之鄉空二字之旦禮也維公器局疏通神情秀上虛心以待物直已以明義不吐不茹正色正言面刺有汲黯之風空一字爭見王陵之節既而出宰牧守入作卿士奸吏慴其擿伏朝彥挹其能官重以知止知足維清維愼家餘海陵之粟既自足于餘粱室傳夏后之璜差無乏于珍玩至于飧錢月給必均之于下吏祿俸歲受皆散之于親知斯乃公孫宏之高風晏平仲之清規矣仁乎不愸嗚呼惜哉今龜筮協從房腸行掩式鐫元石用作銘云

巖巖其趾浩浩其源極天比峻浴日同奔鳳生鳳穴

龍陟龍門煥爛珪璧郁馥蘭蓀　爰啟常山乃建王爵振振趾定韡韡跗萼執法南宮建旗東岳衮黼委他蟬珥照灼　太僕瑤枝人之表儀六德孔備百行無虧邱陵難越墻仞莫窺仁爲已任清畏人知　執法主寢牧州典郡謇謇讜言洋洋淑問虎去雉馴風和雨順政号廉平民稱惠訓　靈旗東指巡海稜威秉轡作僕方効乘機忽悲撤瑟俄驚復綫龜謀空襲魚躍虛歸　飄飆反葬眇冥陽魄永愴君蒿長缺一字窀穸蓋偃低松鑪攢拱柏茂德洪名永宣金石

元夫人姬氏墓志　正書

大隋故太僕卿夫人姬氏之誌　夫人姓姬空二字也

圖開赤雀文德暢于三分瑞躍白魚武功宣于五伐
大封四十雉城于是克昌長享七百本枝以之蕃衍
蟬連史策可略而言曾祖懿魏使持節驃騎大將軍
東郡空二字公祖亮魏使持節大將軍開府儀同三司
燕州諸軍事燕州刺史東郡敬公父肇周使持節侍
中驃騎大將軍開府儀同三司光祿大夫東秦州諸
軍事東秦州刺史勳晉絳建四州諸軍事勳州總管
神水郡開國公夫人㓜挺聰慧早標婉淑瑤資外照
蕙姓內芳旣閑習于詩書且留連于筆研馬家高行
終降志于袁門曹氏淑姿且悅己于荀氏年十有八
歸于元氏焉太僕弱冠登朝盛播名德夫人亦虔恭

內職憂在進賢穆琴瑟之和展如賓之敬天和四年
六月冊拜建寧國夫人褕狄委他光膺典策衡珮昭
晰肅拜朝榮于是輔佐以審官自防以典禮送迎未
嘗踰閾保傅然後下堂旣而五福先虧六氣多爽靑
要素序奄搖落于穠華玉露金風竟摧殘于蘭蕙建
德六年六月九日遘疾云亡時年廿有九嗚呼哀哉
以今大業十一年太歲乙亥八月辛酉朔廿四日甲
申合葬于大興縣空二字鄉之空二字里禮也昔三春之
眞秀獨掩翠而先訣今百年而偕謝始同歸于共穴
襲金鏤而長埋掩銅窗而永閟嗚呼痛矣乃作銘云
帝嚳肇祖君稷分枝上觀星象下相土宜業隆在

鎬仁盛遷岐三讓至德九錫光施　驃騎誠烈早飛
聲問擁玆絳節大啟東郡開府堂堂忘情喜慍神水
恂恂劬勞惠訓　有淑其德言容不迴星光東楚春
芳摽梅六珈照日百兩驚雷鳳飛金帳龍翔玉臺
典策纔臨琴瑟方睦猶垂翠帳忽辭華屋樺旐留挂
巾奩餘馥志沮且莊神傷晝哭　昔日體齊早別春
閨今玆合葬還共塵泥雙鳧暫隻兩劍終齊千秋萬
歲永誌貞妻
案元太僕及夫人姬氏二志近日出土文字完具
惟太僕名及字智上一字缺而不塡又太僕與夫
人卒葬之日並所葬之鄉里亦皆空格當是書志

時葬地未定至太僕志巴祇暗居之下句總騶駼
之監及面刺有汲黯之風二對句亦各空一字未
詳其義又太僕志聖主作聖士焄蒿作君蒿夫人
志蕙性作蕙姓自是刻手之譌而上石察書者無
其人也合葬于大興縣某鄉隋大興今西安府咸
寧縣地

唐上
隋陸讓碑正書
案碑在三原縣額題隨文州總管光祿卿陸使君
碑十二字正書文凡千二百字磨泐不能成誦就
可辨者爲節其略云先世自齊宣分邑是曰陸侯

在昔二陸晉世以爲美談傳之史策六世祖載立功典午八倫領袖寄居京兆名貫涇陽曾祖某魏冠軍將軍祖政周驃騎大將軍儀同三司恆涇二州刺史父某秦襄陝三州總管綏定公公郎定公之第五子也幼挺岐嶷之資早標令器之譽機神穎敏識度宏深以保定五年釋褐累遷至某官以從周宣武皇帝平晉陽之功又遷使持節儀同大將軍安澤縣開國子邑二千戶廐馬一騶位列三台爵隆茅土祿兼萬石名冠八龍宣政元年進封安澤縣開國公增邑二百戶名高五等位過十邑宏功懋賞震耀一時隨初以綏邊之寄非公莫可

乃下詔曰開府儀同三司大納言陸讓器局宏深宜加榮命遷廣州諸軍事廣州刺史散官如故二年領文州刺史文州總管又以顯州之地風俗未淳川洞深阻雄豪爲梗乃以公爲顯州諸軍事顯州刺史道之以德齊之以刑易俗移風政成朞月公入侍帷扆既曰腹心出宰名藩實宣上化故能爲政以成德立功以濟時厥志不迴其儀匪忒喜慍不形于色富貴不以淩人容止可觀行爲世則春秋六十有二大業五年正月某日薨于河南郡雒陽縣之私第以其年二月還葬于京兆長安縣之某原夫人隴西李氏故大將軍趙郡公晏之女

也相得如賓閨門雍穆至于兄弟御于家邦于某年月日卒大唐貞觀十九年歲次癸卯某月某日壬寅合葬于雍州之某原禮也宅兆斯安式記于石乃爲銘曰云云銘凡三百二十字全泐末二行

一行太子洗馬某人撰一行太原郭儼書

文安縣主墓志 正書

大唐故文安縣主墓誌銘并序　主諱空一字空一字隴西成紀人也夫天靈啟聖跡被崑崙之墟皇雄命氏道光缺一字夷之土至于補元立極之功駕羽乘雲之業握瑤圖于景宿懸寶祚于貞缺一字其唯大唐者歟曾祖元皇帝被風化于墳枚始艱難于邠鄙祖武

皇帝升陑誓牧之旅汾水襄城之駕卷懷列辟財成羣有父巢刺王劼珪疏奧壤戚茂維城霱楚澤之雕雲聚淮南之仙氣遂使茖華孕美結綠開珍景溢星潢輝聯珠發晨栖阿閣聲調丹穴之禽夕指瑤池色麗青田之羽及其髫缺一字蘭披漸缺一字椒庭水移銀箭尙敷袓于師氏燈滅金羊已鏘環于內傳栖志圖史游心幾律盻萋葉而興勤聽喈音而遺誠意匠言泉之旨飛雲垂露之端柳密莊總乍起流鸎之賦月含花簟因裁擣衣之篇採祜纂組之規澄漠紘綖之務靡不思窮妍麗慮歸閑謐貞觀十五年正月五日封文安縣主脂賦開榮公宮從訓乃以其月十四日

降姻于工部尙書駙馬都尉紀公之世子叚儼華舒
穠圃秀發天蹊迓雨生輝副笄增飾尸芳牖下旣奉
宣平之奠私媚諸姑還侍河陽之第嬪儀載穆閨饋
惟馨循淑性于珩璜韻柔情于琴瑟瞻窈窕而遐騖
歌悅懌而長懷朝露溘晞詎留光于瑤草秋風忽起
空滅彩于瓊林弄玉乘烟怨吹簫之徒巧常娥飛月
痛仙丸之不追以貞觀廿二年二月三日卒于長安
頒政里之第春秋廿六嗚呼哀哉惟主心資淑愼體
茂清明碧霜綘雪不能渝其操秋菊春松有以方其
質香名遠集尙申戒于芳禰各言斯屛每含辭於蘭
氣信以補藻中闈抑揚內範淑人不永傷哉如何怨

家道之無庇痛殖湜之何託戚里兼酸宸襟凝歎郎
以其年三月廿二日陪葬于昭陵宅兆所由恩旨隨
給周京歸賵寵切于前哀澶水會盟事踰于昔禮湘
川之下還見舒姑之泉鮒隅之陰方傳貞女之硤採
彤管之遺詠彤芳塵于不朽其詞曰　帝降元圃宸
居紫微金柯疊秀珍蕚分暉桂輪澄彩星津結霏誕
茲才淑克嗣音徽延慈丹禁稟訓彤闈綴珠爲服雕
玉成衣拂景孤唳淩霞獨飛婉娩其性逶迤其質春
緒含雲秋情儷日降嬪君子來宜家室李徑初華梅
林未實絜賫芳錡心調友瑟烏變祺祥熊虧夢吉顧
菟俄掩奔駒遽逸卜遠將及靈驂已巾音儀遂泯褕

翟空陳平原改色淸渭迷津埋龍毀劍碎璧侵塵佳
城日黯㙮路泉新帷傷奉倩箽恨安仁一生何有萬
古銷春

案志在乾州無撰書人姓名新舊唐書載昭陵陪
葬公主十八人而不及縣主高祖女高密公主與
駙馬都尉工部尙書紀國公段綸合葬即文安縣
主之翁姑也此石嘉慶間出土記昭陵陪葬者及
金石文字皆未載志內澶淵避高祖諱作澶水

牛秀碑　正書

案碑在醴泉縣唐太宗昭陵陪葬功臣墓碑也記
昭陵陪葬者唐書七十四人游師雄昭陵圖百六

十五人文獻通考百五十五人及祁光宗關中陵
墓志范文光昭陵附螯圖皆無秀名記昭陵金石
文字者集古錄目寶刻叢編諸書凡六十三碑明
趙崡博加搜採止得二十有二苟好善醴泉志止
二十有一
國朝林侗昭陵石蹟攷所載十有六碑而已畢中丞沅
撫陝時親陟九嵕窮日搜訪得碑二十六通然皆
未見此碑此碑正書篆額額凡二十字可辨者惟
大唐故左四字而已碑字磨泐惟右方上半叚字
畫完好前一行署銜云大唐故左驍衛大將軍幽
州都督上柱國瑯琊郡開國公牛公碑銘其敘履

貫云公諱秀字進達其先隴西狄道人也因官而
遷于濮曾祖定仕後魏曾祖官階及祖名銜俱泐
父漢隨濮州主簿洺州清漳令餘文皆剝落然則
上所云因官而遷于濮者蓋秀隨父別駕時任遂
寄籍其地爲濮人也秀卒葬年月及撰書此碑人
姓名俱無可攷前錄文安縣主墓志亦陪葬昭陵
而爲諸家記錄所遺者因以秀碑附載其後以見
臥麟荒冢斷碣必多留心訪古當不止畢氏金石
記所載已也

許夫人宋氏墓志 正書

大唐故冠軍大將軍代州都督上柱國許洛仁妻襄

邑縣君宋氏墓誌并序　夫人諱善主字令儀定州
安喜人也原夫元禽翽羽缺一字有商之祚白翰騰驤
肇承殷之祀洎乎分邦錫社凝茂實于睢陽列國會
盟秀芳華于官度祖逸周開府儀同三司江州刺史
永盛縣開國公父濤隨左千牛備身永州長史柱國
襲爵如故並位光列宰名參上將褰帷楚甸副軫衡
吳夫人名靄蘭閨聲縣閟臺摽梅靚止樛木承恩捧
案申恭敬深饁野年過蒲柳歲迫桑榆遘疾彌流游
魂岱錄春秋九十有九薨于金城坊里第即以其年
五月廿四日窆于龍首原禮也嗚呼哀哉松風悽慘
殲露蒼茫悲夜臺之永暮痛佳城之未光乃爲銘曰

天開寶祚地啟靈原瑤華蔭蔚玉葉便繁偉哉先
晢猗與後昆褰帷下邑露冕二藩其一　四德摽舉三從
惠缺一字　淑慎居貞聲名厲響缺一字　景西傾逝川東往
瘞玉質缺一字　重泉遂埋魂兮幽壤其三
案許洛仁以龍朔二年十一月陪葬昭陵有碑在
今醴泉縣儀門村已見畢氏記洛仁卒年八十有
五夫人年九十有九當卒在洛仁之後志僅載窆
之月日而不書年殊疏略又彌留誤作彌流龍首
原在咸寧縣東

豆盧遜墓志 正書

案志文漫漶所可辨者惟前款云大唐故駙馬都

尉衞尉公少卿息豆盧君墓誌銘其文略云君諱
遜字貞順河南洛陽人太祖武皇帝之外孫太宗
文皇帝之甥也以顯慶四年四月某日卒于雍州
萬年縣之常樂里第春秋二十有七以五年太歲
己未八月已巳朔十八日壬申遷窆于萬年縣少
陵原攷唐書高祖女長沙公主下嫁豆盧寬子懷
讓遜則懷讓之子也志世家子墓而以其父銜冠
首與前許夫人志標題處直書其夫洛仁名皆志
中創體少陵原在長安縣南四十里

尼法願墓志 正書

大唐濟度寺大比邱尼墓誌銘并序　法師諱法願

俗姓蕭氏蘭陵蘭陵人梁武帝之六葉孫唐故司空
宋國公之第三女也原夫微子去殷昭茂勳于抱樂
文終起沛兆峻伐于收圖瓊搆鬱而臨雲珠源淼而
浴日延禎錫祚開鳳歷于朱方疊慶聯規纂龍符于
紫蓋逮鼎遷南服冑徙東周英靈冠上國之先軒冕
宅中州之半法師乘因負刧植本遐生孕月仙姿稟
清規于帝渚儀星寶態降淑範于台門禨祿之辰先
標婉質髫齓之歲遽挺柔情聰悟發于生知孝友基
乎天縱中外姻族莫不異焉加以骨相無儔韶妍獨
立鉛華不御彩絢春桃玉顏含澤光韜朝蕣年將十
歲頗自矜莊整飾持容端懷撿操每留神于槃帨特

紓情于紝組瓊環金翠之珍茵簟衾幬之飾必殫華
妙取翫閨闈麗而不奢盈而不溢既而疏襟學府繹
慮詞條一覽而隅隩咸該再覿而英華畢搴豪飛入
體宂軒史之奇文法兼二妙符衛姬之逸迹羣藝式
甄女儀逾劭宋公特深撫異將求嘉匹載佇孫龍以
光宋鯉而嚴庭垂訓早沐慈波鼎室承規幼明真諦
飄花貝雪䄂陪太傅之歡摘葉爲香遽警息慈之念
爰發宏誓思證菩提懼塵情于六禮乃翹誠于十誦
承閒薦謁請離俗緣宋公論道槐端丹青神化虔襟
奈苑楝梁正法重違雅志許以出家甫及笄年爰披
法服乃于濟度伽藍別營禪次庭標雁塔遠夌娀臺

藏寫龍宮遙嗤魯館于是治空寂念襲慧薰心悅彼
（缺一字）衣俄捐綺縠甘茲蔬膳遽斥膻腥戒行與松柏
齊貞慧解共冰泉等澈超焉拔類恬然晏坐若乃兄
弟辦供親屬設齋九乳流香六銖含馥瓶錫咸萃冠
蓋畢臻惟是瞻仰屏帷遙申禮謁自非至戚罕有覿
其形儀者焉加以討尋經論探窮閫域覈妬路之微
言括毗尼之邃旨至于法華般若攝論維摩晨夕披
誦兼之講說持戒弟子近數十人莫不仰味真乘競
趍舟枕傍窺淨室爭詣元扉肅肅焉濟濟焉七衆之
仰曇彌何以尚也重以深明九次閱想禪枝洞曉三
空澄襟定水厭此纏蓋忽現身疾大漸之晨謂諸親

屬曰是身無我取譬水苹是身有累同夫風葉生死
循環實均晝夜然則淨名申誡本乎速朽能仁垂則
期于早化金棺乃示滅之機玉匣豈栖神之宅誠宜
捐軀鷲鳥委形噬獸斂襟正念奄然無言粵以龍朔
三年八月廿六日捨壽于濟度寺之別院春秋六十
三姊弟承懷沈痛不忍依承遺約乃以其年十月十
七日營空於少陵原之側儉以從事律也法師夙蘊
禪池資慶源而毓彩（缺二字）道樹託華宗而降靈蘊地
義于閑和苞天情于婉嫕覩一善則怡然自悅聞一
惡則愁爾疚懷激仁義于談端明色空于慮表故能
辭台閫託禪門捨七珍祛八膳精苦之行（缺一字）映緇

徒戒律之儀鐳銖法侶伫津梁于苦海奄滅度于仁
祠棣萼分華悲素秋之爻刹秣析榦望青枝而增
感所欋塵飛海帶將迷渭涘之塋石盡仙衣不辨檀
溪之隧重宣此義乃爲頌曰（缺一字）有殊稱法無異
源爭驅意馬俱制心猿志擾情紊神凝理存展如淑
範獨趣元門琔彩（缺一字）分瑤姿月舉舍芳槐路疏貞
桂序雲吐荆臺霞霏洛渚學兼班媛詞彬蔡女奠禽
匪志（缺二字）昭仁捐華台室沐道元津法關門揵心衢
屏塵九流遺累八定栖眞忍藥分滋戒香（缺一字）烈傳
燈不倦寫瓶無竭奄愴神遷空悲眼滅式鐫柔範終
天靡絕

案法願爲宋國公蕭瑀之女是志無書撰人姓名
搨本得之長安碑工雍州金石記云近出土中移
于西安府學今府學碑林無是石志云營空于少
陵原之側營空當郎營窆之義是石或爲好事者
移去然墓在少陵原固關中故物也

三原定公碑　隸書

案碑在三原高七尺許右方剝蝕僅存左方十行
行八十一字姓名爵里俱泐不知碑爲誰立存其
謚曰定公於龍朔三年二月二十日薨于隆慶里
之私第年七十有七其年五月二十日葬于三原
縣萬壽鄉嗣子名昶前荆州大都督府録事參軍
司馬護軍銘詞完具有束髮肄業彈冠入仕道屬
時屯生逢遇否等語又有九五應期千年啟聖策
名委職濯纓從政等語蓋隋臣而仕于唐者末題
大唐麟德元年四月八日建此豐碑

隋令狐熙碑　正書

案碑在耀州西北四十里柳家原墓上額題隋故
桂州總管武康郡公之碑十二字篆書首行標題
下列撰書人名撰者名德棻書者名秀其上文皆
泐秀不知誰氏德棻郎熙子唐金紫光祿大夫彭
陽憲公也碑文約二千七百餘字剝蝕過半其中
名字之可識者惟公諱熙字長熙燉煌某縣人也

遠祖邁漢建威將軍祖虬魏龍驤將軍瓜鄯二州
刺史燉煌太守父諱（缺据周書列傳知爲鄜州刺史整）夫人同郡氾
氏周甘州刺史慶之女初封（缺一字）原郡君遷河南
郡君官履之可識者公起家爲吏部上士遷夏官
府都上士以內憂去周武帝將有河陰之師詔公
墨縗從事師還授職方下大夫襲爵彭陽公邑二
千一百戶建德五年留知夏官府事增邑六百戶
加授儀同大將軍宣政元年遷司勳俄轉吏部入
隋以本官行納言事開皇元年拜司徒左長史加
上儀同大將軍進封河南郡開國公尋爲元帥府
長史二年加上開府儀同三司俄授使持節滄州

諸軍事滄州刺史八年遷河北道行臺度支尚書授幷州總管府司馬十一年轉雍州別駕尋改長史十二年除鴻臚卿以本官兼吏部尚書又判禮部度支兵刑工三部尚書及秘書監事旋授使持節汴州諸軍事汴州刺史十六年除使持節總管桂交尹藤等十七州諸軍事桂州刺史封武康郡開國公所敘名字官履多與隋書本傳合其卒以仁壽二年八月十五日春秋六十有三唐貞觀十一年十一月五日歸葬于雍州華原縣之某原又月行載碑立于乾封二年五月廿五日距貞觀歸葬之期已三十年攷唐書德棻卒于乾封元年則

立碑時德棻已卒當是其後人爲德棻祔葬因追刻遺文爲熙立碑而是行中有武騎尉三字可辨則立碑者之銜而泐其名也

令狐德棻碑　正書

案碑在耀州墓上墓在父熙墓側額題大唐故金紫光祿大夫彭陽憲公之碑銘十六字篆書州志云熙與德棻墓在沮水西碑半殘缺不辨誰書然字類薛歐今驗碑文約二千七百字存者不及八百字唐書本傳云宣州華原人碑作燉煌人與熙碑同蓋燉煌令狐氏祖貫也碑云春秋八十有四而缺其卒年据傳則咸亨元年也今附乾封二年熙碑之後當是與熙碑同時立書碑者泐其姓而其名僅存政字以三原于志寍碑證之志寍碑爲德棻撰文志寍子立政書其時爲乾封元年在此碑之前一年則此碑亦立政書無疑也唐書宰相世系表立政字匡時官太僕少卿德棻爵謚傳作彭城獻公碑作彭陽憲公當以碑爲正

三藏聖教序記并心經　行書

大唐三藏聖教序　太宗文皇帝製　宏福寺沙門懷仁集[晉右]將軍王羲之書　蓋聞二儀有像顯覆載以含生四時無形潛寒暑以化物是以窺天鑑地庸愚皆識其端明陰洞陽賢哲罕窮其數然而天地

苞乎陰陽而易識者以其有像也陰陽處乎天地而難窮者以其無形也故[知]顯像可徵雖愚不惑形潛莫覩在智猶迷況乎佛道崇虛乘幽控寂宏濟万品典御十方舉威靈而無上抑神力而無下大之則彌於宇宙細之則攝於毫釐無滅無生歷十劫而不古若隱若顯運百福而長今妙道凝元遵之莫知其際法流湛寂挹之莫測其源故知蠢蠢凡愚區區庸鄙投其旨趣能無[疑]或者哉然則大教之興基乎西土騰漢庭而皎夢照東域而流慈昔者分形分跡之時言未馳而成化當常現常之世民仰德而知遵及乎晦影歸眞遷儀越世金容掩色不鏡三千之光麗象

開圖空端四八之相於是微言廣被拯含類於三途遺詠遐宣導羣生於十地然而眞教難仰莫能一其旨歸曲學易遵邪正於焉紛糺所以空有之論或習俗而是非大小之乘乍沿時而隆替有元奘法師者法門之領袖也幼懷貞敏早悟三空之心長契神情先苞四忍之行松風水月未足比其清華仙露明珠詎能方其朗潤故以智通無累神測未形超六塵而迥出隻千古而無對凝心內境悲正法之陵遲栖慮元門慨深文之訛謬思欲分條析理廣彼前聞截僞續眞開茲後學是以翹心淨土往游西域乘危遠邁杖策孤征積雪晨飛途閒失地驚砂夕起空外迷天

萬里山川撥煙霞而進影百重寒暑躡霜雨而前蹤誠重勞輕求深願達周游西宇十有七年窮歷道邦詢求正教雙林八水味道滄風鹿菀鷲峯瞻奇仰異承至言於先聖受眞教于上賢探賾妙門精窮奧業一乘五律之道馳驟於心田八藏三篋之文波濤於口海爰自所歷之國總將三藏要文凡六百五十七部譯布中夏宣揚勝業引慈雲於西極注法雨於東垂聖教缺而復全蒼生罪而還福濕火宅之乾燄共拔迷途朗愛水之昏波同臻彼岸是知惡因業墜善以緣昇昇墜之端惟人所託譬夫桂生高嶺雲露方得泫其華蓮出淥波飛塵不能汙其葉非蓮性自潔而桂質本貞良由所附者高則微物不能累所憑者淨則濁類不能沾夫以卉木無知猶資善而成善況乎人倫有識不緣慶而求慶方冀茲經流施將日月而無窮斯福遐敷與乾坤而永大　朕才謝珪璋言慙博達至于內典尤所未閑昨製序文深爲鄙拙唯恐穢翰墨于金簡標瓦礫于珠林忽得來書謬承褒讚循躬省慮彌益厚顏善不足稱空勞致謝

皇帝在春宮述三藏聖記　夫顯揚正教非智無以廣其文崇闡微言非賢莫能定其旨蓋眞如聖教者諸法之元宗衆經之軌躅也綜括宏遠奧旨遐深極空有之精微體生滅之機要詞茂道曠尋之者不究

隋唐石刻拾遺卷上　三三

其源文顯義幽履之者莫測其際故知聖慈所被業無善而不臻妙化所敷緣無惡而不翦開法網之綱紀宏六度之正教拯羣有之塗炭啟三藏之秘扃是以名無翼而長飛道無根而永固道名流慶歷遂古而鎮常赴感應身經塵劫而不朽晨鐘夕梵交二音於鷲峯慧日法流轉雙輪於鹿菀排空寶蓋接翔雲而共飛莊野春林與天花而合彩伏惟皇帝陛下上元資福垂拱而治八荒德被黔黎斂衽而朝萬國恩加朽骨石室歸貝葉之文澤及昆蟲金匱流梵說之偈遂使阿耨達水通神甸之八川耆闍崛山接嵩華之翠嶺竊以法性凝寂靡歸心而不通智地元奧感

懇誠而遂顯豈謂重昏之夜燭慧炬之光火宅之朝
降法雨之澤於是百川異流同會於海万區分義總
成乎實豈與湯武校其優劣堯舜比其聖德者哉元
奘法師者夙懷聰令立志夷簡神清齠齔之年體拔
浮華之世凝情定室匿跡幽巖栖息三禪巡游十地
超六塵之境獨步迦維會一乘之旨隨機化物以中
華之無質尋印度之眞文遠涉恆河終期滿字頻登
雪嶺更獲半珠問道往還十有七載備通釋典利物
爲心以貞觀十九年二月六日奉敕於宏福寺翻譯
聖敎要文凡六百五十七部引大海之法流洗塵勞
而不竭傳智燈之長燄皎幽暗而恆明自非久植勝

緣何以顯揚斯旨所謂法相常住齊三光之明我皇
福臻同二儀之固伏見御製衆經論序照古騰今理
含金石之聲文抱風雲之潤治輒以輕塵足岳墜露
添流略舉大綱以爲斯記　治素無才學性不聰敏
內典諸文殊未觀攬所作論序鄙拙尤繁忽見來書
褒揚讚述撫躬自省慙悚交并勞師等遠臻深以爲
愧　貞觀廿二年八月三日內出般若波羅蜜多心
經　沙門元奘奉詔譯 經文不錄
太子太傅尙書左僕射燕國公于志寧　中書令南
陽縣開國男來濟　禮部尙書高陽縣開國男許敬
宗　守黃門侍郎兼左庶子薛元超　守中書侍郎
兼右庶子李義府等奉敕潤色　咸亨三年十二月
八日京城法侶建立　文林郎諸葛神力勒石　武
騎尉朱靜藏鐫字
碑自第一行晉字斜行至末行林字有裂紋一道
蓋斷在慈恩寺塔下明嘉靖乙卯地震爲塔頂墜
壓所損也相傳紛紜何以顯五字未泐者爲嘉靖
以前拓本貞觀廿二年八月三日內字下有出字
末二筆者則宋拓本唐陶山先生曾見之車持謙
跋
案碑在西安府學碑林爲海內通行之本關中金
石記搜採唐碑至二百七十餘種僅載褚河南所

書聖教序三一在同州二在咸寧慈恩寺是刻近
在碑林而反遺之韓昌黎所謂搜羅星宿忘羲娥
正謂此也歐陽公集古錄失收顏魯公多寶塔碑
前人已有譏之者可見編輯雖繁難言不漏是碑
明有王覺斯鐸及醴泉苟氏二翻本　國朝又有
郃陽東木本西安滿洲駐防城本碑林秦人費甲
鑄本皆可亂眞因錄全文一通將現泐之字用方
畫界出以便審識至近日金石萃編等書所載諸
家考訂甚詳茲不贅述

心經 正書

案經在乾州中巨寺末題永隆三年五月四日雍

州好時縣佛弟子强三娘爲夫主及父孃男女眷屬敬造彌勒世尊觀世音地藏王菩薩及鏻般若多心經三男張万基弟以下缺　攷好時縣今乾州地秦置好畤後周省入漠西隋開皇十八年復改漠西爲好時大業三年省入上宜唐武德二年復置好時屬雍州

龎德威墓志 正書

大唐故上護軍龎府君墓誌銘　君諱德威字二哥南安人也昔三方鼎峙王道申其爪牙六國權衡霸圖重其謀略泉源濬極遠派靈長擢榦扶疏脩條苍茂公即其後也曾祖隆周任益州司倉參軍事贊分

符于玉壘佐剖竹于銅梁仁敎以之旁融政化因而遠被祖慶隨任潞州上黨縣丞德宇奇廓器量淹深百里仰其成規一同資其善政父師隨任廣州司馬嘉謨自蘊妙善非因灑落風烟超攄雲漢輔分珪于五嶺道洽泣珠之鄉揚別扇于三湘恩浹落星之境公則器惟瑚璉性乃珪璋岐嶷表其齔年魁岸彰其冠歲英姿挺秀天骨標奇立行可模出言成範明明令德莫測其淺深滔滔雅量詎知其遠近神機獨運呑鎭北于胸閒智畧兼人掉征南于度內深衷海濬壯志山高學盡五車書工八體控雕弓而屈右落鴈啼猨張空拳而啟行批熊拉武任以三韓未附鯷壑

驚波九種猶迷鼇津駭浪公荷霜戈而奮武揮星劍以臨戎勇若鶚諳捷如慶忌遂授公勳官上護軍酬勞效也昔叔敖知履尾之懼不受楚國之封仲連怯觸鱗之威竟謝齊君之祿公深明止足之誡遠識無厭之譏乃謝病辭朝自樂馬游之乘追驩宴友方欣陸賈之田怡怡兄弟恂恂鄉黨不謂輔人虛說天道無徵二豎纒痾兩楹興歎名香何在惟增啟足之悲神竈空傳詎免游魂之怨以乾封元年十二月十七日寢疾彌留卒乎私第春秋六十有八琴臺月上承息陽春之音金埒風生誰控桃花之騎夫人王氏其先太原人也侍中游覽謦欬閣以流芳將軍臥病開

秦基而演慶祖尙隨任銀青光祿大夫相州長史父暉隨任潞州司倉並珪璋其質松柏其心處涅不緇淩寒轉翠夫人騰姿月魄稟質坤靈道冠三從行該四德品搖空之舞雪特妙因風辨絕響之哥絃懸明第次承巾奉食重德輕纖禮逾晉缺之帷義越楚莊之室雖良人瘞質彌軫畫眉之情而剋己明心以表輕身之詠豈謂百年難續千月易窮倏奄夜臺俄辭白日以垂拱三年歲次丁亥十月六日卒乎私第春秋七十有六單鳧獨逝已悽潘子之懷兩劍雙沉遽切丁君之慮即以其年十一月辛酉朔廿二日壬午合葬于四池之側禮也青鳥獻兆竈惟千載之墳白

鶴占原自應三台之氣孤子行基等仰蒼穹而無色擗黃壤以崩心痛結蓼莪哀纏陟岵恐山迴牝壑海變桑田爰紀芳猷式刋貞石其詞曰　惟岳降靈惟天降鼎誕茲明哲信邦之寶式贊皇基爰扶帝造功成名遂身退天道其一昂昂挺秀鏘鏘雅士脫略公卿趺宕文史盛德推賢謙撝克已妙閑韜畧尤明宮徵世曰琳瑱時稱杞梓其二易美家人詩光女則登機成素之田奉食海曲和鳴河洲比翼孝該籠水慎深攀棘月孀嫿帷含貞抱直其三匣中雙劍先後俱沈泉中瘞玉地下埋金荒郊別霧寒壟凝陰佳城鬱鬱逝日駸駸一歸窮壤誰明恨心其四

德威此志云辨絕響之哥結哥卽歌字後漢書引哥永言唐書注引屈原九哥皆以哥作歌其見於碑版者如北周華嶽頌云淸哥綴節唐孔子廟堂碑云猶鑴哥頌張琮碑云哥兩岐於全吳蓋文達碑云仁風表於弦哥杜夫人志云而短哥之可作皆哥歌通用也車持謙跋

案此志得於長安碑估文曰合葬于四池之側未詳何地志中批熊拉虎虎作武避高祖祖諱也

程元景墓志　正書

大周故處士程先生墓誌銘并序　先生諱元景字師朂京兆長安人也若夫道契儒林季缺一字騰芳于

漢(乙)才光俊藪延休播美于晉時故贈絹傷離夫子仰先生之德橫威絕漠將軍獲武帝之缺一字由是冠蓋蟬聯風徽不絕長波括壑高搆淩川湊圖史以銘功故可畧而言矣祖恭隨朝議郎行涇州平梁縣令遷蝗感德蹈卓茂之高風屬馬流仁酌羅含之懿範父敬逸唐大丞相府朝散大夫義旗肇建率土咸賓褒德錫功擢斯散職惟先生風神警悟器宇虛明淸⊗露于秋而擢風雲于冬(乙)仁能接物孝以安親三思後行季文子之高志去食存信孔宣父之淸規嵇叔夜許其雅琴阮嗣宗推其淸嘯優游自得放曠無爲所冀雲翳孤松偃霜巖而挺節豈謂風摧六櫝瘞泉戶以收榮氣掩如蘭旣摧𩂣于晞露光沈若木俄促節于驚飇以長壽三𩂣歲次甲午午㐀㊄景戌朔九(乙)甲午遘疾終于羣賢里春秋五十有一嗚呼哀哉先生夙崇三業妙洞一乘然智炬于心田則迷途自朗泛慈航于慾海則彼岸攸登粤以其㊄廿二(乙)景午葬于龍首原禮也有子彥先等趨庭闕訓陟岵無依踐霜露以崩悲庶題珉而紀德其詞曰　崇基磊落淸派浤汪贍緜傷別捧(乙)承光寒松比操秋桂同芳卽色非色筌忘蹄忘川舟易往隟駟難停雲愁偃蓋電激流旌啟黃泉于卜宅掩白(乙)于佳城歎松門之一閉痛蒿里之長扃

案程處士名上一字與
仁廟諱同敬避作元是編所錄唐刻原文凡
廟諱皆用元允等字代孔子諱加卩作邱以昭敬謹改竄之嫌所不敢避其原文缺筆如虎作虍民作巳基作基今皆直書惟原文以武字代虎以泉字代淵以人字代民之類則仍其舊

杜夫人墓志 正書

大周故杜夫𤯔之墓誌蓋九字篆書　故司稼寺卿上柱圀缺三字　杜夫𤯔墓誌　夫𤯔杜氏京兆杜陵𤯔也缺四字　望缺一字　降丹陵而毓慶朱冠白馬御冥道而缺二字　赫缺三字　之雄周列神羊之住備于方策缺一字　畧言焉

七代祖缺二字　征西將軍武庫靈姿智囊神用通其變缺二字　地表缺二字　而顯缺一字　麟缺一字　知歸曾祖勳左監門將軍善寶唐缺一字　州缺一字　陽缺二字　父嘉猷唐務州參軍體道居貞含章挺秀瓊山缺一字　峙爰開抵鵲之珍碧浪川渟必亘探龍之寶夫𤯔姿靈婉淑缺二字　貞凝缺一字　舉缺一字　榮川流缺一字　問名爲不朽缺一字　杜氏之春秋𠦚則缺一字　行見楊家之輪轂承筐景既征南之緒允克隆斷緯沈機缺二字　之缺二字　斯在驚逝川兮龍劍缺一字　乘上𠥱兮鳳臺缺一字　樹德從隣缺二字　以之爲美欽刑轂饋缺一字　獄于是勝殘委霜霰而無改冒雷缺一字　而不懼信可傳芳史管著象甘泉者哉豈意拾翠𠀑津缺一字　舒泉而其缺一字　薦桃仙樹將暮槿而同朞嗚呼哀哉以長安三𡕀一五𠥱廿八𡆠終二、幽州之官第春秋六十有三𡕀以長安三𠦚十𠥱十五𡆠葬于雍州長安縣高陽之原有子朝議郎行幽州司功參軍事履行以膝下之恩無逮□澤之戀空存經永慕于蘭缺一字　結深悲于蓼缺一字　茲夕何夕春非我春鬱鬱佳城無復長安之缺三字　舞鶴缺一字　聞京兆之𠀑何修夜之不暘而短哥之可作其缺一字　曰　則𠀑垂象就𡆠缺一字　輝在夏龍御居殷豕章靈源濬啟慶緒缺二字　禮樂攸往衣冠缺一字　歸其一　鳳簫寥亮霜缺一字　皎潔頒發春椒韻浮缺二字　丹霞濯錦素缺一字　生缺一字

琴瑟不流松蘿罷𠥱其二　曰仁者壽彼蒼者𠀑無聞靜樹空想寒泉蕪城閟景松架來煙未辯何𡆠誰論幾𠦚

案志石在長安碑估許家首題故司稼寺卿上柱國下缺三字乃其夫之姓名也司稼寺卿即司農寺卿龍朔三年更名志中絕無一語及其夫家氏族故夫姓無從而知敘杜氏七代祖征西將軍泐其名以武庫字驗之當即晉征南將軍預特譌南爲西耳祖善寶脫祖字子履行官幽州司功參軍夫人就養卒于幽州官第歸葬雍州之高陽原高陽原在長安縣西南二十里志中人作𤯔國作圀

天作𠀑年作𠡦月作𠥱日作⊙皆用武后新製字

獨地不作埊未曉其義

史公石像銘 正書

唐故將軍柱國史公石像銘　公從戎旅竭鯁忠誠居家有理缺一字之風在職著勤勤之德屬西蕃缺二字屢入和親遂建鴻勳名芳麟閣不謂年逾耳順禾閟泉扃痛深巾札之情悲愴克諧之道今罄盡家財爲造功德伏惟幽途所感昭察缺一字心光其不朽之名以表芳猷之缺一字鳴呼哀哉乃爲銘曰　日轉星迴暑往寒來陵夷海變功立人摧痛悲繐帳哀結夜臺千秋兮萬歲厥德兮隆該　延和元年歲次壬子七月戊辰朔十一日壬午夫人襄邑縣缺二字氏建

案銘在長安終南山

裴夫人賀蘭氏墓志 正書

大唐太常協律郎裴公故妻賀蘭氏墓誌銘　夫人賀蘭氏曾祖虔隨上柱國祖靜皇朝左千牛父元悊潞州司士並宏翰深識布聲于代夫人即協律之姑女也童姿粉妍笄態瓊淑惟德是與乃嬪我裴公宜其鏘鏘和鳴晏晏偕老女也不愿天胡降災緜聯沈痾三浹其歲洎大漸移寢于濟法寺之方丈蓋攘衰也粤翌日奄缺一字其凶春秋卌有四卽開元四年十二月十日至十九日遷殯于鵶鳴埠實陪信行禪師之塔禮也夫坦化妙域歸眞香塋缺一字之冥果則已先量有子太元等或孩提而孤擗缺一字以泣嗚呼生人之至艱也裴公傷奉倩之神痛安仁之簟圖範貞石俾先泉門銘曰　芙蓉劍兮蛟龍質梧桐枝兮鳳凰匹天何爲兮降斯疾俾雌雄兮歡不卒延津女牀奄相失千年万古哀白日

案鵶卽鴉字鴉鳴埠卽楩梓谷在長安縣南六十里夫人卒年四十四其夫裴公尙在志不言與寺僧有何瓜葛而病則移寢于方丈殯則陪葬于禪塔恬不爲怪且以爲禮唐世士大夫之佞佛而不謹于家政如此明趙崡游城南記云百塔寺本信行禪師塔院山畔唐裴行儉妻庫狄氏葬塔尙存而此志裴協律妻乃賀蘭氏非庫狄氏亦未詳其夫名爲行儉攷唐書行儉字守約聞喜人麟德二年擢安西都護爲司文少卿未任太常協律之職西安郎官石柱題名戶部員外郎有行儉名亦未載其官協律行儉爲司文少卿在麟德二年距開元四年已隔五十年其夫人卒時不應止四十四歲亦不應夫人卒而行儉健存或係子函誤記否則協律爲行儉子弟行儉妻庫狄氏先葬信行塔側而賀蘭氏因而祔之也志內攘衰之攘當作禳

折夫人曹氏墓志 正書

曹氏譙郡君夫人墓誌銘并序　夫嚴霜瘁草獨歎蘭摧驚飈拂林偏傷桂折人誰不死嗟在喪賢伊賢者何譙郡君夫人是也夫人曹氏諱明照曾祖繼代金河貴族父兄歸化恭惟玉階惟孝惟忠允文允武夫人柔馨在性婉淑呈姿妙紃組于閨闈潔蘋蘩于沼沚年十有八適左驍衛將軍折府君爲命婦六禮猷備四德凝姿孟氏母儀宗姻酌其訓曹家婦禮里衍挹其風豈謂石破山崩奄從傾逝以開元十一年十月八日終于居德里之私第夫人春秋不或卽以其年十一月廿三日遷窆于金光坊龍首原之禮也慮樹偃千年人移百代式刊方石乃爲銘曰　天街既形髦頭有經經緯相汁夫人誕靈如何孤應危露先傾悼逝川之不返敢平生而著銘

案志云恭惟玉階玉階當是夫人父名卒年四十故云不或或惑古今字也龍首原在咸寧縣東其云遷窆于龍首原之禮也之字似衍以余所見義與周夫人志云以茲吉辰赴祖城東郊之禮也王訓志云遷厝萬年縣滻川鄉滻川原之禮也雲麾將軍張安生志云別兆葬于龍首原之禮也又豫州刺史杜君志云合葬于龍山某原某里之禮也金石萃編疑其倒互當作某里之原禮也合諸志觀之斷無皆倒之理自是當時有此文法銘詞用天街髦頭皆昴宮之星追敘先世鍾瑞金河而言也經緯相汁汁與叶古字通

女子唐端權殯志正書

女子字端蓋殿中少監唐昭之第三女也母曰王氏夫其體備幽閑門傳禮則克柔其性有婉其容春秋十有六焉不幸夭沒以大唐開元十二年六月廿三日終於京兆靜安里之第以其月廿六日權殯于萬年縣義善鄉之原悲歟天乎不臧曾靡降福神道何昧忽貽其殃諒何有違遂獲此戾悼以長往終天無期嗚呼哀哉乃爲銘曰　猗歟慶靈兮錫嘉祉婉而從訓兮善可紀宜其享福兮極遐祀奈何修齡兮中道止白楊蕭蕭兮壠路悲丹旐遙遙兮相送歸相送歸兮永別離天情地義兮長相違

女子唐端不知何許人其父昭亦無所表見字畫秀而有骨唐陶山先生謂寶雞丞署馮十一娘墓志書有晉人風致余將合摹一石寘諸碑林以貽好事者車持謙跋

案志無撰人名銘有天情地義語當卽其父昭所作唐萬年縣今咸寧地此石嘉慶間出土爲常州陸氏攜去今於蔡曼受處得見拓本

于士恭墓志正書

缺三字州膚施縣令上柱國于公墓誌銘兼序　缺公諱二

字士恭字履揖其先東海人也漢太守定國之允洎五代祖謹仕魏遂居河南今卽河南人也績著前史慶貽後裔曾祖宣道隨右衛率皇涼甘肅瓜沙五州諸軍使涼州刺史成安子祖永寧皇商州刺史增建平公父元祚皇益州九隴縣令襲建平爵尙德靜縣三公卽主之次子也公言行周密風儀閑雅弱冠以諸親出身解褐授奸時縣尉初大周御宇分邦制邑劃爾畿甸隸爲稷州選部甄才擢授斯職亦當時之榮選也自兹以降累遷郡邑尋贊臨潁復典膚施闕右驕聲許邦思惠非此能備也開元十四年春天子若曰縣令在任淸白者選日擢用公卽隨調選方俟

遷陟命何不融疾成不治以其年秋九月戊戌卒于私第春秋六十有六時來不偶其如之何夫人譙郡戴氏妍妙凝華貞順勉行自承饋盥克諧琴瑟降年不永雖恨偏沈同穴相期果然終合開元十五年七月乙酉權祔于京兆神和原禮也拱樹蕭蕭坐看成古佳城杳杳空見微月嗣子弼嬰等泣血崩心絕漿茹蓼昊天莫報長夜不曉慮陵爲谷刊石爲表銘曰

死生有命晝夜不舍嗟彼于公長歸地下高墳峩峩宅此崇阿千秋萬古孰知其他

案志云權祔于京兆神和原神和原卽今咸寧縣南三十里神禾原和禾語之譌也府志引劇談錄云晉天福六年產禾一莖六穗重六斤故名神禾其說殊謬神和之名唐已有之安得云石晉時始以神禾得名又志云祖永寧父元祚攷唐書宰相世系表永寧商州刺史與志合而表云永寧之子遂古隰州刺史與志所載名位俱異

進法師塔銘　正書

案塔銘廣二尺八寸五分高二尺二寸在咸寧薦福寺序與銘共四百七十字存者才三百十一字前題大唐大溫國寺故大德進法師塔銘太子司議郎陳光撰沙門智詳敬寫後題開元廿五年歲丁丑七月癸酉朔八日庚辰建序文惟法師名進

俗姓高氏渤海脩人也及開元廿四年八月某日終等句可辨趙子函以其書法習褚登善西安府志亦載之而關中金石記不收何也

重刻莒國公唐儉碑　正書

大唐故贈特進禮部尙書開府莒國公唐府君碑

蓋聞惟皇建位哲后膺千載之期惟岳降神賢臣承五百之運是以軒邸御紀風力贊其鴻基嬀汭乘時稷契匡其景化缺四十三字則聲高彥伯之頌功著孟堅之表見之開府莒公矣公諱儉字茂約太原晉陽人也若夫窮微知遠高辛之化缺三十四字忠恕之道徽烈之遺傳於後昆備在譜諜可得言矣高祖岳後魏秦

州刺史禁止令行有伯山之威福垂訓起學邁仲約
之禮宗曾祖靈芝齊尚書右僕射司空公缺三十二字祖
邕侍中尚書左僕射尚書令錄尚書事晉昌王抱廊
廟之材懷公輔之器同傳險之威夢類滋泉之入兆
缺十八字居令僕之崇班亭方鎮之高秩父鑒齊中書令
散騎常侍隨應州刺史晉昌郡公皇朝贈太常卿台
司名流宰門華胄公侯奕代簪紱輝光禮傳七葉之
貂榮燦九章之袞公氣奮風雲量包河海秉孝德以
成性持善行以立身藝總九流道惇三物藻賦麗於
翰苑雄略叶乎韜鈐行地方馳則遺風追電沖天將
舉則切漢摩霄合浦騰揮色珙朱轓之乘麗水斋彩

光照赤城之峯逸氣從橫雄才高遠缺十二字寔閥閱之
軌儀信衣冠之表率弱冠解褐左勳衛昔長卿之令
文園職未當才亭伯之宰長岑位不充量以今方古
彼此一時屬炎政風頹寰宇幅裂遍野擾齊民之生
理中原驚觸山之醜徒缺八字公覩帝星移照識梁沛
之眞人見彤雲蔚興知芒碭之奥澤未建壺關之策
先會盟津之期先君昔在有隨與高祖連開情敦莫
逆契若斷金雖嚴陵蕭王之故交盧綰沛公之同里
以今方古彼何足稱當參墟建義之辰晉水陳師之
際虛左待士側席思賢乃命隱太子至晉陽與公相
見初申通家之交好攻論天下之橫流公奏千載之

廢興及列代之成敗笑夷吾之九合鄙孔明之三分
缺三十六字有陳球殊健之筭阮瑀宿構之才任以文房
實諧眾望拜大將軍府記室加正議大夫其時日逐
興師已臨鹿塞温禺列校新度龍城漢燧夜明胡塵
晝晦人情恐懼主帥焦勞公審深冀之可城慮并河
之易越乃命方邵之將帥賁育之兵千乘雲屯万騎
波屬拔西河如拉朽發并部若蹇瓴行至呂州秋潦
遂降糧餉斷絕泥淖滋深缺二十六字機不可失時不再
來儻使官渡息兵破袁之軍未卜洪溝若割滅項之
日未期既鏡良規於前復建戰功於後缺四十四字雖曲
逆六奇薛公三策何以加之以功拜右光祿大夫授

渭北道行軍司馬元帥郎日就道缺五十四字運元女三
宮之法陳黃石一卷之書或面水背山或先偏後伍
鼓角鳴厚地旌旆彗高天缺四十字平城之勳公居其最
缺六字封新城縣公尋改爲晉昌郡公食邑二千戶暨
受終文祖肆類繁昌敘撥亂之功錄翊戴之烈居佐
命之右贊維新之朝加進門下同正二品行中書侍
郎缺十字凌烟閣珥筆掖垣飛翰綸扉鳳池於茲逾浚
雞樹所以增華昔孔演宏才將元規而并列王浚名
暢與眞長而共明今昔相方異代俱美缺八字昔東京
佐命譽著雲臺西漢中興聲傳麟閣以今方古彼獨
何殊劉武周搆板蕩之秋擁控弦之眾竊九五之位

竄萬乘之尊剽邑屠城裂冠毀冕高祖批患排難拯
溺除殘命右僕射裴寂受鉞陳師(缺十四字)呂崇茂亡命
醜徒同惡相濟公方使至夏縣遂陷賊庭公覩諸將
之流人多庸鄙唯尉遲敬德頗識事機公示之以安
危告之以成敗渙若冰釋翻然改圖雖有此心計猶
未果獨孤懷恩(缺二十八字)平後詔公爲并州道安撫大
使尋拜禮部尚書賜以懷恩田宅雲門大章之樂咸
究精微春誦夏弦之禮並窮枝葉(缺三十字)文帝功齊覆
載績邁陶均既答元勳必資美稱以上將之位照灼
文昌天策之名輝映元象特詔授太宗文皇帝天策
上將然百寮之位妙算時英以公爲長史實諧僉論

尋而逆賊劉闥擁徒冀北挻禍燕南(缺八字)火照盧龍
之塞雲擾白馬之津于時大軍出討使公監統而偏
裨靡伐謀之畧士卒无摧鋭之心公遂輕至賊城以
陳利害不勞飛箭便下聊城詎假拔旗乃傾趙壁廓
清河朔公有畧地之功以公爲幽州道安撫大使并
州道行軍總管定州道安撫大使(缺十一字)造禮重於弓
旌貪殘貶踰嶺海百城欽其軌範兩河仰其風猷乃
馬邑之酋長導狼望之凶渠越彼長城窺兹晉水公
杖節出使造於虜庭具陳華夷不爭中外斯輯旄頭
垂曜穹蒼所以分星窮髮異俗厚地於兹列野何必
裹糧帶甲背約違盟以致域窮區殫釁鋒淬鍔單于

納公此對翻然改圖榆關寢其爟烽柳塞散其部落
詣長平之坂入受降之城其山谷要衝公咸刻銘(缺十
二字)黄門侍郎進封莒國公食邑三千戶實封六百戶
(缺四字)巖疆寄隆八屯功彰於邊警茅賦錫重五等誓
比於山河三蜀膏腴九折崇岨子陽僭号之邑元德
襲位之都作鎮擇於柱臣專城資於右戚命公前往
務在利人貞觀元年授使持節都督遂梓普等五州
諸軍事(缺七字)加鴻臚卿戶部尚書食實封八百戶詔
曰與卿故舊宜申姻好徵男尚識尚豫章公主加光
祿大夫特進公忌滿誡盈屢有辭讓奉詔養閑仍朔
望朝見兼賜奉祿廩膳一依職事春秋七十有八薨

於私第贈開府儀同三司使持節并嵐等四州諸軍
事并州刺史所司備禮冊命賻絹布一千匹米粟一
千石陪葬昭陵賜東園秘器葬事官給務從優厚嗣
加太常卿駙馬都尉請銘議諡從禮部侍郎陸敦信
爲諡曰襄既葬往還并敕立碑夫人河南元氏考行
瑀毛州司馬封莒國夫人維皇唐開元廿(缺十六字)曾孫
將軍右金吾衛大將軍雲麾將軍上柱國奉朝請出
續殿中君(缺三十三字)記事之大重書皇考贈特進開府
莒國公神道碑禮也祭統曰子孫之守宗廟者先祖
無美而稱是誣也有而不知不明也知而不傳不仁
也此三者君子所以教(缺四十二字)追崇之義有自來矣

論著先君之德敢不順乎計功敘美敢不敬乎大本
爲情竭力從事孝子順孫追養繼孝缺十八字君子道消
遠見於此缺十二字四氣迴環闕蒸嘗之薦貞石斷裂幾
同墮淚之悲黄絹將殘誰辯受辛之妙缺三十六字於斯
爲盛缺二十三字超三台之上階膺五等之尊秩没而不
朽傳帶礪於河山吾誰與歸傍胡鬚之窀穸缺五十字韋
丞相之祖業不待飾於蘭臺陳太邱之家風會直書
於孺子從孫某歡承嘉命追述徽音缺八字其詞曰
缺十六字三徵變革萬國崩淪缺八字西岳亡羊中原逐鹿
大聖提劍羣雄折軸缺五十四字龍劍袨服熊軾紹門進
退以道啟沃爲言深根固蒂長流濬源缺五十二字政成

身退聽鳥觀魚禍兮所倚禍將何如朝聞蟻闘夜夢
瓊壞峯頹東岳天圻中台缺五十六字糺邪指惑忠正事
君賢能凋喪霜露繽紛郊原莫問碑版缺文八焉觀
德我孫建新缺下　開元廿九年歲次辛巳　月　日
缺下

此吾祖唐莒襄公碑也在醴泉縣北小楊村隸額
唐故特進莒國公唐府君之碑十二字最完好正
文三十九行下半剝落過甚碑有開元廿九等字
或疑葬後七十六年開元時始建碑今玩其斷字
自是開元末年重立意者會嬰太平公主之戚毀
而復立者歟金石萃編考證數世名字最詳一當
以碑爲據又云全文約三千三百餘字存者千二
百餘字余取舊搨及新拓對勘與列傳互證參會
意義足成文句者可二千一百餘字其單詞隻字
文可曉而前後剝蝕辭理不屬者概付缺文以省
淩雜石墨鐫華云眞行書輕圓秀勁卓然名家余
恐愈遠愈失謹臨一通凡四石寘之碑林以志數
典不忘至其窺測補綴難免杜撰之譏觀者幸而
教之道光二年秋七月中元
賜進士出身兼護陝西巡撫布政使湘西裔孫仲冕沐
手敬書

案是碑關中金石記已錄其目而金石萃編昭陵

陪葬攷謂關中金石記止載溫彥博以下二十五
碑此碑爲其所增殆未細撿畢記耳陶山先生爲
莒公後裔惜原碑殘蝕購石重刊誠爲墨林盛事
原碑立于開元二十九年今以重刻本編附開元
之末以志古物重新宜與昭陵諸石並傳不朽云

任令則碑　行書

案碑在武功縣學嘉慶二十年七月縣令段君嘉
謨訪得之文字磨泐可辨者惟公諱令則字大猷
其先世爲春秋薛侯之後漢御史大夫敖後漢司
空隗魏吏部尚書愷考空二字賛州司馬弟令方岷
州刺史嗣子神鼎府果毅武貞仲子左司禦司戈

奉先次子兵部常選黃季子某數人名銜而已卒
葬年月皆泐前款有李邕文并書數字尙隱約可
辨北海書法嶽麓雲麾數種外僅見此碑窅然峙
立于縣學已近千年從來金石家既未著錄而閭
書鄉獻皆未言及直待段君搜訪始得之可見名
人遺蹟之汨沒於叢祠里社者尙多也

潘智昭墓志 正書

唐故吏部常選廣宗郡潘府君墓誌銘并序　遠國
流芳楚大夫汪之緒也洎乎晉業黃門侍郎岳之允
矣幸唐運龍驤颯砉耀武曾祖仏壽識叶天謀輔翼
左右拯濟塗炭永寍邦社拜銀青光祿大夫儀同三

司九原郡守祖觀太中大夫行司津監父元簡積學
成業溫恭允克仁惠鄉閭博通今古弱冠明經擢第
吏部選君名智昭字洛京兆華原人也幼年聰敏識
用多奇日誦萬言尤工書算甄別寶玉性閑技巧好
歌詠事王侯此乃君之行也君之明也養親純孝甘
脆無虧交游克誠信道日益友于兄弟共被均衣見
善必悛歸心三寶君之孝也君之仁也曉陰陽義通
挈壺術事瞿曇監侍一行師皆稱聰了委以腹心君
之德也君之能也掌歷生事習業日久勤事酬功授
文林郎轉吏部選時載五十有六運薄陵遲降年不
永嬰疾累月藥餌無徵病甚日篤終于其家嗚呼生
兮有涯逝川長沒備凶缺一字習吉兆以戊子歲實沈
月五日癸酉殯于長安龍首原禮也有子五人順也
運也訓也愼也俊也昊天罔極泣血如流恐代久陵
夷高崖爲谷孝心遠紀式刊銘誌　長原孤墳松檟
蕭森刊石退紀流芳德音泰山其頹梁木其摧五子
荼毒追慕增哀　天寶七載七月五日景時

案志云曾祖仏壽仏古文佛字君名智昭字洛一
字字也敘先世云楚大夫汪即左氏傳之潘尫古
字通用吏部常選見唐書宰相世系表蓋選人未
經授職之稱此志近日長洲章氏摹入因宜堂法
帖中而原石則在長安也備凶下泐一字章氏作

儀

劉感墓志 行書

唐故雲麾將軍左龍武軍將軍彭城劉公墓誌銘并
序　河東進士李震撰　集賢院上柱國安定郡席
彬書　猗夫乘閒氣孕淳精扇風雲盪河岳體五行
之秀應三才之靈者緊我劉公而是焉公諱感彭城
人也曾祖諱脊隱德不仕耽逸邱園祖諱晃父因子
貴克大吾門皇朝贈南谿郡司馬公清德難尙至理
可師屬我皇撥亂之開元也公提劍以從杖戈而先
附鳳高翔攀龍潛躍遂使鞏兕泥首萬方革面解褐
授翊麾副尉行興州大桃戍主遷右衞寍州彭池府

左果毅靈鑒洞照應變知微命偶聖君職參都尉又
改昭武校尉行左衛陝州曹陽府折衝轉左領軍衛
同州襄城府折衝參謀帷幄之中制勝樽俎之右無
何拜寧遠將軍左武衛翊府右郎將賜紫金魚袋旋
授定遠將軍行左龍武軍翊府右郎將又遷明威將
軍右龍武翊府中郎將公位階鴻漸官達虎賁騰淩
建信之名標淮公幹之氣轉雲麾將軍左龍武軍將
軍上柱國進封彭城郡開國伯食邑七百戶皇帝乃
命圖形麟閣賜印雲臺公侯伯子之榮封河山茅土
貝冑朱綬之貴列長戟高門忽興逝水之悲終銜過
隟之歎以天寶十二載二月廿一日薨于永興里之

私第春秋七十一以其年十月卅日葬于咸寧縣黃
臺鄉之原禮也嗚呼地理勇骨天落將星蕭瑟松門
悽涼磓挽嗣子秀等哀哀血淚欒欒棘心願頌惟冢
之風以篆他山之石銘曰　三秦岡九原窟鶴報地
兮潛恍惚森拱木閉荒墳人瘞玉兮碎氣氳
案志云撥亂開元羣兇泥首又云圖形麟閣賜印
雲臺蓋感以佐誅韋氏功起家官至左龍武將軍
圖形賜印可謂烈矣而新舊書皆不著其名賴此
片石以永其傳金石之有裨于史傳也信然

張安生墓志　正書

唐故雲麾將軍行右龍武軍將軍上柱國開國侯南
陽張公墓誌銘并序　烏能飛万里其有鵬乎魚能
吸百川其有鯤乎夫鯤鵬之處者非滄海而不居非
扶搖而不動豈秋潦夕吹而能加其志焉士有佐世
之才者非艱難而不投非明君而不事豈斗筲凡類
而能効其節焉則我南陽張公功可著矣公諱安生
譜牒清華門多高士漢有留侯秘略晉有司空博識
累葉冠冕暉曜相繼祖諱泰考諱貞並儒素隱躬遁
跡不仕田園蘊道于高尚詩書襲德於風雅後因公
列爵追贈考扶風郡司馬父因子貴以忠彰孝公駿
骨天資偉皃神秀拔奇材于衆外先武略于羣右景
雲中屬韋氏竊權羣凶暴溢擾我黔庶殘我王室公

乃叶忠謀爲佐弼識潛龍必躍于雲霄知牝雞伏誅
於斧質提一劍而直入掃九重以彌謐再清京兆之
天重捧長安之日謀深于周邵功越于平勃古往已
來莫之與匹公以功高職卑者志士之讓初退後進
者達人之漸故辭公侯之功就戈戟之任畢能身榮
于紫綬門曜于丹戟得馮異大樹之名免蕭何小過
之責有始有卒其惟公乎遂解褐授果毅二遷折衝
一拜郎將再轉中郎畢于龍武將軍矣食邑九百戶
公歷官無虧公務旨要慮事有則人莫能犯或帝居
內宮則警衛嚴肅或駕行外仗則旗隊克齊其動也
若鷹鶚迴迅其止也狀師虎羣怖電轉星流比其速

雲迴霞卷處其事暨乎晚載自强不息者繄公而已以天寶十三載冬十一月十日扈從薨于昭應縣之官第也享載七十有一初公染疾城中將赴湯所左右留勸作色不從曰吾亦知難保者命但殞隨君側以表忠誠亦知易歿者身但死在營閒用彰藎節使魂歸帝鄉之路心存皇闕之下願之足矣汝等勿違言畢扶疾卽行到遂終彼所謂臨事無苟憚臨困無苟免及迴櫬于路誰不傷悼嗣子庭訓等侍疾而捧藥淚枯返柩而攀輿氣輟夫人太原郡君王氏先公近歿苫廬猶新縗絰重舉泣地未絕號天更哀又以翌載春二月十二日別兆葬于龍首原之禮也素墳

上築而永固元堂下甃而深堅白雲孤飛招將軍之勇氣綠柏旁植表武士之高節恐陵谷有遷刻銘以記銘曰　鶚之迅兮飛已絕士之勇兮謀且決臨難不懼兮忠臣節奉我明后兮誅暴蘖脊令貴兮雁行列花萼忽凋兮一枝缺獨有功名兮千載存刻石說銘兮記墳闕

案安生以天寶十三載十一月扈從薨于昭應縣之官第唐昭應今臨潼縣地攷唐書地理志京兆昭應縣有溫泉宮天寶六載更名華清宮有湯井置百司十宅昭應官第卽其所也冊府元龜云天寶十三載十月乙酉帝幸華清宮十二月戊午還宮安生以十月扈蹕湯所十一月薨于其地明年二月葬于龍首原以南陽人而旅殯于咸寧也志石今爲寧武楊君元泗所得

房史君題記　正書

太原王（缺三字）人名（缺三字）仁（缺八字）書中郎守武興郡四境山嶙峋構新亭迓佳賓曰翠峯景寔眞唐天寶房史君上錫宴刊堅珉亭之右名不泯

案題記三字爲句二句一韻中有守武興句武興今漢中府畧陽縣魏正始三年置鎮尋改置郡縣唐天寶初置郡復西魏故名曰順政是記中有天寶字其曰武興者韻語從古稱非唐制也房史君

名字無攷車秋舲於長安得拓本錄之

張旭肚痛帖　草書

案帖在碑林梁僧彥脩草書石刻之下旁刻張旭書三字彥脩草書爲宋嘉祐閒梁郡李丕緒摹刻稱其草書得旭法此帖附刻蓋亦丕緒所爲西安府志金石門載入唐代關中金石記唐宋皆不載何也

隋唐石刻拾遺卷上終

隋唐石刻拾遺卷下　　聚學軒叢書第四集

長沙黄本驥編　　貴池劉世珩校刊

唐下

華嶽廟題名六則 並正書

缺華州刺史兼御缺殿中侍御史庾缺監察御史李亘缺太常博士缺太華三峯野客缺新安縣尉盧缺監採藥使翰林缺監軍判官尹懷缺監軍判官劉缺太華山人段藩缺押衙左金吾衞大缺　大歷六年乙亥缺

案大歷六年歲次辛亥非乙亥

朝散大夫前鄭州陽武縣令韋況　大歷九年四月

廿二日謁祠題記　平陸主薄杜錫芮城主薄杜梅建字缺一　三月廿三日

缺執邊豆為國討叛思契丹懇敬祭敬拜牢餼畢陳所期感通昭鑒不昧列旌旗於綠野羅冠劍於明庭共展禮容因以題記　大和二年八月廿八日　男守左驍衞倉曹參軍上柱國賜緋魚袋方參侍從朝覲

案題名上缺武授堂以叛思為契丹主名王述菴以為國討賊為句思契丹懇為句契如契合之契丹懇猶言丹誠詳玫契丹是時無叛附事而引唐書本紀以討賊為指王廷湊撓王師事當以是說為正

缺縣主簿竇存辭鄉貢進士焉玧開成二年四月存辭請假赴洛玧侍從祈缺

鄭縣丞攝尉許環　宇文珪　華陰縣尉薛殷圖

咸通十一年十月十七日題

案以上題名五則文並左行

監察御史裏行嚴名缺乙卯歲八月庚寅奉使東周敬展

案金石萃編云乙卯為昭宗乾寧二年八月乙酉朔庚寅初六日也

案華嶽廟唐人題名分刻于華嶽頌述聖頌精享

昭應碑告華嶽文碑之左右及殘甎斷甓中者凡七十餘段姓名可識者三百餘人乾隆四十三年弇山尚書重修嶽廟搜得之載入關中金石記其後王述菴官西安廉訪復加搜拓所得益多以上六則皆畢記所遺因彙錄於大歷六年題名之後

涇王妃韋氏墓志 正書

大唐涇王故妃韋氏墓誌銘序　給事郎行河南府洛陽縣丞翰林學士賜緋魚袋臣張周撰　夫必有婦其尚矣先務德禮次求容功兼而有之方謂盡善不爾則不足以侍執巾櫛宜其室家故詩稱好逑傳著嘉耦非必獲是孰婣名王妃姓韋氏蓋京兆長安

人祖湜皇朝中散大夫潁王府司馬贈光祿卿父昭訓皇朝中散大夫太子僕贈衛尉卿皆公望自遠吏才兼優來以何暮見歌去以不留興詠妃即淮陽府君之第四女也自漢及今門爲望族男不卿士女則嬪嬙蟬冕魚軒與時間出騰光簡牒昭晰紛綸妃以蕙爲心馨其如茝詞懿而定服純而衷位則千乘小君行則一人猶母雖貴無壽命也如何嗚呼享年四十八以建中二年十二月已酉薨于寢以三年二月庚申葬于原禮也存不育男孕女沒無主祀執喪有足悲夫銘曰　闕右著姓海內名家氣與蘭馥顏如蕣華宜乎作嬪于王之室如何不淑中路先畢松櫝

交植塗芻共來一晝朝露千秋夜臺目覩原野心傷缺二字白光既沈人亦薰缺一字中無可欲焉慮發掘但恨長辭獨歸城闕

案唐書宗室傳涇王侹肅宗第七子始王東陽進王涇興元元年薨妃祖湜父昭訓皆見宰相世系表湜齊州刺史

閭夫人張氏墓志 正書

大唐故清河張夫人墓誌銘 并序　宏農楊暄撰

外孫子聟彭城劉釓書　夫人號威德清河之族積善承家祖考諱近昌二女缺一字不乏世賢園林隱跡夫人既笄之後適于閭氏婉順和睦克柔母儀淑慎于家聲聞于里況乎先覺早晤色空齋戒在心持念閉目奈何善不增壽命也自來染疾月旬歲過不減貞元八年二月廿八日終于京長安縣義寧里之私第春秋六十有九即以其年五月十八日擇兆吉辰葬于長安城西龍首原之禮也嗣子庭萼右龍武軍宿衛忠孝之道號絕過禮次子庭珍右羽林軍宿衛邠州節使尚書張獻甫奏赴行營遂忠于國孝不並行報哀之情昊天何極嗚呼痛哉又足悲也一女四德適于白氏半子之分禮以恭仁攀慕痛深將刻斯石其銘曰清河夫人適于閭氏二男一女忠孝誰理其一公之獨守痛傷靈机四時定省賴之半子其二

楚挽送終染疾一周死生命也念之何求其三孤墳寂寂松柏颼颼泉門永閉萬古千秋其四　外孫太清刻字

案書志人劉釓釓字音義未詳其人即閭女適白氏之子壻也壻作聟者聟壻字通見干祿字書刻字人名太清者白氏之子也

孟再榮造像記 行書

大唐元和三年歲次戊子七月辛巳朔十二日壬辰清信弟子大盈庫染坊等使雲麾將軍左監門衛將軍員外置同正員上柱國賜紫金魚袋孟再榮建立

案石廣一尺五寸高九寸許在西安佛寺

心經正書

案經末一行題大唐元和五年正月一日刊楊君元泗得之長安石裂爲三書法秀整分上下二層每層凡十行

西門珍墓志正書

大唐故朝議郎行宮闈令充威遠軍監軍上柱國賜紫金魚袋西門大夫墓誌銘并序　從姪鄉貢進士元佐上　公諱珍京兆雲陽人也曾祖空一字祖彭並蘊異才不苟榮祿孝悌雖形于家室聲芳已著于遠邇父進朝議郎行內給事賜緋魚袋立性恭寬執心忠亮入侍閨房出撫軍師歷事四朝竟無斁累故中

外貴介咸遵厥行公器局宏懇見解殊倫幹于理劇果于從政志存大略不忌小節恆人議其傲睨高賢許其豁達至德之初釋褐從仕大歷之末擢居宣徽建中四年王室多故涇源叛卒晝入犯闕鑾輿西巡以避封豕艱虞之際尤佝通才除內府局丞充鳳翔隴右節度監軍判官時懷光不臣潛與泚合翠華于是更幸梁洋節使楚林果有疑貳公每于衙府輒肆直言諭其將士儆以禍福國家靡洴隴之憂州縣免誅夷之弊微公之力殆不及此德宗聞而異之俾充荆襄沔鄂洪府宣慰使興元元年遂除洪府判官缺一字先鋒兵馬使伊慎下安黃等州貞元元年來獻俘馘上旌公功拜內僕令令赴本道其年朝覲還荆南監軍上以公習于戎事徵府任重聖心未缺一字久而不遣至八年充劍南三川宣慰使其六月監淄青行營兵馬三千餘人戍于岐山西扞荒服上以公臨事不私撫軍有術凡積星歲踰十瓜時十三年入奏上嘉其勳錫以朱紱昆戎自從會盟僭負恩信知我有備未嘗犯邊上以關東甲士遠從勞役悉令罷鎮御歸本管三軍別公援轡揮泣如訣父母豈勝道哉既歸闕庭復任高品暨德宗昇遐順宗嗣位爰選耆德以輔儲皇轉爲少陽院五品永貞元年屬今上龍飛公以密近翼戴之績賜紫金魚袋充會仙院使元和

元年改充十王宅使歷事六朝公智足以周身謀足以解難事上不偪接下不侮自束髮委質銜命撫軍宣慈則蒸庶再蘇討叛則兇渠授戮動有流譽人無謗言若非淑慎曷能臻此公身居祿位志不驕矜克遵象外之談不缺一字生前之事遂于長安縣龍首原西距阿城東建塋域高岡雖枕夏屋未封君子聞之僉曰知命夫人馬氏驤之女也內備四德外諧六姻邑睦允暢于曹風折旋不虧于戴禮不幸先公而歿有子四人長曰季常次曰季平季華季樵或名參密侍或職列禁軍咸蘊構堂之姿俱是保家之主以元佐性無飾僞文好直詞爰命紀能庶旌實錄其詞曰

洪河孕氣兮嵩岳粹精聖君當馭兮哲人乃生才調不羈兮智略縱横器宇寑深兮量包滄瀛結髪從宦兮捐私徇公弱冠授命兮臨人撫戎入侍丹陛兮三接明寵出宣青塞兮九譯潛通功成位高兮鏘金拖紫居安隱危兮先人後已去健羨師老氏之危言齊死生宗大仙之至理自昔有生兮孰能不亡考彼靈龜兮兆此龍岡或掊或築兮高墳深穴爰栽爰植兮青松白石　闕廷衆稱其美謂保貞吉以享百齡逝川不留奄隨朝露以元和十二年七月一日遘疾終于修德里之私第春秋七十有四以明年七月廿日壬寅遷窆于長安縣承平鄉先修之塋從其命也

案此志卒葬年月另敘于銘詞之後前序及銘係珍作生壙時命從姪元佐撰文後二行則葬時補敘也

吳達墓志　正書

唐故奉義郎試洋王府長史濮陽吳府君墓誌銘并序

鄉貢進士寇同撰　府君諱達字建儒濮陽人也其先與周同姓文王封太伯于吳至武王始大其邑春秋之後與爲盟主及越滅吳子孫奔散或居齊魯間因爲郡之籍氏焉祖偉皇任虔州虔化縣丞父缺一字晃皇任禺州別駕趣輿貳邑克著公淸積慶所鍾實繁允嗣別駕娶鍾氏而生四子府君郎其長也弱不好弄長而能賢淸白自持有南朝隱之之標雄謀獨運得東漢漢公之風歷階奉義郎累試洋王府長史始著籍于豫章晚徙家于京國優游墳典怡性林園脫弃軒葢之榮趣翫琴樽之樂雖二疏之辭榮四皓之讓祿嬀之長史今古何殊不幸以大和四年夏六月十有六日遘疾終于勝業里之私第春秋六十七以其年十月廿日辛酉祔葬于京兆府萬年縣洪固鄉北韋村烏虖梁木斯壞哲人其萎青烏占窀穸之期白鶴爲弔喪之客夫人扶風郡萬氏閨門肅睦無慙班氏之賢四德不虧豈謝謝姑之德先以寶歷元年十月廿一日捐館于前里第及今克遵祔禮也

夫人實生二男一女長曰仲端次曰仲璵並幼而敏慧有文武幹材或親衛于丹墀或繕經于白武追隟光之莫及痛楓樹之不停以其禮經有制空垂志行之文金石靡刊孰紀陵之變銘曰　吳氏之先周室配天封伯東南世多其賢春秋之後國始大焉代著仁德府君嗣旃淸愼廉退吾無間然秩試王府道優林泉積善何昧逝于中年洪固高原南抱樊川佳城鬱鬱宿草芊芊鸞鳳兹祔龜兆叶吉夜月松風萬古斯畢

案唐萬年縣今西安咸寧縣地志中白虎避諱作白武孰紀陵谷之變句脫谷字此石嘉慶二十二

年武功令段君襄亭購得之

習空和上塔銘 正書

唐故內供奉翻經義解講律論法師習空和上塔銘并序　正議大夫守秘書監上柱國瑯琊縣開國公食邑一千五百戶賜紫金魚袋王申伯撰　天地之德至大非風雷日月之用不能贊其化育而發生乎萬物釋氏之教至精非聰達惠覺之士不能揚其妙道而化度乎羣疑天生法師克契斯義用安一世以垂化後云法師諱習空姓任氏弱而神清幼而不羣年八歲心已嚮佛誠請既行緣愛自去遂授經于惠雲卒學景鸞耳所一聞亦既懸解目所一覽又若夙

習跪陳精奧師皆耿[redacted]知大其法非天縱之孰能如此法師常謂弟子曰我靜觀眾生或瞽或聾嗷嗷蚩嗤溺于狂妄若智者不能拔仁者不之慈雖獨揭厲于清源則大聖之教又將安施于是張善惡報應驅僻邪于中正導眞如之理解拘縛之勞登高抗音化所不化侍代宗則聲仁王之文言發而歸于大中理貫而合于至正故君聞而仁臣聞而忠推而廣之風化斯變詔法師與天竺三藏譯六波羅密經功畢上獻天子感歎錫賚有加雖異方之奉學者知有所本矣由是大教揚溢于海內惠風漸漬于人心朝廷垂衣刑措于下其或有助乎嗚呼時將不幸人其無依

以貞元十年正月十五日告行于興唐寺報年六十一弟子惠見等與俗侄白衣會葬服縗者千人焉以其年三月四日弟子智誠等共起塔于畢原高岡既相與號慕不逮因諮鄙人刊銘于石述其妙道用慰永懷銘曰　佛有妙法使皆清淨世界罕聞色塵皆盛其一心逐于妄情亂于性扇爲頹風蕩然莫正其二大哉我師降厥慈悲開示寂樂破摧昏疑其三法相既圓色空自離千萬大眾歎泣而隨其四大教既揚威德有光除彼煩惱化爲清涼其五功成身去自契自藏銘于塔石與天俱極其六　大和七年歲在癸丑八月十五日比邱智亮等建　從一　法源　超秀　惟缺一字

缺二字　惟永　智謙　日榮　海印　惟缺一字

惟旭　自謙　善惠缺一字　京兆田復書

案志云起塔于畢原畢原在長安縣西南

進石經狀殘字 正書大字五行小字一行

鐫刻已畢伏以第一行大字　備刊貞石遂使究尋不第二行

儒風大闡自漢魏已後淪第三行　忝司成詳觀不朽之

功實賀無疆第四行　守國子毛詩博士上柱國章師道

隨第五行　事太淸宮使監修國史上柱國滎陽郡開國

公食邑二千戶臣覃狀進第六行小字

案石刻十二經已見關中金石記末有年月一行艾居晦陳玠等十人銜名十行詳載西安府志二

書皆未及進書之狀此石殘缺當爲明嘉靖乙卯地震所碎縱横止餘尺許無年月是經成于開成二年十月則進狀當在其時第五行章師道全銜上缺朝議郎三字第六行臣覃全銜上缺都檢校官銀青光祿大夫右僕射兼門下侍郎判國子祭酒同中書門下平章三十字證以末段銜名而知也狀有忝司成三字蓋鄭覃時爲國子祭酒狀卽覃撰而章師道等因隨狀署名也

重修大像寺記　行書

重修大像寺記（缺二字）沙門義叶書　大和乙卯歲

潁川郡陳公爲左神策將軍以其誅暴息亂宸衷親付之右地公上酬天造忠奉國恩內戢三軍外安百姓擁二州之地霧卷波澄盜萬乘之心雲消煙滅冀恢宏乎至道匡贊我有唐至開成戊午歲公因觀地無遺利農則有秋遂謁元元以告淸愼拜大像以請鴻福方歎鳩鴿巢頂荆棘掩砌廊宇霖漏樓殿欹傾寺無居僧爰詰耆舊曰頃者莊田典賣於鄉里林木摧毀於樵童賴（缺九字）舊地出淸俸以收贖因茲請僧重復其業然耕耘菑穫未有倫次焉俯書乃命僧藏乂爲赴知已者時不歷二祀裝慈尊以金（缺一字）飾（缺一字）殿以丹雘而眾事云畢至于儲蓄車乘與生生之具兼頃畝年代並錄之于寺記碑陰以示鄉里鄉黨爲免奪不朽之驗凡百君子敬而（缺一字）之■管莊大小共柒所都管地捴伍拾叁頃伍拾陸畝叁角荒熟并柴浿等捌頃叁拾捌畝半坡側荒肆拾伍頃壹拾捌畝（缺二字）熟（缺二字）瓦屋壹拾貳間草舍貳拾間果園壹所東市善和坊店舍共六間半並瓦風伯莊荒熟共壹拾一頃伍拾畝東常烈西澗南歐陽北王歸（缺三字）第一垙連東莊居一段柒拾叁畝半東溝西道南自至北寺牆一段連西莊居一頃貳拾叁畝東道西張用南北自至一段貳畝東南自至西軍田北闕一段（缺一字）一畝東自至西道南軍田北博耳俊第二垙地一段一十八畝東張鄒西張進讓南邊昇北河地一

段九畝西河南河東張進讓北張進讓一段貳頃貳拾肆畝東道西官田南北陌一段一頃東博耳憲莊西道南阡北陌一段十四畝東薛鳥暉西符義南北道三垙一段四十畝東西符義南阡北陌一段十二畝東南大女西北道一段十二畝東道西自至南馬寬北張德成一段八十伍畝東符義西道南阡北陌四垙一段二頃一十六畝東道西杜華南阡北陌一段九十五畝東道西韓進玉南阡北陌五垙一段一頃一十四畝東渠西杜元最南阡北陌一段三十畝東張德成西鍾免南杜華北道一段四十五畝東道西廣聖寺南阡北陌六垙一段二十五畝東北阿道

西河南阡一段七十五畝半東鍾興西阿趙南阡北陌信義村一段二十一畝東張江西南道北堎七垗一段三十畝東鍾進通西晉三娘南堎北陌一段十二畝東楊清西比富悦南阡北陌一段三十畝連莊居東董稱西河南阡北缺一字一段二十三畝連部落莊居東南河西至德寺北道王杜村一段三十五畝東㵎西道南荀華北陌一段二畝東北道西官田南堎一段十六畝東王進平西安寧南道北闕一段八畝東安寍西南北道一段四十五畝東符義西盧詹南堎北道一段二十畝東北王進平西堎南阡野仁城一段一頃七十畝東自至西古城南缺五字一段八

十畝東張德成西自至南符義北古城寺東北荒一段三頃一十二畝東溝西施身坑南安敬忠北堎寺牆北一段荒一頃缺十六字南熟一段三十二畝東堎西道南張德成北竇志成槐樹谷北坡一段七十畝東道西邪王南張岸北堎一段南坡缺十六字一段二頃一十二畝東道西㵎南王翰北溝永壽鄉庄一段一頃三十二畝東道西㵎南劉英北官田一段一十八缺二十三字北垗一段六十畝東道西水南自至北竇操一段四畝東西南道北自至三陽鄉白藍平缺一字地一缺十四字一段二十畝當谷東西堎南水北自至一段五十畝東道西楊江南領北泉一段四十畝東北水西

南楊珪一段一十畝缺十五字楊珪南北水一段二十畝東北水西楊珪南馬恭一段一十畝東西南楊珪北道一段聖明谷二十畝東道西楊珪南缺十字東西楊珪南水北楊江一段一十五畝東北自至西楊江南泉一段一十七畝東南北道西楊江一段三十五畝東堎西南北道一段缺三字柴浪東西北水南李海一段三十五畝張家坡里仁鄉界東南北荒西道一段一十二畝排山西坡東西堎南北荒一段高九谷并柴浪九十畝東北封日榮西道南馬恭一段五十畝東堎西嶺道南嶺脚北封日榮一段二十畝東北溝西嶺上道南馬恭胡桃谷連莊地東至奢驄谷北嶺

近至閃電嶺及波羅嶺西至㵎近北至神堆嶺南至奢驄谷口東西道北至張英内至侯漸興及泥谷四至内管熟地七段餘並荒坡柴浪　使請都撿挍修造上都淨住寺内供奉大德沙門藏缺一字　都維那義爽　前寺住元誼典座維釗　直歲懷章　沙門從龍　會昌元年伍月拾日記　秦鍔刻字

案碑在隴州頴川陳公爲左神策將軍興復是寺而不詳其名碑前刻寺記後刻莊地而記乃云頃畝年代並錄碑陰何也所記莊地頃畝四至甚悉而字句甚簡非若後世地契瑣瑣登載也其記地界曰垗曰㵎曰溝曰道曰寺牆曰軍田曰河曰官

田曰阡曰陌曰渠曰堎曰嵎曰水曰領曰泉曰嶺
道曰嶺腳曰某鄉某村某寺某谷某嶺其記地鄰
則有常烈歐陽王歸張用博耳俊張弼張進讓邊
昇博耳憲薛烏暉符義大女馬寬張德成杜華韓
進玉杜元晟鍾免阿趙鍾興張江鍾進通晉三娘
楊清比富悅董稱苟華王進平安盧詹安敬忠
竇志成邪王張岸王翰劉英寶操楊江楊珪馬恭
李海封日榮張英侯漸興凡四十四人而地近本
寺者則曰自至攻地界內垅字見廣韻垅陌也古
以南北為阡東西爲陌此云南阡北陌以阡陌字
分屬南北而東西不與焉要之阡陌乃田閒涂畛

之通稱無定屬也堎字字書所無疑當時俗書或
與稜陵通用也地鄰內有博耳俊博耳憲比富悅
博耳與比皆希姓又大女阿趙晉三娘以婦女爲
地界殊鮮見而寺地之鄰稱曰大女尤奇

王守琦墓志　正書

唐故正議大夫行內侍省內府局丞員外置同正員
上柱國太原縣開國男食邑三百戶賜緋魚袋王公
墓誌銘 并序　將仕郎試右監門率府錄事參軍劉
景夫述　公諱守琦父皇任朝散大夫充內酒坊使
諱意通之第九子也公早朝禁掖旋授曷恩配賢父
天寔遇慈昊訓以文藝卓以詩筆敎以溫常誡以廉
克仁德播于流譽特選名於肘腋恪恪奉主孜孜在
家貞清絕邁于古賢硎聽全逾于往哲斯可爲天之
祐也故得常居寵秩朱紱銀光渥恩不謝于先宗煥
彩寔暉于後嗣貞元十二祀入仕大中三載退歸私
第因寢疾崩于歲十二月十五日緣久居崇秩先塋
稍隘爰于舊墳西南隅拁建斯塋也伏以先墳高聳
碑秀峨峨族裔且書此不列之公先夫人大塋今夫
人謝氏追念前恩怨嗟煢後哀痛過于班家調訓同
于孟母今至孝男允實次曰從盈又次曰從泰等敷
嗽血淚逾甚高柴啟侍晨夕殊邁曾晢生事已畢葬
事將塋宅兆吉晨用刻大中四年正月廿三日禮葬
鄉曰大義村號南姚土事銘詞因斯建也銘曰　形

形王公穆穆和恭侍親以孝事君以忠四科畢備書
釰全功能章禮樂能揚國風少承先寵暮乃將退居
上共宗居下共愛身歿名章魂消譽在釰鏡人仁孰
不欽賚 文內公先夫人下脫張氏早喪附在大塋嗣子四人長曰從祐遂而往逝亦祔凡廿二字
案志云怨嗟煢後後當作獨銘云書釰全功又云
釰鏡人仁釰字書音日鈍也與此文義不合當是
劒字別寫

劉夫人霍氏墓志　行書

唐故劉氏太原縣君霍夫人墓誌銘 并序　朝散大
夫前守彭王府諮議參軍上柱國周遇撰　天地之

大德日生剛柔之毓質日性盛衰相攻存亡陵替理達希夷之旨竟歸終極之原三者生有令淑而顯茂則紀述而銘焉有唐故銀青光祿大夫行內侍省內寺伯致仕彭城郡開國劉公夫人霍氏世系文之詔也當周之興封建子弟因而氏焉其後代變時移今爲京兆居人也皇父晟將仕郎守家令寺藏署丞公孝履資身恪勤涖事歷官秩而益著勤瘁之名奉春儲而出納之功無愆幸以慶鍾德門是生愛女夫人即丞公之長女也夫人幼聞詩禮早肅端姿齊潔持心溫柔飾性霜松比操寒竹孤貞閨門悅懌之儀晨昏問安之禮沓主之矣榛栗告脩將移他族遂適彭

城公百兩之後一與之齊嚴奉舅姑敬恭戚族服澣濯之衣儉而達禮遵婉娩之教婦道日新飾其德而不飾其容嚴其家而不嚴其身名同夫貴德與家崇寵錫降封太原華邑昔公謂曰我以代傳鍾鼎門蔭蟬聯先開府秉左廣之權吾令弟統右護之師朱紫赫奕棣萼鱗敷者四人而悉忠于國孝于家學大戴禮諷毛氏詩堅白自持秋毫無隱功備史冊銘在景彝戒滿盈而慕沖謙弃軒冕而好疎逸功與名皆全矣而思內則雍穆吾心至矣夫人結褵作配卅三年履正居中其道益彰洎浙右歸闕累移星歲頓攝乖宜寢成沉痼夫人侍執湯藥饈奉飲膳所舉者無不

親嘗不顧寒暄不離座隅日月造居近于二載夫人自此憂悉亦已成疾先常侍奄從薨逝祭祀蒸嘗不失如在之敬至于卜遠之日疾將就枕諸孤曰違裕若是豈在力任夫人曰吾逝死生同塵何愛身命一閉泉壤永爲終天但無虧于節義豈望苟自偷安躡哭而往畢遂其志爾來日邁綿惙針藥不減遽至彌留以大中九年十一月十八日終于來庭里之私第享年五十七嗚呼人之所貴者福與壽積善既昧于徵應陳先難駐其詹楹青春路遙白日將謝妝樓儼設玉匣漸見其塵封輕影忽飛夜臺已知其息處有子三人嗣曰復禮威遠軍監軍使行內侍省內僕局

丞賜緋魚袋仲曰全禮內侍省內府局丞充內養季曰伸禮皆才聞五美學贍三冬孝敬承家忠貞蘊志惣戎而理遵約法專對而辭注懸河自鍾艱疚茹毒銜哀泣血絕漿罔顧晨夕因心之孝冀報其劬勞思養之情徒悲于風樹以明年正月廿九日祔葬于萬年縣龍首鄉先常侍塋西禮也遇奉命敘述敢爲銘曰　夫人懿德蘊其明識端姿潔朗惠質柔直工修內範容無外飾玉鏡孤光琨瑤潤色問名成禮作合君子四德道隆九族稱美門崇鼎列功高岳峙澤乃華封燀光青史雲路碧落霜折瓊枝其往如慕其返如疑龍首之埏滻川之湄魂游九原與公同歸

案志石今在西安而金石萃編云在孟縣誤也

程修已墓志 正書

唐故集賢直院官榮王府長史程公墓誌銘 并敘

鄉貢進士溫憲撰　男進思書　男再思篆蓋　程氏之先出自伯休甫其後程嬰春秋時存趙孤以節義稱故奕世有令聞公諱修已字景立曾祖仁福左金吾衛將軍祖鳳婺州文學父儀蘇州醫博士公幼而穎敏通左氏春秋舉孝廉來京師游公卿名人間能言齊梁故實而於六法特資稟天錫自顧陸以來負絕獨出惟公一人而已大和中陳丞相言公于昭獻因授浮梁尉賜緋魚袋直集賢殿累遷至太子中

舍凡七爲王府長史趙郡李宏慶有盛名嘗有鬬雞爲其對傷首異日公圖其勝者而其對因壞籠怒出擊傷其晝李愕然大駭昭獻常所幸犬名盧兒一旦有儆葢之歎上命公圖其形宮中畋犬見者皆俯伏上寵禮特厚留于秘院凡九年問民間事公指口不對惟取內府法書名畫日夕指擿利病上又令作竹障數十幅既成因別爲詩命翰林學士陳夷行等和之盛傳于世公于草隸亦精妙章陵玉冊及懿安太后諡冊皆公之書也丞相衛國公聞有客藏右軍書帖二幅衛公購以千金因持以示公公曰此修已紿彼而爲非眞也因以水濡紙抉起果有公之姓字其

爲桃杏百卉蜂蝶蟬雀造物者不能爭妙于其際仍備盡法則筆不妄下世人有得公片迹者其緘寶耽翫千萬古昔公嘗云周侈傷其峻原注周昉張缺二字其澹原注張太府萱盡之其惟韓乎又曰吳怪逸元通陳象似幽悉楊若痿人強起原注庭光許若市中鬻食原注缺性夷雅疎澹白皙美風姿趙郡李遠見之以爲沈約謝朓之流大中初詞人李商隱每從公游以爲淸言元味可雪緇垢憲嚴君有盛名于世亦朝夕與公申莫逆之契高游勝引非公不得預其伍公又爲缺三字晝毛詩疏圖藏于內府以咸通四年二月一日遘疾卒于缺一字國里第享年缺一字十九先娶葉氏有子三人長曰

進思鄜州甘泉主簿次曰缺一字思畫法尤高妙自以爲與公迹殆相亂又其次曰再思于學無所不通工篆籀其爲狀澹古遒健後娶石氏有女二人長適缺一字州韋城縣尉景紹一女幼石氏亦先公而亡以其年四月十七日葬于京兆府萬年縣姜尹缺一字憲嘗爲詠蛺蝶詩公稱其句因作竹暎杏花晝三蛺蝶相從以寫其思其孤以憲辱公之盼遂泣血請銘銘曰

五曜垂晶羣山降靈鍾茲間氣瑞我昌庭遇物生象乘機肖形情通盼蠁思入微冥顧陸遺蹤缺一字張舊轍芳塵寂寥妙迹蕪缺一字故缺一字空存神缺一字永輟千齡萬祀慘澹夷滅

案修已爲畫院名家而圖畫見聞志圖繪寶鑑諸書皆闕而不載惟杜荀鶴松窗雜記載開元中有程修已者善畫元宗問牡丹詩誰爲首出對以中書舍人李正封詩曰國色朝酣酒天香夜染衣上嗟賞移時志載修已卒于咸通四年上距開元末年凡一百二十二年杜記時代亦似未確此志撰人溫憲郎詩人庭筠之子中敘修已評畫之語曰周傷于峻張傷于澹盡此其惟韓乎周昉張萱韓幹皆長安人昉萱以人物勝幹以畫馬名俱見宣和畫譜又曰吳怪逸元通陳象似幽悉楊若瘦之强起許若市中鬻食吳即吳道子少陵所謂吳生遠擅場也善畫神鬼故曰怪逸元通陳名未詳楊

注云庭光許下注缺似琨字

劉仕俌墓志　正書

唐故朝議郎守徐州功曹參軍上柱國劉公墓誌銘

御食使登事郎上柱國賜緋魚袋張元勿撰并書

公諱仕俌字元同彭城人也祖諱光奇開府知內侍省事父皇諱英閏特進大夫人楊氏妻張氏先終公有二女長適田氏次適張氏二男曰壽郎先逝次曰齊宴年十二公氣含淸韻獨異貞姿業廣藝深事皆天假孤標狀喬松之拔衆林朗質若秋蟾之懸碧落溫恭克己節儉修身順協于家忠貞于國公實歷二年六月五日奏授出身累參選序數授令丞後任缺二字功曹參軍公紀綱一郡掾理六聯淸貧而吏不忍欺單步而人懷缺三字心政理美譽益彰公性親元奧心慕雲霞朝披黃老之書暮覽缺二字之要喧囂每厭蟬蛻歸元身既離于俗塵名定缺一字于紫府公咸通七年十二月一日終于輔興里春秋八十矣八年正月廿五日葬于長安縣龍首鄉祁村嗚呼寒暑忽侵纏緜數載針藥無瘳百齡斯泯嗟夫盛衰生死實可痛哉乃爲銘　波瀾不息逝水孱孱浩浩悲風摧傷何遄千生永訣一往無還　咸通八年正月廿五日

案志云父皇諱英閏特進特進言其官階皇諱英閏未詳其義

劉遵禮墓志　正書

唐故彭城劉公墓誌銘 蓋九字篆書　唐故內莊宅使銀靑光祿大夫行內侍省內侍員外置同正員上柱國彭城縣開國子食邑五百戸賜紫金魚袋贈左監門衞大將軍劉公墓誌銘并序　翰林承旨學士將仕郎守尚書戸部侍郎知制誥賜紫金魚袋劉瞻撰

中散大夫前左金吾衞長史兼監察御史崔筠書并篆蓋　公諱遵禮字魯卿帝堯垂裔實分受姓之初隆漢敦興更表昌宗之盛靈源彌遠瑞慶斯長史不

紹書代稱其德曾祖諱英皇任游擊將軍守左武衛
翊府中郎將韜鈐奧術倜儻奇材運阨當年位不及
量僖伯有後累生英賢烈祖諱宏規皇任左神策軍
護軍中尉特進行左武衛上將軍知內侍省事贈開
府儀同三司楊州大都督沛國公佐佑累朝出入貴
仕文經武略茂績嘉庸誓著山河勳銘金石訓傳令
嗣慶集德門郎令開府儀同三司內侍監致仕徐國
公名行深也公郎開府第五子穎悟於齠齔溫克於
童蒙孝敬自稟於生知忠恪允符於夙習爰當妙齒
卽履宦途以寶歷二年入仕位重要權爭用爲寮宷
貧鴻漸之勢俟麟角之成雍容令圖遜讓美秩開成

五年方賜綠授將仕郎掖庭局宮教博士充宣徽庫
家地密務殿選清材稱舉止有裕階資漸登會昌元
年授登仕郎四年授承務郎常在禁闈日奉宸扆皆
貴游之子弟爲顯仕之梯媒清切無倫親近少比特
加命服仍領太醫六年賜服銀朱加供奉官轉徵仕
郎內僕局令充監醫官院使親承顧問莫厚於宣徽
榮耀服章無加於紫綬其年六月授宣義郎改充宣
徽北院使十一月賜紫金魚袋階秩表仕進之績爵
邑列恩寵之榮旣屬上材因降優命大中二年授朝
散大夫彭城縣開國子食邑五百戶密侍右遷樞軸
備選邊防經制才略所先公論咸推帝命惟允五年

改充宣徽南院使尋兼充京西京北制置堡戍使壃
埸設備今古重難俾無奔突之虞用致煙塵之息凡
所更作大叶機宜與能疇勞換職進秩其年使迴改
大盈庫使旋授宮闈局令夫葨弓勁矢武衛戎裝器
號魚文名掩繁弱帑藏之貯進御是須多資峻嚴以
絹要重七年改內弓箭庫使又以上田甲第職夥吏
繁禁省之中號爲難理茍非利刃盌惣劇權八年改
內莊宅使出護戎機實爲重寄受歷試之選膺貞律
之求爰以周通遂俞推擇九年改兗海監軍使共綏
武旅旁協帥臣儻非其材亦罕濟用雅聞懿績更莅
雄藩十二年改鄆州監軍使出入之宜勞逸是繫履

踐之美重沓爲優十三年赴闕明年授營幕使其年
再領弓箭庫使咸通元年十二月轉掖庭令雲螭注
產驥子龍孫當星馳電逸之塲列中阜內閑之籍寶
鞭玉勒足踈首驤繫於伯樂之知懸在伏波之式鑒
精事重匪易其人三年遂授內飛龍使休聲益暢睿
渥彌敷進於崇班示以懋賞四年授內侍省內侍地
控西陲任當戎事思得妙略冀絕邊虞五年改邠盌
監軍外展殊勳內缺要務人思舊政主洽新恩七年
復拜內莊宅使顧遇益隆兢謹愈至將申大用先命
崇階八年授銀青光祿大夫嗚呼得君逢時材長數
促性命之際賢哲莫窮咸通九年孟夏遘疾優旨許

歸就醫藥鍼砭無及湯劑徒施莫逢西域之靈香遽
歎貞流之近六以其年六月十四日薨于來庭里私
第享年五十三八月五日詔贈左監門衛大將軍竊
惟開府以仁誼承家用忠貞事主德齊嵩華量廣滄
溟便蕃顯榮洋溢功業掌鈞軸則彌縫大政綰戎務
則訓齊全師勤以奉公寬而濟眾書于史冊播在朝
廷故得朱紫盈門輝光滿目公之仲季時少比倫並
以出人之材各奉趨庭之訓優秩佳職後弟前兄而
公不享遐齡豈神之孤眾望也是以開府惋惜軫極
悲懷夫人咸陽君田氏四德咸臻六姻共仰婦道克
順母儀聿修有子四人長曰重易給事郎內侍省內

府局丞次曰重允宣徽庫家登仕郎內侍省奚官局
丞又其次曰重益曰重則並已賜緑皆以孝愛由己
明敏居心在公處私克守訓範以似以續家肥國華
今則喪過乎哀慨焉在疚宅兆既卜日月有時十一
月八日銜哀奉喪窆于萬年縣崇義鄉滻川西原禮
也佳城永閟昭代長違生也有涯前距百齡纔及半
死如可作後游九原當與歸瞻叨職內廷持承宗顧
刊刻期於不朽敘述固以無私銘曰　積德之孫大
勳之嗣允文允武有材有位既遇明時將膺寵寄樞
機之任咫尺而至命不副才期而爽遂崇崇德門侁
侁令子垂裕後昆流千萬祀　鐫玉冊官邵建初刻

案志石乾隆間出土完具無缺撰文者爲吾鄉郴
人劉相國瞻其題銜云翰林學士承旨守尚書戶
部侍郎與唐書宰相世系表合而守尚書戶部侍
郎則本傳未之及也志云開成五年賜緑又云其
子重益重則並已賜緑唐服色之制四命以緑五
命以紫腰帶之制五品以上用朱飾以金六七品
用緑飾以銀此稱賜緑大約是賜四命之服六年
賜服銀朱則拜朱紱銀章之賜也志末云生也有
涯前距百齡纔及半死如可作後游九原當與歸
以七言對句入四六文前無此體葢創始于唐末
崔筠唐書無傳書特秀勁武授堂以爲似柳誠懸

信然

魏公先廟碑　正書

案碑在西安布政使署乾隆己亥歲弇山尚書主
修西安府志載此碑入金石門爲崔絢撰文柳公
權書大中六年十一月立而尚書輯關中金石記
在辛丑歲相距僅三年不收此碑葢漏載也碑凡
五裂鑲嵌成版陊剝過半不能成誦題爲缺六字判
戶部事上柱國賜紫金魚袋魏公先廟碑銘前款
二行一云缺六字柱國博陵縣開國子食邑五百戶
賜紫金魚袋崔缺一字篡一云缺五字柱國河東郡開
國公食邑二千戶柳公權書幷篆額撰文人崔姓

泐其名並無立碑年月不知府志何以定爲崔絢撰文大中六年十一月立今審其文有云廟既成使門吏左補闕鄭愚謂璵曰云云又云能敵予之重託者宜莫如子璵聞命震悚卽走相君之門固辭不獲歸次其世胄德行官業云云然則撰文者乃崔璵非崔絢也舊唐書崔珙傳璵字朗士封博陵子在大中七年若此碑立於六年則璵銜尚不得稱子判戶部事魏公佚其名蓋鄭國文貞公徵之裔也鄭公貞觀間立家廟于長安昌樂里長安志載昌樂坊在京城朱雀街東第二街有鄭國魏公徵家廟大中中來孫謩爲相再新之以元成爲

封祖元成鄭公字也攷謩爲相在大中十年其卒在十二年廟之初建不知在貞觀何年据鄭公卒于貞觀十六年卽以是年爲始至大中十二年止二百一十六年而碑乃云文貞立廟後越二百卅五年公始新之當至僖宗乾符三年始合其數則志以爲大中中新廟亦似未覈金石萃編疑爲謩之子爲祀謩而新此廟特以唐書宰相世系表謩子無判戶部事者未能確定耳文敘先世官履俱剝蝕惟存曰釗曰琬二名蓋鄭公之祖父也又云奉祖考鄭公及吏部府君諱昪之神主升于室室上以祖考妣鄭國夫人河東裴氏皇考妣河東裴氏王考妣某氏云云其稱祖考妣者鄭公之夫人也皇考妣王考妣則新廟者之曾祖母及祖母而諱昪者則其祖也碑石惟左上一段完好不及二百字金石萃編不能確定立碑歲月附于咸通之末從之

萬壽寺記 正書

大唐萬壽寺記　刺史柳玭撰　漢長安城本秦離宮也高帝七年長樂宮成自櫟陽徙都之惠帝覩其窄狹乃發長安六百里內男女十四萬六千人及諸侯王列侯從隸二萬八城長安成賜民爵戶一級長安城方三十里內地九百七十三頃八街九陌九市

周回六十五里十二城門皆有侯蕭望之爲東門侯東有三門一宣平門外郭東都門一清明門外郭東平門一霸城門外一里許有萬壽寺焉萬壽寺本梁太尉吳王蕭岑宅隋開皇四年文帝爲沙門曇延立爲延興寺東院莒公蕭琮之堂隋亡捨入寺神龍中中宗爲永泰公主追福改爲永泰寺大中六年請改名僧寺五所化度寺改爲崇福寺永泰寺改爲萬壽寺溫國寺改爲崇聖寺經行寺改爲龍興寺奉恩寺改爲興福寺而寺各異其額也然萬壽一寺宣帝親幸賜額命官造理殿宇廊廡方丈山門共一百九十七間左右院林二所香地二頃六十餘畝石佛一尊

娑羅樹六檝勑度一百二十僧受牒免差入寺焚修祝延聖壽後淨覺住持能守清規迥出於眾懼寺年久莫識其端請余爲記俾後人有所據云　景福元年八月一日

案碑在岐州刺史柳玭撰文唐書本傳玭仲郢第四子官至御史大夫昭宗時貶瀘州刺史撰文當在其時碑但署刺史而不言瀘州何也記云霸城門外一里許有萬壽寺檢陝西通志載此寺與碑同而云寺有劉枇撰記誤以柳玭作劉枇也

石暵墓志 行書

故左武衞中郎將石府君墓誌銘并序　前太子通事舍人朱仲武撰并書　公諱暵字先進其先樂安人後世家于京兆今則京兆人也晉將軍苞之慶胄衞純臣碏之靈苗祖缺一字考守珍皆公侯繼業鍾鼎傳門載籍昭彰其來自遠公桀名委質夙著令聞孝以承家忠以奉國故得鄉黨稱悌焉朋友稱義焉可謂不忮不怵有典有則者也頃以方事之殷爟火不息而能率先義勇克集茂勳累遷至左武衞中郎將前朝賞有功也公志懷敦素性守謙沖不以榮顯介情但欲優游晦跡而已所冀神降其福天與之齡何啚兆夢泣瓊藏舟奔壑哀哉以歲次空二字二十一月十四日遘疾終于私第春秋六十有八夫人孫氏夙稟坤儀素傳內則鼓琴瑟而有節主蘋藻而知禮嗚呼蕣華早凋瓊林遽折天不憖遺先公數稔而亡今以歲次甲子四月庚午葬公于長安龍首原夫人祔焉禮也嗣子倩士冕岳嵒湊岫秀等蓼莪在疚欒棘其形泣血于苴麻竭力于窀穸恐時遷陵谷事或幽封爰命揮毫敬刊貞石詞曰　性質溫溫神儀洸洸職參禁衞位列中郎流芳後代秉義前王冀保永終曷其云亡卜兆吉辰素車薄葬爰遷嘉偶及此同壙魄散泉扃神游繐帳後背重岡前臨壘嶂聊紀世載式昭問望

案志書葬以甲子四月而不著年號附置唐末

佛遺教經殘字 正書九行

可畏　不辨是　壞其善心　得也當念無常　乃可安眠不出而　獸無相異也汝等比　其不能歡喜忍受惡罵　過瞋恚白衣受欲非行道　以元自活自見如是若起

案經無立石年月及書人姓名在長安佛寺書法秀健非宋元人手筆其爲唐刻無疑

馮鳳翼等題名 正書

朝請大夫內常侍上柱國馮鳳翼　朝散大夫行內謁者監上柱國莫順之　徵事郎守內寺伯借緋魚袋王忠謹　朝散大夫行內謁者監上柱國杜元璋

朝請大夫行太子內坊典內上柱國魏思泰　正

議大夫行字缺二事上柱國名缺姓　上柱國字缺五朝以下

俱缺

案題名在咸盛花塔寺無年月係唐代建塔造象

時刻畢氏金石記收有梁義深等九人造像題名

以行格推之卽此石之前幅其年月當在此幅之

末今泐去也

眞空塔銘殘石　正書

唐崇業寺故大德禪師尼眞空塔銘并序　禪師諱

眞空俗姓申氏馮翊郡朝邑人也植性明悟天姿卓

越六度字缺二稟自齠年字缺一戒深仁行諸早歲旣而

字缺二宿善童子出家訪道字缺二與波字缺一而無異練

心下缺

案石高尺五寸廣五寸許後半殘缺存前六行在

長安縣

鍾離子雲房二大字　草書

往歲申鐵蟾曾於碑林摹刻蜀中逍遙山東漢仙

集留題十二字余來關中聞岐山崖壁間有仙人

鍾離子所書雲房二大字石今移寘武功縣署爰

各拓一紙合裝成冊題曰漢唐仙蹟偶一展翫覺

其筆勢飄逸有泠然御風之想車持謙跋

案碑在武功左方署鍾離子三小字雲房鍾離權

自號也權與兄簡俱得道於華山歷漢及魏晉在

唐時尤著異蹟今臨潼亦有雲房二草字乃金人

移刺松齡摹仿而爲者此書嚮在岐山磨崖刻前

令別刻一石易之鑿取此書移置署樓段君襄亭

復移置武功

佛頂尊勝陀羅尼呪幢　正書

案幢前書南閻浮提震旦國娑訶世界大唐京兆

府長安縣興聖寺尼決定春秋七十有七尼普義

春秋七十有五郎已抽捨淨財敬造陀羅尼幢一

所呪末書天寶五載九月十五日畢功

尊勝經呪殘幢　正書

案幢在西安府上下皆缺可誦者惟序中伏願燈

光照灼除黑暗之疑幢影參差滅恆沙之刧及贊

語云破暗綱兮樹燈光願合家兮悅時康千秋萬

歲兮壽無疆等句末書年號已泐惟存歲次丁亥

十二月己巳朔廿八日建及吏部常選司司馬霜

篡文共廿五字歲次丁亥金石萃編以爲天寶六

載

佛頂尊勝陀羅尼經幢　正書

案幢後題名二行云大唐元和四年己丑歲八月

癸酉朔三日乙亥弟子惟新等八人先修建造次

書僧子野尼妙行二人名續書覺悟寺講四分舊

疏教授大德常政大師元和十二年歲次丁酉二月辛酉朔一日于永興里廣福寺遷化九日己亥法葬于此又書僧智倫等八人名葢元和四年惟新等爲常政生前建幢至十二年常政遷化智倫等續記其後也

佛頂尊勝陀羅尼經幢 正書

罽賓沙門佛陀波利奉詔譯　經文不錄　唐故龍花寺內外臨壇大德比邱尼尊勝陀羅尼等幢記　從祖弟朝議郎守都水使者上柱國同元撰　比邱尼大德諱契義俗姓韋氏代積卿相繼生仁賢內外臨壇超軼流輩齊先覺之龍象爲後學之津梁堅持

淨戒如護重寶悟入慧室恣開普門愛樂大乘通貫眞諦常修當寺彌勒閣并閣下大像等欹危悉正藹昧遍新又創置五十二賢聖禎像各有袈裟瓶鉢開設供養儼如至止覩相生善淬瀹衆心每歲至夏恆爲冠首集僧衆轉藏經日引月長向經二紀當寺先無經院密自布畫願未果而是身有病留囑門弟子曰吾離假合後捨正寢爲經堂其餘迴廊小殿施繪補壞无量功德皆成就一切佛土皆嚴淨又營製寶幢寫尊勝經洎陀羅尼并諸眞言雕刻皆畢乃語門人曰聖賢湛入無餘建窣堵波者吾不堪任且埏埴之時糜耗蠢蠕非願爲也汝宜志之但營小家傍植勝達剜諸經祕藏如來智印盡在此矣每幢影映身塵流黏物能淨惡道俾登菩提弟子缺一字一等泣而奉之不敢違越昔華色比邱尼之變化神通輸盧比邱尼能降伏外道庸詎知師之非此流乎同元抱感易感味道難究抆涕握管强爲之文元和十三年七月三日

案龍花寺卽龍華寺西安府志龍花尼寺在昇道坊唐高宗立車秋舲得此幢於長安市幢內密自布畫畫當作晝但營小家家當作冢恆爲冠首冠郎冠字別體字畫端整在唐幢中極爲完具

佛頂尊勝陀羅尼呪幢 正書

案幢在涇陽末題涇陽縣觀缺三字像缺五字于仙同鄉先代和尚塔院先缺五字尊勝陀羅尼幢一所弟子僧義肅義倫義端等三人長慶元年十月廿八日建造

佛頂尊勝陀羅尼經幢 行書

案幢在終南山後有銘并序爲湛大師之弟子頌師而作序銘共四百餘字缺者近百字中敘大師俗姓員初從薦福寺大德明覲適蒲城貞元十四載舉充三學大德閱十四載殂于終南梗梓岡安厝建幢以志攀慕末題寶歷元年四月二日建曹某書門人國珍智藏等列名者二十八人

佛頂陀羅尼呪幢 行書

一切如來白傘蓋大佛頂陀羅尼呪 呪文不錄 大唐眞空寺奉爲國及法界衆生敬修大佛頂陀羅尼石幢紀　將仕郎試左金吾衛兵曹參軍張模述兼書

維大僊宣妙有敷慈風闡元理于虛空拔衆生于黑海總持之力妙不可論故人天趍其域敬其誠貞其風固迺本像者法者刹者幢者繼而修之嚴而飾之百千同歸羣魔銷跡祥洽乎有無之際慶流乎恍忽之中宏之在人扣無不應惟此幢設本乎當寺宿老寺主法號法峻割淨財洗垢穢琢石于藍峯之頂冥機于青蓮之界博考形勝以選所安叶願契心竭立

茲地則大悲之光景巍乎可觀也速疾之法其可測歟若乃書幡空裏鐫雕路隅洽塵者于以福生休影者于焉滅罪況能捨施專精石幢可以延師之祿滋師之福美矣哉演自金口以祐賢人門弟子等咸能誓志永慕元風法子法孫慶爾多福刊佛言亦以敍儒典也鐫佛頂亦以敷國光也是刊是琢於萬斯年

時大和六年八月十八日紀　靈峻　明峻　門弟子士肅　宏雅　增雅　張難陀　造沙子施主王叔渡　都料常文銳　都料李君郢　岐陽郡魯元楚刻字

案幢八面高七尺許在終南山

佛頂尊勝陀羅尼經幢 行書

案幢已斷僅存五尺在涇陽後記云大唐大和七年歲次癸丑四月戊午朔廿八日乙酉奉爲國及法界建立尊勝陀羅尼幢一所伏願國泰人安干戈休息七代先亡咸蒙吉慶乘茲功德永離輪迴般若舟中同游法海缺二字之者同霑斯福乃述讚言云云皆缺末題沙門法惠及弟子魏進朝女弟子寶眞如男魏善祐武珍女三娘子四娘子等名

尊勝陀羅尼經幢 正書

案幢高四尺九寸下截剝泐在同官後題大唐大和八年某月京兆府同官縣餘文泐

佛頂尊勝陀羅尼經斷幢 正書

案幢上下殘缺現存兩段後題會昌三年歲次癸亥八月丁巳朔七日以下二行磨泐末有龍首鄉興臺里某村建立字龍首鄉即龍首原在咸寧縣東

佛頂尊勝陀羅尼經幢 行書

案幢後題大中三年二月六日夫人奉爲國及文武百寮師僧父母亡過光靈敬造幢立長安縣義楊鄉義楊當是義陽在長安縣西南二里末題唐故劍南西川監軍使冠軍大將軍行右監門衛將軍員外置同正員上柱國成紀縣開國侯食邑一

千戶贈特進李朝成故含光副使朝義大夫行內侍省內府局丞員外置同正員上柱國賜緋魚袋李文端夫人扶風馬氏長子登仕郎行內侍省掖庭局宮教博士員外置同正員上柱國公繹次子公洎幼日公浩攷李朝成銜云劍南西川監軍監軍之設始于上元李文端銜云含光副使當是殿閣供奉官名朝義大夫當即朝議其云內府局與其子公繹之掖庭局宮教博士皆內官職也文端有妻馬氏又有三子亦如高力士娶呂元晤女李輔國娶元擢女及內官李輔光墓志載輔光妻輔氏有子四人西門珍墓志載珍妻馬氏有子四人

王守琦墓志載守琦妻謝氏有子三人又內寺伯劉某妻霍氏墓志載霍氏有子三人皆當時內官之娶妻而有子者

佛頂尊勝陀羅尼經幢 行書

案幢在邠州淳化縣有序云維大唐大中五年辛未歲六月壬寅朔三日甲辰梨園店奉為敬聖文思和武光孝皇帝及文武百官眾施主等建立尊勝寶幢一所攷舊唐書大中二年羣臣上宣帝徽號曰聖敬文思和武光孝皇帝幢作敬聖似誤

佛頂尊勝陀羅尼經幢 正書

案幢在咸寧後題佛弟子彭城郡夫人劉氏為亡夫建造尊勝幢一所願福資生界因覩斯苦輒以贊曰彭城夫人母儀欽則追緒云亡爰憑佛力建妙寶幢淩空搆日其影及身萬罪消釋所願亡因莊嚴亡識百千萬祀傳之貞石大唐咸通二年辛巳歲八月廿五日建于萬年縣滻川鄉鄭村之里也長男從寔次從安從寓女尼妙幢為劉氏建而贊語乃云彭城夫人母儀欽則當是男從寔等為父造幢奉母命遂題劉氏為亡夫之語於前而贊詞則歸美于母也

佛頂尊勝陀羅尼經斷幢 行書

案幢已斷合之高六尺許在西安洪福寺後題維

咸通十年歲次己丑二月缺一字丑朔九日丁酉左勒先鋒兵馬使王缺一字人奉為缺二字父母七代先靈建此缺二字幢神生淨土福延後嗣以九日丁酉推之二月下缺者當是巳字又奉為下缺者當是現在二字建此下缺者當是尊勝二字

佛頂尊勝陀羅尼經幢 行書

案幢在西安洪福寺後題內故供奉應制賜紫金魚袋宏農郡楊萬歲乾符三年十二月一日建立又案佛頂尊勝陀羅尼經并呪唐時共有四本一為朝散郎杜行顗譯一為罽賓沙門佛陀波利譯一為三藏義淨譯一為中天竺三藏地婆訶羅譯

皆名尊勝經此外別有最勝佛頂陀羅尼淨業障經亦爲地婆訶羅譯俱見大周錄諸本經同譯異同名佛頂陀羅尼經而有尊勝最勝之別唐代經幢徧滿各道今關中諸本皆刻尊勝無刻最勝者皆刻佛陀波利譯本無刻杜行顗等譯本者以是經序中有救拔幽顯不可思議等語故信從者衆也關中金石記所載唐幢一十有九咸寧六西安府學三長安二隴州鄠縣富平乾州扶風三原醴泉同州各一內長安崇聖寺幢爲張少悌行書富平六井幢爲康玠行書咸寧保唐寺燈幢爲柳澈正書長安百塔寺幢爲僧無可正書西安府學司直廳幢爲裴諸正書咸寧牛頭寺幢爲僧詞浩正書又天寶殘幢爲張賁行書餘無書者姓名然字畫多秀勁不失虞褚家法廣爲搜採又得十餘種皆弇山尚書所未見者彙附卷末不復分年編次俾覽者得以連類及之惟元和十三年章元同大和六年張模二幢文字完具備錄原文餘皆摘其建造緣起入案語中不暇詳錄至經呪異同自有內藏可校非儒家所重概不敘列云

隋唐石刻拾遺卷下

附錄關中金石記隋唐石刻原目

隋

佛座記正書在西安雷神廟　趙芬殘碑正書在西安中兆村　李安喜公碑隸書在乾州上官村　賀若誼碑正書在興平縣學　舍利塔額隸書在大荔　唐高祖爲子祈疾疏正書在鄠縣草堂寺　梁羅墓志正書在西安杜曲　舍利塔銘正書在終南山　常醜奴墓志正書在興平縣學　正草二體千字文智永書在西安府學　李衛公上金天王書行書在華嶽廟　寶慶寺瓦頭篆書在咸寧花塔寺

唐

宗聖觀記歐陽詢隸書在盩厔樓觀　孔子廟堂碑虞世南正書在西安府學　邑禪師塔銘歐陽詢正書在終南山案原石今無長安所市皆他處摹本　九成宮醴泉銘歐陽詢正書在麟遊　溫彥博碑歐陽詢正書在醴泉烟霞洞　昭仁寺碑正書在長武　張琮碑正書在長安北原　姜行本碑正書在鎮西府松樹塘　段志元碑正書在醴泉儀門村　高士廉塋兆記趙模正書在醴泉劉洞村　孔穎達碑正書在醴泉西谷村　皇甫誕碑歐陽詢正書在西安府學　褚亮碑八分書在醴泉西谷村　房元齡碑褚遂良正書在醴泉烟霞洞　豆盧寬碑正書在醴泉西谷村　三藏聖教序　三藏聖教記並褚遂良正書在咸寧慈恩寺　萬年宮銘并陰高宗正書在麟遊　韓良碑王行滿正書在富平縣學　薛收碑正書在醴泉儀門村　崔敦禮碑于立政正書在醴泉西谷村　海禪師方坟記正書在長安百塔寺　張允碑正書在醴泉西谷村　李靖碑王知敬正書在醴泉劉洞村　王居士塼塔銘敬客正書在終南山案原石久碎長安所市乃本地摹本　尉遲恭碑正書在醴泉小陽村　夫人程氏塔銘正書在西安城南　許洛仁碑正書在醴泉儀門村　三藏聖教序并記褚遂良正書在

同州府學 道因法師碑 歐陽通正書在西安府學 杜君綽碑 高正臣正書在醴泉 李
文墓志 正書在同州 于志寍碑 子立政正書在三原長坳鄉 紀國先妃陸
氏碑 正書在醴泉西屯村 道安禪師塔記 正書在長安百塔寺 李孝同碑 諸葛
思禎正書在三原 張阿難碑 正書在醴泉西谷村 馬周碑 殷仲文隸書在醴泉下古村
阿史那忠碑 正書在醴泉西谷村 李勣碑 高宗行書在醴泉劉洞村 晉州刺史
順義公碑 正書在醴泉 姜遐碑 姪晞正書 王君碑 正書並在醴泉莊河村 述
聖紀 中宗正書在乾州乾陵 神泉詩 尹元凱篆書在富平美原鎮 梁師暕并夫
人唐惠兒墓志 鄭莊正書在終南山楩梓谷 乙速孤神慶碑 王行滿正書在
醴泉叱干村 梁師亮墓志 正書在長安百塔寺 于大猷碑 正書在三原長坳鄉 順
陵殘碑 中宗正書在咸陽 王璿造像銘 王無惑正書 高延貴造像銘
姚元之造像銘　李承嗣造像銘　韋均造像記

蕭元昚造像記　梁義深等造像銘　姚元景造像銘
並正書在西安花塔寺 千佛像碑 正書在扶風法門寺 王三娘坟記 正書在西安城
南 尼法琬碑 劉欽旦正書在碑林 蘇瓌碑 盧藏用隸書在武功 茹思亮墓志
正書在咸寍神禾原 馮本碑 隸書在高陵 契苾明碑 殷元祚正書在咸陽 馮十一
娘墓志 正書在寶雞縣丞署 法藏禪師塔銘 正書在終南山 于知微碑 正書
在三原 王仁皎碑 正書在同州羌白鎮 李昭公碑 李邕行書在蒲城橋陵 華嶽
精享昭應碑 劉升隸書在華嶽廟 吳文碑 集晉王羲之行書在碑林 御史臺精
舍記并題名 梁昇卿隸書在碑林 茹守福墓志 正書在咸寍香積寺 馮仁口
碑 郭謙光隸書在咸陽長陵 高福墓志 正書自咸寍移置靈巖山館 淨業法師塔
銘 正書在長安香積寺 虢國公楊花臺銘　楊將軍新莊像記 並正
書在咸寍花塔寺 涼國長公主碑 元宗隸書在蒲城橋陵 華山銘殘字 元宗

隸書在華嶽廟 乙速孤行儼碑 白義晊隸書在醴泉叱干村 郞國長公主碑
元宗隸書在蒲城橋陵 述聖頌 呂向正書在華嶽廟 思恆律師塔銘 正書在咸寍
尊勝經幢 正書在隴州開元寺 敬節法師塔銘 正書在咸寍杜永村 尼法澄
塔銘 正書在咸寍馬頭空 堅行禪師塔銘 正書在西安城南 代國長公主
碑 鄭萬鈞行書在蒲城橋陵 李澹題名 正書在華嶽廟 大智禪師碑 史惟則隸書在
碑林 張昕墓志銘 正書自長安移置靈巖山館 無畏不空禪師塔銘 正書
在咸陽廣化寺 惠源和上志銘 正書在西安府 舍利塔記 正書在扶風龍光寺 裴
禎墓志 叔朏正書在西安城南 夢眞容勑 蘇靈芝正書在盩厔會靈觀 唐儉碑
正書在醴泉小陽村　案儉爲唐陶山方伯所自出碑方磨泐方伯精校一過什存六七重刻小石置諸碑林
以永其傳文載拾遺卷內 大智禪師碑陰 史惟則隸書在碑林 褒封四子勑 正書
在盩厔樓觀 告華嶽文 韓擇木隸書在華嶽廟 老子靈應頌 戴伋隸書在盩厔

吏部南曹經幢 正書在鄠縣草堂寺 隆闡法師碑 正書在碑林 薛良佐
塔銘 弟良史正書在終南山 石臺孝經 元宗隸書在碑林 竇居士碑 段清雲正
書在三原橋頭鎮 義興周夫人墓志 正書汾陽某氏自長安攜去 陀羅尼經
幢 正書在咸寍開元寺 陀羅尼經幢殘本 張賁行書在咸寍 尊勝經幢 張少
悌行書在長安崇聖寺 多寶塔感應碑 顏眞卿正書在碑林 楊珣碑 元宗隸書在扶
風 口志廉墓志 韓獻之行書自長安移置靈巖山館 施燈功德幢 正書在長安香
積寺 張希古墓志 田頴行書在長安劉氏 金仙長公主碑 元宗行書在蒲城橋
陵 尹尊師碑 員半千隸書在盩厔樓觀 華嶽廟殘碑 杜繹分書 主簿常冀
尉元撝殘碑 分書並在華嶽廟 心經 草書 千字文斷石 張旭草書並在碑林
顏魯公題名 正書刻華嶽廟周天和碑側 張惟一祈雨疏 李權隸書 王宥
等謁祠記 李樞篆隸 太州別駕題名殘字 正書 邱據題名 正書並在

華嶽廟臧懷恪碑顔眞卿正書在三原九陂城　李懷讓題名正書韋□題名正書劉士深謁廟記正書孫廣題名正書並在華嶽廟　郭公家廟碑并陰顔眞卿正書在西安布政司　李光弼碑張少悌行書在富平縣學　與郭僕射書顔眞卿草稿在碑林　李仲昌等題名韋澣正書　韋澣題名正書並在華嶽廟　河間公碑隸書在高陵鹿臺鄉　白道生碑摯宗正書在咸寧鳳棲原案碑今在西安府學　焦鋑題名正書在華嶽廟　王訓墓志澤王濾正書在咸寧滻川原　三墳記並李陽冰篆書在碑林　李楷洛碑史惟則分書在富平見子店　弟五琦題名　裴士淹題名　蘇敦兄弟題名並正書在華嶽廟　臧希晏碑韓秀弼隸書在三原長坳鄉　盧綸題名正書在華嶽廟　田尊師碑集晉王羲之行書　田尊師德行碑並在富平美原鎮　尊勝幢銘康玠行書在富平六井　李昌題名　郎仲堅題名　侯季文題名　韋憑題名　元澄題名　盧朝徹謁廟碑　李謀題名並正書在華嶽廟　王忠嗣碑王縉行書在渭南鄉賢祠　如願律師墓志秦昊正書在咸陽畢原　王履清碑正書在高陵奉正原　高力士碑行書在蒲城　無憂王寺塔銘揚播正書在扶風法門寺　上官沼題名行書在華嶽廟　段行琛碑張增正書在汧陽　孔子廟殘碑顔眞卿正書在華州　顔氏家廟碑顔眞卿正書在碑林　景教流行中國碑呂秀巖正書在西安崇聖寺　三藏不空和尚碑徐浩正書在碑林　吳岳祠堂記冷朝陽行書在隴州岳祠內　崔漢衡題名盧倣隸書在華嶽廟　奉使帖顔眞卿行書在同州府學　韋綬等題名正書在華嶽廟　尊勝經幢郭謂正書在乾州　李元諒碑韓秀弼隸書在華州治　姜嫄公劉廟碑張誼行書在邠州　裴潾等題名行書在華嶽廟　東陵聖母帖　藏眞律公二帖並僧懷素草書在碑林　杜夫人韋氏墓志姪成均行書在西安寺坡　諸葛忠武

附錄隋唐石刻原目　四三

侯廟碑元錫正書在沔縣　鄭全濟題名正書在華嶽廟　鄭君德政碑鄭雲逵正書在澄城祠內　李廣業碑鄭雲逵正書在三原北原　楚金禪師碑吳通微正書在碑林　尉旻題名　賈竦謁廟詩並正書　郭豐等題名崔栻正書　柳閞等題名行書並在華嶽廟　保唐寺燈幢柳澈正書在咸寧　張雲等題名行書在華嶽廟　尊勝經幢正書在碑林　鄭公幹題名　李紳題名　王高題名並正書在華嶽廟　李輔光墓志崔巨雅正書在高陵　崔蔇鄭公幹題名正書在華嶽廟案公幹前題爲元和八年此十年　大德塔銘王叔清正書在西安城南　韓常謁廟記韋泰正書　容府題名殘字　張常慶題名　王播題名並正書在華嶽廟　朱孝誠碑曹郢行書在三原　鄭簡之題名行書　裴穎修廟記張從本正書並在華嶽廟　梁守謙功德銘楊承和正書在碑林　李晟碑柳公權正書在高陵奉正原　李璠題名　李虞仲題名　韋公武題名並正書在華嶽廟　尊勝經幢僧無可正書在西安百塔寺　義陽郡王苻璘碑柳公權正書在富平縣學　落星石題字正書陳元錫記在興平　尙書主客員外郎題名殘字行書　郗宗□題名正書並在華嶽廟　石刻十二經易九卷九石書十三卷十石詩二十卷十六石周禮十卷十七石儀禮十七卷二十石禮記二十卷三十三石春秋左氏傳三十卷六十七石公羊傳十卷十七石穀梁傳十卷十六石孝經一卷一石論語十卷七石爾雅二卷五石開成二年艾居晦陳玠等正書在碑林　五經文字　九經字樣文字三卷字樣一卷共十石並正書在碑林　馮宿碑柳公權正書在碑林　馮眈題名正書在華嶽廟　元奘法師塔銘僧建初正書在西安城南　基公法師塔銘僧建初正書在咸寧興教寺　李景讓題名正書在華嶽廟　寂照和上碑僧無可正書在咸寧　司直廳石幢裴諸正書在碑林　陳商題名行書在華嶽廟　元秘塔銘柳公權正書在碑林　崔郇題名　强至謁廟詩並行書在華嶽廟　高士

附錄隋唐石刻原目　四四

廉碑側記正書在醴泉王文幹墓志蕭睦正書在西安龍首原崔慎由崔
安潛題名正書口伏王季題名行書李口方題名正書並在華嶽廟
陀羅尼經幢正書在碑林楊漢公題名正書在華嶽廟靈泉碑幷題
秦狀及勑批荅正書在岐山周公廟李貽孫題名正書鄭損盧瑑題
名分書劉仁口題名正書並在華嶽廟勑內莊宅使牒比邱尼
正言疏並正書在碑林李貽孫題名行書前題爲大中三年此五年張權題名
薛謂宋壽題名于德晦題名並正書在華嶽廟杜順和上
行記董景仁草書在西安滿洲城關帝廟崔璀題名行書在華嶽廟圭峯定慧禪
師碑裴休正書在鄠縣草堂寺尊勝經幢正書在扶風崔彥昭題名李
植題名並正書在華嶽廟耶官題名杜正書在西安府學張權題名行書
前題爲大中五年此缺年李口祈雪題名正書並在華嶽廟大悲心經幢正書

在咸寧臥龍寺溫璋題名正書在華嶽廟率堵塔銘高墉正書在咸寧龍華寺王夫
人墓志正書在長安崇聖寺武安君廟記正書在咸寧陀羅尼經幢僧詞
浩正書在咸寧牛頭寺尊勝經幢在咸寧臥龍寺吳承泌墓志行書在咸寧田家灣
司空圖題裴晉公詩殘字正書在華嶽廟齊安侯廟記柳懷素正書在
華州城隍廟秦王修寺塔記王仁恭正書劉源李彥鋼等題名正書
並在扶風法門寺爾朱逵墓碣正書在郃陽朱家河大悲心經幢正書在慈恩寺
尊勝經幢正書在三原北田村石柱經正書在同官重興寺石鼓尊勝幢正書
在醴泉釋迦牟尼并賢劫像銘分書在西安淨慈寺三階大德禪師
碑額正書在咸寧薦福寺李益等題名正書正華嶽廟
案是編爲補畢記而作畢記版存吳郡關中不易
購求因摘記中隋唐二朝原目附於卷末以備稽

攷至其評跋過繁不暇備鈔上而漢魏六朝下而
宋元則又是編所未及者亦姑置之云
又案畢記成於乾隆辛丑其後王述菴侍郎廉訪
關中相距僅十餘年而隋唐石刻畢記所有金石
萃編所無者已二十一種隋三種佛座記舍利塔銘常醜奴墓志唐十八
種豆盧寬崔敦禮順義公王君河間公李楷洛六碑海禪師王三娘二攷記夫人程氏敬節法師龍
光寺塔薛良佐大德等五塔銘梁師暕茹守福杜夫人王夫人四墓志及齊安侯廟記此次
詳加搜訪於二十一種中僅得二種豆盧寬碑敬節法師塔銘
而金石萃編所有爲今所未得者又十四種隋一種梁
羅墓志唐十三種姜行本杜君綽竇居士朱孝誠四碑堅行禪師惠源和上二塔銘張昕裴積口志
廉王文幹吳承泌五墓志及封四子勑修武安君廟記以上諸刻或係搜訪

未備未能必其俱亡然歲月寖久亡者必多再數
十年後又不知今所已得者其能長存與否爰仿
隋書經籍志注昔有今亡之例備載卷末以見古
物可珍易散難聚後來者其寶重而愛護之也

附錄關中金石記隋唐石刻原目終

唐御史臺精舍題名考

大唐御史臺精舍碑銘并序

中書令崔湜任壂中侍御史日簒文

易曰吉凶悔吝生乎動也傳曰禍福無門惟人所召則蹈網罟嬰徽纆聯桁楊貫桎梏可怨天尤人哉左臺精舍者諸御史導羣愚之所作也蓋先王用刑所以彰善癉惡聖人明罰是以小懲大誡故崇崇清憲以糺以繩而禱杌頑嚚罔知攸畏冒于側賄貪于飲食犇蜂不歌猘犮自噬棼棼泯泯而陷于茲者歲以千計羣公等目而感之乃言曰天陵可逃自咎難道夫能度壹切苦厄者其惟世尊乎所以僉捨眾貲議立斯宇欲令見者勇發道惠勸探妙根悟

有漏之緣證波羅之果纓珞爲施菩薩之導引眾生塔廟有成天人之護持正瀍不有善者人焉賴哉長安初湜始自左補闕拜殿中侍御史至止之曰其搆適就遊於斯詠於斯稽首於斯谷夫眾寶嚴身非如來之意方丈爲室蓋維摩之心故立像不務於珍華度堂罔圖其豐壯至若丹雘並棄剞劂都捐則歸依之心或未多也君子之作其得中焉觀其椽之櫜之是尋是尺掎徂來之松攻荊藍之石疊櫨駢栱規欂栔亘錯礬蟵以頓柷鏤躙讚以銜鋪絲窗默烟丹柱皜日香泉數曲環繞琉璃之地靈草百品叢蒔黃金之階信可滌慮洗心逃殃冥福爲利甚博獲報無量羣公以予忝文儒之林固以碑表相託辭不獲已而作銘曰

惟佛之國黃金界道于嗟下人誓不相好胡不歸命以自保惟佛之土白銀爲臺于嗟下人爲惡不迴胡不稽首以道災彼君子兮福所履兮是度揆兮不日成兮若神營兮利羣生兮

開元十一年　殿中侍御史梁昇卿追書

趙□□

碑陰題名

侍御史幷內供奉

盧懷慎　鄭愔　賈虛舟　李福業　張守絜

張行岌　張思義　楊虛受　冉祖雍　崔日用

王踐睦　田貞幹　李愧　王志愔　崔琬

姚紹之　李朝隱　孟温禮　李詳　姬處遜

靳恒　崔宣道　楊茂謙　袁從之　宋庭瑜

薛昭　黃守禮　倪若水　裴觀　崔畯

崔宣　張損之　韋虛心　蔣欽緒　楊孚

常彥暐　潘好禮　崔涖　張暐　洪子輿

慕容珣　齊處沖　任正名　李懷讓　趙履沖

王上客　褚璆　劉嘉言　霍庭玉　艾敬直

王旭　康灌　楊瑒　吳訢　崔希喬
杜暹　楊執臣　郭震　王執言　游子騫
馮宗　張遊　徐知仁　杜令昭　錢元敬
李承家　張況　陳希烈　張冠宗　宋述
朱渭輔　高庭芝　宇文融　翟璋　劉升
馮紹烈　張罇　楊璐　羅承錫　喬夢松
解忠順　張明允　宋遙　劉彥回　張珣
長孫處仁　夏侯宜　班景倩　王琇　姚鹹
封希顏　宋詢　薛偘　張景明　宋溫瑗
元彥沖　邊沖寂　張浚　鄭觀藝　雍惟良

韓宣　李濯　李昂　裴曠　長孫孝紀
李知柔　郭虛己　裴敦復　崔季友　竹承構
盧見義　許融　裴曠　裴令臣　王審禮
竹承構　雍惟良　裴歆　張倚　韋伯詳
李喬年　張光奇　鮮于仲通　崔□
殿中侍御史幷內供奉
崔湜　陸景初　王守廉　程行諶　裴灌
封無待　高愉　田貞幹　王璵　王志愔
王道洽　辛長孺　呂延祚　馬懷素　張思義
魏奉古　宋慶禮　鄭景復　柳誗　韋抗

楊虛受　張應　傅黃中　楊滔　姬處遜
齊處沖　袁守一　王履道　崔琬　宋庭璘
鄭勉　崔子源　鄭璐　樊欽賁　趙昇卿
任奉先　李乂　韋仲昌　邵炅　李誠
獨孤冊　苗延嗣　司馬銓　崔液　陳惠滿
蔣欽緒　韋鏗　格遵　李察　簫嵩
敬昭道　和逢堯　趙履沖　張晤　崔沔
霍庭玉　楊執臣　李全昌　柳澤　梁渙
麴先沖　崔安儼　杜令昭　李庭□　游子騫
王執言　張遊　員嘉靜　朱渭輔　王易從

李全交　徐知仁　張敬輿　崔隱甫　李庭誨
李畬　郭震　崔悰　徐元之　杜咸
高力範　王旭　李謹度　宋遙　張冠宗
楊瑒　元光大　張昶　張烈　張撙
康灌　許景先　楊光羽　張況　羅承錫
劉升　韓琬　陸景獻　趙冬曦　王沛之
皇甫翼　韓朝宗　馮宗　杜暹　王琇
鄭溥　封希顏　宋溫瑗　宇文融　姚鹹
宋鼎　焦如璧　張景明　辛怡諫　薛自勸
梁昇卿　許融　長孫處仁　劉昂　韋洽

趙頤貞　夏侯宜　李濯　薛珣　元彥沖
崔希逸　馮紹烈　孫濟　李知柔　楊珹
崔季友　長孫孝紀　楊珹　宋宣遠　韓宣
盧怡　何千里　夏侯銛　劉日正　咸廙業
崔季友　張倚　張晉明　樊希一　薛倡
雍惟艮　李秀芝　霍栖梧　竹承搆　劉彤
喬夢松　康珽　韋恒　張倚　許融
趙彥晊　劉彥回　馬光淑　裴歆　鄭宏之
李昂　班景倩　庫狄履溫　馮光嗣　唐堯臣
李頠　楊慫舊名奉一　宋詢　王燾　李宙

郭佺　李麟　郭虛已　李憕　裴令臣
源光譽　盧見義　裴藏暐　源元樟　楊汪
徐惲　陽潤　姚子彥　吉溫　賀蘭進明
監察御史　幷□□□並是立碑至于今
李顧行　賀遂涉二人在監察字之下
陸景初　辛長孺　柳詮　裴子餘　王守廉
司□□　□□□　□□濤　李元璥　路幼玉
王景　張佶　李誠　王怡　李朝隱
祖夙□　□□□　□從訓　蕭嵩　褚璨
李愰　李懷讓　楊挺　李庭言　宋庭璘

富嘉謩　陸大亨　譚瓌　齊澣　柳澤
郭震　李畬　魏傳弓　封愔　裴漼
姬處遜　嚴識元　袁從之　苗延嗣　宋宣遠
鄭溥　趙履沖　林洋　王沛之　王志愔
韋鏗　閻脊止　陳璥　陳惠滿　崔希喬
張洌　張遊　王道濬　宋述　崔琬
袁守一　邵炅　李守貭　杜咸　陸惟逸
員嘉靜　楊瑤　鄒守敬　鄭齊嬰　魏奉古
崔子原　程文英　王哲　盧微明　楊元琰
張嵩　鄭力　劉沼　楊執臣　司馬銓

齊處沖　李尙隱　樂山甫　鄭溫琦　蔣岑
劉昇　程九皐　梁渙　夏侯宜　趙昇卿
高昌瑀　王上客　洪子輿　竇慈遜　張晤
陸景獻　韓朝宗　張敬輿　徐元之　鄭瑤
崔琮　敬昭道　賈彥璿　李知古　李全交
梁昇卿　楊珹　朱渭輔　徐知仁　慕容珣
員峴　李瑱　韓昭允　張浤　郭震
徐惲　孫濟　蕭隱之　李如璧　盧廙
陳希烈　杜暹　張季瑀　張宣明　蔣挺
蕭誠　劉太童　皇甫翼　蕭諴　王邱

韋紹　杜令昭　宋鼎　崔液　翟璋
劉日正　宋溫瑗　張景明　羅承錫　麴先沖
崔慎從　宋遙　慕容琦　鄭虛心　呂元泰
張珦　杜昱　韋洽　崔訓　楊至元
馬光淑　張樽　魏季隨　許融　穆思泰
薛自勸　呂凞　盧怡　李諶　盧金友
馮光嗣　喬夢松　胡景濟　樊希一　霍庭玉
慕容琦　霍栖梧　庫狄履溫　李庭誨　韓琬
崔頌　宋希玉　裴令臣　李琄　吳太元
馮紹烈　竹承搆　梁勛　楊光羽　李畬

呂霈　苟子璋　崔譚　崔季重　張昶
班景倩　郭佺　何千里　封希顏　韋仲昌
李昂　張具瞻　劉同昇　周擇從　元光謙
宋諭　韋恒　王翼　程烈　李謹度
裴敦復　趙寶　杜庭誠　陳九言　鄭溥
李憕　李秀芝　賈晉　夏侯銛　張況
嚴杲　張利貞　房自謙　彭杲　席豫
于薦卿　馬光淑　楊奉一　李承先　盧襲秀
崔先讓　蕭諒　張環　董琬　王執言
咸廙業　裴令臣　張景明　楊仲昌　姚暁

常無欲　徐履道　李暐　李元成　鄭力
王燾　薛嗜　霍栖梧　莫行惰　趙彥旺
李觀　裴藏暐　鄭昉　楊脊金　宇文融
郭庭倩　何最　許誠感　常無欲　苗晉卿
陳伾　張思鼎　張元愔　權徹　薛自勸
元彥沖　孫翃　馬元直　李觀　盧茂伯
郭虛己　劉遵𢈔　明虛己　姜立祐　薛倨
康珽　徐光期　苟子璋　苗晉卿　王靈漸
郭佺　李級　張曉　鄔元昌　竹承搆
宇文順　靳豫　李昂　郭佺　賈昇

王惲　王翼　薛巘　房琯　邵瓊之
雍惟良　裴朏　陳伾　盧茂伯　王璿
劉縮　馬思察　趙輝庭　穆庭斐　顏眞卿
裴曠　王大鑛　郭虛己　王靈漸　薛忻
吳鞏　楊汪　陳繇　裴子建　平□
徐建　程荊杞　裴季通　韋誠奢　宋若思
薛榮先　蔣沇　薛總　□□　崔□

碑陰下層題名

周□　韓賞　王維　元撝　豆盧友
康瀾　梁浤　楊惠　盧紘　蔡九皐

盧執□　羅希□　于履□　許論　姜紹□
楊釗　崔寓　源少良　韋鎰　王瑱
楊日休　張惟一　賈彥璋　宋少貞　楊諫
鄭毓　胡□　□□

碑中嵌入題名

鄭愚　薛誠（二人書在弁序二字之下）　鄭韜會二十七日寓
直（九字二行左行在撰文字下）　韋退之　馮緘　薛眈（三人書在銘末）
庚午歲（三字在開元字之左）

碑左棱題名

□杜　王叔達　王翼　李志遠　韋伉兼瓊

臾鞏　韋恒　邵□　王叔達　楊慎矜
達奚珣　房自厚　趙陵陽　周子諒　常從心
韋芝　康瀾　鄭欽說　韋叔將　許遠
沈震　鮮于仲通　蔡希周　張□

碑右棱題名

劉幼復　崔寓　姜超羣　呂述　殿中趙廣微
李憺　元孝綽　王元瑾　皇甫侁　李之芳
李彥超　周德遠　韓賞　王維　柳□
□□　胡旻倩　王曾　蔣思之　□瑨
□□

碑陰左棱題名

王維　趙廣微　李憺　元孝綽　王元瑾
皇甫侁　李之芳　宋□　王縉　崔寓
劉芬　蔣思之　周德遠　成同　孟匡朝
盧播　張□　□□　杜□

碑陰右棱題名

楊慎矜　姚閎　崔沖　李麟　董琬
姜立祐　劉濛　陳谿　鄭昭　呂周
明虛己　張景淑　蔣冽　王佶　蔣演
鄭審　羅文信　賈貴　趙廣微　李憺

元孝綽　□□

碑左側題名

郭佺　郭虛己　李昂　盧茂伯　賈昇
盧見義　顏允臧　康雲開　鄭宏之　王璿
張利貞　袁楚客　徐履道　氾雲將　李融
郭虛己　李常　李暐　韋恒　裴敦復
裴曠　馬元直　許誠感　常無欲　李觀
苗晉卿　王大鎭　盧茂伯　王靈漸　賈昇
趙賓　張具瞻　獨孤通理　薛忻　崔譚
王璿　韋虛舟　韋恒　張利貞　蕭諒

徐履道　張思鼎　靳覩　王翼　李紱
張烜　氾雲將　范正則　許誠䶵　鄭昉
魏方進　董琬　李暐　賈昇　張具瞻
獨孤通理　趙賓　張子漸　薛忻　王瘠
劉遵眘　張秀明　蕭諒　裴藏暐　張利貞
李㝢　李澥　徐履道　張思鼎　王翼
李級　氾雲將　楊愼矜　崔沖　張景淑
權徹　姜立祐　李挺之　房自厚　崔譚
劉同昇　杜庭誡　魏方進　呂周　達奚珣
邢巨　李琄　鄭章　趙陵陽　周子諒

常從心　崔灌　庾光先　尹中言　徐浩
李抗　王可觀　王錤　李丹　杜嶠
王掄　崔翰　張重光　李鼎　薛兢
呂指南　黃麟　曾崇頴　李遇　邢巨
竇顗　崔伯陽　陽陟　馬覎　李華
趙悅　楊玘　康羽　李彥允　李嗺
張省躬　沈庠　馮損　趙克忠　韋儇
韋之□　李舒　史□　祁順之　杜敏
李□　張瑄　楊□

碑右側題名

侍御史兼殿中
鄭澥　崔芃庚下闕　唐技　陳會　李元
張萱　劉芬　楊釗　胡昜倩　李彥允
李彥超　王維　柳奕　李抗　崔倫
賀遂同　李宓　盧霸　崔審文　趙蕃
崔沖　吳□之　姚閑　賈彥璋　穆庭斐
盧鉉　羅文信　李喬年　王伋　張曉
崔倫　李抗　蔡九皐　蔣冽　張光奇
趙輝庭　賀遂同　趙艮器　源少良　王錤
盧執顔　鄭審　楊恂　陽潤　姚子彥

鄔元昌　李光輔　王佶　蘇震　王璵
任淳　王光大　司馬垂　羅希奭　姜超□
蔣演　呂指南　鄭章　鄭昃之　邵瓊之
吳伋　杜孝友　曾崇頴　崔□　王興
楊日休　黃□　□□　韓賞　楊釗
平冽　鄭欽說　蘇震　獨孤問俗　劉彙
員錫　王端　□□　趙克忠　李彥□
沈震　源洧　楊玘　□□　□□
李嗺　李舒　張□　馮損　蔡希周
韋□□　□□□　李抗　司馬垂　侍御史楊愼矜

穆庭斐　王光大　□□□　李彥允　張宣

趙良器　王鉷　郞元昌　黃麟　劉芬

崔浩　王佶　許遠　李遇　許遠

宋銛　楊玘　源洧　李彥允　□□

裴周南　王端　張瑄　□□　李抗

元恕□　韋黃裳　劉芬　元從　王元□

皇甫先　李之芳　監察御史房休　崔倫

鄭日進　李□　盧□□　楊式南　郭順□

□□　□□

碑額題名

監察御史

鄭權　李師素　蕭佐　常著　崔宣

李掾　皇甫衡　李樞　楊翽　羅讓

賈全　薛貢　盧深咸　崔鄲　鄭袞

韋璋　鄭膺甫　段平仲　陳歸　韋顓

獨孤朗　崔鄯　□□道　劉元質　馬暢

韋貞伯　吳丹　盧虔　裴復　孫革

于申　徐宏毅　裴次元　盧佩　李宣

崔師本　李偘　唐武　殷台　劉師光

嚴澗　常仲儒

碑陰額題名

知雜御史自天寶元載已後

孫景商　崔罕　殷台　楊嗣復　張士階

楊泰　路異　楊愼矜　王鉷　張瑄

楊釗　崔寓　盧執顏　吉溫　顏眞卿

裴冕　竇華　張維一　崔灌　顏允臧

韋審規　韋中立　唐武　高宏簡　劉禹之

馬錫　姚喬栁　鄭昂之　趙□　侍御史楊申

盧虔　監察御史敬騫　平致和　李彤

李鉽　馮邈　羅讓　韋顓　張莒

鄭楚相　裴涑　監察楊翽　武徹　常著

蔣鍊　長孫繹　竇華　邵說　袁滂

王沭

殿中韋□　侍御史張□　鄭繁　□□□子龜□之侍題

大中三年重陽□

唐御史臺精舍題名考卷一

仁和　趙鉞　勞格　同撰　歸安丁寶書參証

碑陰題名

侍御史幷內供奉 武后中至元宗末

盧懷愼 見郎官吏中　舊傳舉進士歷監察御史吏部員外郎景龍中遷右御史臺中丞 新書畧同　舊盧齊卿傳長安初則天令雍州長史薛季昶 新書會要作昶 擇僚吏堪爲御史者季昶以問錄事參軍盧齊卿薦長安尉盧懷愼 新傳同會要在長安二年廣記引作三年

鄭愔　舊敬暉傳神龍中武三思以許州司功參軍鄭愔素被敬暉等廢黜令上表陳敬暉等罪狀　唐會要六十四景龍二年四月二十五日敕太常 脫少字 卿鄭愔爲修文館學士　舊中宗紀景龍三年三月戊寅太常少卿兼檢校吏部侍郞鄭愔同中書門下平章事 新紀同新宰相表同 夏五月丙戌坐贓貶江州司馬　舊良吏下李尚隱傳景龍中崔湜鄭愔典選傾附勢要逆用三年員闕士庶嗟怨尋而相次知政事左臺監察御史李尚隱與同列御史李懷讓於殿庭劾之湜等遂下獄推究竟貶黜之俄而湜愔等復用 新傳畧同　舊裴漼傳吏部侍郞崔湜鄭愔坐贓爲御史李尚隱所劾監察御史裴漼同鞫其獄安樂公主上官昭容阿黨湜等漼竟執正奏其罪　新外戚武三思傳中書舍人鄭愔等託武三思權熏炙中外其尤干政事者天下語曰崔日用冉祖雍鄭亂時政

賈虛舟　元和姓纂三十五馬刑部郎中賈虛舟魏郡人　孫逖東都留守韋公虛神道碑御史賈虛舟舉以勸中丞侯令德 文苑英華九百十八

李福業　新桓彥範傳御史李福業者嘗與彥範謀反被殺福業亦流番禺後亡匿吉州參軍敬元禮家吏捕得俱坐死

張守潔　元宗優恤張守潔等制故益州長史張守潔故桂州都督員嘉靜等並守委藩鎮克著忠勤奄隨化往良深震悼言念旅櫬猶在遐方用加優恤以慰泉壤宜官造靈轝給傳遞鄉所緣葬事並委有司支給員嘉靜 見吏中　蘇頲遣王志愔等各巡察本管內制稱按察使梁州都督張守潔等 開元四年七月六日文苑英華四百六十一　資治通鑑 唐紀二十八 開元十年十月上欲耀兵北邊丁卯以秦州都督張守潔等爲口口　四川成都志十一開元十四年以尚書左丞充朝集使張守潔授劍南節度使益州大都督府長史一年

張行岌　大唐新語劉天朝或告崔宣謀反付御史張行岌按之略無狀廣記四百九十四　舊北狄渤海靺鞨傳中宗即位遣侍御史張行岌往招慰之

張思義又殿中下　新表河東張氏相國府檢校郎將俊與子思義成紀丞　全唐文柳貢有張嘉祐墓誌銘文稱考思義贈秦州都督　全文二百七十九　小傳元宗朝諫議大夫充宣勞使請禁惡錢疏

楊虚受　元宗遣使給事中楊虚受安撫江東勅大詔令　睿宗遣宣勞使詰宜以諫議大夫楊虚受爲河北道宣勞使同上　蘇頲遣王志愔等各巡察本管內制稱按察

使洪州都督楊虚受等開元四年七月六日文苑英華四百六十一

冉祖雍　元和姓纂五十琰　河州刺史冉實娶江夏王道宗女生祖雍刑部侍郎雲安人　張説河州刺史冉府君神道碑有子曰祖雍景龍初擢給事中兼侍御內供奉張燕公集十六　新文藝中　宋之問傳祖雍江夏王道宗甥及進士第有名于時王同皎謀殺武三思祖雍上急變歷中書舍人刑部侍郎倡飲省中爲御史劾奏貶蘄州刺史睿宗立流嶺南賜死桂州　資治通鑑唐紀二十五　景雲元年六月饒州刺史冉祖雍坐諂附韋武流嶺表　舊外戚武三思傳侍御史冉祖雍等五人爲三思耳目時人呼爲五狗新傳畧同

崔日用見郎官吏外　舊傳則天時自新豐尉無幾拜監察御史神龍中鄭普思納女後宫潛謀左道日用遽奏劾之普思方承恩中宗不之省日用廷爭懇至詞甚抗直普思竟伏其罪時宗楚客武三思延秀等遞爲朋黨日用皆潛附之驟遷兵部侍郎新傳畧同　舊盧齊卿傳長安初則天令雍州長史薛季旭擇僚吏堪爲御史者齊卿薦新豐尉崔日用會要在二年廣記作三年旭新作昶

王踐睦　蘇頲授王踐睦虞部郎中制黄門中散大夫檢校太子左贊善大夫王踐睦明敏練習雍容閑雅聲馳

在公政曉爲吏往還臺閣已叶於初從令掌衡虞俾光於重入可行尚書虞部郎中散官如故主者施行文苑英華三百九十

田貞幹又殿中　古今姓氏書辨證九　後周賜雁門公田宏姓紇干氏隋初復舊元孫正幹不詳歷官正宋人避諱改

李悏又監察　舊韋庶人傳景龍四年六月臨淄王誅韋后黨與太常卿李瑰等　新外戚武三思傳監察御史李悏等託武三思權熏炙中外韋庶人傳誤悏

王志愔又殿中監察　舊傳志愔博州聊城人少以進士擢第神龍年累除左臺御史加朝散大夫執法剛正百僚畏

憚時人呼爲阜雕尋遷大理正 新傳略同

崔琬 又殿中監察　舊元行沖傳開元初以盜州刺史崔琬代爲關內道按察使　新表璆弟同州刺史　大詔令元宗贈王仁皎太尉益州大都督制文稱通議大夫行京兆尹上護軍崔琬爲副監護　中宗賜崔琬彈宗楚客密狀勅 張說有王仁皎神道碑文亦稱以京兆少尹崔琬爲監護　舊宗楚客傳景龍中監察御史崔琬劾奏宗楚客等納阿史那忠節重賂中宗不能窮覈其事遽令琬與楚客等結爲義兄弟以和解之 新傳略同

姚紹之　舊外戚武三思傳監察御史姚紹之等五人常爲

武三思耳目時人呼爲五狗　舊酷吏傳下累拜監察御史中宗朝累遷左臺侍御史後坐贓汚黜爲嶺南瓊山尉

李朝隱 見郎官吏中又監察　舊傳中宗時自聞喜令尋遷侍御史三遷長安令　新傳自聞喜令遷侍御史吏部員外郎遷長安令

孟温禮 見郎官主外　元宗分散化度寺無盡藏財物詔稱令京兆尹孟温禮等量其檢校 大詔令

李詳　新表趙郡李氏東祖房荆山令璣衡孫都水丞仁穎子詳太子太保　朝野僉載云李詳河內人氣俠剛健初爲梓州監 廣記二百五十四　御史臺記云李詳字審己趙郡人祖機衡父穎代傳儒素詳有才華膽氣放蕩不羈解褐鹽亭尉 又四百九十三　新史思明傳乾元二年九月思明命許叔冀與李詳守汴州

姬處遜 又殿中監察　元和姓纂十八尤　職方員外周思忠生處遜水部員外萬年令長安人本姬氏赧王之後先天中避元宗嫌名改姓周氏 員外古今合璧事類備要續集廿五姬氏注作郎中

靳恒 見郎官吏中　張九齡故襄州刺史靳公遺愛銘三入爲御史侃然正色 唐丞相曲江張先生文集十九

崔宣道 見郎官倉中

楊茂謙　舊良吏傳下茂謙清河人應制舉拜左拾遺出爲臨洺令擢祕書郎歷遷大理正御史中丞開元初出爲魏州刺史　新附韋景駿傳擢左拾遺內供奉歷祕書郎大理正左臺御史中丞開元初出爲魏州刺史

袁從之 之乃一字之訛　新安樂公主傳厮臺掠民子女爲奴婢左臺侍御史袁從一縛送獄

宋庭璘 又殿中監察　新表廣平宋氏襄陽尉守愼子司農少卿庭瑜弟庭璘兵部郎中

薛昭　新表薛氏西祖房瑚後高平公綱子昭澤州刺史　又膳部郎中温子昭不官　又慶後左金吾將軍思

行子昭普州刺史　新選舉志睿宗時官太子中允希
太平公主意奏復斜封官　廣記四百九十四房光廷爲尚
書郎故人薛昭流放而投　石刻韋濟白鹿泉神君祠
碑稱恆州長史河東薛昭開元二十四年直隸獲鹿
黃守禮見郎官左外　御史臺記云唐殿中內供奉盧廙見監察
嘗於景龍觀監官行香右臺侍御史黃守禮亦預焉太平
廣記二百四十九
倪若水見郎官吏外　舊良吏傳下開元初歷遷中書舍人
新傳畧遷右臺監察御史黜陟劍南道繩舉嚴允課第
一開元初爲中書舍人　舊儒學祝欽明傳景雲初侍

御史倪若水劾奏欽明於是左授饒州刺史新傳同　舊
盧齊卿傳長安初則天令雍州長史薛季旭擇僚吏堪
爲御史者齊卿薦咸陽丞倪若水新傳同會要在二年廣記三年
裴觀見郎官戶中
崔皎　大唐新語四　崔皎爲長安令境內肅然出爲懷州
刺史歷任內外咸有聲稱也
崔宣又碑額監察　新表寓子宣京兆少尹　大唐新語崔思
兢則天朝或告其再從兄宣謀反廣記四百九十四　御史臺
記睿宗朝崔宣使于都又二百五十九當是以御史使於都也　舊彭偃
傳朱泚敗僞中丞崔宣等十二人李晟收之俱斬於安

國寺前　李晟傳賊將姚金之及僞中丞崔宣使謀覘
我軍五月二十九日晟斬崔宣等　新朱泚傳以崔宣
爲節度使
張損之　獨孤及唐故河南府法曹參軍張公從師墓表祖
損之英華捐之誤　隋大業中進士甲科位至侍御史尚書水部
郎毘陵集一唐摭言一
韋虛心見郎官左外補　舊傳累至大理丞侍御史神龍中推按
大獄時僕射竇懷貞侍中劉幽求意欲寬假虛心堅執
法令有不可奪之志景龍中西域羌胡背叛特並擒獲
有赦盡欲誅之虛心論奏但罪元首所全千餘人丁父

憂後遷御史中丞新傳畧同　蘇頲授王巨主爵郎中等
制朝議郎守侍御史內供奉判右司員外郎上柱國韋
虛心可守右司郎中散官勳如故文苑英華三百八十九　孫逖
東都留守韋公神道碑肅肅王度憲臺是式命公作侍
御史以至于中丞文苑英華九百十八
蔣欽緒見郎官吏外補又殿中　新傳累遷太常博士歷吏部員外
郎出爲華州長史　定命錄勅捕妖書人王直藏館陶
縣界勅史蔣欽緒奏請一百日提不獲與縣時中下考
廣記二百八十三
楊孚　新表楊氏度支員外郎謹子見度外　孚刑部郎中

舊禮儀志五神龍二年官太常博士執奏崇恩廟齋郎
事　新則天皇后武氏傳詔崇恩廟祠如太廟齋郎用
五品充博士楊孚執不可卽禮志所載　舊杜暹傳華州司
馬楊孚公直士也深賞重鄭尉杜暹尋而孚遷大理正
暹坐公事下法司結罪孚曰若得罪則公清之士何勸
特薦之於執政擢大理評事新傳畧同　資治通鑑唐紀二十六
景雲元年侍御史楊孚彈糾不避權貴權貴毀之上曰
鷹搏狡兎須急救之不爾必反爲所噬御史繩姦慝亦
然苟非人主保衛之則亦爲姦慝所噬矣孚隋文帝之
姪孫也　唐會要五十八　開元五年四月九日勅尚書省

案牘稽滯刑部郎中楊孚等各一道
常彥暐暐當作瑋　朝野僉載天授年常彥瑋由萬年縣尉授
侍御史廣記二百六十三　羽林將軍常元楷三代告密得官
子彥瑋告劉誠之破家處侍御又二百六十七
潘好禮　元和姓纂唐侍御史岐王府司馬潘好禮貝州
人　會要三侍御史潘好禮諫以惠妃爲皇后疏蘇冕
駁曰此非好禮作好禮先天元年爲侍御史開元十二
年爲温州刺史致仕表是十四年獻而云職參憲府若
題年恐錯卽惠妃先天元年始年十四王皇后有寵未
衰張說又未爲右丞相竟未知此表是誰獻之　新傳

第明經累遷上蔡令擢監察御史坐小累下除芮城令
拜侍御史從岐王府司馬開元初爲邠王府長史　新
玄宗貞順皇后武氏傳開元十四年帝將遂立惠妃爲
皇后御史潘好禮上疏諫遂不果立
崔涖見郎官吏外　新選舉志睿宗時殿中侍御史崔涖希太
平公主意奏復斜封官
張暐　舊傳暐汝州襄城人唐隆元年召拜宮門大夫其
年擢拜左臺侍御史數月遷左御史臺中丞
洪子輿又監察　元和姓纂一東監察御史洪察常州人本姓
弘氏避孝敬諱改姓洪氏生子輿原誤輿起居舍人　會

要七十六神功元年九月絕倫科洪子輿及第　蘇頲授
洪子輿起居舍人制勅通直郎守著作佐郎洪子輿雅
淡不羣清貞自遠學探微旨詞造幽典立心有恒常慕
直臣之節書法無隱可稱良史之才俾列軒墀益光鉛
槧可守起居舍人散官如故文苑英華三百八十三　舊韋安石
傳開元二年姜晦爲御史中丞以韋安石等作相時同
受中宗遺制宗楚客韋温削除相王輔政之辭安石不
能正其事令侍御史洪子輿舉劾之子輿以事經赦令
固稱不可監察御史郭震希姜皎等意越次奏之新傳同
慕容珣見郎官吏中又監察　舊薛登傳景雲中御史大夫薛謙光

與殿中慕容珣奏彈僧惠範恃太平公主權勢逼奪百
姓店肆反爲公主所搆　新太平公主傳監察御史慕
容珣復劾浮屠慧範事帝疑慕離間骨肉貶密州司馬
蘇頲授慕容珣侍御史制門下朝議郎行密州司馬
員外置同正員慕容珣志竭忠讜才充學行方書之肩
門傳御史直繩必蹝廷奏姦人凜然生風不避當道醜
正非罪遺賢久一作依歎長鯨已戮擊隼方秋宜賁寵章
復膺清憲可朝散大夫行御史臺侍御史主者施行文苑英華三百九十四
齊處沖見郎官勳中又殿中監察

任正名　新嚴挺之傳先天二年侍御史任正名恃風憲
至廷中責詈衣冠嚴挺之讓其不敬反爲所劾　御史
臺記元福慶拜右臺與韋虛心任正名頗事軒昂殿中
監察評之詠曰韋子凝而密任生直且狂又云詠褭行
官詩曰何時聞必也早晚見任端廣記二百五十
李懷讓　新表梁王房宗正卿隴西郡王謚恭博父子懷
讓温州刺史蔣國公　舊良吏下　李尚隱傳景龍中崔湜
鄭愔典選傾附權要左臺監察御史李尚隱與同列御
史李懷讓於殿廷劾之湜等遂貶黜俄而復用出懷讓
爲魏縣令湜等死自河陽令擢拜兵部員外郎新傳略同詳監

察李尚隱注　蘇頲授李懷讓兵部郎中制朝議大夫行大
理正上柱國李懷讓譽滿簪纓望華臺署鵷鳩作仕雖
參聽棘之言司馬訓兵重踐握蘭之任可行尚書兵部
郎中散官勳如故文苑英華三百九十　又授李懷讓御史中丞
制朝議大夫守給事中上柱國李懷讓可守御史中丞
散官勳如故又三百九十三　又授李懷讓給事中制朝議大
夫尚書兵部郎中上柱國李懷讓彌綸所屬嘗推起草
之能駁正是司更接遊蘭之寵可守給事中散官勳如
故又三百八十一
趙履沖又殿中監察　元和姓纂小三十　虞部郎中趙履沖下博

八
王上客見郎官膳外補又監察　兩京新紀先天中王上客爲侍御
史自以才望清雅妙當入省常望前行忽除膳部員外
郎太平廣記二百五十南部新書丁上客作主敬　劉禹錫唐故監察御史贈
尚書右僕射王公俊神道碑大父上客歷侍御史主客
兵部員外郎劉賓客外集九
褚璆見郎官吏中又監察　新褚遂良傳曾孫璆累拜監察御史裏
行先天中突厥圍北廷詔璆持節監總督諸將破之還
侍御史拜禮部員外郎　蘇頲授褚璆侍御史制勅通
直郎監察御史裏行驍騎尉褚璆清識雅致遒文贍學

養能見其盤錯臨事杜於脂韋北鶩輕轀且持嚴簡縱
一作紱二庭之冠無乏於餽軍徵萬里之兵有聞於赴敵
念勞斯屬懋賞攸憑增遷御史之端式寵侍臣之列可
侍御史勳如故文苑英華三百九十四　新書藝文志乙部史錄職官類
大唐國要圖五卷左僕射賈耽纂監察御史褚璆重修
劉嘉言　元宗柳城復置營州詔文稱鄭州刺史劉嘉言
大詔令
霍庭玉又殿中監察　元和姓纂十九鐸　唐河南尹霍廷玉蜀郡
新繁人　四川成都志十一　開元十年以左驍騎霍廷玉
充劍南節度益州大都督府長史十年　武平一東門

頌前刺史平陽崔疑霍公名璵字庭玉自兼攝監察御史
軍還郎眞自殿中三命至侍御史除兵部員外郎遷郎
中加朝散大夫故爲國相梁公深所嗟賞焉天子方急
鉛銅之貲息役簡賦勵萑蒲之聚通商惠工以繁兼此
郡故命公爲守也南至衡山勅公總察閣茂歲太衡日
公將伏奏洛師　石刻張之宏兗公之頌碑末列名有
文林郎守主簿平陽霍庭玉天寶元年四月山左金石志十二
艾敬直　元和姓纂十四泰　唐御史大夫艾敬直北平人通志
作侍郎御史郎字衍　蘇頲授艾敬直仙州長史制勅朝議郎守
豫州司馬上柱國艾敬直恪勤官次精練文法往持憲

簡其憚清嚴頃擁使車旌別淑慝好龍遺跡乘鳧舊壤
俾州閭之剏建佇邦國之成謠可守仙州長史散官勳
並如故文苑英華四百十四
王旭見郎官左中補又殿中　舊李傑傳開元初護橋陵作引侍御
史王旭爲判官旭貪冒受賜傑將繩之而不得其實反
爲所構新傳同　新孝友陸南金傳開元初詔侍御史王
旭捕按盧崇道獄　舊元行沖傳揚州長史李傑爲侍
御史王旭所陷詔下大理結罪元行沖以傑歷政清貞
不宜枉爲讒邪所構又奏請從輕條出之當時雖不見
從深爲時論所美　舊酷吏下　王旭傳自并州錄事參軍

開元二年累遷左臺侍御史五年遷左司郎中常帶御
史新傳同　舊王珪傳曾孫旭開元初爲左司郎中兼侍
御史　朝野僉載監察御史李嵩李全交殿中王旭京
師號爲三豹
康濯又殿中　顏眞卿銀青光祿大夫海濮饒房睦台六州
刺史上柱國汲郡開國公康使君希洗神道碑銘姪刑部
員外郎瓘文忠集七　舊五行志開元四年五月山東螟蝗
害稼分遣御史捕而理之八月四日勅河南河北檢校
捕蝗使康瓘等宜令待蟲盡而刈禾將畢即入京奏事
會要同　文苑英華五百三十七　有康瓘對嗣足不良判康瓘與康

濯疑非
一八
楊瑒見郎官戶外又殿中　舊員吏下　楊瑒傳初爲麟遊令擢拜殿
中侍御史開元初遷侍御史歷選御史中丞新傳同　何
延之蘭亭記辯才弟子玄素俗姓楊氏華陰人也漢太
尉之後六代祖佺期爲桓玄所害子孫避難潛竄江東
遂編貫山陰卽吾之外氏近屬今殿中侍御史瑒之族
法書要錄三　蘇頲授楊瑒侍御史制勑朝議郎行殿中侍
御史楊瑒風度凝整器懷沉密淸心所以激貪明識由
其應務頃司王憲深練朝經體文質以會理適剛柔以
爲用必能履繩作則執簡弘宜夙從臺閣之遷更寵軒

墀之列可行侍御史散官如故文苑英華三百九十四
吳訴　元和姓纂十一模　杲州刺史吳敬仲孫訴侍御史丹
陽人
崔希喬見郎官勳外又監察
杜暹見郎官吏中又殿中監察　舊傳開元四年自大理評事遷監
察御史累遷給事中新傳同　韓休授杜暹等侍御史制
勑朝議郎行殿中侍御史杜暹禮樂之器直方劾節通
直郎殿中侍御史內供奉馮宗文儒之業堅正在心咸
以淸公副茲望實風霜旣肅臺閣推美持我邦憲載穆
時談俾遷周史之能更奉楚冠之任並可侍御史文苑英華

三百九十四
楊執臣見郎官吏中作範又殿中監察
郭震見郎官左外補又殿中監察見仁
王執言見郎官封外又殿中監察
游子騫又殿中　元宗命柳城復置營州詔以屯田員外郎
游子騫爲營田支度及修築副使大詔令　會要六十八　太
原少尹開元已前爲司馬與諸府同開元十一年正月
改爲少尹以游子騫爲之　蘇頲授游子騫等侍御史
制勑營田使游子騫等砥操礪行愼言檢迹淸公乃持
法之端詞學皆養能之要臨事必果已畏神羊執心不

回先聞擊隼宜在鸞階之列用成烏府之遷可依前件
主者施行文苑英華三百九十四　又授游子騫屯田員外郎制
勑通直郎行殿中侍御史河北道度支營田使游子騫
在公必愼臨事克誠言用身謀一作言曰身文智爲心計頃持
憲簡嘗鶩使車往則甄明動惟弘益宜登仙署之列佇
惣公田之事一作重　可尙書屯田員外郎散官如故又三百九
十二
馮宗又殿中　元和姓纂一東　鴻臚少卿馮宗長安人　舊禮
志開元五年博士馮宗等詞議高宗大享之禮新陳貞節傳同
王元之潤州江寧縣瓦棺寺維摩詰畫像碑邑人左

補鈌馮宗文全唐韓休授杜暹等侍御史制稱通直郎
殿中侍御史內供奉馮宗可侍御史英華三百九十四詳上杜暹注
張遊又殿中監察　蘇頲授張遊侍御史制勑朝議郎行司農
寺丞張遊淸方自居專直不撓秋風始擊每勵鷹鸇歲
寒後凋斯見松柏國儲在於紅粟王憲持於白簡式寄
人天之重更聞臺閣之遷可行侍御史散官如故文苑英華
三百九十四
徐知仁又殿中監察　元和姓纂九魚戶部侍郎徐知脫仁字世居
柳城　會要二十七開元十二年十一月四日幸東都十
日至華州命刺史徐知仁與信安郡王褘勒石于華岳
祠南之通衢上親制文及詩原注舊路在岳北因是移于岳南也至十三
年七月七日碑成乃打本立架張于應天門以示百僚
獨孤及唐故右金吾衞將軍河南閻公用之墓誌銘初
仕彭州參軍太守徐知八疑仁以爲材毘陵集十二　顏眞卿
朝議大夫贈梁州都督上柱國徐府君秀神道碑銘戶
部侍郎徐知仁請爲招慰南蠻判官顏魯公文集八　文苑英
華一百七十八有徐知仁奉和聖製送張尙書巡邊詩
杜令昭見郎官金外又殿中監察
錢元敬見郎官度中
李承家　新表趙郡李氏東祖房梓州司馬挺立子承家

不詳歷官
張涚見郎官左外又殿中監察
陳希烈見郎官吏中又監察
張冠宗又殿中　舊解琬傳景雲二年朔方軍大總管解琬
分遣隨軍要籍官河陽丞張冠宗等校料三城兵募新傳
同　新書方技杜生傳武后時天官侍郎張敬之子冠宗
云云大唐新語同
宋述又監察　元和姓纂二宋尙書左丞元爽子見吏中生述監
察御史扶風人
朱渭輔見郎官吏外又殿中監察

高庭芝見郎官左外
宇文融又殿中監察　新表宇文氏萊州長史嶠子融相元宗
姓纂融黃門侍郎平章事　舊傳開元初累轉富平主簿俄拜監察
御史充使搜括逃戶特加朝散大夫再遷兵部員外郎
兼侍御史新傳畧同　舊裴寬傳宇文融爲侍御史括天下
田戶使奏差裴寬爲江南東道勾當租庸地稅兼覆田
判官新傳略同英華有宇文融汝州刺史勅文稱三遷憲府
翟璋又監察　通典職官六　開元初置御史裏使及侍御史裏
使殿中裏使監察裏使等官並無定員議與裏行同穆
思泰元光謙俱見監察呂太一見戶外翟章疑璋並爲裏使尋省

唐會要六十二　開元元年正月殿中侍御史出使盡監
察裏行翟璋知班乃牒中書省勘侍郎王琚及太子左
庶子竇希瓘入晚遂爲所擿出授岐陽縣令　又七年
正月二十一日上御紫宸殿左臺御史翟璋監殿廷
新酷吏周利貞傳開元時爲左臺侍御史劾敬讓越次
奏事不待監引請行法　孫逖授翟璋將作少匠制門
下滑州刺史翟璋等精勤立志果斷雄才有吏道之能
名是郎官之俊選掄才考行用掌百工之事宰邑臨人
佇爲四方之則可依前件文苑英華三百九十九　又授翟璋等
諸州刺史制門下中散大夫守將作少匠上柱國翟璋

等名跡修謹藝能該博或累升清秩或久踐通班三年
有成各呈才於外郡庶官無曠咸勵節於中朝重寄所
難分憂是囑宜膺稍遷之舉用叶汝諧之命可依前件
又四百十

劉升又殿中監察　王本昇

馮紹烈見郎官金外　又殿中監察

張樽又殿中監察　元宗分散化度寺無盡藏財物詔令御史
張樽等量其檢校　又分遣蔣欽緒等往十道疏決囚
徒宣慰百姓制仍令刑部郎中張樽往河東大詔令時開元十三
年

楊瑤

羅承錫又殿中監察

喬夢松又殿中監察　唐會要八十五　開元九年正月監察御史
宇文融奏三原縣尉喬夢松充勸農判官　新西戎疏
勒國傳開元十六年遣大理正喬夢松攝鴻臚少卿册
定其王裴安定稱　元宗册疏勒王裴安定
遣大理正攝鴻臚少卿喬夢松册爾爲疏勒王全唐文

解忠順　元和姓纂十二蟹　職方員外郎解忠順魏州貴鄉
人　舊突厥蘇祿傳開元三年遣侍御史解忠順齎璽
書册立蘇祿爲忠順可汗

張明允

宋遙見郎官勳外　又殿中監察　顏眞卿朝議大夫贈梁州都督上
柱國徐府君秀神道碑銘自蔡州參軍爲御史宋遙闢
內覆囚判官文忠集八

劉彥回見郎官左中　又殿中　蘇頲御史大夫贈右丞相程行謀神
道碑凡厥所嗟上之不隕直清而美者則侍御史彭城
劉彥回同郡宋詢文苑英華八百八十九　嘉定鎮江志十六　劉彥
回開元中自侍御史左遷金壇令彥回以直貶終守清
節琴樽自娛吏民畏愛之　元宗令侍御史劉彥回賑
給同鄜等州詔大詔令

張珦見郎官吏中又監察
長孫處仁見郎官戶外又殿中
夏侯宣見郎官左中又殿中監察
班景倩見郎官左外又殿中監察
新宇文融傳開元中宇文融奏
班景倩等二十九人爲勸農判官假御史分按州縣括
正丘畝招徠戶口而分業之　會要八十五開元九年正
月監察御史宇文融奏大理評事班景倩等充勸農判
官
王琇見郎官勳外又殿中
姚暰又殿中監察

封希顏見郎官戶外又殿中監察
宋詢見郎官吏中又殿中監察
薛侃見郎官勳外又殿中監察
唐會要八十五開元九年正月監
察御史宇文融奏汜水縣尉薛侃充勸農判官
張景明見郎官封外又殿中監察
宋溫瑗又殿中監察　元和姓纂二宋桐柏令宋義生溫瑗侍郎
御史河南人郎字疑衍
元彥冲見郎官吏中又殿中監察
邊沖寂　唐會要八十五開元九年正月監察御史宇文融
奏同州司法邊仲寂等充勸農判官　定命錄唐勤會

任魏州館陶縣尉救擒妖書八王直縣界藏失捉不獲
按察使邊沖寂奏奉敕却奪勅疑刺史曹勤倖會十一月
二十二日巡陵恩赦得無事太平廣記二百八十三
張浚　新表魏郡張氏高宗相大安子見戶中同州刺史況
弟見上浚侍御史　楊綰汾陽王妻霍國夫人王氏神道
碑次女適衛尉卿張浚文苑英華九百三十四
鄭觀藝
雍維艮見郎官主中又重見又殿中監察
韓宣又殿中　元宗引見諸州高蹈不仕舉人詔韓宣等五
人年覊既高稍宜優異宜各賜綠衣一副物二十段不

奪隱淪之志以成高尚之美並宜坐食訖好去仍依前
給公乘還郡大詔令
李濯又殿中　新宰相表趙郡李氏東祖房敬一子濯不詳
歷官　宗室表蔡王房揚州戶曹參軍可道子司勳員
外郎延坊邠三州刺史貶密州司馬濯　新康日知傳
李惟岳叛趙州刺史康日知與李濯及部將百人啐牲
血共盟固州自歸
李昂見郎官吏中又殿中監察見又左側
裴曠又見下又監察左側　新表洗馬裴氏尉氏尉元簡子曠御
史中丞　韓愈河南少尹裴君復墓誌銘大父曠御史

中丞京畿採訪使 昌黎先生集二十四 顏眞卿崔孝公陋室銘
記公之澄清中外也以州掾裴曠等並以清白吏能而
薦之 顏魯公文集十四
長孫孝紀 見郎官左外補又殿中
李知柔 見郎官勳中又殿中
郭虛己 又殿中監察見又左側見 元和姓纂十九鐸 工部郎中郭虛
巳京兆人 郎中當作尚書 舊蕭嵩傳開元十五年蕭嵩爲兵
部尚書河西節度使判涼州事請以郭虛已等在其幕
下 新傳略同 舊裴寬傳蕭嵩爲河西節度使奏郭虛已爲
判官 孫逖授郭虛已太子左庶子制稱朝議郎守駕

部員外郎兼御史中丞朔方節度行軍司馬關內道採
訪處置使賜紫金魚袋郭虛已累踐臺閣頻更任使懋
功斯久賞善當遷擢以正人宜拜職於中庶增其寵服
俾兼榮於獨坐可朝散大夫守左庶子兼御史中丞餘
如故 文苑英華四百四 孫逖授宋鼎尚書右丞等制朝議大
夫守尚書工部侍郎上輕車都尉郭虛已可尚書戶部
侍郎散官如故 英華三百十五 石刻御注孝經碑末題名
有中散大夫守戶部侍郎上輕車都尉臣郭虛已 天寶四載陝西
長安 元宗遣使祭嶽瀆勅宜令工部侍郎郭虛已等分
祭五嶽四瀆 全唐文 舊元宗紀下天寶五載八月以戶
部侍郎郭虛已爲御史大夫劍南節度使 四川成都
志廿 天寶五載郭虛已以御史大夫領劍南節度採訪
使蜀郡大都督府長史三年 顏眞卿鮮于少保碑五
載戶部侍郎兼御史大夫郭公虛已代章仇兼瓊節制
郭以庶務一皆仗公公素懷感激竭誠受委故幕府之
事無遺諝焉六載郭公將圖弱水西之八國奏公入覲
又云郭公云亡慟哭之曰公亡矣吾無爲爲善乎初郭
公對駁每薦公有文武之材堪方面之寄 顏魯公文集六 顏
眞卿河南府參軍贈祕書丞郭君 揆 神道碑銘父虛已
銀青光祿大夫守工部尚書兼御史大夫蜀郡大都督

府長史持節充劍南節度度支營田副大使本道并山
南西道採訪處置使上柱國贈太子太師謚曰獻 顏魯公文集五
郭祕丞碑銘天寶五載大夫總度瀘之師又云先
大夫懿其天姿親疏行狀斯文未建頹山遂及 同上 舊
永王璘傳毋郭順儀劍南節度尚書虛已之妹
裴敦復 見郎官吏中又監察左側
崔季友 見郎官度外又殿中見
竹承搆 又見下又殿中監察見 石刻蕭昕唐銀青光祿大夫嶺南
五府節度經畧採訪處置等使攝御史中丞賜紫金魚
袋殿中監南康縣開國伯贈楊州大都督府長史張公

九皐神道碑後宣慰使竹承構奏南康郡贛縣令竹承搆
戸口增益　陳簡甫宣州開元以來員吏記有若竹公
承構特高孤貞行懿直方秉法以馭下去邪以爲治鰥
惸於是乎康豪奸於是乎息矣代班之政不易其舊間
歲而屬城放黜者幾乎一作於前焉初上以遐方罔迪邦
禁思文法之臣而二公繼莅於兹政斯淸人斯寧俾吳
楚之俗不愆于度者二公是賴文苑英華八百三十
盧見義又殿中左側　新表盧氏大房嘉慶子見義魏郡太守
萬齊融法華寺戒壇院碑開元二十六載採訪使盧見
義等無不停旟淨境稟承法訓會稽掇英總集十七

許融又殿中見監察
裴曠見上又監察又左側
裴令臣見郎官封外又殿中監察
王審禮　樊衡爲幽州長史薛楚玉破契丹露布稱臣又
與侍御史王審禮等僉議全唐文三百五十二　嚴州重修圖經
刺史題名王審禮開元二十六年八月□日自溫州刺史拜
竹承構重見
雍惟員重見
裴歆又殿中　新表南來吳裴氏令寶後袁州長史無悔子
禮部尚書寬弟歆侍御史大理正

張倚見郎官左外又殿中見
韋伯詳見郎官左中
李喬年見郎官左中補又侍御兼殿中
張光奇又右側侍御兼殿中　舊酷吏下羅希奭傳天寶十四載張
光奇替希奭爲始安太守　賈至授張光奇光祿少卿
制勑始安疑脫太守二字充經畧使張光奇忠肅周敏懷其利
用歷試中外累有能名嶺嶠地遐方隅寄重威懷之政
惟爾悉舉一作惟允兌舉宜參榮於卿士俾兼鎮於藩條可兼
光祿少卿勳封如故英華三百九十八　資治通鑑唐紀三十七乾
元二年八月戊午上使將軍曹日昇往襄州慰諭亂將
康楚元以司農少卿張光奇爲襄州刺史楚元不從
鮮于仲通又左稜　新楊國忠傳國忠薦鮮于仲通爲蜀郡
長史率兵六萬討之戰瀘川舉軍沒獨仲通挺身免時
國忠兼兵部侍郎素德仲通爲匿其敗更敘戰功使白
衣領職因自請兼領劍南國忠拜御史大夫引仲通爲
京兆尹十二載仲通等諷選者鄭愬願立碑省戸下頌
德詔仲通爲頌帝爲易數字因以黃金識其處　顏眞
卿中散大夫京兆尹漢陽郡太守贈太子少保鮮于公
神道碑銘公諱向字仲通以字行漁陽人也開元二十
年年近四十舉鄉貢進士高第自左衛兵曹無何攝監

察御史充劍南山南兩道山澤使遷大理評事充西山督察使六載拜監察御史公誅羌豪董哥羅等數十人以靖八州之地郭公將圖弱水西之八國奏公入覲玄宗駭異之卽日拜尚書屯田員外郎兼侍御史蜀郡司馬劍南行軍司馬又云眞卿與公同在御史 顏魯公文集六

舊崔光遠傳天寶十一載京兆尹鮮于仲通舉光遠爲長安令 舊韓休傳天寶中萬年主簿韓浩捕王鉷資財有所容隱爲京兆尹鮮于仲通所發 新傳畧同 鮮于氏離堆記以進士高第驟登臺省天寶九載以益州大都督府長史兼御史中丞持節劍南節度副大使知節度

事劍南山南西道採訪處置使入爲司農少卿遂作京兆尹以忤楊國忠貶郡陽郡司馬十二載秋八月除漢陽郡太守冬十有一月終於所任官舍 又云眞卿因之又忝憲司之寮 顏魯公集十三 舊元宗紀天寶十載四月劍南節度使鮮于仲通將兵六萬與雲南王閤羅鳳戰于瀘川官軍大敗 又南詔蠻傳天寶九年爲劍南節度使 新元宗紀天寶十載四月劍南節度使鮮于仲通及雲南蠻戰於西洱河大敗績 新李叔明傳本鮮于氏兄仲通字向天寶末爲京兆尹兼御史中丞劍南節度使 四川成都志十天寶八載鮮于仲通以京兆尹檢校太子太傅領劍南節度山南邛棘越巂等五十四州按察制置採訪使蜀郡大都督府長史十載夏統軍數萬征雲南敗績

唐御史臺精舍題名考卷一　終

勞檢丁士譔校字

唐御史臺精舍題名考卷二

仁和　趙　鉞
　　　勞　格　同撰　歸安丁寶書參証

碑陰題名

殿中侍御史兼內供奉武后中至元宗末

崔湜見郎官吏外　石刻大唐御史臺精舍碑銘前署中書令

崔湜任殿中侍御史日纂文文云長安初始自左補缺拜殿中侍御史　舊

傳舉進士累轉左補闕預修三教珠英遷殿中侍御史

神龍初轉考功員外郎新傳祇云擢累左補闕　舊盧齊卿傳長

安初則天令雍州長史薛季旭擇僚吏堪爲御史者齊

卿薦萬年尉崔湜新傳同

陸景初又監察　新表陸氏太尉枝武后相元方子象先本

名景初相元宗新傳睿宗賜名象先　元和姓纂中書工部侍郎

平章事原衍生字刑部尚書疑脫太子二字少保兖文原誤袞元貞公

舊象先傳應制舉自洛陽尉遷左臺監察御史轉殿中

歷授中書侍郎　蘇頲授陸景初大理少卿制稱朝議

大夫守中書舍人上柱國陸景初翔集仙署翩飛禁省

文苑英華三百九十八

王守廉　舊王毛仲傳開元十九年王毛仲男太子家令

守廉貶溪州司戶　蘇頲授王守廉申王府長史制稱

朝議大夫守忠州刺史上騎都尉王守廉往操簡憲已

著厥聲洎領條寄克脩其政可申王府長史散官勳如

故文苑英華四百五

程行諶見郎官金中又監察　蘇頲御史大夫贈右丞相程行謀當作

諶神道碑尋遷左肅政臺監察御史裏行歷二尉尉字作殿

中左右肅政丞侍御史迴復雙拜周旋五入悉心果乎

履尾奚懼獖豕既制拉二豎於威弧之張神羊既立挫

三思於止戈之武固亦霜驅準勁露落鵬摧豈避儉言

俄招物議出爲幽州司馬文苑英華八百八十九

裴漼見郎官吏外又監察　舊傳陳留主簿累遷監察御史時吏部

侍郎崔湜鄭愔坐贓爲御史李尚隱所劾漼同鞫其獄

安樂公主上官昭容阿黨湜等漼竟執正奏其罪甚爲

當時所稱三遷中書舍人新傳畧同

封無待　新表封氏踐一子無待刑部侍郎姓纂郎中

高恂　沈佺期有餞高唐州詢詩洵疑詢訛

田貞幹見侍御

王璵見郎官勳外又陰下層又右側侍御兼殿中　王昌齡有宿灞上寄侍御

璵弟詩英華二百九十二

王志愔見侍御又監察下

王道洽

辛長擿又監察　新表辛氏比部郎中元道子禮部侍郎廣
嗣弟□見吏　長儒都官郎中元和姓纂同
呂延祚　新突厥傳上玄宗時拜薛訥朔方道行軍大總
管太僕卿呂延祚等佐之備默啜　舊刑法志開元初
玄宗勅紫微舍人呂延祚等刪定格式令三年三月奏
上名開元格新書藝文志刑法類同　新書藝文志丁部集錄總集類五
臣注文選三十卷開元六年工部侍郎呂延祚上
馬懷素見郎官考外　舊傳則天時由鄠尉四遷左臺監察御
史長安中累轉禮部員外郎新傳畧同　石刻故銀青光祿
大夫祕書監兼昭文館學士侍讀上柱國常山縣開國

公贈潤州刺史馬公墓誌銘則天太后大崇諫職授左
拾遺尋改左臺監察御史歷殿中彈糺不避强禦加朝
散大夫轉詹尹丞朝論稱屈遷禮部員外郎續古文苑十八
張思義見侍御
魏奉古見郎官左中又監察
宋慶禮　舊良吏傳則天時由衛縣尉遷大理評事充嶺
南採訪使開元中累遷貝州刺史
鄭景復　新表鄭氏北祖房流水令九思孫慈州刺史曾
子景復殿中侍御史案梁昇卿唐故慈州刺史光祿卿鄭公碑曾字景參則景復當是曾
弟表誤下一格耳

柳諗又監察
韋抗見郎官吏中　蘇頲刑部尚書韋抗神道碑自雍州司戶
升左臺殿中侍御史轉尚書主客吏部二員外吏部郎
中文苑英華八百九十六
楊虛受見侍御
張應　舊李復傳德宗時安南經略使高正平張應相次
卒官新傳同
傅黃中見郎官勳中
楊滔見郎官吏外
姬處遜見侍御又監察

齊處沖見侍御又監察
袁守一又監察
袁守一　舊魏元忠傳神龍三年宗楚客又令御史
袁守一奏言則天昔在三陽宮不豫狄仁傑奏請陛下
監國元忠密進狀云不可據此則知元忠懷逆日久伏
請加以嚴誅中宗謂楊再思等曰以朕思之此是守一
大錯人臣事主必在一心豈有人主上少有不安卽請
太子知事乃是仁傑樹私惠未見元忠有失守一假借
前事羅織元忠豈是道理楚客等遂止新傳略同　朝野僉
載侍御史袁守一就羅公遠看年命廣記二百八十五　又袁
守一性行淺促任萬年尉於中書令宗楚客門餉生菜

除監察寶懷貞爲左臺御史大夫爲自左臺除右臺御史無何客以反誅守一配流端州又二百五十九

王履道

崔琬見侍御又監察

宋庭瑜見侍御又監察

鄭勉見郎官度外

崔子源又監察作子原　新表清河大房崔氏龍藏孫子源同州刺史　元宗賑懷州詔朕以懷州去年偏併不熟宜令刺史崔子源察問貧下不支濟者量加賑貸大詔令　蘇頲授崔子源岐王府長史制稱朝散大夫守尚書駕部

郎中崔子源憲曹白簡秋隼會飛禮闈青縑晨鳬就列瞻于藩邸親則舅甥俾踐端寮宜膺寵命可檢校岐王府長史散官如故仍追赴京文苑英華四百五

鄭瑤又監察

樊欽賁　宣室志中宗御厤樊文男欽賁以郜城縣山中寇天師刻石記本上獻廣記三百九十一

趙昇卿見郎官吏中又監察

任奉先

李乂見郎官左外　新傳長安三年詔雍州長史薛季昶選部吏才中御史者季昶以萬年尉李乂聞擢監察御史劾奏無避景龍初葉靜能怙勢乂條其姦中宗不納遷中書舍人舊傳失載　蘇頲唐紫微侍郎贈黃門監李乂神道碑自萬年尉擢爲監察御史歷殿中侍御與御史令黃門監漁陽公承旨鞫僞景龍中葉靜能諂諛媚姤權勢傾人公劾奏其僻中宗原而宥之無何加朝散大夫遷尚書司勳左司二員外右司郎中中書舍人文苑英華八百九十三　舊盧齊卿傳長安初則天令雍州長史薛季旭擇僚吏堪爲御史者齊卿薦萬年尉李乂新傳同

韋仲昌見郎官度中補又監察

邵炅見郎官考外補又監察　御史臺記邵景自欽州司倉遷至右

臺監察考功員外太平廣記二百五十五詳考外補

李誠見郎官左中又監察

獨孤冊見郎官戶中

苗延嗣又監察　新表苗氏襲夔子延嗣中書舍人太原少尹　舊張嘉貞傳開元中張嘉貞爲中書令中書舍人苗延嗣等皆爲所引位列清要新傳畧同

司馬銓見郎官戶中又監察　新文藝劉憲傳司馬銓歷殿中侍御史

崔液見郎官吏外補又監察　舊崔湜傳弟液官至殿中侍御史坐兄配流逃匿於郢州人胡履虛家遇赦還道病卒　新

表博陵安平崔氏雍州司功參軍安平男擢子液吏部員外郎襲安平男（則液是擢兄子湜從兄弟與舊傳異）

陳惠滿（見郎官倉中補又監察）

蔣欽緒（見侍御）

韋鏗（見郎官考中補又監察）　御史臺記神武皇帝卽位考功員外郎景與殿中御史蕭嵩韋鏗俱昇殿行事職掌殊別而制出景嵩俱授朝散大夫而鏗無命（太平廣記二百五十五）

格遵　新表格氏武后相輔元子遵殿中侍御史　新岑長倩傳擧明經第爲太常寺太祝輔元誅亡命匿中牟十餘年神龍初訴父寃擢累贊善大夫

李察（見郎官戶中）　舊傳神龍元年調補洺州參軍景雲元年爲醴泉尉僚壻陸象先爲中書侍郎引爲監察御史象先知政事驟還殿中侍御史開元初爲中書舍人

蕭嵩（見郎官勳外又監察）　蘇頲授蕭嵩太子舍人制稱朝請大夫殿中侍御史內供奉判尚書司勳員外郎上柱國蕭嵩（文苑英華四百四）　御史臺記神武皇帝卽位邵景與殿中御史蕭嵩韋鏗俱昇殿行事職掌殊別而制出景嵩俱授朝散大夫（太平廣記二百五十五）

敬昭道（又監察）　賈至授敬昭道殿中侍御史等制勑朝議郎行監察御史敬昭道見素爲質懷淸守道學以潤身文能比事自乘驄嘌謁鷙（一作擊）隼秋飛或出禀五綸或入持天憲傳使者之命往則有功按罪人之贓居而不撓因其績用採其聲華宜叶歲遷允符時議可依前件（文苑英華三百九十五）　舊五行志開元四年五月山東螟蝗害稼分遣御史捕而埋之河南河北檢校捕蝗使敬昭道等（見侍御康漼注會要同）

和逢堯　舊良吏下强循傳睿宗時和逢堯以御史中丞攝鴻臚卿充使報突厥

趙履沖（見侍御又監察）

張晤（又監察）　元宗遣官祭五嶽四瀆風伯雨師詔稱少詹

事張晤祭江瀆（開元十四年大詔令）　舊張暐傳弟晤等皆居清列不言何官　新王琚傳張暐弟晤等仕皆清近

崔沔（見郎官祠外二傳失載）　李華贈禮部尚書孝公崔沔集序擢左補闕以公嫉邪忿佞除殿中侍御史（文苑英華七百一唐文粹九十二）　顏眞卿崔孝公陋室銘記擢拜左補闕遷殿中侍御史奉敕按竊金者公得其情許之不死竟得減論諸王或恃貴不遵法度擧而按之其不吐茹也如此尋遷起居舍人（顏魯公文集十四）

霍庭玉（見侍御又監察）

楊執臣（見侍御又監察）

李全昌[見郎官 勳外]　蘇頲授李全昌工部員外郎制稱朝散
大夫殿中侍御史李全昌[文苑英華三 百九十二]
柳澤[見郎官左 外又監察]　舊元宗紀開元二年殿中侍御史爲監
選使柳澤上書諫上嘉納之十二月右威衞中郎將周
慶立爲安南使舶使與波斯僧廣造奇巧將以進內
新傳景雲中爲右率府鎧曹參軍拜監察御史開元中
轉殿中侍御史監嶺南選歷遷太子右庶子
梁涣[又監 察]　文苑英華[五百二 十四]有梁涣對津吏告下方傷
水判
麴先沖[見郎官吏 外又監察]

崔安儼[見郎官 主外]
杜令昭[見侍御 又監察]
李庭口
游子騫[見侍 御]
王執言[見侍御 又監察]
張遊[見侍御 又監察]
員嘉靜[見郎官吏 中又監察]
朱渭輔[見侍御 又監察]
王易從[見郎官 封中]　蘇頲揚州大都督府長史王公神道碑
擢拜左臺監察御史一歲遭內艱禫闋制復舊遷殿中

侍御史無何拜尚書戶部員外郎[文苑英華九 百二十六]
李全交[又監 察]　新表李氏東祖房沂州刺史志子光祿少
卿全昌弟[見 上]全交忠州司馬　舊張薦傳開元初御史
李全交糾張鷟語多譏刺　朝野僉載開元二年安國
觀道李若虛被御史李全交致其罪[廣記二百十六又 二百五十九引朝]
[野僉載有不惠泰與 監察御史李全交詩]
徐知仁[見侍御 又監察]
張敬輿[見郎官左 中又監察]
崔隱甫　新表崔氏清河大房正平令元彥子隱甫刑部
尚書忠公[舊傳太 平令]　舊良吏傳[下]開元初再遷洛陽令

新傳解褐左玉鈐衞兵曹參軍遷殿中侍御史內供
奉浮屠惠範倚太平公主脅人子女隱甫劾狀反爲所
擠貶邛州司馬玄宗立擢汾州長史兼河東道支度營
田使遷洛陽令
李庭誨[見郎官金 外又監察]
李畬[見郎官勳外 又監察見]　蘇頲授李畬司勳員外郎制稱朝議
郎行殿中侍御史李畬[文苑英華三百九十一又蘇頲 龍門天竺寺碑文稱殿中侍御]
[史趙國李畬與此同時景 雲歲辛亥也二傳失載]
郭震[見侍御又 監察見]　新趙彥昭傳玄宗時殿中侍御史郭震
劾暴彥昭舊惡[舊傳 畧同]

崔悰見郎官封外補
徐元之見郎官吏中又監察
杜咸見郎官祠外又監察　新杜正倫傳從孫咸累遷右臺監察御
史遷侍御史
高力範
王旭見侍御
李謹度見郎官勳外又監察
宋遙見侍御又監察
張冠宗見侍御
楊瑒　舊良吏傳下初爲麟游令擢拜殿中侍御史　蘇

頲授楊瑒侍御史制稱朝議郎行殿中侍御史楊瑒文苑英華三百九十四
元光大　容齋隨筆八衡山有唐開元二十年所建南岳
眞君碑衡州司馬趙頤正撰荆府兵曹蕭誠書末云別
駕賞魚袋上柱國光大晊　金石錄二十六唐南嶽眞君
碑有別駕賞紫金魚袋光大晊爾雅釋詁晊大也案元和姓纂二十二元虞部郎中太府少卿元知讓生晊侍御史河南洛陽縣人疑即此人光大當即晊字蓋以字行此云光大晊或碑文未載其姓或趙洪脫書元字借石刻已失無從正之
張昶見郎官吏中又監察
張烈見郎官主中又監察有張冽疑即是

張摶見侍御又監察趙云疑搏字　紀聞歷城令杜豐妻兄張摶開元
二十五年以御史隨駕東封廣記四百九十四
康漼見侍御
許景先　元和姓纂八語許義均生景先中書舍人工部侍
郎中山人　舊文苑傳景先常州義興人後徙家洛陽
舉進士神龍初擢拜左拾遺累遷給事中轉中書舍人
新傳神龍初擢左拾遺外補滑州司士參軍舉手筆
俊拔茂才異等連中進揚州兵曹參軍還爲左補闕宋
璟蘇頲擇殿中侍御史久不補以授景先時議僉愜拜
按不避近疆知制誥鉞案今山西聞喜縣有唐興寺碑乃景先書其結銜稱殿中侍御史

判職方員外郎碑建于開元六年
楊光羽見侍御封外有口羽又監察
張涚見侍御又監察
羅承錫見侍御又監察
劉升見侍御又監察　舊劉瞻傳祖升不言何官鉞案今陝西華陰縣有開元八年所立精享昭應之碑爲殿中侍御史彭城劉升書　元宗簡察驛路詔文稱令
御史劉昇往南北簡察大詔令
韓琬又監察　新韓思彥傳子琬字茂貞舉茂才擢第又舉
文藝優長賢良方正連中拜監察御史景雲初出監河
北軍兼按察使開元中遷殿中侍御史坐事貶官卒

新藝文志韓琬御史臺記十二卷

陸景獻　新表陸氏太尉枝武后相元方子工部尚書景融弟景獻屯田郎中姓纂作員外　舊傳歷殿中侍御史屯田員外郎

趙冬曦見郎官考外補　舊賀知章傳開元十年官監察御史錢案王氏金石萃編載開元十一年少林寺賜田牒有判官殿中侍御史趙冬曦銜與此官合云判官者當是東都留守判官也　舊儒學傳下開元初遷監察御史坐事遷岳州召還復官未幾知史官事遷考功員外郎

王沛之又監察

皇甫翼見郎官吏中又監察　元宗令御史皇甫翼等慰問鹽夏兩

州百姓詔又遣使宣慰江南淮南等州制皇甫翼等咸謂能賢令大詔

韓朝宗見郎官勳中又監察　新傳睿宗時歷左拾遺累遷荊州長史　元宗慰問鹽夏兩州百姓詔稱令御史韓朝宗等分往慰問大詔令

馮宗見侍御

杜暹見侍御又監察

王琇見侍御

鄭溥見郎官主外又監察貶　蘇頲授鄭溥殿中侍御史等制勑奉議郎行監察御史鄭溥等志蘊公忠才兼學行守文法以明練循憲章以清直神羊共觸常聞避馬之雄夕烏明疑朋飛俾叶遷鶯之舉可依前件文苑英華三百九十五

封希顏見侍御又監察

宋溫瑗見侍御又監察

宇文融見侍御又監察

姚珹見侍御又監察

宋鼎見郎官吏外又監察

焦如璧

張景明見侍御又監察

辛怡諫　新表辛氏元慶子怡諫壽州刺史　元和姓纂

職方員外壽州刺史　新盧藏用傳隴西辛怡諫爲職方有獲異鼠者豹首虎臆大如拳怡諫謂之䶂鼠而賦之　石刻衞州共城縣百門陂碑銘前成均進士隴西辛怡諫文長安四年河南輝縣

薛自勸見郎官勳外又監察貶　李邕謝恩慰喻表頃歲陛下東封將還臣路左謁見朝議恐陛下用臣薛自勤與外生庫狄履溫羅織臣至死文苑英華五百九十八是時蓋官御史也錢案自勤當是自勸之誤

履溫見丁

梁昇卿見郎官戸中又監察　石刻大唐御史臺精舍碑銘後題開元十一年殿中侍御史梁昇卿追書

許融見侍御又見下又監察

長孫處仁見侍御

劉昂見郎官左外

韋洽見郎官左外又監察

趙頤貞　元和姓纂三十小　趙不器生頤原誤頡貞有脫字員外職方郎中安西都護定州鼓城縣人　舊突厥下蘇祿傳開元中安西都護杜暹入知政事趙頤貞代爲都護　新紀吐蕃寇安西副大都護趙頤貞敗之　舊元宗紀開元十五年閏月庚子突騎施蘇祿吐蕃贊普圍安西副大都護趙頤貞擊走之十六年正月壬寅安西副大

都護趙頤貞敗吐蕃于曲子城新紀同　新地理志五泉州晉江縣北一里有晉江開元二十九年別駕趙頤貞鑿溝通舟檝至城下　舊韋述傳趙冬曦弟頤貞等六人並詞學登科　新儒學下趙冬曦傳弟頤貞擢進士第安西都護　李華衢州龍興寺故律師體公碑趙太常頤貞等皆爲此衢州躬往圍繞敬因長老立文殊萬聖之像文苑英華八百六十　嘉靖衢州府志七開元二十六年衢州刺史趙頤好遊西安之清皎湖見舊經　顏眞卿朝議大夫贈梁州都督上柱國徐府君秀神道碑銘侍御史趙頤貞辟宣慰判官文忠集八　孫逖送趙大夫護邊詩外域分都護中臺命職方欲傳清廟略先取劇曹郎國秀集上　南岳眞君碑衡州司馬趙頤正撰荆府兵曹蕭誠書開元二十年容齋隨筆八

夏侯宜見侍御又監察

李濯見侍御

薛珣　新表薛氏西祖房虢州刺史元宗孫珣殿中侍御史

元彥沖見侍御又監察

崔希逸見郎官吏中　舊忠義下李憕傳開元九年宇文融爲御史括田戶奏知名之士崔希逸等爲判官攝監察御

史分路檢察以課並遷監察御史　會要八十五　開元九年正月監察御史宇文融奏萬年縣尉岑希逸等充勸農判官

馮紹烈見侍御又監察

孫濟見郎官左中補又監察　元宗分遣蔣欽緒等往十道制疏決囚徒宣慰百姓仍令殿中侍御史孫濟往隴右道大詔令時開元十三年詳左中補

李知柔見侍御

楊瑊又見下又監察　五燈會元一永泰元年五月五日代宗夢六祖大師請衣鉢七日勅刺史楊瑊於本寺如法安置

玉堂閒話云楊瑊爲兖州朱瑾書記廣記三百五十四

崔季友見侍御又見下

長孫孝紀見侍御

楊瑊重見

宋宣遠見郎官左外又監察

韓宣見侍御

盧怡見郎官吏外又監察

何千里又監察　唐會要八十五　開元十二年宇文融又奏加奉天縣尉何千里等充勸農判官　顏眞卿鮮于少保碑父令徵與殿中侍御史何千里以氣槩相高顏魯公文集六

夏侯銛見郎官度外又監察

劉日正見郎官吏中勳中考外有劉日政　又監察　王維裴僕射齊州遺愛碑大駕還都分遣中丞蔣欽緒御史劉日政宋珣巡按皆嘉公之能奏課第一全唐文三百二十六

咸廙業又監察　通志氏族略四　開元中殿中侍御史咸廙業世居東海臨朐　唐會要七十六　神龍三年才膺管樂科成廙業及第緯略咸慶業慶字誤　新儒學下　趙冬曦傳開元初大理評事咸廙業入集賢院脩撰踰年爲直學士坐事左遷餘杭令　舊忠義下　李憕傳開元九年宇文融爲御史括田戸奏知名之士咸廙業等爲判官攝監察御史分路檢察以課並遷監察御史　會要八十五　開元十二年宇文融又奏加前大理評事咸廙業等充勸農判官　又六十四　開元十三年四月監察御史咸廙業爲集賢院直學士　李華杭州餘杭縣龍泉寺故大律師碑故成御史廣業等屈身郡邑艑舸洄沿文苑英華八百六十　徐季鶬屯留令薛僅善政碑自江陽丞中丞宇文融殿中侍御史咸廙業並引爲判官全唐文三百六十二

崔季友重見

張倚見侍御又見下

張晉明　唐會要七十五　開元八年七月王丘爲吏部侍郎

拔擢湖城尉廣記作丞張普廣記作晉明等不數年登禮闈掌綸誥焉　舊王邱傳開元中吏部侍郎王丘典選擢用湖城尉張晉明稱一時之秀新傳同　孫逖趙六宅浴後宴序左衛騎張晉明伸紙染毫俾余題序英華七百十

樊希一

薛侶侶見侍御又監察

雍惟眞見侍御貶又監察

李秀芝又監察

霍栖梧又監察貶　元和姓纂十九鐸　駕部員外霍栖梧平陽人

竹承構見侍御又監察貶

劉彤見郎官倉外
喬夢松見侍御又監察
康珽又監察　金石錄目錄七第一千二百九十唐康珽告徐浩行書天寶十載三月嘉泰志十二年三月　復齋碑錄大理少卿康公珽夫人河間郡君許氏墓志王壽撰褚庭誨正書天寶五年五月立在山陰蘭亭寶刻叢編
韋恒見郎官左外又監察又左稜又左側見　舊韋嗣立傳子恒開元初爲碭山令御史中丞宇文融密薦恒有經濟之才請以己之官秩回授乃擢拜殿中侍御史新傳同
張倚重見

許融重見
趙彥晊又監察
劉彥回見侍御
馬光淑見郎官左中補又監察見
裴歆見侍御
鄭宏之又左側　新表鄭氏北祖房安平令九辨子宏之定州刺史　紀聞唐定州刺史鄭宏之解褐爲尉擒劫還秩後自靈州刺史改定州至州兩歲風疾去官太平廣記四百四十九　杜甫祭外祖祖母文稱外孫滎陽鄭宏之京兆杜甫文云宏之等從毋昆弟兩家因依弱歲俱苦慈顏永違豈無世親不如所愛豈無舅氏不知所歸誓以偏往測戀光煇漸漬相扇居諸造徵幸遇聖主願發清機以顯内外何當奮飛杜工部集二十
李昂見侍御又監察見又左側
班景倩見侍御又監察
庫狄履溫監察　元和姓纂十一庫狄益利生履溫庫部郎中河南人　襄陽耆舊傳下庫狄履脫溫字爲襄陽令有遺愛碑在縣西三里　新宇文融傳宇文融奏庫狄履溫等二十九人爲勸農判官假御史分按州縣括正丘畝招徠戶口而分業之　會要八十五開元十二年宇文融

又奏加咸陽縣尉庫狄履溫充勸農判官　常袞咸陽縣丞郭君墓誌特相友善者時則有若呂向見主中梁涉見勳外庫狄履溫終以偉才亘器綢繆省闥文苑英華九百六十　李邕謝恩慰諭表頃歲陛下東封將還臣路左謁見朝議恐陛下用臣薛自勤與外生庫狄履溫羅織臣至死文苑英華五百九十八　文苑英華一百九十一庫狄履溫有夏中初霽南省寓直詩原注時兼尚書郎節度判官　又寇坦有同張少府和庫狄員外夏晚初霽南省寓直時兼充節度判官之作詩　金石錄目錄七第一千二百十三唐襄陽令庫狄履溫頌周擇從撰蕭誠行書天寶三載正月

馮光嗣見郎官勳外又監察
唐堯臣見郎官勳外
李頎　宗室表蔡王房尚古子濮陽郡太守
楊愻舊名奉一又監察作奉一　新表楊氏觀王房司僕卿沖寂子
愻右司郎中
宋詢見侍御又監察
王燾見郎官吏中又監察　唐會要八十五開元十二年宇文融又奏
加長安縣尉王燾等充勸農判官
李宙　新表趙郡李氏西祖房中山貞公乂子見左外又上宙
殿中侍御史　舊忠義下李憕傳開元九年宇文融爲

御史括田戶奏知古之士李宙等爲判官攝監察御史
分路檢察以課並遷監察御史會要八十五失載　舊宇文融
傳開元十七年禮部尚書信安王禕爲朔方節度使殿
中侍御史李宙劾之二字依册府元龜增驛召將下獄禕旣申訴
得理宇文融坐阿黨李宙出爲汝州刺史　新傳信安
王禕節度朔方宇文融畏其權諷侍御史李宙劾之禕
密知因玉眞公主高力士自歸翌日宙通奏帝怒　獨
孤及唐故朝議大夫高平郡別駕權公徹神道碑銘開
元十八年考校書判甲乙丙丁科公與徐安貞王敬從
吳鞏見監察　裴朏李宙張烜見左側等十學士參焉毘陵集八

郭佺又監察貼又左側
李麟見郎官吏中又陰右稜　舊傳累授京兆府戶曹開元二十二
年舉宗室異能轉殿中侍御史歷戶部考功吏部三員
外郎新傳畧同
郭虛已見侍御又監察貼左側貼
李憕見郎官吏中又監察
裴令臣見侍御又監察
源光譽見郎官度中
盧見義見侍御又左側貼
裴藏暐見郎官倉外又監察又左側

源玄禕見郎官吏外作玄緯
楊汪又監察　新表楊氏觀王房朔方節度使河東郡公執
一子汪殿中侍御史　張燕公集十九贈戶部尚書河東
公楊君神道碑孤汪等不詳歷官　舊元宗紀」開元
十九年十二月嶲州都督張審素以刼制使監察御史
楊汪伏誅二十三年三月丁卯殿中侍御史楊萬頃爲
讐人所殺　舊孝友傳敕監察御史楊汪馳傳按嶲州
都督張審素贓罪在路爲審素黨與所刼脅令奏雪罪
汪還至州因深構成其罪斬之汪後累轉殿中侍御史
改名萬頃開元二十三年審素子瑝琇候萬頃於都城

殺之新傳畧同　顧雲文集開元二十三年張琇殺殿中侍
御史楊萬頃于闕下復父仇也廣記一百七十四
徐惲見郎官吏中又監察
陽潤見郎官金外又右側侍御兼殿中
姚子彥見郎官禮中補又右側侍御兼殿中　獨孤及唐故祕書監贈禮部
尚書姚公墓誌銘柱下方書主張綸翰尤精其選非盛
名莫居繇是自左補闕遷公殿中侍御史毗陵集十一
吉温見郎官戶中又陰額知雜　舊酷吏傳天寶中自京兆府士曹擢
戶部郎中常帶御史　新傳自京兆士曹擢戶部郎中
兼侍御史　新顏眞卿傳御史吉温以私怨搆中丞宋

渾
賀蘭進明見郎官主外
監察御史幷□□□並是立碑至於今武后中至元宗末
李顧行見郎官金外　舊馮定傳寶厤二年長壽縣尉馬洪沼
告郢州刺史馮定詔監察御史李顧行鞫之
賀遂涉二人在監察宇下見郎官戶外
陸景初見殿中　舊傳自洛陽尉遷左臺監察御史轉殿中
新書自洛陽尉俄遷監察御史
辛長孺見殿中
柳詮見殿中

裴子餘見郎官戶外　舊孝友傳累補鄠縣尉景龍中爲左臺
監察御史開元初累遷冀州刺史新傳同
王守廉見殿中
司□□
□□□
□□濤
李元璥　新表隴西李氏姑臧大房玄運子元璥濟州刺
史
路幼玉　新表勳吏二郎中元獻子幼玉監察御史
王景見郎官祠中

張佶　新表始興張氏浼子佶不詳歷官
李誠見殿中
王怡　舊宋璟傳開元五年秋駕幸東都次永寧之崤谷
馳道隘狹車騎停擁知頓使王怡等失於部伍上令黜
其官爵宋璟入奏曰陛下富有春秋方事巡狩一以墊
隘致罪二臣竊恐將來人受艱弊於是遽令捨之璟曰
陛下責之以臣言免之是歸過於上而恩由於下請且
使待罪於朝然後詔復其職則進退得其度矣上深善
之新傳略同　八年京兆人權梁山構逆伏誅制河南尹王
怡馳傳往長安窮其枝黨怡禁繫極衆久之未能決斷

新傳略同　石刻韋紓唐故朝散大夫祕書省著作郎致仕京兆韋公端玄堂誌先太夫人太原王氏曾祖諱子眞皇襄州錄事參軍祖怡河南尹東郡留守　韋縝大唐華州下邽縣丞京兆韋公夫人墓誌銘曾祖眞行有唐汝州葉縣令祖怡河南尹東都留守初爲御史正憚姦息

李朝隱見侍御

祖夙□　元和姓纂姥十祖莊生夙戎殿中　御史原本誤入杜氏注

□□□

□從訓

簫嵩見殿中　舊傳景雲元年爲醴泉尉僚壻陸象先爲中書侍郎引爲監察御史騾遷殿中侍御史

褚璆見侍御

李愧見侍御

李懷讓見侍御

楊挺

李庭言　新表隴西李氏姑臧大房叔儀子庭言楚州刺史　唐會要五十八開元五年四月九日勅尚書省案牘稽滯兵部員外郎李廷言等一道

宋庭璘見侍御殿中

富嘉謩　舊文苑傳中中興初爲左臺監察御史卒

陸大亨

譚環全唐文　張說廣州都督宋公遺愛碑文稱廣府司馬譚環

齊澣見郎官勳外　舊傳景雲二年中書令姚崇用爲監察御史彈劾違犯先於風教時以爲稱職開元中崇後用爲給事中

柳澤見殿中

郭震見侍御中又見下殿　舊韋安石傳開元二年姜晦爲御史

中丞以韋安石等作相時同受中宗遺制宗楚客韋温削除相王輔政之辭安石不能正其事令侍御史洪子輿舉劾之子輿以事經赦令固稱不可監察御史郭震希姜皎等意越次奏之新傳同

李畬見殿中又見下　新循吏傳歷氾水主簿擢右臺監察御史裏行臺廢授監察御史累轉國子司業舊傳失載　朝野僉載監察御史李畬母清素精潔畬請祿米送至宅云云廣記二百七十一

魏傳弓　舊酷吏姚紹之傳中宗朝紹之奉使江左奪汴州錄事參軍魏傳弓尋拜監察御史　新太平公主傳

中宗時御史魏傳弓劾浮屠慧範姦贓四十萬　新竇懷貞傳監察御史魏傳弓鉅鹿人忠謇士也終司農丞

舊外戚竇懷貞傳監察御史魏傳弓將奏劾內常侍輔信義懷貞固止之

封悟　新表封氏光州刺史叔廉子悟不詳歷官元和姓纂同

裴漼見殿中　舊傳□陳留主簿累遷監察御史新傳同

姬處遜見侍御殿中

嚴識元　全唐文傳武后朝官魏州刺史後爲兵部郎中

袁從之見侍御

苗延嗣見殿中

御史臺精舍題名考卷二　三七　月河精舍叢鈔

宋宣遠見殿中　舊書孝友崔沔傳監察御史宋宣遠恃盧懷慎之親頗犯法御史中丞崔沔舉劾之新傳略同

鄭溥見殿中又見下

趙履沖見侍御殿中

林洋　元和姓纂二十一侵高平令林游道生洋密衢常潤蘇九州刺史三原舊作源縣人　舊薛播傳伯父元曖妻濟南林氏丹陽太守洋之妹

王沛之見殿中

王志悟見侍御殿中

韋鏗見殿中

閻脊止見郎官左中

陳璥

陳惠滿見殿中

崔希喬見侍御　御史臺記自鄭縣尉轉鄭丞歲餘遷監察出授幷州兵曹轉馮翊令尋遷司勳員外御覽四百十一

張洌見郎官主中殿中有張烈疑即是

張遊見侍御殿中

王道濬

宋述見侍御　元和姓纂一宋宋述監察御史扶風人

崔琬見侍御殿中　舊宗楚客傳景龍中監察御史崔琬劾奏

御史臺精舍題名考卷二　三八　月河精舍叢鈔

楚客等納阿史那忠節重賂新傳同

袁守一見殿中　新魏元忠傳神龍中魏元忠貶渠州司馬監察御史袁守一固請行誅

邵炅見殿中

李守質　舊韋庶人傳景龍四年六月臨淄王誅后黨與將作少匠李守質等

杜咸見殿中　新傳累遷右臺監察御史侍御史

陸惟遜

員嘉靜見殿中

楊瑤

郭守敬

鄭齊嬰 見郎官吏中

魏奉古 見殿中

崔子原 見殿中 作子源

程文英　李邕桂府長史程府君神道碑公諱某字某廣平新安人也擢來庭長安二赤縣尉擢左臺監察御史耻爲許刻足欲優閑朝廷許之轉詹事府司直　程氏世譜程文英唐貴州都督府長史見李邕所傳神道碑

王哲　舊韋庶人傳景龍四年六月臨淄王誅韋后黨與衛尉卿王哲等

盧徵明　新表大房盧氏魏州刺史璥子徵明洋州刺史新盧藏用傳與兄徵明偕隱居終南少室二山 徵疑徵

楊元琰

張嵩　舊郭虔瓘傳開元中以張孝嵩爲安西都護代郭虔瓘孝嵩身長八尺偉姿儀初進士舉常以邊任自許在安西務農重戰府庫遂充實十年轉太原尹卒官 新傳畧同　舊杜暹傳開元十二年安西都護張孝嵩遷太原尹 新傳同　廣記四百二十唐開元中南陽張嵩奉詔都護于北庭其子孫承襲在沙州爲刺史

鄭力 又見下　新表鄭氏北祖房雍州司法參軍宣道子神力侍御史　張燕公集三有相州前池別許鄭二判官景先神力詩 詩云一飛喬木上一返故林垂當即指許鄭也案力與神力疑即一人

劉沼　舊韓思復傳開元初姚崇又請令監察御史劉沼重覆山東蝗蟲所損之處沼希崇指意箠撻百姓迴改舊狀以奏之 新傳畧同

楊軌臣 見侍御殿中　資治通鑑唐紀二十七開元四年五月上命監察御史楊範臣與胡人往海南又欲往師子國範臣奏罷之

司馬銓 見殿中

齊處沖 見侍御殿中

李尙隱 見郎官吏外　舊良吏傳下景龍中爲左臺監察御史時中書侍郎知吏部選事崔湜吏部侍郎鄭愔典選傾附勢要逆用三年員闕士庶嗟怨尋而相次相政事尙隱與同列御史李懷讓於殿庭劾之湜等遂下獄推究竟貶黜之時又有睦州刺史馮昭泰誣奏桐廬令李師等二百餘家稱其妖逆詔御史按覆之諸御史憚昭泰剛愎皆稱病不敢往尙隱歎曰豈可使良善陷枉刑而不爲申明哉遂越次請往竟推雪李師等奏免之俄而崔湜鄭愔等復用自殿中侍御史出爲伊闕令湜等死自定州司馬擢拜吏部員外郎 新傳畧同

樂山甫
鄭温琦見郎官封中
蔣岑見郎官膳外補
劉昇見侍御殿中
程九臯　程氏家譜九臯擢明經第稍遷岐州扶風尉俄
命爲大理評事遷監察御史裏行終於大理卿
梁渙見殿中
夏侯宜見侍御殿中
趙昇卿見殿中
高昌瑀　唐摭言二王泠然與御史高昌宇書曰不憶往

日任宋城縣尉乎又云復聞升進不出台省近者皇皇
者華出使江外　顔眞卿崔孝公陋室銘記公之澄清
中外也以畿縣丞尉高昌寓等並以清白吏能而薦之
顔魯公文集十四
王上客見侍御
洪子輿見侍御
竇蕬遜　蘇頲授竇蕬遜岐山縣令制勑朝議郎行司農
寺丞竇蕬遜爰以幹用歷登班秩憲曹農府星籥未深
雍畤岐山弦歌所屬宜遷子男之邑佇聞人吏之謡可
岐山縣令散官如故文苑英華四百十五

張晤見殿中
陸景獻見殿中
韓朝宗見殿中　舊張嘉貞傳開元中張嘉貞作相薦萬年
縣主簿韓朝宗擢爲監察御史　王維大唐吳興郡別
駕前荆州大都督府長史山南東道採訪使京兆尹韓
公墓誌銘試右拾遺拜監察御史兵部員外郎全唐文三百二
十七
張敬輿見殿中
徐元之見殿中
鄭瑤見殿中

崔琮見郎官封外
敬昭道見殿中　舊酷吏敬羽傳父昭道開元初爲監察御
史　賈至授敬昭道殿中侍御史等制稱朝議郎行監
察御史敬昭道文苑英華三百九十五　大唐新語敬昭道爲大
理評事遷監察御史廣記一百六十六
賈彥璿　元和姓纂三十五馬工部員外賈彥璿濮陽人　舊
書五行志開元四年五月山東螟蝗害稼分遣御史捕
而埋之河南河北檢校捕蝗使賈彥璿等會要同詳侍御康璀注
古刻叢鈔有大唐故忠武將軍行薛王府典軍上柱
國平棘縣開國男李府君墓誌銘無慮前題工部員外郎賈彥璿撰

白居易唐故通議大夫和州刺史吳郡張公無擇神道碑
銘公之文學常爲賀知章賈彥璿許之白氏文集四十一　石
刻大唐故宣州宣城縣尉李府君夫人賈氏墓誌銘烈
考彥璿朝請大夫閬州刺史直隸元氏

李知古　舊徐堅傳睿宗時監察御史李知古請兵擊姚
州西洱河蠻既降附又請築城重征稅之黃門侍郎徐
堅以蠻夷生梗可以羈縻屬之未得同華夏之制勞師
涉遠所損不補所獲獨建議以爲不便睿宗不從令知
古發劍南兵往築城將列置州縣知古因是欲誅其豪
傑沒子女爲奴婢蠻衆恐懼殺知古相率反叛役徒奔

濆姚嶲路由是歷年不通新傳畧同

李全交見殿中　朝野僉載監察御史李全交等以羅織酷
虐爲業臺中號爲人頭羅刹殿中王旭號爲鬼面夜叉
又云李全交爲白額豹王旭爲黑豹廣記二百六十八　新酷
吏周利貞傳先天初廣州都督周利貞顓事剣割夷獠
苦其殘虐皆起爲寇詔監察御史李全交按問得贓狀
王旭傳監察御史李全交皆嚴酷取名號爲白豹

梁昇卿見殿中

楊瑊見殿中見二

朱渭輔見侍御殿中

徐知仁見侍御殿中

慕容珣見侍御

員峴　元卿姓纂二十文　侍御史員寓生峴刑部郞中臨汾
人

李瑱　新表趙郡李氏東祖房萊州長史思子瑱揚州長
史　舊孝友李知本傳孫瑱開元中爲給事中揚州刺史
新傳同　顏眞卿崔陋室銘記澄清中外也以州掾李瑱
等並以淸白吏能而薦之顏魯公文集十四　李華贈禮部尚
書孝公崔沔集序推舉時賢文粹權貢舉時得李揚州瑱等僉
爲國器文苑英華七百一唐文粹九十二

韓昭尤

張浤　唐詩紀事十三張紘登久視六年進士第毛本校云或作張浤
搜玉集作張炫　獨孤及唐故河南府法曹參軍張公從師墓表
烈考浤英華作法言作一法攄碩學麗藻名動京師亦舉進士自
監察御史爲會稽令文雅之慶施於後昆毘陵集十一　顏
眞卿崔孝公陋室銘記延和太極之閒公留司東都就
故人監察御史張浤子深河南府崇政坊買宅以製居
文忠集十四

郭震見重

徐惲見殿中

孫濟 見殿中

蕭隱之 見郎官戶外　舊書食貨志上 時江淮錢尤濫惡有官鑪偏鑪稜錢時錢等數色宋璟開元六年遣監察御史蕭隱之充江淮使隱之乃令率戶出錢務加督責百姓乃以上青錢充惡錢納之其小惡者或沉之於江湖以免罪戾於是市井不通物價騰起流聞京師隱之貶官 新志同

李如璧　新表武陽房守一孫如璧官監察御史　舊崔日知傳京兆尹崔日知坐贓爲御史李如璧所劾 新傳同 顏眞卿宋開府碑狂臥立權梁山構逆長安有司深探其獄敕公按覆如京兆司錄李如璧等百餘家皆以借宅假器悉當連坐公以婚姻假借天下大同至于京城其例尤眾知情卽是同反無罪不合論辜兇渠之外一切原免天下欣服焉 魯公文集四　廣異記李彊友者御史如璧之子

盧廙 見郎官金外　御史臺記唐殿中內供奉盧廙持法細密雖親故貴勢無所迴避舉止閑雅必翔而後集 太平廣記二百四十九

陳希烈 見侍御

杜暹 見侍御殿中　舊傳開元四年自大理評事遷監察御史往磧西覆屯累遷給事中 新傳同

張季瑀 見郎官戶中　韓休授皇甫翼等監察御史制稱朝議郎行醴泉縣尉張季瑀 文苑英華三百九十五詳下皇甫翼注

張宣明　大唐新語八 張宣明有膽氣富詞翰嘗山行見孤松賦詩鳳閣舍人梁載言賞之爲郭振判官使至三姓咽麪國賦詩時人稱爲絕唱

蔣挺 見郎官封中　舊張廷珪傳開元初監察御史蔣挺以監決杖刑稍輕敕朝堂杖之 新傳略同

蕭誠 見郎官勳外

劉太童

皇甫翼 見殿中　韓休授皇甫翼等監察御史制敕朝議郎行河南縣尉皇甫翼朝議郎行長安縣尉韋紹朝議郎行醴泉縣尉張季瑀等備聞清操雅有深識進乃安卑退非求譽察其才行副是名實任之舉直可以觸邪並可監察御史 文苑英華三百九十五

蕭識 見郎官金中

王邱 見郎官封中　舊傳長安中自偃師主簿擢第拜監察御史 新傳同

韋紹　新表韋氏南皮公房司戎大夫知人子綱字綱初名紹陳王傅　元宗戒州縣擾民勅雒陽令韋紹縣尉

顏思賓輒有科率擬備祗供雖事未行終是專擅宜貶
出河南尹孟温禮雖不覺察狀異知情宜特寬捨大詔令
新韋繩傳舉孝廉以母老不肯仕踰二十年乃歷長
安尉擢監察御史更泗涇鄜三州刺史　韓休授皇甫
翼等監察御史制稱朝議郎行長安縣尉韋紹文苑英華三百九十五詳上皇甫翼注
杜令昭見侍御殿中
宋鼎見殿中
崔液見殿中　　翟璋見侍御
劉日政見殿中　會要八十五　開元九年正月監察御史宇文

融奏洛陽縣尉劉日貞等充勸農判官
宋温瑗見侍御殿中
張景明見侍御殿中又見下
羅承錫見侍御殿中
麴先沖見殿中
崔愼從
宋遙見侍御殿中
慕容琦又見下　會要八十五　開元九年正月監察御史宇文
融奏華州錄事參軍慕容琦等充勸農判官　新宇文
融傳宇文融奏慕容琦等二十九人爲勸農判官假御

史分按州縣括正丘畝招徠戶口而分業之
鄭虛心　新表鄭氏北祖房密令燿子虛心亳州倉曹參
軍　韓休授鄭虛心監察御史制勑左拾遺內供奉鄭
虛心茂其德業蘊是辨詞識通於政理行著於公直清
可勵物正以繩違褐衣召見旣司諫省之職繡服承榮
俾奉憲闈之任可監察御史文苑英華三百九十五
呂元泰　新宋務光傳神龍中有清源尉呂元泰上書言
時政不報
張珦見侍御
杜昱見郎官戶外

韋洽見殿中　新宇文融傳奏韋洽等二十九人爲勸農判
官假御史分按州縣括正丘畝招徠戶口而分業之
會要八十五　開元九年正月監察御史宇文融奏汾州錄
事參軍韋洽等充勸農判官
崔訓　新表博陵大房崔氏祕書監行功孫見左中　旻子訓
文州刺史　舊張嘉貞傳開元八年張嘉貞爲中書令
殿中侍御史崔訓等皆爲所引位列清要
楊至元　新表楊氏越公房司勳郎中元政子見勳中　志玄
殿中侍御史　柳宗元亡妻弘農楊氏誌司勳生殿中
侍御史諱某原注諱志玄河東先生集十三

馬光淑見殿中又見下

張楫見侍御殿中

魏季隨見郎官膳中補

許融見侍御殿中見

穆思泰　元和姓纂一屋　蘭州刺史穆固信生思泰河南人

不詳歷官　通典職官六　開元初穆思泰爲御史裏使許侍御翟璋注

薛自勸見殿中又見下

呂霈又見下　舊呂元膺傳祖霈殿中侍御史鄆州東平人　元和姓纂作監察御史呂霈

盧怡見殿中

李諶　新表趙郡李氏東祖房都水丞仁穎子左庶子訥弟見勳外諶監察御史

盧金友　新表大房盧氏刑部員外郎莊道子金友水部員外郎滁州刺史

馮光嗣見殿中

喬夢松見侍御殿中

胡景濟

樊希一

霍庭玉見侍御殿中

慕容琦重見

霍揗梧見殿中又見下

庫狄履溫見殿中

李庭誨見殿中

韓琬見殿中　舊良吏裴懷古傳在幽州時韓琬以監察御史監軍

崔頲　顏眞卿崔孝公陋室銘記開元二十七年十一月崔公薨故吏前監察御史博陵崔頲爲公行狀　顏魯公文集十四　張九齡有司馬崔頲和晨出郡舍林下詩　曲江集三

宋希玉　唐會要八十五　開元九年正月監察御史宇文融

奏太原兵曹宋希玉等充勸農判官

裴令臣見侍御殿中又見下

李珚　新表惠宣太子房薛王業子珚嗣薛王　新韋堅傳監察御史嗣薛王珚從坐韋堅罪免官被竄　舊惠宣太子傳子嗣薛王珚爲金紫光祿大夫鴻臚卿同正員天寶五載坐舅韋堅貶夷陵郡別駕　常袞授李珚侍御史知雜事制殿中侍御史內供奉李涓宗室良才士林雅望　全唐文

吳太元見郎官倉外　蘇頲授吳太玄宋城縣令制勑朝議郎行監察御史吳太玄淸以立身嚴於持法謠成避馬實

憚於霜威政佇遷蝗俾聞於風教可行宋州宋城縣令
散官如故文苑英華四百十五
馮紹烈見侍御殿中
竹承搆見侍御中又見下貶殿
梁勛　會要五八十開元十二年宇文融又奏加伊闕縣尉
梁勛等充勸農判官
楊光羽見殿中
李畬重見
呂霈重見
苻子璋又見下　元和姓纂十虞唐金州刺史苻子珪弟太子

舍人璋臨渭人　文苑英華二十四有苻子璋漏賦
崔譚見郎官左中又左側貶
崔季重　新文藝中蘇源明傳天寶間濟陽郡太守李倰以
郡瀕河請增領宿城中都二縣以紓民力二縣隸東平
魯郡者也東平太守蘇源明議廢濟陽析五縣分隸濟
南東平濮陽詔河南採訪使會濮陽太守崔季重魯郡
太守李蘭濟南太守田琦及源明倰五太守議於東平
不能決旣而卒廢濟陽以縣皆隸東平
張昶見殿中
班景倩見侍御殿中

郭佺見殿中又下貶又左側
何千里見殿中
封希顏見侍御殿中
韋仲昌見殿中
李昂見侍御殿中又見下又左側
張具瞻見郎官左中又左側貶
劉同昇見郎官戶中又左側
周擇從　新表永安周氏楚州刺史伯瑜子擇從宣州刺
史姓纂同　吳興志周擇從天寶五年自擾州刺史授改
洪州刺史統紀云六年遷宣州　顧況湖州刺史廳壁記其鴻名

大德國朝則周擇從令聞也文苑英華八百一文粹七十三　柳宗
元龍安海禪師碑師周姓杈曰擇從倘書禮部侍郎河東
先生集六
元光謙　元和姓纂二十二元元光嫌考功郎中給事中河南
洛陽縣人疑是光謙之誤　通典職官六開元初元光謙爲御史
裏使見侍御翟璋注
宋詢見侍御殿中
韋恒見殿中又左稜左側貶
王翼又見下又左稜又左側貶　新后妃上貴妃楊氏傳天寶中四方爭
爲怪珍入貢動駭耳目廣陵長史王翼以所獻最擢戶

部侍郎天下風靡　徐安貞授王翼殿中侍御史等制
敕朝議郎行監察御史王翼五從弟朝請郎行監察御
史級等咸以貞固爰司察視驟聞舉直亦既懲姦歲月
增深昇遷有序並可殿中侍御史文苑英華三百九十五　李級見下
程烈見郎官戶外
李謹度見殿中
裴敦復見侍御又左側
趙賓見郎官祠外又左側見上
杜庭誡又左側　唐會稽太守題名記杜庭誡天寶六年授
七年拜晉陵太守兼按察使會稽掇英總集十八　嘉泰志畧同

陳九言　元和姓纂十七眞　湖州刺史陳騫之生九言右司
員外京兆長安人　孫逖授陳九言等起居舍人制稱
朝議郎守太子舍人攝殿中侍御史朔方節度判官陳
九言可行起居舍人散官如故　石刻尙書省郎官石
記序題朝散大夫行右司員外郎陳九言撰開元廿九年　戲鴻堂帖
鄭溥重見
李憕見殿中　舊忠義傳下　開元九年爲長安尉屬宇文融
爲御史括田戶奏知名之士李憕等爲判官攝監察御
史分路檢察以課並還監察御史驟歷兵吏部郎中給
事中　會要八十五　開元十二年宇文融又奏加長安縣
尉李登疑誤充勸農判官
李秀芝見殿中
賈晉　新表賈氏刑部郎中滑州刺史敬言孫禮部員外
郎令思字晉衞尉卿　元和姓纂刑部郎中滑州刺史慶
元生晉不詳歷官疑脫一代　新宇文融傳融奏賈晉等二
十九人爲勸農判官假御史分按州縣括正丘畝招徠
戶口而分業之　唐會要八十五　開元十二年宇文融又
奏加渭南縣尉賈晉充勸農判官　文苑英華五百五十一
有賈晉對鍾官不充亭長易傳判

夏侯銛見殿中
張說見侍御殿中
嚴杲見郎官勳外
張利貞見郎官金外又左側見上
房自謙　唐會要七十六　開元十二年將帥舉房自謙及第緯畧同
彭杲　新書食貨志元宗時牛仙客爲相有彭果疑杲下同者
獻策廣關輔之羅京師糧廩益羨自是元宗不復東幸
資治通鑑唐紀三十一　天寶四載五月壬申以光祿少卿
彭果代裴敦復見吏中又上　充嶺南五府經畧等使　舊元

宗紀下 天寶六載三月戊戌南海太守彭果坐贓決杖
長流溱溪郡死於路 舊盧奐傳南海郡利兼水陸瓌
寶山積劉巨鱗彭果相替爲太守五府節度皆坐贓鉅
萬而死 白居易故滁州刺史贈刑部尚書滎陽鄭公
墓誌銘彭果領五府奏公爲節度判官會果坐贓連累
僚佐貶光化尉白氏文集四十二 元宗流彭果詔稱嶺南五
府經畧採訪使光祿少卿兼南海郡太守攝御史中丞
又遣使分祀嶽瀆文稱宜令光祿少卿彭果祭河瀆又
王諫有彭沇權殯誌銘文稱祖杲御史中丞嶺南採訪
使大詔令

席豫 新傳開元初陽翟尉觀察使薦遷監察御史出爲
樂壽令舊傳失載 廣異記開元初席豫以監察御史按覆
河西廣記一百十五
于孺卿 舊忠義李憕傳開元九年宇文融爲御史括田
戶奏知名之士于儒卿等爲判官攝監察御史分路檢
察以課並遷監察御史 元和姓纂十虞唐中書舍人于
季子東海人今居齊郡歷城姪儒卿 唐會要七十五開
元十一年十二月吏部侍郎崔琳掌銓收選殘殘廣記有人
盧怡裴敦復于孺卿等十數人無何皆入臺省衆以爲
知人 又八十五 開元十二年宇文融又奏加河南縣尉

于孺卿等充勸農判官
馬光淑重見
楊奉一見殿中楊慫下
李承先
盧襲秀 新桓彥範傳監察御史盧襲秀坐與桓彥範善
爲冉祖雍所按復得不坐 石刻紀泰山銘碑後從臣
題名有臣盧龍秀開元十四年山左金石志
崔先讓
蕭諒見郎官封外又左側見
張環 談賓錄張環兄弟七八並舉進士廣記一百八十 國秀

集孫逖有送張環攝御史監南選詩 儲光羲集五 有
餞張七琚任宗城卽環之季也同產八人俱以才名知
詩 尉遲士良周太師蜀國公碑陰記張公嘉祐之族
有侍御史環賦膏雨美其事
董琬見郎官戶外又陰右稜又左側
王埶言見侍御殿中
咸廙業見殿中
裴令臣重見
張景明重見
楊仲昌見郎官左外 席豫唐故朝請大夫吏部郎中上柱國

高都公楊府君碑銘考判居上等擢拜監察御史坐剛直貶爲汾州孝義縣令唐文粹五十八　新傳玄宗時自蒲州法曹參軍判入異等遷監察御史坐累爲孝義令

姚暶見侍御殿中

常無欲又見下又左側　新表新豐常氏雍王府文學楚珪子無欲不詳歷官　摭言十三貞元中無名子移書吏部劉公先翰有常無欲判云在凌室而須開闢夷盤而不可豈以經對史耶

徐履道　元和姓纂九魚諸郡徐氏有刑部員外徐履道元結道州刺史廳記前後刺史能恤養貧弱專守法令

有徐公履道李公廙而已元次山文集凡

李暐見郎官吏中又左側見二

李元成見郎官考中補　獨孤及唐故朝散大夫中書舍人祕書少監頓丘李公墓誌由太平尉爲金吾曹監察御史河南司錄又云自御史爲河南府司錄持正不阿故也毗陵集十一

鄭力重見

王燾見殿中

薛嘻　新表薛氏西祖房思誨子嘻監察御史

霍栖梧重見

莫行惰　張謂有道林寺送莫侍御詩全唐詩錢案小傳稱謂係天寶登進士第乾元中爲尚書郎大歷間官至禮部侍郎則莫侍御同時人雖不言行惰與此時代正合疑是此人

趙彥晊見殿中

李覿　新表趙郡李氏東祖房澤州刺史珂子覿監察御史又南祖房揚州左司馬并子覿不詳歷官文苑英華九百五十五李華揚州司馬李公墓誌幼子觀前左監門衛率府兵曹參軍事舊書新書有李觀傳云洛陽人其先自趙郡徙焉官至涇源節度使終少府監新李華傳從子觀字元賓貞元中進士俱非是

裴藏暐見殿中又左側

鄭昉見郎官吏中又左側

楊眘金　文苑英華五百二十九楊愼金對徙鄉判　又五百四十九楊眘金對吏脫幘判　又五百十三楊愼金對馬警師徒判

宇文融見侍御殿中　會要八十五開元九年正月二十八日監察御史宇文融請檢察色役僞濫并科逃戶及籍田因令充使奏勸農判官等皆當時名士判官得人於此爲盛分往天下安輯戶口檢責剩田

郭庭倩　唐會要八十五開元九年正月監察御史宇文融奏榆次縣尉郭庭倩充勸農判官詳上宇文融注

何最

許誠慼　蘇頲授許誠感疑誠慼太子司議郎等制朝散大

夫行殿中侍御史上柱國許誠感或持邦憲才幹稱多可行太子司議郎仍充劍南節度判官勳封如故文苑英華四百四　新表安陸許氏梁州新傳涼州都督安西大都護欽明子誠感鴻臚少卿

常無欲重見又左側

苗晉卿見郎官吏中又見下又左側　舊傳授萬年尉遷侍御史歷度支兵吏部三員外郎開元二十三年遷吏部郎中

陳伾又見下　元和姓纂十七眞　唐倉部郎中陳惠滿見殿中又見上生伾刑部郎中馮翊人

張思鼎又左側二見　文苑英華五百四十四　有張思鼎對城邑判

張元愔疑元靖

權徹又左側　獨孤及唐故朝議大夫高平郡別駕權公神道碑銘公諱徹英華脩　字幼明隴西天水人也連尉湖城汾陰新繁渭南河南五縣開元二十三年拜監察御史會監祭太廟先時同會英華會無事者約相與偕赴及將赴祭約者有故不至遽不暇告公曰人約我矣可先已而後信乎遂不赴坐是降爲河南府法曹君子義之毘陵集八　石刻琵琶泓詩朝議大夫高平郡別駕權澈詞錢唐縣尉瑯邪王紓書序云秉憲被譴來佐丹曲天寶五載山西鳳臺

薛自勸重見

元彥沖見侍御殿中

孫翃　田江集四　有郡江南上別孫侍郎疑御詩又附監察御史孫翃奉酬洪州江上見贈有云受命讞封疆逢君牧豫章蓋以御史出使洪州也又徐仁友有古意贈孫翃云南望綵氏嶺山居共澗陰云云

馬元直見郎官金外又左側

李觀重見又左側

盧茂伯見郎官度外補又見下又左側見二

郭虛已見侍御殿中又見下又左側見二

劉遵㫺又左側

明虛已

姜立祐又陰右稜又左側　文苑英華五百八　有姜立佑對樂官樂司請考判

薛偘偘見侍御殿中

康珽見殿中

徐光期

荀子璋重見

苗晉卿重見又又見下左側

王靈漸又左側　文苑英華五百十　王靈漸對直講無他伎判

郭佺重見

李級又左側見　徐安貞授王翼殿中侍御史等制五從弟朝請郎行監察御史級可殿中侍御史文苑英華三百九十五詳上王翼注

張曉　舊忠義下張巡傳兄曉開元中監察御史以文行知名新傳同　廣異記開元中中書令張九齡令御史張曉往案東光獄廣記四百四十九

鄔元昌見郎官倉外又右側侍御兼殿中見郎官度中又右側

竹承構重見

宇文順　新表宇文氏左司員外郎全志弟子順虞部員外郎姓纂同　舊忠義李憕傳開元九年宇文融爲御史括田戶奏知名之士宇文順等爲判官攝監察御史分

路檢察以課遷監察御史會要八十五失載

靳豫　輿地碑記目四南州石像頌南州鎮下三里崖上有石佛像近歲有碑出於下云南州城門前石岸石像頌并序司法參軍員外郎置司正靳豫撰開元十八年十二月造盧含那石像也

李昂重見

郭佺三見

賈昇又左側見　元和姓纂三十五馬水部郎中賈昇魏郡人

王惲　酉陽雜俎進士王惲才藻雅麗尤工體物著送君南浦賦爲詞人所稱會昌三年卒於揚州廣記二百七十九

王翼重見又左稜又左側見

薛巘　石刻御注孝經碑末題名有朝議大夫檢校國子司業臣薛巘天寶四載陝西長安　石刻權倕左輔頓僚西嶽廟中刻石記稱馮翊宰前御史薛巘開元二十四年陝西華陰

房琯見郎官主中補　舊傳開元二十二年自虢州盧氏令拜監察御史新傳同

邵瓊之又右側侍御兼殿中　元和姓纂三十五笑殿中御史邵瓊之相州安陽人　邵說有讓吏部侍郎表文稱臣父殿中侍御史邵瓊之遇元宗撥亂興邦累登甲乙之第再踐準

卿之任文苑英華又新邵說傳

雍惟良見侍御見殿中

裴朏見郎官禮中補　孟浩然有聞裴侍御朏自襄州司戶陳豫州司戶因以投寄詩校宋本孟浩然詩集下

陳伾重見

盧茂伯重見又左側見

王璿見郎官主外又左側見

劉綰　新表曹州南華劉氏華州司馬灌子綰不詳歷官時代不合　李白有安陸白兆山桃花巖寄劉侍御綰詩文苑英華二百五十一

馬思寮

趙揮庭又右側侍御兼殿中

穆庭裴

顏眞卿 又陰額知雜　舊魯炅傳天寶六年顏眞卿爲監察御史使至隴右　令狐峘顏眞卿墓誌銘由長安尉拜監察御史　仙傳拾遺顏眞卿旣中科第四命爲監察御史充河西隴右軍城覆屯交兵使遷殿中侍御史武部員外 廣記三十二　石刻顏眞卿顏氏家廟之碑君生 第七子 眞卿舉進士歷校書制舉醴泉尉陟清白長安尉三院御史又云逵奚珣薦允南爲左補闕眞卿時爲殿中　舊楊愼矜傳天寶六載十一月使監察御史顏眞卿送敕至東京賜楊愼名自盡

裴曠 見侍御又左側

王大鎭 又左側　杜光庭歷代崇道記開元十七年夏四月五日益州大都督府長史張敬忠奏大聖祖混元皇帝應現於當管蜀州新津縣興尼寺佛殿柱上自然隱起木文爲太上老君聖像當項上有華蓋足下前後各有雲葉天花共十三處謹差判官益州功曹參軍王大鎭檢覆得狀與本州刺史李忠徇別駕盧昉縣令李韶道士僧尼一百三十八狀同方敢上奏

郭虛己 重見

王靈漸 重見又左側

薛忻 又左側二見　新表薛氏西祖房鄆州刺史思貞子忻侍御史

吳鞏 又左稜　唐會要七十六開元十七年才高未達沉迹下僚科吳鞏及第 緯畧同　獨孤及唐故朝議大夫高平郡別駕權公 徹 神道碑銘開元十八年考校書判甲乙丙丁科詔公與徐安貞王敬從吳鞏裴朏李宙張烜等十學士參焉 毘陵集卷八　舊文苑中富嘉謨傳吳少微子鞏開元中爲中書舍人

楊汪 見殿中　舊元宗紀上開元十九年十二月巂州都督張審素以劫制使監察御史楊汪伏誅 二書孝友傳同

陳繇 又陰右稜　太宗宣慰劍南將士詔吐蕃醜類背約孤恩卿等同嫉寇讐爲國展效深入賊境久冒艱危至於勤勞豈不知委頃聞在彼小有喪敗卿等非不盡力自是主將無謀古之用兵在於責帥王昱緣此亦已貶官卿等但須悉心不可因茲阻氣遞相激勵以保功名戰亡之人深可憫惜並申弔祭用慰幽魂其病醫及陳亡之家宜委陳繇與州縣相知優恤 案王昱敗于安戎城舊紀在開元二十六年九月

裴子建　文苑英華五百十三有裴子建對澤宮置楅判　又五百十九有對祭闕頌告判　又五百二十有對復以冕服判

平口

徐建

程荆杞

裴季通 見郎官金中

韋誠奢　新表逍遥公房後已曾孫誠奢殿中侍御史 姓纂同　舊酷吏下羅希奭傳天寶十四載以韋誠奢等流貶皆於始安太守羅希奭或令假攝詔決杖遣司直宇文審往監之　新吉温傳韋誠奢等皆逗留始安國忠奏遣蔣沇臨按俄遣使者殺之

宋若思　元和姓纂二宋 太原尹益州長史河南劍南節度

宋之悌生若思 疑思 御史中丞宏農人　舊元宗紀天寶十五載六月庚子以監察御史宋若思爲御史中丞充置頓使　舊房琯傳天寶十五載房琯自請收復京都自選參佐以中丞宋若思爲判官 新傳同

薛榮先　新表薛氏西祖房暠子榮先不詳歷官　新韋温傳天寶九載詔發掘韋氏墳墓長安尉薛榮先往視　舊王鉷傳天寶十一載四月令捕賊官萬年尉薛榮先等捕邢縡榮先等至縡門縡等十餘人持弓刀突出榮先等遂與格戰

蔣沇　古今姓氏書辨證七二十 唐吏部侍郎大理卿蔣欽緒生沇刑部侍郎大理卿東萊膠東 當作水 人

薛揔　新表薛氏西祖房什邠令元暉子總監察御史　舊肅宗紀天寶十五載六月戊申扶風人康景龍殺賊宣慰使薛總等二百餘人　薛播傳兄揔等開元天寶中並舉進士連中科名

口口

崔口

唐御史臺精舍題名考卷二　勞檢丁士諤校字

唐御史臺精舍題名考卷三

仁和　趙鉞
勞格　同撰　歸安丁寶書參証

碑陰下層題名

周口

韓賞見郎官戶外又右稜又右側侍御兼殿中

王維見郎官吏中又右稜陰左稜又右側侍御兼殿中　舊文苑傳下歷右拾遺監察御史左補闕　王士源孟浩然詩集序侍御史京兆王維等與浩然爲忘形之交校宋本　又有留別王侍御詩同上

元撝　新表元氏綿州長史平叔子挹弟撝太常博士　元和姓纂二十二元元觚十一代孫撝謙兼御史　舊韋堅傳天寶二年四月以水陸轉運使判官元撝除監察御史　又李林甫傳子堉元撝爲京兆府戶曹　新傳林甫諸堉元撝等皆貶官　石刻鄭虔華嶽題名有主簿常冀叚元撝開元二十三年陝西華陰

豆盧友見郎官祠外　舊韋堅傳天寶二年四月以水陸轉運判官豆盧友除監察御史　五載十月監察御史豆盧友坐堅累貶富水尉　新韋堅傳監察御史豆盧友反從坐韋堅罪免官被竄

康灡又見下

梁沄

楊惠　舊韋堅傳天寶五載十月監察御史揚惠坐堅累貶巴東尉　吳興志楊慧至德元年自奉元縣令授免官統記云乾元二年遷杭州刺史原注慧一作惠

盧絃

蔡九皐又右側侍御兼殿中

盧執口疑是執顔執顔見郎官戶外又右側侍御兼殿中又陰額知雜

羅希口又右側侍御兼殿中　舊韋堅傳天寶五載十月使監察御史羅希奭殺韋堅新傳同

于履口

許論　新表安陸許氏右金吾大將軍輔乾子論監察御史

姜紹口

楊釗見郎官度中又右側貶又陰額知雜　會要五十九天寶四載八月殿中侍御史楊釗充司農出納錢物使　舊楊國忠傳本名釗天寶初由劍南節度賓佐擢授監察御史

崔寓見郎官吏中補又右稜陰左稜又陰額知雜　舊楊慎矜傳天寶六載十一月殿中侍御史崔寓引楊慎名今河南法曹張萬頃宣勅賜自盡案是時寓蓋分司東京

源少良見郎官勳外又右側侍御兼殿中　石刻源少良等題名監察御史源少良陝縣尉陽陵此郡太守張守信天寶六載正月二十三日同遊浙江錢塘

韋鎰　舊元載傳天寶初監察御史韋鎰充使監選黔中引爲判官　紀聞監察御史韋鎰自貶降量移虢州司戶參軍卒廣記三百三十二

王璵見殿中又右側侍御兼殿中

楊日休見郎官祠外又右側侍御兼殿中

張惟一見郎官戶中又陰額知雜

賈彥璋又右側侍御兼殿中　元和姓纂三十五馬庫部郎中賈彥璋陝

郡人

宋少貞　獨孤及唐故祕書監贈禮部尙書姚公子彥墓誌銘開元二十九年詔立黃老學親問奧義對策者五百餘人公與廣平宋少貞等十人以條奏精辯才冠等列毘陵集十一　文苑英華五百九　宋少眞有對聚徒教授判

楊諫　新表楊氏戶部侍郎愼矜子見左校　諫岳州刺史　國秀集下有永樂丞楊諫詩一首　文苑英華十八載楊諫新渾儀賦玉海四開元十八年進士試新渾儀賦則諫當卽是年進士也

鄭鋶　顏眞卿讓憲部尙書表恩勅先超授吳郡司士鄭鋶樂安郡太守令於江淮南兩道度僧道取錢與臣召募士馬令應接河北顏魯公文集二

胡□

□□

碑中嵌入題名按當在宣懿時

鄭愚　舊懿宗紀咸通三年以邕管經略使鄭愚爲廣州刺史充嶺南東道節度觀察處置等使咸通中鄭愚自禮部侍郎鎭南海　新陸希聲傳商州刺史鄭愚表爲屬　唐詩紀事五十六　咸通八年鄭愚下鄭洪業第一人擢第　玉堂遺範授鄭愚嶺南節度使制邕南地介蠻鄉甫新戎號外虞連歲創痍焚劫之餘上將開藩兵甲

繕完之始中權所寄愼固尤難用迴擐接之仁往整律竭之旅某官鄭愚貯疑自郄堂搴秀儉府增華霜署諫垣聯翩羽翰郎曹史館洋溢聲光益部播戎牽之功商嶺著條刺之跡博洽强志居無流心遠署精能動有餘地日者孰其業用委以察廉果能宣布惠和講求利病纔報下車之政已蘇閭境之人發爲歌謠流滿道路朕以朗盜地分零桂共控夷蠻將以重城鎭於兩江壯服領於西道俾崇旌節用固疆陲而屬統馭有乖拊循生變戎章旣失城守已離宜得通敏之材以敷勞徠之旨是用輟於鄰部授以軍麾載觀易地之能俾服揚旌之

貴既懋師節仍長憲臺勉承顧遇之榮佇觀輯柔之績可守邕州刺史兼御史大夫充嶺南西道節度觀察處置等使散官勳封如故文苑英華四百五十三　新書藝文志丙部子錄道家類　棲賢法儁一卷僧惠明與西川節度判官鄭愚漢州刺史趙璘論佛書　石刻崔璵上缺判戶部事上柱國賜紫金魚袋魏公先廟碑銘稱門吏左補闕鄭愚陝西

□□　金石錄目錄

大中六年十一月

薛誠二人書在并序二字之下　見郎官戶外

鄭韜會二十七日寓直九字二行左行在撰文字下　崔璵授鄭韜殿中侍御史制勅監察御史鄭韜御史府三院轉遷雖曰

彝制至於用捨進退亦繫於一時之事迹以韜立志甚賢居官稱職霜簡在手風標竦身其長吏言請用遷陟班我殿內升為近臣屈軼神羊無忘前志可依前件文苑英華三百九十五

韋退之見郎官左中　杜牧韋退之除戶部員外郎等制朝議郎行殿中侍御史韋退之嘗歷憲臺久居官次性既安靜事皆達練樊川文集十七

馮緘見郎官戶中

薛耽三人書在銘末　新表薛氏西祖房存慶子耽字敬交東川節度使　舊懿宗紀咸通元年十二月以中書舍人薛

耽權知貢舉　趙嘏送薛耽先輩歸謁漢南詩文苑英華二百八十一　李翺卓異記座主見門生知舉李景讓薛耽案景讓傳開成五年選貢士耽當即是年進士也

庚午歲三字在開元字之左

碑左稜題名

□杜

王叔達又見下

王翼見監察見又左側見

李志遠見郎官吏中　新傳由鴻臚主簿擢監察御史裏行

章仇兼瓊見郎官主外　孫逖授章仇兼瓊主客員外郎制勅

殿中侍御史章仇兼瓊頃逾沙磧能正糾繩與國利於懸車振朝威於絕漠甄其績用宜遷禮閣之榮寄以澄清仍受憲臣之任可尚書主客員外郎餘如故文苑英華三百九十一

吳鞏見監察　太平寰宇記六　關龍逢墳在靈寶縣西南七里開元十三年立碑舍人吳鞏之詞

韋恒見殿中監察又左側見

邵□

王叔達見上

楊愼矜又右稜又左側又右側侍御兼殿中又陰額知雜　新表楊氏太府卿戶

部尚書崇禮子愼矜戶部侍郎　舊食貨志開元中楊崇禮致仕以其子愼矜爲御史專知太府出納　舊傳開元中爲汝陽令擢監察御史新傳同

達奚珣又左側　摭言十一有張楚與達奚侍郎書云其爲御史也密覗臧否糾遏姦邪又云公遷侍御僕忝起居

房自厚又左側　文苑英華五百三十七有房自厚對佯狂讓弟判

趙陵陽又左側　文苑英華五百七有趙陵陽對燕弓矢舞判

周子諒又左側　舊元宗紀開元二十五年官監察御史上書忤旨播之殿庭朝堂決杖死之　舊牛仙客傳監察

御史周子諒竊言於御史大夫李適之曰牛仙客不才濫登相位大夫國之懿親豈得坐觀其事適之遽奏子諒之言上大怒廷詰之子諒辭窮於朝堂決配流瀼州行至藍田而死　舊李林甫傳監察御史周子諒言仙客非宰相器元宗怒而殺之

常從心又左側　文苑英華五百十一常從心有對持論攻擊判

韋芝　舊韋堅傳天寶五載七月堅弟兵部員外郎芝等並遠貶十月使監察御史羅希奭逐而殺之

康潤無考

鄭欽說又右側　新儒學下附趙冬曦傳開元初繇新津丞請試五經擢第授鞏縣尉集賢院校理歷右補闕內供奉雅爲李林甫所惡韋堅死欽說時位殿中侍御史常爲堅判官貶夜郎尉卒　異聞記欽說自右補闕歷殿中侍御史廣記三百九十一　舊韋堅傳天寶五載十月殿中侍御史鄭欽說坐堅累貶夜郎尉　李吉甫有編次鄭欽說辨大同古銘論文稱欽說自右補闕歷殿中侍御史爲時宰李林甫所惡斥擯於外文苑英華

韋叔將見郎官勳外

許遠又右側侍御兼殿中貶　新表許氏右羽林將軍望子遠侍御史睢陽太守　新張巡傳至德二載詔拜睢陽太守許

遠侍御史　舊忠義傳下元宗召見拜睢陽太守累加侍御史本州防禦使新傳同

沈震見郎官金外又右側侍御兼殿中　令狐峘顏魯公神道碑銘前殿中侍御史沈震等各抒器能參贊戎務　殷亮顏魯公行狀玄宗以公爲戶部侍郎依前平原太守充本郡防禦使以前侍御史沈震爲判官顏魯文集附錄

鮮于仲通見侍御

蔡希周又右側侍御兼殿中　新書藝文志別集類注殷璠彙次曲阿人監察御史蔡希周等十八人詩爲丹陽集

張□

碑右稜題名

劉幼復　寶刻類編五東京福唐觀鄧大師碣李邕撰劉幼復書元和元年建

崔寓見陰下層又陰左稜又陰額知雜

姜超羣

呂述見郎官祠中補

殿中趙廣徽見郎官主外又陰左稜陰右稜

李儋見郎官倉外又陰左稜陰右稜　權德輿李公銘墓誌銘列考儋

歷監察御史殿中侍御史權載之文集二十五

元孝綽又陰左稜陰右稜　元和姓纂二十二元元祐曾孫孝綽梓州

刺史河南洛陽縣人

王元瑾見郎官金外又陰左稜

皇甫侁　元和姓纂唐十一皇甫仲玉生侁尚書左丞樂陵

人　柳渾傳至德中為江西採訪使皇甫侁判官　新

永王璘傳璘軍敗奔將南走嶺外兵追及之戰大庾嶺

中矢被執侁殺之送妻子至蜀肅宗曰皇甫侁執吾弟

不送之蜀而擅殺之何耶由是不復用　舊肅宗紀至

德二載二月永王璘兵敗奔嶺外至大庾嶺為洪州刺

史皇甫侁所殺　顏眞卿東川節度使杜公濟碑皇甫

侁採訪江西奏公為推官顏魯公文集八　李白武昌宰韓君

去思頌碑本道採訪大使皇甫公侁聞而賢之擢佐輶

軒李太白文集三十　梁肅鄭州新鄭縣尉安定皇甫君墓誌

銘尚書左丞侁之愛弟文苑英華九百六十

李之芳又陰左稜又右側侍御兼殿中　新表蔣王房左武衛將軍蔡國

公承祖子太子賓客之芳　舊蔣王惲傳之芳幼有令

譽開元末為駕部員外郎天寶十三載安祿山奏為范

陽司自歿歸西京授右司郎中歷工部侍郎太子右庶

子　北海太守李邕登歷下古城員外草堂本有孫字新亭詩吳若本注云本傳云天寶初邕為汲郡北海君太守時李之芳自尚書郎出為齊州司馬作此亭　孫

逖送李侍御之芳黔中掌選序頃者持斧河朔獨按專

城明罰飭法所向風靡是以有黔中之往俾脩河朔之

政文苑英華七百十九　四川成都志十一至德三載李之芳以黃

門侍郎知蜀郡軍府事充劍南節度採訪使

李彥超見郎官戶外又右側侍御兼殿中

周德遠又陰左稜

韓賞見陰下層又右側侍御兼殿中

王維見陰下層又陰左稜又右側侍御兼殿中

柳□

□□

胡易倩見郎官考外又右側侍御兼殿中

王曾　舊酷吏吉溫傳天寶五載以著作郎王曾等就臺鞫數日獄成杖死積屍於大理寺　新元宗紀天寶五載殺著作郎王曾　舊紀天寶五載著作郎王曾等爲李林甫所搆下獄死

蔣思之 又陰左稜

□琯

□□

碑陰左稜題名

王維 見陰下層又右稜又右側侍御兼殿中

趙廣微 見右稜又陰右稜

李憺 見右稜又陰右稜

元孝綽 見右稜又陰右稜

王元瑾 見右稜

皇甫侁 見右稜

李之芳 見右稜又右側侍御兼殿中

宋□

王縉 見吏中　新表河東王氏汾州司馬處廉子尙書左丞維弟縉字夏卿相代宗　舊傳連應草澤及文辭清麗舉累授侍御史武部員外

崔寓 見陰下層又右稜又陰額知雜

劉芬 又右側侍御兼殿中

蔣思之 見右稜

周德遠 見右稜

成同

孟匡朝 見郎官左外

盧播 見郎官左外

張□

□□

杜□

碑陰右稜題名

楊愼矜 見左稜又左側又右側侍御兼殿中又陰額知雜

姚閎　舊姚奕傳天寶元年右相牛仙客薨姚奕男閎爲侍御史仙客判官見仙客疾亟逼爲仙客表請以奕及盧奐爲相代已其妻因中使奏之元宗怒閎決死　舊牛仙客傳開元二十四年牛仙客爲朔方軍使以姚閎爲判官及知政事閎累遷侍御史自云能通鬼道預知休咎仙客頗信感之天寶元年仙客疾甚閎請爲祈禱在其門下遂逼仙客令作遺表薦閎叔尙書右丞奕及兵部侍郎盧奐堪代已閎爲起草仙客時旣危殆署字不成其妻因中使來弔表上元宗覺而怒賜死　孫逖

授姚閎監察御史等制勑朝議郎前行同州司法參軍
關內道採訪度支使上輕車都尉蕭縣開國男姚閎等
砥名勵節博藝多能或嘗佐召臣以清關輔或頃諧宮
職見美朝端度才而升舉善以勸俾同官於察視宜並
拜於丞郎可依前件文苑英華三百九十五

崔沖又左側又右側侍御兼殿中　新表清河大房挺五世孫沖少府
少監　梁肅鄭州原武縣丞崔君夫人源氏墓誌銘原
武之伯父沖嘗爲刑部郎中文苑英華九百六十六

李麟見殿中　新書曆志開元二十一年詔侍御史李麟太
史令桓執圭較靈臺候簿

董琬見監察又左側
姜立祐見監察又左側
劉濛
陳繇見監察
鄭昭見郎官封中
呂周見郎官金外又左側　孫逖授呂周侍御史等制勑行殿中侍
御史呂周等體資忠厚器蘊通明能兼飾吏之文更有
過人之實並膺明選克振朝綱宜展才於草議俾遷榮
於執法可依前件文苑英華三百九十四
明虛己

張景淑又左側
蔣冽見郎官封外又右側侍御兼殿中　孫逖授蔣冽等監察御史制勑
朝議一作通直郎行大理評事蔣冽等修身有裕從事惟明
標麗則於文場效公清於吏道方期遠致必籍兼才宜
膺刈楚之求俾叶持繩之寄可依前件文苑英華三百九十五
王佶見郎官戶外又右側侍御兼殿中
蔣演又右側侍御兼殿中　古今姓氏書辨證二十七　唐吏部侍郎大
理卿蔣欽緒見吏外補生演兵部員外東萊膠東當作水人
舊良吏蔣沇傳與兄演溶弟清俱以幹局吏事擅能名
於天寶中新傳同　舊忠義下蔣清傳與兄演等知名於

時
鄭審見郎官吏中又右側侍御兼殿中
羅文信又右側侍御兼殿中　會要五十九　開元二十五年二月監察
御史羅文信充諸道鑄錢使　宋范致虛黃石山仙翁
觀記唐開元中隸唐州之方城縣刺史崔志廉縣令羅
文信以歲旱嘉雨應祈肇新祠宮西平縣令姚震爲之
頌刻石祠宇事載舊聞河南通志
賈賁　新張巡傳單父尉賈賁率吏稱吳王兵擊宋州張
通晤走進至雍丘淮陽囚殺守者迎賁等入吳王祗承
制拜監察御史令狐潮還攻雍邱賁趨門爲衆躝死

新紀天寶十四載十二月單父尉賈賁等以兵討安祿
山十五載二月賈賁戰於雍邱死之
趙廣微見右稜陰左稜
李憕見右稜陰左稜
元孝緯見右稜陰左稜
碑左側題名
郭佺見殿中監察見
郭虛己見侍御殿中監察見又見下
李昂見侍御殿中監察見
盧茂伯見監察見又見下

賈昇見監察又見下見
盧見義見侍御殿中
顏允臧　顏眞卿朝請大夫行江陵少尹兼侍御史荆南
行軍司馬上柱國顏君神道碑銘君諱允臧字季盈京
兆長安人自延昌令肅宗聞君誠至德初追赴彭原行
在所拜監察御史賜緋魚袋遂承任使推劾不避强禦
中官邢延恩等皆得罪焉尋充朔方兵健衣資使郭公
子儀請爲判官二年秋八月遷殿中侍御史眞卿表謝
肅宗批答曰卿昆季連擢才聲並振俱守寒松之操允
執後凋之心久冒艱危大知難奪委以憲臺之長克申

白簡之威厥弟之遷亦爲官擇宜相勸勉各樹能名當
代榮之京城收與崔禕銜命宣撫都人大悅出爲櫟陽
令遷侍御史以嘗爲郎以兄在南省君遂撝挹牢讓轉
大理正寶應中復拜侍御史兼太子中允廣德三年冬
十月拜江陵少尹又兼侍御史荆南行軍司馬　石刻
顏惟貞廟碑銘君生第八子允臧敦實孝悌有吏能制舉
延昌令監察充朔方衣資使殿中三爲侍御史中允江
陵少尹荆南行軍陝西西安
康雲閒　舊書食貨志上肅宗建號於靈武後用雲閒有脫
誤鄭叔清爲御史於江淮閒豪族富商率貸及賣官爵

以裨國用　廣異錄乾元中監察御史康雲閒爲江淮
度支廣記四百三
鄭宏之見殿中
王璿見監察又下見
張利貞見監察又下見
袁楚客　會要七十六開元元年直言極諫科袁楚客及第
緯畧作二年　新魏元忠傳神龍中魏元忠輔政天下傾望
冀幹正王室而稍憚權倖不能賞善罰惡譽望大減陳
郡男子袁楚客以書規之　新禮樂志元宗即位命盈
王主藩邸樂以充太常倡優之技有諧謔而賜金帛朱

棨者酸棗尉袁楚客上疏極諫　吳兢傳上疏元宗曰
陛下初卽位猶有褚無量張廷珪韓思復辛替否柳澤
袁楚客上疏爭時政得失　李邕秦望山法華寺碑朝
散大夫前侍御史今都府戶曹袁公名楚客其皎如日
其心如丹貭兼濟之雄才託演成之雅意會稽掇英總集十六案碑無年月金石錄目錄六云李邕撰并行書開元二十三年
徐履道見監察又下見
氾雲將又下見　元和姓纂六十[illegible]天寶有刑部郎中氾雲脫將
字燉煌人　孫逖送遂州紀參軍序遂州參軍紀公吾
友雲將之令弟也文苑英華七百十九案序云周公之胤紀爲其首案左氏經隱七年凡伯

集解汲郡共縣東南有凡城釋文作汎城音凡註疏本作凡城氾汎古通用可證今本作紀之誤
李融見郎官戶外
郭虛己重見
李常見郎官戶中　蘇頲授姜昂右司員外郎制勑尙書金部
員外郎姜昂殿中侍御史李常等勵節脩身敏才通識
金曹典事頗效精勤白簡繩違久聞堅正皆能奉職宜
稱遷升昂可尙書右司員外郎常可行侍御史散官勳
如故文苑英華三百九十一　孫逖授李常殿中侍御史制勑朝
散大夫行河南府陸渾縣令李常等堅白持操通明效
官彰吏跡於神州著公方於近縣秉憲之職惟方是與

俾諧僉議用肅具寮可依前件又三百九十五
李暐見監察又見下
韋恒見殿中監察左稜又見下
裴敦復見侍御監察
裴曠見侍御見監察
馬元直見監察
許誠感見監察又見下
常無欲見監察見
李觀見監察見
苗晉卿見監察見

王大鑛見監察
盧茂伯重見
王靈漸見監察見
賈昇重見
趙賓見監察又見下
張具瞻見監察又見下
獨孤通理　新表獨孤氏鄠令思暕子通理殿中侍御史
潁川郡長史元和姓纂同　崔祐甫常州刺史獨孤及神道
碑殿中侍御史贈祕書監通理之第四子文苑英華九百二十四
梁肅恒州眞定縣尉獨孤君正墓誌銘故殿中侍御

史潁川郡長史贈秘書監府君集無此二字諱某之少子英華九百六十

薛忻見監察又見下

崔譚見監察又見下

王璹重見

韋虛舟見郎官左中　舊韋虛心傳季弟虛舟自御史累至戶部司勳左司郎中

韋恒重見

張利貞重見

蕭諒見監察又見下

徐履道重見

張思鼎見監察又見下

靳觀

王翼見監察貶左稜又見下

李級見監察又見下

張烜　冊府元龜開元十六年五月六日唐昌公主出降有司進儀注于紫宸殿行五禮右補闕施敬本左拾遺張烜右拾遺李銳等連名上疏　會要七十四　天寶元年冬選六十四人判入等時御史中丞張倚男奭判入高等有下第者嘗爲薊令以白安祿山遂奏之來年正月二十一日遂於勤政樓下上親自重試惟二十八比類稍優餘並下第張奭不措一詞時人謂之曳白吏部侍郎宋遙貶武當太守苗晉卿貶安康太守考官禮部郎中裴朏起居舍人張烜監察御史宋昱左拾遺孟國朝並貶官　獨孤及唐故朝議大夫高平郡別駕權公徽神道碑開元十八年考校書判甲乙丙丁科公與徐安貞王敬從吳鞏裴朏李宙張烜等十學士參焉毘陵集八詳動外王敬從注　新藝文志開元禮一百二十卷開元中命張烜與賈登等撰緝又初學記三十卷張烜等分撰

氾雲將重見

范正則　金石錄目錄六第一千二百唐脩東鎮沂山記范正則撰幷入分書天寶元年三月

許誠感重見

鄭昉見監察

魏方進見郎官戶中又見下

董琬見監察又陰右稜

李暐重見

賈昇三見

張具瞻重見

獨孤通理重見

趙賓重見

張子漸　唐會要七十六　先天二年緯略元年手筆俊拔超越流輩科張子漸及第緯畧同　文苑英華五百三有張子漸對習星厤判

薛忻重見

王璿三見

劉遵睿見監察

張秀明見郎官吏外

蕭諒重見

裴藏暐見殿中監察

張利貞三見

李崗　新宗室表蔡王房河南府法曹士淹子崗不詳歷官　又吳王房信安郡王禕子左千牛衛將軍崗　宰相表趙郡李氏東祖房逖子恒山府司馬　又司農卿貞簡子崗成武令據言七李緯曾祖貞簡祖崗官終襄帥　續古文苑十趙居貞春申君新廟記轜軒莅部十有一日矣猥以薄材謬承重寄欻自淮服半刺超爲江南方伯初余之拜命表授安喜尉李崗爲支使案末署唐天寶單閼歲除日中散大夫守吳郡太守兼江南道採訪處置使柱國天水趙居貞崗當是採訪支使也

李擨見郎官金外　穆員刑部郎中李府君擨墓誌天寶中擢進士調太子校書以通事舍人轉左補闕監察御史玄宗季年逆帥兆亂亂成於寵上莫得聞府君奉使朔陲復而露奏其後以直道不可得而親疏爲誅其不附己者所中配流盧溪郡文苑英華九百四十三

徐履道三見

張思鼎重見

王翼重見

李級重見

氾雲將三見

楊慎矜見左稜　陰右稜又右側侍御兼殿中又陰額知雜

崔沖見陰右稜又右側

張景淑見陰右稜

權徹見監察

姜立祐見監察又陰右稜

李挺之

房自厚見左稜

崔譚重見

劉同昇見監察

杜庭誠見監察

魏方進重見

呂周見陰右稜
達奚珣見左稜
邢巨又見下　唐會要七十六先天二年緯畧元年手筆俊拔超越
流輩科邢巨及第開元七年文辭雅麗科邢巨及第緯畧
同　舊文苑中賀知章傳神龍中揚州邢巨以吳越之
士文詞俊秀名揚於上京止監察御史　孫逖授邢巨
監察御史制勑前守監察御史邢巨器能通敏詞藻清
新久著令名兼稱利用終喪有禮既及於一有外字除執憲
須才宜居於舊一有府字可監察御史文苑英華三百九十五
李珣見監察

鄭章見郎官倉外又右側侍御兼殿中
趙陵陽見左稜
周子諒見左稜
常從心見左稜
崔灌見郎官吏中又陰額知雜　常袞授崔灌湖南觀察使制稱銀青
光祿大夫前澧州刺史兼侍御史義豐縣開國男更於
臺閣達練朝章
庾光先見郎官吏外
尹中言　元和姓纂十七準　刑戶二部侍郎御史大夫戶部
尚書天水公尹思貞生中言京兆府司錄天水人

徐浩見郎官金外
李抗又右側侍御兼殿中題　新表趙郡李氏安平游擊將軍恪子
抗濛陽司戶參軍　舊王翃傳大厤五年遷容州刺史
容管經畧使嶺南谿洞首領梁崇牽等攻陷容州前後
經畧使李抗等皆寄理藤州或寄梧州
王可觀
王銲見郎官戶中又右側侍御兼殿中又陰額知雜　舊傳開元十年爲鄠縣尉
二十四年再遷監察御史二十九年累除戶部員外郎
常兼御史　新韓朝宗傳天寶初使侍御史王銲訊京
兆尹韓朝宗　舊楊愼矜傳天寶五載侍御史王銲推

韋堅獄
李丹見郎官戶中
杜嶠　新表襄陽杜氏陝州司倉參軍參謨子嶠監察御
史
王掄　紀聞監察御史王掄爲朔方節度判官乘驛在途
暴卒十五日復生云至冥司見楊愼矜兄弟訟李林甫
王銲等月餘乃有邢縡之事王銲死之廣記一百二十一　通
幽記天寶十一年朔方節度判官大理司直王掄巡至
中城病死凡十六日而蘇又三百七十八　杜甫有王十七侍
御掄許攜酒至草堂奉寄此詩便請邀高三十五使君

同到詩（杜工部集十一）　又（十六）有哭王彭州掄詩略云北部初
高選東堂早見招蛟龍纏倚劍鸞鳳夾吹簫歷職漢庭
久中年胡馬驕兵戈闇兩觀寵辱事三朝蜀路江干窄
彭門地里遙解龜生碧草諫獵阻清霄頃壯戎麾出叨
陪幕府要云云趙云王初官京畿尉當爲宗室女夫爲
侍徒値祿山之亂事元肅代三相出守彭州替罷有封
事於朝上不報嚴武節度東西川提兵而出辟王君爲
幕客
崔翰（見郎官吏中）
張重光（見郎官吏中）

李鼎　舊崔光遠傳上元元年冬以李鼎代爲鳳翔尹充
本府及秦隴觀察使　舊肅宗紀上元元年十二月庚
辰以右羽林大將軍李鼎爲鳳翔尹興鳳隴等州節度
使　二年二月己未黨項寇寶雞入散關陷鳳州殺刺
史蕭愧鳳翔尹李鼎邀擊之（新西域党項傳同）　六月己卯以
鳳翔尹李鼎爲鄯州刺史隴右節度營田等使
薛兢　新表薛氏西祖房華州刺史紘子（見金中）　兢殿中侍
御史（鉞案安祿山事迹載三司讞刑奏有薛曉兢一作未知即是人否）
呂指南（又右側侍御兼殿中）　文苑英華（七十二）有呂指南太常觀樂
器賦

黃麟（見郎官金外補又右側侍御兼殿中）　廣異記鄧成暴死至地獄判官
乃刺史黃麟
曾崇頴（又右側侍御兼殿中）　元和姓纂（十七登）庫部郎中晉州刺史
曾崇頴河東人
李遇（又右側侍御兼殿中）　新表大鄭王房太僕卿暈子御史中丞
東畿採訪使遇　又蔡王房復州刺史惻子遇不詳歷
官　舊李說傳父遇天寶爲御史中丞（新傳同）
邢巨（重見）
竇顥　新表竇氏三祖房右武衛將軍鎮子顥不詳歷官
崔伯陽　賈至授竇紹山南東道防禦使等制侍御史崔

伯陽可襄陽防禦使餘如故（文苑英華四百九）　權德輿唐故
朝議郎行尚書倉部員外郎集賢院待制權府君（自撰）墓
誌銘二京剋復之歲制授醴泉尉尋擢監察御史充河
西隴右宣慰使崔中丞伯陽判官歲中崔復命遷左馮
翊表爲祠曹且佐州師（權載之文集二十五）　舊李峴傳乾元二
年鳳翔七馬坊押官先頗爲盜劫掠平人州縣不能制
天興縣令知捕賊謝夷甫擒獲決殺之其妻進狀訴夫
冤李輔國先爲飛龍使黨其人爲之上訴詔監察御史
孫鎣推之鎣初直其事其妻又訴詔令御史中丞崔伯
陽刑部侍郎李曄大理卿權獻三司訊之三司（四字册府元龜）

有與鎣同妻論訴不已詔令侍御史毛若虛覆之若虛歸罪於夷甫又言伯陽等有情不能質定刑獄伯陽怒使人召若虛詞氣不順伯陽欲上言之若虛先馳謁告忢於肅宗肅宗二字冊府有云已知卿出去若虛奏曰臣出卽死上因留在簾內有頃伯陽至上問之伯陽頗言若虛順旨附會中人上怒叱出之伯陽貶端州高要尉權獻柳州桂陽尉鳳翔尹嚴向及李曄皆貶嶺一尉鎣除名長流播州李峴以數人咸非其罪所責太重欲理之遂奏若虛希旨用刑不守國法陛下若信之輕重是無御史臺上怒出爲蜀州刺史新傳同　新表崔文緒孫伯陽御史中丞

陽陟　文苑英華二百十八有于鵠途中逢陽陟詩又見二百五十六作途中寄楊陟

馬晛

李華見郎官吏外補　新文藝傳下天寶十一載遷監察御史宰相楊國忠支婭所在橫猾華出使劾按不撓州縣肅然爲權幸見疾徙右補闕

趙悅　金石錄目錄七第一千三百三十四唐淮陰太守趙悅遺愛碑張楚金撰行書　第一千三百三十五唐趙悅碑陰王昕撰天寶十四載　李白趙公西候新亭頌惟十有四載皇帝以歲之驕陽秋五不稔乃愼擇明牧恤南方凋枯伊四月孟夏自淮陰遷我天水趙公作藩于宛陵祇明命也惟公代秉天憲作保南臺洪柯大本聿生懿德初以鐵冠白筆佐我燕京威雄振肅虜不敢視而後鳴琴二邦天下取則起草三省朝端有聲天子識面宰衡動聽殷南山之雷剖赤縣之劇悅强項不屈下有脫字三州所居大化咸列碑頌李太白文集二十九　滎陽縣紀信碑陰有趙悅字子豫題名時長安二年官滎陽主簿又天寶四年趙思廉墓誌子悅歷監察御史江陵安邑二縣令全唐文

楊玘見郎官戶中又右側侍御兼殿中見

康羽

李彥允見郎官金中又右側侍御兼殿中見

李曄　新表大鄭王房淮安郡公璓子見戶中曄刑部侍郎　舊李峴傳乾元二年詔刑部侍郎李曄等三司訊天興縣令知捕賊謝夷甫決殺鳳翔七馬坊押官爲監獄直其事上怒貶嶺下一尉新傳畧同　會要六十八至德二載十二月十五日改鳳翔郡爲鳳翔府稱西京以李煜爲尹　賈至授李曄宗正卿稱前弘農太守文苑英華三百九十六

張省躬　酉陽雜俎枝江縣令張汀子省躬汀亡因住枝江太和八年感夢而卒　文苑英華五百十六有張省躬對祭星判

沈庠　元和姓纂七寢四十武功尉浩源生庠監察御史吳興
武康縣人　定命錄杜華嘗見陳留僧法晃云開封縣
令沈庠合改畿令十五月作御史中丞馮七云沈君不
踰十日經數日沈公以病告苦頭痛忍不堪數日而卒
太平廣記一百四十七
馮損又右側侍御兼殿中
趙克忠又右側侍御兼殿中
韋儇見郎官封中補　新書外戚傳楊國忠當國常領劍南召募
使遣戍瀘南歲遣宋昱鄭昂韋儇以御史迫促郡縣召
募

韋之□
李舒見郎官祠中又右側侍御兼殿中
史□
祁順之見郎官左外
杜敏　金石錄目錄七第一千三百六十八唐蘄州刺史杜
敏生祠頌張粲撰史惟則八分書乾元三年五月　寶刻類編三同　隴州開元寺
有開元二十七年杜敏經幢序稱國子進士
張瑄見郎官倉外又右側侍御兼殿中又陰額知雜　會要五十九　天寶二年六月
殿中侍御史張瑄充太府出納使　舊酷吏吉溫傳御
史盧絃先與張瑄同臺情旨素厚

楊□
碑右側題名
侍御史兼殿中
鄭澥見郎官金中
崔芃庚午歲　見郎官吏中
唐技見郎官左中補
陳會　雲谿友議七　少師李固言相公在成都賓館則陳
會端公皆遠從可謂蓮幕之盛平曾每與諸公評論則
言笑彌日　北夢瑣言三　蜀之士子莫不酤酒慕相如
滌器之風也陳會郎中家以當壚爲業爲不掃街官吏

毆之其母甚賢勉以脩進不許歸鄉以成名爲期每歲
餱糧紙筆衣服僕馬皆自成都齎至郎中業八韻唯螳
螂賦大行太和元年及第李相固言覽報狀處分廂界
收下酒旆闔其戶家人猶拒之逡巡賀登第乃聖善獎
訓之力也後爲白中令子壻西川副使連典彭漢兩郡
而終　文苑英華八百六十八　陳會彭州九隴縣再建龍興
寺碑予剖符是郡星欲二周當在大中復寺之時
李元見郎官戶外　崔嘏授蕭鄴李玄監察御史制勑御史府
居朝廷之中傑出他署葢以圭表百吏糾繩四方故選
其屬者必在堅明勁峭臨事而不撓不獨取謹厚溫文

修整之度而已爾等皆以詞華升於俊秀從事賢侯之府馳聲館閣之中籌畫居多操持甚固是宜持此霜簡峻其風標使避馬之謠不獨美於桓典埋輪之志無所愧於張綱勉服寵榮無忘職業可依前件 文苑英華三百九十五

張萱 見郎官金中又見下

劉芬 見陰左稜又見下

楊釗 見陰下層又見下又陰額知雜　舊食貨志開元二十五年以殿中侍御史爲水陸運使　國忠傳天寶初擢授監察御史驟遷檢校度支員外郎兼侍御史　楊慎矜傳天寶六載十一月詔侍御史楊釗等同鞫慎矜獄　會要七十八

天寶四載八月楊釗除殿中侍御史充水陸轉運使

胡曼倩 見右稜

李彥允 見左側又見下

李彥超 見右稜

王維 見陰下層又右稜又陰左稜

柳奕　舊禮儀志四　天寶十載正月遣太子中允柳奕祭西海廣潤王 大唐郊祀錄同

李抗 見左側又見下

崔倫 見郎官吏外又見下

賀遂冋

李宓　舊元宗紀天寶十三載六月侍御史劍南留後李宓率兵擊雲南蠻于西洱河糧盡軍旋馬足陷橋爲羅鳳所擒舉軍皆沒　南詔蠻傳天寶十二載劍南節度使楊國忠奏徵天下兵俾由後侍御史李宓將十餘萬輦餉者在外涉海瘴死者相屬於路天下苦之宓復敗於太和城北死者十八九　舊楊國忠傳天寶十載楊國忠又使司馬李宓率師七萬再討南蠻渡瀘水爲蠻所誘至和城不戰而敗宓死於陳國忠又隱其敗以捷書上聞自鮮于仲通李宓再舉討蠻徵發皆中國利兵然土風不便沮洳之所陷瘴疫之所傷饋餉之所乏

御史臺精舍題名考卷三　三月河精舍叢鈔

物故者十八九凡舉二十萬衆棄之死地隻輪不還人銜冤毒無敢言者

盧霸 見郎官封中補

崔審文

趙蕃　舊李德裕傳會昌三年二月上令德裕草制處分回紇事趙蕃奏黠戛斯攻安西北庭都護府不言何官　唐摭言爲等第後久方及第十三年有趙蕃　李德裕有與回紇抳斯可汗書稱令太僕卿兼御史中丞趙蕃持節充使

崔沖 見陰右稜又左側

吳口之見郎官主外疑是豸之　舊韋陟傳天寶十二載楊國忠引
河東人吳口之謂曰子能使人告韋陟吾以子爲御史
豸之曰能乃告陟與御史中丞吉温結託欲謀陷朝廷
舊吉温傳天寶十三載冬楊國忠諷評事吳豸之使
鄉人告韋陟饋吉温及權貴
姚閈
賈彥璋見陰下層
穆庭斐
盧鉉見祠中補　舊楊慎矜傳天寶六載十一月詔殿中侍御
史盧鉉等鞫慎矜獄　新王鉷傳盧鉉者本以御史事

韋堅爲判官又爲王鉷閑廄判官後眾疾其反覆貶盧
江長史卒　舊吉温傳吉温按楊慎矜侍御史盧鉉同
其事鉉初爲御史作韋堅判官又爲王鉷閑廄判官貶
盧江長史卒
羅文信見陰右稜
李喬年見侍御
王伋
張曉見監察
崔倫見重
李抗見重

蔡九皐見陰下層無考
蔣洌見陰右稜
張光奇見侍御
趙輝庭見監察無考
賀遂回
趙頁器見郎官倉外又見下
源少頁見陰下層
王鉷見左側又見下又陰額知雜　新楊慎矜傳鉷爲侍御史由慎矜
所引　舊傳王鉷入臺時慎矜爲臺端亦有推引
盧執顔見陰下層又陰額知雜

鄭審見陰右稜　會要八十六　開元二十八年正月十三日令兩
京道路並種果樹令殿中侍御史鄭審充使　大唐傳
載鄭公審開元中爲殿中侍御史充館驛使令每傳舍
立辰堠自公始也
楊恂見郎官左中
陽潤見殿中
姚子彥見殿中
鄔元昌見監察又見下　錢案全文有鄔府君墓誌銘文
稱唐故侍御史某之次孫文雖不名當是元昌也
文又稱長子頲遠北自維揚旋於
海昌則元昌當是海昌里人也
李光輔

王佶見陰右稜又見下
蘇震又見下　元和姓纂十一虞部郎中國子司業蘇冰生
震吏部侍郎河南尹　新蘇詵傳詵子震以蔭補千牛
累遷殿中侍御史長安令
王璵見殿中又陰下層　新傳開元末擢太常博士侍御史爲祠
祭使英華賈至有授王璵祠部郎中並侍御史制
任淳
王光大見郎官勳中補又見下
司馬垂見郎官戶外又見下
羅希奭見陰下層

姜超口
蔣演見陰右稜
呂指南見左側
鄭章見左側
鄭炅之見郎官吏外
邵瓊之見監察
吳伋見郎官金外
杜孝友　新表濮陽杜氏玄宗相暹子孝友殿中監　舊
杜暹傳開元二十八年杜暹卒尚書省及故吏賻贈者
子孝友道素約皆拒而不受又博士裴揔執議暹謚請
依舊爲貞肅孝友又詣闕陳訴上聞更令所司詳定竟
謚曰貞孝新傳畧同
曾崇穎見左側
崔口
王興
楊日休見陰下層
黃口
口口
韓賞見陰下層又右稜
楊釗重見又陰額知雜

平冽　舊楊愼矜傳天寶六載十一月監察御史平冽齎
敕至大理寺賜楊愼餘死　安祿山傳平冽等在幕下
慶緒以平冽爲宰相錢案杜詩石研詩原注平侍御者即此人　石刻顏眞
卿東方先生畫贊碑陰記眞卿去歲拜此郡屬殿中侍
御史平公冽以河北採訪使東平王判官巡按押至天寶十三載山東陵縣
鄭欽說見左稜
蘇震重見
獨孤問俗　舊安祿山傳天寶中祿山兼領三道節度引
獨孤問俗在幕下　嘉話錄趙璟是姚曠女壻姚與獨

孤間俗善因託之得湖南判官累奏官至監察蕭相復代問俗爲潭州又留爲判官至侍御史（廣記一百五十二）

劉彙　舊肅宗紀至德二載正月甲寅以永王傳劉彙爲丹陽太守兼防禦使　舊子玄傳子給事中尚書右丞左散騎常侍荆南長沙節度有集三卷　劉滋傳大厯中官左散騎常侍　舊盛王琦傳天寶十五載六月元宗幸蜀路除盛王廣陵大都督仍領江南東路及淮南河南等路以前江陵大都督府長史劉彙爲副

員錫　元和姓纂（文二十）員太乙生錫越州刺史臨汾人　舊書韋元甫傳採訪使韋陟奏韋元輔充支使與判

官員錫齊名錫詳于訊覆陟推口侍之時謂之員推　舊吉温傳天寶十三載冬温判官員錫貶新興尉　羅希奭傳天寶十四載以員錫等流貶皆於始安太守羅希奭或令假攝詔决杖遣司直宇文審往監之　新韋陟傳涉爲河南採訪使以判官員錫善訊覆時號員推陟倚任之　廣異記開元中開十八里河有五色蟄龍御史員錫拔其一鬚　唐會稽太守題名記員錫自職方郎中授充觀察團練使不之任（會稽掇英總集十八）

王端（又見下）　權德輿唐故尚書工部員外郎贈禮部尚書王公神道碑銘公諱端字某太原人舉進士宏詞連中甲科授崇文館校書郎累遷監察御史殿中侍御史工部員外郎（權載之文集十七）　又唐故尚書工部員外郎贈禮部尚書王公改葬墓誌銘天寶十年拜監察御史十三年轉殿中侍御史俄以本官内供奉贊東京畿採訪之重十四年遷工部員外郎（又二十四）　石刻大唐易州鐵像碑頌崇文館校書郎王端撰（開元二十七年直隸易州）　新王紹傳父端第進士有名天寶間與柳芳陸據殷寅友善終工部員外郎　李鉨兵部尚書王紹神道碑父端工部員外郎及公貴累贈禮部尚書（文苑英華八百九十七）

沈震（見左稜）

道克忠（見佐側）

源淯（見郎官吏中又見下）

楊玘（見左側又見下）

口口

口口

李瞱（見左側）

李舒（見左側）

張口

馮損（見左側）

蔡希周（見左稜）

韋口口

□□□

李抗 又見下

司馬垂 重見

侍御史楊愼矜 見左稜 陰右稜 左側 侍御兼殿中又陰額知雜

穆庭斐

王光大 重見

□□□

李彥允 重見

張萱 重見

趙眞器 重見

王鉷 見左側又見上 又陰額知雜

郞元昌 重見

黃麟 見左側

劉芬 重見

崔浩 見郞官 封中

王佶 重見

許遠 見左稜 又見下

李遇 見左側

許遠 重見

宋銛

楊玘 重見

源洧 互見

李彥允 重見

□□□

裴周南　新表中眷裴氏皎然子周南監察御史　舊高仙芝傳天寶九載河西節度使安思順被代諷羣胡割耳剺面請留監察御史裴周南奏之　范傳正唐左拾遺翰林學士李公新墓碑時人又以公及賀監汝陽王崔宗之裴周南等八人爲酒中八仙 李太白文集一

王端 重見

張瑄 見左側又陰額知雜

□□

李抗 三見

元恕□

韋黃裳　舊肅宗紀乾元元年十二月甲辰以昇州刺史韋黃裳爲蘇州刺史浙西節度使　新表韋氏逍遙公房河南府參軍纂金子黃裳昇州刺史　王鉷傳天寶中萬年尉韋黃裳等常於廳事貯錢數百緡名倡珍饌常有備擬以候王鉷子準所適　新韋博傳祖黃裳浙西節度觀察使　廣異記上元中衢州刺史韋黃裳與

韋廣濟爲從兄弟黃裳暴卒其年呂延之爲浙東節度（太平廣記三百七十七）李白有贈韋侍御黃裳詩（英華二百五十一）

劉芬（重見）

元從　新表給事中通理子從右司員外郎（姓纂從備右司員外郎壽州刺史備字衍）李翺故歙州長史隴西李府君（則）墓誌銘夫人河南元氏壽州刺史從之女（李文公集十五）

王元□

皇甫先（見右稜陰左稜有皇甫侁）

李之芳（見右稜陰左稜）

監察御史房休　文苑英華（百五十三）高適有苦雨寄房休（集六作四）昆季詩

崔倫（重見）

鄭日進

李□

盧□□

楊式南

郭顒□

□□

□□

碑額題名（德宗至憲宗）

監察御史

鄭權（見郎官倉中）　舊傳德宗時自試衛佐擢授行軍司馬御史宗丞入朝爲倉部郎中累遷至河南尹

李師素　新宗室表畢王房有殿中侍御史師素失世系（相表又有趙郡李氏東祖房德璉子非）令狐楚有省中直夜對雪寄李師素侍郎詩（錢案侍郎疑侍御之譌其詩有云素花凝粉署清氣繞霜臺一指尚書省一指御史臺也）

蕭佐

常署（疑著）

崔宣（見侍御）

李扱（見郎官考中補案時代不合）

皇甫衡（見郎官倉外）

李樞　新表大鄭王房泗州刺史孟犨子檢校虞部員外郎兼侍御史樞（文苑英華九百二十三李翺泗州刺史李君神道碑同）石刻上元元年十二月華陰縣令王客同謁嶽祠書記京兆府灋曹參軍李樞書（陝西華陰）寶泉述書賦注皇室李權金州刺史弟樞侍御史工小篆

楊翽（見郎官倉外）

羅讓（見郎官吏外又陰額監察）舊孝友傳自淮南節度使李鄘從事除監察御史轉殿中

買全見郎官戶外　德宗買全等不必避嫌詔買全等十八昨
緣畿內凋殘親自選擇事非常例不令避嫌大詔令　陸
贄除畿內十縣令制稱買全可咸陽令並監察御史陸宣
公集

薛貢見郎官左外

盧深咸

崔鄘見郎官勳外　舊傳累遷監察御史三遷考功郎中

鄭衮　新表鄭氏北祖房成武尉昂子衮金鄉丞

韋璋　新表韋氏逍遙公房洋州刺史寡尤子璋湖州刺
史　吳興志韋璋顯慶五年自少府監授卒官統記云神龍三
年自博州刺史授

鄭膺甫見郎官度中

段平仲見郎官金中　舊傳德宗時自滑州從事入朝爲監察
御史貞元十四年坐廢

陳歸見郎官考外補

韋顗見郎官金中又陰額知雜

獨孤朗見郎官左中　舊傳自興元戶曹入爲監察御史轉殿
中元和十五年兼充史館脩撰都官員外郎新傳畧同　元
稹獨孤朗授尚書都官員外郎制殿中侍御史充史館
脩撰獨孤朗可尚書都官員外郎依前史館脩撰餘如

故元微之文集四十七　李翺獨孤常侍墓誌自興元府倉曹參
軍三年□徵入爲監察御史改京兆府司錄參軍遷殿
中尋加史館修撰入省爲都官員外郎李文公集十四

崔鄯見郎官倉外　舊傳元和中歷監察御史

□□道

劉元質　元和姓纂十八尤　劉庭琇孫元質殿中御史沛國
相縣人

馬暢　舊傳以父蔭累遷至鴻臚少卿終少府監新傳同
新表馬氏德宗相燧子暢少府監　元和姓纂司徒兼
侍中北平郡王燧生暢少府監

韋貞伯　新表韋氏小逍遙公房虞部員外郎逢子貞伯
給事中　新袁滋傳部官以盜金下獄袁滋直其冤御
史中丞韋貞伯聞之表爲侍御史　新劉滋傳貞元中
御史中丞韋貞伯劾奏吏選不實吏部尚書劉滋覆疏
舛吏因得爲姦詔與侍郎杜黃裳奪階會要七十四在貞元九年正月
陸贄優恤畿內百姓并除十縣令詔韋正伯可藍田
縣令兼監察御史陸宣公集四今本脫此句依周必大承明集四經筵故事二補詳動外竇申注
李翺獨孤常侍墓誌夫人京兆韋氏給事中貞伯
之女李文公集十四　唐書曰貞元初以藍田縣令韋貞伯爲
舒州刺史錄善政也賜馬一疋并綵物衣服以遣之太平

御覽二百五十五
吳丹　白居易故饒州刺史吳府君神道碑銘君諱丹字
眞存以進士第入官歷正字協律郎大理評事監察殿
中侍御史太子舍人水部庫部員外都官駕部郎中諫
議大夫大理少卿饒州刺史寶麻元年六月某日薨於
官次白氏文集六十九　昌黎集有奉使常山早次太原呈副
使丹郎中詩方云公使鎭州吳丹以駕部郎中副行
又有夕次壽陽驛題吳郎中詩後詩
盧虔　舊盧從史傳父虔舉進士歷御史府三院刑部郎
中江汝二州刺史祕書監　白居易祭盧虔文維元和

四年歲次己丑七月日皇帝遣某官某以清酌庶羞之
奠致祭於故祕書監贈兵部尚書盧虔　宣室志故右
散騎常侍盧虔貞元中爲御史分察東臺　會要八十贈
兵部尚書盧虔謚靈懸
裴復　新表洗馬裴氏御史中丞曠孫見侍御　諫議大夫虬
子復字茂紹河南少尹　韓愈河南少尹裴君墓誌銘
舉賢良自徐州書記三遷至侍御史入朝歷殿中侍御
史累遷至刑部郎中疾病改河南少尹輿至官若干日
卒實元和三年四月二十三日享年五十昌黎先生集二十四
會要七十六　貞元元年九月賢良方正能直言極諫科裴
復及第　新鮑防傳貞元元年策賢良方正得裴復等
世美防知人
孫革　舊刑法志長慶二年官刑部員外郎　舊張茂宗
傳元和中詔監察御史孫革往按岐陽馬坊茂昭誣革
所奏不實罷官新傳同　新孝友康買得傳穆宗世有刑
部侍郎孫革　會要三十九　長慶三年正月刑部又奏請
本司員外郎孫革等詳正勑格　又六十七　太和四年十
一月左庶子孫革有當司典膳等五局郎吏部不得更
法擬流外人奏　韓翃有送孫革及第歸江南詩
于申　新表于氏工部尚書頎子申屯田員外郎　柳宗

元先君表陰先友記于申河南人至尚書郎河東先生集十二
徐宏毅　新表北祖上房徐氏虢州別駕縝子宏毅大理
評事元和姓纂宏毅侍御史　會要七十六　貞元四年四月賢良方
正能直言極諫科徐宏毅及第十年十二月又及第緯畧
同
裴次元見郎官吏外
盧佩見郎官封中　梁肅京兆府司錄西廳盧氏世官記今戶
部郎佩始遠哲昆聯事之嫌詔解柱後惠文以就斯職
文苑英華八百三十一
李宣　趙憬傳貞元中萬年縣令李宣爲裴延齡搆陷將

加斥逐趙憬保護救解之故從輕貶　舊憲宗紀下元
和十一年九月辛巳貶屯田郎中李宣忠州刺史爲補
闕張宿構言與韋貫之朋黨故也　北夢瑣言李宣宰
陽縣　新韋貫之傳李宣等坐與貫之厚善貶爲州刺
史

崔師本　新表崔氏清河小房岳子師本不詳歷官　國
史補下今之博戲有長行其工者近有渾鎬崔師本首
出　又洛陽令崔師本又好爲古之樗蒱

李儋　新表隴西李氏姑臧大房給事中昪期子儋殿中
侍御史　韋應物有贈李儋詩又將發江淮寄李十九

儋詩又贈李儋侍御詩韋蘇州集

唐武見郎官倉外又陰額知雜　新蔣乂傳憲宗時更侍御史唐武名
曰慶

殷台見郎官左中又陰額知雜

劉師光封外有劉師老

嚴澗見郎官金中

常仲儒見郎官吏中

碑陰額題名

知雜御史自天寶元載已後

孫景商　新表武邑孫氏白馬令起子景商天平節度使
檢校禮部尚書謚曰康　新孫偓傳父景商爲天平軍節度使

崔罕見郎官度中

殷台見碑額監察

楊嗣復見郎官吏中補二傳失載

張士階見郎官封中

楊泰　新表楊氏越公房滎子泰駕部郎中

路異見郎官金外

楊慎矜見左稜陰右稜左側右側侍御兼殿中　舊傳自監察御史丁父
憂開元二十六年服闋累遷侍御史在臺數年又專知
雜事天寶二年遷權判御史中丞充京畿採訪使新傳畧同

王鉷見左側右側侍御兼殿中

張瑄見左側右側侍御兼殿中

楊釗見陰下層右側侍御兼殿中見

崔寓見陰下層右稜陰左稜

盧執顏見陰下層右側侍御兼殿中

吉温見殿中

顏眞卿見監察

裴冕　舊傳天寶中御史中丞王鉷充京畿採訪使自渭
南縣尉表爲判官遷監察御史歷殿中侍御史　舊王
鉷傳天寶十一載四月楊國忠問王銲反狀侍御史裴

晃恐銲引鉷吡詈銲云云新傳畧同

竇華又見下　韋執誼翰林院故事開元二十六年始以翰林供奉改稱學士自後中書舍人竇華等相繼而入焉又云開元已後竇華自中人充　丁居晦重修承旨學士壁記開元後竇華中書舍人充翰苑羣書上　舊楊國忠傳天寶十一載楊國忠兼吏部尚書所昵中書舍人竇華等諷選人於省門立碑以頌銓綜之能又云國忠黨翰林學士竇華等皆坐誅滅　舊韋見素傳天寶十三載元宗命楊國忠精求宰輔國忠訪於中書舍人竇華言見素方雅柔而易制新傳同

張惟一見陰下層

崔瓘見左側

顏允臧見左側

韋審規見郎官左中

韋中立　新表韋氏彭城公房唐州刺史彪孫中立不言

歷官

唐武見碑額監察

高宏簡見郎官度中　舊高元裕傳開成四年御史中丞高元裕上言御史官屬不稱者侍御史高宏簡等以不稱出爲府縣之職

劉𢣷之見郎官封外

馬錫　元和姓纂三十五馬慶州都督馬瓊生錫諫議大夫虢州郟郡人　常袞授馬錫少府少監制中散大夫諫議大夫賜紫金魚袋馬錫歷官有政居必修明擢登諫列屢獻忠讜言皆展意事亦主文勤職且淹以時敘進可守少府少監散官賜如故文苑英華三百九十九

姚喬栵見郎官左中

鄭昂之郎官吏中補有鄭昂　新外戚楊國忠傳國忠雖當國常領劍南召募使遣戍瀘南歲遣鄭昂等以御史迫促郡縣召募　舊楊國忠傳天寶十一載楊國忠兼吏部尚書所昵侍御史鄭昂等諷選省門立碑頌國忠銓綜之能又國忠求安樂山陰事圍捕其宅得李超安岱等使侍御史鄭昂縊殺於御史臺

趙□

侍御史楊申　新表楊氏刑部郎中孚孫見侍御　黃裳子申侍御史

盧虔

監察御史敬騫　新表敬氏御史大夫括子騫建州刺史平致和　唐會要七十六　建中元年軍謀越衆科平知疑致和及第緯畧同

李彤 見郎官 度外

李𨱆 見郎官 戶外

馮邈　柳宗元祭李中丞文維貞元二十年歲次甲申五

月某朔二十二日故吏奉議郎行殿中侍御史馮邈等

河東先生 集四十

羅讓 見右 側

韋顥 見碑額 監察

張茝 見郎官 吏外補　嘉話錄慈恩題名起自張茝 廣記二百 五十六

鄭楚相　舊趙博宣傳德宗遣監察御史鄭楚相等充三

司使按鞫信州員外盧獄 鉞案陝西澄城有貞元十四 年澄城令鄭楚相德政碑稱

擢秀才第爲東觀校書郎歷緱氏長安尉而至于 宰是邑云云則是官御史當在十四年以後也　邈

史崔祐甫拜相時緱氏尉鄭楚相與公之表姪盧素敏

中外兄弟 太平廣記一 百二十七　韓愈福先塔寺題名水部員

外鄭楚相叔敖等元和三年十月九日同遊 韓文 遺集

裴竦　新表洗馬裴氏諫議大夫虬子竦不詳歷官

監察楊翃

武徹　新表武氏少府監鄴公攸望孫澈 姓纂 徹　洋州刺史

前定錄寶應二年戶部郎中裴諝出爲盧州刺史郗

有二遷客其一曰武徹自殿中侍御史貶爲長史其一

曰于仲卿自刑部員外郎貶爲別駕

常著　新表新豐常氏禮部員外郎無名子著侍御史

常袞有叔父禮部員外郎常無名墓誌銘稱長子侍御

史□ 英華

蔣錬 見郎官 左外　任華有西方變畫讚文稱前殿中侍御史

蔣錬 全唐 文

長孫繹　紀聞云長孫繹之親曰鄭使君 廣記三百 六十二　錢

起有春夜過長孫繹別業詩　又酬長孫繹藍田寄杏

詩

竇華 重 見

邵說 見郎官 勳中

御史臺精舍題名考卷三　圭　月河精舍叢鈔

袁滁 見郎官 戶外

王沭　新表瑯邪王氏定州刺史俌子沭御史中

丞　寶慶四明志一 正元四年明州刺史王沭立夫子

廟見廟碑 新書王涯傳有從 弟沭時代不合

殿中韋□

侍御史張□

鄭繁 見郎官 左外

□□□子黿□之侍題

大中三年重陽□ 趙云右四行題分置於螭首 空處非至碑下不能見也

唐御史臺精舍題名考卷三 終　勞檢丁士諤校字

附錄

御史臺精舍記崔湜篡梁昇卿書讀其文則湜於佛可謂篤信者矣唐書列傳云桓彥範等當國畏武三思使湜陰伺其姦而三思恩寵日盛湜反以彥範等計告之遂遷三思速殺彥範等以絕人望因薦其外兄周利正以害彥範等又云湜貶襄州刺史以譙王事當死賴劉幽球張說救護得免後宰相陷幽求嶺表諷周利正殺之不果又與太平公主逐張說其餘傾邪險惡不可勝紀世言佛之徒能以禍福怖小人使不為惡又為虛語矣以斯記之言驗湜所為可知也故錄之於此其碑首題名多知名士小字頗

佳可愛也集古錄

御史臺精舍記唐中書令崔湜撰梁昇卿八分書漢承秦制御史為丞相貳其後以寺隸之然立精舍以居書傳所見最先包咸東海立精舍教授在西漢末顧湜謂此佛之所舍昔漢處摩騰洛陽西建精舍為始誤也按釋書以靜居為精舍致一為精不使雜也古之齋心服形其居必有可默存者今人猶闕屋為齋謂如齋戒以守獨不可以精舍名乎蕭摹之請興塔寺精舍詣二千石庾子輿造佛寺因立精舍嶺南原明僧紹住弇榆山栖雲精舍此皆謂梵所居然書生立學昔傳此名豈致道之所惟精一得之耶昔魏武嘗曰譙東五里卜築精舍秋夏讀書其後徐度折節學問精舍唐僧淵立精舍豫章阮孝緒以一鹿車為精舍徐伯珍立精舍袪蒙山陳寔立精舍講授張邵戴禺立黃鵠山竹林精舍張漢直其弟出精舍數里遇之伯珍蒙山立精舍則古人於其居以名自警思致其精也後世便以為精舍皆寺湜之嗜利蔑學其可責以此哉廣川書跋

漢史列傳具載包咸劉淑檀敷李充所立精舍而唐御史臺精舍史闕弗錄蓋彼四人者皆以講授諸生此則以奉浮屠氏故略之耳幸有此碑可存當時故事也黃文獻公集

唐史稱梁昇卿善八分東封朝覲碑聲華為一時冠此帖

亦可寶也獨御史臺持憲之地乃立精舍倡諸繫者禮佛懺悔昔獄吏命祝告繇范孟博猶非之況佞佛乎崔中令湜固盛言因利結四方緣矣不知附禁臠事發曳銀鐺時佛亦當庇引之否為之一笑弇州山人四部稿

此梁昇卿追書崔湜文湜人品殊汚人齒頰而昇卿尚追書其文何也豈唐世重佞佛湜之立精舍于御史臺適投時好耶但昇卿分隸聲動一時東封朝覲碑史册稱之今觀此碑名不虛耳　碑陰題侍御史并內供奉殿中侍御史並內供奉監察御史名共六百餘人參差不齊分書者五六人餘皆正書書有法不似后世胥吏書書也石墨鐫華

碑陰題名表其上格曰侍御史幷內供奉列盧懷愼等名中格曰殿中侍御史幷內供奉列崔湜等名下格曰監察御史下有一幷字下缺不全列陸景初等名其盧崔陸三人姓名並八分書蓋梁筆也餘則正書乃後人續書之者

碑額空處前後皆有刻前刻監察御史及姓名後刻知雜侍御史及姓名有自天寶元載以後七字按天寶三年始改年爲載不當云元載恐是追書　宋趙彥衛雲麓漫鈔曰唐有三院御史侍御史謂之臺院殿中侍御史謂之殿院監察御史謂之監院　讀此文知唐時御史臺有獄又於其旁立精舍援引釋典以勸人回心作善然考之舊

唐書開元十四年崔隱甫爲御史大夫在職强正無所迴避自貞觀年李乾祐爲御史大夫別置臺獄有所鞫訊便輒繫之由是自中丞侍御史以下各自禁人牢扉常滿隱甫引故事奏以爲不便遂掘去之則其獄未幾而廢又言温造爲御史中丞大和二年十一月宮中昭德寺火宰臣兩省京兆尹中尉樞密皆環立於日華門外令神策兵士救之唯臺官不到造奏以臺有繫囚恐緣爲姦追集人吏隄防所以至朝堂在後則又不知何時而復置也（新書隱甫傳云其後患囚往來或漏泄復繫之廚院云）　宋時亦有臺獄曾肇記云始自開寶五年（金石文字記）

唐自貞觀中李乾祐爲御史大夫別置臺獄囚當訊就近拘繫之其漸也侍御史東西推監察御史糾視刑獄各禁其囚迨武后時來俊臣侯思正皆爲御史制獄之外臺獄圜扉恒滿崔隱甫總臺務言於朝掘去於是旁列精舍以釋典懺之崔湜爲文梁昇卿書以八分開元十一年勒諸石碑陰列侍御史殿中侍御史監察御史幷內供奉銜題名僅盧懷愼崔湜陸景初三人亦昇卿分書自懷愼以下正書百二十二人侍御史也自湜以下正書百八十四人殿中侍御史也自景初以下正書三百四十七人監察御史也碑額又有天寶元載以後侍御史知雜侍御史監察

御史共五十人而碑之左右椎拓不及焉中有薛偘偘者二名重文碑凡三見此唐一代所僅有也昇卿自監察御史歷殿中侍御史遷侍御史再遷太子右庶子（曝書亭集）

朱彝尊云唐自貞觀中李乾祐爲御史大夫別置臺獄崔隱甫總臺務言于朝掘去于是旁列精舍以釋典懺之按舊唐書隱甫爲御史大夫在開元十四年碑云長安初湜自右補闕拜殿中侍御史至止之日其搆適就是去臺獄作精舍在隱甫爲御史大夫二十餘年以前何得云自隱甫始也（金石存）

文云左臺精舍者諸御史導羣愚之所作也長安初湜自

左補闕拜殿中侍御史至止之日其搆適就蓋自武氏稱制告密之法熾羅織之經行日殺無辜如對羊豕其後周興侯思止來俊臣之徒相繼付誅用刑稍平而嵗繫臺獄者猶以千計於是執法之吏於獄旁作精舍假佛法以懺之雖云導人作善宣灾亦痛逝者之含寃地下不得已而爲資其冥福也潛研堂金石文跋尾

碑高四尺一寸廣三尺七寸三分十八行行三十字隸書額題御史臺精舍碑六字篆書在西安府學　碑陰高二尺七寸廣二尺五寸三十一行分作三截書每截字數自十二至三十三不等其兩側一五行行五十七字一六行

行六十字各不等正書

按碑題御史臺精舍長安志載皇城承天門街之西第六横街之北御史臺元和四年御史臺佛舍火罰直御史李膺一季俸料此佛舍似即碑所謂精舍也文爲中書令崔湜任殿中侍御史日所譔湜之官中書令在先天元年八月其任殿中侍御史以修三教珠英得遷在神龍以前其罷中書令流竇州在開元元年七月行至荆州賜死此碑立于開元十一年距其譔文之日又十九年不知何因而追書其文以刻石也書碑者梁昇卿唐書附韋抗傳工八分書歷廣州都督碑陰題名上截凡侍御史并內供奉一百二十二人殿中侍御史并內供奉四百九十七人下截及左右棱不書官位者一百十九人中間攙入鄭韶會二十七日寓直一行左側題一百三十三人右側題侍御史兼殿中一百三十八人碑額題監察御史四十二人碑陰額題知雜事御史五十一人而知雜事御史之下有云自天寶元載已後則非開元十一年一時所刻矣揣其情當由御史臺官因崔湜爲中書令追書湜之文欲刻臺中而未果至開元十一年始爲刻石距湜之死又十一年矣碑陰題名重複自再見以至三見四見者不一而足或因前後屢任則屢書之然亦不盡符合者今撮舉數人與兩唐

書傳考之如顔眞卿再見傳云開元中舉進士四命爲監察御史遷殿中侍御史轉侍御史据碑侍御史內不列眞卿名殿中侍御史及知雜侍御史有之苗晉卿三見傳載進士擢第由萬年縣尉遷侍御史此後不云再任御史王維三見傳云開元九年進士歷監察御史後亦不云再任楊愼矜再見傳云開元中拜監察御史丁父憂二十六年服闋累遷侍御史授大理評事攝監察御史數年又專知雜事天寶二年權判御史中丞是不止於再任矣餘如鮮于仲通獨孤通理李彥超苗延嗣徐履道王翼張利貞達奚珣皆再見趙廣微三見李彥允四見皆無傳可考無從

定其合否大抵此碑出於吏胥工人之手殆不足深据也
題名中凡單名者姓下闕一格書令與二名者齊此例始
見於此金石萃編

唐尚書省郎官石柱題名考

仁和趙星甫太史撰尚書省郎官石柱題名
攷甫屬稿自度不及成書即付託勞季言先
生續補成之季言熟於唐代典故廣搜事實詳
加攷證以視王氏金石萃編增多十數倍無考者百
九十餘人各部補遺得六百卅四人補輯禮膳兩部共
得二百十一人採摭繁富蔚爲巨觀其見於舊新
兩書者足以校史傳之異同其不見於新舊兩書者
足以翼史傳之未備羣書所引姓氏筆畫小異
間有之未敢遽遷就改異今存其原文以備參攷
季言初創此稿隨得隨錄以蠅頭細字書于殘[illegible]

序

其兄青子先生以爲非予莫能辨也予乃窮數年
之力繕寫清本編爲廿六卷刊成與御史精舍臺
題名考相輔而行予於故人之誼無遺憾矣惜乎
勞氏所見天下郡縣志未徧唐人碑版又日出不
窮萬一有遺漏是所望于後人採取補正焉光
緒十年甲申七月歸安丁寶書序

歸安邑虎臣書

唐尚書省郎官石柱題名考卷首

例言

唐尚書省左右司郎中員外郎及六部二十四司郎中員
外郎皆有廳壁記以記其遷任罷斥之年月又刻其姓名
於二石柱今壁記已佚石柱又闕其一僅存左司郎官及
左三行十二司郎官而已又多漫漶磨滅王趙二家所載
亦多誤謬今細審石本詳爲訂正案柱凡八面第一面上
截僅存末行大中十二年十一月十二日書石柱記左司
郎中唐技一行細審又有光被諸字隱隱可辨考陳九言
序有至德光被一語則上截當是陳序王氏以爲序記別

勒于碑誤也下截左司郎中左司員外郎題名第二面吏
部郎中吏部員外郎司封郎中司封員外郎題名第三面
司勳郎中司勳員外郎考功郎中考功員外郎題名第四
面戶部郎中戶部員外郎度支郎中度支員外郎題名第
五面金部郎中金部員外郎倉部郎中倉部員外郎題名
第六面上截已闕當是禮部郎中禮部員外郎下截祠部
郎中祠部員外郎題名第七面上截亦闕當是膳部郎中
膳部員外郎下截主客郎中主客員外郎題名王趙二本
次序淆亂說詳下今悉依舊新書職官志訂正以復其朔云
一石柱唐時凡三刻石初刻於開元廿九年陳九言撰序

張旭書再刻於貞元中許孟容撰後序劉寬夫隸書三刻於大中十二年當亦有記序惜已殘闕不可得見案初刻左旋陳序云斷自開元廿九年甃石柱立於是年故郎官題名亦以是年爲斷王氏以爲斷自開元廿九年始說殊舛誤重刻始改右旋而磨改之處尚隱隱可辨細驗左司初刻重刻俱同是一面尚存左外韋成季趙匡等七人姓名吏部司封一面係初刻膳部主客二司末行尚存膳部郎中諸字司勳考功一面係初刻禮部祠部二司尚存禮部郎中何敬之薛縚等姓名戶部度支一面係初刻金部倉部二司金部倉部一面係初刻戶部度支二司禮部祠

部一面係初刻司勳考功二司膳部主客一面係初刻吏部司封二司尚存封外口嶠朱前疑等六人姓名每行比重刻者高寸許字形亦較重刻者稍大王趙未知石凡三刻以致重出羼亂此非細驗石刻不能辨也

一題名石已中斷未審於何年重立重立時誤移上二面故上下二截曹司各別王趙二書不爲審正因誤以考中考外蒙上作左中倉中蒙上作考中祠中蒙上作度中主中蒙上作倉中致與諸書所載牴牾不合今細案闕紋爲之訂正

一石刻題名雖依壁記爲次然所載姓名次序亦不甚合又石刻立于大中十一年而每司題名約其時代當在僖宗乾符時葢令史續書字跡亦比前較劣至廣明以迄天祐郎官原未刊石非闕佚也

一左司及十二司郎官惟左外吏外勳中戶外金中金外祠外主外諸司尚爲完好餘如左中倉中祠中主中則闕上截考中考外度中度外倉外則下截已多殘闕吏中封中中有數行亦已磨滅不可辨識禮膳二司全行殘闕（禮中僅存初刻數人說已見前）又吏部一司字畫比每諸司差小亦以員數稍多故耳

一石刻所列郎官姓名凡有專傳可考而歷官與石刻合

者則僅列其里居姓氏由某官遷後轉某官生平事迹概不詳載惟有涉及本司者始爲甄錄或本傳不載是官而別見於他傳及諸書者則列於本傳之後間有軼事爲本傳所失載者并附存之其無傳者始詳考其生平所歷之官職事迹人品之善惡按其先後略爲編次俾尚論者有可稽考亦補傳之體也

一郎官姓名凡石刻殘闕以及未補刻者參考本傳及諸書廣爲引證按其時代彙爲補遺列於每司之後或有云嘗歷某司而實舛誤者則詳引以糾其謬列之附存附之補遺之後

一唐代官職有職事官有散官貞觀令凡散官高者稱行職事官高者稱守見職官志而又有稱檢校者石抱忠檢校天官郎中石刻嵩陽觀紀聖德感應頌徐浩結銜稱朝議大夫檢校尚書金部員外郎是也有稱判者石刻西京千福寺多福佛塔感應碑文顏眞卿結銜稱朝議郎判尚書武部員外郎是也唐志云員外判試檢校自則天中宗後始有之皆不佩魚蓋雖以階級未至故稱此以別之未實授而實辦本職故金外有徐浩名中葉以後藩鎮從事往往檢校郎官而實未嘗至省故傳中每以還朝二字別之則與前所稱檢校者名雖同而實異考舊書陳少遊傳充使檢校郎官自少遊始也新傳同談賓錄所載亦同太平廣記二百三十九引云寶應元年入爲金部員外郎

尋授侍御史迴紇糧料使改檢校職方員外郎則檢校銜始於代宗朝今自代宗以後所稱檢校郎官悉不載入又唐自肅宗以前凡除郎官而未到省者亦列其名如張巡傳巡由貞源令授主客郎中兼御史中丞實未涖職而石刻尚載巡名是其證也此前人所未及考者今皆參互考證而詳列之

一唐初所置行臺尚書省六部諸司雖不備置而實有郎官職事然究是外任故石刻不列其名、如杜如晦爲行臺司勳郎中見舊書太宗紀房玄齡于志寧爲記室考功郎中見太宗置文館學士敎王子貞爲行臺倉部郎中見新書宰相世系表今石刻無四人名可證或據舊書外戚傳地理志皆稱陝東道行臺金部郎中長孫操而石刻首列操名爲疑案新書操傳云高祖辟署金曹參軍考高祖開大丞相府時所辟諸曹參軍悉擬隋朝省官受禪以後卽以爲本司郎官陳子良爲王季卿與王仁壽書云宋國公子懷廓今任光祿大夫相府禮曹參軍而元和姓纂則稱禮部郎中則操亦由金曹參軍爲金部郎中又出爲陝東道行臺金部郎中爾宰相世系表止稱金部郎中不云行臺亦其一證故行臺郎官補遺悉不登載

一郎官姓名或有與他官同姓名者則必考其世系核其時代以決其是非卽有不可考者亦兩存之以待考其有

同官郎署而姓名相同者如吏中補之李元素與吏外勳外戶中左中之李元素左中吏中考中戶中之崔瑨與主中之崔瑨別是一人又有同在一曹而郡望互異者如左中戶中之李巽趙郡人左中補之李巽係宗室隴西人有同姓名而或以字行者如左中有李誠而考中補之李誠以字元成行有同姓名而時代不合者如勳外有韓瞻無考而唐末又有韓瞻皆詳考其本末以注於下如此之類率非一端略舉一二以志梗概

一郎官題名靑浦王少寇昶仁和趙明經魏俱錄有全文王本刻入金石萃編趙本刻入讀畫齋叢書少寇又著考一卷附後所据僅舊新兩書及全唐詩傳而止掛一漏百誤謬宏多卽曹司次序先後倒置至以左司殿主客之後考中蒙左中之名又

於石刻曼患處不復詳爲審定以致多所脫佚蓋萃編定於少寇暮年是時患目疾諸碑跋語類出於門下士所爲援引疏漏殊難僕數非獨此考爲然今不復爲之指摘於其所闕者僅注云王本闕而已

尚書省郎官石記序

朝散大夫行右司員外郎陳九言撰

吳郡張　旭書

夫上天垂象北極著於文昌先王建邦南宮列爲會府六官既辯四方是則大總其綱小持其要禮樂刑政於是乎達而王道備矣聖上至德光被睿謀廣運提大象以祐生人躬無爲以風天下三台淯曜百辟承盜動必有成舉無遺策年和俗厚千載一時而猶搜擇茂異網羅俊逸野罄蘭芳林殫松秀盡在於周行矣夫尚書郎廿四司凡六十一人上應星緯中比神仙咸擅國華以成臺妙修詞致天一之議伏奏爲朝廷之容信杞梓之藪澤衣冠之領袖頃朝榮初拜或省美中遷昇降年名各書廳壁訛誤多矣總載闕如非所以傳故實示不朽者矣今諸公六聯同事三署並時排金門轔華轂鸞蹌鳳跱肩隨武接而不因僉謀補其闕典其於義也無乃太簡乎左司郎中楊公愼餘於是合清論創新規徵追琢之良工伐□藍之美石刊刻爲記建於都省之南榮斷自開元廿九年咸列名于次且往者不可及來者不可遺非貴自我蓋取隨時斑位以序昭其度也豐約從宜昭其儉也俾夫金石長固英華靡絕不編斑固□□自然成表未識馬卿之賦已辯同時不其偉

䟦

開元廿九年歲次辛巳十月戊寅朔二日己卯建

古人稱長史得草聖不傳之妙豈知眞書在唐爲一代精絕所謂能行而後善走者也魯公書學氣侔造化眞楷得法多自公始郎官帖精絕爲至舊刻在京兆今亡或云淪瘞驪事址下近從李衡得墨本全文葢丞相壽國高公故家置者累旬眞希代寶也十有三年龕王惲秋澗集跋郎官石柱記後

尙書省郎官石記序陳九言撰張顚書記自開元二十

九年郎官石名氏爲此序張顚草書見於世者其縱放奇怪近世未有而此序獨楷字精勁嚴重出於自然如動容周旋中禮非强爲者書一藝耳至於極者迺能如此其楷字葢罕見於世則此序尤爲可貴也古今法書苑

長史郎官壁記世無別本惟王奉常敬美有之陳仲醇摹以寄予知學草必自眞入也董其昌跋

唐尙書省郎官石柱題名考

目録

唐尚書省郎官石柱題名考卷一

仁和　勞格
　　　趙鉞　著　歸安丁寶書編次

左司郎中

唐六典吏部尚書其屬有左司郎中一人右司郎中一人並從五品上龍朔二年改爲左右承務咸亨元年復　舊唐書職官志尚書都省屬左右丞各一員左右司郎中各一員左司郎中副左丞所管諸司事省署鈔目勘稽失知省內宿直之事若右司郎中闕則併行之新書略同

石刻　□□節　薛□　裴方產　段機　劉翁勃

王儼　李守約　李守一　崔行功　崔承福

李思順　侯味虛　張知泰　李守敬　徐有功

房昶　趙諠　陸餘慶　閻脅止　夏侯崐

韋玢　孔仲思　馮思邕　唐紹　魏奉古

李誠　竇從之　張敬輿　夏侯宜　韋叔昂

高昇　鄭倩之　韋伯詳　劉彥回　韋見素

楊慎餘　韋虛舟　張具瞻　崔譚　陳澍

蕭晉用　楊恂　鄭璲　裴從　姚喬桐

裴諝　杯琨　韋寂　張齊明　蔣將明

盧惎　呂頌　李巽　奚陟　陸涫

宇文邈　李元素　韋成季　苗粲　呂元膺
崔鄘　劉遵古　韋審規　樊宗師　殷台
豆盧署　獨孤朗　鄭肅　趙元亮　高元裕
鄭居中　李讓夷　何眈　李師稷　崔復本
高少逸　崔瑨　韋允　鄭亞　崔駢
崔璵　薛廷範　路綰　韋博　柳喜
裴寅　盧眈　韋退之　李蟥　鄭彥弘
孟穆　薛廷望　李緘　崔瑑　張鐸
李琨　李晦　李繪　李曕　李嶽
崔寓　孫檝　王鐐　李燭　張旡逸

夏侯潭　口應物　唐技
補遺
杜超　崔義玄　李公淹　封道弘　邸懷道
鄭植　鄭世斌　裴思義　王本立　李懋道
溫翁念　喬知之　崔齊之　王旭　蘇詵
韋拯　裴寬　陽伯成　馬光淑　杜損
李審　李喬年　鄭令璉　鄭成家　魏少游
李巽　盧振　蕭定　乜鴻漸　庾何
獨孤愐　嚴涚　盧羣　楊凝　趙需
武元衡　鄭敬　崔清　辛祕　陸則
韋弘景　庾敬休　李肇　溫造　楊虞卿

張又新　孫簡　姚勖　楊發　豆盧籍
崔原　鄭繁　楊贊禹　陸愿　孫濟
劉植　劉居簡　樊慶德
附存
裴珣

勞檢丁士諤校字

唐尚書省郎官石柱題名考卷第一

口口節 鉞案疑是宇文節節見吏中吏外動中

薛口 鉞案疑是薛逃見吏中動中

裴方產　新書宰相世系表中眷裴氏祥曾孫方產右司

郎中

段機　元和姓纂段孝機中書舍人 格案時代正合疑即是人

劉翁勃 又戶外　元和姓纂十八尤 劉通國生翁彥 見金中 勃勃

不詳歷官 案時代正合疑即是人

王儼 又吏中動外動中考外　新表京兆王氏隋柱國龍門莊公

逃孫儼工部侍郎

李守約 無考

李守一 又度中　新表隴西李氏武陽房右衛大將軍武陽

懿公大亮子守一庫部員外郎　宗室世系表上 蔡王

房宗正少卿通元子守一開封令 案時代不合　又蜀王房

眉州刺史義節子守一冀州別駕　又趙郡李氏南祖

續後高宗相敬元子守一成都郫令 舊李紳傳新敬元傳同　蘇

頲授李守一別駕等制稱皇三從兄前洺州司馬守一

等 文苑英華四百十四

崔行功 又吏中戶中吏外主外　新表博陵大房崔氏長安令綜

子行功秘書監　舊文苑傳上 行功恆州井陘人高宗

時累轉吏部郎中嘗兼通事舍人內供奉坐事貶爲游

安令 新文藝傳同　唐會要二十六 顯慶四年二月二十八日

引諸色目舉人謁見下詔策問之凡九百人李巢張九

齡秦相如 見吏中　崔行功郭封五人爲上第令待詔宏文

館每坐日令五人隨仗供奉　又六十三 貞觀二十年閏

三月四日詔更撰晉書主客員外郎崔行功等分功撰

錄

崔承福　新表博陵第二房崔氏後魏司徒挺後信都太

守仲方孫令子承福越廣二州都督　唐會稽太守題

名記永淳二年二月十六日淛西刺史授越州都督 嘉泰

志二年作三年淛西作口州　呂溫唐故銀青光祿大夫守工部尚

書致仕上柱國中山郡開國公食邑二千戶贈陝州大

都督博陵崔公 世系表名淙　行狀曾祖諱承福皇朝太中大

夫廣越二府都督 呂衡州文集五

李思順　新表蔣王房建（甯）郡公休道子据初名思順中

山郡王 舊蔣王傳作琚是又見趙王福傳

侯味虛 又左外戶中補　元和姓纂十九侯　夏官郎中侯味虛 原誤

味處今改 絳郡人　舊書 良吏上 薛季昶傳萬歲通天元年夏

官郎中侯味虛統兵討契丹不利奏言賊徒熾盛常有

蛇虎導其軍則天命季昶按驗其狀馳至軍斬味虛以

聞新傳署同　新書杜景佺傳秋官員外郎杜景佺與侍郎
陸元方授員外郎侯味虛罪已推輒釋之　朝野僉載
戶部郎中侯味虛著百官本草太平廣記二百五十五
張知泰
舊書良吏下張知謇傳見度中　弟知泰明經擢第調露後歷
臺省通天中爲洛州司馬尋爲夏官侍郎新傳武后時歷益州長史中臺左丞兵部侍郎封陳留縣公
李守敬無考
徐有功又戶外　新表徐氏王屋令士安子有功字宏敏秋
官侍郎新傳名弘敏避孝敬皇帝諱以字行　舊傳舉明經詔封東莞男

載初元年累遷司刑丞尋轉秋官員外郎轉郎中坐出
反囚免官久之起爲左臺侍御史除名爲庶人尋起爲
左司郎中累遷司刑少卿新傳自司刑丞累轉秋官郎中免官俄起爲左肅政臺侍御史免爲民起拜左司郎中轉司刑少卿　李嶠授徐有功司刑少卿制中
散大夫行文昌左司郎中東苑縣開國男徐有功繩準
憲曹樞機會府咸歸平恕雅有聲績文苑英華三百九十八
房昶又戶外　新表河南房氏武后相融子肅宗相琯弟見主
外昶中書侍郎　新書韋湊傳觀察使房昶才資州司
兵韋湊表于朝　韋述唐太原節度使韋湊神道碑延
載元年廉察使房昶上表聞薦文苑英華九百十四

趙諠又封中勳中　新表隴西趙氏高宗相仁本子見吏中　諠左
司郎中司僕少卿舊趙憬傳祖諠歷左司郎中　權德輿唐故正議
大夫守門下侍郎同中書門下平章事成紀縣開國男
賜紫金魚袋贈太子太傅貞憲趙公憬神道碑銘王父
贈趙州都督諠歷右司郎中乾封縣令司僕少卿權載之文集十三案右司當作左司
陸餘慶
新表陸氏太尉枝陳右軍將軍珣孫餘慶太子
詹事元和姓纂尚書左丞太子詹事　舊傳則天時累遷中書舍人責
授左司郎中累除大理卿　新陸元方傳從父餘慶舉
制策甲科武后時擢監察御史聖麻初遷殿中侍御史

鳳閣舍人降左司郎中久之封廣平郡公太子右庶子
開元初爲河南河北宣撫使遷大理卿
閻脊止又御史臺監察題名　元和姓纂二十四鹽後魏戶牖侯閻嵩居
武陽七代孫脊止唐左司郎中
夏侯崐無考
韋玢玢二本誤珍又封外　新表東眷韋氏閬公房太府少卿德
敏子見考中補玢司農卿　又彭城公房元震子玢不詳歷
官　又鄖公房武后中睿相安石子玢司農卿　蘇頲
授韋玢司農少卿制正議大夫行太常少卿上柱國薛
縣開國男韋玢可兼司農少卿散官勳封如舊仍分司

東都（文苑英華三百九十）　資治通鑑（唐紀二十七）　開元三年十二月尚書左丞韋玢奏郎官多不舉職請沙汰改授他官玢尋出爲刺史宰相奏擬冀州勑改小州姚崇奏言臺郎寬怠及不稱職玢請沙汰乃是奉公臺郎甫爾改官玢即貶黜於外議者皆謂郎官謗傷臣恐後來左右丞指以爲戒則省事何從而舉矣伏望聖慈詳察使當官者無所疑懼乃除冀州刺史

孔仲思（又度中）　元和姓纂（一董）　孔構生仲思給事中會稽山陰人　唐會要（六十六）　太極元年二月十八日加少府少監一員以孔仲思爲之

馮思邕　元和姓纂（一東）　馮思雍刑部郎中長樂信都人

唐紹（又度外）　新表唐氏河南府士曹參軍景子紹字遵業給事中　舊唐臨傳孫紹神龍中太常博士景龍中遷左臺侍御史兼太常博士睿宗即位累轉給事中　新傳神龍時爲太常博士遷左臺侍御史度支員外郎常兼博士睿宗即位再遷給事中　舊書輿服志太極元年左司郎中唐紹有論明器禁障車疏

魏奉古（又左外　戶中　又御史臺殿中監察題名）　舊書刑法志開元初玄宗勑給事中魏奉古等刪定格式令三年三月奏上名開元格（新書藝文志刑法類同）　席豫唐故朝請大夫吏部郎中上柱國高都公楊府君（仲宣）碑銘吏部侍郎魏奉古早以文伯期於王佐（唐文粹五十八）　石刻顏眞卿唐故通議大夫行薛王友柱國贈祕書少監國子祭酒太子少保顏君（惟貞）廟碑銘以清白五爲訪察使魏奉古等所薦（建中元年陝西西安）　大唐新語（八）　魏奉古制舉推第授雍丘尉姚珽莅汴州召奉古曰仕宦四十年未嘗見此終兵部侍郎　寺塔記（下）　開元初柳七師分先天菩薩幀本畫様三卷往上都流行時魏奉古爲長史進之（酉陽雜俎續集六）

李誠（又御史殿中監察題名　案考中補李誠以字元成行與此亦非一人）　新表趙郡李氏東祖房給事中崇德子（見封中）　誠大理少卿　又趙郡

李氏東祖房都水丞仁潁子誠河南府法曹參軍　睿宗遣宣勞使詣宜以司門郎中李誠爲關內道宣勞使（詳膳中補蕭瑗注）

竇從之（又祠外）　新表竇氏三祖房懷袒子從之右司郎中

張敬輿（又戶中　戶外　又御史臺殿中監察題名）　孫逖授張敬輿（一本與）等諸州刺史制門下太中大夫使持節鄭州諸軍事守鄭州刺史上柱國張敬輿等克修名操久踐衣冠咸適用於當時各効能於列郡風謠具舉歲序皆深會是移官用叶平分之義或因去職宜承並命之恩可依前件（文苑英華四百十）

夏侯宜無考又御史臺侍御殿中監察題名
韋叔昂　新表韋氏龍門公房會子京兆少尹仲昌弟見度
中補叔昂左司郎中
高昇　新表高氏晉州刺史渤海縣伯武光子昇右司郎
中　盧虔御史中丞晉州刺史高公神道碑嗣子長曰
昇咸在童齔文苑英華九百二十三　舊李晟傳鳳翔節度使高
昇召補列將　舊郭子儀傳永泰元年八月郭子儀自
河中至屯涇陽雜虜圍之數重子儀使李國臣高昇拒
其東新傳畧同　舊代宗紀永泰元年三月壬辰朔詔檢校
刑部尚書高昇等十三人並集賢院待詔上以勳臣罷

節制者京師無職事乃合於禁門書院間以文儒公卿
寵之也仍特給飱本錢三千貫　石刻王佑大唐清河
郡王李寶臣紀功載政之頌碑陰有逐要官朝散大夫試
秘書省著作郎上柱國高昇直隸正定永泰二年
鄭倩之　孫逖滄州刺史鄭公孝本墓誌銘嗣子兵部郎中
倩之開元十九年文苑英華九百五十一　王士源孟浩然詩集序華
茫明刊本陰太守滎陽鄭倩之與浩然爲忘形之交校宋本孟浩然
詩集序不署年月中有天寶四載徂夏詔書徵詣京兆府云云蓋在元宗時也
韋伯詳又考中補戶外詳作祥又御史臺題名侍御　新表韋氏龍門公房
會子叔昂弟見上伯詳考功郎中

劉彥回又戶中又御史臺侍御殿中題名　廣異記唐劉彥回父爲湖州
刺史後十餘年刺史亡彥回爲房州司士太平廣記四百七十二
蘇頲御史大夫贈右丞相程行謀神道碑凡厥所嗟
上之不隕直清而美者則侍御史彭城劉彥回同郡宋
詢文苑英華八百八十九　嘉定鎮江志十六劉彥回開元中自侍
御史左遷金壇令彥回以直貶終守清節琴樽自娛吏
民畏愛之
韋見素　新表韋氏南皮公房彭城文公湊子見素相元
宗　舊傳字會微學科登第自庫部員外郎加朝散大
夫歷右司兵部二員外左司兵部二郎中遷諫議大夫

天寶五載充江西山南黔中嶺南等處黜涉使新傳見素及進
士第擢累諫議大夫餘同舊傳
楊愼餘又吏中勳外　新表楊氏太府卿戶部尚書崇禮子愼
餘吏部郎中少府少監　舊楊愼矜傳開元中父太府
卿崇禮致仕愼餘先爲司農丞除太子舍人監京倉天
寶六載十一月使京兆士曹吉溫往東京收少府少監
愼餘等雜訊二十五日詔賜自盡監察御史平列齎敕
至大理寺聞死合掌指天而縊新傳畧同　石刻陳九言尚
書省郎官石記序左司郎中楊公愼餘合清論創新規
徵追琢之良工代□藍之美石刊刻爲記建於都省之

南榮 開元廿九年戲鴻堂帖 顏眞卿崔孝公陋室銘記公之澄淸中外也以畿縣丞尉楊愼餘等並以淸白吏能而薦之 顏魯公文集十四

韋虛舟 又勳中　戶中　又御史臺左側題名 新表韋氏南皮公房右庶子南皮縣公維子見戶中工部尚書虛心弟見左外補虛舟刑部侍郎　舊韋虛心傳季弟虛舟舉孝廉自御史累至戶部司勳左司郎中歷荆州長史洪魏州刺史兼採訪使 新傳虛舟歷洪魏二州刺史 孫逖東都留守韋公神道碑季弟曰虛舟事皇帝歷戶部司勳郎中今移左司 文苑英華九百十八

李華荆州南泉大雲寺故蘭若和尚碑名臣韋刑部

虛舟僉契慈緣而承善誘天寶十年二月旣望和尚禪定而滅刑部韋侍郎時臨荆州躬護喪事 文苑英華八百六十

張具瞻 無考　又御史臺監察題名并左側見

崔譚 又勳外　倉外　又御史臺監察又左側題名見　石刻竇從直唐故河南府司錄盧公夫人崔氏誌銘王父知愻祕書丞贈國子祭酒伯曰譚左司郎中 河南洛陽

陳澍 澍王本缺　定命錄陳澍爲潁陰太守屬安祿山反至東京補孫縣尉爲潁陰太守賜緋并領二十餘人取澍澍僞作敕書追入京令向西兩驛上差人逆來夜半敕書至明早召集諸官宣勅便令手刄就館中誅殺孫并手刄二十餘人殺錄事參軍孫尉妻女令上佐知州事便發入京 太平廣記二百十七

蕭晉 石刻顏眞卿東方先生畫贊碑陰記眞卿去歲拜此郡與長史前洛陽令蕭晉用同茲謁拜 天寶十三載山東陵縣

楊恂 又御史臺右側侍御兼殿中題名　新表楊氏越公房處相孫一本曾孫恂左司郎中　又楊氏越公房試協律郎知權子佝見勳外補恂字莊已常州刺史時代不合非

鄭璲 璲王本缺　又勳外　金中　文苑英華五百十四有鄭璲對獻賢能書判

裴從 從王本缺　又倉中　倉外　新表洗馬裴氏荆州按察使觀子見戶中遂一名從京兆少尹

姚喬㭎 喬㭎王本缺　又左外又御史臺陰額監察題名　新表吳興姚氏宣州刺史昌潤子喬㭎將作少監

裴諝 又考中補戶中附存　新表南來吳裴氏禮部尚書寬子見左中補諝字士明東都副留守　舊傳舉明經自侍御史除太子中允遷考功郎中代宗時爲河東道租庸鹽鐵等使入計拜左司郎中出爲虔州刺史歷饒盧亳三州刺史 新傳同　石本裴曙祈雨感應頌二年余從兄自左司郎中詔領虔州牧 江西贛縣

林琨又封中膳中補　元和姓纂二十一侵定平丞希邱生琨司勳員
外知制誥生禮二字疑衍膳部左司郎中諫議大夫中都男
贈兵部侍郎工部尚書濟南鄒縣人入關居三源疑原縣
韋寂又金外　新表韋氏逍遙公房原州都督衛子寂司農
大府少卿元和姓纂寂左司郎駙中太府少卿
張齊明無考
蔣將明又勳外主外　新表蔣氏太子洗馬宏文館學士瓌生
將明國子司業集賢殿學士副知院事古今姓氏書辨證起居舍人國
子司業餘同　舊蔣乂見勳外傳父將明累遷至左司郎中世系
表餘同　新蔣乂傳父將明歷侍御史擢左司郎中表

盧甚　舊盧甚傳王云字書無甚字　少以門蔭入仕宰相楊炎遇
之頗厚自金州刺史召拜左司郎中京兆少尹遷大尹
呂頌　呂頌黔州刺史謝上表略云去年某月日恩勅授
臣使持節都督黔州諸軍事守黔州刺史兼御史中丞
一作大夫今年某月日到所部上訖又云建中之初佐戎南
海屬陛下飛天御極拔異搜能臣謬居朝謁之中嘗備
對敭之末臣於延英殿獻大禮賦一首特奉恩旨令臣
自讀三蒙睿獎宣付史館尋屬賊臣希烈上表臣奉詔
奔馳因茲淪陷臣忍死効節偷生竭忠分士伍以弱枝
獻土地以強幹當元凶授首之際亂兵害帥之時初則

傳臣及禍後乃知臣僅存陛下分命宰臣念形於色始
臨軒而出涕終省表而再歎妖氛卽殄飛詔追臣就拜
銀青仍加金印授官華省列位聖朝去歲季春陛下與
太子諸王賦詩宴中書宣付遍示百寮凡在臣下無不
奉和擢居第一唯臣一人獨荷殊旌乃蒙厚錫　又云
臣本書生謬登清秩始詳刑政旋改轄司陛下不念愚
蒙擢臣非次草奏之地忽降旌旄郎署之間遂遷方鎮
文苑英華五百八十五　案據表則頌當自左中出鎮
黔中又英華六百六有呂頌爲張侍郎乞入覲表原注
云德宗時任黔府觀察使表畧云貞元五年於延英殿
賜面辭之日親奉進止令臣一考卽來自到黔中首末
三年更入新正卽及四載又再請入覲表云擢居方鎮
首末四年又云去年十二月已進表陳乞此卽指前表

也權載之文集四十九祭故呂給事文前稱貞元九年
癸酉正月庚子畧云君命佐戎于彼淮甸方國多虞妖
氛潛扇每以明誠冀其革面外蒙恥以枉尺中飛章而
告變白刃臨前丹心炳然貞其困而後濟忘其生而後
全祲沴既平忠勞亦著草奏南宮嘉聲載路出領符竹
澄清遠部夕拜黃扉昭宣王度云云雖不著給事名案
其事迹當卽呂頌蓋自黔中入拜給事也其任黔中舊
紀不書考舊德宗紀貞元五年三月以大理卿李速爲
黔州刺史黔中觀察使又八年五月戊午以光祿少卿
崔穆爲黔州觀察使考再請入覲表云近日已來暢悅
孫成李速裴腆皆在退裔相次喪亡云云則頌任黔中
當在李速之後崔穆之前李速後卽是呂頌自貞元五
年至八年崔穆拜正得四年時正相接不容又有張侍
郎其人疑任黔府觀察者卽呂頌張侍郎三字當是衍
文英華於表類多誤不可盡据
李巽又戶中此與左中補之李巽別是一人詳下　新表趙郡李氏西祖房右
武衛錄事參軍嶷子巽字令叔吏部尚書度支鹽鐵轉

運使　唐會要七十六　貞元四年四月清廉守節政術可
稱堪任任緯署有縣令科李巽及第緯署同　舊傳以明經拔
萃登科周歷臺省竇參爲宰相不悅巽自左司郎中出
爲常州刺史仍促其行踰年召爲給事中新傳同　權德
輿唐故銀青光祿大夫守吏部尚書兼御史大夫充諸
道鹽鐵轉運等使上柱國趙郡開國公贈尚書右僕射
李公墓志銘由萬年縣令課最爲戶部左司二郎中由
常州刺史理刑第一徵爲給事中權載之文集二十二　大唐湖
南都團練觀察處置等使朝散大夫檢校左散騎常侍
持節都督潭州諸軍事兼潭州刺史御史中丞雲騎尉

賜紫金魚袋李公遺愛碑銘由左司郎中爲常州刺史
又十二　會要七十九　贈右舊書左僕射李巽謚曰肅
奚陟又吏外金外補　舊傳字殷卿亳州人碑作殷衡登進士第又登
制舉文詞清麗科自太子司議郎歷金部吏部員外郎
左司郎中彌綸省闥又累奉使皆稱旨貞元八年擢拜
中書舍人　新傳其先自譙亳西徙故爲京兆人自太
子司議郎歷金部吏部員外會左右丞缺轉左司郎中
貞元八年遷中書舍人　褚藏言故國子祭酒致仕贈
太子少保府君竇常詩序府君大厤十四年舉進士與故
吏部侍郎奚涉同年上第竇氏聯珠集　劉禹錫唐故朝議

郎守尚書吏部侍郎上柱國賜紫金魚袋贈司空奚公
神道碑自太子司議郎從大駕回入尚書爲司金元士
且參權莞之務轉吏部外郎時文昌缺左右丞都曹差
重遂轉左司郎中尋遷中書舍人劉賓客文集二
陸淯又倉中　舊書儒學傳質吳郡人本名淯避憲宗名改
之自陳少遊揚州從事後薦於朝拜左拾遺轉太常博
士累遷左司郎中坐細故改國子博士新傳字伯沖自淮南幕府薦授
左拾遺累遷左司郎中　大唐郊祀錄十　貞元四年八月刑部員
外郎臣陸淯等六人請依貞觀於磻溪立齊太公祠會要
二十三同新書禮樂志五同　舊柳冕傳貞元六年十一月上親行

郊享倉部郎中陸質等攝禮官同修郊祀儀注　舊書
禮儀志六　貞元十一年七月二十六日左司郎中陸淯
奏祔獻懿二主於興聖之廟新書禮樂志三同新儒學陳京傳畧同
宇文邈　柳宗元先君石表陰先友記宇文邈原注大歷二年進士
河南人有文謹慤人也爲御史中丞齷齪自守然以直
免官復爲刺史卒河東先生集十二　舊鄭餘慶傳貞元十三
年詔中丞宇文邈等三司同按鞫元法寺僧法湊　石
刻大唐同州澄城縣令鄭公楚相德政碑銘末署左司郎
中宇文邈修功善狀貞元十四年正月陝西澄城　李翰河中鸛鵲
疑作雀樓集序上客有前美原尉宇文邈文行先達名重

當時文苑英華七百十　新表宇文氏襲介公庭立子邈姓纂同
李元素又吏外勳外戶中此當德宗時與吏中補考中之元素非一人　新表遼東
李氏椿元孫元素字大祁戶部尚書二傳作大朴　舊傳任
侍御史遷給事中新傳德宗時　初爲郎官再娶王氏甚禮重
及貴甚薄遂出之
韋成季又左外封中祠外　新表韋氏小逍遙公房虞部員外
郎逢子成季兵部郎中　舊李藩傳德宗時王仲舒韋
成季呂洞輩爲郎官朋黨輝赫日會聚歌酒強致藩一
至仲舒輩好爲詭語俳戲後召堅不去曰吾與仲舒裴
終日不曉所與言何也後果敗新傳畧同　許孟容祭楊郎

中文稱貞元十九年四月司封郎中韋成季等文苑英華九百
八十五　舊韋執誼傳貞元十九年補闕張正一見戶外因
上書言事得召見王仲舒見吏外　韋成季劉伯芻見考中補　裴
茝見動外　常仲孺見吏中　呂洞等以嘗同官相善以正一得
召見偕往賀之或告執誼正一等上疏論君與王叔文
朋黨事執誼信然之因召對奏成季等朋聚覬望德宗
令金吾伺之得其相過從飲食數度盡逐成季等六七
人當時莫測其由新傳畧同
苗粲又勳外倉中案粲作粲係帖體　新表苗氏肅宗代宗相晉卿子
河南少尹丕弟見吏中　粲給事中　新苗晉卿傳子粲德

宗時官至郎中陸贄欲進粲官帝不許曰晉卿往攝政
有不臣之言又名其子皆與帝王同粲等宜與外官贄
奏晉卿起文儒致位台輔謙柔敦厚爲三朝所推姦肖
爲族滅計雖甚狂險猶不爲之況老臣乎
呂元膺　舊傳字景夫鄆州東平人建中初策賢良對問
第自侍御史丁繼母憂服闋除右司員外郎出爲蘄州
刺史元和初徵拜右司疑作左司郎中兼侍御史知雜事遷
諫議大夫給事中新傳畧同
崔郾又吏中吏外　新表崔氏清河小房御史中丞陲子邠傳作倕
司農卿鄲弟見戶外　郾字廣畧浙西觀察使諡德　杜牧

唐故銀青光祿大夫檢校禮部尚書御史大夫充浙江
西道都團練觀察處置等使上柱國清河郡開國公食
邑二千戶贈吏部尚書崔公行狀貞元十二年中第十
六年平判入等自吏部員外郎判南曹事凡二年遷左
司郎中吏部郎中樊川文集十四　舊傳舉進士平判入等自
刑部員外郎居內憂釋服爲吏部員外郎再遷左司郎
中元和十三年鄭餘慶爲禮儀詳定使選時有禮學者
共事以郾爲詳定判官吏部郎中舊鄭餘慶傳同
劉遵古又戶中　元和姓纂十八尤監察御史劉遵古云東平
人　唐科名記貞元八年陸贄主司試明水賦御溝新

柳詩其第十八劉遵古洪興祖韓子年譜　舊敬宗紀寶厤元
年九月丁丑衞尉卿劉遵古役人安再榮告前袁王府
長史武昭謀害宰相李逢吉詔三司鞫之舊李逢吉傳同舊裴度傳
同誤遵吉二年正月甲午以衞尉卿劉遵古爲湖南觀察使
文宗紀太和三年五月以左金吾衞大將軍劉遵古
爲邠寧節度使　太和四年正月癸巳以前邠寧節度
使劉遵古爲劍南東川節度使　八年六月壬午大理
卿劉遵古卒　舊元稹傳長慶二年元稹罷相京兆尹
劉遵古遣坊所由潛邏稹居第稹奏訴之上怒罰遵古
穆宗罰劉遵古俸科詔遵古官守尹寺所寄非輕奏

事之間先須摭實闕於詳審須示薄懲宜罰一月俸料
大詔令　白居易王公亮可商州刺史制吾前命劉遵古
張平叔爲商州刺史繼有善政今爾代之白氏文集四十八
宣室志故刑部尚書沛國劉遵古大和四年節度東蜀
軍明年夏涪江大汎突入壁壘潰里中廬舍歷數日水
勢始平　寶刻類編五　贈尚書左僕射劉遵古碑許康佐撰
裴譔書開成元年京兆　長安志八　唐京城二朱雀街東第四
街宣平坊大理卿劉遵古宅
韋審規又左外　金中　又御史臺陰額知雜御史題名　新南蠻傳中　穆宗使
京兆少尹韋審規持節臨册南詔豐祐　元稹授韋審

規等左司戸部郎中等制守職方郎中上騎都尉韋審
規等歷踐臺閣閑達憲章文苑英華三百八十九　元稹贈韋審
規父漸等制稱守尚書左司郎中韋審規父大理卿漸
等元微之文集五十　案制有云朕嗣位之二月五日在宥天下云云蓋元和十五年也　白居
易韋審規可西川節度副使御史中丞等制吾命文昌
段文昌爲西川帥次命審規爲上介又云輟三署吏贊丞
相府假憲官職白氏文集四十八
樊宗師又金中　元和姓纂二十二元檢校右僕射襄陽節度樊
澤見金中生宗師南陽湖陽縣人今止河東　新傳字紹
述元和三年擢軍謀宏遠科授著作佐郎歷金部郎中

綿州刺史徙絳州　韓愈南陽樊紹述墓誌銘嘗以金
部郎中告哀南方還出爲綿州刺史一年徵拜左司郎
中又出刺絳州昌黎先生集三十四
殷台又左外　吏中　吏外　又御史臺碑額監察又陰額知雜題名　牛僧孺昭義軍
節度使辛公秘神道碑諸孤既葬會謀田陳郡殷台書
迹絕妙且其人吾家之壻文苑英華九百十五
豆盧署又戸中　祠外　新表豆盧氏鶡子署字正名河南少尹
中牟縣男　李虞仲授王正雅等兵部郎中制朝議郎
守尚書戸部郎中上柱國賜紫金魚袋豆盧署可職方
郎中文苑英華三百九十

獨孤朗又左外額監察題名又碑　新表獨孤氏常州刺史及子見吏
中補朗協律郎元和姓纂同　舊傳長慶初自都官員外郎出
爲漳州刺史入爲左司員外郎遷諫議大夫新傳出爲韶州刺史
召遷再遷諫議大夫舊穆宗紀亦作韶漳字誤　李翺唐故福建等州都團練
觀察處置等使兼御史中丞贈右散騎常侍獨孤公墓
誌入省爲都官員外郎史館脩撰如前出刺韶州復入
虞部左司二員外得郎中數月遷權知諫議大夫李文公集
十四

鄭肅又吏外　舊傳肅滎陽人元和三年擢進士第歷佐使
府太和初入朝爲尚書郎六年轉太常少卿　新傳字
乂敬以儒世家第進士書判拔萃補興平尉累擢太常
少卿

趙元亮又勳外戶外　新表隴西趙氏德宗相憬子元亮不詳
歷官　舊趙憬傳子元亮官至左司郎中侍御史知雜
事卒　舊崔元略傳敬宗詔刑部郎中趙元亮等充三
司覆理元略誤徵畿甸經赦免放緡錢

高元裕又吏外勳外　新表渤海高氏太常少尹兼御史中丞
集子工部尚書少逸弟見下元裕字景圭初名允中吏部
尚書渤海縣男舊傳太和初奏改元裕　舊傳登進士第大和初
爲侍御史累遷左司郎中李宗閔作相用爲諫議大夫

石刻蕭鄴大唐銀青光祿大夫守吏部尚書上柱國
渤海縣開國男食邑三百戶贈尚書右僕射高公神道
碑□侍御史擢拜司勳員外郎轉吏部員外郎未竟南
曹事會與銓長以公事爭短長剛憤不能下請急□□
□去出關道除左司郎中遷諫議大夫河南洛陽

鄭居中又左外　舊獨孤朗傳寶曆元年獨孤朗拜御史中
丞憲府故事三院御史由大夫中丞自辟請命於朝時
崔晃鄭居中不由憲長而除皆丞相之僚舊也敕命雖
行朗拒而不納晃竟改太常博士居中分司東臺新傳故事
選御史皆御史中丞自請是時崔晃鄭居中繇宰相力得監察御史朗拒不納晃居中卒改他官　白

居易有開成二年三月三日祓洛濱留守裴令公召前
中書舍人鄭居中等一十五人合宴舟中詩白氏文集三十三
逸史鄭舍人居中高雅之士好道術居襄漢間除中
書舍人不就開成二年春往東洛嵩岳數月而終太平廣記
五十五

李讓夷　舊傳字達心隴西人元和十四年擢進士第大
和初入朝爲右拾遺召充翰林學士轉左補闕三年遷
職方員外郎左司郎中充職九年拜諫議大夫新傳自右拾遺
召拜翰林學士奪職累進諫議大夫

何眈無考又左外

李師稷　新表江夏李氏北海太守邕元孫見戶中　漸子師
稷不詳歷官　新楊嗣復傳楊於陵在考功擢浙東觀
察使李師稷及第　唐會稽太守題名記李師稷會昌
二年二月自楚州團練使兼淮南營田副使授會稽掇英總集
十八　嘉泰志同
崔復本無考又封外
高少逸又主中勳中　新表渤海高氏太原少尹集子允恭弟
見戶中　少逸工部尚書又見上元逸注　舊傳長慶末爲侍御史
坐弟元裕貶官左授贊善大夫累遷左司郎中元裕爲
中丞代爲諫議大夫侍講學士新傳長慶末爲侍御史坐失舉劾貶贊善大夫

郎官石柱題名考卷一　左中　主　月河精舍叢鈔

累遷諫議大夫侍講學士　重修承旨學士壁記高少逸開成四年
閏正月十一日自左司郎中充侍講學士其年八月一
日遷諫議大夫五年正月二十七日賜紫守本官出院
翰苑羣書上
崔璿又吏中　戶中　倉中　主中有崔璿當元宗時與此別一人　新表博陵第二房
崔氏同州刺史頲子璵弟見下　琪傳云璵兄璿常州刺史　舊崔琪
傳弟璿以書判拔萃開成中累遷至刑部郎中會昌中
歷三郡刺史位終方鎮　新良吏傳開成中詔給事中
盧宏宣與吏部郎中崔璿賑邮山南江西本傳失載　拓本
漢西嶽華山碑額左題名銀青光祿大夫行尚書兵部

侍郎李德裕大和三年八月十六日□浙西觀察使檢
校禮部尚書兼御史大夫拜支使監察御史崔璿瀛州筆談
十二
韋充鉞案疑兗出平齊公房　文苑英華有韋充賦八首
鄭亞又吏中補　新表滎陽鄭氏河清令穆子亞字子佐循州
刺史　舊鄭畋傳父亞元和十五年擢進士第又應賢
良方正直言極諫制科又以書判拔萃會昌初入朝爲
監察御史累遷刑部郎中中丞李回奏知雜遷諫議大
夫給事中新傳畧同　舊書禮儀志六會昌五年九月吏部
郎中鄭亞等五人有東都太廟神主議

郎官石柱題名考卷一　左中　主　月河精舍叢鈔

崔駢又勳外戶中　新書地理志坊州郭無水東北七里有上
善泉開成二年刺史張怡架水入城以舒遠汲四年刺
史崔駢復增修之民獲其利後思之爲立祠　集古錄
目唐修秦文公廟記唐前夏州等節度掌書記李伉撰
并書篆額坊州之南有秦故鄜時祠秦文公夢龍自天
下屬于地立時以祠之世久相傳謂之衙龍神刺史崔
駢改其廟像以爲文公祠開成五年立此碑寶刻叢編十
崔璵又勳外　考中補　戶中　禮外補　新表博陵第二房崔氏同州刺
史頲子武宗相琪弟見主中　字朗士河中節度使　舊傳
長慶初進士擢第又制策登科開成末累遷至禮部員

外郎會昌初以考功郎中知制誥拜中書舍人　新崔
琯傳弟璵河中節度使　唐會要七十六太和二年閏三
月賢良方正能直言極諫科崔與及第 緯署誤大麻與作璵是
文宗委中書門下處分制科及第人詔賢良方正能直
言極諫科舉人第四等崔璵中書門下即與處分 大詔令
薛廷範 範王本缺又考中補　新表薛氏西祖房給事中存誠子 見勳
外 庭範字輔國　崔嘏授薛廷範淮南副使制稱考功
郎中薛廷範 文苑英華四百十二
路綰 無考又戶中戶外祠外
韋博 又勳中金中主中　新表韋氏逍遙公房河南府參軍旻

子博字大業昭義節度使　新傳進士第自河東節度
判官進主客郎中擢右諫議大夫　崔嘏授韋博司勳
郎中等制 文苑英華三百八十九
柳喜 喜王本缺又左外　新表柳氏尚書右丞範孫睦州刺史齊
物子喜不詳歷官 時代不合　舊宣宗記大中十一年四月
以前邠寧節度使朝議大夫檢校工部尚書邠州刺史
上柱國賜紫金魚袋柳憙可檢校禮部尚書河南尹
新書王璠傳王璠子遐休直弘文館所善學士柳喜等
集其所皆被神策軍所縛自解辯得釋　東觀奏記下
大中九年前進士柳翰京兆尹柳熹之子 閣本熹誤惠

裴寅 又封中封外勳外　新表中眷裴氏吏部尚書向子 見戶外
寅字子敬御史大夫　舊裴向傳子寅登進士第累官
至御史大夫卒 新傳同　舊懿宗紀咸通四年十一月以
戶部侍郎裴寅判本司事
盧耽　舊宣宗紀大中八年三月文宗實錄修成修史官
給事中盧耽等頒賜銀器錦綵有差 唐會要同舊魏謩傳同又云序進職
秩　舊蔣偕傳咸通中與同職盧耽牛叢等受詔修文
宗實錄 新傳大中八年　新書藝文志乙部史錄起居注類文宗實錄四
十卷 原注盧耽等撰耽字子嚴一字子重歷西川節度同中書門下平章事　資治通鑑
唐紀六十七 咸通九年九月戊戌以山南東道節度使盧耽

爲西川節度使以有定邊軍之故不領統押諸蠻安撫
等使　四川成都志十一 咸通九年盧耽以檢校太傅順
義郡公領劍南西川節度使成都尹在位二年　通鑑
唐紀六十八 咸通十二年秋七月以兵部尚書盧耽同平章
事充山南東道節度使　北夢瑣言六 崔魏公鉉鎮淮
揚盧丞相耽罷浙西張郎中鐸罷常州俱過維揚
韋退之 韋退王本缺又戶外金中　新表韋氏逍遙公房蘇州刺史
應物孫慶復子退之不詳歷官　杜牧韋退之除戶部
員外郎等制朝議郎行殿中侍御史韋退之嘗歷憲臺
久居官次性既安靜事皆達練 樊川文集十七

李蠙 又度外中 倉倉外 新表大鄭王房千鈞子蠙字懿山 舊懿宗紀咸通四年三月以戸部侍郎李蠙檢校禮部尙書潞州大都督府長史充昭義軍節度觀察處置等使 唐語林一 李尙書蠙性仁愛厚於中外親戚時推爲首嘗爲一簿遍記內外宗族姓名及其所居郡縣置於左右歴官南曹牧守及選人相知者赴所任常閱籍以囑之 玉泉子韋保衡爲相李蠙鎭岐下辟山北舊從事李鉅 因話錄六 大中九年沈詢舍人知舉倉部李郎中蠙戲諸進士曰蠙與賢座主同年又蠙座主彬州柳侍郎也 石刻李蠙祈雪華嶽題名左諫議大夫

賜緋魚袋李蠙咸通元年十二月廿九日奉恩命祈雪 陝西華陰 石刻佛頂尊勝陁羅尼經末署大中十一年十一月十五日樹 婺州 刺史李蠙 浙江金華縣南法隆寺

鄭彥弘 又勳中補戸外 吳興志鄭彥弘咸通二年自司勳郎中授遷右司郎中

孟穆 王本鈌又戸中 東觀奏記監修國史門下侍郎兼禮部尙書平章事鄭朗奏請停廢直館更添置修撰兩員以戸部郎中孟穆充史館修撰 唐會要六十四大中八年七月案舊紀大中十一年二月鄭朗監修國史會要誤 新南蠻列傳中 咸通二年命左司郎中孟穆持節弔祭南詔會陷巂州穆不行 資治通鑑考異曰實錄在此年十二月按補國史杜邠公再入輔建議遣使弔祭令其改名纔命使臣已破越巂城池攻邛崍關鎭使臣逗留數月不發然則命穆充使當在寇巂州前實錄書於十二月誤也

薛廷望 又勳外主外 新表薛氏西祖房給事中存誠子庭範弟見上庭望字遂之 一作邃 虢州刺史 杜牧有薛廷望除美原尉直弘文館等制 樊川文集十九 唐摭言十四 咸通四年蕭倣與浙東鄭商 當作褎 綽大夫雪門生薛扶狀頃年赴廣州日外生薛廷望薦一李仲將外生薛扶秀才 新藝文志 丙部子錄類書類 續會要四十卷薛廷望等撰崔鉉監修 宣宗紀在大中七年十月不載廷望名

李緘 新表趙郡李氏西祖後吏部尙書巽子緘字德高

崔瑑 又吏外 新表武威崔氏檢校司空平章事義陽郡王抱眞子瑑少府監 當德宗時代不合 舊宣宗紀大中元年三月丁酉朔禮部侍郎魏扶奏臣今年所放進士三十三人崔瑑等三人實有詞藝爲時所稱皆以父兄見居重位不得令中選詔令翰林學士承旨戸部侍郎韋琮重考覆敕所試文字並合度程可放及第云云 瑑原誤琢依文獻通考選舉考二改又云其月廿三日放及第 大中七年十月弘文館大學士崔鉉進續會要四十卷修撰官崔瑑等賜物有差 新書藝文志 丙部子錄類書類 續會要四十卷崔瑑等撰 舊崔鉉傳同

張鐸 又主中 新表河間張氏中書舍人仲素子 見封中 字司

振　舊書懿宗本紀咸通十三年五月辛巳貶給事中張鐸藤州刺史于琮之親黨也　北夢瑣言六崔魏公鉉鎮淮揚張郎中鐸罷常州過謁

李珼 珼王本缺 趙本峴　新表小鄭王房文宗相宗閔子 見吏外 珼字希立 又吳王房吳王恪子珼淄衞宋鄭梁幽六州刺史贈吳王與此時代不合　舊李宗閔傳子珼大中朝進士擢第 新傳同

李晦 又戶中　新表蔡王房大理評事瑜子申州錄事參軍晦　舊宗室傳河間元王孝恭次子晦乾封中累除營州都督 新傳同　舊僖宗紀乾符二年四月以河南尹李晦檢校左散騎常侍兼福州刺史福建都團練觀察使

沈炳震云晦當從宗室表作誨案世系表大鄭王房司農卿謨子誨福建觀察使計其年代當在憲穆時人沈說未確

李繪 又左外　新表隴西李氏姑臧大房申子僖宗相蔚從弟 見考中 繪字德彰　舊李蔚傳從兄繪累官至刺史　程匡柔唐補記曰乾符三年正月貶蘇州刺史李繪以王郢亂弃城故也 資治通鑑唐紀六十八考異

李瞻 又封中補　新表雍王房宗正少卿漢子瞻不詳歷官　唐語林四李瞻漢之子有文學氣貌滄古非其人雖富貴不交也累遷司封郎中歸茅山徵拜給事中不就兩京亂竟不罹其禍　金華子雜編上李瞻王祝繼牧常州皆以名重朝廷於本郡道不修王郡禮初李給事多不順從廉使猶剛正於可否周侍中寶隱忍之瞻罷秩退隱茅山則免黄巢之難　又永寧劉相國鎮淮南辟杜晦辭爲節度判官應召路經常州李瞻給事方爲郡守

李嶽 又勳外戶外　舊懿宗紀咸通九年正月以司勳員外郎李嶽等考宏詞選人

崔寓 又戶外 寓字此與吏中補吏外之崔寓非一人　王趙二本作寓審定石刻是　劇談錄下咸通乾符中興善寺阿闍黎謚普照大師劉都尉崔給事寓張常侍同與中貴多爲弟子出城之日皆縞素後

隨

孫嶶　新表武邑孫氏東都留守太子太保簡子嶶常州刺史　舊孫逖傳玄孫嶶登進士第

王鐐 又倉外主外補　新表太原王氏魏郡文懿公起子 見勳外 字德耀汝州刺史　舊僖宗紀乾符二年六月以主客員外郎王鐐爲倉部員外郎　舊王鐸傳弟鐐累官至汝州刺史王仙芝陷郡城被害 新傳弟鐐累官汝州刺史乾符中王仙芝來攻城陷貶韶州司馬終太子賓客舊僖宗紀乾符三年七月王仙芝攻汝州虜刺史王鐐舊傳誤　新王播傳太常博士炎子鐐

李燭 又戶中禮外補　舊僖宗紀乾符二年四月以殿中侍御史

李燭爲禮部員外郎
張㐲逸又戶中外度中　金　姑蘇志二張旡逸咸通中任蘇州
刺史見㐲逸撰弘憲塔銘
夏侯潭潭二本缺　新表夏侯氏宣宗懿宗相孜子潭字虛中
禮部郎中　舊夏侯孜傳子潭登進士第累官至禮部
侍郎中和三年選士多至卿相　舊僖宗紀光啟二年
五月嗣襄王熅僭卽皇帝位令戶部侍郎夏侯潭往河
北宣諭
□應物案上□字當是韋字當在盧甚後呂頌前　新表韋氏逍遙公房鑾子
應物蘇州刺史　沈作喆韋刺史傳應物京兆長安縣

郎官石柱題名考卷一　左中　卅九　月河精舍叢鈔

人自江州刺史居二歲召至京師貞元二年由左司郎
中補外得蘇州刺史　王欽臣韋蘇州集序自刺江州
追赴闕改左司郎中貞元初又歷蘇州
唐技又御史臺右側侍御兼殿中題名　新表唐氏侍御史款子技字已
有刑部郎中　舊文苑傳下會昌末累遷刑部員外郎
轉郎中累歷刺史卒　舊宣宗紀大中九年三月試宏
詞舉人漏泄題目爲御史臺所劾考試官刑部郎中唐
技出爲處州刺史　東觀奏記下大中九年正月十九
日制曰朝議郎守尚書刑部郎中柱國賜緋魚袋唐技
將仕郎守尚書職方員外郎裴庭裕先父之早以科名荐由

臺閣聲猷素履亦有可嘉昨者吏部以爾秉心精專請
委考覈而臨事或乖於公當物議遂至於沸騰豈可尙
列彌綸是宜並分符竹善綏凋瘵以補悔尤技可虔州
刺史散官勳封如故裴可申州刺史散官如故舍人杜
德公之詞也德公言於執政曰某兩爲考官未試宏詞
先鑠考官缺十三字文書若自先得賦題者必佳糊名考文
書得佳者考官乃公當罪上銓爲宜考官不合坐
補遺
杜超又金外倉中　元和姓纂十姥周夏官上士杜周則生超左
司郎中京兆人

郎官石柱題名考卷一　左中　卌　月河精舍叢鈔

崔義玄　新表南祖崔氏魏尚書琰後漑子義元御史大
夫清邱貞公　舊傳自隰州都督府長史貞觀初歷左
司郎中兼韓王府長史行州府事新傳同
李公淹又吏外　新表趙郡李氏西祖房李建五代孫公淹
右司疑左郎中　李華慶王府司馬徐府君堅碑夫人趙
郡李氏北州望族左司郎中公掩彭叔夏曰一作淹之孫文苑英華
九百三　資治通鑑唐紀八　貞觀元年十月乙酉遣員外散
騎侍郎李公掩持節慰諭馮盎考異曰魏文貞公故事作李公淹又有前蒲州刺史韋叔諧偕行今從實錄案淹字是也實錄誤又新馮盎傳止云遣散騎常侍韋叔諧諭盎無公淹名新書飛頭獠傳員外散騎常侍韋叔諧員外散騎侍郎李公淹　新書儒學中柳沖傳唐興

言講者李公淹等爲世所稱
封道弘又吏外作弘道　新表封氏君夷子道弘右疑左司郎中號
州刺史　唐會要二十六顯慶二年十一月二十一日講
武於滻水之南行三驅之禮上設次于尚書臺以觀之
原注許州長史封道宏奏尚書臺本因漢南郡太守馬融講
尙書于此因以爲名今陛下親降此臺以觀校習請改
爲講武臺從之　襄陽耆舊傳下龍朔中襄州刺史封
道洪改尹怦閭爲南陔里張柬之爲之記
郄懷道　通志氏族畧五北齊行臺僕射郄珍中山曲陽
人孫懷道唐左司郎中又居洛陽望出中山　舊杜淹

傳杜淹嘗薦刑部員外郎郄懷道太宗問才行何如淹
對曰懷道在隋日作吏部主事甚有清愼之名又煬帝
向江都之日召百官問去住之計時行計已決公卿皆
阿旨請去懷道官位極卑獨言不可臣目見此事
鄭植又勳中　新表鄭氏北祖房霍邱令琇子植壁州刺史
石刻馬懷素大理卿崔夫人鄭氏墓誌銘曾祖子仁
齊通直郎祖植□朝司勳左司二郎中長安令將作少
匠檢校太常少卿常山貞石志七
鄭世斌　新表鄭氏北祖房義與令機子世斌左司郎中
石刻秦貫滎陽鄭遇夫人崔氏合祔墓誌銘高祖世

斌皇左司郎中磁隰二州刺史新鄭縣開國男食邑三
百戶河南濬縣
裴思義又吏外封外勳中　新表洗馬裴氏雍州錄事參軍宏
泰子思義河東太守晉城縣子　王維故任城縣尉裴
府君回墓誌銘祖思義皇侍御史吏部員外左司郎中
戶部吏部侍郎河東郡太守晉城縣開國子全唐文三百二十七
王本立又考中　唐會要六十龍朔元年八月忻州定襄縣尉
王本立爲監察御史裏行之名始於此六典又云裏行
始於馬周未知孰是初皆帶本官祿俸於本官請如未
即眞有故停即以本官赴選　唐書御史遭長官於途

皆免帽降乘長官戢轡辭而上馬乾封中王本立爲御
史意氣頗高逢長官端揖而已自是諸人或降而立
或足至地或側鞭弛鐙輕重無恆開元以來但舉鞭聳
揖而已太平御覽職官部二十五　張九齡徐文公堅神道碑銘補
汾州參軍事部送邊糒至於定襄軍使王本立素重公
才署爲管記書奏謀算悉以咨之唐丞相曲江張先生文集十九　御
史臺記唐韓琬與張鵠王本立同遊太學太平廣記二百五十九
通典州郡七　河南府河清縣倉咸亨中考功郎中王本
立置　舊劉禕之傳垂拱三年則天特令肅州刺史王
本立推鞫劉禕之受金私妾事　新武后紀垂拱四年

九月丁卯夏官侍郎王本立同鳳閣鸞臺平章事宰相表同
舊紀失載　新表載初元年三月甲寅本立守左肅政臺御
史大夫　舊紀永昌元年即載初元年八月左肅政御史大
夫王本立同鳳閣鸞臺三品新紀七月戊寅宰相表同　新書方技
傳中書舍人劉允濟爲酷吏所陷且死御史嚴善思力
訟其冤得免戶部尚書王本立見之曰祁奚之救叔向
嚴公有之後見允濟語未嘗及之　新紀載初元年一
月戊子王本立罷宰相表二月戊子罷爲地官尚書舊紀失載　二月丁卯殺
地官尚書王本立舊紀失載資治通鑑唐紀二月丁卯地官尚書王本立薨考異曰新紀殺
王本立御史臺記本立爲周興所誅今從實錄　舊狄仁傑傳儀鳳中左司郎

郎官石柱題名考卷一　左中　卅三　月河精舍叢鈔

中王本立恃寵用事仁傑奏請付法寺本立竟得罪新傳
左司郎中王本立恃寵自肆仁傑劾奏其惡有詔原之仁傑曰朝廷借乏賢如本立者不尠陛下惜有罪虧成法奈何臣願先斥爲羣臣戒本立抵罪
李懋道　新表趙郡李氏南祖房刑部侍郎叔慎子懋道
左司郎中
温翁念　新表温氏太宗相彥博孫見吏中　太子舍人振子
翁念太僕少卿元和姓纂翁念左司郎中太僕少卿　石刻五言同韋子
斿神泉詩後署左司郎中温翁念字敬祖垂拱四年陝西富平
喬知之　舊文苑傳中則天時累除右補闕遷左司郎中
武承嗣諷酷吏誅之　新武后紀載初元年八月壬戌

殺右司當作左郎中喬知之
崔齊之　新表許州鄢陵崔氏戶部尚書知悌弟見戶外　知
久子齊之左司郎中
王旭又左外又御史臺侍御殿中題名　新表烏丸王氏太宗相珪曾孫
王爵員外郎崇基孫見封中補　通州刺史齊望子旭左司郎
中新酷吏傳珪孫舊酷吏傳曾祖珪新傳誤　舊酷吏傳下自并州錄事參
軍開元二年累遷左臺侍御史五年遷左司郎中常帶
侍御史六年坐贓私累巨萬貶龍平尉舊書又附見王珪傳崇基孫旭
開元初爲左司郎中兼侍御史以贓罪黜龍川尉較酷吏傳頗畧
蘇詵又吏外戶外　新表蘇氏中宗睿宗相瓌子見祠中　詵給事

郎官石柱題名考卷一　左中　卅四　月河精舍叢鈔

中魏縣男元和姓纂詵給事中徐州刺史　新傳字廷言舉賢良方正
高第補汾陰尉遷祕書詳正學士累轉給事中出徐州
刺史　舊傳歷授右司當作左郎中給事中徐州刺史
蘇頲謝弟詵除給事中自求改職表今月二十四日勑
以臣弟左司郎中臣詵爲給事中文苑英華五百九十一　國秀
集上盧僎有送蘇八給事出牧徐州相國請出用一本同
芳韻詩　廣異記二兖州刺史蘇詵爲子蕤求婚盧氏
詵唯一子娶盧次女天寶末蕤至永寧令死於祿山之
難二京收復詔贈懷州刺史太平廣記三百五十八蘇蕤世系表失載
韋拯又戶中　新表韋氏鄖公房暢子刑部尚書抗弟見吏中

拯戶部郎中　舊韋抗傳抗爲御史大夫兼按察京畿
時弟拯爲萬年令兄弟同領本郡時人榮之新傳同　蘇
頲刑部尚書韋抗神道碑公之季左司郎中萬年令澤
州長史曰某文苑英華八百九十六
裴寬　新表南來吳裴氏令寶後袁州長史無悔子寬禮
部尚書　舊傳應拔萃舉自太常博士再遷爲刑部員
外郎蕭嵩爲河西節度使奏爲判官嵩加中書令寬歷
中書舍人御史中丞兵部侍郎新傳畧同　張九齡授盧絢
見吏中　裴寬御史中丞制朝散大夫檢校尚書左司郎中
兼侍御史內供奉知臺事護軍裴寬等可檢校御史中

丞散官勳如故文苑英華三百九十三案文集無此文
陽伯成又戶中戶外　舊張說傳開元十八年太常謚張說議
曰文貞左司郎中陽伯誠駮議以爲不稱　舊孝友崔沔
傳開元三十三年制令禮官議加籩豆之數與服制之
之紀崔沔建議依舊戶部郎中楊伯成等與沔相符
舊王晙傳開元中戶部郎中楊伯誠上疏請王晙等墳
特乞增修封域量加表異降使饗祭優其子孫新傳作陽伯成
石刻大智禪師碑陰記河南少尹陽伯成撰開元廿九年
陝西長安　李憕有和戶部楊員外伯成寓直詩文苑英華百九十一
馬光淑又吏外祠外　又御史臺殿中監察題名　元和姓纂三十五馬　唐兵部員

外馬頠生光淑左司郎中宋州刺史京兆人　張九齡
加銀青光祿大夫中書令制末署開元廿二年五月廿
八日左司郎中光淑湻熙祕閣續法帖卷第六　金石錄目六第一
千一百八十二唐扶溝令馬光淑頌崔顥撰開元二十九年立
杜損又左外　新表洹水杜氏懷州刺史僑子涼州都督咸
弟見祠外　損大理少卿　韓愈唐故河南尹杜兼墓誌銘
懷州長史生損爲左司郎中卒贈少大理昌黎先生集二十六考異
少大理或作大理少卿案五百家本同或作
李審又左外　新表趙郡李氏西祖房中山貞公乂子審左
司郎中　又蜀王房惠陵臺令晃子審潞府士曹參軍

李喬年倉外有喬聿疑是喬年之誤又御史臺侍御又侍御兼殿中題名　新表趙郡李
氏西祖房禮部侍郎景伯生彭年見吏中　喬年左司郎中
鄭令璡　新表鄭氏北祖房豪州刺史慈明子令璡左司
郎中國子祭酒
鄭成家　新表鄭氏南祖房嗣邛子成家左司郎中
魏少遊　元和姓纂八末魏氏東祖後庫部郎中秦州都督
魏靖生少遊刑部尚書京兆尹鉅鹿人　舊傳歷職朔
方水陸轉運副使肅宗至靈武累遷衞尉卿　新傳字
少游天寶末累遷朔方水陸轉運副使肅宗幸靈武除
左司郎中兩京平封鉅鹿縣侯遷陝州刺史擢京兆尹

改衞尉卿　舊房琯傳天寶十五載十月房琯自請將
兵收復京都自選參佐以右司郎中魏少遊爲判官新傳
同
李巽此與左中戶中之李巽別一人說見上　新表許王房嗣澤王璆子巽
汝南郡公兵部郎中　舊顏眞卿傳至德二載鑾輿將
復宮闕遣左司郎中李巽先行陳告宗廟之禮新傳作李選
舊回紇傳乾元元年七月以堂姪左司郎中作右新傳巽
爲兵部郎中攝御史中丞鴻臚卿冊命英武威遠毗伽
可汗副使兼充寧國公主禮會使
盧振　新表盧氏尚書右丞漁陽縣伯奐子振國子監主

簿　李華盧郎中齋居記尚書左司郎中嗣漁陽公盧
振字子厚處于九江南郭荒榛之下又云以瑚璉之器
爲郎官以干將之斷宰赤縣李遐叔文集三　廣德二年
蕭定　新表蕭氏齊梁房虢州刺史恕子定字梅臣太常
卿　舊良吏傳下　自萬年主簿累遷侍御史考功員外
郎左右司二郎中爲元載所擠出爲秘書少監　蕭定
袁州文宣王廟記大歷元祀自尚書左司郎中試秘書
少監兼此州刺史文苑英華八百十四
巨鴻漸　元和姓纂十八尤　左司郎中巨鴻漸貝州人　石
刻張彧無憂王寺大聖眞身寶塔碑銘少尹時則有若

檢校司勳員外郎兼侍御史巨公鴻漸大歷十三年陝西扶風
庾何又左外祠外　元和姓纂七虞　職□祠部郎中大理少卿庾
光烈生何左司郎中彭州刺史　舊忠義傳下　庾敬休
父何當賊泚盜據宮闕與季弟倬逃竄山谷何終兵部
郎中新傳略同　新陸贄傳德宗立遣黜陟使庾何等十一
人行天下　舊崔論傳黜陟使庾何按同州刺史崔論
慶免議者以何舉奏涉於深刻復用論爲衢州刺史新傳
同
獨孤愐又勳外　元和姓纂同　新表獨孤氏導江丞道濟子愐左司郎中

新鮑防傳貞元元年策賢良方正時比歲旱
策問陰陽祲沴穆質對漢故事免三公卜式請烹弘羊
指當時輔政者右司郎中獨孤愐欲下質防不許曰使
上聞所未聞不亦善乎卒置質高第　唐會要七十五　與
元元年十一月嶺南選補使右司郎中獨孤愐奏伏奉
建中四年九月勑選補條件所注擬官便給牒放上至
上都赴吏部團奏給告身勑旨准勑處分　獨孤及送
弟愐之京序蒼龍居玄枵之歲與爾吹塤篪於長安靈
臺之下當時予方靑衿子適紈綺各志小學相期大來
其後爾以經術薦遂觀光於上國予牢落兩河爲病所
繫星分雨散十有二載中間蹔攜手一笑者及今而三

毘陵集十四　石刻唐元次山朝陽巖銘攝刺史獨孤愐爲
吾蕑闆㯃葬永泰丙午　湖南零陵案零陵唐屬永州當是攝永州刺史也
嚴涚　元和姓纂二十八嚴貞元給事中同州刺史嚴說吳郡
人　大唐郊祀錄十貞元四年八月尚書右司郎中嚴
說等會要涚二人兼請去追封武臣及王位會要二十三同　新書禮
樂志五作左司　唐會要五十八貞元五年正月左司郎中嚴涚
有應受事稽違程期奏　釋皎然福願寺律和尚墳塔
銘奉戒弟子前給事中嚴公涚杼山集
盧羣又左外　新表盧氏昃子羣字戴初義成節度使　舊
傳貞元六年自襄陽判官入拜侍御史累轉左司職方

兵部三員外郎郎中新傳署同
楊凝又封外　封中附存　禮中附存　新表楊氏越公房成名子刑部
侍郎京兆尹憑弟見左外　凝字懋功司封郎中　新傳由
協律郎三遷侍御史爲司封員外郎徙吏部稍遷右司
郎中宣武董晉表爲判官　權德輿唐故尚書兵部郎
中楊君文集序君舉進士甲科賢公交辟由校秘書四
遷至冠柱後惠文徵拜左史歷司封員外左司郎中不
附離權右陰爲所中以介外相師律非君莫可權載之文集三
十三　柳宗元唐故兵部郎中楊君墓碣以校書郎爲書
記漢陰式徙荊州由協律郎三轉御史入爲起居郎又
爲尚書司封員外郎乃參選部居喪服除爲右司郎中
危言直己以致其誠然卒中於詖辭不得朝請以檢校
吏部郎中爲宣武軍節度判官河東先生集九　韓愈贈太傅
董公行狀貞元十二年八月上命楊凝自左司郎中爲
檢校吏部郎中觀察判官昌黎先生集三十七　舊楊憑傳弟凝
有時名
趙需　元和姓纂三十小主客員外趙脫字廣微見主外生需左
司郎中汲郡人　新張薦傳德宗復用盧杞爲刺史張
薦與陳京趙需等論杞姦惡傾覆不當用　柳宗元先
君石表陰先友記趙需原注大䴴六年進士天水人哻哻儒士也

有名至兵部郎中卒河東先生集十二　舊韋渠牟傳貞元十
二年四月德宗誕日御麟德殿召兵部郎中趙需等及
道士沙門講論儒道釋三教新書徐岱傳畧同
武元衡　新表武氏考功員外郎甄孫見考外補潤州司馬就
子元衡字伯蒼相憲宗　舊傳進士登第德宗時自華
原縣令稱病去官召授比部員外郎二歲遷左司郎中
時以詳整稱重貞元二十年遷御史中丞新傳作右司郎中
鄭敬又戶中金外　唐會要七十六貞元元年九月賢良方正能
直言極諫科鄭敬及第緯畧同　又七十七元和四年正月
以左司郎中鄭敬使湖南宣歙等道宣撫許敬等以便

宜行事　舊潘孟陽傳憲宗常發江淮宣慰使左司郎
中鄭敬奉使新傳同　舊韋貫之傳元和三年復策賢良
命貫之與左司郎中鄭敬等同爲考策官　新牛僧孺
傳元和初以賢良方正對策條指失政其言骾訐不避
宰相宰相怒故鄭敬等坐考非其宜皆調去
崔清又戶中倉外　新表博陵三房崔氏挺後鄧州刺史先意
孫見金外　滎陽郡長史巚子清戶部郎中　舊忠義下高沐
傳李師道時有崔清等皆以仗順爲賊所惡同被囚放
白居易崔清晉州刺史制左司郎中崔清以才良行
敏補尚書郎頗積公勤宜加獎任頃嘗爲郡亦聞有政

平陽舊壤時謂名藩得才與能方可共理安人訓俗佇
有成績可晉州刺史白氏文集五十五
辛祕又祠外　舊傳祕隴西人貞元中累登五經開元禮科
元和中自河東行軍司馬召拜右司郎中出爲汝州刺
史　牛僧孺昭義軍節度使辛公神道碑自河東軍司
馬就拜爲左司郎中更京兆汝州刺史本州防禦文苑英華九百十五
陸則又金外　新表陸氏侍郎枝戶部郎中澧子見戶中補　則杭
州刺史左司郎中　舊鄭餘慶傳元和六年左司郎中
陸則等以不詳覆而給元義方盧坦立門戟罰俸　乾

道臨安志三　杭州刺史杜陟見度中　陸則李幼崔鄯見倉外
路異見金外　五人與裴常棣白居易見主中　盧元輔見左外補　楊
憑見左外　九人皆會造僧慧琳之室論心要見慧琳碑
憲宗罰盧坦元義方立戟違式俸料勑左司郎中陸則
句簡之任發付不精罰一年俸料大詔令二　會要三十二載此勑在元和六年十二月則誤質
韋弘景又吏中補　吏外度　封外附存　新表韋氏逍遙公房與道
令堯子宏景禮部尚書　舊傳貞元中始舉進士元和
中自司門員外郎轉吏部員外郎左司郎中改吏部度
支郎中出爲綿州刺史新傳畧同

庚敬休又禮中補禮外補　元和姓纂九慶庚何見上　生威威生敬休
左舊傳作右拾遺舊傳父何姓纂與傳不合案何在德宗時敬休當憲宗末年已入翰林相去僅三十
年　舊忠義傳下字順之其先南陽新野人舉進士宏詞登
科自起居舍人俄遷禮部員外郎入爲翰林學士遷禮
部郎中罷職歸官又遷兵部郎中知制誥丁憂服闋改
工部侍郎權知吏部選事　丁居晦重修承旨學士壁
記庚敬休元和十五年閏正月十三日自禮部員外郎
充二月一日賜緋二十一日加左司郎中長慶元年十
月二十一日出守本官翰苑羣書上　舊文宗紀大和九年
三月庚午尚書左丞庚敬休卒廢朝一日詔曰官至丞

郎朕所親委不幸云亡者宜爲之廢朝自今丞郎宜準諸曹三品官例罷朝一日

李肇（又動外）　新表趙郡李氏東祖房吏部員外郎華子隲弟（見祠外）肇大理評事　廬山記二　東林寺經藏院碑元和七年歲次壬辰九月丙辰朔十五日庚午朝請郎試太常寺協律郎李肇撰（文苑英華八百六十五李肇東林寺經藏碑末稱故府從事李肇）　重修承旨學士壁記李肇元和十三年七月十六日自監察御史充十四年四月五日遷右補闕九月二十四日賜緋十五年閏正月一日賜紫二十一日加司勳員外郎長慶元年正月十三日出守本官（翰苑羣書上）

舊穆宗紀長慶元年十二月貶司勳員外郎李肇澧州刺史坐與諫議大夫李景儉於史館同飲景儉乘醉見宰相謾罵故也（李景儉傳畧同）　白居易李肇可中散大夫鄖州刺史王鎰朗州刺史温造可朝散大夫三人同制勑朝請大夫使持節澧州諸軍事澧州刺史上柱國賜（紫金）魚袋李肇等乃者李景儉使酒獲戾而肇等與之會飲失於檢愼宜有所懲由是左遷分爲郡守今首坐者既復班列緣累者亦當徵還但以長吏數易其弊頗甚況聞三郡皆有政能人方便安不宜遷換故吾以釆章階級並命而就加之蓋漢制進爵秩降璽書慰勞良二千石之旨也爾當是命得不勉哉（白氏文集五十）　又論左降獨孤朗等狀（長慶元年十二月十一日奏）　前列詞頭司勳員外郎李肇可澧州刺史（白氏文集六十）　嘉定赤城志八　大中七年八年李肇爲台州刺史　新書藝文志（乙部史錄雜史類）　李肇國史補三卷（原注翰林學士坐薦伯者自中書舍人左遷將作少監）　又（職官類）　翰林志一卷　又（目錄類）　經史釋題二卷（南部新書丙李肇自尚書郎守澧陽人有藏書者卒歲翫焉因著經史目錄）　唐國史補序前題唐尚書左司郎中李肇（摭言元和中中書舍人李肇撰國史補）

温造　新表温氏太常丞佶子造字簡輿河陽節度使禮部尚書祁縣子　舊傳自朗州刺史居四年召拜侍御

史遷左司郎中再知雜事尋拜御史中丞（新傳同）　舊文宗紀大和元年六月丙申左司郎中兼侍御史知雜温造權知御史中丞

楊虞卿（又吏外禮外補）　新表楊氏越公房國子祭酒甯子（見戶中）東川節度使汝士弟（見封外）　虞卿字師皐京兆尹　舊傳元和五年進士擢第又應博學宏詞科穆宗初自侍御史再轉禮部員外郎史館修撰長慶四年八月改吏部員外郎大和二年以檢下無術停見在李宗閔牛僧孺輔政起爲左司郎中五年六月拜諫議大夫（新傳作右司郎中）

張又新（又祠外主中）　新傳又新字孔昭工部侍郎薦之子（見戶

外補元和中及進士高第歷左右補闕尋轉祠部員外郎
李逢吉表爲山南東道行軍司馬舊傳山南東道節度副使誤坐田
伾事貶汀州刺史李訓有寵遷刑部郎中爲中州刺史
訓死復坐貶終左司郎中
孫簡又吏中勳外　新表武邑孫氏邕府經略兼御史中丞公
器子簡東都留守太子太保　新文藝傳中字樞中元
和初登進士第辟鎮國荆南幕府累遷左司吏部二郎
中繇諫議大夫知制誥　舊后妃傳下穆宗貞憲皇后
蕭氏傳開成四年詔刑部侍郎孫簡三司按蕭弘蕭本
僞稱太后弟獄　舊文苑孫逖傳曾孫簡範中見金並舉

進士會昌後兄弟繼居顯秩歷諸道觀察使兵部尚書
舊李固言傳大中末以太常卿孫簡代固言爲東都
留守東畿汝都防禦使大中末疑是大中初　褚藏言故武昌軍
節度副使扶風竇府君詩序元和二年舉進士與今東
都留守左僕射孫公簡同年上第竇氏聯珠序
姚勗又吏中補　新表陝郡姚氏涇主簿偁子勗諫議大夫
新傳字斯勤長慶初擢進士第數爲使府表辟進監察
御史佐鹽鐵使務累遷諫議大夫更湖常二州刺史
吳興志姚勗會昌三年六月二十九日自尚書左司郎
中授後遷吏部郎中　舊韋温傳文宗時鹽鐵判官姚

勗知河陰院嘗雪冤獄鹽鐵使崔珙奏加酬獎乃令權
知職方員外郎制出令勗上省温執奏曰國朝已來郎
官最爲清選不可以賞能吏上令中使宣諭言勗能官
且放入官温堅執不奉詔乃改檢校禮部郎中翼日帝
謂楊嗣復曰韋温不放姚勗入省有故事否嗣復對曰
韋温志在銓擇清流然勗士行無玷粱公元崇之孫自
殿中判鹽鐵案陛下奬之宜也若人有吏能不入清流
孰爲陛下當煩劇者此衰晉之風也上素重温亦不奪
其操
楊發又勳中勳外禮中補　新表楊氏越公房濠州錄事參軍遺

直子發不詳歷官　舊傳字至之大和四年登進士第
又以書判拔萃自侍御史累遷至禮部郎中大中三年
改左司郎中改授太常少卿新傳畧同
豆盧籍　新表豆盧氏萬年令友孫見祠外籍左司郎中兼
侍御史知雜事　舊豆盧瑑傳父籍進士擢第　舊五
代史唐書四十三豆盧革傳祖籍同州刺史　舊令狐滈傳
咸通二年起居郎張雲上疏言大中十年令狐綯以諫
議大夫豆盧籍刑部郎中李鄴爲夔王已下侍讀欲立
夔王爲東宮欲亂先朝子弟之序新傳同
崔原原當作厚又吏外勳中勳外金外　新表博陵大房崔氏兗海觀

察使戎子見吏中厚字致之司勳郎中　舊懿宗紀咸通
十年八月貶司勳郎中崔原當作厚柳州司戶崔雍之親
黨也　舊僖宗紀乾符元年十二月以左司郎中崔原
當作厚爲兵部郎中　四年正月以兵部郎中崔厚爲諫
議大夫　舊書禮儀志五　中和元年左丞崔厚爲太常
卿議立行廟於成都府唐會要十六同

鄭綮　舊傳以進士登第歷監察殿中倉戶二員外郎金
刑右司三郎中家貧求郡出爲廬州刺史　新傳字蘊
武歷監察御史擢累左司郎中困窶甚丐補廬州刺史
直齋書錄解題五　開天傳信記一卷唐吏部員外郎

鄭綮撰雜記開元天寶時事

楊贊禹　新表楊氏越公房左散騎常侍知退子見戶中　贊
禹字昭諫左司郎中集賢學士　薛廷珪授長安縣尉
直弘文館楊贊禹左拾遺鄠縣尉鄭谷右拾遺制贊禹
挺生公族雅有令名連中殊科首冠羣彥捨而不顧去
奉亘知五年於茲澄澹一致自待之意何其遠歟文苑英華
三百八十三　禪月集十一有鄠渚逢楊贊禹詩

陸愿　新表陸氏太尉枝昭宗相希聲子愿左司郎中

孫濟又吏外補又御史臺殿中監察題名　元和姓纂二十三魂唐處士孫思
邈生行中書舍人子濟左司郎中潤州刺史華原人

元宗分遣蔣欽緒等往十道疏決囚徒宣慰百姓制其
天下見禁囚徒死罪宜降至配流已下罪悉原之仍令
殿中侍御史孫濟往隴右道並即馳驛發遣所至之處
疏決囚徒宣慰百姓其有窮乏交不存濟及侍老行人
之家有疾苦者各令州縣量加醫療及賑恤大詔令案舊紀開
元十三年正月戊子降死罪從流流已下罪悉原之分遣御史中丞蔣欽緒等往十道疏決囚徒　國
秀集有張謂贈吏部孫員外濟詩

劉植　吳興志劉植乾符元年七月二十七日自左司郎
中授除當道副使統記云咸通十五年自兵部員外郎授遷兵部郎中

劉居簡　元和姓纂十八尤　劉延慶生居簡左司郎中太原

少尹彭城人新表脫少字　金石錄目錄第一千六百三十唐
劉居簡歸卿拜高廟詩貞元十二年十月

樊慶德　元和姓纂二十二元陳荊州刺史富川侯樊猛生遂
遂生慶德唐左司郎中千牛將軍南陽湖陽縣人居淮
南

附存

裴珣　新表南來吳裴氏袁州長史無悔子恂河內太守
舊裴寬傳弟珣爲河內郡太守安祿山反以執父喪
將投闕廷恐累其母乃詣河東節度訴誠而退後在母
憂又陷史思明受其僞官委任使弟朗密奉表疏至上

京代宗時爲左司郎中兼侍御史河東道租庸判官沈炳震云珣疑寬子非弟蓋寬卒時年七十五不應有父而弟尚執喪然世系表亦云寬弟但珣作恂而無郎名格案安祿山反已下當是寬子諝事以舊新書諝傳證之可見此脫去子諝二字耳諝已見左中故附存之

歸安丁寶書編次

唐尚書省郎官石柱題名考卷一終　勞檢丁士諤校字

郎官石柱題名考卷一　左中　兕　月河精舍叢鈔

唐尚書省郎官石柱題名考卷二

仁和勞格著　趙鉞

歸安丁寶書編次

左司員外郎

唐六典左司員外郎從六品上天后永昌元年置神龍元年省二年又置其職務與郎中分掌舊書職官志左右司郎中員外郎各掌副十有二司之事以舉正稽違省置符目焉新書畧同

石刻顧琮　侯味虛　唐奉一　戴師倩　宇文全志

元紹　鄭從簡　桓彥範　殷祚　楊元叔

郎官石柱題名考卷二　左外目一　月河精舍叢鈔

韋元旦　李乂　李行言　張思義　元懷景

李顒　魏奉古　裴藏曜　黃守禮　薛晞

柳渙　王旭　柳澤　宋宣遠　張況

韋孚　張均　劉昂　高庭芝　杜損

班景倩　李朝隱　韋洽　韋恒　張倚

姜昂　趙安貞　楊仲昌　李知止　張震

畢炕　李成式　程休　祁順之　崔渙

李審　任瑗　孟匡朝　盧播　趙良隱

韋有方　姚喬栁　盧虛舟　王鎣　庾準

成賁　鄭寶　李仲雲　崔寬　蔣練

庾何　王蕭　崔造　趙匡　房說
姚南仲　鄭餘慶　張式　盧羣　盧從
薛貢　楊憑　韋成季　李直方　李藩
韋彭壽　裴汶　張正甫　韋纁　李正辭
韋審規　殷台　崔琯　獨孤朗　李行修
李弘慶　孔敏行　宇文鼎　吳思　李道樞
劉寬夫　鄭居中　何戢　姚康　姚端夫
李欵　裴夷直　趙柷　薛褒　李行方
封敖　蔣伸　鄭泳　柳喜　李當
裴坦　鄭路　崔巖　韋旭　楊知溫

李懿　崔璙　皇甫煥　盧緘　鄭確
盧告　崔芻言　張黯　盧鉦　孫瑝
崔朗　鄭縈　裴瓚　李珢　劉承雍
盧望　李綸　杜貞符　鄭綦　杜廷堅
唐嶠　畢紹顏　張裕　裴墠　鄭頊
孫緯　狄歸昌
補遺　韋虛心　長孫孝紀　崔峻　郭震　崔厦
竇昱　胡証　盧元輔　陸潤　韓鈞
劉行昌
附存　杜崇懿　白敏中

勞檢丁士謌校字

唐尚書省郎官石柱題名考卷二

顧琮 又戸中　新表顧氏著作郎餘杭令允子琮相武后　舊令狐德棻傳顧胤子悰 琮新傳 長安中爲天官侍郎同鳳閣鸞臺平章事 新傳同　唐六典一天后永昌元年顧琮自侍御史除左司員外郎 唐會要五十八同　韋執誼翰林院故事永徽中黄門侍郎顧琮復有麗正之稱 翰苑羣書上　會要七十九　贈越州都督渭源縣侯顧琮謚靖

侯味虛 見左中戸中補　新杜景佺傳秋官員外郎杜景佺與侍郎陸元方按員外郎侯味虛罪已推輒釋之

唐奉一 又戸中　李嶠授唐奉一兵部侍郎制具官唐奉一

文場得儁翰苑推工瑣闈 一作闥 內朝致延譽之美珪符出守樹威恩之績可夏官侍郎　御史臺記唐奉一齊州人善書翰武后時爲御史後坐誅竊皇族廢 金石錄二十五唐中興聖教序跋尾案目錄五云中宗撰唐奉一八分書神龍三年五月在濟南長清縣界西禪寺　舊徐有功傳則天時道州刺史李仁褒及弟榆次令長沙爲唐奉一所搆　新武后紀久視元年三月癸丑夏官尚書唐奉一爲天兵中軍大總管以備突厥　舊中宗紀神龍元年三月酷吏唐奉一配流 舊酷吏傳載詔曰唐奉一依前配流　舊元宗紀開元十三年三月丙申御史大夫程行諶奏周朝酷吏唐奉一等殘害宗枝毒陷良善情狀尤重

子孫不許仕官　張説爲河内郡王武懿宗平冀州賊契丹等露布稱行軍長史朝奉大夫守給事中護軍臣唐奉一又云長史唐奉一馳使洺魏據河曹之津縱羽林之雄推其侵軼之勢七（文苑英華六百四十　張燕公集十三）　陳子昂送著作佐郎崔融等從梁王東征序歲七月軍出國門比部郎中唐奉一等參帷幕之賓掌書記之任（陳伯玉文集七）

案新書武后本紀萬歲通天元年七月辛亥春官尚書武三思爲榆關道安撫大使納言姚璹爲副以備契丹舊武后紀新外戚傳畧同卽此事也

戴師倩（又勳中）

宇文全志　新表宇文氏福及子全志左司員外郎（姓纂福及孫全志工部員外濮陽人）　新武后本紀神功元年正月壬戌殺右司員外郎宇文全志（舊酷吏吉項傳同）

元紹　元和姓纂二十二元紇骨匹麟十七代孫紹右司員外天授中詔改姓元氏　舊刑法志永徽初勑大理丞元紹等共撰定律令格式（新書藝文志同）

鄭從簡（又度中）　朝野僉載周左司員外郎鄭從簡所居廳事常不寧（太平廣記三百二十九）

桓彥範　新表桓氏少府丞思敏子彥範相中宗（新傳字士則）　舊傳少以門蔭自監察御史長安三年歷遷御史中丞（新傳畧同）

殷祚　元和姓纂二十一欣唐吏部尚書殷開山堂姪祚（原有脫字）部尚書陳郡長平縣人　元和郡縣圖志三十二大足元年巡察使殷祚奏割雍州漢源飛越通望三縣置黎州（寰宇記七十七長安四年巡察使殷祚奏置黎州年月互異舊志長安四年巡察使奏置後廢大足元年又置甚誤）

楊元叔（無考）

韋元旦（旦二本缺又主外）　新表東眷韋氏彭城公房巨山子元旦中書舍人　新文藝（中）附見李適傳擢進士第自左臺監察御史貶感義尉俄召爲主客員外郎遷中書舍人　石刻五言夏日斿神泉序下署美原縣尉韋元旦

宇烜（丞烘元夏陝西富平）

李乂（又吏中附存又御史臺殿中題名勳外）　新表趙郡李氏西祖房新政令大智子乂字尚眞中山貞公（舊傳本名尚眞）　新傳長安三年乂自萬年尉擢監察御史景龍初遷中書舍人修文館學士　蘇頲唐紫微侍郎贈黃門監李乂神道碑自監察御史歷殿中侍御史景龍中加朝散大夫遷尚書司勳左司二員外右司郎中中書舍人兼長昭文館學士（文苑英華八百九十三）

李行言　舊儒學郭山惲傳景龍中中宗引近臣宴集給事中李行言唱駕車西河

張思義又金中　新表河東張氏相國府檢校郎將俊興子
思義成紀丞　嘉定赤城志八長安二年至神龍元年
台州刺史張思義　石刻柳賁唐故左金吾將軍范陽
張公嘉祐墓誌銘考思義贈秦州都督河南洛陽
元懷景又吏中　元和姓纂二十二元元仁惠生生字原脫今補懷景尚
書右丞武陵公河南洛陽縣人　張說唐故左庶子贈
幽州都督元府君懷景墓誌銘弱冠以國子進士高第自
太子通事舍人後歷官至右司員外太子舍人全文脫十二字
天授中以親累除名向逾一紀後除直羅溫縣二令初
自太府主簿累入副鄉河南掾曹克昇亞尹握蘭右轄

綱紀南宮秉茲憲簡肅彼專席再侍儲華卒踐宮相張燕
公集二十二　大唐六典天后永昌元年元懷貞以洛州司戶遷右司員外郎唐會要五十八同景貞二字互
異鉞絫張燕公集二十三唐故涼州長史元君石柱銘云有子懷貞歷官右司員外郎太子舍人罹事徙居復
歸舊土事迹與墓誌合名與六典合疑是懷景初名也　張九齡故開府儀同三
司行尚書左丞相燕國公贈太師張公說墓誌銘夫人
元氏故尚書右丞相武陵公懷慎之女也唐丞相曲江文集十八
定命錄燕公說之少也元懷景知其必貴嫁女與之
太平廣記百七十　金石錄目六第一千一百六十唐幽州刺
史元懷景碑皇甫彬撰開元二十八年二月　新書藝文志乙部史錄正史
類元懷景漢書議苑原注卷亡開元右庶子武陵縣男諡曰文　又丙部子錄雜家

類元懷景屬文要義十卷
李顒又祠外主中　新表趙郡李氏東祖房明堂尉懿子顒給
事中　舊孝友李知本傳知本弟知隱孫顒有文詞歷給
事中太常少卿　崔湜故吏部侍郎元公碑序夫人李
氏今主客郎中顒之從父妹也文苑英華八百九十八　景隆三年　李
湛然太子少傅竇希瑊神道碑開元五年十月鴻臚少
卿李顒持節齎璽書弔祭文苑英華九百一
魏奉古見左中又戶中
裴藏曜無考又吏中金中曜作耀
黃守禮又御史臺侍御題名　御史臺記曰唐殿中內供奉盧廙見金

外嘗於景龍觀監官行香右臺侍御史黃守禮亦預焉
太平廣記二百四十九
薛晞無考
柳渙　新表柳氏冀州刺史誠言子渙中書舍人舊柳奭傳開元
初亨孫渙為中書舍人新傳渙亨曾孫　蘇頲授柳渙左司員外郎制敕
朝議郎行起居舍人判左司員外郎柳渙襟情雅正藝
能敏洽珥筆記言才光東觀張燈起草譽動南宮宜同
滿歲之遷式副為郎之舉可行左司員外郎散官如故
文苑英華三百九十一　又授柳渙司門郎中制敕朝議郎前行
左司員外郎柳渙色莊心勁贍學能文堅守憲章務從

條理爲時所重滿歲當遷宜罷臺轄吏司門鍵可守尚
書司門郎中散官如故英華三百九十　會要七十九　平陽郡太
守柳渙謚簡
王旭又見左中補　舊酷吏傳開元二年累遷左臺侍御史五
年遷左司郎中常帶侍御史
柳澤又吏外又御史臺殿中監察題名　新表柳氏渙弟見上澤太子右庶
子華州刺史　舊傳景雲中爲右率府鎧曹參軍魏知古傳
作騎曹　睿宗擢拜監察御史開元中累遷太子右庶子出
爲鄭州刺史新傳畧同
宋宣遠又御史臺殿中監察題名　元和姓纂二宋固安令宋提生宣遠

樂陵人　舊孝友崔沔傳監察御史宋宣遠恃盧懷慎之
親頗犯法御史中丞崔沔舉劾之新傳畧同　定命錄明皇
在府之日與絳州刺史宋宣遠兄惲有舊太平廣記百四十八
張說又吏中又御史臺侍御殿中監察題名　新表魏郡張氏高宗相大安
子見戶中說同州刺史　舊張大安傳子說開元中爲國
子祭酒　唐會稽太守題名記張說開元二十年自衛
州刺史授越州都督二十一年拜秦州都督會稽掇英總集十八
嘉泰志同
韋孚孚二本缺　新表韋氏小逍遙公房武后中宗相嗣立子
孚左司員外郎舊嗣立傳子孚累遷至左司員外郎

張均又封中又吏外有張鈞　新表張氏睿宗元宗相說子均字均
刑部尚書大理卿襲燕公　新傳自太子通事舍人累
遷主爵郎中中書舍人　唐會要八十五　開元九年正月
監察御史宇文融奏太原司錄張均等充勸農判官詳監
察宇文融注
劉昂又考中補度中又御史臺殿中題名　新表尉氏劉氏工部員外郎
濬子太常卿晃弟見勳中昂京兆少尹姓纂考工郎中京兆少尹
高庭芝無考又御史臺侍御題名
杜損見左中補
班景倩又吏中勳外戶中戶外又御史臺侍御殿中監察題名　元和姓纂二十七刪

唐春官員外斑思簡生景倩吏部侍郎祕書監汲郡人
唐會要八十五　開元九年正月監察御史宇文融奏大
理評事班景倩等充勸農判官　新宇文融傳融奏班
景倩等廿九人爲勸農判官假御史分按州縣括正丘
畝招徠戶口而分業之　舊班宏傳父景倩祕書監
新班宏傳父景倩國子祭酒以儒名家　新倪若水傳
開元中斑景倩自揚州採訪使入爲大理少卿　舊書
禮儀志四　天寶十載正月遣國子祭酒班景倩祭西嶽
金天王大唐郊祀錄八同　陳簡甫宣州開元以來良吏記開
元癸酉歲國家以天下久平四海繁富慮吏之不率人

之不康乃詔分十道署廉察以督之此州統江南之西
包潭衡十有六州而班公景倩始受命焉公清廉以飭
躬苦節以從政以爲法者國之柄天下之評寬則阿阿
則公室之權削矣急則刻刻則下民之怨生矣江右荒
服政紊俗訛濟之以猛弛張在我乃布甲令舉直繩恤
人之疾苦除吏之貪暴踰年坐賄削免者百有餘輩澄
淸之政於是乎得矣文苑英華八百三十
李朝隱無考又吏中戶中倉外
韋洽又考中補又御史臺殿中監察題名　新表韋氏平齊公房和州刺
史匡素孫洽考功郎中　唐會要八十五　開元九年正月

監察御史宇文融奏汾州錄事參軍韋洽充勸農判官
　新宇文融傳融奏韋洽等二十九人爲勸農判官假
御史分按州縣括正丘畝招徠戶口而分業之
韋恒又度外又御史臺殿中監察題名又左稜又左側　新表韋氏小逍遙公房
嗣立子字弟見上恒陳留太守　元和姓纂八微韋氏鄖城
公房陝疑峽州刺史岳子生恒兵部郎中華州刺史京陵
杜陵人　舊韋嗣立傳子恒開元初爲碭山令擢拜殿
中侍御史歷度支左司等員外太常少卿給事中　舊
書刑法志肅宗收兩京陷賊官定罪六等而韋恒乃至
腰斬新志畧同　安祿山事迹下　三司讞刑奏韋恒等罪當

大辟　舊傳開元二十九年爲隴右道河西黜陟使出
爲陳留太守未行而卒案廣記一百四十七定命錄原云韋恒代裴敦復爲陳留太守
未到而卒則陷賊者當别一人　蕭鄴嶺南節度使韋公正貫神道碑
京兆少尹河北採訪使諱恒於公爲王父文苑英華九百十五
權德輿唐尚書度支郎中贈尚書左僕射正平節公袁
公倚神道碑銘夫人京兆韋氏扶風太守恒之女權載之文
集十七　會要七十九　贈右散騎常侍韋常謚曰貞案此疑郎韋恒
會要避穆宗諱改但二書本傳俱不載當考
張倚又御史侍御殿中題名兄　唐會要八十六　開元二十八年都畿採
訪使御史中丞張倚請整齊都城侵街牆宇　舊元宗

紀開元二十九年九月命御史中丞張倚往東都及河
北賑恤　新苗晉傳天寶二載判入等者凡六十四人
分甲乙丙三科以張奭爲第一御史中丞倚之子倚新
得幸晉卿欲附之奭本無學議者囂然不平安祿山因
間言之帝御花蕚樓覆實中裁十一二奭持紙終日筆
不下人謂曳白帝大怒貶淮陽太守　會要四十一　天寶
五載七月二十三日河南道採訪使張倚奏諸州府今
後應緣春秋二時私社望請不得殺如犯者請科違勅
罪從之　顔眞卿正議大夫行國子司業上柱國金鄉
縣開國男顔府君允南神道碑銘尚書張倚皆篤忘年

之契　又顏允臧神道碑銘解褐太康尉太守張倚器其淸嚴與之均禮　舊房琯傳天寶十五載六月元宗幸蜀大臣張倚等銜於失恩不時赴難　杜光庭歷代崇道記開元中東都留守張琦疑倚奏汝州魯山縣因修仙居古觀獲玉瑛　權德輿絳州刺史李公國貞神道碑銘明皇帝時御史大夫張倚採訪關中表爲支使權載之文集十六　李華御史中丞壁記天寶中以尚書左丞張公爲大夫太府少卿庾公爲中丞大夫睦中丞也羽翮得淸風之助文苑英華七百九十八

姜昂又勳中金外　新表姜氏夏州都督成紀威公協孫昂司勳郎中　穌頲授姜昂右司員外郎制稱尚書金部員外郎姜昂文苑英華三百九十一詳御史臺李常注

趙安貞又吏中　舊韋述傳趙冬曦弟安貞等六人並詞學登科　新儒學下趙冬曦傳弟安貞擢進士第給事中

楊仲昌又吏中吏外禮外補又御史臺監察題名　舊良吏下楊元琰傳子仲昌吏部郎中　新書附見桓彥範傳楊元琰子仲昌字蔓通經爲修文生自監察御史坐累爲孝義令徒下邽終吏部郎中　舊孝友崔沔傳開元二十三年令百官詳議籩豆之數服制之紀沔建議依舊禮部員外郎楊仲昌等議與沔符　孫逖授楊仲昌吏部員外郎制稱左司員外郎楊仲昌文苑英華三百九十二詳吏外　席豫唐故朝請大夫吏部郎中上柱國高都公楊府君碑銘自河南鞏縣令尋遷禮部員外郎歷左司員外郎轉吏部員外郎尋遷本司郎中唐文粹五十八仲昌碑作仲宣誤

李知止又封外作知正誤　新表雍王房博陵公道𨚕孫御史中丞知柔弟見勳中知止刑部郎中　孫逖授李知止司封員外郎等制稱四從叔前京兆府奉天縣令上柱國知止等文苑英華三百九十一鏻

張震又戶中　新表河間張氏遂州別駕游藝子震江西採訪使洪州刺史　又吳郡張氏國子祭酒新野康公後

胥子震左衛靈池府折衝都尉富陽公

畢炕又勳外　新表畢氏戶部尙書構子吏外作搆炕兵部員外郎吳郡太守江南採訪使　新畢構傳子炕天寶末爲廣平太守拒安祿山城陷覆其家贈戶部尙書　舊書禮儀志四天寶十載正月遣范陽司馬畢炕祭醫無閭山廣寧公大唐郊祀錄同

李成式又祠外　新表隴西李氏姑臧大房給事中亶子成式淮南道採訪使　新文藝傳中盛王爲淮南節度大使留蜀不遣副大使李承式玩兵不振又云賊圍雍丘魯炅上承式遣兵往救大宴賓客陳女樂承式疑成式之誤

舊盛王琦傳天寶十五載六月元宗幸蜀在路除盛王爲廣陵大都督仍領江南東路及淮南河南等路節度支度採訪等使以廣陵長史李成式爲副大使兼御史中丞琦竟不行新傳畧同　舊永王璘傳天寶十五載十二月使季廣琛趣廣陵攻採訪李成式成式使將李承慶拒之新傳同　獨孤及唐故給事中贈吏部侍郎蕭公墓誌銘所從之主則揚州刺史李成式毘陵集十一　賈至授李成式大理卿薛景仙少府監制守廣陵長史李成式貞白儉約履歷淸貫可試大理卿文苑英華三百九十七

程休又吏中補文作依封中封外　新卓行元德秀傳門弟子程休字士美廣平人　李華三賢論廣平程休士美端重寡言是慕於元者也文苑英華七百四十四　賈至授程休文部郎中制稱司封郎中程休文文苑英華三百八十九休文文字疑衍

祁順之又御史臺左側題名　舊文苑中李邕傳天寶五載敕刑部員外郎祁順之等馳往就郡決殺

崔渙見吏中　新表博陵大房崔氏禮部侍郎襲博陵郡公璩子渙門下侍郎　又清河六房崔氏刑部尚書忠公隱甫子渙不詳歷官　舊傳累遷尚書司門員外郎天寶末楊國忠出不附己者渙爲劍州刺史新傳畧同　穆員相國崔公墓志銘天寶中歷屯田左司二員外郎出爲歙州刺史換綿州錫金印紫綬文苑英華九百三十六

李審見左中補

任瑗又主外　新書逆臣上安祿山傳至德二載阿史那承慶等十餘人送密款詔以任瑗爲明州刺史

孟匡朝又御史臺陰左稜題名　李肇翰林志開元二十六年別建學士院有孟匡朝等在舊翰林院雖有其名不職其事　韋執誼翰林院故事孟匡朝等在舊翰林中但假其名而無所職翰苑羣書上　會要七十四　天寶元年冬選六十四人判入等至來年正月上於勤政樓下親自重試惟二十人比類稍優餘並下第左拾遺孟匡朝等並貶官

封氏聞見記八　拾遺孟匡朝貶賀州作竊蟲賦比之鬼魅

盧播又戶中補又御史臺陰左稜題名　新表盧氏信都主簿友裕子播戶部郎中

趙良弼見倉外　元和姓纂小三十　唐監察御史趙君煦曾孫良器良弼河東人不詳歷官　舊肅宗紀上元元年十月壬申以廬州刺史趙良弼爲越州刺史充浙江東道節度使　唐會稽太守題名記趙良弼自廬州刺史授節度使加御史中丞改嶺南節度使會稽掇英總集十八嘉泰志同

石刻邵說唐故同州河西縣丞贈虢州刺史太常卿

天水趙公（歙沖）神道碑公卽世未五十歲而子良弼官至
陝華等七州刺史御史中丞浙東嶺南兩道節度使太
子賓客肅宗朝節制方面（大麻四年虞卿） 賈至授趙良弼
司庫員外郎制敕攝河東司馬趙良弼以敬直方內義
形於色蘊帷幄之謀略貞士林之忠良元戎啟行師出
以律將謀韓厥之職宜選子方之智俾登仙署仍佐中
權可行司庫員外郎充朔方行軍司馬（文苑英華三百九十二）
韋有方 新表韋氏南皮公房工部尙書虛心子（見左外補）有
方左司員外郎
姚喬栵（見左中）

盧虛舟（又吏外） 新表盧氏第二房義安元孫虛舟秘書少
監 賈至授盧虛舟殿中侍御史等制大理司直盧虛
舟閑邪存誠遯世頤養持操有淸廉之譽在公推幹蠱
之才可殿中侍御史（文苑英華三百九十五） 呂溫裴氏海昏集
序裴公與故秘書少監范陽盧公虛舟等爲塵外之交
極心期之賞（呂衡州文集三） 李太白文集二十有盧山謠寄盧
侍御虛舟詩
王崟（又吏外見戶外度外） 新表烏丸王氏左千牛將軍仁忠子
崟懷州刺史（文苑英華九百十三李邕贈安州都督王仁忠神道碑子崟等不詳歷官） 獨
孤及有海上懷華中舊遊寄渭南王少府崟詩又注云
王任鄭縣日於城角築小臺（毘陵集二） 舊王璠傳祖崟不
詳歷官（新傳同）
庾準（又吏中勳中主中） 元和姓纂（七虞）吏部侍郎荆州長史採
訪使庾□先（見吏外） 生準尙書左丞江陵尹荆州節度使
（州當依舊傳作南） 舊傳常州人以門蔭入仕宰相王縉驟引
至職方郎中知制誥遷中書舍人 常袞授庾準楊炎
知制誥制中大夫行尙書吏部郎中上柱國庾準可行
尙書職方郎中知制誥散官勳如故（文苑英華三百八十二詳禮中補）
（楊炎注）
成賁 獨孤及送成都成少尹赴蜀序歲次乙巳定襄郡

王英又出鎭庸蜀謀亞尹僉曰左司郞成公可詔曰俞
往（毘陵集十五案乙巳代宗永泰元年） 文苑英華（五百三十四）有成賁對
夷攻蠻假道判（鉞案錢考功集四有和萬年成少府寓直詩疑卽此人）
鄭寶 獨孤及唐故商州錄事參軍鄭府君（密）墓誌銘母
弟祕書省著作郎寶（毘陵集十二大麻九年）
李仲雲 新表趙郡李氏西祖房景昕子仲雲左司員外
郞 廣異記監察御史李叔霽（世系表作叔雲）與兄仲雲俱進
士擢第有名當代大麻初叔霽卒後數年仲雲亦卒（太平
廣記二百七十九）
崔寬（又考中補） 新表博陵大房崔氏仲哲後元禕子寬比部

郎中　舊崔寧傳大厤中令弟寬留京師結元載及諸子驟歷御史知雜事御史中丞又云大厤初寧入相留寬守成都新傳畧同　舊楊綰見勳外傳御史中丞崔寬劒南四川節度使寧之弟家副於財別墅在皇城南池館臺榭當時第一楊綰拜相寬即日潛遣毀拆新傳畧同　常袞授崔寬侍御史知雜事制稱朝散大夫守尚書考功郎中長春宮使判官賜紫金魚袋崔寬文苑英華三百九十四　詳考中補

蔣鍊又吏外戶外又御史臺陰額監察題名　古今姓氏書辨證二十七　尚書左丞蔣洌見封外　生鍊原誤諫　光祿少卿義與陽羨縣人　舊良吏上　高智周傳蔣洌子鍊亦進士舉新傳鍊有清白名

舊蔣鎮見封外傳與兄鍊並以文學進涇師之叛受賊僞官斬於東市西北街

庾何見左中補又祠外

王蕭　新表琅邪王氏承先孫蕭左司員外郎

崔造又吏中　新表博陵第二房崔氏挺後汾西令昇之子造字玄宰相德宗　舊傳浙西觀察使李栖筠引爲賓僚累至左司員外郎劉晏誅累貶信州長史爲建州刺史請舉義兵德宗詔徵拜吏部郎中給事中新傳畧同　權德輿信州南巖草衣禪師宴坐記建中二年予以吏役道于上饒時左司郎崔公出爲郡佐權載之文集三十二又集四十二有崔左司書及答左司崔員外書又集五十祭崔士曹文稱先考公攻昌黎先生集二十唐故相權公墓碑權文公娶崔造女則造證穆公二傳會要佚失載太平廣記一百五十一引制誥錄崔造左遷在洪州州帥曹王將辟爲副史時德宗在興元不過得虔州刺史堂帖追入時故人竇參作相拜兵部郎中俄還給事中平章事又引嘉話錄崔造方爲兵部郎中與前進士姜公輔同在薛邕侍郎坐云云與傳不合案宰相表貞元二年正月崔造相十二月罷五年二月竇參相後造二年又薛邕於建中元年自左丞貶官時造方貶信州又不應是時已爲兵部郎中年月差乖疑誤

趙匡　元和姓纂三十小　和州刺史趙珍生匡洋州刺史河東人　新儒學下　啖助傳門人趙匡其高第也損益助所爲春秋集註總例匡字伯循歷洋州刺史陸質稱爲趙夫子大厤時以春秋自名其學

房說又祠外　新表河南房氏邑子說右司郎中　舊李納傳建中中李納遣判官房說以其弟男朝京師請從順上械說等繫禁中新傳同

姚南仲　新表吳興姚氏右領軍衛將軍發子南仲右僕射　舊傳華州下邽人乾元初登制科高等浙江東西道觀察使韓滉辟爲推官奏授殿中侍御史內供奉支使尋徵還歷左司兵部員外郎轉郎中　權德輿姚公神道碑銘興元歲大駕省方自韓晉公幕徵詣行所洎清宮旋蹕拜左司員外郎紀綱品式練達明備轉兵部員外郎遷本司郎中拜御史中丞文集十四　陸贄奉天薦

袁高等狀何士幹姚南仲陸涫沈旣濟陸宣公集十四詳吏中崔造注

鄭餘慶　新表鄭氏北祖房太子舍人慈明子餘慶相德宗　舊傳字居業大麻中舉進士貞元初歷左司兵部員外郎庫部郎中

張式　柳宗元先君石表陰先友記張式原注大麻七年進士南陽人至河南尹河東先生集十二　舊張正南見下傳兄式大麻中進士登第　權德輿祭故呂給事文稱貞元九年正月二十一日庚子尚書駕部郎中知制誥張式等權載之文集四十九　舊德宗紀貞元九年三月己亥以駕部郎中知制誥張式爲虢州刺史呂衡州文集十虢州三堂記南陽張公轂揮翰之任受剖符之寄遊

刃而理此焉坐嘯　貞元十六年九月以河南少尹張式爲河南尹水陸轉運使　石刻贈太子少師東海徐公浩神道碑銘朝議郎守河南少尹飛騎尉賜緋魚袋張式撰貞元十五年河南偃師　會要七十九　贈陝州大都督張式謚曰簡

盧羣見左中補　舊傳貞元中自侍御史累轉左司職方兵部三員外郎郎中新傳畧同

盧從無考

薛貢又御史臺碑額監察題名　新表薛氏西祖房京兆府戶曹參軍幼連子貢左司員外郎

楊憑又禮中補　新表楊氏越公房成名子憑字虛受刑部侍郎京兆尹　舊傳舉進士累遷起居舍人左司員外郎禮部兵部郎中太常少卿

韋成季見左中封中祠外又

李直方又勳中　新宗室表定州刺史房琁子直方大理少卿　會要七十六　貞元元年九月賢良方正能直言極諫科李直方及第緯畧誤李直言　又六十　貞元十一年二月黔中監察御史疑是黔中觀察使　崔穆爲部人告贓二十七萬貫及他犯遣監察御史李直方按黔州覆按近事兩晦無對見者是日雨止上重至延英召見直方遣焉　李直方祭權相公文結銜稱中散大夫試太常少卿上柱國李

直方略云昔在南宮擢遷綸閣提攜推薦忘其菲薄顧庸淺而難持竟鴻飛而終卻文苑英華九百八十四据楊於陵祭文時在元和十四年　唐語林一　李直方嘗第果實若貢士者　國史補訛語影帶有李直方獨孤申叔　憲宗贈高崇文司徒册文命國子祭酒劉宗經副使司勳郎中李直方持節册贈大詔令元和四年十月

李藩又吏中吏外讞主外　新表趙郡李氏南祖房山南東道節度使承子見吏中　潘不言歷官　舊傳字叔翰德宗時除秘書郎遷主客員外郎尋換右司改吏部員外郎元和初遷吏部郎中掌曹事爲吏所蔽濫用官闕黜爲著作

郎轉國子司業會要二十三作左司員外郎李藩左字是藩字誤
韋彭壽　元和姓纂八徵韋氏大雍州房工部員外向生彭
壽右司員外明州刺史三代入省京兆杜陵人　唐會
要七十六　貞元四年四月賢良方正能直言極諫科韋彭
壽及第緯畧同
裴汶又祠外　新表南來吳裴氏令寶後戶部郎中騰子見戶
中補汶湖州刺史　吳興志裴汶元和六年自澧州刺史
授八年十一月除常州刺史
張正甫又封外戶外戶中度中　舊傳字踐方南陽人登進士第
自殿中侍御史遷戶部員外郎轉司封員外郎遷戶部

郎中　褚藏言故國子司業贈給事中扶風竇府君牟
詩序貞元二年舉進士與故工部侍郎張公正甫同年
上第竇氏聯珠集
韋纁又吏中補吏外　新表逍遙公房吏部侍郎肇子見勳外憲
宗相貫之弟見吏外纁吏部郎中元和姓纂纁吏部員外纁原誤纒　舊
憲宗紀元和三年四月癸丑中使郭里旻酒醉犯夜杖
殺之金吾薛伾巡使韋纁皆貶逐　舊韋貫之傳貫之
出爲湖南觀察使弟虢州刺史纁亦貶遠郡案本紀事在元和十
一年九月　新韋綬傳弟纁有精識爲士林器許名重當時
舊傳畧同　元稹敘奏元和初予爲韋纁等訟所言當行元微

之文集三十二
李正辭又主外　新表趙郡李氏東祖房常州司功參軍延
紀子正辭六合令　舊裴垍傳垍在中書有獨孤郁李
正辭嚴休復自拾遺轉補闕參謝之際延語之曰獨孤
與李二補闕孜孜獻納今之遷轉可謂酬勞無媿矣嚴
補闕官業或異於斯昨者進擬不無疑緩休復悚恧而
退　新李吉甫傳李正辭晚相失及與蕭俛同召爲翰
林學士獨用俛而罷正辭人莫不疑憚　舊憲宗紀元
和十一年九月辛巳貶刑部郎中李正辭金州刺史言
與韋貫之朋黨故也　新韋貫之傳李正辭等坐與貫

之厚善悉貶爲州刺史正辭清正以鉤黨去中外始大
惡張宿　新韋覬傳裴均結黨傾執政右拾遺李正辭
等陳述本末帝乃解　元鎮敘奏元和初予爲李正辭
等訟所言當行元微之文集三十二
韋審規見左中又金中
殷台見左中又吏中吏外
崔琯又吏中吏外金外　新表博陵第二房崔氏同州刺史頲
子琯字從律山南西道節度使　舊傳貞元十八年進
士擢第又制策登科釋褐諸侯府入朝爲尚書郎大和
初累遷給事中　新傳累辟諸使府入朝稍歷吏部員

外郎李德裕任御史中丞引知雜事進給事中　舊敬
宗紀寶厤元年三月以吏部郎中崔琯等充考制策官
會要七十六　元和元年四月才識兼茂明於體用科崔
綰及第韓畧貞元十年誤綰作琯是新傳賢良方正疑誤　憲宗處分及第舉人
詔才識兼茂明於體用科入第四次等崔韶疑琯中書門
下即與處分唐大詔令　白居易崔琯可職方郎中侍御史
知雜制勑近歲已來副相多缺朝綱國紀專委中憲而
侍御史一人得總臺事以左右之今御史中丞德裕以
中散大夫行尚書吏部員外郎上柱國崔琯守文無害
莅事惟精在郎署中推其才理奏補是職請觀其能因

郎官石柱題名考卷二　左外　三三

而可之仍加寵秩操執舉措爾無自輕可行尚書職方
郎中兼侍御史知雜散官勳如故白氏文集四十九
獨孤朗見左中　舊傳長慶初自漳州刺史入爲左司員外
郎轉諫議大夫新傳作韶州　李翱獨孤常侍墓誌出刺韶
州復入虞部左司二員外得郎中李文公集十四
李行脩　眉山孫汝聽昌黎集全解曰元和四年行修登
第五百家注音辨昌黎先生文集三十三　唐摭言入長慶中殿中侍御
史李行修舉前進士費冠卿孝節　韓愈江南西道觀
察使贈散騎常侍王公仲舒墓誌銘次女壻李行修尚書
刑部員外郎昌黎先生集三十三　長慶四年

李弘慶又勳外　新表趙郡李氏東祖房靈寶尉徵子宏慶
金州刺史　白居易與楊虞卿書近者足下與李弘慶
友善弘慶客長安中貧甚而病亟足下爲逆致其母安
慰其心自損衣食以續其醫藥甘旨之費有年歲矣白氏
文集四十四　石刻大慈恩寺大法師基公塔銘朝散大夫
檢校太子左庶子使持節金州諸軍事守金州刺史兼
御史中丞輕車都尉賜紫金魚袋李宏慶撰開成四年陝西咸甯
孔敏行又吏中勳中　元和姓纂一董太子賓客孔述睿見勳外生
敏行會稽山陰人不詳歷官　舊隱逸孔述睿傳子敏行字至
之舉進士元和五年擢第長慶中爲起居郎改左司員

郎官石柱題名考卷二　左外　三四

外郎歷司勳郎中充集賢殿學士遷吏部郎中俄拜諫
議大夫新傳畧同
宇文鼎　新表宇文氏御史中丞邈子見左中　鼎字周重
新李珏傳穆宗即位荒酒色期九月九日大宴羣臣右
拾遺李珏見吏外　宇文鼎溫畬韋瓘見勳中　馮葯見勳外　同進
言　舊文宗紀大和三年十二月癸酉以吏部郎中宇
文鼎爲御史中丞　又四年十月丁卯御史中丞宇文
鼎有請延英進對於本日卯前進狀奏　又六年五月
己未御史中丞宇文鼎等以上官興殺人亡竄自首免
父之四其孝可奬請免死舊王彥威傳畧同　又太和六年七

月以御史中丞兼刑部侍郎宇文鼎爲戶部侍郎判度
支　新鄭注傳邠甯孟文亮取鄭注爲司馬不肯行御
史中丞宇文鼎劾奏乃上道　新王涯傳御史中丞宇
文鼎以右僕射王涯兼鹽鐵使職恥爲之屈　新王璠
傳鄭注姦狀始露宰相宋申錫御史中丞宇文鼎密議
除之　舊盧弘正傳大和中華州刺史宇文鼎戶部員
外郎盧允中坐贓文宗怒將殺鼎宏正奏鼎歷持綱憲
繩糾之官今爲近輔刺史以贓汙聞死固常典但取受
之首罪在允中監司之責鼎當連坐文宗釋之鼎方減
等　會要十六太和三年華州刺史宇文鼎戶部員外郎

盧允中坐贓文宗怒將殺之侍御史盧宏貞奏曰鼎爲
近輔刺史以贓汙聞死固恒典但取受之首罪在允中
監司之責鼎當連坐帝然之減鼎三等案三字誤　異聞錄
元和六年五月江淮從事李公佐次漢南與河南宇文
鼎等會於傳舍太平廣記三百四十三　宇文鼎題山泉詩末署
太和九年正月廿八日古刻叢鈔
吳思外又祠　唐會要七十六長慶元年十二月軍謀宏遠材
任將帥科吳思及第大詔令穆宗處分賢良方正等科舉人制軍謀宏遠堪任將帥第三
等人吳思委中書門下優與處分　冊府元龜六百四十四長慶元年十二
月甲申以登制科人前試太常卿協律郎吳思爲右拾

遺供奉　舊敬宗紀長慶四年二月以右拾遺吳思爲
殿中侍御吏充入蕃告哀使戶部侍郎李紳之貶李逢
吉受賀羣官至中書思獨不往逢吉怒斥爲遣使舊書龐嚴
傳二書李紳傳畧同
李道樞　舊獨孤朗傳寶麻二年侍御史李道樞乘醉謁
御史中丞獨孤朗朗劾之左授司議郎新傳同　舊文宗
紀開成四年閏正月以蘇州刺史李道樞爲浙東觀察
使三月癸卯浙東觀察使李道樞卒會稽掇英總集十八唐太守題名記
李道樞開成四年正月三十日自蘇州刺史拜嘉泰志同　白居易有開成二年三
月三日祓洛濱留守裴令公召河南少尹李道樞等一

十五人合宴舟中詩白氏文集三十三　韓愈唐故河南少尹
李公墓誌銘子其次曰道樞好學而文昌黎先生集二十五　白
居易會昌二年春題池西小樓詩蘇李冥濛隨燭滅注
蘇庶子弘李中丞道樞十餘年皆樓中歌酒中伴或歿
獨予在焉白氏文集三十六　因話錄二趙郡李公道樞先夫
人盧氏性嚴事亦類劉敦儒公名問已光又在班列往
往賓客至門值公方受杖責
劉寬夫外又吏　新表廣平劉氏刑部侍郎伯芻子見考中補寬
夫字益之澤潞掌書記秘書省校書郎　舊傳登進士
第歷諸府從事寶麻中入爲監察御史轉左補闕新傳畧同

鄭居中見左中

何晄見左中

姚康又戶外　新歸融傳戶部員外郎盧元中左司員外郎判戶部案姚康受平糴官秦季元絹六千匹貸乾沒錢八千萬俱貶嶺南尉　舊歸融傳上問御史中丞歸融韓益所犯與盧元中姚康孰甚對曰元中與康枉破官錢三萬餘貫益所取受人事比之殊輕新傳畧同　舊宣宗紀大中五年十一月太子詹事姚康獻帝王政纂十卷又撰統史三百卷上自開闢下盡隋朝帝王美政詔令制置銅鹽錢穀損益用兵利害下至僧道是非無不備

載編年爲之　劉禹錫高陵令劉君仁師遺愛碑寶麻元年端士鄭覃爲京兆九月始具以聞事下丞相御史御史屬察視還奏乃俾太常撰日京兆下其符司錄姚康士曹掾李紹寔成之縣主簿談孺直實董之劉賓客文集二

新藝文志乙部史錄正史類　姚康復統史三百卷大中太子詹事會要三十六大中五年十一月太子詹事姚思廉撰通史三百卷上之十二月又撰帝王政統十卷上之

又雜傳記類　姚康科第錄十六卷字汝諧南仲孫也兵部郎中金吾將軍

姚端夫又吏外　新表廣平姚氏寬夫弟見上端夫吏部員外郎　唐詩紀事五十二元和十一年中書舍人李逢吉下三十三人所擢多寒素劉端夫輩皆預選　舊傳爲太

常博士駮韋綬謚議知名

李欵又吏外倉外　舊李中敏傳李欵與中敏同時爲侍御史開成中累官至諫議大夫出爲蘇州刺史遷洪州刺史江西觀察使　新傳所善李欵字言源長慶初第進士爲侍御史鄭注用事被斥注死繇倉部員外郎累遷江西觀察使終澶王傅　杜牧上宰相求湖州第一啓近者澶王傅李疑當作欵爲鹽鐵使江淮留後樊川文集十六

裴夷直又吏外補　資治通鑑唐紀六十二開成五年正月武宗敕大行以十四日殯成服諫議大夫裴夷直上言期日太遠不聽時仇士良等追怨文宗樂工內侍得幸者誅貶

相繼夷直復上言不聽又故事新天子卽位兩省官同署名武宗卽位夷直漏名十一月出爲杭州刺史　舊王質見戶中傳大和八年王質在宣城辟裴夷直爲從事皆一代名流新傳畧同　劉賓客文集三王公神道碑羔鴈所禮則河東裴夷直　舊張茂昭傳長慶中左武衛大將軍張克勤請以子五品官迴授外甥吏部員外郎判廢置裴夷直斷不允新傳開成中

新張茂昭傳夷直字禮卿亦婞亮第進士歷右拾遺累進中書舍人武宗立夷直視冊牒不肯署乃出爲杭州刺史斥驩州司戶參軍宣宗初內徙復拜江華等州刺史終散騎常侍　舊宣宗紀大中十年六月以兵部

郎中裴夷直爲蘇州刺史　十一年十月以蘇州刺史裴夷直爲華州刺史潼關防禦鎮國軍等使　新李景讓傳所善蘇滌裴夷直爲李宗閔楊嗣復所擢　因語錄三廣平程子齊昔範交契至厚有裴公夷直士林之望也　歲時雜詠二十八有裴夷直循州社日留題館壁所居於左詩萬首唐人絕句作將發循州社日於所居館宴送　新藝文志丁部集錄別集類裴夷直詩一卷

趙柷又金外　唐會要七十六寶曆元年四月賢良方正能直言極諫科趙祝及第緯畧同祝疑柷　敬宗處分賢良方正等科舉人制賢良方正能直言極諫科舉人第四等趙柷

中書門下郎與處分大詔令　李商隱代彭陽公遺表其節度留務差行軍司馬趙祝訖文苑英華六百二十六

薛褒又度中　新表薛氏西祖房浙西觀察使苹子褒字魯志　吳興志薛褒會昌六年八月十日自安州刺史拜卒官

李行方又吏中吏外戶外　唐詩紀事五十二元和十一年中書舍人李逢吉下三十三人所擢多寒素李行方輩皆預選　新王質傳奏署宣歙幕府者若隴西李行方等皆一時選云　劉賓客文集三王公神道碑羔雁所禮則隴西李行方

封敖又祠外　新表封氏司封員外郎杭州刺史亮子見封外敖字碩夫戶部尚書渤海縣男　舊傳元和十年登進士第會昌初以員外郎知制誥召入翰林爲學士拜中書舍人　新傳會昌初以左司員外郎召爲翰林學士三遷工部侍郎　重修承旨學士壁記封敖會昌二年十二月一日自左司員外郎兼侍御史知雜事充翰林學士其月三日改駕部員外郎三年五月二十五日加知制誥四年四月十五日遷中書舍人翰苑羣書上

蔣伸　新表蔣氏祕書監乂子見勳外伸字大直相宣宗懿宗古今姓氏書辨證中書侍郎華州刺史　舊傳登進士第大中初入朝

右補闕史館修撰轉中書舍人召入翰林爲學士自員外郎中至戶部侍郎學士承旨新傳畧同

鄭涿　新表鄭氏北祖房德宗相珣瑜子見吏外顒弟見戶外涿不詳歷官

柳喜見左中

李當又主外　新表隴西李氏姑臧大房祕書少監益子當刑部尚書　舊懿宗紀咸通十二年三月以吏部侍郎李當等考試宏詞選人又十三年五月辛巳敕貶尚書左丞李當道州刺史于琮之親黨也　石刻華嶽題名右補闕李當鄉貢進士崔安潛會昌五年二月八日同

赴陝西華陰　北夢瑣言八　唐李當尚書鎮興元
裴坦又戶外　新表中眷裴氏福建觀察使乂子坦字知進
相僖宗　新傳及進士第令狐綯當國自楚州刺史薦
爲職方郎中知制誥再進禮部侍郎
鄭路又吏外封中　新表鄭氏北祖房駒子路不詳歷官　舊
書禮儀志六　會昌六年三月太常博士鄭路等奏東都
太微宮神主臣今與學官等詳議訖云云
崔巖　新表博陵第二房崔氏戶部尚書安平肅公倰子
巖字標魯襄州觀察掌書記　舊崔倰傳子巖登進士
第辟襄陽掌書記監察御史方雅有父風

韋旭　新表韋氏龍門公房順憲相執誼子見吏中　旭字就
之
楊知温又禮中補　新表楊氏越公房刑部尚書汝士子見封外
知温字德之荆南節度使　舊楊汝士傳子知温登進
士第累官至禮部郎中知制誥入爲翰林學士戶部侍
郎新傳知温終荆南節度使　重修承旨學士壁記楊知温大中十
一年九月八日自禮部郎中充十二月十九日加知制
誥十二年五月十二日三殿召對賜緋十月十一日拜
中書舍人依前充十三年九月十三日召對賜紫十四
年十月加工部侍郎知制誥依前充翰苑羣書上　舊懿宗

紀咸通十年十二月以吏部侍郎楊知温等考試宏詞
選人十一年二月以吏部侍郎楊知温等考試宏詞選
八
李懿　白居易有唐善人墓碑五男曰訥朴恪懿碩白氏文集
四十一　新高銖傳大中時太常卿高銖嘗罰禮生博士
李懿愠見東觀奏記同會要六十五在大中九年八月
崔璙又考中戶外　新表南祖崔氏禮部尚書翹曾孫見封外　庇
子璙字潤中　舊崔昭緯傳父璙鄂州觀察使　懿宗
大赦文河南府水災之後仍歲飛蝗想彼蒸黎尤多凋
瘵宜別賜鹽鐵河陰入運米三萬石委崔璙充諸色用

新紀咸通七年十一月辛亥崔璙當是河南尹
皇甫燠　五代會要十八　晉天福六年四月監修國史趙瑩
奏咸通中宰臣韋保衡與蔣伸皇甫燠撰武宗宣宗兩
朝實錄
盧緘又吏外　文苑英華二百八十一　趙嘏送盧緘歸揚州詩集作
盧緘
鄭確又戶中　唐才子傳七　賈馳太和九年鄭確榜進士
盧告又封中　新表盧氏太子少傅宏宣子見吏中　告字子有
友一本　左補闕　新循吏盧弘宣傳子告及進士第終給事
中　舊宣宗紀大中八年三月文宗實錄修成修史官

石補闕盧吉等頒賜銀器錦綵有差（吉字誤，會要吉作告，舊魏謩傳同。又云序遷職秩）杜牧盧告除左拾遺制稱承奉郎行京兆府長安縣尉直史館盧告是吾賢鄉老之令子弟也以甲科成名以家行稱著取自史閣拔居諫垣云云（樊川文集十七）

新藝文志（乙部史錄起居注類）文宗實錄四十卷盧告等撰告字子有弘宣子也歷吏部侍郎

崔嗣言（又吏中附存戶中祠外）　新表博陵第三房崔氏虢州刺史元亮子（見膳外補）字詢之昭義節度判官　白居易唐故虢州刺史贈禮部尚書崔公墓誌銘次子嗣言舉進士（白氏文集七十）　吳興志崔嗣言咸通三年二月自吏部郎中拜卒官（統紀云戶部）　舊五代史（唐書四十五）崔貽孫傳父嗣言潞州判官　雲谿友議（六）浙東李尚書（褒）幕下崔副使嗣言後爲郎中止於吳興郡守自南宮出爲名郡

張黯　姑蘇志（五十四）張籍子黯不詳歷官（籍見主中）　又（五會）昌六年侍郎陳商知貢舉進士張黯　李商隱樊南乙集序七月尚書河東公守蜀東川奏爲記室十月得吳郡張黯見代改判上軍（文苑英華七百七）（大中五年）

盧鉟（又戶外）　盧懷（新藝文志瓌）杼情集盧常侍鉟牧瀘江（太平廣記二百七十三南部新書辛作盧江）

孫瑝　新表武邑孫氏睦州刺史公乂子瑝字子澤鳳翔少尹　舊懿宗紀咸通十一年九月正議大夫御史中丞上柱國賜紫金魚袋孫瑝汀州刺史坐劉瞻親善爲韋保衡所逐也（舊劉瞻傳御史中丞孫瑝等皆坐瞻親善貶逐新劉瞻傳御史中丞孫瑝等坐與瞻善分貶嶺南）

崔朗（又勳中戶外）　新表博陵大房崔氏戢子朗字內明長安令　舊懿宗紀咸通十年八月貶長安縣令崔朗澧州司戶崔雍之親黨也　舊僖宗紀乾符三年七月以工部侍郎崔朗爲同州刺史

鄭繁（又金中　又御史臺蝤首空處題名）　石刻李景讓等華岳題名有口口鄭繁（當是進士二字開成四年　陝西華陰）　石刻兖公之頌碑側題名兖海節度推官試祕書省正字鄭繁大中八年正月七日題（山東曲阜）

裴瓚　新表南來吳裴氏令寶後河南府司錄參軍克子檢校司空璩弟（見戶中）瓚字公器刑部尚書　唐摭言（七）裴瓚終禮部尚書　舊僖宗紀乾符元年七月以禮部侍郎裴瓚檢校左散騎常侍潭州刺史御史大夫湖南觀察使

李琨（見左中）

劉承雍　舊劉禹錫傳子承雍登進士第亦有才藻　舊僖宗紀乾符三年七月王仙芝攻汝州下之刑部侍郎

劉承雍在郡爲賊所害　資治通鑑唐紀六十八　咸通十四
年十月貶韋保衡所親翰林學士戶部侍郎劉承雍爲
涪州司馬重修承旨學士壁記司馬作司戶又失載戶侍及入充學士年月
盧望又勳中　舊五代史晉書十九盧質傳父望唐尚書司勳郎
中累贈太子少傅新傳同
李繪見左中
杜貞符又倉外勳外附存　舊僖宗紀乾符二年七月以左司勳
員外郎杜貞符爲都官郎中案勳字衍　三水小牘云中和
辛丑暮秋月都監西門季玄遷次于滎陽郡時太守杜
貞符太平廣記一百二十三案滎陽郡鄭州

鄭綦又戶外　舊僖宗紀廣明元年十二月賊入京城將作
監鄭綦等義不臣賊舉家雉經而死新黃巢傳畧同
杜廷堅又勳中戶中　新表京兆杜氏天平節度使勝子庭堅
字輔堯衛州刺史　舊杜黃裳傳傳孫庭堅進士擢第
唐嶠　新表唐氏福建團練使扶子見勳中嶠字仲伸　舊
僖宗記乾符二年三月以左司員外郎唐嶠爲刑部郎
中沈炳震曰刑部下疑闕都官二字
畢紹顏王本缺趙本畢口　新表畢氏懿宗相諴子見戶外　紹顏渭
南尉直史館　舊畢諴傳子紹顏登進士第累歷顯官
舊僖宗紀乾符二年三月以刑部員外郎畢紹顏爲

左司員外郎
張裕又戶中　新安志九張裕乾符中歙州刺史
裴墠　新表中眷裴氏汾州別駕郜子墠字右郊越州觀
察判官　京兆金石錄唐右司郎中裴墠墓誌姪質撰
咸通十二年　又唐浙東觀察判官裴墠妻蕭煥墓誌唐裴
墠撰咸通十二年寶刻叢編
鄭頊王本頊誤珣　新表鄭氏南祖房兵部尚書祗德子頊廣
文館助教　舊僖宗紀乾府二年三月以侍御史鄭頊
爲刑部員外郎　六年三月試宏詞選人以刑部郎中
鄭頊爲考官

孫緯又戶中　新表武邑孫氏監察御史範子見金緯字仲
隱歙州刺史吏部侍郎　唐詩紀事六十六孫緯咸通八年
宏詞登科
狄歸昌　舊昭宗本紀乾寧四年九月癸酉朔以御史中
丞狄歸昌爲尚書右丞下文光化元年九月戊辰朔以御史中丞狄歸昌爲尚書左丞
沈炳震云歸昌乾寧四年九月以中丞拜右丞若自右轉左不必復書前銜疑屬重出衍文　雲臺
編敘事感恩上狄右丞詩注頃年廁給事崇出守同州
右丞在幕席各退飛游謁始受獎知
格案石刻左外與初刻同是一面尚存元懷景一行
二本有張涗二行二本有張倚三行二本有□□之崔漁四

行二本缺　王崟五行二本缺　趙匡六行二本有　韋成季七行
二本缺　八人姓名
補遺
韋虛心又戶中倉外補又御史臺侍御題名　新表韋氏南皮公房右庶
子維子見戶中　虛心工部尚書　舊傳舉孝廉累至大理
丞侍御史後遷御史中丞新傳同　孫逖東都留守韋公
神道碑司會之府允釐庶績命公作倉部左司二員外
戶部兵部右司三郎中左右丞兵部侍郎以至于工部
尚書文苑英華九百十八　蘇頲授王上圭爵郎中等制朝議郎
守侍御史內供奉判右司員外郎上柱國韋虛心可守

右司郎中英華三百八十九
長孫孝紀又御史臺侍御殿中題名　新表長孫氏刑部尚書祥孫孝
紀左司員外郎姓纂同
崔峻　新表博陵第二房崔氏鄧州刺史先意子見金外　峻
左司員外郎
郭震又御史臺侍御殿中監察題名　元和姓纂十九鋒　濟州刺史郭崇禮
生震左司員外郎馮翊人　舊韋安石傳開元二年姜
晦爲御史中丞以韋安石等作相時同受中宗遺制宗
楚客韋溫削除相王輔政之辭安石不能正其事令侍
御史洪子輿舉劾之子輿以事經赦令固稱不可監察

御史郭震希姜皎等意越次奏之新傳同　新趙彥昭傳
玄宗時殿中侍御史郭震劾暴趙彥昭舊惡舊傳畧同會要六十
一在開元二年三月
崔厦　新表博陵第二房崔氏藝孫厦舒州刺史　毘陵
集六附左司員外郎崔厦駁郭知運謚議文苑英華八百四十文粹
四十一同今本唐會要七十九作右司員外郎崔厚
竇昱　新表竇氏三祖房中書舍人庭華弟庭芳子昱給
事中元和姓纂中書舍人庭華生昱左司員外　又和盩令襲神武郡公靈
感子昱延州戶曹參軍襲公　又太僕少卿鋒子昱隋
州刺史姓纂同

胡証又戶中補　舊傳証字啟中　東人父瑱登進士第証貞
元中繼登科元和四年由侍御史歷左司員外郎長安
縣令戶部郎中田宏正請除副貳兼御史中丞充魏博
節度副使仍兼左庶子　舊楊憑傳元和四年復命左
司員外郎胡証等同推鞫楊憑贓罪及不法事　集古
錄目唐楊公舊隱碣唐刑部郎中胡証撰夏縣令黎燗
書縣□李靈省篆額証其門人也無所立年月在夏縣
訪碑錄元和六年立
盧元輔又吏中金中　新表第三房盧氏德宗相杞子見吏中　元
輔華州刺史　舊傳字子望進士擢第德宗求盧杞後

特恩拜左拾遺再遷左司員外郎歷杭常絳三州刺史以課最高徵爲吏部郎中　白居易盧元輔杭州刺史制河南縣令盧元輔嘗守商都頗聞有政再領京縣益見其才可杭州刺史 白氏文集五十五　呂温祭座主故兵部尙書顧公文稱貞元 脱二字 二十年歲次甲申月日門生右拾遺盧元輔 文苑英華九百八十八集無

陸潤　新表陸氏祕書監齊望子潤左司員外郎 元和姓纂試祕書少監齊望生潤祠部員外嘉興八案祠外補主外有陸潤此潤字疑郎潤之譌

韓鈞　新表韓氏洋州刺史復子鈞左司員外郎

劉行昌　元和姓纂十八尤 吉州刺史劉紹榮孫行昌左司

員外盧江人

附存

杜崇懿　元和姓纂十姥 南陽襄公杜行敏生崇懿宮尹丞判左司員外京兆人　新表崇懿宮尹丞右司員外郎麗正殿學士　舊杜佑傳祖慤右司員外郎詳正學士權載之文集十一 岐國公杜公淮南遺愛碑銘王父諱慤尙書右司員外郎麗正殿學士　又二十 杜公墓誌銘王父慤皇中散大夫尙書右司員外郎詳定學士 錢氏大昕曰慤與懿字相似世系表又多一崇字格案左司疑 司之誤

白敏中 見戶外倉外附存　又　新傳武宗時自侍御史再轉左司員外郎知制誥召入翰林爲學士　舊傳會昌初爲殿中侍御史分司東都尋除戶部員外郎還京知制誥召入翰林充學士　重修承旨學士壁記白敏中會昌二年九月十三日自右司員外郎充 考石刻封敕上無缺文知新傳誤

歸安丁寶書編次

唐尙書省郎官石柱題名考卷二終　勞檢丁士諤校字

唐尚書省郎官石柱題名考卷三

仁和　勞格　著
　　　趙鉞　著　歸安丁寶書編次

吏部郎中

唐六典吏部尚書其屬有郎中二人從五品上（龍朔二年改吏部郎中爲司業大夫咸亨光宅神龍並隨曹改復）郎中一人掌考天下文吏之班秩品命一人掌小選舊書職官志吏部郎中二員從五品上龍朔爲司列大夫咸亨光宅並隨曹改也新書百官志吏部郎中正五品上武德五年改選部曰吏部龍朔元年改吏部曰司列光宅元年改吏部曰天官天寶十一載改吏部曰文部至德二載復舊

（石刻）鄭元敏　牛方裕　劉林甫　李廿規　張銳
甘神符　温彥博　胡演　趙弘智　楊纂
薛述　李孝元　宇文節　長孫祥　劉祥道
蕭孝覲　于立政　陸敦信　趙仁本　裴明禮
王儼　崔行功　獨孤元愷　温無隱　于敏同
裴晧　韋憬　魏玄同　穆弘武　鄭玄毅
李德穎　張希裴　陳義方　王元壽　韋萬石
秦相如　劉應道　劉齊禮　元知敬　顏敬仲
崔文仲　王友方　宋玄爽　高光復　路元叡

王遺怨　張行禕　孟允忠　董敬元　張詢故
王方慶　鄭杲　高元思　釆懷敬　李瑄
李志遠　紀先知　皇甫知常　孫彥高　顧琮
齊景胄　盧懷慎　岑羲　楊降禮　鄭納言
韋播　辛廣嗣　蕭璿　韋抗　沈□□
李問政　崔叔瑜　元懷景　裴藏曜　李朝隱
馮嶷　崔璩　張敬忠　慕容珣　趙昇卿
李元紘　鄭齊嬰　靳恒　楊舀　薛兼金
張衵　褚琇　杜暹　楊範臣　蕭識
員嘉靜　袁仁敬　徐玄之　陳希烈　張洸

崔□　鄭少微　崔希逸　皇甫翼　盧絢
元彥沖　張珦　裴敦復　劉日政　李彭年
宋詢　李憕　苗晉卿　斑景倩　韋陟
徐惲　李朝弼　孫逖　李昂　韋述
張季明　趙安貞　鄭昉　楊仲昌　王燾
李麟　楊慎餘　李暐　源洧　鄭審
李伉　王維　韋之晉　李廙　崔猗
韋偘　崔灌　李季卿　蔣渙　薛邕
畢宏　閻伯璵　韋霸　蕭直　崔翰
盧允　張重光　賀若察　崔器　庾準

韋少遊　王延昌　韓滉　趙縱　韋元曾
韋謣　裴綜　房宗偃　杜亞　盧杞
李承　齊貢　李竦　盧翰　趙贊
劉從一　郭雄　崔造　殷亮　苗丕
韋夏卿　柳晃　李玗　趙宗儒　劉執經
楊於陵　崔漑　常仲儒　韋執誼　李鄘
鄭利用　房式　杜兼　竇羣　柳公綽
李藩　崔芃　張惟素　皇甫鏞　張賈
李建　盧公憲　韋乾度　韋顗　盧士玫
盧逢　韋宏景　崔植　陳諷　崔鄾

于敖　陳仲師　盧元輔　嚴公衡　嚴休復
高允　殷台　崔琯　韋詞　孔敏行
崔戎　高銖　宇文鼎　岑栯　王袞
李石　孫簡　盧鈞　張諷　薛膺
崔瑨　盧弘宣　趙眞齡　崔球　盧弘止
柳仲郢　蔣豐　李行方　韋宙　皇甫鉟
牛蔚　穆仁裕
補遺　祖孝孫　王續　柳威明　皇甫屏度　韋叔謙
衞知敏　王某　李綰　張粱客　馬覬
盧諝　韓大壽　李元素　鄭杲　崔玄暐

楊祇本　劉宅相　崔寓　鄭昂　姚誾
程休文　崔祐甫　郭晤　馬炫　王定
齊珝　李傭　唐次　竇易直　韋纁
楊嗣復　裴濟　王高　陳夷行　崔璪
崔璜　元晦　盧簡求　盧懿　李顥鈞
李從晦　鄭茂林　楊嚴　盧知猷　陸勳
裴質　李磎　楊授　崔肩　楊涉
段安節　蕭頎　李光嗣　夏侯淑　石抱忠
鄭亞　敬昕　李直　劉垾　劉文濟
姚勛　曹鄴

附存　薛能　崔芻言　李乂　蘇勛

勞檢丁士諤校字

唐尚書省郎官石柱題名考卷三

鄭元敍　通典職官五　武德二年選部郎中鄭元鍼以贓犯處極刑案鍼疑敍誤

牛方裕又金中　新表安定牛氏隋吏部尚書寄章公宏子方裕金部郎中左庶子　舊太宗紀上　貞觀二年七月戊申詔萊州刺史牛方裕等並於隋代俱蒙任用乃協契宇文化及構成弒逆宜依裴虔通除名配流嶺表又下　七年正月戊子詔曰牛方裕等大業季年咸居列職爰在江都遂行弒逆天下之惡古今同棄宜寘重典以勵臣節其子孫並宜禁錮勿令齒敘

劉林甫林甫王本鈌趙本材口　又金中　新表廣平劉氏兖州刺史矜孫林甫中書侍郎樂平男　舊劉祥道傳父林甫武德初爲內史舍人擢拜中書侍郎　新傳林甫武德時爲內史舍人歷中書吏部二侍郎

李廿規無考

張鋭　會要七十五　武德七年高祖謂吏部侍郎張鋭曰今年選人之內豈無才用者卿可簡試將來欲縻之好爵於是遂以張行成張知運等數人應命時以爲知人　新書張行成傳高祖謂吏部侍郎張鋭曰今選吏豈無才用特達者朕將用之鋭言行成

甘神符無考又吏外

温彥博　新表温氏隋泗州司馬君攸子彥博字大臨相太宗　舊傳高祖時自中書侍郎爲幷州道行軍總管長史沒於虜庭太宗卽位徵還授雍州治中尋檢校吏部侍郎復拜中書侍郎　新傳自中書侍郎以幷州道行軍長史被執突厥太宗立得還授雍州治中尋檢校吏部侍郎復爲中書侍郎　會要七十四　貞觀元年温彥博爲吏部郎中知選事意在沙汰多所擯抑而退者不伏囂訟盈庭彥博唯騁辭辨與之相詰終日喧擾頗爲識者所嗤據舊傳此檢校侍郎時事　新傳亦云檢校吏部侍郎欲汰擇士類寡術不能厭衆訟牒

滿廷時譏其煩碎

胡演　元和姓纂十一模　刑部侍郎胡演鄠縣人　舊長孫順德傳太宗時大理少卿胡演新傳同　資治通鑑唐紀二　武德元年八月薛舉遣其子仁果進圍甯州刺史胡演擊卻之

趙弘智又吏外　唐趙弘智碑云弘智字處仁又云自太子舍人爲吏部員外郎遷國子博士檢校吏部郎中尋爲越王府長史兼檢校吏部侍郎遂轉黃門侍郎又云爲國子祭酒嘗領東宮賓客金石錄二十四碑于志寍撰殷仲容正書麟德二年

舊孝友傳武德初授詹事府主簿轉太子舍人貞觀

中累遷黃門侍郎兼宏文館學士　新傳武德初爲詹
事府主簿太宗時繇太子舍人進黃門侍郎兼弘文館
學士
楊纂又勳中考中補　新表楊氏越公房隋安溫二州刺史安平
公文偉子纂戶部尙書長平公新傳字續卿　舊傳隋大業
中進士舉義軍渡河於長春宮謁見累授侍御史擢考
功郎中貞觀初長安令　新傳遷累侍御史除考功郎
中貞觀初爲長安令
薛述又勳中二見　新表薛氏西祖房隋通州總管彌敏七世
孫疑有誤述吏部侍郎

李孝元無考
宇文節又吏外勳中　新表宇文氏九隴令儉子節字大禮相
高宗姓纂節唐侍中　舊宇文融傳祖節貞觀中爲尙書右丞
新傳同　舊書刑法志永徽初勑黃門侍郎宇文節等共
撰定律令格式新書藝文志刑法類會要三十九同　詳定刑名制銀
靑光祿大夫行黃門侍郎平昌縣開國公宇文節爰逮
朝賢詳定法律永徽二年閏九月十四日文苑英華四百六十四　舊書音樂
志一永徽二年十一月高宗親祀南郊黃門侍郎宇文
節奏言依儀明日朝羣臣除樂懸請奏九部樂
長孫祥又吏外　新表長孫氏安世子祥刑部尙書　舊傳

以文德皇后近屬累除刑部尙書顯慶四年坐與無忌
通書見殺
劉祥道又吏外勳外　新表廣平劉氏林甫子見上祥道相高宗
新傳字同壽　舊傳少襲父爵樂平男永徽初歷中書舍人
御史中丞吏部侍郎新傳歷御史中丞顯慶中遷吏部
蕭孝覬又吏外封中　新書地理志三文水縣西十里有常渠武
德二年汾州刺史蕭覬引文水南流入汾州未知即蕭覬否
于立政又吏外　新表于氏太宗高宗相志寧子立政字匡
時太僕少卿虢州刺史舊志寧傳子立政太僕少卿　石刻令狐德
棻大唐故柱國燕國公于君之碑□□尙書吏部郎中

國子司業太子率更令使持節渠虢二州刺史太僕少
卿上護軍立政乾封元年陝西三原又石刻于辯機唐明堂令于大猷碑又石刻姚崇兗州都
督于知猷碑稱父立政結銜與此俱合此碑缺字亦據二碑增補惟知微碑少勳階耳　廣古今
五行記顯慶元年夏虢州刺史于立政太平廣記三百九十三
陸敦信　新表陸氏丹徒枝秦王府學士元朗子敦信相
高宗　元和姓纂敦原誤敬信兵部東臺二侍郎左侍極
誤御同三品檢校右原誤左相嘉興子　舊儒學上陸德明傳
子敦信龍朔中官至左侍極同東西臺三品　新傳麟
德中繇左侍極檢校右相累封嘉興縣子以老疾致仕
終大司成　會要七十九贈原州都督嘉興縣子陸敦信

謚曰康　舊高宗紀上麟德二年四月戊辰左侍極仍
檢校大司成嘉興縣子陸敦信爲檢校右相其大司成
宜停新紀署同　五月辛卯以右相嘉興縣子陸敦信等爲
檢校封禪使　又下乾封元年七月庚午左侍極檢校
右相嘉興縣子陸敦信緣老病乞辭機揆拜大司成兼
知左侍極新紀四月庚戌陸敦信罷
趙仁本又吏外　新表隴西趙氏忻州刺史元極子仁本相
高宗　舊附李義琰傳仁本陝州河北人貞觀中累轉
殿中侍御史擢吏部員外郎乾封中歷遷東臺侍郎同
東西臺三品

裴明禮　御史臺記裴明禮河東人善於理生家產巨萬
貞觀中自右臺主簿拜殿中侍御史轉兵吏員外中書
舍人累遷太常卿太平廣記二百四十三　舊書禮儀志一高宗
時有太常卿裴明禮太常少卿韋萬石相次參掌其事
王儼見左中勳外　又勳中考外
崔行功見左中戶中　又吏外主外　舊文苑傳高宗時累轉吏部
郎中新文藝傳上同
獨孤元愷又主中　新表獨孤氏虞杭簡三州刺史洛南郡
公義順子元愷給事中元和姓纂同
温無隱又主外　新表温氏禮部尚書黎孝公大雅子無隱
工部侍郎　舊温大雅傳子無隱官至工部侍郎
于敏同又吏外主外　新表于氏彭州刺史欽明子敏同中書
舍人
裴皓　新表東眷裴氏道護後洛州刺史謚定懷節子皓
太僕少卿
韋憬　新表韋氏逍遙公房隋內史舍人福嗣子憬尚書
左丞
魏玄同又吏外勳外　新表魏氏東祖後濮陽令乂子元同字
和初相武后元和姓纂地官尚書兼納言鉅鹿公元同　舊傳舉進士累轉
司列大夫坐與上官儀文章屬和配流嶺外上元初拜

岐州長史新傳同
穆弘武　新表楊氏越公房隋萬年令蒼山公岳子駕部
郎中宏文弟見度中　宏武相高宗　舊傳武德初拜左千
牛備身永徽中爲吏部郎中孝敬爲皇太子以爲中舍
人　新傳永徽中累爲吏部郎中太子中舍人
鄭玄毅無考　又勳中戶外
李德穎　歷代名畫記三貞觀中褚河南等監掌裝背並
有當時鑒識人押署跋尾官爵姓名貞觀十一年月日
宣義郎行參軍李德穎數云云十二年月日題署同
張希裴王本希□趙本希乘案俱未確

陳義方義王本鈌封外祠外又　元和姓纂十七眞　陳藝生義方禮
部侍郎知吏部選河東桑泉人
王元壽又倉中　孫遜滄州刺史鄭公孝本墓誌銘公娶於王
氏瑯耶郡君公正彭叔夏云二字疑員郎令思之孫司刑大夫
允壽之女文苑英華九百五十一　新表太原第二房王氏孝幹
子元壽不詳歷官
韋萬石又吏外封中度外　新表韋氏逍遙公房象州刺史挺
子見封中萬石太常少卿元和姓纂吏部郎中太常少卿知吏部選　舊傳上
元中自吏部郎中遷太常少卿新傳上元中遷累太常少卿
秦相如又動外　元和姓纂十七眞　唐瓜州刺史秦孝言生相

如吏部郎中鄜州洛川縣人　會要二十六　顯慶四年二
月二十八日引諸色目舉人謁見下詔策問秦相如等
五人爲上第令待詔宏文館每坐日令隨仗供奉詳左中崔
行功注
劉應道又吏外補動中動外　新表廣平劉氏林甫子見上祠部郎中
慶道弟見戶外應道吏部郎中　舊劉齊賢傳叔父吏部
郎中應道等八人前後爲吏部郎中員外新傳同
劉齊禮無考
元知敬動中有元和敬　元和姓纂二十二元　唐兵部郎中元務整生
知敬吏部郎中河南洛陽縣人　嚴州重修圖經尤知

欽□□□年二月十九日自隨州刺史拜案疑郎元知敬尤元誤欽
避宋諱改在高宗時
顏敬仲　石刻顏眞卿唐故通議大夫行薛王友柱國贈
祕書少監國子祭酒太子少保顏君惟貞廟碑銘著作郎
脩國史夔府長史贈虢州刺史勤禮生敬仲明經以孝
聞建中元年陝西西安　新書儒學中　殷踐猷傳族子晉州長史殷
成己母顏叔父吏部郎中敬仲爲酷吏所陷率二妹割
耳訴冤敬仲得減死
崔文仲　新表南祖崔氏君操子文仲吏部郎中
王友方　新表中山王氏隋大中正開府儀同三司元季

子有方岷州刺史舊王晙傳祖有方岷州刺史新傳亦作有方　文苑英華
五百五十二有王友方司倉拔薤父老送錢判一道　金石
二跋一　唐漁陽郡君李龕銘先題首豫州司功參軍事
上騎都尉王有缺後題折衝第二息前郴州司兵參軍
友方脩立顯慶四年六月
宋玄爽王本鈌趙本作粱元爽格審定是宋玄爽　元和姓纂二宋　唐秦州長史
有脫字生元爽尚書左丞秋官侍郎揚洛二州長史扶風
人　舊書姚璹傳沙門理中擬據巴蜀爲亂制令姚璹
按其獄又令洛州長史宋元爽御史中丞霍獻可等重
加詳覆亦無所發明新傳畧同外補霍獻可注詳左　新書突厥上　默

毅傳聖歷元年中宗還自房陵爲皇太子拜行軍大元帥以文昌右丞宋玄爽爲長史　李嶠授宋玄爽司膳少卿制勑朝請大夫守司僕少卿宋玄爽藝能詳洽局量優深踐行不虧歷官著稱參守僕正以表公勤可兼檢校司膳少卿餘如故文苑英華三百九十八

高光復復王本缺又吏外　新表渤海高氏吏部侍郎敬言子光復天官郎中

路元叡叡二本缺王考云當是元叡又勳中戶中度外　新表平陽路氏平愛泰三州刺史宣城縣公文昇子元叡勳吏二郎中廣州都督　新書武后本紀光宅元年七月戊午廣州崑崙殺其都督路元叡　舊王方慶傳則天時廣州都督路元睿冒求崑崙貨崑崙懷刃殺之新傳畧同

王遺恕又封外考中戶外　李嶠爲王遺恕讓殿中少監表畧云臣身積釁咎偷延苦菜陛下牽以縶維精誠無感遂復肅膺紫綬權就纍縲攝職天臺慙簡要之目徙秩京輦乏仁明之政不謂聖慈曲覽重延殊獎云云文苑英華五百七十七　案攝職天臺指在吏部時

張行禕無考

孟允忠又勳外　元和姓纂四十三映唐吏部侍郎孟允忠華陰人原本誤入四十六徑甯氏注　舊文苑上附崔行功傳孟利貞兄允忠垂拱中爲天官侍郎

董敬元又戶外倉中　元和姓纂一董董感生敬元倉部郎中幽州刺史宏農人

張詢故鍼案張詢疑詢古之誤詢古見吏外封外

王方慶又考外　新表琅邪王氏魏州刺史宏直子綝字方慶相武后　舊傳起家越王府參軍永淳中累遷太僕少卿則天臨朝拜廣州都督新傳起家越王府參軍武后時累遷廣州都督　舊高宗紀永淳元年三月戊午立皇孫重照爲皇太孫欲開府置僚屬吏部郎中王方慶曰未有前例云云新懿德太子傳同　唐摭言一　咸亨五年七世伯祖鸞臺鳳閣龍

石白水公時任考功員外郎案龍字衍白水當作泉

鄭杲又考外見吏中補當移入

高元思　新表渤海高氏沂州刺史元景子元思吏部郎中　楊炯庭菊賦序天子幸於東都皇儲監守於武德之殿高元思張師德以至孝託後車文苑英華一百四十九

采懷敬　元和姓纂十五海北平采氏給事中刑部侍郎采宣明生懷敬吏部郎中宗正少卿

李琯　新表趙郡李氏東祖房深州刺史伯思子琯不詳歷官

李志遠又吏外勳中作至遠勳外倉外又御史臺左稜題名　新表趙郡李氏

南祖房鄭令休烈子鵬字至遠壁州刺史新傳始名鵬　舊
臣吏李素立見戶外　傳孫至遠長壽中爲天官郎中內史
李昭德重其才薦於則天擢令知流內選事　新循吏
傳高宗時擢監察御史裏行忤貴倖外遷久乃歷司勳
吏部員外郎中遷天官侍郎知選事　唐會要七十四如
意元年九月天官郎中李至遠權知侍郎事權事廣記有
舊李藩傳曾祖至遠天后時李昭德薦爲天官侍郎藩見
左外　舊李承見下傳吏部侍郎至遠之孫案志至唐人通人
紀先知又金外　新表紀氏雍州司倉參軍儼子先知御史
中丞

皇甫知常又吏外考中　新表皇甫氏高陵令文亮子見度中　知
常洛州揚州長史　楊炎安州刺史杜公鵬舉神道碑洛
州長史皇甫知常人之標準美公志行嘗與請交文苑英華
九百二十三
孫彥高又戶外　元和姓纂二十三魂　唐尚書左丞孫彥高廣陵
人　舊書則天皇后本紀聖厤元年八月己丑突厥默
啜攻陷定州刺史孫彥高死之新紀作乙卯舊新突厥傳同
顧琮見左外
齊景胄　元和姓纂十二齊　唐黃門侍郎齊璿見金外　生景胄
左丞刑部侍郎成都人　唐會要七十八　開元五年二月

齊景胄除劍南節度使支度營田兼姚巂等州處置兵
馬使因此始有節度之號　四川成都誌一十　開元二年
以黃門侍郎齊景胄授劍南節度度支營田處置兵馬
充風俗宣撫使益州大都督府長史一年　李華唐贈
太子少師崔公景晊神道碑歷梓州鹽亭丞晉州司法參
軍刺史齊景胄洎州長舉公清白中正差充支使畢構
代齊假爲判官文苑英華九百
盧懷慎又吏外又御史臺侍御題名　新表盧氏潭州司戶參軍挺子
吏外有挺　懷慎相元宗　舊傳舉進士歷監察御史吏部員
外郎景龍中遷右御史臺中丞　新傳歷監察御史神

龍中遷侍御史遷右御史臺中丞
岑羲又吏外　新表岑氏雍州長史曼倩子見勳中　國子司業
獻弟見封外　羲字伯華相中宗案舊傳長倩子又云從兄長倩與表不合又自相岐
誤考新傳伯父長倩則舊傳長倩子當脫從字從兄當作從父　舊傳長安中爲廣武
令鳳閣侍郎韋嗣立薦羲拜天官員外郎神龍初爲中
書舍人　新傳第進士武后時自汜水令韋嗣立薦拜
天官員外郎俄爲中書舍人
楊降禮鉞案降當作隆避玄宗諱缺末筆　又吏外　祠外　新表楊氏尚衣奉御
正道子崇禮太府卿戶部尚書　舊楊慎矜傳父隆禮
長安中天官郎中神龍後歷洛梁滑汾懷五州刺史景

雲中以名犯元宗上字改爲崇禮開元初擢爲太府少卿（新傳隆禮改州刺史開元初爲太府卿）　蘇頲授沈佺期太子少詹事等制正議大夫行衛尉少卿上柱國楊崇禮神情凝正器識沈敏久聞忠義之風克樹循良之績可行太府少卿散官勳如故（文苑英華四百三）

鄭納言（無考　又戶外作訥）

韋播　新表韋氏駙馬房灌子播吏部郎中宋國公　又韋氏逍遙公房式子播不詳歷官（時代不合）　舊元宗紀上景龍四年六月庚子臨淄王遣萬騎往元武門殺羽林將軍韋播（舊韋庶人傳同）　舊王毛仲傳景龍四年六月韋后

稱制令韋播爲羽林將軍押千騎營（新傳同）

辛廣嗣　新表辛氏比部郎中元道子廣嗣禮部侍郎（元和姓纂同）

蕭璿（又勳外）　蘇頲授蕭璿京兆尹制左散騎常侍上柱國東都留守蕭璿三王迭拜甫嗣家聲二鮑相承累光朝奬（文苑英華四百六）　張九齡故安南副都護畢公墓誌銘嶺南按察使廣州都督兼御史大夫蕭璿彼孝悌之士也以錫類之故有嘉德音於是拔補按察判官義行相成終始如一尤加欽重特以表聞（唐丞相曲江張先生文集十八）　定命錄武功馬祿師善相長安主簿蕭璿與縣尉李嶠李全昌同詣求決馬生云三人俱貴達大李少府位極人臣聲名振耀南省官無不虛任三入中書小李少府亦有清資得五品已上要官位終卿監蕭主簿中年湮沈晚達亦大富貴從今後十年家有大難兄弟並流唯公與一弟獲全又十年之後方卻得官遇大李少府在朝堂日當得引用小李少府入省官時爲其斷割後璿離長安任作祕書郎則天旣貴皇后王氏破滅蕭璿是其外姻舉家流竄兄弟六人配向嶺南唯璿與弟瑗配遼東無何有處置流移使出嶺南者俱死唯遼東者獲全兄弟二人因亡命十餘年至神龍初在蒙洗滌其時李嶠

作相於街中忽逢璿使人問是蕭祕書耶因謂之曰公豈忘武功馬生之言乎於是擢用時小李少府作刑部員外判還其家蕭公竟歷中外清要位至崇班三品官十餘政（太平廣記二百二十二）　廣異記新鄭蕭公是吏部璿之族門地亦高（太平廣記四百四十八）

韋抗（又吏外補　主外　又御史臺殿中題名）　新表韋氏鄖公房暘子抗（碑云字抗）刑部尚書謚貞　舊傳弱冠舉明經累轉吏部郎中以清謹著稱景雲初爲永昌令（新傳同）　蘇頲刑部尚書韋抗神道碑自左臺殿中侍御史轉尚書主客吏部二員外吏部郎中拜洛陽令（文苑英華八百九十六）

沈□□疑佺期見考外補
李問政又勳外　權德輿唐故尚書工部員外郎贈禮部尚
書王公端改葬墓誌銘娶隴西李氏隋太師申國公穆
五代孫吏部郎中問政之孫權載之文集二十四　張説之文集
六有送李問政河北簡兵詩
崔叔瑜　新表鄭州崔氏普安公士憲曾孫叔瑜吏部郎
中
元懷景見左外
裴藏曜無考　見左外又金中曜作耀
李朝隱又吏外　又御史臺侍御監察題名　新傳字光國京兆三原人明

法中第中宗時自聞喜令遷侍御史吏部員外郎遷長
安令　舊傳自聞喜令尋遷侍御史三遷長安令
馮顓見封中考外時代不合案石本似馮覬
崔璩　新表博陵大房崔氏武后中宗相玄暐子見吏中補璩
禮部侍郎襲博陵郡公　舊元暐傳子璩官歷中書舍
人禮部侍郎新傳子璩終禮部侍郎崔湹傳父璩位至禮部侍郎　舊
張敬忠又勳中勳外　舊張仁愿傳神龍中張仁愿在朔方奏
用監察御史張敬忠等分判軍事皆以文吏著稱多至
大官會要同云景雲二年新傳畧同　新張仁愿傳敬忠自監察御
史累遷吏部郎中開元七年拜平盧節度使　蘇頲命

姚崇等北伐制司勳郎中張敬忠等可行軍判官開元二年
三月二十八日文苑英華四百五十九　唐會要開元七年閏七月張敬
忠除平盧軍節度使自此始有節度之號　又七十八開
元十一年四月除張敬忠河西節度使兼赤水九姓本
道支度營田等使又加經畧使　張九齡益州長史叔
置酒宴别序我叔父前拜小司馬兼擁旄於五涼再命
左常侍仍總戎於三蜀是時屬當春夏之交唐丞相曲江張先生
文集十七　兩京新記先天中吏部郎中張敬忠有戲詠膳
部員外郎王上客詩太平廣記二百五十南部新書丁作王主敬　杜光庭
歷代崇道記開元十七年夏四月五日益州大都督府

長史張敬忠詳監察王大鏷注
慕容珣又封中　封外　又御史臺侍御監察題名　元和姓纂十一暮　兵部郎
中汾州刺史慕容知晦生珣吏部侍郎昌黎人　舊薛
登傳景雲中御史大夫薛登與殿中慕容珣奏彈僧惠
範恃太平公主權勢逼奪百姓店肆反爲公主所搆
新書諸公主列傳監察御史慕容珣復劾慧範事帝疑
珣離間骨肉貶密州司馬　蘇頲授慕容珣侍御史制
朝議郎行密州司馬員外置同正員慕容珣廷奏姦人
不避當道醜正非罪遺賢久一作攸歎長鯨已戮宜賁寵
章可朝散大夫行御史臺侍御史文苑英華三百九十四詳侍御

蘇頲授慕容珣吏部郎中等制黃門朝請一作散大夫檢
校尚書主爵郎中慕容珣在公無撓守道不回利用特
稱其割斷清心自表其剛正正議大夫行商州刺史上
柱國中國公高紹羽儀鵷鷺符采珪璋詣理愈見於昭
明屬詞每聞於警拔九流綜覈五等封建式副爲郎之
美宜膺選眾之求珣可尚書吏部郎中紹可行尚書主
爵郎中散官勳封各如故主者施行文苑英華三百八十九蘇頲總目作
賈至　元宗賑岐華等州勅宜令主爵員外郎慕容珣郎
馳驛往岐華同豳隴等州指宣朕意唐詔令　舊書刑法
志開元六年玄宗又勅吏部侍郎慕容珣等九人删定

律令格式七年三月奏上律令式仍名各格曰開元後
格新書藝文志刑法類同
趙昇卿又戶中補又御史臺殿中監察題名　元和姓纂三十小尚書左丞
華州刺史趙昇卿林疑臨汝人　蘇頲授趙昇卿駕部員
外郎制朝議郎前行兵部員外郎上柱國趙昇卿爰以
詞學亟兼文吏可行尚書駕部員外郎散官勳如故文苑
英華三百九十二　又授趙昇卿長安縣令制稱朝議郎守尚
書戶部郎中上柱國趙昇卿英華四百七
李元紘又度外補　新表隴西李氏丹陽房武后相道廣子元
紘字大綱相元宗　又隴西李氏丹陽房武后相昭德

子元紘不詳歷官　舊傳自雍州司戶轉好時令遷潤
州司馬開元初三遷萬年縣令俄擢京兆尹新傳同京兆尹作京
兆少尹
鄭齊嬰又御史臺監察題名　廣異記鄭齊嬰開元中爲吏部侍郎
河南黜陟使將歸途次華州爲表章及身後事沐浴服
新衣臥西壁下而卒太平廣記三百五十八　金石錄目錄七第一
千三百九十八唐吏部侍郎鄭嬰齊碑張楚金撰永泰元年十一月
寶刻類編三在潞
靳恆又御史臺侍御題名　元和姓纂二十四焮吏部郎中靳恆館陶人
又居汝南　張九齡故襄州刺史靳公遺愛銘公名恆

字子濟一舉爲拾遺三入爲御史尚書理本郎官選才
亟踐諸曹克歷羣議及再典大郡遂佐益州攝御史丞
都督西南軍事開元十二年以理跡尤異自是邦稍遷
陝州刺史唐丞相曲江張先生文集十九　王泠然上相國燕公書相
公必欲舉御史中丞莫若舉襄州刺史靳□生臺閣之
風非靳不可僕非靳親友但以知其賢明唐摭言六
楊舀疑滔見吏外
薛兼金又勳外　新表薛氏南祖房朏子兼金蒲州刺史
張祀又祠外又御史臺殿中監察題名　白居易唐故通議大夫和州刺
史吳郡張公無撰神道碑銘給事中張祀爲江淮安撫使

袁公正直奏置部從事白氏文集四十一　廣異記丹陽裔順
娶吳郡張昶女昶爲京兆少尹卒葬滻水東太平廣記三百三十
八
褚璆又吏外誤諸謬戶中　禮外補　又御史臺侍御監察題名　新表褚氏郇王友
襄陽翟侯遂賢孫永州司功參軍兼藝子璆吏部郎中
會要七十六　神龍二年才膺管樂科褚璆及第緯畧同
新褚遂良傳曾孫璆字伯玉擢進士第累拜監察御史
襄行先天中遷侍御史拜禮部員外郎　會要五十八　開
元五年四月九日勅吏部員外郎褚璆等案牘稽滯璆
稽四道詳吏外諸謬注

杜暹又吏外　又御史臺侍御殿中監察題名　新表濮陽杜氏天官員外郎
承志子吏外二見暹相元宗　舊傳舉明經開元四年自大
理評事遷監察御史累遷給事中新傳同　韓休授杜暹
等侍御史制稱朝議郎行殿中侍御史杜暹文苑英華三百九十
四　詳侍御
楊範臣又吏外　又御史臺侍御殿中監察題名範作軌　資治通鑑唐紀二十七　開
元四年五月上命監察御史楊範臣與胡人偕往海南
範臣奏罷之
蕭識或疑郎蕭諴見金中　會要七十六　開元六年博學通藝科蕭識
及第緯畧作蕭成

員嘉靜又勳外　考外　又御史臺殿中監察題名　元和姓纂二十文　唐吏部
郎中員嘉靜華陰人通志作嘉靜無中字　舊張嘉貞傳開元八
年張嘉貞爲中書令考功員外郎員嘉靜等皆爲所引
位列清要常在門下共議朝政時人語曰令公四俊苗
呂崔員新傳畧同　玄宗優恤張守潔等制故益州長史張
守潔故桂州都督員嘉靜等並守委藩鎮克著忠勤奄
隨化往良深震悼言念旅櫬猶在遐方用加優恤以慰
泉壤宜官造靈轝給傳還鄉所緣葬事並委有司支給
張守潔見侍御
袁仁敬又勳外　金倉外　元和姓纂二十二元　唐尚書左丞袁仁

敬襄陽人　會要七十六　神功元年九月絕倫科袁仁敬
及第緯畧同　新許景先傳開元十三年帝自擇刺史凡
十一人大理少卿袁仁敬爲杭州刺史治行詔宰相諸
王御史以上祖道洛濱盛具奏太常樂帛舫水嬉命高
力士賜詩帝親書且綸紙筆令自賦賚絹三千遣之通鑑
在開元十三年二月云命宰相諸王及諸司長官臺郎御史餞於洛濱供張甚盛賜以御膳太常具樂內坊歌
妓上自書十韻詩賜之　舊張九齡傳與尚書左丞袁仁敬等結
交友善有才幹而交道終始不渝新傳與袁仁敬等善世稱其交能終始
通典職官七　開元二十一年七月大理卿袁仁敬暴卒
繫囚聞之皆慟哭歌曰天不恤冤人兮何奪我慈親兮

有理無由申今痛哉安訴陳兮會要六十六同
徐玄之又吏外有立之　勳外　考外補　又主中　又御史臺殿中監察題名　元和姓纂
九魚　諫議大夫徐元之居南昌　吳興志徐元之開元七
年自諫議大夫授改邠王府長史統記云十五年　權德輿太
子少保徐公申墓誌銘吉州太和丞仁澈生皇吏部郎
中諫議大夫元之權載之文集二十四　李翺嶺南節度使徐公
行狀祖玄之皇考功員外郎贈吏部郎中諫議大夫李文
公集十一　贈疑衍
陳希烈又吏外　又御史臺侍御監察題名　元和姓纂十七眞　開元左脫相字
太子太師陳希烈世居均州　舊附張說傳希烈宋州

人開元中累遷至祕書少監　新書上姦臣附見李林甫
傳累遷中書舍人開元十九年爲集賢院學士
張況見左外
崔□或疑嘉無考
鄭少微又戶中金外　新表鄭氏北祖房慈州刺史曾孫許州
刺史長裕子見考中　少微岐州刺史據曾碑餘慶傳則少微是長裕弟非子也
蓋表誤移下一格耳　石刻梁昇卿唐故慈州刺史光祿卿鄭公
碑次子□□歷□部郎中中書舍人鴻臚太常□少卿
□□□侍郎案石刻少微名已殘缺以世系表證知之部上□字當即吏字　舊鄭餘
慶傳祖長裕弟少微爲中書舍人刑部侍郎兄弟有名

於當時　獨孤及唐故朝散大夫潁川郡長史贈祕書
監河南獨孤公通理墓表太極元年詔舉文可以經邦
國者時對策者數百人公與滎陽鄭少微特冠科首案會
要緯畧俱失載　唐會要七十六　大足元年理選使孟詵試拔萃
科鄭少微及第緯畧誤鄭徵　開元六年博學通藝科鄭少微
及第緯畧同　定命錄李公林甫拜中書鄭少微時已爲刑
部侍郎無何出爲岐州刺史未期又貶爲萬州司馬太平
廣記二百二十二　文苑英華四百七十九　有鄭少微對文可以經
邦國策一道景雲二年第二人　褒賜鄭少微等詔畧云日者
叢棘之地烏鵲來巢今結諸刑名纔逾五十雖化源自

遠亦欽慎使然其鄭少微等一十七人各賜一中上考
仍兼賜少物以存勸賞大詔令　案舊玄宗紀開元二十五年七月己卯大理少卿徐
嶠奏天下今歲斷死刑五十八幾致刑措烏巢寺獄　通鑑考異引實錄在十月丙午　權德輿祕
書郎壁記開元初滎陽鄭公具瞻之王考潁川府君叔
祖刑部府君皆繇禮官博士繼登其任權載之文集三十一
崔希逸又御史臺殿中題名　唐會要八十五　開元九年正月監察御
史宇文融奏萬年縣尉岑希逸充勸農判官　舊忠義李
憕傳開元九年宇文融爲御史括田戶奏知名之士崔
希逸等爲判官攝監察御史分路檢察以課並遷監察
御史　常袞咸陽縣丞郭君墓誌幕府三辟侍御史崔

希逸等爰以將命之務諮焉文苑英華九百六十　舊吐蕃傳開
元二十四年散騎常侍崔希逸爲河西節度使於涼州
鎮守謂吐蕃皆罷兩國守捉使內給事趙惠琮矯詔令
希逸掩襲之希逸不得已而從之大破吐蕃於青海之
上殺獲甚衆希逸以失信怏怏在軍不得志俄遷爲河
南尹行至京師死　舊牛仙客傳開元二十四年秋右
散騎常侍崔希逸代牛仙客知河西節度事仙客省用
所積數萬希逸以其事奏聞新傳畧同　舊書食貨志下開
元二十二年八月裴耀卿充江淮河南轉運都使以鄭
州刺史崔希逸爲副新志同　新書食貨志崔希逸爲河

南陝運使歲運百八十萬石　舊元宗紀開元二十五
年三月辛卯河西節度使崔希逸自涼州南率衆入吐
蕃界二千餘里己亥希逸至青海西郎佐素文子觜與
賊相遇大破之斬首二千餘級二十六年三月吐蕃寇
河西左散騎常侍崔希逸擊破之　孫逖授崔希逸河
南尹制朝散大夫守左散騎常侍持節河西節度經畧
支度營田九姓長行轉運等副大使知節度使事判涼
州事赤水軍使上護軍攝御史中丞賜紫金魚袋崔希
逸頃膺邦選爰委兵權能行上將之謀累獻西師之捷
可銀青光祿大夫河南尹勳如故文苑英華四百六　李華杭

州餘杭縣龍泉寺故大律師碑崔河南希逸嘗撫本杭
州麾幢往復文苑英華八百六十詳監察宇文融注　會要七十九贈河南
尹博陵縣公崔希逸謚曰成
皇甫翼又御史殿中監察題名　新表皇甫氏麟臺郎希莊子翼字
謀安青州刺史　韓休授皇甫翼等監察御史制稱朝
議郎行河南縣尉皇甫翼文苑英華三百九十五詳監察　顏眞卿
崔孝公陋室銘記公之澄清中外也以畿縣丞尉皇甫
翼等並以清白吏能而薦之顏魯公文集十四　張九齡授皇
甫翼等加階制門下朝散一作請大夫檢校尚書左丞上
柱國皇甫翼等才有國良望爲時重或紀綱會府成司

直之名或彌綸列曹得在公之譽屬禮崇齋祭慶洽袞
冠宜加等級之恩用廣殊常之賜可依前件文苑英華四百十七
盧絢　新表盧氏游道子絢太子詹事　新書姦臣上李林
甫傳帝嘗大陳樂勤政樓既罷兵部侍郎盧絢按轡絕
道去帝愛其醖藉稱羨之明日李林甫召絢子曰尊府
素望上欲任以交廣若憚行且當請老絢懼從之因出
爲華州刺史俄授太子員外詹事絢由是廢　唐會要
七十六神龍二年才膺管樂科盧絢及第緯畧同　張九齡
授盧絢裴寬見左中補御史中丞制勅朝議大夫中書舍人
內供奉上柱國盧絢可檢校御史中丞散官勳如故文苑

英華三百九十三　案張集無　唐會要七十八　開元二十二年二月十九日初置十道採訪處置使　原注宰相張九齡奏置　以御史中丞盧絢等爲之　張九齡勑授十道使制勑朝散大夫檢校御史中丞關內道宣慰賑給使上柱國盧絢等　曲江文集七　孫逖授盧詢　一作綸下同　太子詹事制門下太中大夫使持節華州諸軍事守華州刺史上柱國盧詢才標公望器重士林頃寄分憂備彰聲實近聞稱病已歷旬時雖從政之能猶堪於臥理而攝生之道終忌於勞神宜增班秩之榮俾在優閑之地可太子詹事員外置同正員　文苑英華四百三　案盧詢當作盧絢詢綸二字均誤

元彥沖　又吏外　勳外　又御史臺侍御殿中監察題名　會要八十二　開元二十年九月二十一日中書舍人梁昇卿　見戶中　私忌二十日報給事中元彥沖令宿衛會已出彥沖醉詬往復日暮其夜直官不見上大怒出彥沖爲邠州刺史因甥張垍妻新昌公主進狀申理云元不承報由是出昇卿爲莫州刺史　獨孤及陳留郡文宣王廟堂碑稱唐天寶十有一載歲次壽星陳留郡守河南道採訪處置使元公彥沖　毘陵集七　案獨孤及文苑英華八百四十六又八百十四俱作陳兼彭云文苑總目作獨孤及　萬齊融法華寺戒壇院碑開元二十四年都督河南元彥沖躬請律師重光聖日　會稽掇英總集十七　唐會稽太守

題名記元彥沖開元二十二年自襄州刺史授二十六年拜衛州刺史　會稽掇英總集十八　嘉泰志同　孫逖授元彥沖等諸州刺史制朝議大夫使持節都督越州諸軍事守越州刺史元彥沖等並逾四稔宜有遷遷令所進轉皆爲限約並須畫一無相奪倫云　文苑英華四百十　張說唐故左庶子贈幽州都督元府君墓誌銘孤彥沖等克遵遺訓靡所寘哀　張燕公集二十二　高適陳留郡上源新驛記壬辰歲太守元公連率河南之三載　高常侍集九　元和姓纂二十二元尙書右丞武陵公元懷景　見左外　生彥將給事中陳留太守採訪使河陽洛陽縣人　案以會要及毘陵集證之知即彥沖之誤

張珦　又勳中　又御史臺侍御監察題名　新表吳郡張氏將作少監承纘子珦吏部郎中　張說邠王府長史陰府君碑子堉吏部郎中吳興張珦　文苑英華九百三

裴敦復　又考外　又御史臺侍御監察題名　又左側　唐會要七十五　開元十一年十二月吏部侍郎崔琳　見戶中　掌銓收選殘　殘廣記有　人盧怡　見吏外　裴敦復于孺卿　見監察　等十數人無何皆入臺省衆以爲知人　又七十六　開元十二年將帥科裴敦復及第　緯畧同　唐語林八　神龍元年已來累爲主司者考功員外郎裴敦復再開元十九年二十年　王丘授裴敦復中書舍人制朝議郎檢校吏部郎中裴敦復等　文苑英華

三百八十二　舊元宗紀上　開元二十二年正月乙酉懷衞
邢相等五州乏糧遣中書舍人裴敦復巡問量給種子
又下　天寶三載二月河南尹裴敦復沈炳震云下闕文卒
新書玄宗本紀天寶三載二月丁丑河南尹裴敦復等
討海賊吳令光閏月令光伏誅通鑑同閏月作四月　孫逖授裴
敦復刑部尚書制朝議大夫守河南尹攝御史大夫持
節江南東道宣撫招討處置使上柱國賜紫金魚袋裴
敦復巡撫江徼肅清姦宄功實簡心賞宜超等可銀青
光祿大夫守刑部尚書勳賜如故文苑英華三百八十六　資治
通鑑唐紀三十一　天寶四載三月乙巳以刑部尚書裴敦復

充嶺南五府經畧等使五月壬申敦復坐逗留不之官
貶淄川太守上嘉敦復平海賊之功故李林甫陷之
舊玄宗紀下　天寶六載正月辛巳淄川太守裴敦復等
以事連著作郎王曾等遣使就殺之　舊酷吏羅希奭傳
裴敦復等下獄事皆希奭與吉溫鍛鍊　舊李林甫傳
裴敦復以杜有鄰枝黨並坐極法新傳畧同　陳簡甫宣州
開元以來良吏記有若裴公敦復者繼班倩景竹承構之餘
承法理之極變而通之使人不倦推而廣之使人知化
振綱而羣目張舉大而細故削破觚為圜齊變至魯澆
俗由是觀於義矣文苑英華八百三十　舊李適之傳御史羅希

奭奉使殺裴敦復等於貶所
劉日政又勳中考外　又御史臺殿中監察題名作日正　新表彭城劉氏漢州
刺史易從子晸給事中　唐會要八十五　開元九年正月
監察御史宇文融奏洛陽縣尉劉日貞充勸農判官詳監
察宇文融注　顏眞卿崔孝公陋室銘記公之澄清中外也
以畿縣丞尉劉日正等並以清白吏能而薦之顏魯公文集十
四　孫逖唐濟州刺史裴公耀卿德政頌皇帝東巡狩鑾
輿反斾監頓使劉日正全文政奏公理行第一文苑英華七百七十
五　李華潤州鶴林寺故徑山大師碑銘稱菩薩戒弟
子故江東採訪使潤州刺史劉日正文苑英華八百六十二　王

維裴僕射齊州遺愛碑大駕還都分遣中丞蔣欽緒御
史劉日政宋珣等巡按皆嘉公之能奏課第一珣見金外
李彭年又吏外考外戶外　勳外　新表趙郡李氏西祖房禮部侍
郎景伯生彭年吏部侍郎　舊傳開元中歷考功員外
郎知舉又遷中書舍人　新傳有才剖析明悟歷遷中
書舍人　石刻御注孝經碑末題名有太中大夫守吏
部侍郎上柱國趙郡開國公臣李彭年天寶四載陝西長安
宋詢又封中　又御史臺侍御殿中監察題名　元和姓纂二宋　宋思敬生詢吏
部郎中左常侍樂陵人　蘇頲御史大夫贈右丞相程
行謀神道碑凡厥所嗟上之不隕直清而美者則侍御

史彭城劉彥回中見左　同郡宋詢文苑英華八百八十九
李憕又吏外　度外補　倉中又御史臺殿中監察題名　舊忠義傳下　憕太原文
水人以明經舉開元九年爲長安尉括田戶判官遷監
察御史驟歷兵吏部郎中給事中　新忠義傳上　自長
安尉假監察御史檢覈天下田眞拜御史坐小累下除
晉陽令三遷給事中
苗晉卿又吏外　度外　又御史題名監察貶又左側　新表苗氏殆庶子晉卿
字元輔相肅宗代宗　舊傳進士擢第授萬年縣尉遷
侍御史歷度支兵吏部三員外郎開元二十三年遷吏
部郎中二十四年與吏部郎中孫逖並拜中書舍人

新傳自脩武尉累進吏部郎中中書舍人
斑景倩見左外　戶中　又勳外　戶外
韋陟又封中　主外　新表韋氏鄖公房武后中睿相安石子見膳
外補　陟字殷卿吏部尚書郇國公　舊傳開元中歷洛陽
令轉吏部郎中張九齡引爲中書舍人　新傳開元中
爲洛陽令累除吏部郎中張九齡引爲舍人　石刻御
注孝經碑末題名有吏部侍郎上柱國彭城縣開國男
臣韋陟天寶四載陝西長安
徐惲又吏外　戶中　又御史臺殿中監察題名　新表北祖上房徐氏鞏丞
有道子惲沈本惲　字揖河採訪使　元和姓纂濮陽令有

忠生惲吏部員外襄字有脫　陳留太守採訪使　張九齡
加銀青光祿大夫中書令制末署郎中惲開元廿二年五月廿日下
淳熙祕閣續法帖卷第六　吳興志徐惲開元二十三年自登州
刺史授不曾之任遷洪州刺史充江西採訪使統紀云二十九
年　金石錄目錄七　第一千二百四十唐陳留郡太守徐
惲碑李邕撰徐浩行書天寶五載八月　李華慶王府司馬徐府君堅
碑君從父弟惲御史中丞陳留太守河南採訪清廉有
威所向聾震一作肅　文苑英華九百三
李朝弼無考　又戶中　見左外　倉外
孫逖又考外補　新表武邑孫氏宋州司馬嘉之子逖刑部侍

郎右庶子諡曰文　舊文苑傳孫逖潞州涉縣人自左
補闕辟太原從事開元二十一年入爲考功員外郎集
賢脩撰二十四年拜中書舍人　新文藝傳中　自太原
幕府以起居舍人入爲集賢院脩撰改考功員外郎俄
遷中書舍人　舊苗晉卿傳開元二十四年與吏部郎
中孫逖並拜中書舍人
李昂又封外　考外補　戶外　金外　倉外　考中　附存又御史臺侍御殿中監察貶又左側題名
新宰相表趙郡李氏東祖房都水使者暕子昂倉部員
外郎　又宗室表蜀王房延州司馬友諒子昂徐州司
戶參軍　又宰相表遼東李氏承休子昂不詳歷官

唐才子傳一李昂開元二年王邱下狀元及第天寶間
仕爲禮部侍郎知貢舉獎拔寒素甚多　唐會要七十五
開元八年七月王丘爲吏部侍郎拔擢進士李昂等不
數年登禮闈掌綸誥焉　新書選舉志開元二十四年
考功員外郎李昂爲舉人詆訶
韋述　元和姓纂八徵韋氏郿城公房房州刺史景駿生述
工部侍郎撰國史集賢學士禮儀使京兆杜陵人　舊
傳舉進士登科自起居舍人開元十八年兼知史官事
轉屯田員外郎職方吏部二郎中集賢院學士知史官
事如故二十七年轉國子司業新傳自起居舍人改國子司業

張季明　文苑英華五百二十一有張季明對輿屍謁廟判
趙安貞見左外
鄭防又戶中倉外主外又御史臺監察題名又左側　唐會要七十六開元十
五年武足安邊科鄭防及第御覽通考緯署作昉十九年博學宏
詞科鄭防及第緯署脫唐語林八開元十九年置宏詞始於鄭昕昕字誤　舊書
食貨志上　玄宗幸巴蜀鄭昉使劍南請於江陵稅鹽麻
以資國官置吏以督之　紀聞殿中侍御史李逢年見祠
中妻中丞鄭昉之女也太平廣記二百四十二
楊仲昌見左外又吏外禮外補　席豫唐故朝請大夫吏部郎中
上柱國高都公楊府君碑銘自禮部員外郎歷左司員

外郎轉吏部員外郎尋遷本司郎中以元和二十九年
七月五日搆疾終於萬年永寧里之私第春秋四十有
九唐文粹五十八　新傳仲昌終吏部郎中舊良吏傳同
王燾又戶外又御史臺殿中監察題名　新表烏丸王氏茂時子司勳郎
中光大弟燾給事中　舊韋抗傳開元中韋抗爲京畿
按察使李華原尉王燾等爲判官及度支使後皆名位
通顯　新傳所表華原尉王燾等皆爲僚屬後皆爲顯
人會要在景雲二年　唐會要八十五開元十二年宇文融又奏
加長安縣尉王燾等充勸農判官詳監察宇文融注　新王珪
傳孫燾爲徐州司馬歷給事中鄴郡太守　新顏眞卿

傳安祿山反河朔盡陷獨平原太守顏眞卿城守鄴郡
太守王燾等各以衆歸　令狐峘顏魯公神道碑銘鄴
郡太守王燾被祿山移攝河間燾俾掾吏李奐斬僞署
河間長史杜兼睦以河間衆歸于公顏魯公文集　新書藝
文志丙部子錄醫術類　王燾外臺祕要方四十卷又外臺要畧
十卷　外臺祕要方序余幼多疾病長好醫術遭逢有
道遂躡亭衢七登南宮兩拜東掖出入臺閣二十餘載
久知宏文館圖籍方書等繇是覩奧升堂皆探其祕要
以婚姻之故貶守房陵量移大寧郡提攜江上冒犯蒸
暑自南徂北既僻且陋染瘴嬰痾十有六七死生契闊

不可問天顔有經方僅得存者天寶十一載結銜稱持節鄴郡諸軍事兼守刺史

李麟又吏外考外補戶外又御史臺殿中又陰右稜題名　舊傳皇室疎屬太宗從孫也以父任補職開元二十二年轉殿中侍御史歷戶部考功吏部員外郎天寶元年遷郎中尋改諫議大夫　新傳裔出懿祖於屬最疏自殿中侍御史累擢兵部侍郎　新書歷志三上開元二十一年詔侍御史李麟太史令桓執圭較靈臺候簿

楊愼餘見左中又勳外

李暐又御史監察題名又左側二見　新表大鄭王房宗正卿琇子見戶

中暐文部侍郎　孫逖授李暐兵部郎中等制朝議大夫二字一作郎行兵部員外郎李暐等自膺推擇久効彌綸宜甄滿歲之勤俾進爲郎之秩文苑英華三百九十　資治通鑑唐紀三十二天寶十載正月丁酉命李林甫遙領朔方節度使以戶部侍郎李暐知留後事　舊錢徽傳天寶十載李暐試湘靈鼓瑟詩錢起登第　新書李泌傳代宗爲娶朔方故留後李暐甥　新顔眞卿傳安祿山反平原城守景城司馬李暐等各以衆歸傳又云顔眞卿拜戶部侍郎佐李光弼討賊以李暉自副疑李暐　顔魯公行狀玄宗以公爲戶部侍郎依前平原太守充本郡防禦使仍與節度使李光弼計會招討公以景城長史李暉爲副　令狐峘顔魯公神道碑銘景城司馬李暐等各擁兵數千或至萬人以附於公並顔魯公文集　舊史思明傳天寶十五載史思明攻景城擒李暐暐投河而死

源洧又吏外又御史臺右側侍御兼殿中題名二見　新表源氏尚書左丞光裕子洧給事中　舊傳歷踐淸要天寶中爲給事中新傳同

鄭審　舊惠文太子傳鄭緜見金中子審乾元中任袁州刺史　唐詩紀事審有詩名與杜子美善　顔眞卿正議大夫行國子司業上柱國金鄉縣開國男顔府君允南神

道碑銘與諫議大夫鄭審郎中祁賢之每應制及朝廷倡和必警絕佳對人人稱說之　國秀集中　有司勳員外鄭審詩一首　大唐傳載鄭公審開元中爲殿中侍御史充館驛使令每傳舍立十二辰候自公始也御覽百九十四居處部二十二　會要八十六　開元二十八年正月十三日令兩京道路並種果樹令殿中侍御史鄭審充使　杜工部集十七宴胡侍御書堂詩注李尚書之芳鄭祕監審同集　又七八哀詩注鄭著作虔與今祕書監鄭君審篇翰齊價謫江陵故有阮咸江樓之句

李伉又戶中　新表壽王瑁子伉薛國公　唐會要四十五　太

和二年六月詔故中書侍郎李元紘曾孫伉可鄧州向城縣尉　寶慶四明志一　李伉咸通六年明州刺史建五龍堂　寶刻類編五　脩泰文公廟記掌書記李伉撰并書篆額開成五年立坊　萬首唐人絕句七十二　有李伉貢宜陽到荆渚詩目錄李伉袁州刺史　新書藝文志丙部子錄雜家類　李伉系蒙二卷

王維又御史臺碑陰下層又右稜又陰左稜又右側侍御兼殿中題名　新表河東王氏汾州司馬處廉子維字摩詰尚書左丞　又琅邪王氏好畤丞昱子維不詳歷官　舊文苑傳下　太原祁人徙家河東開元九年進士擢第歷右拾遺監察御史左補闕庫部郎中母喪服闋拜吏部郎中天寶末爲給事中　新文藝中　王維傳擢右拾遺歷監察御史母喪服除累遷給事中

郎官石柱題名考卷三　吏中　丟　月河精舍叢鈔

韋之晉又吏外封中　新表東眷韋氏閬公房球子之晉湖南觀察使　獨孤及上元二年豫章冠蓋盛集記歲次辛丑孟春正月蘇州刺史韋公之晉至自吳毘陵集十七　舊代宗紀大歷四年二月辛酉以湖南都團練觀察使衡州刺史韋之晉爲潭州刺史因是徙湖南軍於潭州　穆員陝虢觀察使盧公岳墓誌銘始佐湖南觀察之政前帥韋之晉倚之以清文苑英華九百三十九　白居易唐揚州倉曹參軍王府君墓誌銘天寶中應明經舉及第選授婺州義烏尉以清幹稱刺史韋之晉知之署本州防禦判官白氏文集四十二

李廙又吏外　新表恆山愍王房太子詹事玭子廙尚書左丞　常袞授李廙太子左庶子制銀青光祿大夫前行給事中上柱國隴西縣開國男一本公　李廙歷位要重秉兹諒直久以病免澹然自居處正大議冠諸宗室可行太子左庶子散官勳封如故文苑英華四百四　舊楊綰傳禮部侍郎楊綰條奏貢舉之弊請明經進士有道舉察孝廉給事中李廙等奏議狀與綰同　舊劉滋傳河南尹李廙署奏功曹參軍新傳同案當在代宗朝　新李栖筠傳楊綰

郎官石柱題名考卷三　吏中　美　月河精舍叢鈔

請置五經秀才科詔羣臣議李廙等以所言爲是　舊肅宗紀至德二載二月上議大舉收復兩京盡括公私馬以助軍給事中李廙署云無馬大夫崔光遠劾之貶廙江華太守　新安志九　李廙上元中歙州刺史寶應元年改刺處州　大唐傳載李右丞廙年二十九爲尚書右丞至五十九又爲尚書右丞　元結道州刺史廳記前後刺史能恤養貧弱專守法令有徐公履道李公廙而已唐元次山文集九　李華三賢論隴西李廙英華文粹誤廣敬叔英華仲堅明沖文粹而粹重劉迅者也唐摭言七文苑英華七百四十四唐文粹三十八

崔猗 又度中外有崔漪 主　新肅宗紀天寶十五載六月朔方節
度判官崔漪等迎太子治兵於朔方 舊紀崔猗等奉牋迎上 　新
表清河小房崔氏子美子漪不詳歷官　又清河青州
房崔氏子叶元孫漪 毛本漪 庫部郎中　又博陵三房崔
氏祁陽令抗子漪河間丞 時代不合 　舊裴冕傳太子入靈
武冕與崔漪等勸進 新傳同 　舊肅宗紀至德元載七月
以朔方節度判官崔漪爲吏部郎中知中書舍人　賈
至授杜鴻漸崔猗中書舍人制首云知中書舍人鴻漸
等末云猗守中書舍人判文部侍郎 文苑英華三百八十二 　舊
顏眞卿傳至德二載中書舍人兼吏部侍郎崔漪帶酒

容入朝御史大夫顏眞卿劾之貶爲右庶子　新傳武
部侍郎崔漪等皆被劾斥降
韋侗 王趙本均作倜但亻旁不確無考疑給事中韋倜倜見素子見表南皮公房
崔瓘 又戶中　又御史臺左側又陰額知雜御史題名 　舊崔瓘傳瓘博陵人累
遷至灃州刺史以甄能政遷潭州刺史兼御史中丞充
湖南都團練觀察處置使　新傳瓘累官至灃州刺史
以異政大厤中遷湖南觀察使
李季卿 又戶中 　舊李適之傳子季卿弱冠舉明經應制舉
登博學宏詞科再遷京兆府鄠縣尉肅宗朝累遷中書
舍人 新書文藝李適傳同適見戶外舊傳誤 　獨孤及唐故正議大夫右
散騎常侍贈禮部尚書李公墓誌銘入參諫臣出佐軍
政其後領二曹判二州再司王言三貳京尹 毘陵集十一
蔣渙 又吏外 　古今姓氏書辯證二十七　主爵郎中國子司業
蔣挺 見封中 生渙 原誤湲 禮部尚書東都留守義興陽羨縣
人　新高智周傳渙擢進士永泰初歷鴻臚卿終禮部
尚書封汝南公　舊蔣鎭 見封外 傳父洌 見封外 叔渙當祿
山思明之亂並受僞職然以家風脩整爲士大夫所稱
新判臣傳洌渙在安史時皆汙僞官 　舊代宗紀大厤三年正月甲戌以
工部侍郎蔣渙爲尚書左丞八月御史大夫蔣渙 新崔漁傳同
爲稅地青苗錢使給百官俸錢不平詔尚書左丞蔣

郎官石柱題名考卷三　吏中　毛月河精舍叢鈔

渙按鞫　九月甲申以尚書左丞蔣渙爲華州刺史充
鎭國軍潼關防禦使　舊紀七年五月癸亥以檢校禮
部尚書蔣渙充東都留守　八年九月甲午東都留守
蔣瓊兼知東都貢舉　唐語林 八 累爲主司者蔣渙再
大歷九年十年　常衮授蔣渙右散騎常侍制稱銀青
光祿大夫光祿卿上柱國汝南郡開國公蔣渙 文苑英華三百八十
薛邕 又吏外勳中禮外補 　新表薛氏西祖房陳留太守江童子
見封外 邕字公和宣歙觀察使 公和新安志作仲咊去思碑作沖咊 唐語林
八 開元二十四年命禮部侍郎主文後有左補闕薛邕

等雜主之　唐摭言十四至德二年駕臨岐山右補闕兼
禮部員外薛邕下二十一人後至大厤二年拜禮部侍
郎聯翩四榜共放八十　唐語林八累爲主司者春官小宗伯薛邕四大歷二年三年四年五年又云裴士淹再至德二年三年似與摭言異案唐登科記總目至德二載進士二十二人江淮六人成都府十六人江東七人蓋士淹於成都主試也　常袞授薛邕吏部侍郎制中
散大夫守尚書禮部侍郎集賢殿學士判院事上柱國
汾陽集作陰縣開國子集作男賜紫金魚袋薛邕潤色鴻業
煥發絲言之美又與五經諸儒質正石渠之論貳於秩
宗五年如初可守尚書吏部侍郎文苑英華三百八十七　舊代
宗紀大厤八年二月甲子御史大夫李栖筠彈吏部侍

郎徐浩薛邕違格並停知選事五月乙酉貶吏部侍郎
薛邕歙州刺史坐典選也　新徐浩傳吏部侍郎徐浩與薛邕分典選浩有妾弟冒優託之邕擬長安尉御史大夫李栖筠劾之帝怒黜邕歙州刺史　舊浩傳亦云浩坐以妾弟冒選託侍郎薛邕注授京尉爲御史大夫李栖筠所彈　新栖筠傳華原尉侯莫陳怤以優補長安尉當參臺栖筠物色其旁自言爲徐浩杜濟吏部侍郎薛邕所引非眞優也三人皆元載所厚栖筠并劾之皆坐貶資治通鑑畧同　舊楊炎傳元載嘗選擢朝士有文學才望者一人厚遇之將以代已引吏部侍郎薛邕邕貶　新炎傳元載當國陰擇才可代已者引以自近取吏部侍郎薛邕邕坐事貶
新李泌傳德宗時州刺史月奉至千緡京官祿寡薄薛邕由左丞貶歙州刺史家人恨降之晩　新安志云舊書本紀徐浩傳新書李栖筠傳皆言邕以侍郎爲歙州惟新書李泌傳稱自左丞貶案唐崔巨宣州觀察使去思頌序稱邕在宣九秋今上纂序命糾正於仙臺則是德宗即位後自宣歙觀察使方爲左丞耳在大歷中未爲此官也然邕至建中元年十月又以左丞坐贓爲

連山尉故新書致混其文耳其頌曰詔謂薛公茂學雕章孝弟忠良碑碣語多緣飾未足多信考其事則爾以請屬罷官而唐人稱薛邕有宰相望豈他尚美多乎聞人本舊書徐浩云云誤在九年三月丁卯幽州下今訂正據新安志浩邕停知選事亦云大歷九年三月丁卯知宋本已誤　資治通鑑唐紀四十
二建中元年上以宣歙觀察使薛邕文雅舊臣徵爲左
丞邕去宣州盜隱官物以巨萬計殿中侍御史員寓發
之冬十月己亥貶連山尉　新安志德宗即位邕自宣
歙觀察使入爲尚書左丞　舊德宗紀上建中元年十
月甲午貶尚書左丞薛邕爲連山尉坐贓也　舊于邵
傳三司使于邵與御史中丞袁高給事中蔣鎭雜理左
丞薛邕詔獄邵以爲邕犯在赦前奏出之失旨貶桂州

長史　新書文藝下于邵傳亦云治薛邕獄失德宗旨貶桂州長史而通鑑云大歷八年五月丙戌貶桂州長史似誤　案舊裴胄傳裴胄遷宣州刺史楊炎初作相銳意爲元載報讐凡其枝黨無漏適會胄部人計胄官時服雜俸錢爲贓者炎命酷吏員寓深按其事貶汀州司馬新傳畧同胄刺宣州按其時代當即在薛邕後員寓亦即發邕贓罪者則邕之得罪豈亦出於寓之深按乎　嘉話錄薛邕侍郎有
宰相望後竟終於列曹太平廣記百五十一　韋建黔州刺史薛
舒神道碑季弟前吏部侍郎今宣州刺史宣歙等州觀
察使邕朝之俊茂文苑英華九百二十四　崔巨大唐宣州刺史
薛公去思碑累踐柱史累登臺郎司言中書掌禮太常
四典歲舉擷其衆芳三執邦憲振其宏綱銓綜九流九
流既澂鎭撫三州三州既康遷爾管轄於此文昌公拜

稽首歸於咸陽全唐文九百九十
畢宏又吏外　新畢構傳宗人宏瞶畢炕子垌不詳歷官
閻伯璵　元和姓纂二十四鹽閻懿道見考外補生伯璵刑部侍郎
廣平人　權德輿唐故尚書工部員外郎贈禮部尚書
王公端神道碑銘公與河南元德秀天水閻伯璵同歲
中正鵠權載之文集十七　李肇翰林志開元二十六年別建
學士院有閻伯興等在舊翰林院雖有其名不職其事
韋執誼翰林院故事閻伯璵等在舊翰林中但假其名
而無所職翰苑羣書上　梁肅杭州臨安縣令裴君夫人常
山閻氏墓誌銀青光祿大夫尚書刑部侍郎伯璵之女

文苑英華九百六十六
韋霸　新表韋氏逍遙公房丹州刺史元祚曾孫霸吏部
郎中汝州刺史姓纂刺史作牧
蕭直又勳中補戶外　新表蕭氏齊梁房汝州刺史諒子見封外
直給事中　舊韋遞傳韋直甥蕭直為太尉李光弼判
官廣德二年入奏言事稱旨新傳畧同　獨孤及唐故給事
中贈吏部侍郎蕭公墓誌銘公諱直字正仲十七舉明
經上第自京兆府司錄參軍其後驟升尚書戶部庫部
司勳吏部四曹郎自殿中進兼侍御史中丞徐州刺史
毘陵集十一

崔翰又吏外又御史臺左側題名
盧允又勳口金中金外　新表盧氏刑部尚書從愿子見吏外比
部員外郎諭弟見戶外允給事中　舊方伎金梁鳳傳肅宗
剋復兩京李揆入相以盧允為吏部郎中　新傳李揆
盧允毀服紿謁梁鳳不許二人語以情曰盧不過郎官
揆已相擢允吏部郎中　顏眞卿正議大夫行國子司
業上柱國金鄉縣開國男顏府君允南神道碑銘范陽盧
允畢盡常僚之好
張重光又御史臺左側題名　唐會要七十六　開元二十三年智謀將
帥科張重光及第緯畧同　舊郭子儀傳寶應二年代宗

東幸程元振勸且都洛陽郭子儀因兵部侍郎張重光
宣慰迴附章論奏代宗亟還京師　舊代宗紀大厤二
年正月甲子以兵部侍郎張仲光為華州刺史潼關防
禦使　大厤三年九月庚寅以前華州刺史張重沈本誤仲
光為尚書左丞　常袞授張重光尚書左丞制門下國
朝多以六卿之貳出領三輔入必稍遷或復舊職不然
則以左右轄處之中外迭居從其班列銀青光祿大夫
前華州刺史兼御史大夫充鎮國軍及潼關防禦等使
上柱國清河縣開國侯張重光明道若昧大方無隅循
一作脩禮以節事體信以達順罔有擇行在於厥躬其學

既精其德亦厚可以質正大議和恆雅俗服在通列藝
其休聲周歷五曹之副建明萬事之本剖符關輔參化
京師亦既政成且聞河潤紀綱臺務圖任舊人職無不
綜佇有條理可行尚書左丞散官勳封如故主者施行
文苑英華三百八十五
賀若察又吏外　元和姓纂三十八箇賀若誕生察給事中河南
洛陽人原本訛入賀蘭氏注今校正　獨孤及吏部郎中廳壁記歲
在乙巳河南賀若公用貞幹諒直實莅厥位往歲公爲
員外郎也東曹朗然如得水鏡治餘杭也吳人熙熙若
逢陽春毘陵集十七乙巳永泰元年　又送賀若員外巡按畢歸朝

序上欲齊職貢之法謂尚書吏部郎苑有中字賀若公貞明
直躬特達公器才足以茂功蔵事政足以宏道救物故
俾繡衣持斧巡撫江介冬十一月命郡吏致事言旋京
師且將捧府檄於南陔侍板輿以西上毘陵集十四案序首云今年
春上以富人侯爲丞相疑指劉晏晏廣德元年正月相　常袞宣慰湖南百姓制
宣令中散大夫給事中賀若察往湖南宣尉處置文苑英華
四百三十四　梁肅虔州刺史李公墓誌銘給事中賀若察
宣慰南方請爲賓佐文苑英華九百五十一　常袞授賀若察給
事中制門下中散大夫行尚書吏部郎中賀若察講求
學術藻飾藝文顧言行以檢身酌智能以經務任參六

典選重一時從容管劇每識通而理當達練起草亦體
大而思精聲猷益茂公望惟允分曹殿中職在論駁尚
書奏議俾爾平之可給事中散官如故主者施行文苑英華
三百八十一
崔器　新表博陵第二房崔氏昌容子舊器傳父肅然平陰丞　器御
史大夫　舊傳舉明經天寶十三年量移京兆府司錄
轉都官員外郎出爲奉先令逆胡陷西京沒於賊北走
靈武呂諲引爲御史中丞　新酷吏傳後爲奉先令受
賊署走靈武爲御史中丞　賈至授崔器御史中丞制
稱權判文部郎中崔器可守御史中丞餘如故文苑英華三百

九十三　又授崔器大理少卿制守保定太守崔器可守
大理少卿英華三百九十八　會要七十九　御史大夫崔器謚曰
貞
庾準見左外又勳中主中　舊傳宰相王縉縣引至職方郎中知
制誥遷中書舍人　常袞授庾準楊炎知制誥制中大
夫行尚書吏部郎中上柱國庾準可行尚書職方郎中
知制誥散官勳如故文苑英華三百八十二
韋少遊又吏外封外祠外　新表韋氏南皮公房考功郎中鑾
子見考中補　少遊吏部郎中　賈至授韋少遊祠部員外郎
等制敕左補闕直弘文館韋少遊文苑英華三百九十一詳祠外

殷亮顏魯公行狀玄宗又詔公爲河北採訪處置使公
又以前咸陽尉王延昌爲判官顏魯公文集　留元剛年譜天寶十五載三月
兼河北招討採訪使　杜甫爲遺補薦岑參狀末署至德二載六
月十二日左補闕臣韋少遊杜工部集二十
王延昌又戶中度外　舊吐蕃傳廣德元年郭子儀行軍判官
中書舍人王延昌等謂子儀南趨商州漸赴行在取玉
山路而去山路狹隘至倒迴口遂別行踰絕澗登七盤
趨商州云云　舊豐王珙傳廣德元年十月吐蕃逼上
都上幸陝州自苑中出騎從半渡滻水將軍王懷忠閉
苑門橫截五百餘騎擁十宅諸王西投吐蕃至城西遇

元帥郭子儀懷忠謂曰主上東遷社稷無主萬國顒顒
何所瞻仰僕奉諸王西奔以副天下之望令公身爲元
帥廢置在手何不行册立子儀未及對豐王越次言曰
令公作何語何不言也行軍司馬王延昌責主上雖蒙
塵於外聖德欽明王身爲藩翰何乃發狂悖之詞也延
昌當奏聞於上子儀又數讓之命軍士領之盡赴行在
潼關謁見上不之責　新傳吐蕃入京師代宗幸陝將
軍王懷忠閉苑門以五百騎劫諸王西迎虜遇郭子儀
懷忠曰上東遷宗社無主今僕奉諸王西奔以係天下
望公爲元帥惟所廢置子儀未對珙輒曰公何如司馬

王延昌質責珙曰上雖蒙塵未有失德王爲藩翰安得
狂悖之言子儀亦讓之即護送行在所赦不責　新儒學
下暢當傳父璀代宗時與王延昌等待制集賢院　舊
代宗紀永泰元年三月壬辰朔詔吏部侍郎王延昌等
十三人並集賢院待詔詳左中高昇注　獨孤及爲楊右丞祭
李相公文稱吏部侍郎王延昌毘陵集十九　顏眞卿華嶽
廟題名乾元元年十月十有二日辛亥次於華陰與監
察御史王延昌等同謁金天王之神祠文忠集十一　賈至
授王延昌諫議大夫兼侍御史制京兆少尹知雜王延
昌頃者彌綸省闥紀綱臺憲舊章克舉雅望攸歸貳政

浩穰雖藉其條理列職規諷更思其讜直諫大夫之密
侍御史之雄爾宜兼之以匡予理可諫議大夫兼侍御
史知雜餘並如故文苑英華三百八十一　獨孤及唐故商州錄
事參軍鄭府君墓誌銘二京返正拜公商州洛南令
數月訟平賦均殿中侍御史王延昌等表言其狀　又
云以大理評事兼商州錄事參軍御史中丞王延昌表
公才任御史毘陵集十二廣德元年　集古錄目唐吏部侍郎王
延昌碑唐兵部郎中邵說撰廣州都督徐浩八分書延
昌京兆人官至吏部侍郎集賢院待制碑以大厤三年
立寶刻叢編八京兆府萬年縣　會要七十九　贈吏部尚書王延昌謚

曰宣
韓滉又吏外考外補祠外　新表昌黎韓氏元宗相休子見封外滉
字大仲一作沖是相德宗　舊傳以蔭自殿中侍御史累遷
至祠部考功吏部員外郎判南曹大厤中改吏部郎中
給事中　新傳自殿中侍御史三遷吏部員外郎再遷
給事中　顧況檢校尚書左僕射同中書門下平章事
上柱國晉國公贈太傅韓公行狀詔除殿中侍御史累
遷祠部考功吏部三員外判南曹尋遷吏部郎中給事
中文苑英華九百七十三　賈至授韓滉吏部郎中制敕尚書郎
中佐理六卿事關政本御史則舉直措枉綱紀周行非

雅正之才難在斯任吏部員外郎韓滉恪慎惇敏且吏
且文一作飭吏以文夙夜在公咸宜進位可吏部郎中文苑英華三百
八十九
趙縱又金外　元和姓纂三十小　中書舍人趙良器見倉外生縱
戶部侍郎河東人　石刻邵說唐故同州河西縣丞贈
虢州刺史太常卿天水趙公叡沖神道碑今聖踐極嗣孫
縱等咸擅才業宦成三署虞鄉大厤四年　舊周智光傳大
厤二年正月密詔郭子儀討周智光時同華路絕上召
子儀女壻工部侍郎趙縱受口詔縱裂帛寫詔置蠟丸
中遣家童間道達焉舊子儀傳在元年十二月餘同　新叛臣傳畧同　舊代
宗紀大厤十二年四月戶部侍郎趙縱等坐元載貶官
楊綰汾陽王妻霍國夫人王氏神道碑次女適和州
刺史趙縱文苑英華九百三十四大厤十二年　舊張鎰傳建中三年
正月太僕卿趙縱爲奴當千發其陰事縱下御史臺貶
循州司馬杖殺奴　新傳郭子儀壻太僕卿趙縱爲奴
告下御史劾治貶循州司馬杖奴死　舊郭曜傳建中
初郭子儀甍楊炎盧杞秉政姦諂用事尤忌勳族子儀
壻太僕卿趙縱等皆以家人告訐細過相次貶黜新書子儀
傳畧同
韋元曾又吏外封外　新表東眷韋氏閬公房衢州刺史璆子

元曾字穎叔吏部郎中衢州墓誌衢州　獨孤及唐故吏部郎
中贈給事中韋公元魯墓誌銘天寶五載解褐尉邠州新
平其後參佐使臣者五入御史府者三一居專城六爲
尚書郎大厤二年十二月乙酉以吏部郎中終於京師
靜恭里之故宅春秋五十有五毘陵集十一案魯曾誤　獨孤及
唐故范陽郡倉曹參軍京兆韋公元誠墓誌銘永泰二年
公季弟吏部郎中元曾使及爲志毘陵集十二　常袞授韋
元曾吏部郎中等制勅朝議郎行尚書吏部員外郎賜
緋魚袋韋元曾朝請大夫前行尚書司封集作勳員外郎
兼侍御史護軍賜緋魚袋元挹等學業優深詞華遒贍

雅有搢紳之望列於郎署之間久在劇曹尤推精密自
登膳部克舉彌綸選重一時職參六典宜膺並拜之寵
式美齊名之論元會可守尚書吏部郎中散官賜如故
元抱可行尚書吏部員外郎散官勳賜如故 文苑英華三百八十
九

韋諤 新表韋氏南皮公房見素子 見左中 諤給事中 舊
元宗紀下 天寶十五載六月丁酉上將發馬嵬驛命京
兆府司錄韋諤爲御史中丞充置頓使庚子充巡閣道
使令先發 舊韋見素傳同 舊韋見素傳天寶十五載八月宰
臣韋見素房琯齎傳國寶玉册奉使靈武宣傳詔命便

行册禮以韋諤及中書舍人賈至充册禮使判官 新傳同
舊傳諤位至給事中 新傳同 常袞授韋諤給事中制門
下通議大夫行尚書吏部郎中彭城郡開國公韋諤在
人之德承家積厚先致美以施政終秉彝以存誠朝之
清序多所階歷參我六典冠於諸曹學以辯疑文以決
滯五年勤職時謂淹才宜守 集作侍從 殿中以平臺議詔書
未當實得封還官能守常事尠失中是有選用爾其揚
之可行給事中散官封如故主者施行 文苑英華三百八十一

裴綜 又吏外勳外 新表南來吳裴氏元宗相耀卿子 見考外補 綜
吏部郎中 舊新耀卿傳同 賈至授裴綜起居郎制稱殿中侍
御史裴綜可行起居郎 文苑英華三百八十三 石刻許孟容唐
故侍中尚書右僕射贈司空文獻公裴公神道碑銘子
綜最知名官至吏部郎中 元和七年稷山 權德輿唐故衞
國夫人李氏墓誌銘夫人外王父吏部郎中贈刑部尚
書綜以文行清名著於舊族 權載之文集二十七

房宗偃 又膳外補 新表河南房氏肅宗相琯子 見主中補 宗偃御
史中丞 常袞授房宗偃膳部員外郎制勑朝議郎侍
御史內供奉充山南西道節度管內支度營田副使賜
緋魚袋房宗偃 文苑英華三百九十一 詳膳外 唐會要六十 大厤十
四年七月以吏部郎中房宗偃爲御史中丞仍東都留

臺充東都畿汝觀察處置使 舊書德宗紀上 大厤十
四年七月辛未以吏部侍郎房宗偃爲御史中丞東都
畿觀察使 案侍郎係郎中之訛 舊房孺復傳長兄宗偃貶官嶺
下而卒喪柩到揚州孺復未嘗弔 新傳兄宗偃喪自嶺外還孺復不出臨弔

杜亞 又吏外戶外 新表京兆杜氏秀容令繹子亞字次公檢
校禮部尚書 舊傳自河西節度從事入朝歷工戶兵
吏四部員外郎永泰末爲山劍副元帥杜鴻漸判官使
還授吏部郎中諫議大夫 新傳自河西幕府入朝歷
吏部員外郎爲山南劍南副元帥判官再遷諫議大夫
權載之文集三十 杜公神道碑銘三辟大府五登郎位

盧杞又金中膳外補　新表盧氏懷愼孫上見御史中丞奕子見戶中
杞字子良相德宗　舊傳以門蔭自忠州刺史移病歸
京師歷刑部員外郎金部吏部二郎中出爲虢州刺史
建中初徵爲御史中丞

李承　新表趙郡李氏南祖房考功郎中畬子見勳外　承山
南東道節度使　舊傳舉明經高第自檢校考功郎中
兼江州刺史徵拜吏部郎中尋爲淮南西道黜陟使建
中二年七月驟擢同州刺史　新傳自監察御史累遷
吏部郎中淮南西道黜陟使

齊貢無考　案吏中補有齊翃　𩕄作疑即是說見下文

李竦又勳外　新表大鄭王房檢校刑部郎中從毅子竦字
特卿　唐詩紀事三十二李竦登大麻二年進士第官於
京師朱泚亂竦踰垣走追及帝咸陽　舊德宗紀上貞
元二年二月甲戌京兆少尹李竦爲戶部侍郎判鹽鐵
榷酒　三年正月辛亥以戶部侍郎李竦爲鄂岳觀察
使　又下四年六月丁丑鄂岳觀察使李竦卒　梁肅
侍御史攝御史大夫贈尙書戶部侍郎李公史魚墓誌貞
元元年嗣子竦以谷口扈從之勳推恩追贈　又云竦
以文藝吏事歷中書舍人戶部侍郎才任方鎭加左散
騎常侍知鄂州軍州事領都團練觀察使長才厚位而

壽不至士友痛之文苑英華九百四十四貞元五年

盧翰　新表盧氏元裕弟見戶外　刑部尙書正己子翰相德
宗案元裕郎正己表誤分爲二人說見戶外盧元裕注　常袞太子賓客盧君墓
誌銘嗣子前祕書郎兼監察御史翰十二文苑英華九百四大厤六年
石刻中書舍人朱巨川告身後署朝請大夫權判吏
部侍郎范陽郡開國公翰建中三年六月十六日　舊德宗紀上
興元元年正月丙戌以吏部侍郎盧翰爲兵部侍郎同
中書門下平章事新表同新紀同　新表興元元年六月癸丑
盧翰爲門下侍郎十二月己卯翰加太微宮使　陸宣
公集七盧翰太子賓客制金紫光祿大夫行門下侍郎

同中書門下平章事范陽郡公盧翰頃因多難從我於
征以其年及老成任推先進方將求舊擢處臺衡荏苒
迄今亟淹星歲勤勞既久衰疢有加宜從職於春闈用
優賢於暮齒可太子賓客勳賜如故　舊德宗紀上貞
元二年正月壬寅門下侍郎同平章事盧翰爲太子賓
客新宰相表同　舊柳渾傳貞元中盧翰等退罷居第新傳盧翰
以舊相閑門奉朝請　唐會要五十五　寶應元年五月給事中韓賞
見戶外　中書舍人楊綰同充理匭使奏大理評事盧翰
充判官　舊良吏薛珏傳建中初命使臣黜陟官吏使淮
南盧翰以陳州刺史薛珏之肅物以陟狀聞　新書叛臣

上梁崇義傳建中二年李舟見吏外復如梁崇義所尉撫
不肯內請易他使更命給事中盧翰往　舊盧簡辭見勳
外傳祖翰案世系表作之翰臨黃尉傳蓋誤脫之字耳　陸宣公集七　盧翰
劉從一門下中書侍郎平章事制銀青光祿大夫行尚
書兵部侍郎同中書門下平章事范陽縣開國公盧翰
可門下侍郎同中書門下平章事散官勳封如故畧云
扈蹕載驅以勞定國懋官遷列式是彝章又云自鑾車
載駕薄狩於梁執羈有從我之勤及霤勵匪躬之節交
脩不逮庶績其凝俾承命於禁垣仍參掌於區務　劉
太眞爲陳大夫謝上淮南節鎮表浙東使事已差觀察

官殿中侍御史盧翰權知留後文苑英華五百八十四　會要七十
九太子賓客盧綸謚恭綸疑翰
趙贊　元和姓纂三十小　和州刺史趙珍生匡見左外贊二戶
部侍郎河東人　舊良吏下薛珏傳建中初分命使臣黜
陟官吏使山南趙贊以薛珏爲硤州刺史之廉清以陟
狀聞　舊許孟容傳趙贊爲荆襄等道黜陟使表爲判
官　新書袁滋傳建中初黜陟使趙贊薦於朝舊良吏傳同
舊德宗紀上建中三年五月以中書舍人趙贊爲戶
部侍郎判度支　八月丁未初分置汴東西水陸運兩
稅鹽鐵使從戶部侍郎判度支趙贊奏也　九月判度

支趙贊上言請爲兩都江陵成都揚汴蘇洪等州置常
平輕重本錢上至百萬貫下至十萬貫收貯斛㪷匹段
絲麻候貴則下價出賣賤則加估收糴權輕重以利民
從之贊乃於諸道津要置吏稅商貨每貫稅二十文竹
木茶漆皆什一稅一以充常平之本　舊德宗紀上建
中四年十二月壬戌貶戶部侍郎判度支趙贊爲播州
司馬　舊李懷光傳懷光奔命奉天緣道數言趙贊等
姦佞且曰天下亂皆此輩見上當請誅之盧杞等微知
之懼甚屯軍咸陽數上表暴揚罪惡上不得已爲貶贊
等以慰安之　新傳懷光誦言度支賦斂重天下亂皆

由此見上且請誅之屯咸陽數暴其罪帝爲貶趙贊等
　新書選舉志建中二年中書舍人趙贊權知貢舉以
箴論表贊代詩賦而皆試時務策明經策三道　會要
七十五建中二年十月中書舍人權知禮部貢舉趙贊奏
明經等以所問錄紙上各令直書其義不假文言
劉從一　新表廣平劉氏京兆少尹孺之子見封外從一相
德宗　舊傳少舉進士大厤中宏詞建中末普王爲元
帥自刑部員外郎遷吏部郎中兼御史中丞爲元帥判
官德宗幸奉天拜刑部侍郎同平章事　新傳普王討
李希烈表爲元帥判官德宗居奉天超拜刑部侍郎同

中書門下平章事　舊舒王誼傳刑部員外郎劉從一
爲吏部郎中兼中丞充元帥府判官　新德宗本紀建
中四年十月丁巳吏部郎中劉從一爲刑部侍郎同中
書門下平章事宰相表同　陸宣公集七蕭復劉從一姜公
輔平章事制守尚書吏部郎中兼御史中丞充荊襄江
西等道都元帥判官賜緋魚袋劉從一可守尚書刑部
侍郎同中書門下平章事賜紫金魚袋　舊德宗紀刑
部尚書劉從一以本官同中書門下平章事尚書字疑誤
會要十八贈太子太傅劉從一謚敬
郭雄　元和姓纂十九陳州司戶郭昧賢生雄吏部郎中

京兆人　趙元一奉天錄一建中四祀上次咸陽駕部
郎中郭雄等悉於咸陽而及焉　德宗贈郭雄同州刺
史詔朕越自邦畿至於梁漢而庶尹卿士各勤其職雄
以鋒刃之下倉卒遇害親戚阻絶孤魂何依豈不以予
一人不德而使子大夫罹其禍也永言惻惻增軫於懷
爰申寵贈俾如常典大詔令
崔造見左外　舊傳德宗收京師自建州刺史徵拜吏部郎
中給事中新傳京師平自建州刺史擢給事中　舊德宗紀上興元元年
十二月戊子以吏部郎中崔造爲給事中　陸贄奉天
薦袁高等狀崔造殷亮李舟已上並郎官　昨蒙宣示中書進

擬量移官令臣審看可否者因悟貶降之輩其中甚有
可稱臣以素所諳知兼聞公議此狀之內僅得十人狀
所不該又有三四或因連累左黜或遭讒忌外遷互有
行能咸著名跡寘之淸列皆謂良材若但準例量移及
令仍舊出守固非陛下愛賢之意亦乖海內望理之心
儻蒙特恩追赴行在試垂訪接必有可觀錄用棄瑕旣
符德號振淹求舊亦闡大猷謹錄薦陳庶備採擇陸宣公集
十四
殷亮又吏外　封　外　動外　元和姓纂二十一欣永寧尉殷寅生亮給
事中杭州刺史駕部郎中陳郡長平縣人　陸贄奉天

薦袁高等狀有殷亮郎官陸宣公集十四詳上崔造注　新書儒學傳中
殷踐猷孫亮後終給事中杭州刺史　舊來瑱傳寶應
二年正月來瑱賜死於鄠縣門客校書郎殷亮後至獨
哭於尸側貨所乘驢以備棺衾夜葬而祭走歸京師新傳
畧同　穆員河南少尹裴公濟墓誌銘來瑱自相位獲譴
已而伏誅凡百門吏逃難解散公與陳郡殷亮始冒危
於保衛終毀家於喪葬君子難之文苑英華九百四十三　殷亮
顏魯公行狀公之密親懿友動相規用以成其務者郎
今給事中殷公亮顏魯公文集案行狀前題門客殷亮撰
苗丕又吏外戶外　新表苗氏晉卿子見上丕河南少尹　舊趙

博宣傳大厤中差監察御史苗伾就推轉運使判官劉
長卿犯贓
韋夏卿又吏外　新表韋氏龍門公房嶺南節度行軍司馬
迢子夏卿字雲客太子少保　舊傳大厤中應制舉策
入高等自長安令改吏部員外郎轉本司郎中拜給事
中　呂温故太子少保贈尚書左僕射京兆韋府君神
道碑前後遷刑部吏部員外郎吏部郎中呂衡州文集六　新
傳自長安令轉吏部員外郎郎中擢給事中
柳冕又吏外　新表柳氏右司郎中集賢學士芳子大理少
卿登弟見膳中補　冕字敬叔福建觀察使　舊傳貞元初爲

郎官石柱題名考卷三　吏中　毛月河精舍叢鈔

太常博士六年爲吏部郎中攝太常博士同脩效祀儀
注　新傳爲太常博士德宗親郊以吏部郎中攝太常
博士脩飭儀矩　舊書禮儀志六貞元八年正月二十
三日吏部郎中柳冕等十二人議築別廟以居獻懿二
祖二十七日冕上禘祫義證凡一十四道以備顧問并
議奏聞新儒學陳京傳畧同　殷亮顔魯公行狀公之密親懿友
勳相規用以成其務者即今吏部員外郎柳公冕顔魯公文
集
李玗又金中倉中　新表曹王房晴孫賽子玗不詳歷官
趙宗儒又勳外考中　新表南陽趙氏祕書監驊子見倉中　宗儒

字秉文相德宗元和姓纂平章事刑部尚書　舊傳舉進士德宗時
以考功郎中丁母憂終喪授吏部郎中貞元十一年遷
給事中　新傳自考功郎中累遷給事中　權載之文
集三十八送許協律判官赴西川序十年冬予與今左曹
相君兵部郎崔君同受詔禁中雜問對策以第其等將
命於廷有請程百職之功緒者且以郎吏諫曹爲言時
相君爲吏部郎崔爲右補闕因相顧曰直言者方譏切
吾黨其可捨諸予撫手賀之以爲得雋及後詔下徵他
日之詞則許生也
劉執經又吏外　新表曹州南華劉氏肅宗代宗相晏子見度

郎官石柱題名考卷三　吏中　毛月河精舍叢鈔

中補　執經字長孺吏部郎中　舊劉晏傳貞元五年錄晏
子執經授太常博士新傳同　唐會要五十八貞元元年九
月十六日又以吏部員外郎兩人判南曹以庫部員外
郎崔鋭比部員外郎劉執經權判事畢日停
楊於陵於陵王本缺考外補膳外補又吏外　新表楊氏越公房單父
尉太清子於陵字達夫左僕射宏農郡公　舊傳弱冠
舉進士貞元中自吏部員外郎判南曹遷右司郎中復
轉吏部郎中改京兆少尹　新傳以吏部判南曹未幾
遷右司郎中換吏部出爲絳州刺史　李翺唐故金紫
光祿大夫尚書右僕射致仕上柱國弘農郡開國公食

邑二千戸贈司空楊公墓誌自吏部員外郎判南曹爲
右司郎中吏部郎中改京兆少尹出爲絳州刺史李文公集
十四　舊憲宗紀下元和七年十一月戊寅吏部尚書鄭
餘慶請復置吏部考官三員吏部郎中楊於陵執奏以
爲不便云云據舊書於陵傳時爲吏部侍郎紀誤　權德輿京兆少尹西
廳壁記貞元十六年春二月詔宏農楊於陵字達夫自
吏部郎中莅其職權載之文集三十一
崔漑又戸外祠外　新表清河大房崔氏河南少尹微子漑太
常少卿　穆員崔少尹夫人盧氏墓誌孤漑殿中侍御
史誌云漑執河南府君之喪一號三年既踰月而縣君

繼酷雅知漑者以今之宰政與中朝賢卿大夫多漑之
游貞元二年文苑英華九百六十七　又陸渾尉崔君泳墓誌銘君長
兄河南府司錄參軍漑不勝其哀英華九百六十貞元四年十月　柳
宗元爲韋京兆祭太常崔少卿文夙歲同道從容洛師
接袂交襟以遨以嬉策駕嵩少泝舟瀍伊笑咏周星其
樂熙熙洛中十友談者榮之惟鄭洎齊各登鼎司或喪
或存山川是違往佐居守及爾同寮笑遨一作傲交歡匪
夕則朝入同其室一作入有同室出聯其鑣投文報章既歌且
謠及我爲郎優游吏部公爲御史持憲天路文陛徐趨
眷戀相顧歡愛之分有加於素自我于邁歷刺東吳離

憂十年復會名都余爲侍郎銓總攸居實得茂彥奉其
規模聯事合情又倍其初我尹京兆公亞奉常抱疾幾
何忽焉其亡河東先生集四十崔公名字未詳注云當郎崔漑是也實得茂彥四句郎指漑爲
吏中時事前無年月注云貞元十八年作　石刻顧少連嵩嶽少林寺新造
廚庫記朝議郎守洛陽縣令雲騎尉賜緋魚袋崔漑書
貞元十四年河南登封
常仲儒常二本崔誤又御史臺碑額監察題名　又吏外　新表新豐常氏司農
卿晉子仲孺諫議大夫　常仲孺河中府新脩文宣王
廟小子明朝退飛幕府獲祐文粹五十一案碑之貞元五年秋仲上丁元帥司空
侍中咸甯王渾公有獻於先師則是從事渾瑊府也　舊韋執誼傳貞元十九年

奏逐常仲孺等六七人新傳同中韋成季注　詳左　柳宗元先君
石表陰先友記常仲孺河南人今爲諫議大夫河東先生集十
二
韋執誼　新表韋氏龍門公房巴州刺史浼子執誼相順
憲　舊傳進士擢第應制策高等自右拾遺翰林學士
丁母憂服闋起爲南宮郎順宗即位自朝議郎吏部郎
中騎都尉賜緋魚袋授尚書左丞同平章事仍賜金紫
新傳自右拾遺翰林學士終母喪爲吏部郎中順宗
立爲尚書左丞同中書門下平章事　舊順宗紀貞元
二十一年二月辛亥以吏部郎中韋執誼爲尚書左丞

相同中書門下平章事

李鄘 又吏外祠外 新表江夏李氏起居郎瑄子 瑄舊鄘傳作暄郎作舍人 鄘字建侯相憲宗 舊傳大厤中舉進士書判高等自嗣曹王皐從事入爲吏部員外郎爲徐州宣慰使遷吏部郎中順宗登極拜御史中丞 新傳自馬燧府佐歸洛中召爲吏部員外郎拜徐州宣慰使遷郎中順宗時進御史中丞 順宗實錄二 貞元二十一年三月景戌以吏部郎中李鄘爲御史中丞 昌黎先生外集七 許孟容祭楊郎中文貞元十九年四月吏部郎中李偁 原注亦作備 等 文苑英華九百八十五 案偁當作鄘說見附存李偁注

鄭利用 又勳外 新表鄭氏兆祖房冠氏令諒子德宗相珣瑜弟 見吏外 利用澤州刺史 唐會要七十六 貞元元年九月賢良方正能直言極諫科鄭利用及第 緯畧誤鄭科田 柳宗元先君石表陰先友記鄭利用餘慶從父兄也 見左外 原注利用大厤八年進士 眞長者由大理少卿爲御史中丞復由中丞爲大理少卿 河東先生集十二

房式 新表河南房氏肱子式宣歙觀察使 舊傳式琯之姪 見主中補 舉進士自雲南安撫使詔除兵部郎中屬劉闢及不得行闢平尋除吏部郎中爲給事中 新傳琯族孫式自韋皐雲南安撫副使蜀州刺史劉闢反式留不得行賊平除吏部郎中拜給事中 韋乾度駮左散騎常侍房式謚議式自忠州刺史故太師奏授劍南西川度支 會要支度 副使後兼御史中丞又副符蜀州是時貞元十八年也後逾年御復使職會故太師薨歿 文苑英華八百四十一 會要八十 會要三十九 元和二年七月詔吏部郎中房式等刪定開元格後勑

杜兼 新表洹水杜氏鄭州錄事參軍廙子兼字處弘河南尹 舊傳舉進士元和初自濠州刺史入爲刑部吏部郎中拜給事中 新傳建中初進士高第元和初自濠州刺史入爲刑部郎中改蘇州刺史比行上書言李

錡必反留爲吏部郎中尋擢河南尹 韓愈唐故中散大夫河南尹杜君墓誌銘自刑部郎中以能官拜蘇州刺史既辭行上書曰李錡必且反必且奏族臣上固愛其才書奏即除吏部郎中遂爲給事中 昌黎先生集二十六 考異郎中或無中字案五百家本無中字

竇羣 又膳外補 新表竇氏平陵房左拾遺叔向子羣字丹烈 二傳列 容管觀察使 舊傳憲宗時自山南東道節度副使召入爲吏部郎中代武元衡爲中丞 新傳同 褚藏言故朝議郎御史中丞容管經畧使賜紫金魚袋贈左散騎常侍扶風竇府君詩序自漢南節度副使檢校兵部

郎中兼中丞加金紫居無何除吏部郎中遷御史中丞
竇氏聯珠集 呂衡州文集六 韋府君夏卿神道碑銘今吏
部郎中扶風竇羣抗迹毘陵退身進道公三挹郡楊之
上一振天墀之下不數歲間蔚爲重器可以視其所舉
矣
柳公綽又吏外 新表河東柳氏丹州刺史子温子公綽字
寬口新傳同舊傳字起之 兵部尚書謚元舊傳謚成 舊傳再應制舉
登賢良方正直言極諫科自吏部員外郎爲武元衡西
蜀判官入爲吏部郎中元和五年拜御史中丞 新傳
自吏部員外郎劍南判官召爲吏部郎中憲宗時拜御

郎官石柱題名考卷三 吏中　卅三　月河精舍叢鈔

史中丞 舊憲宗紀元和五年十二月壬午以吏部郎
中柳公綽爲御史中丞 石刻裴度蜀丞相諸葛武侯
祠堂碑題營田副使檢校尚書吏部郎中兼成都少尹
侍御史賜紫金魚袋柳公綽書元和四年四川成都
李藩見左外誤蓄 又吏主外 舊傳自祕書郎遷主客員外郎尋
換右司改吏部員外郎元和初遷吏部郎中掌曹事爲
吏所蔽濫用官闕黜爲著作郎轉國子司業 新傳自
祕書郎累擢吏部郎中坐小累左授著作郎
崔芃又考外補度中又御史臺右側侍御兼殿中題名 柳宗元先君石表陰
先友記崔芃原注蒲紅切 博陵人善言名理爲御史尚書郎

河東先生集十二 權德輿唐故江南西道都團練觀察處置
等使中散大夫使持節都督洪州諸軍事守洪州刺史
兼御史中丞騎都尉賜紫金魚袋贈左散騎常侍崔公
神道碑銘以聯帥上介入拜侍御史遷考功員外郎度
支吏部二郎中商常二州刺史權載之文集十七 唐會要七十
七 元和四年正月以吏部郎中崔芃使浙東等道宣撫
舊憲宗紀上 元和六年八月辛巳以常州刺史崔芃
爲洪州刺史江西觀察使 又下 七年十一月己卯江
西觀察使崔芃卒 李肇東林寺經藏碑元和五年韋
公蕘七年博陵崔公以仁和政成憫默舊績云云文苑英華

郎官石柱題名考卷三 吏中　卅四　月河精舍叢鈔

八百六十五 憲宗有柳公綽崔芃所進
絹等所司奏聞各有欠少事緣進獻皆合精詳致使闕
遺固非審慎柳公綽宜罰兩季俸料崔芃罰一季俸料
大詔令
張惟素又封中動外 許孟容祭楊郎中文稱貞元十九年四
月右補闕張惟素等文苑英華九百八十五 韓愈祭太常裴少
卿文稱元和九彭云一作元作一年吏部侍郎張惟素等文苑英華九百
八十七今本韓集僅云愈等等考異載晁本與英華合 韓愈舉張惟素自代狀
稱中散大夫守左散騎常侍上柱國賜紫金魚袋張惟
素文學治行眾所推與累歷中外資序已深云云韓昌黎集

注三十九　案愈爲國子祭酒故舉惟素自代考愈於元和十五年秋爲國子祭酒　舊李渤傳
穆宗初定京官考考功員外郎李渤奏右一作左散騎常
侍張惟素等諫幸驪山請貶上下考外特與遷官　舊
敬宗紀長慶四年六月工部侍郎張惟素卒
皇甫鎛又吏外倉外　新表皇甫氏愉子鎛相憲宗　舊傳貞
元初登進士第登賢良文學制科自吏部員外郎改吏
部郎中三遷司農卿　新傳遷吏部員外郎進郎中累
遷司農卿
張賈　唐詩紀事五十九　賈爲韋夏卿所知後至達官初以
謫御史爲華州上佐　昌黎先生集十送張侍郎詩五百

家註本引眉山孫汝聽全解云元和十二年張賈初自兵部侍郎出爲華州刺史　舉正云侍郎閣本作侍御非
褚藏言故國子司業贈給事中扶風竇府君牟詩
序貞元二年舉進士與故兵部侍郎張公賈等同年上
第竇氏聯珠集　李文饒別集三從姪尚書右丞賈奉和張
宏靖山亭書懷詩元和十三年六月題唐詩紀事作左丞　呂
温故太子少保贈尚書左僕射京兆韋府君神道碑銘
分正東郊開府辟士則有今禮部員外郎清河張賈元和
元年呂衡州文集六　新韋夏卿傳所辟士如張賈等至達官故世稱知人　大唐傳載韋獻公辟吏八人張
尚書賈等皆至顯官　韓愈祭太常裴少卿文元和九年吏部侍
郎張賈等文苑英華九百八十七　舊文宗紀下開成二年七月

甲申以太府卿張賈爲袞海觀察使又序論云中書用
鴻臚卿張賈爲衢州刺史不詳年月案此似別是一人下同　舊武宗
紀會昌三年七月宰相奏聖旨欲遣張賈充使三鎭臣
等續更商量張賈幹濟有才甚諳軍中體勢然性剛負
氣慮不安和云云　資治通鑑唐紀六十二會昌元年八月
詔以鴻臚卿張賈爲巡邊使使察回鶻情僞　二年五
月戊申遣鴻臚卿張賈安撫嗢沒斯等
李建又吏外　新表趙郡李氏東祖房湖州司馬憓一本逢子
建婺州司戶參軍　舊傳字杓直後魏申公發之後於
趙郡謂之申公房舉進士元和中自殿中侍御史遷兵

部郎中知制誥改京兆尹　新傳改殿中侍御史以兵
部郎中知制誥除京兆少尹　白居易有唐善人墓碑
公官歷校書郎左拾遺詹府司直殿中侍御史比部兵
部吏部員外郎兵部吏部郎中京兆少尹澧州刺史太
常少卿禮部刑部侍郎工部尚書白氏文集四十一　會要七十
九贈工部尚書李建謚曰元
盧公憲盧憲王本缺又動中動外　李翺論故度支李尚書事狀李
尚書在滑州時觀察判官盧侍御憲李文公集十憲上疑脫公字　案
韋乾度乾度王本缺　元和姓纂八徵吏部侍郎韋肇見動外三從
弟乾度豪州刺史京兆杜陵人　元稹李拭授宗正卿

等制稱左庶子三字依英華增韋虔苑作乾度文學儒素旁通政
經執憲南臺挺直不撓以之苑作虔代拭允謂其良可守
殿中監餘如故元微之文集四十五金中有李拭　唐語林一　高崇文
入成都韋皐參佐韋乾度等皆卽論薦原注韋乾度除兵郎中未到謁
而命下　韋乾度駮左散騎常侍房式謚議故使太師丞
貞元年八月薨其時乾度任殿中侍御史前使度支一作
支度判官劉闢自攝行軍司馬節度留後九月初乾度被
逐攝簡州刺史名雖守郡其實囚之明年四月追迴勒
攝成都一本有射字縣令文苑英華八百四十一唐會要八十　新房式傳
吏部郎中韋乾度曰式不宜得謚案舊房式傳元和七年七月卒　會

要六十六　長慶二年閏十月祭酒韋乾度有條置四館學
生補闕等奏　裴度劉府君太眞神道碑銘門生之在朝
廷者右司郎中韋乾度全唐文五百三十八碑元和中立　韋乾度桃
源觀石壇記大唐元和十二祀睿聖文武皇帝御宇之
十有四載戡定淮蔡之前年余出爲銅陵郡守之去歲
也

韋顗王本缺又勳中　新表韋氏駙馬房元謨子顗太子僕　又
韋氏南皮公房工部員外郎谿子顗兵部員外郎　舊
傳字周仁少以門蔭自萬年尉歷御史補闕尚書郎累
遷給事中尚書左丞戶部侍郎中丞吏部侍郎　新傳
自萬年尉歷御史補闕長慶初爲大理少卿累遷給事
中敬宗立授御史中丞爲戶部侍郎徙吏部卒　舊楊
憑傳元和四年命侍御史韋顗等同推憑前江西判官
監察御史楊瑗獄　舊楊於陵傳元和七年吏部復置
考判官以兵部員外郎韋顗等爲之　白居易韋顗可
給事中庾敬休可兵部郎中知制誥同制中大夫使持
節蘇州諸軍事守蘇州刺史上騎都尉韋顗精微專直
通乎事典可使平奏議而坐左曹可行給事中散官勳
如故白氏文集四十八　舊憲宗紀下　元和十一年九月辛巳
貶吏部侍郎韋顗陝州刺史爲補闕張宿構言與顗貫

之朋黨故也舊傳失載案陝疑峽　新韋貫之傳韋顗等坐與貫
之厚善悉貶爲州刺史顗等皆清正以鉤黨去由是中
外始大惡張宿案敬宗寶歷元年七月丁卯以戶部侍郎韋顗爲吏部侍郎則此年侍郎當是
郎中之誤

盧士玫士玫王本缺又吏外又勳外有士牧　新表盧氏融子見祠中補士玫
太子賓客　舊傳始爲吏部員外郎稱職轉郎中京兆
少尹　新傳自吏部員外郎再遷知京兆尹　裴度劉
府君太眞神道碑銘門生之在朝廷者起居舍人盧士玫
等全唐文五百三十八案碑在元和中立　白居易除盧士玫劉從周等
官制前侍御史盧士玫嘗在西川時爲從事亂危潛伏

能潔兵身可起居郎白氏文集五十五　舊房式傳劉闢反高崇文至成都房式盧士玫等白衣麻蹻銜土請罪崇文寬禮之表其狀　唐詩紀事四十五　武元衡在蜀開府極一時選盧士玫爲觀察推官武元衡中秋夜聽歌聯句有云元衡奉盧侍御當是士玫也　石刻蜀丞相諸葛武侯祠堂碑陰武元衡題名後列觀察支使殿中侍御史內供奉盧士玫元和四年二月四川成都

盧逢又戶中補戶外　新表盧氏殿中侍御史晊子逢戶部郎中

韋宏景見左中補封外存疑　又吏外度中補　舊傳元和中自左司郎中

改吏部度支郎中新傳累遷度支郎中

崔植又戶中　新表博陵第二房崔氏嬰甫子植字公新相穆宗　舊崔祐甫傳遺命猶子植爲嗣植累歷清要爲給事中新傳爲補闕元和中爲給事中　舊崔元略傳元和十二年崔植任吏部郎中物議以植有風憲之望元略因入閣妄稱植失儀命御史彈之　會要八十　故華州刺史崔植謚敬

陳諷又勳中金中倉外又吏中附存有陳珮　呂溫祭座主故兵部尚書顧公文稱貞元脫字二十年歲次甲申月日門生監察御史陳諷文苑英華九百八十八集無　文苑英華百八十一有陳諷省試冬日可愛詩原注貞元十年及第韓文類譜三引科第錄貞元十一年博學宏詞試朱絲絃賦冬日可愛詩罷齋郎以學生亭議或作十年非似諷於十一年登宏詞科也　舊鄭餘慶傳元和十三年詳定使鄭餘慶奏吏部郎中陳珮充詳定判官　會要三十九　元和十三年八月鳳翔節度使鄭餘慶等詳定格後勅三十卷左司郎中崔鄘吏部郎中陳諷禮部員外郎庾敬休著作郎王長文集賢校理元從質國子博士林寶用修上據會要則餘慶傳作陳珮誤也　嘉話錄宣平鄭相之銓衡也陳諷張復元各注畿縣請換縣允之既而張卻請不換鄭榜子引張纔入門已定不可改時人服之太平廣記百八十六

崔鄘鄘二本缺見左中又吏外　舊傳元和十三年自左司郎中爲吏部郎中十五年遷諫議大夫　杜牧禮部尚書崔公行狀遷左司郎中吏部郎中加朝散大夫旋拜諫議大夫樊川文集十四　元稹授崔鄘諫議大夫制稱朝散大夫守尚書吏部郎中上護軍崔集無十五字鄘可守諫議大夫散官勳如故集作餘如故文苑英華三百八十一

于敖又勳外倉外　新表于氏給事中肅子見考中補敖字蹈中戶部侍郎　舊傳登進士第元和六年眞拜監察御史轉殿中歷倉部司勳二員外萬年令拜右司郎中出爲商州刺史長慶四年入爲吏部郎中其年遷給事中　新

傳元和初拜監察御史五遷至右司郎中進給事中
陳仲師又吏外卦中作中師　舊張宏靖傳憲宗時盜殺宰相武
元衡詔鎔鎮卒張晏輩付御史陳中師按之　白居易
陳中師除太常少卿制署云勅尚書吏部郎中兼侍御史
陳中師早以體物英華要之文待問之學中鄉里選第甲
乙科及苑無及字筮仕立身皆有本末不背俗以矯逸不趨
時以沽名從容中道自致聞望累踐郎署再參憲司官
無卑崇事無苑作有簡劇如玉在佩動必有聲爲時所稱
何用不可可太常少卿苑有餘如故三字白氏文集五十一
盧元輔見左外補又金中　舊傳自左拾遺再遷左司員外郎歷

杭常絳三州刺史以課最高徵爲吏部郎中遷給事中
新忠義列傳上自左拾遺歷杭常絳三州刺史課當
最召授吏部郎中　白居易授盧元輔吏部郎中制勅
六官之屬升降隨時獨吏部郎班秩加諸曹之右歷代
迄今未嘗改也則其典職之重選用之精可知矣洛州
刺史盧元輔深於文敏於行加以剸犀之利洞膽之明
潔而用之無往不適連領大郡至於三四剗訛則弊迎
刃有聲宜付劇司俾之操制選曹郎缺用爾補員歲調
方殷佇揚乃職可尚書吏部郎中文苑英華三百八十九　案洛州疑絳州
嚴公衡　元和姓纂二十八嚴廣漢嚴氏世居梓州鹽亭司勳

郎中濯見勳中生公衡刑部員外
嚴休復又封中膳外補　元和姓纂二十八嚴貞元給事中同州刺史
嚴說見左中補生休復膳部員外郎吳郡人　柳宗元亡友
故祕書省校書郎獨孤君中叔墓碣嚴休復玄錫馮翊人河東先生集十一　大唐傳載李相國程執政時嚴譽見度外嚴
休疑脫復字皆在南省有萬年令闕人多屬之李公云二嚴
不如譽案嚴譽原本脫依廣記百七十四補無公字末句作二年不知譽　元稹永福
寺石壁法華經記元和十二年嚴休復爲杭州刺史又
云其輸錢之貴者文粹有有字若杭州刺史吏部郎中文粹無四字嚴休復元微之文集五十一

舊裴垍傳裴垍在中書嚴休復
自拾遺轉補闕新傳拾遺嚴休復遷過謝詳左外李正辭注　舊楊虞卿傳
大和二年詔給事中嚴休復等充三司推南曹令使李
賓等賣僞官案新傳畧同　舊文宗紀下　太和四年三月以
華州鎮國軍使嚴休復爲右散騎常侍　七年三月丙
辰以散騎常侍嚴休復爲河南尹十二月丁未以河南
尹嚴休復檢校禮部尚書充平盧軍節度淄青登萊棣
觀察等使
高允□允恭見戸中此不確
殷台見左中左外又吏外
崔琯見左外又吏外金外　舊敬宗紀寶曆元年三月以吏部郎

中崔瑨等充考制策官　舊傳自諸侯府入朝爲尚書
郎太和初累遷給事中　新傳自吏部員外郎知雜事
進給事中
韋詞又戶中戶外　新表韋氏南皮公房侍御史翃子辭字踐
之湖南觀察使河東先生集十一亡友故祕書省校書郎獨孤君申叔墓碣韋詞致用京兆杜
陵人　舊傳辭兩經擢第判入等自戶部郎中轉吏部郎
中文宗卽位拜中書舍人　新楊於陵傳元和初嶺南
節度使楊於陵辟韋詞在幕府舊詞傳失載
孔敏行見左外又勳中　舊書隱逸傳長慶中爲起居郎改左司
員外郎歷司勳郎中遷吏部郎中俄拜諫議大夫

崔戎又吏外戶外　新表博陵大房崔氏楡次尉貞固子戎字
可大兗海觀察使安平縣公　舊傳舉兩經登科自殿
中侍御史累拜吏部郎中遷諫議大夫　新傳自殿中
侍御史累擢諫議大夫　白居易李虞仲見勳中　崔戎姚
向見勳外　温會等並西川判官皆賜緋各檢校省官兼御
史制吾命段　文昌爲帥又命虞仲戎向會等爲庶寮俾
咨度焉又云輟三省吏贊丞相府假憲官職加臺郎暨
一命再命之服以遣之白氏文集四十八　又李虞仲兵部員
外郎崔戎可戶部員外郎制勅西川觀察判官朝議郎
檢校刑部員外郎兼侍御史雲騎尉賜緋魚袋崔戎去

年春授丞相鉞鎭撫西南選虞仲輩贊理之令政成入
安並命爲郎戎可尙書戶部員外郎散官勳如故同上
會要七十九　贈洪州刺史崔戎謚惠舊傳贈禮部尙書無謚
高銖　舊高釴見戶中傳弟銖元和六年登進士第穆宗卽
位入朝爲監察御史累遷員外郎吏部郎中大和五年
拜給事中　新傳字權仲自監察御史大和時擢累給
事中
宇文鼎見左外倉外又吏外　舊文宗紀上大和三年十二月癸
酉以吏部郎中宇文鼎爲御史中丞　舒元輿御史臺
新造中書院記聖唐大和三年己酉歲天子擢尙書吏

部郎中河南宇文公爲御史中丞文苑英華八百七
岑楢顧本岑作崔楢字缺楢見戶外時代正合或疑是岑植植見新表岑參父當玄宗時代不合
王袞又勳中　新表琅邪王氏殿中少監汶子袞御史知雜
舒元輿御史臺新造中書院記御史府新例知雜事
一人中丞得以選於廷臣大和三年河南宇文公既拜
御史中丞之日上言請尙書司勳郎中琅邪王君以自
輔文苑英華八百七　案記不書王君名以時代核之當是
李石又戶中戶外　新表大鄭王房盛唐令鵬舊傳朋子石字中
玉相文宗　舊傳元和十三年進士擢第大和三年自

鄭滑行軍司馬入爲工部郎中判鹽鐵案五年改刑部
郎中由兵部郎中令狐楚請爲工部節度副使七年拜
給事中　新書宗室宰相列傳大和中自李聽行軍司
馬府罷擢工部郎中判鹽鐵案令狐楚引爲河東副使
入遷給事中
孫簡見左中補又勳外　新文藝傳中　累遷左司吏部二郎中諫議
大夫知制誥
盧鈞又倉外　新表盧氏揚州兵曹參軍託舊鈞傳作繼　子鈞字
子和太子太師　又盧氏尙書右丞兗子鈞左武衞兵
曹參軍　舊傳元和四年進士擢第又書判拔萃大和

中自左補闕歷尙書郎出爲常州刺史九年拜給事中
新傳自監察御史進吏部郎中出爲常州刺史　神
仙感遇傳相國盧公鈞爲尙書郎以疾出爲均州刺史
明年解印還京署鹽鐵判官太平廣記五十四
張諷　新表始興張氏仁化令皓子諷又震子諷俱不詳
歷官　會要三十九　太和四年十二月刑部員外郎張諷
大理少卿崔圯等奏議親議貴事　舊文宗紀下　太和
九年七月戊午貶吏部郎中張諷夔州刺史　南部新
書甲　大和中上自延英退獨召柳公權對上不悅曰今
日一場大奇也嗣復李珏道張諷是奇才請與近密官

鄭覃夷行卽云是姦邪須斥之於嶺外教我如何卽是
公權奏曰允執厥中上曰如何卽是允執厥中又奏嗣
復李珏旣言是奇才卽不合斥於嶺外鄭覃夷行旣云
是姦邪亦不合致於近密若且與荊襄間一郡守此近
於允執厥中旬日又召對上曰允執厥中向道也是張
遂爲郡守
薛膺　新表薛氏西祖房浙西觀察使苹子膺夔州刺史
又薛氏西祖房芳子膺字元禮諫議大夫時代不合　新
薛苹傳子膺大和初爲右補闕內供奉後歷工部員外
郎

崔瑨見左中戶中倉中又　新書循吏傳開成中山南江西大水
詔給事中盧宏宣與吏部郎中崔瑨分道賑卹本傳失載
舊文宗紀下　開成三年八月丁酉令刑部郎中崔瑨往
山南東道鄂岳蘄黃等道宣慰
盧弘宣又度中補　新表盧氏士珏子宏宣字子章太子少傅
固安縣伯　新循吏傳元和中擢進士第自裴度東都
留守判官遷累給事中　舊裴度傳開成二年裴度辭
河東節度使遣吏部郎中盧宏宣往東都宣旨新傳畧同
舊傳脫佚新傳增
趙眞齡又金中倉中　杜牧趙眞齡除右散騎常侍制朝散大

夫守太子賓客上柱國漢中郡開國公食邑二千戶賜
紫金魚袋趙眞齡可守右散騎常侍散官勳封賜如故
樊川文集十七

崔球 又吏外　新表博陵第二房崔氏同州刺史頲子常州
刺史瑨弟 見左中　球字叔休　又南祖崔氏司刑卿魏縣
子神慶子球鄆州刺史 時代不合　舊傳寶歷二年登進士
第會昌中爲鳳翔節度判官入朝爲尚書郎　舊鄭覃
傳開成初太學勒石經覃奏水部員外郎崔球等校定
九經文字　又云李國言復爲宰相奏崔球等堪任起
居郎鄭覃曰崔球游宗閔元門且赤墀下秉筆爲千古

法不可朋黨乃止

盧弘止 二本作盧龜誤　又度中補　金中　案宏止舊紀傳作宏正新紀傳作宏止資治通鑑唐紀六十四同考異曰實錄作宏止　新表盧氏檢校戶部郎中綸子 見戶中補　山
南東道節度使簡辭弟 見勳外　宏正字子疆宣武節度使
舊傳弘正元和末登進士第大和中自侍御史文宗
時三遷兵部郎中給事中　新傳弘止自侍御史累遷
給事中　南部新書乙　鄭滑盧弘正尚書題柳泉驛云
余自歙州刺史除度支郎中八月十七日午時過汴濟
渡卻自度支郎中除鄭州刺史亦以八月十七日午時
過汴濟渡從吏部郎中除楚州刺史以六月十四日宿
湖城縣今年從楚州刺史除給事中計程亦合是六月
十四日湖城縣宿事雖偶然亦冥數也

柳仲郢 又戶外主中　新表柳氏兵部尚書公綽子 見吏中　仲郢
字諭蒙天平節度使　舊傳元和十三年進士擢第自
監察御史遷侍御史會昌中三遷吏部郎中武宗有詔
減冗官吏部條疏欲牒天下州府取額外官員仲郢曰
諸州每冬申闕何煩牒耶倖門頓塞仲郢條理旬日減
一千二百員時議爲愜遷諫議大夫　新傳自監察御
史遷侍御史會昌初累轉吏部郎中時詔減官冗長者
仲郢條簡浹日損千二百五十員議者厭伏遷左諫議

大夫

蔣豐 二本缺無考疑是蔣伸見左外

李行方 二本缺見左外　又吏外　戶外

韋宙 二本缺　又戶中　度中補　新表韋氏鄖公房武陽郡公丹子
見封中　宙嶺南節度使檢校左僕射同中書門下平章事
新良吏韋丹傳子宙宣宗時拜侍御史三遷度支郎中
盧鈞節度太原表爲副召拜吏部郎中出爲汴州刺史

皇甫鉟 見吏外

牛蔚 又禮中補　新表安定牛氏敬宗文宗相僧孺子 見考外補　蔚
字大章檢校兵部尚書興元尹　舊傳十五應兩經舉

大和九年復登進士第宣宗時自金州刺史入拜禮吏
二郎中以祀事準禮天官司所掌班列有恃權越職者
蔚奏正之爲時權所忌左授國子博士分司東都踰月
權臣罷免復徵爲吏部郎中兼史館脩撰遷左諫議大
夫　新傳自金州刺史遷累吏部郎中失權倖意貶國
子博士分司東都復以吏部召兼史館脩撰

穆仁裕二本缺吏外　又勳外　元和姓纂一屋口部員外穆贄生諶
改名仁裕宣武節度檢校兵部尚書河南人　舊懿宗
本紀咸通二年八月以司勳員外郎穆仁裕等試吏部
宏詞選人　神仙拾遺穆將符者唐給事中仁裕之姪

也太平廣記四十四　舊李磎傳穆仁裕鎮河陽奏爲從事
資治通鑑唐紀六十九乾符四年八月宣武兵援襄州自申
蔡間道逃歸詔宣武節度使穆仁裕遣人約還

補遺

祖孝孫　舊傳孝孫幽州范陽人高祖受禪擢著作郎歷
吏部郎太常少卿　舊音樂志一高祖受禪擢祖孝孫
爲吏部郎中轉太常少卿　舊傳仁均傳武德中中書
令封德彝奏戊寅元歷術差謬敕吏部郎中祖孝孫考
其得失會要四十二同　新書厤志一武德六年詔吏部郎中
祖孝孫考戊寅元厤得失　舊令狐德棻傳高祖詔兼

吏部郎中祖孝孫可脩齊史

王績　新表琅邪王氏陳東衡州刺史應陽成公猛子績
吏部郎中

柳威明一本無明字　新表柳氏隋黃門侍郎謇之子威明吏部郎中

皇甫屛度　元和姓纂唐十一皇甫聿道代居滎陽號鄭州
皇甫生屛度吏部郎中案考中戶外有屛度疑卽是

韋叔謙又吏外考中補　新表韋氏南皮公房隋司農卿瓚子主
爵郎中季武弟見封中　叔謙考功郎中　新韋湊傳貞觀
中湊祖庫部郎中叔諧與弟吏部郎中叔謙兄主爵郎

中季武同省時號三列宿　孫逖東都留守韋公虛心神
道碑曾祖叔謙事太宗爲考功郎中與兄叔諧季武同
在郎署文苑英華九百十八　獨孤及唐故朝議大夫申王府司
馬上柱國贈太常卿韋公縝神道碑銘南皮公三子季
曰叔謙歷吏部考功毘陵集八　通典職官四　貞觀二年十一
月韋叔謹一作謙除刑部員外一作俱唐會要五十七詳封中韋季武注

衞知敏知一作弘　元和姓纂十三祭　後魏步兵校尉衞臥龍五
代孫知敏唐給事中吏部郎中汝州刺史安邑人案知敏姓
纂下文作宏敏疑弘敏之誤　吳興志衞弘敏顯慶元年自豫州刺
史授遷右清道府率統紀云神龍二年汝州刺史授　府志誤弘敬　文苑英

華五百一有儒弘敏對議運漕策一道
王某　張九齡故太僕卿上柱國華容縣男王府君墓誌
祖某皇朝吏部郎中贈潤州刺史唐丞相曲江張先生文集十八
李綰又戶中　新表隴西李氏姑臧大房工部侍郎義琛子
綰吏部郎中　又隴西李氏姑臧大房太子庶子景素
子見金中　僖宗相蔚弟見考中　綰字權化　新李義琛傳子
綰爲柏人令有仁政縣爲立祠　舊李蔚傳弟綰累官
至刺史時代不合　唐會稽太守題名記李綰咸通十一年
五月自中書舍人充使館脩撰授浙東觀察使十三年
十二月追赴闕嘉泰志作十一月　南部新書癸李綰咸通中

作越察於甲仗庫創樓名曰武威刻石立文曰序樓文
名云名樓以武威兼義也余之望又出武威　韋述唐
太原節度使韋湊神道碑繼夫人隴西李氏長安令綰
之女文苑英華九百十四　梁肅明州刺史李公長墓誌銘皇朝
工部侍郎岐州刺史義琛生吏部郎中綰文苑英華九百五十一
張粱客　新表中山張氏太宗高宗相行成子粱客吏部
郎中
馬覬　新表茌平馬氏尚書左丞吏部侍郎載子覬吏部
郎中
盧諝　新表盧氏高宗相承慶子見考外補　諝吏部郎中

韓大壽又勳外度外　新表昌黎韓氏巫州刺史符子大壽吏
部郎中脫姓纂
李元素又考中　新表趙郡李氏南祖續後穀州治中孝卿
子元素相武后　舊傳初爲武德令延載元年自文昌
左丞遷鳳閣侍郎鳳閣鸞臺平章事新傳同　唐會要五十
八載初元年吏部郎中加一員以李元素爲之通前三
員
鄭杲案石刻有當移入　舊鄭元璹傳弟孫杲知名則天時爲天
官侍郎新傳同　舊宋璟傳天官侍郎鄭善果謂宋璟曰
中丞奈何呼五郎爲卿璟曰以官言之正當爲卿若以

親故當爲張五足下非易之家奴何郎之有鄭善果一
何懦哉新傳亦作鄭善果　舊張錫傳與鄭杲俱知天官選事
新傳與鄭杲俱知選通鑑作鄭杲考異曰善果高祖時人新舊傳皆誤當從御史臺記　張說爲
河內郡王武懿宗平冀州賊契丹等露布稱行軍司馬
通議大夫行天官郎中臣鄭杲文苑英華六百四十七張燕公集十三杲作
果　資治通鑑唐紀二十三　長安二年九月辛巳以相王旦
爲幷州道元帥司禮少卿鄭杲爲司馬竟不行　唐會
要七十五　聖歷二年吏部侍郎鄭杲注韓思據廣記增復爲太
常博士元希聲見考外補　京兆士曹嘗謂人曰今年掌選得
韓元二子則吏部不負朝廷矣太平廣記百六十九引談賓錄同　會

要七十九　贈禮部尙書鄭杲謚孝
崔玄暐　新表博陵大房崔氏胡蘇令愼字行謹子玄暐
相武后中宗舊傳本名曅以字下體有則天祖諱乃避改焉　新傳畧同　舊傳龍
朔中舉明經累補庫部員外郎尋授天官郎中遷鳳閣
舍人長安元年超拜天官侍郎　李嶠授崔元暐庫部
員外郎制朝散大夫行尙方監丞崔玄暐內府策名已
馳聲績中臺揆務更佇良能可行文昌庫部員外郎散
官勳如故文苑英華三百九十二
楊祇本又勳中勳外　新表楊氏越公房鄧州刺史守柔子祇
本吏部郎中　會要五十八　司勳員外郎長安二年閏四

月十二日文昌有脫字　丞李嶠奏加一員以楊祇令爲之
唐會稽太守題名記楊祇本景龍二年七月自陝州
刺史授會稽掇英總集十八　會稽志同
劉宅相又吏外　新表彭城劉氏守約子宅相吏部郎中
崔寓又吏外又御史臺陰下層右稜陰左稜陰額知雜題名　或作寓此與左中戶外之崔寓別一人
新表博陵二房崔氏隋左領軍大將軍彭元孫寓吏部
郎中　賈至授崔寓給事中制會稽太守崔寓累升臺
省咸以才遷驟歷藩條時惟德舉文苑英華三百八十一　舊楊
愼矜傳天寶六載十一月殿中侍御史崔寓引楊愼名
令河南法曹張萬頃宣敕賜自盡案當是分司御史　唐會稽

太守題名記崔寓至德二年自江夏郡太守授其年六
月改給事中會稽掇英總集十八　舊肅宗紀乾元二年正月乙
丑以御史中丞崔寓都統浙江淮南節度處置使　三
年二月癸巳朔以右丞崔寓爲蒲州刺史嘉泰志同充蒲同
晉絳等州節度使　新書文藝上元正傳肅宗初吏部尙
書崔寓典選正以書判第一召詣京師　舊代宗紀廣
德二年九月丙申詔徵河東兵討吐蕃將發是夜軍衆
諠譟刼節度使崔寓家財及民家財產殆盡　永泰二
年八月癸卯吏部尙書崔寓爲太子少傅　李白武昌
宰韓君仲卿去思頌碑尙書右丞崔公寓稱之於朝李太

白文集三十　王延昌河瀆神靈源公祠廟碑關內河東副
元帥中書令汾陽郡王郭公謚於副元帥副使太子賓
客御史大夫知河中府事崔公寓文苑英華八百七十九　代宗時
鄭昂又御史臺陰額知雜有鄭昂之　舊楊國忠傳天寶十一載國忠兼
吏部尙書所昵侍御史鄭昂等諷選人於省門立碑頌
國忠銓綜之能　新外戚楊國忠傳天寶十載楊國忠拜
劍南節度支度營田副大使知節度事本道山南西道
採訪處置使開幕府引鄭昂等自佐而留京師國忠雖
當國常領劍南召幕使遣戍瀘南歲遣鄭昂等以御史
迫促郡縣召幕　天寶十五載楊國忠誅其黨吏部郎

中鄭昂等俱走山谷民爭其貲富埒國忠坐誅　舊傳國忠求安祿山陰事圍捕其宅得李超安岱等使侍御史鄭昂縊殺於御史臺　又云國忠黨吏部郎中鄭昂等憑勢招來賂遺車馬盈門財貨山積國忠敗皆坐誅滅

姚誾　新表陝郡姚氏楚州刺史弇子誾睢陽太守右金吾將軍　舊忠義傳歷壽安尉城父令以守睢陽之功至德二年春加檢校尚書侍郎（新傳以城父令同守睢陽累加東平太守）新張巡傳張巡拔衆至睢陽與太守許遠城父令姚誾等合至德二載詔拜誾吏部郎中十月癸丑城陷遇害

程休文（見左外封中　又封外）　賈至授程休文文部郎中制勑司封郎中程休文郎中應列宿之位御史爲準繩之舉紀必以德任難其人況於四海多虞兩京未復一省樞要非賢不居或以節推或以才擇可守文部郎中（文苑英華三百八十九）

崔祐甫（又吏外　勳外）　新表博陵二房崔氏太子賓客沔子（見祠外）　祐甫字貽孫相德宗　舊傳舉進士歷起居舍人司勳吏部員外郎累拜兼御史中丞永平軍行軍司馬尋知本軍留後累遷中書舍人　顏眞卿崔孝公陋室銘記祐子祐甫累登臺省至吏部郎中充永平軍節度使尚書李公勉行軍司馬兼侍御史中丞（顏魯公文集十四）

郭晤（又封中　倉中）　新表華陰郭氏肅代德三宗相子儀子晤字晤兵部郎中　楊綰汾陽王妻霍國夫人王氏神道碑子次曰開府儀同三司行尚書吏部司封郎中上柱國樂平郡開國公晤（文苑英華九百三十四　大歷十二年）

馬炫　新表馬氏嵐州刺史大同軍使季龍子炫字弱翁一字抱元刑部侍郎（元和姓纂刑部侍郎工部尚書致仕）　舊傳田神功鎮汴州奏授節度判官檢校兵部郎中轉連州刺史徵拜吏部郎中又出爲閬州刺史入爲大理少卿建中初爲潤州刺史（新傳田神功鮑宣武署節度判官授連潤二州刺史）

王定（又吏外補　考中禮外補　見封中）　新表京兆王氏揚州刺史易從子定字鎮卿太子右庶子集賢院學士　舊王徽（見封中補）傳曾伯祖易從子定進士登第　新（卓行）權皋傳天寶末中原亂士人率度江王定等皆仰權皋節與友善（舊權德輿傳大歷三年父皋卒王定等爲服朋友之喪）　舊代宗紀大麻十二年四月諫議大夫知制誥王定等十餘人皆坐元載貶官　新元載傳與元載厚善坐貶者王定等凡數十百人　權德輿唐故太子右庶子集賢院學士贈左散騎常侍王公神道碑銘弱冠游太學舉進士甲科以諫議大夫掌誥如故且加命服明年宰臣伏法移太子洗馬今上

嗣統東求吏師授隰州刺史以南宮歸重尋拜吏部郎
中再受面命循行方國初自淮泗至於汝南後自上藁
亘於山東遷太子右庶子集賢院學士權載之文集十四 石
刻顏魯公書朱巨川朝議郎告身建中元年八月二十
二日朝議郎守尚書吏部郎中賜緋魚袋臣王定上
舊楊炎傳建中中楊炎誣殺劉晏遣腹心王定往淮西
道宣慰新傳同外補盧東美注詳考 李華著作郎贈祕書少監權
君墓表公素與京兆王鎮卿等友善評君曰可以爲師
保文苑英華九百七十 新書藝文志丙部子錄雜藝術類 王定畫本草訓
誡圖貞觀上方令

齊珝案珝疑當作珝集韻一東工羽或書作珝珝與貢音同石刻有齊貢時代正合疑卽是 又戶中附存
新表齊氏平陽太守澣子見動外 珝吏部郎中姓纂脫珝名吏部作
戶部 杼山集十 有五言冬日建安寺西院喜晝公自吳
興至聯句一首有前吏部郎中兼括州刺史齊翔翔當作珝
李傭 許孟容祭楊郎中文稱貞元十九年四月吏部郎
中李傭原注一作傭等文苑英華九百八十五 案李傭無考考石刻有李鄘案其時代正合則
傭字當是鄘字之誤
唐次又禮外補禮中附存 新表唐氏誠子次字文編中書舍人
舊文苑傳建中初進士擢第憲宗卽位自夔州刺史
授禮部郎中尋以本官知制誥正拜中書舍人卒 新

郎官石柱題名考卷三　吏中　卌七　月河精舍叢鈔

傳憲宗立自夔州刺史召還授禮部郎中知制誥終中
書舍人 舊憲宗紀上 永貞元年八月丙寅以夔州刺
史唐次爲吏部郎中知制誥杜牧上宣州高大夫書注開州取唐會人爲職方郎
中知制誥
竇易直 新表竇氏平陵房廬州刺史彧子見戶中 易直字
宗玄相穆敬 舊傳舉明經累歷右司兵部吏部三郎
中元和六年遷御史中丞 新傳累遷吏部郎中元和
六年進御史中丞 石刻羊士諤唐故左拾遺內供奉
贈使持節舒州諸軍事舒州刺史□□竇府君叔向神道
碑題第十一姪朝議郎尚書右司員外郎易直書元和三年

郎官石柱題名考卷三　吏中　卌八　月河精舍叢鈔

偃師 褚藏言故國子司業贈給事中扶風竇府君牟詩
序貞元二年舉進士與從父弟故相贈司徒易直同年
上第竇氏聯珠集
韋纁見左外又吏外 新表逍遙公房吏部侍郎肇子纁吏部
郎中二傳失載
楊嗣復又吏外禮外補又御史陰額知雜御史題名 新表楊氏越公房左
僕射於陵子見吏中 嗣復字繼之相文宗武宗 舊傳年
二十進士擢第二十一又登博學宏詞科元和十年自
太常博士累遷至刑部員外郎改禮部員外郎再遷兵
部郎中長慶元年十月以庫部郎中知制誥正拜中書

舍人　新傳自太常博士再遷禮部員外郎遷累中書
舍人　元稹楊嗣復授尚書兵部郎中制稱吏部郎中
楊嗣復可權知兵部郎中餘如故元微之文集四十六
裴濟又考中補　舊傳以門蔭入仕穆宗即位自江陵令徵爲
兵部員外郎遷刑部郎中轉考功吏部二郎中寶麻初
拜給事中
王高　新蔣清傳安祿山亂蔣清蒙難以秩卑不及謚大
和初其出吏部郎中王高言之朝追謚曰忠
陳夷行又吏外封外　舊傳元和七年登進士第大和三年爲
起居郎史館脩撰四年轉司封員外郎五年遷吏部郎

中四月召充翰林學士八年兼充皇太子侍讀詔五日
一度入長生院侍太子講經上召對面賜緋衣牙笏遷
諫議大夫知制誥餘職如故　新傳擢累起居郎史館
脩撰以勞遷司封員外郎凡再歲以吏部郎中爲翰林
學士莊恪太子在東宮夷行兼侍讀五日一謁爲太子
講說數遷至工部侍郎　重脩承旨學士壁記陳夷行
大和七年□月自吏部員外郎充八月二十三日授著
作郎知制誥兼皇太子侍讀八年九月六日賜緋七日
遷諫議大夫翰苑羣書上　案壁記失載遷吏中事
崔瑑又吏外　新表博陵二房崔氏同州刺史頲子瑀弟見戶
外　舊傳珙瑨弟瑀兄表云珙瑨兄瑑刑部尚書　舊傳開成初爲吏部
郎中轉給事中　新崔瑨傳弟瑑位刑部尚書
崔璜又吏外　新表清河小房崔氏太常卿邠子見封中璜吏
部郎中　舊崔邠傳子璜登進士第歷位臺閣　敬宗
處分賢良方正等科舉人制賢良方正能直言極諫科
舉人第四次等崔璜中書門下即與處分唐大詔令　舊杜
元穎傳大和三年西川判官崔璜貶連州司馬以佐元
穎無狀也新傳官屬崔璜等悉奪秩分逐之　劉禹錫唐故朝散大夫
檢校尚書吏部郎中兼御史中丞賜紫金魚袋清河縣
開國男贈太師崔公倕神道碑太常二子亦以才能同

入尚書璜爲吏部郎劉賓客文集三　舊崔龜從傳祖璜父誠
官微新表清河大房崔氏龜從祖誠父黃不詳歷官
元晦　新表元氏饒州刺史洪子晦不詳歷官姓纂同　唐
會要七十六　寶麻元年四月賢良方正能直言極諫科元
晦及第緯畧同　敬宗處分賢良方正等科舉人制賢良
方正能直言極諫科舉人第五上等元晦中書門下即
與處分　丁居晦重脩承旨學士壁記元晦大和八年
八月九日自殿中侍御史充九月十六日賜緋九年八
月二十日加庫部員外郎九月十一日出守本官翰苑羣書
上　案李德裕授元晦諫議大夫制云往在內庭嘗感先顧奮發忠懇不私形骸俯伏青蒲至於雪涕數共工

之罪不蔽英聰垣平之詐益彰文德云云蓋忤李訓輩故罷內職也　李德裕授元晦諫議大夫制稱吏部郎中元晦可諫議大夫　莫休符桂林風土記會昌初前使元常侍名晦授達金貂翱翔翰林揚歷臺省從此府除浙東留題越亭　孫樵唐故倉部郎中康公墓誌銘會昌二年臨桂元公以觀風支使來辟（孫可之文集八）　唐會稽太守題名記元晦會昌五年七月自桂管觀察使授浙東觀察使大中元年五月追赴闕中路除衞尉分司東都（會稽掇英總集十八 嘉泰志畧同）　杜牧薦韓乂啟自唐扶中丞闔中罷府歸路由建州妻與元晦同高祖扶惡晦為人不省之及晦得越乃棄產避之（樊川文集十六）　唐故京兆府盩厔縣尉元君墓誌銘稱猶子晦（元微之文集五十三）

盧簡求（又吏外 戶外）　新表盧氏綸子宏正弟（見上）字子臧河東節度使　舊傳長慶元年登進士第會昌末為忠武節度副使入為吏部員外郎轉本司郎中求為蘇州刺史　新傳會昌中忠武節度副使歷蘇壽二州刺史　崔嘏授姚勖右諫議大夫等制勑朕高居穆清端拱思理尚慮旒纊蔽吾聰明故精求諫納之臣投我藥石之語而天官正郎地連藻鏡職佐銓衡必資明幹之才以副經通之目以勖端方雅厚正以操心以簡求和易周旋斂於臨事而皆富文奧學早昇俊造之科利用長才累處重難之任是用擢於粉署置在禁垣昇自外郎膺茲首選爾其詳求五諫左右三銓勉思及霤之忠更致提衡之美勗可右諫議大夫簡求可吏部郎中（文苑英華三百八十一）

盧懿（又封外 勳中）　新表盧氏逢子（見吏中）懿弟（見戶中）懿不詳歷官　重脩承旨學士壁記盧懿開成五年四月十九日自司封員外郎充侍講學士其年四月賜緋會昌元年二月九日出守本官（翰苑羣書上）　元王惲玉堂嘉話一李紳拜相制後平書司勳郎中判懿（會昌二年二月日）　崔嘏授

盧懿吏部郎中制勑河南少尹盧懿總天下之鈇員必先閱於吏曹郎然後達於銓官自非神機穎利識用周密則不得備於斯選也以爾詞鋒絢練門緒清華儒席許其溫恭士林推其端厚自分曹洛汭貳尹三川澹於趨進之途鬱彼靜專之操晦跡而囂浮自遠長鳴而風雨不渝是用徵還首曹榮以題柱必能佐持衡之重任聯藻鑒之清輝勉服官常無孤所舉可依前件（文苑英華三百八十九）　杜牧唐故東川節度檢校右僕射兼御史大夫贈司徒周公（墀）墓誌銘大中五年二月甍命諫議大夫盧懿弔䘏其家（樊川文集七）　舊宣宗紀大中九年三月吏

部東銓委右丞盧懿權判　十一年四月以吏部侍郎
盧懿檢校工部尚書兼鳳翔尹御史大夫鳳翔隴右節
度使　舊五代史唐書四十三　盧程傳祖懿父蘊歷仕通顯
石刻蜀丞相諸葛武侯祠堂碑陰楊嗣復記後列銜
有節度參謀試大理評事盧懿大和九年八月八日四川成都
李顥鈞　新表大鄭王房太子賓客守散騎常侍詞子顥
鈞吏部郎中
李從晦　新表大鄭王房明州刺史諝子從晦字含章興
元節度使檢校工部尚書　新宗室傳寶麻初及進士第
自澶王府諮議分司東都下遷亳州司馬久乃轉吏部

郎中兼侍御史知雜事出爲常州刺史鎮海軍節度使
李琢表其政賜金紫　杜牧李朋除刑部員外郎李從
誨除都官員外郎等制天平軍節度副使朝議郎檢校
尚書祠部員外郎兼侍御史賜緋魚袋李從誨宗室子
弟美秀而文嘗經磨涅不改堅白可守尚書都官員外
郎散官如故樊川文集十七李朋見吏外　因話錄六　大中九年右
司李郎中從晦戲倉部李郎中蠙曰小生與賢座主同
年謂彬州柳侍郎也蠙見左中柳璟見吏外
鄭茂林又封中主中　新表鄭氏北祖房興元節度使瀚子見封
中　茂休初名茂諶　舊鄭瀚傳子茂諶避國諱改茂休

開成二年登進士第四遷太常博士兵部員外郎吏部
郎中絳州刺史位終祕書監
楊嚴又吏外封外　新表楊氏越公房遺直子收弟見吏外　嚴字
凜之兵部侍郎判度支　舊傳會昌四年進士擢第咸
通中累遷吏部員外郎轉郎中拜給事中工部侍郎尋
以本官充翰林學士兄收作相請外職拜越州刺史御
史中丞浙東團練觀察使　新傳累遷至工部侍郎翰
林學士兄收知政請補外拜浙東觀察使重脩承旨學士壁記咸通
後翰林學士三十二人無楊嚴名又考唐會稽太守題名記楊嚴咸通五年九月自前中書舍人授浙東觀察
使六年二月二十四日追赴闕嘉泰志同亦不云工部侍郎翰林學士也兩傳疑誤又案舊懿宗紀咸通六年

二月以給事中楊嚴爲工部侍郎尋召爲翰林學士則嚴入翰林又在觀察浙東之後然九年十月書貶前浙
東觀察使越州刺史御史中丞嚴爲韶州刺史則觀察浙東似又在六年之後互相抵捂未知孰是
盧知猷　新表盧氏檢校司封郎中鳳翔節度判官簡能
子知猷字子謩檢校司空　舊傳登進士第宰臣蕭鄴
鎮江陵成都辟爲兩府記室入拜左拾遺改右補闕史
館脩撰轉員外郎出爲饒州刺史入拜兵部郎中賜緋
魚袋改吏部郎中太常少卿出爲商州刺史徵拜給事
中轉中書舍人　新傳中進士第登宏辭蕭鄴鎮荊南
劍南再辟掌書記入遷右補闕出爲饒州刺史以政最
閩累進中書舍人

陸勳　元和姓纂一屋太常博士越宣二觀察陸亘見戶中生
勳吏部郎中吳人　舊懿宗紀咸通十二年三月以考
官兵部員外郎陸勳等考試宏詞選人
裴質又戶外　新表洗馬裴氏河南少尹復子見御史碑額　質吏
部郎中　又中眷裴氏僖宗相坦子見左外　質字殷敬
李磎又封中補戶中　新表江夏李氏起居舍人拭子見金中　磎
字景望相昭宗　舊傳大中十三年登進士第自尚書
水部員外郎累遷吏部郎中兼史館脩撰拜翰林學士
中書舍人廣明中分司洛下　新傳累遷戶部郎中分
司東都　舊僖宗紀乾符三年九月以刑部郎中李磎

為戶部郎中分司東都　李磎泗州重脩鼓角樓記史
官尚書司封郎中李磎自淮楚趨闕驛泗記末云樓以中和五年二
月二十八日成以其年九月三十日書
楊授又勳外補　新表楊氏越公房嗣復子見上　損弟見吏外　授不
詳歷官　舊傳字得符大中九年進士擢第自監察御
史殿中分務東臺再遷司勳員外郎洛陽令兵部員外
郎李福為東都留守奏充判官改兵部郎中由吏部拜
左諫議大夫　新傳授於昆弟最賢遷累戶部侍郎李福
留守東都舊傳不載當在僖宗時
崔肩又吏外考外　新表南祖崔氏宣宗相慎由子見吏外　肩字

垂休相昭宗新書姦臣列傳同舊傳字昌遐　舊傳乾符二年登進
士第王重榮鎮河中辟為從事入朝累遷考功吏部二
員外郎轉郎中給事中中書舍人大順中歷兵部吏部
二侍郎　新傳累遷中書舍人御史中丞
楊涉　新表楊氏越公房兵部侍郎嚴子見上　涉字文川相
昭宗　舊傳乾符二年登進士第昭宗朝累遷吏部郎
中禮刑二侍郎乾符四年改吏部侍郎當從本紀作乾寧
段安節　新段成式傳子安節乾寧中為國子司業善樂
律能自度曲云新表失載　金華子雜編上　段郎中成式為
子安節娶溫庭筠女仕至吏部郎中沂王傅善音律著

樂府行於世　新書藝文志甲部經錄樂類　段安節樂府雜錄
一卷原注文昌孫案此書今存序結銜題朝議大夫守國子司業上柱國賜紫金魚袋段安節撰　直
齋書錄解題十四音樂類　琵琶故事一卷段安節撰
蕭頎頎一作頊又吏外補　新表蕭氏齊梁房給事中廩子見祠外　頎字
須字子登舊五代史作子澄　舊蕭廩傳子頎亦登進士第
後官位顯達　舊五代史唐書三十四　蕭頃傳頃昭宗朝擢
進士第歷度支巡官太常博士右補闕累遷吏部員外
郎入梁歷給諫御史中丞　舊昭宗紀天祐元年七月
丁丑制以兵部郎中蕭頎為吏部郎中　哀帝紀天祐
二年十二月敕右諫議大夫蕭頎等隨册禮使柳璨魏

國行事

李光嗣　舊哀帝紀天祐二年十二月敕吏部郎中李光嗣等隨册禮使柳璨魏國行事　吳越備史一開平五年四月敕遣刑部侍郎李光嗣建王生祠於衣錦軍（欽名）授前司勳員外郎賜緋徐綰兵部員外郎前庫部員外郎李光嗣右司員外郎等制論者美宣祖大臣以至行移風稱易名者必曰光嗣之王父也爾克敬有後敏以自圖多所周防恐墜遺法（文苑英華三百九十二英華蒙上白居易云前人衍字光嗣王父疑是李景讓）

夏侯淑　黃滔丈六金身碑天祐四年正月十有八日乙未設二十萬人齋座客有吏部郎中譙國夏侯公淑（莆陽黃御史集下）　新田頵傳田頵善遇士若夏侯淑等皆爲上客

石抱忠（又考中）　元和姓纂二十二昔石初平元孫抱忠天官侍郎河南人今居號州　新員半千傳抱忠長安人名屬文初置右臺自清道府率長史爲殿中侍御史進檢校天官郎中與侍郎劉奇張詢古共領選寡廉潔坐綦連耀伏誅　新武后本紀神功元年正月壬戌殺知天官侍郎事石抱忠　楊炯庭菊賦序天子幸於東都皇儲監守於武德之殿學士石抱忠以文章顯（文苑英華一百四十九）

鄭亞（見左中）　舊傳會昌初自監察御史累遷刑部郎中知雜遷諫議大夫給事中（新傳畧同）　舊書禮儀志六會昌五年九月吏部郎中鄭亞等五人有東都太廟神主議

敬昕（又吏外封中）　吳興志敬昕太和七年自婺州刺史拜除吏部郎中續加檢校本官依前湖州刺史後除常州　李紳湖州法華寺大光大師碑予烏臺舊僚天官郎敬君守郡吳興寄言刋石（文苑英華八百六十五）　資治通鑑（唐紀六十）二開成五年八月貶京兆尹敬昕爲郴州司馬坐文宗龍輴陷也　又（唐紀六十三）會昌三年九月戊申以河南尹敬昕爲河陽節度懷孟觀察使供行營攻討使王宰饋餉　封敖批敬昕謝上表畧云亟稱才能歷踐華顯洎尹正洛汭臨戎孟津治（不避諱恐作理）行推高號令有律遽遷白馬重擁青幢接畛素洽於謌謠先聲載揚於道路（文苑英華四百六十七）

李直　新表蔡王房龔濟北郡公北海令鈠子直吏部郎中

劉墀　新表南華劉氏大理卿濛子（見勳中）　墀字秉中兵部吏部郎中

劉文濟　新表南華劉氏檢校戶部員外郎技子字霸源吏部郎中

姚勖見左中補　吳興志姚勖會昌三年六月二十九日自尚
書左司郎中授後遷吏部郎中
曹鄴又祠中主外　唐才子傳七鄴字業之桂林人累舉不第
爲四怨三愁五情詩雅道甚古特爲舍人韋慤所知力
薦於禮部侍郎裴休大中四年張溫琪榜中第　唐詩
紀事六十　曹鄴唐末以祠部郎中知洋州雲臺編上有送祠部曹郎中鄴
出守洋州詩　雲臺編下有送吏部曹郎中免官南歸詩云有
江山復桂州知郎鄴也　石刻紇干濬贈太尉韓允忠神道碑乾
符元年十一月皇帝下缺郎中曹鄴太子下缺議大夫李景
莊見考中　庫部員外郎陳翰見金外　備鼓吹升輅車由字空三
宣政正衙及字空三　公之靈座册贈司徒謚曰□山東莘縣俎家
店　新高璩傳懿宗時高璩卒太常博士曹鄴請謚爲
刺從之　新書白敏中傳懿宗時博士曹鄴責白敏中
病不堅退且逐諫臣舉怙威肆行謚曰醜　新書藝文
志丁部集錄別集類　曹鄴詩三卷字鄴之大中進士第洋州刺史紀事作業之　直
齋書錄解題十九　曹鄴集一卷唐洋州刺史曹鄴撰大中
四年進士

附存

薛能見度中補主中　舊懿宗紀咸通十一年十月以給事中
薛能爲京兆尹　唐詩紀事六十　咸通中攝嘉州刺史歸

朝選主客度支刑部郎中俄刺同州權知京兆尹事
攄言三　乾符中薛能尚書自吏部郎中拜京兆少尹權
知大尹
崔紹言見左外戶中祠外　吳興志崔紹言咸通三年二月自
吏部郎中拜卒官統記云戶部案戶中有崔紹言統記是
李乂見左外又勳外　蘇頲唐紫微侍郎贈黃門監李乂神道
碑自中書舍人太子疑衍上卽位檢校吏部郎中二歲遷
黃門侍郎文苑英華八百九十三　舊傳自中書舍人景雲元年
遷吏部侍郎尋轉黃門侍郎新傳同碑文郎中係侍郎之譌
蘇勖　新表蘇氏隋鴻臚少卿夔子勖吏部侍郎駙馬都
尉

歸安丁寶書編次

唐尚書省郎官石柱題名考卷三終　勞檢丁士諤校字

唐尚書省郎官石柱題名考卷四

仁和勞格著　趙鉞
歸安丁寶書編次

吏部員外郎

唐六典吏部尚書其屬有員外郎二人從六品上龍朔咸亨光宅神龍並隨曹改復員外郎一人掌選院謂之南曹每歲選人有解狀籍書資歷考課必由之以覈其實乃止三銓一人掌曹務凡當曹之事無巨細皆與郎中分掌焉舊書新書畧同

石刻裴玄本　王約　潘求仁　趙弘智　裴希仁

甘神符　宇文節　李公淹　封艮客　韋璲
韋叔謙　長孫祥　裴孝源　裴希仁　崔玄覩
于立政　蕭孝顗　裴稚珪　辛茂將　崔行功
姜[redacted]　元懷簡　裴公緯　趙仁本　韓同慶
于敏同　梁行儀　王德眞　魏玄同　姜玄乂
劉祥道　李同福　裴大方　朝元範　房正則
梁仁義　李同福　姜杲　裴大方　張仁禕
裴思義　韋萬石　姜玄昇　劉處約　張詢古
蘇味道　韋志仁　辛希業　高光復　李志遠
劉夷道　章希業　樂思晦　李至道　裴咸

杜承志　蕭志忠　崔滌　張栖貞　司馬鍠
杜承志　杜知謙　李崇基　宋璟　皇甫知常
岑羲　李傑　畢搆　麴先沖　李向隱
蘇詵　鄧茂林　盧懷愼　李希仲　崔日用
盧從愿　楊滔　房光庭　崔湜　裴漼
崔玄同　陳希烈　張鈞　宋鼎　李朝隱
張庭珪　裴漼　倪若水　崔位　魏恬
諸謬　柳澤　杜暹　楊執臣　徐玄之
朱渭輔　楊降禮　徐惲　源洧　席建侯
劉宅相　韋洽　元彥沖　李憕　李彭年

源玄緯　馬光淑　苗晉卿　盧怡　張秀明
楊仲昌　李麟　李栖筠　鄭審　盧僎
裴遵慶　蔣渙　庾光先　崔寓　李廙
李洧　崔倫　崔翰　鄭炅之　韋之晉
盧僎　薛邕　韋少遊　裴覇　崔禕
元特　王鎏　韓滉　王佐　盧虛舟
賀若察　韋元曾　畢宏　杜亞　裴儆
王鎏　元挹　崔祐甫　令狐峘　韋允
王定　鄭叔則　崔儒　劉灣　蔣鍊
殷亮　李舟　劉太眞　王銷　苗丕

裴綜　鄭珣瑜　于結　呂渭　盧挺
于結　盧邁　劉執經　柳冕　李元素
韋夏卿　裴佶　楊於陵　鄭儋　李鄘
奚陟　王仲舒　張弘靖　裴次元　劉公濟
常仲儒　李藩　柳公綽　孟簡　韋貫之
皇甫鑄　韋纁　李建　崔從　韋弘景
王涯　崔郾　陳中師　楊嗣復　席夔
盧士玫　李宗閔　殷台　崔琯　王璠
鄭肅　羅讓　崔戎　王申伯　楊虞卿
李續　宇文鼎　敬昕　李珏　高元裕

劉寬夫　陳夷行　崔龜從　裴袞　劉端夫
李欵　崔璪　柳璟　裴鐇　孔温業
張文規　崔璜　周敬復　崔球　韋行貫
李行方　陳湘　韋絢　韋慤　李訥
盧簡求　崔耽　崔慎由　錢知進　崔瑤
盧罕　杜牧　馮圖　杜審權　趙櫓
鄭路　皇甫鉟　李朋　皇甫珪　獨孤雲
鄭從讜　裴衡　盧緘　崔瑑　于德晦
楊收　楊嚴　穆仁裕　崔安潛　侯備
令狐緘　薛臨　高湘　于瓌　楊損

崔瑾　崔厚　崔瀆　盧肩征
補遺 樊元表　斛律禮備　裴敬彝　楊志誠　賈言中
劉知璿　王文濟　楊再思　杜元揆　周質
周矩　楊令一　杜懿宗　韋抗　蔣欽緒
郭利貞　賈曾　崔液　李華　張莒
楊凝　裴夷直　高鍇　李回　杜晦辭
徐彥若　楊堪　牛循　牛嶶　趙蘊
鄭綮　劉崇望　崔肩　裴樞　張文蔚
趙光逢　蕭頎　崔協　王渙　孫濟
王履仁　渾正元　魏求己　獨孤及

附存 楊儼

勞檢丁士謌校字

唐尚書省郎官石柱題名考卷四

裴玄本又戶中　新表中眷裴氏訢後隋營州司馬世節子
元本梁州都督襲永福公　大唐新語七　裴玄本好諧
謔爲戶部郎中時左僕射房玄齡疾甚玄本隨例候玄
齡廣記二百四十九作看
王約　新表太原大房王氏元方子約不詳歷官　舊書
經籍志丁部集錄別集類　王約集一卷新藝文志同
潘求仁　元和姓纂二十六桓　隋尚書右丞潘子義孫求仁唐
屯田郎中杭州刺史廣宗人　許敬宗賀杭州等龍見
幷慶雲朱草表杭州刺史潘求仁表稱於錢塘縣界見

青龍一文苑英華五百六十五　舊書經籍志丁部集錄下別集類　潘求仁
集三卷新書藝文志同
趙弘智見吏中　趙弘智碑自太子舍人爲吏部員外郎遷
國子博士檢校吏部郎中金石錄二十四
裴希仁又重見又膳中補　新表東眷裴氏之爽子希仁膳部郎
中
甘神符無考見吏中
宇文節見吏中又勳中
李公淹見左中補
封良客　新表封氏青城令德潤子禮部郎中行高弟見禮
中補　梁客吏部員外郎中書舍人
韋璲又倉中倉外補　新表韋氏鄖公房陵州刺史津子璲倉部
郎中　舊韋安石傳叔璲倉部員外郎
韋叔謙見吏中補又考中補
長孫祥見吏中
裴孝源又度中　新書藝文志丙部子錄雜藝術類裴孝源畫品錄一
卷原注中書舍人記貞觀顯慶年事
裴希仁重見
崔玄靚　新表鄭州崔氏武津縣公茂曾孫元靚吏部員
外郎

于立政見吏中
蕭孝顗見吏中又封中
裴稚珪又戶中補　新表東眷裴氏之爽子稚珪戶部郎中
辛茂將　新表辛氏肇子茂將相高宗　元和姓纂茂將右丞侍中　冥
報記永徽二年唐臨與刑部侍郎劉燕客見戶外　大理少
卿辛茂將在大理鞫問法苑珠林七十九十惡篇七邪見部十三引證部感應緣
長孫無忌進律疏表制朝議大夫守中書侍郎辛茂將
等重刊元至正本故唐律疏議　永徽四年十一月十九日案舊書刑法志新書藝文志失載　舊
高宗紀上　顯慶三年十一月戊戌大理卿辛茂將爲侍
中新書兼侍中　新宰相表顯慶四年九月癸卯茂將兼左

庶子　舊高宗紀上顯慶四年十一月戊午兼侍中辛
茂將卒新紀同宰相表同　舊長孫无忌傳顯慶四年帝令中
書令許敬宗與侍中辛茂將鞫无忌謀反　新傳許敬
宗與侍中辛茂將臨案傳致反狀　又云後數月又詔
侍中茂將等覆案反獄
崔行功見左中吏中二傳又戶中主外失載
姜
元懷簡　元和姓纂二十二元元仁惠生今補懷簡吏部員外河
南洛陽縣人
裴公緯又祠中　新表南來吳裴氏隋魏郡丞羅子公緯祠

部郎中
趙仁本見吏中　舊傳貞觀中自殿中侍御史遠使迴事稱
旨擢吏部員外郎
韓同慶又勳中補勳外　新表赭陽韓氏滂子同慶司勳郎中
姓纂同
于敏同見吏中又主外
梁行儀無考又戶中
王德眞又封外　新表京兆王氏岳州刺史武宣子德眞相
高宗武后　舊蘇瓌見祠中傳授豫王府錄事參軍長史
王德眞等皆器重之　唐會要七十總章元年十一月二

十二日析長安縣置乾封縣以王德眞爲縣令分理京
城內舊高宗紀總章元年二月己卯置　舊高宗紀下調露二年四月
戊辰中書侍郎王德眞同中書門下三品新紀同新表同　新
高宗紀永隆元年即調露二年九月甲申王德眞罷新表同云罷爲
相王府長史舊紀失載　舊則天皇后本紀文明元年二月太常
卿兼豫王府長史王德貞爲侍中　新紀二月丁丑太
常卿王德眞爲侍中　新表二月丁丑檢校豫王府長
史太常卿王德眞爲侍中舊劉禕之傳則天臨朝時納言王德眞　舊紀
垂拱元年五月納言王德眞配流象州新表五月丁未德眞罷爲同州
刺史其日流象州新紀失載　新忠義傳上載功臣等第納言樂平縣

男王德眞右第二
魏玄同見吏中又勳外二傳失載
姜玄乂無考又戶外
劉祥道見吏中又勳外
李同福無考重見又封外戶中金中
裴大方又勳外　新表東眷裴氏隋絳州留守文度子大方
司列員外郎
胡元範又封中勳外　元和姓纂十一模唐鳳閣侍郎胡元範義
陽申原誤中州人　舊裴炎傳光宅元年裴炎下獄鳳閣
侍郎胡元範奏炎社稷忠臣有功於國悉心奉上天下

所知臣明其不反十月坐救炎流死瓊州　新傳武后捕炎下詔獄鳳閣侍郎胡元範曰炎社稷臣有功於國悉心事上天下所知臣明知其不反納言劉齊賢左衞率蔣儼繼辨之后曰炎反有端顧卿未知耳元範齊賢曰若炎反臣輩亦反矣后曰朕知炎反卿輩不反元範介廉有才以炎故流死巂州　舊劉齊賢傳裴炎下獄侍中劉齊賢鳳閣侍郎胡元範抗詞明其不反　會要六十二顯慶三年七月監察御史胡元範使越巂至益州駙馬都尉喬師望爲長史出迎之先是勑斷迎使臣師望托言他行元範引御不與相見師望又忿憾按纆專

道徐反駐後塵及元範按劾其枉僧事師望素與許敬宗善先驛奏之元範及迴免官

房正則 無考 又金外

梁仁義 無考

李同福 重見

姜杲 無考

裴大方 重見

張仁禕　舊李敬元傳總章二年檢校司列少常伯時員外郎張仁禕有時務才敬元以曹事委之仁禕始造姓歷改脩狀樣銓歷等程式處事勤勞遂以心疾而卒敬元因仁禕之法典選累年銓綜有序　新傳敬玄兼檢校司列少常伯時員外郎張仁禕有敏才敬玄委以曹事仁禕爲造姓歷狀式銓簿鉗鍵周密病心太勞死敬玄因其法衡綜有序　舊韋思謙傳武侯將軍田仁會與侍御史張仁禕不協而誣奏之

裴思義 見左中 補又 封外 勳中　王維故任城縣尉裴府君回墓誌銘祖思義皇侍御史吏部員外左司郎中

韋萬石 見吏中 又封中 度外 二傳失載

姜玄昇 無考

劉處約 又考中　元和姓纂十八尤考功郎中劉慶約宣州人

張詢古 吏中有詢故 又封外　新表清河東武城張氏隋江都贊務虔威孫詢古吏部侍郎　新員半千傳武后時天官侍郎張詢古領選寡廉潔坐綦連耀伏誅

蘇味道 又考中　新表趙郡蘇氏味道相武后 元和姓纂云唐鳳閣侍郎味道　舊傳弱冠本州舉進士累轉咸陽尉裴行儉徵突厥引爲管記延載初歷遷鳳閣舍人　新傳累調咸陽尉裴行儉征突厥引管書記延載中鳳閣舍人

韋志仁 又主外

辛希業　新表辛氏高宗相茂將子 見上 希業駕部郎中 元和姓纂同

高光復 見吏中

李志遠 見吏中作至遠 又勳中倉外 新循吏傳至遠歷司勳吏部員外郎中 石刻五言同韋子斿神泉詩後署天官員外郎李鵬字至遠 垂拱四年陝西富平

劉夷道 初學記十九有劉夷道詠死奴詩

章希業 無考

欒思晦 又封外晦誤誨 新表欒氏高宗相彥瑋子思晦相武后 舊欒彥瑋傳子思晦則天時官至鸞臺侍郎兼檢校天官尚書同鳳閣鸞臺三品

李至道 新表趙郡李氏東祖房南皮令君正子志道兵

部郎中 案唐人至志通用

裴咸 見左中 新表中眷裴氏方產子 咸太子諭德

杜承志 又見下 新表濮陽杜氏滕王府諮議蘇州司馬義寬子承志天官員外郎 舊杜暹傳父承志則天初爲監察御史貶方義令累轉天官員外郎羅織事起恐懼稱疾去官卒 新傳同

蕭志忠 新表蕭氏皇舅房相王兵曹參軍安節子至忠相中宗睿宗 舊蕭至忠傳神龍初附武三思自吏部員外郎擢拜御史中丞 新傳自監察御史劾奏鳳閣侍郎蘇味道贓貪超拜吏部員外郎長擊斷譽聞當時神龍初爲御史中丞

崔滌 無考

張栖貞 又戶外 新表河間張氏洪州都督知久子栖貞汝州刺史 朝野僉載員外郎張栖貞被訟詐遭母憂不肯起對 太平廣記二百五十八

司馬鍠 元和姓纂七之明堂尉司馬希奭生鍠吏部黃門中書三侍郎京兆尹河內溫縣人 舊文苑中附劉憲傳司馬鍠洛州溫人也則天時吏部糊名考選判入第二等神龍中卒於黃門侍郎 新文藝傳同云歷殿中侍御史神龍初以中書侍郎卒 新劉奇傳長壽中天官侍郎劉奇薦司馬鍠爲監察

御史 新張薦傳作證聖中 蘇頲刑部尚書韋抗 見吏中 神道碑韋抗轉吏部員外郎中大選持衡者河內司馬鍠等 文苑英華八百九十六

杜承志 見重

杜知謙 新表襄陽杜氏主客郎中續子 見度外補 知謙邢州刺史 元和姓纂知謙天官員外邢州刺史

李崇基 新表隴西李氏姑臧大房伏陁曾孫崇基尚書左丞權御史大夫

宋璟 新表廣平宋氏衞州司戶參軍元撫子璟相元宗 顏眞卿開府儀同三司行尚書右丞相上柱國贈太

尉廣平文貞公宋公神道碑銘公進士高第天后時拜監察御史裏行尋丁齊國太夫人憂服闋俄而卽眞遷殿中侍御史天官員外郎鳳閣舍人顏魯公文集四　新傳舉進士中第調上黨尉爲監察御史遷鳳閣舍人舊傳畧同不云吏外

皇甫知常見吏中又考中

岑義見吏中　舊傳長安中自廣武令拜天官員外郎神龍初爲中書舍人　新傳自汜水令拜天官員外郎俄爲中書舍人

李傑　新宰相表隴西李氏姑臧大房袁州參軍大壽子傑不詳歷官　新宗室表元宗子壽王瑁子傑國子祭酒　舊書李傑傳本名務光相州滏陽人其先自隴西徙焉舉明經累遷天官員外郎明敏有吏才甚得當時之譽神龍初累遷衞尉少卿新傳遷累天官員外郎爲吏詳敏有治譽

畢搆　新表畢氏司衞少卿許州刺史憬子搆戶部尚書魏景公新傳字隆擇　舊傳畢搆河南偃師人少舉進士神龍初累遷中書舍人新傳武后召爲左拾遺神龍初遷中書舍人

麴先沖又考中又御史臺殿中監察題名　朝野僉載唐開元四年考功員外郎邵某卒尋而麴先沖爲郎中判邵舊案未幾先沖又卒太平廣記百四十三

李尚隱又御史臺監察題名　舊良吏傳下弱冠明經累舉自定州司馬擢拜吏部員外郎署遷御史中丞　新傳年二十舉明經元宗時繇定州司馬擢吏部員外郎以將作少監營橋陵封高邑縣男未幾進御史中丞

蘇詵見左中補又戶外二傳失載

鄧茂林　大唐新語八右臺監察鄧茂疑脫林字遷左臺殿中右臺殿中劉懷一贈之詩

盧懷愼見吏中　舊傳歷監察御史吏部員外郎景龍中遷右御史臺中丞新傳失載

李希仲　中興間氣集上詩三首

崔日用又勳中又御史臺侍御題名　新表博陵第三房崔氏河間丞漪子日用相睿宗元宗　舊傳進士舉自新豐尉無幾拜監察御史神龍中潛附宗武驟遷兵部侍郎　新傳自新豐尉遷監察御史陰附安樂公主得稍遷神龍中結納宗武驟拜兵部侍郎　新外戚武三思傳司勳郎中崔日用等託武三思權熏炙中外

盧從愿　新表盧氏敬一子從愿字子龔刑部尚書　舊傳從愿相州臨漳人自范陽徙家焉弱冠明經舉又應制舉自殿中侍御史累遷中書舍人睿宗踐阼拜吏部侍郎　新傳擢明經又舉制科高第自監察御史進累

中書舍人睿宗立拜吏部侍郎　明皇雜錄下從愿應
明經常從五舉制策三等授夏縣尉自明經至吏部侍
郎才十年自吏部員外至侍郎只七箇月
楊滔又御史臺殿中題名　新表楊氏觀王房武后相執柔子滔兵
戶吏三侍郎　舊楊執柔傳子滔開元中官至吏部侍
郎同州刺史　舊書刑法志開元六年玄宗又勅戶部
侍郎楊滔等九人删定律令格式七年三月奏上律令
式仍名各格曰開元後格新書藝文志刑法類同舊源光裕傳同
房光庭又考中戶外考外　唐語林八神龍元年已來累爲主
司者考功員外郎房光庭再太極元年開元元年

崔湜又考外補又御史臺殿中題名　新表博陵安平崔氏戶部尚書
挹子湜相中宗新傳字澄瀾　舊傳舉進士累轉左補闕預
修三教珠英遷殿中侍御史神龍初轉考功員外郎尋
遷中書舍人新傳略同
裴涖無考
崔玄同　新表清河崔氏青州房大理司直知道子元同
相州刺史　韓愈崔評事翰墓誌銘大父玄同爲刑部
侍郎出刺徐相州昌黎先生集二十四考異同方作童非是或無相字
陳希烈見吏中二傳失載　唐會要五十八開元十二年四月十六
日勅兵吏各專定兩人判南曹以陳希烈席豫爲之尋

郤一人判
張鈞格案鈞疑當作均張均見左外又封中　新表始興張氏湖南鹽鐵判
官郎子鈞不詳歷官時代不合　新書昭宗紀乾寧元年二
月彰義軍節度使張鈞卒　唐會要七十四開元十三年
十二月吏部置十銓當時牓詩云員外郤題銓裏牓尚
書不得數中分尚書裴漼員外郎張均
宋鼎又御史臺殿中監察題名　新表廣平宋氏洛州司馬守儉子鼎
兵部郎中　顏眞卿崔孝公陋室銘記公之澄清中外
也以畿縣丞尉宋鼎等並以清白吏能而薦之顏魯公文集十四
舊令狐彰傳父潯天寶中鄧州錄事參軍本道採

訪使宋鼎引爲判官　孫逖授宋鼎尚書右丞等制通
議大夫尚書刑部侍郎借紫金魚袋宋鼎可守尚書右
丞散官如故文苑英華三百八十五　李華贈禮部尚書孝公崔
沔集序推舉時賢文粹權貢舉時得宋兵部鼎等僉爲國器文苑
英華七百一唐文粹九十二　李華荊州南泉大雲寺故蘭若和尚
碑名臣宋兵部鼎等僉契慈緣而承善誘文苑英華八百六十
石刻御注孝經碑末題名有正議大夫行兵部侍郎借
紫金魚袋上柱國臣宋鼎天寶四載陝西長安　唐丞相曲江張
先生文集二附宋鼎詩題云張丞相與余有孝廉校理
之舊又代余爲荆州余改漢陽仍兼按使巡至荆州三句

依紀事廿二增故有此贈襄州刺史宋鼎案張文獻開元二十五年四月二十日貶荊州大都督府長史鼎換襄州當亦在是年

李朝隱見吏中　新傳中宗時自大理丞貶聞喜令遷侍御史吏部員外郎時政出權幸不關兩省而內授官但斜封其狀付中書即宣所司朝隱執罷千四百員怨誹讙騰朝隱胖然無避屈遷長安令　舊傳自大理丞出爲聞喜令尋遷侍御史三遷長安令

張庭珪　舊傳廷珪河南濟源人其先自常州徙焉弱冠應制舉長安中累遷監察御史景龍末爲中書舍人

裴漼又御史臺殿中監察題名　新表南來吳裴氏倉部郎中瑾之子見勳外琰之兄子見戶外漼太子賓客正平懿公舊傳漼父琰之與表異　舊傳應大禮舉自監察御史三遷中書舍人太極元年轉兵部侍郎新傳畧同　唐語林三　中宗晏駕小祥後劉幽求魏宗紀喚兵部員外郎裴漼與幽求俱以本官一例赴中書上任載柳沖常侍所著姓系劉氏卷

倪若水　舊良吏傳下　若水恒州藁城人開元初歷遷中書舍人尚書右丞　新傳字子泉擢進士第累遷右臺監察御史開元初爲中書舍人尚書右丞

崔位王本作位鉞案碑本是位字位當是涖字之誤　又御史臺侍御題名作涖　新表博陵安平崔氏戶部尚書挹子沈炳震云當是挹兄雍州司功參軍擢子中宗相

湜弟見上涖吏部員外郎　舊崔湜傳從兄涖有文翰居清要

魏恬又金中金外　新表魏氏東祖後武后相元同子見吏中又見上恬鄭州刺史元和姓纂給事中鄭州刺史　新魏玄同傳子恬字安禮第進士爲御史主簿開元中至潁王傅舊傳開元中爲潁王傅　朝野僉載云魏光乘自員外郎魏恬爲祈雨婆羅門太平廣記二百五十五

諸謬王本褚璆鉞案諸謬當作褚璆褚璆見吏中　又戶中　禮外補　唐會要五十八　開元五年四月九日勑尚書省天下政本仍令有司各言職事吏部員外郎褚璆等十人案牘稽滯璆稽四道戶部員外郎呂太一四道刑部員外郎崔廷玉二道兵部員外郎李廷言見監察刑部員外郎張悟、倉部員外郎何鸞祠部郎中孔立言刑部郎中楊孚見侍御虞部郎中田再思各一道虞部員外郎崔賞三道一有朕居萬人之上以百姓爲心常恐有冤不申有理見滯憂勤庶績宵旰興懷二十九字且六官分事四方取則尚書郎皆是妙選須稱職司一作其職焉可尸祿悠悠曾無斷決一作決斷昨者試令詢問遂有如此稽逋動即經年是何道理至如行判程限素標一作編令式一有今便準法科責乃是尋常但爲積習寬疎欲得申明告諭二十二字自今一有已字後各宜懲革再若有犯一作若有犯者別當處分

柳澤見左外
杜暹見吏中二傳失載
楊執臣見吏中
徐玄之見吏中　又勳外　考外補　又主中有立之
朱渭輔無考　又封中　又御史臺侍御殿中監察題名
楊降禮見吏中又祠外
徐惲見吏中又戶中　元和姓纂九魚濮陽令徐有忠生惲吏部員
外有脫字陳留太守採訪使東海郯縣原誤州人
源洧見吏中二傳失載
席建侯又考外補　又御史臺監察題名　元和姓纂二十二昔唐侍御史席

郎官石柱題名考卷四　吏外　十五　月河精舍叢鈔

君懿曾孫建禮部尚書襄陽文公安定臨涇人寓居襄
陽　舊文苑傳中　席豫襄陽人徙家河南進士及第開
元中累官至考功員外郎三遷中書舍人掌制誥　新
傳字建侯開元中自大理丞遷考功員外郎爲中書舍
人　唐會要五十八　開元十二年四月十六日勅兵吏各
專定兩人判南曹以陳希烈席豫爲之尋卻一人判
劉宅相見吏中補
韋洽見左外考中補
元彥沖見吏中又勳外
李燈見吏中　又度外補又倉中　二傳失載

李彭年見吏中　又勳外　考外　戶外　二傳失載
源玄緯鉞案勳中元玄禕疑卽是又御史臺殿中題名作玄禕　元和姓纂二十二元洛
州司馬源誠心生疑脫玄字禕吏部員外鄴郡安陽人
馬光淑見左中補又祠外
苗晉卿見吏中又度外　舊傳遷侍御史歷度支兵吏部員外郎
盧怡又御史殿中監察題名　新表盧氏元貞子怡中書舍人御史
中丞　孫逖唐濟州刺史裴公耀卿德政頌皇帝東巡狩
反旆勸農使盧怡奏公理行第一文苑英華七百七十五　唐會
要七十六　神龍三年賢良方正科盧怡及第緯署同　又七十
五　開元十一年十二月吏部侍郎崔琳見戶中　掌銓收選

郎官石柱題名考卷四　吏外　十六　月河精舍叢鈔

殘殘廣記有人盧怡裴敦復見吏中　于孺卿見監察　等十數人無
何皆入臺省眾以爲知人　又八十五　開元十二年宇文
融又奏加富平縣尉盧怡充勸農判官詳監察宇文融注　舊
張九齡傳與御史中丞盧怡等友善終始不渝新傳與盧怡等
善世稱其交能終始
張秀明又御史臺左側題名　唐會要七十六　先天二年緯署元年手筆俊
拔超越流輩科張秀明及第緯署同
楊仲昌見左外　吏中　又禮外補　二傳失載　席豫唐故朝請大夫吏部
郎中上柱國高都公楊府君碑銘自禮部員外郎歷左
司員外郎轉吏部員外郎尋遷本司郎中唐文粹卷五十八

孫逖授楊仲昌吏部員外郎、李巖兵部員外郎制、門下
左司員外郎楊仲昌朝散大夫戶部員外郎李巖等雅
才明識敏行能文脩身懷止水之清應物有操刀之利
並膺時選所謂人英宜遷禮閣之秩更展劇曹之用仲
昌可吏部員外郎巖可兵部員外郎散官各如故文苑英華
三百九十二又戶外李巖注
李麟見吏中又考外補戶外　舊傳開元二十二年轉殿中侍御
史歷戶部考功吏部三員外郎天寶元年遷郎中新傳失載
李栖筠　新表趙郡李氏西祖房載子栖筠字貞一贊皇
文獻公　新傳舉進士擢高第自殿中侍御史三遷吏

部員外郎判南曹時大盜後選簿亡舛多僞冒栖筠判
析有條吏氣奪號神明遷山南防禦觀察使　舊李吉
甫傳父栖筠代宗朝爲御史大夫國史有傳案舊書無栖筠傳
鄭審見吏中又動外
盧僎又見下動外又祠外　新表盧氏三房汝州刺史宏懌一本澤
子僎汝州長一本刺史　新儒學下附趙冬曦傳開元中自
聞喜尉爲集賢學士終吏部員外郎　穆員刑部郎中
李府君墓誌夫人范陽盧氏吏部員外郎汝州刺史僎
之子文苑英華九百四十三　李澥見金外　王士源孟浩然詩集序尚
書侍郎范陽盧僎等與浩然爲忘形之交宋本校　國秀

集上有吏部員外郎盧僎詩十三首　新書儒學下褚無
量傳開元初褚無量整比祕籍表聞喜尉盧僎等分部
讐定　新韓思復傳開元中韓思復卒故吏盧僎等立
石峴山　集古錄目唐襄陽令盧僎德政碑唐太子正
字闞寬撰伊闕縣尉集賢院待制史惟則八分書僎字
手成范陽人爲襄州長史此葢去思碑也碑字多殘缺
不見所立年月金石錄天寶中立寶刻叢編三　顏魯公文集四宋
開府碑謹憑吏部員外郎盧僎所上行狀云云
裴遵慶又動外禮中補　新表中眷裴氏杭州刺史蟾子戶中作倦遵
慶字少良相代宗　賈至授裴遵慶給事中制稱禮部

郎中裴遵慶文苑英華三百八十一　舊傳以門蔭自大理寺丞
遷司門員外吏部員外郎專判南曹天寶中每歲吏部
選人動盈萬數遵慶敏識强記精覈文薄詳而不滯時
稱吏事第一　由是大知名天寶末楊國忠當國出不附
己者遵慶亦出爲郡守肅宗卽位徵拜給事中　新傳
計遵慶性彊敏視簿牒諄而不苛世稱吏事第一肅宗
時爲吏部侍郎　石刻闕五字光祿大夫缺十字東郡貞缺七
字上缺云□外□轉司勳吏部郎皆掌曹事又云丁內艱
去職免喪以太守下缺外□□□中權□擾私欲□求不

給則口口口貶守口口口口口稱惜口口口口口郎中河南洛陽　案此碑殘泐殊甚考金石錄二十八唐右僕射裴遵慶碑跋尾引碑云自吏部郎出爲濛陽太守貶符陽郡徵拜禮部郎中而史不載可補近來拓本之缺

蔣滇見吏中

庾光先又御史臺左側題名　元和姓纂七慶開元徵士庾齊八新野人又家秦陵生疑脫光字先吏部侍郎荆州長史採訪使　舊忠義傳下庾敬休見左中補祖光烈見祠中補與仲弟光先祿山迫以爲官皆潛伏奔竄光先爲吏部侍郎新敬休傳畧同　舊庾準傳父光先天寶中文部侍郎　京兆金石錄太子太傅庾光先碑徐浩撰史惟則書永泰二年寶刻叢編八

京兆府中萬年縣中　李華御史中丞壁記天寶中以尚書左丞張公爲大夫太府少卿庾公爲中丞中丞奉大夫也律呂本黃鍾之宮文苑英華七百九十八文粹七十二　張倚見左外

崔寓石本審定是寓字吏中補有崔寓此與左中之崔寓戶外之崔寓別一人

李廙見吏中

李涓　新表下紀王房襲丹陽郡公汴州節度使行禕子均州刺史涓時代相合　舊列傳七十四　新列傳七十三　有李涓傳李正已從父兄徐州刺史非是

崔倫又御史臺右側侍御兼殿中憑又監察題名　新崔衍傳父倫字敘深州安平人及進士第歷吏部員外郎安祿山反陷於賊不汙僞官使子弟間表賊事賊平下遷晉州長史李齊物訟其忠授長安令　舊孝友崔衍傳左丞倫之子

崔翰見吏中

鄭炅之又倉外又御史臺侍御兼殿中題名　姑蘇志二　鄭炅之乾元元年任吳郡太守兼採訪使　獨孤及唐故河南府法曹參軍張從師墓表乾英華貞非元元年御史二字集本脫英華有中丞鄭炅之英華炅云集作炅擁旌濟江辟爲從事毘陵集十一　顧況蘇州乾元寺碑乾元初節度使鄭炅之吳郡志炅奏立顧華陽集下　資治通鑑唐紀三十七上元元年十二月劉展遣將攻宣州宣歙節度使鄭炅之棄城走　權德輿唐故金紫光

祿大夫司農卿邵州長史李公鉊墓誌銘劉展阻命宣州觀察使鄭炅之跳在尋陽權載之文集二十五　崔祐甫廣喪朋友議永泰中於穆鄂州盛見戶外會客席與故湖南觀察韋大夫之晉見吏中同晏適値有發遣書者知鄭郴州炅之罷歙州濬或以疾而沒或遇戕於盜韋氏曰二刺史之晉之交友也歸於所次而哭之三日入來弔之者韋則盡哀長號不徒戚容而已文苑英華七百六十七　新代宗紀永泰元年正月歙州人殺其刺史龐濬　集古錄目唐讀樊丞相傳詩河陰尉鄭炅之撰安定胡霈然分書不著年月許州寶刻叢編五

韋之晉見吏中又封中

盧僎重見
薛邕見吏中又勳中禮外補
韋少遊見吏中又封外祠外
裴覇又金外　新表南來吳裴氏令寶後岐州刺史卓子見戶
中　覇吏部員外郎　李華三賢論河東裴騰見戶中補弟覇
士會峻清不雜重劉迅者也文苑英華七百四十四文粹三十八摭言七
崔禕又金中金外　新表博陵二房崔氏右武衛將軍文憲曾
孫禕吏部員外郎　顏眞卿朝請大夫行江陵少尹兼
侍御史荆南行軍司馬上柱國顏君允臧神道碑銘京
城收與崔禕銜命宣撫都人大悅

元持又封外　新表元氏綿州長史平叔子挹弟見下持都官
郎中姓纂同　舊宦官李輔國傳輔國娶元擢女爲妻擢
弟挹持並引入臺省　元稹唐故京兆府盩厔縣尉元
君墓誌銘父曰都官郎中岳州刺史某元微之文集五十三　杜
甫觀公孫大娘弟子舞劍器行序大厤二年十月十九
日夔府別駕元持一作侍宅見臨潁李十二娘舞劍器杜工
部集七
王崟重見見左外又戶外度外
韓滉見吏中又考外補祠外　舊傳自殿中侍御史累遷至祠部
考功吏部三員外郎判南曹凡五年詳究簿書無遺纖

隱大厤中改吏部郎中給事中　新傳自殿中侍御史
三遷吏部員外郎性彊直明吏事莅南曹五年簿最詳
緻再遷給事中　顧況左僕射韓滉行狀詔除殿中侍
御史累遷祠部考功吏部三員外判南曹尋遷吏部郎
中給事中文苑英華九百七十三
王佐又考外主外　新書地理志三趙州柏鄉縣西有千金渠
萬金堰開元中令王佐所浚築以疏積潦　石刻王佑
大唐清河郡王李寶臣紀功載政之頌碑陰有成德節度參
謀朝散大夫檢校尚書工部員外郎兼侍御史上柱國
賜紫金魚袋王佐直隸正定永泰二年

盧虛舟見左外
賀若察見吏中　獨孤及吏部郎中廳壁記往歲賀若公爲
員外郎也東曹朗然如得水鏡毘陵集十七　又送賀若員
外巡按畢歸朝序尚書吏部郎賀若公繡衣持斧巡撫
江介毘陵集十四
韋元曾見吏中又封外　常袞授韋元曾吏部郎中等制敕朝議
郎行尚書吏部員外郎賜緋魚袋韋元曾文苑英華三百八十九
詳吏中
畢宏見吏中
杜亞見吏中又戶外　舊傳自河西節度從事入朝歷工戶兵吏

四部員外郎永泰末爲杜鴻漸山劍副元帥判官使還
授吏部郎中諫議大夫 新傳畧同
裴儆 又封中勳外 新表中眷裴氏司勳員外郎稹子 見祠外 度
支郎中倩弟 見勳中補 敬 一本儆 字九思左金吾將軍謚成
獨孤及唐故尚書祠部員外郎贈陝州刺史裴公行狀
子次曰儆尚書司勳員外郎兼殿中侍御史參中軍元
率雍王軍事 毘陵集六 寶慶四明志一 大厯六年裴儆爲
明州刺史八年罷 四明志云袁晁陷明州以廣德二年伏誅唐興一百四十二載當乾元二
年末有袁晁之亂考慈谿香山寺碑裴儆爲請寺額在大厯八年則與崔殷乃以此年相授受逆計當以大厯
六年到郡四十二合作五十四碣文重刻失其真也格
案碣銘曰爰踐華省爰宰赤城又曰胡棄我而適他邦

其遷池州無考 京兆金石錄唐贈左僕射裴儆碑從姪次元
撰皇甫閱正書并篆額建中二年 京兆府長安縣 寶刻叢編七 柳
宗元唐故萬年令裴府君 墡 墓碣大理卿府君諱儆實
父 河東先生集九 又亡姊前京兆府參軍裴君夫人墓誌金
吾府君諱儆用純懿端亮聞於天下實生良子以配夫
人 集十三 王密明州刺史河東裴公紀德碣銘皇唐御
神器一百四十二載天下大康而海隅小寇敢肆蠆毒
結亂於甌越而句章 缺三字 之口戰卒數萬皆由此之故
是郡罹災逾苦井邑焚爇遺骸積而不掩生民僅有存
者 缺二字 未完其危猶未安天子哀之詔擇可以子物拯

艱者以鎮邮之乃命長安令河東裴儆殿於茲邦詔書
既下而罷民歡煦若幼子之望慈父焉彤襜員來則收
合創痍之境熙熙如衣之食之一年而驚逋復田疇闢
茨墍興然後以禮義利物之教教之爲政三年壽而進
秩 全唐文七百九十一
王崟 重見
元挹 又封外 新表元氏綿州長史平叔子挹吏部員外郎
姓纂同 常袞授韋元曾吏部郎中等制勑朝請大夫前
行尚書司封 集作勳 員外郎兼侍御史護軍賜緋魚袋元
挹可行尚書吏部員外郎散官勳賜如故 文苑英華三百八十九

詳吏中韋元曾注
崔祐甫 見吏中補又勳外 舊傳歷起居舍人司勳吏部員外郎
累拜兼御史中丞永平軍行軍司馬 新傳自起居舍人累遷中書舍人
新李泌傳京官祿寡薄崔祐甫任吏部員外求爲洪
州別駕
令狐峘 又封中 新表令狐氏丹陽郡司馬滔子峘祕書少
監 舊傳登進士第大厯八年自起居舍人改刑部員
外郎劉晏爲吏部省書楊炎爲侍郎晏用峘判吏部南
曹事荷晏之舉每分闕必擇其善者道晏不善者道炎
炎心不平之建中初峘爲禮部侍郎 新傳天寶末及

進士第累遷起居舍人大厤中以刑部員外郎判南曹遷司封郎中知制誥兼史館脩撰晅在吏部因尚書劉晏力時楊炎爲侍郎晅內德晏至分闕以善闕奉晏惡闕與炎炎心不平建中初爲禮部侍郎

韋允　新表韋氏鄖公房陟子見吏中允吏部員外郎潁州刺史舊書涉傳子允不詳歷官

王定見吏中補中補禮外補又考權德輿唐故太子右庶子集賢院學士贈左散騎常侍王公神道碑銘拜起居舍人尋加理匭使歷禮部吏部二員外遷考功郎中權載之文集十四

鄭叔則　穆員福建觀察使鄭公墓誌銘公諱叔則字某

滎陽人皇朝遂州刺史老萊之冢子未冠以明經擢第相國王縉受居東之寄又資公以畫拜檢校吏部員外郎使罷而眞丁繼母艱免服拜刑部郎中文苑英華九百三十九

常袞授鄭叔則吏部員外郎制勑朝議郎檢校尚書吏部員外郎鄭叔則志經含章仗雅師儉罔有擇行未嘗近名省理辨疑時稱簡達才盛居東之佐禮處司南之重高選髦士以分劇曹正其舊員允是新命可尚書吏部員外郎散官如故文苑英華三百九十一　舊德宗紀上建中二年六月丙午以檢校祕書少監鄭叔則爲御史中丞東都畿觀察使　新顏眞卿傳詔眞卿諭李希烈至河南河南尹鄭叔則以希烈反狀明勸不行答曰君命可避乎　舊柳冕傳貞元二年昭德王皇后之喪宰臣命太常卿鄭叔則草皇太子服紀奏新儒學下暢當傳同又云董晉代叔則爲太常卿　陸贄誅李希烈後原宥淮西將士幷授陳仙奇節度詔宜令尚書左丞鄭叔則充淮西宣慰使唐陸宣公集三　舊德宗紀下貞元五年二月己丑貶京兆尹鄭叔則爲永州長史　又七年七月庚午以信州刺史鄭叔則爲福建觀察使　舊裴延齡傳昭應令裴延齡與京兆尹鄭叔則論辨是非攻訐叔則之短時李泌爲相厚於叔則中丞竇參恃恩寵惡泌而佑延齡叔則坐貶永

州刺史新傳畧同　穆員河南府洛陽縣主簿鄭君約墓誌銘皇朝東都留守京兆河南尹福建觀察使御史大夫懿公叔則之冢子文苑英華九百六十　新書兵志貞元三年詔射生神策六軍將士府縣以事辨治先奏乃移軍勿輒逮捕京兆尹鄭叔則建言京劇輕猾所聚慝作不常俟奏報將失罪人請非昏因皆以時捕乃可之　新列女饒娥傳建中初江西黜陟使鄭叔則表旌其閭　羯鼓錄東都留守鄭叔則祖母卽宋開府璟之女今尊賢里鄭氏第有小樓卽宋夫人習鼓之所　會要七十九贈御史大夫鄭叔則謚懿

崔儒 又戶中 新表博陵三房崔氏右司郎中宗之子 見禮中補

儒戶部郎中 崔祐甫齊昭公崔府君集序公薨五十載嗣孫起居舍人儒以文事主便蕃禁闥 文苑英華七百二 案舊崔日用傳開元十年卒日用見上

劉灣 元和姓纂十八 劉元察生灣職方郎中彭城人元結別王佐卿序癸卯歲次山須浪游吳中與次山往者有彭城劉灣 元次山文集七 案癸卯廣德元年 舊于頔傳黜陟使灣辟爲判官

蔣鍊 見左外 又戶外

殷亮 見吏中 封外 又勳外

李舟 又金外 新宰相表隴西李氏姑臧大房水部郎中眉州刺史岑子舟字公受虔州刺史隴西縣男 舊楊炎傳建中初楊炎誣殺劉晏遣腹心李舟往山南河南諸道宣慰又使馳說梁崇義入朝崇義固而拒命 新傳同 舊梁崇義傳建中元年流人郭昔告變命金部員外郎李舟諭旨安之初劉文喜作難舟嘗入城說利害文喜拘之會帳下殺文喜降反側者謂舟能覆軍殺將是以皆惡舟至又勸入覲頗切直崇義益不悅二年春發五使宣諭諸道舟復如荊襄崇義慮有變不納上言軍中疑懼請換他使 新傳畧同 梁肅虔州刺史李公墓誌銘十六以黃老學一舉登第由監察轉殿中侍御史建中初朝廷釐飭百度高選尙書諸曹郎拜公金部員外郎遷吏部 張鎬 集作鎰校正云非案鎰字是 節制大梁請公爲介授檢校吏部郎中兼侍御史使輟遂退耕瀍洛之間 文苑英華九百五十一 唐常州刺史獨孤公文集序結銜稱朝議大夫前守虔州刺史隴西李舟述 柳宗元先君石表陰先友記李舟隴西人有文學俊辯高志氣以尙書郎使危疑反側者再不辱命其道大顯被讒妬出爲刺史發痼卒 河東先生集十二 新書藝文志 甲部經錄小學類 李舟切韻十卷

劉太眞 又勳外 元和姓纂十八 凡平生契舒州刺史刑部

侍郎劉太眞潤州上元人 舒州當從舊傳作信州 舊傳太眞宣州人天寶末舉進士大麻中爲淮南節度使陳少游掌書記徵拜起居郎累歷臺閣自中書舍人轉工部刑部二侍郎 新文藝下 自淮南掌書記與元初爲河東宣慰賑給使累遷刑部侍郎 裴度劉府君神道碑銘公諱太眞字仲適族彭城晉永嘉末衣冠南渡遂爲金陵人德宗皇帝卽位自揚州節度判官徵拜起居郎改尙書司勳員外郎尋轉吏部員外郎綜覈流品練達程式藏奸立見析滯如流名著南宮望歸西掖遷駕部郎中知制誥以稱職賜緋魚袋建中四年夏正授中書舍人

王銲　新王方翼傳子珣珣子銲天寶中歷右補闕殿中
侍御史　通典職官五　吏部員外郎故事兩員轉廳至建
中元年侍郎邵說奏各挾闕替南曹郎王銲以後遂不
轉廳會要同　錢考功集八有同王銲起居程浩郎中韓
翃舍人題安國寺用上人院詩
苗丕見吏中又戶外
裴綜見吏中又勳外
鄭珣瑜　新表鄭氏北祖房冠氏令諒子珣瑜相德宗
新傳字元伯大曆中以諷諫主文科高第自涇原帥府
判官入拜侍御史刑部員外郎以母喪解訖喪遷吏部

貞元初詔擇十省郎治畿赤珣瑜檢校本官兼奉先令
明年進饒州刺史　陸贄優恤畿內百姓并除十縣令
詔鄭珣瑜可檢校吏部員外郎兼奉先縣令陸宣公集四　詳勳
外竇申注
于結又見下　新表于氏承慶曾孫結諫議大夫　舊崔寗
傳德宗時御史大夫崔寗以選擇御史當出大夫不謀
及宰相乃奏請以李衡見度外　于結等數人爲御史楊炎
大怒其狀遂寢新傳畧同
呂渭　舊傳字君載河中人父延之見戶中　渭舉進士自殿
中侍御史特授司門員外郎貶歙州司馬累授舒州刺

史吏部員外郎駕部郎中知制誥中書舍人　新傳自
殿中侍御史大曆末擢司門員外郎貶歙州司馬貞元
中累遷禮部侍郎
盧挺　新表盧氏靈昌伏陸二令子哲子挺潭州司戶參
軍時代不合
于結重見
盧邁　新表盧氏芮城令沼子考中補有沼　邁字子玄相德宗
舊傳兩經及第自河南主簿遷右補闕侍御史刑部
吏部員外郎求江南上佐授滁州刺史入爲司官郎中
新傳自河南主簿擢右補闕三遷吏部員外郎以族

屬客江介出爲滁州刺史召還再遷諫議大夫　權德
輿故朝議郎守太子賓客上輕車都尉賜紫金魚袋贈
太子太傅盧公行狀興元元年自侍御史遷刑部員外
郎間一日又以本官兼侍御史介相國蕭公宣慰於江
淮既復命轉吏部員外郎以京師食貧諸孤衣食爲念
求出爲滁州刺史徵入爲司門郎中權載之文集二十　樊川
文集十六上宰相求湖州第一啟貞元初故相國盧公邁
由吏部員外郎出爲滁州
劉執經見吏中
柳冕見吏中二傳失載　殷亮顏魯公行狀公之密親懿友勳相

規用以成其務者卽今吏部員外郎柳公冕顏魯公文集
李元素見左中戶中又勳外二傳失載
韋夏卿見吏中　舊傳自長安令改吏部員外郎轉本司郎
中新傳同　呂温韋府君神道碑銘前後遷刑部吏部員
外郎吏部郎中呂衡州文集六
裴佶又主外見吏中　新表南來吳裴氏綜子佶字弘正國子
祭酒　舊傳弱冠舉進士德宗時自補闕三遷吏部員
外郎歷駕部兵部郎中遷諫議大夫新傳德宗時自補闕歷遷諫議大夫
楊於陵見吏中外補又考外補膳外補　舊傳貞元八年自前江西從事
入朝爲膳部員外郎歷考功吏部員外郎判南曹時宰

相有密親調集文書不如式於陵駮之大協物論遷右
司郎中復轉吏部郎中　新傳辟江西使府府罷入爲
膳部員外郎以吏部判南曹選者特與宰相親文書不
如式於陵駮其違宰相怒以南曹郎出使弔宣武軍未
幾遷右司郎中換吏部　李翺右僕射楊公墓誌貞元
八年徵拜膳部員外郎轉考功知別頭舉轉吏部員外
郎及判南曹宰相之親有以文書不足駮去者宰相召
吏人詰之堅執不改遂以公爲宣武弔祭使故事南曹
郎未嘗有出使者公既出宰相之親由是判成矣故公
卒不得在詔誥之淸選遂爲右司郎中吏部郎中李文公集

十四　新儒學下韋彤傳德宗時有吏部員外郎楊於陵昭
陵寢宮議　韓愈贈太傅董公行狀貞元十五年二月
使吏部員外郎楊於陵來祭弔昌黎先生集三十七
鄭儋又封外　新表鄭氏南祖房涼州司戶參軍洪子儋檢
校工部尚書河東節度使　唐會要七十六建中元年軍
謀越衆科鄭儋及第緯畧誤鄭澹　樊汝霖韓集譜註鄭儋
大厤四年登第五百家註音辯本二十六　舊德宗紀下貞元十六
年十月甲午以河東行軍司馬鄭儋檢校工部尚書太
原尹河東節度使　舊嚴綬傳河東節度使李說嬰疾
行軍司馬鄭儋代綜軍政說卒因授儋河東節度使不

周歲卒新傳同　舊令狐楚傳鄭儋鎭太原辟爲從事儋
在鎭暴卒不及處分後事新傳畧同　舊李說傳貞元十六
年十月制以河東節度行軍司馬鄭儋檢校工部尚書
兼太原尹御史大夫河東節度支度營田觀察等使北
都留守在任不期年而卒　權德輿右補闕舉人自代
狀准制舉自代官將仕郎守太常博士賜緋魚袋鄭儋
貞元八年六月權載之文集四十六　韓愈唐故河東節度觀察使滎
陽鄭公神道碑文河東節度使贈尚書右僕射鄭公以
進士選對直言策其後爲大理丞太常博士遷起居郎
尚書司封吏部二郎中能官舉其名德宗晩節儲將於

其軍以公爲河東軍司馬昌黎先生集二十六鉞案二郎中俱當作員外郎中疑衍　令狐楚爲鄭儋尚書謝河東節度使表十月二十九日詔書授臣朝散大夫檢校工部尚書兼御史大夫太原尹北都留守充河東節度度支營田觀察處置等使勳賜如故陛下旁羅俊乂登用賢良擢臣於博士之中授臣以良史之任其後驟昇郎署猥在朝行特蒙宸眷遣佐兵符倏已四年云云文苑英華五百八十四

李鄘見吏外又祠外　舊傳自襄州從事兼殿中侍御史入爲吏部員外郎爲徐州宣慰使還吏部郎中　新傳自馬燧府佐歸洛中召爲吏部員外郎拜徐州宣慰使還遷郎

中

奚陟見左中又金外補　舊傳自太子司議郎歷金部吏部員外郎左司郎中新傳同　劉賓客文集二故吏部侍郎奚公神道碑自太子司議郎入尚書爲司金元士轉吏部外郎是曹在南宮爲眉目在選士爲司命公執直筆閱簿書紛拏盤錯一瞬而剖時文昌缺左右丞都曹差重遂轉左司郎中　李元賓文集三有與吏部奚員外書

王仲舒又考外禮外補　舊文苑傳下字宏中太原人貞元十年登賢良方正能直言極諫科乙第超拜右拾遺累轉尚書郎元和五年自職方郎中知制誥　新傳自左拾遺改右補闕遷禮部考功員外郎坐累爲連州司戶參軍再徙荆南節度參謀元和初召爲吏部員外郎未幾知制誥　韓愈唐故江南西道觀察使中大夫洪州刺史兼御史中丞上柱國賜紫金魚袋贈左散騎常侍太原王公神道碑銘貞元初射策拜左拾遺特改右補闕遷禮部考功吏部三員外郎在考功吏部提約明故吏無以欺同列有恃恩自得者衆皆媢承公嫉其爲人不直視由此貶連州司戶移夔州司馬又移荆南因佐其節度事爲參謀得五品服放跡在外積四年元和初收拾俊賢徵拜吏部員外郎未幾爲職方郎中知制誥昌黎先生集三十一

又故江南西道觀察使贈左散騎常侍太原王公墓誌銘貞元十年以賢良方正拜左拾遺改右補闕禮部考功吏部三員外郎貶連州司戶參軍改夔州司馬佐江陵使改祠部員外郎復除吏部員外郎遷職方郎中知制誥集三十三　權德輿吏部員外郎南曹廳壁記太原王仲舒宏中自考功郎貞元十八年實受斯命類能故也權載之文集三十一　舊李藩傳德宗時王仲舒輩爲郎官日會聚飲酒强致藩一至後堅不去仲舒後果敗　舊韋執誼傳貞元十九年韋執誼奏逐王仲舒等六七人詳左中韋成季注新傳畧同　樊汝霖韓集譜註正元十九年九

月甲寅貶連州司戶五百家註音辯昌黎先生文集十三　韓愈宴喜亭
記王弘中自吏部郎貶秩而來昌黎先生集十三考異部下或有侍字或無郎
字皆非是格案五百家註音辯本作吏部外郎　又送靈師詩落落王員外手
持南曹敘昌黎先生集二方云謂仲舒　韓愈福先塔寺題名吏部
員外王仲舒弘中等元和三年十月九日同游韓文遺集
張弘靖又禮外補　新表河東張氏德宗相延賞子弘靖字元
理初名調相憲宗　舊傳少以門蔭德宗時擢監察御
史轉殿中侍御史禮部員外郎遷兵部郎中知制誥中
書舍人　新傳擢監察御史累遷戶部侍郎　石刻故
贈太保張公神道碑陰上缺拜殿中侍御史四遷□中書

舍人歷工部下缺大夫下缺　案碑字上下殘闕以舊傳證之知敘弘靖歷官也
裴次元又封中又御史臺碑額監察題名　新表洗馬裴氏主客員外郎
薦子見主外　次元福建觀察使兼御史中丞京兆尹　唐
會要七十六　貞元四年四月賢良方正能直言極諫科裴
次元及第緯畧同　南部新書丙　裴次元制策宏詞同日
敕下並爲敕頭時人榮之　舊憲宗紀上　元和六年二
月以太府卿裴次元爲福建觀察使　八年十一月丙
辰以福建觀察使裴次元爲河南尹　穆宗紀元和十
五年八月前江西觀察使裴次元卒　權德輿河南尹
裴次元充東都副留守狀今月十九日敕令裴次元以

本官充東都副留守權載之文集四十六　京兆金石錄有唐贈
左僕射裴次元碑京兆府長安縣寶刻叢編七　會要七十九　贈工部
尚書裴次元謚曰成
劉公濟　元和姓纂十八尤　劉孝則曾孫公濟工部尚書河
南人　舊德宗紀下　貞元十八年十一月丙辰以同州
刺史劉公濟爲鄜州刺史鄜坊丹延節度使二十年正
月己亥以鄜坊丹延節度使劉公濟爲工部尚書　權
德輿唐故鄜坊節度推官大理評事唐君款墓誌銘故
人彭城劉景通受天子推轂之重鎮于洛郡辟書既至
命書繼下以廷尉評理軍訟俄而景通入覲爲冬官司

空方欲盛薦君於獻納侍從之列景通既列左右曹中
執法多所引重權載之文集二十五　會要八十　贈僕射劉公濟謚
曰敬　柳宗元先君石表陰先友記劉公濟河間人寬
厚碩大與物無忤爲渭北節度入爲工部尚書卒河東先生
集十二
常仲儒見吏中
李藩見左外吏中又主外　舊李藩傳憲宗即位自右司員外郎
尋改吏部員外郎元和初遷吏部郎中新傳累擢吏部郎中
柳公綽見吏中　舊傳自開州刺史入爲侍御史再遷吏部
員外郎爲武元衡西蜀判官新傳畧同

孟簡又封中倉外　元和姓纂四十三映刑部郎中孟倕孫簡常州
刺史平昌安邱縣人　舊傳字幾道擢進士第登宏辭
科累官至倉部員外郎尋遷司封郎中元和四年超拜
諫議大夫　新傳累遷倉部員外郎王叔文任戶部簡
以不附離見疾不敢顯黜宰相韋執誼爲徙他曹元和
中拜諫議大夫　羊士諤詩集有故蕭尚書瘿柏齋前
玉蕊樹與王起居吏部孟員外同賞詩　又和蕭侍御
監祭白帝城西村寺齋沐覽鏡有懷吏部孟員外并見
贈詩
韋貫之又禮外補　新表韋氏逍遙公房吏部侍郎肇子見勳外

貫之字正理相憲宗　舊傳本名純以憲宗廟諱遂以
字稱少舉進士元和中自禮部員外郎改吏部員外郎
三年復策賢良之士命爲考策官奏居上第者三人言
實指切時病不顧忌諱雖同考策者皆難其詞直貫之
獨署其奏遂出爲果州刺史舊李宗閔傳署同三年作四年誤　新傳
自禮部員外郎進吏部員外郎坐考賢良方正牛僧孺
等策獨署奏出爲果州刺史
皇甫鎛見吏中又倉外　舊傳自詹事府司直轉吏部員外郎判
南曹凡三年頗鈐制姦吏改吏部郎中　新傳下除詹
事府司直久之遷吏部員外郎典南曹鈐制吏姦稍知

名進郎中
韋繶見左外吏中補二傳失載　元和姓纂八微韋氏逍遙公房韋繶
原誤纏吏部員外京兆杜陵人
李建見吏中二傳失載　白居易有唐善人墓碑官歷比部兵部
吏部員外郎兵部吏部郎中爲吏部郎時調文學科暨
吏課高者得無停年又省成勞急成狀限絲是吏史輩
無緣爲姦迄今選部用其法白氏文集四十一　又除李建吏
部員外郎制六官之屬選部郎首之歷代以來諸曹郎
之中擇其踐歷久考第高加以有器局律度者遷焉今
之選任亦由是矣兵部員外郎李建文行才理公勤課

績可謂具美宜居厥官歲調方殷勉勤爾事可吏部員
外郎白氏文集五十五
崔從又金外　新表南祖崔氏渠州刺史異子從字子乂淮
南節度使清河縣伯　舊崔慎由見下傳父從貞元初進
士登第元和初自宣州團練觀察副使入朝累遷吏部
員外郎九年裴度爲中丞奏爲侍御史知雜守右司郎
中　新傳自宣州副使入爲殿中侍御史遷吏部員外
郎異時吏給選者成牒以先後丐賕從一限出之後遂
爲法裴度爲御史中丞奏以右司郎中知雜事
韋弘景見左中補吏中又封外度中補　舊傳自司門員外郎轉吏部

員外郎左司郎中新傳失載
王涯　新表烏丸王氏溫州刺史晃子見禮外補涯字廣津相
憲宗文宗　舊傳貞元八年進士擢第登宏辭科元和
五年自虢州司馬入爲吏部員外郎七年改兵部員外
郎知制誥　新傳自虢州司馬徙爲袁州刺史憲宗以
兵部員外郎召知制誥　白居易除孔戣等官制吏部
員外郎王涯端明精實加之以敏懿文茂學尤推於時
可兵部員外郎知制誥白氏文集五十五　玉堂遺範王涯拜
相制選部持衡九流風動文苑英華四百四十八　孟東野詩集
五有與王二十一員外涯遊枋口柳溪詩　又與王二

十一員外涯遊昭成寺詩
崔鄾見左中吏中　舊傳自刑部員外郎居內憂釋服爲吏部
員外郎姦吏不敢欺孤寒無援者未嘗留滯銓敘之美
爲時所稱再遷左司郎中　新傳累遷吏部員外郎下
不敢欺每擬吏親挾格褒黜必當寒遠無留才三遷諫
議大夫　杜牧禮部尚書崔公行狀自刑部員外丁邠
國太夫人憂外除拜吏部員外郎判南曹事千八百族
必應進而進公親自挾格肯法必留戾程必黜每懸榜
舉牘富室權家汗而仰視不敢出口宿吏逡巡縛手係
舌願措一奸不能得之凡二年遷左司郎中樊川文集十四

陳中師吏中作仲師又封中
楊嗣復見吏中補外補又禮二傳失載
席夔又勳外　元和姓纂二十二昔禮部尚書席建上見孫夔中書
舍人襄陽人　諱行錄席夔行八貞元十年進士五百家註
音辯昌黎先生文集十　呂溫祭座主故兵部尚書顧公文稱貞
元字脫二十年歲次甲申月日門生渭南縣尉席夔文苑英華
九百八十八集無　又一百十八貞元十二年宏詞席夔有披沙揀
金賦　昌黎先生集十有和席八十二韻詩樊汝霖譜註文公元
和十一年與之同掌誥十二年夔卒
盧士玫見吏中又勳外有士牧　舊傳始爲吏部員外郎稱職轉郎

中京兆少尹　新傳自吏部員外郎善於職再遷知京
兆尹
李宗閔又禮外補　新宗室表小鄭王房陳留郡公金州刺史
虞部郎中翽子宗閔字損之相文宗　又蔡王房欣子
宗閔不詳歷官　舊傳貞元二十一年進士擢第元和
四年復登制舉賢良方正科隨牒諸侯府七年入朝爲
監察御史累遷禮部員外郎十二年爲裴度彰義軍觀
察判官吳元濟平遷駕部郎中又以本官知制誥穆宗
即位拜中書舍人新傳畧同
殷台見左中吏中　左外

崔琯見左外吏中又金外　新傳累辟諸使府入朝稍歷吏部員外郎李德裕任御史中丞引知雜事進給事中　舊傳自諸侯府入朝爲尚書郎太和初累遷給事中　白居易崔琯可職方郎中侍御史知雜制稱中散大夫行尚書吏部員外郎上柱國崔琯白氏文集四十九　詳左外

王播見度中　播字魯玉元和五年擢進士第登宏辭科長慶中自起居舍人累歷員外郎四年以職方郎中知制誥新表烏丸王氏失載

鄭肅見左中　舊傳大和初自使府佐入朝爲尚書郎六年轉太常少卿

羅讓又封中又御史臺碑額監察又陰額監察題名　舊孝友傳字景宣舉進士應詔對策高等自監察御史轉殿中歷尚書郎給事中　新循吏羅珦傳子讓越州會稽人自監察御史位給事中　唐會要七十六元和元年四月才識兼茂明於體用科羅讓及第緯畧誤貞元十年讓誤壤　憲宗處分及第舉人詔才識兼茂明於體用科人第四次等羅讓中書門下卽與處分大詔令

崔戎見吏中又戶外二傳失載

王申伯又封中勳外　新表瑯邪王氏國子祭酒權子申伯不詳歷官　白居易太常博士王申伯可侍御史等三人同制三子之才吾得於御史中丞僧孺白氏文集四十九　唐會要十六長慶初段文昌自宰相出鎭蜀奏諫官御史南宮郎三人爲寮佐以某職帶台銜上故可之不逾年又奏侍御史王申伯監察蘇景裔見封中留中不下

楊虞卿見左中補又禮外補　舊傳長慶四年八月自禮部員外郎改吏部員外郎大和二年以檢下無術停見任新傳自禮部員外郎史館脩撰進吏部　舊韋宏景傳吏部員外郎楊虞卿以公事爲下吏所訕詔宏景與憲司詳讞云云新傳同案舊虞卿傳景休卽宏景之誤　南部新書甲二十四司印故事悉納直廳每郎官交印時吏人懸之於臂以相授頗覺爲繁楊虞州

虞卿任吏部員外郎始置匱加鐍以貯之人以爲便至今不改

李續又度外金中　新表趙郡李氏東祖房蘇州刺史事舉子續曹州刺史　舊柳公綽傳大開府幕得人尤盛李續等皆至公卿　舊文宗紀上太和元年四月己巳貶山南東道節度副使李續爲涪州刺史李逢吉黨也　舊張又新傳長慶中拾遺李續之等尤蒙宰相李逢吉睠待指爲鷹犬續之等七人時號八關十六字寶厤三年逢吉請爲山南東道行軍司馬詔貶涪州刺史李訓用事復召爲尚書郎訓敗復貶　舊楊嗣復傳開成三年

鄭覃對上曰李續之即今尚在 新傳作李續 舊李宗閔傳
開成三年陳夷行對上曰寶曆初李續之等朋比姦險
幾傾朝廷時號八關十六子李珏曰主此事者罪在逢
吉李續之 新傳作李續 居喪服闋不可不與一官 舊李逢吉傳朝士代逢吉鳴吠者李續之等時號八關十六子張又新等八人居要劇而胥附者又八人有求於逢吉者必先經此八人納賂無不如意逢吉節度山南東道仍請李續之為參佐 新逢吉傳黨有李續等八人而傳會者又八人皆任要劇故號八關十六子有所求請先賂關子後達逢吉無不得所欲敬宗時逢吉為山南東道節度使表李續自副坐田伾事貶涪州刺史 新張又新傳拾遺李續等為李逢吉搏吠所憎故有八關十六子之目
唐詩紀事 五十三 大中時李續為同州刺史有和于中
丞興宗見寄詩自注云續相從東川奏舉過綿州刺史

韋洪皐尚書攜登此樓於今三十七年
宇文鼎 見左外吏中又倉外
敬昕 見吏中補又封中 新表敬氏太子詹事寬子 見度中補 昕字日
觀右散騎常侍 新敬晦 見封中 傳兄昕第進士為河陽
節度使 舊文宗紀 下 開成二年四月丙子以中書舍
人敬昕為江西觀察使 是月甲午朔無丙子 四年九月丙午以前
江西觀察使敬昕為京兆尹
李珏 又勳外補度中附存禮外補 新表趙郡李氏東祖房鹽鐵判
官兼監察御史仲塾 舊傳作仲朝 子珏字待價相文宗 舊
傳進士擢第又登書判拔萃科累官至右拾遺穆宗時

遷吏部員外郎轉司勳員外郎知制誥大和五年李宗
閔牛僧孺為相與珏親厚改度支郎中知制誥遂入翰
林充學士七年三月正拜中書舍人 新傳自渭南尉
擢右拾遺以數諫不得留出為下邽令武昌牛僧孺辟
署掌書記還為殿中侍御史除禮部員外郎僧孺還相
以司勳員外郎知制誥為翰林學士加戶部侍郎 欠載吏外
事 東觀奏記 上 自渭南縣尉遷右 說郛左 拾遺左遷下
邽 說郛邳 令丁母憂授殿中侍御史內供奉武昌掌書記
徵歸御史府擢拜禮部員外改吏部員外李宗閔為相
以品流程式為已任擢掌書命改司勳員外庫部郎中

文宗召充翰林學士
高元裕 見左中又勳外二傳失載 石刻蕭 鄴 大唐故吏部尚書贈
尚書右僕射渤海高公神道碑□侍御史擢拜司勳員
外郎轉吏部員外郎公之為吏部郎也精□簡峻肯徒
懍戢若踐刀戟未竟南曹事會與銓長以公事爭短長
剛憤不能下請急□□□去出關道除左司郎中遷諫
議大夫 河南洛陽
劉寬夫 見左外
陳夷行 見吏中補又封外 舊傳大和三年為起居郎四年轉司
封員外郎五年遷吏部郎中四月召充翰林學士八年

兼充皇太子侍讀面賜緋衣牙笏遷諫議大夫知制誥
餘職如故　新傳擢累起居郎遷司封員外郎凡再歲
以吏部郎中爲翰林學士　重脩承旨學士壁記太和
七年□月自吏部員外郎充八月二十三日授著作郎
知制誥兼皇太子侍讀八年九月六日賜緋七日遷諫
議大夫（翰苑羣書上）

崔龜從（又勳中勳外考中補）　新表崔氏清河大房誠孫黃子龜
從字元告相宣宗　舊傳元和十二年擢進士第又登
賢良方正制科及書判拔萃二科太和二年自右拾遺
改太常博士累轉考功郎中史館脩撰九年轉司勳郎

中知制誥十二月正拜中書舍人　新書附見崔元式
傳自右拾遺太和初遷太常博士再遷至司勳郎中知
制誥眞拜中書舍人

裴衮（又勳外）　新表南來吳裴氏司勳員外郎樞子（見勳外）衮
字補臣　舊文宗紀（下）開成三年四月壬辰以給事中
裴衮爲華州防禦使

劉端夫（見左外）　新表廣平劉氏伯芻子（見考中補）端夫吏部員
外郎

李款（見左外又倉外二傳失載）　杜牧上宰相求湖州第一啟近者
澶王傅李疑爲鹽鐵使江淮留後（樊川文集十六）

崔璪（見吏中補二傳失載）

柳璟（又度外補）　新表柳氏大理少卿登子（見膳中補）璟字德輝郴
州刺史（新傳登子舊傳冕子冕見吏中）　舊傳寶麻初登進士第三遷
監察御史再遷度支員外郎轉吏部開成初換庫部員
外郎知制誥　新傳寶麻初第進士宏詞三遷監察御
史累遷吏部員外郎開成初爲翰林學士

裴鐇（又戶外）　新表中眷裴氏儆孫（見上戶部郎中）塤子（見戶中補）
鐇不詳歷官　新王涯傳大和九年十一月甘露之變
王涯子太常博士仲翔匿侍御史裴鐇家鐇執以赴軍

孔温業（又禮外補）　新表孔氏庫部員外郎戢子温業字遜志

舊孔戢傳子温業登進士第大中後歷位通顯　舊
鄭覃傳開成初太學勒石經覃奏禮部員外郎孔温業
等校定九經文字旋令上石　唐李紳拜相告後細銜
署中書舍人臣孔温業行（會昌二年二月十二日涫熙秘閣續法帖卷六）　新
温業傳大中時爲吏部侍郎求外遷後爲太子賓客
新李漢傳李漢爲御史中丞表孔温業爲御史大中時
漢召拜宗正少卿温業已爲中丞每燕集人以爲榮（舊傳太和八年李漢爲御史中丞案八當作六）　舊穆宗紀長慶元年三月重試
進士四月丁丑詔孔温業所試粗通與及第（舊錢徽傳同）
司空圖唐故宣州觀察使檢校禮部王公（凝）行狀孔公

温業鎮宣州辟爲上介（司空表聖文集卷七）　舊宣宗本紀大中十一年十二月以正議大夫檢校戸部尚書兼太子賓客上柱國賜紫金魚袋孔温業本官分司東都以病請告故也

張文規　新表河東張氏憲宗相宏靖子（見上）文規桂管觀察使　舊傳歷拾遺補闕吏部員外郎開成三年十一月右丞韋温彈劾長慶中父陷幽州徘徊京師不尋赴難不宜塵汙南宮出爲安州刺史　新傳裴度秉政引爲右補闕度出襄陽貶温令度奏置幕府累轉吏部員外郎右丞韋温劾文規父昔被囚逗留不赴難不宜任

省署出爲安州刺史　舊韋温傳吏部員外郎張文規父因幽州不時省赴人士喧然罪之尚書右丞韋温首糾其事出爲安州刺史

崔璜（見吏中補）　劉禹錫唐故兼御史中丞贈太師崔公（侄）神道碑太常卿二子同入尚書璜爲吏部郎（開成四年劉賓客文集）

三

周敬復　舊鄭覃傳開成初李固言復相奏周敬復堪任起居郎　舊莊恪太子永傳開成三年詔侍讀竇宗直（見戸中）周敬愼（當從新書作敬復）依前隔日入少陽院　重脩承旨學士壁記周敬復開成五年三月三十日自兵部員外郎知制誥充十二月十一日賜緋會昌元年二月十三日轉職方郎中知制誥（疑有脫文）中書舍人二年九月十八日守本官出院（翰苑羣書上）　舊宣宗紀大中四年十二月以華州刺史周敬復爲光祿大夫檢校左散騎常侍兼洪州刺史江南西道團練觀察使賜金紫　楊紹復授周敬復尚書右丞制江南西道都團練使觀察處置等使檢校右散騎常侍周敬復早登科甲遂列顯名振風績於南宮奮輝華於翰苑可尚書右丞（文苑英華三百八十五）　舊宣宗紀大中九年三月試宏詞舉人漏泄題目爲御史臺所劾郎中周敬復罰兩月俸料　東觀奏記（下）

大中九年正月吏部侍郎周敬復罰一月俸　杜牧代人舉周敬復自代狀（畧云）藹有令名備歷清貫掌綸言於西掖才稱發揮參密命於內庭眾推忠慎自彌貂近侍主鑰東門聲實益重於搢紳磨涅始彰其堅白（樊川文集十五）

崔球（見吏中）　舊傳會昌中爲鳳翔節度判官入朝爲尚書郎

韋行貫（無考）（又戸外）

李行方（見左外吏中又戸外）

陳湘（又勳外）　新書藝文志（乙部史錄譜牒類）陳湘姓林五卷

韋絢（又封外）　新書藝文志（丙部集錄小說家類）韋絢劉公嘉話錄一

卷原注絢字文明執誼子也咸通義武軍節度使劉公禹錫也案今存又案宰相世系表韋氏龍門公房不載志誤　戎幕閑談一卷案今佚說郛四十八載有五條前有絢引　白居易河南元公稹墓誌銘女適校書郎韋絢太和六年白氏文集七十　韋絢戎幕閑談序太和五年十一月二十三日巡官韋絢引說郛序云贊皇公鎮蜀時蓋李衛公之幕僚也　石刻韋紓唐故朝散大夫祕書省著作郎致仕京兆韋公端玄堂誌子絢前太廟齋郎元和十五年五月宰相世系表鄖公房不載　唐段少卿酉陽雜俎續集三河南少尹韋絢少時常於夔州江岸見一異蟲

新上官儀傳高宗時以雍州司士參軍韋絢爲殿中侍御史時代不合

韋慤又戶外　新表韋氏平齊公房元貞子慤字端士武昌軍節度使　舊韋保衡傳父慤大和初進士登第累佐使府入朝亟歷臺閣大中四年拜禮部侍郎新書附路巖傳保衡父慤宣宗時終武昌軍節度使　沈珣授韋慤鄂岳節度使制前鄭滑觀察使韋慤踐更華貫揚歷顯途懿効彰明布於臺閣自職司誥命參貳春官再遷會府休問尤彰嘉乃良才俾升節制文苑英華四百五十六　唐才子傳七曹鄴爲四怨三愁五情詩雅道甚古特爲舍人韋慤所知

李訥又禮中補勳外李訥時代不合蓋別一人　舊李建傳見吏中子訥最知名官至華州刺史檢校尚書右僕射　新李建傳訥字敦止及進士第遷累中書舍人　重脩承旨學士壁記李訥開成五年七月五日自左補闕充會昌二年四月十六日遷職方員外郎十一月二十一日賜緋三年四月口日出守本官翰苑羣書上　崔嘏授李訥中書舍人言大理少卿制稱禮部郎中知制誥李訥等文苑英華三百八十二言疑盧言

盧簡求見吏中補又戶外　舊傳會昌末自戶部員外郎爲忠武節度副使知節度事本道供軍使入爲吏部員外郎轉本司郎中求爲蘇州刺史　新傳遷戶部員外郎會昌中忠武節度副使知後務歷蘇壽二州刺史　大典本

湻祐臨安志禪門大師塔碑銘末署會昌壬戌十二月二十一日朝散大夫行尚書吏部員外郎上護軍賜緋魚袋盧簡求撰又碑陰末署大中壬申歲十月一日銀青光祿大夫使持節都督壽州諸軍事壽州刺史兼御史中丞充本州團練使上柱國范陽縣開國男食邑三百戶盧簡求紀於碑陰

崔眈無考又封外

崔愼由又戶外　新表南祖崔氏淮南節度使從子見上愼由字敬止相宣宗　舊傳大和初擢進士第又登賢良方正制科大中初自諸侯府入朝爲右拾遺員外郎知制

誥正拜舍人　新傳鄭滑高銖辟府判官入爲右拾遺
進翰林學士　石刻華嶽題名有殿中侍御史集賢殿
直學士崔慎由陝西華陰會昌五年二月八日詳左外李當注　重脩承旨
學士壁記崔慎由大中三年六月八日自職方郎中知
制誥充九月六日拜中書舍人依前充十二月九日守
本官出院翰苑羣書上
錢知進又封外　白居易寄題廬山舊草堂兼呈二林寺道
侶詩注此詩憑錢知進侍御往題草堂中白氏文集三十五
崔瑤又勳中倉外祠外　新表清河小房崔氏浙西觀察使鄖
子見左中　瑤字蘊中鄂岳觀察使　又南祖崔氏司刑卿

魏縣子神慶子瑤光祿卿　舊崔神慶傳開元中子琳
與弟光祿卿瑤等俱列棨戟新傳同　舊崔鄖傳子瑤大
和三年登進士第出佐藩方入升朝列累至中書舍人
新崔鄖傳瑤任禮部侍郎浙西鄂岳觀察使
盧罕又勳外　新表盧氏士珙子罕字子讓　唐會要六十八
開成五年四月東都奏河南尹高銖與知臺御史盧罕
街衢相逢云云　玉泉子李訥除淛東路出淮楚時盧
罕方爲郡守唐會稽太守題名記大中六年八月李訥自華州防禦使授浙東觀察使
杜牧又勳外考中補膳外補　新表襄陽杜氏駕部員外郎從郁
子牧字牧之中書舍人　舊傳登進士第又制舉登乙

第自司勳員外郎史館脩撰轉吏部員外郎又以弟病
免歸授湖州刺史　新傳自司勳員外郎常兼史職改
吏部復乞爲湖州刺史　樊川文集十六上宰相求湖州
第一啟入有愛某者曰吏部員外郎例不爲郡按六典
令式及諸故事多無此例國史復無賢相名卿懸之以
爲格言此乃急於急趨之徒自爲其說　又十杜牧自
撰墓誌銘自司勳員外郎轉吏部員外郎以弟病乞守湖
州吳興志杜牧大中四年十一月自大理少卿授遷中書舍人與傳誌俱不合疑誤
馮圖　舊馮宿傳子圖陶韜見封外三人皆登進士第揚歷
清顯　新傳圖字昌之連中進士宏辭科大中時終戶

部侍郎判度支
杜審權又勳中補勳外　新表杜氏太子賓客元絳子審權字
殷衡相宣宗懿宗　舊傳登進士第又以書判拔萃拜
右拾遺轉左補闕大中初遷司勳員外郎轉郎中知雜
又以本官知制誥正拜中書舍人　新傳爲右拾遺宣
宗時入翰林爲學士累遷兵部侍郎學士承旨
趙櫓又勳外戶外　因話錄三余宗姪櫓應進士時著鄉籍一
篇大誇河東人物之盛皆實錄也同鄉中趙氏軒冕文
儒最著曾祖父祖父世掌綸誥櫓昆弟五人進士及第
皆歷臺省盧少傅弘宣盧尚書簡辭弘正簡求皆其姑

之子也時稱趙家出外生　南嶽總勝集中　廣成先生
內傳吏部侍郎趙櫓撰
鄭路見左外
皇甫鉟　杜牧皇甫鉟除右司員外郎鄭漯除侍御史內
供奉等制浙西道都團練副使朝議郎檢校尚書刑部
員外郎兼侍御史賜緋魚袋皇甫鉟可尚書右司員外
郎散官賜如故樊川文集十七鄭漯見主中
李朋　杜牧李朋除刑部員外郎李從誨除都官員外郎
等制將仕郎侍御史內供奉李朋可守尚書刑部員外
郎散官如故樊川文集十七李從誨見吏中補　唐詩紀事五十三　大中

時李朋爲尚書郎有綿州中丞子典宗以江山小圖遠垂
賜及兼寄詩　鄭谷雲臺編序谷勤苦於風雅者自騎
竹之年則有賦詠雖屬對聲律未暢而不無旨諷同年
丈人故川守李公朋嘗撫頂歎勉謂他日必垂名弘治本
雲臺編下　谷丱歲憂同年丈人故川守李侍郎教諭
褎晏龍鍾益用感歎遂以章句自貽一首
皇甫珪又封中勳外　新表皇甫氏鏄子見吏中　珪字德卿　重
脩承旨學士壁記皇甫珪大中十年六月五日自吏部
員外郎充其月七日改司封郎中十一年正月十一日
三殿召對賜緋其年十月二日加司封郎中知制誥十
二年八月十二日拜中書舍人依前充十三年八月二
十六日賜紫其年八月二十九日加朝請大夫其年十
一月遷工部侍郎知制誥依前充十四年十月改授同
州刺史翰苑羣書上　東觀奏記中　上雅重詞學之臣於翰
林學士恩禮特異宴游密召無所間隔惟於遷轉皆守
彝章皇甫珪自吏部員外召入內廷改司勳員外計吏
員二十五箇月限轉司封郎中知制誥動循官制不以
爵祿私近臣也案壁記前司封郎中當從奏記作司勳員外郎
獨孤雲　新表獨孤氏雲州刺史密子雲字公遠吏部侍
郎元和姓纂吏部侍郎東川節度雲州作海州　李義山集中　有妓席暗記

送同年獨孤雲之武昌詩案義山開成二年進士則雲亦於是年登第也　玉
泉子韋保衡初登第獨孤雲除西川辟在幕中西川廣記二百
七十三作東川　舊懿宗紀咸通十三年三月以吏部侍郎獨
孤雲等考試宏詞舉人　舊僖宗紀乾符三年五月以
江西觀察使獨孤雲爲太子少傅
鄭從讜　新表鄭氏北祖房與元節度使澣子見封中　從讜
相僖宗　舊傳字正求會昌二年登進士第釋褐祕書
省校書郎歷拾遺補闕尚書郎知制誥尋遷中書舍人
裴衡又勳外　新表東眷裴氏道護後高陵令昱子憲宗相
垍弟見考中補　衡字無私

盧緘見左外
崔瑑見左中
于德晦又戶外金外　新表于氏人文子德晦同州刺史　新
安志九于德晦大中十一年爲歙州刺史　石刻華嶽
題名監察御史于德晦□州鎮國軍判官試大理評事
□□大中六年三月廿四日同謁金天陝西華陰　長安志
七唐京城朱雀街東第二街務本坊左散騎常侍于德
晦宅
楊收又勳外補　新表楊氏越公房遺直子假弟見封中補收字藏
之相懿宗　舊傳開成末一舉登第自司勳員外郎長

安令秩滿改吏部員外郎宰相令狐綯用爲翰林學士
以庫部郎中知制誥正拜中書舍人新傳自侍御史判度支案遷長安令
懿宗時擢累中書舍人翰林學士承旨　重脩承旨學士壁記楊收咸通
二年四月十八日自吏部員外郎充其月二十一日加
庫部郎中依前充
楊嚴又封外見吏中補　舊傳咸通中累遷吏部員外郎轉郎中
舊懿宗本紀咸通三年十一月以吏部員外郎楊儼
等試宏詞選人案儼疑嚴之誤
穆仁裕穆王本□見吏中又勳外
崔安潛王本崔□□又封中　新表南祖崔氏從子愼由周恕弟

愼由見上周恕見封外補安潛字進之太子太傅貞孝公　舊傳大
中三年登進士第咸通中累歷清顯出爲許州刺史忠
武軍節度觀察等使　新傳咸通中歷江西觀察忠武
節度使
侯備又勳中　重脩承旨學士壁記侯備咸通五年六月五
日自吏部員外郎賜紫充其月八日加司勳郎中充九
月五日加知制誥十二月二十六日加承旨六年二月
二十三日遷中書舍人依前充五月二十□日遷戶部
侍郎依前知制誥充九月十七日加朝散大夫兵部侍
郎知制誥充七年三月九日授河南尹出院翰苑羣書上

令狐緘又祠外　新表令狐氏桂管觀察使定子見度中　字識
之　舊令狐定傳子緘不詳歷官
薛臨　新表薛氏西祖房比部郎中公幹子見度中補蒙弟見勳
中　臨字知微
高湘又封外　舊高鍇見吏外補傳子湘登進士第自員外郎知
制誥正拜中書舍人　新傳字濬之歷長安令右諫議
大夫　舊懿宗紀咸通七年十一月以吏部員外郎高
相試拔萃選人
于瓌　新表于氏戶部侍郎敖子見吏中　瓌字匡德紀事作正德
舊于敖傳子瓌登進士第新傳子瓌清顯　舊懿宗紀咸通

五年三月員外郎于懷等試吏部平判選人鉞案懷蓋瓌字之誤
又十三年五月辛巳貶前湖南觀察使于環袁州刺
史于琮之兄也　玉泉子崔殷夢宗人瑤門生也夷門
節度使龜從之子同年首冠於瓌瓌白瑤曰夫一名男
子飾身世以爲美他不可以等埒也近歲關試內多以
假爲名求適他處甚無謂也今乞侍郎不可循其舊轍
瑤大以爲然一日瓌等率集同年詣瑤起居既坐瑤笑
謂瓌等曰昨得大梁相公書且欲先輩一到駿馬健僕
往復當不至稽滯幸諸先輩留意瓌以座主之命無如
之何　東觀奏記上　前鄉貢進士楊仁贍女弟出嫁前

進士于瓌詳勳外楊仁贍注　唐詩紀事五十三　大中七年進士
第一人爲校書郎有和綿州于中丞興宗詩
楊損王本眞不確格審定是損字　又戶外補中補　損不詳歷官　舊傳字子默以蔭受官自殿中侍御
史改戶部員外郎洛陽縣令入爲吏部員外郎出爲絳
州刺史路巖罷相徵拜給事中　新傳自殿中侍御史
三遷絳州刺史路巖罷召拜給事中
崔瑾　新表崔氏清河小房鄘子瑤弟俱見上　瑾字休瑜湖
南觀察使　舊崔鄘傳子瑾大中十年登進士第累居
使府歷尚書郎知制誥新崔鄘傳瑾禮部侍郎湖南觀察使　舊懿宗紀

咸通六年二月以兵部員外郎崔瑾等考宏詞選人
崔厚見左中補中　又勳外金外
崔瀆　新表博陵第二房崔氏球子見吏中　瀆字遙源　舊
崔球傳子瀆大中末亦進士登第　舊懿宗紀咸通九
年正月以兵部員外郎焦崔疑瀆等考宏詞選人
盧肩征又封外　舊僖宗紀乾符元年四月以侍御史盧肩
征爲司封員外郎判戶部案二年七月以司封員外郎
盧肩征爲吏部員外郎　新黃巢傳中和二年天子以
王鐸爲諸道行營都統中書舍人盧肩征爲克復制置
副使　文苑英華百八十五有盧征省試天驥呈材詩案黃璞王
郎中傳咸通三年鄭侍郎讜試倒載干戈賦天驥呈材
詩則征當即是年進士惟徐仁嗣鄭賁王棨三詩俱得
呈字此詩得天字爲少異耳
盧征疑即肩征英華省去肩字

補遺
樊元表又戶外　元和姓纂二十二元　吏部員外樊元表相州安
陽人
斛律禮備　元和姓纂一屋　隋戶部尚書武陽子斛律孝卿
生禮備唐吏部員外河南人
裴敬彝　新表中眷裴氏隋太中大夫子通曾孫敬彝吏
部侍郎　舊孝友傳乾封初累轉監察御史母卒服闋
拜著作郎兼脩國史儀鳳中自中書舍人歷吏部侍郎

左庶子
楊志誠又禮外補　新表楊氏觀王房太子少師鄭懿公崇敬
子志誠吏部員外郎碑作至誠古通用　張說贈太州刺史楊
君神道碑明慶中舉賢良再舉高第自國子監丞高宗
封岱岳除禮部員外郎又轉吏部員外郎丁太夫人憂
去職服畢授幽州三水令張燕公集十六　新李嗣眞傳武后
召吏部郎中楊志誠爲李嗣眞贊案中疑衍
賈言中又考外補　元和姓纂三十五馬　清河南郡兵曹賈均生言
忠吏部考功員外長樂人　舊文苑中　賈曾傳父言中乾
封中爲侍御史累轉吏部員外郎坐事左遷邵州司馬

卒　舊文苑上　杜易簡傳咸亨中吏部侍郎裴行儉李敬
元不叶考功員外郎杜易簡與吏部員外郎賈言忠希
行儉旨上封陳敬元罪狀
劉知瑢　元和姓纂十八尤　秋官侍郎劉知瑢上邽人　新
書藝文志丙部子錄道家類　議化胡經狀一卷萬歲通天元年僧惠澄上言乞毀老子化胡經敕秋官侍郎劉知瑢等議狀
王文濟又金中主中　新表烏丸王氏汾州刺史歙縣男詮子
文濟給事中　李邕贈安州都督王仁忠神道碑考文
濟府君侍郎御史吏部員外朝散大夫東臺舍人文苑英華九百十三案郎疑衍

楊再思又度中　新表原武楊氏敏子緋字再思相武后中
宗　舊傳少舉明經授玄武尉累遷天官員外郎歷左
右肅政臺御史大夫延載初守鸞臺侍郎同鳳閣鸞臺
平章事　新傳初調玄武尉累遷天官員外郎歷左肅
政御史中丞
杜元揆又戶外　新表濮陽杜氏仁端姓纂端人子元揆天官員
外郎姓纂同
周質　唐會要五十八　延載元年天官員外郎加一員以周
質爲之聖厤二年八月省
周矩　舊外戚薛懷義傳侍御史周矩請劾懷義遷天官

員外郎竟爲薛師所搆下獄免官
楊令一　新表楊氏觀王房司僕卿沖寂子令一吏部員
外郎　張說大周故宣威將軍楊君神道碑公諱令字
令一年十九舉進士高第自朝散大夫行通事舍人俄
而加太中大夫檢校天官員外郎除宣威將軍行右衞
翊府郎將公爲郎也遼戎悖逆我有神兵之役制以公
爲兵曹張燕公集十七
杜懿宗又勳外　元和姓纂十姚　梁梁州刺史杜巖孫懿宗唐
吏部員外襄陽人
韋抗見吏中又主外二傳失載　蘇頲刑部尚書韋抗神道碑自左

臺殿中侍御史轉尚書主客吏部二員外吏部郎中 文苑英華八百九十六

蔣欽緒 又御史臺侍御殿中題名 新傳擢進士第累遷太常博士中宗時歷吏部員外郎精治道馭吏整嚴雖銖秒罪不貸出爲華州長史 古今姓氏書辯證二十 唐吏部侍郎大理卿蔣欽緒東萊人

郭利貞 大唐新語八 神龍之際京城正月望日盛飾燈影之會文士皆賦詩一章以紀其事作者數百人惟吏部員外郭利貞三人爲絕唱 新蔣欽緒傳欽緒性孤潔自守唯與賈曾郭利貞相友

賈曾 舊文苑傳中 賈曾河南洛陽人景雲中爲吏部員外郎元宗在東宮拜爲太子舍人

崔液 又御史臺殿中監察題名 新表博陵安平崔氏雍州司功參軍擢子戶部尚書挹兄子液吏部員外郎襲安平男

李華 又封外補 金中 禮外 又御史臺左側題名 新表趙郡李氏東祖房典設郎恕已子華字遐叔吏部員外郎 新文藝傳下 累中進士宏辭科天寶十一載遷監察御史權幸見疾從右補闕僞署鳳閣舍人賊平貶杭州司戶參軍屏居江南上元中以左補闕司封員外郎召稱疾不拜李峴領選江南表置幕府擢檢校吏部員外郎苦風痺去官大麻初卒 舊文苑傳下 開元二十三年進士擢第天寶中登朝爲監察御史累轉侍御史禮部吏部二員外郎陷賊僞署鳳閣舍人收城後貶官遂廢於家卒 顏眞卿崔孝公陋室銘記所著文集吏部員外郎趙郡李華爲集序 顏文忠集十四 杼山集唐石圯山故大禪師塔銘稱故吏部員外李公華 唐摭言四 李華至德中自前司封員外起爲相國李梁公峴從事檢校吏部員外

張莒 又御史臺陰額知雜題名 柳宗元先君石表陰先友記張莒 原注大麻九年進士常山人至鄧州刺史 河東先生集十二 案唐詩紀事三十一引先友碑云大中時官吏部外郎今柳文無此句未詳所據大中疑建中之誤 文苑英華百八十有

張莒元日望含元殿御扇開合詩 大中十三年歲時雜詠一作大麻

楊凝 見左中補封中附存 又封外禮中附存 新傳由協律郎三遷侍御史爲司封員外郎徙吏部稍遷右司郎中 柳宗元唐故兵部郎中楊君墓碣由協律郎三轉御史入爲起居郎尚書司封員外郎乃參選部以馭羣吏姦臣席勢威福自已他人求附離而不得者公則卻之私以胥史求署一皆罷遣曰吾不以三尺法爲己利害居喪服除爲右司郎中 河東先生集九 權德輿唐故尚書兵部郎中楊君文集序由校祕書四遷至冠柱後惠文徵拜左史歷司封員外左司郎中 權載之文集三十三

裴夷直見左外　舊張茂昭傳長慶中左武衛大將軍張克勤以子幼請準近例迴授外甥五品官狀至中書下吏部員外郎判廢置裴夷直斷不允　會要五十八　在長慶元年正月

高鍇又勳中考外補　舊高鉞見戶中傳元和九年登進士第累遷吏部員外郎大和六年二月自司勳郎中轉諫議大夫　新傳字弱金連中進士宏辭科歷吏部員外郎遷中書舍人　新書選舉志太和三年高鍇爲考功員外郎取士有不當監察御史姚中立又奏停考功別頭試

李回　新表郇王房奉先令如仙子回初名躔相武宗新傳本名躔字昭回避武宗諱改　舊傳字昭度長慶初進士擢第又登賢良方正制科自起居郎授職方員外郎判戶部案歷吏部員外郎判南曹以刑部員外郎知臺雜賜緋開成初以庫部郎中知制誥拜中書舍人賜金紫服　會要八十贈司徒李回謚文懿舊傳同新傳贈刑部尚書無謚

杜晦辭　新表襄陽杜氏牧子見吏外晦辭字行之左補闕姓纂同　金華子雜編上杜晦辭終淮南節度判官　又云晦辭自南曹郎爲趙公隱從事於朱方王郢之叛趙相國以撫御失宜致仕晦辭罷職時北門李相國在淮南辟爲判官晦辭以恩門休戚辭不受命退隱於陽羡

別業時論多之永寧劉相國鎮淮南又辟爲節度判官方始應召

徐彥若　新表北祖上房徐氏懿宗相商子見禮中補彥若字俞之相昭宗　舊傳咸通十二年進士擢第乾符末以尚書郎知制誥正拜中書舍人　舊僖宗紀乾符元年十一月以吏部員外郎徐彥若爲長安令　金華子雜編上南海端揆爲主客員外時有除翰林學士之命既還省吏忽報除目下員外徐彥若除翰林學士彥若公相之子能馳譽清顯中尉楊復恭善之故能變致中授耳

楊堪　新表楊氏越公房京兆尹虞卿子見左中補左散騎常侍知退弟見戶中　堪字時之太子少師案南部新書乙虞卿生知退知退生堪與表傳不合又歐陽文忠公外集十一諫議大夫楊公墓誌銘九代祖隱朝生燕客燕客生堪案世系表燕客生甯甯生虞卿虞卿生堪墓誌有脫文　舊楊虞卿傳子堪登進士第庫部吏部二員外郎　舊僖宗紀乾符二年二月以庫部員外郎楊堪爲吏部員外郎　益州名畫錄上常重胤於中和院上壁寫僖宗皇帝幸蜀隨駕文武臣寮眞有左散騎常侍楊堪等　南部新書乙楊堪爲翰林承旨學士隨僖皇幸蜀眞在中和院　資治通鑑唐紀七十六乾寧二年五月貶戶部尚書楊堪爲雅州刺史韋昭度之

舅也

牛循　新表安定牛氏檢校兵部尚書興元尹蔚子見吏中循字晦之　舊僖宗紀乾符二年七月以吏部員外郎牛循爲金州刺史　舊牛嶽傳僖宗時兄循爲給事中新傳同

牛嶽　新表安定牛氏蔚子循弟見上嶽字勛美太子賓客奇章男　舊傳咸通八年登進士第自右補闕再遷吏部員外郎乾符中選曹猥濫吏爲姦弊每歲選人四千餘員嶽性貞剛特爲奏請由是銓敘稍正能否旌别物議稱之僖宗幸成都除諫議大夫不拜　新傳累擢吏

部員外郎乾符中選濫吏多姦歲調四千員嶽治以剛明柅杜干請法度復振調行在拜諫議大夫固辭

趙蘊又考外補　新表新安趙氏從約子見倉外蒙弟見勳中蘊字中美　舊僖宗紀乾符二年十月以考功員外郎趙蘊爲吏部員外郎

鄭綮見左中補倉外又戶外金中補　二傳失載　直齋書錄解題五開天傳信記一卷唐吏部員外郎鄭綮撰雜記開元天寶時事

劉崇望　新表河南劉氏蔡州刺史符子崇望字希徒相昭宗　舊傳咸通十五年登進士科自起居郎宏文館學士轉司勳吏部二員外郎崔安潛爲吏部尚書崇望判南曹滌除宿弊復清選部僖宗在山南以爲諫議大夫諭旨河中　舊昭宗紀光化二年六月丁亥以前太常卿劉崇望爲吏部尚書

崔肩見吏中補又考外補　舊傳王重榮鎭河中辟爲從事入朝累遷考功吏部二員外郎轉郎中

裴樞此與勳外之裴樞非一人　新表中眷裴氏寅子見左中樞字紀聖相昭宗　舊傳咸通十二年登進士第中和初自起居郎爲鄭滑掌書記檢校司封郎中賜金紫入朝歷兵吏二員外郎龍紀初擢拜給事中　舊五代史唐書八同光

二年六月庚寅故左僕射裴樞贈司徒

張文蔚又勳中補勳外補祠中補　新表河間張氏天平節度使裼子見祠中　文蔚字在華相哀帝在華舊五代史作右華　舊傳乾符二年進士擢第累佐使府龍紀初入朝爲尚書郎乾寧中以祠部郎中知制誥正拜中書舍人　舊五代史梁書十八本傳僖宗時自監察御史遷左補闕侍御史起居舍人司勳吏部員外郎拜司勳郎中知制誥歲滿授中書舍人

趙光逢又勳外補禮外補禮中補祠中補　新表新安趙氏懿宗僖宗相隱子見封外　光逢字延吉太常卿　舊傳乾符五年登

進士第釋褐鳳翔推官入朝爲監察御史丁父憂免僖
宗還京授太常博士歷禮部司勳吏部三員外郎集賢
殿學士轉禮部郎中景福中以祠部郎中知制誥尋召
充翰林學士正拜中書舍人　新趙隱傳子光逢歷臺
省華劇以中書舍人爲翰林學士
蕭頎頎一作頃見吏中補　舊五代史唐書三十四　蕭頃傳昭宗朝歷度
支巡官太常博士右補闕累遷吏部員外郎先是張濬
自一作申　中書出爲右僕射梁祖判官一作典爲朱温判官　高劭使
梁祖麾求一子出身官省寺皆稱無例濬曲爲行之一無
四字指揮甚急吏徒惶恐一作懼　頃判云一作頃乃判狀云　僕射未

集郎官一有未字赴省上指揮一有吏曹二字公事且非南宮舊儀
濬聞之慙悚致謝頃由是知名一作名振梁祖亦獎之一無此句
一作俱太平御覽二百一十六職官部十四案舊張
濬傳乾寧三年守尚書右僕射本紀在四年右作左
崔協又戸中補　新表崔氏清河小房萬年令彥融子見勳中補　協
字思化　舊五代史唐書三十四　崔協傳協登進士第釋褐
爲度支巡官渭南尉直史館歷三署　舊哀帝紀天祐
二年四月辛丑吏部員外郎崔協等並宜賜緋魚袋以
奉山陵之勞也　十二月敕戸部郎中崔協等隨冊禮
使栁璨魏國行事
王渙又考外補　韓偓無題詩序余辛酉年戲作無題十四韻

吏部王員外渙相次屬和余因作第二首卻寄諸公小
天亦再和又云王小天二首香奩集
孫濟見左中補　國秀集中　張謂有贈吏部孫員外濟詩
王履仁　新表太原大房王氏約子履仁吏部員外郎
渾正元　新表渾氏司農卿特子正元吏部員外郎
魏求已　元和姓纂八未魏氏東祖後荀臺六代孫求已吏
部員外郎中書舍人鉅鹿人　大唐新語八魏求已自
御史左授山陽丞
獨孤及又禮外　新表獨孤氏殿中侍御史潁川郡長史通
理子及字至之常州刺史謚憲　新傳天寶末以道舉

高第代宗時自太常博士遷禮部員外郎歷濠舒二州
刺史　梁肅朝散大夫使持節常州諸軍事守常州刺
史賜紫金魚袋獨孤公行狀自太常博士拜尚書禮部
員外郎遷吏部每歲以書判試多士而朝列有以文學
稱者必參校辨論定其甲乙丙科至是公分其任求爲
郡守以行其道除濠州刺史文苑英華九百七十二案遷疑衍　毗陵
集附錄崔祐甫獨孤公神道碑銘自太常博士遷尚書
吏英華作禮案禮字是部員外郎受詔考第吏部選人詞翰旌別
淑慝朝野稱正爲濠州刺史

附存

楊儼（案儼蓋嚴之訛說見上）　舊懿宗紀咸通三年十一月以吏部員外郎楊儼等試宏詞選人

歸安丁寶書編次

唐尚書省郎官石柱題名考卷四　終　勞檢丁士謁校字

唐尚書省郎官石柱題名考卷五

仁和勞格　趙鉞　著　歸安丁寶書編次

司封郎中

唐六典吏部尚書其屬有司封郎中一人從五品上（武德初爲主爵郎中龍朔二年改爲司封大夫咸亨元年復故光宅元年改爲司封郎中神龍元年復故開元二十四年復爲司封）掌邦之封爵（舊書新書同）　舊書元宗紀（上）開元二十四年九月壬午改尚書主爵曰司封

石刻　楊思謙　盧欽望　徐堅　李彥□　姚奕

蔣挺　程休　韋之□　令狐峘　張藹

韓曅　裴次元　鄭涵　羅讓　裴譔

張鷟　盧匡　盧告　馮顓　崔澹

徐仁嗣　崔寶德　韋挺　元務眞　韋季武

劉本立　榮九思　閻立本　蕭孝顗　□□遠

來恒　李崇德　楊思正　賈敦實　敦應宇

韋萬石　蘇良嗣　李思□　張松壽　胡元範

盧楫　劉奇　王美暢　李嶠　田神福

張元一　趙謟　趙弘敏　裴懷古　□伯琦

田幹之　李湛　孟知禮　李猷　崔玄童

王邱　慕容珣　王易從　鄭温琦　朱渭輔

張均　韋陟　宋詢　裴系　徐鍚
陳振露　李稹　鄭昭　劉光謙　楊玄章
李山　顏允南　張楚金　裴儆　崔浩
林琨　趙昂　竇林　王圓　郭晤
王縝　杜黄裳　吉中孚　李叔度　徐岱
盧俋　蕭遇　陳京　韋丹　崔郊
韋成季　孟簡　張惟素　裴度　錢徽
徐晦　張仲素　李汭　薛存慶　陳中師
嚴休復　張士階　王申伯　王彥威　蘇景胤
盧載　敬昕　盧商　楊漢公　裴乾貞

裴泰章　丁居晦　裴肅　張述　崔鉉
敬晦　張口口　李口　裴諗　羅劭權
劉瑑　裴寅　裴處權　皇甫珪　鄭茂休
張復珪　張道符　王凝　崔安潛　李昌口
崔殷夢　鄭延休　鄭紹業　令狐包　王徽
補遺楊綗　王崇基　崔同業　張彥起　高紹
韋利涉　盧霸　韋偎　李涵　蕭惟則
崔咸　柳公權　韋磻　楊假　鄭仁規
李瞻　李䂂　裴廷裕　白邦翰
附存司馬希象　皇甫仲玉　楊凝　韓偓　勞檢校字

唐尚書省郎官石柱題名考卷五

楊思謙 又封外考中 新表楊氏觀王房主爵郎中綱子 見封中補 思謙光祿卿

豆盧欽望 新表豆盧氏領軍將軍承業子欽望相武后中宗 舊傳則天時累遷司賓卿長壽二年代宗秦客爲内史 新傳累官越州都督司賓卿長壽二年拜内史 唐會稽太守題名記豆盧欽望如意元年三月自婺州刺史授拜司農卿 會稽掇英總集作十八 嘉泰志作司賓卿

徐堅 又封外 元和姓纂九魚 西臺舍人徐齊聃生堅 原誤監 中書舍人刑禮黄門三侍郎左右常侍東海文公長城人

舊傳進士舉以東都留守判官修三教珠英書成遷司封員外郎神龍初再遷給事中 新傳失載 唐丞相曲江張先生文集 十九 大唐故光祿大夫右散騎常侍集賢院學士贈太子少保東海徐文公神道碑自太子文學撰三教珠英書成奏御拜司封員外郎尋加朝散大夫郎拜郎中稍遷給事中 舊儒學傳下 王元感傳長安中司封郎中徐堅等連表薦之 會要六十三 長安三年正月一日勑司封郎中徐堅等修唐史

李彥口 字以時代核之當是允彥允見金中

姚奕 又祠外 新表陜郡姚氏武后中睿元相元之子奕字

奕永陽郡太守　舊姚崇傳少子奕開元末爲禮部侍
郎尚書右丞　新傳自右千牛進至太子舍人開元中
爲睢陽太守召授太僕卿後爲尚書右丞
蔣挺又御史臺監察題名　古今姓氏書辯證二十七　唐蒲州刺史蔣
儼五從有脫文　挺主爵郎中國子司業義興陽羨縣人
舊張廷珪傳開元初監察御史蔣挺以監決杖刑稍輕
敕朝堂杖之新傳略同　舊良吏高智周傳女妻鄉人蔣繪
二子挺舉進士開元中歷臺省仕致湖延二州刺史子
貴贈揚州大都督　吳興志蔣挺開元五年自國子司
業授遷申王府長史統記云十二年　新傳蔣繪子挺歷湖延二州刺史　新許

景先傳開元十三年帝自擇國子司業蔣挺爲湖州刺
史詳吏中袁仁敬注　舊書音樂志三玄宗開元十一年祭王
地祇於汾陰樂章內武舞用凱安黃鍾均之林鍾徵一
首主爵郎中蔣挺作
程休見左外作休文　吏中補又封外　賈至授程休文文部郎中制稱
司封郎中程休文文苑英華三百八十九
韋之口以時代核之當是晉字之晉見吏中吏外
令狐峘見吏外　新傳大厤中以刑部員外郎判南曹遷司
封郎中知制誥兼史館脩撰建中初爲禮部侍郎舊傳失載
張篪　韓愈唐故中散大夫河南尹杜君兼墓誌銘夫人

常山郡君張氏彭州刺史贈禮部侍郎篪之女昌黎先生集二
十六
韓曅曅二本誤日華　新表昌黎韓氏兵部侍郎洄子曅司封郎
中舊宦官俱文珍傳作日華誤　舊附王叔文傳曅宰相滉族子有
俊才依附韋執誼累遷司封郎中叔文敗貶池州刺史
尋改饒州司馬量移汀州刺史又轉永州卒新傳略同　舊
王叔文傳與韓曅等定爲死交新傳同　舊韓臯傳從弟
曅幸於叔文新傳亦云從弟曅　舊憲宗紀永貞元年九月己
卯司封郎中韓曅貶池州刺史　新孟簡傳元和中韓
曅復刺史諫議大夫孟簡固爭詔延英言不可狀　南

嶽總勝集中衡州刺史韓曅捨俸錢爲劉元靖建會眞
閣
裴次元見吏外
鄭涵又考中考外補　新表鄭氏北祖房德宗相餘慶子見左外澣
本名涵舊傳作澣本名涵以文宗藩邸時名同改　舊傳貞元
十年舉進士憲宗時遷起居舍人改考功員外郎換國
子博士丁母憂除喪除考功郎中復丁內艱終制退居
汜上長慶中徵爲司封郎中史館修撰累遷中書舍人
李虞仲授李渤給事中鄭涵中書舍人等制略云朝散
大夫守尚書司封郎中知制誥上柱國鄭涵可守中書

舍人散官勳如故文苑英華三百八十二
羅讓見吏外　舊孝友傳除監察御史轉殿中歷尚書郎
裴譔　新表東眷裴氏道護後度長子見下截　譔字宣業翰
林學士工部侍郎　舊裴度傳子譔長慶元年登進士
第舊錢徽傳長慶元年重試進士詔裴譔特賜及第
張鷺又戶中　舊李德裕傳開成二年五月牛僧孺聞李德
裕代已爲淮南節度以軍府事交代副使張鷺卽時入
朝新傳畧同　唐文粹六十六　有張鷺仙都山銘一首寶刻叢編十三
復齋碑錄處州唐仙都山銘張鷺撰正書無姓名篆額貞元三年冬十月十日題　資治通鑑
唐紀六十四　大中元年二月左諫議大夫張鷺等上言陛下

以旱理繫囚慮有冤滯今所原死罪無冤可雪恐凶險
僥倖之徒常思水旱爲災宜如馬植所奏詔從之皆論
如法
盧匡又戶中　舊懿宗本紀咸通八年十月以吏部侍郎盧
匡等考吏部宏詞選人　桂林風土記拜表亭前政山
北盧尚書匡添建置
盧告見左外
馮顓又考外　舊馮定傳子顓進士登第咸通中歷任臺省
舊宣宗紀大中九年三月試宏詞舉人漏泄題目爲
御史臺所劾監察御史馮顓罰一月俸料　東觀奏記

下大中九年正月監察御史馮顓左授祕書省著作佐
郎　李商隱樊南乙集序自盩厔尉尹留假參軍事時
同僚有長樂馮顓是數輩者皆能文大中三年文苑英華七百七
崔瀣又禮外補　新表博陵第二房崔氏河中節度使珙子見左
中　瀣字知止吏部侍郎　舊崔珙傳子瀣大中十三年
登進士第累遷禮部員外郎位終吏部侍郎新傳同　舊
僖宗紀乾符二年二月以翰林學士崔瀣爲中書舍人
學士如故　四年九月以中書舍人崔瀣權知貢舉
徐仁嗣又封外　新表徐氏懿宗相商子昭宗相彥若弟見吏
外補　仁嗣不詳歷官　舊僖宗紀乾符二年二月以翰林

學士徐仁嗣爲司封郎中學士如故　文苑英華百八十五
有徐仁嗣省試天驥呈材詩黄璞王郎中傳咸通三年鄭侍郎讜試倒載干戈賦
天驥呈材詩仁嗣當是三年進士
崔寶德　新表博陵二房崔氏隋左領軍大將軍彭子寶
德主爵郎中　隋書崔彭傳子寶德嗣爵安陽縣公
韋挺　新表韋氏逍遙公房隋戶部尚書義豐公沖子挺
象州刺史　舊傳武德中自太子左衞驃騎檢校左率
流越嶲太宗在東宮徵拜主爵郎中貞觀初遷尚書右
丞新傳同
元務貞　元和姓纂二十二元　隋毛州司馬元行恕生務貞工

部侍郎河南洛陽縣人
韋季武又封外補　新表韋氏南皮公房隋司農卿瓚子庫部
郎中叔諧弟季武主爵郎中姓纂季武主爵員外　新韋湊傳祖
叔諧貞觀中爲庫部郎中與弟吏部郎中叔謙兄主爵
郎中季武同省時號三列宿　獨孤及唐故朝議大夫
中王府司馬上柱國贈太常卿韋公纁神道碑銘南皮
公瓚生三子皆才同時爲郎長曰季武實居主爵次曰
叔諧典司庫部季曰叔謙歷吏部考功時人號曰三列
宿毘陵集卷八與傳合　孫逖東都留守韋公虛心神道碑曾祖叔
謙與兄叔諧季武同在郎署文苑英華九百十八與表同　通典職官

四故事叔父兄弟不許同省爲郎官格令不載亦無正
勅貞觀二年十一月韋叔謹一作謙除刑部員外三年四
月韋季武除主爵郎中其年七月韋叔諧除庫部郎中
太宗謂曰知卿兄弟並在尚書省故授卿此官欲成一
家之美無辭稍屈階資一作皆唐會要五十七
劉本立　元和姓纂十八尤　隋左丞劉士龍生本立唐主爵
郎中宏農人
榮九思　嘉泰會稽志三　榮氏唐有郎中榮九思望出樂
安　李昭玘榮起之振墓誌銘其先北平無終人遠祖
九思仕唐爲給事中樂靜先生李公文集二十八　新書文藝上袁朗

傳武德初隱太子秦王齊王相傾爭致名臣以自助齊
王有記室參軍事榮九思　新書高祖諸子列傳齊王
元吉多匿亡命壯士厚賜之使爲用記室參軍榮九思
爲詩刺之見之弗悟也　石刻安國寺惠隱禪師塔銘
俗姓榮京兆人曾祖權隨金紫光祿大夫散騎常侍兵
部尚書東阿郡開國公祖建緒銀青光祿大夫使持節
息始洪諸軍事三州刺史東阿郡開國公叔祖思九黃
門侍郎父懷節夷州綏陽縣令洛陽隋書榮毘傳父權兄建緒俱不載散階
封爵
閻立本　新表閻氏隋將作少監石保公毗子立本相高

宗　舊傳貞觀中爲主爵郎中顯慶中累遷將作大匠
新傳同
蕭孝顗見吏中吏外
口口遠二本缺
來恒來二本缺　新表來氏隋左翊衛大將軍榮國公護兒子
恒相高宗　舊來濟見考外補傳兄恒上元中官至黃門侍
郎同中書門下三品新傳同
李崇德德二本缺又動中　新表趙郡李氏東祖房武安尉允王
子崇德給事中　舊李義府傳給事中李崇德初與義
府同譜敘昭穆顯慶三年義府出爲普州刺史遂卽除

削義府閫而銜之及重爲宰相令人誣搆其罪竟下獄
自殺
楊思正又封外　新表楊氏觀王房都水使者弘農公續子
思止字不殆潞州刺史湖城縣男　張說贈戶部尚書
河東公楊君執一神道碑潞州胡城公思止之子張燕公集十九
賈敦實　元和姓纂三十五馬隋鄗陽郡司空疑賈武生敦實
司封大夫右庶子宛句人　舊良吏傳上敦實貞觀中
爲饒陽令咸亨元年累轉洛州長史四年遷太子右庶
子新傳同
郭應宇無考

韋萬石見吏中度外　吏外二傳失載　又
蘇良嗣又主中　新表蘇氏諫議大夫世長子良嗣相高宗
姓纂良嗣右僕射溫公　舊傳高宗時遷周王府司馬遷荊州大
都督府長史新傳同
李思口器未確
張松壽二本口壽又勳中　朝野僉載張松壽爲長安令時人以
爲神明太平廣記一百七十一　啟顏錄韋慶本女選爲妃長安
公公疑令又脫張氏松壽見而賀之廣記二百四十九
胡元範見吏外又勳外
盧楷無考又封外

劉奇又考外補　新表河南劉氏汝州刺史玄意子奇天官侍
郎舊崇望傳政會生元意元意生奇　舊劉政會傳政會子玄意玄意
子奇長壽中爲天官侍郎爲酷吏所陷新政會傳政會子元意次子奇
似奇是政會子誤餘同舊傳　舊忠義下顏杲卿傳垂拱初考功員外
郎劉奇榜進士顏元孫詞策文瑰俊拔多士聳觀
王美暢　新表烏丸王氏鄭州刺史思泰子美暢字通理
司封郎中薛公　集古錄目唐贈益州都督王美暢碑
唐禮部尚書昭文館學士薛稷撰并書美暢字通理太
原祁人官至潤州刺史其女爲睿宗德妃景雲中追贈
美暢至益州都督碑以景雲二年七月立寶刻叢編八　陝

伯玉文集四　有爲王美英華誤華暢謝兄貞固官表　石刻口
口汩怕口口王美暢夫垂長孫氏墓誌銘聖曆元季王
府君止坐樋灾奠楹俄及長安三年　石刻土峯塔院銘我
明府清源縣開國子王公名糸字臣忠其先太原人也
皇朝水部員外主爵郎中陳鄂饒潤四州刺史薛國公
之孫四川彭縣
李嶠　新表趙郡李氏東祖房襄城令鎮惡子嶠字巨山
相武后　舊傳弱冠舉進士累轉監察御史累遷給事
中新傳自監察御史稍遷給事中
田神福無考

張元一又封外勳中補　新書酷吏郭弘霸傳武后問羣臣外有佳
事耶司勳郎中張元一曰比有三慶旱而雨洛橋成弘
霸死舊作舍人　略同
趙誼見左中又勳中
趙弘敏無考又倉中有弘口
裴懷古又祠外　舊良吏下傳自監察御史拜祠部員外郎
授姚州都督以疾不行轉司封郎中授桂州都督　新
循吏傳自監察御史遷祠部員外郎拜姚州都督以疾
辭爲桂州都督　資治通鑑唐紀二十三　長安三年十一月
始安獠歐陽倩擁衆數萬攻陷州縣朝廷思得良吏以

鎮之朱敬則稱司封郎中裴懷古有文武才制以爲桂
州都督
口伯琦王本缺
田幹之又戶外　蘇頲授田幹之温王府司馬制正議大夫
行尚書主爵郎中上柱國田幹之文苑英華四百五
李湛　舊李義府傳少子湛六歲授周王文學神龍初累
遷右散騎常侍襲封河間郡公　新書附李多祚傳湛
字興宗餘同舊傳　會要七十九　贈幽州都督趙國公李湛謚
昭
孟知禮審定是温禮見主外

李猷　新宗室表大鄭王房廣宗郡公仁鑒孫猷中書舍
人　舊睿宗紀先天二年七月誅太平公主黨與中書
舍人李猷元宗紀擒李猷於內客省以出斬之新王琚傳同　史崇一切道經
音義妙門由起序稱通議大夫主爵郎中權檢校右羽
林將軍兼昭文館學士上柱國臣李猷道藏太平部儀字號
崔玄童　唐會要七十六　神功元年九月絕倫科崔元童及
第緯畧同　舊書音樂志三　玄宗開元十一年祭皇地祇
於汾陰內登歌奠玉帛用肅和一首刑部侍郎崔元暐
作樂府詩集七作崔玄童　長安志七　唐京城一朱雀街東長興
坊東北隅侍中駙馬都尉楊師道宅其地後分裂尚書刑部侍郎崔元童

等居
王邱又考外又御史臺監察題名　舊傳年十一童子舉擢第弱冠又
應制舉長安中自偃師主簿擢第拜監察御史開元初
累遷考功員外郎三遷紫微舍人　新傳字仲山自偃
師主簿擢監察御史開元初遷考功員外郎紫微舍人
蘇頲授王丘主爵郎中等制勅宣議郎守尚書考功
員外郎王丘學思文華精而典麗朝議郎守侍御史內
供奉判右司員外郎上柱國韋虛心神清氣勝敏以甄
通或刈其楚翹先有司之課績或提其綱轄肅諸曹之
填委一作委菲　爰旌二妙宜叶再遷丘可守尚書主爵郎中

虛心可守右司郎中散官勳如故文苑英華三百八十九
慕容珣見吏中又封外　蘇頲授慕容珣吏部郎中等制稱朝請
一作散大夫檢校尚書主爵郎中慕容珣文苑英華三百八十九詳吏中
王易從王易三本訛祠中　又考中又御史臺殿中題名戶外　新表京兆王氏
蒲州長史慶子易從揚州刺史　舊王嶶見封中補傳曾祖
擇從兄易從天后朝登進士第開元中至鳳閣舍人新王
嶶傳易從至鳳閣舍人　蘇頲揚州大都督府長史王公神道碑
公二十升甲科遷殿中侍御史無何拜尚書戶部員外
郎轉祠部主爵考功三郎中拜給事中轉中書舍人文苑
英華九百二十六　舊張仁愿傳神龍中張仁愿在朔方奏用

郎官石柱題名考卷五　封中　十二

鄠縣尉王易從等分判軍事皆以文吏著稱多至大官
會要同云景雲二年　權德輿唐故太子右庶子集賢院學士贈
左散騎常侍王公定神道碑銘慶生吏部侍郎揚州大
都督府長史贈禮部尚書揚州大都督府易從權載之文集十
四定易從子　孫逖太子右庶子王公神道碑公兄曰易從
故吏部侍郎文苑英華九百二　徐季鶴屯留令薛僅善政碑
公授江陽丞長史王易從李朝隱以公清正直攝江陽
江都海陵三縣令案三縣地理志屬揚州
鄭温琦又封外又御史臺監察題名　新許景先傳開元十三年帝自
擇禮部侍郎鄭温琦爲邠州刺史詳吏中袁仁敬注　石刻虍

兼愛大唐故寍州豐義縣令鄭府君温球墓誌銘君有昆
曰温琦廊廟巨幹朝廷重寶由禮部侍郎轉邠州刺史
陝西鄠縣令藏武進陸氏　獨孤良弼幷州太原縣令路公太一神道
碑夫人滎陽鄭氏始州臨津縣令方喬之女禮部侍郎
温琦之妹文苑英華九百三十
朱渭輔王本朱口趙本鈌渭字見吏外無考
張均見左外又吏外有張鈞　新傳自太子通事舍人累遷主爵郎
中中書舍人舊傳失載
韋陟見吏中又主外二傳失載
宋詢見吏中

郎官石柱題名考卷五　封中　十三

裴系又戶外　新表南來吳裴氏令寶後琰之孫見戶外系諫
議大夫
徐鍔又戶外　元和姓纂九魚太子賓客徐彥伯生鍔洛陽令
司封郎中瑕邱人　唐會要八十五開元九年正月監察
御史宇文融奏告成縣尉徐鍔充勸農判官詳監察宇文融注
孫逖授徐鍔洛陽縣令制門下司封郎中徐鍔業繼
文儒才優斷割明而不滯幹則有成五等是司已傳名
於臺妙四方之會宜展用於京劇可河南府洛陽縣令
文苑英華四百七
陳振露　元和姓纂十七眞開元左脫相字太子太師希烈見吏

中兄振鷺司封郎中國子司業世居均州　舊崔湜傳
崔湜既私附太平公主時人咸爲之懼門客陳振鷺獻
海鷗賦以諷之湜雖稱善而心實不悅
李稹稹二本　新表隴西李氏姑臧大房義璡孫融子戶外有融
稹河內太守　唐國史補上李稹酒泉公義琰姪孫門
戶第一而有清名常以爵位不如族望官至司封郎中
懷州刺史與人書札唯稱隴西李稹而不銜　舊書禮
儀志四　天寶十載正月遣大理少卿李稹祭吳嶽感德
公大唐郊祀錄八作大理卿李稹
鄭昭又戶中　金外　又御史臺陰右稜題名　新表鄭氏北祖房長林令汪

子昭不詳歷官　文苑英華五百二十八有鄭昭對梢溝判
河卒判　又五百二十九有對大比判
劉光謙　李肇翰林志開元二十六年劉光謙張垍乃爲
學士始別建學士院於翰林院之南　韋執誼翰林院
故事開元二十六年始以翰林供奉改稱學士由是遂
建學士疑脫院字俾專內命太常少卿張洎起居舍人劉光
謙等首居之又云劉光謙自起人充累改司中又充
丁居晦重修承旨學士壁記開元後劉光謙起居舍人
充累遷司封郎中翰苑羣書上　石刻李林甫等奉勑注御
刪定禮記月令表命直學士起居舍人劉光謙等爲之

注解陝西長安　集賢記注劉光謙開元二十九年以習藝
館內入院校理職官分紀十五　范致明岳陽風土記平江有
劉光謙墳塔在長慶今無遺跡但有光謙繪像
楊玄章　安祿山事迹上天寶九載賜安祿山判殿中侍
御史楊玄章等三人緋衣各一對及絹綵等
李山二本李囗似李涵見後補
顏允南南王本缺又膳中補　元和姓纂二十七刪顏惟貞生允南司封
郎中瑯琊臨沂人居丹陽　石刻顏眞卿唐故通議大
夫行薛王友柱國贈祕書少監國子祭酒太子少保顏
君惟貞廟碑銘君生第二子允南仁孝有清識工詩人多誦

其佳句善草隸與春卿杲卿曜卿同日於銓庭爲侍郎
席建侯所賞達奚珣薦爲左補闕歷殿中膳部司封郎
中司業金鄉男建中元年陝西西安　顏眞卿正議大夫行國子
司業上柱國金鄉縣開國男顏府君神道碑銘君諱允
南字去惑京兆長安人也天寶十五年長安陷輿駕幸
蜀恩詔召拜尚書屯田員外郎加朝散大夫遷司膳郎
中眞卿至自河北元宗給君驛至鳳翔令相見從肅宗
入西京遷司封眞卿以尚書兼大夫弟允臧又爲殿中
兄弟三人同時臺省當代無比時人欽羨焉尋封金鄉
縣開國男累加正議大夫上柱國遷國子司業　顏眞

鄉鮮于少保碑亡兄國子司業允南與少尹同時臺省
顏魯公文集六叔明見勳外　鮮于氏離堆記兄允南以司膳司封
二郎中偕與叔明首末聯事集十三
張楚金　舊書忠義上　張道源傳族子楚金鄉貢進士擢第
高宗時累遷刑部侍郎　新傳道源族孫楚金累進刑
部侍郎
裴儆見吏外又勳外
崔浩又戶中金中又御史臺右側侍御兼殿中　新表博陵三房崔氏元景
孫浩贊善大夫　唐會要七十六　建中元年孝弟力田聞
於鄉閭科崔浩及第緯畧誤崔治文獻通考同

郎官石柱題名考卷五　封中　十六

林琨見左中膳中補
趙昂又祠外補　元和姓纂三十小　司封郎中趙昂馮翊郃陽人
韋執誼翰林院故事至德已後趙昂自太博充祠外
又充卒於駕外重修承旨學士壁記失載　翰苑羣書上
竇林　新表竇氏三祖房艮寶子林司封郎中
王圓　釋皎然蘇州支硎山報恩寺法華院故大和尚碑
大厤元祀侍御史王公圓等飛表奏聞杼山集九　石刻岱
岳觀題記稱淄州刺史王圓大厤十四年二月二十一日山東泰安　抒
山集一有五言奉酬顏使君眞卿王員外圓宿寺兼送
員外使迴詩　張保和新移撫州子城記寶應中太守

王公圓以其勢卑於郵里疑悍民而沮長因徙於西郵
郭晤晤王本鈌趙本昭見吏中補又倉中　楊綰汾陽王妻霍國夫人王
氏神道碑子次曰開府儀同三司行尙書吏部司封郎
中上柱國樂平郡開國公晤文苑英華九百三十四
王縝又戶中戶外　嚴州重修圖經刺史題名王縝建中元年三月
二十四日自吉州刺史拜
杜黃裳王本鈌又金中　新表京兆杜氏京兆府司錄參軍綰子
黃裳字遵素相憲宗　舊傳登進士宏辭科自郭子儀
朔方從事入爲臺省官十年不遷貞元末爲太常卿
新傳自朔方府佐入爲侍御史爲裴延齡所惡十朞不

郎官石柱題名考卷五　封中　十七

遷貞元末拜太子賓客遷太常卿　舊趙憬傳貞元中
吏部侍郎杜黃裳爲中官讒譖及他過犯將加斥逐憬
保護救解之故從輕貶新傳杜黃裳遭奄人讒訹勢危甚憬救護中解得免　舊
德宗紀上　建中四年十二月以司封郎中杜黃裳爲給
事中　又下　貞元五年三月以給事中杜黃裳爲河南
尹　歐陽詹唐天志貞元七年京兆杜公黃裳爲秋官
之一年　歐陽行周文集七一英華作二
吉中孚子本韋孚訛　元和姓纂五質貞元戶部侍郎吉中孚淮
陰人　舊盧簡辭傳父綸見戶中補天寶末避地鄱陽與郡
人吉中孚爲林泉之友貞元中中孚爲翰林學士戶部

侍郎典邦賦薦綸於朝而中孚卒　新文藝下　盧綸傳
吉中孚等皆能詩號大麻十才子鄱陽人官戶部侍郎
舊德宗紀上　興元元年六月甲寅司封郎中知制誥
吉中孚爲諫議大夫依前充翰林學士　貞元二年正
月癸丑以諫議大夫知制誥翰林學士吉中孚爲戶部
侍郎判度支兩稅　又四年八月以權判吏部侍郎吉
中孚爲中書舍人　韋執誼翰林院故事興元已後吉
中孚司封郎中知誥充大諫又充出爲戶侍判度支
丁居晦重修承旨學士壁記吉中孚興元元年自司封
郎中知制誥充六月改諫議大夫貞元二年遷戶部侍

郎出院翰苑羣書上　舊崔造傳戶部侍郎吉中孚判度支
及諸道兩稅事新傳同新書食貨志同　摭言十三貞元中劉忠州
任大夫科選多濫進有無名子自云山東野客移書子
吏部劉公有云吉中孚判以大明御宇爲頭以敢告車
軒爲尾初類是頌翻乃成箴其間又金盤對于玉府非
惟間頭不識抑亦義理全乖據此口嘲堪入覼縷又長
揖詩曰無識伯和憐吉獠　新書藝文志吉中孚詩一
卷原注楚州人始爲道士後官校書郎登宏辭諫議大夫翰林學士戶部侍郎判度支貞元初卒　令
狐楚白楊神新廟碑洎今朝中書令燕公說摹詠其事
戶部侍郎吉公中孚申而明之建中初吉公以萬年尉

爲黜陟判官至此爲之歌序具載其事焉全唐文五百四十三
李叔度　新表趙郡李氏西祖房玄乂子叔度左諫議大
夫　舊李晟傳興元中李晟在鳳翔李叔度爲行軍司
馬　盧綸有訓李叔度秋夜喜相遇因傷關東寮友喪
逝見贈詩　又雪謗後逢李叔度詩
徐岱又膳外補　舊書儒學傳下字處仁蘇州嘉興人自太常
博士從幸奉天興元改膳部員外郎兼博士貞元初遷
水部郎中充皇太子及舒王已下侍讀尋改司封郎中
擢拜給事中　新傳貞元初自太常博士從德宗出奉
天以膳部員外郎兼博士爲太子諸王侍讀遷給事中

舊書柳冕傳貞元六年十一月上親行郊享司封郎
中徐岱攝禮官同修郊祀儀注以備顧問新傳德宗親郊司封郎中徐岱等修
飭儀矩
盧偁又戶中補　戶外　御史臺碑額監察題名　又　新表盧氏成軌子偁戶部
郎中　梁肅京兆府司錄西廳盧氏世官記御史中執
法范陽盧公之季曰偁踐修王父廣陽公齊卿伯父嗣公
成務京兆綱紀之任繼處于廨之右堂又云今戶部郎偁
始遠哲昆聯事之嫌詔解柱後惠文以就斯職中丞之
拜也又有臺府臨察之避在官之屬其爲人簡而廉文
而不害在選部辯論集作辨　三登試言第考茲任也詳敏

稱一時之最文苑英華八百三十一　貞元庚午
蕭遇又主外　新表蕭氏齊梁房汾州刺史晉子遇國子司
業
陳京又考外補膳外補　新表陳氏左補闕傳作右姓纂右翰林學士兼
子京字慶復祕書少監元和姓纂陳京給事中臨淮人　新儒學傳下
京擢進士第遷累太常博士德宗時擢左補闕以考功
員外郎再遷給事中皆兼集賢殿學士　柳宗元唐故
祕書少監陳公行狀歷太常博士左補闕尚書膳部考
功員外郎司封郎中給事中河東先生集八　權載之文集四十
六中書舍人舉人自代狀稱朝議郎守尚書司封郎中

充集賢殿御書院學士判院事上騎都尉陳京　石刻
大唐同州澄城縣令鄭公楚相德政碑銘司封郎中集賢
殿學士陳京撰貞元十四年正月　陝西澄城案陳京二字石刻已缺据金石錄補
韋丹　新表韋氏鄖公房雒丞政子丹字文明武陽郡公
新良吏傳擢明經後舉五經高第新羅國君死自太
子舍人詔拜司封郎中往弔未行而新羅立君死還爲
容州刺史　權載之文集三十六奉送韋中丞使新羅序
自外臺從事不四三年歷左史尚書郎又云中丞以佐
曹陳君之歷司封郎也今爲之代以德輿之忝駕部郎
也又爲之代　舊東夷新羅傳貞元十六年令司封郎

中兼御史中丞韋丹持節冊命新羅王俊邕至鄆州俊
邕卒丹還新傳略同會要同　昌黎先生集二十五　唐故江西觀
察使韋公墓誌銘新羅國君死公以司封郎中兼御史
中丞紫衣金魚往弔立其嗣至鄆州會新羅告所當立
君死拜容州刺史容管經略招討使　樊川文集七　唐
故江西觀察使武陽公韋公遺愛碑新羅國以喪來告
且稱立君拜司封郎中兼御史中丞章服金紫弔冊其
嗣新羅再以喪告不果行改容州經略使
崔郱郱二本缺又主外　新表清河小房崔氏御史中丞陲子舊傳
作倕郱字處仁太常卿謚文簡　舊傳少舉進士又登賢

良方正科以兵部員外郎知制誥至中書舍人　新傳
遷補闕由中書舍人再遷吏部侍郎
韋成季見左中外　又祠外　左　許孟容祭楊郎中文稱司封郎中
韋成季等文苑英華九百八十五文稱貞元十九年四月案舊書韋執誼傳貞元十九年奏逐韋成
季等正成季官封中時也詳左中下
孟簡王本缺外　又倉外　見吏　舊傳累官倉部員外郎尋遷司封
郎中元和四年超拜諫議大夫新傳累遷倉部員外郎以不附王叔文徙他曹
元和中拜諫議大夫　羊士諤詩集有登樂遊原寄司封孟郎中
盧補闕詩　唐會要七十七　元和四年正月以司封郎中
孟簡使山南東道荊南湖南等道宣撫上以簡獨衣綠

遣使追賜緋袍銀魚

張惟素見吏中又勳外

裴度又封外勳中附存　新表東眷裴氏道護後溷池丞漵子度字中立相憲穆敬文　舊傳貞元五年進士擢第登宏辭科制舉高等元和六年以司封員外郎知制誥尋轉本司郎中七年使魏州宣諭田興還拜中書舍人　新傳元和六年以司封員外郎知制誥宣諭魏博還拜中書舍人　舊憲宗紀下　元和七年十一月乙丑令司封郎中知制誥裴度往魏博宣慰　新田弘正傳同　玉堂遺範宣慰魏博德音宜令司封郎中知制誥裴度往魏博宣慰覯諭朕意文苑英華四百三十四

錢徽徽二本鈌又祠中　祠外　舊傳字蔚章吳郡人父起見勳外　貞元初進士擢第元和八年自祠部郎中翰林學士知制誥改司封郎中賜緋魚袋職如故九年拜中書舍人　新傳以祠部員外郎爲翰林學士三遷中書舍人加承旨　重修承旨學士壁記錢徽元和八年五月九日自祠部郎中轉司封郎中知制誥十一月賜緋十年七月二十三日遷中書舍人十一月出守本官翰苑羣書上　白居易授錢徽司封郎中知制誥制敕中臺草奏內庭掌文西掖書命皆難其人也非慎行敏識妙學懿文四者兼之則不在此選祠部郎中翰林學士錢徽藹然儒風粲然詞藻縝密若玉端直如絃自叅禁司益播其美貞方敬慎久而彌彰應對必見於據經奏議多聞於削一作焚槀迨今六載其道如初嘉其忠勤宜有選擢俾轉郎吏仍叅綸閣茲乃榮獎爾其敬承可依前件白氏文集五十五　會要七十九　贈右僕射錢徽謚曰貞

徐晦　新表北祖上房徐氏春官尚書枝江都公筠子晦不詳歷官　舊傳進士擢第登直言極諫制科自監察歷殿中侍御史尚書郎出爲晉州刺史入拜中書舍人　新楊憑傳晦字大章自監察御史後歷中書舍人　唐會要七十六　元和二年四月賢良方正能直言極諫科

徐晦及第緯署同　重修承旨學士壁記徐晦元和九年七月二十三日自東都留守判官都官員外郎充翰林學士十年七月二十三日轉司封郎中十二年二月十一日出守本官翰林院故事元和已後徐晦都外充賜緋封中又充出守本官　並翰苑羣書上

張仲素又勳外禮中補　新表河間張氏安南都護應子仲素中書舍人　舊張濬傳祖仲素位至中書舍人　因話錄三　元和已來李相國程王僕射起白少傅居易兄弟張舍人仲素爲場中詞賦之最言程試者宗此五人　舊楊於陵傳元和七年吏部復置考判官以屯田員外郎張仲素等爲之

新文藝下　盧綸傳憲宗詔中書舍人張仲素訪集遺文
翰林院故事元和已後張仲素禮部員外充　重修
承旨學士壁記張仲素元和十一年八月十五日自禮
部郎中充翰林學士十三年正月十二日加司封郎中
知制誥二月十八日賜紫十四年三月二十八日遷中
書舍人卒官贈禮部侍郎　元稹承旨學士院記張仲
素元和十三年二月十八日以司封郎中知制誥翰林
學士仍賜紫金魚袋十四年三月二十八日正除其年
卒官贈禮部侍郎並翰苑羣書上　又云由鄭絪至杜元穎承旨
十一人而九參大政其不至者張則弄相印以俟其病

間者久之卒不興命也已同上　李肇翰林志元和十四
年中書舍人張仲素等在翰林　舊韋貫之傳同列以
張仲素段文昌進名爲學士韋貫之阻之以行止不正
不宜在內庭　新書藝文志丙部子錄類書類　張仲素詞圃十
卷原注字繪之元和翰林學士中書舍人　又丁部集錄總集類　張仲素賦樞三
卷
李汭　新表雍王房江夏王道宗玄孫汭不詳歷官　國
史補下　朝廷每降使新羅其國必以金寶厚爲之贈惟
李汭爲判官一無所受深爲同輩所嫉　石刻高涼泉
記營田判官前殿中侍御史內供奉李汭撰元和四年閏三月十

二日四川綿州
薛存慶又倉外　新表薛氏西祖房嶺南節度使珏子存慶
不詳歷官舊吏薛珏傳有子存慶自有傳　新薛珏傳子存慶字嗣
德及進士第歷御史尙書郎五遷給事中　會要七十六
元和元年四月才識兼茂明於體用科薛存慶及第緯略
同　元稹敘奏穆宗初宰相更相傳有相本　用事丞相段公
一日獨得對因請亟用兵部郎中薛存慶考功員外郎
牛僧孺予亦在請中上然之不十數日次用爲給舍元微
之文集三十二　憲宗處分及第舉人詔才識兼茂明於體用
科人第四次等薛存慶中書門下即與處分大詔令

陳中師見吏中作仲師吏外
嚴休復見吏中又膳外補
張士階又祠中補又御史臺陰額知雜御史題名　白居易衢州刺史鄭羣
見祠中　可庫部郎中齊州刺史張士階可祠部郎中同制
略云　久典名郡謹身化下有循吏之風會課陟明宜當是
選白氏文集五十一詳祠中補　吳興志張仕偕長慶三年三月六
日自司封郎中拜卒官
王申伯見吏外又勳外
王彥威又戶中祠外又封外附存　舊傳太原人自太常博士累轉
司封員外郎郎中宏文館舊不置學士文宗特置一員

以待彥威尋使魏博宣慰特賜金紫五年遷諫議大夫兼史館修撰新傳自太常博士累擢司封郎中弘文館學士諫議大夫　劉禹錫唐故監察御史贈尚書右僕射王公俊神道碑季子彥威字子美始以五經登甲科歷太常博士祠部員外郎遷屯田郎中轉戶部司封並充禮儀使判官弘文館學士京兆少尹諫議大夫史館修撰　劉賓客外集九

蘇景胤九二本缺　因話錄三　伯仲昆弟以史筆繼業家藏書最多者蘇少常景胤堂弟尚書滌諸家無比而皆以清標雅範爲後來所重少卿登第與堂兄特並時亦士林之美滌見考中補　唐會要六十　長慶二年段文昌鎮蜀奏監

察蘇景裔爲蔡佐留中不下詳吏外王申伯注　唐摭言七　大和中蘇景胤張元夫見禮外補爲翰林主人　舊李宗閔傳寶厤初李續之張又新蘇景胤等朋比姦險幾傾朝廷時號八關十六子　新楊虞卿傳蘇景胤張元夫楊虞卿兄弟爲人所奔向故語曰欲趨舉場問蘇張蘇張猶可三楊殺我　舊路隨傳文宗復令改正順宗實錄路隨奏近見史官蘇景胤等章疏具陳刊改非甚便宜文宗答路隨等上憲宗實錄詔賜見在史官司封郎中蘇景胤等各錦綵銀器有差　新藝文志乙部史錄起居注類憲宗實錄四十卷蘇景胤等撰景胤弁子中書舍人　又穆宗實錄二十卷蘇景胤等撰

盧載　新表盧氏陝號觀察使岳子載不詳歷官文苑英華九百三十九穆員陝號觀察使盧公墓誌銘同　司空圖書屏記元和長慶間先大夫司空輿初以詩師友兵部盧公載司空表聖文集二　舊文宗紀下　開成元年五月丁未以給事中郭承嘏爲華州防禦使給事中盧載以承嘏公正守道屢有封駁不宜置之外郡乃封還詔書二書郭承嘏傳略同　三年二月辛亥以左丞盧載爲同州防禦使　白居易有盧載可協律郎天平軍巡官等制白氏文集四十九

敬昕見吏中補吏外

盧商又度中補　新表盧氏河南尉廣子商字爲臣相宣宗　舊傳元和四年擢進士第又書判拔萃登科自工部員外郎河南縣令歷工部度支司封三郎中大和九年改京兆少尹權大理卿事新傳自幕府入朝累十餘遷至大理卿

楊漢公又勳外戶中　新表楊氏越公房國子祭酒寧子見戶中虞卿弟見左中補漢公字用乂天平軍節度使檢校戶部尚書　舊傳元和八年擢進士第又書判拔萃大和七年自戶部郎中史館修撰遷司封郎中　舊文宗紀下　大和九年六月京兆尹楊虞卿下御史臺弟司封郎中漢公等稱冤

裴乾貞又度中　新表洗馬裴氏諫議大夫虬子乾貞字敬
夫潼關防禦使御史大夫
裴泰章又封外　新表南來吴裴氏國子祭酒佶子見吏外泰
章字敦藻給事中　唐李紳拜相告後細銜署給事中
臣泰章等言會昌二年二月日涫熙祕閣續法帖卷第六
丁居晦晦王本缺又勳外　舊宋申錫傳大和五年申錫被罪拾
遺丁居晦等奏以獄付外新傳同　重修承旨學士壁記
丁居晦大和九年五月三日自起居舍人集賢院直學
士充十月十八日賜緋十九日遷司勳員外郎開成二
年九月十一日加司封郎中知制誥三年八月十四日

郎官石柱題名考卷五　封中　二八

遷中書舍人十一月十六日拜御史中丞出院　又開
成四年閏正月自御史中丞改中書舍人五年二月二
日賜紫其年三月十三日遷戸部侍郎知制誥其月二
十三日卒宮贈吏部侍郎翰苑羣書上　舊文宗紀下開成
三年十一月庚午以翰林學士丁居晦爲御史中丞
南部新書壬開成中文皇一日謂執政曰丁居晦作中
丞朕曾以時諺謂杜甫李白輩爲四絶問居晦晦曰此
非君上要知之事朕常以此記得居晦今所以擢爲中
丞
裴肅二本缺　新表東眷裴氏宣子肅字中明浙東觀察使

新表南來吴裴氏令寶後允孫肅右領軍將軍　又
中眷裴氏靈武大總管河東郡公思諒子肅親衛參軍
肅德宗時人時代不合又据石刻疑素見封外然壁記止云自封外遷中人不云封中俟再考
張述　全唐文七百十七大和朝司封郎中出爲袁州刺史有代
韓僕射辭官表爲鄭滑李僕射辭官表代魏博田僕射辭官表則述嘗從事韓宏李復田宏正三府也
崔鉉又勳外　新表博陵大房崔氏仲哲後義成節度使元
略子鉉字台碩相武宗宣宗　舊傳登進士第會昌初
自荆南西蜀掌書記入爲左拾遺再遷員外郎知制誥
召入翰林充學士累遷戸部侍郎承旨新傳自荆南賓佐入拜司勳員
外郎翰林學士遷中書舍人學士承旨　重修承旨學士壁記崔鉉開成

郎官石柱題名考卷五　封中　二九

五年七月五日自司勳員外郎充翰林學士會昌二年
正月十二日加司封郎中知制誥其年九月二十七日
加承旨賜紫十一月二十九日遷中書舍人三年五月
十四日拜中書侍郎平章事翰苑羣書上
敬晦敬二本缺　新表敬氏太子詹事寬子見度中補右散騎常侍
暐弟見勳中　晦字曰彰太子賓客　新傳進士及第辟山
南東道節度府武宗時擢累諫議大夫
張□□二本同或作居本亦未確
李□
裴諗諗二本言又考外補　新表東眷裴氏道護後度弟三子見上諗

弟（見戶中）諗權知刑部侍郎　舊傳大中五年自宣歙觀
察使入朝權知刑部（本紀兵部）侍郎　新傳籍蔭累官考功
員外郎宣宗時爲翰林學士累遷工部侍郎詔加承旨
舊宣宗紀大中九年三月試宏詞舉人漏泄題目爲
御史臺所劾侍郎裴諗改國子祭酒　東觀奏記（下）大
中九年正月十九日吏部侍郎兼判尚書銓事裴諗左
授國子祭酒諗兼上銓主試宏詞兩科寬裕仁厚有賦
題不密之說事徹宸聽　重修承旨學士壁記裴諗會
昌六年八月十九日自考功員外郎加司封郎中大中
元年二月三十日加知制誥二年七月二日三殿賜紫

其月六日特恩加工部侍郎知制誥十二月二十六日
加承旨並依前充三年五月二十三日守本官出院（翰苑
羣書上）崔嘏授裴諗司封郎中依前充職制勑臺郎望
美詞苑地高粲列宿之輝華參起草之宥密自非風儀
玉立器宇川停摛掞天之雄文蘊擲地之清韻則不足
以膺我妙選爲時美談翰林學士考功員外郎裴諗襲
慶于門騰芳戴席端莊抱吉士之操謹默得賢人之風
灼若春華皎如瑞素自擢居文囿參侍瑶墀進對（苑作退）
益見其周詳詞旨不離于雅厚是宜仍金鑾之舊職榮
粉署之新恩保乃休光更流芬馥可依前件（文苑英華三百八十

四）又授裴諗知制誥制勑傳曰有功德於人者其後
必大伊爾烈考勤勞王家出有平寇之功入有致君之
志式多令嗣以承清基惟爾諗生而有文弱不好弄中
蘊明敏外涵清和藹然君子之風蔚有賢人之操自擢
昇翰苑入侍禁闈動必知機靜而適道大玉之韻清越
以長小山之姿貞芳自茂是其資其粉澤演我絲綸斧
藻方耀於鳳銜揮灑更期於鴻筆式光帝載無鬱王猷
可依前件（又三百八十二）　又授裴諗中書舍人制勑居禁密
之地聞善則遷當演綸之工有勞斯陟此所以光吾侍
從榮彼縉紳翰林學士司封郎中知制誥裴諗家承茂

勳身有羶行早襲弓裘之業克隆堂構之基閑澹自居
囂浮不染自擢居內署掌並制命謹密無曠馨香有聞
問對備見其一心敏捷共推其七步況臧孫有後且聞
得鳳之音枚乘多才雅蓄雕龍之妙爰因滿歲授以正
名爾宜思弘用以致君勵精誠而正己慎爾聞見奉吾
周旋無彰温樹之名克保詞林之美可依前件（文苑英華三百
八十二）
羅劭權（又金中倉外）　舊（孝友）羅讓（見吏外）傳讓再從弟詠子劭權
字昭衡進士擢第知名於時並歷清貫　北夢瑣言（五）
唐自大中至咸通白中令入拜相次畢相諴曹相確羅

相劭權使相也繼升巖廊

劉瑑二本缺　新表尉氏劉氏雅州刺史煟子瑑字子金新傳作子全　相宣宗　舊傳開成初進士擢第會昌末累遷尚書郎知制誥正拜中書舍人大中初轉刑部侍郎　新傳武宗時遷左拾遺大中初擢翰林學士伐黨項爲行營宣慰使遷刑部侍郎　重修承旨學士壁記劉瑑會昌六年六月二日自殿中侍御史充翰林學士七月九日三殿賜緋大中元年閏三月十二日加職方員外郎十一月二十七日加知制誥二年七月六日特恩加司封郎中三年六月十四日拜中書舍人十二月二十七

郎官石柱題名考卷五　封中　三五

日三殿賜紫並依前充四年十一月二十八日守本官兼御史中丞充西討伐黨項行營諸寨宣慰使依前充五年五月守本官出院翰苑羣書上　會要七十九　贈右新書左僕射劉瑑謚恭

裴寅見左中封外　又勳外

裴處權二本缺外禮中補　又戶　新表裴氏洗馬福建觀察使次元子見吏外　處權字晦之禮部郎中　裴處權禱河侯廟記會昌六年九月一日尚書博陵崔公召蒲郡從事河東裴處權文其功文苑英華八百十五　杜牧有裴處權除禮部郎中等制樊川文集十七詳戶中韓賓注　東觀奏記中　上愼重名器未嘗容易服色之賜一無所濫裴處權自司封郎中出河南少尹到任本府奏薦賜緋給事中崔罕見度中　駁還上手詔褒獎曰有事不當卿能駁還職業既修朕何所慮

皇甫珪珪二本缺　見吏外　又勳外　重修承旨學士壁記皇甫珪大中十年六月五日自吏部員外郎充其月七日改司封郎中十一年十月二日加司封郎中知制誥十二年八月十二日拜中書舍人依前充翰苑羣書上　東觀奏記中　皇甫珪自吏部員外召入內廷改司勳員外計吏員二十五箇月限轉司封郎中知制誥

郎官石柱題名考卷五　封中　三六

鄭茂休見吏中補又主中　舊傳四遷太常博士兵部員外郎吏部郎中

張復珪又勳中勳外　新表始與張氏陳許節度副使幼挺子度支郎中復魯弟見度中補　復珪字環中諫議大夫

張道符道二本缺戶中主外　又　唐摭言三　會昌三年王起僕射再主文柄門生一榜二十二人和周墀詩第十四八　張道符字夢錫　重修承旨學士壁記張道符咸通元年十一月二十五日自戶部郎中賜緋充二年二月六日加司封郎中知制誥依前充四月二十一日卒官至五月二日贈中書舍人仍賜贈布絹及賜絹三百匹翰苑羣書上

因話錄宰相因奏對以遺補多闕請更除八人上曰諫
官但要職業修舉亦豈在多只如張道符牛叢趙璘輩
三數人足矣使朕聞所未聞　新牛叢傳宰相請廣諫
員宣宗曰諫臣惟能舉職爲可奚用衆耶今張符趙璘
牛叢使朕聞所未聞三人足矣

王凝 凝二本鈌考外補又考中補禮外補　新表太原大房王氏衢州
刺史衆仲子凝字成庶字致平宣歙觀察使謚貞　舊
傳字致平兩經擢第再登進士甲科自揚州節度副使
入爲起居郎歷禮部兵部考功三員外郎遷司封郎中
長安令 新傳歷臺省寖知名　司空圖唐故宣州觀察使檢校禮

部王公行狀宣宗朝自禮部員外歷兵部考功員外轉
司封郎中相國蕭公寘判版籍請公分佐其務俄拜長
安令 司空表聖文集七

崔安潛 安潛王本鈌趙本安口見吏外　二傳失載

李昌□ 未確

崔殷夢 殷夢王本鈌趙本殷彥誤　又勳外見吏外　新表清河大房崔氏龜從子
殷夢字濟川　玉泉子崔殷夢宗人瑤門生也夷
門節度使龜從之子 詳吏外于瓌注　孫樵唐故倉部郎中康
公墓誌銘大中二年冬爲進士試官峭獨不顧雖權勢
莫能撓其與選者不逾年繼踵昇第今春官貳卿崔公

殷夢十輩皆出其等列 孫可之文集八咸通十三年　舊懿宗本紀
咸通八年十月以司勳員外郎崔殷夢等考吏部宏詞
選人　語林崔殷夢知舉吏部尚書歸仁晦託弟仁澤
殷夢唯唯而已無何仁晦復詣託之至於三四殷夢斂
色端笏曰某見進表讓此官矣仁晦始悟已姓殷夢諱
也 容齋續筆十一

鄭延休 二本鈌考外又金外　新表鄭氏北祖房檢校右僕射同
中書門下平章事涯子 見勳外　延休山南西道節度使
舊宣宗紀大中元年三月丁酉朔禮部侍郎魏扶奏進
士鄭延休等三人實有詞藝爲時所稱皆以父兄見居

重位不得令中選詔令翰林學士承旨戶部侍郎韋琮
重考覆敕所試文字並合度程可放及第云云 文獻通考選舉
考二略同又云其月二十三日奉進止放及第　重修承旨學士壁記鄭延休
咸通十一年五月十八日自司封郎中知制誥遷中書
舍人充翰林學士十二年正月二十八日三殿召對賜
紫十一月十八日遷工部侍郎知制誥依前充十三年
正月四日宣充承旨七日遷兵部侍郎依前充十四年
八月二十二日加金紫光祿大夫尚書左丞知制誥依
前充十五年正月十三日除檢校禮部尚書充河陽三
城節度使 翰苑羣書上　新逆臣黃巢傳乾符五年黃巢寇葉

陽翟欲窺東都河陽節度使鄭延休兵三千壁河陰
益州名畫錄上　常重胤於中和院寫僖宗皇帝幸蜀隨
駕文武臣僚眞有檢校司徒鄭延休
鄭紹業紹二本缺又戶外　新表鄭氏北祖房涯子延休弟見上紹
業荆南節度使　舊懿宗紀咸通十二年三月以考官
司封郎中鄭紹業等考試宏詞選人　資治通鑑唐紀六十
九廣明元年四月以工部侍郎鄭紹業爲荆南節度使
又唐紀七十一　中和二年八月以兵部侍郎判度支鄭紹
業同平章事兼荆南節度使　新陳儒傳廣明元年以
鄭紹業爲荆南節度使時朗州刺史段彥謩方據荆南

紹業憚之踰半歲乃至僖宗入蜀召還行在以彥謩代
監軍朱敬玫害彥謩復詔紹業爲節度使逗留不進敬
玫署陳儒領府事新僖宗紀中和二年十一月荆南軍亂牙將陳儒自稱留後　劉
崇望授鄭紹業工部尚書制略云起草掌綸由天才之足
用消揚我休命出守荆門頗聞理聲忌於徵請入則思
邦家之大計出則擁旄節之於一作上游爰從分務曠已
歷時云云文苑英華三百八十七
令狐包二本缺
王崴二本缺又考外補戶中補　新表京兆王氏緱氏令自立子崴
字昭文相僖宗　舊傳大中十一年進士擢第乾符初

自考功員外郎遷司封郎中長安縣令宰相蕭倣用爲
翰林學士改職方郎中知制誥正拜中書舍人新傳自考功員
外郎擢翰林學士　舊僖宗紀乾符三年九月以戶部郎中知
制誥翰林學士王崴爲中書舍人學士如故本傳失載

補遺

楊綗　新表楊氏觀王房隋雍州牧司空觀德王士雄子
綗主爵郎中平阿公
王崇基又封外　新表烏丸王氏太宗相珪子崇基主爵員
外郎　舊王珪傳長子崇基襲爵永寧郡公官至主爵
郎中

崔同業又封外　新表博陵二房崔氏挺後元瑒子同業主
爵郎中
張彥起又封外有彥超　新表中山張氏太宗高宗相行成孫洛
客子彥起司封郎中
高紹又考中　新表高氏循州司馬襲申公璇子紹考功郎
中　蘇頲授慕容珣吏部郎中等制稱正議大夫行商
州刺史上柱國申國公高紹可行尚書主爵郎中散官
勳封如故文苑英華三百八十九詳吏中慕容珣注　睿宗遺宣勞使誥
宜以工部郎中高紹爲劍南道宣勞使詳膳中蕭璦注　嘉定
鎭江志十五　高紹開元七年自長安令左遷潤州長史爲

季子碑陰記重修吳季子廟記紹以開元七年自長安
令左遷潤州長史爰洎十年太歲壬戌因巡屬縣廟於
延陵與縣令吳興沈珍同謁季子廟申奠禮也
韋利涉 又封外戶外　元和姓纂八徵韋氏大雍州房思敬孫利
涉主爵郎中京兆杜陵人　唐會要十五開元九年正月
監察御史宇文融奏長安主簿韋利涉等充勸農判官
詳監察宇文融在
盧霸 又祠外又御史臺右側侍御兼殿中題名　新表盧氏黎陽令友浹子
霸司封郎中將作少監
韋儇 又御史臺左側題名　新表韋氏南皮公房朔方節度使衛尉

卿光乘子儇江西觀察使　賈至授韋儇 總目作環 司封郎
中制勅司駕員外郎韋儇忠義激切智深謀敏懷斷割
之利用慨國家之深讎淮海多虞寇戎未殄是擇才彥
佐斯旄鉞宜兼臺閣以懋勳庸可司封郎中充淮南行
軍司馬兼召募使 文苑英華三百八十九　舊忠義下趙曄傳京
兆韋氏江西觀察使韋儇族兄弟 新宗儒傳稱江西觀察使韋儇族妹
獨孤及上元二年豫章冠蓋盛集記歲次辛丑孟春正
月潤州刺史試鴻臚少卿韋公儇至自京口 毘陵集十七
新 外戚 楊國忠傳楊國忠雖當國常領劍南召募使遣戍
瀘南歲遣韋儇等以御史迫促郡縣召募

李涵　新表畢王房睢陽郡太守少康子 見祠中 涵右僕射
舊傳肅宗北幸平涼涵以關內鹽池判官奉牋謁見
除右司員外郎累至司封郎中宗正少卿寶應元年遷
左庶子　新傳自關內鹽池判官肅宗至平涼奉牋馳
謁除左司員外郎再遷宗正少卿　會要七十九 贈太子
太傅 舊德宗紀作保 李涵謚曰元
蕭惟則　權德輿唐故揚州兵曹參軍蕭府君 惟明 墓誌銘
君與令弟故司封郎中惟則同以儒服遊京師賢士大
夫締交慕義者如響郎中以通才歷職而君亦累爲名
公所薦年位未至相次凋落 權載之文集二十五　建中二年

崔咸 又度外　新表南祖崔氏大理少卿銳子嶺南節度使
護弟 見勳中 咸字重易　舊文苑傳下崔咸元和二年進
士擢第又登博學宏詞科自賓位登朝歷踐臺閣累遷
陝州大都督府長史陝虢觀察等使　白居易崔咸可
洛陽縣令制勅度支員外郎崔咸在郎署中推爲利用
加以詞學緣飾吏能可洛陽令 白氏文集四十九　李虞仲授
賈餗等中書舍人制朝散大夫守尚書職方郎中知制
誥上柱國清河縣開國男食邑五百戶崔咸可守中書
舍人散官勳如故 文苑英華三百八十二　案賈餗傳在大和三年七月　舊溫
造傳造爲御史中丞知制誥崔咸與造相遇造又捉其

從八

柳公權又封外見吏中　新表河東柳氏丹州刺史子溫子公綽弟　公權字誠懸太子太保　舊傳元和初進士擢第文宗朝自右司郎中累換司封兵部二郎中宏文館學士遷諫議大夫　新傳自右司郎中弘文館學士諫議大夫復召侍書遷中書舍人充翰林書詔學士

韋磻又勳外　新表韋氏鄖公房清子磻司封郎中太原河東行軍司馬　盧弘正興唐寺毗沙門天王記終而司勳京兆韋公磻揮金致續以美之末署時開成三年十二月十五日　文苑英華八百十九

楊假又戶中　新表楊氏越公房遺直子發弟見左中補　假不詳歷官　舊傳字仁之開成末進士擢第自監察轉侍御史由司封郎中知雜事轉太常少卿出爲常州刺史新傳終常州刺史

鄭仁規見考中補考外　舊鄭肅傳孫仁規累遷拾遺補闕尙書郎湖州刺史尙書郎知制誥正拜中書舍人卒　吳興志鄭仁規乾符四年二月十三日自司封郎中授除襄州節度副使統記云三年自考功員外郎授遷考功郎中案考外有鄭仁規統記是

李瞻見左中　唐語林四　李瞻累遷司封郎中歸茅山徵拜給事中不就兩京亂竟不罹其禍

李磎見吏中補又戶中　李磎泗州重修鼓角樓記史官尙書司封郎中李磎自淮楚趨闕驛泗記末云樓以中和五年二月二十八日成以其年九月三十日書

裴廷裕　新表東眷裴氏道護後紳子見勳中　庭裕字膺餘　唐詩紀事六十一　僖宗在成都裴廷裕登第唐摭言三小歸尙書榜裴起部與郄之李搏先輩舊友　石刻大唐故內樞密使特進左領軍衛上將軍知內侍省事上柱國濮陽郡開國侯食邑一千戶食實封一百戶吳公承泌墓誌翰林學士朝議郎守尙書司封郎中知制誥柱國賜紫金魚袋裴廷裕撰乾寧二年陝西咸寧　錢珝授裴廷裕左散騎常侍制敕具官裴

廷裕國之用材在乎稱職况詞臣之任君命所重苟詳愼之有乖繫事機而實重既聞輿論得以移官以爾學植素深文鋒甚銳自居侍從亦謂勤勞乃推游刃之功庶叶匿瑕之道未能降秩且復立朝珥貂猶假於寵光夾乘仍親於左右將存大體以息多言可依前件文苑英華三百八十　唐摭言十三　裴廷裕乾寧中在內廷文書敏捷號爲下水船梁太祖問及廷裕行止學士姚洎對曰頃歲左遷今聞旅寄衡水　新書藝文志乙部史錄雜史類　裴廷裕東觀奏記三卷原注大順中詔修宣懿僖實錄以日曆注記亡缺因摭宣宗政事奏記於監修國史杜讓能廷裕昭宗時翰林學士左散騎常侍貶湖南卒　案此書今存序題史官右補闕裴廷裕撰云皇

帝二年杜讓能奏右補闕裴庭裕等專修宣宗實錄云云据會要六十三在大順二年二月　直齋書錄解題五雜史類東觀奏記三卷唐右補闕裴廷裕文獻通考作廷裕膺餘撰記宣宗朝事凡八十九條

白邦翰　新表白氏刑部尚書居易孫見主中　孟懷觀察支使景受子邦翰司封郎中

附存

司馬希象　元和姓纂七之唐庫部郎中司馬元祚生希象主爵郎中河內温縣人新書文藝傳希象終主爵員外郎封外有希象名此誤

皇府仲玉　元和姓纂十一唐皇甫宣過生伯瓊仲玉主爵郎中滄州樂陵人案封外有伯瓊名疑官封中者是伯瓊蓋仲玉下有脫字今附存之

楊凝見左中補吏外補封外又禮中附存　新表楊氏越公房成名子凝字茂功司封郎中新傳自司封員外郎從吏部稍遷右司郎中此誤權載之文集三十楊君文集序歷司封員外左司郎中又河東先生集九楊君墓碣爲尚書司封員外郎乃參選部居喪服除爲右司郎中

韓偓見勳中補　文苑英華三百八十四有錢珝授司勳郎中兼侍御史知雜事賜緋韓偓本官充翰林學士制司勳總目作司封

歸安丁寶書編次

唐尚書省郎官石柱題名考卷五終　勞檢丁士謌校字

唐尚書省郎官石柱題名考卷六

仁和勞格著
趙鉞

歸安丁寶書編次

司封員外郎

唐六典吏部尚書其屬有司封員外郎一人從六品上隋爲主爵承務郎武德初爲主爵員外郎龍朔咸亨光宅神龍間並隨曹改復掌邦之封爵舊書新書同

蕭慤石刻　李壽德　竇孝鼎　李友益　崔餘慶
崔璲　楊思謙　王崇基　韋義玄　柳言思
李思遠　王德眞　路勵言　楊思正　李同福

陳義方　獨孤道節　李範卬　郭待舉　崔同業
杜易簡　柳行滿　崔懸黎　司馬希象　裴思義
盧捐　張詢古　雲弘善　樂思誨　王遺恕
張同和　孫元享　盧光乘　朱前疑　張元一
沈介福　王仙齡　韋瓊之　于季子　徐堅
張彥超　楊嶠　皇甫伯瓊　岑獻　韋珍
韋璦　蕭元嘉　劉令植　高豫　慕容珣
韓休　鄭温琦　王執言　崔琮　崔翹
楊□羽　張景明　徐峻　韋利涉　裴令臣
宋渾　蕭諒　李知正　薛江童　蔣洌

郭納　裴士淹　楊獻　裴寬　寇□
程休　裴衮　閻伯璵　韋少遊　元持
劉濡之　韋元曾　李國鈞　李昂　邢宇
薛頎　元挹　李洞清　韋叔卿　王翊
李浮　殷亮　蔣鎮　崔縱　謝良輔
鄭南史　楊凝　鄭儋　鄭元　李衆
韋況　陸震　封亮　呂温　李逢吉
張正甫　裴度　蕭俛　劉師老　斑肅
蔣防　楊汝士　柳公權　王會　陳夷行
崔復本　裴泰章　裴素　盧懿　韋絢

魏扶　崔眈　馮韜　錢知進　裴寅
韓琮　鄭裔綽　蔣□　楊嚴　李植
趙隱　李璋　高湘　楊紹復　崔涓
張讀　鄭就　徐仁嗣　盧肩征　鄭殷
鄭穀　盧□　蕭□
補遺韋季武　韋素立　崔倧　李華　李皆
李紓　武儒衡　舒元褒　薛貢　張可續
權審　崔周恕　盧渥　盧蕘　裴迥
楊拯　崔貽孫　楊贊圖　薛滈　鄭徽
鄭□　孔温裕

附存鄭絪　韋弘景　王彥威　庾道蔚

勞檢丁士謣校字

唐尚書省郎官石柱題名考卷六

蕭齿 無考

李壽德 無考

竇孝鼎 又勳中　新表竇氏三祖房覽孫孝鼎司勳郎中

李友益 又戶外主中　新表趙郡李氏東祖房河南郡東曹掾世寶子友益中書侍郎　舊刑法志永徽初勑中書舍人李友益等共撰定律令格式 新書藝文志同 會要三十九同　詳定刑名制稱詔中書舍人李友益等爰逮朝賢詳定法律 永徽二年閏九月十四日 文苑英華四百六十四　舊高宗紀上 顯慶三年十一月乙酉中書侍郎李友益除名配流嶲州　舊李義

府傳顯慶三年中書侍郎李友益密與中書令杜正倫共圖議李義府更相伺察義府密令人封奏其事上兩責之友益配流峯州　新姦臣上 李義府傳杜正倫密與中書侍郎李友益圖去義府反爲所誣帝流友益峯州　新杜正倫傳中書侍郎李友益圖去義府族也晚附正倫同擿義府釁鈌義府使人告正倫友益交通罔上有異計高宗惡之流友益峯州

崔餘慶　新表博陵二房崔氏挺後鳳泉令㥽子餘慶兵部尚書　舊崔敦禮傳顯慶元年勑召敦禮子定襄都督府司馬餘慶侍疾餘慶官至兵部尚書　新傳弟餘慶爲定襄都督府司馬召使侍兄疾位至兵部尚書

崔璲 無考

楊思謙 見封中 又考中

王崇基 見封中補　新表烏丸王氏珪子崇基主爵員外郎

韋義玄 無考

柳言思 又祠中補祠外　新表柳氏侍價孫言思祠部郎中

李思遠 無考又祠外

王德眞 見吏外

路勵言　新表平陽路氏相州刺史德淮子勵言曹州刺史

楊思正 見封中

李同福 見吏外戶中見貽金中　又

陳義方 見吏中 又祠外

獨孤道節　元和姓纂一屋 太常少卿新蔡公獨孤延壽生道節兵部郎中河南洛陽人 原本誤入古今姓氏書辯證三十五今正

李範邱 無考 又勳中祠外

郭待舉　新表潁川郭氏諸城丞處範子待舉相高宗　舊高宗紀下 永湻元年四月丁亥黃門侍郎郭待舉同中書門下同承受進止平章事 新紀同宰相表同　舊紀上謂參知政事崔知溫曰待舉等歷任尚淺且令預聞政事

未可卽與卿等同名稱自是外司四品已下知政事者遂以平章爲名　新高宗紀弘道元年四月壬申郭待舉同中書門下平章事新宰相表同云檢校太子右庶子同中書門下平章事　舊紀失載　新武后紀弘道元年十二月戊寅郭待舉同中書門下三品新宰相表待舉左散騎常侍同中書門下三品　舊紀失載　光宅元年十一月丁卯郭待舉罷爲左庶子宰相表罷爲左庶子　舊裴炎傳光宅元年十月吏部侍郎郭待舉貶岳州刺史坐救裴炎之罪也

崔同業見封中補

杜易簡又考外補　元和姓纂姥十　蓬州咸安令杜依德生易簡考功員外襄陽人　舊文苑傳登進士第累轉殿中侍

御史咸亨中爲考功員外郎左轉開州司馬卒新文藝傳同

柳行滿　新表柳氏東眷房元孫行滿給事中

崔懸黎　新表南祖崔氏許州治中君實子縣黎主爵員外郎

司馬希象見封中附存　元和姓纂七之　唐庫部郎中司馬元祚生希象主原本誤生爵郎中河內溫縣人　新書文藝中　劉憲傳司馬鍠見吏外與弟銓見戶中伯父希象皆歷殿中侍御史希象剛直不詔終主爵員外郎

裴思義見左中補　吏外　又勳中

盧揖無考見封中

張詢古吏中有詢故又吏外

雲弘善　元和姓纂二十文　右威字有脫將軍雲師德生宏善駕部郎中河南人

樂思誨見吏外誨作晦

王遺怒見吏中　又考中　戶外

張同和無考

孫元亨亨王本亨　趙本亨又戶中元亨　元和姓纂二十三魂　夏官侍郎平章事孫元亨河東虞鄉人　新武后紀萬歲通天元年四月癸酉檢校夏官侍郎孫元亨同鳳閣鸞臺平章事宰相表同舊紀失載　舊紀萬歲通天二年正月夏官侍郎孫元

亨坐與綦連耀謀反伏誅新紀神功元年正月壬戌殺孫元亨宰相表同

盧光乘　舊文苑盧照鄰傳兄光乘亦知名長壽中爲隴州刺史

朱前疑

張元一見封中　又勳中補

沈介福　元和姓纂四十七寢　唐陝令士衡生介福主爵員外吳興武康縣人舊后妃下代宗睿眞皇后沈氏傳德宗外曾祖隋陝令沈琳又德州刺史士衡士衡當是琳子　姓纂誤合爲一也　舊后妃傳下　德宗贈睿眞皇后沈氏父易直子沈炳震云當作父　庫部員外郎介福太傅

王仙齡無考

韋瓊之又考中補戶中　新表東眷韋氏閬公房戶部侍郎眞
泰子戶中泰眞瓊考功郎中元和姓纂同瓊作瓊之表疑誤脫之字
于季子　元和姓纂十虞　唐中書舍人于季子東海人今居
齊郡歷城　唐詩紀事七　于季子登咸亨進士第
徐堅見封中　舊傳以東都留守判官同修三教珠英書成
遷司封員外郎神龍初再遷給事中新儒學傳中自東都留守判官修三
教珠英累遷給事中　曲江文集十九　徐文公神道碑銘自太子文
學撰三教珠英書成奏御拜司封員外尋加朝散大夫
卽拜郎中稍遷給事中　張燕公集二十三　徐氏子墓誌
銘司封員外郎堅第四子大足元年

張彥超鉞案疑郎彥起彥起見封中補起超二字形近致誤
楊嶠格案楊疑當作陽　新表楊氏越公房祕書監仁贍子見勳外
嶠不詳歷官時代不合　舊良吏傳下　陽嶠河南洛陽人其
先自北平徙焉北齊右僕射休之元孫儀鳳中應八科
舉自右臺侍御史景龍末累轉國子司業新傳自右臺侍御史久乃
遷國子司業
皇甫伯瓊伯王本缺　元和姓纂十一唐　唐監察御史皇甫德參
生宣過宣生伯瓊滄州樂陵人　唐會要七十六　垂拱四
年十二月辭標文苑科皇甫瓊及第緯畧脫皇字文苑英華四百八十
一垂拱四年作光宅元年伯瓊單作瓊與會要合彭叔夏曰唐登科記作皇甫伯瓊與此正合

岑獻　新表岑氏雍州長史曼倩子見勳中　獻國子司業梁
公　舊岑羲見吏外傳睿宗時兄獻爲國子司業新傳同
韋珍見左中
韋瑗又勳中　新表東眷韋氏閬公房太府少卿德敏子見考
中補玢弟見左中又上　瑗不詳歷官　又駙馬房元誕子瑗司
勳郎中
蕭元嘉　新表蕭氏皇舅房相王兵曹參軍安節子至忠
弟見吏外元嘉諫議大夫　舊蕭至忠傳弟元嘉工部侍
郎新傳同
劉令植又吏中補吏外補　新表廣平劉氏應道子見吏中　令植禮

部尚書　舊劉齊賢傳從父弟禮部侍郎令植等八人
前後爲吏部郎中員外新傳同　舊劉從一傳祖令植禮
部侍郎　舊盧從愿傳開元中與中書舍人劉令植等
刪定開元後格舊源光裕傳同
高豫　新表一下高氏仲仁孫豫刑部郎中　石刻韋虛心
大唐北岳府君之碑刺史高豫化以亂繩導規長者摻
其宣布託諷虛儀一澄睇於露冕幾揚仁於風扇開元九年
直隸曲陽縣地理志曲陽屬定州高豫當是定州刺史
慕容珣見吏中封中　元宗賑岐華等州敕如聞二輔近地幽
隴之間頃緣水旱素不儲蓄嗷嗷百姓已有饑者方春

陽和物皆遂性豈可爲之君上而令有窮愁靜言思之
遂忘寢食宜令兵部員外郎李懷讓主爵員外郎慕容
珣分道即馳驛往岐華同豳隴等州指宣朕意灼然乏
絕者速以當處義倉量事賑給如不足兼以正倉及永
豐倉米充仍令節減務救懸絕者還日奏聞大詔令
韓休又主外　新表昌黎韓氏洛州司戸二傳司功參軍大智子
休字良士相元宗　舊傳初應制舉又舉賢良元宗時
在春官親問國政休對策與校書郎趙冬曦並爲乙策
擢授左補闕尋判主爵員外郎歷遷中書舍人禮部侍
郎兼知侍誥　新傳擢左補闕判主爵員外郎進至禮

郎官石柱題名考卷六　封外　七

部侍郎知制誥　蘇頲授韓休起居郎制稱朝議郎左
補闕內供奉判尚書主爵員外郎韓休文苑英華三百八十三
鄭温琦見封中
王執言無考　又御史臺侍御殿中監察題名
崔琮格案封外補有崔淙疑是倉中　又御史臺監察題名　又　唐詩紀事三十二崔
琮登大曆二年進士第時代不合
崔翹又考中　新表南祖崔氏清河文公融子見禮中補翹禮部
尚書清和成公　唐語林大足元年置拔萃科始于崔
翹　唐會要七十六大足元年理選使孟詵試拔萃科崔
翹及第　開元元年良才異等科崔翹及第　舊崔融
傳子翹開元中爲中書舍人　新傳子翹禮部尚書贈
荆州大都督謚曰成　舊崔愼由見吏外傳曾祖翹位終
禮部尚書東都留守　唐語林八累爲主司者春官小
宗伯崔翹三開元二十七年二十八年二十九年　舊
元宗紀下開元二十九年十月戊戌分遣大理卿崔翹
等八人往諸道黜陟官吏　天寶五載三月丙子遣左
丞崔翹等七人分行天下黜陟官吏　石刻御注孝經
碑末題名有通議大夫守尚書左丞上柱國清水縣開
國男臣崔翹天寶四載陝西長安
楊□羽□羽王本缺此從趙本無考疑光羽又御史臺殿中監察題名

郎官石柱題名考卷六　封外　八

張景明二本缺　又倉外　又御史臺侍御殿中監察題名　文苑英華五百十一有張
景明對無鬼論判
徐峻又金中補倉中　元和姓纂九魚東海文公徐堅見封中又上生
峻金部郎中長城人　張九齡徐文公神道碑銘有子
曰峻嶠崐等備歷清貫皆立能名唐丞相曲江張先生文集十九
韋利涉見封中補又戸外
裴令臣又戸中　又御史臺侍御殿中監察題名
宋渾　新表廣平宋氏元宗相璟子見吏外渾太子左諭德
元和姓纂駕部郎中御史中丞　舊宋璟傳子渾諫議大夫平原太守
御史中丞東京採訪使新傳同　顏魯公文集四宋開府

碑渾職方郎中諫議大夫御史中丞東京畿採訪使太子左諭德　孫逖授宋渾諫議大夫制朝議大夫前行尚書駕部郎中上柱國襄國縣開國男宋渾頃辭省闥言侍庭闈雖私心則然而公用久闕可守諫議大夫散官如故文苑英華三百八十一　又授宋渾將作少匠一作監制朝議大夫前守諫議大夫上柱國襄國縣開國男宋渾喪制久除朝章式敘宜升髦士之列俾亞將卿之任可守將作少匠散官勳封如故英華三百九十九

蕭諒又御史臺監察題名又左側二見　新表蕭氏齊梁房萍鄉侯元祚子司勳員外郎誠弟見勳外　諒汝州刺史　舊書楊慎矜傳天寶二年以鴻臚少卿蕭諒爲御史中丞至臺無所搞讓兼侍御史與楊慎矜頗不相能竟出爲陝郡太守新傳蕭諒爲中丞爭輕重不平罷爲陝郡太守　孫逖授蕭諒御史中丞制鴻臚少卿蕭諒可御史中丞充京畿採訪處置等使文苑英華三百九十三　册府元龜六百四十三　開元十五年五月詔中書門下引文武舉人就中策試於是藍田縣尉蕭諒右衛冑曹梁涉邠州柱國子張玘等對策稍優錄奏帝謂源乾曜杜暹李元紘等曰朕側席求賢恐草澤遺才無由自達至如畿尉衛佐未經推擇更與褐衣爭進非朕本意由是惟以張玘爲下第放選餘悉罷之　獨孤及唐故

給事中贈吏部侍郎蕭公直墓誌銘有唐御史中丞臨汝郡守諒之孟子又云中丞府君遇讒謫居毘陵集十一　蔡希綜法書論父子兄弟相繼其能者蘭陵蕭誠及弟諒書苑菁華十二

李知正錢案知正當作知止見左外　孫逖授李知止司封員外郎等制勑至公之用本無偏黨惟善斯擢豈隔親疎四從叔前京兆府奉天縣令上柱國知止等咸有人才見推公族秉惟清之操兼致遠之資朕每精念同盟不勤于德當疑懸右職以觀其徒先委宗卿精爲內舉量能考行歷載踰時名數則多升聞蓋寡亡疑膺是選諒在得人固可擢以清要遷于臺閣將觀志於七子冀齊名於八人宜各悉心佇聞成績可依前件書不云乎九族既睦平章百姓蓋由內而理外必自近而及遠凡我懿戚可不慎歟違道慢常義無私於王法謹身勵節恩豈薄於他人期於率先勵我風俗深宜自勉以副明言文苑英華三百九十一

薛江童又倉中　新表薛氏西祖房太子舍人毅子江童字靈遠陳留太守河南採訪使　昌黎先生集二十八唐故殿中侍御史李君虛中墓誌銘父惲娶陳留太守薛江童女　韋建黔州刺史薛舒神道碑叔父故陳留郡太守

河南採訪使江童當代名賢文苑英華九百二十四　崔巨大唐
宣州刺史薛公去思碑陳留太守兼採訪使江童之仲
子全唐文九百九十邕見吏中
蔣洌又考外補又御史臺陰右稜又右側侍御兼殿中題名　古今姓氏書辯證二十
七主爵郎中國子司業蔣挺見封中　生列尚書左丞義興
陽羨縣八　新陸餘慶傳開元初河南河北宣撫使陸
餘慶薦吳興蔣洌等後皆爲知名士　舊書良吏上高
智周傳蔣挺封中作挺子洌渙見吏中並進士及第洌歷禮吏
戶三部侍郎尚書左丞　舊蔣鎮傳尚書左丞洌子　新傳洌爲尚書左丞　新
顏眞卿傳宰相楊國忠惡顏眞卿諷中丞蔣洌奏爲東

都採訪判官　舊蔣鎮傳見下父洌叔渙當祿山恩明之
亂並受僞職新判臣傳洌渙在安史時皆汙僞官　孫逖授蔣洌等監察
御史制稱朝議一作通直郎行大理評事蔣洌等文苑英華三百九十
五詳御史題名
郭納　新表潁川郭氏待舉孫見上泰初子納陳留採訪使
新文藝中蕭潁士傳祿山反潁士往見河南採訪使郭
納言禦守計納忽不用歎曰肉食者以兒戲禦劇賊難
矣哉　册府元龜六百四十三　開元二十六年八月甲申親
試文辭雅麗舉人命有司置食勑曰古者求士必擇其
才考之以文施於有政自非體要何用甄明頃年以來
亦嘗親試對策者衆而登科者少蓋由宿構之詞不與
所問相對所以然卿等博達古今聿膺推薦朕之所問
皆有節目宜指事而對勿措游詞並宜坐食食訖就試
有郭納姚子彥等二十四人升第皆量資授官　新玄
宗紀天寶十四載十二月辛卯安祿山陷陳留郡執太
守郭納舊安祿山傳祿山入陳留郡太守郭納初拒戰至是出降　舊忠義下趙曄
傳陳留採訪使郭納奏爲支使新宗儒傳同舊李承傳充河南採訪使郭納
判官　舊書刑法志肅宗收兩京陷賊官定罪六等郭納
等七八於大理獄賜自盡安祿山事迹三司讞刑奏郭納等賜自盡
裴士淹又動中　新表南來吳裴氏令寶後倩子士淹禮部

尚書絳郡公　唐語林八　累爲主司者春官小宗伯裴
士淹再至德二年三年　韋執誼翰林院故事開元已
後裴士淹自給中充出爲禮侍重修承旨學士壁記裴士淹給事中充知制誥
並翰苑羣書上　新李林甫傳元宗幸蜀給事中裴士淹以辨
學得幸　舊元宗紀天寶十四載三月癸未遣給事中
裴士淹等巡撫河南河北淮南等道　酉陽雜俎十九　開
元末裴士淹爲郎官奉使幽冀迴至汾州衆香寺得白
牡丹一窠植於長興私第天寶中爲都下奇賞當時名
公有裴給事宅看牡丹詩　新書逆臣上安祿山傳祿山
懼朝廷圖已每使者至稱疾不出嚴衛然後見黜涉使

裴士淹行部至范陽再旬不見旣而使武士挾引無復
臣禮士淹宣詔還不敢言　舊代宗紀永泰二年八月
辛亥以檢校禮部尚書裴士淹充禮儀使　大厤五年
五月庚辰貶禮儀使禮部尚書裴士淹爲處州刺史魚
朝恩黨也石刻裴士淹華嶽題名禮部尚書裴士淹出爲饒州刺史大厤五年六月六日於此禮謁又華陰縣令蘇發等題名禮部尚書河東裴公出牧鄱陽與紀不合案紀又云戶部侍郎判度支第五琦爲饒州刺史据琦傳時出爲處州刺史歷饒湖二州又虞當等華嶽題名亦云前相國京兆第五公自戶部侍郎出牧栝州蓋是時士淹貶饒州琦貶處州紀文互倒耳　顏眞卿正議大夫行國子
司業上柱國金鄉縣開國男顏府君允南神道碑銘河東
裴士淹特敦莫逆之歡

楊獻又勳外　新表原武楊氏司勳員外郎禎子見勳外補獻汝
南郡太守　舊楊再思傳子植植子獻並爲司勳員外
郎　蘇頲授馮光嗣楊獻楊州都督府司馬等制朝散
大夫守相州別駕上柱國鄭國公楊獻頃在中朝各登
清貫自居外郡頗聞政績可守潞州大都督府司馬散
官封如故仍馳驛赴任文苑英華四百十四　光嗣見勳外
裴寬二本缺　見左中補　二傳失載
寇□王本缺　杜工部集十八奉酬寇十侍御錫見寄四韻復
寄寇詩
程休見左外　吏中補作休文　封中

裴袞見吏外　勳外　裴袞當文宗時時代不合疑張袞當元宗時代王合　新表清河東
武城張氏揚州長史宥子袞虢州刺史
閻伯輿吏中閻伯璵疑卽是
韋少遊見吏中　吏外　又祠外
元持見吏外　持作特
劉孺之又御史臺陰額知雜御史題名　新表廣平劉氏令植子見上孺之
京兆少尹舊劉從一傳父孺之京兆府少尹　舒元輿御史臺新造中
書院記上元二年侍御史劉孺之作直廳記文苑英華八百七
文苑英華五百四十四有劉孺之對升高判
韋元曾見吏中吏外

李國鈞無考
李昂見吏中　又考外補　戶外　金外　倉外　考中附存
邢宇宇二本□　又考中補　戶外　新卓行元德秀傳門弟子邢宇字紹
宗河間人　李華三賢論河間邢宇紹宗摭言無二字深明
持操持文粹作特摭言作操持不局是慕於元者也文苑英華七百四十四　文粹三十
八唐摭言七　崔祐甫廣喪朋友議祐甫佐江南西道連帥
魏尚書時團練副使考功邢郎中宇捐館於荊南邢與
魏鄉國接近且邢郎中則諸魏之出於尚書爲內外昆
弟適受朝命爲尚書倅文苑英華七百六十七　魏少遊見左中補　賈至
授邢宇司封員外郎制勅前戶部員外郎邢宇雅志沖

澹敏識精達養閑移疾亦有歲年南宮地清列宿虛位
擢才進善以佐邦理可守司封員外郎（文苑英華三百九十一）
薛頎（無考）
元挹（見吏外）　常袞授韋元曾吏部郎中等制朝請大夫前
行尚書司封（集作勳）員外郎兼侍御史護軍賜緋魚袋元
挹可行尚書吏部員外郎散官勳賜如故（文苑英華三百八十九）
（詳吏中韋元曾注）
李洞清（又戶中）　新表道王房襲載城郡公雲子兵部郎中
洞清　楊綰汾陽王妻霍國夫人王氏神道碑次女適
殿中少監李洞清（文苑英華九百三十四）　舊郭曜傳建中時郭
子儀薨楊炎盧杞相次秉政子儀壻少府少監李洞清
等以家人告訐細過相次貶黜（新傳畧同）
韋叔卿（韋叔二本缺）　新表韋氏逍遙公房令望子叔卿丹州
刺史
王翃　新表太原大房王氏淮陰令光謙子吏部侍郎翃
弟（見戶中）翃陽翟尉　權德輿唐故楚州淮陰縣令贈尚
書右僕射王府君神道碑銘子次曰翃吏理詳明官河
南府陽翟縣丞不幸早夭（權載之文集十六　丞英華作尉）
李汸（格案封外補有李汸紓時代正合疑是）（見吏中）
殷亮（亮王本誤高）（又勳外　吏外）

蔣鎮　古今姓氏書辯證七（二十）尚書左丞蔣洌（見上）生鍊（見左外）
鎮工部侍郎義興陽羨縣人　舊傳天寶末舉賢良
累授左拾遺司封員外郎轉諫議大夫（新叛臣傳下擢賢良方正科累）
（轉諫議大夫）　李肇翰林志開元二十六年別建學士院有
蔣鎮等在舊翰林院雖有其名不職其事
崔縱（又戶中　金外）　新表博陵大房崔氏渙子（見左外）縱御史大
夫恒山忠公　舊傳以蔭補協律郎自京兆府司錄累
遷金部員外郎六遷大理卿兼御史中丞汴西水陸運
兩稅鹽鐵等使　新傳自金部員外郎後為汴西水陸
運兩稅鹽鐵等使

謝良輔（又戶中）　唐詩紀事七（四十）良輔登天寶十一年進士
第　顧況禮部員外郎陶氏集序中書謝舍人良弼良
輔名自公出（文苑英華七百二）　新德宗紀建中四年十月商
州軍亂殺其刺史謝良輔　李太白文集（十八）有與謝良
輔遊涇川陵巖寺詩
鄭南史（又勳中）　杜甫有曲江陪鄭八丈南史飲詩（杜工部集十）
楊凝（補二本缺　見左中　封中附存　禮中附存）（吏外）　新傳由協律郎三遷
侍御史為司封員外郎坐盩正嫡媵封邑為權幸所忌
徙吏部稍遷右司郎中　權德輿唐故尚書兵部郎中
楊君文集序由校祕書四遷至冠柱後惠文徵拜左史

歷司封員外左司郎中權集之文集三十三　柳宗元唐故兵部郎中楊君墓碣由協律郎三轉御史入爲起居郎又爲尚書司封員外郎革正封邑申明嫡媵事連權右斥退勿憚直聲彰聞乃參選部居喪服除爲右司郎中河東先生集九

鄭儋見吏外　韓愈唐故河東節度觀察使滎陽鄭公神道碑文自大理丞太常博士遷起居郎尚書司封吏部二郎中昌黎先生集二十六案郎中係員外之誤

鄭元　舊傳舉進士第累遷御史中丞　舊杜佑傳佑在揚州判官鄭元等均爭權頗紊宣政德宗知之竝竄於

嶺外

李衆　新表隴西李氏姑臧大房同官丞思文孫衆字師湖南團練觀察使左散騎常侍　金石錄九第一千七百三十三唐左常侍李衆碑原注李絳撰裴璘正書元和十三年十二月

舊李實傳貞元二十年京兆尹李實誣奏萬年令李衆貶虔州司馬新傳同　唐會要六十二元和六年九月以前湖南觀察使李衆爲恩王傅初衆舉案屬內刺史崔簡罪御史盧則就鞫得實使還而衆以貨遺所推令史至京有告者令史決流盧則停官故衆亦坐焉柳宗元故永州刺史流配驩州崔君權厝誌刺連永兩州未至連人愬君御史按章具獄坐流驩州幼弟訟諸朝天子黜連帥罷御史小吏咸所投之荒外又有謝李中丞安撫崔簡戚屬啟　新宗室表蔡王房少府監右衛郎將貶夏州司馬漻子衆吳興郡司功參軍此不合

韋況　新表韋氏鄖公房臨汝太守斌子況諫議大夫　新傳少隱王屋山以起居郎棄官去除司封員外郎稱疾固辭元和初授諫議大夫　舊憲宗紀上元和元年閏月以前司封員外郎韋況爲諫議大夫

陸震　元和姓纂一屋司封員外陸震吳八　唐會要七十六貞元四年四月賢良方正能直言極諫科陸震及第緯署同

封亮　新表封氏希奭子亮司封員外郎杭州刺史　舊封敖見左外傳父諒官卑　李益有溪中月下寄楊子尉封亮詩

呂温又戶外戶中附存　元和姓纂八語潭州刺史湖南觀察呂渭見吏外渭原誤謂生温戶部郎中衡州刺史河東人　舊傳字化光新傳字和叔一字化光貞元末登進士第元和三年自司封員外郎轉刑部郎中御史中丞竇羣請爲知雜　新傳元和元年自侍御史進戶部員外郎竇羣薦知雜事宰相李吉甫持之久不報　舊李吉甫傳元和三年竇羣奏請司封員外郎呂温爲郎中知雜事吉甫怒其不先

闕白而所請又有超資者持之數日不行新傳畧同　劉禹錫唐故衡州刺史呂君集紀拜尚書戸部員外郎轉司封遷刑部郎中兼侍御史副治書之職劉賓客文集十九　舊竇羣傳竇羣奏刑部郎中呂温爲御史李吉甫以羊呂險躁持之數日不下新傳同　呂温唐故銀青光祿大夫守工部尚書致仕上柱國中山郡開國公食邑二千戸贈陝州大都督博陵崔公淙行狀元和三年四月日從外生朝議郎行尚書司封員外郎上騎都尉賜緋魚袋呂温謹上呂衡州文集五又集卷二有病中自戸部員外郎轉司封詩

李逢吉又祠中補　新表隴西李氏姑臧大房歸期子逢吉字

虛舟相憲宗新傳父顏　舊傳登進士第自侍御史改工部員外郎充入南詔副使元和四年使還拜祠部郎中轉右司六年遷給事中新傳德宗時拜左拾遺元和時遷給事中

張正甫見左外中戸外　又戸度中　舊傳自戸部員外郎轉司封員外郎兼侍御史知雜事遷戸部郎中

裴度見封中動中附存　又　舊傳元和六年以司封員外郎知制誥尋轉本司郎中新傳元和六年以司封員外郎知制誥　舊憲宗紀上元和五年八月以起居舍人裴度爲司封員外郎知制誥

蕭俛　新表蕭氏齊梁房殿中侍御史恒子俛字思謙相穆宗　舊傳貞元七年進士擢第元和初復登賢良方正制科元和七年自右補闕翰林學士轉司封員外郎九年既駕部郎中知制誥內職如故　新傳元和六年召爲翰林學士凡三年進知制誥坐與張仲方善奪學士　重修承旨學士壁記蕭俛元和七年八月五日自右補闕加司封員外郎九年十一月二十四日加駕部郎中十二月十日加知制誥十二日賜緋　韋執誼翰林院故事元和已後蕭俛駕中充翰林學士又加知制誥出守本官並翰苑羣書上

劉師老師老王本缺趙本有　元和姓纂十八允　職方郎中劉灣見吏外

生師老彭城人不詳歷官　元稹劉師老授右司郎中制稱侍御史內供奉劉師老曩者劉悟建行臺於鄭滑師老以天子命爲悟僚介會悟遷領他鎮爾等實來皆授清秩可尚書右司郎中餘如故元微之文集四十六　舊書吐蕃傳下長慶元年九月以兵部郎中兼御史中丞劉師老爲西蕃盟會副使　白居易太子詹事劉元鼎可大理卿兼御史大夫充西蕃盟會使右司郎中劉師老可守本官充盟會副使通事舍人太僕丞李武可守本官兼監察御史充盟會判官三人同制畧云西夷乞盟求可以莅之者歷選多士吾得三人今以元鼎之博通師

老之誠諒武之恭敏合而爲用不亦可乎法卿憲秩寵之以遺白氏文集四十九

斑肅王本缺趙本有又倉中祠外　元和姓纂二十七删戶部尚書班宏生肅汲郡人案斑宏傳貞元八年七月卒不云佐東川爲嚴震壻似姓纂誤　河東先生集注二十二　貞元十七年禮部侍郎高郢知貢舉班肅第一　河東先生集送班孝廉擢第歸東川覲省序舉鄉里登春官獲居其甲家于蜀之東道其嚴君以客卿之位贊是方岳爲大夫且今將拜慶盈覲道出于南鄭外王父以將相之重九命亦社爲諸侯師　新皇甫鎛傳穆宗始聽政貶皇甫鎛前坊州刺史斑肅以嘗僚獨餞

於野朝廷義之擢爲司封員外郎　元稹斑肅授尚書司封員外郎制勑朝議郎前坊州刺史賜緋魚袋班肅馳競之徒能於寒暑之際不以憂畏移其厚薄之道者鮮矣聞爾爲祠部員外郎值吾黜姦之日遊其門者莫不跧竄奔迸懼羅其身唯爾私分不渝進退有素搢紳之論有以多之復爾中臺以厚吾俗勉慎其始無輕所從可行尚書司封員外郎餘如故元微之文集四十七

蔣防　古今萬姓統譜八十六　蔣防字子徵全文徵　義興人澄之後年十八父誡令作秋河賦援筆卽成于簡遂妻以子李紳卽席命賦鞲上鷹詩紳薦之後歷翰林學士中書舍人　丁居晦重修承旨學士壁記蔣防長慶元年十一月十六日自右補闕充二十八日賜緋二年十月九日加司封員外郎三年三月一日加知制誥四年二月六日貶汀州刺史舊龐嚴傳右拾遺蔣防爲元稹李紳保薦至諫官內職　舊敬宗紀長慶四年二月丙戌貶翰林學士司封員外郎知制誥蔣防汀州刺史皆李紳之引用者舊新書于敖傳略同　蔣防連州靜福山廖先生碑銘長慶末余自尚書司封郎中知制誥翰林學士得罪出守臨汀尋改此郡唐文粹六十五

楊汝士又戶外補　新表楊氏越公房國子祭酒盈子見戶中汝

士字慕巢刑部尚書東川節度使　舊傳元和四年進士擢第又登博學宏詞科長慶中自開江令入爲戶部員外郎再遷職方郎中大和三年七月以本官知制誥尋正涯中書舍人新傳牛李引爲中書舍人

柳公權見封中補　舊傳穆宗時自右拾遺充翰林侍書學士遷右補闕司封員外郎遷右司郎中新傳拜右拾遺侍書學士再遷司封員外郎改右司郎中　重修承旨學士壁記柳公權大和二年五月二十一日自司封員外郎充侍書學士二十三日賜紫十一月二十一日改庫部郎中五年七月十五日改右司郎中出院翰苑羣書上

王會又倉外　開成紀事太和九年十二月以祕書少監王會爲京
兆尹資治通鑑考異二十一考異曰時薛元賞已爲京兆尹紀事誤　舊武宗紀會昌
元年八月詔金吾大將軍王會等往迴鶻烏介可汗牙
宣慰新回鶻傳武宗詔右金吾衛大將軍王會持節慰撫回鶻通鑑在元年十二月庚辰餘同新傳
陳夷行見吏中補吏外　舊傳大和三年入爲起居郎史館修
撰豫修憲宗實錄四年獻上轉司封員外郎五年遷吏
部郎中
崔復本無考見左中
裴泰章見封中
裴素二本鈌　新表東眷裴氏道護後太僕卿日紓子素不

詳歷官　舊文宗紀開成二年十二月丙申閤內對左
右史裴素等　寶眞齋法書贊五裴素寶歷元年楊嗣
復相公下及第　會要七十六太和二年閏三月賢良方
正能直言極諫科裴素及第太和緯畧誤大麻　文宗委中書
門下處分制科及第人詔賢良方正能直言極諫科舉
人第三等裴素委中書門下優與處分全唐文七十一　重修
承旨學士壁記裴素開成三年十二月十六日自司封
員外郎兼起居郎史館修撰充翰林學士四年七月十
三日加知制誥五年二月二日賜緋六月遷中書舍人
其年十一月加承旨賜紫十七日卒官贈戶部侍郎翰苑
羣書上　文苑英華七百九十七裴素唐重修漢未央宮記末
云臣素任當承旨又云時會昌元祀需大澤之明月
寶刻叢編七復齋碑錄唐修漢未央宮碑裴素撰朱玘
行書元伯貞篆額會昌二年十一月六日建案素當卒於會昌年
壁記六月上十七日上俱有脫文
盧懿懿二本鈌見吏中補又動中　重修承旨學士壁記盧懿開成
五年四月十九日自司封員外郎充侍講學士其年四
月賜緋會昌元年二月九日出守本官翰苑羣書上
韋絢見吏外
魏扶　唐詩紀事五十一魏扶登太和四年進士第　舊鄭

從讜傳故相魏扶是父瀚貢舉門生
崔眈無考見吏外
馮韜又金外　舊馮宿傳子韜登進士第揚歷清顯　崔嘏
授馮韜司封員外郎等制勑分列宿之位應覆被之榮
入可以封還詔書出可以分領符竹優游于粉署之內
談笑於錦帳之前苟非清才不在斯選以韜文章炳煥
獨步詞科以同靖門胄光華深通聖典荊玉韜含章之
美霜鐘畜待扣之音是用昇彼名曹擢於芸閣文昌之
地職業非輕式佇彌綸更期遷陟韜可司封員外郎同
靖可金部員外郎文苑英華三百九十一韋同靖見金外

錢知進見吏外

裴寅見左中封中又勳外

韓琮琮王本缺又戶中　新宣宗紀大中十二年五月庚辰湖南軍亂逐其觀察使韓琮　東觀奏記中　廣州節度使紇干臯見勳中貶慶王府長史分司東都制舍人韓琮之詞

李商隱爲濮陽公陳許奏韓琮等四人充判官狀韓琮右件官早中殊科榮推雅度頃佐憲臺且丁家難逮此變除未蒙抽擢臣頃居鎮守琮已列賓僚謀之旣臧剛亦不吐願稽中選榮借外藩伏請依資賜授憲官充臣節度判官末云韓琮等並無所因依不由請託久諳才地堪列幕庭伏希殊祕盡允誠　文苑英

華六百三十九　新書藝文志丁部集錄別集類　韓琮詩一卷原注字成封大中湖南觀察使

鄭裔綽綽王本缺　新表鄭氏北祖房文宗相覃子見考外補裔綽祕書監　舊鄭覃傳子裔綽以蔭授渭南尉直弘文館

新傳以門蔭進爲李德裕所知擢渭南尉直弘文館累遷諫議大夫　唐摭言十四蕭倣與浙東鄭商當作裔綽大夫雪門生薛扶狀云近年貢務皆自閣下權知案倣咸通四年知貢舉則裔倬之知貢舉當在咸通初年

蔣□

楊嚴見吏中補吏外　舊傳咸通中累遷吏部員外郎轉郎中不云封外

李植又戶中與主中主外之李植別一人　新李逢吉傳逢吉無子以從弟子植嗣　姚少監詩集一有送李植侍御詩　石刻華嶽題名侍御史內供奉李植大中十一年十一月十三日自浙右赴闕陝西華陰　新宰相表趙郡李氏東祖房常山令元恩子植廣州司兵參軍

趙隱又勳中金外　新表新安趙氏興元節度判官存約子隱字大隱相懿宗僖宗　舊傳大中三年應進士登第累遷郡守尚書郎給事中河南尹　新傳會昌中擢進士第歷州刺史河南尹

李璋璋王本漳　新表趙郡李氏東祖房憲宗相絳子見勳中璋字重禮宣歙觀察使　舊李絳傳子璋登進士第大中末自太原從事入朝爲監察轉侍御出刺兩郡終宣歙觀察使　新傳自太原幕府遷監察御史進起居郎咸通中累官尚書右丞湖南宣歙觀察使　摭言七李璋宣州觀察楊相公造白檀香亭子初成會親賓落之先是璋潛遣人度其廣狹織一地毯其日獻之及收敗璋從坐考資治通鑑唐紀六十八咸通十三年韋保衡欲以其黨裴條爲郎官憚左丞李璋方嚴恐其不放上先遣人達意璋曰朝廷遷除不應見問秋七月乙未以璋爲宣歙觀察使是時楊收已死摭言誤　新書藝文志乙部史錄地理類　李璋太原事迹記十四卷

高湘見吏外二傳失載

楊紹復二本缺　新表楊氏越公房於陵子見吏中嗣復弟見吏中補紹復字紹之　李翺右僕射楊公墓誌子紹復舉進士登詞科李文公集十四　舊於陵傳子紹復進士擢第宏辭登科位終中書舍人新於陵傳紹復中書舍人　舊宣宗紀大中七年十月弘文館大學士崔鉉進續會要四十卷修撰官楊紹復等賜物有差　新崔鉉傳所善者鄭魯楊紹復段瓌薛蒙見勳中　頗參議論時語曰鄭楊段薛炙手可熱欲得命通魯紹瓌蒙東觀奏記同　李濆荇溪新亭記滁州遷客司馬弘農公紹復等文苑英華八百二十六會昌二年正月八日　東觀奏記中　苗紳貶江州司馬制舍人楊紹復之詞詳勳外　新書藝文志丙部子錄類書類　續會要四十卷楊紹復等撰

崔涓涓二本缺　新表南祖崔氏太子賓客彥沖子涓字虛己司封員外郎　又博陵第二房崔氏武宗相珙子見主中涓字道源御史大夫　重修承旨學士壁記崔湜咸通十四年十一月二十三日自殿中侍御史改司封員外郎充翰苑羣書上鉞案湜疑涓之誤　薛廷珪授翰林學士承旨戶部侍郎崔汪尚書右丞學士中書舍人崔涓李磎並戶部侍郎知制誥充學士制具官崔涓公台華冑名教偉人稟象緯之英姿得乾坤之秀氣器業事望鎮於周行文苑英華三百八十四　舊崔珙傳子涓大中四年進士擢第　新崔珙傳子涓爲杭州刺史終御史大夫　舊王蕘傳乾符初崔涓鎮江陵辟爲從事　杜牧有崔涓除東川推官等制略云文學決科愷悌干祿樊川文集十九

張讀王本張讀口誤　舊張薦傳見戶外補　傳孫讀登進士第累官至中書舍人禮部侍郎典貢舉位終尚書左丞　新傳孫讀字聖用大中時第進士鄭薰辟署宣州幕府累遷禮部侍郎中和初爲吏部後兼弘文館學士判院事卒　益州名畫錄上　常重胤於中和院寫僖宗皇帝幸蜀隨駕文武臣寮眞有尚書吏部侍郎張讀

鄭就又勳外戶外　新表鄭氏南祖房兵部尚書祗德子頎弟見祠外就字成美　舊僖宗紀乾符二年六月以戶部員外郎鄭就爲司勳員外郎

徐仁嗣見封中

盧肩征盧允王本缺盧趙本缺見吏外　舊僖宗紀乾符元年四月以侍御史盧肩征爲司封員外郎判戶部案二年七月司封員外郎盧允征爲吏部員外郎

鄭殷又戶中　新表鄭氏北祖房路子見左外　潑字頴文　舊僖宗紀乾符四年三月以判鹽鐵案檢校考功郎中鄭潑爲司封員外郎充轉運判官

鄭敦　新鄭畋傳鄭畋始爲虞部員外郎右丞鄭薰誣畋罪不可任郎官出之僖宗時畋秉政擢薰子敦給事中至侍郎其損怨類如此舊傳同

盧□王本缺

蕭□王本缺

補遺

韋季武見封中　元和姓纂八韋季武主爵員外京兆杜陵人世系表作郎中

韋素立又倉中　新表韋氏平齊公房隋汴州刺史師孫武后相弘敏弟金中有敏　素立主爵員外郎元和姓纂宏敏從父素立主爵員外

表蓋誤下一格

崔悰格案石刻封外倉中有崔琮疑悰即是又御史臺殿中題名　新表博陵第三房崔氏達子悰主爵員外郎

李華見吏外補又金中禮外補　摭言四李華至德中自前司封員外起爲相國李粱公峴從事檢校吏部員外　李艮薦蒙求表司封員外郎李華當代文宗名望夙著與作序云云日本本古本蒙求案表署天寶五年八月一日饒州刺史李艮　新文藝傳下上元中以左補闕司封員外郎召之喟然曰烏有隳節危親欲荷天子寵乎稱疾不拜李峴領選江南表置幕府擢檢校吏部員外郎

李皆　新表隴西李氏姑臧大房祕書監成裕子肅宗相揆弟見勳外　皆司封員外郎　舊李揆傳李揆兄楷自有時名滯於冗官竟不引進揆罷相貶袁州長史同正員數日兄楷改授司門員外郎　新傳兄楷有時稱滯冗官不得遷揆貶不三日以楷爲司門員外郎

李紓　新表趙郡李氏南祖續後禮部侍郎希言子紓字仲舒吏部侍郎　舊傳大麻初吏部侍郎李季卿薦爲左補闕累遷司封員外郎知制誥改中書舍人　歐陽詹唐天志貞元七年趙郡李公紓爲天官之四年歐陽行周文集七本傳失載

武儒衡又戶中　新表武氏考功員外郎甄孫見考外補江陰令登子儒衡字庭碩中書舍人　舊傳憲宗待儒衡甚厚累遷戶部郎中十二年權知諫議大夫事新傳同　李翺兵部侍郎贈工部尚書武公墓誌年二十四得進士第歷侍御史司封員外郎戶部郎中遷諫議大夫李文公集十五

舒元褒　新表舒氏武昌軍將校恒子元褒司封員外郎　新舒元輿傳弟元褒第進士擢賢良方正終司封員外郎

薛賁　新表薛氏西祖房江童孫見上大理評事錮子賁字抱素司封員外郎

張可續　白居易有開成二年三月三日禊洛濱留守裴
令公召司封員外郎張可續等一十五人合宴舟中詩
白氏文集三十三
權審又戶外　新表權氏桐廬尉少誠子審字子詢　杜牧
權審除戶部員外郎制稱文林郎守尚書水部員外郎
權審樊川文集十七詳戶外　東觀奏記上司封員外郎充國史
館修撰權審嘗出行於衢路突尚書左僕射平章事崔
鉉判曰宰相之統庶僚僕射之臨郎吏豈有導騎已過
按轡橫衝權審久在班行合諳典故便知素履且舉舊
條送都省罰七直審以素履之言難於就列尋左遷宿

州刺史自爾不復立朝矣
崔周恕　新表南祖崔氏從子愼由弟俱見吏外　周恕初名愼
經司封員外郎
盧渥又勳中補勳外　新表盧氏詞子渥字子章檢校司徒
又盧氏詡子渥不詳歷官　司空圖唐故太子太師致
仕盧公神道碑宣宗時公中選甲科籍自侍御史專領
東臺之務徵起居轉司封員外知雜事正色讜言舉劾
不撓遷司勳郎中司空表聖文集五　新書姦臣下崔胤傳天
復元年韓全誨挾帝幸鳳翔崔胤令太子太師盧渥率
羣臣迎朱全忠全忠兵追行在帝詔趣還鎭因詔遣渥

等俱西舊傳令太子太師盧知猷率百官迎全忠入京師案新知猷傳昭宗爲劉季述所幽感憤卒則
當卒於光化三年舊紀傳俱誤　舊昭宗紀天復元年十一月戊午朱全忠自赤水趨長安崔胤率文武百僚
太子太師盧知猷以下迎於坡頭　闕史下　盧左丞渥冠裳之盛近代
無出其右者伯仲四人咸居清顯乾符初服喪紀于洛
下先終制渥自前中書舍人拜陝郊觀察使又旬日其
弟紹見勳中　自前長安縣令除給事中又旬日弟沆自前
集賢校理授左拾遺又旬日弟沼見考中補　自前畿尉遷監
察御史　舊文苑下司空圖傳乾符中陝帥盧渥奏司
空圖爲賓佐　舊蕭遘傳田令孜受時溥厚賂曲奏李
凝古與父右常侍損同謀酖溥請收損下獄中丞盧渥

附令孜鍛鍊其獄　資治通鑑唐紀七十二　光啟二年三月
以尚書左丞盧渥爲戶部尚書充山南西道留後　南
部新書已　盧攜在中書深恥盧家不出座主廣明元年
乃追陝州盧渥入典貢帖經後巢賊犯闕天子幸蜀脫韋
字昭度於蜀代之
盧蕘見封中　新表盧氏商子蕘字待問舊盧商傳子蕘不詳歷官　舊
懿宗紀咸通十年十二月以考官司封員外郎盧蕘等
考試宏詞選人
裴迪　新表東眷裴氏道護後檢校右僕射晉昭公識子
迪見勳外　迪司封員外郎　石刻游芳任城縣橋亭記稱尉

河東裴迺開元廿六年七月山東濟寧州學泮池　新書地理志河南府
河南縣有伊水石堰天寶十載尹裴迺置
楊拯　新表楊氏越公房紹復子見封外　拯字致堯　舊楊
於陵傳紹復子拯司封員外郎　新卓行元德秀傳門弟
子楊拯字齊物隋觀王雄後舉進士終右驍衞騎曹參
軍名最著　李華三賢論弘農楊極文粹極摭言拯　士虞文粹摭言
作扶敏而安道是慕於元者也文苑英華七百四十四文粹三十八唐摭言七
崔貽孫　新表博陵第三房崔氏昭義節度判官匑言子
見左外　貽孫字伯垂　舊崔元亮傳孫貽孫位至侍郎
舊五代史唐書四十五　崔貽孫傳以門族登進士第以監察

升朝歷清資美職爲省郎於江南迴于漢上之穀城退
居自奉累遷丞郎　錢珝授司封員外郎賜緋崔貽孫
守兵部員外郎判戶部案制勑具官崔貽孫冠族以德
範遺後昆者剛鯁清素代稱爾家又能樹立本根嗣守
風法爲士之道自求必聞故朝鈌美官人思公舉今丞
相以版賦之重用爾爲佐理之才更遷右曹往事吾相
無謂司貨籍者近乎俗吏而忽於躬親使滋其煩弊也
可依前件文苑英華三百九十二
楊贊圖　新表楊氏越公房左散騎常侍知退子見戶中　贊
禹弟見左中補　贊圖字光祐司封員外郎知制誥　黄滔文

六金身碑天祐四年正月設二十萬人齋座客有弘文
館直學士弘農楊公贊圖莆陽黃御史集下　新王潮傳王審
邽爲泉州刺史中原亂公卿多來依之振賦以財如楊
贊圖等賴以免禍審邽遣子延彬作招賢院以禮之
薛滈　舊哀帝紀天祐二年五月甲申司封員外郎薛滈
可輝州司戶
鄭徽　雲臺編下　有送司封從叔員外徽赴華州裴尚書
均辟詩
鄭口　雲臺編中　駐蹕華州同年司封員外從翁許共游
西溪久違前契戲成寄贈詩

孔温裕又勳中禮外補　新表曲阜孔氏給事中戣子温裕不詳
歷官　孔氏祖庭廣記六　温裕三十九代天平軍節度
使　舊孔戣傳子温裕登進士第大中已後居顯職位
京兆尹天平軍節度使新戣傳温裕仕爲天平節度使　新蕭倣傳宣
宗時蕭倣以封敕駁誤法當罰侍講學士孔温裕曰給
事中駁奏爲朝廷論得失與有司奏事不類不應罰詔
可　玉堂遺範授孔温裕忠武軍節度使制朝散大夫
守尚書戶部侍郎上柱國賜紫金魚袋孔温裕步武中
朝馳聲內署河洛神明之政關防惠養之風授以版圖
陟於蘭省奉貳卿之班列司九典之征徭可檢校禮部

尚書兼許州刺史御史大夫充忠武軍節度陳許蔡州
觀察處置等使散官勳賜如故文苑英華四百五十三　資治通
鑑唐紀六十五　大中四年党項爲邊患發諸道兵討之連年
無功戍饋不已右補闕孔溫裕上疏切諫上怒貶柳州
司馬因話錄六河南尹孔溫裕任補闕日諫討党項事貶柳州司馬久之得堂兄尚書溫業書報云憲府欲取爾作侍御史日望敕下忽又得書云宰相以右史處之皆無音耗無幾却除補闕舊鈔本　重修
承旨學士壁記孔溫裕大中九年二月二十九日自禮
部員外郎集賢院直學士充其年三月三日加司封員
外郎知制誥十二年正月十八日遷中書舍人其年八
月三十日除河南尹出院翰苑羣書上　舊宣宗紀大中十

二年正月以翰林學士朝議郎守尚書司勳郎中知制
誥賜緋魚袋孔溫裕爲中書舍人充職東觀奏記中孔溫裕自禮部員外改司封員外入內廷二十五箇月改司勳郎中知制誥與紀正合壁記失載蓋有脫文　舊懿宗
紀咸通六年春正月丁亥以河東節度使檢校刑部尚
書孔溫裕爲鄆州刺史天平軍節度鄆曹棣觀察處置
等使　石刻賈防新修曲阜縣文宣王廟記皇帝御寓
之十年歲在己丑夫子三十九代孫魯國公節鎮汶陽
之三載飛章上陳請以私俸葺飾右鄆曾濮等州觀察
使孔溫裕奏差人賫持料錢就兗州據廟宇傾毀處悉
令修葺皆自支費不擾州縣中書門下牒鄆曹濮觀察

使牒奉勅已賜詔嘉獎餘宜依仍付所司牒至准勅故
牒云云末署咸通十年九月廿八日牒咸通十一年三月十日建　石刻鄭仁表唐
故左拾遺魯國孔府君紓墓誌銘咸通十五年三月侍
講學士右僕射太常孔公以疾辭內署職逾二旬太常
公疾少間又旬日公薨又云拾遺始及第時僕射太常
公節制天平軍公罷鎮居洛中徵拜司戎貳卿又云父
溫裕皇任檢校右僕射兼太常卿充翰林侍講學士册
贈司空　舊懿宗紀咸通十三年三月差右丞孔溫裕
權判考試宏詞舉人

附存

鄭絪見勳外　韋執誼翰林院故事貞元已後鄭絪封外知
誥充賜緋案舊傳重修承旨學士壁記是勳外此誤　翰苑羣書上
韋弘景見左中補吏中吏外度中補　舊憲宗紀下　元和八年十月
翰林學士司封員外郎韋弘景守本官以草涇原節度
使蘇光榮詔漏敘功勳故也案舊傳元和中自左補闕尋召入翰林爲學士普潤鎮使蘇光榮爲涇原節度使宏景草麻漏敘光榮之功罷學士改司門員外郎丁居晦重修承旨學士壁記韋宏景元和七年二月五日自左補闕遷司門員外郎八年十月二十三日出守本官紀作司封誤
王彥威見封中戶中祠外　又　舊傳自太常博士累轉司封員外
郎郎中　劉夢得外集九　王公傒神道碑季子彥威歷
太常博士祠部員外郎邊屯田郎中轉戶部司封不云封外

舊傳誤新傳自太常博士累擢司封郎中

庾道蔚 見勳外

歸安丁寶書編次

唐尚書省郎官石柱題名考卷六　勞檢丁士謌校字

唐尚書省郎官石柱題名考卷七

仁和勞格
　　趙鉞　著
歸安丁寶書編次

司勳郎中

唐六典吏部尚書其屬有司勳郎中一人從五品上（武德初爲司勳郎中龍朔元年改爲司勳大夫咸亨二年復故）掌邦國官人之勳級（舊書新書同）

（石刻）狄孝緒　獨孤珽　楊纂　辛諝　薛逑

竇孝鼎　宇文節　杜文紀　薛逑　鄧素

郎知年　王儼　王仁贍　鄭植　鄭玄毅

韋同慶　張松壽　李崇德　元和敬　謝祐

王廞　劉應道　路元叡　李範卬　岑曼倩

歐陽通　裴思義　李玄慶　□懷敬　李至遠

張敬之　樊忱　楊元政　戴師倩　祝欽明

楊承裕　趙誼　田貞松　李元恭　楊祇本

張循憲　□嶠　崔日用　劉聞一　韋瑗

傅黃中　李元璀　李崇敏　齊處仲　張敬忠

呂絢　唐曉　王瑨　辛替否　劉晃

吉渾　韓朝宗　盧翹　張珣　釗日政

蕭華　李知柔　盧重玄　元玄禕　姜昂

韋虛舟　張寂　郭愼微　裴士淹　韋咸

崔圓　蔡希寂　盧允　薛邕　盧游
釗單　李收　韋鍔　庾準　邵說
王紞　董晉　邱爲　韋禎　劉滋
韓章　路季登　鄭南史　崔彧　嚴霆
權德輿　李直方　李絳　崔恭　盧公憲
韋顗　陳諷　李正封　沈傳師　路隋
崔護　李虞仲　侯繼　孔敏行　王衮
高鍇　權璩　韋瓘　唐扶　崔龜從
崔蠡　高少逸　陸洿　紇干臬　盧懿
敬暭　劉濛　韋博　周復　崔黯

崔瑤　楊發　尒朱抗　李潘　蔣偕
薛蒙　孔温裕　王渢　任憲　裴紳
鄭洎　孟球　杜蔚　張復珪　趙隱
牛叢　吉鄘　侯備　崔朗　薛途
張潛　崔厚　嚴都　薛返範　趙蒙
李輝　蘇蘊　李迢　魏管　盧紹
崔庾　盧望　鄭軌　李輝　杜庭堅
何敬之
補遺　李壽王　張元一　韓同慶　王光大　裴倩
蕭直　郗昂　劉仁師　杜審權　郭勤

崔隋　盧渥　鄭彥弘　崔彥融　楊篆
王莘　孫佾　韓偓　趙光裔　張文蔚
薛貽矩　裴筠　鄭處約　杜孺休　王鸑
附存　王欽　裴度　獨孤郁

勞檢丁士諤校字

唐尚書省郎官石柱題名考卷七

狄孝緒　新表狄氏東魏帳內正都督臨邑子湛孫孝緒
尚書左丞臨潁男　舊狄仁傑傳見度中補祖孝緒貞觀中
尚書左丞　石刻大唐贈使持節邛州諸軍事邛州刺
史狄公碑父孝緒唐行軍總管大將軍金紫光祿大夫
尚書左丞使持節汴州諸軍事河南洛陽案碑又云臨潁公之第五子也世
系表孝緒第三子知遜越州刺史
獨孤珽無考
楊纂見吏中又考中補二傳失載
辛諝　新表辛氏寬子諝中書舍人元和姓纂同

薛逊見吏中又見下
竇孝鼎見封外　新表竇氏三祖房覽孫孝鼎司勳郎中
宇文節見吏中吏外
杜文紀又度中　元和姓纂十姥唐司勳郎中杜文紀平原安
德人　四川成都志十一杜文紀貞觀六年以諫議大夫
爲益州都督府長史
薛逊重見
鄧素　元和姓纂四十八嶝苻秦幷州牧左僕射鄧羌裔孫素
原本誤表据下文改唐兵部郎中南陽伯安定人又居藍田　資
治通鑑唐紀十三貞觀十七年六月丁亥太常丞鄧素使高

麗還請於懷遠鎮增戍兵以通高麗
郎知年　舊儒學郎餘令傳從父知年爲霍王友新傳同
王儼見左中吏中又勳外考中
王仁瞻無考一本作仁照又勳外倉外
鄭植見左中補　馬懷素大理卿崔公故夫人滎陽縣君鄭氏
墓誌銘祖植□朝司勳左司二郎中常山貞石志七
鄭玄毅無考見吏中又戶外
韋同慶無考疑是韓同慶見吏外勳中補勳外
張松壽見封中
李崇德見封中

元和敬無考吏中有知敬
謝祐又倉外　舊曹王明傳永隆中曹王坐與庶人賢通謀
降封零陵王徙黔州都督謝祐希旨逼脅令自殺
王歘又勳中附存有王欽　新表太原第二房王氏孝倫子仁表弟
見祠中　歘司勳郎中
劉應道見吏中吏外補又勳外
路元叡見吏中又戶中度外　新表平陽路氏元叡勳吏二郎中
廣州都督
李範邛無考見封外又祠外
岑曼倩　新表岑氏太宗相文本子曼倩雍州長史襲公

歐陽通　新表歐陽氏率更令渤海縣男詢子通字通師
相武后　舊書儒學傳上　儀鳳中累遷中書舍人新傳同
裴思義見左中補吏外封外
李玄慶　新表趙郡李氏東祖房將仕郎行詡子元慶昭
陵令
□懷敬
李至遠見吏中吏外又動外倉外至作志　新循吏傳至遠歷司勳吏
部員外郎中舊良吏傳失載
張敬之又考中補　新方技杜生傳浮屠泓與天官侍郎張敬
之善敬之以武后在位常指所服示子冠宗曰莽朝服

郎官石柱題名考卷七　勳中　三

耳儀冠宗以父應入三品諳有司言狀泓忽曰君無煩
求三品也敬之大驚已而知出冠宗意　大唐新語五
張敬之則天時每思唐德惟以祿仕謂子冠宗曰吾今
佩服乃莽朝之服耳累官至春官侍郎當入三品子弟
將道由歷於天官有僧泓師善陰陽算術與敬之有舊
謂敬之曰六郎無煩求三品敬之曰弟子無所求勵此
兒子意耳　朝野僉載張雄爲數州刺史子敬之爲考
功郎中改壽州刺史覔弟納之從給事中相府司馬改
德州刺史入爲國子祭酒出爲常州刺史太平廣記四百三十五
樊忱　元和姓纂二十二元唐亳州刺史樊思孝生忱戶部尚

書廬江人　舊中宗紀神龍元年正月甲辰命地官侍
郎樊忱往京師告廟陵　新書地理志　開元五年華
州刺史樊忱復鑿華陰縣敷水渠使通渭漕
楊元政　新表楊氏越公房温令恪子元政司勳郎中河東
先生集十三亡妻弘農楊氏誌高祖皇司勳郎中諱某
戴師倩見左外
祝欽明　新表祝氏峽州司法參軍綝子欽明字文思相
中宗　舊儒學傳舉明經長安元年累遷太子率更令
新傳擢明經永淳天授間又中英才傑出業奥六經
等科拜著作郎爲太子率更令

郎官石柱題名考卷七　勳中　四

楊承裕無考　新表楊氏觀王房思約子承初不詳歷官疑郎
承裕之誤
趙誼見左中封中
田貞松無考又金外
李元恭又勳外金外　新表趙郡李氏東祖房友益子見封外元
恭初名豫工部郎中案此元恭係出隴西與出趙郡者有別　穆員京兆
少尹李公佐墓誌祖元恭皇大理少卿知吏部選事文苑
英華九百四十四　梁肅李僜墓誌大父元恭開元中以文學
政事歷大理卿判尚書吏部侍郎文苑英華九百六十二　舊岑
羲傳神龍中大理少卿李元恭等分掌選事皆以賕貨

聞新傳同 廣異記唐吏部侍郎李元恭子博學多智太平
廣記四百四十九
楊祇本見吏中補又勳外
張循憲 新張嘉貞傳長安中御史張循憲使河東命張
嘉貞草奏武后以爲能循憲因請以官讓后擢循憲司
勳郎中疇其得人舊傳長安中侍御史張循憲爲河東採訪使薦嘉貞材堪憲官請以己之
官秩授之
口嶠
崔日用見吏外 新外戚武三思傳司勳郎中崔日用等託
武三思權熏炙中外二傳失載

劉聞一 元和姓纂十八尤 唐監察御史劉克讓生慎改名
聞一司勳郎中河南少尹彭城人
韋瑗見封外 新表韋氏駙馬房元誕子瑗司勳郎中
傅黃中又御史臺殿中題名 新表清河傅氏地官侍郎冬官尚書
元淑子神童見金中 黃中司勳郎中
李元瓘無考鉞案疑卽元瓘時代正合 舊書禮儀志四 開元八年國子
司業李元瓘奏孔宣父廟顏子配坐十哲列享七十子
圖形曾參預饗云云 會要七十五 開元八年七月國子
司業李元瓘上言明經請習周禮儀禮公羊穀梁四經
李崇敏 新表隴西李氏武陽房思本子崇敏司勳郎中

齊處仲又御史臺侍御殿中監察題名仲作沖 元和姓纂十二齊 唐中書舍
人齊處中高陽人 朝野僉載舍人齊處沖好眇目視
魏光乘目云暗燭底覓虱老母太平廣記二百五十五
張敬忠見吏中又勳外 蘇頲命姚崇等北伐制司勳郎中張敬
忠可行軍判官開元二年三月文苑英華四百五十九
呂炯無考 元和姓纂八語 皇安承慶有脫誤 生炯膳部郎中諫
議大夫左庶子東平人疑郎呂炯之誤
唐曉又金中 新表唐氏唐隆令貞敏子曉司勳郎中
王瑨又勳外 舊良吏王方翼傳子瑨開元中爲中書舍人
新王方翼傳同王鉷傳同 開元釋教錄九 睿宗嗣厤沙門菩提流

志譯大寶積經左補闕祁縣男王瑨等潤色
辛替否 舊傳睿宗時爲左補闕稍遷右臺殿中侍御史
開元中累轉潁王府長史新傳同
劉晃 新表尉氏劉氏工部員外郎濬、子晃太常卿襲樂
城公 舊劉仁軌傳孫晃疑晃開元中爲祕書省少監
新傳開元中爲給事中 舊音樂志三 玄宗開元十一
年祭皇地祇於汾陰樂章內姑洗徵一首司勳郎中劉
晃作 舊李元紘傳宋璟每謂人曰李侍郎引宋遙見勳
外之美才黜劉晃之貪冒云云新傳同
吉渾又勳外 新表吉氏武后相頊子渾司勳郎中

韓朝宗　元和姓纂二十五寒黃門侍郎原衍生字思復生朝宗京兆尹昌黎人代居雲陽　舊韓思復傳子朝宗天寶初爲京兆尹　舊張嘉貞傳開元中張嘉貞作相薦萬年縣主簿韓朝宗擢爲監察御史　王維大唐吳興郡別駕前荊州大都督府長史山南東道採訪使京兆尹韓公墓誌銘應文以經國科甲科試右拾遺拜監察御史兵部員外郎轉度支郎中除給事中尋知吏部選事除許州刺史荊州大都督府長史山南採訪使　新傳睿宗時歷左拾遺累遷荊州長史　唐會要七十六景雲二年文以經國科韓朝宗及第通考同緯畧同

盧翹　新表盧氏鸞臺侍郎獻子見主外翹兵部郎中廣陵長史

長史

張珦見吏中

劉日政見吏中考外

蕭華　新表蕭氏齊梁房元宗相嵩子見勳外華相肅宗　舊蕭嵩傳開元二十一年以嵩子華爲給事中又爲工部侍郎　舊方伎張果傳開元二十一年謂太常少卿蕭華云云　舊傳天寶末轉兵部侍郎新傳同

李知柔又勳外又御史臺侍御殿中題名　新表雍王房博陵公道弼孫知柔御史中丞　又郇王房武宗相回子知柔滑州觀察巡官　又惠宣太子房嗣薛王宓孫知柔嗣薛王相昭宗案時代不合　白居易唐故通議大夫和州刺史吳郡張公無擇神道碑銘公擢拜和州刺史時李知柔爲本道採訪使白氏文集四十一

盧重玄　新表盧氏魏州刺史璥子重玄司勳郎中　唐會要七十六景龍二年茂才異等科盧重元及第緯畧同　沈汾續仙傳中開元二十三年玄宗命中書舍人徐嶠通事舍人盧重玄齎書迎張果於常州　新藝文志丙部子錄五行類盧重元夢書四卷原注開元人　通志藝文畧五道家一列子冲虛至德眞經八卷盧重元注案兩書藝文志失載國朝江都秦

氏始從道藏本宋高守元沖虛至德眞經四解中錄出刊行前銜題唐通事舍人盧重玄解與續仙傳正合

元玄禕鉞案玄禕無考吏外有源玄緯疑即一人元疑源

姜昂見左外又金外　新表姜氏昂司勳郎中

韋虛舟見左中又戶中　舊韋虛心傳弟虛舟自御史累至戶部司勳左司郎中新傳失載　孫逖東都留守韋虛心碑季弟曰虛舟事皇帝歷戶部司勳郎中今移左司文苑英華九百十八

張寂又勳外　新表清河東武城張氏武后溫王相錫子見戶中寂司勳郎中　又河間張氏曹州刺史通子寂不詳

歷官

郭愼徽案愼徽當從金中作愼微　元和姓纂十九鐸司勳郎中知制誥

郭慎微萬年人徵字亦誤　舊李林甫傳郭慎微文士之闒
茸者代爲題尺　新傳善郭慎微使主書記　京兆金
石錄唐贈汝南太守郭慎微碑族弟汭撰顧戒奢八分
書天寶中立寶刻叢編八金石錄目十第一千九百六十六唐知制誥郭慎微碑姪汭撰八分書
姓名殘缺
裴士淹見封外
韋咸　新表韋氏南皮公房陳王傅綱子咸汴州司戶參
軍　元和姓纂八徵韋氏鄖城公房韋景林生咸工部郎
中京兆杜陵人　遣使賑恤天下遭水百姓勑宜令秘
書少監常疑韋咸往恒冀德棣深趙等州宣撫貞元八年八月文

苑英華四百三十五引編制
崔圓又動外　新表清河青州房崔氏大理評事景晊子圓
相肅宗　舊傳開元中以鈐謀射策甲科自會昌丞累
遷司勳員外郎宰臣楊國忠遥制劍南節度使引圓佐
理奏授尚書郎兼蜀郡大都督府左司馬知節度留後
天寶末元宗幸蜀郡特遷蜀郡大都督府長史劍南節
度新傳畧同　舊元宗紀下天寶十五載六月庚子以司勳
郎中劍南節度留後崔圓爲蜀郡長史劍南節度副大
使　定命錄崔圓作司勳員外無何爲刑部員外兼侍
御史充劍南節度留後未逾一年便致勳業太平廣記二百二十

二
蔡希寂又動外　元和姓纂十四泰　唐司勳郎中蔡希寂丹陽
人　蔡希綜法書論第七兄洛陽尉希寂深工草隸頗
爲當代所稱書苑菁華十二　新藝文志丁部集錄別集類注殷璠彙次
曲阿人渭南尉蔡希寂等十八人詩爲丹陽集
盧允見吏中又金中金外
薛邕見吏中吏外禮外補
盧游　新表盧氏桐廬令玉昆孫游司勳郎中河南少尹
權德輿唐故太原府史事軍李府君雍墓誌銘夫人
范陽盧氏殿中侍御史敷之女司勳郎中游之妹權載之文

集二十五
劉單　元和姓纂十八尤　禮部侍郎劉單岐山人　唐才子
傳二　天寶初劉單榜進士邱爲　舊楊炎傳元載作相
嘗選擇朝士有文學才望者一人厚遇之將以代已初
引禮部郎中新傳作侍郎　劉單單卒　舊高仙芝傳天寶六
載九月高仙芝討小勃律國還令劉單草告捷書節度
使夫蒙靈詧以仙芝懸奏捷書謂劉單曰聞爾能作捷
書單恐懼請罪岑嘉州集一有武威送劉單判官赴安西行營便呈高開府詩　乾膜
子閻濟美初舉劉單侍郎下雜文落太平廣記百七十九　杜甫
新畫山水障歌注奉先尉劉單宅作文苑英華三百三十九集作奉先劉

少府新畫山水障歌

李收又考中　新表趙郡李氏西祖房吏部侍郎彭年見吏史生收給事中　常袞授李收諫議大夫制中散大夫前行尚書兵部郎中贊皇縣開國男李收往屬時難保茲艱貞事君之節足以存勸歷踐郎署率由舊章而仗雅居正可參諷議可諫議大夫散官封如故文苑英華三百八十一

韋鍔　新表韋氏彭城公房倉部郎中珽子見倉中補鍔濩澤令恐非是

庚準見左外主中吏中二傳失載　又

邵說又戶中又御史臺陰額監察題名　元和姓纂三十五笑殿中脫侍字御史

邵瓊之見監察生說吏部侍郎相州安陽人　舊傳舉進士自史思明判官降於軍前郭子儀留於幕下累授長安令秘書少監新文藝傳同　常袞授邵說兵部郎中制稱宣德郎前守尚書司勳郎中賜緋魚袋邵說文苑英華三百九十

石刻唐故同州河西縣丞贈虢州刺史天水趙公瓛冲神道碑尚書兵部郎中安陽邵說撰大厤四年虞鄉

王統　新表河東王氏汾州司馬處廉子統太常少卿　舊代宗紀大厤十二年四月太常少卿王統等十餘人皆坐元載貶官新元載傳與元載厚善坐貶者王紀等數十百人

董晉又祠中主外　新表董氏新浦主簿伯良子晉字混成相德宗　舊傳明經及第大厤中以祠部郎中為判官使還拜司勳郎中歷秘書太府太常少卿　新傳累遷祠部郎中大厤中李涵持節送崇徽公主於回紇署晉判官還遷秘書少監　韓愈贈太傅董公行狀先皇帝時兵部侍郎李涵如迴紇詔公自祠部郎中兼侍御史賜紫金魚袋為判官歸拜司勳郎中遷秘書少監歷太府太常二寺亞卿昌黎先生集三十七　陸贄論朝官闕員及刺史等改轉倫序狀頃者臣因奏事論及內外序遷陛下乃言舊例居官歲月皆久朕外祖曾作秘書少監一任經十餘年董晉將順睿情遂奏云臣於大厤中曾任祠部司勳二郎中各經六考陛下之意頗為宜然陸宣公集二十一

邱為　元和姓纂十八尤右常侍邱為吳郡人　唐才子傳二上為累舉不第歸山讀書數年天寶初劉單榜進士王維甚稱許之嘗與唱和　新藝文志丁部集錄別集類邱為集卷亡蘇州嘉興人事繼母孝嘗有靈芝生堂下累官太子右庶子時年八十餘而母無恙給俸祿之半及居憂觀察使韓滉以致仕官給祿所以惠養老臣不可在喪為異惟罷春秋羊酒初還鄉縣令謁之為候門磬折令坐乃拜里胥立庭下既出乃敢坐經縣署降馬而趨卒年九十六　會要六十七貞元四年四月以前左散騎常侍致仕邱為為復舊官初為致仕還鄉特給俸祿之半既丁母喪蘇州疑所給請於觀察使韓滉以為授官致仕令不理務特給祿俸惠養老

臣也不可以在喪爲異命仍舊給之唯春秋二時羊酒之直則不給雖程式無文見稱折衷及是爲服除乃復之

韋禎　新表韋氏逍遥公房給事中㫰嗣子禎姓纂作禎京兆少尹知府事　舊嚴震傳建中初司勳郎中韋楨爲山劍黜涉使新傳同　舊德宗紀建中三年四月京兆少尹韋禎取僦櫃質庫法借富商錢

劉滋又勳外　新表彭城劉氏起居郎貺子滋相德宗　舊傳字公茂自司勳員外郎判南曹遷司勳郎中累拜給事中從幸奉天轉太常少卿新傳畧同

韓章　新表昌黎韓氏邢州長史洪子見勳外補　章兵部侍郎姓纂工部尚書　吳興志大慈寺神鐘記武康縣令韓章撰大厤五年僧神晤鑄　又大盛寺建功德碑在州報恩光孝寺試大理評事兼武康縣令韓章撰前衢州龍丘縣尉徐浩書唐大厤六年建

路季登又金中　新表平陽路氏徐宋二州刺史齊暉子見戶外　季登諫議大夫　舊路巖傳祖季登大厤六年登進士第累辟諸侯府升朝爲尚書郎遷左諫議大夫卒

鄭南史見封外

崔彧　新表南祖崔氏翹子見封外　彧太子少詹事

嚴霆　元和姓纂二十八嚴廣漢嚴氏唐檢校左僕射嚴震世居梓州鹽亭云本望馮翊弟霆司勳郎中　石刻張彧無憂王寺大聖眞身寶塔碑銘幕□□有若監察御史裏行嚴公霆大厤十三年陝西扶風　權德輿嚴公震墓誌銘公同氣曰霆四爲尚書郎權載之文集二十一

權德輿　新表權氏著作郎臯子德輿字載之相憲宗　舊傳貞元十年自左補闕遷起居舍人歲中兼知制誥轉駕部員外郎司勳郎中職如舊遷中書舍人新傳畧同　楊嗣復權載之文集序登朝爲起居舍人改駕部員外郎換司勳郎中遷中書舍人凡四任九年專掌詔誥權載

之文集　權德輿盧公行狀貞元十四年九月十二日故吏朝元本脫議郎守尚書司勳郎中知制誥雲騎尉賜緋魚袋權德輿謹上權載之文集二十又二十九昭陵寢宮奏議結銜同末題貞元十四年□月□日

李直方見左外　憲宗贈高崇文司徒册文稱副使司勳郎中李直方大詔令元和四年十月

李絳又勳外主外　新表趙郡李氏東祖房襄州錄事參軍元善子絳字深之相憲宗　又李氏姑臧大房尚書右丞雲將子絳滑州刺史　又武威李氏少府監襲涼國公自正子絳不詳歷官　舊傳字深之舉進士登宏辭科

元和五年自司勳員外郎遷本司郎中知制誥授中書
舍人依前翰林學士新傳畧同　劉禹錫唐故相國李公集
紀以監察御史充翰林學士居中轉尚書主客員外郎
歷司勳郎中知制誥遷中書舍人劉賓客文集十九　重修承
旨學士壁記李絳元和五年五月五日自司勳員外郎
知制誥加司勳郎中依前充翰林學士十二日遷中書
舍人賜紫　元稹承旨學士院記李絳元和五年五月
五日自司勳員外郎知制誥充承旨遷司勳郎中知制
誥十二月正除並翰苑羣書上
崔恭　新表博陵三房崔氏鳳閣舍人承構孫艮弼子恭

汾州刺史　李文饒別集三太原節度副使檢校右散
騎常侍崔恭奉和張弘靖山亭書懷詩元和十三年六月題　唐
詩紀事五十九恭能文嘗敘梁肅文集
盧公憲見吏中又勳外
韋顗見吏中
陳諷見吏中又金中倉外又
李正封又勳外　新表隴西李氏丹陽房琛孫子一本正封字
中護監察御史　唐會要七十六元和二年四月賢良方
正能直言極諫科李正封及第緯畧三年　稽藏言故武昌
軍節度副使扶風竇府君詩序元和二年舉進士與制
誥李公正封同年上第竇氏聯珠集　舊憲宗紀元和十二
年七月以司勳員外郎李正封兼侍御史爲彰義軍判
官從節度裴度出征舊裴度傳同
沈傳師　元和姓纂四十七寑唐翰林學士沈既濟生傳師進
士吏部侍郎吳興武康縣人　舊傳字子言吳人擢進
士登制科乙第自司門員外郎知制誥召充翰林學士
歷司勳兵部郎中遷中書舍人新傳畧同　重修承旨學士
壁記沈傳師元和十五年正月二十三日自司門員外
郎加司勳郎中閏正月一日賜紫二十一日加兵部郎
中知制誥翰苑羣書上　杜牧唐故尚書吏部侍郎贈吏部

尚書沈公行狀歷尚書司門員外郎司勳兵部郎中中
書舍人樊川文集十四
路隋又勳外　新表平陽路氏副元帥判官檢校戶部郎中
泌子隋字南式相文宗　舊傳隋元和中拜左補闕遷
起居郎轉司勳員外郎充史館修撰穆宗即位遷司勳
郎中賜緋魚袋入翰林爲侍講學士拜諫議大夫新傳畧同
重修承旨學士壁記路隋元和十五年三月二十二
日自司勳員外郎侍講學士轉本司郎中長慶二年五
月四日遷諫議大夫翰苑羣書上　韋處厚翰林學士記聖
上紹復墜典留神太古處厚與司勳郎中路隋職參侍

講通籍近署同上
崔護又戶中　新表南祖崔氏大理少卿鋭子護字殷功嶺
南節度使武城縣子　會要七十六元和元年四月才識
兼茂明於體用科崔護及第緯畧同　憲宗處分及第舉
人詔才識兼茂明於體用科人第四次等崔護中書門
下卽與處分大詔令　舊文宗紀太和三年七月丁酉以
京兆尹崔護爲御史大夫嶺南節度使　文苑英華五
有崔護日五色賦玉海百九十五正元十二年進士試日五色賦
李虞仲又祠外　新表趙郡李氏東祖房臨川尉端子虞仲
字見之中書舍人　舊傳元和初登進士第又以制策

登科自太常博士遷兵部員外郎司勳郎中寶麻中考
制策甚精轉兵部郎中知制誥拜中書舍人新傳畧同　白
居易論重考科目人狀末署元和十五年十二月十三
日重考定科目官將仕郎守尙書祠部員外郎上護軍
臣李虞仲白氏文集六十　白居易李虞仲等並西川判官皆
賜緋各檢校省官兼御史制吾命段文昌爲西川帥又
命虞仲等爲庶寮俾咨度焉又云苟佐吾丞相以善政
聞盜久遺汝於諸侯乎白氏文集四十八　又李虞仲可兵部
員外郎崔戎可戶部員外郎制敕劍南西川節度判官
朝散大夫檢校尙書戶部郎中兼侍御史上柱國賜紫

金魚袋李虞仲去年春朕授文昌鉞鎭撫西南選虞仲
輩贊理之今政成入安並命爲郎虞仲可行尙書兵部
員外郎散官勳如故同上
侯繼　唐科名記貞元八年陸贄主司試明水賦御溝新
柳詩其十二人侯繼韓子年譜　因話錄五　王幷州璠自河
南尹拜右丞除書纔到少尹侯繼有宴以書邀之故事
少尹與大尹遊宴禮隔雖除官亦須候正勑也
孔敏行見左外吏中　舊隱逸傳長慶中爲起居郎改左司員
外郎歷司勳郎中充集賢殿學士遷吏部郎中新傳畧同
王衮見吏中　新表琅邪王氏衮御史知雜　舒元輿御史

臺新造中書院記御史府新例知雜事一人中丞得以
選於廷臣大和三年河南宇文公鼎見左外旣拜御史中丞
之日上言請尙書司勳郎中琅邪王君以自輔文苑英華八百
七
高鍇見吏外補　舊傳累遷吏部員外郎大和六年二月自司
勳郎中轉諫議大夫　新傳歷吏部員外郎遷中書舍
人
權璩又考外補主外　新表權氏德輿子見上璩字大圭鄭州刺
史　新傳元和初擢進士歷監察御史宰相李宗閔薦
爲中書舍人　嘉定鎭江志十九　璩元和二年登進士第

韋瓘又倉外　新表韋氏龍門公房正卿子瓘字茂宏　唐
才子傳六元和四年韋瓘榜鮑溶第進士　新韋夏卿
傳弟子瓘及進士第仕累中書舍人與李德裕善李宗
閔惡之德裕罷貶爲明州長史會昌末累遷楚州刺史
終桂管觀察使洪氏邁曰以題名證之瓘自中書謫康州又不終於桂史誤瓘所稱十六年前
正當大和七年是時德裕方在相位八年十一月始罷然則瓘之去國果不知坐何事也　會要十
五元和十五年十月左拾遺韋瓘等閣中奏事諫上宴
樂過度　新李珏傳穆宗卽位期九月九日大宴羣臣
右拾遺李珏見吏外　宇文鼎見左外　温畬韋瓘馮葯見勳外同
進言　元稹獨孤朗授尚書都官員外郎制左拾遺韋

瓘嘗旅進廷爭極言無隱可守右補闕充史館修撰餘
如故元微之文集四十七　莫休符桂林風土記韋舍人瓘年十
九入闕應進士舉二十一進士狀頭牓下除左拾遺於
時名重縉紳指期直上馬相爲長安令二十八度候謁
不蒙一見大中初任廉察桂林纔半歲而馬相執大政
尋追懷舊事非時除賓客分司　洪邁容齋隨筆八載
永州浯溪唐人留題云大僕卿分司東都韋瓘大中二
年過此余大和中以中書舍人謫宦康州逮今十六年
去冬罷楚州刺史今年二月有桂林之命纔經數月又
蒙除替行次靈川聞改此官分司優閑誠爲忝幸宦途
巇嶮分亦可知因吟作官不了却歸來還是杜陵一男
子余洛川弊廬在崇讓里有竹千竿有池一畝罷郡之
日攜猿一隻越鳥一雙疊石數片將歸洛中方與猿鳥
爲伍得喪之際豈足介懷大中二年十二月七日宦途下据
全唐文補
唐扶　新表唐氏中書舍人次子見吏中補　扶字雲翔福建團
練使　舊文苑傳元和五年進士登第大和初自刺史
入朝爲屯田郎中十五年充山南道宣撫使俄轉司勳
郎中八年充宏文館學士判院事九年轉職方郎中權
知中書舍人事開成初正拜舍人

崔龜從見吏外又勳考中補　舊傳大和九年自考功郎中史
館修撰轉司勳郎中知制誥十二月正拜中書舍人新書
附崔元式傳畧同
崔蠡又戶中補戶外　舊傳字越卿元和五年擢第開成初自
汝州刺史以司勳郎中徵尋以本官知制誥明年正拜
舍人　新傳開成中爲戶部侍郎歷平盧天平軍節度
使終尚書左丞
高少逸見左中又主中二傳失載
陸洿又祠外　舊楊嗣復傳開成三年八月楊嗣復奏陸洿
上疏論兵雖不中時事意亦可獎間居蘇州累年宜與

一官李珏曰士子趨競者多若獎陸洿貪夫知勸矣新傳畧同 新文藝下 歐陽秬傳陸洿自右拾遺除司勳郎中棄官隱吳中詔召之既在道秬遺書讓出處之遽洿不至還

紇干泉中又金 舊杜元穎傳大和三年西川判官紇干泉貶郢州長史以佐元穎無狀也 新傳官屬紇干泉等悉奪秩分逐之 舊書刑法志會昌元年九月庫部郎中知制誥紇干泉字誤奏準刑部奏犯贓官五品已上合抵死刑請準獄官令賜死於家者伏請永爲定格從之 新柳仲郢傳會昌中中書舍人紇干泉訴甥劉詡歐

其母 沈珣授紇干泉嶺南節度使制畧云銀青光祿大夫行尚書工部侍郎紇干泉惟爾元和中以文學德行升爲甲科章羽儀於省署煥詞藻於綸闈朕以瀕江之西悍俗難理轂爾近掖委之藩條果能宣愷悌之風著循良之迹南臺起部無展爾庸所宜將我舊章化彼南服文苑英華四百五十六 雲溪友議十 紇干尚書泉泉誤苦求龍虎之丹鎮江右大延方術之士 又三 盧制作肇爲華州紇干公泉防禦判官 玉泉子舉人李文彬受知於舍人紇干洎泉疑 舊裴休傳與尚書紇干泉皆以法號相字 新傳與紇干泉素善至爲桑門號以相字 崔嘏授紇干泉江西觀察使制畧云中書舍人紇干泉霜臺竦介立之標蘭省蔚和光之操洎司綸綍益茂聲猷是用輟於演綸付之廉問仍加中憲式峻外臺文苑英華四百八 又五十 謝許受江西送綵絹等狀右今月十八日中使某至奉宣聖旨令臣領江西觀察使紇干眾泉誤所寄撰韋丹遺愛碑文人事綵絹三百疋 新循吏韋丹傳宣宗詔江西觀察使紇干泉上韋丹功狀 杜牧唐故江西觀察使武陽公韋公遺愛碑皇帝命江西首臣紇干眾上韋丹之功狀聯樊川文集七大中三年 因話錄三 開成三年余忝列第考官刑部員外郎紇干公崔相國羣門生也公及第日於相國新昌

宅小廳中集見座主及爲考官之前假舍於相國故第亦於此廳見門生焉是年科目八人六人繼昇朝序鄙人寒薄晚方通籍虢頭孫河南轂原本轂今改 先於鴈門公爲丞原注公後自中書舍人觀察江西又歷工部侍郎節制南海累贈封鴈門公 東觀奏記中 廣州節度使紇干泉以貪猥聞貶慶王府長史分司東都制曰鍾陵問俗澄清之化靡聞南海撫封貪黷之聲何甚而又交通詭遇溝壑無厭跡固異於澹臺道殊乖於吳隱舍人韓琮之詞也盡上一朝不進用矣

盧懿見吏中補封外 李紳拜相告後平書司勳郎中判懿會昌二年二月日 宿熙秘閣續法帖卷第六

敬皞　新表敬氏太子詹事寬子（見度中補）昕弟（見吏外）皞字日
新右散騎常侍　新敬晦（見封中）傳兄皞第進士右散騎
常侍　重脩承旨學士壁記敬皞開成五年十一月十
六日自兵部員外郎史館修撰充會昌二年八月六日
出守本官（翰苑羣書上）
劉濛（又度中補）　新表南華劉氏暹孫（見戶中）大理評事談經子
濛字潤之大理卿　新傳舉進士累官度支郎中會昌
初擢給事中
韋博（見左中金中）（又主中）　崔嘏授韋博司勳郎中等制勑韋博
等頃以邊城命將肇建麾幢當警塵未息之時及爟火

尚明之日故於粉署妙選星郎欲以贊充國屯田之謀
佐武賢備戎之術既而賓筵有耀幕畫居多薦居於沙
漠之中芟舍於戎旋之下亦既勞績亟更歲寒念其裏
革之誠更復握蘭之美而漁本以文學傳之吏能克踐
正途久司宗祏今以三農務急（一作重）九扈才難宜遷丞
副之榮用涉亞卿之列無忘素履各服新恩可依前件
（文苑英華三百八十九）
周復（又勳外戶外）
崔黯（又勳外）　舊傳蠡弟字直卿大和二年進士擢第開成
初為青州從事入為監察御史尋遷員外郎會昌中為

諫議大夫（新傳畧同）　廬山記二大中三年興復東林寺江
州刺史崔黯為捐私錢以倡施者搢紳從者數百人姓
名爵里今刊於石仍藏當時之疏亦崔詞也
崔瑤（見吏外）（又倉外祠外）
楊發（見左中補）（又勳外禮中補）
大中三年改左司郎中（新傳同）　舊傳自侍御史累遷至禮部郎中
尔朱抗　崔嘏授盧就等侍御史制東川節度判官爾朱
杭（抗誤）立身有聞能用嘉猷參於將席憲丞上請咸曰得
人（文苑英華三百九十四）
李潘（又勳外金外）　新宗室表雍王房陝府左司馬判子潘字

子及　又宰相表趙郡李氏南祖房山南東道節度使
承子潘不詳歷官（案潘當作藩）　韓愈故中大夫陝府左司
馬李公（郱）墓誌銘男潘進士（昌黎先生集三十四）　李商隱為安
平公兗州奏杜勝等四人充判官狀（李藩）　右件官文圓
馳聲賓階擅美口含言瑞身出禮門前任已奏為判官
馭下而和易不流臨事而貞方有執今臣移參國用務
切軍需實假平均以同計畫伏請賜守本官充臣觀察
支使（文苑英華六百三十九）　舊李漢傳弟潘登進士第大中初
為禮部侍郎　東觀奏記（中）上慎重名器未嘗容易服
色之賜一無所濫李藩（疑潘）自司勳郎中遷駕部郎中知

制誥衣緋如故　舊宣宗紀大中十一年十月以中書
舍人李藩權知禮部貢院　十二年二月以朝議郎守
中書舍人權知禮部貢舉上柱國賜緋魚袋李藩爲戶
部侍郎　新于琮傳中書舍人李潘知貢舉鄭顥以于
琮託之擢第　雲谿友議八李潘舍人放榜宋言第四
人及第
蔣偕又主中補主外　新表蔣氏祕書監乂子見動外仲弟見左外
偕右補闕　舊傳以父任歷官左拾遺史館修撰轉補
闕咸通中受詔修文宗實錄　新傳以父任歷右拾遺
史館脩撰轉補闕主客郎中累遷太常少卿

薛蒙又考外補　新表薛氏西祖房比部郎中公幹子見度中補蒙
字中明　又薛氏西祖房鳳翔府倉曹參軍肱子蒙不
詳歷官　又西祖房慶後愐子蒙不詳歷官　崔嘏授
蔡京趙滂等御史等制陳許觀察判官薛蒙等久滯藩
方未昇朝序循其聲跡頗契符言是用擢自賓筵置於
憲席可監察文苑英華三百九十五　杜牧唐故東川節度檢校
右僕射兼御史大夫贈司徒周公墀墓誌銘女嫁起居
舍人薛蒙樊川文集七大中七年　新崔鉉傳所善鄭魯楊紹復
段瓌薛蒙頗參議論　唐詩紀事五十三　薛蒙大中時爲
考功郎有和綿州于中丞興宗詩　舊韋溫傳女適薛

蒙善著文續曹大家女訓十二章士族傳寫行於時新傳
畧同　新書藝文志乙部史錄雜傳記類薛蒙妻韋氏續曹大家女
訓十二章原注韋溫女蒙字中明開成中進士第
孔溫裕見封外補又禮外補　舊宣宗紀大中十二年正月以翰林
學士朝議郎守尚書司勳郎中知制誥賜緋魚袋孔溫
裕爲中書舍人充職東觀奏記孔溫裕自禮部員外改司封員外入內廷二十五箇月改
司勳郎中知制誥壁記失載
王渢又勳外　舊宣宗紀大中八年三月文宗實錄成修史
官司勳員外郎王渢等頒賜銀器錦綵有差會要同舊魏謩傳同
新藝文志乙部史錄起居注類文宗實錄四十卷原注王渢等

撰渢字中德歷東都留守　唐會稽太守題名記王渢
咸通八年自前尚書戶部侍郎授會稽掇英總集十八　沈汾續
仙傳中　廉使王渢素奉道召見王可交　舊懿宗紀咸
通十三年五月辛巳貶吏部侍郎王瑊漳州刺史于琮
之親黨也　王諷疑渢漳州三平大師碑銘咸通十三年
諷自吏部侍郎以旁累謫守漳浦唐文粹六十四　石刻將仕
郎權知幽州良鄉縣主簿范隋柱國告末署給事中渢
咸通二年六月
任憲又戶中度中祠外　新表任氏易定節度使迪簡子憲字
亞司元和姓纂亦不詳歷官　文苑英華六百六十一　李商隱有爲同

州任侍御上崔相國啟首稱憲臧當即其人

裴紳又主外　新表東眷裴氏道護後堪子倉中有堪紳字子偁

南部新書戊　裴紳始名誕日耆告曰君名紳郎伸矣果如其言　東觀奏記下　大中九年正月十九日制將仕郎守尚書職方員外郎裴庭裕之先父可申州刺史散官如故詳左中補唐技注

鄭洎見左中　舊鄭肅傳子洎咸通中累官尚書郎出爲刺史　新傳洎仕至州刺史

孟球又戶中金外　唐摭言三　會昌三年王起僕射再主文柄門生一牓二十二人和周墀詩第五人　孟球字廷玉　舊

懿宗紀咸通五年四月以晉州刺史孟球檢校工部尚書兼徐州刺史徐州觀察防禦使　舊崔彥曾傳咸通六年南蠻寇五管陷交阯詔徐州節度使孟球召募二千人赴援

杜蔚又勳外　新表杜氏太子賓客元絳子審權弟見吏外　蔚字日章　舊杜審權傳弟蔚登進士第　東觀奏記中　大中十一年崔慎由自戶部侍郎秉政復以左拾遺杜蔚爲太常博士慎由舊僚也

張復珪見封中又勳外

趙隱見封外又金外

牛叢又勳外戶中膳外補見考外補　蔚弟見吏中　叢字表齡吏部尚書　舊傳開成二年登進士第出佐使府歷踐臺省乾符中位至劍南西川節度使　新傳宣宗時任補闕以司勳員外郎爲睦州刺史咸通末拜劍南西川節度使　舊魏謩傳謩上文宗實錄四十卷修史官膳部員外郎牛叢等頒賜錦綵銀器序遷職秩据舊宣宗紀事在大中八年三月紀失載叢名　益州名畫錄上　常重胤於中和院寫僖宗皇帝幸蜀隨駕文武臣寮眞有禮部尚書兼太常禮儀使牛叢舊傳從幸西川拜太常卿駕還拜吏部尚書新傳同失載此官

吉鄘　薛許昌詩集七　有寄吉諫議詩

侯備見吏外　重修承旨學士壁記侯備咸通五年六月八日自吏部員外郎加司勳郎中六年二月二十三日遷中書舍人翰苑羣書

崔勗見左外又戶外

薛逵　杜牧夏侯曈見主外　除忠武軍節度副使薛逵除涇陽尉充集賢校理等制　逵以文行策名節趣淸遠言於後進實爲秀人延閣典校丞相所請樊川文集十九

張潛又主中　新表淸河東武城張氏高宗相文瓘子潛揚州長史　唐闕史會昌二年禮部柳侍郎再司文柄故

駙馬都尉鄭顥以狀頭及第第二人姓張名潛　資治通鑑唐紀六十五大中十二年七月丁卯右補闕內供奉張潛上疏以爲藩府代移之際皆奏倉庫蓄積之數以羨餘多爲課績朝廷亦因而甄奬竊惟藩府財賦所出有常苟非賦斂過差及停廢將士減削衣糧則羨餘何從而致比來南方諸鎭數有不寧皆此故也一朝有變所蓄之財悉遭摽掠又發兵致討費用百倍然則朝廷竟有何利乞自今藩府長吏不增賦斂不減糧賜獨節遊宴省浮費能致羨餘者然後賞之上嘉納之　舊蘇瓌傳前揚州長史張潛子辨機皆致珍產數萬　舊韋湊

傳揚州法曹參軍韋湊白長史張潛請除前仁壽令孟神爽　舊張文瓘傳子潛中宗時官至魏州刺史

崔厚見左中補闕吏外又勳外金外　新表博陵大房崔氏兗海觀察使戎子厚字致之司勳郎中　舊懿宗紀咸通十年八月貶司勳郎中崔原柳州司戶崔雍之親黨也格案原當作厚說見左中補

嚴都又金外　黃滔潁川陳先生集序咸通初蒲津秋賦之場先生之作爲試官嚴郎中都之吟諷蒲陽黃御史集上

薛延範一本薛作韋見新表龍門公房夏卿孫

趙蒙又勳外　新表新安趙氏從約子見倉外蒙字不欺　吳興志趙濛咸通八年二月自司勳員外郎拜遷駕部員外郎統紀云遷職方　舊懿宗紀咸通十三年三月以考官職方郎中趙蒙等考試宏詞舉人　舊僖宗紀乾符三年九月以諫議大夫趙蒙爲給事中　廣明元年十二月上幸山南賊入京城御史中丞趙蒙從駕不及匿於閭里爲賊所捕皆遇害新紀新黃巢傳作趙濛　唐語林四　咸通末湖州牧李超趙蒙相次俱狀元時爲語曰湖接兩頭

李輝重見又勳外　益州名畫錄上　常重胤於中和院寫僖宗皇帝幸蜀隨駕文武臣寮眞有給事中李輝

蘇蘊又主中主外　唐摭言十四　蕭倣與浙東鄭商當作裵綽大夫

狀蘇藹故奉常之後鴈序雙高而風埃久處案字書無藹字疑卽蘊字之誤奉常卽蘇滌見考中補又案咸通四年蕭倣知舉則蘊是年進士

李迢　會要六十　乾符三年二月四日御史中丞李迢奏外州府有禁繫罪人關連京百司請委本州除合抵極法外疏理訖關奏從之

魏管案管疑當作當又禮中補　新表魏氏宣宗相扶子見封外當字守之刑部侍郎　舊令狐滈傳懿宗時中書舍人裴坦權知貢舉登第者三十人有魏當者故相扶之子案坦權知貢舉懿宗紀在大中十三年十月則當以咸通元年登第也　舊懿宗紀咸通十一年九月將仕郎守禮部郎中魏當春州司馬坐劉瞻親

善爲韋保衡所逐也　僖宗本紀乾符三年七月以右
諫議大夫知制誥魏簹爲中書舍人
盧紹 又戶中　新表盧氏詞子渥弟紹字子美太子少保
唐闕史 下　乾符中左丞渥弟紹喪紀終制自前長安縣
令除給事中 詳封外補盧渥注　舊昭宗紀天祐元年六月丁
未制金紫光祿大夫太子少傅盧紹可太子太保致仕
又哀帝紀天祐元年十月太子太保盧紹卒　司空
圖唐故太子太師致仕盧公神道碑公介弟尚書公紹
尤檢勉亦能率其子弟俾幼無違者 司空表聖文集五
崔庾 又考中補　新表博陵大房崔氏檢校司勳員外郎戣子

庾字韶德荆南觀察支使　舊懿宗紀咸通十年八月
貶左拾遺崔庚 疑庾 連州司戶崔雍之親黨也　舊僖宗
紀乾符三年三月試宏詞選人考功郎中崔庾爲考官
盧望 見左外　新五代史五十六盧質傳父望唐司勳郎中
鄭軌　鄭軌有覲兄弟同夜成婚詩 事文類聚後集十三
李輝 重見
杜庭堅 見左外又戶中
何敬之
補遺
李壽王　新表趙郡李氏東祖房隋淸池令李俊子壽王

司勳郎中
張元一 見封中封外　新酷吏郭弘霸傳武后時司勳郎中張
元一 舊傳作舍人
韓同慶 見吏外又勳外　新表昌黎韓氏同慶司勳郎中 姓纂同
王光大 又勳外戶外　又御史臺右側侍御兼殿中幷侍御題名　新表烏丸王氏
茂時子光大司勳郎中　石刻麓山寺碑陰有衡山員
外尉王光大 開元十八年湖南衡山
裴倩 又度中度外補　新表中眷裴氏司勳員外郎稹子 見祠外　倩
字容卿度支郎中正平縣男謚節　新傳歷信州刺史
代第五琦爲度支郎中　獨孤及唐故尚書祠部員外

郎贈陝州刺史裴公行狀子長曰倩尚書駕部員外郎
兼殿中侍御史江西道租庸鹽鐵等使 毘陵集六　權德輿
唐尚書度支郎中贈尚書左僕射正平節公裴公神道
碑銘自殿中丞侍御史拜度支駕部二員外遷司勳郎
中秘書少監歷信饒二州刺史復徵爲度支郎中大歷
七年秋七月終於長安光德里第 權載之文集十七
蕭直 見吏中又戶外　獨孤及唐故給事中贈吏部侍郎蕭公墓
誌銘驟升尚書戶部庫部司勳吏部四曹郎 毘陵集十一
郗昂 元和姓纂六脂　唐左庶子郗昂高平金鄉人 原脫左字依舊
書增　舊郗士美傳父純 按舊傳以昂爲純蓋避文宗諱改然憲宗諱純疑亦有誤字

高卿舉進士繼以書判制策三中高第登朝歷拾遺補闕員外郎中諫議大夫中書舍人　常袞授郄昂知制誥制朝散大夫檢校尚書司勳郎中郗昂可守諫議大夫知制誥散官如故文苑英華三百八十二　符載犀浦縣令楊府君鷗墓誌銘僚友郄舍人昂等聞公風聲望公飛翔英華九百五十九　李華楊騎曹集序刑部侍郎樂安孫公逖爲考功員外郎君與高平郗昂等連年高第英華七百一　唐國史補上　郗昂與韋陟友善有時稱　唐語林五　郗昂性捷直與杜黃裳同學于嵩陽同中第郄以安祿山僞官貶歙縣尉黃裳入相後除中書舍人案杜黃裳似當從舊傳作

崔祐甫　李太白文集十六有送郗昂謫巴中詩　羊士諤詩集有遊巴郡東山詩注乾元初嚴黃門自京兆少尹貶牧巴郡時郗詹事昂自拾遺貶清化尉黃門年三十餘且爲府主與郗意氣友善賦詩高會文字猶存　新藝文志甲部經錄郗昂樂府古今題解三卷　又丁部集錄郗純集六十卷　才命論一卷張鷟撰郗昂注　會要七十九　贈戶部尚書潞州都督郄昂謚曰穆

劉仁師　新表彭城劉氏檢校虞部郎中商姪仁師字行輿司勳郎中案仁師以鹽池使加司勳郎中當是檢校官非正任不應列入以兩書良吏傳不列其名故詳引劉碑以補之　劉禹錫高陵令劉君遺愛碑、大和四年

高陵人李士清等六十三人思前令劉君之德詣縣請庚午詔曰可又云長慶三年高陵令劉君勵精吏治循故事考式文暨前後詔條又以新意請更水道入於我里請杜私竇使無棄流請遵田令使無越制別白纖悉列上便宜掾吏依違不決居二歲距寶厤元年端士鄭覃爲京兆秋九月始具以聞事下丞相御史御史屬元谷實司察視持詔書詣渠上盡得利病還奏乃俾太常撰日京兆下其符十月百衆雲奔揆功什七八而涇陽人以奇計賂術士上言田白渠下高祖故墅在焉子孫當恭敬不宜以畚鍤近阡陌上聞命京兆立止絕君馳

詣府控告具發其以賂致前事又謁丞相請以顙血汚車茵丞相彭原公斂容謝曰明府眞愛人陛下視元元無所恡第未周知情僞耳即入言上前翌日果有詔許訖役仲冬新渠成涉季冬二日新堰成開塞分寸皆如詔條名渠曰劉公而名堰曰彭城按股引而東千七百步其廣四尋而深半之兩涯夾植杞柳萬本下垂根以作固上生材以備用仍歲旱沴而渠下田獨有秋渠成之明年涇陽三原二邑中又擁其衝爲七堰以析水勢使下流不厚君詣京兆索言之府命從事蘇特至水濱盡撤不當擁者繇是邑人享其長利生子以劉名之君

諱仁師字行輿彭城人武德名臣刑部尚書德威之五代孫大厤中詩人商之猶子少好文學亦以籌畫干東諸侯遂參幕府歷尹劇縣皆以能事見陟牽不時而遷既有績於高陵轉昭應令俄兼檢校水曹外郎充渠堰副使且錫朱衣銀章計相愛其能表爲檢校屯田郎中兼侍御史幹池鹽于蒲錫紫衣金章歲餘以課就加司勳正郎中執法理人爲循吏理財爲能臣一出於清白故也（劉賓客文集二）　新書地理志高陵縣有古白渠寶厤元年令劉仁師請更水道渠成名曰劉公堰曰彭城　唐會要（八十六）　大厤二年二月以詔應令劉仁師充修渠堰

副使初仁師爲高陵令上言三白渠可利者遠而涇陽獨有之條理上聞其弊遂革關中大賴焉

杜審權（見吏外　又勳外）　舊傳自左補闕大中初遷司勳員外郎轉郎中知雜又以本官知制誥正拜中書舍人

郭勤（又戶外）　吳興志郭勤大中五年九月自司勳郎中拜河南少尹　石刻蜀丞相諸葛武侯祠堂碑陰楊嗣復記後列銜節度判官侍御史內供奉郭勤（大和九年八月四川成都）

崔隋（又戶外　金中）　新表博陵安平崔氏右補闕道融子隋司勳郎中

盧渥（見封外補　又勳外）　司空圖唐故太子太師致仕盧公神道碑自司封員外遷司勳郎中時宰所忌出倅宣武軍以緩之未更歲再入爲某曹郎選拜萬年令（司空表聖文集五）

鄭彥弘（見左中　又戶外）　吳興志鄭彥弘咸通二年自司勳郎中授遷右司郎中

崔彥融（又戶中）　新表清河小房崔氏吏部尚書瓘子（見勳外）彥融字應求萬年令　舊崔邠傳子瓘瓘子彥融登進士第歷位臺閣　舊懿宗紀咸通十一年九月朝議大夫行刑部員外郎杜國崔顏（彥當作融）雷州司戶坐劉瞻親善爲韋保衡所逐也　玉泉子咸通中韋保衡路巖作相除不附己者十司戶崔彥融雷州內雷州不迴

舊僖宗紀乾符二年三月以戶部郎中崔彥融爲長安令　舊五代史（唐書三十四）　崔協傳父彥融楚州刺史彥融素與崔蕘善嘗爲萬年令蕘謁於縣彥融未出見案上有尺題皆賂遺中貴人蕘知其由徑始惡其爲人及除司勳郎中蕘爲左丞通刺不見蕘謂曰郎中行止鄙雜故未見宰相知之改楚州刺史卒於任

楊篆　新表楊氏越公房漢公子（見封中）篆字義圖司勳郎中　唐摭言（九）　楊篆員外乾符中佐丞盧劉丞相淮南幕因遊江失足墜水待遺人歸宅取衣久之而不至公聞之命以衣授篆少頃衣至甚華靡問之乃護戎所賜

時中貴李全華監揚州公聞之撫言後除起居舍人爲同列譖改

授駕部員外郎由是一生坎軻

王莘　新表琅邪王氏申伯子見吏外莘司勳郎中

孫佾　新表武邑孫氏天平節度使景商子佾字文節集

賢院直學士司勳郎中

韓偓又封中附存　錢珝授韓偓鳳翔節度掌書記等制文苑英華

四百十三　又授司勳郎中兼侍御史知雜事賜緋韓偓本

官充翰林學士制又三百八十四

趙光裔又禮中補禮外補膳中補　舊傳光啟三年進士擢第乾寧

中累遷司勳郎中　雲臺編中有春夕伴同年禮部趙

員外省直詩又寄同年禮部趙郎中詩案洛陽九老祖龍學文集鄭都

官墓表光啟三年進士及第以此証之知郎光裔也

張文蔚見吏外補又勳外補祠中補　舊五代史梁書十八僖宗時遷左

補闕侍御史起居舍人司勳吏部員外郎拜司勳郎中

知制誥歲滿授中書舍人舊傳失載

薛貽矩　新表薛氏西祖房虢州刺史庭望子見左中貽矩

字式瞻一字熙用御史大夫　舊五代史梁書十八乾符中

登進士第自起居舍人召拜翰林學士加禮部員外郎

知制誥轉司勳郎中

裴筠　吳越備史天祐三年九月敕遣右散騎常侍王矩

司勳郎中裴均授王吳王册禮　封舜卿進越王錢鏐

爲吳王竹册文稱副使朝議郎守尚書司勳郎中上柱

國賜緋魚袋裴筠　唐摭言九裴筠婚蕭楚公女言定

未幾便擢進士

鄭處約　李文山詩集有李羣玉守弘文館校書郎制詞

後書中書侍郎兼戶部尚書平章事臣令狐綯宣奉司

勳郎中知制誥臣鄭處約行

杜孺休　新表襄陽杜氏武宗懿宗相悰子孺休字休之

吳興志乾符六年自戶部郎中授遷司勳郎中中和

三年再授後遷給事中統記作五年工部授　新杜悰傳子孺休

累擢給事中大順初爲蘇州刺史

王鸞又戶外　吳興志中和二年正月自刑部郎中授統記云司勳

附存

王欽　新表太原第二房王氏孝倫子欽司勳郎中格案石刻有王廞疑是

裴度見封中封外　白居易除裴度中書舍人制司勳郎中知

制誥白氏文集五十四案新舊傳俱云以司封員外郎知制誥制云司勳誤

獨孤郁　白居易授獨孤郁轉司勳郎中知制誥制白氏文集五十五案舊傳云駕部郎中墓誌同制云司勳誤

歸安丁寶書編次

尚書省郎官石柱題名考卷七終　勞檢丁士諤校字

唐尚書省郎官石柱題名考卷八

仁和勞格
趙鉞著　歸安丁寶書編次

司勳員外郎

唐六典吏部尚書其屬有司勳員外郎二人從六品上隋爲司勳承務郎皇朝復爲司勳員外郎龍朔咸亨光宅神龍並隨曹改復掌邦國官人之勳級舊書新書同

杜懿宗　楊祗本　郭知允　齊景胄　王德志
劉祥道　王儼　王仁瞻　王師旦　李問政
韓瞻　李暠　許圉師　李乂　麻察

衞幾道　張敬忠　韓同慶　李全昌　崔行成
齊澣　魏玄同　鮑承慶　劉應道　薛自勸
李訥　源行守　袁仁敬　徐玄之　裴大方
秦相如　斛律貽慶　鄭行實　王瑨　封崇正
薛侃侃　孟允忠　胡元範　王德志　裴瑾之
吉渾　李知柔　赫連梵　斑景倩　平貞昚
李擢　李彭年　鄭南金　王豫　韓大壽
李志遠　李承嘉　裴錫　蕭擢　李元恭
李愜一　馮光嗣　元暕　盧萬碩　嚴杲
程鎮之　崔諭　楊慎餘　張寂　鄭璲

周利貞　杜確　吳道師　李堅　鄭審
王光輔　蔡希寂　王光大　薛兼金　王璵
蘇瞻　蕭嵩　李畬　裴元質　田崇璧
蕭璿　李謹度　裴咢　李行正　韋肇
韋曾　崔希高　韋晉　貟嘉靜　張九齡
徐尚　崔祐甫　程昌絺　蕭誠　王琇
元彥沖　宋遙　盧僎　王從敬　盧象
鄭愿　李嘉祐　孫成　蔣將明　楊獻
梁涉　李岫　唐堯臣　裴春卿　皇甫琳
朱巨川　竇申　李休璉　崔譚　畢炕

劉滋　苗粲　裴遵慶　韋元甫　能季武
韋多成　源少良　崔圓　李楫　韋叔將
沈東美　陸據　崔顥　李揆　裴綜
鮮于叔明　楊綰　辛昇之　裴儆　楊炎
杜位　許登　韋冗　獨孤愐　于頔
張鎰　錢起　孔述睿　殷亮　鄭叔矩
李竦　劉太眞　張惟素　衞次公　李絳
裴樞　鄭利用　李元素　邢蕭　裴茝
鄭絪　李程　張仲素　趙宗儒　薛存誠
盧公憲　李巨　盧士牧　蔣武　于敖

杜元穎　李正封　席夔　王起　路隋
李肇　趙元亮　李紳　崔郾　王申伯
姚向　孫簡　馮葯　李弘慶　楊漢公
竇鞏　高元裕　盧簡辭　崔龜從　裴識
韋磻　鄭涯　丁居晦　李中敏　黎埴
崔瓘　崔干　庾簡休　崔鉉　陳湘
崔璵　崔駢　韋琮　崔黯　周復
裴寅　杜審權　楊發　盧罕　杜牧
韋澳　趙櫓　趙滂　李遠　崔鈞
李潘　苗恪　庾道蔚　韋用晦　鄭樞

王渢　皇甫珪　裴衡　牛叢　楊收
張復珪　楊知遠　杜蔚　穆仁裕　苗紳
源重　薛廷望　獨孤霖　高湜　鄭碣
崔殷夢　盧顗　趙蒙　崔厚　李嶽
楊希古　李昭　楊仁瞻　蘇粹　李輝
李渙　杜裔休　盧渥　李濆　路綱
李迢　鄭逸　薛邁　周承矩　韋顏
鄭就　鄭勤規　李涚　蔣泳　崔昭符
崔序　姚荆　張襓　蔣泳　崔凝
鄭昌圖

補遺杜之亮　崔坦　韋元甠　楊植　戴林璇
韓洪　張鼎　褚長孺　李珏　李耀
楊授　趙崇　裴贊　鄭延昌　劉崇望
趙光逢　張文蔚　薛廷珪　張儁　盧澤
王拯　楊㫬　李延古　張茂樞　韋甄
徐綰
附存裴稹　李德裕　張裼　杜貞符

勞檢丁士諤校字

唐尚書省郎官石柱題名考卷八

杜懿宗王本下二字缺趙本宗字缺見吏外補
楊祇本一作令本見吏中補勳中　唐會要五十八　司勳員外郎長安二年閏四月十二日文昌有脫字丞李嶠奏加一員以楊祇令爲之　新表原武楊氏隋梁郡通守汪子令本庫部郎中　舊后妃楊貴妃傳高祖令本金州刺史
郭知允無考
齊景胄見吏中
王德志無考又見下
劉祥道見吏中吏外二傳失載

王儼見左中吏中勳中又考外
王仁瞻無考見勳中又倉外
王師旦無考
李問政見吏中
韓瞻　嚴州重修圖經刺史題名韓瞻大中十二年四月七日自口州刺史兼本州鎮遏使拜
李暠二本李日高誤二傳失載　新表大鄭王房鄭州刺史瑜子暠武都郡公吏部尚書　舊傳睿宗時累轉衛尉少卿新傳同　孫逖太子少傅李公墓誌銘神龍於伏拜通事舍人其後歷尚書工部司勳員外郎屯田郎中太僕衛尉

太常三少卿文苑英華九百四十

許圉師又考中　新表安陸許氏陝州刺史紹子圉師相高宗　舊許紹傳少子圉師舉進士顯慶二年本紀四年累遷黃門侍郎同中書門下三品兼修國史新傳畧同

李乂見左外存　吏中附二傳失載　蘇頲唐紫微侍郎贈黃門監李乂神道碑自監察御史歷殿中侍御景龍中加朝散大夫遷尚書司勳左司二員外右司郎中中書舍人文苑英華八百九十三

麻察文苑中　舊齊澣傳開元中大理丞麻察坐事出爲興州別駕輕險無行常遊太平之門性譎諂又貶爲潯州

皇化尉

衛畿道　元和姓纂十三祭戶部郎中衛畿道安邑人徙京兆

張敬忠見吏中勳中

韓同慶見吏外勳中補

李全昌又御史臺殿中題名　新表趙郡李氏東祖房沂州刺史志子全昌光祿少卿　蘇頲授李全昌工部員外郎制稱朝散大夫殿中侍御史李全昌文苑英華三百九十二　定命錄武功馬祿師相長安縣尉李全昌亦有清資得五品已上要官位終卿監神龍初作刑部員外判還蕭璿家太平廣記二百二十二詳吏中蕭璿注

崔行成又戶中　新表博陵二房崔氏挺後德厚子行成戶部郎中

齊澣又金外又御史臺監察題名二傳失載　新表齊氏長山令知元子澣平陽太守

魏玄同見吏中吏外二傳失載

鮑承慶無考

劉應道見吏中吏外補勳中

薛自勸又御史臺殿中監察見題名　新表薛氏西祖房工部郎中孝廉子自勸不詳歷官乾道臨安志三引元和姓纂薛自勉司勳員外郎餘杭太守河東汾

陰人據表自勉乃自勸之兄官餘杭太守亦正相合蓋皆誤移自勸官位於自勉下耳　資治通鑑唐紀三十開元二十四年四月乙丑涇州刺史薛自勸貶澧州別駕坐與武溫昚交遊故也　李邕謝恩慰喻表頃歲陛下東封將還臣路左謁見猥承聖顧廣祿舊交朝議恐陛下用臣薛自勤與外生庫狄履溫羅織臣至死仍承陛下勉其罪授臣官文苑英華五百九十八鉞案自勤疑是自勸之誤

李訥案吏外李訥當武宣時與此別一人考外補李納疑即李訥之誤時代正合　新表趙郡李氏東祖房都水丞仁穎子訥左庶子　廬山記二唐開元十四年庫部郎中中書舍人江州刺史李訥作佛馱跋陀羅禪師記訥亦自稱兀兀禪師　李訥東林寺

舍利塔銘頌自庫部郎中出爲此州刺史剖符淹歲奉
計臨岐文有云步自開元今龍集攝提格七月丁丑朔二十八日甲辰凡一紀而有二載　李
湜唐江州沖陽觀碑稱刺史趙郡李訥文苑英華八百四十九
源行守　唐會要二十八　顯慶四年八月二十五日司勳員
外郎源行守家毛桃樹生李桃
袁仁敬見吏中　又金外　倉外
徐玄之見吏中　吏外　又考外補　又主中有立之
裴大方見吏外見二
秦相如見吏中
斛律貽慶　元和姓纂一屋蔡州司馬斛律禮文生貽慶庫

部郎中少府監河南人
鄭行實　馬懷素大唐大理卿崔公故夫人滎陽縣君鄭
氏墓誌銘祖植見左中補父行寶詹府司直□勳員外郎常山
貞石志七
王瑨見勳中
封崇正　元和姓纂三鍾封彥明生崇正刑部郎中渤海蓨
縣人
薛侃侃鈠案侃侃無考疑即薛侃又御史臺侍御殿中監察題名作偘偘　新表薛氏西
祖房懷州刺史懷讓子侃尚書左丞　又薛氏西祖房
代州司馬行詔子侃陝州司馬　舊北狄契丹傳開元十

八年詔給事中薛偘等於京城及關內河東河南河北
分道募壯勇之士討契丹　會要八十五　開元九年正月
監察御史宇文融奏汜水縣尉薛侃充勸農判官詳監察宇
文融注
孟允忠見吏中
胡元範見吏外封中
王德志重見無考
裴瑾之又倉中補　新表南來吳裴氏令寶後公緯子見吏外　瑾
之倉部郎中　新文藝傳盧照鄰客東龍門山裴瑾之
等供衣藥　盧照隣寄裴舍人遺衣藥直書太子舍人

裴瑾之有書問余疾兼致束帛之禮以供東山衣藥之
費文苑英華六百八十四
吉渾見勳中
李知柔見勳中
赫連梵　文苑英華四百九十七　有赫連梵對刑獄用舍策一
道郝字誤
斑景倩見左外　吏中又戶中　戶外
平貞昚　張說常州刺史平貞昚神道碑公諱貞昚字窅
一字問從燕國薊人也光宅初授右臺監察御史巡察
河南類功最加兩階拜右肅政殿中侍御史郎官法天

古難其選具美斯在拜司勳員外郎承昌中遭凶黨網羅爲周興所奏貶温州固安令文苑英華九百二十一集無　舊節愍太子傳神龍二年右庶子平貞愼又獻孝經議養德傳以諷　新藝文志甲部經錄孝經類平貞眘孝經義亡卷　又乙部史錄雜傳記類平貞眘養德傳亡卷

李擢案擢當作濯又見御史臺侍御殿中題名　新表蔡王房楊府戶曹參軍可道子司勳員外郎延坊邠三州刺史貶密州司馬濯　又大鄭三房與元節度使從晦子擢　又趙郡李氏東祖房蘇州錄事孟宣子擢不詳歷官

李彭年見吏中　吏外　又考外　戶外　二傳失載

鄭南金　唐詩紀事十二有鄭南金九日應制詩時景龍三年

王豫　新表瑯邪王氏闓州刺史德素子豫屯田郎中

韓大壽見吏中補　又度外

李志遠見吏中　吏外　又倉外　勳中作至　新循吏傳至遠歷司勳吏部員外郎中舊傳失載

李承嘉　新表隴西李氏丹陽房紀王府參軍旻子承嘉御史大夫襄武郡公　李嶠授李承嘉幷州太原縣令制勅通議大夫前守文昌司勳員外郎李承嘉擢秀士林昇榮禮閣公勤無怠幹制有餘旣脩太原是維舊國爰制美錦實佇良材宜錫崇班佇聞異績可檢校幷州太原縣令散官如故仍馳驛赴任文苑英華四百十五　舊尹思貞傳神農初武三思擅權御史大夫李承嘉附會之時大理卿尹思貞固爭韋月將獄承嘉希三思指記以他事不許思貞入朝廷謂承嘉曰公擅作威福不顧憲章附記姦臣以圖不軌將先除忠良以自恣耶承嘉大怒遂劾奏思貞新傳畧同　舊桓彥範傳神龍二年秋御史大夫李承嘉奏請族滅彥範等中宗擢授承嘉金紫光祿大夫進封襄武郡公韋氏又特賜承嘉綵物五百段瑞錦被一張　舊酷吏下姚紹之傳中宗敕右臺大夫李承嘉按王同皎獄　新蕭至忠傳蕭至忠始爲御史李承

嘉爲大夫嘗讓諸御史曰彈事有不咨大夫可乎衆不敢對至忠獨曰故事臺無長官御史天子耳目也其所請奏當專達若大夫許而後論即劾大夫者又誰白哉承嘉慙神龍初至忠爲御史中丞承嘉爲戶部尚書至忠劾承嘉等罪百僚震悚

裴錫　新表中眷裴氏敬彝子見吏外補錫司勳員外郎

蕭擢　金石錄目錄六第一千一百十六唐頴王府司馬蕭擢墓誌開元二十四年十月

李元恭見勳中　又金外

李恆一無考

馮光嗣　又金外倉外又御史殿中監察題名　元和姓纂一東　右丞兵部侍郎馮元常生光嗣齊州刺史長樂信都人　蘇頲授馮光嗣楊獻揚州都督府司馬等制朝散大夫使持節黃州諸軍事守黃州刺史馮光嗣頃在中朝各登清貫自居外郡頗聞政績可守揚州大都督府司馬散官如故仍馳驛赴任　文苑英華四百十四

元暕　元和姓纂二十二元　虞部郎中太府少卿元知讓生暕尚書右丞右常侍河南洛陽縣人　蘇頲章懷太子良娣張氏神道碑景雲中命銀青光祿大夫尚書左丞元暕等持節册贈　文苑英華九百三十三　武平一東門頌平陽崔

公庭玉遷荆州戶曹參軍前長史尚書左丞元暕後長史吏部尚書崔日用咸加殊禮　全唐文二百六十八

盧萬頃　鉞案金中有盧萬石疑卽是

嚴杲　又戶外又御史臺監察題名　定命錄曰李公林甫拜中書嚴杲自郎中牧遠郡　太平廣記二百二十二

程鎮之　蘇頲御史大夫贈右丞相程行謀神道碑一子鎮之幼爲尚舍直長　文苑英華八百八十九　舊李晟傳興元元年晟收復京師表守臣節不屈於賊者程鎮之等　不詳歷官

會要八十　贈禮部尚書程鎮之謚曰敬

崔論　新表博陵安平崔氏刑部員外郎巡子　舊傳殿中侍御史裦子論大理卿　舊傳天寶中自櫟陽令遷司勳員外郎濮陽太守乾元後歷典名郡皆以理行稱大厤末遷同州刺史　新傳畧同　吳興志崔論上元元年自蜀州刺史授遷試太府卿兼御史大夫淮南節度行軍司馬　統紀云自饒州刺史授　舊崔寧傳劍南行軍司馬崔論薦爲衙將　新傳同

楊慎餘　見左中吏中

張寂　見勳中

鄭遂　見左中又金中

周利貞　舊酷吏傳神龍初爲侍御史出爲嘉州司馬擢爲左臺御史中丞　新傳同

杜確　柳宗元爲韋京兆祭杜河中文稱故河中節度贈禮部尚書杜公畧云時惟明靈道冠學徒天子有命總其戎車何以邦之維絳及蒲　又云　大厤之歲詔徵茂才時忝同道俱起草萊懷策旣陳綸言煥開考第居甲　大厤二年夏卿與弟正卿及確同舉賢良方正高第　自天昭回分命邦畿步武獲陪同志爲友星霜屢回長我十年禮宜兄事周游歡洽莫不如志于後多幸謬列周行又同制書並命文昌及余稍遷吏部爲郎公屬中兵此焉分行　確爲兵部員外郎　再獲聯事東西相望出處同道樂惟其常後余出刺九載南服公自左輔遂膺推轂我勤魏闕爰總九流誰謂河廣願言

莫由烹魚之間往復相酬惠好斯厚惟以綢繆河東先生集四
十　舊德宗紀貞元十四年九月以太常卿杜確爲同
州刺史本州防禦長春宮使案時代不合
吳道師　元和姓纂十一模　齊道州別駕吳安誕五世孫道
師唐吏部侍郎　文苑英華四百八十二　有吳道師對賢良
方正策五道　唐摭言一　垂拱元年吳師道等二十七
人進士及第後勑批云略觀其策並未盡善若依令式
及第者唯祇一人意欲廣收其材通三者並許及第
開元占經一　景雲三年奉勑重令修造渾儀銀青光祿
大夫檢校秘書監吳師道等首末共營各盡其思至先

天二年歲次赤奮若共成
李堅　新表大鄭王房龔魏國公殿中丞提子堅虢州刺
史　又大鄭王房刑部尚書齊物子條字堅司農少卿
舊李石傳祖堅不詳歷官　權載之文集二十五　唐故朝散
大夫守司農少卿賜紫金魚袋隴西縣開國男李公墓
誌銘公諱條字堅後以字爲諱貞元九年授果州刺史
明年有女道士謝氏白晝上昇優詔嘉異州閭咏歎
新藝文志丙部子錄道家類　李堅東極眞人傳一卷果州謝自然
鄭審見吏中吏外　國秀集中　有司勳員外鄭審詩一首
王光輔　新表琅琊王氏武后相綝弟三子皦字光輔

舊中宗紀景龍四年二月幸長安令王光輔馬嵬北原
莊　舊王方慶傳長子光輔開元中官至潞州刺史
蔡希寂見勳中
王光大見勳中補又戶外
薛兼金見吏中
王璵又祠中補御史殿中題名　又　新表琅邪王氏紹子璵相肅宗有誤
古誤舊傳開元末遷太常博士侍御史充祠祭使肅宗卽
位累遷太常卿新傳同　賈至授王璵祠部郎中制知上
黨司馬事王璵文苑英華三百八十九詳祠中補　舊王方翼傳子瑨
知名開元中爲中書舍人舊王鉷傳作瑨　新傳子珣與兄璵

弟瑨以文學稱時號三王　張說唐故夏州都督太原
王公神道碑子故光祿少卿璵張燕公集十五
蘇瞻　元和姓纂十一模　刑部尚書蘇洵藍田人生晉瞻駕
部郎中　儲光羲集三　有蘇十三瞻登玉泉寺峯入寺
中見贈作詩又詩注蘇居世業藍田
蕭嵩又祠外補　新表蕭氏齊梁房渝州長史瓘子嵩相元宗
舊傳景雲元年爲醴泉尉監察御史驟遷殿中侍御
史開元初爲中書舍人　新傳神龍元年始調洺州參
軍事　蘇頲授蕭嵩太子舍人制朝請大夫殿中侍御
史內供奉判尚書司勳員外郎上柱國蕭嵩可行太子

舍人散官勳如故文苑英華四百四　又授陳惠滿倉部員外
郎等制稱朝請大夫前行太子舍人上柱國蕭嵩可行
尚書祠部員外郎散官勳如故又三百九十一詳倉外陳惠滿注
李畲又考中補　又御史臺殿中監察見題名　新表趙郡李氏南祖房至遠
子畲字玉田考功郎中　新循吏傳初歷汜水主簿累
擢右臺監察御史裏行臺廢授監察御史累轉國子司
業　舊李藩傳祖畲開元時爲考功郎中事母孝謹母
卒不勝喪死　蘇頲授李畲司勳員外郎制勑朝議郎
行殿中侍御史李畲雅負才學能循名敎莅官執憲歷
歲愈閩清操默識爲時所重俾樹聲於勳府宜矯步於

仙闈可行尚書司勳員外郞散官如故文苑英華三百九十一　朝
裴元質　新表中眷裴氏子闠曾孫元質尚書右丞
野僉載河東裴元質初舉進士尋而唱第太平廣記二百七十七
四川成都志一十景龍二年以御史中丞裴元質領益
州大都督府長史
田崇璧　舊盧齊卿傳長安初則天令雍州長史薛李旭
新傳作昶是　擇僚吏堪爲御史者季旭以問錄事參軍盧齊
卿薦盩厔尉田崇璧等後皆至大官新傳同云皆爲通顯巨人　蘇
頲命姚崇等北伐制太僕少卿田崇璧入數事典省闈
稱其閑練可兼行軍長史開元二年三月文苑英華四百五十九

蕭璿見吏中
李謹度又御史臺殿中監察題名　資治通鑑唐紀二十八　開元八年正月
侍中宋璟疾負罪而妄訴不已者悉付御史臺治之謂
中丞李謹度曰服不更訴者出之尚訴未已者且繫由
是人多怨者　朝野僉載唐御史中丞李謹度宋璟引
致之遭母喪不肯舉發哀訃到皆匿之官僚苦其無用
令本貫瀛州申謹度母死尚書省牒御史臺然後哭其
庸猥皆此類也太平廣記二百五十九
裴嘂無考王云嘂疑嘐字
李行正　新表紀王房隴西郡公都官郎中曠子金州刺

史行正　金石錄目六第一千五十一唐亳州刺史李
行正碑崔圓月撰魏包八分書開元十九年九月
韋肇　新表韋氏逍遙公房上黨尉希元子肇吏部侍郎
舊韋貫之傳父肇官至吏部侍郎有重名於時舊韋溫傳
祖肇吏部侍郎　新傳父肇大麻中爲中書舍人　杜牧唐故
宣州觀察使御史大夫韋公墓誌銘上黨生吏部侍郎
贈太尉肇樊川文集八　舊代宗紀大麻九年十二月庚寅
以秘書少監韋肇爲吏部侍郎　南部新書乙　韋肇初
及第偶於慈恩寺塔下題名後進慕效之遂成故事
韋曾又主外時代不合　元和姓纂八徵　萬年令光朝生曾舒州刺

史京兆杜陵人　寶刻叢編八十唐立巴郡太守嚴顏廟碑唐韋會撰貞元二十年諸道石刻錄　石刻寶鞏等題名上缺裏行韋會元和十四年山東益都

崔希喬又倉中又御史臺侍御監察題名　新表鄭州崔氏思敬孫希喬監察御史　御史臺記曰崔希喬清河人也以孝悌稱解褐臨清尉丁內憂哀毀殆至滅性服闋補鄭縣尉清介公方閭乎京邑轉鄭丞所居堂芝草生焉一暝而葩葢盈尺矣州以狀申歲餘遷監察出授并州兵曹轉馮翊令人吏畏愛風化大行貧弱之輩荷其仁恕時有雲如葢當其廳事須臾五色雜綵周於縣郭道路仰望久

之狀聞敕編諸國史尋遷司勳員外其并州廳前有叢葦小鳥來巢如鴝鵒矣孕卵纔數日鷇毀而見巳踰於母矣枝且不勝墜於地月餘五色成文如鵝馴擾閑暇無復驚懼洎能飛翔時歸舊所人到於今稱爲兵曹鳥所居喪營墳每一哭羣鳥畢集至於萬牆宇皆遍至有樹條折者周於原野村鄰嗟稱之每所居其巢燕乳鷇必返哺踰旬後分飛矣此孝義通也太平御覽四百十一

韋晉　新表韋氏小逍遙公房武后相承慶子晉常州刺史姓纂同

貟嘉靜見吏中又考外

張九齡又禮外補　新表始興張氏索盧丞弘愈子九齡字子壽相玄宗　舊傳登進士第應舉登乙第自右拾遺開元十年三遷司勳員外郎十一年拜中書舍人　張九齡轉司勳員外郎敕通直郎判尚書禮部員外郎張九齡溫粹沖簡口口虛懷朝議郎河南府法曹參軍袁暉清直雅正口器軌物並富仁踐義崇德著言詞學高步於當時領袖允彰於後進或早遊禮闈或久處神京甄其奏議可序勳禮之籍九齡可守尚書司勳員外郎暉可行尚書禮部員外郎散官各如故開元八年四月七日　加朝散大夫誥誥朝議郎行司勳員外郎護軍張九齡右可

朝散大夫門下朝議郎中驍騎尉王昱等文臺效美書省推能句藉丹墀聲華紫帳或榮升儲館或政洽端僚畿甸揚芬京都課最咸逢朝慶式光通級可依前件主者施行開元九年十月十四日　轉中書舍人敕門下朝散大夫行尚書省疑衍司勳員外郎上柱國張九齡含章間出稟秀挺生學總邱墳詞變風雅早應旌辟累踐青華行居四科之首才稱一臺之妙司言鈌位側席求賢宜以起草之能式長如綸之命可中書舍人內供奉開元十年二月十七日唐丞相曲江張先生文集附錄　石刻徐浩唐故金紫光祿大夫中書令集賢院學士知院事脩國史尚書右丞相荊州大

都督府長史贈大都督上柱國始興縣開國伯文獻張
公碑銘遷左拾遺特拜左補闕尋除禮部司勳二員外
郎加朝散大夫超中書舍人廣東曲江缺字据集本補
徐尚案尚當作向　新表北祖上房徐氏許州司馬襲枝江男
詡子祠部員外郎儀弟見祠外　向字文伯衢江陳潁鄭宋
六州刺史　元和姓纂向司勳員外陳宋荊州刺史
崔祐甫見吏中補吏外　舊傳歷司勳吏部員外郎　新傳自
起居舍人累遷中書舍人
程昌縮無考
蕭誠又御史臺監察題名　新表蕭氏齊梁房萍鄉侯元祚子誠司

勳員外郎　孫逖授蕭誠太子左贊善大夫制勑朝議
郎試恆州司馬隨軍副使幽州節度驅使上柱國借緋
魚袋蕭誠早標明敏久著聲名詞翰推工才能適用頃
從戎幕嘗募征夫宜遷翊贊之榮仍効撫綏之術可守
太子左贊善大夫依前幽州節度驅使仍專檢校管內
諸軍新召長遠往來健兒事文苑英華四百四　又授蕭誠弘
農郡別駕制勑朝請大夫南陽郡長史員外置同正員
上柱國蕭誠早因才藝久踐榮班頃涉微瑕未爲深累
佐郡之職冗員頗多既有命於省官俾稍遷於近服可
守弘農郡別駕散官如故英華四百十四　新李泌傳張九齡

與嚴挺之蕭誠善挺之惡誠佞勸九齡謝絕之九齡忽
獨念曰嚴太苦勁然蕭軟美可喜方命左右召蕭泌在
旁李爾曰公起布衣以直道至宰相而喜軟美者乎九
齡驚改容謝之　石刻章濟白鹿泉神君祠碑稱恆州
司馬蘭陵蕭誠開元二十四年直隸獲鹿　南岳眞君碑荊府兵
曹蕭誠書開元二十年容齋隨筆八　蔡希悰法書論父子
兄弟相繼其能者蘭陵蕭誠及弟諒書苑菁華十二
王琇又御史臺侍御殿中題名　會要八十五　開元九年正月監察御史
宇文融奏大理寺丞王誘等充勸農判官詳監察宇文融注
舊禮儀志元宗時　禮官張星王琇以元日儀注乖失詔

免官歸家學問
元彥沖見吏中吏外
宋遙又御史臺侍御殿中監察題名　元和姓纂二宋　晉原尉宋元獎生遙
禮戶吏侍郎左丞魏汴州刺史扶風人　顏眞卿崔孝
公陋室銘記公之澄清中外也以丞尉宋遙等並以清
白吏能而薦之顏魯公文集十四　李華贈禮部尚書孝公崔
沔集序推舉時賢得宋上黨遙等僉爲國器文苑英華七百一
　舊魏知古傳先天二年冬魏知古知吏部尚書事擢
用密縣尉宋遙後累居清要　新傳所薦密尉宋遙等
後有聞於時　舊嚴挺之傳中書侍郎李元紘爲相素

重宋遙引爲中書舍人考吏部等第判（舊李元紘傳右丞相宋璟嘉歎元紘曰李侍郎引宋遙之美才黜劉晃之貪冒云云）　顏眞卿徐秀神道碑銘自蔡州參軍爲御史宋遙關內覆囚判官（文忠集八）　舊苗晉卿傳開元二十九年苗晉卿拜吏部侍郎時李林甫爲尚書專任朝堂銓事唯委晉卿及同列侍郎宋遙主之（新傳畧同）　獨孤及唐故睢陽郡太守李少康神道碑銘公爲青州刺史按察使戶部侍郎宋遙以狀聞（毘陵集八）　新書（文藝傳）蕭穎士傳天寶初宋遙等皆先進器其材與鈞禮

盧僎（見吏外兒又祠外）

王從敬（鉞案從敬當是敬從之譌又考中禮外補）　新表京兆王氏蒲州刺史慶子揚州刺史易從弟（見封中）敬從右庶子　唐會要（七十六）景龍二年茂才異等科王敬從及第（緯畧同）　孫逖太子右庶子王公神道碑大定（疑足）中舉文擅詞場景雲歲辟茂才異等開元初徵文藻宏麗公三對策詔皆爲甲科三入華省再登禁闥歷尚書禮部司勳員外考功郎中給事中拜中書舍人（文苑英華九百二）　又授王敬從御史中丞制中書舍人上柱國王敬從自居近密頗歷歲時宜拜三獨之雄且膺八使之選可中散大夫御史中丞仍充京畿採訪處置等使勳如故（文苑英華三百九十三）　獨孤及唐故朝議大夫高平郡別駕權公神道碑銘開元

十八年　公廉無私工於文者考校書判甲乙丙丁科以辨論其品是歲公受詔與徐安貞王敬從吳鞏裴朏李宙張恒（一作恒）等十學士參焉凡所升奬皆當時才彥考判之目由此始也（毘陵集八）　新劉禹錫傳奏記宰相曰玄宗與儒臣議罷孔子廟釋奠牲牢薦酒脯宰相林甫不涉學使御史中丞王敬從以明衣牲牢著爲令遂無有非之者　新書藝文志（乙部史錄刑法類）開元新格十卷格式律令事類四十卷（御史中丞王敬從等刪定開元二十五年上舊刑法志唐會要三十九同）

盧象（又膳外補主外）　劉禹錫唐故尚書主客員外郎盧公集紀尚書郎盧公諱象字緯卿開元中由前進士補秘書省校書郎丞相曲江公深器之擢爲左補闕河南府司錄司勳員外郎名盛氣高少所卑下爲飛語所中左遷齊汾鄭三郡司馬入爲膳部員外郎（劉賓客文集十九）　舊韋涉傳才名之士盧象等常與韋涉唱和遊處　新書藝文志（丁部集錄別集類）盧象集十二卷（原注字緯卿左拾遺膳部員外郎授安祿山僞官貶永州司戶參軍起爲主客員外郎）

鄭愿（又金中）　新表鄭氏南祖房清河令文獻子愿不詳歷官

李嘉祐　直齋書錄解題（十九）李嘉祐天寶七載進士　宋謝克家李嘉祐詩集序上元中嘗爲台州刺史大厤間

又刺袁州　新書藝文志丁部集錄別集錄李嘉祐詩一卷原注
別名從一袁州台州二刺史陳氏書錄同云亦號臺閣集案今本臺閣集前題袁州刺史李嘉祐字從一或名
從一　錢考功集六有寄袁州李嘉祐員外詩
孫成又倉中　新表武邑孫氏刑部侍郎逖子見吏中　成字思
退桂州刺史中丞樂安孝男　舊文苑傳中　以父蔭自
隴右副元帥李抱玉掌書紀入爲屯田司勳二員外郎
丁母憂免新傳失載　舊楊炎傳建中時楊炎誣殺劉晏遺
腹心孫成往澤潞磁邢幽州諸道宣慰新傳同詳考外補盧東美注
蔣將明見左中又主外
楊獻見封中　舊楊再思傳子植植子獻並爲司勳員外郎

梁涉又戶中　孫逖授梁涉中書舍人制稱朝議郎守尚書
兵部郎中梁陟可守中書舍人散官如故文苑英華三百八十二
常袞咸陽縣丞郭君墓誌特相友善者時則有若呂
向梁涉庫狄履溫終以偉才良器綢繆省闥又九百六十
新書讓皇帝憲傳子汝陽王璡與梁涉等善　册府元
龜六百四十三　開元十五年五月詔中書門下引文武舉人
就中策試右衛胄曹梁涉對策稍優錄奏帝罷之詳封外蕭
諒注　舊韋涉傳張九齡引韋涉爲中書舍人與孫逖梁
涉對掌文誥新傳張九齡引韋涉爲舍人與孫逖梁涉並司書命時號得才　新酷吏吉
溫傳天寶中中書舍人梁涉道遇吉溫低帽障面溫怒

諷柳勣引涉皆斥逐
李岫　新表鄶王房元宗相林甫子岫將作監　又隴西
李氏姑臧大房肅宗相揆曾孫見下宗正少卿元夔子岫
殿中侍御史時代不合　新李林甫傳子岫爲將作監見權
勢熏灼惕然懼常從游後園見輦重者跪涕曰大人居
位久枳棘滿前一旦禍至欲比若人可得乎林甫不樂
曰勢已然可奈何　孫逖授李岫司勳員外郎制勑朝
議郎行京兆府司錄參軍上柱國李岫訓稟詩禮才稱
英妙既博藝而能文亦謹身而勵節疆場決勝是賴於
台臣爵服懋功宜及於肖子雖讓爲德主父則固辭而

賞以恩延國有恆典俾增章紱之寵仍在神仙之地可
朝散大夫行尚書司勳員外郎勳如故文苑英華三百九十一
又授李岫衛尉少卿制門下朝議大夫行秘書丞上柱
國清水縣開國伯李岫悅禮敦詩資忠履孝勵淸修而
立節包麗則以爲文曩者輟務仙臺移官秘府一從閑
退七變星霜父在樞衡固守范宣之讓謙沖自牧足鎮
於浮躁而進用無黨須歸於至公宜承特命之恩俾踐
亞卿之職可守衛尉少卿散官勳如故又三百九十八　舊元
宗紀下　天寶十二載二月李林甫男將作監岫等皆流
貶　元宗削李林甫官秩詔男前將作監岫率由下劣

不承鈇勛驕忞越度過失彌深且配流嶺南及黔中延
德郡仍除名卽綱馳驛領送大詔令
唐堯臣又御史臺殿中題名　廣異記張師覽善卜冢弟子王景超
傳其業開元中唐堯臣卒於鄭州師覽使景超爲定葬
地葬後唐氏六畜等皆能言罵云何物虫狗葬我著如
此地家人惶懼遽移其墓怪遂絶太平廣記三百八十九
裴春卿又禮外　新表南來吳裴氏邠寧二州刺史守眞子
見倉中春卿太子中允
皇甫琳無考
朱巨川朱一作李李巨川昭宗時人見唐摭言十　李紓故中書舍人吳郡朱

府君神道碑朱君諱巨川字德源嘉興人也年二十明
經擢第徵左補闕內供奉擢起居舍人知制誥換司勳
員外郎掌誥如初拜中書舍人錫以章綬文苑英華八百九十四
梁肅常州刺史獨孤及行狀藝文之士遭公發揚盛
名比肩於朝廷則有故中書舍人吳郡朱巨川又九百七十二
新文藝傳李華愛奬士類名隨以重若朱巨川後至
顯官　新忠義張巡傳有名士朱巨川等咸謂張巡蔽遮
江淮沮城勢天下不忘其功也
竇申又祠外　新表竇氏三祖房揚府長史庭蕙子申給事
中　舊竇參傳族子申累遷至京兆少尹轉給事中

陸贄優恤畿內百姓幷除十縣令詔尙書司勳員外郎
竇申等十人咸以器能精心理道究烝黎之疾苦知教
化之宗源輟於周行往涖通邑申可長安縣令其有散
官封賜者並如故陸宣公集四
李休珽格案勳外補有戴休珽字珽此李字疑卽戴字之誤
崔譚見左中又倉外
畢炕見左外新傳失載
劉滋見勳中　舊傳自屯田員外郎轉司勳員外郎判南曹
勤於吏職遷司勳郎中累拜給事中新傳同
苗粲見左中又倉中

裴遵慶見吏外禮中補二傳失載
韋元甫　新表東眷韋氏閬公房司農卿玢子見左中元甫
尙書右丞姓纂尙書右丞楊府長史　舊傳初任滑州白馬尉累遷
蘇州刺史浙江西道都團練觀察等使　李華潤州天
鄉寺故大德雲禪師碑御史中丞韋公元輔史作甫頂臨
潤州無何兼觀察領浙西永泰二年文苑英華八百六十一　會要七十
九　贈戶部尙書韋元甫謚曰昭
能季武　常袞滑州匡城縣令楊君靈則墓誌銘柱下史能
季武公之嘉客衮之姬疑友廣德元年夏四月本詣河外
假道于匡文苑英華九百五十九

韋多成 鉞案多成疑是幼成之誤幼成系出南皮公房見主外此作多成疑碑誤

源少良 又御史臺陰下層又右側侍御兼殿中題名　新表源氏國子祭酒匡贊子少良司勳員外郎　唐才子傳　崔顥開元十一年源少良下及進士第　石刻源少良等題名監察御史源少良陝縣尉陽陵此郡太守張守信天寶六載正月廿三日同遊 杭州摩崖

崔圓 見勳中　舊傳自會昌丞累遷司勳員外郎 新傳失載　定命錄崔圓作司勳員外無何爲刑部員外兼侍御史充劍南節度留後 太平廣記二百二十二　李華淮南節度使尙書右 文粹左 僕射崔公頌德碑銘歷京兆倉曹參軍再遷司

郎官石柱題名考卷八　勳外　卄四

勳員外郎 文粹無郎 丁太夫人憂以毀聞終喪拜刑部員外郎 文粹無郎 兼侍御史知劍南節度留後使 文苑英華八百六十九 唐文粹五十四

李揖　新表趙郡李氏東祖房司農少卿經生揖不詳歷官　又蔣王房安州別駕括子揖廬州司馬　舊房琯傳天寶十五載房琯自請將兵收復京都自選參佐以戶部侍郎李揖爲行軍司馬戎務一委於揖等　又云琯爲宰相與諫議李揖等高談虛論　顏眞卿朝請大夫行江陵少尹兼侍御史荊南行軍司馬上柱國顏君允臧神道碑銘君授延昌令潼關陷太守李揖計未有所出君勸投靈武 案地理志延州有延昌縣揖當是延安太守也

韋叔將 又御史臺左稜題名　新表韋氏龍門公房商州刺史弼子 見戶外 叔將豫州刺史

沈東美 又膳外補　元和姓纂 四十七寑 太子詹事佺期 見考外補 生東美給事中夏州都督鄭郡內黃人　紀聞唐沈東美爲員外郎 原注太子詹事佺期之子 太平廣紀四百四十八　杜甫承沈八丈東美除膳部員外阻雨未遂馳賀寄此詩署云今日西京掾多除南省郎 原注府掾四人同日拜郎 杜工部集九　綦毋潛有題沈東美員外山池詩 文苑英華一百六十五

陸據　舊文苑傳擧進士自從事累官至司勳員外郎 新傳同

郎官石柱題名考卷八　勳外　卄五

崔顥　舊文苑傳下 顥登進士第累官司勳員外郎天寶十三載卒　新藝文志 丁部集錄別集類 崔顥詩一卷 汴州人才俊無行娶妻不愜輒棄之者三四歷司勳員外郎

李揆 又考中補　新表隴西李氏姑臧大房秘書監成裕子揆字端卿相肅宗　舊傳開元末擧進士遷司勳員外郎

裴綜 見吏中吏外

鮮于叔明　元和姓纂 二仙 京兆尹鮮于仲通弟叔明檢校右僕射劍南東川節度閬中人 原本誤入夏侯氏注　于邵唐劍南東川節度使鮮于公經武頌公名晉字叔明自孝廉專經高第再參環衛累拜郴思四遷柱史連擢華省宰

洛邑時號神明牧商於人歌父母有詔加金商均房等州觀察處置使又入爲京兆尹文苑英華七百七十六　舊傳李叔明字晉卿閬州新政人本姓鮮于氏乾元後爲司勳員外郎副漢中王瑀使回紇復命遷司門郎中後爲京兆少尹大厤末乞賜宗姓代宗許之新傳畧同　顔眞卿鮮于少保神道碑銘公弟晉字叔明再爲法官三秉天憲二登郎署一宰洛陽肅宗褒異擢拜商州刺史無何超遷京兆尹顔文忠集六　鮮于氏離堆記君弟京兆尹叔明至德一年十月嘗在尙書司勳員外郎乾元改號上元之歲叔明時刺商州文忠集十三

楊綰　新表原武楊氏白水令侃子綰字公權相代宗　舊傳舉進士肅宗卽位拜起居舍人知制誥歴司勳員外郎職方郎中掌誥如故遷中書舍人新傳失載

辛昇之又祠外　元和姓纂十七大厤都官郎中辛昇之訪未獲　杜工部集十二有江亭送眉州辛别駕昇之詩

裴儆見吏外封中　獨孤及唐故尙書祠部員外郎贈陝州刺史裴稹行狀子次曰儆尙書司勳員外郎兼殿中侍御史參中軍元率雍王軍事毘陵集六

楊炎又禮中補　新表扶風楊氏播子炎字公南相德宗　舊傳自起居舍人丁憂服闋起爲司勳員外郎改兵部轉禮部郎中知制誥遷中書舍人新傳畧同

杜位又考中補　新表襄陽杜氏河西隴右節度使太僕卿襄陽縣男希望子位考功郎中湖州刺史　舊李林甫傳子壻杜位爲右補闕　新傳天寶十二載諸壻杜位等皆貶官　吳興志杜位乾寧元年自江寧少尹拜卒官統紀云大厤四年　杜工部集九有杜位宅守歲詩　又十有寄杜位詩近聞寬法離新州想見懷歸尙百憂逐客雖皆萬里去悲君已是十年流又自注云位京中宅近西曲江詩尾有述　又十六寄杜位詩自注頃者與位同在故嚴尙書幕

許登又戸中　賈至授韋少遊祠部員外郎等制稱守右監門衞胄曹參軍許登可右拾遺文苑英華三百九十一少遊見吏中

韋冗無考

獨孤愐見左中補

于頔　新表于氏泗州司馬夐子頔字允元相憲宗　舊傳再遷司門員外郎兼侍御史充入西番計會使歴長安縣令駕部郎中出爲湖州刺史新傳畧同

張鎰又祠外　新表吳郡張氏朔方節度使東京留守齊丘子鎰字季權相德宗　舊傳以門蔭自祠部右司二員外郎母憂免喪除司勳員外郎新傳失載

錢起又考中補祠外　舊錢徽傳父起天寶十載登進士第大
厤中位終尚書郎　新書文藝下盧綸傳錢起等能詩大
厤十才子起吳興人終考功郎中
孔述睿　元和姓纂一董太子賓客孔述睿會稽山陰人案太
子上有脫文　舊隱逸傳大厤中以太常寺協律郎徵轉國
子博士歷遷尚書司勳員外郎史館修撰每加恩命暫
至朝廷謝恩旬日卽辭疾卻歸舊隱德宗踐阼徵諫議
大夫新傳畧同
殷亮見吏中吏外封外
鄭叔矩　舊渾瑊傳貞元三年五月詔司勳郎中鄭叔則

爲平涼盟會副使崔漢衡判官閏月陷於賊郎中當從舊吐蕃傳
作員外郎　舊吐蕃傳貞元三年七月詔司勳員外郎鄭叔
矩等各與一子八品官　舊憲宗紀上元和五年五月
庚申吐蕃歸鄭叔矩之柩　又云叔矩凡陷二十餘年
竟不屈節因沒於蕃中至是請和故歸之　舊路隋傳
吐蕃因徐復等報聘還遣使以鄭叔矩之喪與銘及遺
錄至
李竦見吏中
劉太眞見吏外二傳失載　裴度劉府君神道碑銘德宗皇帝卽
位徵拜起居郎改尚書司勳員外郎尋轉吏部員外郎

張惟素見吏中封中
衞次公　元和姓纂十三祭今陝虢觀察衞次公河東安邑
人　舊傳字從周舉進士貞元廿一年自左補闕翰林
學士轉司勳員外郎權知中書舍人　重修重旨學士
壁記衞次公貞元二十一年二月二十二日自左補闕
加司勳員外郎賜緋魚袋三月十七日加知制誥元和
三年正月拜權知中書舍人出院翰苑羣書上
李絳見勳中又主外　舊傳元和二年自監察御史翰林學士改
尚書主客員外郎踰年轉司勳員外郎五年還本司郎
中不離內職新傳失載　重修承旨學士壁記李絳元和四

年四月十七日自主客員外郎翰林學士加司勳員外
郎知制誥五月十九日賜緋五年五月五日加司勳郎
中依前充　元稹承旨學士院記李絳元和四年四月
十七日自主客員外郎翰林學士拜司勳員外郎知制
誥充承旨五月十九日賜紫金魚袋五年五月五日遷
司勳郎中知制誥並翰苑羣書上
裴樞此與吏外補裴樞別是一人　新表南來吳裴氏衞尉少卿巨卿
子樞司勳員外郎　舊書禮儀志六貞元八年正月二
十三日司勳員外郎裴樞議建石室於園寢以遷獻懿
二祖神主新儒學陳京傳畧同　乾膜子河東裴樞字環中三十

六郎李爻耀卿親姨夫中書舍人薛邕永泰二年貢至
侍郎知舉樞一舉而登選及第後歸丹陽里不與雜流
交通韋元甫除此州計到郡之明日合來拜其親元甫
至之明日專使送衣服書狀信物樞怒言不納後三日
元甫親到別業樞不令報元甫不得進不怒但云裴君
太禰親傳語延就廳事元甫陳以公事樞方出歡話太平
廣記二百四十四　柳宗元先君石表陰先友記裴樞同郡人
爲御史天子以隱罪誅吏樞頓首願白其狀以故貶後
爲尚書郎河東先生集十二　顧況左僕射韓滉行狀天子幸
梁川巴山道公又命從事裴樞李峋徵巡內兵甲麾下

將士合三萬人請翊衛鑾輿收復京邑文苑英華九百七十三
舊文苑王仲舒傳與知名之士裴樞等爲忘形之契　孟
郊贈裴樞端公詩文苑英華二百五十九集本作投贈張端公
鄭利用見吏中
李元素見左中戶中吏外二傳失載　又
邢肅無考
裴茝又主中　新表東眷裴氏道護後憲子茝國子司業
舊韋執誼傳貞元十九年韋執誼奏逐裴茝等六七人
不詳歷官新傳同詳左中韋成季主　舊憲宗紀元和六年閏十二
月辛亥皇太子寧薨國典無太子薨禮國子司業裴茝

精禮學特敕於西內定儀　新藝文志乙部史錄儀注類　裴茝
內外親族五服儀二卷又書儀三卷朱儔注茝元和太常少卿
鄭絪又封外附存　新表鄭氏南祖房池州刺史羨子絪字文
明相德宗　舊傳擢進士第登宏詞科自起居郎擢爲
翰林轉司勳員外郎知制誥憲宗監國遷中書舍人新傳
失載　重修承旨學士壁記鄭絪貞元八年自司勳員外
郎知制誥充翰林學士五月賜緋魚袋二十一年二月
二十二日遷中書舍人賜紫金魚袋　元稹承旨學士
院記鄭絪貞元二十一年二月自司勳員外郎翰林學
士拜中書舍人賜紫金魚袋充承旨翰苑羣書上　順宗實

錄一貞元二十一年二月壬戌以司勳員外郎翰林學
士知制誥鄭絪爲中書舍人學士如故昌黎先生外集六
李程　新表大鄭王房滁州刺史鶡子程字表臣相敬宗
舊傳貞元十二年進士擢第又登宏辭科順宗即位
罷翰林學士三遷爲員外郎元和中出爲劍南西川節
度行軍司馬　新傳自監察御史召爲翰林學士再遷
司勳員外郎爵渭源縣男　重修承旨學士壁記李程
貞元二十年九月二十七日自監察御史充翰林學士
二十一年三月十七日加水部員外郎元和元年九月
加朝散大夫賜緋魚袋二年四月二十一日轉司勳員

外郎三年七月二十三日知制誥其年出院授隨州刺
史
張仲素 見封中禮中補
趙宗儒 見吏中又考中　舊傳建中四年自右拾遺轉屯田員外
郎翰林學士如故居父憂免喪授司門司勳二員外郎
貞元六年領考功事 新傳畧同　柳宗元上江陵趙相公寄
所著文啟往者嘗侍坐於崔比部聞其言曰今之爲文
莫有居趙司勳右者 河東先生集三十六
薛存誠 又度外補　新表薛氏西祖房左拾遺勝子存誠給事
中　舊傳字資明進士擢第元和初自殿中侍御史遷

度支員外郎裴垍作相用爲起居郎轉司勳員外郎刑
部郎中 新傳失載　白居易除孔戣等官制駕部郎中薛存
誠廉潔直方飾以詞藻中立不倚介然風規可給事中
白氏文集五十五
盧公憲 見吏中勳中
李巨 巨王本鈌又戶中　新宰相表隴西李氏姑臧大房開州刺
史峯子巨司勳員外郎　宗室表虢王房嗣虢王祕書
監邕子巨嗣虢王河南節度使 二書有傳非　舊憲宗紀元
和七年十一月乙亥以司勳員外郎李巨充皇太子諸
王侍讀 舊李逢吉傳同

盧士牧 無考吏中吏外有士玫疑即是
蔣武　新表蔣氏國子司業將明子 見左中　乂字德源祕書
監義興懿公　舊傳貞元十八年自右拾遺遷起居舍
人轉司勳員外郎皆兼史職元和二年遷兵部郎中本
名武因憲宗召對請改名乂從之 新傳畧同
于敖 見吏中又倉外　舊傳元和六年眞拜監察御史轉殿中歷
倉部司勳二員外萬年令拜右司郎中出爲商州刺史
新傳失載
杜元穎　新表杜氏大理正佐子元穎相穆宗　舊傳貞
元末進士登第元和中爲左拾遺右補闕召入翰林充

學士轉司勳員外郎知制誥穆宗卽位召對思政殿賜
金紫超拜中書舍人 新傳畧同　重修承旨學士壁記杜元
穎元和十二年□月十三日自太常博士充翰林學士
二十日改右補闕□月十八日賜緋十四年三月二十
一日加司勳員外郎十五年閏正月一日賜紫二十一
日遷中書舍人　元鎮承旨學士院記杜元穎元和十
五年閏正月一日以司勳員外郎翰林學士充承旨賜
紫金魚袋二十一日正除 並翰苑羣書上　李肇翰林志元和
十四年司勳員外郎杜元穎在翰林
李正封 見勳中　舊憲宗紀元和十二年七月以司勳員外

郎李正封兼侍御史爲彰義軍判官舊裴度傳同
席夔見吏外
王起見考中補　新表太原王氏揚州倉曹參軍恕子文宗相播弟
起字舉之魏郡文懿公　舊傳貞元十四年登進
士第自淮南掌書記入朝爲殿中遷起居郎司勳員外
郎直史館元和十四年以比部郎中知制誥新傳失載
路隋見勳中　舊傳元和中擢拜左補闕遷起居郎轉司勳
員外郎充史館修撰穆宗即位遷司勳郎中新傳失載　重
修承旨學士壁記路隋元和十五年二月二十四日自
司勳員外郎史館修撰充侍讀學士三月十日賜緋二

十二日轉本司郎中翰苑羣書上
李肇見左中補　重修承旨學士壁記李肇元和十五年閏正
月二十一日自右補闕加司勳員外郎長慶元年正月
十三日出守本官　舊穆宗紀長慶元年十二月貶司
勳員外郎李肇澧州刺史　白居易論左降獨孤朗等
狀長慶元年十二月十一日奏　前列詞頭司勳員外郎李肇可澧州
刺史白氏文集六十
趙元亮見左中又戶外
李紳　新表趙郡李氏南祖續後金壇令晤子紳字公垂
相武宗　舊傳元和初登進士第長慶元年三月自右
補闕翰林學士改司勳員外郎知制誥二年二月超拜
中書舍人內職如故新傳失載　舊穆宗紀長慶元年三月
己未以左補闕李紳爲司勳員外郎依前知制誥翰林
學士二年二月以司勳員外郎知制誥李紳爲中書舍
人依前翰林學士　重修承旨學士壁記李紳長慶元
年三月二十三日自右補闕加司勳員外郎知制誥二
年二月十九日遷中書舍人承旨　元稹承旨學士院
記李紳長慶二年二月十九日自司勳員外郎知制誥
翰林學士賜緋魚袋遷中書舍人充並翰苑羣書上　白居易
淮南節度使檢校尚書右僕射趙郡李公家廟碑銘拜

右拾遺歲餘穆宗知公忠孝文行召入翰林特授司封
員外郎知制誥遷中書舍人白氏文集七十一司封司勳之誤
崔鄲又考中補又御史臺碑額監察題名　新表崔氏清河小房右金吾
將軍鄯弟見倉外　鄲相宣宗　舊傳登進士第累遷監察
御史三遷考功郎中充翰林學士轉中書舍人　新傳
補渭南尉累除刑部郎中出副杜元穎西川節度府召
入爲工部侍郎集賢殿學士
王申伯見吏外封中
姚向又戶外　白居易李虞仲崔戎姚向溫會等並西川判
官皆賜緋各檢校省官兼御史制吾命段文昌爲西川

帥又命虞仲戎向會等爲庶賓俾咨度輟三署吏贊丞
相府假憲官職加臺郎暨一命再命之服以遣之白氏文集
四十八　集古錄目唐嶺南節度鄭權碑陝州大都督府
長史庾承宣撰萬年縣令姚向書寶麻二年立　集古
錄姚向書筆力精勁雖唐人工於書者多而及此者亦
少惜其不傳於世而今人莫有知者惟予以集錄之傳
得此而已寶刻叢編五
孫簡見左中補吏中二傳失載
馮葯　元和姓纂一東國子祭酒馮伉生藥魏郡人不詳歷官
舊儒學馮伉傳子葯進士擢第又登制科仕至尚書郎

新李珏傳穆宗即位期九月九日大宴羣臣右拾遺李
珏馮葯同進言
李弘慶見左外
楊漢公見封中又戶中　舊傳自李絳興元從事累遷戶部郎中
新傳同
竇鞏　新表竇氏平陵房左拾遺叔向子鞏字友封鄂岳
節度副使　舊傳元和二年登進士第自平盧副使入
朝拜侍御史歷司勳員外郎刑部郎中新傳失載　褚藏言
故武昌軍節度副史朝散大夫檢校祕書監兼御史中
丞扶風竇府君詩序自靑社副使除侍御史轉司勳員
外郎遷刑部郎中竇氏聯珠集
高元裕見左中吏外二傳失載　石刻蕭鄴大唐故吏部尚書贈
尚書右僕射渤海高公神道碑□侍御史擢拜司勳員
外郎轉吏部員外郎河南洛陽　集異記高元裕大和三年
任司勳員外郎太平廣記二百七十八
盧簡辭又考中補考外補　新表盧氏檢校戶部郎中綸子見戶中補
簡辭字子策山南東道節度使　舊傳元和六年登第
寶麻中自侍御史轉考功員外郎轉郎中大和中坐事
自太僕卿出爲衢州刺史新傳亦失載
崔鉉從見吏外考中補勳中又二傳失載

裴識又戶中主外　新表東眷裴氏道護後度弟五子見封中　調
弟識字通理檢校右僕射晉昭公　舊傳以蔭授官累
遷至壽州刺史　新傳蔭補京兆參軍擢累大理少卿
韋磻見封中補　盧弘正與唐寺毗沙門天王記司勳京兆韋
公磻揮金致績以美之開成三年十二月文苑英華八百十九
鄭涯又戶中　新表鄭氏北祖房利用子見吏中又見上　涯檢校右
僕射同中書門下平章事　重修承旨學士壁記鄭涯
大和七年四月八日自左補闕充八年九月七日加司
勳員外郎十六日賜緋九年十一月十九日加知制誥
十二月十五日守本官出院翰苑羣書上　封敖批鄭涯謝

上表畧云內庭西掖留重價於雄文憲府南宮藹餘芳於嘉話出入更踐便蕃寵榮所莅有聲溢於聞聽是用授之鈇鉞鎮以荆蠻壓江漢之上游總吳蜀之都會 文苑英華四百六十七　舊武宗紀會昌三年七月辛相奏兵部侍郎鄭涯久爲征鎮判官情甚精敏雖無詞辨言事分明宜重事閒充使鎮最似相稱云云　舊書禮儀志五　會昌六年五月禮儀使奏武宗昭肅皇帝祔廟請復代宗神主於太廟以敬宗文宗武宗同爲一代於太廟東間添置□室定爲九代十一室尚書左丞鄭涯等奏依禮官所議　舊宣宗紀大中三年十一月東川節度使鄭

涯等奏修文川谷路自靈泉至白雲置十一驛下詔襃美 會要八十六同稱山南西道節度使鄭涯等奏云云勅旨鄭涯首創厥功　新封敖傳大中中興元節度使鄭涯開新路水壞其棧敖更治斜谷道　又九年三月以吏部侍郎鄭涯檢校禮部尚書兼定州刺史御史大夫義武軍節度易定觀察處置北平軍等使　十一年八月以義武軍節度易定觀察等使檢校禮部尚書定州刺史上柱國滎陽縣開國男食邑三百戶鄭涯檢校戶部尚書汴州刺史上柱國宣武軍節度副大使知節度事宋亳汴觀察亳州太清宮等使　玉堂遺範授鄭涯義武軍節度使制銀青光祿大夫守太子賓客分司東都上柱國滎陽縣開國男食邑三百戶鄭涯發揚術業歷踐清途常奬任屢鎮方隅惠愛洽於轅門謳歌溢於閭井洎謫居遐徼旋處洛師惕厲日聞屯夷一貫是命載圖來効復議寵遷可檢校禮部尚書使持節定州諸軍事兼定州刺史御史大夫充義武軍節度易定等州觀察處置北平軍等使散官勳封如故 大中九年九月文苑英華四百五十二　資治通鑑 唐紀六十四 大中三年閏十一月山南西道節度使鄭涯奏取扶州 新書吐蕃傳同　舊宣宗紀大中十一年八月以義武軍節度易定觀察等使檢校禮部尚書定州刺史上柱國滎陽縣開國男食邑三百戶鄭涯檢校戶部尚

書汴州刺史上柱國宣武軍節度副大使知節度事宋亳汴觀察亳州太清宮等使　資治通鑑 唐紀六十六 咸通二年冬十月以御史大夫鄭涯爲山南東道節度使加同平章事　玉堂遺範授鄭涯山南東道節度使制金紫光祿大夫御史大夫上柱國滎陽郡開國公食邑三千戶鄭涯參密命於北門演綸音於西掖屢解交於都座兼尹正於二原會府功著於彌綸神州政傳於表則登車按部仗節總戎屬者干旄入覲宣室對敭掌地征而天府既饒執邦憲而朝綱載肅可檢校尚書右僕射守襄州刺史御史大夫充山南東道節度使管內觀察

處置等使散官勳封如故文苑英華四百五十三　劇談錄咸通
四年秋洛中大水時鄭相國涯留守洛師
丁居晦見封中　重修承旨學士壁記丁居晦大和九年十
月十九日自起居舍人集賢院直學士遷司勳員外郎
開成二年九月十一日加司封郎中知制誥翰苑羣書上
李中敏　舊傳隴西人元和末登進士第大和中爲司門
司勳員外郎尋遷刑部郎中知臺雜拜諫議大夫新傳畧同
黎埴　重修承旨學士壁記黎埴大和九年十月十二日
自右補闕充開成二年二月十日加司勳員外郎三年
正月十日加知制誥其年十二月十八日賜緋其月二

十一日加兵部郎中四年十一月六日遷中書舍人五
年二月一日賜紫三月十六日拜御史中丞出院翰苑羣書
上　新李德裕傳文宗對學士禁中黎埴頓首言德裕
與宗閔皆逐而獨三進官帝曰彼嘗進鄭注而德裕欲
殺之今當以官與何人埴懼而出　新李訓傳太和九
年十一月神策兵大掠都城掠黎植等家貲産一空
閩川名士傳林傑九歲謁盧大夫貞黎常侍直無不嘉
獎太平廣記百七十五　寶刻類編六黎埴浯溪題名大中元年七月
崔瓘　新表清河小房崔氏司農卿鄷子見戶外瓘字安器
吏部尚書　舊崔邠傳子瓘疑瓘登進士第歷位臺閣

舊五代史唐書三十四　崔協傳祖瓘吏部尚書　劉禹錫唐
故兼御史中丞贈太師崔公碑神道碑太常邠二子同
入尚書瓘爲司勳郎開成四年劉賓客文集三
崔干　新表清河小房崔氏秩子干字藩之　舊崔羣傳
弟于登進士官至郎署有令名據世系表係羣從弟此弟上脫從字　唐
會要五十八　會昌三年三月庫部郎中知制誥崔于等言
文武常參官兼御史大夫中丞班位列尚書左右丞上
云云　閩川名士傳林藹爲閩府大將有子傑益大其
門廉使崔侍郎干亟與遷職太平廣記百七十五
庾簡休又祠外　元和姓纂七慶大理正祕書少監致仕庾倬

生簡休工部侍郎左散騎常侍　新庾敬休傳弟簡休
亦至工部侍郎　舊宣宗紀大中元年六月以左諫議
大夫庾簡休爲虢州刺史
崔鉉見封中　舊傳會昌初再遷員外郎知制誥召入翰林
充學士　新傳自荆南賓佐入拜司勳員外郎翰林學
士遷中書舍人學士承旨　重修承旨學士壁記崔鉉
開成五年七月五日自司勳員外郎充會昌二年正月
十二日加司封郎中知制誥翰苑羣書上
陳湘湘二本缺見吏外
崔璵見左中禮外補　又考中補戶中　二傳失載

崔駢見左中又戶中
韋琮　新傳進士及第稍進殿中侍御史坐訊獄不得實
改太常博士擢累戶部侍郎翰林學士承旨　重修承
旨學士壁記韋琮會昌二年二月十五日自起居舍人
史館修撰充其年十月十七日加司勳員外郎三年五
月二十九日轉兵部員外郎知制誥四年四月十五日
轉兵部郎中九月四日拜中書舍人並依前充翰苑羣書上
資治通鑑唐紀六十三會昌三年五月壬寅以翰林學士
承旨崔鉉爲中書侍郎同平章事夜召學士韋琮以鉉
名授之令草制琮乾度之子也乾度見吏中

崔黯見勳中　舊傳開成初爲監察御史尋遷員外郎新傳同
周復見勳中又戶外
裴寅見左中中封外　封
杜審權見吏外勳中補　舊傳自左補闕大中初遷司勳員外郎
轉郎中
楊發見左中補　勳中　又禮中補　二傳失載
盧罕見吏外
杜牧見吏外又考中補膳外補　舊傳出牧黃池睦三郡復遷司勳
員外郎史館修撰轉吏部員外郎新傳略同　自撰墓誌銘
出守黃池睦三州遷司勳員外郎史館修撰轉吏部員

外　宋州寍陵縣記大中二年十一月十八日將仕郎
守尚書司勳員外郎史館修撰杜某題　又上周相公
啟奉三月八日勅除尚書司勳員外郎史館修撰杜樊川集
韋澳又考外補　舊傳大和六年擢進士第又以宏詞登科周
墀鎮鄭滑辟爲從事墀輔政以澳爲考功員外郎累遷
戶部兵部侍郎新傳略同
趙櫓見吏外又戶外
趙滂又戶中戶外　新表新安趙氏嶺南節度使檢校工部尙
書謚簡植子從約弟見倉外　滂字思齊一本濟　崔嘏授蔡
京趙滂等御史等制忠武軍節度副使趙滂久滯瀟方

未昇朝序吾且循其聲跡頗契符言是用擢自賓筵置
於憲席可殿中文苑英華三百九十五
李違　閩川名士傳林傑九歲李侍御違趙支使容深所
知仰不捨斯須太平廣記百七十五　九國志二李濤傳祖違唐
杭州刺史趙郡人　新書藝文志丁部集錄別集類　李違詩集
一卷字求古大中建州刺史
崔鈞又祠外　新表博陵大房崔氏仲哲後直史館元受子
鈞字秉一　又南祖崔氏祠部郎中有鄰子鈞　舊崔
元受傳子鈞登進士第辟諸侯府　舊宣宗紀大中十
一年十月以太常少卿崔鈞爲蘇州刺史

李潘見勳中又金外
苗恪　新表苗氏蕃孫著子愔弟見戶中恪字無悔　登科
記曰苗恪太和八年登第五百家註音辨昌黎先生文集二十五　東觀
奏記中　上愼重名器未嘗容易服色之賜一無所濫苗
恪自司勳員外除洛陽令藍衫赴任　重修承旨學士
壁記苗恪大中十一年正月十五日自庫部郎中充四
月十五日加知制誥十二年閏二月十三日遷中書舍
人並依前充十三年八月二十六日賜紫其月二十九
日加朝請大夫兼戶部侍郎知制誥其年十二月十三
日加承旨十四年十一月八日改檢校工部尚書山南

西道節度使兼御史大夫翰苑羣書上　舊宣宗紀大中十
二年二月以庫部郎中知制誥苗恪等並中書舍人依
前翰林學士
庾道蔚又封外附存　元和姓纂七慶左拾遺庾敬休見左中補生道
蔚翰林學士　重修承旨學士壁記庾道蔚大中六年
七月十五日自起居舍人充其年十二月二十九日三
殿召對賜緋七年九月十九日加司封疑勳員外郎九年
八月十三日加駕部郎中知制誥並依前充十年正月
十四日守本官出院尋除連州刺史翰苑羣書上　舊宣宗
紀大中十三年九月以起居郎庾道蔚充翰林學士案與壁記

不合樊川文集十七有庾道蔚守起居舍人充翰林學
士等制稱將仕郎守起居舍人庾道蔚與壁記正同又
考杜牧於大中五年冬始自湖州刺史拜考功郎中知
制誥則道蔚之充年月亦當從壁記爲定舊紀誤又案
杜牧制云自侯府升爲諫臣蓋口由方
鎭從事入爲御史遺補者文詳禮外補　東觀奏記中
翰林學士駕部郎中知制誥庾道蔚勑曰以藝文擢居
近密乖檢愼難處禁林宜守本官續連州刺史鄭朗爲
御史大夫道蔚以事干之乞庇罪人者朗銜之朗旣大
用積前事盡聞于上故及此罪
韋用晦　新表京兆韋氏司功郎中昌範子用晦不詳歷
官
鄭樞無考

王渢見勳中　舊宣宗紀大中八年三月修文宗實錄史官
司勳員外郎王渢等頒賜銀器錦綵有差會要同舊魏謩傳同新蔣
偕傳大中八年與王佩撰次文宗實錄
皇甫珪見吏外封中　重修承旨學士壁記皇甫珪大中十年
六月五日自吏部員外郎充其月七日改司封郎中十
一年正月十一日三殿召對賜緋其年十月二日加司
封郎中知制誥翰苑羣書上　東觀奏記中　皇甫珪自吏部
員外召入內廷改司勳員外計吏員二十五箇月限轉
司封郎中知制誥案壁記上司封郎中四字當從奏記作司勳員外
裴衡見吏外

牛叢見勳中又戶中膳外補　新傳宣宗時以司勳員外郎爲睦
州刺史舊傳失載　嚴州重修圖經一　牛叢大中十二年十
一月日自司勳員外郎拜
楊收收一作辰無考見吏外　舊傳宰相夏侯孜領度支用收自職
方員外郎分司東都爲判官罷職改司勳員外郎長安
令秩滿改吏部員外郎新傳失載
張復珪見封中勳中
楊知遠　新表楊氏越公房汝士子見封外　知遠字明之絳
州刺史　舊楊汝士傳子知遠登進士第　舊懿宗本
紀咸通二年八月以兵部員外郎楊知遠等試吏部宏

詞選人
杜蔚見勳中
穆仁裕見吏中吏外　舊懿宗紀咸通二年八月以司勳員外
郎穆仁裕等試吏部宏詞選人
苗紳　東觀奏記中　武昌軍節度副使苗原注名與庭裕家諱同　責
同子嚴不避馬擒至幕笞其背嚴母詣闕稱冤苗貶江
州司馬制曰避馬雖乖於嚴敬鞭人合顧於簪纓舍人
碭紹復之詞也苗自此爲清議所薄　廬山記二　經藏
院在東林寺東廡有韋丹韋宙寫疑脫像字咸通八年江州
刺史苗紳有二章寫眞贊紳宙之外孫也　徐知證廬

山大乙眞人廟記咸通九年江東牧苗公紳自石塘橋
移入山口全唐文八百七十　雲臺編上　有送人之九江謁郡
侯苗員外紳詩　金華子雜編下　苗紳貶南中崔相國
彥昭其故人也見而憫焉呼紳至第而慰勉曰苗十大
是屈人再三言之紳歎久淹屈既聞時宰之撫諭莫勝
其喜及還家其子迎於門紳笑語其子曰今日見崔相
國憫我如此遂坐於廳高誦其言曰苗十大是屈人喜
笑一聲而卒悲夫
源重又度外　舊楊嚴傳會昌四年僕射王起典貢部源重
等五人試文合格以子第武宗敕落下　唐摭言八　會

昌四年王起奏五人源重故相牛僧儒之甥等恩旨令送所試
雜文付翰林重考覆續奏進止源重落下　吳興志源
重咸通三年九月自司勳員外郎授除絳州刺史
薛廷望見左中又主外
獨孤霖　新表獨孤氏雲州刺史密子吏部侍郎雲弟見吏
外　霖祕書監元和姓纂同　重修承旨學士壁記獨孤霖咸
通三年九月二十七日自右補闕賜緋入四年閏六月
十九日特恩加司勳員外郎充十二月二十一日加知
制誥五年五月九日三殿召對賜紫七日八日加庫部
郎中知制誥依前充六年六月五日遷中書舍人依前

充九月十七日加朝散大夫工部侍郎依前充七年三
月十七日三殿召對面宣充承旨八年正月二十七日
改戶部侍郎知制誥依前充十一月四日遷兵部侍郎
知制誥依前充十年九月八日守本官判戶部出院翰苑
羣書上　新編方輿勝覽十五載獨孤霖書疊嶂樓末題咸
通十二年十二月辛亥宣州刺史某書　新書藝文志
丁部集錄別集類　獨孤霖玉堂集二十卷
高湜又禮中補　舊高釴見戶中傳子湜登進士第咸通十二年
爲禮部侍郎　新傳字澄之累官右諫議大夫　舊王
徽傳懿宗時高湜持憲綱奏爲侍御史知雜　舊懿宗

郎官石柱題名考卷八　勳外　四六

紀咸通五年三月以兵部郎中高湜等試吏部平判選
人　吳興志高湜咸通五年十二月自司勳員外郎拜
禮部郎中史館修撰統紀作遷刑部
鄭碣又戶中　杜牧鄭碣除江西判官等制稱浙江西道都
團練判官將仕郎監察御史裏行鄭碣樊川文集十九
崔殷夢見封中　舊懿宗紀咸通八年十月以司勳員外郎
崔殷夢等考吏部宏詞選人
盧顗　杜牧唐故范陽盧秀才霈墓誌祖顗易州長史樊川
文集九鉞案秀才以開成四年沒案其時代當非此人
趙蒙見勳中　吳興志趙濛咸通八年二月自司勳員外郎

拜遷駕部員外郎統記云遷職方
崔厚見左中補闕吏外勳中又金外
李嶽見左中又戶外　舊懿宗紀咸通九年正月以司勳員外郎
李嶽等考宏詞選人
楊希古又戶中見仁　新表楊氏越公房長安令魯士子見倉外希
古字尙之尙書左丞　舊黃巢傳廣明元年十二月賊
巢僭位以楊希古等爲四相
李昭　新宗室表許王房嗣許王宗正少卿解子嗣王殿
中監昭　又宰相表趙郡李氏東祖房溧水尉震子昭
武進丞　又隴西李氏姑臧大房申州刺史尙詞子昭

郎官石柱題名考卷八　勳外　四七

不詳歷官　又台州司法參軍偘子昭鄮城令　又許
王府典籤敬忠子昭不詳歷官　又伊闕令充子昭與
安丞　五代史漢史曰唐李昭以尙書郎出爲蘇州刺
史朞歲以中書舍人召還不拜謂宰輔曰省郎拜舍人
以知制誥爲次序使由刺史玷綸闈非敢聞命乃以兵
部郎中知制誥翌歲拜舍人受之太平御覽職官部二十姑蘇志二引五
代史畧同惟舍人誤作令字　舊五代史晉書十八李懌傳懌京兆人祖
褒唐黔南觀察使見考外　父昭戶部尙書　唐語林四　李
尙書褒次子昭爲常州詳考外李褒注
楊仁贍　新表楊氏越公房希古弟見上仁贍字濟之秘書

監　東觀奏記上　貶前鄉貢進士楊仁瞻爲康州參軍馳驛發遣仁瞻女弟出嫁前進士于瓌見吏外　納函之期有朞周恤仁瞻不易其日憲司糾論遂坐貶

蘇粹又祠外中補　元和姓纂十一模　兵部尚書襄州節度蘇滌見考生粹舊儒學傳蘇弁京兆武功人　唐語林四　蘇員外粹與母弟沖見考外俱鄭都尉顥門生後粹爲東陽守沖爲信陽守欲相見境上本府許之兩郡之守攜賓客同府主出省俱自外郎兄弟之榮少比　南部新書己　蘇粹員外頗達禪理自號本禪和

李輝見動中

李渙　新表趙郡李氏東祖房衞州刺史嘉祚子渙美原丞時代不合　又西祖房同亨子渙不詳歷官　舊宣宗紀大中十二年二月以庫部員外郎史館修撰李渙爲長安令　東觀奏記中　監修國史鄭朗奏請停廢直館更添置修撰兩員以駕部員外郎李渙充史館修撰會要六十四大中八年七月誤

杜裔休　新表襄陽杜氏武宗懿宗相悰子裔休字徽之　重修承旨學士壁記杜裔休咸通十一年正月十八日自起居郎入守本官充五月二十七日三殿召對賜紫九月十一日加司勳員外郎知制誥依前充十三年二月九日守本官出院翰苑羣書上　新杜悰傳子裔休懿宗時歷翰林學士給事中坐事貶端州司馬　舊懿宗紀咸通十三年五月給事中杜裔休貶端州司馬　唐摭言十三　劉允章試天下爲家賦爲拾遺杜裔休駮奏允章出江夏裔休尋亦改官

盧渥見封外補動中補　司空圖唐故太子太師致仕盧公神道碑徵起居轉司封員外知雜事遷司勳郎中出倅宣武軍未更歲再入爲某曹郎選拜萬年令拜某官知制誥司空表聖文集七案某曹郎疑指勳外

李濆　新表讓皇帝房隴西郡公靈武節度使玄禮子隴西縣南檢校吏部尚書光碩初名濆　玉泉子咸通中韋保衡路巖作相除不附已者十司戶李濆繡州內繡州不迴　語林七　大中三年李褒見考外　侍郎知舉試堯仁如天賦宿州李使君弟濆不識題

路綱　文苑英華六百六十四　顧雲有上鹽鐵路綱判官啟

李迢見動中

鄭逸　新表鄭氏南祖房之信子逸不詳歷官

薛邁　舊僖宗紀乾符二年六月以司勳員外郎薛邁爲兵部郎中　古刻叢鈔載咸通四年九月三日同謁先師題名有攝觀察巡官前鄉貢進士薛邁

周承矩又主中　新表永安周氏宣宗相墀子見考外補承矩字

後慶

韋顏顏王本缺又戶外祠外　劇談錄下中書舍人韋顏子壻崔
道樞舉進士乾符二年春下第　南部新書癸韋路作
相貶不附己者十司戶韋顏虔州玉泉子無韋顏有張顏張見戶外

鄭就見封外又戶外　舊僖宗紀乾符二年六月以戶部員外郎
鄭就爲司勳員外郎

鄭勤規　新表鄭氏北祖房宣宗相朗子見考中補勤規不詳

歷官

李滉王本晃趙本滉格審定是李琨見左中左外偏旁未確

蔣泳又見下考中補　新表蔣氏伸子見左外泳字越之　唐摭言
三咸通中蔣泳以故相之子少年擢第時家君任太常
卿又十二咸通七年河中蔣相以故相守兵部尚書其
年子泳趙隲下及第案蔣伸任太常卿守兵部尚書二傳失載　桂苑筆耕
集十有與考功蔣泳郎中別紙一首

崔昭符　新表南祖崔氏璙子見左外昭符字子信　舊崔
昭緯傳兄昭符仕至禮部尚書　玉泉子云皮日休南
海鄭愚門生同年崔昭符鐐之子蔑視之太平廣記二百六十五

崔序　新表博陵大房崔氏檢校司勳員外郎郯子庾弟
序見勳中序字東玉　舊懿宗紀咸通十年八月貶荊南觀
察支使崔序衡州司戶崔雍之親黨也　權載之文集
四有送密秀才吏部駮放後歸蜀應崔大理序詩

姚荊　舊五代史晉書十八姚顗傳祖宏慶蘇州刺史見倉中父
荊國子祭酒新表失載

張禥無考又戶外

蔣泳重見

崔凝　劉崇望授中書舍人崔凝右補闕沆文總目作仁偉並
守本官充翰林學士制畧云家遺淸風人懷恭德能濟
其美者伊凝有之又云墨妙詞芬策名試第文苑英華三百八十
四　益州名畫錄上　常重胤於中和院上壁寫僖宗皇

帝幸蜀隨駕文武臣寮眞有翰林學士戶部侍郎崔凝
　唐昭宗實錄乾寧二年二月己亥勑崔凝爵秩已崇
委寄殊重司吾取士之柄且乖愼選之圖辜朕明恩自
貽伊咎委中書門下行勑處分奏來丁未勑刑部尚書
知貢舉崔凝遍踐淸華多歷年數累更顯重積爲休聲
遂輟其憲綱任之文柄宜求精當稍異平常朕臨軒比
試頗多蕪纇豈宜假我公器成彼私榮且乖朕志宜示
朝章尙遵含垢之恩俾就專城之任可貶合州刺史唐摭
言所載一同又云仍遺驛發遣莆陽黃御史集

鄭昌圖　新表鄭氏北祖房太原節度使涓子昌圖字光

業戶部侍郎　舊王徽傳光啟中以兵部侍郎鄭昌圖權知昭義軍事　新孟方立傳中和元年王鐸使參謀中書舍人鄭昌圖知昭義留事治不三月輒去通鑑在二年考異日實錄中和四年正月以義成行軍司馬鄭昌圖爲中書舍人三月以中書舍人鄭昌圖權爲昭義留後年月誤　資治通鑑唐紀七十中和二年正月以中書舍人鄭昌圖爲王鐸義成節度行軍司馬新王鐸傳表鄭昌圖等在幕府　舊僖宗紀中和四年四月以兵部侍郎判度支鄭昌凝沈云凝疑作昌圖本官同平章事　光啟二年正月車駕幸興元宰相鄭昌圖等不之知扈從不及　五月襄王熅僭位以中書侍郎刑部尚書同平章事鄭昌圖判戶部事十二月鄭

昌圖等奉襄王奔河中重榮械昌圖等於獄　三年三月械送僞宰相鄭昌圖等命斬於岐山縣　舊襄王熅傳光啟二年以鄭昌圖判度支事鹽鐵戶部各置副使三司之事一以委焉目曰廢置相公

補遺

杜之亮　元和姓纂十姥隋著作郎杜公瞻生之亮司勳員外中山人

崔坦　新表博陵三房崔氏北齊散騎常侍鯁曾孫仁孫坦司勳員外郎

韋元䁂　新表韋氏彭戎公及巨山子元旦弟見左外元䁂司勳員外郎姓纂同

楊植一作楨　新表原武楊氏武宗中宗相綝子見吏外補禎司勳員外郎　舊楊再思傳子植司勳員外郎　蘇頲授楊禎太子右諭德制黃門太中大夫前試剡王府長史上柱國鄭國公楊禎敬以安仁恭而合禮相門華胄夙著清徽王邸元寮復膺高選屬肇開於博望宜審論於承華可行太子右諭德餘如故主者施行文苑英華四百四

戴林璇　元和姓纂十九代唐司勳員外郎戴林璇河東桑泉人案石刻倉中有休璇倉外有休璇此林璇疑休璇之誤又案石刻勳外有李休璇李字疑誤

韓洪　新表昌黎韓氏玄宗相休子見封外洪邢州長史姓纂

洪司勳員外　舊韓休傳子洪爲司庫員外郎坐兄浩容隱王鉷資財貶職後遇赦量移爲華州長史新傳畧同　賈至授韓洪山南東道防禦使等制勑襄陽太守韓洪左補闕韓紘等令德之後象賢而立克光代葉不墜家聲或謀府沖深才膺鎮禦或文律典麗詞叶絲綸今寇虐未清邦家多事用武之地宜徵奇傑掌翰之職故一作政擇英髦洪可山南東道防禦使紘可考功員外郎知制誥文苑英華四百九

張鼎　國秀集上司勳員外張鼎詩二首今鈌一首　儲光義集五有同張侍御鼎和京兆蕭兵曹華歲晚南園詩

劉承慶明堂災後求直言疏陛下垂制博訪許陳至理左史張鼎謂今既火流王屋彌顯大周之祥斯實謟妄之邪言實非君臣之正論晦昧王化無益萬幾全唐文二百三

褚長孺又度中祠外　元和姓纂八語國子祭酒管國公無量五從姪長孺司勳員外錢塘人　常袞授褚長孺祠部員外郎等制勑朝議郎行起居郎集賢殿直學士褚長孺等文苑英華三百九十一詳祠外

李珏見吏外附存又度中禮外補　舊傳長慶中遷吏部員外郎轉司勳員外郎知制誥大和五年改度支郎中知制誥遂入翰林充學士新傳略同　東觀奏記上自殿中侍御史內

供奉武昌掌書記徵歸御史府擢拜禮部員外改吏部李宗閔爲相擢掌書命改司勳員外庫部郎中文宗召充翰林學士

李耀　舊懿宗紀咸通十一年二月以考官司勳員外郎李耀等考試宏詞選人

楊授見吏中補　舊傳自監察御史殿中分務東臺再遷司勳員外郎洛陽令兵部員外郎李福爲東都留守奏充判官改兵部郎中由吏部拜左諫議大夫新傳失載

趙崇見勳外　新表新安趙氏滂子崇字爲山御史大夫　舊鄭從讜傳僖宗時河東節度使鄭從讜許自擇參佐乃奏前司勳員外郎史館修撰趙崇爲觀察判官開幕之盛冠於一時中朝目爲小朝廷言名人多也　舊昭宗紀天祐元年六月銀青光祿大夫太子少師天水縣男食邑三百戶趙崇可檢校右僕射　舊哀帝紀天祐二年五月庚辰勑特進檢校司徒守太保致仕趙崇可曹州司戶六月戊子朔勑責授曹州司戶趙崇等皆受國恩咸當重任罔思罄竭惟貯姦邪雖已謫於遐方尚難寬於國典委御史臺差人所在州縣各賜自盡時已至滑州皆併命於白馬驛朱全忠令投屍於河　新韓偓傳昭宗嘗欲用韓偓作相偓因薦御史大夫趙崇勁

正雅重可以準繩中外帝知偓崇門生歎其能讓　又云崔胤逐王溥陸扆帝以王贊趙崇爲相胤執贊崇非宰相器帝不得已而罷贊崇皆偓所薦爲宰相者案新紀宰相表溥扆罷於天復三年二月

裴贄又主外補　新表中眷裴氏大理丞儲子贄字敬臣相昭宗　新裴坦傳見左外從子贄及進士第擢累右補闕御史中丞刑部尚書　資治通鑑唐紀七十中和二年正月以司勳員外郎裴贄爲王鐸義成節度掌書記新王鐸傳表裴贄等在幕府　舊昭宗紀乾寧四年十月制以大中大夫前御史中丞裴贄爲禮部尚書知貢舉　光化三年正月庚

子朔以禮部尚書裴贄爲刑部尚書　舊五代史（唐書八）
同光二年六月庚寅故右僕射裴贄贈司徒
鄭延昌　新表鄭氏北祖房撫州刺史猗子延昌相昭宗
新傳字光遠咸通末得進士第遷監察御史鄭畋鎮
鳳翔表在其府畋再秉政擢司勳員外郎翰林學士進
累兵部侍郎　劉崇望授翰林學士鄭延昌守本官兼
中書舍人制（畧云）親近之地慎密爲先爾既不能何爽居
外西省亦吾教誥之地戒之可矣（文苑英華三百八十二案延昌出院年月）
無考
劉崇望（見吏外補）　舊傳自起居郎宏文館學士轉司勳吏部

二員外郎僖宗在山南以爲諫議大夫
趙光逢（見吏外補又禮中補禮外補祠中補）　舊傳僖宗還京授太常
博士歷禮部司勳吏部三員外郎集賢殿學士轉禮部
郎中
張文蔚（見吏外補勳中補祠中補）　舊五代史（梁書十八）僖宗時遷左補
闕侍御史起居舍人司勳吏部員外郎拜司勳郎中知
制誥　舊傳龍紀初自使府入朝爲尚書郎
薛廷珪　舊（文苑）薛逢傳子廷珪中和中登進士第大順初
累遷司勳員外郎知制誥正拜中書舍人
張儁　舊五代史（梁書二十四）字彥臣僖宗還京師由校書郎

西畿尉登朝爲御史補闕起居郎司勳員外萬年縣令
以事黜官峽中將十年太祖卽位宰臣薛貽矩奏爲鹽
鐵判官
盧擇　薛廷珪授考功員外郎鄭璘司勳員外郎盧擇並
充史館脩撰制（文苑英華四百案制文有云爾璘等蓋是時劉崇望監修國史也）
資治通鑑（後梁紀五）貞明五年四月吳國王以前中書舍人
盧擇爲吏部尚書兼太常卿醴泉人（胡三省曰前中書舍人蓋唐官也）
王拯（又戶外補）　黃滔丈六金身碑天祐四年正月十有八日
乙未設二十萬人齋座客有司勳員外郎王公拯（莆陽黃御史集下秩）
摭言（三）大順中王拯自小版拜少勳（唐詩紀事同作小勳）

是　唐詩紀事（六十六）王拯大順二年侍郎裴贄下登第
楊甸　新表楊氏越公房試協律郎知權子甸字禹封司
勳員外郎
李延古　新表趙郡李氏西祖房郴尉煃生延古司勳員
外郎　新李德裕傳延古乾符中爲集賢校理擢累司
勳員外郎還居平泉昭宗東遷坐不朝謫貶衞尉主簿
舊哀帝紀天祐二年六月戊申敕前司勳員外郎賜
緋魚袋李延古責授衞尉寺主簿　舊五代史（唐書三十六）
李敬義傳本名延古昭宗遷都洛陽以敬義爲司勳員
外郎柳璨之陷裴趙諸族希梁祖旨奏云近年浮薄相

扇趨競成風乃有臥邀軒冕覩王爵如土梗者司空圖
李敬義三度除官養望不至咸宜屏黜以勸事君者翌
日詔曰司勳員外郎李延古世荷國恩兩葉相位幸從
筮仕累忝寵榮多歷歲時不趨班列而自還都卜洛紀
律載張去明庭而非遙處別墅而無懼罔思報效姑務
便安爲臣之節如斯貽厥之謀何在須加懲責以肅朝
倫九寺勾稽尙謂寬典可責授衞尉寺主簿時張全義
不能庇護乃密託楊師厚令敬義潛往依之因挈族客
居衞州者累年師厚給遺周厚

張茂樞又禮中補祠中補　新表河東張氏舒州刺史次宗子見考外
茂樞字休府　新傳茂樞及進士第天祐中累遷祠
部郎中知制誥坐柳璨事貶博昌尉　舊昭宗紀天祐
元年七月丁丑制以司勳員外郎張茂樞爲禮部郎中

韋甄　唐摭言八韋甄及第是第十三人　舊哀帝紀天
祐二年五月壬午敕司勳員外郎韋甄責授和王友

徐綰又戶中補　新表徐氏昭宗相彥若見吏外補生綰兵部郎中
舊徐彥若傳子綰天祐初歷司勳兵部二員外郎戶
部兵部二郎中缺名授前司勳員外郎賜緋徐綰兵部
員外郎前庫部員外郎李光嗣右司員外郎等制徐綰
以丞相之子爲尙書郎人得見於會朝而不得見於私
室其言不敢近政其動未嘗違謙用是寡尤式彰能訓
文苑英華三百九十二案英華蒙上白居易云前人衍字　光嗣見吏中補

附存

裴稹　新表中眷裴氏元宗相光庭子稹司勳員外郎襲
正平縣子案新書本傳裴朏撰墓誌銘獨孤及撰稹行狀權德輿裴倩神道碑銘柳宗元亡姊前京兆府參軍裴君夫人墓誌皆作祠部員外郎此云司勳蓋誤又柳宗元唐故萬年令裴府君墓碣作刑部刑疑祠誤

李德裕見考中　舊穆宗紀長慶元年正月翰林學士司勳
員外郎李德裕上疏望宣示駙馬等有事任至中書見
宰臣此外不得至宰臣及臺省官私第云云案舊傳穆宗卽位自

監察御史召入翰林充學士改屯田員外郎長慶元年正月上疏云云尋轉考功郎中知制誥重修承旨學士壁記元和十五年二月二十日自監察御史加屯田員外郎長慶元年三月二十三日改考功郎中知制誥又云三月己未以屯田員外郎李德裕爲考功郎中賈餗贊皇公李德裕德政碑遷屯田員外郎考功郎中紀作司勳誤

張裼見祠中　舊傳于琮登宰輔判度支召爲司勳員外郎
判度支尋用爲翰林學士轉郎中知制誥拜中書舍人
重修承旨學士壁記咸通九年六月十三日自刑部
員外郎八十五日加祠部郎中充不云勳外疑傳誤

杜貞符見左外倉外　舊僖宗紀乾符二年七月以左司勳員
外郎杜貞符爲都官郎中案勳字衍貞當作眞

唐尚書省郎官石柱題名考卷八終　勞檢丁士諤校字

唐尚書省郎官石柱題名考卷九

仁和勞格　趙鉞著　歸安丁寶書編次

考功郎中

唐六典吏部尚書其屬有四四曰考功郎中一人從五品上（龍朔二年改爲司績大夫咸亨元年復故）郎中掌內外文武官吏之考課（舊書新書同）

（石刻）皇甫昇慶　楊思謙　劉處約　高□□　皇甫知常
房光庭　崔翹　房密　李收　王□□
韓皋　趙宗儒　鄭涵　李德裕　盧言

魏扶　崔璩　李蔚　李景　許圜師
鄭長裕　元大士　王本立　王遺恕　李元素
蘇味道　石抱忠　楊季昭　王□　李迪
鞠先沖　杜元志　高紹　王易從　王敬從
韋濟
（補遺）竇德明　李覲玉　侯莫陳肅　楊纂　柳逵
韋叔謙　韋德敏　盧承福　盧園史　張敬之
楊守拙　韋瓊之　竇崇嘉　韋鏗　李畬
嚴挺之　張談　韋洽　元光嫌　劉昂
韋伯詳　李玄成　李暄　李揆　韋夏有

蘇源明　于肅　常衮　裴諝　邢宇
杜位　錢起　崔寬　王定　陸贄
李吉甫　裴垍　王播　劉伯芻　韓愈
蕭祐　裴潾　盧簡辭　崔龜從　崔鄲
鄭朗　崔嘏　薛廷範　崔璵　令狐綯
杜牧　鄭薰　蕭鄴　王凝　崔珮
孔緯　崔庾　鄭仁規　李拯　盧沼
趙昌翰　蔣泳　蘇滌　眭逸文　蘇璞
附存韋處厚　蘇頲

勞檢丁士諤校字

唐尚書省郎官石柱題名考卷九

皇甫昇度又戶外吏中補有屛度疑卽昇度之誤
楊思謙見封中封外
劉處約見吏外　元和姓纂十八尤考功郎中劉慶約宣州人
高口口
皇甫知常見吏中吏外
房光庭見吏外又考外戶外
崔翹見封外
房密　新表河南房氏肱子密諫議大夫
李收見動中
王口口王本王口趙本王仲口
韓皐又考外補金中　新表昌黎韓氏滉子見吏中禮部員外郎羣弟見考外補　皐字仲聞尚書右一本左僕射　舊傳由雲陽尉擢賢良科拜右拾遺父艱免喪執政擬考功郎中御筆加知制誥遷中書舍人新傳畧同
趙宗儒儒二本缺見吏中動外　新傳貞元六年以司勳員外郎領考功事進考功郎中累遷給事中
鄭涵見封中又考外補　舊傳自國子博士史館修撰丁母憂除喪除考功郎中　元稹鄭涵授尚書考功郎中馮宿刑部郎中制勑二帝三王之所以仁聲無窮績用明而刑

劉當也尚書郎專是兩者疇將若予僉曰前國子博士充史館修撰十字依苑補宋鄭本涵文無害可以彰善惡守歙州刺史五字苑有馮宿思無邪可以盡哀矜庶尹百吏之能否四海九州之性命用汝參斷汝其戒之夫刻則害善放則利淫滯則不通流則自撓惟是四者時考之難亟則失情緩則留獄深則礙恕縱則生姦惟是四者時刑之難八者不亂然後可以有志於理矣朕所注意爾其盡心涵可考功郎中宿可刑部郎中餘並如故元微之文集四十六文苑英華三百八十九

李德裕見勳外附存　新表趙郡李氏西祖房憲宗相吉甫子德裕字文饒相文武　舊傳長慶元年自屯田員外郎翰林學士轉考功郎中知制誥二年二月轉中書舍人學士如故新傳畧同　舊穆宗紀長慶元年三月己未以屯田員外郎李德裕爲考功郎中依前知制誥翰林學士二年二月丁卯以考功郎中知制誥李德裕爲中書舍人依前翰林學士　丁居晦重修承旨學士壁記李德裕長慶元年三月二十三日自屯田員外郎改考功郎中知制誥二年正月二十九日加承旨二月四日遷中書舍人　元稹承旨學士院記李德裕長慶元年正月二十九日以考功郎中知制誥翰林學士賜緋魚

袋二月四日遷中書舍人充餘如故並翰苑羣書上　會要七十九　贈司空李德裕謚忠新傳贈尚書左僕射無謚

盧言又戶中　白居易開成二年三月三日禊洛濱留守裴令公召駕部員外郎盧言等一十五人合宴舟中詩白氏文集三十三　新杜中立傳文宗時京師惡少優戲道中具騶唱呵衞自謂盧言京兆驅放自如

魏扶見封外　重修承旨學士壁記魏扶會昌四年四月十五日自起居郎轉考功郎中九月四日拜中書舍人翰苑羣書上

崔璙見左外又戶外

李蔚　新傳拜監察御史擢累尚書右丞

李景莊二本鈌　新李景讓傳弟景温見戶外　景莊亦至顯官語林七　盧隱自太常博士除水部員外郎爲右丞李景温抑焉隱從兄攜爲丞相除右司員外郎景莊復右轄又抑之　石刻紇干濬贈太尉韓允忠神道碑乾符元年十一月皇帝下鈌郎中曹鄴見吏中補太子下鈌議大夫李景莊庫部員外郎陳翰見金外備鼓吹升輅車由空三字宣政正衙及空三字公之靈座册增司徒謚曰口山東莘縣俎家店

許圉師二本鈌見勳外

鄭長裕二本鈌倉甲又金外祠外　新表鄭氏北祖房慈州刺史

慈子長裕許州刺史時代不合　舊鄭餘慶傳祖長裕官至
國子司業終潁川太守　權德輿祕書郎壁記開元初
滎陽鄭公具瞻之王考潁川府君叔祖刑部府君皆繇
禮官博士繼登其任權載之文集三十一
元大士二本鈌又考外　元和姓纂二十二元元公珽生大士唐吏部
中書二侍郎河南洛陽縣人
王本立二本鈌見左中補　通典州郡七　河南府河清縣倉咸亭中
考功郎中王本立置也　太平寰宇記五　咸通考功郎
中王本立奏再置大基縣咸通避肅宗諱改記置先天年後蓋誤以爲懿宗時矣新
書地理志咸亨四年復置大基縣先天元年更名河清會昌三年隸孟州尋還屬後廢咸通中復置析爲兩事

更誤
王遺恕見吏中封外又戶外
李元素見吏中補二傳失載
蘇味道二本鈌見吏外二傳失載
石抱忠二本鈌見吏中補
楊季昭季二本鈌　新表原武楊氏敏子綝弟再思見吏外補亮字季
昭鄧州刺史　舊楊再思傳弟季昭爲考功郎中　新
傳中茂才第爲殿中侍御史武后時放沙州赦還爲懷
州司馬
王口二本有

李迪　新表隴西李氏姑臧大房工部侍郎義琛子迪北本
迪考功郎中
鞫先沖二本鈌見吏外　朝野僉載開元四年尚書考功院廳前
一雙桐樹忽然枯死旬日考功員外郎邵某卒尋而麴
先沖爲郎中判邵舊案月餘西邊樹又枯死省中憂之
未幾而先沖又卒太平廣記百四十三
杜元志又金外中　新表襄陽杜氏印州司馬敬則子元志
考功郎中杭州刺史元和姓纂同　新書藝文志丁部集錄別集類
杜元志集十卷原注字道盜開元考功郎中杭州刺史
高紹二本鈌糸旁見封中補　新表高氏紹考功郎中

王易從易從二本鈌見封中又戶外　蘇頲揚州大都督府長史王
公神道碑遷殿中侍御史無何拜尚書戶部員外郎轉
祠部主爵考功三郎中拜給事中文苑英華九百二十六
王敬從二本鈌見勳外敬從又禮外補　孫逖太子右庶子王公神道
碑歷尚書禮部司勳員外考功郎中給事中拜中書舍
人文苑英華九百二
韋濬二本作韋洽鍼改濬未確　新表韋氏駙馬房玄都子濬職方郎
中　又韋氏南皮公房三水主簿巽子濬不詳歷官
又駙馬房玄昭子濬衛尉少卿　又小逍遙公房金部
郎中奉先子見金中　濬梓州刺史

補遺

竇德明　新表竇氏三祖房隋駕部侍郎襲鉅鹿郡公彥子德明晉陵郡太守襲公　舊外戚傳德明武德初拜考功郎中從太宗擊王世充頻有戰功封顯武男貞觀初歷常愛二州刺史尋卒新傳畧同

李覲玉　新表趙郡李氏東祖房隋淸池令孝俊子覲玉晉州刺史　高祖平竇建德大赦詔仍令太子左庶子鄭善果爲山東道撫慰大使考功郎中李覲玉膳部郎中高正表爲副大詔令資治通鑑唐紀五武德四年五月乙丑以太子左庶子鄭善果爲山東道撫慰大使

侯莫陳肅　元和姓纂十九侯桂州總管侯莫陳穎原誤頴生肅字虔會唐考功郎中相州刺史昇平縣男河南人金石錄二十三隋桂州總管侯莫陳穎墓誌跋尾誌云公第四子尚書考功郎中乾會而隋書頴傳作虔會乾虔義理皆通而乾會碑乃云名肅字乾會姓纂亦同疑其以字行爾又目三墓誌武德八年十月立則虔會爲考中當在是時　金石錄目三第六百唐相州刺史侯莫陳肅碑正書無書撰人姓名貞觀二十一年

楊纂見吏中勳中　舊傳義軍渡河於長春宮謁見纍授侍御史擢爲考功郎中貞觀初長安令新傳畧同

柳逵　新表柳氏隋納言建安簡公機子逵考功郎中

韋叔謙見吏中補吏外　新表韋氏南皮公房隋司農卿瓚子叔謙考功郎中元和姓纂同　獨孤及韋鎮神道碑叔謙歷吏部考功　孫逖韋虛心碑曾祖叔謙事太宗爲考功郎中

韋德敏　新表東眷韋氏閬公房文宗子德敏太府少卿　元和姓纂德敏考功司口郎中太府少卿

盧承福　新表盧氏太子率更令赤松子承福考功郎中

盧圜史　新表盧氏君通子圜史考功郎中

張敬之見勳中　朝野僉載張敬之爲考功郎中改壽州刺史蔑太平廣記四百三十五

楊守拙　新表楊氏越公房戶部尚書纂子見吏中守拙考

功郎中

韋瓊之見封外又戶中　新表東眷韋氏閬公房戶部侍郎眞泰子戶中泰眞瓊考功郎中元和姓纂作瓊之

竇崇嘉又倉中　元和姓纂五十侯左僕射中山公竇懷貞原誤質姪崇嘉考功郎中河南洛陽人

韋鏗又御史臺殿中監察題名　新表韋氏南皮公房堅子鏗考功郎中鏗姓纂誤鑑　御史臺記神武皇帝卽位考功員外郎景見考外補與殿中御史蕭嵩韋鏗俱昇殿行事職掌殊別而制出景嵩俱授朝散大夫而鏗無命他日睿宗御承天門百僚補列鏗忽風眩而倒鏗肥而短太平廣記二百五十五

李畬見勳外　新表趙郡李氏南祖房鵬子吏中至遠畬字玉田
考功郎中　舊李藩傳祖畬開元時爲考功郎中事母
孝謹母卒不勝喪死志行名重一時藩見左外
嚴挺之又考外戶外　舊傳舉進士神龍元年制舉擢第開元
中爲考功員外郎遷考功郎中特敕又令知考功貢舉
事稍遷給事中新傳畧同
張談　新表清河東武城張氏吏部侍郎詢古子見吏外談
考功郎中
韋洽見左外　新表韋氏平齊公房和州刺史匡素孫洽考
功郎中元和姓纂同

元光嫌　元和姓纂二十二元元振六代孫光嫌考功郎中給
事中河南洛陽縣人案御史監察題名有元光嫌此光嫌疑光謙之誤
劉昂見左外　元和姓纂十八尤劉昂考功郎中京兆少尹尉
氏八
韋伯詳見左中又戶中作伯祥　新表韋氏龍門公房會子伯詳考
功郎中元和姓纂同
李玄成又膳外補案左中李誠與此別是一人又御史臺監察題名　新表隴西李
氏姑臧大房右衛長史防曾孫玄成試太常寺協律郎
孫遜授李玄成中書舍人制朝議郎守尚書考功郎
中仍試知制誥兼知史官事李玄成久司綸綍深慳器

能宜拜命於卽眞俾甄才於試可可守中書舍人兼知
史官事文苑英華三百八十二案墓誌李誠字元成制稱玄成蓋以字行　獨孤及唐
故朝散大夫中書舍人秘書少監頓邱李公墓誌公諱
誠字元成魏郡頓丘人開元三年舉進士十年舉茂才
十七年舉文學皆射策取甲科由太平尉爲金吾曹監
察御史河南司錄美原令膳部員外郎天寶元年考功
郎中知制誥修國史二年中書舍人五年秘書少監七
年十二月終於京師毘陵集十一　石刻御注孝經碑末題
名朝散大夫守中書舍人兼知史官事臣李玄成天寶四載
陝西長安　文苑英華四百八十三有李玄成對賢良方正策一

道開元二年唐會要失載
李峘又金中倉中　新表吳王房信安郡王禕子峘越國公
舊傳天寶中爲南宮郎歷典諸曹十餘年楊國忠秉政
出郎官不附已者峘自考功郎中出爲睢陽太守十四
載入計京師奔赴行在除武部侍郎兼御史大夫俄拜
蜀郡太守劍南節度採訪使新傳畧同　舊肅宗紀至德二
載正月甲寅以襄陽太守舊傳失載李峘爲蜀郡長史劍南
節度使　賈至授李峘武部侍郎制畧云前襄陽太守李
峘今巴蜀之地倚爾以維城之固且小司馬之職連率
之重兼而處之文苑英華三百八十八

李揆見勳外 舊傳自右拾遺改右補闕起居郎遷司勳員外郎考功郎中並知制誥扈從劍南拜中書舍人新傳畧同

韋夏有又戶外 元和姓纂八微韋氏鄖城公房戶部員外迪見戶外生夏有考功郎中京兆杜陵人 石刻顏眞卿東方先生畫贊碑陰記眞卿去歲拜此郡與朝臣主簿韋夏有同茲謁拜天寶十三載山東陵縣 杜甫有寄韋有夏郎中詩杜工部集十六

蘇源明 新文藝傳中 源明京兆武功人天寶閒及進士第爲國子司業安祿山陷京師以病不受僞署肅宗復兩京擢考功郎中知制誥以秘書少監卒通鑑至德二載十月擢國

子司業蘇源明爲考功郎中知制誥

于肅 新表于氏工部尚書東海元公休烈子肅給事中 舊于休烈傳次子肅爲翰林學士官至給事中新傳同 韋執誼翰林院故事寶應已後于肅自比外充考中又充給中又充卒 丁居晦重修承旨學士壁記于肅比部員外郎充累遷考功郎中給事中知制誥並依前充並翰苑羣書上

常衮又考外 新表新豐常氏三原丞無爲子衮相代宗德宗 舊傳天寶末舉進士自起居郎寶應二年選爲翰林學士考功員外郎中知制誥依前翰林學士永泰元年遷中書舍人 韋執誼翰林院故事寶應已後常衮自補闕充遷考中又充出知制誥 重修承旨學士壁記常衮右補闕充累加工部員外郎知制誥出守本官並翰苑羣書上 常衮謝除考功郎中知制誥表奉去年十二月二十六日恩制授臣考功郎中餘如故寶應二年文苑英華五百八十八

裴諝見左中戶中附存又 舊傳自侍御史襄鄧營田判官丁母憂陷史思明賊平除太子中允遷考功郎中代宗居陝步懷考功及南曹二印赴行在爲河東道租庸鹽鐵等使新傳同 賈至授裴諝考功郎中制勅君子立義爲勇

在國而能通故全其節而成其務矣守太子中允裴諝言忠信行篤敬有敏才斯可與權有直道磨而不磷造次顚沛秉心塞淵宜奬貞固之風俾緝臺閣之政可守考功郎中文苑英華三百八十九

邢宇見封外又戶外 崔祐甫廣喪朋友議祐甫佐江南西道連帥魏尙書團練副使考功邢郎中宇捐館於荆南適受朝命爲尙書倅文苑英華七百六十七

杜位見勳外 新表襄陽杜氏希望子位考功郎中湖州刺史元和姓纂同

錢起見勳外又祠外 新文藝下盧綸傳起終考功郎中

崔寬見左外　常袞授崔寬侍御史知雜事制勑朝散大夫守尚書考功郎中長春宮使判官賜紫金魚袋崔寬可兼侍御史知雜事餘如故文苑英華三百九十四　舊圭盦傳弟寬驟歷御史知雜事御史中丞

王定見吏中補吏外　又禮外補　權德輿唐故太子右庶子集賢院學士贈左散騎常侍王公神道碑銘歷禮部吏部二員外遷考功郎中每歲覆羣吏之能否書其上下之籍有司賦祿此焉質正吏詐諼以嘗巧法靡密而不勝公乃大爲之防盡去其弊是歲選部以稱職聞尋以本官知制誥歲中遷諫議大夫掌誥如故權載之文集十四

陸贄又祠外　新表陸氏侍郎技秘書監齊望孫兵部郎中灞子贄字敬輿相德宗　元和姓纂嘉興陸氏試秘書少監陸齊望族弟齊政富平令生侃如溧水令生贄中書侍郎舊贄傳亦云父侃溧陽令翰苑集敘溧陽令偘子與表異疑表誤　舊傳登進士第以博學宏詞登科建中四年自祠部員外郎轉考功郎中依前充翰林學士興元元年二月轉諫議大夫　舊德宗紀上建中四年十二月乙丑以祠部員外郎陸贄爲考功郎中翰林學士如故興元元年六月考功郎中知制誥陸贄爲諫議大夫依前充翰林學士　重修承旨學士壁記陸贄建中四年十一月自祠部員外郎轉考功郎中興元二年六月遷諫議大夫　韋執誼翰林院故事貞元已後陸贄祠外充考中又充大諫又充並翰苑羣書上　權德輿陸宣公翰苑集敘爲翰林學士由祠部員外轉考功郎中從幸奉天帶本職拜諫議大夫陸宣公集

李吉甫見吏外　新表趙郡李氏西祖房贊皇文獻公栖筠子吉甫字弘憲相憲宗　舊傳憲宗嗣位自饒州刺史徵拜考功郎中知制誥旋召入翰林爲學士轉中書舍人賜紫新傳畧同　舊憲宗紀上永貞元年八月丙寅以饒州刺史李吉甫爲考功郎中知制誥十二月以考功郎中知制誥李吉甫爲中書舍人充翰林學士　重修承旨學士壁記李吉甫永貞元年十二月二十四日自考功郎中知制誥充翰林學士二十七日遷中書舍人賜紫金魚袋翰苑羣書上　元稹承旨學士院記李吉甫永貞元年十二月二十四日自考功郎中知制誥入院二十七日正除仍賜紫金魚袋充承旨同上

裴垍又考外禮外補　新表東眷裴氏道護後襄州長史高邑縣侯鴻智七世孫高陵令昱子垍字弘中相憲宗　舊傳垂拱中宰相居道七代孫見度外　弱冠舉進士貞元中制舉賢良極諫對策第一元和初以考功員外郎翰林學

士轉考功郎中知制誥尋遷中書舍人新傳畧同　元稹承旨學士院記裴垍元和二年四月十六日自考功郎中知制誥翰林學士賜紫金魚袋拜中書舍人充承旨　重修承旨學士壁記裴垍永貞元年十二月二十七日自考功員外郎遷考功郎中知制誥賜緋魚袋元和元年十一月加朝散大夫賜紫二年四月十六日遷中書舍人並翰苑羣書上　舊憲宗紀上永貞元年十二月以考功員外郎裴垍爲考功郎中知制誥充翰林學士

王播　新表太原王氏揚府倉曹參軍恕子播字明敭相文宗　舊傳擢進士第登賢良方正制科元和中遷工

部郎中知臺雜轉考功郎中出爲虢州刺史

劉伯芻又考外補主外　新表廣平劉氏兵部侍郎迺子伯芻字素芝刑部侍郎　舊傳登進士第自虔州掾曹復爲考功員外郎遷考功郎中集賢院學士轉給事中新傳畧同　會要八十贈工部尚書劉伯芻謚曰敬

韓愈　新表九門韓氏秘書郎仲卿子愈字退之吏部侍郎謚文　舊傳登進士第自比部郎中踰歲轉考功郎中知制誥拜中書舍人新傳畧同　李翺故正議大夫行尚書吏部侍郎上柱國賜紫金魚袋贈禮部尚書韓公行狀自比部郎中史館脩撰轉考功郎中脩撰如故數月以考功知制誥月滿遷中書舍人賜緋魚袋李文公集十一　皇甫湜韓文公神道碑復比部郎中修史主柄者不喜不卒展用再遷中書舍人皇甫持正文集六　憲宗實錄元和九年十月甲子韓愈考功郎中依前史館修撰十二月戊午十五日以考功知制誥十一年正月丙戌考功郎中知制誥韓愈中書舍人丙申賜服緋魚洪興祖韓子年譜韓文類譜六　韓醇昌黎先生集全解衢州徐偃王廟碑石刻云朝議郎守尚書考功郎中知制誥昌黎韓愈撰衢州刺史元錫書元和十年十二月九日立

蕭祐　舊韋溫傳蕭祐者蘭陵人自處士徵拜左拾遺累

遷至考功郎中元和末授兵部郎中出爲虢州刺史　舊憲宗紀下元和十四年九月戊寅考功郎中蕭祐進古畫古書二十卷　元鎮授蕭祐兵部郎中制朝議郎守尚書考功郎中上護軍賜緋魚袋蕭祐可守尚書兵部郎中散官勳賜如故文苑英華三百九十　元集無

裴潾見吏中補　舊傳穆宗時自兵部員外郎遷刑部郎中轉考功吏部二郎中寶厤初拜給事中

盧簡辭見勳外又考外　舊傳寶厤中自侍御史轉考功員外郎轉郎中大和中坐事自太僕卿出爲衢州刺史新傳失載

崔龜從見吏外勳中勳外　舊傳大和二年自右拾遺改太常

傳士累轉考功郎中史館修撰九年轉司勳郎中知制誥（新書附見崔元式傳略同）

崔鄲（見勳外） 舊傳累遷監察御史三遷考功郎中大和三年以本官充翰林學士轉中書舍人六年罷學士　重修承旨學士壁記崔鄲大和三年五月七日自考功郎中充翰林學士八月十二日加知制誥四年九月十六日拜中書舍人六年以疾陳請出守本官（翰苑羣書上）

鄭朗（見吏外） 新表鄭氏北祖房珣瑜子　文宗相覃弟（見考外補）朗字有融相宣宗　舊傳開成中爲起居郎轉考功郎中四年遷諫議大夫（新傳略同）

崔嘏（又戶外） 册府元龜（六百四十四） 長慶元年十二月甲申以登制科人前鄉貢進士崔嘏可祕書省校書郎　唐會要（七十六） 長慶元年十二月賢良方正能直言極諫科崔嘏及第（緯略同）　穆宗處分賢良方正等科舉人制賢良方正能直言極諫第四次等人崔嘏中書門下卽與處分（大詔令）　新李德裕傳中書舍人崔嘏字乾錫諠士也李德裕之斥坐書制不深切貶端州刺史嘏舉進士復以制策歷邢州刺史劉稹叛使其黨裴問戍于州嘏說使聽命改考功郎中時皆謂遴賞至是作詔不肯巧傅以罪　新書藝文志（丁部集錄別集類） 崔嘏制誥集十卷（原注字乾錫荆州刺史會劉稹反歸朝授考功郎中中書舍人李德裕之謫嘏草制不盡書其過貶端州刺史）

薛廷範（見左中） 崔嘏授蒒廷範淮南副使制稱考功郎中蒒廷範（文苑英華四百十二）

崔瑱（見左中勳外又戶中禮外補） 舊傳會昌初以考功郎中知制誥拜中書舍人（新傳失載）　舊宣宗紀大中元年六月以正議大夫行考功郎中知制誥上柱國崔瑱爲中書舍人

令狐綯（又戶外補） 新表令狐氏憲宗相楚子（見禮外補） 綯字子直相宣宗　舊傳大和四年登進士第自左補闕史館修撰累遷庫部戶部員外郎會昌五年出爲湖州刺史大中二年召拜考功郎中尋知制誥其年召入充翰林學

士三年拜中書舍人襲封彭陽男食邑三百戶（新傳略同）　東觀奏記上　令狐綯自湖州刺史召來翌日授考功郎中知制誥到闕召充翰林學士　舊令狐滈傳綯至河中上言臣自湖州刺史蒙先帝擢授考功郎中知制誥尋充學士　舊宣宗紀大中元年六月以中散大夫前湖州刺史彭陽縣開國男食邑三百戶令狐綯行考功郎中知制誥　重修承旨學士壁記令狐綯大中二年二月十日自考功郎中知制誥充翰林學士三年二月二十一日特恩拜中書舍人依前充（翰苑羣書上）

杜牧（見吏外勳外又膳外補） 舊傳自湖州刺史入拜考功郎中

知制誥歲中遷中書舍人（新傳同）　吳興志杜牧大中四年十一月自大理少卿授遷中書舍人　裴延翰樊川文集序上五年冬仲舅自吳興守拜考功郎中知制誥明年冬遷中書舍人　又十自撰墓誌銘守湖州入拜考功郎中知制誥周歲拜中書舍人

鄭薰（又戶中　戶外）　新傳字子溥亡鄉里世系擢進士第歷考功郎中翰林學士出爲宣歙觀察使　重修承旨學士壁記鄭薰大中三年九月十八日自考功郎中充閏十一月二十七日特恩加知制誥四年十月七日拜中書舍人並依前充十二三日守本官出院（翰苑羣書上）　王諷漳

州三平大師碑銘宣宗皇帝稍復佛法有巡禮僧常肇惟建等二十人刺史故太子鄭少師薰俾藏其事（唐文粹六十四）

蕭鄴　新表蕭氏齊梁房邵州刺史革子鄴字啟之相宣宗　舊崔慎由傳初與蕭鄴同在翰林情不相洽大中十年慎由作相罷鄴學士俄而鄴自判度支爲平章事　新傳及進士第累進監察御史翰林學士出爲衡州刺史大中中召還翰林拜中書舍人遷戶部侍郎判本司　重修承旨學士壁記蕭鄴大中元年二月二十六日自監察御史裏行充十一月二十一日遷右補闕十二月二十七日三殿賜緋二年七月六日特恩遷兵部員外郎十一月十三日加知制誥並依前充二年九月十四日責授衡州刺史　又大中五年正月二十八日自考功郎中充二月一日加知制誥七月十四日遷中書舍人六年正月七日三殿召對賜紫七月二十七日加承旨七年六月十二日遷戶部侍郎知制誥並依前充八年十二月十八日守本官判戶部出院（翰苑羣書上）

王凝（見封中　外補　又考　禮外補）　舊傳自長安令中丞鄭處誨奏知臺雜換考功郎中遷中書舍人　司空圖唐宣州王公行狀自司封郎中拜長安令鄭公處誨總憲綱公以考

功郎中知雜事不示峻厲僚吏自肅相國夏侯公用爲中書舍人（司空表聖文集七）

崔珮　新表清河小房崔氏右金吾將軍鄯子（見倉外）瑄弟（見戶外）珮字聲諫（舊傳鄘子　珮與表異）　舊崔鄘傳子珮官至郎署給諫（新崔鄘傳　珮至達官）　重修承旨學士壁記崔珮咸通八年十月二十三日自監察御史入二十五日守本官充九年正月二十一日賜緋其年七月二十一日加工部員外郎依前充十二月七日賜紫十年三月十三日改考功郎中出院（翰苑羣書上）

孔緯（又考外補　禮外補）　新表曲阜孔氏溫孺子（舊傳作遵孺）　緯字化

文相僖宗昭宗　舊傳大中十三年進士擢第自考功員外郎丁內憂免服闋以右司員外郎入朝宰相趙隱薦爲翰林學士轉考功郎中知制誥賜緋拜中書舍人

崔庾見勳中　舊僖宗紀乾符三年三月試宏詞選人考功郎中崔庾爲考官

鄭仁規見封中附存又考外　舊鄭肅傳子泊見勳中　泊子仁規累遷拾遺補闕尙書郎湖州刺史尙書郎知制誥正拜中書舍人卒　吳興志鄭仁規乾符四年二月十三日自司封郎中授除襄州節度副使統紀云三年自考功員外郎授遷考功郎中

李拯　新表李氏姑臧大房刑部尙書當子見左外　拯字昌

時　又趙郡李氏東祖房秦州刺史憬子拯長洲尉　舊文苑傳下　咸通十二年登進士第僖宗還京召拜尙書郎轉考功郎中知制誥僖宗再幸寶雞拯扈從不及在鳳翔襄王逼爲翰林學士襄王出奔爲亂兵所殺

盧沼　新表盧氏詞子太子少保紹弟見勳中　沼字明源　又盧氏高陽令充明子沼芮城令時代不合　才闕史下　乾符初盧左丞渥弟沼喪紀終制自前畿尉遷監察御史詳封外補盧渥注　司空圖唐故太子太師致仕盧公渥神道碑仲弟沿考功郎中司空表聖文集五

趙昌翰　新表新安趙氏蒙子見勳中　昌翰字德藩　錢珝授趙昌瀚一本翰　考功郎中制敕具官趙昌瀚國之舊章繫會府者僅什六七坐曹郎見墜不舉焉用官爲而善最之法所墜尤重非精材彊力安能舉之昌瀚以名家子實自脩整爲縣罷去翛然自安公卿有知已之門車馬無致身之跡善養材用益聞精彊是以考績處之且欲明試於爾噫擇名曹置名士吾不知設官之始獨爲入乎如或深思必將召寵可依前件文苑英華三百八十九　韻語陽秋十八　鄭谷趙昌翰榜第八名案祖無擇鄭都官墓表光啟三年進士及第

蔣溗見勳外見　崔致遠與考功蔣溗郎中別紙略云郎中學士暫避藉時偶勞儔跡今者官淸司績職峻集仙麟趾

殿中久侍鵷鸞之客螭頭階上則親吐鳳之才桂苑筆耕集十

蘇滌　元和姓纂十模一　工部侍郎蘇弁見度中補　兄冕生滌兵部尙書襄州節度　舊文宗紀下　大和六年七月甲午以祠部員外郎蘇滌等充史館修撰　九年七月戊午貶考功郎中皇太子侍讀蘇滌忠州刺史　舊武宗紀會昌六年二月貶舒州刺史蘇滌連州刺史滌李宗閔黨前自給事中爲李德裕所斥累年郡守至是李紳言其無政故也　新李景讓傳所善蘇滌裴夷直爲李宗閔楊嗣復所擢　重修承旨學士壁記蘇滌大中四年十二月二十四日自右丞入其月十八日加知制誥五

年六月五日遷兵部侍郎知制誥並依前充六年六月
九日上表病免□年十一月守本官出院　舊宣宗紀
大中七年七月以銀青光祿大夫行兵部侍郎知制誥
充翰林學士蘇滌爲尚書左丞　八年五月以戶部侍
郎翰林學士承旨上柱國武功縣開國子食邑三百戶
蘇滌檢校兵部尚書兼江陵尹御史大夫荊南節度管
內觀察處置等使　十一年二月以荊南節度使銀
青光祿大夫檢校兵部尚書兼江陵尹御史大夫上柱
國武功郡開國男食邑三百戶蘇滌爲太常卿　八月
以太常卿蘇滌爲兵部尚書權知吏部銓事　杜牧崔

璪除刑部尚書蘇滌除左丞崔璵除兵部侍郎等制翰
林學士承旨銀青光祿大夫行尚書兵部侍郎知制誥
武功縣開國男食邑三百戶蘇滌翺翔禁闈出入諷議
汲黯爲郡嘗聞臥理下惠去國皆以直道洎宣室思賢
甘泉召入造膝盡忠代言稽古近以微恙懇請自便可
行尚書左丞散官封如故樊川文集十七　因話錄三伯仲昆
弟以史筆繼業家藏書最多者蘇少常景胤見封中　堂弟
尚書滌諸家無比而皆以清標雅範爲後來所重　沈
亞之異聞錄元和十年五月十八日隴西公涇州宴客
武功蘇滌沈下賢文集四　嚴州重修圖經蘇滌會昌三年九

月十四日自給事中拜　唐摭言十一光化中蘇拯與考
功郎中璞初敘宗黨璞故奉常滌之子也蘇璞見下　新書
藝文志乙部史錄起居注類穆宗實錄二十卷原注蘇滌等撰滌字玄獻冕子也荊
南節度使吏部尚書　唐會要三十三莊恪太子廟樂章六給事中裴泰章
蘇滌等共撰

眭逸文　元和姓纂五支唐考功郎中眭逸文濮辯證漢陽人
原本誤入枝氏注依古今姓氏書辯證正

蘇璞　唐摭言十一光化中考功蘇郎中璞故奉常滌之子
也滌見上

附存

韋處厚見考外補戶中禮外補又戶外附存　舊憲宗紀元和十一年
九月辛巳貶考功郎中韋處厚開州刺史舊傳坐友善宰相韋貫之
自考功員外郎出爲開州刺史通鑑作考功員外郎

蘇頲見考外　舊傳累遷左臺監察御史神龍中累遷給事
中　獨孤及唐故朝議大夫高平郡別駕權公徹神道
碑銘其鄉舉也考功郎中蘇頲拔諸羣萃之中毘陵集八

歸安丁寶書編次

唐尚書省郎官石柱題名考卷九終　勞檢丁士諤校字

唐尚書省郎官石柱題名考卷十

仁和勞格 趙鉞著　歸安丁寶書編次

考功員外郎

唐六典吏部尚書其屬有考功員外郎一人從六品上龍朔二年改爲司績員外郎咸亨元年復故掌天下貢舉之職舊書新書同

石刻 王儼　王師旦　元大士　孫處約　王方慶
劉思立　賈大隱　邢文偉　于惟謙　李奉授
李迥秀　梁載言　皇甫璀　蘇頲　馬懷素
宋之問　房光庭　王光庭　王巨　員嘉靜

嚴挺之　劉日政　裴敦復　李彭年　胡昜倩
張遹　裴衮　王壽　李澳　褚大璹
王牧　王佐　王仲舒　裴堉　李渤
賈餗　王源中　李褒　張次宗　裴銛
鄭延休　馮顗　蘇沖　趙蘊　鄭仁規
補遺 申世寍　盧承慶　來濟　權原崇　賈言忠
杜易簡　騫味道　閻懿道　劉奇　元希聲
沈佺期　崔湜　武平一　盧逖　邵炅
裴耀卿　李納　席建侯　徐玄之　趙冬曦
韋迢　孫逖　李昂　李麟　蔣冽

韋廉　常袞　蕭定　韓滉　岑參
韓皋　韓羣　楊於陵　陳京　陳歸
何士幹　盧東美　劉伯芻　崔芃　獨孤郁
鄭涵　韋處厚　鄭覃　牛僧孺　李翺
盧簡辭　高鍇　權璩　歸融　韋温
周墀　裴諗　韋澳　薛蒙　王凝
孔緯　崔充　王徽　楊拭　蕭遘
周仁舉　崔肩　楊注　崔昭遠　王渙
鄭璘　王鉅　杜德祥　庾承宣　韓紘
趙不疑　吳安慶

勞檢丁士謌校字

唐尚書省郎官石柱題名考卷十

王儼 見左中吏中勳中勳外封中

王師旦 二本缺　新書選舉志太宗時冀州進士張昌齡王公謹有名於當時考功員外郎王師旦不署以第太宗問其故對曰二人者皆文采浮華擢之將誘後生而弊風俗其後二人者卒不能有立

元大士 見考中又度中

孫處約　新表清河孫氏後魏清河太守靈懷曾孫茂道初名處約字歷道相高宗 舊傳避中宗諱改名茂道新傳始名道茂　舊書附李義琰傳貞觀中爲齊王祐記室高宗時累轉中書

舍人 新傳同

王方慶 見吏中二傳失載　唐摭言一咸亨五年七世伯祖鸞臺鳳閣龍石白水公時任考功員外郎下覆試十一人內張守貞一人鄉貢 舊傳方慶封石泉公此龍字衍石白水當作石泉

劉思立 二本缺　元和姓纂十八尤 考功員外劉思立宋州人　舊 文苑中 劉憲傳父思立高宗時爲侍御史後遷考功員外郎始奏請明經加帖進士試雜文自思立始也尋卒官　封氏聞見記三 開曜元年員外郎劉思立以進士準試時務策恐傷膚淺請加試雜文兩道幷帖小經　唐摭言一 開耀二年劉思玄下五十一人內雍思泰一人鄉貢 立玄疑　會要七十六 調露二年四月劉思立除考功員外郎先時進士但試策而已思立以其庸淺奏請帖經及試雜文自後因以爲常式　新書選舉志永隆二年考功員外郎劉思立建言明經多抄義條進士唯誦舊策皆亡實才而有司以人數充第乃詔自今明經試帖麤十得六以進士試雜文二篇通文律者然後試策　新韋萬石傳上元中太常少卿韋萬石奏太樂博士弟子遭喪者先無宅業請以卒哭追集侍御史劉思立劾奏　蘇頲唐紫微侍郎贈黃門監李乂神道碑郡舉茂才策第考功郎劉思立 文苑英華八百九十三

賈大隱　元和姓纂三十五馬 唐太學博士賈公元原誤彥生大隱中書舍人禮部侍郎廣平人　新書 儒學上 張士衡傳賈大隱儀鳳中爲太常博士遷累中書舍人終禮部侍郎　舊書禮儀志五 垂拱四年則天令所司議立崇先廟室數司禮博士崇文館學士周悰希旨請立崇先廟爲七室其皇室太廟減爲五室春官侍郎賈大隱奏周悰之請實乖古儀則天由是且止 周悰見祠中　舊劉禕之傳禕之嘗竊謂鳳閣舍人賈大隱曰太后既能廢昏立明何用臨朝稱制不如返政以安天下之心大隱密奏其言 新傳畧同　舊 儒學上 賈公彥傳子大隱官至禮部侍郎

舊書禮儀志三永淳二年七月詔將以十一月封禪嵩岳詔考功員外郎賈大隱等詳定儀注　新禮樂志四詔考功員外郎賈大隱等草具其儀

邢文偉本缺邢二　新表滁州全椒邢氏唐有内史文偉相武后　舊儒學傳咸亨中累遷太子典膳丞擢拜右史則天臨朝累遷鳳閣侍郎新傳同

于惟謙本缺惟謙二　元和姓纂十虞唐延州刺史子俊生惟謙兵部侍郎平章事江陵人　舊中宗紀神龍二年春正月戊戌中書侍郎于惟謙同中書門下平章事　三年九月丁酉中書侍郎東海郡公于惟謙國子祭酒罷知

政事新紀宰相表同　李嶠授于惟謙給事中制文昌右司郎中于惟謙可朝請一作議大夫守給事中文苑英華三百八十一　陳子昂荊州大崇福觀記司賓卿于惟謙等咸經沐浴邦憲昇官周京文苑英華八百二十二集無　石刻大唐朝議大夫行聞喜縣令上柱國臨淄縣開國男于君請移置唐興寺碑縣令朝議大夫東海于公名光庭卽銀青光祿大夫瀛州刺史東海郡公士俊之孫金紫光祿大夫中書侍郎同中書門下三品東海憲公之第五子也

李秦授二本缺　新裴伷先傳補闕李秦授爲武后謀曰讖言代武者劉劉無疆姓殆流人乎今大臣流放者數萬族使之叶亂社稷憂也后謂然夜拜秦授考功員外郎分走使者賜墨詔尉安流人實命殺之　舊中宗紀神龍元年三月酷吏李秦授改與嶺南遠惡處舊酷吏傳同　舊玄宗紀上開元十三年二月酷吏傳作三月丙申御史大夫程行諶奏周朝酷吏李秦授等殘害宗枝毒陷良善情狀尤重子孫不許仕宦舊酷吏傳同　紀聞補闕李秦授寓直中書封事曰陛下自登極誅斥李氏及諸大臣其家人親族流放在外者以臣所料且數萬人如一旦同心招集爲逆出陛下不意臣恐社稷必危諷曰代武者劉夫劉者流也陛下不殺此輩臣恐爲禍深焉天后納之

夜中召入謂曰卿名秦授天以卿授朕也何啟予心卽拜考功員外郎仍知制誥敕賜朱紱女妓十人金帛稱是與謀發放使十八於十道安慰流者其實賜墨敕與牧守有流放者殺之太平廣記百四十七　沈雲卿集上有李員外秦授宅觀妓詩案舊李光弼傳有李秦授乃史思明將非

李迥秀二本李迥誤　新表隴西李氏武陽房宣州刺史義本子迥秀字茂實新傳茂之相武后　舊李大亮傳族孫迥秀弱冠應英材傑出舉拜相州參軍累轉考功員外郎則天雅愛其才甚寵待之掌舉數年遷鳳閣舍人　新傳及進士第又中英才傑出科調相州參軍事累轉考功

員外郎武后愛其才遷鳳閣舍人　陳子昂送著作佐郎崔融等從梁王東征序考功員外郎李迥秀等參惟幕之賓掌書記之任陳伯玉文集七据舊書武后紀在萬歲通天元年七月　顏魯文集十四崔孝公陋室銘記舉鄉貢進士考功郎李迥秀器異之　孫逖東都留守韋公虛心神道碑考功員外郎李迥秀擢以高第文苑英華九百十八

梁載言二本缺　舊書文苑中劉憲傳載言博州聊城人則天時吏部糊名考選判入第二等歷鳳閣舍人專知制誥撰具員故事十卷十道志十六卷並傳於時中宗時爲懷州刺史新文藝傳同藝文志同又具員事迹十卷　崔孝公陋室銘記公

舉賢良方正典試官梁載言歎之顏魯公文集十四

皇甫瑾　元和姓纂十一唐　皇甫椿齡居滎陽生瑒瑒五代孫思義思智有脫字瑒考功員外案皇甫椿齡及子瑒俱見北史裴叔業傳下瑒字疑瑾字之誤

蘇頲二本缺考中附存　又　新表蘇氏中宗睿宗相瓌子祠中頲相元宗元和姓纂頲中書侍郎平章事許文憲公　舊傳弱冠舉進士授烏程尉累遷左臺監察御史神龍中累遷給事中　新傳第進士調烏程尉武后封嵩高舉賢良方正異等除左司禦率府胄曹參軍再遷監察御史遷給事中　韓休唐金紫光祿大夫禮部尚書上柱國贈尚書右丞相許國文憲公蘇頲文集序公任起居郎屬考功員外郎闕時中書令李嶠執筆曰考功郎非蘇君莫可遂拜考功員外郎遷給事中唐文粹九十一

馬懷素二本缺　又禮外補又御史臺殿中題名　舊傳由禮部員外郎遷考功員外郎充十道黜涉使還時貴戚縱恣請託公行懷素無所阿順典舉平允擢拜中書舍人新傳畧同　會要六十四景龍二年五月五日勑考功員外郎馬懷素爲修文館直學士　元和姓纂三十五馬唐吏部侍郎祕書監常山文公馬懷素廣陵人　石刻故銀青光祿大夫祕書監兼昭文館學士侍讀上柱國常山縣開國公贈潤州

刺史馬公墓誌銘字貞規舉孝廉以文學優贍對策乙科乃尉郿無何丁太夫人□□憂服闋授麟臺正字以忠鯁舉除左鷹楊衞兵曹參軍轉咸陽尉時則天太后大崇諫職授左拾遺尋改左臺監察御史歷殿中加朝散大夫轉詹尹丞朝論稱屈遷禮部員外郎分爲十道按察以公詞學贍洽精覈文章轉授考功員外郎修文館直學士遷中書舍人續古文苑十八

宋之問二本缺又戶外　元和姓纂二宋唐太常丞宋仁回生疑有脫文果毅生之問戶考二員外宏農人新傳之問父令文高宗時東臺詳正學士之問字延清一名少連　舊文苑傳下之問自鴻臚主簿景龍中

再轉考功員外郎中宗增置脩文館學士擇朝中文學之士之問等首膺其選當時榮之及典舉引拔後進多知名者尋轉越州長史新傳畧同　舊韋述傳舉進士時考功員外郎宋之問新傳同

房光庭二本缺見吏外考中又戶外　唐語林八神龍元年已來累為主司者考功員外郎房光庭再太極元年開元元年

李訥東林寺舍利塔銘景龍之歲御史清河房光庭歎其荒毀盡留征橐

王光庭　文苑英華一百七十一有王光庭奉和聖製答張說南出雀鼠谷詩　又一百七十七有王光庭奉和聖製送張尙書巡邊詩　張燕公集三送王光庭詩有同居洛陽陌經日嬾相求及爾江湖去言別悵悠悠云云唐詩紀事光庭與燕公最善

王丘見封中　舊傳長安中自偃師主簿擢第拜監察御史開元初累遷考功員外郎先是考功舉人請託大行取士頗濫每年至數百人丘一切覈其實材登科者僅滿百人議者以為自則天已後凡數十年無如丘者其後席豫嚴挺之為其次焉三遷紫微舍人新傳畧同　唐才子傳一開元二年王丘下李昂狀元及第　蘇頲授王丘主爵郎中等制稱宣議郎守尙書考功員外郎王丘文苑英華三百八十九

貟嘉靜二本缺見吏中動外　舊張嘉貞傳開元八年為中書令考功員外郎員嘉靜等皆為所引位列清要新傳畧同

嚴挺之二本缺見考中補又戶外　舊傳開元中自万州員外參軍為考功員外郎典舉二年大稱平允登科者頓減二分之一遷考功郎中特勅又令知考功貢舉事稍遷給事中新傳畧同　唐語林八累為主司者考功員外郎嚴挺之三開元十四年十五年十六年

劉日政二本缺見吏中動中

裴敦復二本敬口誤見吏中　唐語林八累為主司者考功員外郎裴敦復再開元十九年二十年

李彭年見吏中吏外動外又戶外　舊傳開元中歷考功員外郎知舉又遷中書舍人新傳同

胡旻倩二本缺　元和姓纂十一模兵部員外胡旻倩樂陵人

張邁二本缺無考又御史臺右稜又右側侍御兼殿中題名

裴袞裴二本缺見吏外動外

王壽二本缺見戶中　舊王君㚟傳開元十五年拜其父壽為少府監仍聽致仕其冬吐蕃陷瓜州執壽新傳同

李澳澳二本缺疑李奕

褚大璹疑長璹二本缺見動外補祠外

王牧二本作收非　新表京兆王氏行享收字種德　舊王繖
傳王收進士登第　李嘉祐臺閣集有送王牧往吉州
謁王使君叔詩
王佐無考二本缺見吏外又主外
王仲舒見吏外又禮外補　新傳自左拾遺改右補闕遷禮部考
功員外郎奏議詳雅省中伏其能　舊文苑傳自右拾
遺累轉尚書郎　太原王公神道碑銘自右補闕遷禮
部考功吏部三員外郎在考功吏部提約明故吏無以
欺昌黎先生集三十一又三十三王公墓誌銘改右補闕禮部考功
吏部三員外郎　權德輿吏部員外郎南曹廳壁記太

原王仲舒貞元十年冬繇諸侯部從事賢良對策歷左
右諫列儀曹考功郎十八年實受斯命權載之文集三十一
裴垍垍二本均誤見考中補又禮外補　舊傳自監察御史轉殿中侍御
史尚書禮部考功二員外郎時吏部侍郎鄭珣瑜請垍
考詞判垍守正不受請託考覈皆務才實元和初召入
翰林爲學士轉考功郎中知制誥新傳畧同　舊憲宗紀永
貞元年十二月以考功員外郎裴垍爲考功郎中知制
誥充翰林學士　重脩承旨學士院記裴垍永貞元年
十二月二十五日自考功員外郎充二十七日遷考功
郎中知制誥翰苑羣書上

李渤二本缺　舊傳字濬之後魏中國公發之後憲宗時以
庫部員外郎忤宰相謝病東歸穆宗即位召爲考功員
外郎十一月定京官考不避權幸皆行昇黜出爲虔州
刺史　舊穆宗紀長慶元年五月己亥貶考功員外郎
李渤爲虔州刺史以前書宰相考辭太過宰相杜元穎
等奏貶之
賈餗二本缺　新表河南賈氏寗子餗字子美相文宗　舊
傳進士擢第又登制策甲科四遷至考功員外郎長慶
初召筴召賢良爲考筴官尋以本官知制誥遷庫部郎
中充職四年出爲常州刺史　舊穆宗紀長慶元年十

月詔考功員外郎賈餗等考制策
王源中二本缺又戶中禮外補　新表琅邪王氏杭州別駕潤子見戶
外源中字正蒙天平節度使　新書附盧景亮傳源中
擢進士宏辭累遷左補闕累轉戶部郎中侍郎唐才子傳四竇
鞏元和二年王源中榜進士　重脩承旨學士壁記寶歷元年九月
二十四日王源中自戶部郎中充十一月二十八日賜
紫二年正月二十八日權知中書舍人大和二年二月
五日正拜十一月五日遷戶部侍郎知制誥十二月加
承旨八年四月二十日出院翰苑羣書上　李虞仲授學士
王源中等中書舍人制朝散大夫守尚書戶部郎中充

翰林學士上柱國賜紫金魚袋王源中可權知中書舍
人依前翰林學士散官勳賜如故授學士王源中戶部
侍郎制翰林學士中散大夫中書舍人上柱國賜紫金
魚袋王源中可尚書戶部侍郎知制誥依前充翰林學
士散官勳賜如故同上　白居易李彤授檢校工部郎中
充鄭滑節度副使王源中授檢校刑部員外郎充觀察
判官各兼侍御史賜緋紫制稱侍御王源中等白氏文集四十
九　會要八十　禮部員外郎王源中駁請下太常重定范
希朝忠武謚
李褒　舊李讓夷傳開成元年起居舍人李褒有痼疾請

罷官　語林七　大中三年李褒侍郎知舉試堯仁如天
賦　重脩承旨學士壁記李褒開成五年三月二十日
自考功員外郎集賢院直學士充其年六月轉庫部郎
中知制誥十二月十二日賜緋會昌元年五月拜中書
舍人十二月加承旨六日賜紫二年五月十九日出守
本官翰苑羣書上　錢珝授李褒刺史等制、勅李褒等醫一
郡之疾苦既藉良能理四方之滯冤必資明慎二者生
人之本也深詔執事精其選求以爾褒瞳泊荆或淸識
雅裁爲時儁才或檢操脩身累居繩準所至必留其風
範當官克勵於霜操而承休前理蜀川頗聞嘉績是可
以分我符竹光于省闥虢略巴梁地淸俗富刑曹粉署
務劇望高往副分憂勉思伏念褒可虢州刺史韋瞳崔
荆並可刑部員外郎承休可果州刺史文苑英華四百十一　崔荆見
金中案錢珝昭宗時知制誥時代不合錢珝二字疑標題之誤　唐會稽太守題名記
李褒大中三年自前禮部侍郎除禮部尙書授六年八
月追赴闕會稽掇英總集十八　趙璘書戒珠寺大中六年六月
又別以戒珠爲名觀察使尙書李公褒實司其事又十六
雲谿友議六　呂元芳謂浙東李尙書褒但前浙東觀
察使恐無別拜後尙書歸義與未幾薨變廣記二百廿三　唐
語林四　李尙書褒晚年修道居陽羨川石山後長子召

疑超爲吳興次子昭爲常州見勳外　當時榮之案語林企羨咸通末湖州
牧李超趙蒙相次俱狀元　舊五代史晉書十八李懌傳祖褒唐黔南觀
察使
張次宗又禮外補　新表河東張氏憲宗相宏靖子見吏外　河南
少尹嗣慶弟見主中　次宗舒州刺史　舊傳開成中爲起
居舍人改禮部員外郎以兄文規見吏外爲韋溫不放入
省出官堅辭省秩改國子博士兼史館修撰出爲舒州
刺史卒　新傳開成初爲起居舍人兼集賢院直學士
文規左遷改國子博士史館修撰李德裕再當國引爲
考功員外郎知制誥出澧明二州刺史卒　舊鄭覃傳

開成初太學勒石經鄭覃奏監察御史張次宗等校定
九經文字　寶慶四明志一　會昌中明州刺史張次宗
見所撰鮑郎廟碑
裴銛銛二本鈌不確疑裴璟璟出洗馬裴氏見玉泉子又見唐語林
鄭延休見封中又金外
馮顓見封中
蘇沖　元和姓纂十一模　蘇滌見考中補生沖不詳歷官　唐語
林四　蘇沖鄭都尉顓門生後沖為信陽守詳勳外蘇粹注
趙蘊二本蘊誤匡見吏外補　舊僖宗紀乾符二年十月以考功員
外郎趙蘊為吏部員外郎

鄭仁規二本鈌附存見封中考中補　舊鄭肅傳孫仁規累遷拾遺
補闕尚書郎湖州刺史尚書郎知制誥正拜中書舍人
卒　吳興志鄭仁規乾符四年二月十三日自司封郎
中授除襄州節度副使統紀云三年自考功員外郎授遷考功郎中

補遺

申世盈　元和姓纂十七眞　郴國公申靖生盈唐考功有脫字
部員外郎魏郡人　李華潤州天鄉寺故大德雲禪師
碑曾祖盈皇朝考功員外郎文苑英華八百六十一　摭言十五　高祖
武德四年四月十一日勑諸州學士及白丁有明經及
秀才俊士明於理體為鄉曲所稱者委本縣考試州長

重覆取上等人每年十月隨物入貢至五年十月諸州
共貢明經一百四十三人秀才六人俊士三十九人進
士三十人十一月引見勑付尚書省考試十二月吏部
奏付考功員外郎申世盈考試秀才一人俊士十四人
所試並通勑放選與理入官其下第人各賜絹五匹充
歸糧各勤修業自是考功之試永為常式
盧承慶又戶中　新表盧氏太子率更令范陽郡公赤松子
承慶字子餘相高宗　舊傳襲爵范陽郡公貞觀初為
秦州都督府戶曹參軍因奏河西軍事太宗奇其明辨
拜考功員外郎累遷民部侍郎新傳貞觀初為秦州參軍入奏軍事太宗
偉其辨擢考功員外郎累遷民部侍郎

來濟　新表來氏隋左翊衛大將軍護兒子高宗相恆弟
見封中濟相高宗　舊傳舉進士貞觀中累轉通事舍人
俄除考功員外郎十八年為太子司議郎新傳同
權原崇　封氏聞見記三　龍朔中勑左史董思恭與考功
員外郎權原崇同試貢舉思恭吳士輕脫洩進士問目
三司推贓汚狼藉後於西堂朝次告變免死除名流梧
州
賈言忠見吏外補　元和姓纂三十五馬　清河南郡兵曹賈均生言
忠吏部考功員外長樂人

杜易簡見封外　元和姓纂十姥蓬州咸安令杜依德生易簡
考功員外襄陽人　舊文苑傳上咸亨中自殿中侍御史
爲考功員外郎希吏部侍郎裴行儉旨上封陳李敬元
罪狀高宗惡其朋黨左轉開州司馬尋卒　新書文藝
傳上咸亨初歷殿中侍御史嘗遇吏部尚書李敬玄不
避敬玄恨召爲考功員外郎屈之侍郎裴行儉與敬玄
不平易簡上書言敬玄罪敬玄奏易簡險躁高宗怒貶
開州司馬
騫味道又戶中　新表騫氏華州長史直子味道相武后
舊裴炎傳文明元年秋命御史大夫騫味道鞫裴炎反

狀新傳同　新武后紀光宅元年十月丁亥左肅政臺御
史大夫騫味道檢校內史同鳳閣鸞臺三品宰相表同舊紀失載
垂拱元年正月庚戌騫味道守內史宰相表守內史同三品舊紀失
載　舊紀垂拱元年四月內史騫味道左授青州刺史
新紀四月丙子宰相表同　新紀垂拱四年九月丁卯左肅政臺御
史大夫騫味道同鳳閣鸞臺平章事十二月己亥殺騫
味道宰相表同舊紀失載　新張薦傳調露初張鷟登進士第考
功員外郎騫味道見所對稱天下無雙　舊傳張鷟初
登進士第對策尤工考功員外郎騫味道賞之曰如此
生天下無雙矣　容齋續筆十二按登科記乃上元二年
去調露尙六歲是年進士四十五人鷟名在二十九旣
以爲無雙而不列高第
閻懿道　元和姓纂二十四鹽閻自厚生懿道廣平人不詳歷官子伯
璵見吏中　梁肅杭州臨安縣令裴君夫人常山閻氏墓誌
夫人皇朝考功郎懿道之孫文苑英華九百六十六
劉奇見封中　舊忠義下顏杲卿傳父元孫垂拱初登進士第
考功員外郎劉奇榜其詞策文瑰俊拔多士聳觀　石
刻顏眞卿顏氏家廟之碑我伯父元孫舉進士考功郎
劉奇特標榜之由是名動海內
元希聲又主外　新表元氏工部員外郎孝節子希聲吏部

侍郎姓纂中書舍人吏部侍郎　崔湜故吏部侍郎元公碑序舉進
士第自司禮博士三敎珠英書成遷太子文學主客考
功二員外賞勤也皇帝中宗纘膺大業擢中書舍人文苑英華
八百九十八　唐會要七十五　聖厤二年吏部侍郎鄭杲注韓
復爲太常博士元希聲京兆士曹嘗謂人曰今年掌選
得韓元二子則吏部不負朝廷矣　舊宦官李輔國傳
肅宗爲娶故吏部侍郎元希聲姪擢女爲妻　舊書經
籍志丁部集錄別集類　元希聲集十卷新書藝文志同碑云三十卷
沈佺期　元和姓纂四十七寑沈貞恮生佺期中書舍人太子
詹事鄭郡內黃人　舊文苑傳中進士舉長安中累遷

通事舍人再轉考功員外郎坐贓配流嶺表　文苑英
華一百九十沈佺期有自考功員外授原注一作郎中拜給事中詩
案沈雲卿集作寄北使詩并序云長安三年自考功郎中拜給事中明年獻春下獄被放南荒云云　蘇
頲授沈佺期太子少詹事等制正議大夫太府少卿昭
文館學士上柱國吳興縣開國男沈佺期才標穎拔思
詣精微早升多士之行獨擅詞人之律可太子少詹事
餘如故文苑英華四百三　史崇一切道經音義妙門由起序
稱正議大夫行太府少卿昭文館學士上柱國吳興縣
開國男臣沈佺期道藏太平部儀字號
崔湜見吏外　舊傳累轉左補闕遷殿中侍御史神龍初轉

考功員外郎尋遷中書舍人新傳畧同　唐摭言一長安四
年崔湜下四十一人李温玉稱蘇州鄉貢景龍元年李
欽讓稱定州鄉貢附學
武平一　新表武氏千牛大將軍潁川武烈王載德子甄
字平一考功員外郎修文館直學士　新書本傳自起
居舍人景龍二年兼修文館直學士遷考功員外郎玄
宗立貶蘇州參軍　舊武元衡傳祖平一終考功員外
郎修文館學士事在逖人傳案舊書無逖人傳
盧逖　新表盧氏元規子逖給事中荊州長史　南部新
書巳世稱盧家不出座主唯景陵二年盧逖以考功員

外郎知舉後莫有之　唐才子傳一王翰景雲元年盧
逖下進士及第
邵昪又御史臺殿中監察題名　元和姓纂三十五笑唐都官郎中邵昇自
安陽徙汝南弟炅考功員外　御史臺記唐邵景安陽
人擢第授汾陰尉轉歙州司倉遷至右臺監察考功員
外時神武皇帝即位景與殿中御史蕭嵩韋鏗俱昇殿
行事職掌殊別而制出景嵩俱授朝散大夫而鏗無命
太平廣記二百五十五廣記炅作景係避太宗御名改　朝野僉載開元四年尙
書考功院廳前一雙桐樹忽然枯死旬日考功員外郎
邵某卒尋而麴先沖爲郎中判邵舊案月餘西邊樹又

枯死省中憂之未幾而先沖又卒廣記百四十三炅作某亦避諱改
裴耀卿　新表南來吳裴氏邠甯二州刺史守眞子見倉中
耀卿字渙之刊本煥之本傳作煥之碑字子渙相玄宗　舊傳童子舉
睿宗升極自相王府典籤拜國子主簿開元初累遷長
安令新傳畧同　孫逖唐齊州刺史裴公德政頌八歲神童
擢第睿宗之在藩邸公爲典籤遷國子主簿試詹事府
丞歷河南府士曹參軍拜考功員外郎除右司兵部二
郎中自長安令臨此郡文苑英華七百七十五　唐語林八累爲
主司者考功員外郎裴耀卿再開元五年六年　蘇頲
授裴耀卿檢校考功員外郎制勅朝散大夫行河南府

士曹參軍裴耀卿士行純密文詞典麗時人許其清秀
職事推其綜核惟才九舉方遇止水之明在位斯聞佇
考觀光之彥可檢校考功員外郎 英華三百九十一 石刻許
孟容唐故侍中尚書右僕射贈司空文獻公裴公神道
碑銘案轉國子主簿詹府丞太夫人捐館制終除河南
士曹參軍睿宗□嘗列宮寮加朝散 缺廿一字 時謂淫雅不
雜而繩墨誠陳也亟轉兵部郎中長安縣令 元和七年山西稷山
李納 勳外李訥疑即是納疑字誤 唐語林八 累爲主司者考功員外
郎李納四開元七年八年九年十年
席建侯 見吏外 舊文苑傳中 開元中累官至考功員外郎

典舉得士爲時所稱三遷中書舍人 新傳自大理丞
遷考功員外郎進紬清明爲中書舍人
徐玄之 見吏中外 吏外又主中有立之 勳申 李翺嶺南節度使徐公
行狀祖玄之皇考功員外郎贈吏部郎中諫議大夫 李文
公集十一
趙冬曦 又御史臺殿中題名 元和姓纂 三十小 趙不器生冬曦中書
舍人國子祭酒中山曲陽人 唐會要 七十六 先天二年
藻思清華科趙冬曦及第 緯畧元年 新儒學傳下 冬羲定
州鼓城人進士擢第開元初遷監察御史坐事遷岳州
召還復官入集賢院脩撰未幾知史官事遷考功員外

郎踰年爲直學士俄遷中書舍人內供奉以國子祭酒
卒 舊韓休傳舉賢良玄宗時在春宮親問國政韓休
對策與校書郎趙冬曦並爲乙策 新傳同 舊韋述傳趙
冬曦兄弟六人並詞學登科 新吳兢傳吳兢以父喪
解修史宰相張說用趙冬曦代之 會要六十四 開元十
三年四月考功員外郎趙東曦爲集賢院直學士 東疑冬
韋迪 舊韋述 見吏中 傳迪弟 見戶外 迪詞學登科學業亦亞
於述尤精三禮與兄述對爲學士迪同爲禮官時人榮
之累遷考功員外郎國子司業以風疾卒 新傳畧同
孫逖 見吏中 舊文苑傳自左補闕辟太原從事開元二十

一年入爲考功員外郎集賢修撰選貢士二年多得俊
才初年則杜鴻漸至宰輔顏眞卿爲尙書後年拔李華
蕭穎士趙驊登上第逖謂人曰此三人便堪掌綸誥二
十四年拜中書舍人 新書文藝傳中 自太原幕府以
起居舍人入集賢院修撰改考功員外郎取顏眞卿李
華蕭穎士趙驊等皆海內有名士俄遷中書舍人 唐
語林八 累爲主司者考功員外郎孫逖再二十二年二
十三年
李昂 見吏中全外 封外倉外 又戶外又考中附存 新書選舉志開元二
十四年考功員外郎李昂爲舉人詆訶帝以員外郎望

轉遂移貢舉於禮部以侍郎主之

李麟見吏中吏外又戶外　舊傳開元二十二年轉殿中侍御史歷戶部考功吏部三員外郎天寶元年遷郎中新傳失載

蔣冽見封外　國秀集中有考功員外蔣冽詩二首

韋廉　新表韋氏鄖公房季弼子廉考功員外郎　舊杜暹傳開元二十八年大常謚杜暹曰貞肅右司員外郎劉同升見戶中都官員外郎韋廉以暹有忠孝之美所謚不盡其行建議駮之　孫逖授王迥質祕書監等制左補闕韋廉可起居郎文苑英華三百九十九　石刻韋紓唐故朝散大夫祕書省著作郎致仕京兆韋公端玄堂誌祖季弼太僕寺主簿烈考廉尚書庫部□中茂纘其德口而官壽不至士大夫到于今嗟稱之公即郎中第二子也

常袞見考中補　舊傳自起居郎寶應二年選爲翰林學士考功員外郎中知制誥依前翰林學士

蕭定見左中補又戶中附存　舊良吏傳下自萬年主簿累遷侍御史考功員外郎左右司二郎中

韓滉見吏中吏外又祠外　舊傳自殿中侍御史累遷至祠部考功吏部三員外郎　新傳自殿中侍御史三遷吏部員外郎　顧況左僕射韓滉行狀詔除殿中侍御史累遷祠部考功吏部三員外文苑英華九百七十三

岑參又祠外　新表岑氏仙晉二州刺史植子參庫部郎中嘉州都督　杜確岑嘉州集序南陽岑公天寶三載進士高第自太子中允兼殿中侍御史充關西節度判官入爲祠部考功二員外郎轉虞部庫部二正郎又出爲嘉州刺史仿宋本　新書藝文志丁部集錄別集類岑參集十卷

韓皋見考中又金中　舊傳自右拾遺轉左補闕累遷起居郎考功員外郎丁父艱免喪擬考功郎中新傳畧同

韓羣又禮外補　新表昌黎韓氏德宗相滉子見吏中羣禮部員外郎姓纂國子祭酒　舊韓滉傳子羣官至考功員外郎　新蘇弁傳德宗問大臣昆弟可任者左右以韓皐兄羣對擢考功員外郎　新韓滉傳子羣終國子司業

楊於陵見吏中吏外又膳外補　舊傳貞元八年自前江西從事入朝爲膳部員外郎歷考功吏部員外郎　新傳自江西使府入爲鄭部員外郎以吏部判南曹　新楊嗣復傳於陵在考功擢浙東觀察使李師稷見左中及第　李翺右僕射楊公墓誌貞元八年徵拜膳部員外郎轉考功知別頭舉轉吏部員外郎及判南曹李文公集十四

陳京見封中又膳外補　新儒學傳下德宗時擢左補闕自考功員外再遷給事中　文苑英華九百七十二梁肅常州刺史獨孤及行狀藝文之事遭公發揚集作揮盛名比肩於朝

廷則有考功員外郎潁川陳京　河東先生集八唐故祕書少監陳公行狀歷左補闕尙書膳部考功員外郎司封郎中給事中自考功以來凡四命爲集賢學士初禮部試士有與親戚者則附于考功莫不陰授其旨意而爲進退者及公則否卓然有有司之道不可犯也　舊禮儀志六貞元八年正月二十三日考功員外郎陳京議以獻懿二祖祔興聖皇帝廟新傳同

陳歸又主外又御史臺碑額監察題名　新表陳氏左補闕兼子京弟見封中歸考功員外郎　元和姓纂陳歸考功員外臨淮人　舊段平仲傳貞元十四年京師旱詔發廩賑䘏平仲

與考功員外郎陳歸奉使新傳同　會要七十五貞元二疑有脫字年三月考功員外郎陳歸爲嶺南選補使選人留放註官美惡違背令文惟意出入復供求無厭郵傳患之監察御史韓參奏劾得罪配流恩州　盧綸有渾贊善東齋戲贈陳歸詩

何士幹　柳宗元李侍御墓誌注何士幹永泰二年及進士第河東先先集十　舊德宗紀下貞元四年六月乙未以諫議大夫何士幹爲鄂岳沔蘄黃等州都團練觀察使舊良吏袁滋傳何士幹鎭武昌辟爲德事　會要二十八貞元八年正月鄂州觀察使何士幹獻白鹿上曰朕初卽位卽止祥瑞士幹致白鹿其謂我何還之彼當慚懼留之遠近復獻竟不視遂放于苑中焉　陸贄奉天薦袁高等狀何士幹姚南仲陸淯沈旣濟陸宣公集十四已上曾任補闕拾遺詳吏中崔造注　會要五十六大厤十二年七月賜右補闕姚南仲緋遷左拾遺何士幹爲左補闕時葬貞懿皇后代宗恩寵所屬令繕陵寢邇章敬寺後爲遊幸近地左右莫敢言南仲等上疏諫代宗覽表歎息立從其議因錫南仲緋遷士幹之官以褒之是日遣內常侍吳承清宣諭百僚令付史館　顧況左僕射韓滉行狀天子幸梁川巴山道命判官何士幹領健步七百負綾練十萬疋上獻天子六軍從官扈

蹕千里時屬維夏未頒春衣表至行在衆情大悅文苑英華九百七十三　符載送崔副使歸洪州幕府序十六年冬自洛陽抵襄州歷江夏大夫何公上才碩望作鎭茲地十四年矣文苑英華七百二十六　祭何大夫文略云文場一戰陷敵摧鋒結綬王畿部局生風拾遺丹陛危言匪躬公嘗從事浙西盛府咨籌畫畧輝光賓主皇帝順狩褒梁重阻納貢匍匐達行在所帝曰首至西方惟汝建社擁旄于鄂之渚自公之來法舉令行鋤姦翦暴振獨蘇惸疆理封域繕完甲兵十五餘年夏水潦清　又爲楊廷評祭何大夫文略云惟公昔年聲譽赫然拾遺補闕丹陛

之前天子思理垂意藩外聿來沔鄂十五餘載並英華九百八
十六　柳宗元故嶺南鹽鐵院李侍御澣墓誌妻盧江何
氏季父曰士幹有大名河東先生集十　權德輿唐故洛陽縣
尉何君夫人范陽盧氏墓誌銘夫人卽考功員外郎士
幹之世母也予嘗接考功遊權載之文集二十七
盧東美　新表盧氏望江令同子東善考功員外郎　舊
楊炎傳建中中楊炎誣殺劉晏李正己表請晏罪指斥
朝廷炎懼遣腹心盧東美往河南淄青諸道聲言宣慰
而意實說謗且言晏得罪以昔年附會姦邪謀立獨孤
妃爲皇后上自惡之非他過也或密奏炎遣五使往諸

鎮恐天下以殺晏罪歸己推過於上使中人復炎辭於
正己還報信然　舊崔造傳永泰中與韓會盧東美張
正則爲友皆僑居上元好談經濟之畧嘗以王佐自許
時人號爲四夔新傳畧同　摭言四范陽盧東美少與韓衢爲友江淮間號曰四夔　韓
愈考功員外郎盧君墓銘爲太常博士監察御史河南
府司錄考功員外郎年若干或作五十四　而終在官舉其職
昌黎先生集二十四孫曰貞元中卒　梁肅舒州望江縣丞盧公墓誌
銘肩子太常寺協律郎東美大厤七年文苑英華九百六十　會要
六十六　元和二年八月命考功員外郎盧東美同赴國子
監論講

劉伯芻見考中補又主外　舊傳自主客員外郎貶虔州掾曹復
爲考功員外郎遷考功郎中新傳畧同　劉寬夫汴州糾曹
廳壁記元和中憲宗皇帝勵進理道注意法律特設科
以招士欲問明廷後詔有司覈其姸丕先君僕射時爲
司績外郎實專斯寄絕因緣之舉以公共爲先於數十
人中得君充詔文苑英華八百三
崔芃見吏中又度中　權德輿崔公神道碑銘以聯帥上介入拜
侍御史遷考功員外郎度支吏部二郎中權載之文集十七
獨孤郁又勳中附存又戶外有獨孤郁　新表獨孤氏常州刺史及子
見吏中補朗弟見左中　郁字古風祕書監元和姓纂考功員外中書舍人　舊

傳貞元十四年登進士第元和五年自起居郎遷考功
員外郎充史館修撰判館事預修德宗實錄七年以本
官復知制誥八年轉駕部郎中　會要六十四　元和六年
四月以考功員外郎獨孤郁充史館修撰兼判管事
白居易獨孤郁守本官知制誥制考功員外郎史館修
撰獨孤郁　韓愈唐故祕書少監贈絳州刺史獨孤府
君墓誌銘元和五年自起居郎改尙書考功員外郎復
史館職七年以考功知制誥入謝因賜五品服八年遷
駕部郎中職如初昌黎先生集二十九　白居易授獨孤郁轉司
勳郎中知制誥制稱考功員外郎知制誥獨孤郁白氏文集

五十五

鄭涵見封中考中　舊傳憲宗時遷起居舍人改考功員外郎刺史有驅迫人吏上言政績請刊石紀政者瀚探得其情條責廉使巧迹遂露人服其敏識爻餘慶爲僕射請改省郎乃換國子博士

韋處厚又戶中中附存禮外補戶外附存考　新表韋氏逍遥公房兼監察御史萬子處厚字德載相文宗　舊傳本名淳避憲宗諱改元和初登進士第自右拾遺轉左補闕禮部考功二員外郎宰相韋貫之出官坐友善出爲開州刺史入拜戶部郎中新傳畧同　新韋貫之傳韋處厚等坐與

韋貫之厚善貶爲州刺史　劉禹錫唐故中書侍郎平章事韋公集紀遷右拾遺轉左補闕入尚書爲郎歷禮部考功韋丞相冊免因歷詆所善公在伍中出爲開州刺史劉賓客文集十九　韓愈開州韋侍講盛山十二詩序章侯昔以考功副郎守盛山昌黎先生集二十一

鄭覃　新表鄭氏北祖房珣瑜子見吏外覃相文宗　舊傳以父蔭補宏文校理歷拾遺補闕考功員外郎刑部郎中元和十四年二月遷諫議大夫　新傳蔭補弘文校書郎擢累諫議大夫

牛僧孺又禮外補　新表安定牛氏鄭尉幼聞子舊傳作幼簡僧孺字思黯相敬宗文宗　舊傳進士擢第登賢良方正制科　元和中改都官知臺雜尋換考功員外郎充集賢直學士穆宗卽位以庫部郎中知制誥新傳畧同　杜牧唐故太子少師奇章郡開國公贈太尉牛公墓誌銘除河南尉拜監察御史丁母夫人憂制終復拜監察御史轉殿中侍御史遷禮部員外郎都官員外郎兼侍御史知雜事改考功員外郎集賢殿學士庫部郎中知制誥賜五品命服樊川文集七

李翺又禮中補　舊傳字習之涼武昭王之後貞元十四年登進士第元和十五年六月自權知職方員外郎授考功

員外郎並兼史職與李景儉友善景儉貶黜七月出爲朗州刺史入爲禮部郎中　舊穆宗紀元和十五年六月以考功員外郎史館修撰李翺爲朗州刺史坐與李景儉相善故也　新書地理志朗州武陵縣東北八十九里有考功堰長慶元年刺史李翺因故漢樊陂開漑田千一百頃又北百一十九里有津石陂本聖厤初令崔嗣業開翺亦從而增之溉田九百頃翺以尚書考功員外郎出爲刺史故以官名

盧簡辭見勳外考中補　舊傳寶厤中自侍御史轉考功員外郎轉郎中　新傳遷侍御史寶厤中李程鎮太原表爲節

度判官入授考功員外郎
高鍇見吏外補勳中　舊傳累遷吏部員外郎太和三年準敕
試別頭進士明經鄭齊之等十八人榜出之後語辭紛
競監察御史姚中立以聞詔鍇審定乃升李景王淑等
人以爲公六年二月自司勳郎中轉諫議大夫　新書
選舉志太和三年高鍇爲考功員外郎取士有不當監
察御史姚中立又奏停考功別頭試
權璩見勳中又主外　劉夢得外集六訓鄭州權舍人見寄十二
韻詩注云鄗人懼重謫重入南宮禮部郎中舍人方在
考功員外郎新書璩傳自中書舍人貶閬州刺史文宗憐其母病徙鄭州不云嘗任考功舊劉禹

錫傳大和中自主客郎中累轉禮部郎中又外集十祭興元李司空文稱大和四年禮部郎中劉禹錫則璩任考外當亦在大和四年
歸融　舊傳進士擢第自監察拾遺入省拜工部員外郎
遷考功員外郎六年轉工部郎中充翰林學士八年正
拜舍人九年轉戶部侍郎開成元年兼御史中丞案六年上脫紀年葢是太和六年也又案重脩承旨學士壁記歸融大和九年八月一日自中書舍人充口年口月五日加承旨八月二十日遷工部侍郎知制誥二十四日賜紫開成元年五月十五日出守本官兼御史中丞出院則融以九年入翰林非六年又戶部作工部疑傳誤
韋温又禮外補　新表韋氏逍遥公房左散騎常侍綬子温字
弘育宣歙觀察使　又韋氏駙馬房邢州刺史元儼子
温相中宗殤帝　舊傳十一歲應兩經舉登第書判拔
萃大和中自侍御史遷禮部員外郎鳳翔鄭注請爲副
使拒之注誅轉考功員外郎尋知制誥俄兼太子侍讀
改太常少卿　杜牧唐故宣州觀察使御史大夫韋公
墓誌銘文宗皇帝時改侍御史尚書禮部考功員外郎
當大和九年文宗思拔用德行超出者以新㦄天下故
公自考功不數月拜諫議大夫掌書舍人閤下不半歲
轉太常少卿樊川文集八禮部集本作吏部英華九百三十九仍作禮部不云集作吏知今本誤也據改
周墀　新表汞安周氏左拾遺沛孫左驍衛兵曹參軍頲

子墀字德升相宣宗　舊傳長慶二年擢進士第大和
末累遷至起居郎補集賢學士轉考功員外郎仍兼起
居舍人事開成二年冬以本官知制誥尋召充翰林學
士三年遷職方郎中新傳畧同　重修承旨學士壁記周墀
開成二年十二月二十五日自考功員外郎知制誥充
翰林學士三年十一月十六日加職方郎中翰苑羣書上
杜牧唐故東川節度檢校右僕射兼御史大夫贈司徒
周公墓誌銘爲起居舍人遷考功員外郎兼前官數月
以考功掌言謝曰遂兼學士遷職方郎中樊川文集七
裴諗見封中　新傳累官考功員外郎宣宗時爲翰林學士

重修承旨學士壁記裴諗會昌六年六月二日自考
功員外郎充翰林學士八月十九日加司封郎中翰苑羣書
上　崔嘏授裴諗司封郎中依前充職制稱翰林學士
考功員外郎裴諗文苑英華三百八十四詳封中
韋澳見勳外　舊傳周墀輔政以澳爲考功員外郎史館修
撰不周歲以本官知制誥尋召充翰林學士累遷戶部
兵部侍郎學士承旨新傳畧同
薛蒙見勳中　唐詩紀事五十三蒙大中時爲考功郎
王凝見封中 考中 補 禮外補　舊傳自起居郎歷禮部兵部考功
三員外郎遷司封郎中長安令　司空圖唐宣州王公

行狀宣宗朝自禮部員外歷兵部考功員外前史稱第
一流必爲第一官唯公資望人謂無愧轉司封郎中俄
拜長安令司空表聖文集七
孔緯見考中補又禮外補　舊傳自監察御史轉禮部員外郎宰相
徐商奏兼集賢直學士改考功員外郎丁內憂免服闋
以右司員外郎入朝轉考功郎中
崔充　新表崔氏清河小房憲宗相羣子充字茂用東都
留守　重修承旨學士壁記崔充咸通九年□月十七
日自考功員外郎入守本官充十月十六日召對賜緋
閏十二月二日三殿召對賜紫十年五月二十五日加

庫部郎中知制誥依前充其年十一月十一日遷中書
舍人依前充十二年正月二十六日遷戶部侍郎知制
誥依前充十三年六月十日宣充承旨九月二十八日
加檢校工部尚書東川節度使翰苑羣書上　舊僖宗紀乾
符二年四月以東川節度使檢校戶部尚書崔充爲河
南尹　舊崔羣傳子充亦以文學進歷三署終東都留
守
王嶽見封中補又戶中補　舊傳懿宗時自侍御史知雜兼職方員
外郎轉考功員外郎時考簿上中下字朱書吏緣爲姦
多有揩改嶽白僕射請以墨書遂絕姦吏之弊宰相蕭

倣以嶽明於吏術尤重之乾符初遷司封郎中長安縣
令新傳畧同　唐會要八十二咸通十四年考功員外郎王嶽
以舊例考簿上中下字朱書吏緣爲姦多有揩改請以
墨書從之
楊拭見吏中補　新表楊氏越公房文宗武宗相嗣復子拭字
昭玉　舊楊嗣復傳子拭進士擢第官終考功員外郎
蕭遘又戶中補 戶外補 禮外補　新表蕭氏齊梁房懿宗相寘子遘
字得聖相僖宗　舊傳咸通五年登進士第韋保衡作
相自起居舍人貶爲播州司馬保衡誅以禮部員外郎
徵還轉考功員外郎知制誥乾符初召充翰林學士正

拜中書舍人　舊傳宗紀乾符二年十一月以禮部員
外郎蕭遘爲考功員外郎　三年九月以戶部員外郎
翰林學士蕭遘爲戶部郎中學士如故本傳失載
周仁舉　舊僖宗紀乾符三年三月試宏詞選人考功員
外郎周仁舉等爲考官
崔膺見吏中補吏外補　舊傳王重榮鎮河中辟爲從事八朝累
遷考功吏部二員外郎
楊注　新表楊氏越公房兵部侍郎嚴子昭宗相涉弟俱見
吏中補　注字文台　舊傳中和二年進士登第昭宗朝累
官考功員外郎刑部郎中尋知制誥正拜中書舍人

崔昭遠　舊崔昭緯傳兄昭遠考功員外郎新書宰相表南祖崔氏失
載
王涣見吏外補　新表太原第二房王氏愔子見祠外　涣字羣吉
又琅邪王氏越州倉曹參軍綺子涣不詳歷官時代不合
唐才子傳十　涣大順二年禮部侍郎裴贄下進士及
第　摭言三　大順中王涣自左史拜考功員外同年李
德鄰自右史拜小戎趙光胤見禮外補自補袞拜小儀王拯
見勳外補自小版拜少勳唐詩紀事六十六同
鄭璘　新表北祖鄭氏僖宗相從讜見吏外　生璘字韡聖
薛廷珪授考功員外郎鄭璘司勳員外郎盧擇並充史

館脩撰制文苑英華四百　新書王潮傳王審邽爲泉州刺史
中原亂公卿多來依之振賦以財如鄭璘等賴以免禍
審邽遣子延彬作招賢院以禮之　韓內翰別集有余
寓汀州沙縣病中聞前鄭左丞璘隨外鎮舉薦赴洛兼
云繼有急徵旋見脂轄因作七言四韻戲以贈之或冀
其感悟也一詩注己巳年案己巳梁開平三年
王鉅又祠中補　新表太原大房王氏洧子鉅字宏猷　舊王
凝見封中傳弟子鏕鏕兄鉅位終兵部侍郎　錢珝授考
功員外郎賜緋王鉅駕部郎中知制誥制文苑英華三百八十二案
制有云承惟季父令名指王凝也　又授祠部郎中知制誥賜緋王鉅

守中書舍人制畧云掌誥故事多用外郎歲滿而升乃正
郎位歲又滿始得其秩具官王鉅棲于禁垣試之三年
掌誥再遷一如故事論諸游官於爾甚優兼佩金章俾
光飛步同上　舊哀帝紀天祐二年十二月敕右散騎常
侍王鉅等隨冊禮使柳璨魏國行事　吳越備史一　天
祐三年九月　遣右散騎常侍王矩司勳郎中裴均勳外
補裴筠　授王吳王冊禮　封舜卿進越王錢鏐爲吳王竹
冊文稱使臣中散大夫右散騎常侍上柱國賜紫金魚
袋王矩十國春秋作王鉅
杜德祥　新表襄陽杜氏中書舍人牧子、左補闕晦辭弟

見吏外惪祥字應之禮部侍郎元和姓纂御史中丞禮部侍郎　舊昭宗
紀乾寧三年三月壬午朔以考功員外郎集賢殿學士
杜德祥爲工部郎中知制誥　舊杜牧傳子德祥官至
丞郎　金華子雜編上　德祥昭宗朝爲禮部侍郎知貢
舉甚有聲望
庾承宣又度外　元和姓纂七夔左補闕庾侶生承宣度支員
外　唐科名記貞元八年陸贄主司試明水賦御溝新
柳詩其十七人庾承宣是年一榜多天下孤雋偉傑之
士號龍虎榜韓子年譜　新書文藝傳下　歐陽詹舉進士與
庾承宣等聯第皆天下選時稱龍虎榜　韓愈祭虞部

張員外季友文稱元和十年月日考功員外郎庾承宣
等文苑英華九百八十七　昌黎先生集考異六載晁本同今本韓集作維年月日愈等無諸人名
唐語林八　累爲主司者春官小宗伯庾承宣再元和十
年十一年　因話錄三　庾尚書承宣知貢舉廣平程子
齊昔範始登第　舊穆宗紀長慶二年十一月丁卯尚
書左丞庾承宣爲陝虢觀察使　舊文宗紀上　大和元
年正月癸未以吏部侍郎庾承宣爲京兆尹兼御史大
夫　又下　四年十一月癸巳以尚書左丞庾承宣爲兗
海沂密節度使　又七年二月己巳以吏部侍郎庾承
宣爲太常卿　又八年正月丙寅修太廟令太常卿庾

承宣攝太尉徧告九室遷神主於便殿　又九年正月
以太常卿庾承宣檢校吏部尚書充天平軍節度使舊殷
侑傳同　又七月丁卯天平軍節度使庾承宣卒　白居
易庾承宣可尚書右丞制勑朝議大夫守尚書刑部侍
郎驍騎尉庾承宣吾前命崔從持左綱今命承宣操右
轄眾口籍籍頗爲得人可守尚書右丞散官勳如故白氏
文集四十八　文苑英華七十七　有庾承宣朱絲繩賦百八十一有
冬日可愛詩　韓文類譜三　引科第錄貞元十一年博
學宏詞試朱絲絃賦冬日可愛詩罷齋郎以學生亨議
或作十年非似承宣于十一年登宏詞科也　摭言十五

庾承宣主文後六七年方衣金紫時門生李石先于內
庭思錫矣承宣拜命之初石以所服紫袍金魚拜獻座
主　因話錄三　李相公石是庾尚書承宣門生不數年
李任魏博軍因奏事特賜紫而庾尚衣緋八謂李侍御
將紫底緋上座主　崔黃中觀風驛新井記支使庾承
度宣疑當乙　貞絕俗仗義直副成規終此殊績文苑英華八百十二
石刻皇帝降誕日爲國建無垢淨光塔銘攝福建觀察
推官宣義郎前行秘書省校書郎庾承宣撰貞元十五年福建
新書選舉志元和十三年權知禮部侍郎庾承宣奏
復考功別頭試

韓紘　新表昌黎韓氏玄宗相休子見封外　泫諫議大夫姓纂泫諫議大夫知制誥　新韓滉傳兄泫知制誥嘗草王璵詔無借言銜之　舊傳兄法疑泫知制誥草王璵拜官詞不加虛美璵頗銜之　李肇翰林志開元二十六年別建學士院有韓紘等在舊翰林院雖有其名不職其事　賈至授韓洪山南東道防禦使等制左補闕韓紘可考功員外郎知制誥文苑英華四百九詳勳外補韓洪注

趙不疑　元和姓纂三十小趙協孫不疑考功員外定州鼓城縣人　文苑英華五百十一有趙不疑對無鬼論判

吳安慶　元和姓纂十一模考功員外郎吳安慶稱渤海人

歸安丁寶書編次

唐尚書省郎官石柱題名考卷十終　勞檢丁士諤校字

唐尚書省郎官石柱題名考卷十一

仁和　勞格　著
趙鉞

歸安丁寶書編次

戶部郎中

唐六典戶部尚書郎中二人從五品上貞觀二十三年改爲戶部明慶爲度支龍朔爲司元大夫咸亨光宅神龍並隨曹改復　掌領天下州縣戶口之事　舊書職官志戶部郎中員外之職掌分理戶口井田之事　新書百官志郎中掌戶口土田賦役貢獻蠲免優復婣婚繼嗣之事

石刻　士義惣　韋山甫　樂世口　盧承慶　裴元本

高季通　梁行儀　崔行功　袁異式　路元叡

劉國都　韋泰眞　盧德師　薛克搆　王智方

姚珽　張门容　唐從心　李嘉口　張錫

申屠錫　劉如玉　宇文敞　李綰　封思業

裴惓　温脊微　吳道師　劉守口　趙謙光

李無言　韋虛心　蔡泰客　梁務儉　張大安

張光輔　李同福　鄧元挺　騫味道　韋口元

劉延祐　于思言　釗基　段嗣元　石暑

孫元亨　唐奉一　房穎叔　韋瓊之　李思古

楊玉　紀處訥　路恒　趙履温　狄光嗣

張昭令　李瑒　韋維　柳儒　崔琳
嚴方疑　魏奉古　李寀　李邕　裴觀
司馬銓　張如珪　褚璆　王昱　獨孤册
張敬輿　張季瑀　裴卓　郭璘　梁昇卿
楊志先　鄭少微　李元祐　韋拯　斑景倩
徐惲　裴令臣　李朝弼　陽伯成　劉彥回
張奇　梁涉　王壽　鄭昉　魏方進
韋伯祥　韋虛舟　劉同昇　李常　鄭昭
王鉷　楊玘　張震　盧奕　李伉
張博濟　吉溫　王銲　陳澗　崔諷

王翊　劉暹　呂延之　崔渢　張惟一
李齊運　李季卿　崔漼　李丹　崔浩
王延昌　來球　張參　杜濟　杜良輔
于頎　邵説　李洞清　李規　許登
崔鼎　徐演　王縝　平蒿　衛密
崔縱　崔僑　謝良輔　蓋塤　李巽
盧雲　竇彧　常魯　盧佋　王紹
崔從質　魏宏簡　韋武　張式　李元素
熊執錫　楊甯　于皐謩　潘孟陽　鄭敬
張正甫　崔淸　李巨　陸湮　李應

崔稙　武儒衡　陸亘　劉遵古　羊士諤
高允恭　豆盧署　高釴　韋處厚　崔護
王源中　王正雅　宋申錫　韋詞　王彥威
盧周仁　李固言　李石　盧貞　王質
李踐□　楊漢公　裴詡　楊敬之　竇宗直
裴識　韋力仁　姚合　韋紓　張鷺
鄭賞　崔瑨　盧言　潘存實　韋厚叔
盧懿　李敬方　李繼　崔駢　杜憓
李福　崔璵　路綰　鄭冠　韋有翼
竇洵直　鄭薰　苗愔　崔卓　溫璋

韓琮　盧匡　韓賓　趙格　趙滂
韋宙　崔彖　李荀　楊假　任憲
孟穆　蕭峴　曹汾　孟球　馮緘
鄭確　侯恩　張道符　劉荀　崔芻言
牛叢　李植　楊知至　王龜　竇紃
許瓘　楊輅　崔璞　裴璩　劉允章
韋絛　杜無逸　鄭碣　王緘　高澥
盧深　鄭畋　李磵　趙祕　韋蟾
楊希古　庾崇　馮巖　柳陟　李晦
韋保乂　張極　鄭博　盧紹　豆盧瑑

劉蜺　崔彥融　楊知退　李節　鄭誠
李褋　張裕　周愼辭　鄭殷　李燭
張元遜　杜廷堅　李峭　李邈　李凝庶
鄭瑣　李穀　崔鄴　孫緯
補遺 張珪　裴稚珪　權崇基　崔義起　竇懷恪
侯味虛　侯師　逐仁傑　周子恭　令狐思撫
紀全經　衛幾道　崔行成　白知愼　趙昇卿
張某　裴騰　盧播　韋利賓　相里造
杜收　陳詡　韓洄　包佶　盧倘
裴墳　盧逢　盧綸　裴徹　陸渥

胡証　杜羔　崔蠡　裴纘　司空輿
王徽　蕭遘　杜孺休　王蕃　裴德符
鄭韜光　徐綰　封舜卿　李仁儉　崔協
附存 張譚　韓泰　裴諝　蘇晉　蕭定
王慥

勞檢　丁士諤校字

唐尚書省郎官石柱題名考卷十二

士義惣 又度中　元和姓纂六止河南士氏隋刑部侍郎士燮後生義總唐戶部郎中 河南北史高構傳作河內　宋劉跂學易集八士補之墓誌銘隋末義總爲侍郎家河內

韋山甫　新表韋氏逍遙公房德運子山甫屯田郎中　任知古靈義寺經藏碑貞觀初太夫人遽隨風燭過則通人故屯田郎中京兆韋山甫製其碑 光壽　劉孝孫沙門慧淨詩英華序京兆韋山甫耿介有奇節弋獵綜羣言與法師周旋情逾膠漆覩斯盛事咸共贊成

樂世□

盧承慶 見考外補　舊傳太宗時擢拜考功員外郎累遷民部侍郎 新傳同

裴元本 見吏外　大唐新語七裴玄本爲戶部郎中時左僕射房玄齡疾甚玄本隨例候玄齡

高季通 又倉中倉外　新表渤海高氏隋萬年令衡子季通宗正少卿　舊高季輔傳永徽二年召季輔兄虢州刺史季通爲宗正少卿 新傳同

梁行儀 見吏外無考

崔行功 見左中吏外 又吏中主外

袁異式　新表樂陵袁氏令喜子太府少卿異度弟 見金中

異式戶部郎中　新劉仁軌傳嘗爲御史袁異式所劾慢辱之甚使引決及拜大司憲異式尚在臺不自安因醉以情自解仁軌持觴曰所不與公者有如此觴後旣執政薦爲司元大夫

路元叡 見吏中勳中又度外

劉國都　元和姓纂十八尤 戶部郎中劉安都宋州虞城人

韋泰眞　新表東眷韋氏閬公房博州刺史世師子眞泰戶部侍郎 元和姓纂眞泰作太眞蓋表誤倒耳

盧德師 無考

薛克搆 又戶外有克備　新表薛氏西祖房貝州刺史大鼎子克搆麟臺諫監　舊良吏薛大鼎傳子克搆天授中官至麟臺監　新循吏薛大鼎傳子克搆永隆初歷戶部郎中天授中遷麟臺監　新書藝文志丙部子錄雜家類 薛克搆子林三十卷

王智方　新表瑯邪王氏宏訓子方智戶部郎中 方智二字互倒　張說贈太尉裴公行儉神道碑在一本其軍擇帳下之士則有王智方等 張燕公集十五

姚珽　新表吳興姚氏豫州司戶參軍懌子班戶部尚書　舊節愍太子傳神龍二年左庶子姚珽數上疏諫諍 舊傳亦載　舊傳班舉明經累除定汴滄虢幽等五州刺史

舊良吏下李尚隱傳姚珽爲同州刺史 新書作班　新書藝文志乙部史錄正史類 姚珽漢書紹訓四十卷 舊班傳同

張□容 無考

唐從心　新表唐氏洋州刺史嘉會子 見度中 從心殿中監　舊唐儉傳孫從心神龍中以子晙娶太平公主女官至殿中監

李嘉□ 無考

張錫 又戶外　新表清河東武城張氏吏部侍郎文琮子錫相武后溫王　舊傳則天時爲鳳閣侍郎同鳳閣鸞臺平章事 新傳同

申屠錫 鉞案錫疑當作瑒　元和姓纂十七眞 地官郎中祕書少監申屠場陳留人 場瑒誤　新劉奇傳長壽中天官侍郎劉奇薦張鷟司馬鍠 見吏外 爲監察御史二人因申屠瑒以謝

劉如玉　元和姓纂十八尤 秋官侍郎劉如璿 見吏外補 上邽人弟如玉右司郎中　李嶠授太子舍人劉如玉等右史制稱朝散大夫行太子舍人劉如玉可行右史散官如故 文苑英華三百八十三

宇文敞　元和姓纂九麌 職方員外宇文珽生敞戶部郎中河南洛陽人

李綰見吏中補

封思業　新表封氏武邑令恩子思業戶部郎中幽州都督　資治通鑑唐紀二十三久視元年阿悉吉薄露叛遣左金吾將軍田揚名殿中侍御史封思業討之軍至碎葉薄露夜於城傍剽掠而去思業將騎追之反爲所敗揚名引西突厥斛瑟羅之衆攻其城旬餘不克九月薄露詐降思業誘而斬之遂俘其衆

裴惓　新表中眷裴氏中書舍人元武公義宏子惓字翁喜杭州刺史河東縣男　舊岑羲傳裴惓稱爲清德爲巡察使所薦授畿縣令長安中緣坐近親相次入省自

渭南令爲地官員外郎後至杭州刺史　權德輿唐故正議大夫衞尉少卿聞喜縣開國伯賜紫金魚袋裴君墓誌銘梓州元武丞贈中書舍人義宏生贈司空惓歷給事中杭鄧二州刺史君之王父也權載之文集二十三裴會見膳中補　金石錄目錄五第九百十八唐杭州刺史裴惓碑族子子餘撰孫令行書盧曉八分題額開元三年九月

温脊微又戶外補　新表温氏職方郎中陝州刺史瑑子慎微鄭州刺史　蘇頲授温慎微揚府司馬制中散大夫守興州刺史輕車都尉温慎微閑達彰其起草仁明最于分竹可守揚州大都督府司馬散官勳如故文苑英華四百十四

吳道師見勳外又倉外

劉守口無考

趙謙光謙光王本缺　元和姓纂三十小戶部郎中趙謙光汲郡人　譚賓錄趙謙光自彭州司馬入爲大理正遷戶部郎中戶部員外賀遂涉詠之太平廣記二百四十九

李無言　新表蜀王房尙輦奉御明遠子睦州刺史無言　定命錄蘇州刺史李無言有事恐被宣慰使惡奏後改爲睦州刺史至州而死太平廣記二百二十二　房琯龍興寺碑序開元十七年州將皇三從叔無言聖嗣帝胄秉㮚受自高位居藩牧親則叔父吳郡志三十一

韋虛心見左外補又倉外補　孫逖東都留守韋公神道碑司會之府允釐庶績命公作倉部左司二員外戶部兵部右司三郎中文苑英華九百十八二傳失載

蔡泰客又金中　元和姓纂十四泰　梁司空安豐公蔡大寶孫泰客唐金部郎中濟陽考城縣人大寶二字原脫依北史附肅傳增　蘇頲授蔡泰客金部郎中制稱正議大夫行尙書右司員外郎上柱國蔡泰客文苑英華三百八十九詳後

梁務儉無考

張大安　新表魏郡張氏襄州總管鄖襄公公謹子大安相高宗　舊張公謹傳子大安上元中歷太子庶子同

中書門下三品　嚴州重修圖經刺史題名張大安永
湻二年五月十九日自普州刺史拜
張光輔　舊附豆盧欽望見封中傳京兆人則天時累遷司
農少卿文昌右丞不云戶中
李同福見吏外貼封外又金中
鄧元挺又戶外二見　元和姓纂四十八嶝唐兵部郎中南陽伯鄧
素見勳中安定人居藍田子元挺吏部侍郎　舊文苑傳
上元挺雍州藍田人累遷左史坐與上官儀善出爲頓
邱令累授中書舍人
鬻味道見考外補

韋□元無考戶中補有晤元
劉延祐又戶外有延祐　新表彭城劉氏行之子延祐安南都護
舊文苑劉胤之傳弟子延祐弱冠本州舉進士累補
渭南尉後歷右司郎中檢校司賓少卿封薛縣男新文藝列
傳上自渭南尉後檢校司賓少卿封薛縣男
于思言　新表于氏恒州刺史德行子思言太府卿姓纂兵部
郎中太府卿文苑英華六百崔融有爲朝集使于思言等請封
中岳表武后
劉基無考
段嗣元　元和姓纂二十九換尚書左丞段寶元生嗣元地官

侍郎鄭州刺史武威人
石晷　元和姓纂二十二昔石眘五代孫晷唐虞部郎中渤海
人
孫元亨見封外元亨
唐奉一見左外
房穎叔　分紀房穎叔拜天官侍郎自其高祖至穎叔四
代咸居選部時論榮之事文類聚新集十一　舊蘇晉傳吏部侍
郎房頴叔見蘇晉八卦論而賞歎曰此後來王粲也新傳
同
朝野僉載周地官郎中房頴叔除天官侍郎不上
病兩日而卒仗下卽除李迥秀爲侍郎太平廣記三百二十九

韋瓊之見封外考中補
李思古　集古錄目周渭南縣令李思古清德頌唐直崇
文館馬吉甫撰不著書人名氏李君名思古渤海蓨人
爲鴻州渭南令又拜右司員外郎縣人爲立清德碑以
聖厤元年十月立華州實刻叢編十
楊玉無考戶外楊温玉疑是
紀處訥　新表紀氏鄜州刺史及子處訥相中宗　舊附
蕭至忠傳處訥秦州上邽人累轉太府卿神龍中進拜
侍中新書附宗楚客傳同
路恒　元和姓纂十一暮萬年主簿路隱元生恒戶部郎中

太僕少卿平陽人
趙履溫　元和姓纂三十卜　司農卿趙履溫萬年人　唐會
要五十九　兵部員外郎本兩員大足元年更加一員以趙
履溫爲之　舊儒學盧粲傳中宗時令司農少卿趙履溫
監護　舊孝友裴子餘傳景龍中司農卿趙履溫奏汲涇
岐二州隋代蕃戶子孫數千家爲官戶奴婢仍充賜口
以給貴幸子餘奏刻其事云云　舊桓彥範傳易州刺
史趙履溫桓彥範之妻兄也神龍元年彥範誅張易之
奏言先與履溫共謀召拜司農少卿履溫德之以二婢
遺彥範彥範罷知政事履溫又奪其婢　新書外戚武

三思傳司農少卿趙履溫等託武三思權熏炙中外
舊趙彥昭傳景龍四年金城公主出降吐蕃命趙彥昭
充使司農卿趙履溫私謂曰公國之宰輔而爲一介之
使不亦鄙乎彥昭曰計將安出履溫因爲陰託安樂公
主密奏留之新傳略同　舊睿宗紀景龍四年六月庚子夜
臨淄王誅趙履溫等
狄光嗣又戶外　新表狄氏武后相仁傑子見度中補光嗣戶部
郎中　舊狄仁傑傳長子光嗣聖曆初爲司府丞則天
令宰相各舉尚書郎一人仁傑乃薦光嗣拜地官員外
郎新傳同　又云歷淄許貝三州刺史　舊書五行志開元四年八月四
日會要二十四日己卯勑河南河北檢校捕蝗使狄光嗣等宜令
待蝗盡而刈禾將畢即入京奏事唐會要同　會要三十九神
龍元年六月二十七日又刪定垂拱格及格後勑戶部
郎中狄光嗣等同刪定　新書藝文志乙部史錄刑法類刪垂
拱式二十卷又散頒格七卷兵部郎中狄光嗣等刪定
神龍元年上案會要作兵部郎中姜師度戶部郎中狄光嗣志蓋脫去七字
張昭令無考　戶外　張昭命疑是
李琇　新宗室表大鄭王房鹽州刺史孝銳子琇字琇淮
安郡公宗正卿諡忠　又宰相表趙郡李氏東祖房鄭
令鎔子琇任城令　四川成都誌一十開元五年以將作

監潞州刺史燉煌公李琇充劍南節度益州大都督府
長史二年
韋維又戶外倉外　新表韋氏南皮公房司戎大夫知人子維
字文紀右庶子南皮縣公　會要六十七　開元元年改雍
州司馬爲京兆少尹以韋維爲之　舊韋虛心傳父維
舉進士自大理丞累至戶部郎中善於剖判時員外郎
宋之問工於詩時人以爲戶部有二妙終於左庶子父
子兄弟更踐郎署稱郎官家　新書本傳韋進士對策
高第擢武功主簿坐徐敬業親貶五泉主簿徙內江令
遷戶部郎中終太子右庶子　又韋虛心傳維爲郎時

柳于庭及虛心兄弟居郎省對之輒斂容自韋叔謙後至郎中者數人世號郎官家 孫逖東都留守韋公神道碑烈考曰韋事睿宗歷戶部郎中終於左庶子贈絳州刺史文苑英華九百十八 集古錄目唐韋維善政論唐著作郎楊齊哲撰前洛州縣丞類編直翰林院□庭誨書維爲坊州刺史此蹇紀德碑也以先天元年立寶刻叢編十

柳儒又倉外 新表柳氏工部員外郎幹子儒戶部郎中

崔琳 新表南祖崔氏司刑卿魏縣子神慶子琳太子少保 會要六十五 太極元年二月祕書少監加一員以崔琳爲之 舊王邱傳開元二十一年韓休作相薦王丘代崔琳爲御史大夫 新崔神慶傳子琳開元中與高仲舒同爲中書舍人累遷太子少保天寶二年卒

蘇頲授崔琳紫微舍人制正議大夫行尚書屯田郎中上柱國魏縣開國子崔琳分符作牧共賴仁明賜筆題工咸推練習可行紫微舍人散官勳封如故文苑英華三百八十二 封氏聞見記開元十四年勑吏部置十銓以朝集使蒲州刺史崔琳等同掌選 舊元宗紀開元十九年正月辛未遣鴻臚卿崔琳入吐蕃報聘二月甲午以崔琳爲御史大夫三月乙疑巳酉朔崔琳使吐蕃 唐會要七十五開元十一年十二月吏部侍郎崔琳掌銓收選

殘人盧怡見吏外裴敦復見吏中于孺卿見監察等十數人無何皆入臺省衆以爲知人 孫逖授孟温太子賓客等制朝請大夫使持節魏州諸軍事守魏州刺史上柱國安平縣開國伯崔琳清而率下正以持身可太子右庶子散官勳封如故文苑英華四百三 又授崔琳太子少保制稱銀青光祿大夫守刑部尚書上柱國清河郡開國公崔琳可守太子少保同上

嚴方疑 舊嚴挺之傳叔父方嶷景雲中戶部郎中

魏奉古見左中左外

李察又祠外又御史臺殿中題名 新宰相表趙郡李氏東祖房瀛州司戶參軍玄祐弟玄恩子察少府監 又宗室表蜀王房惠陵臺令晃子潞府士曹參軍弟見左中補察不詳歷官 又紀王房均州刺史湑子見吏外審陝州兵曹參軍

張九齡故果州長史李公碑銘開元中公之孫曰察以古諸侯之祿奉先大夫之祀書遊本郡輝光前烈唐丞相曲江張先生文集二十據宰相世系表李公名仁瞻 又瀛州司戶參軍李府君碑銘嗣子察解印少府剖符本州同上案世系表府君名元祐據碑察係元祐子表云云元恩子當誤

李邕又戶外 新表江夏李氏蘭臺郎善子邕字太和北海太守 舊文苑傳中 邕廣陵江都人唐隆元年元宗清

內難自富州司戶召拜左臺殿中侍御史改戶部員外郎又貶崖州舍城丞開元三年擢爲戶部郎中姚崇嫉邕險躁搆成其罪左遷括州司馬　新書方技嚴善思傳譙王重福敗善思坐關通論死戶部郎中李邕薄其罪

　李邕謝恩慰喻表頃歲昌宗執柄三思弄權臣與宋璟同論桓敬俱奏貶臣爲常州司戶竇荷陛下誅韋氏之後收正人之餘特拜臣左臺侍御史云云頃歲譙王重福謀立東都臣當留臺與洛州司戶舊知傳作馬崔日知挫其逆形收其餘孽東都底定職臣之功自文林郎拜朝散大夫除戶部員外郎岑羲崔湜之輩以臣再用往

遷卄忌崔隱甫倪若水等恐爲陛下之助與臣同制各貶官仍聯翩左遷爲崖州舍城縣丞及陛下正位紫宸臣又自領南九品遷惡官除朝散大夫戶部郎中文苑英華五百九十八　蘇頲授李邕戶部郎中制黃門朝散大夫守江州別駕李邕探學精奧爲文沉鬱譽謂之心動必無撓彌綸之用行則有恒故以高才逸翬懿聲滿聽宜膺版圖之任允光蘭握之選可守尚書戶部郎中散官如故主者施行文苑英華三百八十九

裴觀又御史臺侍御題名　新表洗馬裴氏敬忠子觀荊州按察使

　復齋碑錄唐裴觀德政碑唐賈昇撰僧湛然分書開元八年立在峴山襄州寶刻叢編三　新許景先傳開元十三年帝自擇左衞將軍裴觀爲滄州刺史詳吏中袁仁敬註　四川成都志十一開元十五年裴觀以弘文館學士劍南節度使大都督府長史一年

司馬銓又御史臺殿中監察題名　元和姓纂七之明堂尉司馬希奭生鍠見吏外銓庫部郎中河內溫縣人　新書文藝中劉憲傳司馬鍠與弟銓伯父希象見封外皆歷殿中侍御史　定命錄宋州司馬銓作書薦梁十二與蘇州刺史李無言太平廣記二百二十二無言見上　會要七十開元十一年十二月勑公卿議廢仙州中書侍郎崔沔議曰刺史司馬銓頗聞守

法公勤望稍加慰勞使其說以成務庶其益於公家

張如珪無考

褚璆見吏中吏外誤諸謬又禮外補

王昱　新表琅邪王氏光祿卿方則子昱好時丞　又太原第二房王氏溫之子昱武城尉　舊元宗紀開元二十六年九月益州長史王昱率兵攻吐蕃安戎城爲賊所據官軍大敗昱棄甲而遁兵士死者數千人　舊吐蕃傳開元二十六年太僕卿王昊疑昱爲益州長史劍南節度使討吐蕃率劍南兵募攻其安戎城先於城左右築兩城以爲攻拒之所頓兵蓬婆嶺下運劍南道資糧

守之九日吐蕃悉鋭救安戎城官軍大敗兩城並陷昊
脫身走免將士已下數萬人及軍糧資仗等並沒於賊
昊左遷括州刺史初昊在軍謬賞其子錢帛萬計并擅
與紫袍等所費鉅萬坐是尋又重貶端州高要尉而死
舊王忠嗣傳開元中王忠嗣嘗短皇甫維明義弟王
昱慽焉遂爲所陷　新書后妃上官昭容傳中宗時從
母子王昱爲拾遺　張九齡加朝散大夫誥稱朝議郎
有脫字中驍騎尉王昱等開元九年十月十四日丞相曲江張先生文集附錄
張九齡加銀青光祿大夫中書令制末署開元廿二年
五月廿日朝請大夫給事中內供奉臣昱等唐丞根曲江張先生

文集附錄　淯熙祕閣續法帖卷第六　孫逖授王昱太僕卿制正議大
夫守太原尹北都留守使持節河東道諸軍節度營田
副大使知節度事兼採訪處置使攝御史中丞上護軍
賜紫金魚袋王昱自持軍律兼委使車能啟刑書以懲
貪吏到官未幾除惡已多可守太僕卿兼太原尹餘如
故文苑英華三百九十七
獨
冊又御史臺殿中題名　新表獨孤氏士約孫冊戶部郎中元和
姓纂冊誤冉　王士源孟浩然詩集序太守河東獨孤冊率
與浩然爲忘形之交校宋本　棻浩然襄陽人當是襄陽太守也　金石錄
目錄七第一千三百四十六唐襄州牧獨孤冊遺愛頌李

邕撰蕭誠行書天寶中立　集古錄疑脫目字府君名冊字
伯謀河南人嘗爲襄州刺史此碑襄人所立也石爲四
面其兩面剝缺不可讀不知所立年月寶刻叢編三集古錄其文不
完故不見其終始
張敬輿見左中又戶外
張季瑀又主外　又御史臺監察題名　韓休授皇甫翼等監察御史制
稱朝議郎行醴泉縣尉張季瑀文苑英華三百九十五詳監察皇甫翼注
裴卓又戶外　新表南來吳裴氏令寶後袁州長史無悔子
悔灌傳作晦　卓岐州刺史　舊裴寬傳兄弟八人皆明經及
第入臺省典郡者五人据世系表卓是裴寬長兄　新傳寬兄弟八

人皆擢明經任臺省州刺史
郭濟　元和姓纂十九鐸給事中郭鄰疑濟浚儀人　會要七十
六神龍二年才膺管樂科郭璘及第緯略亦作郭璘先天二年
寄以宣風則能興化變俗科郭璘之及第緯略元年作二年
新崔沔傳睿宗時中書舍人崔沔表陸渾尉郭隣等以
代己處顏魯公文集十四崔孝公陋室銘記起居舍人崔沔當扈從以親老抗疏乞退薦太原郭濟等
自代
梁昇卿又祠外　又御史臺殿中監察題名　會要七十六　開元元年直言極
諫科梁昇卿及第緯略作二年　舊韋抗傳開元中京畿按
察使韋抗舉奉天尉梁昇卿等爲判官後皆名位通顯

新傳所表奉天尉梁昇卿等皆爲僚屬後皆爲顯人會要在景雲二年　新韋抗傳昇卿涉學工書於八分尤工歷廣州都督書東封朝覲碑爲時絕筆　會要八十二　開元二十年九月二十一日中書舍人梁昇卿私忌二十日晚報給事中元彥沖令宿衛往復日暮其夜直官不見上大怒出彥沖爲邠州刺史因進狀申理由是出昇卿爲莫州刺史　參見吏中元彥沖注　顏眞卿朝議大夫贈梁州都督上柱國徐府君秀神道碑銘天寶二年自攝新安郡別駕採訪使梁昇卿奏爲判官　文忠集八　舊張九齡傳與右庶子梁升卿等友善終始不渝　新傳與梁昇卿等善世稱其交能終始　蘇頲授梁昇卿等拾遺制

勑宣德郎行岐州雍縣尉梁昇卿等或敷暢學旨或該通詞藝爰廣獻書之路用開納諫之門不獨美於雕龍頗思齊於市駿咸宜採擇以申甄獎可依前件　文苑英華三百八十三　李華潤州鶴林寺故徑山大師碑銘稱菩薩戒弟子故廣州都督梁昇卿　文苑英華八百六十二　石刻大唐御史臺精舍碑銘後題開元十一年殿中侍御史梁昇卿追書

楊志先　新表楊氏越公房工部員外郎維友子志先戶部郎中

鄭少徵　見吏中又金外

李元祐　又倉中倉外　會要五十九　開元二十三年八月李元祐除太府少卿知度支事　郄當作郤　昂岐邠涇寧四州八馬坊碑頌邠公入掌三事外司百揆帝曰若予邠之後亮采惠疇僉曰元祐帝曰俞咨祐汝作小司空兼攽牧圉李公言成允令才實允宗恪居本朝能率大夏云云　唐文粹二十二　會要六十五　開廄使具名有牛仙客李元祐頌稱邠公即仙客也案仙客入相在開元二十四年元祐代之當亦在是年

韋拯　見左中補　新表韋氏鄖公房暘子拯戶部郎中

斑景倩　見左外吏中勳外又戶外

徐惲　見吏中吏外

裴令臣　無考見封外

李朝弼　無考見左外吏中又倉外

陽伯成　見左中補又戶外　舊孝友崔沔傳開元二十三年制令禮官議加籩豆之數服制之紀崔沔建議依舊戶部郎中陽伯成議與沔符

劉彥回　見左中

張奇　無考御史臺侍御題名有張光奇疑即是

梁涉　見勳外

王壽　見考外

鄭昉　見吏中又倉外主外

魏方進又御史臺左側題名二見　新表魏氏東祖後武后相元同孫見吏中御史主簿懍姓纂作憻子方進御史大夫元和姓纂同　舊楊國忠傳天寶十五載六月十二日上率京兆尹魏方進等出延秋門翼日至馬嵬驛御史大夫魏方進死舊韋見素傳同　新外戚傳方進責衆曰何故殺宰相衆怒又殺之先移牒至蜀託以潁王之藩令設儲供

韋伯祥又左中考中補作伯祥

韋虛舟見左中勳中　舊韋虛心傳季弟虛舟累至戶部司勳左司郎中新傳失載　孫逖東都留守韋虛心碑季弟曰虛舟事皇帝歷戶部司勳郎中今移左司文苑英華九百十八

劉同昇又御史臺監察題名又左側　元和姓纂十八尤同州刺史劉同昇洛陽人稱本自沛國徙焉　舊杜暹傳開元二十八年太常謚杜暹曰貞肅右司員外郎劉同升都官員外郎韋廉見考外補以暹有忠孝之美所謚不盡其行建議駁之　新傳右司員外郎劉同昇等以暹行忠孝謚有未盡　新書玄宗本紀天寶三載二月丁丑晉陵郡太守劉同昇等討海賊吳令光　石刻開元天寶聖文神武皇帝夢烈祖玄元皇帝靈應頌朝散大夫守戶部郎中劉同昇撰頌　戴璇序云時戶部郎中沛國劉同㕛才淸起草譽美郎官之列文慕上林能揚天子之事共遵大雅旨揆其辭天寶元年七月陝西盩厔　李華潤州鶴林寺故徑山大師碑銘稱菩薩戒弟子故採訪使常州刺史劉同昇文苑英華八百六十二　顏眞卿正議大夫行國子司業上柱國金鄉縣開國男顏府君允南神道碑銘與從祖姑子劉同昇齊名長又相善嘗寓書與之尋爲同昇江南經畧判官顏文忠集　趙晉用賽雨紀石文我明太守兼江南東道採訪處置漳潮等六郡經畧使彭城劉公名同昇保釐東夏聖主委連率之任末署天寶五載季夏六月壬午三日甲申全文晉用小傳武進縣主簿

李常又戶外　又御史臺左側題名　新表趙郡李氏南祖房黃門侍郎

趙郡懿公從遠子兵部侍郎巖弟見戶外常同安郡別駕　又趙郡李氏東祖房考城令納義子常不詳歷官　蘇頲授姜昂右司員外郎制稱殿中侍御史李常可行侍御史散官勳如故英華三百九十一蘇頲二字疑誤　孫逖授李常殿中侍御史制稱朝散大夫行河南府陸渾縣令李常文苑英華三百九十五俱詳御史題名　獨孤及舒州山谷寺覺寂塔隋故鏡智禪師碑銘荼毘起塔之制實天寶景戌中別駕前河南少尹趙郡李公常經始之毘陵集九

鄭昭見封中又金外外

王鉷又戶外　又御史臺左側　又右側侍御兼殿中　又陰頟知雜題名　舊傳鉷太原祁

入壻之孽子見新中　開元十年爲鄠尉京兆尹稻田判官二十四年再遷監察御史二十九年累除戶部員外郎常兼御史天寶二年充京和市和糴使遷戶部郎中三載加長春宮使四載加勾戶口色役使又遷御史中丞　新傳自鄠尉遷監察御史擢累戶部郎中數按獄深文玄宗以爲才進兼和市和糴長春宮戶口色役使拜御史中丞　會要八十五　天寶四載二月戶部郎中王鉷加勾當戶口色役使

楊玘又戶外　又御史臺左側又右側侍御兼殿中又侍御又陰額知雜題名

張震見左外

盧奕　新表盧氏懷愼子見吏中　奕御史中丞　舊忠義傳下　天寶初爲鄠縣令兵部郎中所歷有聲天寶八載轉給事中　新傳天寶初爲鄠令積功擢給事中　石刻權倕西嶽廟中左輔頓僚刻石記稱左馮翊勾撿盧奕開元二十四年陝西華陰

李伉見吏中

張博濟又戶外　舊李林甫傳子壻張博濟爲鴻臚少卿　舊酷吏羅希奭傳鴻臚少卿張博濟堂外甥新吉溫傳希奭舅鴻臚少卿張博濟林甫壻也　新書姦臣上李林甫傳天寶十二載諸壻張博濟等皆貶官博濟亦儉薄自肆爲戶部郎中部有考堂天下歲會計處博濟廢爲員外郎中聽事壯偉華敞供擬豐侈至千品剬取都水監地爲考堂擅廢諸州籍帳錢不貲有司不敢言　會要五十九　天寶八載郎中張傳博誤濟廢帳房爲戶部員外郎廳次北爲戶部郎中廳皆至宏麗又於省街東奏取都水監地以諸州籍帳錢造考堂制度又過於省中移都水監於省西北割右武衛園地置之乾元以後毀折並盡今爲戶部園　舊元宗紀天寶十四載十一月戊午始甯太守羅希奭以停止張博濟決杖而死　舊酷吏吉溫傳吉溫貶端州高要尉至嶺外遷延不進依於張博濟止於始安郡八月遣大理司直蔣沇鞫之博濟及始安太守羅希奭死於州門　舊羅希奭傳

天寶十四載以張博濟等流貶皆於始安希奭或令假攝右相楊國忠奏遣蔣沇往按之沇臨按俄遣使者殺之　新吉溫傳張博濟等皆逗留始安國忠奏遣蔣降敕曰張博濟往託回邪跡惟憑恃嘗自抵犯又坐親姻前後貶官歲月頗久逗留不赴情狀難容及命按舉仍更潛匿亡命追刑莫斯爲甚並當切害合峻常刑宜於所在決重杖六十　孫逖授張博濟戶部員外郎制稱朝議郎行河南府司錄參軍張博濟文苑英華三百九十一　詳戶外

吉溫又戶外　又御史臺殿中　又陰額知雜御史題名　新表吉氏鄠令琚子溫武禮部二侍郎　舊酷吏傳下　天寶五載擢京兆府士

曹頻知詔獄李林甫深以爲能擢戶部郎中常帶御史
十載爲河東節度副使新傳自京兆士曹參軍擢戶部郎中兼侍御史
王銲　舊王鉷傳天寶十一載四月王鉷弟戶部郎中銲
坐刑縡潛構逆謀決杖死於朝堂又裴冕叱詈銲曰聖
上以大夫之故以足下爲戶部郎中又加五品恩亦厚
矣　新傳弟銲歷戶部郎中邢縡反獄具詔杖死　賜
王鉷自盡詔戶部郎中王鉷蓄積梟獍之心包藏狂悖
之計與逆人邢縡久託深交供其資糧同爲兇惡自申
款暱十載於茲所有逆謀咸供謀畫此而不罰其若法
何猶寬殊死之典俾從杖刑之責宜於朝堂集衆杖殺

郎官石柱題名考卷十一　戶中　卅二

大詔令
陳瀾　元和姓纂十七開元左疑脫太子太師陳希烈見中疑脫瀾相字生字瀾誤史戶部郎中均州武當人
崔諷　新表博陵安平崔氏刑部員外郎泌子諷戶部郎
中　又清河小房崔氏河陰尉伷子諷枝江令　元稹
授齊煦崔諷等鄭縣剡縣令制稱前衢州須江縣令崔
諷可越州剡縣令文苑英華四百十五集四十八脫諷名
王翃又戶外　新表太原大房王氏淮陰令光謙子翃吏部
侍郎　舊王翃傳兄翊乾元中累官至京兆少尹新傳翊代宗時歷山南東道節度使

劉暹　新表曹州南華劉氏武功丞知晦子暹字士昭杭
州刺史　新劉晏傳見度中補兄暹爲汾州刺史天資嫉惡
所至以方直爲觀察使所畏建中末召爲御史大夫宰
相盧杞憚其嚴更薦于頎代之暹終潮州刺史　舊于
頎傳汾州刺史劉暹剛腸嫉惡歷典數州皆爲廉使畏
懼盧杞恐暹爲御史大夫虧沮已之所見
呂延之　舊呂渭傳父延之河中人越州刺史浙江東道
節度使新傳同　舊肅宗紀乾元二年六月己巳以明州
刺史呂延之爲越州刺史充浙江東道節度使　唐會
稽太守題名記呂延之自明州刺史授充節度使丁憂

郎官石柱題名考卷十一　戶中　卅三

會稽掇英總集十入嘉泰志同　柳宗元呂侍御恭墓誌呂氏世居
河東至延之始大以御史大夫爲浙東道節度大使河東
先生集十
崔諷重見
張惟一又御史臺碑陰下層又陰額知雜御史題名　新表清河東武城張氏
武后温王相錫孫見戶中歡子惟一華州刺史　新書文藝
中蕭穎士傳開元二十三年穎士父旻以莒丞抵罪穎
士往訴於府佐張惟一惟一曰旻有佳兒吾以旻獲譴
不憾乃平宥之　李華三賢論蕭茂挺父爲莒丞得罪
清河張惟一時佐廉使按成之茂挺初登科自洛至摭言

還莒英華作自洛陽還莒道邀使使摭言無車發辭哀乞惟一涕下卽日捨之且曰蕭贊府生一賢才摭言方資天下風敎吾由是得罪文粹有亦字無憾也文苑英華七百四十四文粹三十八　唐摭言七　舊見吏下　呂諲傳肅宗時張惟一爲荆州長史已爲防禦使軍政歸於司馬陳希昂

李齊運　新表蔣王房中山郡王据子齊運字仲達宗正卿　舊傳自監察御史江淮都統李峘辟爲幕府累轉工部郎中爲長安縣令歷京兆少尹新傳同

李季卿見吏中　獨孤及唐故正議大夫右散騎常侍贈禮部尚書李公墓誌銘領二曹判二州再司王言三貳京

尹毘陵集十一二傳失載

崔灌見吏中

李丹又御史臺左側題名　新宰相表隴西李氏姑臧大房水部郎中岑子虔州刺史舟弟見吏外　丹豪一本亳州刺史　又趙郡李氏東祖房太子太保詳子丹浙西觀察使　新宗室表蔡王房右金吾衛大將軍方叔子丹莆田令時代不合莆陽比事三李丹蔡王蔚八代孫以朝議郎祠部郎中爲虢州刺史貶泉州莆田令卒於官州刺史王審珪銘其墓子孫因家於後埭　孟郊有哭李丹員外幷寄杜中丞詩孟東野詩集十　新書卓行元德秀傳門弟子李粤粤族子丹叔字南誠趙八案丹字叔南新書誤　李華潤州鶴林寺故徑山大師碑銘稱菩薩戒弟子故御史中丞李丹文苑英華八百六十二　李華三賢論趙郡李粤主外李粤族子丹叔南誠莊而文是慕於元德秀者也文苑英華七百四十四文粹三十八　摭言七　李華衢州龍興寺故律師體公碑李中丞丹等皆爲此州躬往園繞文苑英華八百六十　李華台州乾元國淸寺碑耆壽徐君讚錄事徐知古等請於縣令隴西李公平平請於前刺史趙郡李公丹丹請於河南等五道度支使御史中丞京兆第五公琦又云李使君以全德公才持憲爲郎文苑英華八百五十九　案盈川屬衢州此台州字誤當作衢州　衢州刺史廳壁記開元天寶中始以尚書郎超拜名郡賀蘭大夫爲之李郎

中爲之自逆胡悖天地之慈賀蘭起北海之師郎中佐浙東之幕英華八百賀蘭進明見主外

崔浩見封中又金中

王延昌見吏中又度外

來球無考

張參　新表河間張氏昇子吏外補有昇　參國子司業　國史補下　張參爲國子司業年老嘗手寫九經以爲讀書不如寫書　舊常袞傳大厤中楊綰常袞奏加百官俸料袞與判度支韓滉各騁私懷厚薄由己時少列各定月俸爲三十五千滉怒司業張參止給三十千新傳畧同　石

刻五經文字序例末題大厤十一年六月七日司業張參序（馬本）　權德輿杜公（亞）神道碑銘以道義經術研機盡性合於司徒楊公綰司業張公參（權載之文集十三）　舊李勉傳以名士李巡張參爲判官卒於幕　韓愈唐故河南少尹李公（素）墓誌銘母夫人燉煌張氏其舅參有大名（昌黎先生集二十五考異參或作泰）　舊鄭絪傳大厤中有儒學高名如張參皆相知重　新書藝文志（甲部經錄小學類）　張參五經文字三卷　孟浩然有送張參明經舉向涇川覲省詩（校宋本孟浩然詩集中案詩云十五綵衣年又云四座推文舉張帆刋許仲宣蓋是時參年尚幼也）　錢考功集十有送張參及第還家詩（詩云太學三年聞琢玉東堂一舉早成名）

杜濟　新表襄陽杜氏高陵令惠子濟字應物給事中京兆尹　常衮授杜濟東川防禦使制稱太中大夫檢校尚書駕部郎中兼侍御史充山南劍邛副光帥判官勾當劍南東川事賜紫金魚袋杜濟可使持節梓州諸軍事守梓州刺史兼御史中丞充劍南東川防禦使散官賜如故（文苑英華四百九）　舊崔盌傳永泰元年五月劍南節度嚴武卒杜濟爲西川行軍司馬權知軍府事　舊代宗紀大厤二年七月丙寅以遂州刺史杜濟爲劍南東川節度觀察等使　舊紀大厤八年五月乙酉貶京兆尹杜濟杭州刺史坐典選也　新李栖筠傳京兆尹杜濟等元載所厚引華原尉侯莫陳怤栖筠劾之皆坐貶（詳吏中薛邕注）　顏眞卿京兆尹御史中丞梓遂杭三州刺史劍南東川節度使杜公神道碑銘自綿州刺史賜紫金魚袋除戶部郎中加朝散大夫廣德中檢校駕部郎中上柱國充劍南節度嚴武行軍司馬（顏魯公文集八又卷十京兆尹兼中丞杭州刺史劍南東川節度使杜公墓誌銘同）　會要（七十九）　杭州刺史杜濟謚曰簡　九家集注杜詩一有示從孫濟詩

杜艮輔（無考　又金中金外　倉外）

于頎（又戶外度中補）　新表于氏庭謂子頎工部尙書　舊傳字休明累授鳳翔少尹度支郎中兼御史中丞轉運租庸糧料鹽鐵等使（案傳又云元載爲諸道營田使又署爲郎官令於東都汝州開置屯田當即指戶中也）　新書附劉暹傳僅云累遷京兆尹

邵說（見動中）

李洞清（見封外）

李規　新表趙郡李氏南祖房揚州左司馬幷子規壽州刺史　李華揚州司馬李公墓誌長子規前刑部員外郎兼侍御史有公遺風國之才臣嘗爲晉州吏職中外宣力王室聞於天下（文苑英華九百五十五）　常衮授李規戶部郎中制勑朝議郎前檢校尙書戶部郎中兼侍御史賜緋魚袋李規志學純備居有彝檢才理精達動無滯用

嘗執邦憲兼毗使軒處煩行簡從容濟務參我地官之屬首於時俊之科亦既外除尤彰內行正名舊秩以寵迴翔可守尚書戶部郎中散官賜如故（文苑英華三百八十九）

許登（見勳外）

崔鼎　嘉定赤城志（八）建中二年三月崔鼎爲台州刺史　新表南祖崔氏懸黎子（見封外）鼎不詳歷官（時代不合）

徐演（倉外有徐縯疑卽是）

王縝（見封中｜又戶外）

平鬲（無考）

衞密　元和姓纂（十三祭）國子司業衞密河東安邑八　石刻顏眞卿顏君（惟貞）廟碑銘君孫克明崇文明經衞密摽榜之（陝西西安）　會要（七十九）贈秘書監衞密謚曰獻

崔縱（見封外又金外）　舊傳自金部員外郎六遷大理卿兼御史中丞汴西水陸運兩稅鹽鐵等使（新傳同）

崔儒（見吏外崔需時代正合疑是）（案戶中補有）　新表博陵三房崔氏右司郎中宗之子儒戶部郎中

謝良輔（見封外）

蓋塤　舊書東夷新羅傳貞元元年令戶部郎中蓋塤持節册命新羅王良相（新傳同會要同）

李巽（見左中）　權德輿右僕射李公墓誌銘由萬年縣令課最爲戶部左司二郎中（權載之文集二十二）　舊傳周歷臺省由左司郎中出爲常州刺史　新傳進累左司郎中常州刺史

盧雲（又倉中）　元和姓纂（十一模）倉部郎中盧雲三原八本姓閭（疑脫丘字）氏（疑脫父字）珣蜀州司馬上元中准制改姓盧氏（案閭氏注又云唐蜀州司馬閭丘珣上元中准制改姓閭氏生雲倉部郎中閭字疑誤）　舊趙憬傳貞元中長安令盧雲爲裴延齡構陷將加斥逐憬保護救解多從輕貶　新傳盧雲等爲裴延齡擠摯危甚憬救護申解得免　舊德宗紀（下）貞元十四年十二月明州鎮將栗鍠殺刺史盧雲（新紀同）　胡的大唐故太白禪

師塔銘故明州刺史盧公雲等前後皆駐騎雲根稽求上法（古刻叢鈔）

竇彧（又戶外）　新表竇氏平陵房九瀧令元昌子彧盧州刺史（舊竇易直傳父彧廬州刺史）

常魯　新表新豐常氏禮部員外郎無名子（見禮外補）普戶部郎中又魯渭南尉（疑表名位互倒）　舊吐蕃傳建中二年十二月入蕃使判官常魯等至自蕃中　舊張鎰傳建中三年張鎰與盟官常魯等與吐蕃盟於淸水（舊吐蕃傳同）　李益有送常魯侍御史西蕃寄題西川詩

盧佋　新表盧氏成軌子佋御史中丞　又盧氏比部員

外郎昭道曾孫佋檢校郎中　舊穆贊傳陝州觀察使
盧岳妾裴以有子岳妻分財不及訴於官贊鞫其事御
史中丞盧佋佐之令深繩裴罪贊持平不許宰臣竇參
與佋善參佋俱持權怒贊以小事不受指使遂下贊獄
新傳陝虢觀察使盧岳妻分貲不及妾子妾訴之中丞盧佋欲重妾罪贊不聽佋與宰相竇參共誣贊受金捕送獄　舊趙宗儒傳貞元六年趙宗儒領考功事御史中
丞盧紹比考中上宗儒貶之中中新傳作盧佋是餘同　梁肅京
兆府司錄西廳盧氏世官記稱御史中執法范陽盧公
貞元庚午文苑英華八百三十一
王紹又倉外補　新表琅邪王氏蘭州刺史景子度中有景純成武

令　又揚州錄事參軍仲連子紹不詳歷官　舊傳字
德素本家太原今爲京兆萬年人舊名與憲宗同永貞
年改焉貞元中自包佶租庸鹽鐵判官爲倉部員外郎
遷戶部兵部郎中擢拜戶部侍郎尋判度支新傳畧同　李
絳兵部尚書王紹神道碑累授殿中侍御史江西觀察
推官遂踐臺閣自倉部員外郎遷戶部兵部郎中專判
戶部事文苑英華八百九十七
崔從質　舊令狐運傳德宗令刑部員外郎崔從質等三
司覆按令狐運劫轉運絹獄新李元素傳同　舊德宗紀下貞
元十六年九月以戶部郎中崔從質爲戶部侍郎

魏宏簡又度外案穆宗時有中官知樞密魏宏簡見舊紀　元和姓纂八末魏氏西
祖後京兆戶曹叔虬生宏簡戶部郎中鉅鹿人案墓誌尚書膳
部員外郎兼江陵少尹諱萬成生府君据姓纂則萬成是宏簡從父姓纂魏氏人名世系與誌多不合詳校證
柳宗元唐故尚書戶部郎中魏府君墓誌府君諱弘
簡字曰裕之由進士原注建中元年中進士第策賢良連居科首授
太子校書歷桂管江西福建宣歙四府爲判官副使累
授協律郎大理評事三爲御史賜緋魚袋在州六年廉
使崔衍獻於天子拜度支員外轉戶部郎中邦賦克舉
入望逾重年四十七貞元二十年九月三十日不疾而
歿河東先生集九　唐　要七十六　貞元元年九月賢良方正能

直言極諫科魏宏簡及第緝畧同　新鮑防傳貞元元年
策賢良方正得魏弘簡等世美防知人　新錢徽傳徽
與魏弘簡善前死徽撫其孤至婚嫁成立　白居易遊
大林寺序周覽屋壁見蕭郎中存見金外　魏郎中弘簡李
補闕渤三人姓名文句又云自蕭魏李遊迨今垂二十
年寂寥無繼來者元和十二年四月九日白氏文集四十三　建炎以來
朝野雜記甲集九　唐貞元中魏弘簡以狀元舉賢良自
後無繼之者
韋武又倉外補禮外補　新表韋氏逍遙公房象州刺史挺玄孫
見封中新傳挺曾孫武監察御史鎰子武京兆尹御史中丞　又

南皮公房汴州司戸參軍咸子見勳中武不詳歷官　新傳蔭補右千牛德宗時自梁州行在除殿中侍御史戸部侍郎元琇表武以倉部員外郎充水陸轉運使判官轉刑部員外郎後爲絳州刺史据碑刑部疑禮部之誤　呂溫唐故銀青光祿大夫京兆尹兼御史大夫上柱國贈吏部尚書京兆韋公神道碑銘德宗西狩委室隨難除殿中侍御史皇輿反正爲侍御史副總臺務授倉部員外郎充水陸轉運判官尋轉禮部員外郎檢校本官兼昭應縣令改遂州刺史召拜戸部郎中除萬年令遷京兆少尹出爲絳州刺史呂衡州文集六　舊趙憬傳京兆少尹韋武

爲裴延齡構陷將加斥逐憬保護救解之故從輕貶案碑云遷京兆少尹復奏罄實固言觸賦息役之宜爲聚歛者所嫉出爲絳州刺史　新傳韋武等爲裴延齡擯勢危甚憬保護申解得免　舊書禮儀志六貞元八年正月二十三日有京兆少尹韋武獻懿二祖禘祫議新書禮樂志同新儒學陳京傳畧同　舊德宗紀下貞元十九年二月丙申以桂管留後韋武爲桂州刺史桂管觀察使案呂溫碑不云爲此官疑有誤　唐書貞元初以昭應縣令韋武爲遂州刺史錄善政也各賜馬一疋幷綵物衣服以遺之太平御覽二百五十五職官郎　遣使賑恤天下遭水百姓勑宜令京兆少尹韋武往揚楚廬壽滁潤蘇常湖等州宣撫貞元八年八月文苑英華四百三十五引編制　會要七十九贈吏部尚書韋武謚恭

張式見左外

李元素見左中　吏外　勳外　二傳失載

熊□錫錫當作易　元和姓纂一東戸部郎中熊執易洪州人　唐會要七十六貞元元年九月博通墳典達於教化科熊執易及第十年十二月賢良方正能直言極諫科熊執易及第緯畧同　新樊澤傳堯山令樊澤舉賢良方正次潼關雨淖困不能前有熊執易同舍逆旅哀之輟所乘馬傾褚以濟自罷所舉　新鮑防傳貞元元年策賢良

方正得熊執易等世美防知人　舊吐蕃傳順宗命左金吾衞將軍田景度告哀吐蕃以庫部員外郎兼御史中丞熊執易爲副使　舊歸登傳貞元中裴延齡以姦倖有恩欲爲相右補闕熊執易等以危言忤旨草疏成示登登願寄一名具奏新傳畧同　順宗實錄二命右金吾將軍兼中丞田景度持節告哀於吐蕃以庫部員外熊執易爲副昌黎先生外集七　會要九十三元和二年七月詔兵部郎中熊執易等删定開元格後勑　新書藝文志丙部子錄雜家類　熊執易化統五百卷執易類九經爲書三十年乃成未及上卒於西川武元衡將爲寫進妻薛藏之不許

楊寍　新表楊氏越公房臨汝令燕客子寍國子祭酒
舊楊虞卿傳父寍貞元中爲長安尉以處士徵入朝仕
進不達而卒　新楊虞卿傳寍擢明經德宗時自監察
御史坐累免順宗初召爲殿中侍御史終國子祭酒
新卓行陽城傳德宗召拜陽城右諫議大夫遣長安尉楊
寍賫束帛詣其家　舊李元素傳監察御史楊寍按大
將令狐運事東都留守杜亞以爲不直密表陳之寍遂
得罪
于皋謩　新表于氏禮部侍郎邵子皋謩戶部侍郎一本郎中
元和姓纂同　舊書權德輿傳運糧使于皋謩盜用官錢詔

流嶺南行至湖外密令中使殺之新傳畧同　舊崔元受傳
元和初于皋謩爲河北行營糧料使崔元受韋岵薛巽
王湘等皆爲判官分督供饋既罷兵或以皋謩隱沒贓
罪除名賜死元受從坐皆逐嶺表新傳元和時于皋謩爲河北行營糧料使
元受從之督供饋皋謩得罪元受逐死嶺表
潘孟陽又戶外　元和姓纂二十六桓禮部侍郎潘炎生孟陽戶
部侍郎河南人　舊傳以父蔭進登博學宏辭科累遷
殿中侍御史降司議郎累至兵部郎中德宗末權知戶
部侍郎　新傳孟陽史亡何所人以蔭俄登博學宏詞
科補渭南尉再遷殿中侍御史擢累兵部郎中貞元末

權知戶部侍郎
鄭敬見左中補又金外
張正甫見左外又戶外封外度中　舊傳自司封員外郎遷戶部
郎中改河南尹
崔清見左中補又倉外　新表博陵二房崔氏挺後滎陽郡長史
巘子清戶部郎中
李巨見動外
陸灃又主中　新表陸氏侍郎枝祕書監齊望子灃主客郎
中　李文饒別集三給事中陸纏奉和張弘靖山亭書
懷詩元和十三年六月十二日題　唐詩紀事五十九　灃登正元元年

進士第
李應又戶外　新宰相表趙郡李氏東祖房陸渾尉澤子應
蘇州刺史　又宗室表蔡王房元立子應陪位出身
又虢王房昭義軍節度使承昭子應榆次令　唐詩紀
事三十三　李應登貞元十一年進士第　吳興志李應元
和十一年八月十五日自戶部郎中授遷蘇州刺史姑蘇
志同　會要八十八　元和十四年七月湖州刺史李應奏先
是官中酤酒代百姓納榷歲月既久爲弊滋深伏望許
令百姓自酤取舊額仍許入兩稅隨貫均出依舊例折
納輕貨送上都許之寶書案御覽引唐書同

崔植 見吏中二傳失載

武儒衡 見封外補 舊傳憲宗待儒衡甚厚累遷戶部郎中十二年權知諫議大夫事尋兼知制誥 新傳同 李翺兵部武侍郎墓誌歷侍御史司封員外郎戶部郎中遷諫議大夫三月以本官知制誥 李文公集十五

陸亘 舊傳字景山吳郡人元和中自虞部員外郎出為鄧州刺史後入為戶部郎中祕書少監 新傳自太常博士遷累戶部郎中太常少卿 會要七十六 元和二年四月博通墳典達於教化科陸亘及第 緯畧同

劉遵古 見左中

羊士諤 舊李吉甫傳李吉甫早歲知獎羊士諤擢為監察御史元和三年竇羣初拜御史中丞奏請士諤為侍御史吉甫怒其不先關白而所請又有超資者持之數日不行因而有隙 新傳畧同 舊竇羣傳竇羣奏羊士諤為御史李吉甫以羊險躁持之數日不下 新傳同新呂溫傳畧同 舊呂溫傳元和三年貶資州刺史 新傳同 嚴州重修圖經 羊士諤元和十二年三月五日自洋州刺史拜 孟簡建南鎮碣記太山諫卿由進士尉陽羨安定公延為從事承貞年為讒賊所中謫居汀州今皇帝踐祚宰臣論其冤濫故福州廉使閻公得以上請復歷大理評事遽徵拜監察御史未經歲臺丞上薦不次遷侍御史以言語明切將酬相府且不入出為巴州刺史理行居最再移資州今復為洋州 元和十年會稽掇英總集十八 案諫卿當是士諤字 安定公即皇甫政閻公名濟美

高允恭 新表渤海高氏太原少尹兼御史中丞集子允恭不詳歷官 元稹高允恭授尚書戶部郎中判度支案制勑行刑部員外郎飛騎尉高 十字據英華增 允恭書云明德慎罰明猶慎之況朕不德茲用省於有司之獄莫不伏念隱悼周知物情惟爾允恭告我祥刑罔不率協稽爾明効吵於他曹大比生齒之書仍掌析毫之牘戎車

方駕物力未豐剖滯應期斯任不細推爾惟吝之意罔或失財用爾無害之文以懲刻下愜不欲過過則不終文不欲繁繁則不 八字据苑增 逮率是數 苑作二 者時維厥中可守尚書 苑無三字 戶部郎中判度支案散官勳如故 元微之文集四十六 又高允恭授 苑有兼字 侍御史知雜事制勑御史府不以一職名官蓋總察羣司典掌眾政副其丞者是選尤難而御史丞僧孺首以朝議郎守尚書戶部郎中判度支案飛騎尉高允恭聞於予曰允恭始以儒家子能文入官在監察 苑有御史二字 時分務東臺無所顧慮為刑部郎中 案中疑衍 能守訓典復以入曹郎佐掌邦計懸石允釐

撓而（苑作之）不煩簡而不傲靜專動直志行脩明乞以臺
郎兼授憲簡雜錯之務一以咨之朕俞其言爾其自勉
（苑作勵）無俾僭羇狹（苑作昧）於知人可以（苑作守）本官兼侍御
史知雜事餘如故（同上）舊敬宗紀長慶四年二月戊子
河北告哀使諫議大夫高允恭卒於東都
豆盧署（見左中又祠外）李虞仲授王正雅等兵部郎中制朝議
郎守尚書戶部郎中上柱國賜紫金魚袋豆盧曙可職
方郎中（文苑英華三百九十）傳載稱豆盧署本名輔貞旅於衢
州刺史鄭式瞻爲易其名後二十年爲衢州刺史（廣記二
百七十八）詳驗錄唐宰相韋臯鎮蜀宴郡西亭故河南少

尹豆盧署客於蜀亦列坐（又三百九十六）
高釴　舊傳字翹之元和初進士及第判入等長慶四年
四月自兵部員外郎翰林學士轉戶部郎中知制誥十
二月正拜中書舍人　新傳史失其何所人穆宗時自
起居郎入翰林爲學士敬宗時進知制誥拜中書舍人
（子湜見勳外）重脩承旨學士壁記高釴長慶二年五月二
日自起居郎加兵部郎中三年十一月七日遷戶部郎
中知制誥四年五月二十四日賜紫十二月十二日拜
中書舍人（翰苑羣書上）舊楊虞卿傳大和二年詔中書舍
人高鉞等充三司推南曹令史李賓案（新傳作高釴）舊于
頔傳穆宗賜于頔謚曰思右補闕高鉞上疏論之（新傳作高
釴）
韋處厚（見考外補考中附存又禮外補戶外附存）舊傳自開州刺史入拜
戶部郎中俄以本官知制誥穆宗以其學有師法召入
翰林爲侍講學士換諫議大夫改中書舍人（新傳畧同）劉
禹錫唐故中書侍郎平章事韋公集紀爲開州刺史居
三年執友崔敦詩爲相徵拜戶部郎中旬歲間以本官
知制誥穆宗新卽位召入翰林充侍講學士初授諫議
大夫續換中書舍人（劉賓客文集十九）重脩承旨學士壁記
韋處厚元和十五年二月二十四日自戶部郎中知制

誥充侍講學士三月十日賜緋二十二日遷中書舍人
（翰苑羣書上）
崔護（見勳中）
王源中（見考外禮外補）新書附盧景亮傳源中自左補闕累
轉戶部郎中侍郎　重脩承旨學士壁記王源中寶歷
元年九月二十四日自戶部郎中充十一月二十八日
賜紫二年正月二十八日權知中書舍人（翰苑羣書上）李
虞仲授學士王源中等中書舍人制朝散大夫守尚書
戶部郎中充翰林學士上柱國賜紫金魚袋王源中可
權知中書舍人依前翰林學士散官勳賜如故（文苑英華三百

八十四
王正雅 又度外　新表太原大房王氏東都留守翃子正雅
山南東道節度使謚忠惠 案新書王翃傳兄翃歷山南東道節度使贈戶部尚書謚忠惠舊傳亦云山南東道節度觀察等使王正雅歷官兩書俱云卒於大理卿表蓋誤移翃官於正雅下也
舊傳字光謙元和初舉進士登甲科元和十一年拜
監察御史三遷至萬年縣令穆宗時遷戶部郎中尋加
知臺雜事再遷太常少卿出爲汝州刺史 新傳略同　李虞
仲授王正雅等兵部郎中制朝議郎守尚書戶部郎中
兼侍御史知雜事上輕車都尉賜緋魚袋王正雅可守
右司郎中兼侍御史知雜事散官賜如故 文苑英華三百九十

會要三十九　長慶三年正月刑部奏請戶部郎中王正 脫雅
字司門員外郎齊推詳正敕格從之
宋申錫 又禮外補　新表廣平宋氏叔夜子申錫字慶臣相文
宗　舊傳登進士第文宗卽位自禮部員外郎翰林侍
講學士拜戶部郎中知制誥大和二年正拜中書舍人
新傳略同　重脩承旨學士壁記寶曆三年正月八日宋申
錫自禮部員外郎翰林學士遷戶部郎中知制誥大和
三年六月一日遷中書舍人 翰苑羣書上　李虞仲授學士
王源中等中書舍人制朝議郎行尚書禮部員外郎充
翰林學士上柱國賜紫金魚袋宋申錫可守尚書戶部

郎中知制誥充翰林學士散官勳賜如故 文苑英華三百八十四
韋詞 見吏中又戶外　舊傳長慶初自江州司馬擢爲戶部員
外郎轉刑部郎中尋爲戶部郎中兼御史中丞充鹽鐵
副使轉吏部郎中
王彥威 見封中又祠外封外附存　劉禹錫唐故監察御史贈尚書
右僕射王公 俊神道碑季子彥威歷太常博士祠部員
外郎邊屯田郎中轉戶部司封 劉賓客外集九二傳失載
盧周仁　舊文宗中太和九年八月以蘇州刺史盧周仁
爲湖南觀察使開成元年閏月湖南觀察使盧周仁進
羨餘錢二萬貫雜物八萬段不受還之使貸貧下戶征

稅七月丙申湖南觀察使盧周仁進羨餘錢一十萬貫
御史中丞歸融彈其違制進奉詔以周仁所進錢於河
陰院收貯　舊歸融傳湖南觀察使盧周仁違赦進羨
餘錢十萬貫融奏曰天下一家何非君土中外財賦皆
陛下府庫也周仁輒陳小利妄設異端言南方火災恐
成灰燼進於京國姑徇私誠入財貨以希恩待朝廷而
何澆臣恐天下倣效以羨餘爲名因緣刻剝生人受弊
周仁請行重責以例列藩其所進錢請還湖南代貧下
租稅詔周仁所進於河陰院收貯以備水旱 新傳周仁以南方屢火取羨餘錢億萬進京師融劾奏天下一家中外之財皆陛下府庫周仁陳小利假異端公違詔書徇私希恩

恐海內效之因緣漁刻生人受弊罪始周仁請重責還所進代貧民租入詔不從置錢河陰院以虞水旱
盧弘正興唐寺毗沙門天王記前刺史范陽盧公周仁
新骨塗肉以立之末署時開成三年十二月十五日　文苑英華八百十九
李固言　新表趙郡李氏南祖房盧江令峴子舊傳作現　固言
字仲樞相文宗　舊傳元和七年登進士甲科大和中
累官至駕部郎中知臺雜四年爲給事中　新傳江西
裴堪劍南王播皆表署幕府累官戶部郎中温造爲御
史中丞表知雜事進給事中
李石見吏中又戶外　二傳失載
盧貞又度外　舊文宗紀下開成四年閏月丙午以大理卿

盧貞爲福建觀察使　閩川名士傳林傑九歲謁盧大
夫貞無不嘉獎廣記百七十五　太平寰宇記八　開元三年叢編
作二汝州刺史充本州防禦使盧貞立廣成子廟碑開元疑是開成案碑云貞南郭子舊居直山之北少樂大道早依門牆年壯宦遊出入二紀揆才無補晚歲懷歸獲刺是邦停輿授教
白氏文集三十七有河南尹盧貞和白尚書永
豐坊西南角園中垂柳詩　又胡吉鄭劉盧張等七八
會昌五年三月二十一日於白家履道宅同宴時秘書
監狄兼謩河南尹盧貞以年未七十雖與會而不及列
新書孝友王博武傳許州人會昌中侍母至廣州及沙
涌口暴風母溺死博武自投於水嶺南節度使盧貞俾

吏沉罟獲二屍焉乃葬之表其墓曰孝子墓詔爲刻石
白氏文集三十七　會昌五年三月二十一日於白家履
道宅同宴有侍御史內供奉官范陽盧貞年八十二
舊裴度傳昭愍欲行幸洛陽令度支員外郎盧貞往東
都已來檢計行宮及洛陽大內
王質又戶外　舊傳字華卿太原祁人元和六年登進士甲
科自戶部員外郎檢校司封郎中興元節度副使入爲
戶部郎中遷諫議大夫　劉賓客文集三　唐故宣歙池
等州都團練觀察處置使宣州刺史兼御史中丞贈左
散騎常侍王公神道碑自檢校司封郎中攝御史中丞

紫衣金章充山南西道節度副使入爲尚書戶部郎中
除諫議大夫
李踐口疑方子　舊莊恪太子永傳大和六年以戶部郎中
李踐方守本官兼王府司馬舊鄭肅傳同　新公主傳會昌
三年太和公主來歸詔祕書監李踐方等告景陵　元
稹袁重光雅州刺史李踐方大理寺丞制稱前湖南都
團練判官兼監察御史李踐方元微之文集四十八
楊漢公見封中勳外　舊傳自興元從事累遷戶部郎中史館
脩撰大和七年遷司封郎中　新傳辟興元幕府遷累
戶部郎中史館修撰轉司封郎中　舊文宗紀下大和

六年七月甲午以戶部郎中楊漢公充史館修撰

裴詡一本裴訥　新表東眷裴氏道護後度次子譔弟俱見詡封中

不詳歷官　東觀奏記下　上自不豫瘡甚令中使往東

都太僕卿裴詡宣索藥

楊敬之　新表楊氏越公房凌子敬之同州刺史　新傳

字茂孝元和初擢進士第平判入等遷右衛胄曹參軍

累遷屯田戶部二郎中坐李宗閔黨貶連州刺史　舊

文宗紀下　大和九年七月戊午貶戶部郎中楊敬之連

州刺史

竇宗直　舊宋申錫傳大和五年申錫被罪補闕竇宗直

等一十四人奏以獄付外請不於禁中訊鞫新傳同　舊

莊恪太子永傳開成三年詔侍讀竇宗直周敬愼新書敬復

是也敬復見吏外　依前隔日入少陽院

裴識見勳外又主外二傳不載

韋力仁又主外　新表韋氏彭城公房洋州刺史顥子見金中

力仁駙馬都尉　唐摭言二　韋力仁爲筭第後三年方

及第

姚合又戶外　新表陝郡姚氏宗正少卿元素曾孫臨河令

閈子合秘書監案元素元之弟舊傳合崇元孫新傳則云崇子奕曾孫唐才子傳唐詩紀事崇

曾孫與表互異　舊姚崇傳元孫合登進士第授武功尉遷監

察御史位給事中　新傳元和中進士及第　唐才子

傳六　元和十一年李逢吉知貢舉有夙好因拔泥塗鄭

解榜及第歷武功主簿富平萬年尉寶應當作麻　中除監

察御史遷戶部員外郎出爲金杭二州刺史後召入拜

刑戶二部郎中諫議大夫給事中　會要七十九　贈疑衍秘

書監姚合謚懿

韋紓　新表韋氏鄖公房端子紓不詳歷官　唐詩紀事

四十三　韋紓正元進士有南至日隔仗望含元殿香爐詩

登科記正元十八年權德輿以中書舍人知舉放進

士二十三人韋紓登第　容齋四筆五　摭言八　貞元十八年

權德輿主文韓文公薦十人於陸傪其上四人有韋紓

案韓愈與祠部陸員外書作韋羣玉云京兆之從子補注正元十七年十月吏部侍郎韋夏卿爲京兆尹羣玉

不見于登科記所薦十人九第而羣玉獨遺豈有司以京兆從子嫌而黜之邪建安嚴有翼切證曰韋紓卽羣

玉洪興祖韓子年譜曰韋羣玉韋珩也摭言作紓誤柳子厚寄珩詩回眸炫晃别羣玉羣玉蓋珩字珩二十一

年進士案洪說是也摭言誤作韋紓攷宰相表龍門公房韋夏卿弟正卿子珩不詳歷官　石刻韋

縝大唐華州下邽縣丞京兆韋公夫人墓誌銘有子五

人第五曰紓　石刻唐故朝散大夫秘書省著作郎致

仕京兆韋公玄堂誌第四子前山南西道節度判官將

仕郎試大理司直兼殿中侍御史紓謹撰幷書誌云紓

兼殿中侍御史　韋紓栝郡廳壁記大和五年紓自司

駕員外郎奉符典州浙江通志二百六十
張鷟見封中
鄭賞
崔珸見左中吏中又倉中舊傳失載
盧言見考中
潘存實又戶外全唐文七百三十甘棠人元和十三年進士累
遷戶部侍郎有晨光麗仙掌賦四公子贊藏劍銘古今萬姓統譜二十五
潘存實字鎮之漳浦人登元和進士試修禮耕情田疑脫
賦字玉聲如磬詩官歷戶部郎中左庶子
韋厚叔　元和姓纂八徵韋氏逍遙公房韋輔元世系表元輔生

厚叔世系表元叔誤京兆杜陵人　舊裴度傳裴度晚節引韋
厚叔南卓爲補缺拾遺俾彌縫結納爲自安之計
盧慤　新表盧氏逢子見吏中慤不詳歷官
李敬方又度中金外　舊五代史唐書三十四李琪傳五代祖憕見吏
中孫宷元和朝給事中宷子敬方文宗朝諫議大夫子穀
見下　唐詩紀事五十八李敬方登長慶進士第　桐柏山
題名云會昌六年三月台州長史員外置李敬方自寒
山回游此赤城志十原注文苑英華有敬方喜晴詩注乃云左遷台州刺史當以碑爲正　寶
慶四明志一李敬方大中初明州刺史請復開元寺
新安志九李敬方大中四年至六年歙州刺史原注以敬方所

題黃山詩考之知藝文志和字誤也　石刻孫諫卿唐明州象山縣蓬萊
觀碑銘今上登御之元年縣令弘農楊弘正告刺史隴
西李公敬方又云太守登進士守明歲餘年矣恩更于
陳大中二年六月九日建浙江象山　湯泉銘唐大中五年敬方患風
疾至湯池浸浴六年十一月又入浴因感白龍見風疾
遂瘥又銘曰刺郡二年病不能興全文七百三十九　唐才子
傳七　李敬方字中虔長慶三年鄭冠榜進士太和中仕
爲歙州刺史後坐事左遷台州刺史有詩一卷傳世
京兆金石錄唐長安令李敬方祈雨題名記
開成五年寶刻叢編七　新書藝文志丁部集錄別集類　李敬方詩

一卷原注字中虞大和歙州刺史　顧陶唐詩類選後序歙州敬方才
力周備與比之間獨與前輩相近亡歿雖近家集已成
三百首中間錄律韻八篇而已文苑英華七百十四
李繼　新表趙郡李氏西祖房吏部尚書巽子見左中又見上繼
京兆府參軍權德輿右僕射李公墓誌銘嗣子繼京兆府參軍
崔駢見左中勳外
杜憓二本作憓王攷誤總　新表襄陽杜氏桂管觀察使式方子憓
興平尉舊式方傳同　沈亞之送杜憓序鮑溶言前在長安
常出入冢官杜氏家羣孫皆喜溶㬎時憓方學何虞詩
于其音往往能自振激後可得也及亞之與生昆弟遊

其相樂之愛故與溶等而溶言果然十年春生長上知
生之志謂生江陵揚州兩地之間命生去遊以廣其思
三月生卽路沈下賢文集九
李福又虞外　新表大鄭王房盛唐令鵬子文宗相石弟見史
中福字能之太子太傅同平章事　舊傳大和七年登
進士第授監察御史累遷尚書郎出爲商鄭汝潁四州
刺史　新宗室宰相列傳李石當國薦福可任治人繇
監察御史至戶部郎中累歷州刺史
崔璵見左中補勳外禮外補考中二傳失載
路綰無考又戶外見左中祠外

鄭冠　唐才子傳六　袁不約長慶三年鄭冠榜進士又李敬方
傳同　會要七十六　太和二年閏三月軍謀宏遠堪任將帥
科鄭冠及第大和緯畧誤大歷鄭冠誤鄭冦　文宗委中書門下處分
制科及第人詔軍謀宏遠堪任將帥科舉人第四次等
鄭冠中書門下卽與處分大詔令
韋有翼　舊李德裕傳開成二年補闕韋有翼等連章論
德裕妄奏錢帛以傾牛僧儒　嚴州重修圖經一　韋有
翼會昌五年三月二十四日自安州刺史拜　杜牧韋
有翼除御史中丞制畧云朝請大夫守尚書刑部侍郎上
柱國賜紫金魚袋韋有翼周歷華貫擢爲諍臣言事頗

切願試佐輔移理陝郊徵爲公卿愈見風彩可守御史
中丞散官勳封賜如故樊川文集十七　又鄭處晦守職方員
外郎兼侍御史知雜事制御史中丞韋有翼上言乞以
處晦爲副貳同上　舊宣宗紀大中三年十一月以刑部
侍郎韋有翼爲御史中丞　司空圖唐故宣州觀察使
檢校禮部王公凝行狀韋公有翼初爲御史丞盛選僚
屬公首狀拜監察司空表聖文集七　玉堂遺範授韋有翼劍
南東川節度使制畧云朝散大夫守尚書兵部侍郎兼御
史大夫充諸道鹽鐵轉運等使上柱國賜紫金魚袋韋
有翼早升臺閣備歷淸華陳藥石於諫曹司黃素於右

掖左輔施河潤之功右陝繼召南之愛佐於三典麗刑
多褒敬之心貳彼五兵整武得弛張之道委茲權管制
以重輕云云可檢校工部尚書使持節梓州諸軍事兼
梓州刺史御史大夫充劍南東川節度副大使知節度
事管內觀察處置等使散官勳一本有封字衍如故文苑英華四百五十
三　舊宣宗紀大中十二年正月以劍南東川節度韋
有翼爲吏部侍郎　唐語林一　東川韋有翼尚書自判
鹽鐵鎭梓潼有重名平生不飲酒不務歡笑爲家諱樂
原作平据類說十一芝田錄改樂字
竇洵直又祠外　新表竇氏平陵房九瀧令元昌孫洵直不

詳歷官　舊穆宗紀長慶元年三月重試進士四月詔竇洵直所試粗通與及第舊錢徽傳同　舊陳夷行傳開成三年右拾遺竇洵直當衙論樂官尉遲璋不合授王府率賜絹百疋又楊嗣復曰嘗聞恂直幽新傳畧同　舊楊嗣復傳李珏曰昨竇洵直論事陛下賞之以幣帛帝曰洵直賞其直心不言事之當否鄭覃曰若包藏則不可知嗣復曰臣深知洵直無邪惡新傳畧同

鄭薰見考中補又戶外　新傳歷考功郎中出爲宣歙觀察使不云戶中

苗愔又度中　新表苗氏蕃孫著子愔字宜之　樊汝霖韓

集譜注表以愔等爲蕃之孫韓愈蕃誌謂蕃卒於元和二年男女皆幼自元和二年至長慶二年愔登第甫十五年豈遂有孫登第耶則表蕃之下所謂著者誤矣疑愔等卽蕃之子而誌之執規執矩必復者蕃死時愔等幼而未名特其小字云爾五百家註音辯本　登科記曰苗愔長慶二年登第五百家註音辯昌黎先生文集二十五　唐會要七十六太和二年閏三月賢良方正能直言極諫科苗愔及第緯畧誤大麻　文宗委中書門下處分制科及第人詔賢良方正能直言極諫科舉人第四次等苗愔中書門下卽與處分大詔令　白居易有開成二年三月三日祓洛濱留守裴令公召虞部員外郎苗愔等一十五人合宴舟中詩白氏文集三十三　杜牧唐故太子少師奇章郡開國公贈太尉牛公墓誌銘長女嫁戶部郎中上黨苗愔樊川文集七

崔卓無考

温璋又戶外　新表温氏河陽節度使造子見左中補璋京兆尹檢校吏部尙書　舊温造傳子璋以蔭入任累佐使府歷三郡刺史咸通初爲徐泗節度使　新傳累官大理丞擢侍御史賜緋遷婺州刺史以政績賜金紫徙廬宋二州刺史宣州刺史就拜觀察使擢武寧節度使

韓琮見封外

盧匡見封中

韓賓又外二外　新表昌黎韓氏曅子見封中賓亳州刺史　唐會要七十六太和二年閏三月賢良方正能直言極諫科韓賓及第大和緯畧誤大麻　劉賓客文集二十四有聞韓賓擢第歸覲以詩美之兼賀韓十五曹長時韓牧永州詩　文宗委中書門下處分制科及第人詔賢良方正能直言極諫科舉人第五上等韓賓中書門下卽與處分大詔令　嘉定赤城志八大中三年四月韓賓爲台州刺史　杜牧韓賓除戶部郎中裴處權除禮部郎中見封中補孟璲除工部郎中等制勅朝散大夫守尙書水部郎中上

杜國韓賓等尚書天下之本郎官皆爲清秩非科名文
學之士罕與其選以賓端貞有守以處權俊乂出羣以
遜才能適用皆茂鄉里之稱咸爲名賓之士各服休命
勉於官業可依前件樊川文集十七
趙格又戶外　玉堂遺範册魏王文稱副使左散騎常侍趙
格咸通三年册涼王文册蜀王文俱同文苑英華四百四十五
趙滂見勳外又戶外
章宙見吏中又度中補　新㫷吏傳宣宗時拜侍御史三遷度支
郎中
崔彖又主中　嚴州重修圖經一崔彖大中六年十一月十

一日自戶部郎中拜
李荀　東觀奏記上白敏中討山南平夏党項以駕部員
外李荀爲節度判官　鄭吉楚州修城南門記今上元
年春正月楚州刺史兼御史中丞李公新作內城之南
門公名荀隴西城紀人用文學德行進前爲戎曹郎授
銅虎符竹使符來此大中紀年十四年四月二十一日文苑英華八百十二　舊
懿宗紀咸通四年二月以左散騎常侍李荀檢校工部
部尚書滑州刺史義成軍節度鄭滑觀察等使　新書
藝文志乙部史錄編年類續唐麻二十二卷李荀等撰　新蔣偕傳宣宗詔李荀
等分年撰次盡元和以續柳芳唐麻

楊假見封中補二傳失載
任憲見勳中又度中祠外
孟穆見左中　東觀奏記中監修國史鄭朗奏請停廢直館
更添置修撰兩員以戶部郎中孟穆充史館修撰會要六十
四大中八年七月誤
蕭峴　新表蕭氏齊梁房邵州刺史革子鄴弟見考中補峴不
詳歷官　杜牧蕭峴除太常博士制登仕郎守秘書省
著作佐郎蕭峴聞爾昆弟之間著友愛之稱復能於知
己依投之地竭力報效況乎富有文學默守恬退可守
太常博士散官如故樊川文集十七　吳興志蕭峴大中十二

年十一月自戶部郎中授除東都留後卒官　舊信宗
紀乾符二年四月以秘書監蕭峴爲國子祭酒
曹汾　新表河南曹氏景伯子汾字道謙戶部郎中　舊
曹確傳弟汾進士登第累官尚書郎知制誥正拜中書
舍人出爲河南尹　新曹確傳弟汾以忠武軍節度使
入爲戶部侍郎判度支卒　唐詩紀事五十二汾開成四
年登第　舊懿宗紀咸通四年三月以刑部侍郎曹汾
爲河南尹　京兆金石錄唐贈尚書右僕射曹汾墓誌
李郁撰咸通十五年寶刻叢編七京兆府
孟球見勳中又金外

馮緘又金外又御史臺中丞題名　舊馮審見戶外傳子緘進士擢第知
名於時　新傳緘字宗之乾符初歷京兆河南尹
鄭確見左外
侯恩無攷
張道符見封中又主外　重修承旨學士壁記張道符咸通元年
十一月二十五日自戶部郎中賜緋充二年二月六日
加司封郎中知制誥依前充翰苑羣書上
劉荀無攷
崔嗣言見左外吏中附存又祠外　吳興志崔嗣言咸通三年二月
自吏部郎中拜卒官統記云戶部

牛叢見勳中勳外又膳外補
李植見封外
楊知至又戶外　新表楊氏越公房汝士子見封外　知遠弟見勳
外知至字幾之戶部侍郎　舊楊汝士傳子知至累官
至比部郎中知制誥　新傳以進士第入官　舊楊嚴
傳會昌四年僕射王起典貢部選士三十人楊知至等
五人試文合格物議以子弟非之起覆奏武宗敕落下
雲谿友議二浙東廉使李尚書訥聽盛小叢歌送崔
侍御元範詩有團練判官楊知至和詩紀事五十九同
王龜又祠中　新表太原王氏魏郡文懿公起子見勳外　龜字

大年浙東觀察使　舊傳自右補闕遷侍御史尚書郎
大中末出爲宣歙團練觀察副使入爲祠部郎中又爲
河中副使入爲兵部郎中賜金紫尋知制誥咸通末以
弟鐸任中書不欲在禁掖改太常少卿新傳畧同
竇紃　新表竇氏平陵房穆敬相易直子見吏中補　紃字受章
循州司戶參軍　新易直傳子紃仕至渭南尉集賢校
理妻父王涯被禍宦者知易直子得不免貶循州司戶
參軍　新王涯傳涯既族滅女爲竇紃妻以痼病免
許瓘　唐詩紀事四十五　許玫大和元年登第其兄弟琯瓘
皆高科　新馮盎傳高宗時遣御史許瓘視馮盎族人

子猷貲至洞不出迎後率子弟數十人擊銅鼓蒙排執
瓘而奏其罪時代不合
楊輅　新表原武楊氏右拾遺歸厚子輅字殷爲
崔璞　吳郡志十一崔璞咸通中以司諫爲郡有文采風流
與郡中秀才相從有詩詞卽命僚屬及名士賡和　松
陵集序咸通十年大司諫清河公出牧於吳日休爲郡
從事又云大司諫清河公有作或命之和亦著焉　松
陵集九有奉詶霜菊見贈之什前署蘇州刺史崔璞日休
詩題云軍事院霜菊盛開因書一絕寄上諫議　又崔璞有蒙恩除替將還京
洛偶敘所懷因成六韻呈軍事院諸公郡守一二秀才

詩注到郡十二箇月除替未及三年日休有諫議以罷郡將歸以六韻賜示因貯訓獻詩龜蒙謹和諫議罷郡敘懷六韻同上　舊僖宗紀乾符元年四月以前同州刺史崔璞爲右散騎常侍

裴璩　新表南來吴裴氏令寶後河南府司錄參軍克子璩字挺秀檢校司空　又東眷裴氏道護後蔡州刺史綱子璩河南少尹時代不合　重修承旨學士壁記裴璩咸通五年六月六日自兵部員外郎入六年正月九日加戶部郎中知制誥充五月九日三殿召對賜紫九月十七日加朝散大夫中書舍人充八年正月二十七日遷

水部侍郎知制誥依前充其年九月二十三日除同州刺史翰苑羣書上　益州名畫錄上　常重胤於中和院寫僖宗皇帝幸蜀隨駕文武臣寮眞有尚書左僕射裴璩　舊昭宗紀大順元年三月朱全忠上表闢東藩鎭請除用朝廷名德如裴璩等皆搢紳名族踐歷素高宜用爲徐鄆青兗等道節度使從之

劉允章又倉外　新表廣平劉氏寬夫子見左外　允章字韞一本蘊中　舊傳登進士第累官至翰林學士承旨禮部侍郎　新傳咸通中爲禮部侍郎改國子祭酒後爲東都留守受黄巢僞官後廢于家　重修承旨學士壁記劉允章咸通三年九月二十七日自起居郎入其年十一月二十七日三殿召對賜緋四年三月二十四日授欽州刺史　又咸通五年十一月二十七日自倉部員外郎守本官再入六年正月九日加戶部郎中知制誥五月九日三殿召對賜紫八年十一月四日遷工部侍郎知制誥依前充其年十一月十六日改禮部侍郎出院翰苑羣書上　舊懿宗紀咸通八年十月以中書舍人劉允章權知禮部貢舉　舊僖宗紀乾符三年六月以撫王府長史劉允章爲涼王傅　李商隱樊南乙集序自盩厔尉留假尹參軍事時同寮有彭城劉允章皆能文大中

三年文苑英華七百七　三水小牘曰東都留守劉允章咸通中自禮部侍郎授鄂州觀察使太平廣記二百六十五　玉泉子皮日休嘗遊江漢間時劉允章鎭江夏　唐摭言十三　劉允章試天下爲家賦爲拾遺杜裔休駮奏允章辭窮乃謂與裔休對時允章出江夏裔休尋亦改官　語林四　劉元允誤章罷江夏入朝以風標自任

韋條無攷

杜無逸又戶外　新表襄陽杜氏牧弟見吏外　淮南節度判官顗子无逸不詳歷官

鄭碣見勳外

王鍼 無攷又戶外　新表瑯邪王氏魏州刺史宏直子鍼字方
舉隋州司馬 時代不合
高澥 王本缺澥字　唐詩紀事 五十一 元和十一年中書舍人李
逢吉下三十三人所擢多寒素是歲高澥第一人
盧深　重修承旨學士壁記盧深咸通七年三月二十四
日自起居郎入七月一日加兵部員外郎充十月二十
五日三殿召對賜緋八年正月二十四日加知制誥其
年八月八日召對賜紫八年十一月十一日加戶部郎
中知制誥依前充九年十月二十六日拜中書舍人依
前充十年十一月十一日遷戶部侍郎依前知制誥其

年十二月卒官贈戶部尚書 翰苑羣書上
鄭畋 又金中　新表榮陽鄭氏循州刺史亞子 見左中 畋字台
文相僖宗　舊傳年十八登進士第二十二書判拔萃
咸通五年自從事入爲刑部員外郎轉萬年令九年劉
瞻作相薦爲翰林學士轉戶部郎中尋加知制誥俄遷
中書舍人 新傳署同　重修承旨學士壁記鄭畋咸通九年
五月二十日自萬年令入二十四日改戶部郎中充八
月十一日守本官知制誥依前充十年六月四日遷中
書舍人依前充
李磵 又金中倉外　新表大鄭王房蔦鈞子磵字耀山

趙祕 見吏中補又金外
韋蟾　唐詩紀事 五十八 韋蟾字隱珪下杜人大中七年進
士登第初爲徐商掌書記終尚書左丞　舊儒學下 韋表
微傳子蟾進士登第咸通末爲尚書左丞　重修承旨
學士壁記韋蟾咸通十年六月口日自職方郎中充其
年九月七日加戶部郎中知制誥其年十一月十一日
遷中書舍人依前充其年十二月二十八日三殿召對
賜紫十二年正月二十六日遷工部侍郎知制誥依前
充十三年十月十五日加承旨十一月十五日改御史
中丞兼刑部侍郎出院 翰苑羣書上　舊書懿宗紀咸通十

四年正月丙寅朔御史中丞韋蟾奏云云　杼情詩韋
蟾廉問鄂州 太平廣記二百七十三
楊希古 見勳外又見下
庾崇 又主外　古今姓氏書辯證 九慶 唐同州刺史庾崇蜀人
鄭谷敘事感恩上狄右丞詩注頃年庾給事崇出守
同州右丞在幕席各退飛游謁始受獎知 雲臺編中
馮巖 又祠外　舊馮定傳子巖進士登第咸通中歷任臺省
嚴州重修圖經 一 馮巖咸通十二年十二月十三日
自太府少卿拜
柳陟　新表柳氏宲子陟字堯卿　新書諸公主列傳宣

宗女許昌莊肅公主下嫁柳陟甍中和時　舊僖宗紀
光啟二年五月襄王熅僭位令戶部侍郎柳陟往江淮宣
論（舊熅傳遷僞戶部侍郎柳陟等十餘人分論關東河北諸道）　益州名畫錄上常
重脩於中和院寫僖宗皇帝幸蜀隨駕文武臣寮眞有
右散騎常侍柳陟

李晦（見左中）

韋保乂（又戶外）　新表韋氏平齊公房慤子（見吏外）保乂翰林
學士兵部侍郎　唐摭言九韋保乂咸通中以兄在相
位應舉不得特勑賜及第擢入內庭　舊韋保衡傳弟
保乂進士登第尚書郎知制誥召充翰林學士歷禮戶

兵三侍郎學士承旨坐士衡免官　新路巖傳韋保衡
弟保乂自兵部侍郎貶賓州司戶參軍（攷異曰按壁記保乂未嘗爲兵部侍郎且唐季以翰苑爲要地傳不書學士亦失之）　重修承旨學士壁記韋保
乂咸通十二年二月十三日自戶部員外郎入守本官
充三月十六日特恩賜紫五月十日加戶部郎中知制
誥依前充十四年十月貶賓州司戶（翰苑羣書上）

張極　舊張九齡傳子極伊闕令祿山之亂陷賊不受僞
命兩京克復詔加太子右贊善（新傳作拯）　嚴州重修圖經
一張極咸通十四年十二月五日自長安縣令拜

鄭博（無考）

盧紹（見勳中）

豆盧瑑　舊傳河東人父籍瑑大中十三年登進士科咸
通末累遷兵部員外郎轉戶部郎中知制誥召充翰林
學士正拜中書舍人乾符中累遷戶部侍郎學士承旨
新書附見劉鄴傳瑑字希眞河南人仕歷翰林學士
戶部侍郎（案豆盧籍見左中補瑑新書宰相世系表失載）

劉蛻　舊懿宗紀咸通四年十一月左拾遺劉蛻等上疏
論左拾遺令狐滈父綯秉權之日廣納賂遺受李琢賄
除安南致生蠻寇滈不宜居諫諍之列時綯在淮南上
表論訴貶蛻華陰令　舊令狐滈傳咸通二年令狐滈

遷右拾遺史館修撰制出左拾遺劉蛻上疏極論滈恃
父秉權恣受貨賂取李琢錢除安南都護遂致蠻陷交
州綯在淮南累表自雪懿宗重傷大臣意貶蛻爲華陰
令（新傳畧同）　新書藝文志（丁部集錄別集類）劉蛻文泉子十卷（原注字復愚咸通中書舍人）

崔彥融（見勳中補）　舊僖宗紀乾符二年三月以戶部郎中崔
彥融爲長安令

楊知退（又祠外主中）　新表楊氏越公房虞卿子（見左中補）知退字
先之左散騎常侍　舊楊虞卿傳子知退登進士第歷
都官戶部二郎中　舊僖宗紀乾符二年三月以都官

郎中楊知退爲戶部郎中　杜牧楊知退除鄆州判官等制稱將仕郎前守京兆府藍田縣主簿楊知退樊川文集十九　舊忠義下李景讓傳開成五年禮部侍郎李景讓選貢士楊知退後爲尚書

李節　唐詩紀事六十六李節登大中進士第　舊僖宗紀乾符三年七月以戶部郎中李節爲駕部郎中　東觀奏記中　監修國史門下侍郎兼禮部尚書平章事鄭朗奏請停廢直館涇陽縣尉李節勤守本官會要六十四大中八年七月誤

鄭誠又金中主中附存　舊僖宗紀乾符三年七月以主客郎中鄭誠爲金部郎中案當作金部郎中鄭誠爲戶部郎中說見附存王楗注　又九

月以戶部郎中鄭誠爲刑部郎中　新書文藝下孟浩然傳王維過郢州畫浩然像于刺史亭因曰浩然亭咸通中刺史鄭誠謂賢者名不可斥更署曰孟亭　鄭谷雲臺編上寄獻從叔郎中詩從叔郎中誠輟自秋曹分符安陸屬羣盜倡熾流毒江壖竟以援兵不來城池失守例削今任卻敍省銜退居荆漢之間頗得琴樽之趣云云　黃滔司直陳公嶠墓誌銘德公文行之深者安州鄭郎中誠孫拾遺泰歎而勉之莆陽黃御史集下　摭言五陳嶠謁安陸鄭郎中誠三年方一見　新書藝文志丁部集錄別集類　鄭誠集原注卷亡字申虞福州閩縣人大中國子司業郢安二州刺史江西節度副使

李磎見吏中補封中補　舊僖宗紀乾符三年九月以刑部郎中李磎爲戶部郎中分司東都　舊傳自尚書水部員外郎累遷吏部郎中拜翰林學士中書舍人廣明中分司洛下　新傳累遷戶部郎中分司東都

張裕見左外

周愼辭　新書藝文志丁部集錄別集類　周愼辭靈蘇集五卷原注字若訥咸通進士第

鄭殷見封外

李燭見左中又禮外補

張冗遜見左中又度中金外

杜廷堅見左外勳中

李峭又祠外　玉泉子盧隱李峭皆滑帥王鐸之門生前後黜辱者數矣隱峭物議以爲咸袵席不脩廣記百八十八有

李邈　資治通鑑唐紀七十六　乾寧二年二月董昌即皇帝位以前杭州刺史李邈等爲相三年五月錢鏐斬董昌宰相李邈等　舊唐紹傳先天二年冬右金吾將軍李邈遽請宣敕斬給事中唐紹時人深咎邈尋敕罷官擯廢終身時代不合

李凝庶無考又戶外

鄭頊見左外有鄭頊　益州名畫錄上常重胤于中和院上壁寫

僖宗皇帝幸蜀隨駕文武臣寮眞有右散騎鄭璜

李穀　舊五代史唐書三十四李珙傳諫議大夫敬方見上子穀廣明中爲晉公王鐸都統判官以收復功爲諫議大夫珙穀之子梁書二十四　李珽傳父穀仕懿僖朝官至右諫議大夫王鐸鎭滑臺穀居賓席　唐詩紀事六十四穀字德師咸通進士　松陵集九奉和龔美先輩悼鶴二首前署前浙東觀察推官兼殿中侍御史李穀　日休悼鶴詩稱浙東德師侍御　又有浙東罷府西歸道經吳中廣文張博士皮先輩陸秀才皆以雅篇相送不量荒詞亦用訓別詩　張賁陸龜蒙皮日休有奉送浙東德師侍御罷府西歸詩

崔鄴　新表南祖崔氏江陰主簿岐子鄴不詳歷官

孫緯見左外

補遺

張珪又金外　新表洛陽張氏洛子珪戶部郎中懷州刺史

裴稚珪見吏外　新表東眷裴氏之爽子稚珪戶部郎中

權崇基　新表五下權氏涪常二州刺史平涼公文誕子崇基屯田員外郎　權德輿唐故東京安國寺契微和尙塔銘祖崇本皇朝散大夫滑州匡城縣令與兄戶部郎中崇基水部員外崇先皆以文學政事顯名于貞觀永徽之際權載之文集二十八

崔義起又倉中　新表博陵大房崔氏仲哲後子信子義起戶部侍郎　舊西戎龜茲傳貞觀二十二年龜茲相那利襲殺安西都護郭孝恪倉部郎中崔義起與右驍衞將軍曹繼叔伊州刺史韓威等擊之那利敗走新書西域傳畧同資治通鑑誤義超　法苑珠林八十五六度篇六智慧部六感應緣唐司元大夫崔義起妻是蕭鏗女鏗是僕射瑀之姪

竇懷恪　新表竇氏三祖房高宗相德元子懷恪天水郡都督　吳興志竇懷恪正觀十七年自戶部郎中授遷楊州刺史統記云則天時案統記是

侯味虛見左中左外

侯師　元和姓纂十九侯唐戶部郎中侯師絳郡人狀云本上谷人案戶外有侯師仁疑郎是

逯仁傑

周子恭

令狐思撫　元和姓纂十五青令狐文軌生思撫唐地官郎中鄭州刺史燉煌效穀縣人

紀全經又金外　新表紀氏雍州司倉參軍儼子御史中丞先知弟見吏中　全經戶部郎中

衞畿道見勳外作幾道　元和姓纂十三祭戶部郎中衞畿道安邑

入從京兆
崔行成見勳外　新表博陵二房崔氏挺後德厚子行成戶
部郎中
白知愼　新表白氏牢州別駕君慜孫知愼戶部郎中
元宗贈王仁皎太尉益州大都督制銀青光祿大夫守
太子詹事上柱國南安縣開國侯麗承宗持節齎書弔
祭左庶子上護軍白知愼爲副大詔令　蘇頲授白知愼
河南少尹制正議大夫檢校將作少匠上柱國白知愼
郎官起草增其應徧之華匠者運斤主其成風之妙可
行河南少尹散官勳封如故文苑英華四百六　舊李元紘傳

開元十三年戶部侍郎楊瑒白知愼坐支度失所皆出
爲刺史新傳畧同　白行簡李娃傳予伯祖嘗牧晉州轉戶
部爲水陸運使三任皆與滎陽生爲代太平廣記四百八十四
趙昇卿見吏中　蘇頲授趙昇卿長安縣令制稱朝議郎守
尚書戶部郎中上柱國趙昇卿文苑英華四百七
張某　新表襄陽張氏著作郎漪子某戶部郎中
裴騰　新表南來吳裴氏令寶後卓子見上騰戶部郎中
李華三賢論河東裴騰士舉精朗邁直文粹摭言作朗邁貞直重
劉迅者也文苑英華七百四十四文粹三十八摭言七　文苑英華五百十二有
裴騰對字詁判

盧播見左外　新表盧氏信都主簿友裕子播戶部郎中
韋利賓　元和姓纂八微韋氏大雍州房思敬孫利賓戶部
郎中京兆杜陵人
相里造　元和姓纂十陽唐棣州刺史相里元將曾孫造唐
河南少尹魏郡冠氏縣人　舊宦官魚朝恩傳大厤三
年朝恩恣口談時政公卿惕息戶部郎中相里造殿中
侍御史李衎以正言折之朝恩不悅乃罷會　李絳兵
部尚書王紹神道碑夫人贈西河郡夫人相里氏故河
南少尹知府事贈工部侍郎造之長女文苑英華八百九十七
白居易冷泉亭記先是領郡者有相里君造作虛白亭

白氏文集四十三
杜收　新表濮陽杜氏代宗相鴻漸子收戶部郎中
陳詡　新書藝文志丁部集錄別集類陳詡詩集十卷原注字載揚福州閩
縣人貞元戶部郎中知制誥　閩川名士傳許稷貞元中入京時舍
人陳詡在焉莆陽比事一　文苑英華八十七有陳詡西掖瑞
柳賦玉海百九十七正元十三年丁丑試西掖瑞柳賦
韓洄　舊傳以蔭緒受任累官諫議大夫知制誥與元載
善載誅貶邵州司戶同正員建中元年二月復諫議大
夫新傳畧同　舊德宗本紀上建中元年二月癸卯以戶部
郎中韓洄爲諫議大夫　會要七十九　國子祭酒韓洄謚

日成

包佶　新劉晏傳佶字幼正潤州延陵人擢進士第累官諫議大夫坐善元載貶嶺南劉晏奏起爲汴東兩稅使晏罷佶充諸道鹽鐵輕貨錢物使遷刑部侍郎改秘書監封丹陽郡公　舊代宗紀大厤十二年四月諫議大夫知制誥包佶等十餘人皆坐元載貶官　新元載傳與元載厚善坐貶者包佶等等數十百人　舊德宗紀建中二年十一月以權鹽鐵使戶部郎中包佶充江淮水陸運使　三年八月戊辰以江淮鹽鐵使太常少卿包佶爲汴東水陸運兩稅鹽鐵使　又貞元元年三月

丙申朔以汴東水陸運等使左庶子包佶爲刑部侍郎　又二年正月丁未以國子祭酒包佶知禮部貢舉　會要（八十七）　建中三年十二月二十日包佶除左庶子充汴東水陸運使又充汴東鹽鐵使　舊陳少遊傳建中四年十月駕幸奉天度支汴東兩稅使包佶在揚州所總賦稅錢帛約八百萬貫兵三千悉爲陳少遊奪之佶奔白沙過江至上元復爲韓滉拘留佶領胥吏往江鄂等州後佶入朝具奏事狀少遊重稅僕之（案是時少遊判官崔頫稱包佶爲中丞當是檢校官也）　舊房孺復傳德宗幸奉天包佶掌賦於揚州陳少遊將抑奪之佶聞奔出少遊方遣人劫佶令迴從事房孺復請行會佶已過江南乃還　舊李若初傳轉運使劉晏判官包佶重李若初勤幹以女妻之

盧倡（見封中又戶外）　新表盧氏成軌子倡戶部郎中

裴塤（又戶外）　新表中眷裴氏左金吾將軍儆子（見吏外）塤戶部郎中

盧逢（見吏中又戶外）　新表盧氏晊子逢戶部郎中

盧綸　新表盧氏臨黃尉之翰子（吏中有翰）綸字允言檢校戶部郎中

裴徹　新表南來吳裴氏令寶後宏農太守昌子徹戶部郎中

陸漨

胡証（見左外補）　舊傳元和四年由侍御史歷左司員外郎長安縣令戶部郎中田宏正請除副貳兼御史中丞充魏博節度副使仍兼左庶子　資治通鑑（唐紀五十五）　元和七年十一月以戶部郎中胡証爲魏博節度副使

杜羔　新表洹水杜氏戢子羔刑部郎中　新傳貞元初及進士第元和中爲萬年令時許季同爲長安令京兆尹元義方責租賦不時繫二縣吏將罪之羔等辯列尤苦尹不爲縱羔乃謁宰相請移散官憲宗遣中使問狀具對政府苛細力不堪奉詔皆免官奪尹三月俸議者

以羔爲直未幾授戶部郎中歷振武節度使　白居易
前長安縣令許季同除刑部郎中前萬年縣令杜羔除
戶部郎中制苑有勑字前長安縣令許季同前萬年縣令杜
羔等頃自郎署分宰京邑而長吏待之小乖常禮雖同
辭託故苑作疾動未得中然遠恥以退道不失正各從免
職亦既踰時況交行政能皆推於衆詢諸時議宜有遷
授尚書郎缺方選才良憲部人曹俾膺並命季同可刑
部郎中羔可戶部郎中白氏文集五十五
崔蠡見勳中又戶外　舊傳大和初爲侍御史三遷戶部郎中出
爲汝州刺史新傳失載

裴纘　京兆金石錄唐戶部郎中裴纘墓誌唐韋琮撰李
景章正書并篆額會昌三年寶刻叢編八京兆府中萬年縣
司空輿　舊文苑下　司空圖傳祖彖水部郎中父輿大中初
爲安邑兩池榷鹽使檢校司封郎中入朝爲司門員外
郎遷戶部郎中卒新卓行傳輿大中時時再遷戶部郎中　司空圖書屏記
先大夫從事於商於以書受知於裴公休辟倅鍾陵及
徵拜侍御史退居中條司空表聖文集三
王嶶見封中補考外補　舊僖宗紀乾符三年九月以戶部郎中
知制誥翰林學士王嶶爲中書舍人學士如故本傳失載
蕭遘見考外補又戶外補禮外補　舊僖宗紀乾符三年九月以戶
部員外郎翰林學士蕭遘爲戶部郎中學士如故本傳失載
杜孺休志誤林見勳中補　吳興志乾符六年自戶部郎中授還
司勳郎中統紀五年工部授
王藩　新表琅邪王氏貞伯子藩戶部郎中
裴德符又金外　新表南來吳裴氏江西觀察使堪子見倉中
德符字渭翁　吳興志裴德符咸通十二年七月絳州
刺史授遷太常少卿　文苑英華六百六十四顧雲有投戶
部裴德符郎中啟
鄭韜光　新表南祖鄭氏駙馬都尉顥子韜光戶部尚書
舊五代史晉書十八韜光字龍府自京兆府參軍歷祕書

郎集賢校理太常博士虞部比部員外郎司門戶部郎
中河南京兆少尹太常少卿諫議大夫給事中　舊昭
宗紀天祐元年六月甲寅以京兆少尹鄭韜光爲太常
少卿　石刻韋濟白鹿泉神君祠碑稱恒州別駕滎陽
鄭韜光開元二十四年直隸獲鹿
徐綰見勳外補　舊昭宗紀天祐元年七月丁丑制以戶部郎
中徐綰爲兵部郎中　舊徐彥若傳子綰天祐初歷司
勳兵部二員外郎戶部兵部二郎中
封舜卿　新表封氏戶部尚書敖子見左外　舜卿字贊聖
舊五代史唐書四十四舜卿傳仕梁爲禮部侍郎知貢舉仕梁

上原本有闕文昭宗遷洛時爲中書舍人　舊哀帝紀天祐元年十月皇帝即位行事官戶部郎中知制誥封舜卿等加勳階　舊殷盈孫傳光啓三年四月敕付禮院詳議修奉太廟時博士四人封舜卿在巴南　唐詩紀事六十三唐末宰臣張文蔚中書舍人封舜卿奏名儒不遇者十有五人請賜一官以慰冥魂

李仁儉　舊哀帝紀天祐二年五月丙子敕戶部郎中李仁儉貶和王府諮議

崔協見吏外補　舊哀帝紀天祐二年十二月敕戶部郎中崔協等隨册禮使柳璨魏國行事

附存

張譚　舊郭子儀傳以讒怒誣奏判官戶部郎中張譚杖殺之物議爲薄

韓泰見度中補祠中補　舊王叔文傳貞元中累遷至戶部郎中王叔文用爲范希朝神策行營節度行軍司馬貶虔州司馬新傳同

裴諝　前定錄寶應二年戶部郎中裴諝出爲廬州刺史　舊傳遷考功郎中代宗居陝赴行在爲河東道租庸鹽鐵等使拜左司郎中出爲虔州刺史歷饒廬亳三州刺史新傳同不云戶中案代宗紀廣德元年十月如陝州是時諝官考中又爲盧州在虔饒之後鍾氏誤

蘇晉見主外　新文藝孫逖傳開元十年孫逖舉賢良方正玄宗御洛城門引見命戶部郎中蘇晉等第其文　舊書蘇晉傳先天中累遷中書舍人兼崇文館學士出爲泗州刺史以父老辭職歸侍開元三年父珦卒歷戶部侍郎襲爵河内郡公十四年遷吏部侍郎　新傳先天中中書舍人出爲泗州刺史以父珦老解職珦卒歷戶部侍郎襲爵遷吏部此郎中當是侍郎之誤

蕭定見左中補考外補　新文藝下邵說傳德宗時吏部侍郎邵說薦戶部郎中蕭定等自代　舊良吏傳累遷侍御史考功員外郎左右司二郎中出爲祕書少監兼袁州刺史大厤中自潤州刺史尋遷戶部侍郎太常卿

王鎧見金中主中　舊僖宗紀乾符三年七月以金部郎中王鎧爲戶部郎中主客郎中鄭誠爲金部郎中案石刻戶中李節後有鄭誠無王鎧金中王鎧前有鄭誠主中有王鎧無鄭誠蓋與文相連接故誤互易其姓名耳

歸安丁寶書編次

唐尚書省郎官石柱題名考卷十一　勞檢丁士謌校字

唐尚書省郎官石柱題名考卷十二

仁和　勞格　著
　　　趙鉞
歸安丁寶書編次

戶部員外郎

唐六典戶部尚書其屬有戶部員外郎二人從六品上（皇朝爲民部員外郎貞觀明慶龍朔咸亨光宅神龍並隨曹改復）掌領天下州縣戶口之事（舊書新書掌同郎中）

趙義綱　皇甫蕿　封元素　劉翁劝　李友益
韋暕　元悰　李素立　原崐玉　劉燕客
王明　任明褒　許行本　樊元表　劉慶道

裴行儉　崔禮庭　鄭元毅　朱延慶　崔知悌
韋惲　姜元乂　劉道　辛義感　蕭志遠
宋之順　崔元敬　辛崇敏　劉尚客　元令表
張仁約　鄭仁恭　鄧玄挺　魏克己　裴負
張栖貞　張昌期　狄光嗣　薛克備　張光轉
杜元揆　董敬元　張巨源　孫尚客　鄭元䓔
周允元　侯師仁　劉穆之　劉珽祐　房昶
裴琰之　劉守敬　張行則　王先輝　蔄嗣忠
王遺恕　鄭訥言　韋維　張錫　薛昭旦
房光庭　孫彥高　鄭仙官　蘇詵　楊溫玉

裴友直　李邕　王易從　賀知章　劉希逖
周履慶　盧元裕　獨孤郁　長孫處仁　徐有功
辛元同　劉叔　賀遂陟　楊瑒　斑景倩
鄭巖　沈萬石　張昭命　韓朝宗　嚴挺之
李義仲　田幹之　韋利涉　陽伯成　宋之問
董琬　盧諭　王鉷　韋迴　李昂
韋瓘　裴子餘　寇沘　王昌　王燾
嚴杲　呂太一　李巖　鄭禾　張楚
崔懷嶷　張敬輿　竇紹　楊宗　裴卓
楊玘　張博濟　程烈　封希顏　司馬垂

吉溫　李彭年　裴系　李常　鄭平
杜昱　韓賞　呂延之　李進　邢宇
蕭隱之　徐鍔　王晦　王岳靈　張賞
李麟　路齊暉　高蓋　宇文審　王佶
王光大　韋夏有　苗丕　房由　宋說
田灣　杜亞　何昌裕　李翊　盧執顏
楊晉　范愉　寇鍰　△王渾　蔣鍊
李武　李彥超　王翊　△徐閑　穆賞
李融　鄧元挺　竇彧　裴陟　蕭直
穆寍　任侗　盧佋　劉迴　韋延安

崔儞　崔漑　袁辮　潘孟陽　孟逢
崔融　裴通　獨孤邁　呂南鵰　韋光襄
呂温　張賈　王繽　裴澈　韋宗卿
盧常師　裴郁　竇公衡　裴堉　李隨
李適　王潤　于頎　王崟　李肖
路士則　韋睦　韋頌　賈全　史牟
裴向　崔鄷　盧坦　李夷簡　張正壹
張正甫　盧逢　李宗衡　李應　竇楚
陳岵　崔韶　趙元亮　楊潛　韋詞
姚向　崔戎　崔栯　鄭迫　王質

李洪　李石　馮審　嚴謩　崔蠡
李景信　姚合　杜忱　姚康　盧元中
房直温　李羣　李元皐　崔碬　裴鐇
陳商　韋行貫　潘存實　柳仲郢　周復
郭勤　李行方　白敏中　韋慤　鄭薰
邢羣　盧簡求　路綰　崔慎田　鄭顒
裴坦　畢諴　温璋　趙櫓　趙滂
崔珦　趙格　李元　裴處權　權審
韋退之　薛諴　李鄴　盧潘　崔璙
崔隋　鄭彥宏　于德晦　李景温　崔瑄

丁居立　崔蕘　楊知至　陽埶　崔彥昭
盧鉟　權慎微　張禹謨　楊戴　崔朗
杜無逸　王緘　裴虔餘　任宇　李嶽
陳玧　薛遠　李韶　薛調　楊思立
張顏　鄭紹業　張同　崔寓　韋保乂
裴質　裴弘　蕭騫　鄭綦　鄭就
韋顏　盧莊　鄭紫　孔綸　韋昭度
張磽　盧頎　魏潛　盧自牧　獨孤損
李凝庶　王鸞　王深　陸威　韋承貽
崔汀

補遺
薛元穆　裴倦　宋庭璬　崔懷從　苗昌
裴伯言　齊抗　韋滌　權器　楊汝士
令狐綯　楊損　蕭遘　揚拙　徐彥樞
楊瞍　王拯　辛融　趙昌

附存
韋處厚　張薦

勞檢丁士謁校字

唐尚書省郎官石柱題名考卷十二

趙義綱　元和姓纂三十小　隋吏部尚書趙仲將生義綱唐戶部侍郎平原人

皇甫异度見考中吏中補有屏度

封元素　新表封氏隋河南王司馬德如子元素戶部侍郎

劉翁勃見左中

李友益見封外又主中

韋暕案韋暕疑即韋慶暕　元和姓纂八微韋氏彭城公房國子祭酒新表絳州刺史彭城公澄生慶暕戶部員外京兆杜陵人新表同誤

慶暕

元悰無考

李素立　新表趙郡李氏南祖房水部郎中政期子二傳政藻子　素立蒲州刺史高邑平侯　舊書良吏傳武德初爲監察御史丁憂擢授侍御史貞觀中累轉揚州大都督府司馬新傳同

原崐玉　新表源氏隋刑部侍郎師民子崐玉比部郎中姓纂同

劉燕客　元和姓纂十八尤　劉粲曾孫原脫客尚書左丞刑部侍郎彭城人　冥報記永徽二年唐臨與刑部侍郎劉燕客大理少卿辛茂將在大理鞫問法苑珠林七十九　舊刑法志永徽初勅刑部侍郎劉燕客等共撰定律令格式會要三十九同新書藝文志同　又三年朝議大夫守尚書右承劉燕客等參撰律疏成三十卷會要同　詳定刑名制詔刑部侍郎劉燕客等爰逮朝賢詳定法律永徽二年閏九月十四日文苑英華四百六十四　長孫無忌進律疏表稱朝議大夫守尚書右丞輕騎都尉劉燕客唐律疏議永徽四年十一月十九日

王明無考

任行褒無考

許行本　元和姓纂八語許恂曾孫本行疑乙唐給事中高陽

北新城縣人

樊元表見吏外補

劉慶道又祠中　新表廣平劉氏林甫子祥道弟俱見吏中慶道祠部郎中　全唐文二百五　慶道龍朔中官奉常寺丞有議沙門不應拜俗狀

裴行儉又金外　新表中眷裴氏靈武大總管河東郡公思諒子行儉襄武道大總管聞喜憲公案本傳行儉隋光祿大夫忠公仁基子表誤　舊傳幼以門蔭貞觀中舉明經拜左屯衛倉曹參軍顯慶三年六遷長安令新傳畧同　張說贈太尉裴公神道碑明經補左屯衛倉曹詔舉轉雍州司士遷金部

戶部二員外歷都官郎中長安令張說之文集十四

崔禮庭無考

鄭元穀無考見吏中勳中

朱延慶二本李作朱王考作李倉中有延度　新表趙郡李氏東祖房曹州刺史高行子延慶不詳歷官　元和姓纂十麌梁領軍朱异曾孫延慶唐倉部郎中錢塘人

崔知悌又主外　新表許州隔陵崔氏陝州刺史義直子舊知溫傳作義眞知悌戶部尚書　舊良吏傳上崔知溫兄知悌高宗時官至戶部尚書　新崔知溫傳兄知悌亦至中書侍郎遷尙書左丞終戶部尚書

韋惲又度中補金外　元和姓纂八微韋氏大雍州房韋倫生惲度支郎中京兆杜陵人

姜元乂無考見吏外

劉道無考

辛義感　元和姓纂十七眞辛風元孫義感駕部郎中隴西狄道人

蕭志遠無考又金中倉外

宋之順　元和姓纂二宋工部郎中宋元昉江夏安陸人生之順戶部員外　駱賓王靈泉頌有廣平宋愻禮字過庭皇朝英華無此字永州刺史昉之嫡孫戶部員外英華有郎字順之長子駱賓王文集一　御史臺記杜文範與高上智俱任殿中爲侍御史張由古宋之順所排壓與上智遷員外旣五旬由古之順方入省太平廣記二百五十四　新書長孫无忌傳顯慶四年中書令許敬宗令御史宋之順等卽黔州暴訊長孫无忌

崔元敬又金中　新表清河大房崔氏太子洗馬世濟子湖州刺史元譽弟見祠中元敬和州刺史

辛崇敏原本宗敏　元和姓纂十七眞魏州刺史辛君昌生崇敏兵部郎中隴西狄道人　文苑英華四百九十八有辛崇敏對恤刑策　石刻參軍辛崇敏造象正書永徽五年河南洛陽

劉尙客無考

元令表　元和姓纂二十二元唐恒州別駕元懷生令表工部侍郎司賓卿河南洛陽縣人

張仁約無考

鄭仁恭　御史臺記鄭仁恭本滎陽人也自監察累遷刑部郎中儀鳳中明崇儼以奇術承恩寵夜遇刺客敕三司亟推鞫妄承引連坐者甚衆高宗怒促有司行刑仁恭奏曰此輩必死之囚願假其數日之命高宗曰卿以爲枉耶仁恭曰臣識慮淺短非的以爲枉恐萬一非實則怨氣生遂緩之旬餘果獲賊矣朝廷稱之資治通鑑考異十

御史臺記監察杜文範因使還會鄭仁恭方出使閤
臺中事太平廣記二百五十九大唐新語四同又云高宗善之遷刑部侍郎
鄧玄挺見戶中又重見
魏克己又倉中　元和姓纂八末魏氏東祖後隋著作郎彥深
孫歸仁一名克己吏部侍郎同州刺史鉅鹿人　舊書
列女傳宋庭瑜妻魏氏定州鼓城人父克己有詞學則
天時爲天官侍郎中書令張說年少時爲克己所重
封氏聞見記三弘道中魏克己爲吏部侍郎放長名榜
遂出得留者名街路喧譁甚爲冬集人授接坐此出爲
同州刺史　會要七十四宏道元年十二月吏部侍郎魏

克己銓綜人畢放長榜遂出得留人名衢路諠譁大爲
冬集人援引指摘貶爲太子中允以中書舍人鄧元挺
替焉　舊書經籍志甲部經錄孝經類　孝經一卷原注魏克己注新書藝文
志同
裴奐　新表西眷裴氏該孫奐戶部員外郎
張栖貞見吏外
張昌期　新表中山張氏雍州司戶參軍希臧子昌期岐
汝二州刺史舊張易之傳同
狄光嗣見戶中　舊仁傑傳聖歷初則天令宰相各舉尚書
郎一人仁傑乃薦長子司府丞光嗣拜地官員外郎莅

事稱職則天喜而言曰祁奚內舉果得其人新傳同
薛克備錢案克備疑克搆之誤克搆見戶中
張光轉見戶中
杜元揆見吏外補
董敬元見吏中又倉中
張巨源　京兆金石錄唐翠微寺道瑩法師塔銘唐張巨
源撰王忱書咸亨五年寶刻叢編七京兆府上長安縣　石刻崔敖大
唐河東鹽池靈慶公神祠碑貞元九年冬戶部尚書裴
公延齡表職方郎中兼侍御史馮公興駐車蒲城以馭
羣吏分命前永樂縣丞張巨源前鄭縣丞蕭會率屬而

臨之山西安邑
孫尚客　元和姓纂二十三魂戶部員外孫上客河東桑泉人
太平廣記百二十六唐虔州參軍崔進思恃郎中孫尚容
之力充綱入都客誤
鄭元敬　新表鄭氏南祖房鄄令履仁子元敬地官員外
郎
周允元　新表汝南周氏常州長史基子允元相武后
舊附豆盧欽望見封中傳弱冠舉進士延載初累轉左肅
政臺御史中丞新紀宰相表作右肅政　新附傳字汝良豫州安
城人右肅政御史中丞　會要七十七天授二年七月二十

八日勅置稷鼎鶴宜四州令地官員外郎周允元充樹

置使

侯師仁戶中補有侯師　元和姓纂十九侯　唐戶部郎中侯師疑脫仁字

絳郡人

劉穆之又祠中　元和姓纂十八尤　祠部郎中劉穆之邢原誤邢依新書地理志改州沙河人　石刻大唐洛州滎陽縣頭陀逸僧識法師上頌聖主中興得賢令盧公淸德之文前中書舍人內供奉劉穆之甍神龍三年五月河南滎陽　寶刻類編二

劉惲造七寶臺阿彌陀像記劉穆之撰并正書長安三年京兆

劉珽祐案戶中有延祐疑是

房昶見左中

裴琰之又倉中　新表南來吳裴氏令寶後公緯子見吏外瑾之弟見勳外琰之不詳歷官　舊裴漼傳父琰之永徽中爲同州司戶參軍後爲永年令歷任倉部郎中以老疾廢於家新傳同

劉守敬又金中　元和姓纂十八尤　彭城劉氏施州新表作滁州刺史德智生守敬不詳歷官新表失載　吳興志劉守敬正觀二十一年自洛州刺史授遷太常少卿統紀云聖厤二年授　舊書經籍志丙部子錄雜家類　四部言心十卷原注劉守敬撰新書藝文志同

張行則無考

王先輝無考

藺嗣忠　元和姓纂二十一震　殿中監藺仁志生嗣忠戶部員外華陰鄭縣人

王遺怨見吏中封外考中

鄭訥言無考吏中作訥

韋維見戶中又倉外二傳失載

張錫見戶中

薛昭旦無考

房光庭見吏外考中考外

孫彥高見吏中

鄭仙官無考　李嶠授鄭仙客長安縣令制稱朝散大夫行鼎州長史鄭仙客識量淹通理懷沈正攝官無怠歷職有聲可檢校長安縣令散官如故文苑英華四百七

蘇詵見左中補吏外二傳失載

楊温玉　新表原武楊氏敏子亮弟見考中潤字温玉國子祭酒湖城公　舊楊再思傳弟温玉爲戶部侍郎　舊楊綰傳祖温玉則天朝爲戶部侍郎國子祭酒以儒行稱　新傳祖温玉武后時爲顯官以儒聞　會要七十九岐王傅宏農縣公楊温玉謚曰忠

裴友直

李邕見戶中　舊文苑傳中　唐隆元年元宗清內難自富州
司戶召拜左臺殿中侍御史改戶部員外郎　舊韋巨
源傳睿宗時太常博士李處直議謚曰昭戶部員外郎
李邕駁之新傳同　李邕謝恩慰喻表頃歲譙王重福謀
立東都臣當留臺與洛州司戶崔日知挫其逆形收其
餘孽東都底定職臣之功自文林郎拜朝散大夫除戶
部員外郎岑羲崔湜之輩以臣再用往還幷忌崔隱甫
倪若水等恐爲陛下之助與臣同制各貶官仍聯翩左
遷爲崖州舍城縣丞文苑英華五百九十八
王易從見封中考中又祠中　蘇頲揚州大都督府長史王公神

道碑遷殿中侍御史無何拜尚書戶部員外郎轉祠部
主爵考功三郎中拜給事中文苑英華九百二十六
賀知章二傳失載　蘇頲授賀知章起居郎制稱朝議郎一作大夫
前行戶部員外郎賀知章文苑英華三百八十三
劉希逷又度中　元和姓纂十八尤　給事中薛王傅劉諲生希
逷工部侍郎蒲州刺史譙郡公沛國相縣人
周履慶無考
盧元裕　新表盧氏右補闕履冰子元裕不詳歷官案常衮盧
賓客正己墓誌公字子寬本諱元裕以聲協上之尊稱
時方大用優詔改錫焉案表元裕弟正己刑部尚書似
是兄弟非一人彭叔夏曰表恐非据宣室志
云云則表實誤又表尚書當從墓誌作侍郎　常衮

太子賓客盧君墓誌銘始以經明四佐大邑三歷京掾
五遷藩鎮三踐臺郎一處右轄再兼中憲以至於九卿
元戎師賓居守小司寇冬官卿文苑英華九百四十二　新肅宗
紀至德二載六月丁酉南充郡民何滔執其太守楊齊
曾以反劍南節度使盧元裕敗之　四川成都志十一乾
元元年盧元裕以太原尹領劍南節度採訪使成都尹
一年　李華杭州餘杭縣龍泉寺故大律師碑今盧華
州元裕屈身郡邑艑舸洄沿文苑英華八百六十　賈至授盧正
己工部尚書河南尹東都留守制今寇逆始平洛師殘
弊周南分陝寄莫斯重太府卿盧正己專鎮分憂居必

致理可守工部尚書東都留守散官勳封如故文苑英華三百八十七
舊宣宗紀史思明再陷洛陽東都太廟神主又
散失賊平東京留守盧正己又募得之廟已焚毁乃寄
主於太微宮
獨孤郁動中補考外補有獨孤郁案郁卽郡非郁字
長孫處仁無考又御史臺侍御殿中題名
徐有功見左中二傳失載
辛元同　新表辛氏澄子元同戶部員外郎元和姓纂同
劉叔　金石錄目錄七　第一千二百八十八唐西河太守劉
寂德政頌孫宰撰鄔彤行書天寶九載　元和姓纂十八

尤後魏南兗州刺史劉海游五代孫寂唐興州刺史粱
郡人
賀遂陟又主中又御史臺監察題名　譚賓錄趙謙光遷戶部郎中戶
部員外賀遂涉陟誤詠之太平廣記二百四十九
楊瑒又御史臺侍御殿中題名　舊良吏傳下瑒華陰人初爲麟遊令
擢拜殿中侍御史開元初遷侍御史歷遷御史中丞戶
部侍郎新傳畧同
斑景倩見左外勳外吏中戶中
鄭巖又祠外　新表鄭氏北祖房歷城主簿琰子巖京兆少
尹　舊忠義下李憕傳開元初張說自紫微令燕國公

出爲相州刺史河北按察使以女妻臨河尉鄭巖天寶
中仕至絳郡太守入爲少府監新傳張說爲相州刺史以女妻臨河尉鄭巖仕
終少府監　孫逖授鄭巖萬年縣令制中大夫行尙書刑部
郎中上柱國鄭巖累登華省嘗典劇曹文苑英華四百七
沈萬石　元和姓纂四十七寑澧州刺史沈萬石吳興武康人
薛將茂無考
張昭命　嚴州重修圖經刺史題名張昭命景龍二年十月十
三日自揚州司馬拜
韓朝宗見勳中又度中補墓誌銘新傳失載
嚴挺之見考中補考外二傳失載

李義仲　新表漢中李氏高宗相安期孫見祠中鄄城令宗
師子義仲中書舍人　舊李安期傳孫羲仲又爲中書
舍人新傳同
田幹之見封中
韋利涉見封中補封外
陽伯成見左中補戶中　李憕有和戶部楊員外伯成寓直詩
文苑英華一百九十一
宋之問見考外　元和姓纂二宋宋之問戶考二員外宏農人
舊韋虛心傳戶部郎中韋維善于剖判時員外郎宋
之問工於詩時人以爲戶部有二妙舊文苑傳自鴻臚主簿景龍中再轉

考功員外郎新書文藝傳同　會要六十四景龍二年五月五日勅戶
部員外郎宋之問爲脩文館直學士
董琬又度中補又御史臺監察又陰右稜又左側題名　元和姓纂一董軍器監
董憬生琬度支郎中晉陵太守江南東道採訪使匡城
人　辨疑志潤州城南隅有樓名萬歲樓俗傳樓上煙
出刺史卽死不死卽貶開元已前以潤州爲店嘉定志作凶
闕董琬爲江東採訪使嘗居此州其時晝日煙出刺史
皆憂懼狠狽愁情至死太平廣記四百九十五
盧諭又金外　新表盧氏從愿子見吏外諭比部員外郎　又
盧氏和州刺史愼思子諭黃州刺史　舊盧從愿傳開

元十六年東都留守盧從愿坐子起居郎論論誤糴米入
官有剩利爲憲司所糾出爲絳州刺史新傳畧同　獨孤及
唐故特進太子少保鄭國李公遵墓誌銘夫人盧氏蘄
春郡長史諭之子毘陵集十一
王鉷見戶中　舊傳開元二十九年自監察御史累除戶部
員外郎常兼御史天寶二年充京和市和糴使遷戶部
郎中新傳失載
韋迴迴疑廻迪　元和姓纂八微韋氏鄖城公房房州刺史景駿
生述見吏中迪戶部員外京兆杜陵人　新表韋氏彭城
公房大理丞忻然子迪不詳歷官　舊韋述傳述弟迪

逌見考外補　迴迫巡六八並詞學登科逌與迪同爲禮官新傳
畧同
李昇見吏中金外封外倉外考外補又主又考中附存　又
韋弼又主中　新表韋氏龍門公房太子諭德崇德子弼字
國楨商州刺史　呂溫故太子少保贈尚書左僕射京
兆韋府君夏卿神道碑銘大王父諱某皇朝主客郎中
萊濟商三州刺史呂衡州文集六　沈雲卿集上送韋商州弼
詩會府應文昌商山鎮國陽聞君監都史暫罷尚書郎
新書藝文志丁部集錄總集類　韋氏兄弟集二十卷原注韋會弟弼
裴子餘又御史臺監察題名　新表南來吳裴氏邠寧二州刺史守
眞子見倉中　子餘給事中謚孝　舊孝友傳舉明經累補
鄠縣尉景龍中爲左臺監察御史開元初累遷冀州刺
史新傳同
寇泚　元和姓纂五十候　曹州長史寇恩遠生毗兵部郎中
馮翊人毗疑泚郎中疑侍郎　會要七十六　長壽三年緯畧作二年　四月
臨難不顧徇節寧邦科寇泚及第神龍三年賢良方正
科寇泚及第緯畧同　舊張仁愿傳神龍中張仁愿在朔
方奏用長安尉寇泚等分判軍事皆以文吏著稱多至
大官新傳同會要同云景雲二年　新許景先傳開元十三年帝自
擇兵部侍郎寇泚爲宋州刺史詳吏中袁仁敬注　資治通鑑

唐紀二十八　開元十三年十一月上自泰山還至宋州宴從
官於樓上刺史寇泚預焉酒酣顧謂寇泚曰比亦屢有
以酒饌不豐訴於朕者知卿不借譽於左右也自舉酒
賜之　石刻顏眞卿唐故通議大夫行薛王友柱國贈
秘書少監國子祭酒太子少保顏君惟貞廟碑銘君與
上谷寇泚等友善建中元年陝西西安　顏眞卿正議大夫行國
子司業上柱國金鄉縣開國男顏府君允南神道碑銘
故父執侍郎寇公泚重君才名相見未嘗不移日也
張九齡封曲江縣開國男食邑三百戶敕門下朝議大
夫中書舍人上柱國上谷縣開國男賓泚等俱膺五等

之榮俾光兩闈之寵可依前件主者施行開元十二年正月十三日唐丞相曲江張先生文集附錄寶泚疑寇泚再考

王昌無考

王燾見吏中新傳失載

嚴杲見勳外

呂太一　舊魏知古傳睿宗卽位黃門侍郎魏知古表薦洹水令呂太一後累居清要　新傳所薦洹水令呂太一等後有聞於時會要在先天元年　舊張嘉貞傳開元八年張嘉貞爲中書令中書舍人呂太一等皆爲所引位列清要　唐會要五十八　開元五年四月九日勅尚書省案

牘稽滯戶部員外郎呂太一四道詳吏外褚璆注　通典職官六開元初又置御史裏使及侍御史裏使殿中裏使監察裏使等官並無定員議與裏行同穆思泰元光謙俱見監察呂太一翟章見侍御　並爲裏使尋省

李巖　新表趙郡李氏南祖房黃門侍郎趙郡懿公從遠子巖兵部侍郎贊皇縣伯　新循吏傳李素立曾孫巖中宗時授右宗衛兵曹參軍歷洛陽尉累遷兵部郎中

石刻御注孝經碑末題名有大中大夫行給事中臣李巖天寶四載陝西長安　孫逖授楊仲昌吏部員外郎李巖兵部員外郎制稱朝散大夫戶部員外郎李巖文苑英華三百九十二詳吏外楊仲昌注　唐語林八　累爲主司者春官小宗伯李巖三天寶六年七載八載

鄭承又倉中　新表鄭氏北祖房左千牛衛長史元一子承比部郎中陽武男

張楚又祠外　韋瓘修漢太守馬君廟記開元中刺史張楚深念功本爰立祠宇會稽掇英總集十八案唐太守題名記失載楚名　文苑英華四百八十五有張楚對文詞雅麗科策開元七年第五名會要失載

崔懷嶷錢案崔懷嶷疑卽崔從崔從見戶外補

張敬輿一作興見左中戶中

竇紹又金中　新表竇氏三祖房京兆少尹璡子紹給事中

荆府長史　新書永王璘傳永王領山南江西嶺南黔中四道節度使以少府監竇昭疑紹爲副據舊傳在天寶十五載六月　賈至授竇紹山南東道防禦使等制永王傅竇紹可江陵防禦使餘如故文苑英華四百九　舊房琯傳賀蘭進明奏房琯樹私黨竇紹之徒以副戎權

楊宗又主外　新表楊氏觀王房尚書右丞承令子宗兵部郎中　新書逆臣上安樂山傳至德二載阿史那承慶等十餘人送密款詔以楊宗爲太子左諭德

裴卓見戶中

楊玘無考見戶中

張博濟張二本誤裴見戶中　孫逖授張博濟戶部員外郎制勑朝議郎行河南府司錄參軍張博濟心和識遠藝博詞優淸白承於教忠通明達於從政頃在河洛備聞紀綱郎官選俊雅望攸歸時宰避親良才久滯宜膺特命俾踐劇曹可尙書戶部員外郎散官如故文苑英華三百九十一

程烈又御史臺監察題名　石刻衞州共城縣百門陂碑銘主簿程列剛毅有斷撝謙自牧長安四年九月九日河南輝縣

封希顏又御史臺侍御殿中監察題名　新表封氏雍州司法參軍廣城姓纂成子希顏中書舍人吏部侍郎　封氏聞見記三　舊大樂署丞流外之任中宗時余從叔希顏始爲大樂丞

從此爲淸流所處　舊魏知古傳先天二年冬往東都知吏部尙書事擢用右補闕封希顏等後咸累居淸要　新傳所薦右補闕封希顏等後有聞於時　新崔沔傳睿宗時中書舍人崔沔表太樂丞封希顏等以代己處　顏魯公文集十四崔孝公陋室銘記起居舍人崔沔當扆從以親老抗疏乞退薦渤海封希顏等自代

司馬垂又度中祠外又御史臺侍御兼殿中題名二見　元和姓纂七之中書侍郎司馬鍠見吏外生錘疑垂魏郡太守河內溫縣人　舊顏眞卿傳安祿山反淸河客李萼說顏眞卿先伐魏郡太守司馬垂使爲西南主　顏眞卿京兆尹御史中丞梓遂杭三州刺史劍南東川節度使杜公濟神道碑銘梁州主司馬垂爲山南西道採訪使引在幕下顏魯公文集八

吉溫見戶中二傳失載

李彭年見吏中吏外勳外考外二傳失載

裴系見封中

李常見戶中

鄭平　新表鄭氏北祖房河南少尹瑨子平吉州刺史又著作佐郎文子平太常寺主簿　舊李林甫傳子壻鄭平爲戶部員外郎　新書姦臣上李林甫傳天寶十二載諸壻鄭平等皆貶官

杜昱又御史臺監察題名　新表濮陽杜氏天官員外郎承志子吏外二見元宗相暹弟見吏中　昱給事中　唐會要七十六　先天二年緯畧元年手筆俊拔超越流輩科杜昱及第緯畧同　舊杜暹傳愛撫異母弟昱甚厚新傳同　石刻嚴挺之大唐故大智禪師碑銘幷序有太僕卿濮陽杜昱者與余法利同事共集禪師眾所知見實錄開元廿四年陝西長安

韓賞又御史臺碑陰下層又碑右稜又右側侍御兼殿中題名　元和姓纂二十五寒京兆尹韓朝宗見勳中生賞給事中昌黎人代居雲陽　李華杭州餘杭縣龍泉寺故大律師碑兵部韓員外賞屈身郡邑艙舸洄沿文苑英華八百六十　石刻告太華府君文稱

惟廿七祀孟秋右補闕韓賞（天寶元年四月陝西華陰） 唐會要十
五 寶應元年五月勅給事中韓賞充理匭使 李華潤
州鶴林寺故徑山大師碑銘稱菩薩戒弟子故給事中
韓賞（文苑英華八百六十二） 王維大唐吳興郡別駕前荆州大
都督府長史山南東道採訪使京兆尹韓公墓誌銘次
子某前殿中侍御史貶晉陵郡司戶（未知即賞否）

呂延之（見戶中）

李進 新表大鄭王房太僕卿（新傳少卿）暈子進兵部侍郎
又趙郡李氏東祖房湖州司馬㥄子進不詳歷官大理
少卿誠子（見左中） 進樂壽令 新傳累擢給事中

邢宇（見封外考中補） 賈至授邢宇司封員外郎制前戶部員外
郎邢宇養閑移疾亦有歲年云云（文苑英華三百九十一）

蕭隱之（又御史臺監察題名） 新表蕭氏齊梁房安平王巖五代孫
隱之刑部侍郎 顏真卿崔孝公陋室銘記公之澄清
中外也以畿縣丞尉蕭隱之等並以清白吏能而薦之
（顏魯公文集十四） 舊書食貨志上 開元六年時江淮錢尤濫
惡有官鑪偏鑪稜錢時錢等數色宋璟遣監察御史蕭
隱之充江淮使隱之乃令率戶出錢務加督責百姓乃
以上青錢充惡錢納之其小惡者或沉之於江湖以免
罪戾於是市井不通物價騰起流聞京師隱之貶官璟
因之罷相 新志開元初宰相宋璟請禁惡錢江淮有
官鑪錢偏鑪錢稜錢時錢遣監察御史蕭隱之使江淮
率戶出惡錢捕責甚峻上青錢皆輸官小惡者沉江湖
市井不通物價甚貴隱之坐貶官 孫逖授蕭隱之御
史中丞制中大夫檢校太府少卿東都和糴等使護軍
蕭隱之可行御史中丞仍充東京畿採訪處置使兼充
和市和糴使散官勳如故（文苑英華三百九十三） 舊楊慎矜傳
天寶六載十一月詔刑部尚書蕭隱之等鞫楊慎矜獄
（新書作蕭炅）

徐鍔（見封中）

王晦 新表琅邪王氏武后相綝子（方慶見吏中） 晦字光遠冀

王執仗

王岳靈 舊書禮儀志四 天寶九載十月遣王嶽靈等於
寶仙洞中得玉石函上清護國經寶券紀籙等獻之
唐詩紀事十五 王岳靈登開元進士第天寶十年為監察
御史撰張惡子廟碑（案碑今佚） 石刻王顏追樹十八代祖
晉司空河東太守猗氏侯太原王公（卓）神道碑桑泉房
戶部員外郎岳靈叔偉文曜世（貞元十七年山西臨晉）

張賞（無考）

李麟（見吏中吏外考外補） 舊傳開元二十二年轉殿中侍御史

歷戶部考功吏部三員外郎天寶元年遷郎中新傳失載
路齊暉　新表平陽路氏監察御史幼玉子齊暉徐宋二
州刺史
高蓋又禮中補　新表高氏憲子蓋禮部郎中　文苑英華四十
九有高蓋花萼樓賦一首　玉海一百六十四引登科記開
元十三年進士試花萼樓賦
宇文審　新表宇文氏元宗相融子審字審禾州刺史姓纂
寬戶部員外郎寬字誤　新傳審擢進士第累遷大理評事嶺南
監決處置等使後終和禾二州刺史
王佶又祠中主中補又御史臺陰右稜又右側侍御兼殿中題名　新表太原第二

郎官石柱題名考卷十二　戶外　主　月河精舍叢鈔

房王氏梁州司馬逸子佶祠部郎中　舊元宗紀下開
元二十七年十月遣主客郎中王佶往東都及諸州宣
慰百姓舊書五行志同十月作八月
王光大見勳中補勳外
韋夏有見考中補
茵丕見吏中吏外
房由又度中祠外　新表河南房氏兵部郎中德懋元孫申度
支郎中錢案申疑誤　戴叔倫有襄州遇房評事由詩王荆公唐
百家詩選七　郎士元有送彭偃房由赴朝因寄錢大郎中
李十七舍人詩文苑英華二百七十二

宋說　新表廣平宋氏兵部郎中鼎子見吏外悅疑說鄆州刺
史
田灣　楊衡有寄贈田倉曹灣詩文苑英華二百五十七
杜亟見吏中吏外又祠外　舊傳自河西從事入朝歷工戶兵吏
四部員外郎新傳自河西幕府入朝歷吏部員外郎
何昌裕　元次山文集七有與何員外書原注永泰中何昌裕為戶部員
外
李翊又主外作翊
盧執顏又御史臺陰下層又右側侍御兼殿中又陰額知雜題名　新表盧氏左監
門衛將軍正言子執顏戶部員外郎

郎官石柱題名考卷十二　戶外　主　月河精舍叢鈔

楊普原本作晉又金中　新表楊氏越公房倉部郎中守訥曾孫
見倉中補普金部郎中　常袞授楊晉洛陽縣令制稱朝議
郎守尚書金部郎中楊晉文苑英華四百七
范倫　元和姓纂五十五范房州別駕范安親生倫戶部員外
錢塘人　舊書良吏下范傳正傳父倫戶部員外郎新傳正傳
父倫為戶部員外郎鄧州南陽人　李華杭州開元寺新塔碑兵部員
外郎兼侍御史范公倫華與為寮廣德三年文苑英華八百六十　權
德輿畫西方變贊稱故戶部員外郎贈給事中范公之
孤曰傳正傳質權載之文集二十八
寇鍰無考

王渾 無考

蔣鍊 見左外吏外

李鈛 又御史臺陰額監察題名　新表趙郡李氏東祖房括蒼尉瑽子鈛不詳歷官

李彥超 無考又御史臺右稜又右側侍御兼殿中題名

王翊 見戶中

徐閎 無考

穆賞 又祠外　元和姓纂一屋祕書監致仕穆寧 見下 生賞太常少卿河南人 時代不合穆寧見下　新書穆寧傳寧之老子賞爲監察御史以守道行誼顯 舊傳子賞以家行人所爲縉紳所仰不詳歷官

李融 又度中 又御史臺左側題名　新表隴西李氏姑臧大房義璉子融不詳歷官　舊裴光庭傳開元中以壽安丞李融等令直宏文館撰續春秋傳　舊書突厥傳開元二十年令史官起居舍人李融爲毗伽可汗碑文　舊德宗紀下貞元九年五月以鄭州刺史李融爲滑州刺史義成軍節度使　又十年二月乙丑義成軍節度使鄭滑觀察使李融卒　舊李季卿 見吏中 傳子融貞元十年歷官至渭州節度使卒 鉞案渭滑誤

鄧元挺 見戶中 又見上 時代不合疑有誤

竇彧 見戶中

裴陟　新表東眷裴氏道護後澧州刺史懷感子陟滑州司馬　皇甫冉有送裴陟歸常州詩 萬首唐人絕句十三

蕭直 見吏中勳中補　獨孤及唐故給事中贈吏部侍郎蕭公墓誌銘騤升尚書戶部庫部司勳吏部四曹郎 毘陵集十一

穆寧　元和姓纂一屋安陽令穆元休生寧祕書監致仕河南人　舊傳懷州河內人少以明經上元二年累官殿中侍御史佐鹽鐵轉運使寶應初轉侍御史爲河南轉運租庸鹽鐵等副使明年遷戶部員外郎無幾加兼御史中丞爲河南江南轉運使廣德初加庫部郎中詔以爲鄂州刺史鄂岳沔都團練使及淮西鄂岳租庸鹽鐵

沿江轉運使賜金紫 新傳略同

任侗 又主中　元和姓纂二十侵殿中御史任元植曾孫侗京兆少尹西河人　新書地理志明州鄮縣西十二里有廣德湖溉田四百頃貞元九年刺史任侗因故迹增修 寶慶四明志同　胡的大唐故太白禪師塔銘故劍南東川節度行軍司馬檢校戶部郎中任公侗等前後皆駐騎雲根稽求上法 古刻叢鈔

盧偘 見封中戶中補　梁肅京兆府司錄西廳盧氏世官記稱御史中執法范陽盧公 佋 之季今戶部郎偘 貞元庚午 文苑英華八百三十一

劉逈　新表彭城劉氏中書舍人子元子逈給事中　舊
子元傳逈諫議大夫給事中　新傳第進士歷殿中侍
御史佐江淮轉運使大厤初爲吉州刺史累遷給事中
韋延安　新表東眷韋氏閬公房廣州都督琳子延安鄂
州刺史　李華壽州刺史壁記壽州刺史獨孤問俗見御史右側遷鎮江夏工部郎中楚州一作中張緯之代公爲州
牧某部郎中韋延安代張典此州僉有政聞文苑英華八百一
元結別王佐卿序稱癸卯歲主人鄂州刺史韋延安
元次山文集七案癸卯廣德元年　李華登頭陁寺東樓詩序稱侍御
韋公延安威清江漢案頭陁寺唐在鄂州江夏縣延安

當卽鄂州刺史侍御卽其所兼憲官序文有時王師北
舉幽朔太尉公分麾下之旅付帷幄之賓與前相張洪
州來攻海寇方收東越云云攷新紀平幽州袁鼂俱在
廣德元年文苑英華七百十六
崔偁　新表清河小房崔氏大理司直虔子稱戶部員外
郎　舊肅宗紀至德二載正月丙寅武威郡九姓商胡
安門物等叛殺節度使周佖判官崔偁率衆討平之
新紀正月丙寅河西兵馬使孟庭倫殺其節度使周佖
以武威郡反二月壬寅河西判官崔偁克武威郡孟庭
倫伏誅　李益有自朔方還與鄭式瞻崔稱鄭子周岑

贊同會法雲寺三門避暑詩俟考
崔漑見吏中又祠外
袁滐又御史臺陰額監察題名　新表河東袁氏高宗相智宏孫滐兼
御史中丞
潘孟陽見戶中二傳失載
孟逢　元和姓纂四十三映右丞京兆尹孟皞生逢司農少卿
相州人
崔融又禮中補有崔融武后時人時代不合　新表清河小房崔氏陳州刺
史元機孫見度外　循禮子融右司郎中
裴通又金中　新表洗馬裴氏河東太守思義曾孫見左中補薛

王騎曹參軍敫珍孫通同州刺史　又南來吳裴氏令
寶後禮部尚書士淹子見封外　通字文元檢校禮部尚書
又東眷裴氏都官郎中孝智子通壽州刺史　又西
眷裴氏齊壺關令謌之子通不詳歷官案此係唐初人時代不合
舊李渤傳穆宗初考功員外郎李渤定京官考奏少府
監裴通職事修舉合考中上以清追封所生母而捨嫡
母請考中下　舊回紇傳長慶元年四月以少府監裴
通爲檢校左散騎常侍兼御史大夫時節册立可汗兼
弔祭使　白居易册新迴鶻可汗文稱長慶元年歲次
辛丑四月景寅朔二十一日景戌皇帝遣使朝議大夫

檢校左散騎常侍兼少府監御史大夫雲騎尉賜紫金
魚袋裴遹等白氏文集五十又五十一祭迴鶻可汗文結銜同惟左作右字疑誤又有裴遹除檢校左散騎常侍兼御史大夫充迴鶻弔祭冊立使制稱少府監裴遹　舊盧簡辭傳寶厤
中黎幹男渭詣臺治父葉縣舊業簡辭移汝州刺史裴
遹準大厤元年敕給百姓　摭言十三貞元中劉忠州任
大夫科選多濫進有無名子自云山東野客移書有云
裴遹則因人見錄又長揖詩曰裴子門徒入舍人　唐
書曰文宗時裴遹自祭酒改詹事因中謝上知遹有易
學因訪以精義仍命進所習經本奏易元解幷總論二
十卷易樂寇十三卷易洗心二十卷太平御覽六百九　新書

藝文志裴遹易書一百五十卷原注字又元士淹子文宗訪以易義令進所撰
書
獨孤邁　吳興志獨孤邁寶厤二年九月十三日自歙州
刺史拜後貶康州　嚴州重修圖經刺史題名　獨孤邁元和
十四年五月九日自戶部員外郎拜
田南鷗無考
韋光裔　新表韋氏鄖公房太子僕昭訓子光裔字叔陽
少府監　舊代宗紀永泰二年五月丙辰稅青苗地錢
使殿中侍御史韋光裔諸道稅地迴　舊李元平傳李
希烈反汝州與賊接壤刺史韋光裔懦弱不任職乃以
元平知州事　京兆金石錄唐太子賓客韋光裔碑唐
馮抗撰歸登書幷篆額貞元十一年寶刻叢編七京兆府長安縣
呂溫見封外戶中附存　舊傳元和元年使吐蕃還自侍御史轉
戶部員外郎三年自司封員外郎轉刑部郎中　新傳畧同
劉禹錫唐故衡州刺史呂君集紀自犬戎使還以殿內
史拜尚書戶部員外郎轉司封遷刑部郎中劉賓客文集十九
呂溫祭陸給事文稱貞元元年歲次乙酉十月景申
朔十日乙巳將仕郎守尚書戶部員外郎賜緋魚袋呂
某呂衡州文集八貞元當作永貞
張賈見吏中又禮外補

王縝見封中戶中
裴澈一作徹見戶中補　新表南來吳裴氏元宗相耀卿弟鼓城
令昱子澈不詳歷官時代不合　又東眷裴氏諫議大夫俅
子澈字深源相僖宗時代不合澈見度中
韋宗卿　新表韋氏龍門公房祕書監建子宗卿侍御史
戶部員外郎以李莊孫繼　柳宗元爲韋京兆祭杜河
中文佘弟宗卿獲庇仁宇命佐廉問宗卿爲河中從事忘其愚
魯假以羽翼俾之騫翥惠文峩峩赤紱在股河東先生集四十
李德裕黠戛斯朝貢圖傳序詔太子詹事韋宗卿祕
書少監呂述見祠中補往蒞賓館以展私覿稽合同異覼縷

闕遺又云臣輒因韋宗卿呂述所紀異聞飾以繪事
盧常師　新表盧氏戀子坦弟見下常師光祿少卿　權德
輿盧公坦神道碑銘母弟前絳州刺史常師以器望歷
中外以友愛重人倫元和十三年權載之文集十三　遷史祕書少
監盧常師進士擢第性淡薄不樂軒冕於世利蔑然棄
官之東洛不逾旬遂歿太平廣記百五十一
裴郁　新表中眷裴氏訴後濟源令後已子郁太常卿河
東縣公　新書忠義中顏杲卿傳乾元初博士裴郁以杲
卿不執政但諡曰忠議者不平故以忠節諡焉　顏眞
卿湖州烏程縣杼山妙喜寺碑起居郎裴郁往來登歷

大厤癸丑顏魯公文集四　舊趙宗儒傳貞元六年趙宗儒領考
功事尚書左丞裴郁比考中上宗儒貶之中中新傳畧同
舊書禮儀志六貞元七年十一月二十八日太常卿裴
郁奏議正太祖東向位新儒學陳京傳畧同新書禮樂志三十七年誤　舊德
宗紀下貞元十六年九月丙午前太常卿裴郁卒　權
德輿故司徒兼侍中上柱國北平郡王贈太傅馬公行
狀貞元十一年八月二十七日命太常卿裴郁等備禮
持節册命權載之文集十九
竇公衡　定命錄開元二十三年崔圓應將帥舉科又於
河南府充鄉貢進士其日正於福唐觀試遇敕下便於

試場中喚將拜執戟參謀河西軍事應制時與越州剡
縣尉竇公衡同場並坐親見其事太平廣記二百二十二　復齋
碑錄唐宇文顒山陰述唐竇公衡撰杜陵史懷則分書
幷篆額天寶十三載甲午夏四月立在山陰寶刻叢編十三　文
載會稽掇英總集二十首云天寶甲午歲夏四月宇文顒莅山陰令　李太白文集十六有
早秋單父南樓酬竇公衡詩
裴塤見戸中補
李隨　新宗室表許王房中山郡王琳子隨夔國公靈昌
郡太守　新宰相表隴西李氏姑臧大房肅宗相揆弟
見勳外均之子隋祕書監　舊書禮儀志四天寶十載正

月遣太子中允李隨祭東海廣德王大唐郊祀錄同　新玄宗
紀天寶十四載十二月壬子濟南郡太守李隨等以兵
討安祿山十五載正月丙辰李隨爲河南節度使以討
安祿山　新顏眞卿傳安祿山反平原城守濟南太守
李隨等各以衆歸　舊忠義下張巡傳吳王祗爲靈昌
太守奉詔糾率河南諸郡練兵以拒逆黨濟南太守李
隨副之　令狐峘顏魯公神道碑銘濟南太守李隨等
各擁兵數千或至萬人以附于公顏魯公文集　殷亮顏魯
公行狀濟南太守李隨下遊奕將訾嗣賢渡河得博平
僞太守馬冀據其郡各有衆數千或至萬人相次於平

原同上　舊穆宗紀長慶三年五月祕書少監李隨奏請
造當司圖書印一面從之　舊五代史晉書十九李專美京
兆萬年人曾祖隨光祿卿案世系表無專美名
李適　新文藝傳中字子至京兆萬年人舉進士武后修
三教珠英成遷戶部員外郎俄兼修書學士　舊文苑
傳景龍中爲中書舍人
王潤　新表瑯邪王氏定州刺史倩子潤杭州別駕　才
調集一　耿湋有送王潤詩英華二百七十五作王閏
于頎見戶中又度中補二傳失載
王崟見左外吏外二見又度外

郎官石柱題名考卷十二戶外　三月河精舍叢鈔

李胄　新表趙郡李氏東祖房倉部員外郎昂子見吏中又見上
胄比部郎中沈本　全唐文七百十六李胄官戶部員外郎有
冰井賦舊鈔本英華四十作李渭目作李胄　文苑英華百八十七有李胄省
試文宣王廟古松詩　歐陽詹贈魯山李明府詩又魯
山令李胄三月三日宴僚吏序貞元十二年暮春月既
魄哉生明一日臨汝魯山令趙郡李胄恭國令宴于縣
南溵濱歐陽行周文集十蘭亭考十二作李胄武億魯山縣志二十六恭國胄字墖韻胄國名胄葢胄
之誤
路士則　全唐詩五　戴叔倫有客舍秋懷呈駱正字士則
詩集無見王荆公唐百家詩選七駱疑路俟考

韋睦　元和姓纂八微韋氏鄖國公房溫王表作郇王府司馬才
絢生睦京兆杜陵人不詳歷官表失載
韋頌又金中　新表韋氏南皮公房給事中倜子頌庫部郎
中舊韋見素傳孫頌不詳歷官　新代宗紀大麻六年五月戊申殺
大理評事韋頌舊書附見李少良傳云付京兆府決殺
賈全又御史臺碑額監察題名　柳宗元先君石表陰先友記賈弁長
樂人弟全原注大麻四年進士至御史中丞河東先生集十二　舊德宗
紀下貞元十八年正月庚辰以常州刺史賈全爲越州
刺史浙東觀察使嘉泰志同唐會稽太守題名記同又云二十一年加檢校右散騎常侍
舊憲宗紀上永貞元年十月浙東觀察使賈全卒

郎官石柱題名考卷十二戶外　三月河精舍叢鈔

舊馮宿傳從浙東觀察使賈全府辟　新賈餗傳從父
全觀察浙東餗往依之全尤器異收卹良厚　陸贄優
恤畿內百姓幷除十縣令詔賈全可咸陽縣令兼監察
御史陸宣公集四詳勳外竇申注
史牟又金中　唐會要七十六貞元四年四月賢良方正能直
言極諫科史牟及第緯畧誤史侔
裴向　新表中眷裴氏代宗相遵慶子見吏外　都官郎中會
弟見膳中補向字傃仁吏部尚書　舊傳少以門蔭德宗時
自櫟陽渭南縣令奏課皆第一朝廷亟聞其理行擢爲
戶部員外郎選爲太原少尹尋用爲行軍司馬新傳同

會要七十九　贈少保二書太子少保裴向謚曰穆
崔酆又倉外
中　酆司農卿新崔郃傳弟酆不詳歷官　劉禹錫唐故兼御史中丞
贈太師崔公神道碑才子六人次曰酆至太府卿又云
酆爲大農劉賓客文集三　唐會要六十六　元和三年八月司農
少卿崔酆奏停太倉一員監事二員從之
盧坦　新表盧氏繼子坦字保衡劍南東川節度使　又
盧氏吏部郎中諝子見吏中補坦不詳歷官　舊傳坦自壽
安令累遷至庫部員外郎兼侍御史知雜事　新傳累
爲刑部郎中　權德輿唐故劍南東川節度副大使知

節度事管內支度營田觀察處置等使正議大夫持節
梓州諸軍事守梓州刺史兼御史大夫護軍賜紫金魚
袋贈禮部尚書盧公神道碑銘始爲同州韓城宣州宣
城犨縣河南四縣尉監察御史裏行殿中侍御史內供
奉眞爲殿中侍御史戶部員外郎尋轉庫部員外郎刑
部郎中皆兼侍御史知雜事權載之文集十三　李翺故東川
節度使盧公傳爲殿中侍御史權德輿爲戶部侍郎請
爲本司員外郎尋轉庫部兼侍御史知雜事未久遷刑
部郎中知雜事如故李文公集十二　會要七十九　贈禮部尚書
盧坦謚曰貞

李夷簡　新表小鄭王房太僕少卿楚州別駕自僊子李
夷簡字易之相憲宗　舊傳去鄭丞擢進士第中拔萃
科自殿中侍御史元和時至御史中丞　褚藏言故國
子司業贈給事中扶風竇府君牟詩序貞元二年舉進
士與故相贈少師李公夷簡同年上第竇氏聯珠集
張正壹　舊韋執誼傳貞元十九年補闕張正一上書言
事得召見王仲舒等以嘗同官相善偕往賀之新傳同詳左中
韋成季注　白居易張正一致仕制前諫議大夫張正一韓文
類譜作張正買學行器用爲時所稱擢居諫官冀効忠讜雖年
齒未暮而衰疾有加所宜頤養不可牽卒俾移優秩以

從致政可國子司業致仕白氏文集五十五　石刻蜀丞相諸
葛武侯祠堂碑陰武元衡題名後列觀察判官朝散大
夫檢校尚書戶部郎中兼侍御史驍騎尉張正壹元和四年
二月四川成都　歲時雜詠二十九　有張正壹奉和相公錦樓玩
月詩唐詩紀事四十五正壹時爲西川武元衡觀察判官
張正甫見左外戶中又封外度中　舊傳由邕州徵拜殿中侍御史
遷戶部員外郎轉司封員外郎
盧逢見吏中戶中補
李宗衡　新表雍王房洧子見封中　宗衡戶部員外郎　呂
溫祭座主故兵部尚書顧公文稱貞元脫二字十年歲次

甲申月日門生滎陽主簿李宗衡文苑英華九百八十八集無

李應見戶中

竇楚　吳興志竇楚元和十五年三月二十二日自刑部郎中拜遷尚書右司郎中

陳岵　唐會要七十六元和元年四月達於吏理可使從政科陳岵及第緯畧同　嘉定赤城志八元和五年陳岵爲台州刺史　舊穆宗紀長慶元年十一月詔膳部郎中陳岵等考制策舊白居易傳同　元稹永福寺石壁法華經記凡輸錢於經貫者若右司郎中處州刺史陳岵長慶四年元氏長慶集五十一　舊劉寬夫傳寶麻中少列陳岵進注維摩經得濠州刺史　憲宗處分及第舉人詔達於吏理可使從政科第五上等陳岵等中書門下即與處分唐大詔令　唐摭言九陳皤叟父岵富有辭學尤溺於內典長慶中嘗注維摩經進上有中旨令與好官執政謂岵因內道場僧進經頗抑挫之止授少列而已

崔韶又禮外補　新表南祖崔氏伯基後嵒子韶不詳歷官　會要八十有博士崔韶改贈工部尚書馬暢諡縱議　舊憲宗紀下元和十一年九月辛巳貶禮部員外郎崔韶果州刺史言與韋貫之朋黨故也　新韋貫之傳崔韶等坐與貫之厚善悉貶爲州刺史　會要七十九台州刺史崔韶謚曰肅

趙元亮見左中勳外

楊潛又金中　白居易楊潛可洋州刺史李繁可遂州刺史史備可濠州刺史制勑朝散大夫守尚書金部郎中上柱國楊潛爲郎見其行可使持節洋州諸軍事守洋州刺史散官勳如故白氏文集四十八史備見金外　宣室志右常侍楊潛嘗自尚書郎出刺西河郡　李涉有閑中紀事想吳楚舊遊寄河陽從事楊潛詩王荊公唐百家詩選十四

章詞見吏中戶中　舊韋辭傳長慶初韋處厚路隨薦之自江州司馬擢爲戶部員外郎轉刑部郎中充京西北和糴使尋爲戶部郎中

姚向見勳外

崔戎見吏中吏外　白居易李虞仲崔戎並可行員外郎制西川觀察判官朝議郎檢校刑部員外郎兼侍御史雲騎尉賜緋魚袋崔戎等可尚書戶部員外郎散官勳如故白氏文集四十八二傳失載

崔栯吏中有岑栯疑崔　新表博陵二房崔氏挺後同州刺史淙子栯字茂孝　舊文宗紀大和九年工部侍郎皇太子侍讀崔栯洋州刺史疑即此人

鄭逌　新表鄭氏北祖房舒州刺史甫子逌右衛率府兵

曹參軍
王質見戸中　舊傳歷佐四府自兼監察御史入朝爲殿中
遷侍御史戸部員外郎　新傳累佐帥府五遷侍御史
繇山南西道節度副使再轉諫議大夫　劉賓客文集
三王公神道碑自南梁上介兼監察御史徵入南臺轉
殿內歷侍御史改尚書戸部外郎一本員外郎
李洪王本張洪趙本李洪
李石見吏中戸中二傳失載
馮審　元和姓纂一東虞部員外郎馮宿長樂人後徙東陽
弟定見祠外　審不詳歷官　舊馮宿傳從弟審貞元十二

年登進士第自監察御史累遷至兵部郎中開成三年
遷諫議大夫　新傳審字退思開成中爲諫議大夫
嚴謩　舊文宗紀下開成二年三月壬午以楚州刺史嚴
謩嚳誤爲桂管觀察使　四年十月前桂管觀察使嚴謩
卒
崔蠡見勳中戸中補　舊傳大和初爲侍御史三遷戸部郎中出
爲汝州刺史新傳失載
李景信　新表讓皇帝房太子中舍人梢子景信江州刺
史　舊李景儉傳弟景信登進士第有藝學知名於時
姚合又戸中　唐才子傳六寶應當作厤中除監察御史遷戸
部員外郎出爲金杭二州刺史後召入拜刑戸二部郎
中二傳失載
杜恍無考
姚康見左外
盧元中　新表盧氏渾子元中不詳歷官　舊盧宏正傳
大和中華州刺史宇文鼎戸部員外郎盧允中疑元坐贓
宏正按之詳左外宇文鼎注　新歸融傳戸部員外郎盧元中
左司員外郎判戸部案姚康受平糴官秦季元絹六千
匹貸乾沒錢八千萬俱貶嶺南尉　舊歸融傳上問韓
益所犯與盧元中姚康孰甚融對元中與康枉破官錢

三萬餘貫益所取受人事比之殊輕新傳畧同　會要六十太
和三年華州刺史宇文鼎戸部員外郎盧允中坐贓
房直温　逸史太學博士鄭還古向東洛再娶李氏時房
直温爲東洛少尹是妻家舊太平廣記一百五十九　柳宗元序
恭房生直温與予二弟遊皆好學河東先生集二十四
李羣　新宗室表上蔡王房少府監璆子羣福州戸曹參
軍　又蔣王房監察御史裏行乘子羣連江令　宰相
表趙郡李氏東祖房任城令琇子羣奉先丞　唐才子
傳六韓琮長慶四年李羣榜進士　舊宋申錫傳大和
五年申錫被誣拾遺李羣等奏以獄付外新傳同

李元皋　舊李訓傳大和九年十一月李訓再從弟戶部
員外郎元皋等皆伏法　新傳訓弟元皋以屬疏自解
得去仇士良訊奴言事前一昔宿訓第遣人追斬之
崔詪見考中補
裴鐇見吏外
陳商　新表陳氏左散騎常侍彝子商字述聖祕書監許
昌縣男　石刻華嶽題名□司門郎中史館修撰陳商
會昌元年七月廿五日商祗召赴闕與盧溪處士鄧君
蟠同題時□□□□□商題後六年自禮部侍郎出鎭
□分陝又與鄧支使同來十月□□　會要三十九　會昌

三年十二月令百寮議劉禎母裴氏罪刑部郎中陳商
議從重典　新楊虞卿傳校書郎楊虞卿抵淮南委婚
幣會陳商葬其先貧不振虞卿未嘗與游悉所齎助之
摭言三　會昌三年十一月十九日勑諫議大夫陳商
守本官權知貢舉後因奏對不稱旨十二月十七日宰
臣遂奏依前命左僕射兼太常卿王起主文又十四會昌六年陳
商主文以延英對見辭不稱旨改授王起六字誤又畢氏沅關中金石記疑商以不稱旨卽出鎭陝案商鎭陝
在宣宗初畢氏亦誤　舊宣宗紀會昌五年禮部侍郎陳商有東
都太廟神主議　舊武宗紀會昌五年二月諫議大夫
權知禮部貢舉陳商選士三十七人中第物論以爲請

託令翰林學士白敏中覆試落張濆李玗薛忱張覿崔
凜王諶劉伯芻等七八　唐語林八　累爲主司者陳商
再會昌五年六年　舊宣宗紀大中九年正月辛巳銀
青光祿大夫祕書監許昌縣開國男陳商卒贈工部尚
書　寶刻類編六　祕書監陳商誌五諫議大夫弘文館學士李貽孫撰幷書
大中四年立　新書藝文志乙部史錄起居注類　敬宗實錄十卷原注陳商
等撰商字述聖禮部侍郎祕書監　又丁部集錄別集類　陳商集十七卷　朱閱
歸解書彭陽公碑陰公尹洛禮陳商文粹四十六
韋行貫無考見吏外
潘存實見戶中

柳仲郢見吏中外　又主二傳失載
周復見勳中勳外
郭勤見勳中補
李行方見左外吏中吏外
白敏中見左外附存又倉外附存　新表太原白氏溧水令季康子敏
中字用晦相宣宗　舊傳長慶初登進士第會昌初爲
殿中侍御史分司東都尋除戶部員外郎還京居易卽
日知制誥召入翰林充學士遷中書舍人累至兵部侍
郎學士承旨新傳失載　重修承旨學士壁記白敏中會昌
二年九月十三日自右司員外郎充其月十五日改兵

部員外郎十一月二十九日加知制誥三年五月二十
九日轉職方郎中十二月七日加承旨賜紫四年四月
十五日拜中書舍人九月四日遷戶部侍郎知制誥並
依前充翰苑羣書上　白居易送敏中新授戶部員外郎西
歸詩注長慶初予爲主客郎中知制誥遷中書舍人去
今二十一年也白氏文集三十六

韋慤見吏外

鄭薰見考中補戶中　新傳失載

邢羣　杜牧唐故歙州刺史邢君墓誌銘亡反邢渙思諱
羣又云君實河間人魏太常顒後也又云君進士及第

郎官石柱題名考卷十二　戶外　三十二　月河精舍叢鈔

歷官九歷職八始太子校書郎協律郎大理評事監察
御史京兆府司錄殿中侍御史戶部員外郎處州刺史
歙州刺史職爲浙西團練巡官觀察推官度支巡官再
爲浙西觀察推官轉支使爲戶部員外郎判度支案伐
劉稹爲制使使鎭魏料軍食賜緋服銀章初副李丞相
回再副高尚書銖撫安上黨三面征師大和當作中三年
六月八日卒於東都思恭里年五十又云會昌五年由
戶部員外郎出爲處州時某守黃州歲滿轉池州與京
師人事離闊四五年矣聞渙思出大喜曰渙思果不容
於會昌中不辱吾御史舉矣樊川文集八

盧簡求見吏中補吏外　舊傳牛僧孺鎭襄漢辟爲觀察判官
入爲水部戶部二員外郎會昌末爲忠武節度副史
新傳佐牛僧孺鎭襄陽入遷戶部員外郎會昌中忠武
節度副使

路綰無考見左中戶中又祠外

崔愼田見吏外　舊傳大中初自諸侯府入朝爲右拾遺員
外郎知制誥正拜舍人

鄭顒　新表鄭氏北祖房珣瑜子見吏外　顒不詳歷官　吳
興志鄭顒大中七年九月自舒州刺史授除太僕少卿

裴坦見左外新傳失載

郎官石柱題名考卷十二　戶外　三十三　月河精舍叢鈔

畢諴又倉中　新表畢氏協律郎匀子諴字存之相懿宗
舊傳大和中進士擢第又以書判拔萃宣宗卽位自磁
州刺史徵爲戶部員外郎分司東都歷駕部員外郎倉
部郎中新傳畧同

温璋見戶中

趙櫓見吏外勳外

趙滂見勳外戶中

崔珦又主外　新表博陵第二房崔氏同州刺史頵子山南
西道節度使琯弟見左外　珦不詳歷官　舊王質見戶中又上
傳大和八年在宣城辟崔珦等爲從事皆一代名流

劉賓客文集三　王公神道碑羔雁所禮則博陵崔珦
趙格見戸中
李元又御史臺右側侍御兼殿中題名　新表郇王房臨濮令鎭子太府
少卿元本北　舊德宗紀下　貞元四年十月丙戌以右神
策將軍李長榮爲河陽三城懷州團練使仍賜名元十
五年三月戊辰以河陽三城節度使李元爲潞州長史
昭義軍節度澤潞磁邢洛觀察使時代不合
裴處權見封中又禮中補
權審見封外補　杜牧權審除戸部員外郎制勅文林郎守尚
書水部員外郎權審湖嶺旱暵百姓枵耗老弱死道上

强壯入賊中爰求使臣以救其弊執事者上言爾審學
古有文通知理道遂使乘馹視吾飢人果能臨事知權
受命達旨慰撫流散宣導恩澤蠲貸逋逐能裁凋瘵大
小輕重各合事宜雖古所謂直指繡衣美俗使者言之
於爾無以過焉用超名曹以酬往效無曠官業勉服休
命可守尚書戸部員外郎散官如故樊川文集十七
韋退之見左中又金中　杜牧韋退之除戸部員外郎等制朝議
郎行殿中侍御史韋退之樊川文集十七
薛誠又御史臺中嵌題名　新表薛氏西祖房殿中侍御史正倫子
誠字符司農卿

李鄴　舊令狐滈傳起居郎張雲言大中十年令狐綯以
諫議大夫豆盧籍見左中補刑部郎中李鄴爲夔王已下侍
讀欲立夔王爲東宮欲亂先朝子弟之序新傳畧同　新通
王滋傳宣宗詔鄆王居十六宅餘五王處大明宮內院
以諫議大夫鄭漳見金中　兵部郎中李鄴爲侍讀五日一
謁乾符門爲王授經鄆王立乃罷　東觀奏記下　大中
十二年始用左諫議大夫鄭漳兵部郎中李鄴爲鄆王
已下侍讀時鄆王居十六宅夔昭已下五王居大明宮
內院數日追制改充夔王已下侍讀五日一入乾符門
講讀鄆王卽位後其事遂停　唐詩紀事五十三　李鄴大

中時爲戸部郎官有和緜州于中丞與宗詩
盧潘　新表盧氏先之子潘字子濬　杜牧李蔚除侍御
史盧潘除殿中侍御史等制劍南西川節度判官朝議
郎檢校尚書禮部員外郎兼侍御史上柱國賜緋魚袋
盧潘儒雅流聞今膺拔擢有司列狀詞旨頗公可守殿
中侍御史散官勳賜如故樊川文集十七　會要三十四　大中六
年十二月右巡使盧潘等　新安志九　盧潘大中九年
爲歙州刺史　唐會要七十一　咸通六年三月四日黔中
經畧使盧潘奏于淸溪鎭置南盥州從之　萬敬儒孝
行狀碑末署大中十三年十月十五日朝議郎使持節

盧州諸軍守盧州刺史柱國賜紫金魚袋盧潘立

崔璙 見左外 考中

崔隋 見勳中補 又金中

鄭彥宏 見左中 勳中補

于德晦 見吏外 又金外

李景温 又禮中補 舊忠義下 李憕傳憕曾孫景温進士登第踐歷臺閣咸通中至工部侍郎出爲華州刺史潼關防禦鎭國軍使　新李景讓傳弟景温字德已歷諫議大夫福建觀察使徙華州刺史累遷尙書右丞　舊懿宗紀咸通七年十一月以禮部郎中李景温等試拔萃選

八

崔瑄 新表清河小房崔氏右金吾將軍鄯子 見倉外 瑄字右玉 舊崔鄯傳子瑄不詳歷官 金華子雜編上 崔瑄大夫大中二年封僕射敖門生廉問宛陵請同年韓藩端公爲副使　舊令狐滈傳懿宗初令狐滈登第諫議大夫崔瑄上疏論之 新傳同

丁居立 無考

崔蕘 見勳中 舊崔蠡傳子蕘字野夫大中二年擢進士第累官至尙書郎知制誥正拜中書舍人戶部侍郎　新傳乾符中爲吏部侍郎

楊知至 見戶中

陽塾 舊懿宗紀咸通十三年五月辛巳貶右諫議大夫楊塾 疑陽 和州司戶于琮之親黨也

崔彥昭 新表清河小房崔氏玘子彥回弟 見金中 彥昭相僖宗 玘舊傳作豈 舊傳字思文大中三年進士擢第釋褐諸侯府咸通初累遷兵部員外郎轉郎中知制誥拜中書舍人再遷戶部侍郎判本司事　新傳數應帥鎭辟累進戶部侍郎　舊懿宗紀咸通三年十一月以戶部員外郎崔彥昭等試宏詞選人

盧鉟 見左外

權愼微

張禹謨 資治通鑑唐紀六十八 乾符三年十二月以右諫議大夫張禹謨爲桂州觀察使禹謨幽州判官張徹之子也

楊戴 新表越公房敬之子 見戶中 戴字贊業江西觀察使　新楊敬之傳文宗時敬之兼太常少卿是日二子戎戴登科時號楊家三喜　闕史上 祭酒楊尙書敬之任江西觀察使戴 廣記戴 應科時成均秋暮忽夢新榜四十進士鍾陵在焉及第甲乙則江西中選　東觀奏記下 大中十二年命監察御史楊戴往浙西道勘覆軍額

舊懿宗紀咸通十年十二月以考官刑部侍郎楊戴等
考試宏詞選人沈炳震云侍郎疑當作員外郎
崔朗見左外勳中
杜無逸見戶中
王鍼見戶中
裴虔餘　摭言十三裴虔餘咸通末佐北門李公淮南幕李蔚
見考中　舊僖宗紀乾符二年五月以兵部郎中裴虔餘
爲太常少卿　資治通鑑唐紀七十廣明元年十一月華州
刺史裴虔餘徙宣歙觀察使　沈顏宣州重建小廳記
宣州自兵部裴公虔餘去任賓常侍事自池牧來臨莅

事未幾遽爲秦彥所據文苑英華八百二　容齋四筆十　池州
銅陵縣孚覘侯廟有唐中和二年二月一碑其詞云勑
宣歙池等州都團練觀察使牒云云後云使檢校工部
尚書兼御史大夫裴押邑人以爲裴休秋浦志亦然予
考之非也格案裴當即虔餘　資治通鑑唐紀七十一　中和二年七
月鎮海節度使周寶奏高駢承制以賊帥孫端爲宣歙
觀察使詔寶與宣歙觀察使裴虔餘發兵拒之　文苑
英華一百八十二有裴乾餘省試早春殘雪詩　杜牧裴虔
餘除山南東道推官等制樊川文集十九苑作慶餘
任宇　元和姓纂二十一侵易定節度使任迪簡生憲見勳中　宇

渭州人不詳歷官新表失載　新安志九　任宇咸通七年爲
歙州刺史
李嶽見左中勳外
陳琉無考
薛遠無考
李韶　新宗室表蜀王房東陽令季方子安州刺史韶
又宰相表趙郡李氏東祖房襄邑丞瑊子韶太子通事
舍人　又大理丞震子韶不詳歷官　又安邑丞盧已
子韶延陵丞
薛調　新表薛氏西祖房婺州刺史膺子見吏中　調不詳歷

官　重修承旨學士壁記薛調咸通十一年十月十七
日自□部員外郎疑郎戶字加駕部郎中充十二年正月二
十六日加知制誥依前充十三年二月二十六日卒官
三月十一日贈戶部侍郎翰苑羣書上　語林四　薛調季當作
李瓚同年進士調美姿貌人號爲生菩薩瓚俊爽人號
爲劍調寬恕而瓚猜忌論者以時人所稱協其性也劉
元當作允章罷江夏入朝以風標自任一日謁之倒屣
出迎愛其風韻去而復留者數四既去謂左右曰若不
見其下有缺也調爲翰林學士郭妃悅其貌謂懿宗曰駙
馬盍若薛調乎頃之暴卒時以爲中鴆卒年四十三常

覽鏡曰薛調豈止四十三乎豈嘗有言其壽者耶
楊思立 無考 又主中
張顏 又祠外　舊懿宗紀咸通十一年九月朝議大夫行兵
部員外郎判度支案柱國張顏播州司戶坐劉瞻親善
爲韋保衡所逐也　舊劉瞻傳兵部員外郎張顏等坐
瞻親善貶逐　玉泉子咸通中韋保衡路巖作相除不
附已者十司戶張顏潘州內潘州不迴 南部新書癸無張顏有韋顏韋
見勳外
鄭紹業 見封中
張同　舊僖宗紀乾符三年九月以商州刺史張同爲諫

郎官石柱題名考卷十二 戶外　四九　月河精舍叢鈔

議大夫　舊五代史梁書十八張策傳父同仕唐官至容管
經畧使 新五代史唐六臣傳同　劇談錄下咸通乾符中興善寺
阿闍黎諡普照大師張常侍同爲弟子出城之日縞素
後隨 詳左中崔寓注
崔寓 見左中 吏外之崔寓別一人　此與吏中補
韋保乂 見戶中　重修承旨學士壁記韋保乂咸通十二年
二月十三日自戶部員外郎入守本官充五月十日加
戶部郎中
裴質 見吏中補
裴弘　新表東眷裴氏宣宗相休子宏字裕志　東觀奏

記中裴坦主貢舉擢裴休子弘上第　舊令狐滈傳懿
宗時中書舍人裴坦權知貢舉登第者三十八人裴宏餘
故相休之子名臣子弟言無實才
蕭騫　新表蕭氏齊梁房德宗相復孫俛子騫字鵬舉
舊僖宗紀乾符二年六月以歙州刺史蕭騫爲右司員
外郎
鄭綦 見左外
鄭就 見封外 勳外　舊僖宗紀乾符二年六月以戶部員外郎
鄭就爲司勳員外郎
韋顏 見勳外 又祠外

郎官石柱題名考卷十二 戶外　五十　月河精舍叢鈔

盧莊　新表盧氏懿子 見吏中補 莊字敬中　舊僖宗紀乾符
二年十月以戶部員外郎盧莊爲起居員外郎 丁子復曰當作起居郎
南部新書已 咸通十三年韋保衡在相時盧莊
爲閽長決付春闈莊七月卒
鄭綮 見左中補 又金中補 吏外補 倉外　舊傳歷監察殿中倉戶二員
外郎金刑右司三郎中 新傳歷監察御史擢累左司郎中　舊僖宗紀
乾符二年六月以倉部員外郎鄭綮爲戶部員外郎
孔綸　新表曲阜孔氏温質子綸字昌言　孔氏祖庭廣
記六 綸字司言四十代登第殿中侍御　舊僖宗紀乾
符二年十一月以殿中侍御史孔綸爲戶部員外郎

韋昭度　新表京兆韋氏逢子昭度字正紀相僖宗　舊傳咸通八年進士擢第乾符中累遷尚書郎知制誥正拜中書舍人

張禕 無考 見勳外

盧頎 無考

魏潛　新表館陶魏氏宣宗相謩子潛字蘊華　舊魏謩傳子潛登進士第歷顯官

盧自牧 無考 又主外

獨孤損　新表獨孤氏吏部侍郎雲子 見吏外　損字又損相昭宗 元和姓纂不詳歷官　摭言十一光化三年西銓獨孤損侍郎是許晝知己　舊昭宗紀天復三年十二月辛巳制以禮部尚書獨孤損爲兵部侍郎同中書門下平章事 新紀同 宰相表同　新紀天祐元年正月乙巳獨孤損判右三軍事 宰相表同云判度支　舊紀天祐元年閏月宰相監修國史戶部尚書門下侍郎同平章事獨孤損判度支 新宰相表閏月乙卯損爲門下侍郎兼戶部尚書　舊哀帝紀天祐元年九月己巳敕門下侍郎同平章事獨孤損宜充大行皇帝山陵使 新紀宰相表在戊寅　二年三月光祿大夫門下侍郎戶部尚書同平章事監修國史河南縣開國子食邑五百戶獨孤損可檢校尚書左僕射同平章事兼安南都護充靜海軍節度安南管內觀察處置等使　四月乙未制新除靜海軍節度使獨孤損等賜一子八品正員官以奉山陵之勞也　五月壬申制新除靜海軍節度使銀青光祿大夫檢校左僕射同平章事兼安南都護河南郡開國侯食邑一千戶獨孤損可責授朝散大夫棣州刺史仍令御史臺發遣出京訖聞奏　辛巳敕責授棣州刺史獨孤損可瓊州司戶　六月戊子朔敕責授瓊州司戶獨孤損等委御史臺差人所在州縣各賜自盡時已至滑州皆併命於白馬驛朱全忠令投屍於河 詳勳外補趙崇注　新紀六月戊子朱全忠殺靜海軍節度使獨孤損　舊五代史 唐書八 同光二年六月庚寅故靜海軍節度使獨孤損贈司空　薛廷珪授中書舍人獨孤損御史中丞制 略云 立我明庭號爲端士逮予寡昧歷事三朝勞爾班行向踰二紀徘徊兩掖尹正神京直聲載揚休問逾暢 文苑英華三百九十三

李凝庶 無考 見戶中

王鸞 見勳中補

王深 無考

陸威　新表陸氏丹徒枝涇原節度使檢校工部尚書耽子威字歧兵部侍郎　摭言十一文德中劉子長出鎮浙西行次江西時陸威侍郎猶爲郎吏亦寓于此　北夢

瑣言四朝中陸氏三八號曰三陸郇相國扆洎希聲及
威乃三八
韋承貽又主外　新表韋氏逍遥公房博子見左中　承貽字貽
之　唐詩紀事五十六　承貽咸通八年登第　唐摭言十五
韋承貽咸光中策試夜潛紀長句於都堂西南隅咸光當從紀事作咸通
崔汀　新表博陵大房崔氏仲哲後鉉子見封中　汀不詳歷
官舊崔鉉傳同　又博陵大房崔氏倚子汀汾州刺史
〈補遺〉
薛元穆　新表薛氏西祖房邁子元穆戶部員外郎

〈郎官石柱題名考卷十二　戶外　卅三　月河精舍叢鈔〉

裴惓見戶中　舊岑羲傳長安中渭南令裴惓爲地官員外
郎後至杭州刺史
宋庭瓛　新表廣平宋氏襄陽尉守愼子庭瓛戶部員外
郎姓纂庭瓛庫部員外
崔懷從格案石本有崔懷疑疑是　新表博陵二房崔氏挺後祠部郎
中輪王見祠中補　孫懷從戶部員外郎
苗昌　新表苗氏晉卿子見吏中　昌戶部員外郎
裴伯言　新表南來吳裴氏邠盜二州刺史守眞玄孫起
居郎僑卿曾孫尚舍直長汧孫均州刺史淑猷弟伯言
戶部員外郎案柳宗元裴君墓誌裴氏之昭曰贈戶部尚書諱某原注諱穆曰起居郎諱某原注
鄉生均州刺史諱某叔猷原注諱均州弟大理表誤下二格當依墓誌改正淑猷當作叔猷　柳宗元
故處士裴君墓誌父諱某諱伯言　尚書刑部員外郎議官
及浮圖事獨出載在史冊以八使行天下當河北道疑
危頏很難處分之地用天子命制斷得宜於時爲第一
原注建中元年二月命黜陟使十一人分巡天下刑部員外郎裴伯言爲幽東澤潞磁邢等道黜陟使　天
下皆仰以爲相會疾終再贈至大理卿長老咸曰裴氏
世積德起居丞相弟也以文史用大理名世人也咸聞
而不大河東先生集十一　新張鎰傳建中時黜陟使裴伯言
薦潞州處士田佐時　新李叔明傳德宗時刑部員外
郎裴伯言有僧道議　柳宗元故試大理評事裴君墓

〈郎官石柱題名考卷十二　戶外　卅四　月河精舍叢鈔〉

誌均州與其弟大理原注大理名伯言爲刑部員外郎贈大理卿　更爲刑部
郎河東先生集十一　李翺祕書少監史館修撰馬君墓誌自
太原府倉曹黜陟使裴伯言謂公堪爲諫官薦之於朝
文苑英華九百四十六集缺　馬宇見主外
齊抗又倉中度外附存　新表齊氏平陽太守澣孫見勳外　左龍武
倉曹參軍翺之子抗字遐舉相德宗　舊傳德宗在奉天
自鳳翔賓佐奔赴行在拜侍御史旬日改戶部員外郎
宰相蕭復爲江淮宣慰使以爲判官德宗還京授倉部
郎中貞元初遷諫議大夫新傳畧同　權載之文集十四　齊成
公神道碑銘自侍御史蕭黃門復布愷澤於東夏命公

爲工部員外郎以贊焉復命轉倉部郎中

韋滌　新表韋氏逍遙公房叔卿子見封外　滌戶部員外郎元和姓纂滌饒州刺史　陸贄優郎畿內百姓幷除十縣令詔涇陽縣令韋滌潔己貞明處事通敏有禦災之術有字物之方人不流亡事皆辦集惟是一邑之內獨無愁怨之聲古之循良何以過此就加寵秩允叶前規可檢校工部員外郎兼本官仍賜緋魚袋并賜衣一襲絹百匹馬一匹陸宣公集四

權器　獨孤及唐故朝議大夫高平郡別駕權公徹神道碑銘子器等悉忠信好學善屬文位未顯而令名歸之

毗陵集八　殷亮顏魯公行狀大厯七年九月公拜湖州刺史以蘇州寓客校書郎權器爲判官委閱簿檢吏按詞政之務於器等而境內晏然又云公之重其器悅其能者故戶部員外郎權公器顏魯公文集　顏眞卿湖州烏程縣杼山妙喜寺碑校書郎權器往來登歷大厯癸丑顏魯公文集四

楊汝士見封外　舊傳長慶元年爲右補闕坐弟殷士見倉外貢舉覆落貶開江令入爲戶部員外郎再遷職方郎中大和三年七月知制誥新傳失載

令狐綯見考中補　舊傳自左補闕史館修撰累遷庫部戶部員外郎會昌五年出爲湖州刺史　舊令狐滈傳綯至河中上言會昌二年臣任戶部員外郎時已令男滈應舉

楊損見吏外　舊傳自殿中侍御史宰相路巖遣使鞫獄黔中踰年而還改戶部員外郎洛陽縣令入爲吏部員外郎出爲絳州刺史

蕭遘見考外補戶中又禮外補　舊僖宗紀乾符三年九月以戶部員外郎翰林學士蕭遘爲戶部郎中學士如故本傳失載

揚拙　新表楊氏越公房師復子見度中　拙字藏用　薛廷珪授杜致美太常少卿見祠中　楊拙庫部郎中制戶部員

外郎楊拙始以籍甚之稱洽於名場歷聘侯藩亟踐臺省疆學務本履正居中文苑英華三百九十　舊楊於陵傳師復子拙左庶子

徐彥樞又禮外補　舊徐彥若見吏外補傳弟彥樞位至太常少卿新表失載　薛廷珪授徐彥樞禮部員外郎制詳禮外補　又禮部員外郎徐彥樞改授戶部員外郎制勑具官徐彥樞吾前以儀曹員外郎南宮劇選求思時彥克副僉諧爾先臣在會昌中事武宗皇帝文行修整綽有令名亦由至公膺此愼選得人之盛于今稱之而彥樞趣嚮規爲能紹先志俾之繼美亦謂當才而能以爾令兄執吾大

柄潔矩彌峻避嫌不居牢讓之心確乎山立今吾又安
敢以流薄所尙浼爾操修改司人曹允叶中道亦欲使
彥若彭叔夏云乃彥樞之兄曾作相展四體以事我秉一心而律人靡
不有初一有鮮克有終四字非爾無忘於自勵其下皆讓予庶幾
乎有聞稽乃檢身慮吾假器自待之旨何其優哉可並文
苑英華三百九十一
楊䁐又主外補　新表楊氏越公房授子見吏中補然䁐疑字公隱
舊傳䁐進士及第昭宗時自太常博士歷主客戶部二
員外郎關中亂甚脅（？）朱全忠入京師挈家避地湖南
官終諫議大夫新傳累擢左拾遺昭宗時歷戶部員外郎客湖南終諫議大夫　宋史
楊昭儉傳父景梁左諫議大夫二百六十九列傳二十八俱避太宗嫌諱改
王拯見勳外補　摭言三大順中王拯自小販拜少勳事小勳紀少勳
是詳考外王涣注
辛融　元和姓纂十七隋司隸大夫辛公義生融戶部員
外郎隴西狄道人新表失載
趙昌　元和姓纂三十營州都督趙文翙生昌戶部員外
酒泉人十五有趙昌傳別是一人舊書列傳百一　新書列傳九小
附存
韋處厚見考外補　禮外補　戶中　考中附存
張薦　舊傳字孝舉深州陸澤人貞元四年爲入蕃判官

郎官石柱題名考卷十二戶外　乇月河精舍叢鈔

轉殿中侍御史使還轉工部員外郎改戶部本司郎中
十一年拜諫議大夫　新傳遷工部員外郎久之擢諫
議大夫　權載之文集二十二禮部尙書張公墓誌銘東
求備茂遷工部員外郎轉郎中修保氏之職擢左諫議
大夫舊傳戶部二字疑衍

歸安丁寶書編次

唐尙書省郎官石柱題名考卷十二終　勞檢丁士謬推

郎官石柱題名考卷十二戶外　奚月河精舍叢鈔

仁和 勞格 著
趙鉞
歸安丁寶書編次

度支郎中

唐六典戶部尚書其屬有度支郎中一人從五品（龍朔二年改爲司徒大夫咸亨元年復故）掌支度國用租賦少多之數物產豐約之宜水陸道路之利（舊書新書同作從五品上）

石刻 韋慶儉 皇甫文亮 竇德明 高祐 士義惣
裴思莊 杜文紀 張知謇 裴孝源 楊弘文
崔思約 元大士 張宏濟 李安期 虞昶

孔仲思 鄭欽文 高正業 崔元譽 裴昭
唐嘉會 李守一 閻元通 崔神基 錢元敬
尉大亮 孔惠元 楊再思 張元觀 崔□嗣
鄭從簡 薛會 劉希邃 源光譽 韋銑
王景 杜元志 王詢 賀蘭務溫 李撝
杜佑 房由 劉昂 裴朓 魏啟心
李融 呂周 李舒 司馬垂 張曉
崔芃 李逢年 李光烈 崔同 韋損
源休 崔漪 褚長孺 許鳴謙 王礎
裴乾貞 夏侯審 鄭膺甫 張正甫 高弘簡

崔公信 王長文 裴諝 令狐定 王孟堅
杜寶符 苗愔 李敬方 薛褒 蕭憲
杜陟 馮袞 崔罕 楊師復 張權
任憲 薛干 崔鐔 趙璘 李平
竇播 李近仁 林滋 高瀚 張无逸
裴澈 李羽 歸仁紹 杜致美 楊釗
盧會昌 元友直 李諒 裴倩 包佶
韋叔夏 許康佐
補遺 韋雲平 趙宏安 崔仁師 韋惲 狄仁傑
李愻 韋玄泰 柳明肅 崔玄之 尹正義

宋庭瑜 賀拔延嗣 韓朝宗 董琬 韋仲昌
第五琦 元載 劉晏 于頎 杜寂
蘇弁 于頔 韓泰 敬寬 李素
崔光 董溪 張仲方 韋弘景 薛公幹
趙佶 袁德師 盧商 盧弘止 盧弘宣
張復魯 劉濛 韋宙 薛能 孫奭
魚曭 王沖之 辛道瓘
附存 白雲簡 李珏

勞檢丁士諤校字

唐尚書省郎官石柱題名考卷十三

韋慶儉　舊韋雲起傳弟慶儉事隱太子不詳歷官新表彭城

公房失載　格案世系表雲起弟雲平度支郎中宦與此合疑郎是

皇甫文亮趙本作亮王本亮又度外文亮　新表皇甫氏資建二州刺

史珍義子文亮高陵令　白氏文集七十唐銀青光祿大

夫太子少保安定皇甫公墓誌銘曾祖文房高陵令考世

系表文亮弟文房黃門侍郎姓纂同蓋俱誤互易其弟兄官位也　舊文苑中郭正一

傳儀鳳中高宗召侍臣問以禦吐蕃之策給事中皇甫

文亮等以嚴守爲便舊吐蕃傳同

竇德明見考中補　舊書外戚傳失載新傳同

高祐無考

士義悤見戶中

裴思莊無考

杜文紀見勳中

張知謇　舊良吏傳下　蒲州河東人徙家于岐明經擢第

調露後歷臺省天授後歷十一州刺史　新傳字匪躬

幽州方城人徙家岐調露時監察御史裏行歷十一州

刺史

裴孝源見吏外

楊弘文　新表楊氏越公房隋萬年令蒼山公岳子宏文

禮部郎中

崔思約　新表鄭州崔氏隋黃門侍郎君肅子思約和州

刺史

元大士見考外

張宏濟又祠外

李安期又主外　新表漢中李氏禮部侍郎宗正卿安平文

公百藥子安期相高宗　舊傳貞觀初累轉符璽郎預

修晉書成除主客員外郎永徽中遷中書舍人新傳畧同

虞昶　舊虞世男傳子昶官至工部侍郎新傳同　新來濟

傳虞世男子昶無才術歷將作少匠工部侍郎主工作

孔仲思見左中

鄭欽文無考

高正業　新表渤海高氏太宗高宗相馮子正業中書舍

人　舊高季輔傳子正業仕至中書舍人坐與上官儀

善配流嶺外新傳畧同

崔元譽　新表清河大房崔氏太子洗馬世濟子元譽湖

州刺史吳興志郡守題名失載

裴昭　新表東眷裴氏道護後洛州刺史謚定懷節子太

僕少卿皓弟見吏中　昭太府少卿　權德輿唐故朝議郎

使持節温州諸軍事守温州刺史充靜海軍使賜緋魚

袋河東裴府君希先神道碑銘曾祖昭歷司門度支二郎
中衛尉太府二寺卿銀青光祿大夫權載之文集十八　穆員
河南少尹裴公濟墓誌銘高祖懷節皇朝洛州刺史生
太府少卿昭文苑英華九百四十三

唐嘉會　新表唐氏禮部尚書特進莒國公儉子嘉會洋
州刺史　京兆金石錄有唐殿中監唐嘉會碑寶刻叢編九

李守一

閻元通錢案疑是元邃　新表閻氏工部尚書大安公立德子元
邃司農少卿澤州刺史　舊閻立德傳子元邃官至司
農少卿

崔神基又度外金中　新表南祖崔氏御史大夫義玄子見左中補
神基相武后　舊崔義玄傳子神基襲爵清邱縣公長
壽中爲司賓卿同鳳閣鸞臺平章事新傳同

錢元敬無考　又倉外　又御史臺侍御題名

尉大亮無考

孔惠元　新表下傅孔氏國子司業志元子新傳單作志　惠元
國子司業　孔氏祖庭廣記六世系別錄惠玄三十四
代國子司業洪州都督　新書儒學上孔穎達傳孫惠
元又爲司業擢累太子諭德

楊再思見吏外補二傳失載

張元觀無考　赤城志八萬歲通天元年至聖曆二年台州
州刺史張元瞿疑卽元觀之誤

崔口嗣錢案口嗣疑是敬嗣　新表博陵三房崔氏儀表子敬嗣房
州刺史又南祖崔氏壽安尉彥方子敬嗣太子詹事時代不合　舊崔光遠傳祖
敬嗣則天初爲房州刺史中宗爲廬陵王安置在州官
吏多無禮度敬嗣獨以親賢待之供給豐贍中宗深德
之及登位有益州長史崔敬嗣既同姓名每進擬官皆
御筆超拜之者數四後引與語始知誤寵訪敬嗣已卒
舊良吏下張知謇傳中宗安置房州制約甚急知謇
與董元質崔敬嗣相次爲刺史皆保護供擬豐贍新傳畧同

新傳中宗在房州吏多肆慢不爲禮敬嗣爲刺史獨
盡誠推奉儲給豐衍帝德之及反正有與敬嗣同姓名
者每擬官帝輒超拜後召見誤非是訪眞敬嗣已死

鄭從簡見左外

薛會　長安志八唐京城二朱雀街東第四街勝業坊街
北之東銀青光祿大夫薛繪宅繪兄弟子姪數十人同居一曲姻黨清華冠冕
茂盛坊人謂之薛曲

劉希逿見戶外

源光譽又御史臺殿中題名　新表源氏涇州刺史修業子光譽戶
部侍郎舊源休傳京兆尹光輿之子輿字誤

韋銑　新表韋氏彭城公房清河令珣子銑魏州刺史河北採訪使　舊裴寬傳景雲中爲潤州參軍刺史韋銑（新傳作韋詵餘同）引爲按察使判官　李華潤州鶴林寺故徑山大師碑銘開元中潤州刺史韋銑灑掃鶴林斯（一作茲）焉供養（文苑英華八百六十二）

王景（又御史臺監察題名）　舊王緯傳祖景司門員外郎萊州刺史太原人　新表琅邪王氏光祿卿方則子景蘭州刺史

杜元志（見考中金外）

王詢（無考）

賀蘭務溫（又主外）　宋劉道醇五代名畫補遺延和元年壬

子歲王志愔爲汴州採訪使奉詔毀拆治內無額祠廟建國寺金像面現白毫金相瑞光上燭于天時王志愔郎中賀蘭務溫錄事焦立功具實聞奏

李撝　新表蔡王房文春子撝左武衛兵曹參軍　舊書宗室傳先天中雍州長史新興王晉坐附會太平公主伏誅僚吏奔散惟司功李撝步從不失在官之禮姚崇擢爲尚書郎後官澤州刺史

杜佑（又金中）　新表襄陽杜氏希望子位弟（見勳外）佑字君卿相德順憲三宗（元和姓纂佑左僕射平章事司徒岐公太保致仕）　舊傳以廕入仕自金部郎中水陸轉運使改度支郎中兼和糴等使時方軍興餽運之務悉委於佑遷戶部侍郎判度支（新傳畧同）　舊德宗紀（上）建中二年十一月乙亥以江淮轉運使度支郎中杜佑代判度支戶部事　會要（八十七）建中二年十一月度支郎中杜佑兼御史中丞江淮水陸運使　權載之文集（十一）岐國公杜公淮南遺愛碑銘自容州刺史經畧使入爲金部度支二郎中復兼中丞超拜戶部侍郎　又（二十二）杜公墓誌銘自度支郎歲中拜小司從

房由（見戶外又祠外）　新表河南房氏申度支郎中（疑由）

劉昂（見左外考中補）

裴眺（見金中又祠外）

魏啟心　唐會要（七十六）神龍二年才膺管樂科魏啟心及第（緯畧同）　杜甫壯遊詩斯文崔魏徒（崔鄭州尙魏豫州啟心）以我似班揚（杜工部集七）

李融（見戶外）

呂周（見金外）

李舒（又祠外又御史臺左側又右側侍御兼殿中題名）　新表隴西李氏丹陽房屯田郎中荊府長史元綜子舒工部郎中

司馬垂（見戶外又祠外）

張曉（又御史臺監察又右側侍御兼殿中題名）　舊忠義（下）張巡傳兄曉開元

中監察御史以文行知名新傳兄曉開元末位監察御史以名稱重一時

崔芃見吏中考外補　權德輿崔公神道碑銘自侍御史遷考功員外郎度支吏部二郎中商常二州刺史權載之文集十七

李逢年又主外　新表趙郡李氏東祖房汴州長史昕子逢年司農卿　紀聞殿中侍御史李逢年自左遷後稍進漢州雒縣令逢年有吏才蜀之採訪使常委以推案逢年妻中丞鄭昉之女情志不合去之太平廣記二百四十二　昉見吏中

容齋三筆二十饒州紫極觀鍾刻曰天寶九載歲次庚寅二月庚申朔十五日癸酉造通直郎前監察御史貶樂平員外尉李逢年銘前鄉貢進士薛彥偉述序給事

郎行參軍趙從一書中大夫使持節鄱陽郡諸軍事檢校鄱陽郡太守天水郡開國公上官經野妻扶風郡君韋氏奉爲開元天地大寶聖文神武應道皇帝敬造洪鍾一口

李光烈祠中補有庾光烈

崔同又主外　新表南祖崔氏禮部尚書翹子見封外　同大理少卿　又清河大房崔氏求言子同博州刺史

韋損又倉中　舊李光弼傳乾元二年李光弼議自東京移軍河陽判官韋損曰東京帝宅侍中何不守之光弼曰若守洛城汜水崿嶺皆須人守子爲兵馬判官能守之乎新傳略同　新書地理志潤州丹陽縣有練塘周八十里永泰中刺史韋損因廢塘復置以溉丹陽金壇延陵之田民刻石頌之　李華潤州天鄉寺故大德雲禪師碑刺史韋公損奉善逝甚深之旨行菩薩廣大之慈文苑英華八百六十一永泰二年　李華潤州丹陽縣復練塘頌永泰元年王師大翦西戎生人舒息詔公卿選賢良先除二千石以江南經用所資首任能者是歲十一月二十三日拜前常州刺史京兆韋公損爲潤州聲如飈馳先詔而至吏人畏伏男女相賀又云時前相國彭城公劉尚書晏統東方諸侯平其貢稅聞而悅之白三事以聞詔書褒

異焉彭城公宣命至江南捧詔授公文苑英華七百七十九文粹二十一

源休又主中補　新表源氏戶部侍郎光譽子見度中舊傳誤光輿　休不詳歷官　舊傳累授監察御史殿中侍御史青苗使判官遷虞部員外郎出爲潭州刺史入爲主客郎中遷給事中

崔漪見吏中作猗又主外

褚長孺見勳外補又祠外

許鳴謙　舊許孟容傳父鳴謙京兆長安人究通易象官至撫州刺史贈禮部尚書　舊裴冑傳浙西觀察判官許鴻鳴誤謙有學識觀察使李栖筠嘗異席事多咨之

新傳李栖筠觀察浙西判官許鳴謙名知人

王礎　新表烏丸王氏懷州刺史崟子見左外楚黔中觀察使　舊王璠傳父礎進士文辭知名璠見吏外孫汝聽韓集全解礎大厤七年中第五百家註音辯昌黎先生文集十七韓愈與祠部陸員外書往者陸相公司貢士梁補闕肅王郎中礎佐之梁舉八人無有失者其餘則王皆與謀焉昌黎先生集十七孫曰正元八年陸贄知舉摭言八陸忠州榜時梁補闕肅王郎中礎佐之故忠州之得人皆烜赫　舊德宗紀下貞元十一年正月乙未以祕書少監王礎爲黔中經畧觀察使十五年六月己卯黔中觀察使御史中丞王礎卒

七月丁未以王礎卒影宋本廢朝一日觀察使卒廢朝自礎始也　權載之文集二十六唐故長安主簿李君少安墓誌銘王黔中礎持節廉問表爲推官　又三十七送李十兄判官赴黔中序予內兄受署於中執法王君王君之馨香瑩實且處淸近久矣惟天愛人授茲一方

裴乾貞見封中

夏侯審又主外　新書文藝下盧綸傳夏侯審等能詩號大厤十才子審終侍御史　唐會要七十六建中元年軍謀越眾科夏侯審及第緯畧同　錢考功集五送夏侯審校書東歸詩

鄭膺甫又主中補主外補又御史臺碑額監察題名　新表鄭氏北祖房太子舍人慈明子膺甫楚州刺史　舊鄭餘慶見左外傳弟膺甫官至主客員外郎郎中楚懷鄭三州刺史　嚴州重修圖經刺史題名鄭膺甫元和四年三月二十五日自度支郎中拜

張正甫見左外封外戶中戶外　舊傳自司封員外郎遷戶部郎中

高弘簡又金中又御史臺陰額知雜御史題名　舊高元裕傳開成四年御史中丞高元裕上言侍御史高宏簡等以不稱出爲府縣之職　新傳御史官屬不稱職者侍御史高弘簡等

並奪職　崔嘏授高弘簡司門員外郎判度支案制弘正上言以爾嘗居憲署亦領郡符通於吏術專傳儒業云云文苑英華三百九十二

崔公信　唐詩紀事五十九公信登元和元年進士第張洪靖帥太原辟爲掌記後以李德裕代之以公信爲觀察判官　又太原觀察判官兼殿中侍御史崔公信和張洪靖山亭懷古詩　李德裕掌書記廳壁記丙申歲丞相高平公次用殿中侍御史崔君爲主記德裕獲接崔君之後李文饒別集七

王長文　新表琅邪王氏膳部員外郎黃州刺史濡子沂

海觀察使遂弟見主外　長文禮賓使　唐會要三十九元和
十三年八月鳳翔節度使鄭餘慶等詳定格後敕三十
卷著作郎王長文等同修上詳吏中陳諷註

裴詡見戶中

令狐定　新表令狐氏太原府功曹參軍承簡子定字履
常桂管觀察使　舊傳元和十一年進士及第累辟使
府大和九年累遷至職方員外郎宏文館直學士、檢校
右散騎常侍桂州刺史桂管都防禦觀察等使新傳略同

王孟堅　新表烏丸王氏憲宗文宗相涯子見吏外　孟堅工
部郎中集賢院學士　舊王涯傳大和九年十一月誅

涯子工部郎中集賢殿學士孟堅新傳同

杜寶符　呂温故河中節度使檢校司空平章事杜公夫
人李氏墓誌銘有子五人次曰寶符前河南府參軍元和
三年　呂衡州文集七　案新表杜公名黃裳失載寶符名

苗愔見戶中

李敬方見戶中又金外

薛褒見左外

蕭憲　新表蕭氏齊梁房瑁孫憲亳州刺史　唐會要六十六
太極元年二月十八日加國子司業一員以蕭憲為
之　睿宗遣宣勞使誥宜以太子右諭德蕭憲為山南
道宣勞使詳膳中蕭瑗注　唐語林七　蕭中丞憲與杭

杜陟　新表襄陽杜氏濟子見戶中　陟不詳歷官　又濮陽
杜氏同官令殷子陟字子遷　唐才子傳七　太和五年
杜陟榜進士李遠　咸淳臨安志七十元和初郡守杜陟
請慧琳至永福寺登壇

馮袞　舊馮定傳子袞顓見封中　軒巖見戶中　四人皆進士登
第咸通中歷任臺省　盧氏雜說曰馮宿從子袞為給
事中宅南有山亭長安志八

崔罕又御史臺陰額知雜御史題名　東觀奏記中　河南府奏薦少尹裴
處權賜緋給事中崔罕駁還詳封中補非處權注

楊師復　新表楊氏越公房於陵子見吏中　紹復弟見封外　師
復不詳歷官　舊於陵傳子師復位終大理卿新於陵專師復
大理卿　李翺右僕射楊公墓誌師復未仕用文為業李文公集
十四　唐會要九十　大中五年武昌軍節度使韋損見倉外
門吏右司員外郎楊師復

張權　全唐文七百二十一　張權憲宗時人代定州張定公賀
老人星見表　舊抄文苑英華五百六十一作鄭權　關中金石記四　華嶽廟
張權題名大中五年八月刻正書　又大中□□年四
月刻行書

任憲見勳中戶中又祠外

薛干無考祠外任憲後有薛洊此干字疑卽洊字
崔鐔　新表博陵安平崔氏遇州刺史簡子鐔字一用
趙璘見金中又祠外
李平　新表蔡王房正白子平不詳歷官　舊顏眞卿傳
安祿山反獨平原城守使司兵參軍李平馳奏之新傳同
新封常清傳同　李華台州乾元國淸寺碑耆壽徐君讃錄事
徐知古等請於盈川縣令隴西李公平又云縣令李公
宗室大儒政之善者文苑英華八百五十九　台州當作衢州
竇璠見倉外
李近仁　新表趙郡李氏東祖房曹州刺史續子見吏外　近

仁汝州刺史
林滋見金中
高瀣無考
張死逸見左中戶中金外
裴澈趙作徹戶外澈非此人　新表東眷裴氏諫議大夫俅子澈字
深源相僖宗　舊僖宗紀廣明元年十二月甲申以戶
部侍郞翰林學士裴澈本官同中書門下平章事新表翰林
學士戶部侍郞裴澈爲工部侍郞同中書門下平章事　新表中和元年二月澈
兼禮部尚書四月戊寅澈爲門下侍郞兼兵部尚書十
一月澈罷爲檢校兵部尚書鄂岳觀察使三年七月檢

校兵部尚書判度支裴澈爲中書侍郞同中書門下平
章事四年十月澈加尚書右僕射光啟元年三月澈爲
尚書左僕射　舊僖宗紀光啟二年五月襄王僭位以
裴澈爲門下侍郞右僕射同平章事判度支十二月奉
襄王奔河中王重榮械裴澈等於獄三年三月河中械
送僞宰相裴澈等命斬之於岐山縣新表三月癸未澈伏誅
李羽　舊懿宗紀咸通十年正月楊收黨李羽等長流舊楊
收傳同　雲臺編下有題水部李羽員外招國里居詩
歸仁紹　舊歸融傳見考外補子仁紹登進士第咸通中至達
官　唐才子傳八司空圖咸通十年歸仁紹榜進士時

主司王凝　又九僖宗幸蜀中和二年禮部侍郞歸仁
紹放榜特敕賜秦韜玉進士及第令於二十四人內安
排編入春榜　資治通鑑唐紀六十九　乾符四年十二月宋
威奏生擒尙君長等以獻招討副都監楊復光奏君長
等實降非威所擒詔侍御史歸仁紹等鞫之竟不能明
斬於狗脊嶺　玉泉子故相盧攜爲監察一有日字御史中
丞歸仁紹初上曰傳語攜出臺後攜入相三字一本有歸侍
郞請假攜卽除仁紹兵部尚書人情大洽一作皆太平廣記一百七
十七引聞奇錄
杜致美又金外　薛廷珪授杜致美太常少卿楊揣庫部郎

中側右司郎中杜致美以吾上台實爾猶子深自抑損不求聞達隱几端居不言時事閉關却掃深味道腴文苑英華三百九十楊拙見戶外補

以下石本缺在下截漫漶中考出

楊釗又度外又御史臺陰下層又右側侍御兼殿中貶又陰額知雜題名　新表原武楊氏宣州司士參軍珣子國忠相元宗　舊楊國忠傳本名釗天寶初擢授監察御史驟遷檢校度支員外郎兼侍御史遷度支郎中不期年兼領十五餘使轉給事中兼御史中丞專判度支事　會要五十九　天寶四載十一月度支郎中楊釗充諸道鑄泉使　天寶六載十一月度支郎中楊釗充祠祭使

盧會昌又倉部中補　新表盧氏魏令淑子會昌倉部郎中　舊李抱眞傳貞元十年李抱眞卒子緘營田副使盧會昌潛與謀掌軍事會昌仍詐爲表請以職事付緘後歸罪元仲經會昌得不坐新傳畧同　闕名河南府奏論驛馬表又盧會昌到日臣謹依詔旨差人領送上都文苑英華六百二十四

元友直又度外補　元和姓纂二十二元　容府經略兼中丞元結生友直爲京兆少府太原人　會要七十六　建中元年賢良方正能直言極諫科元友直及第緯畧同　文苑英華八百十八有元友直省試小苑春望宮池柳色詩唐詩紀事三十六黎逢登大厤十二年進士第則友直當卽是年進士也　資治通鑑唐紀四十八　貞元三年七月以度支員外郎元友直爲河南江淮南句勘兩稅錢帛使　又四十九　四年二月元友直運淮南錢帛二十萬至長安李泌悉輸之大盈庫又云元友直句檢諸道稅外物悉輸戶部　顧況左僕射韓滉行狀關中初復抗表請獻軍糧二十萬斛從本道直至渭橋公命判官元友直草創運務部勒趨程文苑英華九百七十三　新顧少連傳少連挺笏將擊裴延齡元友直在座勸解之　元次山文集三　將牛何處去詩直者伴我耕自注直者漫叟長子也

李諒又倉中祠外　新宗室表道王房道王元慶子諒南康郡公　宰相表趙郡李氏東祖房左補闕審度子諒不詳歷官　唐詩紀事四十三　李諒字復言後爲京兆尹　白居易李諒除泗州刺史兼團練使當道兵馬留後兼侍御史賜紫金魚袋張愉可岳州刺史同制畧云諒自澄城長訖尚書郎中間又再爲州牧三宰劇縣故命諒守泗仍以戎職留事憲簡章綬一加於諒白氏文集五十　又李諒授壽州刺史薛公幹授泗州刺史制前命諒爲泗守未卽路會壽守植卒因改諒守壽又云諒無忘澄城之理同上　姑蘇志二　李諒長慶四年自泗州刺史以御史中丞徙任蘇州刺史　舊文宗紀上　太和三年六月戊戌

以大理卿李諒爲京兆尹　又下四年七月以京兆尹李諒爲桂管觀察使　又五年二月丙申以桂管觀察使李諒爲嶺南節度使　七年三月己亥嶺南節度使李諒卒　湖南祁陽縣石刻李諒湘中紀行詩末題太和四年十月廿五日□管都防禦觀察處置等使桂州刺史兼御史大夫李諒過此偶題　元稹孤山永福寺石壁法華經記凡輸錢於經貴者有若御史中丞蘇州刺史李諒唐文粹七十六集本作李又據記則李諒即李姑蘇志云李又長慶二年八月以御史中丞任分爲二人似誤　嚴州重修圖經題刺史名李諒開元二十二年十月九日自領軍衛將軍拜　新王播傳京兆尹

自李諒後政條隳斁姦豪寖不戢

裴倩見勳中補又度外補　新傳歷信州刺史代第五琦爲度支郎中卒　權德輿裴公神道碑銘歷信饒二州刺史復徵爲度支郎中代故相第五琦專判度支事大厤七年終

常衮授裴倩度支郎中制勑朝議大夫前守饒州刺史嗣正平縣開國男賜紫金魚袋裴倩達識含精長材致遠秉彝向晦金璞自明當劇居難干將獨割周歷臺閣綢繆藩鎮休聲異政亦克有終底慎材賦之殷校計軍國需一作之用得專其任爰舉舊章佇爾發揮以之贍濟可尚書度支郎中散官封賜如故文苑英華三百八十九

包佶見戶中補

韋叔夏　舊儒學傳舉明經調露年累除太常博士授春官員外郎累遷成均司業　新表韋氏鄖公房成州刺史琬子叔夏禮部侍郎

許康佐　舊儒林傳下康佐登進士第又登宏詞科遷侍御史轉職方員外郎累遷至駕部郎中充翰林侍講學士仍賜金紫歷諫議大夫中書舍人皆在內庭　丁居晦重修承旨學士壁記許康佐大和元年四月二十三日自度支郎中改駕部郎中充侍講學士

補遺

韋雲平　新表韋氏彭城公房淹子司農卿益州行臺僕射雲起弟雲平度支郎中姓纂同案雲平疑即慶儉

趙宏安　元和姓纂小三十　後周有趙肅生軌軌生宏智唐黃門侍郎兄宏安度支郎中新安人稱自天水徙焉

舊孝友趙宏智傳事兄宏安同於事父所得俸祿皆送於兄處　舊竇軌傳益州行臺郎中趙宏安知名士也

崔仁師又度外　新表博陵安平崔氏昂子仁師相太宗高宗　舊傳武德初應制舉貞觀初再遷殿中侍御史後爲度支郎中嘗奏度支財物數千言手不執本十六年遷給事中新傳畧同

韋惲見戶外又金外　元和姓纂八微韋氏大雍州房韋惲度支郎中京兆杜陵人

狄仁傑　新表狄氏越州刺史知遜子仁傑字懷英相武后　舊傳以明經舉儀鳳中自侍御史加朝散大夫累遷度支郎中高宗將幸汾陽宮以爲知頓使俄轉寧州刺史　會要七二十調露元年九月七日幸幷州以度支郎中狄仁傑爲知頓使

李遜　新表趙郡李氏東祖房夏津令知本子遜度支郎中

韋玄泰　新表韋氏南皮公房元遜子元泰度支郎中陝州刺史姓纂同

柳明肅　新表柳氏職方員外郎寶積子明肅度支郎中　新武后紀載初元年六月戊申殺汴州刺史柳明肅

崔玄之　新表許州鄢陵崔氏知久子齊之弟見左中補玄之度支郎中

尹正義　元和姓纂十七準尹朗生正義度支郎中宋州刺史河間人　權德輿唐故成德軍節度營田副使正議大夫趙州別駕贈壽州都督河間尹府君銶神道碑銘都督之禰曰本古仕至常州武進尉武進之父曰正義歷許相宋三州刺史司農少卿司農之父曰艮終滄州

司馬權文公集十八　唐會稽太守題名記尹正義景龍三年六月自宋州刺史授其年便除相州刺史會稽掇英總集十八嘉泰志同　朝野僉載前尹正義爲澤州潭疑都督公平後王熊來替百姓歌曰前得尹佛子太平廣記二百六十

宋庭瑜又倉中倉外　新表廣平宋氏襄陽尉守愼子戶部員外郎庭璬弟見戶外補庭瑜司農少卿元和姓纂庭瑜度支郎中司農少卿　舊書列女宋庭瑜妻魏氏傳先天中庭瑜自司農少卿左遷涪州別駕開元中累遷慶州都督尋轉廣州都督道病卒　新武平一傳中宗宴兩儀殿酒酣胡人襪子何懿等唱合生歌言淺穢因倨肆欲奪司農少卿宋廷瑜

賜魚

賀拔延嗣　元和姓纂三十八箇唐右監門將軍賀拔儼孫延嗣度支郎中右金吾將軍河南洛陽人　會要七十八景雲二年四月賀拔延嗣除涼州都督充河西節度使自此始有節度之號

韓朝宗見勳中戶外　王維大唐吳興郡別駕前荊州大都督府長史山南東道採訪使京兆尹韓公墓誌銘拜監察御史兵部員外郎轉度支郎中除給事中新傳失載

董琬見戶外　元和姓纂一董董琬度支郎中晉陵太守江南東道採訪使匡城人

韋仲昌（又御史臺殿中監察題名）　新表韋氏龍門公房會子仲昌京兆少尹

第五琦（又金中）　新表第五氏唐有第五華弟琦相肅宗（新傳字禹珪）　新傳自司虞員外郎河南等五道支度使遷司金郎中兼侍御史諸道鹽鐵鑄錢使鹽鐵名使自琦始進度支郎中兼御史中丞當軍興隨事趣辦人不益賦而用以饒遷戶部侍郎（舊傳失載）　會要（五十九）乾元元年第五琦除度支郎中河南五道度支使　又度支郎中第五琦充兩京司農太府出納使　又（八十七）乾元元年三月第五琦充諸色轉運使　又（八十八）第五琦充諸道鹽鐵使

元載（又祠外）　元和姓纂（二十二元）大厤中書侍郎平章事潁川公元載扶風岐山人（新表元載本景氏故不著）　舊傳拜祠部員外郎遷洪州刺史兩京平入爲度支郎中充使江淮都領漕輓之任尋加御史中丞（新傳畧同）　賈至授元載豫章防禦使制守職方員外郎元載可豫章太守（文苑英華四百九制云干戈始寧安人是切當是兩京始復時也）

劉晏　新表南華劉氏武功丞知晦子晏弟（見戶中）晏字士安相肅宗代宗　新傳再遷侍御史祿山亂避地襄陽拜度支郎中兼侍御史領江淮租庸事吳郡採訪使李希言假守餘杭召拜彭原太守徙隴華二州刺史

于頎（見戶中戶外）　舊傳累授鳳翔少尹度支郎中兼御史中丞轉運租庸糧料鹽鐵等使

杜寂（又膳中補）　常袞授杜（集作源下同）寂職方郎中制勅朝議郎守尚書度支郎中賜緋魚袋杜寂端一其誠周通於事久於膳部頗有美才亦既詳達不忘恭愼掌我方志宜從序遷可守尚書職方郎中散官賜如故（文苑英華三百九十舊書馮定傳長慶中源寂使新羅則是穆宗時人集誤）

蘇弁（又倉中）　元和姓纂（十一模）工部侍郎蘇弁狀云與良嗣（見封中）同房　舊儒學傳（下）弁字元容京兆武功人舉進

士累轉倉部郎中仍判度支案裴延齡卒德宗聞其才特開延英面賜金紫授度支郎中副知度支事仍命立於正郎之首副知之號自弁始也遷戶部侍郎（新傳同）　舊德宗紀（下）貞元十三年二月乙亥度支郎中蘇弁爲戶部侍郎判度支　會要（五十九）貞元十二年九月蘇弁除度支郎中兼御史中丞副知度支　又貞元十二年九月以倉部郎中判度支案蘇弁授度支郎中副知度支事仍命立於正郎之首有副知之號自弁始也　又（三十）貞元十二年十二月度支郎中兼御史中丞副知度支蘇弁奉勅改造三殿前會慶亭

于頎又戶中附存　新表于氏泗州司馬篔子頎戶部侍郎判
度支　舊德宗紀下　貞元十四年五月丙午上特召度
支郎中于頎於延英兼御史中丞賜金紫令判度支
十五年三月丁巳以度支郎中兼御史中丞于頎爲戶
部侍郎依前判度支　十六年九月庚戌貶戶部侍郎
判度支于頎爲泉州司戶　舊鄭餘慶傳與度支使于
頎素善每奏事皆議可之未幾頎以罪貶　權德輿大
唐金紫光祿大夫守司空同中書門下平章事充太微
宮使上柱國燕國公于公先廟碑銘序冢子頎貞幹強
敏程功賦職歷戶部侍郎以公事貶泉州司戶贈楚州

刺史權載之文集十二
韓泰　新表赭陽韓氏萬州刺史某子泰字安平刑部郎
中姓纂駕部郎中韓協生泰祠部郎中　舊附王叔文傳貞元中累遷至
戶部郎中王叔文用爲范希朝神策行營節度行軍司
馬貶虔州司馬量移漳州刺史遷郴州新傳畧同云終湖州刺史
順宗實錄三　永貞元年五月甲戌以度支郎中韓泰守
兵部郎中兼中丞充左右神策京西都栅行營兵馬節
度行軍司馬賜紫乙亥追改爲檢校兵部郎中職如故
昌黎先生外集入　新孟簡傳元和中韓泰復刺史諫議大夫
孟簡固爭詣延英言不可狀　嚴州重修圖經刺史題名韓

泰長慶四年六月二十五日自彬州刺史拜　吳興志
韓泰太和元年七月三日自睦州刺史拜遷常州刺史
柳宗元祭李中丞文維貞元二十年歲次甲申五月
二十二日故吏承奉郎守監察御史韓泰河東先生集四十
敬寬　新表敬氏御史大夫括子寬太子詹事　舊憲宗
紀上　元和元年二月乙未朔以度支郎中敬寬爲山劍
行營糧料使
李素又度外　韓愈唐故河南少尹李公墓誌銘遷殿中侍
御史由度支員外郎選令萬年改度支郎中衢州饑擇
刺史遂刺衢州至一月遷蘇州昌黎先生集二十五　舊李錡傳

憲宗時李錡稱兵時蘇州刺史李素爲鎮將姚志安所
繫釘於船舷生致於錡未至錡敗得免新傳同　大唐傳
載李河南素替杜公兼
崔光　會要三十九　元和二年七月詔度支郎中崔光等刪
定開元格後勅
董溪又度外倉中　新表董氏晉子見勳外溪商州刺史元和姓纂倉
部郎中　韓愈唐故朝散大夫商州刺史除名徙封州董
府君墓誌銘十九歲明兩經獲第有司自京兆府司錄
參軍拜尚書度支員外郎遷倉部郎中萬年令兵誅恒
州改度支郎中攝御史中丞爲糧料使兵罷遷商州刺

史昌黎先生集二十九　新傳字惟深擢明經三遷萬年令討王
承宗擢度支郎中爲東道行營糧料使
張仲方又倉外　新表始興張氏朔方行軍司馬檢校戶部
郎中抗子仲方字靖之秘書監曲江成伯　舊傳貞元
中進士擢第宏辭登科自邠州刺史入朝歷侍御史倉
部員外郎呂溫羊士諤誣告宰相李吉甫陰事二人俱
貶仲方坐呂溫貢舉門生出爲金州刺史吉甫卒入爲
度支郎中時太常定吉甫謚爲恭懿博士尉遲汾請爲
敬憲仲方博議憲宗方用兵惡仲方深言其事怒甚貶
遂州司馬新傳畧同　白居易唐故銀青光祿大夫秘書監

曲江縣開國伯贈禮部尚書范陽張公墓誌銘鄜坊節
度使辟爲判官奉授監察御史裏行俄而眞拜歷殿中
轉侍御史倉部員外郎金州刺史度支郎中駁宰相事
議出爲遂州司馬白氏文集七十　東觀奏記上　太常謚李吉
甫曰簡度支郎中張仲方以德憲疑宗好用兵吉甫居輔
弼之任不得謂之簡貶開州司馬　舊附張九齡傳自
御史歷金州刺史入爲度支郎中駁李吉甫謚吉甫黨
惡之出爲遂州司馬　舊憲宗紀下　元和十二年三月
太常定李吉甫謚曰敬憲度支郎中張仲方非之上怒
貶遂州司馬　舊李吉甫傳有司謚吉甫曰敬憲及會

議度支郎中張仲方駁之以爲太優憲宗怒貶仲方新傳同
韋弘景見左中補吏中吏外又封外附存　舊傳自左司郎中改吏部
度支郎中坐與張仲方善出爲綿州刺史　新傳累遷
度支郎中張仲方黜李吉甫謚得罪憲宗意弘景擿助
出爲綿州刺史
薛公幹　新表薛氏西祖房禮部侍郎據子見祠外　公幹比
部郎中　韓愈國子助教河東薛君公達墓誌銘弟京兆
府司錄公幹昌黎先生集二十四考異曰或作殿中侍御史案石本同集本五百家註音辨本同
舊憲宗紀下　元和十一年九月辛巳貶度支郎中

薛公幹房州刺史言與韋貫之朋黨故也　白居易李
諒授壽州刺史薛公幹授泗州刺史制畧云　公幹自尚書
郎連領二郡政平法一甚便於人加以有理戎之材可
付留事故輟軍保倅一作　仍憲秩而兼寵之又云　公幹無替
亳城之政白氏文集五十
趙佶　新表南陽趙氏大理丞渾子佶兼監察御史　唐
會要八十四　元和十五年閏正月命度支郎中趙佶使淄
青兗海鄆曹濮蔡申光等州定兩稅
袁德師　舊憲宗紀上　元和二年七月戊子錄配享功臣
之後袁恕己孫德師等相次敘用

盧商見封中　舊傳自工部員外郎河南縣令歷工部度支
司封三郎中大和九年改京兆少尹權大理卿事新傳十餘
遷至大理卿　文宗簡計應修陵寢詔所修陵寢事至嚴重
簡計崇飾須得精實宜令度支郎中盧商將作少監韋
長同往諸陵子細簡計具合修與不合處聞奏大詔令
盧弘止見吏中補又金中　南部新書乙鄭滑盧弘正尙書題柳
泉驛云余自歙州刺史除度支郎中八月十七日午時
過汞濟渡却自度支郎中除鄭州刺史亦以八月十七
日午時過汞濟渡二傳失載
盧弘宣見吏中

張復魯　新表始興張氏陳許節度副使幼挺子復魯字
敦古度支郎中　杜牧唐故宣州觀察使御史大夫韋
公溫墓誌銘長女嫁南陽張復魯得進士第有名於時
爲試太常寺協律郎鄂岳觀察支使樊川文集八　舊韋溫
傳愛壻張復魯不詳歷官
劉濛見勳中　新傳累官度支郎中會昌初擢給事中
韋宙見吏中戶中　新良吏傳宣宗時拜侍御史三遷度支郎
中盧鈞節度太原表爲副
薛能又吏中又主中附存　唐詩紀事六十薛能字大拙汾州人會
昌六年進士大中八年書判入等補盩厔尉辟太原陜

虢河陽從事李福鎮滑州表觀察判官歷侍御史都官
刑部員外郎福徙西川取爲節度副使咸通中攝嘉州
刺史歸朝遷主客度支刑部郎中俄刺同州京兆尹溫
璋貶命權知尹事出領感化節度入授工書復節度徐
州徙忠武廣明元年徐兵赴溵水經許能以前帥徐軍
吏懷恩館之州內許軍懼徐人見襲大將周岌因衆怒
逐能自稱留後能全家遇害　舊懿宗紀咸通十一年
十月以給事中薛能爲京兆尹　十二年正月葬衞國
公主京兆尹薛能爲外監護　玉泉子路巖以薛能自
尙書郎廣記百八十八作省郎權知知廣記有京兆府事李蠙之舉也

舊僖宗紀廣明元年九月許州大將周岌逐節度使薛
能　顏蕘顏上人集序蕘同年文人故許州節度使尙
書薛公字大拙以文人不言其名擅詩名於天下無所
與讓文苑英華七百十四　新書文藝列傳序若薛能等其類尙
多皆斑斑有文在人間史家逸其行事故弗得而述云
新僖宗本紀廣明元年九月忠武軍將周岌殺其節
度使薛能
孫爽又倉中　新表武邑孫氏長洲令士傑子爽字化南度
支職方郎中
魚矑元和姓纂九　唐將作丞魚叔攢生矑度支郎中司

農少卿馮翊下邽人　石刻故銀青光祿大夫秘書監兼昭文館學士侍讀上柱國常山縣開國公贈潤州刺史馬公懷素墓誌銘長史魚承嶀特見器異舉孝廉引同載入洛續古文苑十八　案馬懷素丹徒人承嶀蓋是潤州長史也

王沖之　新表京兆王氏倉部郎中德玄孫九功子沖之

度支郎中

辛道瓘　元和姓纂十七眞　工部郎中辛崇禮生道瑾度支郎中隴西狄道人

附存

白行簡見膳中補　主中補　主外　唐詩紀事四十一　行簡爲度支郎中寶曆二年卒　舊傳累遷司門員外郎主客郎中新傳累遷主客員外郎代韋詞判度支案進郎中當沿判度支案因而致誤

李玨見吏外　勳外補　禮外補　舊傳大和五年李宗閔牛僧孺爲相玨自司勳員外郎知制誥改度支郎中知制誥遂入翰林充學士七年三月正拜中書舍人　新傳牛僧孺還相以司勳員外郎知制誥爲翰林學士加戶部侍郎

東觀奏記上　李宗閔爲相擢掌書命自吏部員外改司勳員外庫部郎中文宗召充翰林學士不云度中　重修承旨學士壁記李玨大和五年九月十九日自庫部員外郎知制誥充其月二十三日賜紫二十八日拜中書舍人案舊傳度支當從奏記壁記作庫部壁記員外郎當從舊傳奏記作郎中

歸安丁寶書編次

尚書省郎官石柱題名考卷十三終　勞檢丁士謁校字

唐尚書省郎官石柱題名考卷十四

仁和勞格 趙鉞 著 歸安丁寶書編次

度支員外郎

唐六典戶部尚書其屬有度支員外郎一人從六品隋爲承務郎皇朝爲員外郎龍朔咸亨隨曹改復掌與郎中同舊書新書同作從六品上

石刻崔仁師 陸逖之 封弘道 杜依賢 崔玄機

韋萬石 崔神基 裴居道 路元叡 皇甫文亮

崔大同 李玄同 楊諈 韓大壽 盧□元

杜從則 張慶 唐紹 唐八 鄭勉

魏景倩 崔季友 夏侯銛 苗晉卿 韋恒

楊釗 王崟 樊晃 袁愼盈 王延昌

李猗 嚴郢 元寬 蘇端 包佶

韋少華 楊倆 李衡 張季略 房署

元□方 魏宏簡 李則 李素 董溪

庾承宣 嚴謩 李彤 王正雅 崔咸

高重 李續 盧貞 李蟥 陸仲文

張周物 李宗閔 欒坤 李福 袁亞

源重

補書杜續 源乾曜 李元紘 李憕 裴倩

張績 盧徵 魏宏簡 元友直 薛存誠

柳璟 張濬 辛利涉 盧茂伯 鄭叔淸

附存齊抗

勞檢丁士諤校字

唐尚書省郎官石柱題名考卷十四

崔仁師二本鈌見度中補　舊傳貞觀初再遷殿中侍御史後爲
度支郎中新傳畧同
陸遜之二本鈌　新表陸氏太尉枝璡孫遜之都官員外郎
封弘道二本鈌中補有道弘左
杜依賢二本鈌中補有杜賢倉　元和姓纂十姥杜安石生口賢倉部
郎中襄陽人依賢字上原本不空案安石兄子依德弟子依藝則此當名依賢盖姓纂脫一字耳
崔玄機二本鈌　新表清河小房崔氏復州刺史大質子元
機陳州刺史
韋萬石見吏中吏外

崔神基見度中又金中二傳失載
裴居道居道二本鈌　新表東眷裴氏兵部尚書熙載子居道
相武后　舊高宗紀下咸亨四年二月壬午以左金吾
將軍裴居道女爲皇太子弘妃舊孝敬皇帝傳作右衞　舊書附
見孝敬皇帝傳則天時歷位納言内史太子少保封翼
國公新傳同　舊蘇味道傳裴居道再登左金吾將軍新傳
同　新武后紀垂拱元年二月乙巳秋官尚書裴居道
同鳳閣鸞臺三品宰相表同舊紀失載　舊紀垂拱元年五月秋
官尚書裴居道爲内史新紀表五月丙午内史新紀誤納言又新紀垂拱二年五月丙
午裴居道爲内史表作納言舊紀無沈炳震云此即元
年五月之拜紀於元年誤作内史表于二年作納言皆

重出而誤當從舊書　舊紀垂拱三年四月裴居道爲納言新紀表四
月壬戌　舊紀載初元年一月裴居道爲太子少傅依舊
同鳳閣鸞臺三品新表二月戊子居道爲太子少保新紀失載
路元叡見吏中動中戶中
皇甫文亮見度中
崔大同大同二本鈌
李玄同　新表趙郡李氏東祖房洛陽令德昜子元同度
支員外郎
楊諈疑謹　新表楊氏元約子謹度支員外郎
韓大壽見吏中補動外

盧口元
杜從則二本鈌又金中　新表杜氏中書舍人東陽公敬同子
從則工部侍郎　舊杜淹傳孫從則中宗時爲蒲州刺
史　李嶠授杜從則雍州司馬制中大夫檢校尚方少
監杜從則可雍州司馬兼知尚方少監事文苑英華四百十四
張慶無考
唐紹見左中　新傳神龍時爲太常博士遷左臺侍御史度
支員外郎常兼博士睿宗即位再遷給事中　舊傳神
龍中太常博士景龍中遷左臺侍御史兼太常博士睿
宗即位累轉給事中

唐人亻

鄭勉 又御史臺殿中題名　新表鄭氏北祖房千牛長史元縱子勉紫微舍人　蘇頲授鄭勉紫微舍人等制稱朝議大夫守給事中鄭勉 文苑英華三百九十二　朝野僉載云魏光乘目舍人鄭勉爲醉高麗 太平廣記二百五十五　資治通鑑 唐紀二十八 開元六年十一月宋璟奏儀州司馬鄭勉有才略文詞但性多異端好是非改變若前引進則咎悔必至若長弃捐則才用可惜請除硤州刺史

魏景倩　新書 儒學上 曹憲傳揚州魏模子景倩世文選學以拾遺召後歷度支員外郎　太平寰宇記十六 新開直

河在泗州盱眙縣北六十步縣郭內淮河決開至黃土岡太極元年勅使魏景倩奏開淮水向揚州

崔季友 季友二本鈌 又御史臺侍御殿中貶題名　舊 孝友 梁文貞傳開元初閿鄉縣令崔季友刊石紀文貞事

夏侯銛 又金外 又御史臺殿中監察題名　元和姓纂三十五馬 都官郎中夏侯處信 見倉外 孫銛給事中魏郡人 原本誤入南郭氏注今改正　唐會要七十六 景龍二年抱器懷能科夏侯銛及第 緯畧誤張侯銛

新 定安公主傳王同皎子請定安公主與同皎合葬給事中夏侯銛曰主義絕主廟恩成崔室逝者有知同皎將拒諸泉銑或訴於帝乃止銛坐是貶瀘州都督

苗晉卿 見吏中吏外　舊傳遷侍御史歷度支兵吏部三員外郎

韋恒 見左外　舊傳自殿中侍御史歷度支左司等員外太常少卿給事中　新傳擢殿中侍御史累轉給事中

楊釗 見度中　舊傳天寶初擢授監察御史驟遷檢校度支員外郎兼侍御史監水陸運及司農出納錢物內中市買召募劍南健兒等使以稱職遷度支郎中　新傳累遷監察御史擢兼度支員外郎

王崟 見左外戶外吏外貶

樊晃　元和姓纂二十二元 司衛少卿樊文孫晃兵部員外潤

州刺史南陽湖陽縣人居淮南　新書 儒學下 林蘊列傳刺史樊晃奏林蘊父披署臨汀令 莆陽文獻列傳作樊晃案地理志汀州臨汀郡無臨汀縣　新書藝文志 丁部集錄別集類 杜甫小集六卷 原注潤州刺史樊晃集　新書 忠義中 張巡傳有名士樊晃等咸謂天下之亡巡遠之功　杜工部小集序題潤州刺史樊晃

柳識琴會記大厤六年浙西觀察使蘇州刺史兼御史大夫賛皇公祇命朝于京闕春正月夕次朱方刺史樊公稱江月當軒願以巵酒侑勝居無何賛皇公弦琴樊公和之 唐文粹七十七

袁愼盈 無考

王延昌見吏中戶中
李猗猗未確疑猗似李椅　新表蜀王房贊善大夫參子椅福建觀
察使　舊代宗紀大歷七年十一月甲申以華州刺史
李琦爲福州刺史福建都團練觀察使　獨孤及福州
都督府新學碑銘公諱椅字某皇帝之諸父宗室之才
子天寶三載應選部辯論爲安陽英華有縣字尉中興之後
歷御史尚書郎諫議大夫給事中十餘年間周歷三臺
家貧不樂清近求爲京兆少尹無何出守宏農英華有又字
移典華陰兼御史中丞大歷七年冬十有一月加御史
大夫持節都督福建泉漳汀五州軍事領觀察處置都

團練英華防禦等使八年夏四月至自京師又大歷十年歲
在甲寅秋九月公薨于位又云公薨之明英華無二字年太常
議謚曰成詔贈禮部尚書毘陵集九　又唐故商州錄事參
軍鄭府君密墓誌銘二京返正拜公商州洛南令訟平
賦均監察御史李椅等表言其狀毘陵集十二
嚴郢又金中　新傳字叔敖華州華陰人及進士第呂諲鎮
江陵自大理司直表爲判官入朝以辨潭州刺史龐承
鼎罪流建州代宗初召爲監察御史連署帥府司馬
舊見吏下　呂諲傳元年建卯日呂諲卒有司謚曰肅故吏
度支員外郎嚴郢請以二字曰忠肅

元寬　新表元氏南頓丞悱子寬比部郎中舒王府長史
舊元稹傳同又云以稹貴贈左僕射悱姓纂作俳寬比部郎中　元和姓纂二十二元尚書
右丞右常侍元暕見勳外　生寬河南洛陽縣人不詳歷官　元
稹夏陽縣令陸翰妻河南元氏墓誌銘皇考府君當乾
元至德之間郡國多事由雲陽昭應尉馮翊猗氏長遷
于殿中侍御史或未環歲或未浹時而五命自天董方
書奏議者凡八轉其在比部郎中也宗人得罪有不察
夫玉與珉類而不雜用屈我府君爲虢州別駕累遷舒
王府長史至則懸車息晏浩如也嘗著百葉書要以萃
羣言世不得傳元微之文集五十八　白氏文集四十二　唐河南元

府君夫人榮陽鄭氏墓誌銘稱故中散大夫尚書比部
郎中舒王府長史河南元府君諱寬世祿官政文行有
故京兆尹鄭雲逵之誌在　白居易河南元公墓誌銘
考諱寬比部郎中舒王府長史贈尚書右僕射白氏文集七十
蘇端　元和姓纂十一模　蘇瞻見勳外　藍田人生端比部郎中
四代入省　舊楊綰傳大歷十二年七月楊綰薨太常
謚曰文貞比部郎中蘇端性疎狂嫉其賢乃肆毀黷異
同其議上怒貶端廣州員外司馬　新傳比部郎中蘇
端憸人也持異議宰相常衮陰助之帝以其言醜險不
實貶巴州員外司馬　舊常衮傳有司議謚楊綰爲文

貞亥徵諷比部郎中蘇端令駮之毀綰過甚端坐黜官
包佶見戶中補度中新傳失載
韋少華　新表韋氏逍遙公房右驍衛將軍衎子少華太
府卿　又韋氏南皮公房鏗子見考中補少遊弟見吏中少華
中書舍人　舊回紇傳寶應元年以中書舍人韋少華
充雍王适元帥判官兼掌書記登里可汗責王不舞蹈
引少華等榜捶一百一宿而死
楊儵　楊衡有盧十五竹亭送姪儵歸山詩唐文粹十五
李衡　新表大鄭王房泗州刺史孟犨子衡清漳尉文苑英華
九百二十三李軫泗州刺史李君神道碑口子衡故洛州清漳尉　舊崔寧傳德宗時

御史大夫崔寧選擇御史當出大夫不謀及宰相奏請
以李衡于結吏外二見等爲御史楊炎大怒其狀遂寢新傳署同
奉天錄一　建中四祀上次於咸陽咸陽令李衡俯集
疑其妻親奉御善上命貴妃以下接以恩禮傳食而過
韓愈唐故朝散大夫越州刺史薛公戎墓誌銘常州
刺史李衡遷江西觀察使署公府中職衡遷給事中齊
映自桂州以故相代衡爲江西昌黎先生集三十二　元稹河東
薛公戎神道碑文銘李衡爲刺史能以禮下公及衡觀
察江西求公爲幕中賓公許衡衡遷元微之文集五十三又五十四
有唐贈太子少保崔公墓誌銘公爲東陽主簿刺史李

衡一見自得衡遷湖南賓置之　舊德宗紀　貞元七
年正月以常州刺史李衡爲潭州刺史湖南觀察使
八年三月己亥以湖南觀察使李衡爲洪州刺史江西
觀察使舊崔佼傳李衡廉察湖南江西辟爲賓佐舊薛戎傳江西觀察使李衡辟爲從事　九
年六月庚申以給事中李衡爲戶部侍郎諸道鹽鐵轉
運使新書劉晏傳衡歷戶部侍郎　舊劉晏傳劉晏沒後二十餘年
故吏李衡等繼掌財賦新傳同
張季略二本缺略字　文苑英華百八十八有張季略省試小苑春
望宮池柳色詩唐詩紀事黎逢大曆十二年進士季略當亦於是年登第
房署　新表河南房氏諫議大夫甯子見考中署光祿卿

盧綸有和李中丞訓萬年房署少府過汾州景雲觀因
以寄上房與李早年同居此觀詩
元口方二本作元口口方格案當是季方又金中膳中補　元和姓纂二十二元兼
監察御史元正生季方兵部侍郎河南洛陽縣人　新
文藝傳阮萬頃曾孫季方舉明經調楚丘尉歷殿中侍
御史兵部尚書王紹表爲度支員外郎遷金膳二部郎
中號能職王叔文用事憚季方不爲用以兵部郎中使
新羅
魏宏簡見戶中度外補
李則則二本缺　新表趙郡李氏南祖房巖子見戶外　則河南少

尹　韓愈唐故朝散大夫尚書庫部郎中鄭君（羣）墓誌銘後娶河南少尹趙郡李則女（昌黎先生集三十二）　獨異志貞元初河南少尹李則卒（太平廣記百三十九）

李素（見度中補）　韓愈唐故河南少尹李公墓誌銘遷殿中侍御史由度支員外郎遷令萬年改度支郎中（昌黎先生集二十五）

董溪（見度中補又倉中）　韓愈唐故朝散大夫商州刺史除名徙封州董府君墓誌銘自京兆府司錄參軍拜尚書度支員外郎遷倉部郎中萬年令兵誅恒州改度支郎中（昌黎先生集二十九）新傳三遷萬年令

庾承宣（見考外補）（二本鈌）　元和姓纂（七慶）左補闕庾侶生承宣度

支員外

嚴謩（二本鈌）　舊憲宗紀下元和十四年二月己酉朔以商州刺史嚴謨爲黔中觀察使（昌黎先生集二十一開州韋侍講盛山十二詩序黔府嚴中丞爲秘書監考異云諸本中丞下有武字非方以閣杭本刪云蜀本不書名監又作少監非也又五百家註本有武字無少字）　舊穆宗紀長慶二年四月丁亥以秘書監嚴謩爲桂管觀察使　會要（七十九）故桂州觀察使嚴謨諡曰簡　大唐傳載李相國程執政時嚴謩嚴休（吏中）（休復此疑脫復字）皆在南省有萬年令闕人多屬之李公云二嚴不如謩（原本脫嚴謩二字依廣記一百七十四補無公字末句作二年不知謩）　舊敬宗紀長慶四

李彤（二本鈌彤字鉞云又似彬字又御史臺陰額監察題名作彤）

年三月庚戌朔貶司農少卿李彤吉州司馬以前爲鄧州刺史坐贓百萬仍自刻德政碑故也　新表管城李氏洪洞令玄之子彤吏部尚書　權德輿唐故太原府史事軍李府君雍（苑作司錄事參軍）墓誌銘洪洞令子萬年尉彤子之重表甥也（權載之文集二十五　墓誌府君開元十九年歿厥後七十七歲則當在憲宗元和二年）　白居易李彤授檢校工部郎中充鄭滑節度副使王源中授檢校刑部員外郎充觀察判官各兼侍御史賜緋紫制稱萬年（英華有縣字）令李彤等（白氏文集四十九　王源中見考外）

王正雅（正雅二本鈌見戶中）　舊傳元和十一年拜監察御史三

遷至萬年縣令穆宗時遷戶部郎中（不云度外）　新傳遷累監察御史穆宗時萬年令擢累汝州刺史

崔咸（見封中補）　白居易崔咸可洛陽縣令制稱度支員外郎崔咸（白氏文集四十九）　舊文苑傳下自賓佐登朝歷踐臺閣

高重　新表渤海高氏魏州別駕象子重字文明檢校戶部尚書渤海縣子　新高士廉傳五世孫重明經中第李巽表鹽鐵轉運判官凡十年進累司門郎中敬宗選重與崔郾侍講學士再擢國子祭酒　重修承旨學士壁記高重長慶四年六月四日自司門郎中充侍講學士十二月十一日遷諫議大夫寶歷二年正月六日改

給事中出守本官翰苑羣書上　舊崔郾傳昭愍卽位侍講
學士崔郾與同列高重鈔撮六經嘉言要道區分事類
凡十卷名曰諸經纂要冀人主易於省覽
李續見吏外又金中
盧貞見戶中　舊裴度傳昭愍欲行幸洛陽令度支員外郎
盧貞往東都已來檢計行宮及洛陽大內
李蠙二本鈌又倉中見左中倉外
陸仲文仲文二本鈌二　新表陸氏太尉枝陽翟令涓子仲文不
詳歷官
張周物二本以下俱鈌又祠外

李宗閔宗疑景
欒坤無考
李福見戶中　舊傳兄石爲宰相授監察御史累遷尙書郎
新書宗室宰相列傳兄石當國繇監察御史至戶部
郎中
袁亞無考
源重見勳外
〔補遺〕
杜續又主中　新表襄陽杜氏乾祐子續主客郎中　顏眞
卿東川節度使杜公碑臯度支員外主客郎中續之曾
孫顏魯公文集八又十東川節度使杜公誌臯主客郎中續之曾孫杜濟見戶中
源乾曜　新表源氏司刑太常丞𢢆當從姓纂傳作直心二子乾曜
相元宗　舊傳景雲中累遷諫議大夫　新傳第進士
神龍中以殿中侍御史黜陟江東奏課最頻遷諫議大
夫　張景毓大唐朝散大夫行潤州句容縣令岑君植
德政碑江東黜陟使朝散大夫行度支員外郎攝右臺
侍御史源乾曜以君才地加之聲實每肆揄揚先膺荐
舉續古文苑十八景龍二年
李元紘見吏中　蘇頲授李元紘度支員外郎制勑朝議郎
守潤州司馬李元紘淸眞不雜恬雅自居部劇著於祠

曹養能傳於宰邑頃聞出佐方馳日下之聲爰佇入官
猶屈黃中之美宜遷郎位以寵相門可行尙書度支員
外郎散官如故文苑英華三百九十一　舊傳自潤州司馬開元初三遷萬年縣令新傳同
李憕見吏中吏外又倉中　張說邠王府長史陰府君碑子壻度
支員外郎隴西李憕文苑英華九百三　二書忠義李憕傳不載又案憕傳張說以妹壻
陰行眞女妻憕行眞卽府君也元和姓纂二卅作行光
裴倩見勳中補度中新傳失載　權德輿裴公神道碑銘自太子司
議郎徵爲殿中丞侍御史拜度支駕部二員外遷司勳
郎中權載之文集十七
張績　新表始興張氏珦子見吏中績度支員外郎　又表

河間張氏昇子吏外補有昱續京兆司錄參軍

盧徵　舊傳徵范陽人家於鄭之中牟興元中戶部侍郎判度支元琇薦徵自珍州司戶爲京兆司錄度支員外琇得罪坐貶爲秀州長史　新傳自珍州司戶參軍元琇判度支薦爲員外郎琇得罪貶秀州長史

魏宏簡見戶中　柳宗元唐故尚書戶部郎中魏府君墓誌自宣歙副使廉使崔衍獻于天子拜度支員外宋本有郎字轉戶部郎中河東先生集九

元友直見度中　資治通鑑唐紀四十九　貞元三年七月以度支員外郎元友直爲河南江淮南句勘兩稅錢帛使

薛存誠見勳外　舊傳元和初自殿中侍御史遷度支員外郎裴垍作相用爲起居郎轉司勳員外郎　新傳元和初轉殿中侍御史累遷給事中

柳璟見吏外　舊傳自監察御史再遷度支員外郎轉吏部開成初換庫部員外郎知制誥新傳自監察御史累遷吏部員外郎

張濬　新表河間張氏仲素孫見封中鐸子見左中濬字禹川相昭宗　舊傳乾符中樞密使楊復恭自處士薦爲太常博士累轉度支員外郎黃巢將逼關輔濬託疾請告侍母挈族避亂商州僖宗出幸召至行在拜兵部郎中未幾拜諫議大夫

辛利涉　新表辛氏晨曾孫利涉度支員外郎元和姓纂同

盧茂伯又御史臺監察見又左側見題名　新表盧氏靈昌伏陸二令子哲曾孫茂伯度支員外郎

鄭叔清　新表鄭氏北祖房比部郎中丞子見戶外職方郎中叔華弟見金中叔清字貽慶夔州都督　新劉晏傳京兆尹鄭叔清等坐殘摯罷案當在肅宗時　唐會要九十三至德二年七月宣諭使侍御史鄭叔清奏承前諸使下召納錢物多給空名告身雖假以官賞其忠義猶未盡才能今皆量文武才藝兼情願穩便據條格議同申奏聞

寘至遺鄭叔清往江淮宣慰勑一作制勑逆虜未平師旅

淹歲軍用匱乏常賦莫充所以稅畝於荆吳校練於淮海從權救弊蓋非獲已夫法明則吏不欺斂均則人不怨輯事無擾繫乎使臣貞固幹事節用愛人考績視成所居斯在詔令作考志視成可歷斯任度支員外郎鄭叔清宜以本官兼侍御史充江淮東西及淮南道宣慰使至德二年七月十二日文苑英華四百六十一　舊書食貨志上　肅宗建號靈武後用雲間鄭叔清爲御史於江淮間豪族富商率貸及賣官爵以裨國用　新志肅宗即位遣御史鄭叔清等籍江淮蜀漢富商右族貲畜十收其二謂之率貸明年叔清與宰相裴冕建議以天下用度不充諸道得召人納錢給

空名告身授官勳邑號度道士僧尼不可勝計納錢百千賜明經出身商賈助軍者給復　金石錄目錄九第一千六百九唐鄭叔清碑于翰撰韓秀榮八分書　貞元九年七月

附存

齊抗見戶外補倉中　舊傳德宗在奉天拜侍御史改戶部員外郎還京後授倉部郎中新傳同　權載之文集四十齊成公神道碑銘自侍御史爲工部員外郎轉倉部郎中

歸安丁寶書編次

唐尚書省郎官石柱題名考卷十四終　勞檢丁士諤校字

唐尚書省郎官石柱題名考卷十五

仁和勞格著
趙鉞　　歸安丁寶書編次

金部郎中

唐六典戶部尚書其屬有金部郎中一人從五品上龍朔二年改爲司珍大夫咸亨元年復故掌庫藏出納之節金部財貨之用權衡度量之制皆總其文籍而頒其節制舊書新書同

石刻　長孫操　牛方裕　袁異度　于孝辯　唐曉
李緯　王德表　崔知機　殷令名　柳子房
李仲寂　劉公彥　竇暉　韋師貫　王文濟

李同福　獨孤璡　裴重暉　蕭志遠　崔元敬
路勵行　韋敏　韋德基　張統師　崔神基
侯知一　傅神童　劉守敬　楊守節　盧師立
杜從則　柳秀誠　梁皓　盧萬石　趙承恩
竇懷貞　韋嗣萬　侯令德　韋奉先　張思義
姜晞　程行諶　衡守直　薛紘　裴藏耀
周敏道　蔡泰客　薛曦　魏恬　陸景融
蕭誠　劉體微　鄭繇　裴眺　鄭愿
鄭楚客　姜虔　劉繹　李晅　郭慎微
李彥允　張萱　郭粤　第五琦　竇紹

盧允　李華　鄭璲　崔禕　鄭叔華
杜艮輔　崔浩　裴季通　王邕　嚴郢
楊晉　崔夷甫　盧杞　柳建　杜黃裳
杜佑　樊澤　路季登　王遘　李上公
元季方　李玕　韋頌　韋顗　史牟
韓臯　裴通　盧元輔　段平仲　蕭曾
許季同　陳諷　韋審規　樊宗師　裴誼
楊潛　蘇弘　邱紓　蕭澣　張公儒
劉茂復　蕭淑　李續　鄭澥　趙眞齡
嚴澗　紇干息　盧弘止　李拭　王含

孫範　張固　陸紹　韋博　羅劭權
鄭漳　劉潼　高弘簡　崔荊　杜宣猷
李景素　韋退之　張傑夫　崔隋　穆栖梧
李緘　趙璘　崔惲　李湯　鄭畋
鄭繁　李磵　任續　令狐纁　羅洙
崔彥回　呂焴　裴迟魯　林滋　李湝
崔亞　鄭誠　王愷　盧鄴　王蕘
補遺　秦叔恂　韋仲鋭　盧律師　李思諒　周行譽
魏嗣萬　劉庭璬　徐峻　鄭縏
附存　吳通微

勞檢丁士諤校字

唐尚書省郎官石柱題名考卷十五

長孫操　新表長孫氏後周大司徒薛公覽子操金部郎中樂壽安男（新傳字元節　元和姓纂金部郎中鄜州長史）舊外戚傳武德中爲陝東道行臺金部郎中出爲陝州刺史自州東引水入城以代井汲百姓於今賴之　新傳高祖辟署相國府金曹參軍未幾檢校虞州刺史從陝州城中無井人勤於汲操爲釃河溜入城百姓利安　新書地理志陝州陝縣有廣濟渠武德元年陝東道大行臺金部郎中長孫操所開引水入城以代井汲

牛方裕（見吏中）　新表安定牛氏方裕金部郎中左庶子

袁異度　新表樂陵袁氏令喜子異度太府少卿　許敬宗賀隰州等龍見表隰州刺史袁裹（彭叔夏云二字疑鉞案表當作袁裏字衍）異度表稱某月日青龍見隰州城北（文苑英華五百六十五）

于孝辯（無考）

唐曉（見勳中）

李緯　新表趙郡李氏西祖房襲高都郡公公挺子緯戶部尚書　又宗室表小鄭王房德宗相勉子緯不詳歷官　舊房元齡傳貞觀二十一年太宗幸翠微宮授司農卿李緯爲民部尚書改授洛州刺史（新傳同云改太子詹事）資治通鑑（唐紀十四）貞觀二十一年六月癸未以司農卿李

緯爲戸部尚書改洛州刺史考異曰唐厤云居無何改太子詹事今從舊傳
石刻大唐開耀二年歲次壬午二月乙丑朔八日壬申
李公碑曾孫緯皇朝宗正衞尉司農三寺卿金紫光祿
大夫荆州大都督府長史幽州都督戸部尚書太子詹
事懷洛蒲三州刺史襲高都公直隸元氏　石刻萬年宮銘
碑陰見從官名有金紫光祿大夫行宗正卿上護軍高
都縣開國男臣李緯永徽五年陝西麟游　會要七十九　贈秦州都
督高都郡公李緯謚曰定

王德表無考

崔知機又倉中　新表博陵二房崔氏隋左領軍大將軍彭

子知機洛州刺史

殷令名又金外　元和姓纂二十一欣　太子中原衍書字舍人殷聞禮
生令名金部郎中國子司業陳郡長平縣人

柳子房　新表柳氏都官郎中燮子子房戸部侍郎

李仲寂　新表蔡王房漢陽郡王瓌子沖寂兖州長史
楊烱李懷州墓誌銘公諱沖寂字廣德自城門郎尋授
駕部員外郎轉金部郎中又勅公爲戎州道支度軍糧
使遷太府鴻臚二少卿文苑英華九百五十

劉公彥　元和姓纂十八尤　劉逼國生翁彥金部郎中沛國
相縣人

竇暉疑當作惲　新表竇氏三祖房高祖相威子惲岐州刺史
元和姓纂惲金部侍郎岐州刺史侍郎疑郎中　舊
竇威傳子惲嗣封延安郡公官至岐州刺史

韋師貫錢案師貫疑是師實　新表韋氏彭城公房司農卿益州行
臺僕射雲起子師實秦州都督　舊韋雲起傳子師實
垂拱初官至華州刺史太子少詹事封扶陽郡公　張
說贈吏部尚書蕭公灌神道碑夫人京兆韋氏父師實
秦州都督張説之文集二十五

王文濟見吏外補又主中

李同福無考見吏外貼封外戸中

獨孤璡又金外　元和姓纂一屋　祕書少監獨孤開明生璡金
部郎中河南洛陽人原本誤入古今姓氏書辨證三十五今正

裴重暉無考

蕭志遠無考見戸外又倉外

崔元敬見戸外

路勵行　新表平陽路氏相州刺史德淮子勵行肇令
舊高宗紀下　總章二年七月遣司珍大夫路勵行存問
賑貸劍南

韋敏又倉中格案韋敏無考疑卽韋弘敏時代正合其單作韋敏當是避孝敬皇帝諱耳如舊書良吏傳韋機新書作韋弘機亦其證　新表韋氏平齊公房隋汴州刺史井陘

定侯師孫弘敏相武后元和姓纂太府卿平章事　新武后紀嗣聖元年正月癸巳左散騎常侍韋弘敏爲太府卿同中書門下三品表同光宅元年九月貶韋弘敏爲汾州刺史表在十月丁酉舊紀俱失載

韋德基　新表東眷韋氏閬公房文宗子德敏弟見考中補德基金部郎中

張統師　新表吳郡張氏國子祭酒後胄子統師金部郎中

崔神基見度中度外二傳失載

侯知一　元和姓纂十九侯唐刑部侍郎侯喜業生知一兵

部侍郎上谷人　舊李昭德傳長壽二年增置夏官侍郎三員時選侯知一等爲之　舊尹思貞傳長安中爲司府少卿時卿侯知一亦厲威嚴新傳同　舊李義府傳長安元年賜大理正侯善業子太子右庶子知一實封二百戶景雲元年停實封　朝野僉載周夏官侍郎侯知一年老敕放致仕上表不伏於朝當踴躍馳走以示輕便時臺中爲之語曰侯知一不伏致仕太平廣記二百五十八

傅神童　新表清河傅氏殿中侍御史交益子元淑地官侍郎冬官尚書錢案元淑當即神童　舊酷吏上傅游藝傳天授二年兄神童爲冬官尚書

劉守敬見戶外

楊守節無考

盧師立金外有師上格案師立疑是師上之誤　新表盧氏曹州司馬安石子師上金部郎中懷州刺史

杜從則見度外

柳秀誠　新表柳氏東眷房景賓玄孫季誠揚州刺史元和姓纂季誠金部郎中揚州刺史

梁皓無考

盧萬石勳外有萬碩疑是一人　新表盧氏第二房君靜子萬石司農卿昌平公　又第三房南安令德基子萬石字萬石

監察御史昌平縣侯　舊酷吏下姚紹之傳中宗朝盧萬石揚州長史　金石錄司農卿盧萬石碑李義撰八分書無姓名先天元年十月寶刻叢編二十

趙承恩　元和姓纂三十小唐有玉鈐將軍趙廉狀云自天水徙澤州長平生承恩鴻臚卿　新武后紀長安五年正月癸卯左羽林衛將軍趙承恩等討張易之等亂　舊中宗紀景龍四年六月皇后命左右衍金吾衛大將軍趙承恩等率兵五百人往均州備譙王重福舊后妃韋庶人傳同又庶人重福傳作左屯衛　新朱敬則傳赤烏白鵲棲朱仁軌所居樹按察使趙承恩表其異案敬則亳州永城人　蘇頲章懷

太子良娣張氏神道碑景雲中朝命金紫光祿大夫行鴻臚卿趙承恩等持節册贈文苑英華九百三十三　新忠義列傳上功臣等第有冠軍大將軍左羽林軍大將軍光祿卿天水縣公趙承恩右第二

竇懷貞　新表竇氏三祖房高宗相德元子天水郡都督懷恪弟見戶中補　承恩相中睿新傳字從一　舊外戚傳聖厤中爲淸河令歷越州都督揚州大都督府長史新傳仕累淸河令後遷越州都督揚州長史　唐會稽太守題名記竇懷貞長安四年自上方監授拜揚州長史會稽掇英總集十八　嘉泰志同

韋嗣萬無考　格案嗣萬無考元和姓纂有魏嗣萬金部郎中觀後石刻金外亦有魏嗣萬名按其時代亦正相合此司韋字恐是魏字之誤

侯令德　新李尙隱傳神龍中左臺中丞侯令德爲關內黜陟使尙隱佐之　孫逖東都留守韋公虛心神道碑御史賈虛舟舉以勸中丞侯令德文苑英華九百十八

韋奉先　新表韋氏小逍遥公房駕部郎中仁愼子奉先金部郎中　又逍遥公房薛王友希叔子奉先岐山令

張思義見左外

姜晞又主外　舊姜行本傳子簡簡子晞嗣郕國公開元初左散騎常侍　唐詩紀事十五　姜晞登永隆二年進士第睿宗遣宣勞使誥宜以宗正卿姜晞爲河東道宣勞使詳隱中補蕭瑗注

程行諶又御史臺殿中題名　蘇頲御史大夫贈右丞相程行諶神道碑公名則字行謀當作諶　世以字行首中甲科自定州長史未詣職入除金部郎中景龍六當作四年徵拜公長安令文苑英華八百八十九子鎭之見動外　元宗禁刺史進奉詔去年從京向都嘗亦處分蒲州刺史程行諶同州刺史李朝隱陜州刺史姜師度至其州界咸有進奉惜其能官善政乃屈法收情憶至於今豈能無怪冬中西幸不可蹕前　蘇頲遣王志愔等各巡察本管內制稱諸道按察使博州都督程行諶等開元四年七月六日文苑英華四百六十一詔令作蒲州刺

史案碑云自刑部侍郎檢校宋王府長史命爲蒲州刺史本道按察則當從詔令爲是　舊孝友裴子餘傳裴子餘補鄠縣尉時同列李朝隱程行諶皆以文法著稱新傳同　舊元宗紀開元十三年三月丙申御史大夫程行諶奏周朝酷吏子孫不許仕官與不許近仕舊酷吏傳同　舊良吏下崔隱甫傳開元十四年代程行諶爲御史大夫　定命錄程行諶年六十任陳留縣尉後有三十一政官後爲御史大夫九十餘卒後贈僕射右相太平廣記二百二十一　會要七十九　贈尙書左丞相廣平郡公程行諶謚曰貞開元十四年謚曰貞岐王府長史裴子餘謚曰孝同時列上中書令張說省之曰程裴二謚可謂謚之無愧者　新裴子餘傳同

衡守直又金外　古今萬姓統譜五十四　衡守直金部郎中
薛紘又倉中主中　新表薛氏西祖房少府少監寶胥子祠部
郎中繒弟見祠中　紘華州刺史　舊良吏下　薛珏傳父紘蒲
州刺史
裴藏耀見左外吏中作藏曜
周敏道無考
蔡秦客見戶中　元和姓纂十四泰　蔡秦客唐金部郎中濟陽
考城縣人　蘇頲授蔡秦客金部郎中制　黃門正議大
夫行尚書右司員外郎上柱國蔡秦客風格允一作敏正
文詞優洽明以在公直而履道聲馳粉署爰提建禮之

綱位總金曹宜轉司徒之屬可行尚書金部郎中散官
勳如故主者施行文苑英華三百八十九
薛曦無考
魏恬見吏外又金外二傳失載
陸景融又金外　新表陸氏太尉枝武后相元方子景融工
部尚書　舊傳歷大理正滎陽郡太守河南尹兵吏部
侍郎左右丞工部尚書　新傳以蔭補千牛轉新鄭令
累遷工部尚書　顏眞卿崔孝公陋室銘記公之澄清
中外也以畿縣令長陸景融有異政而薦之文忠集十四
李華贈禮部尚書孝公崔沔集序推舉時賢文粹權舉時得

陸尚書景融等僉爲國器文苑英華七百一唐文粹九十二
蕭識又御史臺監察題名　新表蕭氏齊梁房湖州刺史元禮子識
虢州刺史　石刻花塔寺玉石佛座題字後題朝請大
夫使持節恒州諸軍事檢校恒州刺史仍充恒陽軍使
蕭識開元十五年直隸正定
劉體微　新表彭城劉氏嘉州刺史崇直子體微諫議大
夫衛尉卿　舊張仁愿傳神龍中張仁愿在朔方奏用
始平主簿劉體微等分判軍事皆以文吏著稱多至大
官新傳同會要同云景雲二年　顏眞卿崔孝公沔陋室銘記公之
澄清中外也以畿縣令長劉體微有異政而薦之文忠集十

四　石刻賈□義周公祠碑稱朝請大夫行偃師令博陽
縣開國男彭城劉體微歷雙臺之鯁直闡雷邑之風□
開元二年河南偃師　孫逖授劉體微等諸州刺史制太中大夫
前使持節鄭州諸軍事鄭州刺史上柱國博陽縣開國
男劉體微等嘗踐郎官頻更吏職宜授任於藩邸俾榮
遷於郡國文苑英華四百十
鄭繇　舊憲文太子傳岐王雅愛文章之士與鄭繇篇題
倡和繇鄭州滎陽人北齊吏部尚書述五代孫開元初
爲岐州長史後爲湖州刺史紀事開元時岐王範愛儒士繇游其門飲酒賦詩相
媒樂子審見吏中　唐詩紀事十五　繇登嗣聖元年進士第　吳

與志鄭繇開元九年自陳州刺史授遷博州刺史統紀云十五年　蘇頲授鄭繇監察御史制通直郎行右拾遺鄭繇可行左御史臺監察御史散官如故文苑英華三百九十五

裴眺又度中祠外　新表中眷裴氏禮部尚書茂宗子眺金部郎中　石刻崔明允大唐平陽郡龍角山慶唐觀大聖祖玄元皇帝宮金籙齋頌太守臣裴眺并寮屬等山西浮山天寶二年十月

鄭愿見勳外

鄭楚客　文苑英華五百二十四有鄭楚客對圭田判舊鈔本刊本誤楚容

姜虔無考

劉繹又金中補　新表彭城劉氏工部尚書彭城侯知柔子繹金部郎中姓纂作員外　孫逖授劉繹總目作澤虞部員外郎制稱朝散大夫行河南府倉曹參軍關內道支度判官上柱國彭城縣開國侯劉繹文苑英華三百九十二

李峘見考中補又倉中　舊傳天寶中爲南宮郎歷典諸曹十餘年

郭愼微勳中愼嶶即愼徵之譌

李彥允封中有彥□　又御史臺右側侍御兼殿中併侍御見題名　又　李陽冰草堂集序天寶中就從祖陳留採訪大使彥允李太白文集一　獨孤及唐故給事中贈吏部侍郎蕭公墓誌銘所從之主則汴州刺史李彥允毘陵集十一蕭直見吏中　遥史崔相國圓表丈人李彥允爲刑部尚書安祿山反脅從僞官京城初尅復並誅夷彥允在數中判准法崔公請以官贖彥允之罪肅宗許之特詔免死流嶺外太平廣記一百四十八

張萱又御史臺右側侍御兼殿中題名　新書藝文志丙部子錄雜藝術類張萱畫伎女圖乳母將嬰兒圖按羯鼓圖鞦韆圖開元館畫直

郭粤無考

第五琦見度中補　舊傳自殿中侍御史河南等五道度支使遷司金郎中兼御史中丞使如故創立鹽法就山海井

竈收榷其鹽官置吏出糶其舊業戶并浮人願爲業者免其雜徭隸鹽鐵使盜煮私市罪有差百姓除租庸外無得橫賦人不益稅上用以饒遷戶部侍郎　新傳自司虞員外郎河南等五道支度使遷司金郎中兼侍御史諸道鹽鐵鑄錢使鹽鐵名使自琦始進度支郎中兼御史中丞當軍興隨事趣辦人不益賦而用以饒遷戶部侍郎

竇紹見戶外

盧允見吏中勳中又金外

李華見吏外補封外補禮外補

鄭璲見左中勳外

崔禕見吏外又金外

鄭叔華又倉外　新表鄭氏北祖房比部郎中丞子見戶外叔華職方郎中

杜艮輔見戶中又金外倉外

崔浩見封中又戶中

裴季通又御史臺監察題名　新表洗馬裴氏士衡曾孫季通金部郎中恒王傅　石刻權倕左輔頓僚西嶽廟中刻石記稱馮翊尉裴季通開元二十四年陝西華陰

王邕　新表太原大房王氏光復子邕金部郎中　戴叔倫有桂陽北嶺偶過野人所居聊書即事呈王丞州邕李道州圻詩王荊公唐百家詩選七　文苑英華百八十四有王邕湘靈鼓瑟詩案此詩天寶十載省試題則邕當即是年進士

嚴郢見度外新傳失載

楊晉見戶外作普　新表楊氏越公房守訥曾孫見倉中補晉金部郎中　常袞授楊晉洛陽縣令制朝議郎守尚書金部郎中楊晉仙署徊翔士林推重字人京邑多選臺郎俾分洛師之劇可守洛陽縣令仍賜緋魚袋散官如故文苑英華四百七

崔夷甫又金外　常袞授崔夷甫金部員外郎等制勅宣議郎守尚書駕部員外郎賜緋魚袋崔夷甫文苑英華三百九十一詳金外

盧杞見吏中又膳外補　舊傳歷刑部員外郎金部吏部二郎中出爲虢州刺史

柳建　新表柳氏延州司馬初子建金部郎中

杜黃裳見封中二傳失載

杜佑見度中　舊傳楊炎入相自容管經略使徵入朝歷工部金部二郎中並充水陸轉運使改度支郎中　新傳自工部郎中充江淮青苗使再遷容管經略使楊炎輔政歷金部郎中爲水陸轉運使改度支　舊德宗紀上

建中元年三月令金部郎中杜佑權勾當江淮水陸轉運使　權載之文集十一岐國公杜公淮南遺愛碑銘自容州刺史經略使入爲金部度支二郎中復兼中丞

樊澤　元和姓纂二十二元樊詠制舉及第南陽湖陽縣人今止疑河東生澤檢校右僕射襄陽節度　舊傳字安時河中人建中元年舉賢良對策自補闕歷都官員外郎尋兼御史中丞充通和蕃使遷金部郎中御史中丞山南節度行軍司馬新傳擢左補闕累遷山南東道司馬

路季登見勳中

王遘又祠中補　新表烏丸王氏給事中袞子見吏中大理少卿

遂弟見主外遺蘇州刺史　舊權德輿傳元宗末中使奉
宣至洪州過有求取州縣苦之王遘爲南昌令將執按
之　新卓行權皐列傳中人過洪州頗求取無猒南昌令
王遘欲按之　杼山集十有五言冬日建安寺西院喜
畫公自吳興至聯句一首有祠部郎中兼侍御史王遘
又有五言建安寺西院喜王郎中遘恩命初至聯句
原注時郎中正又西方道場
李上公　新表隴西李氏姑臧大房肅宗相揆弟見勳外懿
之子上公祕書監　舊王武俊傳貞元十七年武俊卒
詔左庶子上公上有缺字持節册贈太師　舊憲宗紀上元

和元年十一月丁未以司農卿李上公爲陝州大都督
府長史充陝虢觀察使　舊李蔚見考中傳祖上公位司
農卿元和初爲陝虢觀察使
元季方見度外又膳中補　新文藝傳上兵部尚書王紹表爲度支
員外郎遷金膳二部郎中號能職王叔文用事憚季方
不爲用以兵部郎中使新羅
李玕見吏中又倉外
韋頌見戶外
韋顥又金外又御史臺碑額監察又陰額知雜御史題名　新表韋氏彭城公房
涵子顥洋州刺史　又平齊公房光祿卿懷質孫顥陰

平太守案此當在元宗時時代不合
史牟見戶外
韓皐見考中考外補　舊傳累遷起居郎考功員外郎加考功郎
中知制誥遷中書舍人新傳同不云金中
裴通見戶外
盧元輔見左外補吏中　舊傳自左司員外郎歷杭常絳三州
刺史徵爲吏部郎中遷給事中不云金中
段平仲又膳外補又御史臺碑額監察題名　元和姓纂二十九換段成象生
平仲尚書左丞武威人　舊傳字秉庸登進士第貞元
十四年自監察御史坐廢七年後除屯田膳部二員外

郎東都留守判官累拜右司郎中元和初遷諫議大夫
新傳德宗時自監察御史坐廢七年元和初爲諫議大夫
蕭曾又金外　石刻崔敖大唐河東鹽池靈慶公神祠碑貞
元九年冬戶部尚書裴公延齡表職方郎中兼侍御史
馮公與駐車蒲城以馭羣吏分命前永樂縣丞張巨源
見戶外　前鄭縣丞蕭曾率屬而臨之山西安邑
許季同又金外　元和姓纂八語撫州刺史許鳴謙見度中生季
同金部郎中晉陵人　新許孟容傳弟季同舉進士自
監察御史歷長安令再遷兵部郎中徙京兆少尹　唐
科名記貞元八年陸贄主司試明水賦御溝新柳詩其

一十八許季同韓子年譜　唐會要七十六　貞元十年十二月賢
良方正能直言極諫科許季同及第緯畧脫許字　白居易
許季同可祕書監制畧云勑大理卿許季同以明慎欽
恤理刑獄以文學博雅長圖籍由廷尉而長祕府論者
榮之白氏文集四十九　白居易前長安縣令許季同除刑部
郎中前萬年縣令杜羔除戶部郎中制前長安縣令許
季同前萬年縣令杜羔等頃自郎署分宰京邑而長吏
待之小乖常禮雖同辭託故疾苑作動未得中然遠恥以
退道不失正各從免職亦既踰時況文行政能皆推於
眾詢諸時議宜有遷授尙書郎缺方選才良憲部入曹

俾膺並命季同可刑部郎中羔可戶部郎中白氏文集五十五
新杜羔傳元和中杜羔爲萬年令許季同爲長安令
京兆尹元義方責租賦不時繫二縣吏將罪之羔等辯
列尤苦尹不爲縱羔乃謁宰相請移散官憲宗遣中使
問狀具對政府苛細力不堪奉詔皆免官奪尹三月俸
議者以羔爲直　韓愈祭虞部張員外季友文稱元和
十年月日京兆尹許季同等文苑英華九百八十七　舊李渤傳
穆宗初李渤爲考功員外郎定京官考奏大理卿許季
同任使犯贓合考中下然弃家歸朝請考中中　舊穆
宗紀長慶元年十月以祕書監許季同爲華州刺史潼

關防禦鎮國軍使　二年十月以前華州刺史許季同
爲工部侍郎　敬宗紀長慶四年七月戊午太子賓客
許季同卒　元稹吉旼守京兆府渭南縣令制稱京兆
尹季同元微之文集四十八　王元啟云此疑長慶中再歷官
陳諷見吏中勳中又倉外
韋審規見左中左外
樊宗師見左中　新傳元和中自著作佐郎歷金部郎中綿
州刺史　韓愈南陽樊紹述墓誌銘嘗以金部郎中告
哀南方還言某師不治罷之以此出爲綿州刺史一年
徵拜左司郎中昌黎先生集三十四

裴誼　舊文宗紀下　大和四年九月丁丑以大理卿誼檢
校右散騎常侍江西觀察使新李遜傳子元方裴誼奏署江西府判官　新循吏
韋丹傳大和中裴誼觀察江西上言爲韋丹立祠堂刻石紀功不報　又七年四月甲申
以江西觀察使裴誼爲宣歙觀察使　八年九月故江
西觀察使裴誼乖於廉察削所贈工部尙書
楊潛見戶外　白居易楊潛可洋州刺史等制稱朝散大夫
守尙書金部郎中上柱國楊潛白氏文集四十八
蘇弘又倉外　元和姓纂十一模　蘇端見度外藍田人生宏不詳
歷官　新盧坦傳憲宗時盧坦拜宣歙池觀察使初劉
闢壻蘇彊坐誅彊兄弘宦晉州自免去人莫敢用省坦

奏弘有才行其弟從闢時距三千里宜不逼謀今坐廢
非用人意因請署判官帝曰使彊不誅尙錄其材況彼
兄耶　李翺故東川節度使盧公傳劉闢反逆其壻蘇
强坐誅死强兄弘爲晉州從事自免歸人莫敢用坦奏
言蘇弘有才行其弟强坐劉闢反誅弘與强相去三千
里必不逼謀以强廢弘非陛下惜材之志因請弘以爲
判官上曰假令蘇强當時不就誅尙宜隨材而任之況
在其兄耶遂得請李文公集十二　白居易會昌二年春題池
西小樓詩蘇李冥濛隨燭滅原注蘇庶子宏李中丞道樞
十餘年皆樓中歌酒中伴或殁或散獨予在焉白氏文集三十

六
邱紓又膳外補　元稹授巨紓陳鴻員外郎制朝議郎行左補
闕上柱國巨紓久於侍從可以序遷可膳部員外郎文苑
英華三百九十二　詳膳外補　陳鴻見主中補
蕭澥又金外　新表蕭氏齊梁房東川行軍司馬顒子澥字
明文　李商隱唐刑部尙書致仕白居易神道碑憲宗
二年以盩厔尉試進士取故蕭遂州澥爲第一唐文粹五十八
舊文宗紀下大和七年三月丁巳以給事中蕭澥爲
鄭州刺史新李宗閔傳大和中李德裕爲相帝曰衆以蕭澥等爲黨魁德裕因請皆出爲刺史帝然
之卽以澥爲鄭州　九年七月貶刑部侍郎蕭澥遂州刺史八

月再貶　蕭澥初至遂州造二幡竿施於寺設齋慶之
齋畢作樂忽暴雷霹靂竿各成數十片至來年當雷霹
日澥死酉陽雜俎四
張公儒　嚴州重脩圖經刺史題名張公儒大和六年十月五
日自職方郎中拜
劉茂復　新田弘正傳長慶元年七月成德軍亂節度使
田弘正幷家屬將吏三百餘人遇害判官劉茂復獨免
士相戒曰是人議事盡忠遇吾等信敢干其家者共殺
之
蕭淑　新表蕭氏蕭梁房大理司直悟子俶不詳歷官

舊傳俶以蔭授官大和中累遷至河南少尹九年五月
拜諫議大夫開成二年出爲楚州刺史新蕭俛傳開成初弟俶爲楚州
刺史
李續見吏外度外
鄭澥又御史臺右側侍御兼殿中題名　舊李愬傳元和十二年十月李
愬將襲蔡州其月七日使判官鄭澥告師期於裴度新傳
元和十一年　新書藝文志乙部史錄雜史類　鄭澥涼國公平蔡錄
一卷字蘊士李愬山南東道掌書記開州刺史
趙眞齡見吏中又倉中
嚴澗又祠外主中又御史臺碑額監察題名　元微之文集二十三有鄂州

寓館巖澗宅詩原注時澗不在

紇干臮見勳中

盧弘止見吏中補　度中補　二傳失載

李拭　新表江夏李氏憲宗相鄘子見吏中　拭起居舍人　新李鄘傳子拭仕歷宗正卿京兆尹河東鳳翔節度使以祕書監卒　舊李鄘傳子柱拭誤官至浙東觀察使　唐會要七十六　太和二年閏三月軍謀宏遠堪任將帥科李式及第緯畧誤大麻　文宗委中書門下處分制科及第人詔軍謀宏遠堪任將帥科舉人第四次等李栻中書門下卽與處分大詔令　資治通鑑唐紀六十二　會昌二年正

月朝廷以回鶻屯天德振武北境以兵部郎中李拭爲巡邊使察將帥能否三月李拭巡邊還新劉沔傳會昌二年天子使兵部郎中李拭調兵食因視諸將能否　新回鶻傳武宗卽位回鶻亂帝用兵部郎中李拭行邊刺狀　又唐紀六十四　會昌五年四月壬寅以陝虢觀察使李拭爲冊黠戛斯可汗使　唐會稽太守題名記李拭大中二年二月自京兆尹除檢校左散騎常侍授二年十月追赴闕會稽掇英總集十八　嘉泰志同　舊宣宗紀大中四年九月以朝請大夫檢校禮部尙書孟州刺史河陽三城節度使李拭爲太原尹北都留守河東節度使　大中五年五月以太原尹河東節度使李拭爲鳳翔節度使　元稹李拭授宗正卿等制稱殿中監三字據苑增　李拭踐履中外論倫苑作備　古今主宗之盟綽有餘譽苑作裕是可檢校左散騎常侍兼宗正卿餘如故元微之文集四十五　案元稹知制誥在穆宗初與拭時代不甚合考宗室世系表蜀王房有都官郎中嗣瓌子拭初名權宗正卿乃宗正卿仍叔之父見倉中時代正合疑是　崔琮鳳翔李業河東李拭並加招討使制河東節度使檢校禮部尙書李拭早膺儒術克擅文場幼挺瑚璉之姿尤逼冉季之政累更重任必播能名頷北門而克己訓士勤勞備著功効居多文苑英華四百五十一

王含　樊汝霖韓文公譜註王含元和八年進士五百家註音辯昌黎先生文集二十　昌黎先生集十二有送王秀才序考異曰或作進士王

含五百家本作王含秀才序　唐會要二十六　開成二年八月文宗御延英對刑部郎中干乘王含大理少卿李武章紓等自後朔望卽對刑法官以詳重輕也

孫範　新表武邑孫氏邕府經畧公器子東都留守簡第見左中補範監察御史　舊文苑中孫逖傳曾孫簡範並舉進士會昌後兄弟繼居顯秩歷諸道觀察使　新書文藝傳中範淄靑節度使

張固　桂林風土記前政張侍郎名固大中年重陽節宴於山外高峯　新書藝文志丙部子錄小說家類張固幽閑鼓吹一卷

陸紹　新表陸氏太尉枝福建觀察使庶子紹潁州刺史
杜牧陸紹除信州刺史等制中大夫前使持節申州
諸軍事守申州刺史上柱國賜紫金魚袋陸紹其先君
子仍代作相能以儒學緣飾吏理云云（樊川文集十八）　劉禹
錫王公（質）神道碑羔雁所禮則吳郡陸紹（劉賓客文集三）　酉
陽雜俎（五）虞部郎中陸紹元和中嘗看表兄於定水寺
韋博（見左中主中　勳中　又新傳失載）
羅劭權（見封中又倉外）
鄭漳　新表鄭氏北祖房楚州刺史膺甫子（見祠中）　漳太子
少傅　新逼王滋傳宣宗詔鄆王居十六宅餘五王處

郎官石柱題名考卷十五　金中　三四

大明宮內院以諫議大夫鄭漳兵部郎中李鄴（見戶外）爲
侍讀五日一謁乾符門爲王授經鄆王立乃罷　東觀
奏記（下）　大中十二年始用左諫議大夫鄭漳兵馬郎中
李鄴爲鄆王已下侍讀時鄆王居十六宅夔昭已下五
王居大明宮內院數口追制改充夔王已下侍讀五日
一入乾符門講讀鄆王卽位後其事遂停（唐會要二十六同鄭漳誤鄭覃）　舊令狐滈傳起居郎張雲疏論大中十年令狐綯
以諫議大夫豆盧籍（見左中補）刑部郎中李鄴爲夔王已下
侍讀欲立夔王爲東宮欲亂先朝子弟之序（新傳略同）
劉潼（又祠中補主外）　新表曹州南華劉氏華州司馬灌子潼

字子固河東節度使　新劉邈（見戶中）傳孫潼擢進士第
自度支巡官累遷祠部郎中大中初討党項爲供軍使
高弘簡（見度中）
崔荆　錢珝授李褒刺史等制崔荆可刑部員外郎（文苑英華四百十一　詳考外李褒注）　芝田錄崔珙爲東都留守判尚書省
事中書舍人崔荆爲庶子分務謁珙珙不爲見荆乃求
與珙素厚善者使候問之珙怒不已他日因酒酣復詰
之居守益忿曰珙誓不與此人相面且人爲文詞言語
何限豈可以珙弟兄作假對耶荆終不踰親族咸憂慄
不安甥姪中有穎悟者探取荆文集詳之乃掌制曰貶

郎官石柱題名考卷十五　金中　三五

崔球爲撫州郡丞云因貪緣雁序鼓扇澆風荆因爾感
疾（太平廣記二百四十四）
杜宣猷（又祠外）　舊高元裕傳開成四年高元裕爲御史中
丞監察御史杜宣猷等以不稱出爲府縣之職　新傳
御史官屬不稱職者監察御史杜宣猷等並奪職　黃
璞王郎中棨傳咸通三年成名歸覲廉使杜公宣猷請
署團練巡官景慕意深將有瑤席之選（麟角集）
李景素　新表隴西李氏姑臧大房祕書監上公子（見上）景
素太子庶子　舊李蔚（見考中）傳父景素大和中進士
韋退之（見左中戶外）

張傑夫　舊張毅夫見主外　傳正甫毅夫父見左外　兄式見左外
子傑夫等相次登科
崔隋見勳中補戶外
穆栖梧　元和姓纂一屋御史穆員生栖梧泗州刺史兼疑脫
中字丞河南人　石刻將仕郎權知幽州良鄉縣主簿范
隋柱國告稱朝散大夫尚書水部郎中穆栖梧等咸通二年
六月十一日駕部郎中知制誥臣王鐸行
李緘王本下一字缺趙本作緘鉞審定是緘字無考
趙璘又度中祠外　新表南陽趙氏昭應尉伉子璘字澤章
因話錄三　開成三年余忝列鈔本判第考官刑部員外郎

紇干公見勳中　鄙人蹇薄晚方通籍　又一　大中七年冬
詔來年正月一日御含元殿受朝賀璘時爲左補闕請
權御宣政殿　又一　宰相因奏對以遺補多闕請更除
八人上曰諫官但要職業修舉亦豈在多只如張道符
牛業趙璘輩三數人足矣使朕聞所未聞　資治通鑑
唐紀六十五大中七年十二月左補闕趙璘請罷來年元會
止御宣政　新牛叢傳宰相請廣諫員宣宗曰諫臣惟
能舉職爲可奚用衆耶今張符趙璘牛叢使朕聞所未
聞三人足矣　東觀奏記上　大中十年鄭顥知舉後宣
宗索科名記顥表委當行祠部員外趙璘採訪諸家科

目記撰成十三卷　北夢瑣言十　趙璘員外爲裴坦相
漢南從事璘甚陋　趙璘直書戒珠寺余長慶中始冠
將爲進士生寓此肄業及開成余以前讐校祕書游越
逮今二十二換四時矣循分累寸奇蹇塵寰晚守江嶺
强號顯達末題咸通三年正月二十五日中大夫守衢
州刺史趙璘直書會稽掇英總集十六直疑眞誤　新書藝文志丙部
子錄道家類　棲賢法雋一卷原注僧惠明與西川節度判官鄭愚漢州刺史趙璘論佛書
又丙部子錄小說類　趙璘因話錄六卷原注大中衢州刺史水部員外郎趙璘
案此書今存前題　又丁部集錄別集類　趙璘表狀集一卷
崔惲無考

李湯　新表小鄭王房宗閔兄見吏外宗冉子湯字希仁給
事中　舊李宗閔傳弟子湯累官至給事中咸通中踐
更臺閣知名於時　新李宗閔傳弟子湯累官京兆尹
黃巢陷長安殺之　舊僖宗紀乾符四年正月以諫議
大夫李湯爲給事中
鄭畋見戶中　舊傳咸通五年自從事入爲刑部員外郎轉
萬年令九年劉瞻作相薦爲翰林學士轉戶部郎中尋
加知制誥俄遷中書舍人不云金中　新傳入爲刑部員外
郎劉瞻薦授戶部郎中翰林學士俄知制誥
鄭緐見左外

李裯見戶中又倉外
任繕二本繕誤結又主中　京兆金石錄唐平盧節度孫公妻滎
陽郡君鄭氏墓誌唐任繕撰大中四年寶刻叢編七京兆府長安縣
令狐纁又倉外　神仙感遇傳錢道士杭州臨安人初從太
守令狐纁至京師　又令狐綯餘杭太守纁子
羅洙又金外　南部新書戊　大中九年沈詢尚書知舉第七
人放羅洙
崔彥回　新表清河小房崔氏玘子彥回字端源毛本瑞
呂焜無考又倉外
裴延魯　新表東眷裴氏江西觀察使儔子延魯字東禮

浙東觀察使　唐才子傳八　于濆咸通二年裴延魯榜
進士　唐會稽太守題名記裴延魯咸通十五年六月
自中書舍人授浙東觀察使乾符二年十月二十一日
加左散騎常侍會稽掇英總集十八　嘉泰志同
林滋又度中　唐摭言三　會昌三年王起僕射再主文柄門
生一榜二十二人和周墀詩第十一八　林滋字後象
李涪　新表蔡王房太子賓客容子涪詹事府丞　又大
鄭王房太子太傅福子見戶中　涪不詳歷官　新叛臣下　王
行瑜傳始王行瑜亂宗正卿李涪盛陳其忠必悔過乾
寧二年斬行瑜帝怒放死嶺南　李氏刊誤序前題唐

國子祭酒李涪撰　新書藝文志丙部子錄小說家類李涪刊誤
二卷　刊誤上予亦爲尚書郎陪郎上事多矣又云予
嘗爲河南少尹下　予乾寧三年九月行弔名士之家
崔亞崔二本缺　北夢瑣言十一　唐崔亞郎中典眉州　孫樵唐
故倉部郎中康公墓誌銘大中二年冬爲進士試官峭
獨不顧雖權勢莫能撓其與選者不逾年繼踵昇第今
尚書屯田郎中崔亞十輩皆出其等列孫可之文集八咸通十三年
鄭諴見戶中主中附存　舊傳宗紀乾符三年七月以金部郎中
王慥爲戶部郎中主客郎中鄭諴爲金部郎中格案當是金部
郎中鄭諴爲戶部郎中蓋與王慥誤互易其官位耳說見戶中附存王慥注

王慥又主中戶中附存　新表太原第二房王氏鐈子慥弟見祠外
慥不詳歷官　舊傳宗紀乾符三年六月以荊南節度
副使王慥爲主客郎中七月以金部郎中王慥爲戶部
郎中格案當是主客郎中王慥爲金部郎中說見上　禪月集十二　聞王慥常侍
卒三首注公爲婺州大理
盧鄴　新表盧氏太子太師鈞子見吏中　鄴字漳臣祕書省
校書郎　雲谿友議二　浙東廉使李尚書訥聽盛小叢
歌送崔侍御元範有觀察疑脫支字使盧鄴和詩　唐詩紀
事五十九　盧鄴大中四年登第
王葆　新表琅邪王氏貞伯子葆字禮羽　資治通鑑唐紀

六十九 乾符四年二月王郢攻台州陷之刺史王葆退守唐興 嘉定赤城志八乾符五年崔葆爲台州刺史

補遺

秦叔恂 金外有叔惲 元和姓纂十七 唐金部郎中秦叔恂河內武德人

韋仲鋭 新表韋氏逍遥公房秦州刺史協子仲鋭金部郎中 姓纂同

盧律師 新書藝文志 乙部史錄刑法類 永徽留本司格後十一卷金部郎中盧律師等奉詔撰儀鳳二年上 會要三十九金部作右司

李思諒 又倉中祠外 新表趙郡李氏東祖房散騎常侍來王子思諒金部郎中

周行譽 元和姓纂十八九 金部郎中周行譽隴西人

魏嗣萬 又金外 元和姓纂八未 魏氏東祖後吏部員外郎中書舍人求己 見吏外補 生嗣萬金部郎中鉅鹿人

劉庭璬 又金外 元和姓纂十八尤 金部郎中劉翁彦 公彦見上 生崇基崇基生庭璬金部郎中沛國相縣人

徐峻 見封外又倉中 元和姓纂九魚 徐峻金部郎中長城人

鄭綮 見左中補吏外補戶外又倉外 舊傳歷監察殿中倉戶二員外郎金刑右司三郎中 新傳擢累左司郎中

附存

吳通微 見金外禮中補 重修承旨學士壁記吳通微建中四年自金部郎中充 翰苑羣書上翰林院故事金外充

歸安丁寶書編次

唐尚書省郎官石柱題名考卷十五終 勞檢丁士謌校字

唐尚書省郎官石柱題名考卷十六

仁和　勞格　趙鉞　著　歸安丁寶書編次

金部員外郎

唐六典戶部尚書其屬有員外郎一人從六品上隋曰承務郎皇朝爲員外郎龍朔咸亨隨曹改復掌同郎中舊書新書同

鄭通諒　尹文憲　秦叔惲　杜超　王昕
張珪　殷令名　李太沖　裴行儉　韋惲
權知本　李伯符　獨孤璡　房正則　裴克諧
唐不占　趙崇嗣　夏侯亮　齊璿　王宏之

徐昭　游祥　盧師巳　宇文有意　楊博物
紀先知　田貞松　李幾道　李仙童　李元恭
魏嗣萬　李頲　趙金穀　崔先意　何敬之
紀全經　衛守直　劉庭璬　杜元志　李守直
齊澣　魏恬　陸遺逸　陸景融　盧廙
袁仁敬　宋珣　杜令昭　薛綝　鄭長裕
鄭少微　馮紹烈　李庭誨　孔眘言　姜昂
夏侯銛　馬元直　馮光嗣　張利貞　呂周
鄭昭　張琡　盧諭　陽潤　徐浩
王元瑾　馮用之　張漸　吳伋　邊承斐

盧允　沈震　盧簡金　姚沛　李澥
崔禕　裴皐　張之緒　裴霸　趙縱
裴冀　陳少遊　李昂　杜良輔　王宇
韋寂　屈無易　鄭岑　崔縱　崔審
韋士模　吳郁　王緯　袁高　李舟
高參　侯嶠　吳通微　竇參　獨孤良器
趙計　蕭存　韋顒　蕭曾　鄭敬
顏頵　陸則　許季同　崔從　元宗簡
張植　段鈞　崔琯　路異　路羣
段文通　蕭澣　李孝嗣　史備　呂鏞

李顧行　崔元式　李武　陸暢　杜愷
趙柷　韓益　陳玄錫　李敬方　李播
李貽孫　李弘休　馬曙　馮韜　韋同靖
張覺　李潘　張特　馮緘　陳翰
于德晦　盧穎　孟球　李俶　鄭延休
王氷　趙隱　嚴都　李蘧　崔厚
張乂思　裴德符　敬湘　趙祕　羅洙
楊範　源蔚　張元遜　張譙　竇珝
李道弊　杜致美　周禹
補遺　韋幼平　黃麟　郭良　劉繹　韋縠

崔夷甫　奚陟　蔡南玉

勞檢丁士諤校字

唐尚書省郎官石柱題名考卷十六

鄭通諒無考

尹文憲　元和姓纂十七準　隋長盈王長史尹式生文憲中書舍人給事中樂城人

秦叔惲金中補有秦叔徇疑即叔惲之誤

杜超見左中補又倉中

王昕　新表烏丸王氏美暢子見封中　昕司農卿薛公石刻口口汐刂口口王美暢夫巫長孫氏墓誌銘子昕等不詳歷官　又表琅邪王氏武后相綝子吏中方慶　昕字光業忠王司馬　新書地理志句容縣西南三十里有絳巖湖大厤十二年令王昕復置至大金陵新志五下作十三年　樊珣絳巖湖記大厤十二祀縣大夫兼大理司直太原王公昕蓄爲湖塘文苑英華八百十三　獨孤及撫州南城縣客館新亭記廣德二年台司擢王公昕爲南城毘陵集十七　長安志七　唐京城一朱雀門街之東安仁門坊西南汝州刺史王昕宅昕薛王業之舅親王外家甲第並列京城美之

張珪見戶中補

殷令名見金中

李太冲又祠中　新表趙郡李氏東祖房隋大理少卿孝威子太冲雍王友　舊書孝友李知本傳父孝端與族弟太冲俱有世閥而太冲官宦最高新傳同　新書文藝下李華

傳曾祖太沖名冠宗族間太宗時擢祠部郎中

裴行儉見戶外　張說贈太尉裴公神道碑明經補左屯衛倉曹詔舉轉雍州司士遷金部戶部二員外歷都官郎中長安令張說之文集十四　舊傳自左屯衛倉曹參軍顯慶三年六遷長安令

韋惲見戶外度中補

權知本無考

李伯符　石刻唐益州學館廟堂記碑陰有德陽縣令趙郡李伯符永徽元年二月四川華陽

獨孤璡見金中

房正則無考見吏外

裴克諧　新表洗馬裴氏祖曾孫克諧都官員外郎

唐不占　新表唐氏尚書左丞益州長史皎子不占字思義金部員外郎

趙崇嗣　元和姓纂三十小　兵部郎中殿中　武强公趙元楷生崇嗣虞部郎中商州刺史天水西縣人　李嶠授趙崇嗣南由縣令等制稱朝議郎前行慶州同川縣丞趙崇嗣典農朔陲有京庾之績可行隴州南由縣令散官如故文苑英華四百十五

夏侯亮　唐會要六十六　儀鳳後夏侯亮檢校隴右諸牧監使

齊璿　元和姓纂十二齊　唐黃門侍郎齊璿成都人　四川成都志十一　齊璿證聖元年自尚方監爲益州大都督府長史

王宏之無考

徐昭　新表北祖上房徐氏春官尚書校江郡公筠子昭字德光虞部郎中元和姓纂同　新李嗣眞傳賀蘭敏之修撰東臺表李嗣眞直宏文館與學士劉獻臣徐昭皆少有名號三少　唐會要七十六　乾封元年幽素科徐昭及第緯略同

游祥　元和姓纂十八尤　唐比部郎中游仁宗生祥金部員外廣平人

盧師巨見金中作師立

宇文有意　元和姓纂九虞　宇文儒童孫有意膳部郎中兗州刺史河南洛陽人

楊博物無考

紀先知見吏中

田貞松無考見勳中

李幾道考道誤通

李仙童　新宗室表蔡王房尚旦子仙童不詳歷官　又

宰相表趙郡李氏東祖房蔚州司馬君武子仙童不詳

歷官

李元恭（見勳中勳外）

魏嗣蔼（見金中補）

李頎（又主中）　新宗室表蔣王房嗣蔣王左千牛衛將軍欽

福子頎不詳歷官

趙金穀　元和姓纂（三十小）　趙金穀本名鍾唐金部員外洪

州都督河間蠡吾縣人　張九齡故辰州盧溪令趙公

碣銘有子曰瑝歷官侍御史尚書郎洪州都督（唐丞相曲江張

先生文集二十　案碣銘公大祖田北齊河間通守因

家于饒陽亦既重世今為饒陽人考饒陽卽深州本析

定州瀛州置瀛州卽河間郡與

姓纂徙河間頗合鍾疑瑝之誤）

崔先意　新表博陵二房崔氏挺後承福子（見左中）　先意鄧

州刺史　呂温崔公（淙）行狀祖諱先意皇朝朝議大夫

守鄧州刺史（呂衡州文集五）

何敬之（無考又禮中）

紀全經（見戶中補）

衡守直（見金中）

劉庭璬（見金中補）

杜元志（見考中又祠中）

李守直（無考）

齊澣（見勳外）　舊文苑傳（中）　景雲二年爲監察御史開元中

爲給事中遷中書舍人（新傳同）

魏恬（見吏外金中二傳失載）

陸遺逸　朝野僉載中書令崔湜太平黨被流嶺南至荆

州尋有御史陸遺免齎敕令自盡（太平廣記二百七十九）

陸景融（見金中二傳失載）

盧廙（又御史臺監察題名）　新表盧氏宏肅子廙商州刺史　御史

臺記曰唐殿中內供奉盧廙持法細密雖親故貴勢無

所迴避（太平廣記二百四十九）

袁仁敬（見吏中勳外又倉外）

宋珣　唐會要（八十五）　開元九年正月監察御史宇文融奏

大理評事宋珣等充勸農判官（詳監察宇文融注）　王維裴僕

射（耀卿）齊州遺愛碑大駕還都分遣中丞蔣欽緒御史

劉日政（見吏中）　宋珣等巡按皆嘉公之能奏課第一

杜令昭（又倉中又御史臺侍御殿中監察題名）　新書地理志海州朐山縣

東二十里有永安隄北接山環城長十里以捍海潮開

元十四年刺史杜令昭築

薛縑　新表薛氏西祖房少府少監寶胤子縑金部員外

郎　元稹唐故越州刺史兼御史中丞浙江東道觀察

等使贈左散騎常侍河東薛公（戎）神道碑文銘祖曰河

南縣令贈給事中縑於郊州刺史寶肩爲季子元微之文集五
十三　韓愈唐故朝散大夫越州刺史薛公墓誌銘郊州
刺史竇允季子諱縑爲河南令以卒昌黎先生集三十二考異縑或作謙
鄭長裕又倉中祠外
鄭少微見吏中戶中
馮紹烈又御史臺侍御殿中監察題名　元和姓纂一東　邢州刺史安昌公
馮昭泰生紹烈兵部郎中鴻臚卿京兆人邢州原誤刑部据張說之
文集改　舊宇文融傳開元中司農少卿蔣岑見膳外補舉奏
宇文融在汴州迴造船腳隱沒巨萬給事中馮紹烈又
深文按其事實　新傳司農發宇文融在汴州給隱官

息錢巨萬給事中馮紹烈深文推證　張說故括州刺
史贈工部尚書馮公昭泰神道碑天子嚴謁山陵推恩庶
辟公次子給事中紹烈並搆會堂仰延榮贈又云第五
子紹烈御史中丞張說之文集二十五　開元十八年
李庭誨又御史臺殿中監察題名　石刻張之宏兗公之頌都督渤海
李公諱庭誨天寶元年四月山東曲阜
孔昚言　新表下博孔氏國子司業惠元子祠部郎中立
言弟俱見祠中愼言黃州刺史　孔氏祖庭廣記六　愼言三
十五代黃州刺史　舊書隱逸衞大經傳開元初畢搆爲
蒲州刺史謂解令孔愼言造門就謁時已年老辭疾不

見新傳同
姜昂見左外勳中　蘇頲授姜昂右司員外郎制稱尚書金部
員外郎姜昂可尚書右司員外郎散官勳如故文苑英華三百
九十一
夏侯銛見度外
馬元直又御史臺監察又左側題名　元和姓纂三十五馬　太府卿馬元素
生元直金部員外西河人　輿地碑記目四　潼川府引
圖經云馬元直在唐爲滁州刺史家有開元中誥
馮光嗣見勳外又倉外
張利貞又御史臺監察又左側貶題名　舊牛仙客傳開元二十四年河

西節度崔希逸見吏中奏牛仙客在河西時省用所積鉅
萬上令刑部員外郎張利貞馳傳往覆視所積倉庫盈
滿器械精勁皆如希逸之狀新傳畧同避嫌名去貞字　舊安祿山
傳天寶初河北採訪使張利貞常受祿山賂　定命錄
張利貞代韋恒見左外主陳留郡卒於城中太平廣記一百四十七
韓愈唐故河南縣令張君署墓誌銘大父利貞有名
玄宗世爲御史中丞舉彈無所避由是出爲陳留守領
河南道採訪處置使數歲卒官昌黎先生集三十
呂周又度中又御史臺陰右稜又左側題名　孫逖授呂周侍御史等制稱
行殿中侍御史呂周文苑英華三百九十四　詳御史題名

鄭昭 見封中戶中
張埱 新表洛陽張氏睿宗玄宗相說子埱給事中　舊
張垍傳天寶十三載出垍弟埱爲宜春郡司馬李肇翰林志作
十二載　新傳自給事中爲宜春郡司馬　韋執誼翰林
院故事開元二十六年始以翰林供奉改稱學士自後
給事中張淑等相繼而入焉　又云張淑自給事中充
翰苑羣書上　張九齡故開府儀同三司行尚書左丞相燕
國公贈太師張公說墓誌銘季子曰椒符寶郎開元二十年
唐丞相曲江張先生文集十八
盧諭 見戶外

陽潤 無考 又御史臺殿中又右側侍御兼殿中題名
徐浩 又御史臺左側題名　元和姓纂九魚洛州刺史徐嶠之生浩吏
部疑脫侍字郎東海郡公居會稽　舊傳字季海越州人舉
明經自太子司議郎遷金部員外郎歷憲部郎中　石
刻大唐嵩陽觀紀聖德感應頌朝散大夫檢校尚書金
部員外郎上柱國臣徐浩書天寶三載二月河南登封　石刻張
式大唐故銀靑光祿大夫彭王傅上柱國會稽郡開國
公贈太子少師東海徐公神道碑銘改太子司議郎東
都留守王倕辟從其事遷金部員外郎轉都官郎中充
嶺南選補使轉刑部郎兼司農少卿再轉兵部領東都

選舉 河南偃師
王元瑾 無考 又御史臺右棱陰左棱題名
馮用之 又倉中　元和姓纂一東萬年縣令馮用之洛陽人
集古錄目唐戶部尚書章仇兼瓊碑唐檢校倉部郎中
馮用之撰碑天寶十年立寶刻叢編七京兆府長安縣
張漸　舊蘇晉傳蘇晉與洛陽人張仲之兄弟友善仲之
謀殺武三思下獄死晉厚撫仲之子漸有如己子教之
書記爲營婚官晉卒漸制猶子之服　新傳蘇晉厚撫
張仲之子漸爲營婚宦晉卒漸喪之若諸父云　新書
文藝中 蕭穎士傳天寶時倭國遣使入朝自陳國人願得

蕭夫子爲師者中書舍人張漸等諫不可而止　韋執
誼翰林院故事開元二十六年始以翰林供奉改稱學
士自後中書舍人張漸等相繼而入焉　又云開元已
後張漸自中人充　丁居晦重修承旨學士壁記張漸
中書舍人充並翰苑羣書上　舊趙國珍傳天寶中中書舍人
張漸薦趙國珍有武畧習知南方地形　新外戚楊國忠
傳天寶十載楊國忠拜劍南節度支度營田副大使知
節度事本道山南西道採訪處置使開幕府引張漸等
自佐而留京師　舊楊國忠傳楊國忠黨翰林學士張
漸等憑國忠勢賂來賂遺車馬盈門財貨山積天寶十

五載國忠敗皆坐誅滅　新(外戚)傳翰林學士張漸等俱走山谷民爭其貲富埒國忠漸坐誅　嚴州重修圖經(刺史題名)張漸天寶九載十月口日自饒州刺史拜

吳仮(無考又御史臺右側侍御兼殿中題名)

邊承斐　文苑英華(五百十七)有邊承斐(一作裴)對太廟登歌判　又(五百三十六)邊承斐(總目作裴)對太室擇嗣判

盧允(見吏中勳中金中)

沈震(又御史臺左稜又右側侍御兼殿中題名)　元和姓纂(四十七寢)大理正易直子震祕書少監吳興武康縣人　殷亮顏魯公行狀玄宗以公爲戶部侍郎依前平原太守充本郡防禦使公

以前侍御史沈震爲判官(顏魯公文集)　新顏眞卿傳詔拜戶部侍郎用沈震爲判官　令狐峘顏魯公神道碑銘前殿中侍御史沈震等各杼器能參贊成務(据年譜時在天寶十五載正月)　舊后妃(睿眞皇后沈氏)傳德宗贈太后父易直第二子祕書少監震太尉　顏眞卿吳興沈氏述祖德記乾元中徵士驎士製述祖德碑爲盜火所襲過江二十葉孫御史中丞震移牒郡國請其封葺(文忠集十三)　陸贄論朝官闕員及刺史等改轉倫序狀頃者臣因奏事論及內外序遷陛下乃言舊例居官歲月皆久朕外祖曾作祕書少監一任經十餘年(陸宣公集二十一)

盧簡金(又倉中)　新肅宗紀天寶十五載六月朔方支度判官崔(疑盧)簡金等迎太子治兵于朔方　舊杜鴻漸傳天寶末肅宗北幸至平涼杜鴻漸與支度判官盧簡金等謀迎至靈武(新傳畧同)

姚沛(又主中)　釋皎然唐湖州大雲寺故禪師瑀公碑銘主客郎中姚沛亶逌溪之靈鷲山之英門多才傑世著匡佐而瑀公善焉(杼山集九)

李澥(又御史臺左側題名)　新表趙郡李氏南祖房湖城令雍門子(墓誌作雍問)澥字堅冰刑部侍郎　穆員刑部郎中李府君墓誌天寶中擢進士至德歲克復二京博求多士自參

相府張公鎬軍事徵拜金部員外郎稍遷刑部郎中(文苑英華九百四十三)

崔禕(見吏外金中)

裴阜　新表南來吳裴氏耀卿子(見考外補)綜弟(見吏中)阜給事中　石刻許孟容唐故侍中尙書右僕射贈司空文獻公裴公神道碑銘子阜最知名官至給事中(元和七年稷山)　韓愈監察御史元君妻京兆韋氏夫人墓誌銘王考夏卿娶裴氏阜女阜爲給事中(昌黎先生集二十四)

張之緒　新表魏郡張氏高宗相大安孫(見戶中)左金吾將軍洽子之緒都官郎中　新書藝文志(乙部史錄職官類)張之

緒文昌損益二卷原注德宗時人　杜工部集八有宿青溪驛奉懷張員外十五兄之緒詩

裴覇見吏外

趙縱見吏中

裴冀　舊代宗紀大厤十二年四月大理少卿裴翼等十餘人皆坐元載貶官新元載傳與元載厚善坐貶者裴冀等數十百人　舊楊炎傳建中時楊炎誣殺劉晏遣腹心裴冀往東都河陽魏博諸道宣慰新傳同詳考外補盧東美注

陳少遊　舊傳博州博平人擢第寶應元年自河東節度判官入爲金部員外郎尋授侍御史迴紇糧科使改檢

校職方員外郎充使檢校郎官自少遊始也　新叛臣傳上累遷侍御史迴紇糧料使加檢校職方員外郎充使檢校郎官自少遊始

李昂見吏中封外考外補戶外又倉外考中附存

杜亘輔無考見戶中金中又倉外

王孚無考

韋寂見左中

屈無易　元和姓纂八大厤中職方郎中屈無易洛陽人

鄭岑　新表鄭氏北祖房鄆州刺史再思子岑司門郎中、文苑英華五百二十六有鄭岑對蜡饗不祀判

崔縱見封外戶中　舊傳自京兆府司錄累遷金部員外郎父渙貶道州刺史棄官就養丁父憂終制六遷大理卿新傳父渙貶縱棄金部員外郎就養

崔審　新表博陵安平崔氏監察御史昇子審大理卿　舊崔甯傳弟寬見左外寬兄審大厤中亦任郎中諫議大夫給事中新傳審至給事中

韋士模　新表韋氏小逍遙公房馮翊太守濟子士模彭州刺史

吳郁　新編方輿勝覽六十九吳郁鳳州兩當人爲侍御史以言事被謫居家不仕與杜子美交游　杜甫兩當縣

吳十侍御江上宅詩昔在鳳翔都共通金閨一作門籍天子猶蒙塵東郊暗長戟兵家忌間諜此輩常接跡臺中領舉劾君必慎剖析不忍殺無辜所以分白黑上官權許與失意見遷斥又云余時忝諍臣丹陛實咫尺相看受狼狽至死難塞責杜工部集三　又十有范二員外邈吳十侍御郁特枉駕闕展待聊寄此詩　金石錄目錄六第一千一百七十二唐夢眞容碑吳郁正書開元二十九年六月　韋續墨藪吳郁字體綿密不謝當時

王緯　舊傳字文卿太原人舉明經又書判入等大厤中出佐使府授御史郎官入朝爲金部員外郎劍南租庸

使　新傳大厤中爲路嗣恭江西觀察判官德宗時進

給事中

袁高又主外　新表樂陵袁氏中宗相恕己孫淮陽太守建康子高給事中　舊傳字公頤登進士第累辟使府代宗登極徵入朝累官至給事中御史中丞建中二年擢京畿觀察使新傳代宗時累遷給事中建中中拜京畿觀察使　吳興志袁高正元二年自韶州長史員外置同正員授遷給事中統記云袁高建中二年　吳興志誤唐詩紀事三十五建中二年高刺湖州與統記合錢氏大昕得高題名於長興小石山文云大唐州刺史臣袁高奉詔修茶口記至口山最高堂賦茶山詩興元甲子歲三春十日又紀事載高詩皇帝尚巡狩云云定爲興元元年在建中二年案興元甲子當是高賦詩之歲其刺郡當在建中二年也

舊德宗紀上　興元元年八月己未前湖州刺史袁高爲給事中舊傳自京畿觀察使論事失旨貶韶州長史復拜給事中　新傳自京畿觀察使坐累貶韶州刺史復拜給事中趙明誠云據碑陰記則高代宗朝未嘗爲給事中德宗朝未嘗拜京畿觀察使其貶韶州時實爲中丞而其爲中丞與湖州刺史傳皆不載以證唐史之誤　李吉甫唐茶山詩述碑陰記大厤中從其父贄皇公辟爲丹陽令再表爲監察御史浙西團練判官德宗嗣位累遷尚書金部員外郎右司郎中擢御史中丞爲盧杞所忌貶韶州長史尋刺湖州收復之歲徵拜給事中以卒金石錄二十八　案唐會要七十八建中二年二月十八日卻置京畿觀察使以御史[illegible]袁高充使趙云未嘗拜亦誤　顏眞卿湖州烏程縣杼山妙喜寺碑大厤七年眞卿蒙刺是邦

時浙江衍西觀察判官殿中侍御史袁君高巡部至州會於此上又云柱之有支徑以袁君步焉因呼爲御史徑顏魯公文集四

李舟見吏外　粱肅虔州刺史李公墓誌銘由監察轉殿中侍御史建中初朝廷釐飭百度高選尚書諸曹郎拜公金部員外郎遷吏部文苑英華九百五十一　舊梁崇義傳建中元年流人郭昔告變命金部員外郎李舟諭旨安之新傳同　詳吏外注

高參　新書后妃下　代宗睿眞皇后沈氏傳建中元年中書舍人高參上奉迎皇太后議　舊舒王誼傳建中三年

八月以兵部員外郎高參爲本司郎中充元帥府掌書記　舊德宗紀上　貞元元年七月庚申以諫議大夫高參爲中書舍人　南部新書王　貞元初中書舍人五員俱缺在省唯高參一人未幾亦以病免　粱肅常州刺史獨孤及行狀藝文之士遭公發揚集作揮盛名比肩於朝廷則有中書舍人渤海高參文苑英華九百七十二　新獨孤及傳及喜鑒拔後進如高參等皆師事之　白居易故滁州刺史贈刑部尚書滎陽鄭公墓誌銘次子公逵朝賢高參等累以孝悌稱薦白氏文集四十二

侯嶠　元和姓纂十九侯　金部員外侯嶠京兆人　文苑英

華五百二十一有侯嶠對里正主妹喪判
吴通微又禮中補金中附存　舊文苑下　吴通元傳兄通微建中四年
自壽安縣令入爲金部員外召充翰林學士尋改職方
郎中知制誥七年改禮部郎中尋轉中書舍人新吴通玄附見
寶參傳弟通微德宗立弟兄蹕召爲翰林學士頃之通微遷職方郎中知制誥　舊德宗紀上
建中四年十二月乙丑以金部員外郎吴通微爲職方
郎中翰林學士如故　韋執誼翰林院故事貞元已後
吴通微金外充職中又充知誥又充賜紫改大諫又充
丁居晦重修承旨學士壁記吴通微建中四年自金
部郎中充累遷中書舍人賜紫金魚袋卒官並翰苑羣書上

竇參　新表竇氏三祖房聞喜尉審言子參相德宗　舊
傳字時中自監察御史轉殿中侍御史改金部員外郎
刑部郎中侍御史知雜事無幾遷御史中丞新傳自監察御史入
爲御史中丞
獨孤良器　元和姓纂一屋獨孤頻生良器通州刺史京兆
人原本誤入古今姓氏書辯證三十五今正　舊趙宗儒傳貞元六年趙宗
儒領考功事右司郎中獨孤良器以過黜之新傳同
趙計又祠外　元和姓纂三十小　殿中監趙計河東人　舊代
宗紀大麻十二年十月御史趙計坐差檢渭南田曲附
度支使韓滉云不損貶官　舊韓滉傳大麻十二年秋

霖雨害稼京兆尹黎幹奏畿縣損田滉執幹奏不實命
御史巡覆迴奏諸縣凡損三萬一千一百九十五頃時
渭南令劉藻曲附滉言所部無損戶部分巡御史趙計
復檢行奏與藻合代宗覽奏以爲水旱咸均不宜渭南
獨免申命御史朱敖再檢渭南損田三千餘頃上謂敖
曰縣令職在字人不損猶宜稱損損而不問豈有恤隱
之意也卿之此行可謂稱職下有司訊鞫藻計皆伏罪
藻貶萬州南浦員外尉計貶豐州員外司戶新傳畧同
蕭存又倉外　新文藝中　蕭穎士傳子存字伯誠建中初由殿
中侍御史四遷比部郎中張滂主財賦辟存留務京師

權德輿祭故祕書包監文稱貞元八年五月朔日故
吏金部員外郎蕭存等權載之文集四十八　白居易遊大林寺
序周覽屋壁見蕭郎中存魏郎中弘簡見戶中　李補闕渤
三人姓名文句又云自蕭魏李遊迨今垂二十年寂寥
無繼來者元和十二年四月九日白氏文集四十三　顏眞卿湖州烏程
縣杼山妙喜寺碑大麻壬子歲眞卿叨刺于湖公務之
隙乃與常熟主簿蕭存以季夏於州學及放生池日相
討論韻海鏡源至冬徙于茲山東偏來年春遂終其事
顏魯公文集四
韋顗見金中

蕭會見金中
鄭敬見左中補戶中
顔頵　石刻顔眞卿唐故通議大夫行薛王友柱國贈祕
書少監國子祭酒太子少保顔君惟貞廟碑銘君孫頵有
吏幹歙州錄事參軍曲阜男建中元年陝西西安
陸則見左中補
許季同見金中新傳失載
崔從見吏外　舊傳元和初自宣州團練觀察副使入朝累
遷吏部員外郎新傳自宣州副使入爲殿中侍御史遷吏部員外郎
元宗簡又倉中　元和姓纂二十二元元鉐生宗簡河南洛陽縣

人不詳歷官　白居易故京兆元少尹文集序居敬姓
元名宗簡河南人自舉進士歷御史府尚書郎訖京亟
尹二十年長慶三年冬疾歿白氏文集六十八　又四十九　有元
宗簡父鋸贈尚書刑部侍郎制　元稹元宗簡授京兆
少尹制宗簡可權知京兆少尹散官勳賜如故元微之文集四
十六
張植　白居易張植李翺等二十人亡母追贈郡縣夫人
制稱壽州刺史張植亡母某氏等白氏文集五十一　杜牧唐
故歙州刺史邢君墓誌銘今夫人南陽張氏壽州刺史
植女樊川文集八邢羣見戶外　石刻蜀丞相諸葛武侯祠堂碑陰

武元衡題名後列知度支西川院事承奉郎殿中侍御
史內供奉賜緋魚袋張植元和四年二月四川成都
段鈞　舊吐蕃傳下元和十二年四月以殿中侍御史段
鈞充弔祭贊普副使
崔琯見左外吏中　吏外　舊傳自諸侯府入朝爲尚書郎大和
初累遷給事中　新傳稍歷吏部員外郎進給事中
路異又御史臺侍御知雜題名　新表平陽路氏太子詹事鄜坊節度
使恕子異兗州刺史　乾道臨安志三唐杭州刺史路
異詳左中補陸則注
路羣　新表平陽路氏諫議大夫季登子見勳中　羣字正大

二傳作正夫　舊路巖傳父羣登進士第又書判拔萃穆宗
初自監察御史累加兵部郎中大和二年遷諫議大夫
新傳文宗朝累官中書舍人翰林學士承旨
段文通　唐會要四十五　元和十五年六月敕以大理正段
文通爲殿中侍御史準二月五日制勳閥之後可任臺
省官者故有是命
蕭澣見金中
李孝嗣無考
史備　白居易楊潛可洋州刺史李繁可遂州刺史史備
可濠州刺史制將仕郎前使持節光州諸軍事守光州

刺史雲騎尉史備可使持節濠州諸軍事守濠州刺史
充團練渦口西城等使官勳如故白氏文集四十八楊潛見戶外
呂鏄　元和姓纂八語庫部郎中澤州刺史呂牧生鏄臨汝
人又家緱氏
李顧行又御史臺監察題名　鍾輅前定錄陳彥博以元和五年崔
樞廣記有侍郎二字下及第上二人李顧行李仍叔仍叔見倉中
舊馮定傳寶厤二年長壽縣尉馮洪治告郢州刺史馮
定詔監察御史李顧行鞫之
崔元式　新表博陵大房崔氏仲哲後尚書右丞儆子見主
外元式相宣宗　舊崔元略傳弟元式會昌三年紀四

檢校左散騎常侍河中尹河中晉絳觀察使　新傳始
署帥府僚佐累官湖南觀察使
李武　新表趙郡李氏東祖房趙州刺史翺子武大理評
事　舊吐蕃傳下長慶元年九月以尚舍奉御兼監察
御史李武爲西蕃盟會使判官　唐會要二十六開成二
年八月延英對大理少卿李武等詳金中王含注　白居易有
通事舍人太僕丞李武可守本官兼監察御史充盟會
判官制白氏文集四十九詳封外劉師老注
陸暢無考
杜慥　杜牧上宰相求湖州第二啟文宗改號三年堂兄
慥守潯陽會昌元年四月兄慥自江守蘄樊川文集十六　又
上宰相求杭州啟長兄慥罷三原縣令閑居京城同上
又爲堂兄慥求澧州啟庫部家兄昨者特蒙獎拔却忝
班行實以聽聞稍難不敢更求榮進今在郢州汨口草
市絕俸已是累年孤外生及姪女堪嫁者三人仰食待
衣者不啻百口脫粟藁藿才及一飡伏蒙仁恩頻賜顧
問必許援拯同上　雲溪友議十一　池州桂疑杜少府慥亳州
韋中丞仕符二君皆以長年精求釋道樂營子女厚給衣
糧任其外住若有飲宴方一召來柳際花間任其娛樂
李晝詩曰秋浦亞卿顏叔子當由太府少卿出刺池州

也　長安志十一廣惠公祠唐開成二年册終南山爲廣
惠公命長安縣令杜慥南山下置祠宇以季夏土王日
致祭
趙柷見左外　劉禹錫送趙中丞自司金外郎轉官參山南
令狐僕射幕府詩注趙氏兄弟皆僕射門客劉賓客文集二十八
格案中丞疑卽趙柷令狐楚見禮外補
韓益　新表昌黎韓氏都官郎中閬州刺史述子益金部
員外郎　舊歸融傳開成中金部員外郎韓益判度支
案子弟受人賂三千餘貫半是擬贓上聞御史中丞歸
融曰韓益所犯與盧元中見戶外　姚康見左外　孰甚對曰元

中興康枉破官錢三萬餘貫益所取受人事比之殊輕乃貶梧州司戶新傳畧同　舊李石傳用金部員外郎韓益判度支案益坐贓繫臺石奏以益曉錢穀錄用之不謂貪猥如此新傳用韓益判度支案以贓敗石曰臣本以益知財利不保其貪　舊李宗閔傳開成三年殷侑與韓益奏官及章服楊嗣復以益前年犯贓未可其奏鄭覃託云幸且勿論新傳畧同

陳玄錫　新表潁川陳氏邕子文宗相夷行子見吏中補　元錫不詳歷官　舊陳夷行傳弟元錫進士擢第又制策登科　唐會要七十六　長慶元年十二月賢良方正能直言極諫科陳元錫及第緯畧同　穆宗處分賢良方正等科

舉人制賢良方正能直言極諫第五上等人陳元錫中書門下郎與處分大詔令

李敬方見戶中又度中

李播　舊僖宗紀乾符三年六月敕福建觀察使李播等授官之時衆詞不可並宜停任　杜牧唐故進士龔軺墓誌會昌五年十二月某自秋浦守桐廬路由錢塘時刺史趙郡李播樊川文集九　又杭州新造南亭子記趙郡李子烈播立朝名人也自尚書比部郎中出爲錢塘樊川文集十　唐詩紀事四十七　李播登元和進士第又云以郎中典蘄州　劉賓客文集二十八　有送蘄州李郎中赴任詩　舊懿宗紀咸通十年正月將軍李播爲宿州刺史赴廬州行營招討使　新宗室表蔡王房文芳子播不詳歷官　舊李淳風傳父播隋高堂尉棄官爲道士　新書藝文志乙部史錄地理類李播方志圖卷亡又丙部子錄道家類李播注老子卷亡　案已上非一人

李貽孫　李貽孫歐陽行周文集序大和中予爲福建團練副使大中六年予又爲觀察使鈔本　寶刻叢編十九　唐都督府記唐夔州刺史李貽孫撰繆師愈書其記州之城壘祠宇古跡甚備碑以會昌五年十一月立集古錄目三　金石錄目十　第一千八百六十九唐李貽孫神女廟詩

正書無姓名會昌五年九月　石刻華嶽題名左諫議大夫充宏文館學士判館事賜紫金魚袋李貽孫大中三年十二月八日奉制祈雪小男進士同吉學究靜復從行　又題名福建都團練觀察處置等使兼御史中丞李貽孫大中五年七月廿七日口鎮將男意承文蔚口復合昭謁嶽而退　寶刻類編六　祕書監陳商誌左諫議大夫弘文館學士李貽孫撰幷書大中四年立　歐陽行周文集序結銜稱福建等州都團練觀察處置等使正議大夫使持節都督福州諸軍事福州刺史兼御史中丞上柱國賜紫金魚袋李貽孫纂　廣川書跋

八鄮都宮陰眞人祠刻詩三章唐貞元中刺史李貽孫
書武億曰貞元至大中越五六十年貽孫少致通顯至此已八十餘疑貞元字有誤案地理志鄮都屬忠州
則貽孫嘗爲忠州刺史矣
李弘休　石刻蜀丞相諸葛武侯祠堂碑陰楊嗣復記後
列銜有節度推官監察御史裏行李宏休大和九年八月八日四
川成都
馬曙又倉外　新敬晦傳辟山南東道節度府與馬曙聯合
于是帥不政法制陵頹曙引大吏廷責之
馮韜見封外
韋同靖　崔鋠授馮韜司封員外郎等制同靖門胄光華

郎官石柱題名考卷十六　金外　五四

深通聖典可金部員外郎文苑英華三百九十一詳封外
張覺無考
李潘見勳中勳外
張特　白居易遊大林寺序余與范陽張特凡十七人自
遺愛草堂歷東西二林抵化城憩峯頂登香爐峯宿大
林寺元和十二年四月九日白氏文集四十三
馮緘見戶中
陳翰　新書藝文志丙部子錄小說類　陳翰異聞集十卷原注唐末屯田
員外郎　石刻紇干濬贈太尉韓允忠神道碑乾符元年
十一月皇帝下缺郎中曹鄴太子下缺議大夫李景莊見考中

庫部員外郎陳翰備鼓吹升輅車由　宣政正衙
及　公之靈座册贈司徒謚曰□山東莘縣
于德晦見吏外戶外
盧頵倉中作盧頵　杜牧盧頵除監察御史等制頵佐賢侯名
聲籍甚留滯在外而非所宜樊川文集十七
孟球見勳中戶中
李儆　新宗室表大鄭王房輿兄節度使從晦子見吏中補儆
司農寺主簿
鄭延休見封中考外
王氷　新表太原王氏文宗相播子見考中補氷京兆府參軍

郎官石柱題名考卷十六　金外　五五

李宗閔故丞相尚書左僕射贈太尉王公神道碑子
次曰氷始參文粹作授京兆府參軍事其器甚遠文粹器度宏遠文苑
英華八百八十八大和四年　舊韋抗傳開元中韋抗爲京畿按察
使舉金城尉王氷等爲判官後皆名位通顯會要在景雲二年
唐會要八十五　開元九年正月監察御史宇文融奏長安
縣尉王氷等充勸農判官詳監察宇文融注　新書列女傳眉
州司功參軍王琳妻韋訓二子堅氷有法後皆名聞
金石錄目六第一千一百五十六唐太原尹王氷墓誌崔
宗之撰井行書開元二十七年十月寶刻類編三作太原令在京兆
黃帝內經素問序末署大唐寶應元年歲次壬寅又有素問

六氣元珠密語序此文宗相播子與在實應者不合

趙隱見封外勳中　舊傳累遷郡守尚書郎新傳歷州刺史

嚴都見勳中

李遵　李遵惠山寺記遵赴河陽辟召路出寺下末署大中十一年五月十三日懷孟等觀察使從事試大理評事兼監察御史李遵重題文首云舅氏扶風公又云內弟審餘寓書請於遵又云我舅氏由吏部拜執法寶犨見吏中

崔厚見左中補誤原吏外勳中勳外

張乂思　舊懿宗紀咸通六年二月以金部員外郎張乂思等試拔萃選人

裴德符見戶中補

敬湘湘王攻相　新表敬氏太子賓客晦子見封中　湘盧州刺史

趙秘見吏中補戶中

羅洙見金中

楊範又祠外　新表楊氏越公房漢公子見封中　範字憲之楚州刺史　舊楊漢公傳子範登進士第累辟使府新漢公傳子範仕亦顯

源蔚無考

張无逸見左中戶中度中

張譙又主中　舊僖宗紀乾符三年七月以金部員外郎張譙為主客郎中　新書南蠻中　南詔列傳中和三年南詔來迎公主詔檢校國子祭酒張譙為禮會五禮使

竇琊琊二本鈇　舊僖宗紀乾符三年七月以屯田員外郎竇琊為金部員外郎

李道彞道王本□

杜致美見度中

周禹無考

補遺

韋幼平　新宰相表韋氏鄖公房太子詹事武陽穆侯琨子幼平金部員外郎幼平姓纂誤初平

黃麟又御史臺左側又右側侍御兼殿中　國秀集上金部員外郎黃麟詩一首

郭良　國秀集中金部員外郎郭良詩二首

劉繹見金中　元和姓纂十八尤工部尚書彭城侯劉知柔生繹金部員外彭城人新宰相表作郎中

韋敫又倉外祠外　新表東眷韋氏閬公房滎州刺史玢子敫金部員外郎姓纂同

崔夷甫見金中　常袞授崔夷甫金部員外郎等制勑宣議郎守尚書駕部員外郎賜緋魚袋崔夷甫朝散大夫行尚書祠部員外郎上柱國韋敎疑作敫等清心在公彊力

從政縱橫之辯嘗亦專達緣飾以儒素推彊敏參訂集作久參奏議頗練朝章宜從滿歲之遷俾轉集作輔分曹之次爽甫可尚書金部員外郎散官賜如故敎可行尚書倉部員外郎散官勳如故文苑英華三百九十一

竇陟 見左中吏外 舊傳自太子司議郎歷金部吏部員外郎左司郎中新傳同 劉賓客文集二故吏部侍郎竇公神道碑自太子司議郎從大駕回入尚書爲司金元士且參権筦之務有頃持憝册宣恩于蘇門將行錫銀朱于靑蒲上復命稱旨轉吏部外郎左司郎中

蔡南玉 新書藝文志丙部子錄道家類 蔡尊師傳一卷名南玉字叔寶宋祠部尚書郭士世孫歷金部員外郎棄官入道大厤中卒

歸安丁寶書編次

唐尚書省郎官石柱題名考卷十六終 勞檢丁士謌校字

唐尚書省郎官石柱題名考卷十七

仁和 勞 格 著
趙 鉞
歸安丁寶書編次

倉部郎中

唐六典戸部尚書其屬有倉部郎中二人舊唐書職官志郎中員外之職掌判天下倉儲受納租稅出給祿廩之事龍朔改郎中爲司度大夫咸亨復新書郎中員外各一人

石刻 杜超　高季通　李行詮　董敬元　薛紘

李橙　徐峻　姚黯　韋損　苗粲

盧雲　斑肅　崔莸　姚弘慶　盧穎

裴思口　裴㲄　于孝口　韋元長　李恂

韋素立　趙弘口　崔知機　崔義起　韋璲

李懷儼　王元壽　朱延度　武志元　李思諒

楊德裔　房玄基　韋敏　口守眞　王守眞

魏克己　裴琰之　崔神福　李晉容　敬暉

李嗣眞　徐太玄　李孟口　竇珣　盧齊卿

崔琮　崔宣道　宋庭瑜　竇崇嘉　王齊休

口承家　崔希喬　鄭永　鄭浦　杜令昭

杜惟孝　蕭炅　李元祐　鄭長裕　戴休珽

薛江童　崔諒　李峘　馮用之　李粵

王分　裴從　盧簡金　王□　歸崇敬

陸澶　郭晤　杜枚　趙驊　孫成

齊抗　趙聿　龐詧　□逖　陳諫

裴堪　董溪　鄭權　李諒　蘇弁

元宗簡　談峯　柏耆　□弘度　李仍叔

奚敬元　趙眞齡　陸簡禮　鄭魴　崔瑝

崔瑨　邢翥　李□　□邁　畢諴

胡德章　李俅　崔郢　錢方義　李蠙

康璙　皇甫鎬　樊驤　高殷　韋岫

孫奭　□翊

補遺　韋慶植　杜賢　楊守訥　于素　裴瑾之

高崘　王德玄　陳惠滿　韋伯陽　鄭粵

張知微　薛麟　齊照　崔晉　楊嵓

于武乾　殷佐明

勞檢丁士諤校字

唐尚書省郎官石柱題名考卷十七

杜超　見左中補金外

高季通　見戶中又倉外

李行詮　朝野僉載貞觀中左丞李行廉弟行詮前妻子忠太平廣記一百七十一

董敬元　見吏中戶外　元和姓纂一董　董敬元倉部郎中幽州刺史宏農人

薛紘　見金中又主中

李憕　見吏中外補　吏外度二傳失載

徐峻　見封外金中補

姚黯　無考

韋損　見度中　新表韋氏小逍遙公房嗣業子損不詳歷官　元和姓纂同　元和姓纂八徵韋氏鄖城公房陝州刺史岳子生損職方郎中潤州刺史京兆杜陵人陝原誤峽據舊良吏傳蕭鄴韋正貫碑改　常袞授韋損大理少卿制勑銀青光祿大夫前潤州刺史上柱國馮翊縣開國男韋損京江按部終始六年勤職惠人風化一變循吏之稱去而益彰可行大理少卿散官勳封如故文苑英華三百九十八　嘉定鎮江志一唐永泰二年潤州練塘石刻江淮轉運使劉晏奏狀備潤州刺史韋損及耆舊等狀

苗粲見左中勳外

盧雲見戶中　元和姓纂十一倉部郎中盧雲三原人

斑肅見封外又祠外

崔蔇　元稹崔蔇檢校都官員外郎兼侍御史充河東判官五字依苑增制司空度愼簡其屬毗于厥政惟蔇及洙苑作銖咸在茲選是用輟我糾察副其勤求元微之文集四十八　嘉禾志十四唐太和四年閏十二月蘇州刺史崔蔇帖海鹽縣取六里山石刻　石刻崔微等華岳題名有前開州刺史崔微男蔇大厤七年三月廿日西上　又協律郎李口等題名有華陰縣令崔蔇元和十年五月十二日陝西華陰

姚弘慶　新表吳興姚氏湖州司功參軍希齊子弘慶字引之蘇州刺史　舊五代史晉書十八姚顗傳祖宏慶蘇州刺史

盧頲金外有盧頲　邢澍金石文字辨異八北齊邑義主一百人等造靈塔記頲越於雀離案頲作頲

裴思口

裴穀無考

于孝口

韋元長無考二本鈌

李恫王本鈌趙本李洵

韋素立見封外補

趙弘口封中有弘敏無考

崔知機見金中

崔義起義二本鈌見戶中補　舊西戎龜茲傳貞觀二十二年倉部郎中崔義起與曹繼叔韓威等擊龜茲相那利那利敗走新傳畧同

韋璲璲二本鈌又倉外補見吏外　新表韋氏鄖公房陵州刺史津子璲倉部郎中

李懷儼儼王本鈌　舊李襲志傳兄子懷儼頗以文才著名歷蘭臺侍郎受制檢校寫四部書進內以書有汙左授郢

州刺史後卒於禮部侍郎　唐會要六十三貞觀二十年閏三月四日詔更撰晉書屯田員外郎李懷儼等詳其條例量加考正　舊文苑上崔行功傳高宗時朝廷大手筆多是司文郎中崔行功及蘭臺侍郎李懷儼之詞

王元壽見吏中

朱延慶戶外有延慶　元和姓纂十虞梁領軍朱异曾孫延慶唐倉部郎中錢塘人

武志元　新表武氏始州刺史贊國節公士逸子志元倉庫部郎中元和姓纂志元倉部郎中　舊書外戚武懿宗傳父元忠高宗時仕至倉部郎中

李思諒見金中補又祠外
楊德裔　楊炯常州刺史楊公墓誌銘公諱德裔字德裔
弘農華陰人自頻州幽州二司馬制徵尚書郎御史中
丞尋以公事去官又云最集作凡為六集無此字尚書郎二年
文苑英華九百五十　資治通鑑唐紀十六龍朔二年三月司憲大夫
楊德裔劾奏左武衛大將軍鄭仁泰等　又二年八月
奉輦直長許自然遊獵犯人田射田主詣司憲訟之司
憲大夫楊德裔不爲治三年三月德裔以阿黨流庭州
誌云以公事免郎指此也

房玄基　新表河南房氏彥雲子玄基倉部郎中
韋敏見金中
□守眞或作裴守眞未確錢案疑是王守眞見祠外　新表南來吳裴氏南鄭
鄭令脊子守眞字方忠邠寧二州刺史　舊孝友傳舉
進士應八科舉新傳六科高宗時授太常博士天授中爲司
府丞推究詔獄務存平恕前後奏免數十家不合旨出
爲汴州司錄新傳司馬累轉成州寧州刺史新傳畧同　石刻許
孟容唐故侍中尚書右僕射贈司空文獻公裴公耀卿神
道碑銘考守眞□□□□□□□□封尉太常博士
詳正學士夏官員外成寧二州刺史贈戶部尚書俱不云倉
中疑非　新書藝文志乙部史錄儀注類　裴守眞神岳封禪儀注
十卷　寶刻類編二洪州刺史王守眞碑賀遂涉撰崔
璘書先天二年卷五重出作崔濤寶刻叢編八引京兆金石錄作崔璹
魏克己見戶外
裴珍之見戶外　舊裴漼傳父珍之歷任倉部郎中新傳同
石刻故銀青光祿大夫祕書監兼昭文館學士侍讀上
柱國常山縣開國公贈潤州刺史馬公懷素墓誌銘尚
書倉部郎河東裴珍之博學深識見名知人音旨儀形
海內籍甚
崔神福　新表南祖崔氏義元子見左中補神福荊州長史
李晉容　新表趙郡李氏東祖房虢州別駕文政子晉客

司農卿元氏縣男客疑容
敬暉　新表敬氏澄城令山松子暉字仲曄相中宗　舊
傳弱冠舉明經聖曆初累除衛州刺史再遷夏官侍郎
新傳同　李嶠授敬暉營繕少監制前中大夫檢校洛陽
縣令上柱國平陽縣開國男敬暉護衣仙閣已著聲芳
製錦神畿遽聞課績可檢校營繕少匠散官勳封如故
文苑英華三百九十九
李嗣眞　新表趙郡李氏西祖房趙州長史彥宗舊傳作悰子
嗣眞太常卿新傳字承胄　舊書方伎傳弱冠明經舉調露
中爲始平令徵拜司禮丞永昌中拜右御史中丞知大

夫事新傳同

徐太玄二本佚　元和姓纂九西兗州刺史新陽王徐遠生榮孫太元唐倉部郎中高平山陽縣人　舊李敬元傳總章二年李敬玄兼檢校司列少常伯選人有杭州參軍徐太元者初在任時同僚有張惠犯贓至死太元哀其母老乃詣獄自陳與惠同受惠贓數既少遂得減死太元亦坐免官不調十餘年敬元知而大嗟賞之擢授鄭州司功參軍太元由是知名後官至祕書少監申王師以德行爲時所重敬元賞鑒多此類新傳畧同　長安志十唐京城四朱雀街之第三街延康坊北門之西中書

令閻立本宅後申王傳符太玄元居之西亭有立本所畫山水案符疑徐誤

李孟口王本缺趙本李口口孟下似德字

竇珣　新表竇氏三祖房吏部常選令瑜子珣不詳歷官

又汾州長史襲杞國公靈運子珣華州刺史扶風郡公

盧齊卿　新表盧氏太子率更令赤松子承泰字齊卿太子詹事廣陽郡公舊傳作縣公二書盧承慶傳齊卿承泰子與此異　舊傳長安初爲雍州錄事參軍開元初爲幽州刺史新傳爲雍州參軍拜幽州刺史　唐語林三　盧令爲宗楚客紀處訥所排左遷金州司馬劉幽求戮宗紀翌日命金州司馬盧齊卿京兆少尹知府事載柳冲常侍所著姓系劉氏卷　梁肅京兆府司錄西廳盧氏世官記御史中執法范陽盧公佋見戶中王父廣陽公肇久史集作吏案吏是職發于京兆綱紀之任由司倉掾爲之縣登郎官更貳本府布澤于彭滑幽徐之人端護春官崇贈少保文苑英華八百三十一

崔琮見封外

崔宣道又御史臺侍御題名　會要七十六天授二年二月十五日十道使舉人魏州內黃縣尉崔宣道等二十三人授衞佐校書蓋天后收人望也試官自此始容齋四筆十一同　舊良吏下裴懷古傳神龍中代裴懷古爲并州長史下車而罷

新傳同　舊元宗紀開元二年七月庚子薛訥與副將崔宣道等總兵六萬於灤河爲賊所敗遁歸減死除名爲庶人　舊薛訥傳詔與定州刺史崔宣道等率衆二萬討契丹等六月至灤河盡爲契丹等所覆訥歸罪於崔宣道等詔盡令斬之新傳同

宋庭瑜見度中補又倉外

竇崇嘉見考中補

王齊休又倉外有王齊口　新表烏丸王氏工部員外郎遵孫齊休倉部郎中

口承家王本缺趙本口家格審定是御史臺侍御李承家出東祖房不詳歷官

崔希喬見勳外

鄭承見戶外

鄭浦

杜令昭見金外

杜惟孝　李邕大唐泗州臨淮縣普光王寺碑稱州牧杜公惟孝文苑英華八百五十八

蕭炅　會要八十七　開元二十二年九月太府少卿蕭炅充江淮處置轉運使　舊書食貨志下　開元二十一年裴耀卿爲黃門侍郎同中書門下平章事充江淮河南轉運都使以河南少尹蕭炅爲副明年耀卿拜侍中而炅代二十五年運米一百萬石天寶三載韋堅代蕭炅據新志韋堅代李齊運非炅也　會要五十九　開元二十二年九月蕭炅除太府少卿知度支事　舊吐蕃傳開元中以岐州刺史蕭炅爲戶部侍郎判涼州事代崔希逸爲河西節度使

舊嚴挺之傳開元中李林甫引蕭炅爲戶部侍郎炅早從官無學術誤讀伏臘爲伏獵挺之白張九齡出爲岐州刺史新傳略同　新書玄宗紀開元二十七年八月壬午吐蕃寇邊河西隴右節度使蕭炅敗之　舊忠義下李憕傳開元二十八年李憕爲河南少尹時蕭炅爲尹依倚權貴淽事多不法新傳出爲河南少尹尹蕭炅内倚權骫法殖私憕裁抑其謬吏下賴

之　舊酷吏下吉温傳天寶初蕭炅爲河南尹有事京臺差温推詰事連炅堅執不捨賴炅與右相李林甫善抑而免之已爲京兆尹新傳畧同　會要二十九　天寶二年八月一日刑部尚書兼京兆尹蕭炤及百僚請改千秋節爲天長節制可炤避諱改　舊崔圓傳蕭炅爲京兆尹薦爲會昌丞新傳同　舊楊國忠傳天寶八載京兆尹蕭炅李林甫所親善楊國忠皆誣奏譴逐林甫不能救新外戚傳同

李元祐見戶中又倉外

鄭長裕見金外又祠外

戴休珽二本休延疑卽休珽之誤　案勳外補有戴林珽倉外有休珽　石刻開元天寶聖文神武皇帝夢烈祖玄元皇帝靈應頌朝散大夫守倉部郎中上柱國戴璇撰序天寶元年七月陝西盩厔　新書戴休顏傳弟休璿歷開府儀同三司封東陽郡王　金石錄月錄六第一千一百四十八唐江州刺史戴希謙墓誌從子休琁撰次子嶍八分書開元二十六年十一月　文苑英華二百五　有戴休珽古意一首

薛江童江童王本缺見封外

崔諒　新表南祖崔氏太子諭德總子諒不詳歷官

李峘見考中補金中　舊傳天寶中爲南宮郎歷典諸曹十餘

年
馮用之見金外　集古録目唐戶部尚書章仇兼瓊碑唐檢
校倉部郎中馮用之撰碑天寶十年立寶刻叢編七京兆府長安縣
李甹　新宗室表郇王房元宗相林甫子將作監岫弟見勳
外　甹司儲郎中　又宰相表趙郡李氏東祖房襄城主
簿福慶子甹不詳歷官　又懷州司馬貞悌子甹揚州
別駕　又蕭山丞令思子甹不詳歷官　舊李林甫傳
子崿爲司儲郎中天寶十二載謫于嶺表新傳同　元宗
削李林甫官秩詔男前司儲郎中甹配流蒼梧郡仍除
名卽綱馳驛領送大詔令

王分無考　于邵送王郎中赴蘄州序大君當宁七載日月
會於降婁有詔尚書倉部郎中王公出典於蘄文苑英華七百
二十三　格案郎中未詳其名今姑附于此
裴從見左中又倉外
盧簡金見金外
王□王本有趙有
歸崇敬二本作□崇□今審定又膳中補主外　元和姓纂八唐工部尚
書歸崇敬吳郡人　舊傳字正禮以經業擢第天寶末
射策高第自潤州長史遷主客員外郎又兼史館修撰
改膳部郎中大厤初新羅王卒授崇敬倉部郎中兼御
史中丞賜紫金魚袋充弔祭册立新羅使使還授國子
司業兼集賢學士新傳畧同新書新羅傳同　舊東夷新羅傳大厤
三年上遣倉部郎中兼御史中丞賜紫金魚袋歸崇敬
持節賚册書往弔册之新傳止云大厤初遣倉部郎中歸崇敬往弔　會要
九十五　大厤三年二月命倉部郎中歸崇敬兼御史中丞
持節册命新羅王
陸淳淳二本鈌見左中　舊柳冕傳貞元六年十一月上親行郊
享倉部郎中陸質等攝禮官同修郊祀儀注以備顧問
新傳畧同
郭晤晤二本鈌見吏中補封中

杜牧無考二本是校字王考誤牧
趙驊驊二本鈌又膳中補膳外補　新表南陽趙氏殿中侍御史敫
先子驊祕書監元和姓纂比部郎中祕書監致仕　舊忠義傳下驊字
雲卿開元中舉進士連擢科第自福建觀察判官試司
議郎兼殿中侍御史入爲膳部比部二員外膳部倉部
二郎中祕書少監入仕三十年方霑省官　新宗儒傳
父驊自左補闕遷累尚書比部員外郎建中初遷祕書
少監舊宗儒傳父驊祕書少監
孫成見勳外　舊文苑傳中　代宗朝自長安令歷倉部郎中
京兆少尹新文藝傳同

齊抗（齊二本鈌見戶外補度外附存）　舊傳德宗還京國用盡竭鹽鐵轉運使元琇以抗有才用自戶部員外郎奏授倉部郎中條理江淮鹽務貞元初爲水陸運副使督江淮漕運以給京師遷諫議大夫（新傳畧同）　權載之文集（十四）齊成公神道碑銘蕭黃門復布愷澤於東夏命公爲工部員外郎以贊焉復命轉倉部郎中李懷光阻命於蒲連兵未解關中饑旱經費不足轉粟饋軍濟時之艱患求才急病命使以專達遷兵部郎中兼御史中丞以董其任俄拜諫議大夫

趙聿　舊吐蕃傳（下）貞元二年命倉部郎中兼侍御史趙

聿爲入吐蕃使（新傳作建）

龐眘　元和姓纂（四）江　龐景高生眘湖州刺史南安人　吳興志龐眘正元七年自倉部郎中授遷絳州刺史（統記作三年）

口述（二本鈌）

陳諫　新劉晏傳陳諫以劉晏爲管蕭之亞著論紀其詳　順宗實錄（四）永貞元年七月戊子以倉部郎中判度支陳諫爲河中少尹王伾叔文之黨於是始去（昌黎先生外集九）　舊附王叔文傳王叔文敗陳諫已出爲河中少尹自台州司馬量移封州刺史陳諫轉通州卒（新傳自河中少尹貶台州司馬終循州刺史）　舊穆宗紀長慶元年三月乙丑以循州刺史陳諫爲道州刺史量移也

裴堪（堪王本甚）　新表南來吳裴氏阜子（見金外）　堪江西觀察使　舊張茂宗傳貞元中茂宗起復駙馬都尉太常博士韋彤裴堪請待終制德宗不納（據舊蔣乂傳事在貞元十三年乂傳不詳彤堪官位）　新書（儒學下）韋彤傳貞元十二年太常博士韋彤裴堪議罷朔望進食太廟　舊憲宗紀（上）元和六年四月以諫議大夫裴堪爲同州防禦使　又七年十一月甲申以同州刺史裴堪爲江西觀察使　白居易除裴堪江西觀察使制同州刺史裴堪日者入爲諫議大夫出

爲左馮翊曾未周歲政立績成可江西觀察使兼御史中丞（白氏文集五十五）　劉禹錫寄呈江西裴中丞詩是時左馮翊天下第一理　劉禹錫送湘陽熊判官孺登府罷歸鍾陵因寄呈江西裴中丞二十三兄詩注中丞爲博士製相國柳宜城謚議識者韙之頃授予以其本厥後牧和州節度使杜司徒以中丞材譽俱高欲令軍裝以重戎府故授以本州團練使滿坐觀腰鞬禮成驩甚相視而笑後房燕樂卜夜縱談予忝司徒之賓時獲末坐初中丞自尙書屯田員外郎出守踵其武者今給事中穆公代給事者右丞段公予不佞繼右丞之後（劉賓客文集二）

十八　舊呂元膺傳江西觀察使裴堪奏虔州刺史李將
順贓狀（新傳同）　新李固言傳江西裴堪表署幕府　新
封敖傳元和中江西裴堪辟置其府　舊敬宗紀寶厤
元年閏月丙戌戶部尚書致仕裴堪卒　元稹裴堪授
工部尚書致仕制畧云裴堪等奉事先帝更歷中外以
疾以年皆致厥政並沐新恩例升榮級（元微之文集四十六）　石
刻華嶽題名有前萬年縣尉裴堪貞元九年七月廿五
日（陝西華陰）　劉禹錫寄呈江西裴中丞詩昔升君子堂腰
下綬猶黃注中丞時爲萬年尉　石刻蜀丞相諸葛武
侯祠堂碑陰武元衡題名後列行軍司馬中大夫檢校

太子左庶子兼成都少尹御史中丞雲騎尉賜紫金魚
袋裴堪（四川成都元和四年）　河東先生集八故銀青光祿大夫
右散騎常侍輕車都尉宜城縣開國伯柳公行狀貞元
十五年正月太常博士裴堪議宜謚曰貞奉敕依
董溪（溪王本鈌度中補　見度外）　元和姓纂一董董谿倉部郎中河東
人　韓愈唐故朝散大夫商州刺史除名徙封州董府
君墓誌銘自度支員外郎遷倉部郎中萬年令兵誅恒
州改度支郎中（昌黎先生集二十九　新傳三遷萬年令）
鄭權（又御史臺碑額監察題名）　新表鄭氏北祖房京兆府參軍受子
權萬年令（集古錄目權字復道）　舊傳登進士第德宗時自涇原

行軍司馬御史中丞入朝爲倉部郎中累遷至河南尹
（新傳自涇原行軍司擢累河南尹）　集古錄目唐房琯碑陰記唐石洪
撰兵部郎中鄭權書房琯有遺愛碑在濟源元和六年
琯從祖子式以河南尹奉詔祠濟源洪等刻此記于碑
陰（寶刻叢編五孟州）
李諒（見度中　又祠外）
蘇弁（蘇王本鈌　見度中補）　舊儒學傳下德宗時自監察御史歷三
院累轉倉部郎中仍判度支案授度支郎中（新傳畧同）　會
要五十九　貞元十二年九月以倉部郎中判度支案蘇弁
授度支郎中

元宗簡（見金外）
談峯
柏耆　舊傳自處士授左拾遺穆宗時轉兵部郎中大和
初遷諫議大夫（新傳畧同）
口弘度
李仍叔　新表蜀王房宗正卿栻子仍叔字周美初名章
甫宗正卿　前定錄陳彥博以元和五年崔樞下及第
上二人李顧行（見金外）　李仍叔　白居易辛丘度可工部
員外郎李石可左補闕李仍叔可右補闕三人同制朕
詔丞相求方畧忠讜之士置于左右而播等以石暨仍

叔應詔言其爲人厚實謇直嘗以文行謀畫容于幕府
之間臨事敢言當官能守可使束帶同升諸朝白氏文集四十
八　舊李逢吉傳寶厤初水部郎中李仍叔宰相李程
見勳外之族謂刺史武昭曰程欲與公官但逢吉阻之新傳
畧同又云坐武昭事貶道州司馬　舊文宗紀下太和八年七月辛酉
定陵臺大雨震東廊上下地裂一百三十尺詔宗正卿
李仍叔啟告修塞　十二月以宗正卿李仍叔爲湖南
觀察使　白居易有開成二年三月三日祓於洛濱留
守裴令公召太子賓客李仍叔等一十五人合宴舟中
詩白氏文集三十三　新公主傳會昌三年太和公主來歸詔

宗正卿李仍叔等告景陵
奚敬元　新奚陟傳子敬元位左補闕　劉禹錫故吏部
侍郎奚公陟神道碑第三子敬玄以詞藝似續登文科
歷左補闕今爲尚書刑部郎中劉賓客文集三案碑云公貞元十五年薨後三
十四年子爲諸侯大夫於是琢石紀德云云則敬玄爲刑中當在文宗大和六年
趙眞齡見吏中金中
陸簡禮簡二本誤問　新表陸氏侍郎枝德宗相贄子見考簡中補
禮兵部郎中　舊陸贄傳子簡禮登進士第累辟使府
南部新書已　崔羣是貞元八年陸贄門生羣元和十
年典貢放三十人而黜陸簡禮

鄭魴　新表鄭氏北祖房常州參軍卑子魴字嘉魚　鄭
魴禹穴碑寶厤景一本庚午秋九月予從事於會稽作禹
穴碑廉察使舊相河南公見而銘之會稽掇英總集十六　孟東
野詩集六有贈鄭夫子魴詩
崔瑝　新表清河大房崔氏大理評事迥子瑝不詳歷官
崔瑨見左中吏中戶中案倉中補有崔晉疑卽是
邢蒍
李二本同
□遺二本同
畢諴見戶外　舊傳宣宗時自戶部員外郎歷駕部員外郎

倉部郎中故事勢門子弟鄙倉儲二曹居之者不悅惟
諴受命恬然恭遜口無異言執政多之改職方郎中兼
侍御史知雜朞年召爲翰林學士中書舍人新傳畧同
胡德章無考又主外
李俅　唐詩紀事五十三　寶厤二年楊嗣復再知舉第一人
裴求榜末黃駕次則李俅盧求又李方玄從穀道裕景
初李助李俅共六人
崔郢　穆宗處分賢良方正等科舉人制詳明政術可以
理人第四次等人崔郢中書門下卽與處分大詔令　册
府元龜六百四十四　長慶元年十二月甲申以登制科人前

鄉貢進士崔郢爲太子校書郎　唐會要七十六　長慶元年十二月詳明政術可以理人科崔郢及第緯畧同　舊崔元暐傳曾孫郢開成三年自商州防禦判官兼殿中侍御史入爲監察御史　新傳開成三年詔元暐曾孫郢爲監察御史新表博陵大房崔氏失載郢名　舊高元裕傳開成四年爲御史中丞高元裕上言監察御史崔郢等並以不稱出爲府縣之職　新傳御史官屬不稱職者監察御史崔郢等並奪職　舊宣宗紀大中十一年四月以朝議大夫權知京兆尹崔郢爲濮王傅分司東都以決殺府吏也

錢方義　新錢巖見封中傳子可復見祠外方義終太子賓客　集古錄目唐鹽宗神祠記唐太子右庶子支度安邑解縣兩池榷鹽使錢義方撰試左武衛兵曹參軍盛濤八分書鹽池神祠故名鹽宗其後又有靈慶祠而主吏不復親祠鹽宗祠宇隳廢義方重營葺之立此記以大中十年立寶刻叢編十解州

李蟥見左中度外又倉外　因話錄六　大中九年倉部李郎中蟥戲沈詢門生曰蟥與賢座主同年

康璙二本作僚　孫樵唐故倉部郎中康公墓誌銘諱某字集會稽人三舉進士登上第是歲會昌元年也其年冬得博學宏詞咸通八年詔拜大理少卿明年遷尚書倉部郎中充西川宣諭制置鹽法使兼西川供軍使賜紫金魚袋無何詔以賣滂代公公遂守倉部郎中會賣滂逗遛不以時之任朝廷欲以警之其年十一月遂貶公爲醴州刺史明年移鄭州長史咸通十三年月日薨於鄭州官舍孫可之文集八案誌不書諱考集目錄稱康鐐郎中墓銘偏旁微異

皇甫鎬無考

樊驤又倉中　唐摭言三　會昌三年王起僕射再主文柄門生一榜二十二人和周墀詩第八人　樊驤字彥龍

高殷　新表高氏允誠生殷字贊禹

韋岫又主外　新書良吏韋丹傳丹子宙見封中宙弟岫見吏中岫字伯起亦有名盧攜執政自泗州刺史擢福建觀察使新表韋氏鄖公房失載　舊僖宗紀乾符二年正月以庫部郎中韋岫爲泗州刺史

孫奭見度中補

□琊

〔補遺〕

韋慶植　新表韋氏彭城公房綿州刺史彭城敬公澄子慶植魏王府長史元和姓纂慶植倉部郎中　韓休贈邠州刺史韋公鈞神道碑祖慶植皇朝舒密二州刺史政成師長化

洽黎元文苑英華九百二十二　冥報記唐貞觀中魏王府長史
京兆人韋慶植有女先亡後二年慶植悲痛發病遂不
起法苑珠林七十四偷盜部感應緣
杜賢案度外有杜依賢當是　元和姓纂十姥杜安石生賢倉部郎中
襄陽人案賢上當脫依字
楊守訥又祠外　新表楊氏越公房戶部尚書纂子見吏中考
功郎中守拙弟守訥倉部郎中汾州刺史　陳子昂周
故內供奉學士懷州河內縣尉陳君碩人墓誌銘上元
二年制敕天下文儒司屬少卿楊守訥薦君應詞殫文
律對策高第陳伯玉文集六　文苑英華五百三十七有楊守訥對

夢得篋棗判
于素又倉外補　元和姓纂十虞于德基生素倉部郎中京兆長
安人新表作員外郎
裴瑾之見勳外
高崘　新表高氏戶部侍郎審行子崘倉部郎中
王德玄　新表京兆王氏長諧子德玄倉部郎中唐州刺
史
陳惠滿倉外二見御史臺殿中監察題名　祠外　又　元和姓纂十七眞　唐倉
部郎中陳惠滿馮翊人　蘇頲授陳惠滿倉部員外郎
等制朝議大夫行尚書祠部員外郎兼判倉部員外郎
上柱國陳惠滿可行尚書倉部員外郎散官勳各如故
文苑英華三百九十一詳倉外
韋伯陽又倉外　新表韋氏龍門公房商州刺史弼子見戶外
字春倉部郎中北都副留守　呂溫故太子少保贈尚
書左僕射京兆韋府君夏卿神道碑銘王父諱某倉部郎
中太原少尹贈祕書監呂衡州文集六　韓愈監察御史元君
妻京兆韋氏夫人墓誌銘曾祖父諱伯陽自萬年令爲
太原少尹副留守北都卒贈祕書監昌黎先生集二十四　舊五
行志開元二十二年二月遣倉部員外郎韋伯陽往秦
州宣慰存恤地震所損之家　新書食貨志開元中信

安郡王禕復言國用不足請縱私鑄議者皆畏禕帝弟
之貴莫敢與抗獨倉部郎中韋伯陽以爲不可禕議亦
格
鄭粤又倉外　新表鄭氏北祖房歷城主簿琇子京兆少尹
巖弟見戶外　粤倉部郎中
張知微　新表馮翊張氏金吾將軍之輔子知微初名通
幽倉部郎中
薛麟　新表薛氏西祖房泰州都督純子麟倉部郎中
睿宗遣宣勞使詔宣以殿中丞薛麟爲隴右道宣勞使
詳膳中補蕭瑗注

齊照倉外有齊煚疑即是　新表瀛州齊氏玘子照池州刺史元和姓纂
照倉部郎中
池州刺史
崔晉石刻有崔瑨疑是　白居易有開成二年三月三日禊洛濱
留守裴令公召倉部郎中崔晉等一十五人合宴舟中
詩白氏文集三十三
楊嵓　孫樵唐故倉部郎中康公墓誌銘大中二年冬爲
進士試官峭獨不顧雖權勢莫能撓其與選者不逾年
繼踵昇第故尚書倉部郎中楊嵓十輩皆出其等列也
孫可之文集八咸通十三年
于武乾　元和姓纂十虞周趙州刺史安平于禮生武乾倉

部郎中京兆長安人
殷佐明　元和姓纂二十一欣殷嘉紹再從弟佐明倉部郎中
陳郡長平縣人　李太白文集七訓殷佐明見贈五雲
裘歌　顏眞卿湖州烏程縣杼山妙喜寺碑前是正字
殷佐明亦嘗同修韻海鏡源未畢各以事去顏魯公文集四大
麻王子

歸安丁寶書編次

唐尚書省郎官石柱題名考卷十七　勞檢丁士諤校字

唐尚書省郎官石柱題名考卷十八

仁和　勞格　趙鉞　著　歸安丁寶書編次

倉部員外郎

唐六典戶部尚書其屬有倉部員外郎二人舊唐書職
官志郎中員外之職掌判天下倉儲受納租稅出給祿
稟之事新書郎中員外各一人
石刻王口福　高季通　王仁瞻　薛志鳳　蕭志遠
謝祐　夏侯口　格輔元　陳崇業　李志遠
郭文簡　高嶠　吳道師　王師順　閻知微

柳儒　馮光嗣　王齊口　韋維　宋庭瑜
何鸞　韋壽心　陳惠滿　趙脊微　張懷口
袁仁敬　吳太玄　錢元敬　梁獻　張景明
劉彤　李元祐　陳惠滿　能延休　李朝弼
李昂　韋伯陽　鄭昉　裴藏暐　戴休珽
崔譚　趙良器　鄔元昌　張瑄　楊萬石
鄭章　崔鎮　張萱　鄭㝁　李憺
解賁　李高聿　鄭炅之　裴從　徐炅
崔復　皇甫銛　鄭叔華　杜良輔　孫宿
王縱　梁乘　權自挹　皇甫衡　徐纘

楊翃　韋叡　長孫鑄　張惣　盧安
李逮　崔供佚　趙玗　皇甫徵　蕭存
李玕　閻濟美　王武陵　崔鄯　孟簡
崔清　皇甫鏄　張寔　齊嬰　陳諷
張士陵　張仲方　于敖　蘇弘　薛成慶
唐慶　李景儉　范季睦　崔鄯　李宗河
宇文鼎　盧鈞　韋瓘　王會　韓尋
裴充　崔瑤　李欵　韋充　韋損
趙從約　薛重　楊魯士　馬曙　李行恭
羅劭權　李遵　崔翬　盧近思　郭圓

張琮　郭圓　李詠　李蟥　魏鏣
裴思猷　褚虒　席鴻　李洮　張斯干
皇甫煒　盧肇　劉允章　令狐纁　李磵
樊驤　張溫士　呂燒　杜眞符　李殊
竇璠　鄭綮　王鐐　柳告　崔嚴
李鉅　陳義欽　盧朋龜　韋蘊微　張口
補遺 韋璲　于素　韋虛心　王紹　韋武
邱丹　高炅　袁皓　李稚州　李齊莊
韋繪　郭士倫

勞檢丁士謌校字

唐尚書省郎官石柱題名考卷十八

王口福 疑德

高季通 見戶中倉中

王仁瞻 見勳中勳外

薛志鳳 無考

蕭志遠 無考見戶外金中

謝祐 見勳中

夏侯口 錢審定是處信

元和姓纂 三十五馬 唐刑部郎中夏侯雄生處信都官郎中荊州長史魏郡人 原本誤入南郭氏注今改正 朝野僉載 唐夏侯處信為荊州長史 太平廣記一百六十五

格輔元

新表格氏處仁子輔元相武后 舊岑文本傳 輔元汴州浚儀人弱冠舉明經歷遷御史大夫地官尚書同鳳閣鸞臺平章事 新傳累遷殿中侍御史歷御史中丞同鳳閣鸞臺平章事

陳崇業 業二本缺

元和姓纂 十七眞 隋廣陵太守陳稜孫崇業唐御史大夫廬江襄安人 舊孝友裴子餘傳 或問雍州長史陳崇業鄠縣尉裴子餘等優劣云云 新傳同 四川成都志 十一 長壽二年以襄州刺史陳崇業為益州大都督府長史 寶刻類編 八 醴泉令陳崇業紀德碑 李至遠撰 沙門貞詮書開元中立京光 又下姓名殘缺類重見

李志遠李二本缺中志作至　見吏中勳外　吏外二傳失載　勳
郭文簡郭二本缺簡二本誤顯　元和姓纂十九鐸　倉部員外郭文簡
建興高平人　太平寰宇記八十五　萬歲通天二年右補
闕郭文簡奏賣陵井水一日一夜得四十五函半函半圖經
萬貫百姓貪利失業長安二年停賣水依舊稅鹽廣記三百九十
九引陵州圖經同
高嶠嶠二本缺　新表高氏左驍衛將軍眞行子嶠司門郎中
唐詩紀事七　有高嶠有晦日置酒林亭詩及晦日重
宴詩
吳道師見勳外戶中

王師順　新書儒學下　王仲丘傳祖師順沂州琅邪人仕高
宗議漕輸事有名當時終司門郎中仲丘見禮外補　舊書食
貨志下　咸亨三年關中饑監察御史王師順奏請運晉
絳州倉粟以贍之上委以運職河渭之間舟檝相繼會
于渭南自師順始
閻知微　新表閻氏司農少卿澤州刺史元遂子度中有元通
知微左豹韜將軍舊書田歸道傳作左　舊傳聖厤初歷位右
豹韜衛將軍新傳無右字　盧照鄰寄裴舍人遺衣藥直書
少府丞舍人內供奉閻知微有書問余疾兼致束帛之
禮以供東山衣藥之費文苑英華六百八十四

柳儒見戶中
馮光嗣見勳外金外
王齊口倉中有王齊休
韋維見戶中二傳失載　戶外
宋庭瑜瑜二本缺度中補　見倉中
何鸞鸞二本缺　唐會要五十八　開元五年四月九日勅尚書省
案牘稽滯倉部員外郎何鸞一道詳吏外褚璆注新傳同　舊張
仁愿傳中宗時張仁愿在朔方奏用監察御史何鸞等
分判軍事皆以文吏著稱多至大官唐會要同云景雲二年　舊
書音樂志三　玄宗開元十一年祭皇地祇於汾陰樂章

內送文舞出迎武舞入用舒和太簇宮一首太常少卿
何鸞作　元宗遣官祭五嶽四瀆風伯雨師詔宜令右
庶子何鸞祭東海　遣使宣尉百姓詔命中書舍人何
鸞等宜所到之處宣尉百姓大詔令
韋壽心壽王本缺趙本壽未確倉外補有韋虛心疑是
陳惠滿見倉中補又見下又祠外　蘇頲授陳惠滿倉部員外郎等
制黃門朝議大夫行尚書祠部員外郎兼判倉部員外
郎上柱國陳惠滿操履堅剛能守文法朝請大夫前行
太子舍人上柱國蕭嵩風情瀟灑見推才器並頡頏清
貫藉甚芳猷大事曰祀蒸人以粒宜奉舊章俾承新命

惠滿可行尚書倉部員外郎嵩可行尚書祠部員外郎
散官勳各如故主者施行文苑英華三百九十一
趙眘微　元和姓纂三十小　湖州刺史趙眘微陽翟人　吳
興志趙謹嶽長壽二年自洪州都督授統紀云景雲二年自泉州刺史
授遷太子賓客到任
張懷□　文苑英華五百五十二　有張懷道文
袁仁敬見吏中勳外金外
吳太玄又御史臺監察題名　蘇頲授吳太玄宋城縣令制稱朝議
郎行監察御史吳太玄文苑英華四百十五詳監察　王泠然上相
國燕公書相公必欲選亘宰莫若舉前倉部員外郎吳

太玄爲洛陽令清輦轂之路非太玄不可僕非吳親友
但以知其賢明唐摭言六
錢元敬無考見度中
梁獻　文苑英華六十四　有梁獻出師賦案前有趙自勵賦序先天年獫狁孔
熾云云則獻賦當亦作於是時
張景明見封外
劉彤又御史臺殿中題名
李元祐　見戶中倉中
陳惠滿重見
能延休　元和姓纂十九代　唐京兆少尹能延休京兆鄠縣

入　張說鄎國長公主神道碑開元十三年二月詔光
祿卿孟温禮見主外　監護喪葬京兆少尹少据英華石刻增　能延
休副焉張燕公集二十一
李朝弼　無考見左外吏中戶中
李昂　見吏中封外考外補戶外金外考中附存　新表趙郡李氏東祖
房都水使者暕子昂倉部員外郎
韋伯陽見倉中補　舊五行志開元二十二年二月十八日秦
州地震遣倉部員外郎韋伯陽往宣慰存恤所損之家
會要同又云委隨事處置聞奏
鄭昉見吏中戶中又主外

裴藏暐又御史臺殿中監察又左側題名
戴休琁案勳外補有林琁倉中有休珽
崔譚　見左中勳外
趙亘器又御史臺右側侍御兼殿中又侍御題名　元和姓纂三十小　唐監察御
史趙君煦曾孫亘器中書舍人河東人亘器原脫今補　唐會
要七十六　開元七年文辭雅麗科趙亘器及第緯畧同　國
秀集上　兵部員外趙亘器詩一首今二首　孫逖東都留
守韋公虛心神道碑謂趙亘器劉琯後來之選也故廉問
淮濆舉以爲介文苑英華九百十八　石刻郡說唐故同州河西
縣丞贈虢州刺史太常卿天水趙公獻沖神道碑公卽世

適世歲而子㝵器官至中書舍人玄宗朝參掌綸誥虞卿
薨大曆四年　鉞案趙公景雲二年下距開元二十八年適値世歲　定命錄趙㝵器
歷任十一政至中書舍人卒太平廣記二百七十七　會要七十九
贈鄴郡太守趙㝵器謚曰元
鄔元昌又御史臺監察又右側侍御兼殿中　元和姓纂十姥鄔元昌倉部員
外南昌人原本誤入扈氏注今改正　舊酷吏羅希奭傳天寶中鄔元
昌等下獄事皆希奭與吉溫鍛鍊
張瑄又御史臺左側又右側侍御又陰額知雜題名　會要五十九　天寶二年六月
殿中侍御史張瑄充太府出納使　舊楊慎矜傳天寶
六載鞫楊慎矜獄先令盧鉉收太府少卿張瑄於會昌

驛縶而推之瑄不肯答辯鉉百端拷訊不得乃令不㝵
枷瑄以手力拌其足以木按其足間撇其枷柄向前挽
其身長校數尺腰細欲絕眼鼻皆血出謂之驢駒拔橛
瑄竟不肯答十一月二十五日詔太府少卿張瑄決六
十長流嶺南臨封郡死於湯所男女配流嶺南新傳捕太府少
卿張瑄致會昌傳舍劾瑄與楊慎矜共解圖讖搒掠不服詔賜死籍其家子女悉置嶺南　舊酷吏
下吉溫傳盧鉉先與張瑄同臺情旨素厚貴取媚於權
臣誣瑄與楊慎矜共解圖讖持之爲驢駒拔橛以成其
獄新王鉷傳盧鉉善張瑄及按慎矜則誣瑄死　賜楊慎矜等自盡併處置
詔太府少卿張瑄素以妄肅專行險詖比緣慎矜薦引
驟歷班榮因此結交潛爲黨援況犯贓私情逾難恕宜
決六十長流嶺南臨封郡所在卽差綱驛領送其男女
并一房家口亦準此配流嶺南大詔令　新姦臣上李林甫
傳公卿不由其門而進必被罪張瑄等緣坐數百人並
相繼誅
楊萬石　石刻李邕修孔子廟碑稱兗州倉曹宏農楊萬
石等開元七年山東曲阜　新書忠義中張巡傳天寶十五載正月
賊酋張通晤陷宋曹等州譙郡太守楊萬石降賊
鄭章又御史臺左側又右側侍御兼殿中題名　舊書韋堅傳天寶五載十月
倉部員外郞鄭章坐韋堅連累貶南豐丞　新傳倉部

員外郞鄭章從坐韋堅罪免官被竄
崔鎭　新表博陵二房崔氏道斌子鎭倉部員外郞　文
苑英華四十五載崔損北斗城賦注云開元七年登科記
作崔鎭
張萱見金中
鄭雩見倉中補
李憕又御史臺右稜陰左稜陰右稜題名　新表蔡王房隴西郡公靑衞慈
邢汝五州刺史丞王傳津客子倉部員外郞憕　權德
輿唐故金紫光祿大夫司農卿邵州長史李公鉊墓誌
銘列考憕歷監察御史殿中侍御史尚書倉部員外郞

累贈職方郎中虢州刺史權載之文集二十五　石刻李憕華嶽
題名鄭縣尉李憕以開廿四六月六日充勅蕳募飛騎
使判官向陝虢州點覆其月十四日事了便迴充京畿
採訪使句覆判官此過赴京陝西華陰錢氏大昕云開下脫元字
解賁　文苑英華五百四　有對元日奏事上殿不脫劍履判
又五百七　有對燕弓矢舞判
李高聿無考鉞案高聿疑是高年之誤喬年見左中補時代亦合
鄭炅之見吏中
裴從見左中倉中
徐炅　舊郭子儀傳至德二年河東司士徐炅等陷賊在

蒲州王師至爲內應開門納郭子儀新傳作徐景避諱改
崔復　新表博陵大房崔氏汾相等州刺史珪子見主外　復
鳳翔少尹　又三房崔氏日新孫復興州刺史
皇甫銛　元和姓纂十一唐　考功員外皇甫瑒疑瑾生銛工部
郎中滎陽人
鄭叔華見金中
杜艮輔　無考　見戶中金中金外
孫宿　新表武邑孫氏刑部侍郎遜子見吏中　宿華州刺史
舊文苑中　孫遜傳子宿歷河東掌記代宗朝歷刑部郎
中中書舍人出爲華州刺史卒

王縱　新表琅邪王氏夏州長史昇子縱不詳歷官　舊
王重榮傳父縱鹽州刺史咸通中有邊功　司空表聖
集六有故鹽州防禦使王縱追述碑　戴叔倫有漸至
涪州先寄王員外使君縱詩文苑英華二百五十五
梁乘　顏眞卿靖居寺題名唐永泰二年眞卿以罪佐吉
州聞青原靖居寺有幽絕之致御史韓公涉刺史梁公
乘嘗見招欲同遊而不果顏魯公文集十一　新代宗紀大厤
九年二月辛未徐州兵亂逐其刺史梁乘
權自挹　權德輿唐故朝議郎行尚書倉部員外郎集賢
院待制權府君墓誌銘公年十四太學明經上第自大

理寺丞加集賢院待制職通理典遷尚書倉部員外郎
大厤五年春感風疾請告十有二月終于布政里私第
享年七十權載之文集二十五
皇甫衡又御史臺碑額監察題名
徐纘戶中有徐演　新表徐氏冀州刺史琇子纘虢州別駕元和
姓纂兵部郎中諫議大夫　常袞授徐演長安縣令等制朝奉郎行
尚書倉部員外郎上柱國賜緋魚袋徐演可守長安縣
令散官勳賜亦如故文苑英華四百七　舊代宗紀大厤十二
年四月諫議大夫知制誥徐璜等十餘人皆坐元載貶
官新元載傳與元載厚善坐貶者徐纘等等數十百人　顏眞卿朝議大夫贈梁

州都督上柱國徐府君（秀）神道碑銘予今侍御史縝懿文懋學峻節清標天寶末陷居賊中爲僞命連辟辭疾不起謀使家人與本朝通計爲部曲所發遂遭禁詰一日之中議刑者數焉俄而官軍大至賊黨奔北由是獲免乾元中奉使巴渝屬段子璋構逆流輩十人皆被屠害以縝高名欲留同惡期之以死承劍不回時諸道徵求之不堪命縝至之邦必苛仁信如期而畢廣德二年簪白筆于赤墀董財賦于巴漢（文忠集八）

楊翾（無考　又御史臺碑額監察題名）

韋敹（見金外補　又祠外）　常衮授崔夷甫金部員外郎等制朝散

大夫行尚書祠部員外郎上柱國韋敹（疑作斆）可行尚書倉部員外郎散官勳如故（文苑英華三百九十一　詳金外補）

長孫鑄（姓纂同）　新表長孫氏仲宣孫鑄倉部員外郎　唐詩紀事二十七　長孫鑄天寶十二年楊浚舍人下登第

張惣　賈至授張伯禽等通事舍人制左金吾衛兵曹參軍張惣淑慎嶷美可立於朝休有令聞忠而周敏出納朕命僉曰爾諧可守通事舍人（文苑英華三百八十三）

盧安（見倉中補）

李速　舊德宗紀下　貞元五年三月以大理卿李速爲黔州刺史黔中觀察使　文苑英華六百十六　呂頌再請入覲表近日已來李速等皆在遐裔相次喪亡（頌于貞元五年觀察黔中說見左中呂頌注　則速當卒於是年）

崔供佚（無考）

趙玗　元和姓纂三十小　趙令言生玗鳳翔少尹天水西縣人　獨孤及唐故虢州宏農縣令天水趙府君（令則）墓誌四子太子舍人兼京兆府鄠縣令玗（毘陵集十二　大厤十年）

皇甫徵（格案徵疑徹）　元和姓纂十一唐　浙東觀察使皇甫政生徹蜀州刺史樂陵人　唐詩紀事四十八　正元十四年皇甫徹刺蜀州賦四相詩

蕭存（見金外）

李玗（見吏中　金中）

閻濟美（又主中）　元和姓纂二十四鹽　閻敬仲生濟美國子祭酒武陽人　舊良吏傳下　登進士第累歷臺省有長者之譽自婺州刺史爲福建觀察使　新附盧坦傳貞元末繇婺州刺史爲福建觀察使

王武陵　新許孟容傳德宗擢浙東觀察判官齊總爲衢州刺史許孟容還制會補闕王武陵等亦執爭於是詔中停　唐會要五十四　貞元十八年二月以前攝浙東團練副使試大理評事兼監察御史齊總爲衢州刺史左補闕王武陵等疏言之詔書留中　王武陵宿憲山寺

詩序戊辰秋八月吳郡朱遐景自秦還吳南次無錫命予及故人竇丹列會于惠山之精舍　竇羣重遊惠山寺記元和二年五月三日重遊此寺獨覽舊題二十年矣當時三人皆登諫列朱遐景方詣行軍王晦伯尋卒郎署余自西掖累遷外臺復此躊躇吁嗟存歿　李薳惠山寺記薳舅氏扶風公貞元四年秋八月與太原王武陵吳郡朱宿同遊惠山精舍爲賦往體詩一首王序而題之並全唐文

崔鄯見戶外

孟簡見吏外封中　舊傳累官至倉部員外郎戶部侍郎王叔

文竊政簡爲子司多不附之叔文惡之雖甚亦不至擯斥尋遷司封郎中新傳累遷倉部員外郎王叔文任戶部以不尉離見疾不敢顯黜宰相韋執誼爲從他曹元和中拜諫議大夫

崔清見左中補戶中

皇甫鎛見吏中吏外　呂温故太子少保贈尚書左僕射京兆韋府君夏卿神道碑銘分正東郊開府辟士則有今倉部員外郎安定皇甫鎛呂衡州文集六元和元年

張寔　權德輿唐故監察御史清河張府君眾甫墓誌銘孤曰寶曰宇年並孩齓未勝縗絰權載之文集二十五建中三年

齊㬇案倉中補有齊照疑即齊㬇之誤　元稹齊㬇授饒州刺史王堪授澧州刺史制尚書刑部郎中齊㬇皆踐臺閣亟歷名郡號爲良能可使持節饒州刺史餘如故元微之文集四十八　白居易饒州刺史齊照可朝散大夫制蕭籍照以降皆著勤由朝議郎一進而及此白氏文集四十九

陳諷見吏中金中　勳

張士陵無考

張仲方見度中補　舊傳自邠州從事入朝歷侍御史倉部員外郎坐呂温疑脫父字貢舉門生温貶出爲金州刺史入爲度支郎中新傳畧同　白居易唐故銀青光祿大夫祕書監曲江縣開國伯贈禮部尚書范陽張公墓誌銘鄜芳節

度使辟爲判官奏授監察御史裏行俄而眞拜歷殿中轉侍御史倉部員外郎金州刺史度支郎中白氏文集七十

于敖見吏中勳外　舊傳元和六年眞拜監察御史轉殿中歷倉部司勳二員外新傳失載

蘇弘見金中

薛戎慶見封中　新傳歷御史尚書郎五遷給事中

唐慶又御史臺碑額監察又陰額知雜題名　新蔣乂傳憲宗見侍御史唐武曰命名固多何必曰武蔣乂既改之矣更曰慶　元稹唐慶授萬年縣令制朝議郎守尚書比部郎中賜緋魚袋唐慶榷束池鹵生息倍稱布露飴散於羅落之間

而盜賊終不敢近推是爲理眞吾所求之劇令也可守萬年縣令餘如故元微之文集四十七　穆宗流唐慶崖州勅唐慶入已贓盈五千貫據罪定刑實難全宥但以惟新之日政務從寬要示含容俾從流竄宜除名長流崖州大詔令

李景儉　新表讓皇帝房太子中舍人梢子舊傳作褚景儉諫議大夫　舊傳字寬中貞元十五年登進士第穆宗時自澧州刺史追詔拜倉部員外郎月餘驟遷諫議大夫　河東先生集十一亡友故祕書省校書郎獨孤君墓碣李景儉致用隴西人

范季睦　元稹范季睦授尚書倉部員外郎制勅權知倉部員外郎判度支案范季睦野有餓殍不知發狗彘食人之食不知檢此經常之失政也而況於戎車未息飛輓猶勤新熟之時豈宜無備乃詔執事聿求其才乘我有秋大實倉廩僉曰季睦副予虛懷汝其往哉予用訓汝夫廉賈五之不爭之謂也出給必吝有司之常也貳上下之價則茫昧者受弊雜苦良之貨則豪右者受羸惟一惟公乃罔不同惟平惟實乃罔不吉爾其戒之無替朕命可尚書倉部員外郎依前判度支案充京西京北糴使餘如故元微之文集四十七　白居易有范季睦父彥贈禮部郎中制白氏文集四十九

崔鄯又御史臺碑額監察題名　新表清河小房崔氏御史中丞匯子鄯右金吾將軍　舊傳舉進士元和中歷監察御史大和元年十月自太子詹事拜左金吾衞大將軍　白居易奉天縣令崔鄯可倉部員外郎判度支案制勅奉天縣令崔鄯大凡南宮郎無非慎選者也況官之屬有堆案盈几之文有月計歲會之課故員外郎不可逾時缺不待滿歲遷事劇才難斷可知矣而鄯自操白簡宰赤縣繩舉違謬惠養鰥惸皆有善聲著于官次豈能于彼而不能于此乎爾宜率廩人佐計務決繁析滯期有可

覲可依前件白氏文集五十一　乾道臨安志三唐杭州刺史崔鄯詳左中補陸則注

李宗河河字未確二本何　新表蔡王房歆子宗何不詳歷官　白居易李宗河可渭南令李玘可京兆府戶曹制內史公綽奏宗河學古修己練達理道乃乞爲甸縣令白氏文集四十九

宇文鼎見左外吏中吏外

盧鈞見吏中　舊傳大和中自左補闕歷尚書郎　新傳自監察御史進吏部郎中

韋瓘見勳中

王會見封外

韓尋

裴充　吳興志裴充太和九年八月自大理少卿拜卒官　南部新書戊　開成三年以湖州貢茶不如法停刺史　裴充唐詩紀事三十五同　因話錄三商部　裴澥子充爲太常侍太祝年甚少時京司書考官之淸高者例得上考充之同儕以例皆止中考訴於鄉長曰此舊例也克曰奉常職重地高不同他寺大卿在具瞻之地作事當出於人本設考課爲獎勤勞則書豈繫於官秩若一一以官高下爲優劣則卿合書上上考少卿合上中考丞合中上考

主簿合中考協律合下考某等合喫杖大卿笑且慙遂特書上考充至湖州刺史案世系表克疑充之誤

崔瑤見吏外勳中又祠外

李欵見左外吏外　新李中敏傳鄭注用事自侍御史被斥去注死繇倉部員外郎累遷江西觀察使舊傳失載

韋充見左中

韋損見度中倉中　新表韋氏南皮公房庫部郎中頎子見戶外　損初名諶　唐會要十九大中五年四月武昌軍節度使檢校戶部尚書韋損奏臣四代祖湊開元中于上都立政坊立廟至建中四年亡失木主其廟屋及樹並在今臣官階至三品合立私廟請祔享前件廟勅旨宜依沈珣授韋損鄆州節度使制銀靑光祿大夫守刑部尚書韋損久服大僚早揚休問累更中外迭處淸崇善政克著於藩方雅量見推於朝右制末云昇崇班于五兵啟元戎之十乘當是檢校兵部尚書也文苑英華四百五十六　長安志九唐京城三朱雀街東第五街立政坊河東節度使韋湊家廟大中五年湊孫武昌軍節度使損請重修廟

趙從約　新表新安趙氏嶺南節度使檢校工部尚書諡簡植子從約不詳歷官

薛重　僧無可詩集下送薛重中丞充太原副使詩　雲

谿友議七　少師李冏言　相公在成都賓館則薛重評事皆遠從可謂蓮幕之盛乎曾每與諸公評論則言笑彌日

楊魯士　新表楊氏越公房盈子見戶中　漢公弟見封中　魯士字宗尹長安令　敬宗處分賢良方正等科舉人制賢良方正能直言極諫科舉人第四等楊魯士中書門下即與處分大詔令　舊傳本名殷士長慶元年進士擢第其年覆落因改名復登制科位不達而卒　唐會要七十六寶曆元年四月賢良方正能直言極諫科楊魯士及第緯畧同　舊敬宗紀寶曆元年四月中書舍人鄭涵等

考定制舉人勅下後數日上謂宰相楊魯士等皆涉物
議宜與外官乃授城固尉宰臣請其罪名不報　白居
易有開成二年三月三日祓洛濱留守裴令公召檢校
禮部員外郎楊魯士等一十五人合宴舟中詩白氏文集三十
三　崔嘏授楊魯士長安縣令等制稱兵部郎中楊魯
士等文苑英華四百七
馬曙見金外
李行恭　新表趙郡李氏西祖房左諫議大夫叔度子見封
中　行恭不詳歷官
羅劭權見封中金中

郎官石柱題名考卷十八　倉外　六

李遵　新表大鄭王房太僕卿暈子遵太子少傅鄭國公
舊肅宗紀天寶十五載六月庚子至烏氏驛彭原太
守李遵謁見　至德二載十二月戊午制靈武元從功
臣宗正卿李遵鄭國公兼進封邑　獨孤及唐故特進
太子少保鄭國李公墓誌開元十年初仕天寶六年出
守始於淄川歷濟南汝南十四年秋九月由執金吾爲
彭原郡守毘陵集十一　舊號王巨傳宗正卿李遵構巨自
東京留守貶爲遂州刺史新傳同據肅宗紀事在乾元二年二月　舊酷吏
下　敬羽傳上元中太子少傅宗正卿鄭國公李遵爲宗
子通事舍人李若水告其贓私詔羽按之書贓數千貫

奏之肅宗以勳舊捨之但停宗正卿　舊代宗紀寶應
元年八月貶太子少傅李遵爲袁州刺史　永泰元年
正月以前袁州刺史李遵爲太子少保聽朝朔望　大
厤二年三月戊辰貶太子少保李遵永州司馬坐贓也
崔翬無考
盧近思　新表盧氏佐元子近思不詳歷官
郭圓　雲谿友議七少師李固言相公在成都賓館則郭
圓員外皆遠從公可謂蓮幕之盛平曾每與諸公評論
則言笑爾日　萬首唐人絶句六十二有郭圓譏張延賞
詩雲谿友議四引郭泗濱圓詩當是泗州刺史也　益州名畫錄下　胡氏亭畫

郎官石柱題名考卷十八　倉外　九

記檢校尚書司空員外郎賜緋魚袋郭圖撰會昌五年五月三日
圖畫見聞誌五　胡氏寶墨亭司門外郎郭圓作記
郭固無考
張琮　新表始興張氏淪子琮不詳歷官
李詠　新表趙郡李氏東祖房迪子詠不詳歷官　又安
德丞兼金子詠不詳歷官　梁肅德州安德縣丞李君
夫人梁氏墓誌孝子詠等文苑英華九百六十六
李蟦見左中度外倉中
魏鏞無考
裴思猷　新表東眷裴氏道護後大理少卿坰子思猷字

獻臣工部尚書

褚鳫無考

席鴻　元和姓纂二十二昔中書舍人席夔見吏外生鴻襄陽人

不詳歷官

李洮無考

張斯干無考

皇甫煒無考又主外

盧肇　摭言二盧吉州肇開成中就江西解試爲試官不送　又三會昌三年王起再主文柄門生一榜二十二人和周墀詩第八一盧肇字子發　又云肇袁州宜春人與同郡黃頗齊名幼貧乏狀元及第　盧肇進海潮賦狀臣於會昌三年應進士舉故山南節度使同中書門下平章事王起擢臣爲進士狀頭筮仕之初故鄂岳節度使盧商自中書出鎭辟臣爲從事自後故江陵節度使贈太尉裴休故太原節度使贈左僕射盧簡求皆將相重臣知臣苦心謂臣有立全無親黨不自吹噓悉賞微才奏署門吏臣前年二月蒙恩自潼關防禦判官除祕書省著作郎其年八月又蒙恩除倉部員外郎充集賢院直學士去年五月又蒙恩除歙州刺史臣謹行陛下法令常懼僭違理郡周星未有政績潛被百姓詣闕以臣粗能緝理求欲留臣奉七月二十二日勑又蒙聖恩賜臣金紫狀前題朝散大夫持節歙州諸軍事守歙州刺史柱國賜紫金魚袋臣盧肇　唐文粹五　摭言十盧子發牧歙州姚巖傑在婺源先以著述寄肇　盧肇有被責連州詩首云黃絹外孫翻得罪　又謫連州書春牛榜子詩萬首唐人絕句七十三　林韞撥鐙序韞咸通末爲州刺掾時廬陵盧肇罷南浦太守歸宜春公之文翰故海內知名韞竊慕小學因師於盧公子弟安期書苑菁華十六　新書藝文志丁部集錄別集類盧肇海潮賦一卷又通屈賦一卷注林絢大統賦二卷原注字子發袁州人咸通歙州刺史　陸游跋唐盧肇集云子發嘗謫春州而集中誤作靑州蓋字之誤也題淸遠峽觀音院詩作靑州遠峽則又因州名而妄竄定也

劉允章見戶中　重修承旨學士壁記劉允章咸通五年十一月二十七日自倉部員外郎守本官再入六年正月九日加戶部郎中知制誥翰苑羣書上

令狐纁見金中

李磵見戶中金中

樊驤見倉中

張溫士　新表始興張氏監察御史廣州節度判官仲孚子溫士刑部郎中

呂𠒇見金中無考
杜眞符見左外動外附存　又
李殊　元稹唐故朝議郎侍御史河陰留後元君墓誌銘
次女適李殊七元微之文集五十元和十四年
竇璠又度中　新表竇氏三祖房汾州長史靈運子璠不詳
歷官時代不合
鄭縈見左中補吏外補戶外金中補　舊傳歷監察殿中倉戶二員
外郎金刑右司三郎中新傳歷監察御史擢累左司郎中　舊僖宗紀
乾符二年六月以倉部員外郎鄭縈爲戶部員外郎
王鐐見左中又主外補　舊僖宗紀乾符二年六月以主客員外

郎官石柱題名考卷十六　倉外　亖

郎王鐐爲倉部員外郎
柳告　新表柳氏柳州刺史宗元子見禮外補告字用益　摭
言十四咸通四年蕭倣與浙東鄭商當作褢綽大夫狀柳告
是柳州之子鳳毛殊有而名字陸沈案蕭倣于咸通四年知貢舉則告當
即是年進士也
崔嚴　新表南祖崔氏林慮主簿悅子嚴倉部員外郎
又清河小房崔氏憲宗相羣子嚴同州參軍
李鉅　玉泉子韋保衡秀才嘗訪同人有李鉅新及第亦
繼至鉅新成事甚自得洎保衡尚主爲相李蠙鎮岐下
鉅下衍新字依廣記二百七十三刪方自山北舊從事辟焉　新表趙

郡李氏東祖房司農卿逢年子見祠中鉅綿竹丞時代不合
又潞州司倉參軍延安子鉅新息尉
陳義範無考
盧朋龜　新表盧氏左補闕告子見左外　朋龜字子益
韋蘊微二本無末確疑趙蘊
張□
補遺
韋璲見吏外倉中　舊韋安石傳叔璲倉部員外郎
于素見倉中補　新表于氏德基子素倉部員外郎姓纂作郎中
韋虛心見左外補戶中案倉外石刻有韋壽心疑是　孫逖東都留守韋公

郎官石柱題名考卷十八　倉外　亖

神道碑司會之府允釐庶績命公作倉部左司二員外
戶部兵部右司三郎中文苑英華九百十八
王紹見戶中　舊傳貞元中自包佶租庸鹽鐵判官爲倉部
員外郎時屬兵革旱蝗之後令戶部收闕官俸兼稅茶
及諸色無名之錢以爲水旱之備紹自拜倉部便準詔
主判遷戶部兵部郎中皆獨司其務新傳略同　李絳兵部
尚書王紹神道碑自倉部員外郎遷戶部兵部郎中專
判戶部事文苑英華八百九十七
韋武見戶中又禮外補　呂溫韋公神道碑銘戶部元侍郎琇薦
司漕運懼不克濟奏授公倉部員外郎充水陸轉運判

官得公之謀而不能用稱疾杜門數月而元㬉敗尋轉禮部員外郎呂衡州文集六　新傳戶部侍郎元琇爲水陸轉運使表武以倉部員外郎充判官謀不用杜門數月而琇敗轉刑部員外郎案刑部當作禮部

邱丹又祠外　元和姓纂十八右常侍邱爲中見勳弟丹倉部員外吳郡人

高㬎　新表高氏著作佐郎崇賢館學士彪子㬎侍御史

倉部員外郎

袁皓又禮外補　唐詩紀事七十七袁皓咸通進士　新李晟傳僖宗狩蜀倉部員外郎袁皓采李晟功烈爲興元聖功錄徧賜諸將表勵之　舊書禮儀志五中和元年夏四月有司請享太祖已下十一室於成都府虞部員外郎袁皓等建議同異唐會要十六同虞部作禮部　新書藝文志丁部集錄別集類袁皓碧池書三十卷原注袁州宜春人龍紀集賢殿圖書使自稱碧池處士

李稚州　新表隴西李氏姑臧大房君昇子稚州倉部員外郎

李齊莊　新表趙郡李氏西祖房道信子齊莊倉部員外郎

韋繪　元和姓纂八微周安國公法保孫繪唐倉部員外京兆杜陵人

郭士倫　元和姓纂十九鐸後魏左僕射東光文貞公郭祚曾孫士倫唐倉部員外贈深州刺史太原陽曲人

歸安丁寶書編次

唐尚書省郎官石柱題名考卷十八　勞檢丁士謨校字

唐尚書省郎官石柱題名考卷十九

仁和勞格著　歸安丁寶書編次
趙鉞

禮部郎中 補

唐六典禮部尚書其屬有郎中一人從五品上（龍朔二年改爲司禮大夫光宅中改爲司禮大夫神龍復舊）掌貳尚書侍郎舉其儀制而辨其名數

薛綰　賀若懷廓　封行高　韋元方　孔志約
周琮　薛稷　韓思復　崔融　薛曜
彭景直　張洽　崔宗之　□憲　高蓋

裴朏　姚子彥　崔國輔　段懷本　段同泰
裴遵慶　楊炎　顧少連　吳通微　楊憑
許孟容　韋德符　王沼　張仲素　庾敬休
李翱　薛用弱　劉禹錫　蔣係　徐商
李訥　宇文臨　裴處權　李湁儒　楊知温
牛蔚　鄭言　李景温　高湜　魏簹
司空圖　杜讓能　趙光逢　趙光裔　顏蕘
吳融　張茂樞　李綽　程浩　楊發
附存　唐次　楊凝　相里造　元稹

勞檢丁士謌校字

唐尚書省郎官石柱題名考卷十九

薛綰　新表薛氏西祖房瑊子綰禮部郎中　新書太子瑛傳開元十六年以太常少卿薛綰女爲妃　皇子納妃制薛綰第六女可皇太子妃（大詔令）

賀若懷廓　元和姓纂（三十八箇）隋陽州（隋書吳州）總管宋公賀若弼生懷廓唐禮部郎中河南洛陽人（原本誤入賀蘭氏注今正）　陳子昂爲蜀道安撫壽光公王季卿與王仁壽書將軍外氏宋國公子懷廓今任光祿大夫相府禮曹參軍爲王爪牙早樹勳績已雪冤恥彌暢昊天（文苑英華六百八十六）　新高祖紀武德六年七月丙子沙州別駕竇伏明反殺其總管賀若懷廓（通鑑唐紀六作瓜州總管賀若懷廣下文作賀拔胡三省云當從上作賀若格）

案明本考異作賀若

封行高　新表封氏青城令德潤子行高禮部郎中

韋元方　新表韋氏逍遙公房隋營州總管魏興懷公藝孫彧子元方禮部郎中（姓纂同）　會要（六十五）貞觀十四年司門員外郎韋元方不過所給使見左右僕射而去給使奏之上大怒出元方爲華陰令特進魏徵言曰帝王震怒動若雷霆何可妄發爲前給使一言夜出勅書事似軍機外人誰不驚駭但宦省之徒古來難近輕爲言語易生患害獨行遠使深非事宜漸不可長所宜深慎

上納之遂停貶黜
孔志約　孔氏祖庭廣記六志約三十三代禮部郎中
周琮又祠外　元和姓纂十八尤禮部郎中周琮河間人　楊
烱庭菊賦序天子幸於東都皇儲監守於武德之殿學
士周琮以儒術進文苑英華一百四十九
薛稷又祠外　新表薛氏西祖房仁偉子稷相中睿　新傳
字嗣通擢進士第累遷禮部郎中中書舍人景龍末爲
諫議大夫　蘇頲授薛稷諫議大夫制稱中散大夫行
尚書禮部郎中修文館直學士河東縣開國男薛稷文苑
英華三百八十一

韓思復　新傳字紹出京兆長安人舉秀才高第襲祖封
長山縣男姚崇爲夏官侍郎擢司禮博士五遷禮部郎
中建昌王武攸寧母亡請鼓吹思復持不可而止坐爲
王同皎所薦貶始州長史遷滁州刺史徙襄州入拜給
事中　舊傳自司禮博士景龍中累遷給事中　會要
六十六太僕寺少卿景雲元年八月加一員韓思復爲之
崔融又戶外有崔融時代不合　新表南祖崔氏宜君丞縣解子融字
文成新傳安成清河文公　舊傳應八科舉擢第自右史聖
厤二年除著作郎仍兼右史內供奉四年遷鳳閣舍人
久視元年忤張昌宗意左授婺州長史頃之怒解又請

召爲春官郎中知制誥長安二年再遷鳳閣舍人新傳遷右
史進鳳閣舍人
薛曜　新表薛氏西祖房高宗相振子耀字昇華給事中
襲汾陰男　石刻武三思大周封祀壇碑朝散大夫守
春官郎欽河南登封　寶刻類編二周封祀壇碑薛曜正書
萬歲登封元年十二月
彭景直　唐會要七十六永昌元年正月蓄文藻之思科彭
景直及第緯畧同　新書儒學傳中景直瀛州河間人中
宗景龍末爲太常博士後歷禮部郎中卒　蘇頲授彭
景直禮部郎中制黃門正議大夫檢校尚書禮部郎中
郎官石柱題名考卷十九　禮中　三月河精舍叢鈔
上柱國彭景直通理內融含暉外靜文尚典雅學窮精
博故能容臺是則仙闥咸推俾卽眞於滿歲更惟允于
卿月可行尚書禮部郎中散官勳如故主者施行文苑英華
三百八十九　開元釋教錄九睿宗嗣歷沙門菩提流志譯
大寶積經禮部郎中彭景直等潤色
張洽　舊書方伎僧一行傳開元五年元宗令其族叔禮部
郎中洽齎勑書就荆州強起一行　吳興志張洽大足
元年自濮州刺史授遷魏州刺史統紀云開元三年　新韋湊
傳開元中洛陽主簿王鈞以贓抵死詔曰兩臺御史河
南尹縱吏侵漁春秋重責帥其出河南尹韋湊曹州刺

史侍御史張洽通州司馬
崔宗之又禮外補 新表博陵第三房崔氏睿宗元宗相日用
子見吏外 宗之右司郎中 崔祐甫齊昭公崔府君集序
嗣子宗之學通古訓詞高典册才氣聲華邁時獨步仕
於開元中爲起居郎再爲尚書禮部員外郎遷本司郎
中時文國禮十年三月終於右司郎中年位不充海内
歎惜文苑英華七百二 新崔日用傳子宗之襲封齊國公亦
好學寬博有風檢與李白杜甫以文相知 新韓朝宗
傳喜識拔後進嘗薦崔宗之嚴武於朝當時士咸歸重
之 李陽冰草堂集序與崔宗之等自爲八仙之遊李太

白文集一
□憲見吏外補考中補
高蓋又戶外 新表高蓋禮部郎中
裴朏又禮外補又御史臺監察題名 新表洗馬裴氏登州刺史重晈
子朏禮部郎中 獨孤及唐故朝議大夫高平郡別駕
權公徽神道碑銘開元十八年考校書判甲乙丙丁科
詔公與徐安貞王敬從吳鞏見監察裴朏李宙見殿中張烜
見左側等十學士參焉毘陵集八詳勳外王敬從注 石刻大唐故朝
議郎行尚書祠部員外郎裴君積墓誌銘族叔禮部員
外郎朏撰兼書開元廿八年西安府 會要七十四 天寶元年冬

遷六十四人判入等時御史中丞張倚見左外 男奭判入
高等有下第者嘗爲薊令以白安祿山遂奏之來年正
月二十一日遂於勤政樓下上親自重試惟二十八比
類稍優餘並下第張奭不措一詞時人謂之曳白吏部
侍郎宋遙見勳外 貶武當太守苗晉卿見吏中 貶安康太守
考官禮部郎中裴朏起居舍人張烜監察御史宋昱左
拾遺孟國朝見左外 並貶官 孟浩然有聞裴侍御史朏
自襄州司戶除豫州司戶因以投寄詩校宋本孟浩然詩集下
王士源孟浩然詩集序尚書侍郎河東裴朏等與浩然
爲忘形之交校宋本 新書藝文志乙部史錄雜傳記類 裴朏續文

士傳十卷原注開元中懷州司馬
姚子彥又禮外補又御史臺殿中又右側侍御兼殿中題名 册府元龜六百四十三
開元二十六年八月甲申親試文辭雅麗舉人姚子彥
等二十四人升第皆量資授官詳封外郭納注 獨孤及唐故
祕書監贈禮部尚書姚公墓誌銘公諱子産英華子彥是 字
伯英其先馮翊蓮勺人也從家河東舉進士又舉詞藻
皆升甲科南宮章奏典司禮文英華樂 尤精其選非盛名
莫居繇是遷公殿中侍御史禮部員外郎禮部郎中知
制誥中書舍人太常少卿毘陵集十一 唐語林八 開元二
十四年命禮部侍郎爲主司後有中書舍人姚子彥等

雜主之　又八累爲主司者姚子彥再乾元三年上元二年　舊玄宗紀下　開元二十九年九月壬申御興慶門試明四子人姚子產彥誤等

崔國輔 又禮外補

段懷本　新表河南段氏宣州長史珪子懷本禮部郎中 元和姓纂洛州太守禮部郎中　元稹唐左千牛韋珮母段氏墓誌銘曾祖宣州長史諱弘珪生大父鄜州刺史諱懷本 元微之文集五十八

段同泰　元和姓纂二十九換 蘇州刺史段同泰 泰原脫 居滎陽中牟　晁說之宋故朝散大夫管勾舒州靈仙觀騎都

尉段公與言墓誌銘唐禮部郎中蘇州太守同泰始爲滎陽中牟人 景迂生集十九

裴遵慶 見吏外勳外　舊傳自大理寺丞遷司門員外吏部員外郎專判南曹天寶末楊國忠出不附己者出爲郡守肅宗即位徵拜給事中　賈至授裴遵慶給事中制勑禮部郎中裴遵慶清正介直公才雅望智能利物行可檢人令東夏務殷宰臣任重是資髦士以佐輶軒宜居駮議之職仍領銓衡之務可給事中 文苑英華三百八十一

楊炎 見勳外　舊傳自起居舍人丁憂服闋起爲司勳員外郎改兵部轉禮部郎中知制誥遷中書舍人 新傳同　常袞授庾準楊炎知制誥制勑中大夫行尚書吏部郎中上柱國庾準檢校尚書兵部郎中充山南 集作劍　副元帥判官賜緋魚袋楊炎等詔令之重潤色攸難其文流則失正其詞質則不麗固宜酌風雅之變參漢魏之作發揮綸旨其在茲乎爾各以茂才實學敏識純行俾其對掌可謂得人仍轉郎位式光朝選準可行尚書職方郎中知制誥散官勳如故炎可守尚書禮部郎中知制誥賜如故 文苑英華三百八十二

顧少連　新傳字夷仲蘇州吳人舉進士上第德宗幸奉天自監察御史徒步詣謁授水部員外郎翰林學士再

遷中書舍人閱十年歷吏部侍郎　舊德宗紀上　興元元年六月水部員外郎顧少連爲禮部郎中依前充翰林學士　韋執誼翰林院故事貞元巳後顧少連水外充禮中充又中人充出爲戶侍　丁居晦重修承旨學士壁記顧少連建中四年自水部員外郎充貞元四年二月加知制誥七年遷中書舍人八年四月改戶部侍郎賜紫金魚袋出院 貞元上有脫文翰苑羣書上

吳通微 見金外　舊文苑下　吳通元傳貞元七年通微自職方郎中翰林學士知制誥改禮部郎中尋轉中書舍人

楊憑 見左外　舊傳累遷起居舍人左司員外郎禮部兵部

郎中太常少卿
許孟容又禮外補 舊傳字公範京兆長安人舉進士甲科後
究王氏易登科貞元中自濠州刺史徵爲禮部員外郎
遷本曹郎中德宗降誕日御麟德殿命孟容等登座與
釋老之徒講論十四年轉兵部郎中未滿歲遷給事中
韋德符 權德輿唐故使持節欽州諸軍事守欽州刺史
賜緋魚袋陸君墓誌銘常與今禮部郎中京兆韋德符
友善權載之文集二十四德符疑韋字陸參見祠外
王沼 新表烏丸王氏温州刺史晃子見禮外補 沼禮部郎中
舊楊炎傳道州錄事參軍王沼有微恩於楊炎德宗

時舉沼爲監察御史 舊張鎰傳建中末李楚琳殺張
鎰判官王沼等被殺新傳同
張仲素見封中勳外 丁居晦重修承旨學士壁記張仲素元
和十一年八月十五日自禮部郎中充十三年正月十
二日加司封郎中知制誥翰林苑故事張仲素禮部員外充 翰苑羣書上
庾敬休見左中補又禮外補 白居易韋覬可給事中庾敬休可兵
部郎中知制誥同制朝散大夫苑有守字尚書禮部郎中上
柱國庾敬休温裕端明飾以辭藻可使書誥命而專右
席苑作而立西序可尚書兵部郎中知制誥散官勳如故白氏文集
四十八

李翺見考外補 舊傳元和十五年七月自考功員外郎出爲
朗州刺史俄入爲禮部郎中以未知制誥入中書面數
李逢吉之過失逢吉不之校翺心不自安請告滿百日
有司準例停官奏授逢吉廬州刺史 舊敬宗紀寶曆
元年二月辛卯以前禮部郎中李翺爲廬州刺史以求
知制誥面數宰相李逢吉過故也 李翺兵部武侍郎
墓誌長慶四年公之先夔召其友禮部郎中李翺執管
以刖李文公集十五
薛用弱 三水小牘下大和初薛用弱自儀曹郎出守弋
陽郡爲政嚴而不殘案黑水將軍稱用弱爲郎中 新書藝文志丙部

子錄小說家類薛用弱集異記三卷字中勝長慶光州刺史
劉禹錫又主中補 舊傳字夢得彭城人貞元九年擢進士第
又登宏辭科大和中自主客郎中累轉禮部郎中集賢
院學士裴度罷知政事求分司東都六月授蘇州刺史
蔣係又膳外補 新表蔣氏祕書監乂子勳外有武係檢校左僕射
淮陽公 新傳大和二年拜右拾遺史館修撰轉右補
闕歷膳部員外工禮兵三部郎中皆兼史職開成末轉
諫議大夫
徐商又禮外補 新表北祖上房徐氏大理評事宰子商字義
聲相懿宗舊彥若傳曾祖宰祖陶父商表脫陶一代 舊徐彥若傳父商字

義聲大中十三年及第釋褐祕書省校書郎累遷侍御史改禮部員外郎尋知制誥轉郎中召充翰林學士拜中書舍人　重修承旨學士壁記徐商會昌三年六月一日自禮部員外郎充四年八月七日加禮部郎中知制誥其年九月四日遷兵部郎中並依前充翰苑羣書上

李隲徐襄州碑字秋卿文宗五年春考登上第文苑英華八百七十

李訥見吏外　崔嘏授李訥中書舍人言大理少卿制稱禮部郎中知制誥李訥等文苑英華三百八十二

宇文臨又禮外補　舊宇文籍傳子臨大中初登進士第　重

修承旨學士壁記宇文臨大中元年閏三月七日自禮部員外郎充其年四月守本官出院　又大中元年十二月八日自禮部郎中充其月二十八日加知制誥二年正月二日思政殿召對賜緋其年六月七日特恩遷中書舍人並依前充三年九月十四日責授復州刺史翰苑羣書上　崔嘏授宇文臨翰林學士制敕吾方以文化天下期於大和故左右侍從之臣詞林宥密之地必求其性識弘茂文藻遒麗以備顧問以參周旋聞爾清直無徒雅厚自處富有天爵蔚爲詞人是用輟自儀曹置於翰苑惟端靜可以承渥澤惟敬慎可以期遠圖貸爾令猷副我殊選可守本官充翰林學士文苑英華三百八十四　又制敕禮部郎中宇文臨吾外有輔臣以敦一作匡大化中有股肱一作心腹以惣一作專樞機而發揮絲綸參侍顧問司我耳目廣予腹心惟是柬求擢居近密以爾詞賦清才珪璋雅韻抱孤貞以適性竦端介以操持處衆流之中不爲自異居慎獨之際克念無私由是選自文昌升於翰苑爾宜一心以奉職勤百慮以省躬勿怠疏遠副吾恩顧可守本官充翰林學士同上

裴處權見封中戶外　杜牧有裴處權除禮部郎中等制樊川文集十七　新表洗馬裴氏處權字晦之禮部郎中

李湒儒一作汶又禮外補　唐詩紀事五十三汶儒登大和五年進士第　重修承旨學士壁記李湒儒大中六年七月十五日自禮部員外郎充七年十二月五日加禮部郎中知制誥九年十月十二日拜中書舍人依前充十年十月十六日三殿召對賜紫十一年正月五日守本官出院翰苑羣書上　寶慶四明志一大和三年明州刺史李文孺通志文儒修得橋見曾從龍所撰浮橋記

楊知溫見左外　舊楊汝士傳子知溫累官至禮部郎中知制誥入爲翰林學士戶部侍郎新傳失載　重修承旨學士壁記楊知溫大中十一年九月八日自禮部郎中充十

二月十九日加知制誥十二年五月十二日三殿召對
賜緋十月十一日拜中書舍人依前充翰苑羣書上　舊宣
宗紀大中十一年九月以禮部郎中楊知温充翰林學
士十二月禮部郎中楊知温本官知制誥充翰林學士
牛蔚見吏中　舊傳宣宗時自司門員外郎出爲金州刺史
入拜禮吏二郎中新傳失載
鄭言　東觀奏記中以左拾遺鄭言爲太常寺鈔本有博士
鄭朗自御史大夫命相朗先爲浙西觀察使言實居幕
中朗建議以諫官論時政得失動關宰輔鄭言必括囊
形迹請移爲博士　新鄭朗傳右拾遺鄭言者故在鄭

朗幕府朗以諫臣與輔相爭得失不論則廢職奏徙他
官　唐才子傳七　會昌二年鄭言榜進士趙嘏　舊宣
宗紀大中七年十月宏文館大學士崔鉉進續會要四
十卷修撰官鄭言等賜物有差會要同新書藝文志丙部子錄類書類續會要
四十卷鄭言等撰　重修承旨學士壁記鄭言咸通六年正月
十日自駕部員外郎入四月十日加禮部郎中知制誥
依前充其月十九日中謝賜紫八年十一月四日遷工
部侍郎知制誥並依前充九年六月十八日守戶部侍
郎出院翰苑羣書上　新書藝文志乙部史錄雜史類　鄭言平剡錄
一卷原注裘甫事言字垂之浙西觀察使王式從事咸通翰林學士戶部侍郎　玉泉子鄭
公述平剡錄一何曲筆雖驟歷清顯而卒以喪明不復
起焉可不慎哉資治通鑑考異二十三
李景温見戶外
高湜見勳外　吳興志高湜咸通五年十二月自司勳員外
郎拜禮部郎中史館修撰統記作遷刑部
魏簹見勳中簹誤管
司空圖又禮外補　舊文苑傳下　圖字表聖本臨淄人父輿見戶
中補圖咸通十年登進士第自光祿寺主簿分司東都召
爲禮部員外郎賜緋魚袋遷本司郎中其年冬巢賊犯
京師從天子不及退還河中數年故相王徽鎮潞表爲

副使徽不赴鎮而止僖宗自蜀還次鳳翔召知制誥尋
正拜中書舍人新卓行傳畧同
杜讓能又禮外補　新表杜氏宣宗懿宗相審權子見吏外讓能
字羣懿相昭宗　舊傳咸通十四年登進士第黃巢犯
京師奔赴行在自兵部員外郎拜禮部郎中史館修撰
尋以本官知制誥正拜中書舍人
趙光逢見吏外補又禮外補　勳外補祠中補　舊傳僖宗還京授太常博
士歷禮部司勳吏部三員外郎集賢殿學士轉禮部郎
中景福中以祠部郎中知制誥
趙光裔見勳中補又禮外補膳中補　雲臺編中　有寄同年禮部趙

郎中詩詩有小儀澄濟轉中儀之句

顏蕘 舊昭宗紀光化三年八月丁卯以朝請大夫虞部郎中知制誥上柱國賜紫金魚袋顏蕘爲中書舍人 舊柳璨傳魯國顏蕘深重柳璨蕘爲中書舍人判史館引爲直學士 唐摭言十二天復中薛昭緯自臺丞累貶澄州司馬中書舍人顏蕘當制 舊五代史唐書四十四崔沂傳昭宗時員外郎知制誥崔沂嘗與同舍顏蕘錢珝俱秉筆見蕘珝贍速草制數十無妨譚笑 錢珝授前合州刺史顏蕘禮部郎中殿中侍御史李德璘右補闕監察御史鄭渥右補闕等制勅具官顏蕘等昔太師魯

公拘在寇廷渠魁有危一作潛追之問對以諸侯朝覲之禮奮發全文於直言不屈疑守正而歿理命之戒家廟爲先賢哉鉅人可謂忠而知禮矣今蕘行高學茂洪緒有承因太師之所爲遂以禮曹郎命爾用昭遺德且勉令修德璘合矩中規擅髦彥之稱渥端居慎守積監視之勞擢爲諫臣實就近列使吾聞過擊爾當官無或面從以墜其職可依前件文苑英華三百八十三 顏蕘顏上人集序余景福中爲尚書郎故相國陸希聲爲給事中後數載余罷自合江沿峽流而下至荆又云余繼忝淸華薦兼史任末署光化三年孟夏序文苑英華七百十四 宋史文苑朱昂傳梁祖篡

唐唐舊臣顏蕘李濤朱葆光數輩挈家南渡寓潭州每正旦夕至必序立南嶽祠前北望號慟殆二十年 唐詩紀事六十四 顏萱中書舍人蕘之弟

吳融 新書文藝下傳融字子華越州山陰人龍紀初及進士第自侍御史坐累去官流浪荆南依成汭久之召爲左補闕以禮部郎中爲翰林學士拜中書舍人

張茂樞見勳外補又祠中補新傳失載 舊昭宗紀天祐元年七月丁丑制以司勳員外郎張茂樞爲禮部郎中

李綽又繕中補 新表趙郡李氏南祖房吏部侍郎紓曾孫見封外補寬中子綽字肩孟 舊昭宗紀龍紀元年十一月己

丑朔將有事於圜丘辛亥上宿齋於武德殿宰相百僚朝服於位時兩軍中尉楊復恭及兩樞密皆朝服侍上太常博士錢珝李綽等奏論之至晚不報 石刻升僊廟興功記尚書禮部郎中賜緋魚袋李綽撰乾寧四年正月 錢氏大昕跋曰陳直齋題唐膳部郎中按禮祠客膳雖云同署而禮部爲頭司餘爲子司資望不等綽於乾寧四年已官禮中更閱十有餘歲至開平二年何以轉題膳部恐直齋誤記抑或中遭罷斥而更敍復乎 新書藝文志丙部子錄農家類 李綽秦中歲時記一卷 直齋書錄解題秦中歲時記一卷唐膳部郎中趙郡李綽撰綽別未見此據中興書目云爾其序曰緬思庚子之歲洊周戊辰之年庚子唐廣明元年戊辰梁開平二年也又

日偶記昔年皇居舊事絕筆自歎橫襟出涕然則唐之舊臣國亡之後傷感疇昔而爲此書也按朱藏一紺珠集曾端伯類說載此書有杏園探花使端午扇市臧除儺公儺母及太和八年無名子詩數事今皆無之豈別一書乎

程浩　集古錄目唐昭義節度薛嵩神道碑禮部郎中程浩撰梁州都督府長史翰林待詔韓秀寔八分書碑大厤八年立在夏縣寶刻叢編十　又唐贈司徒馬璘新廟碑禮部郎中程浩撰吏部尚書顏眞卿書太子中允翰林待詔韓秀寔分書題額大厤十四年七月立寶刻叢編七

楊發見左中補勳中勳外

附存

唐次見吏中補又禮外補　新傳憲宗立自夔州刺史召還授禮部郎中知制誥終中書舍人

楊凝見左中補封外　吏外補又封中附存　柳宗元亡妻宏農楊氏誌醴泉縣尉諱某成名生今禮部郎中凝原注凝當作憑憑嘗爲禮部郎中集有祭楊詹事文可見今作凝恐非河東先生集十三

相里造見戶中補

元稹見祠中膳外補

唐尚書省郎官石柱題名考卷十九終

勞檢丁士謌校字

唐尚書省郎官石柱題名考卷二十

仁和勞格　趙鉞著　歸安丁寶書編次

禮部員外郎補

唐六典禮部尚書其屬有員外郎一人從六品上龍朔二年改爲司禮員外郎咸亨光宅神龍並隨曹改復掌同郎中

孔楨　楊志誠　斑思簡　馬懷素　尹知章

褚璆　張九齡　袁暉　王仲邱　李孟犨

崔國輔　崔宗之　王敬從　楊仲昌　裴朏

姚子彥　陶翰　王晃　李華　韓擇木

常無名　陳讜言　李莘　薛邕　于可封

獨孤及　于益　崔令欽　王定　沈既濟

崔元翰　韋武　唐次　張宏靖　許孟容

王仲舒　韓臯　裴垍　令狐楚　柳宗元

張賈　韋貫之　崔備　王源中　韋處厚

崔韶　李宗閔　林藴　牛僧孺　楊嗣復

庾敬休　張元夫　楊虞卿　鄭錫　宋申錫

李珏　韋温　袁郁　孔温業　張次宗

崔嶼　徐商　宇文臨　李涓儒　孔温裕

王凝　孔緯　崔澹　李燭　蕭遘

劉崇龜　杜讓能　司空圖　崔蒞甫　趙光逢

李系　袁皓　趙光胤　徐彥樞　薛貽矩

王溥　韋序　韋郊　王駕　薛昭緯

趙光裔　衛中行　崔明允　徐安貞

勞檢丁士諤校字

唐尚書省郎官石柱題名考卷二十

孔楨　元和姓纂董唐中書舍人孔紹安生楨禮部員外會稽山陰人　舊書文苑傳上楨高宗時爲蘇州長史累遷絳州刺史封武昌縣子卒謚曰温新傳畧同　赤城志麟德二年乾封元年台州刺史孔原注仁廟嫌諱八

楊志誠見吏外補　張説贈太州刺史楊君神道碑自國子監丞高宗封岱岳除禮部員外郎轉吏部員外郎張燕公集十六

斑思簡　舊斑宏傳祖思簡春官員外郎衞州汲人

馬懷素見考外　舊傳自左臺監察御史長安中累轉禮部員外郎充十道黜陟使還遷考功員外郎新傳同　石刻故銀青光祿大夫祕書監兼昭文館學士侍讀上柱國常山縣開國公贈潤州刺史馬公墓誌銘改左臺監察御史歷殿中彈糺不避强禦加朝散大夫轉詹尹丞朝論稱屈遷禮部員外郎與范陽盧懷慎隴西李傑俱以清白嚴明分爲十道按察轉授考功員外郎

尹知章　元和姓纂十七準禮部員外尹知章絳州翼城人

褚璆見吏中作諸璆吏外戸中　新傳先天中遷侍御史拜禮部員外郎而氣象凝挺不減在臺時

張九齡見勳外　石刻徐浩唐尚書右丞相中書令張公碑自左拾遺特拜左補闕尋除禮部司勳二員外郎加朝散大夫廣東曲江　舊傳自左拾遺開元十年三遷司勳員外郎　張九齡轉司勳員外郎敕通直郎判尚書禮部員外郎張九齡可守尚書司勳員外郎散官如故唐丞相曲江張先生文集附錄詳勳外　開元八年四月七日

袁暉　元和姓纂二十二元袁公玘生暉中書舍人京兆人　舊會要七十六景雲二年文以經國科袁暉及第緯畧同　舊魏知古傳先天二年知吏部尚書事魏知古擢用左補闕袁暉等後咸累居清要新傳所薦左補闕袁暉等後有聞於時　新馬懷素傳開元初詔祕書監馬懷素續王儉七志召邢州司戸參軍袁暉等分部撰次　舊韋述傳中書令張説重詞學之士袁暉等常遊其門　張九齡轉司勳員外郎敕朝議郎河南府法曹參軍袁暉可行尚書禮部員外郎散官如故開元八年四月七日唐丞相曲江張先生文集附錄詳勳外張九齡注

王仲邱　新書儒學傳下仲邱沂州琅邪人祖師順見倉外開元中歷左補闕內供奉集賢修撰起居舍人遷禮部員外郎卒贈祕書少監

李孟犨　新表上大鄭王房襲膠西郡公南州司馬璥子泗州刺史孟犨字公悅　李軫泗州刺史李君神道碑自鄧州司馬兼陸門堰稻田使宗司舉以郎署擢授禮部員外屬東封扈蹕轉虞部員外郎出牧泗州清明簡

肅治行第一而地接吳楚氣候卑濕因之痞癘辭以疾歸開元十九年十一月十九日終于大梁旅館享年五十有五文苑英華九百二十三

崔國輔見禮中補　新表崔氏淸河靑州房海沂等州司馬惟怦子李君碑作惟明國輔禮部員外郎　李幹泗州刺史李君神道碑今夫人淸河崔氏弟國輔秀才擢第制舉登科歷補闕起居禮部員外郎文苑英華九百二十三

崔宗之見禮中補　崔祐甫齊昭公崔府君集序嗣子宗之開元中為起居郎再為尚書禮部員外郎遷本司郎中文苑英華七百二　舊書禮儀志六　開元二十七年太常議禘祫

二禮禮部員外郎崔宗之駁下太常令更詳議

王敬從見勳外從敬考中　孫逖太子右庶子王公神道碑歷尚書禮部司勳員外考功郎中給事中拜中書舍人文苑英華九百二

楊仲昌見左外吏中吏外　席豫唐故朝請大夫吏部郎中上柱國高都公楊府君碑銘自河南鞏縣令尋遷禮部員外郎歷左司員外郎唐文粹五十八二傳失載　舊書孝友崔沔傳開元二十三年制令禮官議加籩豆之數與服制之紀崔沔建議依舊時禮部員外郎楊仲昌議與相符

裴朏見禮中補　石刻大唐故朝議郎行尚書祠部員外郎裴君禎墓誌銘族叔禮部員外郎朏撰兼書開元二十八年

姚子彥見禮中補　獨孤及唐故祕書監贈禮部尚書姚公墓誌銘遷公殿中侍御史禮部員外郎禮部郎中知制誥毘陵集十一

陶翰　唐會要七十六　開元十九年博學宏詞科陶翰及第緯畧同　唐才子傳二　陶翰潤州人開元十八年崔明允下進士及第次年中博學宏辭與鄭昉同時官至禮部員外郎　太平廣記二百十七　九月禮部員外陶翰病請假敕除補闕王晃　顧況禮部員外郎陶氏集序開元十八年進士上第天寶文明載登宏詞拔萃兩科累陟太常博士禮部員外文苑英華七百二

王晃　新表烏丸王氏靑州司馬祚子晃溫州刺史　新王涯傳父晃歷左補闕溫州刺史涯見吏外　劉禹錫代郡開國公王氏先廟碑第四室曰溫州刺史贈太尉府君諱晃年十有五貢然從秋賦明年春升名於司徒又一年玄宗御層樓發德音懸文詞政術科以冒髦士府君策最高授太常寺大祝未幾復以能通道德南華沖虛三眞經進盩厔尉天寶中歷右拾遺左補闕禮部司駕二外郎屬幽陵亂華遣兵南服因佐閩粵改檢校比部郎中行軍司馬時中原甫盜江南為吉地二千石多用

名德乃以府君牧溫州劉賓客文集二　太平廣記二百十七九月禮部員外陶翰病
請假敕除補闕王晃禮部員外後貶溫州司倉與碑不合
李華見吏外補　封外補　金中　舊文苑傳下　天寶中登朝爲監察
御史累轉侍御史禮部吏部二員外郎新書文藝傳失載
韓擇木　舊書刑法志肅宗載收兩京置三司使以刑部
侍郎兼御史中丞韓擇木等五人爲之崔器呂諲多希
旨深刻擇木無所是非李峴獨力爭之　舊肅宗紀上
元元年閏月壬午以右散騎常侍韓擇木爲禮部尚書
二年九月壬辰以太子賓客集賢院學士昌黎伯韓
擇木爲禮部尚書　寶應元年建辰日以禮部尚書韓

擇木爲太子太保　舊李峴傳乾元二年李峴以理崔
伯陽等出爲蜀州刺史時右散騎常侍韓擇木入對上
曰峴欲專權耶乃云任毛若虛是無御史臺耶令貶蜀
州刺史朕自覺用法太寬對曰峴言直非專權陛下寬
之祗益聖德爾新傳同　石刻崔尚唐天台山桐柏觀頌
鈌四字　書翰林院學士慶王府屬韓擇木書天寶元年三月二日金薤琳琅十五
常無名　新表新豐常氏雍王府文學楚珪子無名禮部
員外郎　唐才子傳一張子容開元元年常無名榜進
士又王灣開元十一年常無名榜進士大典本作元年　摭言

十三無名子移書劉公先翰有常無名判云衞侯之政由
甯氏魯侯之令出季孫豈以經對史耶
陳讜言　元和姓纂十七禮部員外郎陳讜言京兆人
李華三賢論潁川陳讜言士然淡摭言讀　而不厭重劉迅
者也文苑英華七百四十四文粹三十八　唐摭言七　王昌齡有秋山寄陳
讜言詩唐文粹十五下　文苑英華五百十六有陳讜言對祭地判
全文四百六作儻言字士龍元宗時擢書判拔萃科
李莘　賈至授李莘禮部員外郎制勑九隴令李莘學行
薰茂藻思清新譽流京劇政洽巴庸會府章奏之殷春
官典禮之要任難其選才可當人可試禮部員外郎文苑

英華三百九十一
薛邕見吏中　吏外　動中　唐摭言十四至德二年駕臨岐山右補
闕兼禮部員外薛邕下二十一人
于可封　新表于氏祕書監汪子可封國子司業　丁居
晦重修承旨學士壁記至德後于可封補闕充還禮部
員外郎知制誥除國子司業出院　韋執誼翰林院故
事至德已後于可封自補闕充出爲司業翰苑羣書上
獨孤及見吏外　新傳代宗時自太常博士遷禮部員外郎
歷濠舒二州刺史　梁肅常州刺史獨孤及行狀自太
常博士拜尚書禮部員外郎遷吏部除濠州刺史文苑英華

九百七十二　崔祐甫常州刺史獨孤及神道碑自太常博
士遷尚書禮部員外郎受詔考第吏部選人詞翰旌別
淑慝朝野稱正爲濠州刺史又九百二十四不云遷吏部毘陵集禮部作吏部案
是時及以禮部考吏部選人非爲吏部也集似誤
于益　新表于氏工部尚書東海元公休烈子益諫議大
夫　舊于休烈傳嗣子益次子肅見考中補相繼爲翰林學
士新傳同　新傳又云益天寶初及進士第　石刻大唐故左武衛大將軍
贈太子賓客白公道生神道碑銘朝議郎行尚書禮部員
外郎翰林學士賜緋魚袋于益奉勑撰永泰元年正定　韋
執誼翰林院故事實應已後于益自駕部員外充大諫

又充卒重修承旨學士壁記寶應後六人載于益名　翰苑羣書上
崔令欽　李華潤州天鄉寺故大德雲禪師碑禮部員外
郎崔令欽常爲丹徒宗仰不怠文苑英華八百六十一　劉隨州
文集三有寄萬州崔使君令欽詩　教坊記序開元中
余爲左金吾倉曹又云今中原有事漂寓江表　新表
博陵二房崔氏挻後合州刺史琎子令欽國子司業
李華潤州鶴林寺故徑山太師碑銘稱菩薩戒弟子禮
部員外郎崔令欽文苑英華八百六十二　新書藝文志甲部經錄樂類　崔
令欽教坊記一卷丁部集錄　又總集類　崔令欽注庾信哀江
南賦一卷

王定見吏中補　吏外考中補　權德輿唐故太子右庶子集賢院
學士贈左散騎常侍王公神道碑銘拜起居舍人尋加
理匭使歷禮部吏部二員外遷考功郎中權載之文集十四
沈既濟　元和姓纂四十七寑　婺州武義主簿沈朝宗生既濟
進士唐翰林學士吳興武康縣人　舊沈傳師傳父既
濟建中初楊炎薦才堪史任召拜左拾遺史館修撰炎
譴逐貶處州司戶後復入朝位終禮部員外郎　陸贄
奏天薦袁高等狀何士幹姚南仲陸淯沈既濟已上曾任補闕
拾遺　陸宣公集十四　詳吏中崔造注
崔元翰　舊傳元翰博陵人進士擢第登博學宏詞科又

應賢良方正直言極諫科三舉皆升甲第自太原馬燧
掌書記入朝爲太常博士禮部員外郎實參輔政用爲
知制誥詔令温雅合於典謨然性太剛褊簡傲不能取
容於時每發言論略無阿徇忤執政意故掌誥二年而
官不遷竟罷守比部郎中
韋武見戶中倉外補　呂温韋公神道碑銘自倉部員外郎充水
陸轉運判官尋轉禮部員外郎上方以戡復之慶親告
郊廟大兵僅解百度各缺執事憂惑悉咨于公公以變
通之識酌于宜元缺一字　備物約用禮成掌中羣司遵行罔
或愆素屬邦畿艱食朝議敦本選羣閣之通理術者十

人分宰大邑公與故相國鄭公珣瑜等同被推擇遂檢
校本官兼昭應縣令　新傳自倉部員外郎充水陸轉
運使判官轉刑部員外郎是時帝以反正告郊廟大兵
後典章苟完執事者時時咨武武酌宜約用得禮之衷
羣司奉焉後爲絳州刺史案傳刑部當依碑作禮部　陸贄優䘏畿
內百姓幷除十縣令詔韋武可檢校禮部員外郎兼昭
應縣令陸宣公集四詳勳外竇申注

唐次見吏中補禮中附存　新傳德宗時歷侍御史竇參數薦之改
禮部員外郎參貶出爲開州刺史積十年不遷改夔州
刺史　文苑英華九百七十二　梁肅常州刺史獨孤及行狀

藝文之士遭公發揚揮集作　盛名比肩于朝廷則有禮部
員外郎北海唐次

張弘靖見吏外　舊傳德宗時擢授監察御史轉殿中侍御
史禮部員外郎遷兵部郎中知制誥

許孟容見禮中補　舊傳自濠州刺史德宗知其才徵爲禮部
員外郎有公主之子請補宏文崇文館諸生孟容舉令
式不許主訴于上命中使問狀孟容執奏竟得遷本曹
郎中

王仲舒見吏外考外　新傳自左拾遺改右補闕遷禮部考功
員外郎舊文苑傳自右拾遺累轉尚書郎　權載之文集三十一吏部員
外郎南曹廳壁記太原王仲舒貞元十年冬繇諸侯部
從事賢良對策歷左右諫列儀曹考功郎十八年實受
斯命　韓愈唐故江南西道觀察使中大夫洪州刺史
兼御史中丞上柱國賜紫金魚袋贈左散騎常侍太原
王公神道碑銘貞元初射策拜左拾遺特改右補闕遷
禮部考功吏部三員外郎在禮部奏議詳雅省中伏其
能昌黎先生集三十一　又江南西道觀察使贈左散騎常侍太
原王公墓誌銘貞元十年以賢良方正拜左拾遺改右
補闕禮部考功吏部三員外郎昌黎先生集三十三

韓羣見考外補　新表昌黎韓氏羣禮部員外郎

裴垍見考中補考外　舊傳自監察御史轉殿中侍御史尚書
禮部考功二員外郎新傳失載

令狐楚　新表令狐氏太原府功曹參軍承簡子楚字殼
士相憲宗　舊傳貞元七年登進士第德宗時拜右拾
遺改太常博士禮部員外郎毋憂去官服闋以刑部員
外郎徵轉職方員外郎知制誥新傳失載

柳宗元　新表柳氏侍御史鎮子宗元字子厚柳州刺史
舊傳登進士第應舉宏辭順宗即位自監察御史轉
尚書禮部員外郎王叔文敗貶邵州刺史在道再貶永
州司馬　舊憲宗紀永貞元年九月己卯禮部員外郎

柳宗元貶邵州刺史

張賈見吏中戶外　呂温故太子少保贈尚書左僕射京兆韋府君夏卿神道碑銘分正東郊開府辟士則有今禮部員外郎清河張賈呂衡州文集六元和元年

韋貫之見吏外　舊傳元和中自右補闕轉禮部員外郎新羅人金忠義以機巧進至少府監蔭其子爲兩館生貫之持其籍不與曰工商之子不當仕忠義以藝通權倖爲請者非一貫之持之愈堅既而疏陳忠義不宜汚朝籍詞理懇切竟罷去之改吏部員外郎新傳畧同　會要三十九元和二年七月詔禮部員外郎韋貫之等删定開元

格後勅

崔備　新表崔氏許州鄢陵房左丞黃門侍郎工部尚書泰之孫備工部郎中　唐詩紀事四十五　崔備登建中進士第　舊鄭餘慶傳元和六年禮部員外郎崔備以不詳覆給元義方盧坦門戟罰俸　憲宗罰盧坦元義方立戟違式俸料勅禮部員外郎崔備以禮許人此於申請其過尤深罰一季俸料大詔令在元和六年十二月　會要三十二　羊士諤詩集有酬禮部崔員外備獨永寧里弊居見寄詩歲時雜詠二十九　有崔備奉和相公錦樓玩月詩唐詩紀事時爲武元衡西川度支判官　唐會要八十八有工部郎中崔備駁贈工部尚書馬暢謚敬議　崔備壁書飛白蕭字記余與李君太常議約寓家南徐鄰而友善獲覩妙跡法書要錄二　李約壁書飛白蕭字贊書之故實事之本末中書舍人張公崔監察備撰記詳焉　高平公蕭齋記其遇之之由則君之贊序與崔監察備論之詳矣同上

王源中見考外戶中　唐會要八十八太常博士馮定請謚贈太師范希朝忠武禮部員外郎王源中駁請下太常重定太常請如前謚忠武王源中重駁博士王塾改謚宣武未經會議聞奏故不載其文案舊希朝傳元和九年卒

韋處厚見考外補中附存　戶中戶外附存　考　舊傳元和中轉左補闕

禮部考功二員外郎宰相韋貫之出官出爲開州刺史新傳失載

崔韶見戶外　舊憲宗紀下元和十一年九月辛巳貶禮部員外郎崔韶果州刺史言與韋貫之朋黨故也

李宗閔見吏外　舊傳元和七年爲監察御史累遷禮部員外郎十二年裴度奏爲彰義軍觀察判官賊平遷駕部郎中知制誥新傳同　舊憲宗紀元和十二年七月以禮部員外郎李宗閔兼侍御史充彰義軍判官舊裴度傳同

林蘊　元和姓纂一二十侵　江州判官兼監察林蘊東晉通直郎林景後　新書儒學下　列傳蘊字復夢泉州莆田人滄

景程權辟掌書記遷禮部員外郎刑部侍郎劉伯芻薦
之於朝出爲邵州刺史　莆陽文獻列傳貞元四年明
經及第應賢良方正科不見取復夢誤夢復
牛僧孺見考外補　舊傳釋褐伊闕尉遷監察御史轉殿中歷
禮部員外郎元和中改都官知臺雜尋換考功員外郎
充集賢直學士新傳畧同　杜牧唐故太子少師奇章郡開
國公贈太尉牛公墓誌銘除河南尉拜監察御史丁母
夫人憂制終復拜監察御史轉殿中侍御史遷禮部員
外郎都官員外郎兼侍御史知雜事改考功員外郎集
賢殿學士樊川文集七

楊嗣復見吏中補吏外　舊傳自太常博士元和十年累遷至
刑部員外郎鄭餘慶爲詳定禮儀使奏爲判官改禮部
員外郎時父於陵爲戶部侍郎嗣復上言與父同省非
便請換他官詔曰應同司官有大功已下親者但非連
判及勾檢之官幷官長則不在迴避之限如官署同職
同異雖父子兄弟無所避嫌再遷兵部郎中新傳畧同
庾敬休見左中補禮中補　舊鄭餘慶傳元和十三年詳定使鄭
餘慶奏禮部員外郎庾敬休充詳定判官　重修承旨
學士壁記庾敬休元和十五年閏正月十三日自禮部
員外郎充二月一日賜緋二十一日加左司郎中翰苑羣書

上　舊穆宗紀元和十五年閏月以禮部員外郎庾敬
休守本官充翰林學士
張元夫　舊書張正甫傳兄式見左外子元夫登科大和初
兵部郎中知制誥遷中書舍人出爲汝州刺史　唐摭
言七　大和中蘇景胤見封中　張元夫爲翰林主人　新李
宗閔傳大和中李德裕爲相帝曰衆以張元夫等爲黨
魁德裕因請皆出爲刺史帝然之卽以元夫爲汝州
白居易張元夫可禮部員外郎制勅殿中侍御史張元
夫官有秩清而選妙者其儀曹員外郎之謂乎凡殿內
御史雖文才秀出功課高等者滿歲而授猶曰美遷有

如元夫連膺二選歷彼踐此僉以爲宜況怒飛青冥翔
集禁陛由並去者十八九焉汝知之乎思有以稱可尙
書禮部員外郎白氏文集四十九　舊文宗紀下　大和七年三
月庚戌出中書舍人張元夫爲汝州刺史
楊虞卿見左中補吏外　舊傳穆宗初自侍御史再轉禮部員
外郎史館修撰長慶四年八月改吏部員外郎新傳畧同
鄭錫　唐詩紀事二十八　錫登寶應進士第寶曆間爲禮部
員外郎　李翺故歙州長史隴西李府君則墓誌銘長
女壻禮部員外鄭錫寶曆三年文公集十五　李
宋申錫見戶中　重修承旨學士壁記宋申錫寶曆元年九

月二十四日自禮部員外郎充侍講學士十一月二十
八日賜紫十二月十九日改充學士三年正月八日遷
戶部郎中知制誥翰苑羣書上　新傳遷起居舍人以禮部
員外郎爲翰林學士敬宗時拜侍講學士文宗卽位再
轉中書舍人
李珏見吏外補　勳外度中附存　新傳穆宗時自右拾遺以數諫不
得留出爲下邽令武昌牛僧孺辟署掌書記還爲殿中
侍御史宰相韋處厚除禮部員外郎僧孺還相以司勳
員外郎知制誥舊傳失載　東觀奏記上自右拾遺左遷下
邽令丁母憂授殿中侍御史內供奉武昌掌書記徵歸

御史府韋處厚秉政擢拜禮部員外改吏部員外李宗
閔爲相擢掌書命改司勳員外
韋溫見考外補　舊傳大和中李德裕作相自侍御史遷禮部
員外郎鄭注鎮鳳翔請爲副使溫拒之注誅轉考功員
外郎　杜牧唐故宣州觀察使御史大夫韋公墓誌銘
文宗時改侍御史尙書禮部考功員外郎樊川文集八禮部集本作吏部依英華改
袁郁　重修承旨學士壁記袁郁大和九年十二月二十
七日自禮部員外郎集賢院直學士充開成元年正月
十四日轉庫部員外郎二年三月十一日丁憂翰苑羣書上

孔溫業見吏外　舊鄭覃傳開成初太學勒石經覃奏禮部
員外郎孔溫業等校定九經文字
張次宗見考外　舊傳開成中爲起居舍人改禮部員外郎
以兄文規爲韋溫不放入省出官次宗堅辭省秩改國
子博士兼史館修撰新傳畧同
崔璵見左中考中補　勳外戶中　舊傳開成末累遷至禮部員外郎
會昌初以考功郎中知制誥新傳不載
徐商見禮中補　舊傳自侍御史改禮部員外郎尋知制誥轉
郎中召充翰林學士　重修承旨學士壁記徐商會昌
三年六月一日自禮部員外郎充四年八月七日加禮

部郎中知制誥翰苑羣書上　李騭徐襄州碑嘗任殿中侍
御史丞入中書白事執政因問徐殿中果何如人丞曰
今之賢人也執政曰然禮部員外郎鈌諸公見言其人
所言者或一再來詣某有三至者徐殿中亦在薦中足
未嘗及其門殆眞賢人歟子言是也卒以禮部與公文苑英華八百七十
宇文臨見禮中補　重修承旨學士壁記宇文臨大中元年閏
三月七日自禮部員外郎充其年四月守本官出院翰苑羣書上
崔嘏授宇文臨禮部員外郎制勑凡在南宮必
資望實而儀曹之選益難其人以爾松篁淸韻瓌璧貞

姿以學文爲積行之基用規檢爲修身之具飾外以舉
其眾能居中自持其謙益佐雲幕而鬱有佳聲處霜臺
而介然獨立玉墀之下益振金相載筆之間共推直史
是宜遷于粉署光彼文昌勉膺起草之求無忝握蘭之
美可依前件文苑英華三百九十一
李淯儒一作汶見禮中補　舊宣宗紀大中三年九月以禮部員
外郎李淯儒充翰林學士　重修承旨學士壁記李淯
儒大中六年七月十五日自禮部員外郎充七年十二
月五日加禮部郎中知制誥翰苑羣書上　樊川文集十七庾
道蔚守起居舍人李汶儒守禮部員外郎充翰林學士

等制勑天下爲公選賢與能也況乎伎出流輩超侍帷
幄豈唯獨以文學止於代言亦乃密參機要得執所見
若非賢彥豈膺選擢將仕郎守起居舍人庾道蔚善行
必備重價無對嘗自侯府升爲諫臣每直言而盡誠不
違忠而偶意朝議郎行尚書禮部員外郎上柱國賜緋
魚袋李汶儒才行冠時名聲華眾揚歷臺閣宣昭職業
無入而不得其道守正而莫混其源並爲儒者之英咸
蘊賢人之操久遊安在相見何晚英華校正云一作何相見晚　禮曰
君子稱人之美則必爵之我既言矣亦能縶維宜盡忠
讜以酬寵遇並可守本官充翰林學士餘各如故

孔溫裕見封外補勳中　重修承旨學士壁記孔溫裕大中九
年二月二十九日自禮部員外郎集賢院直學士充其
年三月三日加司封員外郎知制誥翰苑羣書上　東觀奏
記中　孔溫裕自禮部員外改司封員外入內廷
王凝見封中考中補考外補　舊傳自起居郎歷禮部兵部考功
三員外郎　司空圖唐宣州王公行狀徵拜左史遷禮
部員外宣宗朝嘗待制獨被顧問正色讜言不附權戚
及內署進擬竟爲所擠歷兵部考功員外司空表聖文集七
孔緯見考中補考外補　舊傳自監察御史轉禮部員外郎宰相
徐商奏兼集賢直學士改考功員外郎

崔澹見封中　舊傳大中十三年進士累遷禮部員外郎新傳
同　舊懿宗紀咸通十一年二月以考官禮部員外郎
崔澹等考試宏詞選人
李燭見左中戶中　舊僖宗紀乾符二年四月以殿中侍御史
李燭爲禮部員外郎
蕭遘見考外補戶中補戶外補　舊僖宗紀乾符二年十月以禮部
員外郎蕭遘爲考功員外郎　舊傳韋保衡作相自起
居舍人貶播州司馬保衡誅以禮部員外郎徵還轉考
功員外郎
劉崇龜又主外補　新表河南劉氏蔡州刺史符子崇龜字子

長清海節度使　舊傳咸通六年進士擢第累遷起居舍人禮部兵部二員外郎丁母憂免　舊僖宗紀乾符二年十一月以起居郎劉崇龜爲禮部員外郎　金華子雜編上南海端揆爲主客員外時有除翰林學士之命旣還省吏忽報除目下員外徐彥若除翰林學士端揆遂不復還省

杜讓能見禮中補　舊傳自右補闕歷侍御史起居郎禮部兵部員外郎蕭遘領度支以本官判度支案

司空圖見禮中　舊書文苑列傳下乾符六年自光祿寺主簿分司東都召爲禮部員外郎賜緋魚袋遷本司郎中

新傳畧同

崔祐甫　唐會要四十五　乾符六年十月勑修築故尙父子儀廟仍令所司明年仲春以太牢祭于廟時禮部員外郎崔祐甫與諫官俱稱過當章疏屢上

趙光逢見吏外補禮中補勳外補祠中補　舊傳僖宗還京授太常博士歷禮部司勳吏部三員外郎

李系　摭言十二　薛昭緯常任禮部員外時李系任小儀王蕘任小賓

袁皓見倉外補　唐會要十六　中和元年夏四月有司請享太祖已下十一室於成都詔公卿議之禮部員外郎袁皓等建議同異舊書禮儀志五作虞部

趙光胤　新表新安趙氏懿宗僖宗相隱子膳部郎中光裔弟光胤字垂裕駕部郎中　舊傳大順二年進士登第天祐初累官至駕部郎中唐詩紀事六十六大順二年侍郎裴贄下登第　摭言三　大順中趙光胤自補袞拜小儀詳考外王渙注唐詩紀事同　新趙隱傳子光胤歷臺省華劇

徐彥樞見戶外補　薛廷珪授徐彥樞禮部員外郎制勑具官徐彥樞文昌列曹代稱清署宗伯之重時難厥官其在外郎選擢尤重率多虛位以待當才聞爾濬以立身謙而履道情田萬頃瑤林將玉樹森羅文律允成調露以

承雲交奏動必由禮人無間言克承德行之規不染脂膏之態介然自立無愧前修是用聽彼羣情懋茲劇選斯文重振資爾之嘉謀時政有疑佇爾之讜論勉臨厥職紹乃家風敬蹈冰泉以成踐履可文苑英華三百九十一　又禮部員外郎徐彥樞改授戶部員外郎制上同

薛貽矩見勳中補　舊五代史梁書十八　自起居舍人召拜翰林學士加禮部員外郎知制誥轉司勳郎中其職如故

王溥　新表太原王氏聰子溥字德潤相昭宗　舊五代史唐書八　同光二年六月庚寅故工部尙書王溥贈右僕射　新傳溥失其何所入第進士擢累禮部員外郎史

館修撰崔胤鎮武安表署觀察府判官胤不赴鎮溥留
充集賢殿直學士御史中丞趙光逢奏爲刑部郎中知
雜事昭宗蒙難東內溥與胤說衛軍執劉季述等殺之
帝反正驟拜翰林學士戶部侍郎 案宰相表崔胤鎮武安在乾寧三年舊趙
光逢傳乾寧三年拜御史中丞 舊昭宗紀光化三年十月辛酉以前
清海軍節度副使朝散大夫檢校左散騎常侍御史大
夫上柱國王溥守左散騎常侍充鹽鐵副使 錢珝授
禮部員外郎集賢院直學士賜紫金魚袋王搏刑部郎
中兼侍御史知雜事制勅御史中丞光逢以望執憲搢
紳閒咸覩其初故選薦府僚審而後定以爾學文惟博

藏器則深正道甚夷有進不競其守則峻其用必通斯
可正秋曹郎卒白簡吏貳綱紀之服執而整墮矣古皇
之庭實生屈軼安得今之服冕不若其古者之爲草乎
官有舊章爾當明舉可依前件 文苑英華三百九十四案依新傳搏當作溥
韋序 舊韋澣傳子序登進士第官至尚書郎 雲臺編
中 弔故禮部韋員外序詩
韋郊 舊韋澣傳子郊登進士第文學尤高累歷清顯自
禮部員外郎知制誥正拜中書舍人昭宗末召充翰林
學士累官戶部侍郎學士承旨卒
王駕 唐才子傳九 字大用蒲中人自號守素先生大順

元年楊贊禹榜登第授校書郎仕至禮部員外郎棄官
嘉遁于別業與鄭谷司空圖爲詩友才名籍甚 唐詩紀事畧同
司空圖喜王駕小儀重陽相訪詩 唐詩紀事六十三 紀事
僖宗幸蜀駕下第還蒲中鄭谷以詩送之 雲臺編中
有次和韻王駕校書結綬見寄之什 又有送進士王
駕下第歸蒲中詩 新書藝文志丁部集錄別集類 王駕詩集
六卷
薛昭緯 又祠外補 新表薛氏西祖房司農卿保遜子昭緯字
紀化御史中丞 舊薛廷老傳孫昭緯乾寧中禮部侍
郎貢舉得人文章秀麗爲崔胤所惡出爲磎州刺史卒

舊書禮儀志五 僖宗自興元還京夏四月將行禘祭
禮部員外薛昭緯奏依禮院議廢興聖等四室 錢珝
授前兵部侍郎薛昭緯御史中丞制 略云 出典誥而理勝
辭豐第甲乙而以文兼行且屬多梗使于列藩與諸侯
言繫安危事自肺腸而到社稷激意氣而誘公忠選無
虛褒 一作還無重裝 言有清論皆入吾耳盡知乃心宜正衣冠
立爲繩準 文苑英華三百九十三 舊昭宗紀乾寧三年十月戊
申朔以中書舍人權知禮部貢舉薛昭緯爲禮部侍郎
又光化二年六月丁亥制以戶部侍郎薛昭緯爲兵
部侍郎 唐詩紀事六十七 昭緯以侍郎掌貢舉試未明

求衣賦王贊圖爲榜首有華州榜寄諸門生詩　摭言
十二薛昭緯頗有父保遜風常任祠部員外天復中自臺
丞累貶澄州廣紀登州紀事磎州誤司馬中書舍人顏蕘當制畧
曰陵轢諸父代嗣其凶　稽神錄三　倚平王鍾傳在江
西有衙門吏孔知讓新治第晝有一星隕於庭中知讓
方甚惡之求典外戍以空其第歲餘御史中丞薛昭緯
貶官至豫章傳取此第以居之後遂卒於是
趙光裔見勳中補禮中補又膳中補　雲臺編中　有春夕伴同年禮
部趙員外省直詩
衛中行　元和姓纂十三祭　御史中丞循王傅衛晏子中行

今禮部員外安邑人　呂温故太子少保贈尚書左僕
射京兆韋府君夏卿神道碑銘分正東郊開府辟士則有
中山衛中行等　呂衡州文集六元和元年　大唐傳載韋獻公辟
吏八人衛大夫中行等皆至顯官語林三作仲行誤　昌黎先
生文集集注中行字大受正元九年進士五百家注音辨昌黎先生
文集十七　韓愈唐故殿中侍御史李君虛中墓誌銘其友衛
中行大受昌黎先生集二十八元和八年　韓愈有飲城南道邊古
墓上逢中丞過贈禮部衛員外少室張道士詩朱文公校昌黎
先生集遺文　會稽掇英總集四　有衛中行登石傘峯詩元和
九年案陳諫序楊公率僚佐賓旅同遊賦詩唐太守題
名記永貞元年至元和二年楊於陵觀察浙東中行當

在其府序九年疑是元年　韓愈唐故監察御史衛府君之玄墓誌銘
弟中行爲尙書兵部郎號名人而與余善元和十年十二月昌黎先
生集三十考異曰部郎下或有中字案五百家註本作郎中　酉陽雜俎云衛中行
爲中書舍人　舊憲宗紀下　元和十四年三月乙未以
中書舍人衛中行爲華州刺史潼關防禦鎭國軍等使
舊穆宗紀元和十五年十一月以華州刺史衛中行
爲陝州長史陝虢觀察使　元稹授衛中行陝州觀察
使制朝請大夫守華州刺史兼御史中丞衛中行始以
詞賦有名甲乙符逮其書命出補近郡可守陝州大都
督府長史兼御史大夫充陝虢等州都防禦觀察處置

等使文苑英華四百八集無　又長慶二年十二月乙卯以前陝
虢觀察使衛中行爲尙書右丞　劉賓客文集二十八　送
張盥赴舉詩引尙書右丞衛大受當時偉人咸萬夫之
望足以訂十朋之多也　舊敬宗紀寶曆二年正月甲
午以國子祭酒衛中行爲福建觀察使　舊文宗紀大
和三年八月播州流人衛中行卒　南部新書庚　衛中
行自福察有贓流于潘州會赦北還死于潘之館置于
臼塘中南人送死無棺槨之具稻熟時理米鑿木若小
舟以爲臼土人呼爲臼塘
崔明允　新表博陵大房崔氏刑部郎中誠孫明允禮部

員外郎　唐會要七十六　天寶元年文辭秀逸科崔明允及第緯署崔允誤　石刻大唐平陽郡龍角山慶唐觀大聖祖玄元皇帝宮金籙齋頌朝議郎左拾遺內供奉博陵崔明允甚山西浮山　天寶二年十月文有嘗佐汾邑之語　唐才子傳二陶翰開元十八年崔明允下進士及第案疑是崔明允榜進士

徐安貞　舊書文苑席豫傳安貞信安龍丘人應制舉一歲三擢甲科開元中爲中書舍人集賢院學士　新書儒學下　褚無量傳開元初無量整比秘籍表武陟尉徐楚璧分部讎定楚璧初應制舉三登甲科開元時爲中書舍人集賢院學士後更名安貞　新書儒學中　馬懷素傳開元初祕書監馬懷素請續王儉七志武陟尉徐楚璧是正文字　會要三十六　開元十九年二月禮部員外郎徐安貞等撰文府二十卷上之

歸安丁寶書編次

唐尚書省郎官石柱題名考卷二十　勞檢丁士謌校字

唐尚書省郎官石柱題名考卷二十一

仁和　勞格
　　　趙鉞　著　歸安丁寶書編次

祠部郎中　舊蒙上作度支郎中今以有可考者析出餘仍其舊

唐六典禮部尚書其屬有祠部郎中一人從五品上龍朔二年改爲司禋大夫咸亨元年復故　掌祠祀享祭天文漏刻國忌廟諱卜筮醫藥道佛之事　舊書新書同

石刻　袁朗　史令卿　高履行　王仁表　鄭文表
裴公緯　李太沖　劉慶道　温瑜　蘇瓌
周悰　魏詢　劉穆之　高嵊　馮元淑

王易從　孔立言　李少康　崔何　王佶
董晉　周渭　徐復　錢嶶　李纘
鄭羣　段文昌　元稹　王龜　張禓
曹鄰
補遺　柳言思　尹奭　薛繪　高遷　盧鉉
裴冕　王璵　庾光烈　王遘　裴延齡
袁滋　韓泰　李逢吉　盧瀜　張士階
呂述　劉潼　陸扆　趙光逢　張文蔚
王鉅　盧汝弼　張茂樞　崔有鄰　李丹
裴植　崔輪王　薛懷操　鄭元冑

唐尚書省郎官石柱題名考卷二十一

袁朗　新表袁氏陳僕射樞子朗給事中汝南男　舊文苑傳上朗雍州長安人武德初授齊王文學祠部郎中封汝南縣男再轉給事中貞觀初卒官新文藝傳畧同

史令卿　元和姓纂六止建康史氏史雲生令卿唐祠部郎中杭州刺史

高履行　新表渤海高氏太宗相宗儉子文敏字履行戶部尚書駙馬都尉　舊傳貞觀初歷祠部郎中丁母憂服闋累遷滑州刺史　新傳緜戶部尚書爲益州大都督府長史　會要六十七貞觀二十三年七月三日改雍

州別駕爲長史領州事以高履行爲之

王仁表　新表太原第二房王氏孝倫子仁表祠部郎中　舊書良吏上王方翼傳父仁表貞觀中爲岐州刺史

鄭文表　新表鄭氏南祖房隋閬州刺史士則子文表蓬州刺史　新書東夷列傳貞觀十五年百濟王扶餘璋死命祠部郎中鄭文表册其子義慈爲柱國紹王　太宗贈百濟王扶餘璋光祿大夫仍令嫡子義慈襲封詔使祠部郎中鄭文表持節備禮册命

裴公緯見吏外　新表南來吳裴氏令寶後隋魏郡丞羅子公緯祠部郎中

李太沖見金外　新文藝下李華傳曾祖太沖太宗時擢祠部郎中

劉慶道見戶外　新表廣平劉氏林甫子見吏中慶道祠部郎中

溫瑜　新表溫氏中書侍郎清源敬公彥將子瑜祠部郎中姓纂祠部郎中汴州刺史

蘇瓌　新表蘇氏台州刺史亶子舊瓌傳亶兄勖子誤瓌字庭碩庭碩瓌子頲字表誤舊瓌傳字昌容碑同相中宗睿宗元和姓纂瓌侍中左僕射許文貞公　盧藏用太子少傅蘇瓌神道碑序年十八進士高第自相王府錄事石刻有參軍二字王石刻止改封豫官亦隨府上郎帝

位拜朝散大夫尚書水部員外郎未幾兼侍御史淮南廉按俄轉夏官員外郎兼宮尹丞歷水部祠部郎中兼判司禮事以親聯出爲朗州刺史轉歙州刺史石刻有幷州二字武興令檢校冀州刺史累遷汾鼎同汴揚陝文苑英華八百八十三石刻在陝西武功　舊傳累授豫王府錄事參軍長安中累遷揚州大都督府長史　新傳擢豫王府錄事參軍歷朗歙二州刺史轉揚州大都督府長史　唐會要七十六乾封元年幽素科蘇瓌及第緝畧通考同

周悰　舊書禮儀志五垂拱四年則天令所司議立崇先廟室數司禮博士崇文館學士周悰希旨請立崇先廟

爲七室其皇室太廟減爲五室春官侍郎賈大隱奏周悰別引浮議廣述異文直崇臨朝權儀不依國家常度實乖古儀則天由是且止　新書儒學上張士衡傳垂拱中博士周悰請武氏廟爲七室唐廟爲五下比諸侯中書舍人賈大隱奏悰損國廟數悖大義不可以訓武后不獲已僞聽之大隱見考外

魏詢　元和姓纂八未魏氏東祖後刑部侍郎嵩德生洵祠部郎中睦州刺史鉅鹿人嚴州重修圖經刺史題名有魏駒當中睿二朝時疑即魏詢之誤　廣異記魏恂左庶子尙德之子持金剛經神功初爲監門衛大將軍太平廣記百五

劉穆之見戶外　元和姓纂十八尤祠部郎中劉穆之邢州沙河人

高嵊　新表高氏左驍衛將軍眞行子嵊祠部郎中

馮元淑　元和姓纂一東馮捷生元元原脫淑祠部郎中長樂信都人　舊良吏上馮元常傳從父弟元淑則天時爲清漳令歷浚儀始平二縣令中宗時降璽書勞勉卒於祠部郎中新傳同

王易從見封中考中戶外　蘇頲揚州大都督府長史王公神道碑遷殿中侍御史無何拜尙書戶部員外郎轉祠部主爵考功三郎中拜給事中文苑英華九百二十六

孔立言　新表下博孔氏惠元子見上立言祠部郎中　孔氏祖庭廣記六世系別錄立言三十五代禮部郎中　唐會要五十八開元五年四月九日勅尙書省案牘稽滯祠部郎中孔立言一道詳吏外褚璆注

李少康　新表畢王房畢國公景淑子楚州刺史仲康弟見主中少康睢陽郡太守舊李涵傳父少康宋州刺史　獨孤及唐故睢陽郡太守贈祕書監李公神道碑銘由朝邑縣尉凡七徙官至尙書祠部郎中以大府上佐授潞州司馬毘陵集八

崔尙　新表南祖崔氏谷神子尙祠部郎中　唐詩紀事

十四崔尙登久視六年進士第官至祠部郎中有恩賜樂遊園宴詩　石刻唐天台山桐柏觀頌守太中大夫尙書祠部郎中上柱國淸河崔尙造天寶元年三月二日金薤琳琅十五　杜甫壯遊詩斯文崔魏徒崔鄭州尙魏豫州啟心杜工部集七

王佶見戶外又主中補　新表太原第二房王氏逖子佶祠部郎中

董晉見勳中又主外　舊傳遷侍御史主客員外郎祠部郎中大麻中拜司勳郎中　韓愈贈太傅董公行狀自侍御史入尙書省爲主客員外郎祠部郎中司勳郎中昌黎先生集三十七　陸贄論朝官闕員及刺史等改轉倫序狀董晉於

大厤中曾任祠部司勳二郎中各經六考陸宣公集二十一

周渭又膳外補膳中附存周謂　元和姓纂十八尢膳部郎中周謂淮陰人　權德輿唐故朝散大夫守秘書少監致仕周君墓誌銘君諱渭字兆師大厤末與弟澈聯中正鵠是歲孝文帝嗣大統又以貞師伐謀對有明法自殿中侍御使遷膳部員外郎祠部郎中十年不徙官上皇踐阼感疾請老有詔授秘書少監以優遂之權載之文集二十三　唐會要七十六建中元年軍謀越衆科周渭及第緯署誤周謂

徐復　元和姓纂九魚洛疑州刺史徐濟生復祠部郎中居范陽　舊路隨傳憲宗命祠部郎中徐復報聘吐蕃新傳

同

錢徽見封中又祠外　舊傳元和六年自祠部員外郎翰林學士轉祠部郎中知制誥八年改司封郎中新傳以祠部員外郎爲翰林學士三遷中書舍人加承旨　重修承旨學士壁記錢徽元和六年四月二十五日自祠部員外郎加本司郎中八年五月九日轉司封郎中知制誥翰苑羣書上　白居易授錢徽司封郎中知制誥制稱祠部郎中翰林學士錢徽白氏文集五十五

李纘　新表小鄭王房德宗相勉子纘不詳歷官　歷代名畫記大父高平公與愛弟主客員外郎彥遠叔祖名諗及汧公愛子纘祠部郎中纘弟約兵部員外郎字存博更敘通舊大門請纘爲判官約與主客皆高謝榮宦

鄭羣　樊汝霖韓集譜註貞元四年鄭羣登進士第五百家註音辯昌黎先生文集三十二　韓愈唐故朝散大夫尚書庫部郎中鄭君墓誌銘君諱羣字弘之世爲滎陽人以進士選吏部考功所試判爲上等自復州刺史遷祠部郎中會衢州無刺史方選人君願行宰相即以君應詔治衢五年復入爲庫部郎中昌黎先生集三十二　白居易衢州刺史鄭羣可庫部郎中齊州刺史張士階可祠部郎中同制見封中略云久典名郡謹身化下有循吏之風會課陟明宜當是選白氏文集五十一詳祠中補張士階注　裴度劉府君太眞神道碑銘門生之在藩牧者復州刺史鄭羣全唐文五百三十八案碑元和中立

段文昌又祠外　新表段氏榮州刺史諤子文昌字墨卿新傳一字景初相穆宗　舊傳自左補闕改祠部員外郎元和十一年充翰林學士轉祠部郎中賜緋依前充職十四年加知制誥十五年正拜中書舍人　新傳自左補闕憲宗時爲翰林學士遷中書舍人　重修承旨學士壁記段文昌元和十三年正月十二日自祠部員外郎翰林學士加本司郎中二月十八日賜緋十四年四月加知制誥十五年正月二十三日遷中書舍人並翰苑羣書上　李肇翰林志元和十四年祠部郎中知制誥段文昌等在

翰林
元稹又膳外補　新表元氏比部郎中寬子見度外　稹字微之相
穆宗姓纂稹監察御史　舊傳十五歲兩經擢第元和十四年
自虢州長史徵還爲膳部員外郎長慶初轉祠部郎中
知制誥無何召入翰林爲中書舍人承旨學士新傳畧同
重修承旨學士壁記元稹長慶元年二月十六日自祠
部郎中知制誥充翰林學士仍賜紫十七日拜中書舍
人　元稹承旨學士院記元稹長慶元年二月十六日
自祠部郎中知制誥行中書舍人翰林學士仍賜紫金
魚袋並翰苑羣書上　白居易元稹除中書舍人翰林學士賜

紫金魚袋制朝散大夫守尚書祠部郎中知制誥上柱
國賜緋魚袋元稹去年夏拔自祠曹員外試知制誥白氏
文集五十文苑英華三百八十四有朝散大夫守五字上柱國三字　白居易唐故武
昌軍節度處置等使正議大夫檢校戶部尚書鄂州刺
史兼御史大夫賜紫金魚袋贈尚書右僕射河南元公
墓誌銘自虢州長史長慶初穆宗嗣位舊聞公名以膳
部員外郎徵用既至轉祠部郎中賜緋魚袋知制誥時
謂得人上嘉之數召與語擢授中書舍人賜紫金魚袋
翰林學士承旨白氏文集七十
王龜見戶中　舊傳大中末爲宣歙團練觀察副使賜緋入
爲祠部郎中史館修撰又爲河中崔璵副使　新傳咸
通中知制誥
張裼又勳外附存　新表河間張氏正字君卿子裼字公表天
平節度使　舊傳會昌四年進士擢第于琮登宰輔判
度支召裼爲司勳員外郎判度支尋用爲翰林學士轉
郎中知制誥拜中書舍人　重修承旨學士壁記張裼
咸通九年六月十三日自刑部員外郎入十五日加祠
部郎中充九月十七日知制誥依前充十月十六日召
對賜紫十年七月十日遷中書舍人依前充傳云勳外疑誤
曹鄴見吏中補又主外　唐詩紀事六十曹鄴唐末以祠部郎中知
洋州　雲臺編上有送祠部曹郎中鄴出守洋州詩

補遺
柳言思見封外又祠外　新表柳氏待價孫言思祠部郎中元和姓纂
同
尹褒　元和姓纂十七準中書舍人給事中尹文憲見金外生
褒祠部郎中給事中樂城人
薛繪　新表薛氏西祖房少府少監寶胄子繪祠部郎中
　劉禹錫唐故福建等州都團練觀察處置使福州刺
史兼御史中丞贈左散騎常侍薛公署神道碑王父繪
英華作會有儁才刺三郡金密緜皆以治聞累績至銀青光

祿大夫封龍門侯劉賓客文集三

高遷又祠外　新表高氏瑾子遷祠部郎中

盧鉉又祠外又御史臺右側題名　新表盧氏文壽玄孫鉉祠部郎中

舊酷吏下　吉温傳盧鉉初爲御史作韋堅判官天寶六載吉温按楊慎矜以侍御史同其事又爲王鉷閑廄判官貶廬江長史卒新王鉷傳同

裴冕　新表東眷裴氏道護後長安丞紀子冕字章甫相代宗　舊傳天寶初以門蔭自殿中侍御史河西節度使哥舒翰表爲行軍司馬累遷員外郎中授御史中丞詔赴朝廷　舊書方伎金梁鳳傳天寶十三載河西節

度使哥舒翰詔入京師裴冕爲祠部郎中知留後翰東守潼關累月奏冕爲御史中丞追赴京　會要八十贈太尉冀國公裴冕謚獻穆

王璵見動外　賈至授王璵祠部郎中制勑知上黨司馬事王璵藏器於身策名淸列多才多藝知微知章歷茲艱難屢有籌畫宜兼臺省之任仍惣師戎之役可祠部郎中兼侍御史充招召權宜處置使文苑英華三百八十九　舊傳開元末遷太常博士侍御史充祠祭使肅宗即位累遷太常卿新傳同

庾光烈　元和姓纂七庾開元徵士庾齊人新野人又家秦

陵生光烈職疑脫方字祠部郎中大理少卿　舊忠義傳下庾敬休見左中補祖光烈與仲弟光先見吏外祿山追以爲官皆潛伏奔竄光烈爲大理少卿姓纂齊人生先光烈似光先是光烈兄

王遘又金中　杼山集十有五言冬日建安寺西院喜晝公自吳興至聯句一首有祠部郎中兼侍御史王遘

裴延齡又膳外補　新表中眷裴氏和州刺史旭子延齡戶部侍郎　舊傳自太常博士盧杞爲相擢爲膳部員外郎集賢院直學士改祠部郎中崔造作相改易度支之務令知度支東都院韓滉領度支召赴京守本官延齡不待詔命遽入集賢院視事宰相延賞惡其輕率出爲昭

應令新傳畧同

袁滋　新表袁氏咸寧令曄子滋字德深相憲宗　舊良吏傳下　滋以處士薦貞元十四年以工部員外郎兼御史中丞持節充入南詔使未行遷祠部郎中使如故來年夏使還擢爲諫議大夫新傳畧同　舊德宗紀下　貞元十年六月癸丑以祠部郎中袁滋兼御史中丞爲册南詔使舊南詔蠻傳同　權德輿送袁中丞持節册迴鶻序天子詔工部郎袁君加中憲之重被命服之貴將行又拜祠部郎中有司具儀法持節册命所以新其號而厚其禮也權載之文集三十六

韓泰見度中補又戶中附存　新表赭陽韓氏韓泰字安平祠部郎
中姓纂同
李逢吉見封外　舊傳元和四年自工部員外郎充入南詔
副使還拜祠部郎中轉右司新傳失載
盧瀰　新表盧氏大房深州司馬眺子瀰祠部郎中　李
翺故河南府司錄參軍盧君士瓊墓誌銘祠部郎中融之
長子李文公集十五
張士階見封中　白居易衢州刺史鄭羣可庫部郎中齊州
刺史張士階可祠部郎中同制勅某官鄭羣等令之正
郎班望頗重中外要職多繇是遷故其所選不得不慎

必循名實而後命之羣與士階八典名郡謹身化下有
循吏之風會課陟明宜當是選國之大事在祀與英華及
戎一掌祠曹一司武庫各領英華須其要爾宜敬之羣可
庫部郎中士階可祠部郎中白氏文集五十一
呂述又御史臺右稜題名　嚴州重修圖經一　呂述開成二年祠部
郎中拜　唐會要七十六　長慶元年十二月賢良方正能
直言極諫科呂述及第緯畧同通考選舉亦同　新牛僧儒傳會
昌四年河南少尹呂述言牛僧孺聞劉稹誅恨歎之
李德裕黠戛斯朝貢圖傳序詔太子詹事韋宗卿見戶外
祕書少監呂述往莅賓館以展私覿稽合同異觀縷闕

遺又云臣輒因韋宗卿呂述所紀異聞飾以繪事　新
書藝文志乙部史錄地理類　呂述黠戛斯朝貢圖傳一卷原注字修
業會昌祕書少監商州刺史　又丁部集錄別集類　呂述東平小集三卷
穆宗處分賢良方正等科舉人制賢良方正能直言極
諫第三次等人呂術疑述委中書門下優與處分大詔令
劉潼見金中又主外　新傳杜悰判度支表為巡官累遷祠部郎
中大中初討黨項為供軍使
陸扆　新表陸氏侍郎枝青州從事監察御史墠舊傳鄯子
扆字祥文相昭宗　舊傳本名允迪吳郡人徙家於陝
光啟二年登進士第景福元年自翰林學士屯田員外

郎加祠部郎中知制誥二年元日朝賀面賜金紫之服
五月拜中書舍人　舊昭宗紀景福二年六月以祠部
郎中知制誥陸扆為中書舍人依前翰林學士　舊五
代史唐書入　同光二年六月庚寅故吏部尚書陸扆贈右
僕射
趙光逢見吏外補禮中補勳外補禮外補　舊傳景福中以祠部郎中
知制誥尋召充翰林學士正拜中書舍人
張文蔚見吏外補勳中補勳外補　舊傳乾寧中以祠部郎中知制
誥正拜中書舍人舊五代史自司勳吏部員外郎拜司勳郎中知制誥歲滿授中書舍人失
載祠中　劉崇望有祠部郎中知制誥張文蔚母扶風郡

太夫人蘇氏封馮翊郡太夫人等制文苑英華四百十九
王鉅見考外補　錢珝授祠部郎中知制誥賜緋王鉅守中書舍人制文苑英華三百八十二
盧汝弼又祠外補　新表盧氏河東節度使簡求子見吏中補汝弼字子諧祠部郎中知制誥　舊五代史唐書三十六景福中擢進士第歷臺省昭宗自秦遷洛爲祠部郎中知制誥時梁祖凌弱唐室殄滅衣冠懼禍渡河由上黨歸于晉陽　舊傳累遷祠部員外郎知制誥從昭宗遷洛屬柳璨黨附賊臣誣陷士族汝弼懼移疾退居客遊上黨遇潞府爲太原所攻節度使丁會歸降從會至太原李克

用奏爲節度副使
張茂樞見勳外補禮中補　新傳天祐中累遷祠部郎中知制誥坐柳璨事貶博昌尉　舊哀帝本紀天祐二年十二月勅祠部郎中知制誥張茂樞等隨册禮使柳璨魏國行事　癸丑勅祠部郎中知制誥張茂樞等與蔣玄暉柳璨張廷範常同聚會固共包藏可青州博昌尉員外置甲寅勅張茂樞等除名委於御史臺所在賜自盡
崔有鄰　新表南祖崔氏周恕子見封外補有鄰字朋善祠部郎中　舊崔肩傳子有鄰不詳歷官
李丹見戶中　莆陽比事三　李丹蔡王蔚八代孫以朝議郎祠部郎中爲虢州刺史貶泉州莆田令卒于官州刺史王審珪銘其墓子孫因家于後埭
裴植　新表中眷裴氏鄧州刺史參元子植祠部郎中　又中眷裴氏左金吾將軍敬子吏外作徹植字靖之祕書監
崔輪王　新表博陵二房崔氏挺後隋恒農太守宣度孫公業子輪王祠部郎中安平公
薛懷操　新表薛氏西祖房德祖子懷操祠部郎中
鄭元冑　石刻陳京大唐同州澄城縣令鄭公楚相德政碑銘高祖元冑皇朝散大夫祠部郎中陝西澄城

唐尚書省郎官石柱題名考卷二十一終　丁士諤校字

唐尚書省郎官石柱題名考卷二十二

仁和勞格 趙鉞 著　歸安丁寶書編次

祠部員外郎

唐六典禮部尚書其屬有祠部員外郎一人從六品上龍朔咸亨隨曹改復掌祠祀享祭天文漏刻國忌廟諱卜筮醫藥道佛之事舊書新書同

石刻 李叔良　盧文洽　裴宣機　尒朱義琛　蕭仁思
張宏濟　李思遠　柳言思　梁寶意　李思諒
許偉　陳義方　魏叔琬　楊守訥　李範邱

鄭元敞　王守眞　高梁容　袁利貞　元令臣
周琮　閻叔子　薛穎　陳昭景　薛稷
裴懷古　韋翼　楊降禮　劉守悌　鄭休遠
李顒　康庭芝　李恒　李察　崔沔
杜咸　陳惠滿　蕭嵩　張昶　姚奕
鄭長裕　竇從之　梁昇卿　裴眺　鄭巖
馬光淑　趙賓　高邁　裴春卿　張楚
盧僎　裴稹　陳光　李舒　司馬垂
李成式　盧鉉　張允　盧覇　豆盧友
楊日休　元載　韋少遊　樊晃　徐儀
辛昇之　韓滉　薛據　陸易　岑參
張鎰　王統　田南口　趙薰　褚長孺
韋敎　錢起　元仲武　王後已　庾何
房由　房說　陸贄　竇申　趙計
李聽希　于公異　崔溉　李鄘　邱丹
薛展　韋成季　陸參　裴泰　田灣
周仲孫　穆賞　辛祕　裴汶　徐放
錢徽　劉公輿　李諒　段文昌　尉遲汾
豆盧署　班肅　李虞仲　王彥威　馮定
張又新　吳思　蕭睦　嚴澗　李衢

蘇滌　錢可復　陸洿　韋諶　庾簡休
薛元龜　張周物　封敖　張忱　竇洵直
路綰　崔瑤　李騭　杜宣猷　韋尚敬
崔鈞　任憲　薛泝　張彥遠　趙璘
高綽　宇文鐐　崔芻言　令狐緘　劉頊
薛廷傑　楊知退　崔鄘　盧[redacted]　蘇粹
張顏　馮巖　楊範　陳翬　薛洿
崔潼　韋顏　韋璉　蕭廩　崔道紀
李峭　鄭頎　盧蘊　王愔　鄭峻
補遺 弓嗣宗　柳光庭　韋長裕　唐貞泰　徐巒

宋昇　趙昂　鄭恕　陸潤　薛昭緯
盧汝弼　張璪
附存 白居易

勞檢丁士諤校字

唐尚書省郎官石柱題名考卷二十二

李叔良　新表郇王房陳留太守長平郡公追封郇王禕子叔良長平王謚肅　舊傳高祖從父弟義盈中授左光祿大夫封長平郡公武德元年拜刑部侍郎進爵為王

盧文洽 無考

裴宣機　新表西眷裴氏高祖相世矩子宣機禮部侍郎　舊裴矩傳子宣機高宗時官至銀青光祿大夫太子左中護

尒朱義深 無考

蕭仁思　石刻唐益州學館廟堂記碑陰有導江縣令朝議郎蘭陵蕭思仁 四川華陽永徽元年二月通志誤蕭思仁

張宏濟 無考見度中

李思遠 無考見封外

柳言思 見封外祠中補

梁寶意 無考

李思諒 見金中補倉中

許偉　元和姓纂八語祠部員外許偉太原人　新唐臨傳高宗時來濟謫台州李義府謫普州吏部尚書唐臨奏許禕為江南巡察使張倫劍南巡察使禕與濟善而倫

與義府有隙武后嘗右義府察知之謂臨遣所私督其
過坐免官
陳義方見吏中封外
魏叔琬　新表館陶魏氏太宗相徵第三子叔琬不詳歷
官二書徵傳俱云第二子不詳歷官　張說唐故豫州刺史魏君叔瑜
神道碑同生璘琬知名當代張燕公集十八　新王方翼傳善
書與魏叔琬齊名張燕公集十五唐故夏州都督太原王公神道碑同
楊守訥見倉中補
李範邱無考見封外勳中
鄭元敞　薛稷唐故洛州洛陽縣令鄭府君碑公諱敞字

仲高滎陽開封人貞觀七年制策高第自益州新繁令
加朝散大夫入爲司禋員外郎轉駕部郎中檢校洛陽
令金薤琳琅九
王守眞見倉中有口守貞
高粱客無考
袁利貞　新表袁氏隋內史舍人元友子利貞祠部員外
郎　舊文苑上　袁朗傳從祖弟利貞高宗時爲太常博
士周王侍讀永隆二年遷祠部員外郎卒新書文藝傳同朗見祠中
元令臣無考
周琮見禮中補

閻叔子　新表閻氏高宗相立本孫見封中　克儉子叔子同
州刺史
薛頴無考
陳昭景無考
薛稷見禮中補二傳失載
裴懷古見封中　舊良吏下傳聖厤中閻知微充使往突厥以
監察御史監其軍不從默啜僞職奔竄以歸拜祠部員
外郎授姚州都督新傳同
韋翼　新表韋氏勛公房太子詹事武陽貞侯琨子翼字
從善太府卿武陽平公

楊降禮見吏中吏外
劉守悌　新表彭城劉氏滁州刺史德智子守悌刑部侍
郎　舊岑羲傳守悌稱爲清德爲巡察使所薦授畿縣
令長安中緣坐近親相次入省自登封令爲司門員外
郎後至陝州刺史
鄭休遠　新書后妃傳上上官昭容傳母鄭太常少卿休
遠之姊　唐會稽太守題名記鄭休遠開元十一年自
汾州刺史授十五年有犯去官會稽掇英總集十八嘉泰志同　吳興
志鄭休遠垂拱元年自金州刺史授遷越州都督統紀云景
雲元年太常少卿授遷滑州刺史

李顒見左外又主中

康庭芝　唐摭言一光宅元年閏七月二十四日劉廷奇見考外補重試一十六人內康庭芝一人鄉貢　文苑英華百五十二沈佺期有和洛州司士康士曹庭芝望月有懷詩國秀集中載河陰令康庭芝詠月詩卽此詩英華又有杜審言和康五望月有懷詩　又五百四競渡賭錢判五百十　求鄰壁光判作康廷之　又五百三十三對京令問喘牛判五百三十四　縣令有惠化判縣令辭疾判作康庭芝

李恒　新宗室表蔡王房冬官尚書沖元孫恒祠部員外郎　又宰相表李氏姑臧大房義璡子恒殿中侍御史

李察見戶中

崔沔又御史臺殿中題名　新表博陵二房崔氏安平公晧子沔字若沖新傳善沖陋室銘記同集序同太子賓客清河孝公舊傳父皚庫部員外郎汝州長史李華集序安平公愷少子舊祐甫傳祖晊懷州長史　舊孝友傳應制舉對策高第爲天下第一岑羲薦爲左補闕累遷祠部員外郎睿宗時徵拜中書舍人新傳失載　李華贈禮部尚書孝公崔沔集序進士登第舉賢良方正對策第一擢左補闕除殿中侍御史遷起居舍人學該典禮拜尚書祠部員外郎遷給事中改中書舍人唐文粹九十二　顏眞卿通議大夫守太子賓客東都副留守雲騎尉贈尚書左僕射博陵崔孝公宅陋室銘記擢拜左補闕遷殿中侍御史尋遷起居舍人睿宗時遷祠部員外郎倅僧有請度人者公拒不奉詔遷給事中遷中書舍人

杜咸又御史臺殿中監察題名　新表洹水杜氏懷州刺史僑子咸涼州都督　新杜正倫傳從孫咸擢進士第累遷右臺監察御史遷侍御史出爲汾州長史開元中爲河北按察使坐用法深貶睦州司馬

陳惠滿見倉中補倉外二見　蘇頲授陳惠滿倉部員外郎等制稱朝議大夫行尚書祠部員外郎兼判倉部員外郎上柱國陳惠滿文苑英華三百九十一詳倉外

蕭暠鉞案暠疑嵩之誤嵩見勳外　蘇頲授陳惠滿倉部員外郎等制

朝請大夫前行太子舍人上柱國蕭嵩可行尚書祠部員外郎散官勳如故文苑英華三百九十一詳倉外陳惠滿注舊傳失載

張袒見吏中

姚奕見封中二傳失載

鄭長裕見金外倉中

竇從之見左中

梁昇卿見戶中

裴朓見金中祠中

鄭巖見戶外

馬光淑見左中補吏外

趙賓 無考又御史臺監察題名并左側見

高遷 見祠中補

裴春卿 見勳外

張楚 見戶外

盧僎 見吏外二見勳外

裴稹 見勳外附存 新表中眷裴氏元宗相光庭子稹司勳員外郎襲正平縣子 新傳以蔭仕累遷起居郎開元末授祠部員外郎卒 石刻大唐故朝議郎行尚書祠部員外郎裴君墓誌銘稹字道安開元初舉孝廉高第自起居郎俄遷尙書祠部郎視事累日以開元廿八年十

二月十九日終于長安光德里私第春秋卅 獨孤及唐故尙書祠部員外郎贈陝州刺史裴公行狀自起居郎尋除尙書祠部員外郎開元二十九年某月日薨元年春建辰月贈諫議大夫八月贈使持節陝州刺史 權德輿唐尙書度支郎中贈尙書左僕射正平節公裴公神道碑銘皇尙書祠部員外郎贈太子賓客稹公之烈考也 柳宗元唐故萬年令裴府君墐墓碣刑部員外郎府君諱稹實祖

陳光 又膳中補 元和姓纂十七眞 左拾遺陳子昂生光祠部員外廣漢射洪人 石刻大唐大溫國寺故大德進法師塔銘太子司議郎陳光撰 開元廿五年七月陝西長安 新陳子昂傳子光與趙少微相善俱以文稱終商州刺史 趙儋右拾遺陳公旌德碑有子二人並進士及第長曰光官至膳部郎中商州刺史 陳伯玉文集 新書藝文志 丁部集錄別集類陳光詩一卷

李舒 見度中

司馬垂 見戶外度中

李成式 見左外

盧鉉 見祠中補

張允 無考

盧霸 見封中補

豆盧友 又御史題名陰下層 新表豆盧氏光祿少卿欽爽孫友萬年令 舊韋堅傳天寶二年四月以水陸轉運判官豆盧友除監察御史五載十月監察御史豆盧友坐韋堅連累貶富水尉

楊日休 又御史臺碑陰下層右側侍御兼殿中題名 又 新書逆臣上安祿山傳至德二載阿史那承慶等十餘人送密款詔以楊日休爲洋州刺史 石刻權倕左輔頓僚西嶽廟中刻石記有左馮翊功掾楊日休 陝西華陰開元二十四年

元載 見度中補 舊傳肅宗卽位蘇州刺史江東採訪使李希

言表戩爲副自大理司直拜祠部員外郎遷洪州刺史
新傳畧同
韋少遊見吏中吏外封外　賈至授韋少遊祠部員外郎等制
敕左補闕直弘文館韋少遊修詞懿文終温且惠守右
監門衛胄曹參軍許登振藻揚采穆如淸風並藏器於
身陳力就列南宮郎位是登柱史一作題柱之才左禁諫臣
方求折檻之直少遊可檢校祠部員外郎登可右拾遺
文苑英華三百九十一　許登見勳外
樊晃見度外
徐儀　新表北祖上房徐氏許州司馬襲枝江男詡子儀

字行甫祠部員外郎元和姓纂同
辛昇之見勳外
韓滉見吏中吏外考外補　舊傳自殿中侍御史累遷至祠部考
功吏部三員外郎新傳失載　顧況左僕射韓滉行狀詔除
殿中侍御史累遷祠部考功吏部三員外文苑英華九百七十三
薛據　新表薛氏西祖房什邡令元暉子據禮部侍郎疑作
郎中　封氏聞見記三開元中河東薛據自恃才名於吏
部參選請授萬年縣錄事吏曹不敢注以諮執政將許
之諸流外共見宰相訴之遂罷唐摭言十二畧同　韓愈國子
助敎河東薛君墓誌銘父尙書禮部侍郎播命君後兄
據據爲尙書水部郎中贈給事中昌黎先生集二十四　考異據或作授
五百家注音辯本作授云石本作據水部石本作禮部
君汪墓誌銘夫人河東薛氏故水部郎中據之女也文苑
英華九百五十六　文獻通考三十三　天寶六年風雅古調緯畧詞
科薛據及第會要緯畧誤薛璩
陸易　新表陸氏太尉枝屯田郎中景獻子易徐州刺史
岑參見考外補　杜確岑嘉州集序自關西節度判官入爲祠
部考功二員外郎仿宋本
張鎰見勳外　舊傳自洪吉觀察判官奏授殿中侍御史遷
屯田員外郎轉祠部右司二員外郎母憂免喪除司勳

員外郎新傳失載
王紌鉞案疑是王紞見勳中
田南□
趙薫　元和姓纂三十小　中書舍人趙貞器見倉外字原本脫　二生
薰原本上文誤薫後脫依英華補　河南少尹河東人　石刻邵說唐故
同州河西縣丞贈虢州刺史太常卿天水趙公叡沖神道
碑今聖踐極嗣孫薫等咸擅才業宦成三署大曆四年虞卿
闕名爲趙侍郎乞歸河中侍兄表兄薫頃任河中少尹先
因風痺成疾手足不理于今累年中間迎到上都類表作京
臣自躬親方藥兄以枌榆松檟盡在河東懷土之心暫

來輒去近從數月頗益沉綿云云文苑英華六百八格案侍郎當即趙縱
縱見吏中
褚長孺見勳外補度中　常衮授褚長孺祠部員外郎等制勑
朝議郎行起居郎集賢殿直學士褚長孺等國之才人
一作俊乂拔乎羣萃精力於學五經之大儒覃思於文三變
而合雅繫年秉直及霤盡規侍從之勞著於厥服含香
載筆允茲並命可依前件文苑英華三百九十一
韋敎見金外補倉外　常衮授崔夷甫金部員外郎等制朝散
大夫行尚書祠部員外郎上柱國韋敎疑作歖　可行尚書
倉部員外郎散官勳如故文苑英華三百九十一詳金外補

錢起見勳外考中補
元仲武　元和姓纂二十二元　元載見度中補又見上　生仲武祠部員
外扶風人　舊元載傳大厤十二年三月次子仲武祠
部員外郎等並賜死新傳同
王後已無考又主中
庾何見左中補左外
房由見戶外度中
房說見左外
陸贄見考中補　舊傳自監察御史德宗召爲翰林學士轉祠
部員外郎建中四年轉考功郎中依前充職新傳失載　舊

德宗本紀上建中四年十二月乙丑以祠部員外郎陸
贄爲考功郎中翰林學士如故　重修承旨學士壁記
陸贄建中四年三月自祠部員外郎充其年十一月轉
考功郎中翰苑羣書上　韋執誼翰林院故事貞元已後陸
贄祠外充考中又充同上　權德輿陸宣公翰苑集敘爲
翰林學士由祠部員外轉考功郎中唐陸宣公集
竇申見勳外二傳失載
趙計見金外
李聽希　新表趙郡李氏東祖房南梁州司功參軍銛南
子聽希屯田郎中

于公異　舊傳吳人登進士第貞元中爲祠部員外郎陸
贄爲宰相奏公異無素行詔放歸田里
崔漑見吏中戶外
李鄘見吏中吏外二傳失載
邛丹見倉外補
薛展　唐才子傳四　建中四年薛展榜進士武元衡
韋成季見左中左外封中
陸參　李翺陸歙州述公佐生于世五十有七年由侍御
史入爲祠部員外郎二年出刺歙州卒于道貞元十八
年四月二十八日也李文公集十三　權德輿送歙州陸使君

員外赴任序十六年以尚書祠部徵公佐於越月未再朞麾幢在門權載之文集三十六　摭言八　貞元十八年權德輿主文陸傪員外通榜帖韓文公薦十人於傪　昌黎先生集十七有與祠部陸員外書　權德輿太常博士舉人自代狀舉自代官浙江東道義勝軍副使殿中侍御史內供奉賜緋魚袋陸參貞元八年正月十七日權載之文集四十六　唐故使持節歙州諸軍事守歙州刺史賜緋魚袋陸君墓誌銘君諱參字公佐吳郡人貞元十六年自殿中侍御史內供奉佐浙東徵拜祠部員外郎居二年拜歙州刺史又二十四　又二酬陸三十二參浙東見寄詩

裴泰　新表東眷裴氏武后相居道曾孫見度外　右驍衞將軍融孫泰安南都護　舊王鍔傳嗣曹王臯爲荊南節度使欲列王鍔於賓位馬彝裴泰鄙鍔請去乃復以爲都虞侯　舊德宗紀下　貞元十八年五月庚辰以祠部員外郎裴泰爲檢校兵部郎中充安南都護本管經略使　十九年二月己亥安南經略使裴泰爲州將王季元所逐　舊趙昌傳貞元十八年以檢校兵部郎中裴泰代爲安南都護爲首領所逐　舊文宗紀下　大和九年七月以吉州刺史裴泰爲邕管經略使按大和九年止距貞元十九年共三十三年不應郎是其人考新表洗馬裴氏裴恭字肅夫邕管經略使則文紀泰字或係恭字之誤

田灣見戶外

周仲孫又主中

穆賞見戶外

辛祕見左中補　舊傳自太常博士遷祠部兵部員外郎仍兼博士元和初拜湖州刺史新傳失載　文苑英華九百十五牛僧孺昭義軍節度使辛公神道碑自太常博士訖六年再爲祠部兵部員外博士猶如故元和元年出爲湖州

裴汶見左外

徐放　元和姓纂九魚檢校員外徐揖生放屯田員外台州刺史世居柳城　赤城志八元和六年台州刺史徐放

案志永正元年乙酉台州刺史徐裕注云永正盡元年壁記作二年又引劉禹錫贈詩案徐裕疑徐放之訛原注以朝散大夫來守見佛隴智者碑壁記不載石刻台州隋故智者大師修禪道場碑銘題朝散大夫台州刺史上柱國高平徐放書末署元和六年十一月十二日在浙江天台縣大慈寺六字已泐据寶刻類編補

韓愈衢州徐偃王廟碑元和九年徐氏放復爲衢州刺史放字達夫前碑所謂今戶部侍郎其大父也春行視農至於龍邱有事于廟昌黎先生集二十七　劉賓客文集二十四有衢州徐員外使君遺以縞紵兼竹書箱因成一篇用答佳貺詩原注按此郡本自婺州析置徐自台州遷　歲時雜詠二十九有徐放奉和相公錦樓玩月詩唐詩紀事四十五放武元衡西川從事

錢徽見封中祠中　舊傳元和初自戎幕從事入朝三遷祠部

員外郎召充翰林學士六年轉祠部郎中　新傳自辟
宣歙崔衍府入拜左補闕以祠部員外郎爲翰林學士
三遷中書舍人加承旨翰林院故事錢徽左補闕充祠外又充　重修承
旨學士壁記錢徽元和三年八月二十六日自祠部員
外郎充六年四月二十五日加本司郎中並翰苑羣書上

劉公輿　新表尉氏劉氏京兆少尹昂孫見左外子之子公
輿祠部員外郎姓纂脫公輿二字

李諒見度中倉中

段文昌見祠中　舊傳自左補闕改祠部員外郎元和十一
年守本官充翰林學士轉祠部郎中　翰林院故事段

文昌元和已後祠部員外充　重修承旨學士壁記段
文昌元和十一年八月十五日自祠部員外郎充翰林
學士十三年正月十二日加本司郎中並翰苑羣書上

尉遲汾　韓愈洛北惠林寺題名韓愈李景興侯喜尉遲
汾貞元十七年七月二十二日魚于温洛宿此而歸昌
黎韓愈書韓文遺集　昌黎先生文集補注正元十八年汾
中進士第五百家註音辯本十七　韓愈與祠部陸參員外薦上
書有尉遲汾等或文或行皆出羣之材也　摭言八貞
元十八年權德輿主文陸傪員外通榜帖韓文公薦十
人於傪其次六人有尉遲汾權公凡三榜共放六人

舊張仲方傳憲宗時李吉甫卒博士尉遲汾請謚爲敬
憲新傳同　會要十八太常博士柳應規謚杜佑忠簡博士
尉遲汾請謚爲安簡案杜佑元和七年十一月薨　石刻尉遲汾詩
題云府尹王侍郎准制拜嶽因狀嵩高靈勝寄呈三十
韻朝散大夫守衞尉少卿尉遲汾河南登封大和三年

豆盧署見左中戶中

班肅見封外倉中　元稹班肅授尚書司封員外郎制略云朝議
郎前坊州刺史賜緋魚袋班肅聞爾爲祠部員外郎值
吾黜姦之日唯爾私分不渝進退有素搢紳之論有以
多之復爾中臺以厚吾俗元微之文集四十七　新皇甫鏄傳穆宗始聽政貶皇甫

鏄前坊州刺史班肅以嘗僚獨餞於野朝廷義之擢爲司封員外郎據此制時肅官祠部員外郎後始出爲坊州刺史新傳微誤

李虞仲見勳中　舊傳自太常博士遷兵部員外郎司勳兵
部郎中　白居易論重考科目人狀末署元和十五年
十二月十三日重考定科目官將仕郎守尚書祠部員
外郎上護軍臣李虞仲白氏文集六十

王彥威見封中戶中又封外附存　劉禹錫唐故監察御史贈尚書
右僕射王公俊神道碑季子彥威歷太常博士祠部員
外郎遷屯田郎中轉戶部司封劉賓客外集九二傳失載

馮定　元和姓纂一東虞部員外郎馮宿弟定長樂人後徙

東陽　舊馮宿傳弟定字介夫貞元中舉進士上第登朝爲太常博士轉祠部員外郎寶厤二年出爲鄧州刺史

張又新見左中補又主中　新傳自左右補闕敬宗時轉祠部員外郎嘗買婢遷約爲牙儈搜索陵突御史劾舉李逢吉庇之事不窮治逢吉罷相表爲山南東道行軍司馬舊傳失載

吳思見左外

蕭睦　唐會要六十七　元和二年四月達於吏治可使從政科蕭睦及第緯略三年　元稹授蕭睦鳳州周載渝州刺史

制敕前劍南三川榷鹽判官殿中侍御史內供奉蕭睦文苑英華四百十　李虞仲授蕭睦祠部員外郎制敕朝散大夫使持節袁州諸軍事守袁州刺史上柱國蕭睦中臺惣天下之務分以郎吏各有司存前代用人率爲愼選以爾克茂才實嘗擢科名操尙端貞職業修舉累登使局頭綰郡章一作領郡符仍去常見思居不自伐是宜陟以郎署竚其彌綸能稽舊章則無敗事可行尙書祠部員外郎散官勳如故文苑英華三百九十一　石刻大唐故中大夫行內侍省內給事員外置同正員上柱國賜緋魚袋王公文幹墓誌銘通直郎試大理評事趙造撰鄉貢進士蕭睦書會昌四年十月陝西長安

嚴澗見金中又主中

李衢　舊文宗紀下　開成三年四月癸丑屯田郎中李衢沔王府長史林贊等進所修皇唐玉牒一百五十卷　新書藝文志乙部史錄譜牒類　皇唐玉牒一百一十卷開成二年李衢林寶撰　唐皇室維城錄一卷又李衢大唐皇室新譜一卷　直齋書錄解題八　李氏皇室維城錄一卷屯田郎中李衢沔王長史林贊修止於僖宗蓋昭宗時所錄也

蘇滌見考中補　舊文宗紀下　大和六年七月甲午以祠部員外郎蘇滌等充史館修撰

錢可復　舊錢徽傳見封中　子可復登進士第累官至禮部郎中大和九年檢校兵部郎中兼御史中丞充鳳翔節度副使

陸洿見勳中

韋諶　新表韋氏南皮公房庫部郎中頌子見戶外損初名諶

庾簡休見勳外

薛元龜　新書循吏薛元賞傳會昌中李德裕當國用元賞弟元龜爲京兆少尹知府事宣宗立坐貶崖州司戶參軍

張周物見度外
封敖見左外　舊傳大和中入朝為右拾遺會昌初以員外
郎知制誥召入翰林為學士
張忱無考
竇洵直見戶中
路綰無考見左中戶中戶外
崔瑤見吏外勳中倉外
李隲　新表趙郡李氏東祖房吏部員外郎華子見吏外補隲
不詳歷官　李隲題惠山寺詩序太和五年四月予自
江東將西歸涔陽路出錫邑因肄業於惠山寺居三歲

崔瑕授李隲總目作韋陟　祠部員外郎等制勅由憲府而
入文昌自藩方而昇粉署既為佳選亦舉滯才爾等皆
以文藻發身馨香馳譽早茂閨門之行久從賓幕之遊
或賜告經時頗積退藏之美或綱丞上請雅膺選擢之
科祠膳清曹省闈右地勉思起草無忝應星隲可祠部
員外郎特可膳部員外郎文苑英華三百九十一　李隲徐襄州
碑咸通六年二月襄之父老請詞於公之舊軍副使一史
作太常少卿弘文館學士李隲文苑英華八百七十　重修承旨
學士壁記李隲咸通七年三月二十四日自太常少卿
宏文館直學士入二十七日加知制誥七月遷中書舍
人十月二十五日三殿召對賜紫九年五月十六日除
江西觀察使翰苑羣書上　題惠山寺詩序末署咸通十年
二月一日江南西道都團練觀察處置等使中散大夫
檢校左散騎常侍使持節都督洪州諸軍事兼洪州刺
史御史中丞上柱國賜紫金魚袋李隲題記序有云去
公蒙恩自禁職出鎮鍾陵　黃璞王郎中棨傳李公隲
時擅重名自內翰林出為江西觀察使辟為團練判官
麟角集
杜宣猷見金中
韋尚敬　新表韋氏小逍遙公房給事中貞伯子尚敬字

執勇
崔鈞見勳外
任憲見勳中戶中
薛泝無考一本泝
張彥遠又主外　新表河東張氏桂管觀察使文規子見吏外
彥遠祠部員外郎　舊傳大中初由左補闕為祠部員
外郎
趙璘見金中祠中　東觀奏記上　大中十年鄭顥知舉後表委
當行祠部員外趙璘採訪諸家科目記撰成十三卷
高綽無考

宇文鐐無考
崔溺言見左外吏中附存戶中
令狐緘見吏外
劉項　新表尉氏劉氏雅州刺史煟子宣宗相瑑弟見封中
項字昭愿　舊劉瑑中傳弟項亦登進士第
薛廷傑　新表薛氏西祖房衞尉卿存規子庭傑右拾遺
杜牧有薛廷傑除桂管支使等制樊川文集十九　舊宣宗
紀大中十一年九月右拾遺薛廷傑等上疏諫遣中使
往羅浮山迎軒轅先生
楊知退見戶中又主中

崔鄖　新表清河小房崔氏御史中丞陲子鄲弟見勳外鄖
字德章
盧杞
蘇粹見勳外
張顏見戶外
馮巖見戶中
楊範見金外
陳鞏又主中　黃璞王郎中棨傳咸通三年鄭侍郎脫字從讜
下進士及第與同年陳郎中鞏有要約就陳氏
薛洿　新表薛氏西祖房大理評事錭子贄弟見封外補洿字

德符婺州刺史
崔潼　新表博陵二房崔氏武宗相珙子見主中御史大夫
涓弟見封外　潼字爲中　舊僖宗紀乾符三年六月以右
司員外郎崔潼爲歙州刺史
韋顏見勳外戶外
韋璉　新表韋氏鄖公房昭義節度判官承素子璉字禮
卿　元和姓纂八微韋氏大雍州房思正生璉深州刺史
京兆杜陵人時代不合
蕭廩　新表蕭氏齊梁房僖宗相倣子廩字富侯給事中
舊傳咸通三年進士擢第累遷尚書郎乾符中以官

侍父鎭南海中和中徵爲中書舍人再遷京兆尹　新
傳遷尚書郎父倣領南海解官往侍廣明初以諫議大
夫知制誥俄還京兆尹案倣鎭南海當依新傳在宣宗時舊傳誤
崔道紀　新表博陵安平崔氏嶺南節度副使表子道紀
字元風處州刺史
李峭見戶中
鄭頎　新表鄭氏南祖房兵部尚書祗德子頎禮部侍郎
又祗德從弟憲子頎字延美沈炳震云當有一譌
盧蘊　新表盧氏懿子見吏中補蘊字積中　舊五代史唐書四十
三盧程傳祖懿父蘊歷仕通顯　舊僖宗紀乾符六年

三月試宏詞選人以駕部郎中盧蘊爲考官

王愔　新表太原第二房王氏鎡子愔字韶之　又瑯邪
王氏羅川令續子愔時代不合　舊書經籍志甲部經錄小學類　文
字志三卷原注王愔撰新書藝文志同

鄭峻疑即鄭峻

補遺

弓嗣宗　元和姓纂一東陳州刺史弓志弘生嗣宗祠部員
外郎太原人

柳光庭　新表柳氏隴州刺史旉孫光庭祠部員外郎姓纂
同

韋長裕又膳外補　新表韋氏小逍遙公房武后相承慶子常
州刺史晉弟見勳外　長裕祠部員外郎姓纂同　舊韋承慶
傳子長裕膳部員外郎

唐貞泰　新表唐氏相州別駕爽子貞泰祠部員外郎

徐鸞　新表北祖上房徐氏水部員外郎漢子鸞祠部員
外郎

宋昇　新表宋氏元宗相璟子見吏外　昇太僕少卿新傳同
元和姓纂祠部員外太僕少卿　舊宋璟傳子昇天寶
初太僕少卿顏魯公文集四宋開府碑昇爲司徒太僕少卿

趙昂見封中　韋執誼翰林院故事至德巳後趙昂自太傅
充祠外又充卒於駕外重修承旨學士壁記失載翰苑羣書上

鄭恕　新表鄭氏北祖房曹州司兵參軍嚮子恕不詳歷
官　歐陽詹弔九江驛材文予旅游江州稅於茲驛祠
部員外郎鄭恕同之鄭與州將嚴士良共爲予說歐陽行周文集七

陸潤又主外又左外補有陸潤　元和姓纂一屋試祕書少監陸齊望
生潤祠部員外嘉興人案表祕書監齊望子潤左司員外郎疑即潤之譌

薛昭緯見禮外補　摭言十二薛昭緯常任祠部員外時李系任
小儀王蕘任小賓

盧汝弼見祠中補　舊傳累遷祠部員外郎知制誥從昭宗遷

洛

張璪　集古錄目唐復鄠縣記唐中書舍人于邵撰祠部
員外郎侍御史張璪八分書並篆額代宗之初吐蕃數
寇京輔使李抱玉屯兵備之其裨將何德願以陳鄭兵
屯鄠縣長吏寄寓佛寺德宗卽位詔德願移屯鳳翔復
鄠縣如故碑以建中二年立寶刻叢編八京兆府中鄠縣

附存

白居易　白居易論重考科目人狀末署元和十五年十
二月十三日重考定科目官將仕郎守尚書祠部員外
郎臣白居易等狀奏白氏文集六十　按舊穆宗紀二書本傳李商隱墓碑元稹制皆作

司門此陟下文李
虞仲官階致誤

歸安丁寶書編次

唐尚書省郎官石柱題名考卷廿二終　勞檢丁士諤校字

唐尚書省郎官石柱題名考卷二十三

仁和勞格　趙鉞著　歸安丁寶書編次

膳部郎中補

唐六典禮部尚書其屬有膳部郎中從五品上（龍朔二年爲司膳大夫咸亨元年復故）掌邦之牲豆酒膳辨其品數

高正表　楊孝怡　長孫師禮　孔昌寓　裴希仁

盧文勵　王弘義　蕭瑗　鄭博雅　陳光

魏季隨　薛植　顏允南　張孚　歸崇敬

杜寂　趙驊　林琨　裴會　元季方

柳登　崔倰　袁同直　自行簡　李昌符

錢珝　趙光裔　杜曉　李綽　獨孤修德

附存周諝

勞檢丁士諤校字

唐尚書省郎官石柱題名考卷二十三
高正表　高祖平竇建德大赦詔仍令太子左庶子鄭善
果爲山東道撫慰大使考功郎中李覲玉膳部郎中高
正表爲副大詔令　資治通鑑唐紀五　武德四年五月乙丑
以太子左庶子鄭善果爲山東道撫慰大使
楊孝怡　新表楊氏越公房隋荆州總管楊山恭公文紀
子孝怡膳部郎中太僕卿
長孫師禮　元和姓纂
孔昌寓　金石錄目錄五第八百二十九周都官郎中孔昌
寓碑盧藏用撰并八分書長安三年二月

裴希仁見吏外　新表東眷裴氏之爽子希仁膳部郎中
盧文勵　新表盧氏第三房監察御史昌平縣侯萬石子
見金中文勵膳部郎中　冥報記載唐西京東市筆行趙
氏女事云盧文勵傳向唐臨說法苑珠林七十四
王弘義　新表琅邪王氏宏義字延宗膳部郎中
蕭瑗　徐季鴒屯留令薛僅善政碑紫薇令姚公黄門監
盧公特奏有學有文身材拔萃起家授洪洞尉刺史蕭
瑗許以公輔之器案地理志洪洞屬晉州　定命錄則天既貴皇
后王氏破滅蕭璿是其外姻舉家流竄兄弟六人配向
嶺南唯璿與弟瑗配遼東無何有處置流移使出嶺南
者俱死唯遼東者獲全兄弟二人因亡命十餘年至神
龍初方蒙洗滌太平廣記二百二十詳吏中蕭璿注　睿宗遣宣勞使
誥朕恭已無爲留神玄默俯順歷數僉謀公卿式命元
子祗膺寶位今庶政遒新光華肇啟但恐天下至廣未
達朕心故臨遣使臣宣揚朝典宜以膳部郎中蕭瑗爲
河南道宣勞使
鄭博雅　張説大唐中散大夫行淄州司馬鄭府君神道
碑次子博雅張燕公集十八神龍二年　蘇頲授鄭博雅膳部郎
中制黄門中大夫檢校太子洗馬鄭博雅志業融暢襟
靈閑遠備聞前言嘗習故事來遊博望既增濤道之華

入奏明光宜副丹墀之寵可行尚書膳部郎中散官如
故主者施行文苑英華三百八十九
陳光見祠外　趙儋右拾遺陳公子昂旌德碑子長曰光官
至膳部郎中商州刺史陳伯玉文集
魏季隨又主外又御史臺監察題名　新表魏氏東祖後武后相元同
孫見吏中著作郎愔子季隨膳部郎中元和姓纂同
薛植　新表薛氏西祖房與州刺史元嘉子植膳部郎中
睿宗遣宣勞使誥宜以贊善大夫薛植爲淮南道宣
勞使詳上蕭瑗注　張説之文集三有送薛植入京詩
顔允南見封中　鮮于氏離堆記兄允南以司[illegible]司封二郎

中書與叔明首末聯事顏魯公文集十三　石刻顏眞卿顏氏
家廟之碑允南歷殿中膳部司封郎中司業金鄉男陝西
西安　顏眞卿正議大夫行國子司業上柱國金鄉縣開
國男顏府君神道碑銘恩詔召拜尚書屯田員外郎加
朝散大夫選司膳郎中眞卿至自河北元宗給君驛至
鳳翔令相見從肅宗入西京遷司封
張孚　賈至授張孚給事中制司膳郎中張孚文以藻身
履得詞場之儁公而持操更推吏道之能譽洽禮闈風
清憲簡可給事中文苑英華三百八十一　石刻□唐故金紫光
祿大夫左金吾衛將軍□□州大都督府君希晏神道

碑銘銀青光祿大夫行兵□侍郎上柱國清河郡□□
□張孚撰陝西三原　諸道石刻錄唐贈楊州都督臧希晏碑大歷五年立　會要七十
九　贈禮部尚書張孚謚烈
歸崇敬見倉中又主外　舊傳以潤州長史元宗肅宗二帝山陵
參掌禮儀遷主客員外郎又兼史館修撰改膳部郎中
大歷初授倉部郎中新傳失載
杜寂見度中補　常袞授杜集作源下同寂職方郎中制久於膳部
頗有美才文苑英華三百九十
趙驊見倉中又膳外補　舊忠義傳下　自福建觀察判官試司議
郎兼殿中侍御史入爲膳部比部二員外膳部倉部二

郎中祕書少監
林琨見左中封中　元和姓纂二十一侵　林琨司駕員外知制誥生
禮膳部左司郎中諫議大夫中都男贈兵部侍郎工部
尚書
裴會　新表中眷裴氏代宗相遵慶子見吏外　會都官郎中
權德輿唐故正議大夫衛尉少卿聞喜縣開國伯賜
紫金魚袋裴君墓誌銘貞元五年自河東戎左檢校吏
部郎中從北平王朝京師眞拜膳部郎中八年轉衛尉
少卿權載之文集二十三
元季方見度外金中　新書文藝列傳上　兵部尚書王紹表爲

度支員外郎遷金膳二部郎中號能職王叔文用事憚
季方不爲用以兵部郎中使新羅
柳登　新表柳氏右司郎中集賢學士芳子登字成伯大
理少卿　舊傳年六十餘方從宦遊累遷至膳部郎中
元和初爲大理少卿
崔倰　新表博陵第二房崔氏大理丞儀甫子倰字德長
戶部尚書安平肅公　舊傳以門蔭自侍御史尋改膳
部員外充轉運判官入爲膳部郎中充荆襄十道兩稅
使賜金紫遷蘇州刺史新傳僅云蘇州刺史
袁同直　元和姓纂二十二元　袁氏有膳部郎中同直　文苑

英華三　有袁同直寅賓出日賦登科記大厤十四年第五人
白行簡又主中補主外度中附存　新表太原白氏襄州別駕季庚
子刑部尚書居易弟見主中　行簡字退之膳部郎中舊傳字知
退新書紀事同又云小字阿憐　白氏文集七十一醉吟先生墓誌銘弟
行簡皇尚書膳部郎中卷六十九祭弟文稱二十三郎知退　舊傳貞元
末登進士第元和十五年授左拾遺累遷司門員外郎
主客郎中寶厤二年冬病卒　新傳授左拾遺累遷主
客員外郎進郎中寶厤二年卒　唐詩紀事元和二年
登第
李昌符又膳外補　新表大鄭王房武寍軍節度使檢校工部

尚書廓孫濟子昌符字巖夢　雲臺編上　有寄膳部李
郎中昌符詩　直齋書錄解題十九　李昌符集一卷唐膳
部員外郎李昌符撰咸通四年進士
錢珝　新錢徽見封中傳子方義見倉中孫珝字瑞文善文辭
宰相王摶薦知制誥進中書舍人摶得罪珝貶撫州司
馬　薛廷珪授前京兆府參軍錢珝藍田縣尉充集賢
校理鄉貢進士崔昭緯祕書省祕書郎充集賢校理制
文苑英華四百　薛廷珪授膳部郎中知制誥錢珝守中書舍
人制爾掌綸誥時推得人觀其書詞貿絕塵滓褒貶盡
春秋之要旨指歸結決訓誥之源流傳聞四方平視三
代而秉守甚正韜藏有程介然獨行卓爾清峙閱爾之
能事多矣聆爾之嘉猷藹然俾卽眞秩斯爲舊章英華三百八十二
錢珝舟中錄序乙卯歲案乾寍二年冬十一月余以
尚書郎得掌誥命庚申歲案光化三年夏六月以舍人獲譴
佐撫州馳署道病秋八月自襄陽浮而下舟行無事因
解束書視所爲辭藁[illegible][illegible]冗碎可存者得五百四十篇
丞相表奏百篇區別編聯爲二十卷又云余冒居六年
見考無績用所編聯不敢以集稱理諸舟中遂曰舟中
錄是年九月錢珝自序於沔陽之南文苑英華七百七　新書
藝文志丁部集錄別集類　錢珝舟中錄二十卷

趙光裔見勳中補禮中補禮外補　新表新安趙氏光裔字煥業膳
部郎中知制誥　舊傳乾寍中累遷司勳郎中宏文館
學士改膳部郎中知制誥賜金紫之服與兄光逢對掌
內外制命時人榮之劉季述廢立之後旅遊江表以避
患
杜曉又膳外補　新表杜氏昭宗相讓能子見禮中補曉字明遠膳
部郎中翰林學士　舊杜讓能傳子曉以父賜死杜橫
不求聞達入梁位亦至宰輔　舊五代史梁書十八　昭宗東
遷宰相崔遠判戶部奏爲巡官兼殿中丞未幾拜左拾
遺尋召爲翰林學士轉膳部員外郎依前充職崔遠得

罪出守本官居數月以本官知制誥俄又召爲學士遷郎中充職太祖受禪拜中書舍人職如故　新史附見唐六臣傳崔遠判戶部辟巡官累遷膳部郎中翰林學士

李綽 見禮中補　直齋書錄解題六時令類　秦中歲時記一卷唐膳部郎中趙郡李綽撰

獨孤修德　元和姓纂一屋　獨孤機生修德膳部郎中同州刺史滕公河南洛陽人　新書王世充傳武德四年徙王世充于蜀將行爲羽林將軍獨孤修德所殺初修德父機嘗仕越王侗世充旣纂謀歸唐爲所屠高祖免修

德官

附存

周謂 見祠中膳外補　元和姓纂十八尤　膳部郎中周謂淮陰人權載之文集二十三　祕書少監周君墓誌銘自殿中侍御史遷膳部員外郎祠部郎中 姓纂誤謂當作渭

歸安丁寶書編次

唐尚書省郎官石柱題名考卷廿三終　勞檢丁士譔校字

唐尚書省郎官石柱題名考卷二十四

仁和勞格著　歸安丁寶書編次
趙鉞

膳部員外郎 補

唐六典禮部尚書其屬有膳部員外郎一人從六品上 隋爲承務郎皇朝復爲膳部員外郎龍朔咸亨隨曹改復掌同郎中

王知敬　韋安石　杜審言　蘇味玄　王上客
韋長裕　崔藏之　蔣岑　李玄成　沈東美
房宗偃　盧象　盧杞　趙曄　韋襄

王濡　裴延齡　徐岱　楊於陵　陳京
劉全白　段平仲　竇羣　周渭　嚴休復
元稹　邱紓　崔玄亮　李德修　王敦史
蔣係　杜牧　□持　李昌符　張策
杜曉　張蟦
附存 魏萬成　楊思昭　李自勛

勞檢丁士譔校字

唐尚書省郎官石柱題名考卷二十四

王知敬　舊書隱逸王友貞傳父知敬懷州河內人則天時麟臺少監以工書知名　集古錄目唐司衛卿尉遲寶琳碑唐侍中中書令行古相許敬宗撰膳部員外郎直弘文館王知敬書碑以咸亨元年正月立京兆府醴泉寶刻叢編九

石刻大唐天后御製詩書碑永淳二年九月二十五日司門郎中太孫諮議王知敬書河南登封少林寺　石刻金剛般若波羅密經大唐咸亨三□□□□十月戊午朔三日庚申校書郎少府監丞城門郎膳部員外郎守冀王友直弘文館王知敬奉勑書河南登封

韋安石　新表鄖公房成州刺史琬子安石相武后中睿　舊傳應明經舉永昌元年三遷雍州司兵文昌左相蘇良嗣特薦于則天擢拜膳部員外郎永昌令并州司馬　新傳永昌元年遷雍州司兵參軍蘇良嗣薦于武后擢膳部員外郎遷并州司馬

杜審言　新崔融傳神龍二年崔融卒膳部員外郎杜審言爲所獎引爲服緦麻

蘇味玄　舊傳與弟太子洗馬味元甚相友愛味元請託不諧輒面相凌折味道對之怡然不以爲忤論者稱焉　沈佺期有同蘇員外味玄夏晚寓直省中詩文苑英華一百九十

王上客又主外又御史臺侍御監察題名　劉禹錫唐故監察御史贈尚書右僕射王公倰神道碑大父上客高宗封嶽進士及第歷侍御史主客兵部員外郎累遷兵疑誤右金吾衛將軍冀州刺史靈州都督朔方道總管見職官儀及衣疑誤劉賓客外集九　兩京新記先天中王上客爲侍御史自以才望清雅妙當入省常望前行忽除膳部員外郎微有悵惋膳部在省中最東北隅太平廣記二百五十南部新書丁同上客作主敬

蘇頲命姚崇等北伐制兵部員外郎王上客等可行軍判官開元二年三月二十八日文苑英華四百五十九

韋長裕見祠外補　舊韋承慶傳子長裕膳部員外郎

崔藏之　新儒學中馬懷素傳開元八年元行沖知麗正院又奏進士崔藏之等入校麗正書終膳部員外郎

蔣岑又御史臺監察題名　古今姓氏書辯證二十七唐蒲州刺史蔣儼再從姪岑膳部員外司農少卿義興陽羨縣人　舊宇文融傳開元中司農少卿蔣岑舉奏宇文融在汴州迴造船腳隱沒巨萬給事中馮紹烈見金外又深文案其事實　齊光義後漢丑亭鄉侯蔣澄碑司農岑之盡力王室克著休勳遭彼敗言遠從播黜雖清明照洗而舊位不躋以誣盛德豈其若是　文苑英華二百六十七　張說

有南中送集三作別蔣五岑岑集無向青州詩
李玄成見考中補　獨孤及唐故朝散大夫中書舍人祕書少
監頓邱李公墓誌由太平尉爲金吾曹監察御史河南
司錄美原令膳部員外郎天寶元年考功郎中知制誥
修國史毘陵集十一
沈東美見勳外　杜甫有沈八丈東美除膳部員外詩原注西京
府掾四人同日拜郎杜工部集九
房宗偃見吏中　常袞授房宗偃膳部員外郎制勑朝議郎
侍御史內供奉充山南西道節度管內支度營田副使
賜緋魚袋房宗偃孝謹之風克傳素業賢良之器早負

清才頃主方書兼毗戎政澹雅高潔在公著美臺郎之
妙盛選當人處以彌綸並謂稱職可行尚書膳部員外
郎散官賜如故文苑英華三百九十一
盧象見勳外又主外
盧杞見吏中金中
趙曄見倉中膳中補　舊忠義傳下自福建觀察判官試司議郎
兼殿中侍御史入爲膳部比部二員外　新宗儒傳自
左補闕遷累尚書比部員外郎
韋襄　新表韋氏郞公房臨汝太守斌子襄不詳歷官
權德輿右僕射李公巽墓誌銘凡三合姓次京兆韋氏

膳部員外郎襄之女權載之文集二十二
王濡　新表琅邪王氏定州刺史倘子濡膳部員外郎黃
州刺史
裴延齡見祠中補　舊傳自太常博士盧杞爲相擢爲膳部員
外郎集賢院直學士改祠部郎中新傳同
徐岱見封中　舊儒學傳下自太常博士從李奉天興元改
膳部員外郎兼博士貞元初遷水部郎中充皇太子及
舒王已下侍讀新傳畧同
楊於陵見吏中史考外補　舊傳貞元八年自前江西從事入
朝爲膳部員外郎歷考功吏部員外郎新傳同　權德輿

起居舍人舉人自代狀准制舉自代官儒林郎守尚書
膳部員外郎賜緋魚袋楊於陵貞元十年八月二十四日權載之文集四十
六
李翱右僕射楊公墓誌自江西使府除屛居建昌
不至京師貞元八年徵拜膳部員外郎轉考功知別頭
舉轉吏部員外郎及判南曹李文公集十四
陳京見封中考外補　柳宗元唐故祕書少監陳公行狀爲左補
闕尚書膳部考功員外郎司封郎中河東先生集八　新儒學
傳下德宗時擢左補闕考功員外郎
劉全白　元和姓纂十八九膳部員外郎劉瓘見上京兆人生
全白湖州刺史　唐故翰林學士李君碣記前題尚書

膳部員外郎劉全白撰李太白文集一貞元六年記署云全白幼則以詩爲君所知及此投弔荒墳將毁追想音容悲不能止　吴興志劉全白正元十年自池州刺史授遷祕書監致仕統記作七年　顧況湖州刺史廳壁記其鴻名大德國朝則劉員外全白文翰也文苑英華八百一文粹七十三　顏眞卿湖州烏程縣杼山妙喜寺碑評事劉全白往來登歷顏魯公文集四大厤癸丑

段平仲見金中　舊傳貞元十四年自監察御史坐廢七年後除屯田膳部二員外郎東都留守判官累拜右司郎中元和初遷諫議大夫

竇羣見吏中　舊傳初以處士韋夏卿薦徵拜左拾遺遷侍

御史憲宗卽位轉膳部員外郎兼侍御史知雜出爲唐州刺史節度使于頔奏留充山南東道節度副使檢校兵部郎中兼御史中丞賜紫金魚袋召入爲吏部郎中新傳畧同　褚藏言竇府君詩序自侍御史俄兼領雜務德宗晏駕改膳部員外郎出爲唐州刺史司空于公鎮漢南奏公爲節度副使竇氏聯珠集

周渭見祠中膳中附存周謂　權德輿唐故朝散大夫守祕書少監致仕周君墓誌銘孝文帝時自殿中侍御史遷膳部員外郎祠部郎中十年不徙官權載之文集二十三

嚴休復見吏中封中　元和姓纂二十八嚴　嚴休復膳部員外郎吳郡人

元稹見祠中　舊傳元和十四年自虢州長史徵還爲膳部員外郎長慶初轉祠部郎中知制誥新傳同　元稹叙奏自江陵掾後十年始爲膳部員外郎穆宗初宰相更相相依本傳增用事丞相段公一日獨得對因請亟用兵部郎中薛存慶見封中考功員外郎牛僧孺予亦在請中上然之不十數日次用爲給舍元微之文集三十二　白居易河南元公墓誌銘自虢州長史長慶初穆宗嗣位舊聞公名以膳部員外郎徵用既至轉祠部郎中賜緋魚袋知制誥白氏文集七十

邱紓見金中　元稹授邱紓陳鴻員外郎制勅朝議郎行左補闕上柱國邱紓諫諍之臣入言于密勿之際羣下莫得而知然而政有汗崇由爾之得失也朝議郎行太常博士上柱國陳鴻禮秩之官草儀于朝廷之內四方之所觀聽是以察其事爲見爾之能否矣以爾紓久於侍從可以序遷以爾鴻堅於討論可以事舉並命省闥足謂恩榮愼乃攸司無違夙夜紓可膳部員外郎鴻可虞部員外郎文苑英華三百九十二

崔玄亮　新表博陵第三房崔氏揚州司馬兼通事舍人將作少監抗子元亮字晦叔虢州刺史　白居易唐故

虢州刺史贈禮部尚書崔公墓誌銘解褐補祕書省校書郎宣越二府奏授協律郎大理評事徵授監察轉殿中歷侍御史膳部駕部員外郎洛陽令密州刺史換歙州徵拜刑部郎中謝病不就俄改湖州刺史入爲祕書少監改曹州刺史兼御史中丞謝病不就 白氏文集七十　舊傳玄亮山東磁州人貞元十一年登進士第從事諸侯府不樂趨競久遊江湖元和初入朝再遷監察御史轉侍御史出爲密湖曹三郡刺史

李德修 見考中補　新表趙郡李氏西祖房憲宗相吉甫子德修楚州刺史　新李吉甫傳子德修寶歷中爲膳部員

外郎張仲方入爲諫議大夫以嘗非吉甫謚德修不欲同朝出爲舒湖楚三州刺史卒　白居易李德循 苑作修下同 除膳部員外郎制勑尚書左士郎 苑作曹 自奏議彌綸外凡邦之牲豆之品醴膳之數實糾理之命文昌長佐春官卿以朝散大夫守祕書丞上柱國李德循籍訓于台庭業官于書府揆才考第得補爲郎司膳鈌員爾宜專掌可尚書膳部員外郎餘如故 白氏文集四十九　吳興志李德修太和四年五月十日自淮南節度行軍司馬授後遷楚州刺史　東觀奏記上加贈故楚州刺史尚書工部侍郎李德修禮部尚書時吉甫少子德裕任荆南節度使檢校司徒平章事上郎位普恩德裕當追贈祖父乞迴贈其兄故有是命

王敦史　唐會要五十八　寶歷元年八月膳部員外郎王敦史有論中外官僚請迴授祖父母封贈奏

蔣係 見禮中補　新傳大和二年拜右拾遺史館修撰轉右補闕歷膳部員外工禮兵三部郎中　舊傳大和二年拜右拾遺史館修撰轉尚書工部員外郎遷本司郎中

杜牧 見吏外勳外考中補　舊傳自左補闕史館修撰轉膳部比部員外郎並兼史職出牧黃池睦三郡　新傳累遷左補闕史館修撰改膳部員外郎會昌中歷黃池睦三州

刺史

□特　崔嘏授李隲祠部員外郎等制特可膳部員外郎 文苑英華三百九十一　詳祠外

李昌符 見膳中補　直齋書錄解題十九 李昌符集一卷唐膳部員外郎李昌符撰咸通四年進士

張策　舊五代史梁書十八 張策字少逷燉煌人自王行瑜邠州觀察支使行瑜死太祖奏爲鄭滑支使尋以內憂去職制闋除國子博士遷膳部員外郎不一歲華帥韓建辟爲判官建領許州又爲掌記 新傳同父見戶外

杜曉 見膳中補　舊五代史梁書十八 昭宗東遷後自左拾遺尋召

爲翰林學士轉膳部員外郎充職宰相崔遠得罪出守本官數日以本官知制誥俄又召爲學士遷郎中充職舊哀帝紀天祐二年十二月敕膳部員外郎知制誥杜曉等等隨册禮使柳璨魏國行事

張蠙　王荆公唐百家詩選十九蠙字象文昭宗時爲尚書膳部員外郎

附存

魏萬成　柳宗元唐故尚書戶部郎中魏府君孔簡墓誌太常主簿諱緄生尚書膳部員外郎兼江陵少尹諱萬成河東先生集九　案元和姓纂八未魏氏西祖後萬年尉緄生萬成檢校員外鉅鹿人蓋是使府官也

楊思昭　新表楊氏觀王房都水使者續子潞州刺史思止弟見封中思昭膳部員外郎

李自勛　新表趙郡李氏西祖房右司郎中公淹子見左中補自勛膳部員外郎

歸安丁寶書編次

唐尚書省郎官石柱題名考卷廿四終　勞檢丁士謌校字

唐尚書省郎官石柱題名考卷二十五

仁和　勞格　著
趙鉞
歸安丁寶書編次

主客郎中

唐六典禮部尚書其屬有主客郎中一人從五品上龍朔二年改爲司蕃大夫咸亨元年復故掌二王後及諸蕃朝聘之事舊書新書同

裴世清　賀若孝義　唐奉義　韋福英　蘇會昌
李方義　費弘規　李鳳起　韋慶基　裴弘獻
李友益　盧承基　獨孤元愷　杜續　郝處俊
蘇良嗣　張振　王文濟　盧外師　高純行

劉玄象　唐之奇　魏叔麟　獨孤元同　雲弘暕
王叔偲　于復業　郭元振　李頲　李光進
魏昭　李顒　郭奇　韋弼　張宗潔
薛紘　賀遂陟　李仲康　鄭懷隱　徐立之
崔瑨　張洌　李植　呂向　皇甫彬
雍維良　楊休烈　薛羽　獨孤允　張巡
姚沛　庾準　崔令欽　邱爲　薛傚
趙漣　王後己　高郢　任侗　閻濟美
周仲孫　裴莅　盧汀　陸瀍　吳士矩
白居易　崔珙　張籍　鄭復　張又新

嚴澗　高少逸　楊倞　蕭儹　張嗣慶
柳仲郢　王續　韋博　崔豩　鄭漷
鄭茂休　張鐸　張濬　楊知退　任繕
薛能　楊思立　蘇蘊　崔福　王慥
張譙　周承矩　陳翬
補遺李儼　元將茂　王佶　房琯　源休
鄭膺甫　陳鴻　白行簡　劉禹錫　蔣偕
蕭遘　李讓
附存鄭誠

勞檢丁士諤校字

唐尚書省郎官石柱題名考卷二十五

裴世清 以下二本誤作倉中　新表中眷裴氏著子世清江州刺史

賀若孝義　元和姓纂三十八箇 萬原誤周依北史改 榮公賀若東原誤東生孝義唐尚書左丞河南洛陽人 原本誤入賀蘭氏注今校正

唐奉義　新表唐氏隋邠亳二州刺史安樂公邏顯子奉義靈州總管　舊太宗紀上 貞觀二年七月戊申詔廣州都督府長史唐奉義等協契宇文化及構成弒逆宜除名配流嶺表　又下 七年正月戊子詔唐奉義等子孫並宜禁錮勿令齒敘 詳吏中牛方裕注　舊李靖傳貞觀九年利州刺史高甑生與廣州都督府長史唐奉義告靖謀反太宗命法官按其事甑生等竟以誣罔得罪

韋福英 無考

蘇會昌　元和姓纂十一模　隋兵部尚書安 安原脫據隋書增 平公蘇孝慈生會昌比部郎中河南人

李方義 重見無考

費弘規　元和姓纂八未　晉江夏相魚復侯費恬七代孫宏規唐主客郎中合肥男江夏人

李鳳起　資治通鑑唐紀六 武德七年四月庚申通事舍人李鳳起擊萬州反獠平之

韋慶基　新表韋氏彭城公房綿州刺史澄子魏王府長

史慶植弟見倉中補慶餘初名慶基兵部郎中元和姓纂同
裴弘獻　新表洗馬裴氏慶升曾孫宏獻刑部郎中潁州
刺史初以蜀王府法曹參軍刪改律令　長孫無忌進
律疏表制朝請大夫使持節潁州諸軍事守潁州刺史
輕車都尉裴弘獻等撰律疏三十卷故唐律疏議舊書刑法志新書藝
文志失載永徽四年十一月十九日　舊刑法志太宗時蜀王法曹參
軍裴弘獻又駮律令不便於時者四十餘事太宗令參
掌刪改之新志略同　新書藝文志貞觀律十二卷又令二
十七卷格十八卷留司格一卷式三十三卷蜀王府法
曹參軍裴弘獻等奉詔撰定

李友益見封外戶外
盧承基　新表盧氏太子率更令范陽郡公赤松子承基
主客郎中　唐會要六十三貞觀二十年閏三月四日詔
更撰晉書主客郎中盧承基等分功撰錄
獨孤元愷見吏中
杜續見度外補　新表襄陽杜氏乾祐子續主客郎中　顏眞
卿東川節度使杜公濟碑皇度支員外主客郎中續之
曾孫顏魯公文集八又卷十杜公誌皇主客郎中續之曾孫
郝處俊　新表郝氏滁州刺史相貴子處俊相高宗　舊
傳貞觀中本州進士舉授著作佐郎襲爵甑山縣公再

轉滕王友弃官歸召拜太子司議郎五遷吏部侍郎新傳同
蘇良嗣見封中二傳失載
張振無考
王文濟見吏外補金中
盧外師無考
高純行　新表渤海高氏太宗相宗儉第二子文敏弟見祠中
質行主客郎中舊士廉傳第三子純行不詳歷官表作質行蓋避憲宗諱追改
劉玄象　新表河南劉氏邢襄公政會子玄象主客郎中
唐之奇　新表唐氏尚書左丞皎子不占弟見金外之奇字

知子給事中　舊唐皎傳子之奇調露中爲給事中新傳同
魏叔麟案麟疑璘字之誤　新表館陶魏氏太宗相徵四子叔琬
弟見祠外叔璘不詳歷官　舊魏徵傳第三子叔璘禮部
侍郎則天時爲酷吏所殺　張說唐故豫州刺史魏君
叔瑜神道碑同生璘琬知名當代張燕公集十八
獨孤元同　元和姓纂一屋左衞將軍考城公獨孤開徹生
元同主客郎中昌淄州刺史河南洛陽人原本誤入古今姓氏書辨證三十五今正
雲弘暕　元和姓纂二十文右威有脫字將軍雲師德生宏善

見封外　宏暕主客郎中河南人　石刻大唐八都壇神君
之實錄稱趙州司馬雲暕垂拱元年直隸元氏　沈氏濤曰碑稱雲暕亦避孝敬諱
王叔偲無考
于復業　李嶠授于復業太子中允制新除朝議大夫守
隨州刺史于復業既罷臺閣方驅節傳文苑英華四百四
郭元振　新表昌樂郭氏濟州刺史善愛舊元振傳無善字　子元
振相睿宗　舊傳舉進士則天時以右武衛鎧曹聘吐
蕃以參預破吐蕃功拜主客郎中大足元年遷涼州都
督新傳郭震字元振以字顯
李頎見金外

李光進按唐有兩李光進俱武官又與此時代不合一附見新書百三十六李光弼傳字太應初爲房琯禆將代宗即位拜檢校太子太保封涼國公一見百七十一自有傳其先河曲諸部姓阿跌氏歷前後軍牙門將兼御史大夫代州刺史舊書略同惟一百六十一李光進傳誤合兩人爲一爾
魏昭　高適信安王幕府詩序開元二十年國家有事林
胡詔禮部尚書信安王總戎大舉時考功郎中王公司
勳郎中劉公主客郎中魏公侍御史李公監察御史崔
公咸在幕府詩以頌美數公見于詞高常侍集六　案詩亦不詳魏公名
按其時代疑卽是人
李顒見左外祠外　崔湜故吏部侍郎元公希聲碑序夫人李氏
今主客郎中顒之從父妹也文苑英華八百九十八　景龍三年

郭奇　元和姓纂十九鐸　主客郎中郭奇洛陽人
韋弼見戶外　呂温韋府君夏卿神道碑銘大王父諱某皇朝
主客郎中萊濟商三州刺史呂衡州文集六
張宗潔無考
薛紘見金中倉中
賀遂陟見戶外
李仲康　新表畢王房畢國公景淑子仲康楚州刺史
獨孤及唐故睢陽郡太守贈祕書監李公少康神道碑
銘畢公有才子三人仲曰仲康由尚書主客郎中剖符
楚州毘陵集八　唐萬年縣尉崔肅洌故妻李氏墓誌銘祖

仲康開元中爲尚書主客郎中楚州刺史又十二　文苑
英華八百五十九　李邕楚州淮陰縣娑羅樹碑稱州牧宗子
名仲康江蘇淮安府治有明隆慶重刊石本末題開元十一年十月二日建　梁肅衢州
司士參軍李君濤夫人河南獨孤氏墓誌故楚州刺史
仲康之子文苑英華九百六十六　少康見祠中
鄭懷隱又主外　新表鄭氏北祖房泗州刺史言思子懷隱
齊州刺史
徐立之鉞案立之疑是玄之之誤玄之見吏中　吏外　勳外　考外補
崔璠　新表博陵大房崔氏武后中宗相玄暐子見吏中補汾
相等州刺史珪弟見主外　璠主客郎中　集古錄目崔愼

碑紫微侍郎蘇頲撰愼孫太常博士璿八分書開元三
年立博州寶刻叢編六此與左中之崔璿別一人
張洌又御史臺監察題名又殿中有張烈　元宗分遣蔣欽緒等往十道
疏決囚徒宣慰百姓制仍令主客郎中張烈往江南東
道詳左中補孫濟注時開元十三年　文苑英華五百三十七　有張洌對嗣
足不長判
李植又主外與封外戶中之李植別一人　徐季鴿屯留令薛僅善政碑
長史李植以異能上又云長史李公又考其孤淸耿介
氷碧任懷棻地理志屯留屬潞州開元二十七年
呂向　新書文藝傳中　向字子回亡其世貫或曰涇州人

開元中自起居舍人遷主客郎中專侍皇太子父卒終
喪再遷中書舍人　舊書突厥毗伽可汗傳開元二十年
可汗弟闕特勒死詔都官郎中呂向等齎璽書入蕃弔
祭幷爲立碑　儲光羲集五　有貽主客呂郎中詩又洛
陽道五首獻呂四郎中疑郎呂向
皇甫彬　元和姓纂十一唐　戶部尙書滑國公皇甫無逸三
從弟彬有脫字　郎中祕書少監安定朝那縣人　獨孤及
唐故左補闕安定皇甫公冉集序伯父祕書少監彬尤
器之毘陵集十三　新肅宗紀開元中玄宗遺皇甫彬等侍
讀左右　嘉定鎭江志十九　朝散大夫饒州樂平縣令皇
甫价子彬官祕書少監集賢院修撰　新書藝文志丁部
集錄別集類　皇甫冉潤州丹陽人祕書少監集賢院修撰林
姪林疑彬
雍維長又主外又御史臺侍御見殿中監察題名　元和姓纂三鍾　唐主客郎
中雍維長信都棗強人　文苑英華四百七十九　有雍維長
對文可以經邦國策一道景雲二年
楊休烈　石刻大唐濟度寺故大德比丘尼惠源和上神
空誌銘京兆府倉曹參軍楊休烈撰開元廿五年陝西咸寧
薛羽　新表薛氏西祖房華州刺史紘子見金中　羽新平太
守　舊肅宗紀天寶十五載六月已亥斬新平太守薛

羽以其棄郡也　新紀新平郡太守薛羽聞賊且至棄
城走已亥太子次保定捕得羽斬之
獨孤允又主外　元和姓纂一屋　獨孤元同見上孫允主客郎中
陳州刺史河南洛陽人原本誤入古今姓氏書辨證今正　新書逆臣上
安祿山傳至德二載阿史那承慶等十餘人送密款詔
以獨孤允爲陳州刺史
張巡　舊忠義傳下　舉進士三以書判拔萃入等天寶中
爲眞源令至德二年元宗授巡主客郎中兼御史中丞
新傳略同
姚沛見金外　釋皎然唐湖州大雲寺故禪師瑀公碑銘主

客郎中姚沛熏龜溪之靈鵝山之英門多才傑世著匡
佐而瑀公善馬杼山集九
庾準見左外吏中動中二傳失載
崔令欽見禮外補
邱爲見動中
薛愢　新表薛氏西祖房紀子愢主客郎中
趙漣膳中補有趙漣疑郎趙漣之誤
王後已無考見祠外
高郢又主外補　新表京兆高氏右拾遺伯祥子郢字公楚相
德宗順宗　舊傳舉進士第德宗時白馬燧掌書記徵

拜主客員外遷刑部郎中改中書舍人新傳畧同
任侗見戸外
閻濟美見倉外　舊良吏傳下累歷臺省有長者之譽
周仲孫無考見祠外
裴薩見勳外
盧汀　孟郊有送盧汀侍御歸天德幕詩　又有送盧郎
中汀詩孟東野詩集八
陸澧見戸中　新表陸氏侍郎枝祕書監齊望子澧主客郎
中
吳士矩又主外　新吳湊傳兄漵子士矩開成初爲江西觀

察使
白居易又祠外附存　新表太原白氏襄州別駕季庚子居易
字樂天刑部尚書　白居易舉人自代狀末署長慶元
年正月四日新授朝議郎守尚書主客郎中知制誥臣
白居易狀奏　又重考試進士事宜狀末署長慶元年
四月十日結銜同白氏文集六十　舊傳貞元十四年擢進士
甲科元和十四年冬自忠州刺史召拜司門員外郎明
年轉主客郎中知制誥加朝散大夫長慶元年十月轉
中書舍人新傳同　舊穆宗紀元和十五年十二月丙申
以司門員外郎白居易爲主客郎中知制誥長慶元年

十月壬午以主客郎中知制誥白居易爲中書舍人
李商隱唐刑部尚書致仕贈尚書右僕射太原白公墓
碑銘自忠州刺史穆宗用爲司門員外四月知制誥加
秩主客員守中書舍人唐文粹五十八　元稹白居易授尚書
主客郎中知制誥制勑先帝付朕四海九州之重尚賴
威靈天下甫定思獲論議文章之臣以自左右俾之詳
考今古周知物情而朝議郎行尚書司門員外郎白居
易州里舉進士有司升甲科元和初對詔稱旨翺翔翰
林讜然直聲留在人口朕嘗視其詞賦甚喜與相如並
處一時由是召自南賓序補郎位會牛僧孺以御史丞

解制誥職嗣掌書命人推爾先予亦飽其風猷爾宜副
茲超異可守尚書主客郎中知制誥餘如故元微之文集四十五
崔珙　新表博陵第二房崔氏同州刺史頲子刑部尚書
璪弟見吏中補珙傳璪兄珙相武宗　舊傳以書判拔萃高等大
和初累官泗州刺史入爲太府卿新傳累擢至泗州刺史太府卿
張藉　舊傳貞元中登進士第累授國子博士水部員外
郎轉水部郎中卒
鄭復　舊崔元略傳敬宗時元略爲橋道使造東渭橋被
判官鄭復虛長物價率歛工匠罰一月俸料　舊裴度
傳開成四年三月詔京兆尹鄭復監護裴度喪事新傳同

舊文宗紀下開成四年九月甲辰以京兆尹鄭復爲
劍南東川節度使　新表鄭氏北祖房太廟令迪子復
靈昌尉　石刻華嶽題名河東縣尉鄭復臨晉縣令鄭
損隴州參軍鄭字鄉貢進士盧璥大中四年九月五日
紀陝西華陰
張又新見左中補祠外二傳失載
嚴澗見金中祠外
高少逸見左中勳中二傳失載
楊倞　石刻唐故銀青光祿大夫使持節蔚州諸軍事行
蔚州刺史兼御史中丞馬公紓墓誌銘朝請大夫使持

節汾州諸軍事守汾州刺史楊倞撰古刻叢鈔會昌四年　會要
三十九　長慶三年正月刑部又請奏大理司直楊倞等詳
正勑格　沈亞之送韓北渚赴江西序北渚賓仕於江
西府其友相與訊其將處者而誰歟曰有引農生倞耳
夫引農愼行其道不欺者也北渚之往吾無虞其類之
患沈下賢文集九　新書藝文志丙部子錄儒家類楊倞注荀子二十
卷原注汝士子大理評事此書今存結銜登仕郎守大理評事序末題時歲在戊戌大唐睿聖文武皇帝元和十三年十二月案汝士見封外倞新表失載郝懿行疑撰馬紓墓誌者別一楊倞汪喜孫疑有兩楊汝士二說似俱非
蕭儹　韓愈唐故朝散大夫尚書庫部郎中鄭君羣墓誌

銘次女嫁蘭陵蕭儹昌黎先生集三十二考異曰儹或作讚
張嗣慶　新表河東張氏憲宗相宏靖子見吏外嗣慶河南
少尹舊宏靖傳同　拓本漢西嶽華山碑額右題名劍南西
川節度使檢校兵部尚書成都尹兼御史大夫李德裕
觀察支使兼監察御史張嗣慶大和四年十一月一日
瀛州筆談十二
柳仲郢見吏中戶外　舊傳自侍御史會昌中三遷吏部郎中
新傳同
王纉又主外　裴夷直有送王纉詩又病中知皇子陂荷花
盛發寄王纉詩萬首唐人絕句三十八　舊李德裕傳開成二年

補闕王續等 閩人本續沈本績 連章論李德裕妄奏錢帛以傾
牛僧孺
韋博 見左中勳中金中 新傳自河東判官進主客郎中時詔
毀佛祠悉浮屠隸主客博言令太暴宜近中李德裕惡
之以爲靈武節度副使擢右諫議大夫
崔彖 見戶中
鄭涭 杜牧皇甫鉦除右司員外郎鄭涭除侍御史內供
奉等制朝議大夫前守河南縣令上柱國鄭涭生於淸
族克肖素風凡守郡邑皆著理行可侍御史內供奉散
官封勳如故 樊川文集十七皇甫鉦見吏外

鄭茂休 見吏中補封中 舊傳四遷太常博士兵部員外郎吏
部郎中
張鐸 見左中
張潛 見勳中
楊知退 見戶中祠外
任繕 見金中
薛能 見吏中附存度中補 唐詩紀事六十 咸通中攝嘉州刺史歸
朝遷主客度支刑部郎中
楊思立 無考見戶外
蘇蘊 見勳中又主外

崔福 新表博陵大房崔氏兗海觀察使戎子 見吏中 福字
昌遠員外郎 舊懿宗紀咸通十年八月貶比部員外
郎崔福昭州司戶崔雍之親黨也 舊僖宗紀乾符三
年六月以主客郎中崔福爲汾州刺史
王慥 見金中戶中附存 又 舊僖宗紀乾符三年六月以荊南節
度副使王慥爲主客郎中七月以金部郎中王慥爲戶
部郎中 當云主客郎中王慥爲金部郎中說見戶中附存注
張譙 見金外 舊僖宗紀乾符三年七月以金部員外郎張
譙爲主客郎中
周承矩 見勳外

陳翬 見祠外

補遺

李儼 石刻大唐故翻經大德益州多寶寺道因法師碑
文中臺司藩大夫隴西李儼字仲思製文 龍朔三年十月陝西西安府學 法苑珠林序結銜題朝散大夫蘭臺侍郎隴西李
儼仲思撰 總章元年三月重刊釋藏本
元將茂 元和姓纂二十二元 周納言元子端元孫將茂主客
郎中河南洛陽縣人 會要八十五 開元九年正月監察
御史宇文融奏河南府法曹元將茂充勸農判官 詳監察宇文融注

王佶見戶外祠中　舊元宗紀下開元二十七年十月遣主客郎中王佶往東都及諸州宣慰百姓舊書五行志同十月作八月

房琯又主外又御史臺監察題名　新表河南房氏武后相融子琯字次律相肅宗　舊傳少以門蔭天寶元年自濟源縣令拜主客員外郎三載遷試主客郎中五載正月擢試給事中

源休見祠中　舊傳自虞部員外郎出爲潭州刺史入爲主客郎中遷給事中

鄭膺甫見度中又主外　舊鄭餘慶傳弟膺甫官至主客員外郎郎中楚懷鄭三州刺史

陳鴻　新書藝文志丙部子錄小說類　陳鴻開元升平源一卷原注字大亮貞元主客郎中　元稹授丘紓陳鴻員外郎制朝議郎行太常博士上柱國陳鴻堅於討論可以事舉可虞部員外郎文苑英華三百九十二詳膳外補丘紓注

白行簡見膳中補又主外度中附存　舊傳元和十五年授左拾遺累遷司門員外郎主客郎中寶厤二年冬病卒新傳同　唐詩紀事四十行簡恩賜章服樂天以詩寄之吾年五十加朝散爾亦今年賜服章齒髮恰同知命歲官銜俱是客曹郎自注予兄弟年五十賜緋俱是主客都官郎誤

劉禹錫見禮中補　舊傳大和二年自和州刺史徵還拜主客郎中累轉禮部郎中集賢院學士

蔣偕見動中又主外　新傳歷右拾遺史館修撰轉補闕主客郎中舊傳失載

蕭遘　舊蕭遘傳襄王立蕭遘移疾滿百日退居河中之永樂弟蘧時爲永樂令新表齊梁房失載　舊哀帝紀天祐二年十二月勑主客郎中蕭蘧等隨册禮使柳璨魏國行事

李讓　新表上蜀王房四會令宏略子讓主客郎中

附存

鄭誠見戶中金中　舊僖宗紀乾符三年七月以主客郎中鄭誠爲金部郎中案當云金部郎中鄭誠爲戶部郎中說見戶中附存王樾注

歸安丁寶書編次

唐尚書省郎官石柱題名考卷二十五終

勞檢校字

唐尚書省郎官石柱題名考卷二十六

仁和勞格　趙鉞著　歸安丁寶書編次

主客員外郎

唐六典禮部尚書其屬有主客員外郎一人從六品上隋爲承務郎皇朝爲主客員外郎龍朔咸亨隋曹改復掌二王後及諸蕃朝聘之事舊書新書同

楊弘業　于貴盈　辛世昆　趙德言　韓瑗
温無隱　李安期　崔行功　于敏同　崔知悌
薛元揔　崔萬石　韋正己　韓處約　韋志仁

崔崇業　元知默　盧猷　李思一　祖元穎
崔敬仲　王思善　王玄覽　李居士　獨孤守忠
周子敬　沈務本　孫佺　陳思齊　元希聲
孟温禮　姜晞　韋抗　韋元旦　崔璿
賀蘭務温　蘇晉　崔安儼　王上客　赫連欽若
崔珪　鄭懷隱　鄭溥　張季瑀　韋陟
李詢甫　魏季隨　張介　雍維昆　王璿
鄭昉　甘暉　章仇兼瓊　韓休　柳元寂
李植　房琯　趙廣微　韋幼成　李珝
敬誣　賀蘭進明　任瑗　楊宗　獨孤允

吳冢之　崔同　李逢年　竇彥金　裴薦
王佐　李承義　趙甚　楊頔　崔漪
盧象　歸崇敬　董晉　陸海　蔣將明
鄭晧　王遂　褚朢　袁高　崔徵
李萼　沈房　蕭遇　李崟　韓佾
裴佶　李彝　夏侯審　崔邠　仲子陵
陳歸　劉伯芻　李藩　馬宇　李絳
陸潤　張諗　李正辭　韓衢　吳士矩
元蕡　裴墉　韋公素　白行簡　權璩
韋會　韋力仁　崔周　裴識　王迺

蕭傑　張正謩　劉三復　顏從覽　王績
崔渠　李權　劉潼　張毅夫　李當
胡德章　韓賓　裴誠　崔珦　蔣偕
宋球　裴紳　張彥遠　韓乂　張道符
薛廷望　夏侯曈　皇甫煒　庾崇　崔鋋
高錫望　曹鄴　韋岫　蘇藴　△李延嗣
賈餗　蕭說　崔衡　鄭堯　李翻
盧自牧　裴顗　韋承貽　趙龜
補遺崔濬　高郢　鄭膺甫　王鐐　劉崇龜
裴贄　王蕘　楊奭　杜荀鶴

勞檢丁士諤校字

唐尚書省郎官石柱題名考卷二十六

楊弘業　新表楊氏越公房孝湛子弘業主客員外郎　舊孝友劉君良傳武德七年深州別駕楊宏業造君良傳新同　舊楊炎傳子宏業不肖多犯禁受賂請託新傳弘業賕賂狠藉　新表失載

于貴盈　元和姓纂十虞于亮生貴盈主客員外郎平昌公　京兆長安人　會要七十九洪州都督平昌縣侯于貴盈　謚曰簡

辛世良　新表辛氏興子良禮部侍郎元和姓纂同案良疑即世良蓋避太宗諱省世字　復齋碑錄唐司禮少常伯辛良碑唐李儼撰

蕭權正書龍朔三年歲次癸亥二月已酉朔立寶刻叢編八　京兆府萬年縣

趙德言　新表南陽趙氏隋庫部侍郎榮子德言主客員外郎元和姓纂同　舊忠義下趙曄傳貞觀中主客員外郎德言曾孫　新書突厥列傳頡利得華士趙德言才其人委信之稍專國

韓瑗　新表赭陽韓氏戶部尚書潁川公仲良子瑗字伯玉相高宗　舊傳貞觀中累至兵部侍郎襲父潁川公新傳同

温無隱見吏中

李安期期二本誤斯見度中　舊傳貞觀初累轉符璽郎預修晉書成除主客員外郎永徽中遷中書舍人新傳同　唐會要六十三貞觀二十年閏三月四日詔更撰晉書主客員外郎李安期等詳其條例量加考正

崔行功見左中吏中吏外戶中　唐會要六十三貞觀二十年閏三月四日詔更撰晉書主客員外郎崔行功等分功撰錄二傳失載

于敏同見吏中吏外

崔知悌見戶外二傳失載

薛元撝無考

崔萬石　新表博陵第二房崔氏芮州刺史奕子萬石中書舍人

韋正已　新表韋氏平齊公房太子家令襲彭城公慶嗣子正已工部員外郎　又南皮公房衞尉少卿俛子正已不詳歷官時代不合

韓處約　元和姓纂二十五寒環州刺史韓劇東生處約主客員外昌黎棘成縣人

韋志仁無考見吏外

崔崇業　新表博陵二房崔氏挺後元瑒子同業弟見封中補崇業主客員外郎

元知默　元和姓纂二十二元唐兵部郎中元務整生知敬見吏
中知默主客員外河南洛陽縣人
盧獻　新表盧氏常州刺史幼孫子獻鸞臺侍郎　舊書
列女崔繪妻盧氏傳父獻有美名則天時歷鸞臺侍郎文
昌左丞天授中爲酷吏來俊臣所陷左遷西鄉令而卒
舊酷吏來俊臣傳如意元年文昌左丞盧獻等六人
爲其羅告
李思一　新表雍王房務該子思一不詳歷官思一舊李漢傳單作
思云無名位
祖元穎　元和姓纂十姥祖大通次子孝紀生穎主客員外

原本誤入杜氏注今校正
崔敬仲無考
王思善　楊烱詹事府官寮祭郝少保文稱府司直王思
善等文苑英華九百七十八
王玄覽無考
李居士　新表上蔡王房龔襄武郡公儉裔孫太常卿居
士
獨孤守忠　元和姓纂一屋獨孤僧達生守忠唐右金吾大
將軍京兆人原本誤入古今姓氏書辯證三十五今正　朝野僉載唐杭州
參軍獨孤守忠領租船赴都太平廣記二百六十　諸道石刻錄

獨孤守忠碑韋承慶撰柳濟物書寶刻叢編六
周子敬　元和姓纂十八尤周元式生子敬主客員外河東
汾陰人
沈務本　元和姓纂四十七寢給事中薛王傅沈務本吳興武
康縣人　復齋碑錄烏程令韋承慶德政碑唐沈務本
撰沈仲昌正書至德二年二月立寶刻叢編　吳興志沈務
本官至給事中子利賓利賓子志志子達四世進士及
第
孫佺見祠中補
陳思齊　元和姓纂十七眞唐揚州長史陳敬之生思齊主

客員外婺州刺史京兆長安人
元希聲見考外補　崔湜故吏部侍郎元公碑序自司禮博士
三教珠英書成遷太子文學主客考功二員外賞勤也
皇帝纘膺大業擢中書舍人文苑英華八百九十八
孟溫禮又御史臺侍御題名封中孟知禮似是溫禮　唐會要七十六神功元年
九月絕倫科孟兼禮及第緯略作孟溫禮　張說鄎國長公主
神道碑開元十三年二月詔光祿卿孟溫禮監護喪葬
京兆少尹能據華英石刻補延休副焉張燕公集二十一延休見倉外　長
安志九唐京城三朱雀街西第二街興化坊京兆尹孟
溫禮宅　又十唐京城四朱雀街脫西字之第三街光德

坊東南隅京兆府廨開元元年孟温禮爲京兆尹因奏
請以贓贖錢修繕　會要七十九　禮部尚書孟温禮謚曰
肅　舊良吏潘好禮傳少與鄉人孟温禮爲莫逆之友　案好禮貝州宗城人
姜晞見金中
韋抗見吏中吏外補　蘇頲刑部尚書韋抗神道碑自左臺殿中
侍御史轉尚書主客吏部二員外吏部郎中　文苑英華八百九十
六二傳失載
韋元旦見左外　新書文藝列傳中自左臺監察御史貶感
義尉召爲主客員外郎遷中書舍人

崔璿無考主外補有崔濬按其時代正相合唯偏旁小異耳
賀蘭務温見度中
蘇晉又戶中附存　元和姓纂十一模　刑部尚書蘇珦藍田人生
晉不詳歷官　舊蘇珦傳子晉弱冠舉進士又應大禮
舉皆居上第先天中累遷中書舍人新傳同　開元釋教
錄九睿宗嗣厤沙門菩提流志譯大寶積經中書舍人
野王男蘇瑨等潤邑
崔安儼又御史殿中題名　新表博陵大房崔氏仲哲後行範子
安儼主客員外郎
王上客見膳外補　劉禹錫唐故監察御史贈尚書右僕射王

公倰神道碑大父上客歷侍御史主客兵部員外郎　劉夢
得外集九
赫連欽若無考
崔珪　新表南祖崔氏司刑卿魏縣子神慶子太子少保
琳弟見戶中　珪懷州刺史　舊崔神慶傳開元中子琳與
弟太子詹事珪光祿卿瑤俱列棨戟時號三戟崔家新傳
同　孫逖授崔珪太子左庶子制門下太子右庶子崔
珪和氣由衷通才應物衣冠貴其雅道筆札資於利用
宮坊効職聲實攸歸曾是遞一作爰遷宜從後命可太子
左庶子散官勳如故　文苑英華四百四　新表博陵大房崔氏

武后中宗相玄暐子禮部侍郎璩弟見吏中　珪汾相等州
刺史　舊宋璟傳子恕爲劍南採訪判官貶表兄雒縣
令崔珪
鄭懷隱見主中
鄭溥又御史殿中監察題名兒　新表鄭氏北祖房河南少尹瑨子溥
左庶子　石刻陳齊之唐故右內率府兵曹鄭君準墓
誌銘王父溥尚書右部郎中歷青邢相衛兗幽懷七州
刺史入爲左庶子　古刻叢鈔　蘇頲授鄭溥殿中侍御史等
制稱奉議郎行監察御史鄭溥等　文苑英華三百九十五詳殿中
張季瑀見戶中

韋陟 見吏中封中二傳失載

李詢甫 新表隴西李氏姑臧大房高宗相義琰孫起子詢甫主客員外郎

魏季隨 見膳中補

張岕 新表清河東武城張氏揚州長史潛子 動中有潛岕杭州刺史

雍維亘 見主中

王璿 又御史臺監察又左側題名見 新表瑯邪王氏御史中丞歸仁縣男德儉子璿字希琢相武后 舊李義府傳長安元年賜中書舍人王德儉子殿中監璿實封二百五十戶景

雲元年停實封 新武后紀如意元年 郎長壽元年 八月戊寅營繕大匠王璿爲夏官尚書同鳳閣鸞臺平章事 宰相表在八月辛巳舊紀失載 九月癸丑流王璿于嶺南 宰相表同舊紀失載 石刻石龕阿彌陁像銘稱金紫光祿大夫行殿中監兼檢校奉宸令瑯邪縣開國子王璿 長安三年陝西西安 長安志七唐京城朱雀街東第二街永樂坊東門之南夏官尚書王璿宅 廣異記唐宋州刺史王璿爲狐所媚後璿職高乃不至 太平廣記四百五十一 廣異記王籍者太常璿之族子也乾元中客居會稽死 廣記三百四 太平廣記二百十五 大理卿王璿問滿師云某月當改官後果改爲金吾將軍常侍王階 案此與廣異記之王璿疑是一人 石刻易州刺史張孝忠山亭再葺記易州司士參軍王璿撰 建中二年直隸易州

鄭昉 見吏中倉外戶

甘暉 孫逖授甘暉太子贊善大夫等制稱主客員外郎甘暉 文苑英華四百四 新書藝文志 丙部子錄道家類 甘暉魏包注莊子 卷亡開元末奉詔注

章仇兼瓊 又御史臺左棱題名 舊書吐蕃傳開元二十七年詔以主客員外郎章仇兼瓊爲益州司馬防禦副使俄令知益州長史事二十八年春取安戎城 舊元宗紀開元二十七年十二月以益州司馬章仇兼瓊權劍南節度

等使二十八年三月壬子權判益州長史章仇兼瓊拔吐蕃安戎城分兵鎮守之 唐會要七十八 開元二十七年劍南節度使章仇兼瓊又兼山南西道採訪使 四川成都志十一 開元二十七年章仇兼瓊自眉州司馬御史中丞遷御史大夫劍南節度蜀郡大都督府長使兼山南西道採訪營田制置使 舊忠義傳下 許遠傳章仇兼瓊鎮劍南貶爲從事 新楊國忠傳劍南節度使章仇兼瓊與宰相李林甫不平聞楊氏新有寵思結納之表國忠爲推官使部春貢長安得蜀貨百萬至京師見羣女弟致贈遺諸楊日爲兼瓊譽兼瓊入爲戶部尚書兼

御史大夫用其力也　又開元廿九載七月詔稱益州大都督府長史兼御史中丞持節劍南節度□使營田副大使本道兼山南西道採訪處置使□□□瓊又天寶三載九月詔蜀郡大都督府長史兼御史大夫章仇兼瓊山左金石志天寶七載　顏眞卿鮮于少保碑開元二十七年長史張宥方謀拔安戎獨與公計畫幕中之事一以咨公司馬章仇兼瓊惡之及代宥節度乃移郡收公月餘仍釋之俄令攝判使事監越巂兵馬復奏充採訪支使盡護功南軍事又云充山南西道採訪支使頃之雲南蠻動瓊請公往以便宜從事又云瓊以兩道採訪節度使

務悉以委公五載戶部侍郎兼御史大夫郭公虛已代瓊節制顏魯公文集六　資治通鑑唐紀三十一　天寶五載五月乙亥以劍南節度使章仇兼瓊爲戶部尚書諸楊引之也

古今姓氏書辯證十陽天寶劍南東川節度戶部尚書章仇兼瓊代居兗州生湛　長安志七唐京城一朱雀街東第一街安仁門戶部尚書兼殿中監章仇兼瓊宅

孫逖授章仇兼瓊主客員外郎制勅殿中侍御史章仇兼瓊雅有堅操嘗懷遠圖義不辭勞忠能盡節頃適沙磧能正糾繩興國利於懸車振朝威於絕漠甄其績用宜遷禮閣之榮寄以澄淸仍受憲臣之任可尙書主客員外郎餘如故文苑英華三百九十一　韋□大唐贈東平郡太守章仇府君玄素神道之碑嗣子銀青光祿大夫戶部尚書兼殿中監內外閑廄等使兼瓊匪躬是徇爲國藎臣拔自郎缺九字董戎驅輶軒而按俗自褒斜之外邛筰之內萬里澄淸人安訟息間者□戎負德蟻聚□山職貢不供兵車屢駕稟聖皇之英算震大國之威靈一舉而缺四字再缺三字其瞧類罷析置吏班師舍爵天子議以殊賞酬其懋勛迺推錫類缺三字追遠□寵　集古錄目唐戶部尚書章仇兼瓊碑唐檢校倉部郎中馮用之撰左衞率府兵曹參軍集賢院待制蔡有鄰八分書兼瓊

字兼瓊魯郡任城人官至戶部尚書殿中監謚曰忠碑以天寶十年立寶刻叢編七京兆府長安縣

韓休見封外二傳失載

柳元寂　新表柳氏融孫元寂主客員外郎元和姓纂同

李植見主中

房琯見主中補　舊傳天寶元年自濟源縣令拜主客員外郎三載遷試主客郎中新傳失載

趙廣徵又御史臺碑右稜陰左稜陰右稜題名　元和姓纂三十小唐宜祿尉昭夷子趙貞固生廣原脫今補徵主客員外汲郡人

韋幼成案勳外多成疑郎幼成之誤　新表韋氏南皮公房縝子幼成

山南採訪使（元和姓纂幼成武部郎中漢中太守山南採訪使）　獨孤及唐故朝議大夫申王府司馬上柱國贈太常卿韋公（纘）神道碑銘孟子幼成天寶十年自尚書兵部郎出守漢中兼山南西道採訪處置使移典河內河內人至今頌之（毘陵集卷八）

李翊（戶外）

敬譓　新表敬氏中宗相暉子（見倉中）　譓主客員外郎

賀蘭進明（又御史臺殿中題名）　唐詩紀事（十七）進明登開元十六年進士第　新玄宗紀天寶十五載四月乙酉北海郡太守賀蘭進明以兵救平原　舊元宗紀（下）天寶十五載

六月北海太守賀蘭進明收信都（新紀同）　舊第五琦傳琦爲西江丞太守賀蘭進明甚重之安祿山反進明遷北海太守奏琦爲錄事參軍祿山已陷河間信都等五郡進明未有戰功元宗大怒遣中使封刀促之曰收地不得即斬首進明惶懼莫知所出琦勸令厚以財帛募勇敢士出奇力戰遂收所陷之郡（新傳略同）　嘉靖衢州府志（七）天寶□□年信安太守賀蘭進明以朝請大夫任　新顏眞卿傳安祿山反平原城守詔北海太守賀蘭進明率精銳五千濟河爲助　又云史思明圍饒陽遣游奕兵絕平原救軍眞卿懼不敵以書招賀蘭進明以

河北招討使讓之進明敗於信都　舊高適傳與賀蘭進明書令疾救梁宋以親諸軍（新傳同）　舊房琯傳北海太守賀蘭進明自河南至詔授南海太守攝御史大夫充嶺南節度使中謝詔以爲河南節度兼御史大夫（新傳同）　舊忠義（下）許遠傳賀蘭進明與房琯素不相叶琯爲宰相進明時爲御史大夫琯奏爲彭城太守河南節度使兼御史大夫代嗣虢王巨　張巡傳賀蘭進明以重兵守臨淮無出師援睢陽意（新傳同）　唐會要（七十八）至德二載正月賀蘭進明除嶺南五府經略兼節度使自此始有節度之號　舊肅宗紀乾元二年十一月御史

郎官石柱題名考卷廿六主外　十二　月河精舍叢鈔

大夫賀蘭進明貶溱州司馬　李華衢州刺史廳壁記開元天寶中始以尚書郎超拜名郡賀蘭大夫爲之逆胡悖天地之慈賀蘭起北海之師（文苑英華八百）

任瑗（見左外）

楊宗（見戶外）

獨孤允（見主中）

吳豖之（又御史臺右側侍御殿中有吳□之）　舊韋陟傳天寶十二載楊國忠引河東人吳冢之謂曰子能使人告韋陟吾以子爲御史豖之曰能乃告陟與御史中丞吉溫結託欲謀陷朝廷（新傳略同）　元宗賜蒲州童子敕蒲州童子吳冢之

薄綴小篇兼記古事不稱優異無申獎勸宜賜其父絹
十匹令更習學便有成就大詔令
崔同見祠中
李逢年見祠中
竇彥金無考
裴薦　新表洗馬裴氏裔子薦主客員外郎　賈至授裴
薦攝主客員外郎制勅左拾遺裴薦正直而温洵美且
惠有紛綸之詞藻懷耿介之志氣自居近侍屢獻讜言
中原未寧鄰國是協俾領攝於郎署爲專對之使入一作
者可攝主客員外郎文苑英華三百九十一　舊來瑱傳寶應元

郎官石柱題名考卷廿六主外　卅三　月河精舍叢鈔

年五月裴茙與來瑱戰大敗茙及弟薦脱身北走不言
何官　杜甫爲遺補薦岑參狀末署至德二載六月十
二日左拾遺內供奉臣裴薦杜工部集二十
王佐見吏外考外
李承義　新表蔣王房越州兵曹參軍雲子承義吏部常
選　又曹王房塘子承義不詳歷官
趙甚　石刻唐故朔方河東河西隴右節度御史大夫贈
兵部尚書太子太師清源公王府君忠嗣神道碑銘前列
太中大夫行少府少監集賢殿學士趙甚篆額案碑大厤十年
立　舊常衮傳大厤中常衮奏加百官俸料衮厚薄由

己時少列各定月俸爲三十五千衮惡少詹事趙甚遂
給二十五千新傳略同
楊頔　新表楊氏越公房考功郎中守拙曾孫見考中補頔職
方郎中
崔漪見吏中作倚度中
盧象見勳外膳外補　劉禹錫唐故尚書主客員外郎盧公集紀
大盜起幽陵入洛師東夏公墮脅從伍中自膳部員外
郎初謫果州長史又貶永州司戶移吉州長史朝廷思
用宿舊徵拜主客員外郎道病留武昌遂不起劉賓客文集十
九　新書藝文志自膳部員外郎授安祿山僞官貶永

郎官石柱題名考卷廿六主外　卅四　月河精舍叢鈔

州司戶參軍起爲主客員外郎
歸崇敬見倉中膳中補　舊傳以潤州長史參掌元宗肅宗山陵
禮儀遷主客員外郎又兼史館修撰改膳部郎中大厤
初授倉部郎中新傳略同　舊韋陟傳永泰元年太常謚韋
陟爲忠孝刑部尚書顏眞卿以爲不合二行殊高以成
沈炳震云當有闕誤忠孝主客員外郎歸崇敬又駮之新書同
董晉見勳中祠中　舊傳自殿中侍御史遷侍御史主客員外
郎祠部郎中　韓愈贈太傅董公行狀拜殿中侍御史
內供奉侍御史入尚書省爲主客員外郎祠部郎中昌黎
先生集三十七

陸海　新表陸氏太尉枝汾州刺史璪子海湖州刺史吳興志郡守題名失載　舊書列女奉天縣竇氏二女傳京兆
尹曹陸海著賦以美二女　常衮授陸海主客員外郎
制勑朝議郎侍御史內供奉賜緋魚袋陸海儒流貫穿
詞韻清麗貞以自檢峻而能通執法允歸於詳當闢邪
不畏於彊禦雖近遷柱史未終滿歲之勞而高選星郎
實在一時之俊俾參奏議期有損益可行尚書主客員
外郎散官賜如故文苑英華三百九十一
蔣將明見左中勳外
鄭晧

王遂　新表烏丸王氏給事中𤅊子見吏中　遂大理少卿
又琅邪王氏膳部員外郎黃州刺史濡子遂沂海觀察
使　舊傳累遷至鄧州刺史入爲太府卿新傳同
褚望
袁高見金外二傳失載
崔儆　新表博陵大房崔氏仲哲後渾之子儆尚書右丞
舊崔元畧傳父儆貞元中官至尚書左丞新書誤敬　權德輿奏獻懿二祖遷廟
奏議貞元八年屬當會議時與崔儆劉執經同狀權載之文集二十九　舊趙憬傳建中中趙憬廉察湖南崔儆爲巡屬
刺史久在朝列所爲或虧法令每以正道制之儆等密

毀之於朝及爲相擢儆自大理卿爲尚書右丞新傳畧同會
要七十九　贈太師崔儆謚曰昭
李蕚　舊顏眞卿傳安祿山反清河客李蕚年二十餘與
郡人來乞師　新傳李蕚毛本蕚　勸眞卿收景城鹽使諸
郡相輸用度遂不乏　新卓行元德秀傳門弟子李蕚字
伯高趙人擢制科遷南華令安祿山亂蕚客清河爲乞
師平原太守顏眞卿一郡獲全歷廬州刺史名最著
顏眞卿湖州烏程縣杼山妙喜寺碑大厯壬子歲眞卿
叨刺于湖公務之隙乃與前殿中侍御史李蕚以季夏
於州學及放生池日相討論韻海鏡源至冬徙于茲山

東偏來年春遂終其事顏魯公文集四　殷亮顏魯公行狀公
之密親懿友採其謀猷分以休戚者今吉州刺史李公
蕚　令狐峘顏魯公神道碑銘故吏廬州刺史李蕚乃
刋石建碑旌於不朽顏魯公文集　李華三賢論趙郡李蕚
伯高含大雅之素是慕於元者也文苑英華七百四十四文粹三十八
柳宗元岳州聖安寺無姓和尙碑陰記趙郡李蕚𨽻
博人也爲岳州盛氣欲屈其道聞一言服爲弟子河東先生集六　廣異記殿中侍御史李蕚左遷泉州晉江尉太平廣記一百三十二
沈房　元和姓纂四十七寢祕書少監震見金外　生房右金吾大

將軍吳興武康縣人　舊后妃睿眞皇后沈氏傳德宗用太后
族子房爲金吾將軍主沈氏之祀　舊董晉傳貞元中金
吾衛將軍沈房有弟喪公除不衣慘服入閣　舊吐蕃
傳下興元元年四月命太常少卿兼御史中丞沈房入
蕃計會及安西北庭宣慰使　陸贄慰問四鎮北庭將
吏勅書今故遣太常少卿兼御史大夫沈房及中使韓
朝彩等往彼宣諭仍便與西蕃交割陸宣公集十　沈亞之
沈參軍故室李氏墓誌銘從祖諱房德宗朗位追尊皇
太后其子姪皆蒙寵蔭遂以房爲將軍執金吾沈下賢文集十
一

蕭遇見封中
李崟　新表蔡王房和州刺史士英子崟不詳歷官　文
苑英華五百四有李崟對縣政象法判又五百二十七有對稅
千畝竹判
韓佾　元和姓纂二十五寒拾遺韓翊生佾果州刺史昌黎人
裴佶見吏外二傳失載
李彝　唐會要七十六貞元四年四月賢良方正能直言極
諫科李彝及第緯略同　石刻張濛大唐鎮國軍隴西節
度使右僕射李公懋功昭德頌朝散大夫守宗正寺丞
李彝篆額貞元五年十月陝西華州

夏侯審見度中
崔郃見封中二傳失載
仲子陵　新書儒學下啖助傳仲子陵蜀人好古學舍峨眉
山舉賢良方正擢太常博士久之典黔中選補終司門
員外郎　又云大厤時仲子陵以禮自名其學最卓異
權德輿唐故尚書司門員外郎仲君墓誌銘君諱子
陵字某大厤十三年舉進士甲科貞元十年舉賢良方
正拜太常博士轉主客司門二員外郎十八年乙巳寢
疾歿于靖恭里第享年五十九又云爲郎三歲受詔典
黔中選補賦祿清平南人悅焉道於故里里中人以爲

榮觀復命踰年稍進郎位權載之文集二十四　又三十六送主客
仲員外充黔中選補使序詔以諸曹郎分命南轅調其
仕次有黔江辰溪十五郡五十餘城賦其吏員使其習
俗主客郎仲君實司之君始以岷峨諸生獻賦京師自
解巾校文三四遷至博士尚書郎又云君道劍門抵左縣
歸自涪陵出於南荆　新書藝文志乙部史錄儀注類仲子陵
五服圖十卷貞元九年上
陳歸見考外補
劉伯芻見考中補考外補　舊傳自右補闕遷主客員外郎以過
從友人飲噱爲韋執誼密奏貶虔州掾曹新傳同

李藩見左外吏中吏外誤藩舊傳德宗時除祕書郎遷主客員
外郎尋換右司新傳失載
馬宇　順宗實錄二永貞元年二月命兵部郎中兼中丞
元季方告哀於新羅且冊立嗣王主客員外郎兼殿中
監馬于宇誤爲副昌黎先生外集七李翺祕書少監史館修撰
馬君墓誌公諱某字靈符爲太子左贊善大夫遷主客
員外郎使于海東復命授與元少尹入爲將作少監改
國子司業遷祕書少監又加史館修撰元和十三年十
一月己酉寢疾卒文苑英華九百四十六李文公集十五有目無文案新書
藝文志乙部史錄職官類馬宇鳳池錄五十卷雜傳記類馬宇段公

別傳二卷原注秀實字元和祕書少監史館修撰會要三十六元和十三
年十二月祕書少監史館修撰馬宇撰鳳池錄五十卷
成上之
李絳見勳中勳外舊傳元和二年以監察御史充翰林學士
未幾改尚書主客員外郎踰年轉司勳員外郎新傳失載
劉禹錫唐故相國李公集紀以監察御史充翰林學士
居中轉尚書主客員外郎歷司勳郎中知制誥劉賓客文集十
九　重修承旨學士壁記李絳元和二年四月八日自
監察御史充翰林學士加主客員外郎四年四月十七
日加司勳員外郎知制誥　元稹承旨學士院記李絳

元和四年四月十七日自主客員外郎翰林學士拜司
勳員外郎知制誥充承旨並翰苑羣書上
陸澗見祠外補又左外補有陸澗
張諗　新表河東張氏德宗相延賞子憲宗相宏靖弟見吏
外諗主客員外郎　石刻故贈太保張公延賞神道碑陰
上闕至右補闕主客員外郎有高文至性不幸下闕案碑陰字殘泐殊甚故字句不甚接續案上文云拜殿中侍御史四
遷□中書舍人歷工部郎大夫□云云以舊書張弘靖
傳及英華張弘靖拜相制證之是敘弘
靖歷官則此云云是敘諗所歷官矣
李正辭見左外
韓衢　摭言四范陽盧東美少與韓衢爲友江淮間號曰

四夔東美見考外補　劉禹錫唐故監察御史贈尚書右僕射
王公俊一作俊神道碑季子彥威娶潁川韓氏主客員外郎
衢之女劉夢得外集九
吳士矩見主中
元藇　元和姓纂二十二元荊州刺史元欽元孫藇河南洛陽
縣人不詳歷官　白居易冷泉亭記領郡者右司郎中河南
元藇最後作此亭白氏文集四十三　元稹元藇英華作輿杭州刺
史等制敕朝散大夫守五字英華有饒州刺史元藇等理課
甄明云云元微之文集四十八
裴墉　新表東眷裴氏道護後高陵令昱子墉壽州刺史

韋公素　新表韋氏逍遙公房兵部郎中晅子公素字復禮　李翺唐故金紫光祿大夫尚書右僕射致仕上柱國弘農郡開國公食邑二千戶贈司空楊公於陵墓誌銘女適右司郎中韋公素李文公集十四大和五年

白行簡見膳中補度中附存主中　新傳授左拾遺累遷主客員外郎代韋詞判度支按進郎中舊傳失載　唐會要五十九　長慶三年十二月度支奏主客員外郎判度支案白行簡前以當司判案郎官刑部郎中韋詞近差使京西勾當和糴遂請白行簡判案今韋詞卻回其白行簡合歸本司伏以判案郎官比有六人近或止四員伏請更置郎

官一員判案留白行簡充勅旨依奏

權璩見勳中補考外二傳失載

韋曾見勳外時代不合

韋力仁見戶中

崔周考無

裴識見勳外戶中二傳失載

王迺　新表琅邪王氏洋州刺史澄子迺淄州刺史　權德輿唐故朝議大夫洋州刺史王君夫人博陵縣君崔氏祔葬墓誌銘夫人生子三人長曰迺修詞與計偕權載之文集二十七貞元二十年

蕭傑　舊蕭俛傳見封外弟傑字豪士元和十二年登進士第累官侍御史遷主客員外郎大和九年十月檢校工部郎中充鳳翔隴觀察判官　舊文宗紀下　大和九年十月主客員外郎蕭傑等授鳳翔使府判官從鄭注奏請也新表齊梁房失載

張正謩　沈亞之祭胡同年文稱長慶元年十一月二十六日同年張正謨等沈下賢文集十二　案亞之元和十年進士則正謨亦即十年進士元稹獻滎陽公詩五十韻注張秀才正謩滎陽公首薦登第元微之文集十六

劉三復　新表丹陽劉氏世居句容三復刑部侍郎　舊

劉鄴傳父三復大和中李德裕輔政用為員外郎無何復從德裕鎮浙西累遷御史中丞　新傳李德裕表為掌書記德裕三領浙西及劍南淮南未嘗不從會昌時擢刑部侍郎弘文館學士

顏從覽　元和姓纂二十七刪右庶子顏証生從覽瑯琊臨沂人不詳歷官　舊顏眞卿傳文宗詔曰從覽眞卿之孫考績已深於官遂命列於中臺云云

王續見主中

崔渠　唐會要七十六　太和二年閏三月賢良方正能直言極諫科崔渠及第　文宗委中書門下處分制科及第

八詔賢良方正能直言極諫科舉人第四次等崔渠中
書門下郎與處分唐大詔令
李權　新表大鄭王房泗州刺史孟犨子權金州刺史
李軫泗州刺史李君神道碑天寶末夫人末隨子權赴
陝郡司馬屬狂賊犯闕中原鼎沸權負板輿自弘農藍
田值潼關失守朝野震驚扶長攜幼潛避山谷又曰子
長曰權故金州刺史文苑英華九百二十三
劉潼見金中　祠中補　新傳失載
張毅夫　舊張正甫傳子毅夫登進士第位至戶部侍郎
宏文館學士判院事正甫見左外　舊宣宗紀大中十一年

四月以江西觀察使洪州刺史御史中丞上柱國賜紫
金魚袋張毅夫爲京兆尹　又十二年正月以中大夫
守京兆尹上柱國賜紫金魚袋張毅夫爲鄂州刺史御
史大夫鄂岳蘄黃申都團練觀察使　黃璞王郎中棨
傳初就府薦馮涯爲試官爲涯所知欲顯滯遺明設科
第以宋言爲解頭公爲第二時毅夫中丞尹京兆怒涯
不取旨攜命收榜掇破名第申省其年等第雖破公道
益彰麟角集　雲谿友議八　大中十一年京兆尹張大夫
毅夫以馮參軍涯解送舉人有私奏譴澧州司戶再試
退解頭宋言爲第六十五人

李嘗見左外
胡德章無考見倉中
韓賓見戶中
裴誠　新表東眷裴氏道護後度弟六子見封中識弟見勳外
誠不詳歷官舊度傳無誠名　舊文苑下溫庭筠傳公卿家無賴
子弟裴誠之徒相與蒱飲酣醉終日新傳與貴胄裴誠等蒲飲狎昵
東觀奏記下　夏侯孜爲右丞相以職方郎中裴誠聲績
不立談諧取容改太子中允案相字衍孜爲尚書右丞見舊孜傳大中十一年
崔珦見戶外
蔣偕見勳中　主中補　二傳失載

宋球　新表廣平宋氏文宗相申錫子球不詳歷官
裴紳見勳中
張彥遠見祠外
韓乂　新表昌黎韓氏洛陽令承訓子乂定遠令　杜牧
唐故平盧軍節度巡官隴西李府君戡墓誌銘某事故
吏部沈公於鍾陵宣城爲幕吏兩府凡五年間同舍生
京兆韓乂又云秀人韓乂皆趨君交之後皆得進士第
有名聲官職君尚爲布衣然於君不敢稍怠樊川文集九
張道符見封中戶中
薛廷望見左中勳外

夏侯疃　李商隱爲濮陽公陳許奏韓琮等四人充判官
狀夏侯疃　臣任切循頁集作揃循務繁稽勾思留仙尉以重賓
階伏請依資改授一官充臣節度巡官文苑英華六百三十九
杜牧夏侯疃除忠武軍節度副使薛途除涇陽尉充集
賢校理等制稱前昭義軍節度判官朝議郎殿中侍御
史內供奉夏侯疃等疃以科名辭學開敏多才久遊諸
侯常蘊令聞周知吏理兼能潔身樊川文集十九薛途見勳中　資
治通鑑唐紀六十八咸通十一年四月詔徐州觀察使夏侯
疃招諭徐賊餘黨
皇甫煒無考見倉外

庾崇一本庾崇山誤見戶中
崔鋋　舊僖宗紀廣明元年四月以招討判官崔鋋充制
置副使　舊昭宗紀乾寧二年十月詔邠州行營都統
四邠州節度副使崔鋋破賊之時勿令漏網鋋與昭緯
去年朋黨交結行瑜構合禍胎原由此賊付四面行營
知委一作悉　圖畫見聞志五崔鋋郎中文集有王氏筆
管記體類韓退之記書
高錫望　新表渤海高氏允誠子錫望字叶中　舊懿宗
紀咸通九年十一月龐勛將張行簡陷滁州執刺史高
錫望手刃之　又十年八月詔曰錫望守城而死已有
追榮　新康承訓傳光蔡鉅賊陷滁州殺刺史高錫望
應賊　新紀九年十二月龐勛陷滁州刺史高錫望死
之
曹鄴見吏中補度中
韋岫見倉中　新民吏韋丹傳失載
蘇蘊見勳中主中
李延嗣　新表趙郡李氏東祖房櫟陽令仁濟子延嗣不
詳歷官　又薦子延嗣字耀卿
賈脩　摭言十賈泳父脩有義聲
蕭說　新表蕭氏齊梁房嶰子說字僧鄕　益州名畫錄

上常重胤於中和院寫僖宗皇帝幸蜀隨駕文武臣寮
眞有右諫議大夫蕭說
崔衡無考
鄭蕘　新表鄭氏北祖房魯子蕘字堯臣　舊僖宗紀乾
符三年十一月以司門員外郎鄭蕘爲池州刺史
李紃無考
盧自牧無考又戶外
裴顗　新表中眷裴氏訢後諛子顗字敦士
韋承貽見戶外
趙龜

格案石刻主外與初刻封外同一面故封外題名倘有未盡磨泐者有崔餘慶行第一王德眞行二郭待舉行三盧揖行四朱前疑行五□嶠行六六人姓名二本俱缺

補遺

崔濬　新表博陵二房崔氏挺後隋虞部侍郎固安縣公叔幹重曾孫濬主客員外郎石刻有崔璿疑即是

高郢見主中　舊傳德宗時自馬燧掌書記徵拜主客員外遷刑部郎中改中書舍人　新傳馬燧奏管書記召拜主客員外郎遷中書舍人

鄭膺甫見度中主中補　舊鄭餘慶傳弟膺甫官至主客員外郎

郎中

王鐐見左中倉外　舊僖宗紀乾符二年六月以主客員外郎王鐐爲倉部員外郎

劉崇龜見禮外補　舊傳累遷起居舍人禮部兵部二員外郎丁母憂免　金華子雜編上故事南曹郎既聞除目如偶然忽變改授他人縱未領命亦不復還省矣南海端揆爲主客員外時有除翰林學士之命旣還省吏忽報除目下員外徐彥若除翰林學士端揆以已未承旨乃駕而將復治故廳至省門子前曰員外已受報出省不可更入南曹例舉不敢遊遂退彥若公相之子能馳譽淸顯中尉楊復恭善之故能變致中授耳

裴贄見勳外補　摭言十昭宗幸蜀三榜裴公時爲前主客員外客遊晉州

王蕘見戶中　新表太原王氏淅東觀察使龜子蕘右司員外郎　舊傳季父鐸作相避嫌不就科試蕭遘作相奏授藍田尉直史館遷左拾遺右補闕中丞盧涯疑渥奏爲侍御史從僖宗幸山南拜右司員外郎卒　舊五代史晉書十八王權傳父蕘右司員外郎　摭言十二薛昭緯常任祠部員外時李系任小儀王蕘任小賓

楊嵸見戶外補　舊傳昭宗時自太常博士歷主客戶部二員外郎新傳失載

杜荀鶴　舊五代史梁書二十四　荀鶴池州人擢第田頵在宣州除令以箋問至頵遇禍太祖表其才尋授翰林學士主客員外郎恃勢凡搢紳間已所不悅者日屈指怒數將謀盡殺之丁重疾旬日而卒　唐才子傳九字彥之牧之微子也大順二年裴贄侍郎下第八人登科宣州田頵甚重之常致箋問梁王立薦爲翰林學士遷主客員外郎頗恃勢悔慢縉紳爲文多主箴刺眾怒欲殺之未得天祐元年卒　北夢瑣言梁受禪後拜翰林學士五日而卒

歸安丁寶書編

唐尚書省郎官石柱題名考卷廿六終　勞檢丁士謌校字

附錄

唐尚書省郎官石記蕭良薑書大厤四年諸道石刻錄

唐尚書省郎官題名石記唐許孟容撰後序劉寬夫隸書寶刻叢編七

貞元十五年寶刻叢編七

尚書省廳石記陳九言撰序張旭楷字精勁嚴整開元二十九年寶刻類編三

尚書省郎官題名石柱記二一許孟容撰後序起居郎劉寬夫隸書貞元十五年　一陳九言撰寬夫書大和四年　京兆　寶刻類編四

金石錄目錄六　第一千一百七十七唐尚書省郎官廳石記陳九言撰張旭正書開元二十九年十月　第一千一百七十八唐郎官題名上　第一千一百七十九唐郎官題名下

按唐制二十四司以尚書左右丞領之左右司為之副此皆左丞之屬也題名不及左丞者自五品以下也十二司司各百餘人後題大中十二年十一月書鐫上石柱故自唐初迄宣宗諸名臣多在焉唐諸司官名或改或復或省或復置今不書所改者從舊制也書者不知為何人筆法出歐陽率更兼永興河南雖骨力不逮而法度森然石墨鐫華

今在西安府儒學按宋張舜民畫墁錄曰長安今府宇即唐尚書省也府院即吏部也府錄廳前石幢即郎官題名

石也不知何年移此金石文字記

唐尚書省郎官石柱題名吳郡張長史旭撰記京兆許左丞孟容撰後序記出旭正書後序劉補闕寬夫隸書也二篇別勒於碑而題名鋟於柱自貞元後則令史續書故工拙大小不齊焉唐制尚書省都堂居中東有吏部戶部禮部三行行四司左司統之西有兵部刑部工部三行行四司右司統之各掌十二司事舉正稽違省署符目定其程限吏分設司封司勳考功戶分設度支金部倉部禮分設祠部膳部主客兵分設職方駕部庫部刑分設都官比部司門工分設屯田虞部水部諸司均有壁記詳其敘充遷

轉之歲月而石柱第注姓名而已康熙戊子予始購得郎官題名三紙字已漫漶眼昏莫辨會桐城方生來自京師訪予梅會里坐曝書亭鐙以界尺審視之姓名可識察者三千一百餘人別錄諸格紙而同里曹生復以所搨本贈予因言柱在西安府儒學孔子廟庭之右上有古柏覆之竊思六部既分左右則當時立石必東西各一今右司暨兵刑工三部所屬郎官題名無一人者是左存而右已失也若禮部四司闕郎中考功膳部闕員外郎殆由椎拓者遺失爾曝書亭集

右郎官題名石柱八面如幢式自左司訖膳部皆先郎中次員外郎姓名按唐宋之制六部皆隸尚書有吏戶禮居左兵刑工居右其敘遷則以吏兵為前行戶刑為中行禮工為後行每部各領四司司名與部同者為頭司餘為子司二十四司之外別有左右司各置郎中員外郎皆稱郎官此柱所刻則左司及左十二曹也歐趙所載張長史書石柱記有文無題名蓋別是一碑久已不存此柱雖有殘闕亦僅十之一二合之御史臺題名一代清流姓名略備未必非考史之一助也潛研堂金石文跋尾

郎官石柱題名七面高一丈二寸周圍廣九尺三寸每面各四截每截十行至二十一行止字數三十餘至四

十餘不等正書在西安府學按郎官石刻有前記有後序有題名前記為陳九言撰張旭正書曝書亭集誤為張旭撰書後序為許孟容撰劉寬夫隸書皆別勒於碑題名不著書人刻于石柱記序立於都省廳壁題名石柱立於左右丞東廡記序碑石久亡戲鴻堂帖但得舊搨前記重摹上石董跋已云世無別本惟王奉常家有之則搨本之存亦屢矣今所存題名祇左丞一柱搨亦不全存者只七面內多泐字計其姓名可見者凡三千一百九十二人除去姓名不全者二百七十七人其全者有二千九百十五人內姓名再見者五百四十七人三見者一百四十八人四見者二十六人

五見者六人通其重見者七百十九人蓋一人兼歷別司則前後複出亦有在本司再任而複載者其姓名之在新舊兩唐書有傳者攷其歷官與碑合否又參以唐書宰相世系表及全唐詩小傳補兩書所未備凡有可考者得五百七十六人餘一千六百廿四人則無考矣大率兩傳語畧多書其人最後之官故碑載歷官往往不見於傳然亦有傳載歷某郎而碑反不見者亦有傳載官某司而碑反在別司者又有傳載官郎中而碑反在員外者諸如此類或皆傳有紀載之訛也今悉詳註於姓名之下無可考者闕之所存搨本七面綜其官名若郎中員外全者曰吏部

曰司封曰度支曰司勳曰倉部曰戶部曰金部曰左司若考功主客但有郎中而無員外若祠部但有員外而無郎中若司封左司郎中皆兩見參錯若此碑立於大中十二年所題姓名亦當終於是時溯其始則有在武德貞觀年者亦有起於高宗則天時者其各書所載人數多寡不齊其中最多者戶部員外有三百十二人郎中亦二百六十四人其次則吏部郎中員外俱二百餘人其餘率不過百餘人計自唐初以至大中立柱幾及二百四十年而各司姓名祇此可知當時亦未全載也据前記斷自開元廿九年始往者不可及來者不可遺今題名則開元以前皆已追書當由大中立柱之年追考開元以前之有姓名可紀者裒集之故與前記之語不合所謂別是一碑者確矣考諸司遷擢之制在京或由侍御史在外或由縣令或由掌書記內擢先員外而後郎中其由郎中升遷或給事中或中書舍人知制誥或外任刺史此遷轉之大凡也唐之設官以郎官爲清要一代名卿賢相未有不薦歷郎官者此所考雖祇五百餘人而已可得其概矣檢全唐詩有鄭谷者袁州人光啟三年擢第歷都官郎中嘗作中臺五題詩其一石柱卽謂此題名也詩云暴亂免遺折森羅賢達名末郎何所取叨繼外門榮自注云外祖在南宮七轉名曹

鐫記皆在谷之爲都官郎中當在昭宗時距立柱已四十年其時正當四方兵戈俶擾之時而石柱無恙其都官鐫記皆在是其亡在唐以後矣今此碑著錄家不多見卽著錄者皆不加詳考則但存其姓名殊無裨于考訂之用也茲編雖未能詳備然可以廣史傳所不載而稽其異同則亦未爲無補云前記雖不與石柱同列然爲題名之緣起因附錄其文陳九言兩書無傳張旭則兩傳但稱其善草書此記正書徑寸餘歐公稱其真楷可愛而歷代名畫記又言其小楷樂毅虞褚之流則其工書非沾沾一體者矣傳不言其歷官是無官位者故記但署其貫吳郡金石萃編

關中金石記

光緒十三年仲夏
大同書局石印

敘

余生平未嘗至關中聞有所謂碑林者未由見也數十年前有人從長安來叩之則大率在榛莽中雨淋日炙不加葺治甚且衆穢所容幾難厠足益未嘗不慨然興歎也鎮洋畢公前撫陝之二載政通人和爰以暇日訪古至其地顧而悚息於是堂廡之傾圮者亟令繕完舊刻之陷於土中者洗而出之開成石經多失其故第復一一加以排比於外周以闌楯又爲門以限之使有司掌其啓閉廢墜之久劃然更新儒林傳爲盛舉及公之復莅秦中也乃幷錄各郡邑前後所得金石刻始於秦訖於元著爲關中金石記八卷考正史傳辨析㸃畫以視洪趙諸人殆又過之夫人苟趣目前往往於先代所留遺不甚愛惜而亦無以爲後來之地儒生網羅放失亦能使古人之精神相煥發而或限於其力之所不能必賴上之人實護而表章之以相推相衍於無窮其視治效之僅及於一時者相什伯也公之於政也綽有餘力故能百廢具興即此亦其一也自

國朝以來爲金石之學者多於前代以余所知若崑山顧氏炎武秀水朱氏彝尊嘉興曹氏溶仁和倪氏濤大興黄氏叔璥襄城劉氏青芝黄岡葉氏封嘉興李氏光映邵陽褚氏峻錢塘丁氏敬山陽吳氏玉搢嘉定錢氏大昕海鹽張氏燕昌皆其選也繼此者方未有艾得公書而考

之庶幾古今人之精神命脈不至中絕也乎

乾隆四十有七年季冬杭東里人盧文弨敘

金石之學與經史相表裏側菑異本任城辨於公羊戛臭殊文新安述於魯論歐趙洪諸家涉獵正史是正尤多蓋以竹帛之文久而易壞手鈔板刻展轉失眞獨金石銘勒出於千百載以前猶見古人眞面目其文其事信而有徵故可寶也關中爲三代秦漢隋唐都會之地碑碣之富甲于海內巡撫畢公以文學侍從之臣膺分陜之任三輔漢中上郡皆按部所及又嘗再領總督印踰河隴度伊涼跋涉萬里周爰咨詢所得金石文字起秦漢訖于金元凡七百九十七通雍涼之奇秀萃于是矣公又以政事之暇鉤稽經史決擿異同條舉而件繫之正六書偏旁以糾冰英之謬桉禹貢古義而求漢瀁之源表河伯之故祠紬道經之善本以及三藏五燈之秘七音九弄之根偶舉一隅都超凡諦自非多學而識何以臻此在宋元豐中北平田概嘗撰京兆金石錄六卷其書雖不傳然陳氏寶刻叢編屢引之揆其體例僅紀撰書姓名年月初無攷證之益且所錄不過京兆一路豈若斯記自關內山南河西隴右悉著於錄而且徵引之博辨析之精沿波而討源推十以合一雖曰嘗鼎一臠而經史之實學寓焉大昕於茲事篤嗜有年嘗恨見聞淺尠讀公新製如獲異珍它日桉籍而求以補藏弆之闕則是編爲西道主人矣

辛丑歲七月錢大昕序

關中金石記目次

計金十三瓦三石七百八十一共七百九十七以乾隆辛丑歲七月開雕九月刻竟沅并識

關中金石記卷弟一

鎮洋畢沅撰

秦

繹山碑　李斯篆在西安府學

秦刻不傳此即宋徐鉉所摹淳化四年太常博士鄭文寶所刻末有文寶跋史記稱始皇廿八年東行郡縣上鄒嶧山立石即此繹記作嶧金石刻因明白矣作刻石因明白矣中動作動從童與婁壽碑固不動心字同又校官碑董並街彈碑以府承董祭古文尚書董之用威並皆作董檀弓鄭重汪蹄汪重當爲童張公神碑仙僮即仙童古重與童本通也戒作戎从十十古文甲字戎早等字因之攸作攸說文解字曰攸行水也從支人水省秦刻石作汝今此作攸葢用水省之意優於許而與汝則不相合矣親巡作寴軌說文又曰寴至也軌車約軌亦古字通也又殖作殖上變口專作専中變田建作建下變乚數作數諱串爲胃襲作襲譌皀爲巳者作者省石筆德作德省中筆此皆於六書之正不合或是古本磨泐鉉臨寫時以意增改未可知又壹作壹金作金亂作亂極作極逆作逆此與互異猶未失籀篆之正者也碑於明時中斷

瓦當字　一曰衛二曰蘭池宮當長安志又有楚字瓦云秦作六國宮室於咸陽北坂用國號別之攷當時衛最後亡此瓦應即其時造也蘭池宮遺址今亦在咸陽

漢

漢中太守鄐君開石門道碑　永平六年刻分書在褒城北石門

字徑三四寸體界篆隸之間甚方整而長短廣狹不一余所見漢人書若諸城縣署內延光四年刻石亦此類也其文云永平六年漢中郡以詔書受廣漢蜀郡巴郡徒二千六百九十八開通褒余道太守鉅鹿鄐君部掾治級王宏史荀茂張宇韓岑弟其功作太守丞廣漢楊顯將相□始作橋格六百二十三□大橋五爲道三百五十八里郵亭驛置徒司空褒中縣官等□并六十四所□凡用功七十六萬六千九百□□瓦卅六萬九千八百共計一百二十四字合之宋晏袤所云一百三十九字共少十一字當是所紀歲月也袤文中似又有永平九年四月字様或此刱始於六年成於九年後刻此石也中褒斜作余橋閣作格並古字通

敦煌太守裴岑紀功碑　永和二年八月立隸書在鎮西府北關　關忠義廟

岑漢書無名西域傳云漢自陽嘉以後朝威稍損諸國驕放轉相侵伐葢當時車師內附呼衍每與爲難中國屢發諸國兵討之不利岑爲太守以本郡兵三千折衝能克敵全師故自紀其功若此

楊孟文石門頌　建和二年中冬立隸書在石門

碑云楊君厥字孟文故水經注稱爲楊厥碑攷之華陽國志則楊君名渙字孟文也洪适云厥實諱助耳非名文內有云高祖受命興於漢中道由子午出散入秦以子午塗路歮難更隨圍谷復通堂光說與郙閣頌嘉念高帝之開石門元功不朽云云合出散入秦者散關也碑爲漢中太守犍爲武陽王升立以犍爲楗用古字說文無犍字

蒼頡廟碑　隸書在白水黃龍山廟內

是碑圭首上有穿文甚磨泐惟蒼頡天生德于大聖四目靈光數字可辯其陰多曹字蓋是當時人題名如兵曹胄曹賊曹之類兩側甚明晰有永壽二年延熹四年字樣側又有記故有大聖之遺靈以示來世之及下行因紀姓名等說其云萬年左鄉有秩萬年北鄉有秩蓮勺左鄉有秩池陽左鄉有秩者則是方氏衆之有爵秩者司馬彪百官志以爲三老游徼嗇夫之屬也趙明誠以爲熹平中立余案碑側已有永壽年號則非熹平可知

西嶽華山廟碑

此碑世有兩本一爲商邱宋氏犖所藏一爲華州王宏撰所藏皆未搨也宋氏本雍正初姜任修摹刻于揚州郭本今爲曲阜孔繼涑所刻兩本字殘泐處悉同世又有所謂全本則不

足信

開西狹頌　建寧四年六月刻隸書在成縣

文云漢陽阿陽李君諱翕字伯都漢陽前漢爲天水郡永平十七年更名後有黃龍嘉禾白鹿承露人木連理五瑞圖圖後云君昔在黽池修肴嶔之道致此瑞因其地異故洪氏分爲二碑實非也肴阪謂之肴嶔者因公羊傳以爲嶔巖故也攷說文亦謂之岑崟譙翕歐陽修以爲會非

造郙閣頌　建寧五年二月刻隸書在略陽

此碑刋于崖上自宋時已泐今更甚明申如墳翻本惡劣不堪兼多增改好古者爲所惑亂今特以洪文惠隸釋所載者辯之序內濤波滂沛滂誤作滴滅西□□增作減西瘡□□□□□增作臣[illegible]□□頌內□□□□增作上帝綏□愛民如□□□平均增足子遐邇三字豐稔□□□□樂增足年登居民四字□□□□兮川兌之間增作日析里之□川兌之間□□□□□以析分增作西隴陽崎兮東以析分聖朝閔伶伶誤作憐氐艾究□兮幼□□□□□校傾兮全育□遺改作分荷杭嚷兮乃命是君□歷救傾兮全育□遺黃邵朱龔兮蓋不□□□□充贏兮百姓歡欣改作拯溺亨屯兮瘡痍始起閻閭充盈兮百姓歡欣

豈有洪氏不能見其全而今反明晰且顯與洪氏兩異者于以知明時人之誣妄若此

碑後題從史□□□□□字漢德爲此頌書隸續云天井道碑題名內有仇靖字漢德故吏下辨□□□子長書此頌者天下碑錄云仇子長名紼撰書人著名自此始華山碑有郭香察書洪适以爲察人之書非以香察爲名也

司隸校尉楊淮碑　熹平二年二月立隸書在石門

淮孟文之元孫字伯邳

郃陽令曹全紀功碑并陰　中平二年十月立隸書在郃陽

後漢書西域傳云靈帝建寧元年疏勒王與漢大都尉於獵中爲其季父和得所射殺和得自立爲王三年涼州刺史孟佗遣從事任涉將敦煌兵五百人與戊巳司馬曹寬西域長史張晏將焉耆龜茲車師前後部合三萬餘人討之攻楨中城四十餘日不能下引去其後疏勒王連相殺害朝廷亦不能禁今碑云和得殺父篡位君興師征討和得面縛歸死傳無面縛歸死之文此應從史碑附會言之耳所稱和德即和得得與德通寬亦即全全與寬通也

仙人唐公房碑　年月並缺隸書在城固壻鄉

水經注云公房城固人也升仙之日壻行未返不得同階雲路約以此川爲居因號曰壻鄉

壻水亦卽名焉今案此碑稱公房以王莽居攝二年與眞人期于壻谷口山上則是公房未升仙之日其水與鄉已號曰壻矣幷無壻行未還之說道元不知何所據也

武都太守等題名殘碑　無號年隸書在華嶽廟

右題名共七行云氏故武都太守□□□躬尋節故功曹司隸茂才司空掾池陽郭晊公休故功曹司空掾池陽吉華伯房故功曹司空掾蓮勺田巴叔鸞故功曹司空掾池陽吉充叔才故功曹大尉掾頻陽游殷幼齊故功曹大尉掾池口吉苗元齋一人爲一行也首行下有故督郵三字次行下有故五二字三行下有故一字稽其官制地名是漢時碑陰無疑然攷隸釋隸續及金石集古等錄並無此刻乾隆四十四年修理嶽廟五鳳樓下所出古碑殘石甚多此爲稱最焉

十三字殘碑　隸書在郃陽

今在郃陽康姓宰莘退食記云十三字碑向置曹全碑之旁今亡矣不知爲康姓移去耳

尾當字

右共十五種並篆書一曰延年益壽二曰千秋萬歲三曰長生未央四曰長生無極五曰長樂未央六曰與天無極七曰億年無疆八曰益壽存富九曰都司空尾十曰宗正官當十一

日右空十二曰上林十三曰上林農官十四曰水奉無疆十五曰長毋相忘李好文長安志
圖說載有七種今無儲胥未央萬壽無疆二種而別出者又得九種可見古物之未經前人
見者猶多也宗正宮爲帝七年二月範

魏

盪寇將軍李苞題名　景元四年十二月立隸書在石門中
文云景元四年十二月十日盪寇將軍浮亭侯譙國李苞字孝章將中軍兵石木工二千人
始通此閣道苞字作芑前有潘宗伯韓仲元題名一行亦隸書其歲月莫可攷附置于此
十八字殘碑　隸書在郃陽
今在郃陽屈姓中有黃初五三字可辨

晉

蘭亭序　永和九年三月王羲之行書在咸陽
此即醴泉苟氏本今爲咸陽人所有後有嶺其昌䟦益明時所刻也

秦

廣武將軍□產碑　建元二年十月立分書在宜君

文有云使持節冠軍將軍益州刺史上黨公之元孫又云建忠將軍□□護軍扶風太守遷
□匡侯之□子諱產字下缺又有與馮翊護軍云云皆未詳其事蹟上有領作立□山石祠
五字又有陰刻部將姓名

北魏

石門銘幷序　永平二年巳丑正月立王遠撰文幷正書在石門中
遠無書名而碑字超逸可愛又自歐趙以來不著錄尤可寶貴也序文有云此門爲漢永平
中所開即指鄐君事言之鄐君爲漢中太守甚有功于民而史志家皆不載其人碑又遺其
名字余甚惜之
曹續造象銘　大統五年二月立隸書
文云見治富平令曹幷邑子三十四人案其左方有造象人名大槩即邑子三十四人也有
一人亦並作一像曹時封頻陽縣開國男
造象殘刻　無號年隸書並在富平
右刻與曹續造象制度略同皆刻魏姓人名一人亦各爲一像因無歲月可稽附置于此
松滋公元萇振興溫泉頌　無年月正書篆額在臨潼靈泉觀

碑額三十六字字體奇詭不知所自云魏使持節散騎常侍都督雍州諸軍事西安將軍雍
州刺史松滋公河南元萇振興溫泉之頌萇于孝文時以代尹除懷朔鎭都大將宣武時爲
北中郎將帶河內太守歷侍中雍州刺史是碑所作當在宣武時也本傳稱萇襲爵松滋侯
例降侯賜艾陵伯降侯爲伯在孝文太和十六年是碑仍稱松滋者當是尊崇其世爵故不
及其所降之爵也亦俗情如此耶

周

聖母寺四面象銘　保定四年九月立正書在蒲城東北鄉二十里
豆盧恩碑　隸書在咸陽洪瀆原
碑無號年以文內有保定元年之語故附置于此
華山神廟碑　天和二年十月立萬紐于瑾撰文趙文淵隸書篆額在華嶽廟
周書唐瑾本傳瑾封姑臧縣子進爵臨淄伯論平江陵功進爵爲公子志寧撰瑾碑乃言封
永昌子不及姑臧周書亦彼時所撰何兩異耶文稱太師大冢宰晉國公者宇文護也碑中
廣書字作広見左傳正義云石經古文作広淸歌字作哥見說文云古文以爲歌字惟廡家
字作㡿則不解其義攸字从彳作攸瑕字从月作瑕是時書體偏旁之謬類如此

隋

佛座記　開皇四年九月立正書在西安府城北雷神廟
淮安定公趙芬殘碑　開皇□年十二月立正書撰書人姓名缺在西安府城東中兆村
安喜公李使君碑　開皇十七年二月立隸書篆額撰書人並缺在乾州上官村
使君涼武昭王之後祖景超父通逸李父琰之通逸官至使持節東南道都督狄道縣開國
子官亦不卑而名氏不見于史記獨琰之魏書有傳因知史家缺略爲多也碑三截字書十
好使君名缺不詳
海陵郡公賀若誼碑　號年缺正書無撰書人姓名在興平縣學
隋書本傳誼在魏以功臣子賜爵容城縣男遷直閤將軍大都督通直散騎常侍尚食典御
在周拜車騎大將軍儀同三司略陽公府長史除司射大夫封霸城縣子轉左宮伯加開府
歷靈郡二州刺史原信二州總管尋罷復熊州刺史遷洛州封建威縣侯進位大將軍拜亳
州總管進封范陽郡公授上大將軍在隋爲右武候將軍河間王北征爲副元帥轉左武候
大將軍兒拜華州刺史轉敷州改封海陵郡公轉涇州拜靈州進位柱國碑敘次往往與本
傳合誼之加開府在周閔帝受魏禪之後碑五二年者當是明帝武成二年其治熊州在武

帝時碑云建德年較傳更明晰但不及坐兄敦及左武候後兩次免職事耳碑文下半截殘

闕

舍利塔銘額　仁壽元年十月立隸書在大荔

今銘已失只此額存上有楊纖宗等題名

唐高祖爲子祈疾疏　大業二年正月立正書無姓名在鄠縣草堂寺

高祖于隋歷譙隴岐三州刺史大業中爲滎陽太守此云鄭州刺史當即是守滎陽時所造

鷹揚郎將義城子梁羅墓志　大業四年八月立正書在西安府城南杜曲

舍利塔銘　大業五年正月立正書在終南山

文云京兆府大興縣御肅鄉便子谷至相道場建立佛舍利塔御肅鄉即御宿川也古肅與宿通祭統宮宰宿夫八注宿讀爲肅少牢饋食禮前宿一日宿戒尸注宿讀爲肅特牲饋食禮乃宿尸注宿讀爲肅古文宿皆作羞凡宿或作速記作肅周禮亦作宿案肅與宿通宿又與羞通然則漢時所謂御羞苑者義與御宿亦同矣便子谷當即楩梓谷

常醜奴墓志　正書在興平學

碑方尺餘字甚精整

正草二體千字文　智永書在西安府學

此碑乃宋大觀已丑二月所刻者後有薛嗣昌跋石漸磨泐余家有宋拓本爲義門何焯所藏甚可寶也

李衛公上金天王書　無號年行書在華嶽廟內

此碑乃後世好事者所刻就文義觀之應是衛公未遇時所爲攷唐書本傳靖初仕隋爲殿內直長大業末遷馬邑丞故附置于此

寶慶寺尾頭　右爲長安寶慶寺五字寺字居中篆書在咸寧花塔寺

關中金石記卷第一

關中金石記卷第二

鎮洋畢沅撰

唐

宗聖觀記　武德九年二月立歐陽詢撰序并隸書陳叔達撰銘在盩厔樓觀

是碑末有中統元默闖茂之歲命工鏤刻行是元時已經開鐫信本楷正名高千古其隸書如房彥謙神道今已失傳藉此碑存猶足見其遺範然又爲後人所剷壞殊屬可惜

孔子廟堂碑　武德九年十二月立虞世南正書長安三年四月相王旦篆額在西安府學

碑舊無額至武后時始命相王書之額本作大周孔子廟堂之碑八字文宗朝爲祭酒馮審琢去黃庭堅云碑末有長安三年太歲癸卯金四月壬辰水朔八日巳亥木書額行亦相王所書又有朝議郎行左豹衛長史直鳳閣鍾紹京奉相王教搨勒碑額雍州萬年縣光宅鐫字行庭堅云者因此數行宋時已無之亦當爲審所琢彥超跋本更不復用武周舊樣也彥超以周恭帝時加檢校太師宋初兼中書令太平興國中封邠國公此題云檢校太師兼中書令瑯邪郡開國公者當是宋初所刊瑯邪郡公猶是周時爵號也

寶室寺鐘銘　貞觀三年樊賓月造正書在鄜州

略云鄜州寶室寺以大唐貞觀三年攝提在歲樊賓御律景丁統日己巳司辰用銅三千斤鑄鐘一口大鐘主趙夷杜茂大鐘主上大將軍張神安文詞清綺字法工雅非唐初人不能爲之昔趙德父集錄始懷州寧照寺鐘係景龍三年此足與之較勝矣

邕禪師舍利塔銘　貞觀五年十一月立李伯藥撰文歐陽詢正書在終南山

九成宮醴泉銘　貞觀六年四月立魏徵撰文歐陽詢正書并篆額在麟遊

唐書地理志本隋仁壽宮義寧元年廢貞觀五年復置更名周垣一千八百步并置禁苑及武庫官寺等焉

右僕射虞公溫彥博碑　貞觀十一年十月立岑文本撰文歐陽詢正書篆額在醴泉烟霞洞

彥博以貞觀四年封虞國公十年遷尚書右僕射

昭仁寺碑　貞觀四年十月立朱子奢撰文正書篆額無姓名在長武

此碑不載書人宋張重威謂是虞世南書今案筆蹟與李衛公神道同疑是王知敬書

睦州刺史張琮碑　貞觀十三年二月立于志寧撰文正書姓名鈌在長安北原

案碑撰書人姓名並鈌其撰人但有庶子黎陽公五字可辨攷志寧當時正官太子右庶子封黎陽郡開國公故定爲志寧所撰文云祖母李景皇帝之女贈信都大長公主蓋是定國後追贈之人故史不及之

左屯衛將軍姜行本勒石之紀文　貞觀十四年閏六月立正書在鎮西府松樹塘
此卽太宗詔伐高昌麴文泰事也唐書高昌傳稱侯君集爲交河道大總管薛萬均薩孤吳
仁副之契苾何力爲葱山道副大總管牛進達爲行軍總管率突厥契苾騎數萬討之據此
云□孤吳仁領右軍十五萬牛進達領兵十五萬與史言相合中叙侯集封陳國公行本封
通川縣男史俱不及行本傳云高昌之役爲行軍副總管出伊川距柳谷百里依山攻械其
地有漢班超紀功碑行本磨去古刻更刻頌陳國威靈卽是碑也文後有瓜州司法參軍
河內司馬太眞詞具行當爲撰文人姓名
褒國公段志元碑　貞觀十六年立正書篆額在醴泉儀門村
寶刻叢編云志元碑無書撰人姓名　唐書本傳云志元臨淄人此作鄒平傳云謚忠肅此
作忠壯
中文獻公高士廉塋兆記　許敬宗撰文趙模正書在醴泉劉洞村
案集古錄以爲貞觀二十一年立趙模卽太宗命書蘭亭序者字畫甚工
故國子祭酒孔穎達碑　貞觀二十六年立于志寧撰文正書篆額無姓名在醴泉西谷村
案金石錄世傳虞世南書據碑文穎達卒時世南之亡久矣蓋規撫永興者也

皇甫誕碑　貞觀中追建于志寧撰文歐陽詢正書在西安府學
碑文多與史不合隋書本傳誕字元慮安定烏氏人碑則云字元憲安定朝那人本傳高祖
受禪爲兵部侍郎出爲魯州刺史碑則云授廣州長史益州總管府司法無兵部及魯州兩
節本傳叙遷治書侍御史後爲河南道大使還判大理少卿明年遷尚書右丞以母憂去職
起轉尚書左丞碑則云遷治書侍御史授大理少卿尚書右丞丁母憂起復詔持節爲河北
河南道安撫大使入爲尚書左丞此並當以碑爲正碑子民部尚書滑國公無逸追建
褚亮碑　八分書篆額在醴泉西谷村
昭陵石刻記云碑與馬周碑如出一手當是殷仲容書也亮遂良之父貞觀中封陽翟侯碑
無號年因其卒于貞觀時故附置于此
太尉梁文昭公房元齡碑　號年缺褚遂良正書篆額無姓名在醴泉烟霞洞
芮定公碑　永徽元年六月立李義府撰文正書無姓名在醴泉西谷村
芮定公者豆盧寬也唐書欽望傳祖寬高祖初擢殿中監子懷讓尚萬春公主貞觀中遷禮
部尚書左衛大將軍芮國公卒贈特進并州都督謚曰定此碑額題曰唐故特進芮國公與
史所稱正合文甚泐趙氏金石目錄以爲義府所撰當無誤也　豆盧氏本慕容之後有名
萇者於魏封北地王始賜此姓元和姓纂云慕容連北地王之後
三藏聖教序　永徽四年十月立太宗撰文褚遂良正書并隸額
劉軻撰三藏大遍覺塔銘曰貞觀廿年秋七月法師進新譯經論請制經序序成神筆自寫
太宗居慶福殿百寮陪位坐法師命上官儀讀之卽此序
三藏聖教序記　永徽四年十二月立高宗撰文褚遂良正書并篆額並在咸寧慈恩寺
劉軻撰三藏大遍覺塔銘曰貞觀廿二年夏天皇大帝居春宮奉睹聖記及睿藏經後
序據此則高宗所作又有藏經序也乎谷稱所作論序蓋指此繁以此今序不傳
萬年宮銘　永徽五年五月立高宗御製並正書篆額在麟遊
唐書地理志九成宮永徽二年改曰萬年宮乾封二年復曰九成
碑陰題名
此刻上下分二層字兼行楷大小亦不一冊府元龜曰永徽五年五月制萬年宮銘刻石于
永光門外仍令中書門下及文武三品以上并學士自書名位于碑陰刻之金石錄等書並
作六年非是
定公韓良碑　永徽六年三月立于志寧撰文王行滿正書篆額在富平縣學

良韓瑗之父唐書作仲良蓋碑舉其名而傳及其字也官終刑部尚書秦州都督府長史穎
川縣公
贈太常卿汾陰獻公薛收碑　永徽六年八月立于志寧撰文正書篆額姓氏缺在醴泉儀門
村
唐書本傳云永徽中贈太常卿不及贈謚可以補史之缺
崔敦禮碑　于志寧撰文于立政正書在醴泉西谷村
案集古錄顯慶元年十月立庚子銷夏記作王知敬書誤
化度寺僧海禪師方墳記　顯慶二年四月立正書在長安百塔寺
塔在信行禪師塔之次
禮部尚書張允碑　顯慶三年三月立正書篆額在醴泉西谷村
文云故金紫光祿大夫張允以唐書儒學傳攷之當卽是張後允後齊碑錄云李義府撰文
衛景武公李靖碑　顯慶三年五月立許敬宗撰文王知敬正書在醴泉劉洞村
王居士磚塔銘　顯慶三年十月立上官靈芝撰文敬客正書在終南山
鄂國公尉遲恭碑　許敬宗撰文正書篆額在醴泉小陽村北

案集古錄顯慶四年三月立
蘭陵長公主碑　顯慶四年十月立李義府撰文正書額同在醴泉下古村
新書本傳謂公主名淑字麗貞下嫁竇懷悊懷悊太穆皇后之族子考之碑則云太穆皇后
之孫宰相世系表在弟五格爲后父毅之元孫二者皆不合若從碑則族子亦無稱孫之理
或是族子之子爲族孫於后爲族祖姑與
大人程氏塔銘　顯慶四年立正書在西安府城南
碑石失去一角云大人程氏塔銘者蓋俗家人婦用浮屠法安厝者也
冠軍大將軍代州都督許洛仁碑　龍朔二年十一月立撰書人姓名缺在醴泉儀門村
洛仁世緒弟也唐書附見世緒傳末洛仁字濟祖諱彪齊武川鎮將襲侍寧國郡公父諱□
梁州刺史□夔縣開國公傳不及之詳此碑
三藏聖教序記　龍朔三年五月立褚遂良正書在同州府學
遂良以顯慶三年卒在龍朔前應是前所書龍朔時始刻于此也
道因法師碑　龍朔三年十月立李儼撰文歐陽通正書并題額在西安府學
此碑題額上書三昔産名字與碑文大小略同審之亦通筆也前人並未錄題

杜君綽碑　高正臣正書在醴泉
案碑文有龍朔□年字知高宗時立
騎都尉李文墓志　麟德元年二月立正書在同州
于志寧碑　乾封元年十一月立令狐德棻撰文于立政正書在三原長坳鄉
文云大業十年爲清河縣長唐書列傳以爲冠氏又不及自中書侍郎遷兵部授蕭州刺史
不赴後爲衞尉卿判太常卿以本官兼雍州別駕遷禮部尚書諸事此皆以碑補正史書者
也
紀國先妃陸氏碑　正書篆額在醴泉西屯村
案妃河南洛陽人父爽尚書庫部兵部二曹郎中以貞觀十七年冊爲紀王妃麟德二年六
月薨詔陪葬昭陵以乾封元年十二月塟于陵南二十二里紀昭陵陪葬者及金石文字諸
書皆未載
道安禪師塔記　總章三年二月立正書在長安百塔寺
滿川公李孝同神道碑　咸亨元年五月立諸葛思楨正書在三原
孝同淮安王神通之子

張阿難碑　咸亨二年九月立僧普□正書篆額在醴泉西谷村
案碑書咸亨爲咸享者古亨享字同也如漢劉熊碑子孫亨之張公神碑元享利貞並是從
亯書爲兩字者非
高唐縣公馬周碑　上元元年十月立許敬宗撰文殷仲容隸書篆額在醴泉下古村
周以貞觀五年爲中郎將常何薦令直門下省修起居注六年拜監察御史擢給事中八年
行侍御史加員外散騎侍郎十二年轉中書舍人十五年遷治書侍御史兼知諫議大夫檢
校晉王府長史十七年拜中書侍郎兼太子右庶子十八年爲中書令二十年以本官攝吏
部尚書明年首銀青光祿大夫二十二年正月九日（太宗本紀作庚寅）薨贈幽州都督即以其年三
月詔陪塟昭陵高宗永徽二年加贈尚書右僕射高唐縣開國公二史叙次官爵略同唯八
年加員外散騎侍郎則缺者也以治爲持避高宗諱改
阿史那忠碑　正書篆額在醴泉西谷村
案集古錄作上元二年金石錄作咸亨四年元和姓纂云阿史那氏開元中改爲史唐書列
傳云忠尚宗室女定襄縣主詔姓獨著史碑建于高宗時並不言改姓唐書誤也姓纂爲是
贈太尉揚州大都督英貞武公李勣碑　儀鳳二年十月立高宗御製並行書在醴泉劉洞村

此碑爲高宗行書惟碑題下御製御書四字及後儀鳳年月字則正書陰有宋游師雄跋
碑叙次與本傳略同惟討劉武周一節傳不及之耳中稱王世充爲王充竇建德爲竇德因
避太宗偏諱幷連及之也勣薨于總章二年春秋七十有六傳云八十六者非起冢准衞霍
故事象烏德鞬山及陰山鐵山以旌破北狄東戎之功游師雄云墳高七十五尺東西綿延
七十五步周圍二百步碑高二丈二尺廣五尺八寸五分龜坐甚偉
晉州刺史順義公神道碑　號年缺正書篆額在醴泉
順義公不詳其人據京兆金石錄以爲即裴藝碑亦褚遂良所書因附置于此
姜遐碑　姪郕公晞撰文并正書
遐姜謩之孫行本之子史附見其兄簡傳但云簡弟柔遠則天時仕至左鷹揚衞將軍通事
舍人內供奉而已晞即簡之子也晞代簡襲行本爵爲郕國公遐之子名皎者書但詳行本
陪塟昭陵而不及遐致昭陵陪塟例子孫類從祖父塟者聽遐以丁內憂起復不餘年而即
卒當是從父塟于昭陵本不得與陪塟者同例也
王君碑　正書並在醴泉莊河村
文云右監門將軍王君又云武德九年授內侍貞觀四年遷右監門將軍進爵爲公加正議

大夫又云吐谷渾據龍沙又云出使吐蕃又云二十二年遷使持節其人蓋以宦官而與李
衛公同征吐谷渾者也碑缺其名此唐時宦寺封公侯之始
述聖紀　文明元年八月立武后撰文中宗正書在乾州乾陵
碑折爲數段今存兩截
美原神泉詩　垂拱四年四月立尹元凱篆書在富平美原鎮
右詩刻面陰皆有文面額題云美原神泉詩序六字隸書文首行題云五言夏日游神泉序
序爲太原縣尉韋元旦字烜作序後詩二首一爲王簿賈言淑一亡姓名詩皆六韻陰額題
云大唐裕明子書六字亦篆書文首行題云五言同韋子游神泉詩并序序爲雲陽王簿明
辜了徐彥伯字光作序後詩三首一爲裕明了河間尹元凱字鹹一爲左司郎中溫翁念字
敬祖一爲天官員外郎李鵬字至遠詩亦六韻垂拱四年戊子四月造趙德父以四年作元
年者非韋元旦史稱其兩爲縣尉一爲東阿一爲感義而不及太原尹元凱史稱爲瀛州樂
壽人而碑云河間地理志云深州有樂壽縣本隸瀛州大歷中來屬則其時樂壽猶屬瀛州
也又河間亦屬瀛州元旦等史或不著其字並詳此碑
澤王府主簿梁師疇并夫人唐氏惠兒墓志銘　垂拱四年十一月立四品孫義陽朱賓撰文

五品孫榮陽鄭莊正書在終南山楩梓谷
左領軍衛將軍乙速孤神慶碑　載初二年二月立苗神客撰文釋行滿正書篆額在醴泉北
千村
神慶字昭祐本姓王氏五代祖顯魏時爲驃騎大將軍賜姓乙速孤居京兆之醴泉行儀郎
其子也兩墓相去不十餘步二碑並峙
珍州榮德縣丞梁師亮墓志　萬歲通天二年三月立正書無撰書人姓名在長安百塔寺
思亮字永徽安定烏氏人起家左春坊別教醫生以究厥人冠轉粟功授上柱國修乾陵補
隱陵署丞論授榮德縣丞卒生平無甚署聞可見者如斯而已書者筆蹟工整猶有歐虞遺
法文中多用武后新字鄭樵六書略所載爲板本所亂以此與契苾明等碑攷之庶得其正
云
明堂令于大猷碑　聖歷三年十一月立正書撰書人姓名並缺在三原長坳鄉
其略云公諱大猷字徽本曾祖宣道隨内史舍人左衛率誠安縣開國子皇朝贈使持節都
督涼肅甘瓜沙五州諸軍事涼州刺史謚曰獻祖志寧禮部尚書侍中尚書左僕射太子太
傅太師上柱國燕國公贈使持節都督幽易嬀檀平□六州刺史幽州刺史謚曰定父立政

尚書吏部郎中國子司業太子率更令渠號二州刺史太僕少卿上護軍攷唐書于志寧傳
載志寧官爵頗詳於封燕國公後加尚書右僕射同中書門下三品兼太子少師顯慶四年
解僕射拜太子太師出爲榮州刺史改華州卒贈幽州都督與碑不甚相合宣道贈官與謚
亦不及之此並可補正史書缺漏
順陵殘碑　長安二年正月立武三思撰文相王旦正書在咸陽
此武后追尊其母楊氏之碑也今止存三塊得百餘字一在縣署一在縣學一在北原
王璘造象銘　長安三年七月立千無職正書
高延貴造像銘　長安三年七月立正書
姚元之造像銘　長安三年九月立正書
元之時爲鳳閣侍郎與史傳合
李承嗣造像銘　長安三年九月立正書
文云李承嗣爲尊親造阿彌陀像一鋪唐時造像皆稱一軀唯此與岱嶽觀馬元貞所造元
始天尊像作鋪又軀或作佢以此爲異

韋均造像記　長安三年九月立正書
蕭元容造像記　長安三年九月立正書
梁義深等造像銘　無號年正書
右共九人梁義深李善才楊敬法杜懷敬張光泰林招隱馬元牧蘇仁義趙元志皆内官亦
應是長安時人故附于此
姚元景光宅寺造象銘　無年月正書以上並在西安府花塔寺
法門寺千佛像碑　無年月在扶風
碑面作千佛共二十五行行四十象有額額中作釋迦坐象旁一大士侍立不詳何時所造
其陰及兩側書涅槃經内日月字作(乙)(卍)疑是武后時製故附置于此
王二娘墳記　神龍二年二月立正書在西安府城南
比邱尼法琬碑　景龍三年五月立釋承遠撰文劉欽旦正書在西安府學
碑稱高祖景皇帝曾祖故鄭王亮謚曰孝祖神□荊揚并三州刺史大都督襄邑王謚曰恭
父德懋少府監宗正卿兵部尚書臨川公謚曰孝以唐書攷之祖名神符也德懋爲刑部尚
書碑云兵部者異

許公蘇瓌神道碑　景雲元年十月立盧藏用撰序并隸書張說撰銘在武功
碑文與唐書本傳並合惟神龍初爲尚書右丞後曾封懷縣男碑不及之耳
蕭思亮墓志　景雲二年二月立顏惟貞撰文正書篆蓋在咸寧神禾原
案顏惟貞魯公父從舅氏殷仲容授筆法此志疑即其所書也唐時墓志篆蓋者鈌此獨存
景龍觀鐘銘　景雲二年九月造睿宗撰文並正書在西安府迎祥觀
馮本紀孝之碑　先天元年十一月立周朝隱撰文子敦直隸書篆額在高陵縣城西
右碑中斷金石家以上截作亳州錄事參軍殘碑下截作紀孝碑者非是
凉國契苾明碑　先天元年十二月立婁師德撰文殷元祚正書篆額在咸陽
明契苾何力之子也碑作河力唐時單于稱可汗其次謂之特勤柳公權神策軍碑所謂大特勤嗢没斯者是也又或作勅勤亦謂之特勒今此作勤與柳書同字形相近必有一誤案北魏書有宿勤明達北史作宿勒其誤與此同

關中金石記卷第二

關中金石記卷第三　　鎮洋畢沅撰

唐

馮十一娘墓志　開元三年四月立正書篆額在寶雞縣丞署
案額云唐故馮氏婦墓志之銘題云唐將作監主簿孟友直女墓志十一娘字心河間人也年十九適馮貞祐明年終于洋州興道縣廨舍留葬陳倉縣之興平原父母爲之立志其略如是此石以乾隆己卯年出土從前金石家所未著錄者
法藏禪師塔銘　開元四年五月立田休光撰正書在長安終南山
兗州都督于知微碑　開元七年六月立姚崇撰文正書在三原
祁國昭宣公王仁皎神道碑　號年鈌張說撰文明皇隸書額正書御書二字在同州羌白鎮
舊唐書仁皎本傳仁皎以開元七年卒令張說爲其碑文元宗親書石焉攷兩書本傳所載並合惟擢將作大匠後轉太僕正卿新書不及之耳碑自歐趙至今從未著錄
贈秦州都督李邵公神道碑　開元八年六月立李邕撰文并行書在蒲城橋陵
俗名雲麾將軍碑與今在順天府廨中者自是二物此名思訓順天府廨中者名琇並是北海書趙崡曰朱彝尊謂良鄉亦有此碑即順天府廨本此爲趙文敏臨書崡謂此是思訓葬處乃北海眞蹟非文敏所能良鄉本肥媚文敏書無疑朱趙漫不置攷皆斷可矣今琇碑已爲柱礎不知何時自良鄉移置府廨思訓碑下截亦爲村人所鑿磨泐不可辨矣

華嶽精享昭應之碑　開元八年立咸廙撰文劉升隸書李休光題額在華嶽廟
李休光舊作光休誤蘇頲以是年正月罷相爲禮部尚書碑云舊相尚書許國公與史正合升史作昇有傳
鎮軍大將軍吳文碑　開元九年十月立撰人鈌釋大雅集晉王羲之行書在西安府學
明萬歷末浚西安府城濠得此碑于土中移之于學止存半截故俗稱爲半截碑文以鎮軍大將軍行右監門衛將軍則是唐時一內官也文中神龍二年下有所謂唐元年者應是唐隆元年避元宗諱去一字耳
御史臺精舍記并題名　開元十一年立崔湜撰文梁昇卿隸書在西安府學
碑爲昇卿追書題名內有天寶元載云云攷天寶三年始改年爲載題名非一時所爲當亦因追書致誤　題名有三格其上格爲侍御史中爲殿中侍御史下爲監察御史侍御史時謂之臺院殿中侍御史謂之殿院監察御史謂之監院唐時所稱三院者是也　後漢書包咸傳稱咸任東海立精舍講授然則精舍乃講授之地以爲佛寺廬舍始于五臣注任彥昇

表涯蓋本之

京兆總監茹守福墓志　開元十一年八月立正書在咸寧香積寺

池州刺史馮仁□碑　開元十一年十一月立崔尚撰文郭謙光隸書篆額在咸陽長陵西

仁□道士馮道力父也道力與劉成福占元宗當受命潛布欵誠開元中道力拜銀青光祿大夫冀國公而又拜其父朝散大夫使持節池州刺史文中稱意得元珠謀叅黃石同心戴舜以爲天子即指其事也攷道力以開元十年坐妄發事配流雷州蓋後一年始立此碑是時詔百官不得與卜祝之人往來而猶有人爲伊父立碑者何耶謙光即書宗維神道之人

高福墓志　開元十二年正月立孫季良撰文正書在咸寧農家

福字延福武后時中人初爲宮局丞轉局令再轉宮闈局令兼內謁者監以養子力士貴拜中大夫守內侍上柱國新書力士傳云力士馮盎曾孫中人高延福養爲已子因冒其姓又云力士幼與母麥相失後嶺南節度使得之隴州帝爲封越國夫人而追贈其父廣州大都督延福與妻侍養亦與麥均舊書云力士義父高延福夫妻正授供奉與碑稱仿佛皆合力士以誅蕭岑功拜右監門衛將軍碑云大將軍蓋史是唐制左右監門衛大將軍正三品將軍從三品力士之封大將軍在天寶初此時未得稱此也中官以內侍爲最貴內侍拜將

軍自開元以前無之唐六典云中官之貴極于內侍若有殊勳懋績則有拜大將軍者然仍兼本職六典作于是時殆即因此等事言之耳季良名翌以字行會要稱季良以校書郎爲集賢院直學士攷集賢院即麗正殿爲開元十三年改名是碑題云麗正殿修撰孫翌季良是在院名未改之前可知　此碑向在農家幾爲柱礎者數矣乾隆辛丑五月余以二萬錢購得之今移置于靈岩山館

香積寺主淨業法師塔銘　開元十二年六月立畢彥雄撰文正書無姓名在長安香積寺

虢國公楊花臺銘楊將軍新莊像銘　開元十二年十月立申屠液撰文正書在咸寧花塔寺

虢國公者楊思勗也思勗以開元十二年平覃行章進輔國大將軍封虢國公像即其時造也是銘爲二石前石有序無銘自廿二行乃爲銘曰以後但署撰人姓名而無歲月後石有銘無序自十七行以後記開元歲月而無撰人二石實是一物舊分爲二者誤也

涼國長公主神道碑　開元十二年十一月立蘇頲撰文明皇隸書在橋陵

公主字華莊始嫁薛伯陽伯陽坐父稷流嶺表改嫁溫彥博曾孫曦史于公主傳但及伯陽于溫彥博傳不言改嫁碑則全諱薛事蓋是時薛已配流自殺矣

明皇華山銘殘字　開元十二年十一月立明皇撰文并隸書在華嶽廟

今只存鶖如陽孕四字鶖如者仙鶖如翩句也陽孕者陰陽孕育句也碑爲黃巢所燬故自歐越以來不著錄

乙速孤行儼碑　開元十三年二月立劉憲撰文白義晊隸書并篆額在醴泉叱干村

行儼神慶之子于高宗時爲普濟府左果毅再拜初爲黃城府左果毅新唐書地理志不載二府名未詳所屬碑稱顯慶爲明慶避中宗諱改

鄎國長公主神道碑　開元十三年四月立張說撰文明皇隸書在橋陵

公主睿宗第八女碑云第七者以安興昭懷並死故也公主崔貴妃所生始嫁薛儆又嫁鄭孝義前有子四後有子三碑皆不篇今碑殘缺文載唐文粹甚詳大概皆與史合惟言食邑一千二百戶爲稍異耳亦無足重輕也　文有上帝唐降女天乙歸妹用易帝乙歸妹文也天乙者湯之字京房載湯嫁妹之辭曰無以天子之尊而乘諸侯無以天子之富而驕諸侯陰之從陽女之順夫本天地之義也往事爾夫必以禮義者即指其事後世或以帝乙作紂父帝乙者非案王伯厚云子夏傳易荀爽對策並以帝乙爲湯不云紂父知古訓同

述聖頌　開元十三年六月立達奚珣撰序呂向撰頌并正書在華嶽廟

頌以述聖名者以元宗有西嶽碑銘因述而頌之也元宗銘曰十有二載孟冬之月步自京

邑幸于洛師停鑾廟下以唐本紀攷之即十二年十一月庚午如東都事碑云孟冬史云十一月微有異向本傳叙向以開元十年召入翰林院兼集賢院校理擢左拾遺進左補闕帝爲文勒石西嶽詔向爲鐫勒使以起居舍人從東巡元宗之封太山在十三年十一月案孫逖有春初送呂補闕往西嶽勒碑詩是向以是年春奉命華山後即從往太山矣攷會要華嶽碑十三年七月七日成則向之進起居舍人即以鐫勒功而從太山在七月後更可知又向本傳不及向爲集賢殿直學士趙冬曦傳云冬曦與秘書少監賀知章校書郎孫季良大理評事咸廙業入集賢院修撰是時翰林供奉呂向爲校理踰年並爲直學士此史家互見之例非缺略也但云踰年並爲直學士而集賢院即以十三年改名此碑立于十三年六月則向之爲直學士獨未踰年矣珣後由御史爲河南尹從祿山爲右相至德二年伏誅趙氏金石錄置此于開元無歲月諸碑內因未見額陰所題故

薦福寺思恒律師碑　開元十四年十二月立常□□撰文正書在咸寧

律師姓顧氏世爲吳郡人曾祖明周左監門將軍祖元隨門下上儀同三司徐無郡開國公使持節洪州諸軍事洪州刺史父藝唐恒州錄事參軍師初投業于持世禪師後參秦律師新疏素律師者長安興善寺僧新疏即所講法華經三萬七千部是也說見酉陽雜俎徐無

字並從艸作蓨無隋書地理志漁陽郡統縣一曰無終縣爲後齊置後周廢徐無縣入焉隨
時無徐無郡應是魏周舊號上儀同三司從四品師亥于開元十四年弟子智舟爲之刻石
開元寺尊勝經石幢　開元十六年楊淡立正書在隴州
文中有云諸佛刹土刹今又作剎唐釋元應衆經音義云剎字書無此字即刹字略也刹音
初又作擦音察據此知刹剎二形皆刹之省寫而徐鉉篆刹字以爲說文新附陋矣此幢字
畫精整爲唐時第一
敬節法師塔銘　開元十七年七月立正書在咸寧杜永村
興聖寺主尼法澄塔銘　開元十七年十一月立嗣□王志□撰文并正書在咸寧馬頭空
文中有云托事蔣王求爲離俗遂于上元二年出家蔣王太宗子惲也上元中爲箕州刺史
書撰人名或云是嗣彭王志暕
比邱尼堅行禪師塔銘　開元二十一年閏三月立正書在西安府城南
代國長公主碑　開元二十二年十二月立鄭萬鈞撰文并行書在橋陵
公主名華字華婉睿宗第四女萬鈞即其駙馬都尉也
李濟題名　開元二十四年六月刻正書在華嶽廟

大智禪師碑　開元二十四年九月立嚴挺之撰文史惟則隸書在西安府學
美原縣尉張斯墓志銘　開元二十四年十月立正書在長安劉氏
此與張希古碑並在劉氏乾隆辛丑歲余以二十千錢購得之今攜送於靈巖山館
無畏不空禪師塔銘　開元二十五年八月立正書無撰書人姓名在咸陽窰店鎮廣化寺
文稱不空于師子國從普賢阿闍黎求開十八會金剛灌頂法又稱一日調象俄而群象奔
逸不空遽于衢路安坐象至皆頓止跪伏少頃而去二事並見嚴郢所撰大廣智不空三藏
碑中故說者謂此無畏不空與大廣智不空即是一人案大廣智不空以大歷中卒于興善
寺此卒于廣化寺爲開元二十三年時地並異不得合而爲一攷開天傳信錄云無畏三藏
初自天竺至所司引謁元宗元宗謂曰師來欲何方休息無畏曰臣在天竺時聞西明寺宣
律師持律第一願往依止元宗可之因居焉據此是另爲一人又案大廣智不空本無無畏
之名其起塔即在本院此則葬于龍門之西山地屬咸陽爲非一人更無疑
比邱尼惠源和上志銘　開元二十五年十一月立楊休烈撰文姪定正書在西安府
碑云師姓蕭氏大父諱瑀父鈛唐書稱瑀好浮屠法嘗請捨家爲沙門比邱尼法願其女也
而惠源又繼之史之言爲不虛矣書本傳瑀有子鋭而不及鈛定瑀之曾孫終太子少師

蘇頲題名　開元二十六年八月刻正書在華嶽廟
龍光寺舍利塔記　開元二十八年七月立正書在扶風
祠部員外郎裴稹墓志　開元辛巳歲二月立族叔朏撰文并正書在西安府城南
稹唐書附見其祖行儉傳裴光庭之子也獨孤及行狀云稹以開元二十九年官終尚書祠
部員外郎于四人長曰績次儆次倩李白與碑文皆合傳只及倩者以倩子均封鄅國公餘
三人皆無可表見故也
夢眞容勑　開元二十九年六月立蘇靈芝正書在盩厔會靈觀
此非唐原碑乃後人重刻者碑首有重摸蘇靈芝書唐老君應見碑十二字可證
持進蔣國公唐儉碑　正書篆額在醴泉小陽村
案金石錄云開元二十九年儉曾孫追立儉史以爲字茂系今碑云茂約儉子史在儉傳以
爲名善識在豫章公主傳以爲名茂識今碑云名尚識皆當以碑爲正
大智禪師碑陰記　開元二十九年立陽伯成撰文史惟則隸書在西安府學
陽伯成文苑英華作楊伯成
褒封四子勑　天寶元年二月立正書在盩厔樓觀

四子即莊子列子文子庚桑子也是時加莊爲南華眞人列爲冲虛眞人文爲通元眞人唐
桑爲洞靈眞人其所著書並號眞經而不知庚桑即爲僞書蓋明皇好讀道書故人即造僞
以邀功若此
告華嶽文　天寶元年四月立韓賞撰文韓擇木隸書在華嶽廟
擇木自署榮王府司馬者是時瑃其太子改王榮故也賞名見御史臺精舍記及郎官題名
石柱
老子靈應頌　天寶元年七月立戴旋撰序劉同昇撰頌戴伋隸書在盩厔
此刻宗聖觀記之陰其隸體與史惟則大智禪師碑同或是惟則代爲之者耶
吏部尚書南曹石幢　天寶元年九月立左光允撰序尹匡祚撰頌正書在鄠縣艸堂寺
後有奉爲太尉降生令月特建立吉祥尊勝經幢上嚴台算貞明二年七月十一日建討擊
使張虔賦監立行
降闡法師碑　天寶二年十一月立正書無撰書人姓名在西安府學
文有云弟子大温寺主思莊敬想清徽勒茲元琰疑即其人所撰書
薛良佐塔銘　天寶三載閏四月立再從兄鈞撰文弟良史正書在終南山

石臺孝經　天寶四載九月立明皇注并隸書太子臣亨篆額後有李齊古上石臺告成表及批荅並行艸書有李林甫等題名正書在西安府學

明皇序文云章昭王肅先儒之領袖虞翻劉邵抑又次焉劉炫明安國之本陸澄譏康成之注案陸德明孝經音義有孔安國鄭康成王肅韋昭劉邵而無虞翻劉炫陸澄譏康成而據之爲注是明皇不宗鄭學者矣唐書藝文志有今上孝經制旨一卷應即是書李適之本傳載適之爲刑部尚書不及兵部封淸和縣公不及渭源縣公席豫封襄陽縣男而本傳以爲縣子皆新史之缺譌悉當以碑爲正者也碑末林甫等臣名共四十五人

逸人竇居士碑　天寶六載二月立李邕撰文段淸雲正書范叕題額在三原橋頭鎭

居士名天生有三子俱爲宦官長處賓次思賓次元禮元禮行內侍省內侍加銀靑光祿大夫官最顯碑末有元涇陽縣尹姚遂禮重立題名

義興周夫人墓志　天寶六載十月立正書在長安農家

文有云岳也匪才忝爲序述則撰志者名也逸其姓此碑近爲山西汾陽某氏攜去

陀羅尼經幢　天寶七載二月立正書在咸寧開元寺

後有駱齊休重建跋

陀羅尼經幢殘本　天寶七載三月立蔣圖撰文張賁行書在咸寧

尊勝陀羅尼經幢　天寶七載五月立張少悌行書在長安崇聖寺

千福寺多寶佛塔感應碑　天寶十一載四月立岑勛撰文顔眞卿正書徐浩題額在西安府學

恒農先賢積慶之碑　天寶十二載八月立明皇撰文并隸書皇太子亨篆額在扶風

此御賜武部尚書鄭國公楊珣碑也碑並隸書惟御製御書及皇太子題額等字正書珣字仲珣國忠父唐書宰相世系表以珣爲友子與此碑云烈考志謙者異

□志廉墓志　天寶十三載六月立申堂構撰文韓獻之行書在長安農家

此碑向在農家乾隆四十三年余以數千錢買之今移置靈巖山館庶免村童敲火牧牛礪角之菑也

施燈功德幢　天寶十三載立正書在長安香積寺

張希古墓志　天寶十五載立田穎行書在長安劉氏

碑載府君字希古不言其名曾爲馬邑郡尚德府折衝都尉馬邑即朔州唐書不及府名亦可以補史之缺

金仙長公主神道碑　號年缺徐嶠之撰文明皇行書在橋陵

唐書本傳云太極元年與玉眞公主皆爲道士碑云丙午歲度爲道士丙午歲者神龍二年也兩說不合

尹尊師碑　無號年員半千撰文隸書不詳姓名此係元時重刻

華嶽廟碑殘石　號年缺權倕文杜籍分書

右碑石分爲三存一百七十七字文不可讀惟倕文籍書數處可辯攷金石錄有禹傳即倕所撰文當開元二十五年又宰相世系表以爲即德輿之祖故附置于此書法類蔡有鄰

主簿常冀尉元撝殘碑　分書並在華嶽廟

碑只存六行共三十四字不可句讀惟簿尉二名可識又有史子華刻字字樣史子華者即刻大智禪師之碑者也故附置于此

艸書心經　無號年

刻後有跋指爲右軍非也王世貞以爲是鄭萬鈞書即張說爲之序者說文見唐文粹

千字文斷名　無號年張旭艸書並在西安府學

顏魯公題名　乾元元年十月刻正書在華嶽廟周天和碑之側

碑題曰皇唐乾元元年歲次戊戌冬十月戊申眞卿自蒲州刺史蒙恩除饒州刺史十有二日辛亥次於華陰與監察御史王延昌大理評事攝監察御史穆寧評事張澹華陰令劉暠主簿鄭鎭同謁金天王之神祠顏眞卿題記以唐書本傳及留元剛年譜攷之公以肅宗二年十一月出爲馮翊太守三年三月改蒲州刺史十月又改饒州刺史也其貶饒州爲唐旻所誣因亮行狀曰天寶十五載元宗以公爲戶部侍郎依前平原太守充本郡防禦使公以景城長史李暐爲副前侍御史沈震爲判官又詔公爲河北採訪處置使公又以前成陽尉王延昌爲判官張澹爲友是年秋祿山遣將史思明尹子奇等併力攻河北諸郡前後百餘日饒陽河間景城樂安相次而陷所存者平原博平淸河三郡而已人心潰亂不可復制公乃將麾下騎數百棄平原渡河取路朝肅宗于鳳翔初公之未渡河也謂判官穆寧張澹曰賊勢既爾若委命待擒必爲所快心今計經赴行在公以爲何如寧澹與諸將然之遂行朝廷除公爲憲部尚書令狐峘神道碑曰時前殿中侍御史沈震鹽山尉穆寧武邑丞李銑淸河主簿張澹各以器能叅贊成務此王延昌穆寧張澹等與偕之所自來然攷穆寧傳寧以明經調鹽山尉祿山反寧募兵斬僞景城守劉道元聞眞卿拒祿山即馳謁謂曰我可從公死既而賊攻平原寧勸固守眞卿不從夜亡過河見肅宗行在帝問狀眞卿對不用寧言以至

此帝異之召寧將以諫議大夫任之會眞卿以直忤旨寧亦罷上元初擢殿中侍御史與行狀寧澹與諸將然之之說有不合則當以史爲正者矣年譜曰是年九月有祭姪季明文十月有華嶽廟題名至東京拜掃有祭伯父豪州刺史文

張惟一祈雨疏　乾元二年二月刻李權隸書

書史會要李權唐宗室李平均叔也工八分官金州刺史惟一名見宰相世系表

王宥等謁岳祠記　上元元年十二月刻題名隸書號年篆書並李權書

樞李權弟述書賦注云李權淮安王神通曾孫工八分弟樞工小篆內有處士王季友即杜甫所稱鄴城客子是也襄陽圖經云季友鄴城人家貧賣履博極群書李勉引爲賓客甚敬之

太州別駕題名殘字　無號年正書

案文只存十三字云正議大夫太僕少卿兼太州別駕攷華州以上元二年改名太州則此爲肅宗時人所題矣

邱據謁嶽廟題名　寶應二年六月刻正書並在華嶽廟

贈工部尚書臧懷恪神道碑　廣德元年冬十月立顏眞卿撰文并正書李秀巖□□在三原九陂城

魯孝公子彄字子臧他書不見惟春秋左氏傳孔穎達正義言之是承杜預公子譜舊說耳今碑亦云又文苑英華載李邕左羽林大將軍臧公神道碑文云其先派于后稷演于周公洎魯孝公子臧因而氏焉說亦與此同懷恪少隸戎級起官拜勝州都督府長史轉左衛率府左郎將再轉右領軍中郎將兼安北都護中受降城使朔方五城都知征馬使充都知兵馬使河西軍前將河源軍使兼隴右節度副大使關西兵馬使拜右武衛將軍封上蔡縣開國伯贈右領衛大將軍又贈魏州刺史三贈太常卿四贈工部尚書有七子長曰希崇游擊將軍崇仁府折衝次曰希烜豐州別駕贈宋州刺史三曰希忱左武衛將軍朔方節度副使贈太子賓客四曰希惜右衛左郎將劍南討擊副使贈汝州刺史五曰希景右驍衛郎將靜邊軍使贈秘書監六曰希晏寧州刺史左金吾衛將軍贈揚州大都督七曰希讓開府儀同三司行太子詹事兼御史大夫邠寧山南觀察使集賢侍制工部尚書渭北節度使魯國公希讓官最顯史以子貴故得贈工部尚書也懷恪有一兄文中所稱兄左羽林軍大將軍平盧副持節懷亮未知居何行也又稱兄子諫亦未知爲何人之子又元和姓纂以希讓爲懷亮子據碑可証其誤

李懷讓題名殘字　無號年正書

右只存三行每行七字共二十一字首行云軍兼同華兩州節次行云卿使持節華州諸三行云丞上柱國汧國公攷唐常袞華州刺史李公墓誌銘云公諱懷讓以佐命功特授鎮國大將軍加特進兼鴻臚卿封汧國公充潼關鎮國軍使同華等州節度使華州刺史以廣德元年九月薨于華州軍府詔陪葬建陵則此乃懷讓題名也再攷唐會要叙陪陵名位建陵只及汾陽王郭子儀一人而無懷讓應爲缺略懷讓薨于廣德改元故附置于此

韋朏題名　廣德二年二月刻正書

題云銀青光祿大夫太常卿使持節延州都督侍御史上柱國岐陽縣開國男韋朏以廣德二年二□□七日越自師旅將詣朝廷云云者以是時僕固懷恩叛也韋君不詳其名

劉士深謁華嶽廟記　廣德二年三月刻正書

內有李遊李迴李适李遠四人名宰相世系表俱有在東祖李氏下

孫廣題名　廣德二年六月刻正書並在華嶽廟

太保郇國公廟碑并碑陰　廣德二年十一月立顏眞卿撰文并正書隸額在西安布政司

公名敬之漢光祿大夫廣意之後廣意世系表作廣智碑載子儀官爵甚詳大略與史傳合

史稱振遠軍使郎單于副都護九原太守郎兼豐州都督也又通鑑稱是年十二月拜尚書令此碑建於十一月即稱尚書令者應是碑陰後書及之也傳稱武舉及弟校左衛長史應依碑作長上碑載子儀兄弟七人孫十五人曾孫二人孫除子儀子八人外曄是子琇子昕煦曠幼明子昉曉幼賢子晛子瑛子曾孫鋭是曜子銑是映子

臨淮武穆王李光弼神道碑　廣德二年十一月立顏眞卿撰文張少悌行書在富平縣學

與郭僕射書　顏眞卿撰文并艸書在西安府學

碑不著號年金石錄附于大歷之末今攷宋留元剛年譜代宗廣德二年十一月有與郭僕射書則附大歷者誤也碑或以爲宋永興守吳中復所刻或以爲安師文刻未詳孰是

李仲昌等題名　廣德□年三月刻韋瀚正書

宰相世系表云瀚官昭應令案此云行華陰縣丞同正當在未爲昭應令之先又有云行尉崔邈表以爲邈終同州刺史

韋瀚題名　無號年並在華嶽廟

秋官尚書河間公之碑　永泰元年二月立撰書人姓名並缺隸書篆額在高陵鹿臺鄉

贈太子賓客白道生神道碑　永泰元年三月立于益撰文華宗正書并篆額在咸寧鳳栖原

邁生南陽郡王元光之父官終左衛大將軍追贈太子賓客夫人康氏爲趙國太夫人唐書
元光傳以爲終寧朔州刺史者非也
焦綏題名　永泰七年春刻正書在華嶽廟
光祿卿王訓墓志　大歷二年八月立嗣澤王漼撰文并正書在咸寧滻川原
訓字訓環邪臨沂人永穆大長公主之仲子定安長公主之孫永穆尚王繇繇同皎子也定
安尚同皎訓從尚博平郡王官至光祿卿卒葬於滻川原其閥閱世系如是漼義甫之子見
宗室世系表
三墳記　大歷二年立李季卿撰文李陽冰篆書
文有云卜土得蔵者用宋玉九辯文也蔵玉篇以爲卽古文乾字以講陰堂講從冓聲與搆
字通史記漢書凡搆解字多作講亦是也谿字見魏張猛龍碑及周華嶽廟頌嵩少字應卽
用崇見于漢書而竟作嵩尉甚字應用尉見于漢隸字原而竟作尉猾字應從冘作猾而從
犬作猾禮字應從豐作禮而從豊作禮徹字從育作徹斷字從㡭作斷煽字作婥兆字作兆
畀字作具皆其不合于六書之正者也又說文無第字只作弟而孔穎達正義引以爲從竹
從弟說文無莅字只作埭故鄭康成注儀禮每讀位爲莅此竟有第字莅字蓋後人隸寫之
譌而以之作篆則尤謬也

拪先塋記　大歷二年立李季卿撰文李陽冰篆書並在西安府學
陽冰書結體茂美而多乖于六書之義然蔡邕石經已多別體豈書家多不究小學耶文中
若寄從宀碑作寄高從□闕如碑下□從口口之口舌亂碑作亂龕從含碑省從合棲或作西碑
合作栖樊中從爻碑從夂佐古只作左碑加人岡碑譌作㟝勢古只作埶見漢書碑加力宜
從夕碑從冈隧古只作隊見竹書穆天子傳碑作隧輀碑作輀藏古只作臧詩中心臧之先
儒有藏臧二義碑作藏悅經傳多作說碑作悅版加作版皆詭于文字之正若泉作泉借泊
字爲之改從巳借殺改字爲之賓作𡪢案𡪢字見竹書穆天子傳玉篇引說類亦曰古文𡪢
字此或古人省文借字之法猶未大失也篆者聖人不虛作非可依隸以造昔徐鉉作說文
新附識者多譏其謬獨怪陽冰自言斯翁之後直至小生又欲求刻石經立于大學而不究
小學如此倘任鴻都之役未見其勝於張參唐元度諸人也　是碑宋大中祥符三年重刻
贈營州都督薊郡公李楷洛碑　大歷三年三月立楊炎撰文史惟則八分書在富平縣西北
覓子店
楷洛太尉光弼之父漢李陵之後裔也累官左羽林大將軍封薊郡公加雲麾將軍唐書附

見光弼傳
第五琦題名　大歷五年六月刻正書
文云前相國第五公自戸部侍郎出牧栝州㸔坐輿魚朝恩善貶也又云子婿虞當子婿之
稱自此始婿作聟者干祿字書云聟聟壻上俗中通下正婿一變爲壻再變爲聓三變爲聟
四變爲聟皆由胥變爲肖致誤又聓或亦寫作胥故月耳相涵
裴士淹題名　大歷五年六月刻正書
士淹之出亦坐朝恩黨見唐書朝恩傳
蘇敦兄弟題名　大歷五年六月刻正書並在華嶽廟
宰相世係表蘇氏河南尹震有七子敦發敎徹璥政儼此云汝州司馬敦弟華陰縣令發弟
咸陽縣主簿敎弟前華原縣丞徹弟太常寺主簿璥弟吏部常選瞰弟少府監主簿敎弟儼
不同者璥疑卽是瞰有敎不應後有璥也政疑卽是敞字形相近此等要當以碑爲正
金吾衛將軍臧希晏神道碑　大歷五年十月立撰人缺韓秀弼隸書篆額在三原長坳鄉
諸道石刻錄云張孚撰文
盧綸題名　大歷六年二月刻正書在華嶽廟

永仙觀王田尊師碑　大歷六年十月立蕭森撰文□名德集晉王羲之書
永仙觀王田尊師德行之碑　號年及撰人缺□光書并篆額並在富平美原鎭
相傳美原鎭爲眞人拔宅上昇處故後人立碑于此碑甚磨泐號年莫可攷故附置于此
佛頂尊勝陀羅尼幢銘　大歷六年十月立僧昔眞撰文康玠行書在富平六井
李昌謁嶽廟題名　大歷六年刻正書
邸仲堅題名　大歷七年正月刻正書
係季文題名　大歷七年三月刻正書
韋懋題名　大歷七年十月刻正書
題內有開州刺史崔徵男溉等名宰相世系表云徵河南少尹溉太常少卿
元澄題名　大歷八年十二月刻正書
題內有大理評事盧恒宰相世系表云恒殿中侍御史
謁華嶽廟碑　大歷九年季春立盧朝徹撰文並正書
李諶題名　大歷九年十月刻正書並在華嶽廟
兵部尚書王忠嗣神道碑　大歷十年四月立元載撰文王縉行書趙喜篆額在渭南鄉賢祠

戴忠嗣塔也史稱忠嗣與皇甫惟明輕重不得貶東陽府左果毅為李林甫所惡貶漢陽太守碑皆不及之舊唐書敘載緍官爵較詳亦無載封穎川郡公緍太微宮使齊國公事是史碑兩失之可互証而兩得之者也崇元館本崇元學天寶二載置大學士一人以宰相為之領兩京元元宮及天下道院攷嵩陽觀聖德感應頌石臺孝經李林甫陳希烈等題名並同新史百官志及緍本傳並稱為崇賢館者誤

眞化寺尼如願律師墓志　大歷十年七月立沙門飛錫撰文奈昊正書在咸陽畢原

志作于大歷十年七月文有云貴妃獨孤氏弟子長樂公主獨孤氏者代宗妃也于是年十月薨追冊為皇后長樂公主卽肅宗女宿國公主

慈州刺史王履淸碑　大歷十二年二月立侯冕撰文正書姓名缺在高陵奉正原

高力士神道碑　大歷十二年五月立行書在蒲城

無憂王寺大聖眞身寶塔碑銘　大歷十三年四月立張彧撰文楊播正書篆額在扶風法門寺

困學紀聞曰舊史德宗紀貞元六年岐州無憂王寺有佛指骨寸餘先是取來禁中供養二月乙亥詔送還本寺此迎佛骨之事也韓愈傳云鳳翔法門寺有護國眞身塔內有釋迦文佛指骨一節寺名與前不同閻若璩駁之曰法門寺卽無憂王寺紀載非一手故其名互異說非也

上官沼題名　大歷十三年七月刻行書在華嶽廟

宰相世系表有上官詔當卽其人宜從碑作沼為是

贈揚州大都督段行琛神道碑　大歷十四年閏五月立無撰文人姓名張增正書李同系篆額在汧陽

行琛忠烈公秀實父也金石錄又有一碑為楊炎撰文蕭正正書在大歷四年却無此碑標題揚州字作楊攷開成尚書石經淮海惟揚州字亦從木則是時兩字通用矣

孔子廟殘碑　程浩撰文顏眞卿正書在華州

此文浩以大歷二年作於扶風魯公曾書此于湖州華州有之非也疑後人僞作

關中金石記卷弟三

關中金石記卷弟四　　鎮洋畢沅撰

唐

顏氏家廟碑

建中元年七月立顏眞卿撰文并正書李陽冰篆額在西安府學

此卽俗呼為四面碑者是也其額陰為齋堂記

魯公世系

唐書無顏氏世系表今以此碑所敘及唐書本傳並師古杲卿傳晉書欽傳北齊書之推傳攷定附載於後

盛字叔臺　欽字公若　廣默字靜伯　汝含字宏都　髦字君道　綝字文和　靖之字茂宗　騰之字宏道　炳之字叔豹
靑徐二州刺史　陵太守給事　陰太守黃門侍中右光祿　晉侍中光祿　宣城太守御史中丞　巴陵太守支校尉　度輔國江夏王參軍
史關內侯　中葛繹貞子　繹子　大夫西平靖侯　勳西平定侯
因亮云始自魯國居琅邪　因亮云始自琅邪居丹陽
謙安成太守
見遠字見遠　協字子和　梁之推字介北　思魯字孔歸　勳禮字敬宏　昭甫本顯名　元孫　濬　沂　淥　三　春　卿　偃師丞
齊侍書御史鎭西記室參　齊給事黃門　隋司經校書　文崇賢學士　甫字周卿　晉州刺史　贈秘書
粮中丞　軍　侍郎待詔文東宮學士唐　贈虢州刺史　曹二王侍讀
林館平原太守為秦王記室　贈華州刺史
因亮云始自丹陽居京兆長安
之魯之推兄周
御正御史中大
夫麟趾學士隋爲
兼州刺史新舊
之善之推弟
隋葉令
杲卿攝

常山太守贈太子太保諡忠節
曜卿淄州別駕
旭卿允山令
茂曾犍爲司馬
惟貞薛王友贈秘書少監國子祭酒太子太保
闕疑杭州參軍
允南膳部司封郎中司業金鄉
明
喬卿富平尉
㫚長
幼輿左清道兵曹
真卿太師魯郡公有子曰頗曰碩曰頵
允臧江陵少尹
敬仲
殆庶
無恤
少連
務滋
辟彊
師古字籀
相時
有德
愍楚直內史省
游秦典校秘閣

魯公官階

唐書本傳載魯公遷轉官階多誤今以行狀神道碑銘及家譜年譜與本傳互攷附載於後

舉進士 攷唐書本傳爲主下並同

案本傳以此爲在開元中令狐峘神道碑銘云進士出身登判入高等授秘書省校書郎

因亮行狀云開元二十二年進士及第登甲科二十四年吏部擢入高等授朝散郎秘書

省著作局校書郎

又擢制科調醴泉尉

碑銘云天寶初行狀云天寶元年舉博學文詞秀逸科試上弟授京兆府醴泉縣尉案碑

銘行狀下並云授通直郎長安尉傳缺者非也留元剛年譜云唐會要所載諸科如文詞

秀逸皆謂之制通直郎從六品朝散郎從七品年譜並載在天寶元年

遷監察御史

本傳遷監院後公使河隴行狀云充河東朔方軍試覆屯交兵使又充河西隴右軍試覆

屯交兵使盎先使河東後使河隴其使河東爲天寶六載使河隴則七載也本傳于此下

又云復使河東則八載更充河東朔方軍試覆屯交兵使也

遷殿中侍御史爲東都採訪判官

八載之八月也魯公家譜以五月非是從行狀

再轉武部員外郎

行狀遷殿中侍御史後九載又遷侍御史本傳缺故云再轉年譜云判南曹

出爲平原太守

公之爲平原在天寶十二載年譜于十四載下又云轉兵部員外郎公既以武部員外郎

出爲平原不得于此再轉兵部且兵部即武部也年譜悞

拜戶部侍郎

碑銘云再領平原行狀云元宗以公爲戶部侍郎依前平原太守充本郡防禦使

加河北招討採訪使　拜工部尚書兼御史大夫復爲河北招討使

碑銘云拜工部尚書兼御史大夫採訪招討等使如故

授憲部尚書遷御史大夫

家譜云肅宗至德二載四月授憲部尚書六月兼御史大夫行狀云至德元載授憲部尚

書二載正月兼御史大夫其日月不同年譜從家譜

出爲馮翊太守　轉蒲州刺史封丹陽縣子
行狀云改蒲州刺史充本郡防禦使封丹陽縣開國子食邑一千戶
貶饒州刺史
碑銘行狀云乾元元年貶饒州二年拜昇州本傳不及昇州誤
拜浙西節度使
行狀云充浙江西道節度使兼宋亳都防禦使年譜云充浙江節度使兼江寧軍使江寧
乾元元年爲昇州
名爲刑部侍郎
碑銘云追拜刑部侍郎進爵縣公
貶蓬州長史　起爲利州刺史不拜遷吏部侍郎除荆南節度使未行改尚書右
丞
碑銘云移利州刺史徵拜戶部侍郎轉吏部侍郎加銀青光祿大夫充荆南節度觀察使
行狀云加銀青光祿大夫上柱國其移利州在寶應元年五月戶部十二月改吏部二年
三月除江陵尹充荆南節度八月轉尚書右丞十月傳叙次不甚明白

以檢校刑部尚書爲朔方行營宣慰使未行留知省事更封魯郡公
行狀云廣德二年正月除檢校刑部尚書兼御史大夫朔方行營汾晉等六州宣慰使尋
罷前命唯知刑部尚書事三月進封魯郡開國公食邑三千戶碑銘云食邑二千戶稍異
貶峽州別駕改吉州司馬遷撫湖二州刺史
行狀云大歷三年遷撫州七年除湖州
擢刑部尚書進吏部充禮儀使
年譜云大歷十二年八月爲刑部十三年二月進吏部家譜以爲十二年十二月進吏部
換太子少師領使
行狀云授光祿大夫遷太子少師依前爲禮儀使
改太子太師
年譜云罷其使
薨贈司徒謚文忠
碑銘云興元元年八月三日薨于蔡州之難貞元二年十一月歸葬冊贈上公謚曰文忠
行狀云貞元元年八月二十四日希烈幽殺之年譜從行狀本傳云年七十六年譜云年

七十七異者傳用碑銘不從行狀故也案公以大歷十三年爲刑部尚書時年七十三抗
章乞致仕不允後薨于貞元元年當是七十七傳非也
大秦景教流行中國碑　建中二年太蔟月立僧景淨撰文呂秀巖正書幷題額在西安府學
聖寺
大秦卽犂靬說文作驪靬漢書西域傳所稱犂靬條支臨西海者是也後漢書云以在海西
故亦云海西國水經注恒水又逕波麗國是佛外祖國也法顯曰恒水東到多摩棃靬國卽
是海口釋氏西域記曰大秦一名棃靬道元之據此益以棃靬爲卽波麗矣攷條支卽波斯
國魏書云地在忸密之西東去棃靬猶一萬里長安志義寧坊有波斯寺唐貞觀十二年太
宗爲大秦國胡僧阿羅斯立應是大秦僧入入中國之始合之碑則云于義寧坊造大秦寺
兩國所奉之教略同故寺名通用耶阿羅斯碑作阿羅本當是敏求之誤
大辨正廣智三藏不空和尚碑　建中二年十一月立嚴郢撰文徐浩正書在西安府學
吳岳祠堂記　興元元年十月立于公異撰文冷朝陽行書在隴州岳祠內
碑云相國涼公鎭鳳翔者李抱玉也是時副元帥李晟復京師德宗至自興元戌至鳳翔斬
叛卒王斌等及涇師田希鑒卽以其年十一月祭告吳山公異爲掌書記撰此文

崔漢衡題名　興元元年十二月刻盧倣隸書在華嶽廟
題云守兵部尚書博陵郡開國公唐書載漢衡官爵甚詳不言封博陵郡公亦是缺略婁機
漢隸字源云漢樊毅復華下民租碑唐興元中華陰縣令盧倣求得而爲之記八分書于碑
末卽此人
顏魯公奉命帖　留元剛年譜以爲興元元年行書在同州府學
右碑上刻書下刻像中則宋唐重跋也云觀此筆蹟不題歲月以事實攷之蓋使李希烈時
也至貞元元年八月丙戌公不幸遇害羈蹟賊庭者踰二年案魯公以興元元年奉使貞元
元年八月廿四日死難唐書本紀以爲八月丙戌獨行狀以爲興元元年者非跋爲靖康元
年七月作
韋綬等題名　貞元元年二月刻正書在華嶽廟
唐書韋綬傳綬字子章京兆萬年人建中中爲長安尉朱泚亂微服走奉天斥華陰令案唐
有兩韋綬一爲韋貫之兄非此人
尊勝陀羅尼經幢　貞元五年八月立郭謂正書在乾州
李元諒懋功昭德頌　貞元五年十月立張濛撰文韓秀弼隸書李發篆額在華州治大門外

元諒本姓安氏出自武衛大將軍與貢文稱武衛巨唐之爪牙者即此元諒爲潼關鎮國軍隴右節度使檢校尚書右僕射兼御史大夫華州刺史武康郡王唐書以爲檢校尚書左僕射者非也文中云陛下薄狩郊甸爰幸巴梁何望之輩擁咸林敢釘窺覦蒲坂者謂德宗幸奉天朱泚將何望之等襲華州刺史董晉弃城走元諒自潼關引兵拔其城是也云進次昭應稟命于副元帥之軍列屯先秦分援于尚可孤之壘者謂尚可孤以襄鄧兵五千次藍田元諒屯昭應賊兵不能踰渭是也時李晟爲京畿渭北商華兵馬副元帥云姚令言望旗而潰張光晟弃甲而奔賊泚憂窮竄死貞寧者謂賊將姚令言與晟兵遇十閉皆北張光晟以精兵壁九曲距東渭橋密與晟約降泚引殘軍西走至寧州爲朱惟孝等所斬是也時元諒與渾瑊尚可孤等皆從晟軍云李懷光阻河距命陛下特命攻圍重斷戎旅者謂懷光反元諒與馬燧渾瑊韓游瓌等進討也懷光將徐廷光素易元諒每斥其祖父元諒與游瓌約即日斬之所稱才臧當道之豺且蹀吠籬之犬者應指此云滿戎陘詐求和諸軍畢會是獨沉疑陳其不誠論以爲備者謂吐蕃請盟詔元諒軍潘原韓游瓌軍洛口援渾瑊會平凉盟吐蕃劫盟事也云距平凉二十里所稱爲壁壘爲塢設符師救前之伏修楚臣勁後之殿皆與史本傳合此貞元三年事也蓋更隴右節度即在其時云依其制度峻以規模役不一旬隱

然岳立乃修廬井乃闢田疇者則元諒修治長原隍堞闢田數十里使士卒墾治諸事水經注曰河水自潼關東北流水側有長坂謂之黃巷坂潘岳西征賦溯黃巷以濟潼今二書巷皆作卷此云北連繹臺南抵黃巷可以証其誤矣碑在華者華人思其功請于朝故作此頌也　文苑英華有任華送李嶷宰新都序云宗室後進有以學術辭藻書稱者嶷也少好學通九流百家之言善屬文有大節名試西掖與莊若訥高郢同入高等旣政以嶷大人在蜀故授新都以榮之　文內有行軍司馬董叔經攷唐書藝文志博經一卷貞元中董叔經上墨池編云唐開汾河記董叔經書即此人

姜嫄公劉廟碑　貞元九年四月立高郢撰文張誼行書張綰篆額在邠州廟內

文中有云邠寧節度觀察使檢校刑部尚書兼御史大夫邠寧郡王張公獻甫戎醜是膺授鉞而至肅肅王命惟公將之蓋即指獻甫代韓游瓌領節度邠寧事唐書稱獻甫從渾瑊討朱泚累遷至金吾將軍檢校工部尚書不及刑部爲邠寧後加檢校尚書左僕射不及封邠寧郡王亦史之缺漏當從碑爲是

參軍事裴瓚等題名　貞元九年七月刻瓚行書在華嶽廟

瓚河東聞喜人善隸書唐書有傳宣和書譜云瓚隸書爲時推重晚歲行艸尤勝攷瓚以陰起家此稱參軍事而不著地當即是華州諸參但未辨何司耳題內又有盧洛盧佩諸名見宰相世系表佩名見河東記

東陵聖母帖　貞元九年釋懷素艸書宋元祐戊辰歲刻

聖母晉康帝時人其得建號爲東陵聖母者以其主食江淮故也禹貢導江過九江至于東陵漢書地理志廬江郡金蘭西北有東陵鄉者是也王松年仙苑編珠曰聖母杜氏妻也學劉綱術坐在立亡杜氏不信誣以姦淫告官付獄聖母入獄即從囱中飛出入雲中而去與帖所云正合聖母自晉迄隨無不崇奉至唐尤甚此帖書于德宗時文稱皇從叔父淮南節度觀察使禮部尚書太原郡公而不署名蓋指建立祠宇之人案其文義當在廣陵郡地帖蓋宋時以墨本摹刻者後有柳檗柳秉裴休同登題名

藏眞律公二帖　無號年釋懷素艸書宋元祐八年九月安宜之刻有游師雄跋並在西安府學

後有宋人題名蓋亦以墨本鉤摹者藏眞懷素字也文云所恨不與張旭長史相識近于洛下逢顏尚書眞卿自云頗得長史筆法攷今世猶有魯公傳長史十二筆法記與帖所云正相合然則爲後人依托爲之者是非矣

杜府君夫人韋氏墓志　貞元十年八月立李宣撰文姪成均行書在西安府寺坡

杜君名濟官至京兆尹

諸葛忠武侯新廟碑　貞元十一年二月立沈迴撰文元錫正書在沔縣

文稱貞元三年府王左僕射馮翊總師者謂舒王謨爲荊襄江西沔鄂節度諸軍行營兵馬都元帥也錫字君貺見世系表

鄭全濟題名　貞元十三年三月刻正書在華嶽廟

內有華陰尉鄭暐世系表有之

澄城令鄭君德政碑　貞元十四年正月立陳京撰文鄭雲逵正書姜元素篆額在澄城縣南門祠內

鄭君字叔敖泐其名案文中有云詔京銘紀左馮翊澄城令鄭楚相功德于其理所之南門則其名爲楚相矣京字慶復官至秘書少監集賢學士見柳宗元行狀

劍州刺史李廣業碑　貞元二十年十一月立鄭雲逵撰文并正書在三原北京

楚金禪師碑　貞元二十一年七月立沙門飛錫撰文吳通微正書後附奉勅追謚號記在西安府學

尉旻題名　元和元年正月刻正書

謁華嶽廟詩　元和元年十月賈竦作并正書後有太和六年四月竦姪珹重修題名

竦賈餗兄據宰相表則竦官著作郎也無姪珹名可以補史之缺

郭豐等題名　元和元年十月刻崔杙正書

題內有門下典儀李誠明門下典儀者門下省屬官也

柳開等題名　元和四年九月刻行書並在華嶽廟

開時爲華陰令宰相世系表開官至侍御史

保唐寺毗沙門天王燈幢贊　元和七年五月立柳澈撰文并正書在咸寧

盧宏正毗沙門天王記云毗沙門天王者佛之臂指也左扼吳鈎右持寶塔其旨將以摧羣魔護佛事在開元則元宗圖像于旗章在元和則憲宗交神於夢寐據之則是時正崇奉其教也

張鄭等題名　元和八年四月刻行書在華嶽廟

佛頂尊勝陀羅尼經　元和八年八月女弟子那羅延建正書在西安府儒學

唐刻此經甚多惟此爲沙門不空所譯首云曩謨即今所云南無也或稱囊莫並同納音无

可反者春秋左傳音義釋其納舊音扶臥反扶臥與无可同也柅音尼整反者如叭呢之呢二合呼爲納鉻銘整聲相同故也其作誐即與揭同賀即與呵同其稱娑婆呵爲娑嚩賀攷古本無婆字此故以嚩爲婆此釋氏對音之法亦不謬于古人音韻之正者也釋家書多于字旁加口此咒誦之說也如嚩字之類道家書多于字上加雨此符籙之說也如㝮字之類見宋陳景元上清大洞真經玉訣音義所謂出唐史崇一切經音義者是也唐時有兩一切經音義僧元應所著者爲釋書音義史崇所著者爲道書音義兩書引據多古書雖爲二氏之學其于博雅猶不遜陸德明經典釋文余每欲合而刊之以供同好也菩薩二字皆以艸受名本曰菩提薩埵華言之曰覺有情也其薩即薩字唐元應一切經音義云菩薩本作扶薛宋張有復古編亦云薛别作薩非唐人書薩猶作艹下土此碑亦然自宋以後乃改從産形矣古無那字即挪字也說文云安定有朝挪縣今朝那之挪亦作那今挪讀如今反那讀諾何反居然分爲兩字此刻那羅字體作挪猶不失古人之意唐劉愻云字裏朋字不正蓋朋之古篆爲𠕁依形而書勢不能不稍存欹仄今人則皆正書之矣如朋字倒得正書今人則反作欹仄之形唐人去古未遠于本字之義猶可近求故能不戾于古人若是

鄭公幹題名　元和八年十月刻正書

李紳題名　元和八年刻正書

王高題名　元和八年□月刻正書並在華嶽廟

內侍李輔光墓志　元和十年四月立崔元略撰文巨雅正書在高陵

碑云輔光爲河中監軍使者盛監張宏靖軍也巨雅元略之弟巨雅曾爲晉州司法元略又官于中都故撰書此志以記功德

崔觀鄭公幹題名　元和十年五月刻正書在華嶽廟

大德塔銘　元和十二年八月立沙門文湜撰文王权清正書在西安府城南

秘書丞韓常爲華嶽廟記　元和十二年十月刻韋泰正書

宰相世系表常官至岳州刺史

容府□□題名殘字　元和十四年正月刻正書

宗室世系表有容府經略推官李慶之容府經略使左庶子李景仁容府者即容州都督府也屬嶺南道

張常慶題名　元和十五年七月刻正書

王播題名　元和十五年十一月刻正書並在華嶽廟

題云起居舍人賜緋魚袋王播攷憲宗初有王播字明敭封太原郡公以元和四年卒非此人唐書王璠傳璠字魯玉元和初舉進士宏辭累遷監察御史以起居舍人副鄭覃宣慰鎮州長慶末擢職方郎中則此即王璠無疑

雲麾將軍朱孝誠碑　長慶元年二月立蘇遇撰文書郅行書并篆額在三原

孝誠字孝誠京兆三原人弱冠入侍爲局丞轉宮闈局令再轉爲謁者監遷內給事守內常侍加寧遠將軍上柱國其稱忠武軍監軍使者以李光顏爲忠武軍節度孝誠常監其軍也以元和十五年卒文有云元和初張伯靖負固叙州嘯聚蠻落公銜命于傚擾之際撫諭于溪洞之中者謂六年伯靖寇播費二州事也以八年爲崔能嚴綬潘孟陽柳公綽等所破降云元戎授鉞問罪淮西恩加朝散大夫內侍省內給事以護許軍者謂九年吳元濟自稱知軍事詔嚴綬李光顏李文通烏重允合軍討之也云是歲李師道遘逆窺竊近郊憲宗移司空公光顏鎮守滑臺以行天討兩道全師委公監撫收斗門下臨濮皆公之力者謂十三年光顏徙義成節度使帥陳許兵攻師道于濮陽拔斗門杜莊二屯事也其爲監軍即在其時又云出入四朝則其入侍之初猶在代宗時也

鄭簡之題名　長慶元年二月刻行書

裴穎修嶽廟中門記石　長慶元年刻張從本正書並在華嶽廟

宰相世系表穎衛尉卿駙馬都尉

郃國公功德銘　長慶二年十二月立楊承和撰文并正書陸邳篆額在西安府學

郃國公者中人梁守謙也韓愈平淮西碑稱守謙出入左右命撫蔡師碑中云蔡人迎戎命公撫衆與之正合守謙于興唐寺寫經爲國祈福故立此頌承和亦中人見其妻王夫人塔銘碑額已失文獻通考唐六譯金剛經恒農楊摹勒并刻字強瓊亦中人見其妻王夫人墓銘碑額已失文獻通考唐六譯金剛經恒農楊翺集中貴人楊承和集右軍書刻之興唐寺亦應是其時所爲

西平王李晟神道碑　太和三年四月立裴度撰文柳公權正書并篆額在高陵奉正原

右碑叙次忠武功績官爵不及本傳詳盡而大略並與傳合惟傳云有子十五人碑載者十二人攷世系表亦只有十二人名又李聽碑以爲十六人舊史云侗偁早世然則以侗等早世碑故不及之也

李璿題名　太和三年十一月刻正書

李虞仲題名　太和四年七月刻正書

虞仲李端之子唐書本傳虞仲字見之弟進士宏詞累遷太常博士實歷初以兵部郎中知制誥遷中書舍人出爲華州刺史歷吏部侍郎末有云判官事柳乘同來乘名又見懷素聖母帖後蓋以大理評事出判華州事也

韋公武題名　太和四年刻正書並在華嶽廟

尊勝陀羅尼經并序　太和六年四月立僧叔川撰文無可正書在西安府百塔寺

無可賈島從弟字法學柳公權

義陽郡王苻璘碑　太和七年立李宗閔撰文柳公權正書并篆額在富平學

今額上並無字蹟應是勒碑時未及之也或謂後人磨去者非

落星石題字　太和□年刻陳元錫記正書在興平

古以太和紀年者二一晉海西公一北魏文帝一唐文宗海西去廢帝不及十年字體又不類北魏爲唐人書無疑

尚書主客員外郎題名殘字　開成元年八月刻行書

郗宗□題名　開成元年閏□月刻正書並在華嶽廟

石刻十二經及五經文字九經字樣

易九卷共九石書十三卷共十石詩二十卷共十六石周禮十卷共十七石儀禮十七卷共二十石禮記二十卷共三十三石春秋左氏傳三十卷共六十七石公羊氏傳十卷共十七石穀梁氏傳十卷共十六石孝經一卷共一石論語十卷共七石爾雅二卷共五石五經文字三卷大歷十一年六月張參撰九經字様一卷唐元度撰共十石　開成二年元月立艾居晦陳玠□□□□段絳等正書隸題首在西安府學　舊唐書云文宗開成二年宰臣判國子祭酒鄭覃進石壁九經一百六十卷案實共一百五十卷外文字字様又四卷舊書總成數言之故不符耳　禮記中月令用明皇刪定本列在曲禮前　舊唐書謂石經立後數十年名儒皆不窺之以爲蕪累甚評雖不盡然然就諸經中最不堪者推儀禮如捷之爲建祖之爲祖奉之爲奉拜之爲敗或以形譌或以聲誤皆當時書石者不通禮制於此書全未寓目故臨時致多謬戾如此他如論語之脫貧而樂道道字使後人因循不改未必非此書之作俑　今本周禮太宰三曰邦甸之賦邦應作邦左傳毛伯衛來錫公命錫應作賜晉侯代鄭及郔郔應作延論語爾愛其羊爾應作女爾雅皇華也應作華皇也楊鳥白鷹應作楊白鷹者皆石本之正而後代俗本之誤也或反據以辯正石本者非石經內有旁改字有添注字如書予有亂十人添一臣字左傳昭二十二年辛丑伐京毀其西南下添子朝奔郊四

字論語陽貨篇添子曰巧言令色鮮矣仁節誣謬之至或云即張參孫自牧所改或云宋晁公武據蜀石經增入吾鄉惠徵君棟以爲是晁未知何所據或以爲即明王堯惠等所爲然其中亦有從古本改正極是處恐堯惠并不能也　唐時雖云依漢蔡邕刊碑立於太學創立石壁九經却不在學中故黎持記云舊在務本坊自天祐中韓建築新城而委弃于野朱梁時劉鄩守長安從幕吏尹玉羽請輦入城中置唐尚書省之西隅今龍圖呂公又移立于府學而建亭焉是石經置學之始末　西安府學　大成殿後舊爲碑林今稱碑洞經始於宋元祐庚午龍圖閣學士呂大忠自明迄本朝屢加輯治余以乾隆壬辰歲政務稍暇進訪古刻見屋宇傾圯經石及諸碑卒棄榛莽瞻顧悚息復議與修前後堂廡皆鼎新焉旋於土中鉤得舊刻數十片遂取石經及宋元以前者編排甲乙周以闌楯明代及近人所刻則汰存其佳者别建三楹以存置其鎖鑰則有司掌之設法保護以冀垂諸永久壁經貞石頓復舊觀後有好古者舉而弗替可也

贈吏部尚書馮宿神道碑　開成二年五月立王起撰文柳公權正書并篆額在西安府學

宿字拱之馮審之從兄也官終吏部尚書卒謚曰懿起字舉之終太尉卒謚曰文

馮戡題名　開成三年四月刻正書在華嶽廟

大通覺法師元奘塔銘　開成四年五月立劉軻撰文沙門建初正書在西安府城南

舊唐書本傳云師洛州偃師人此云緱氏人未知孰是所稱東印度王拘摩者即尸鳩摩也

戒日王者即中印度尸羅逸多也坊州刺史竇師倫倫史作綸

慈恩寺基公法師碑　開成四年五月立李洪度撰文僧建初行書在咸寧興教寺

基公者尉遲敬德之從子也常譯經于慈恩寺卒于永淳中太和間始建此塔至是勒銘焉

御史大夫李景讓題名　開成四年六月刻正書在華嶽廟

景讓字後已李暀之孫也唐書本傳稱景讓入爲尚書左丞至大中始進御史大夫幼兒爲

侍御史據此則開成時已爲此官也當是爲節度使時兼攝之官故史不記之耳

安國寺寂照和上碑　開成五年正月立段成式撰文僧無可正書顧元象額在咸陽

唐安國寺有二一在西京一在東京在西京者爲睿宗龍潛宅以景雲元年九月爲寺即此

是也在東京者爲中宗節愍太子宅神龍二年爲崇恩寺後爲衛國寺亦以景雲元年十二

月改名其並得名爲安國者以睿宗本封故也大德以太和七年卒文稱太和二年來延唐

寺以會要攷之延唐本名萬善爲會昌六年奏改碑於開成末即稱延唐是會要云云亦不

甚是矣

司直廳石幢　庚申正月立鄭模撰文裴諸正書在西安府學

庚申當是開成五年續有會昌元年評事李□述一通

陳商題名　會昌元年七月刻行書在華嶽廟

此題云司門郎中史館修撰題後又有後六年商自禮部侍郎出鎮分陝云云攷商以禮部

侍郎主文以延英對見辭不稱旨改授王起即其出鎮之事也見唐摭言唐書云商字述聖

官至秘書監封許昌縣男

大達法師元秘塔碑　會昌元年十二月立裴休撰文柳公權正書并篆額在西安府學

大達憲宗時奉詔與迎佛骨之僧正言是其弟子

崔郇題名　會昌二年六月刻行書

郇時官京兆尹宰相世系表云郇官至大理卿崔邠之弟鄲之兄也

謁嶽廟七言詩　會昌二年六月刻強至撰并行書並在華嶽廟

高士廉碑側記　會昌四年五月刻一爲六代孫元裕一爲少逸並正書在醴泉

內侍王文幹墓志銘　會昌四年十月立趙造撰文蕭睦正書在西安府龍首原

崔愼由崔安潛題名　會昌五年二月刻正書

愼由爲宣宗相寓尺東於所知必稱安潛故時人有王凝裴瓚舍弟安潛之語後亦位至侍

中古人之升沈後進若此

□伏王季題名　會昌六年六月刻行書

李□方題名　大中元年□月刻正書並在華嶽廟

陀羅尼經幢　大中二年正月立于惟則撰文正書在西安府學

楊漢公題名　大中二年五月刻正書在華嶽廟

漢公隋越公後裔字用乂官至天平軍節度使檢校戶部尚書題稱其官爲給事中當在爲

同州刺史之前唐書本傳不及之者略也

周公祠靈泉碑并題奏狀及勅批荅　大中二年十二月立正書在岐山周公廟

時崔珙爲鳳翔隴州節度使奏泉靈異詔加泉名曰潤德

李貽孫祈雪謁廟題名　大中三年十二月刻正書

鄭損盧璥題名　大中四年九月刻分書

損時爲臨晉縣令璥鄉貢進士宰相世系表損字慶遠禮部尚書璥魏州刺史

劉仁□修廟題名　大中四年十月刻正書並在華嶽廟

勅內莊宅使牒　大中五年正月立正書

比邱尼正言疏　大中五年正月立正書並在西安府學

正言名見裴休大達法師碑銘此與勅內莊宅使牒同刻其陰

李貽孫題名　大中五年七月刻行書

張權題名　大中五年八月刻正書

薛謌宋壽送坐主尚書赴滑臺題名　大中五年十月刻正書

于德晦題名　大中六年三月刻正書並在華嶽廟

德晦時官同州刺史世系表同

杜順和上行記　大中六年□月立杜殷撰文董景仁艸書在西安府開佛寺

宋白續文獻通考法順姓杜氏萬年人爲隋文帝所重月給俸供之有病者對之危坐少即

愈生而聾者與言即聽啞者與語即能言狂顛者使人領往向之禪定少選即拜謝而去又

嘗臨溪侍者懼不可濟順率同涉水即斷流其神迹類如此太宗素敬之嘗引入宮禁妃主

戚里諸貴奉之如生佛集華嚴法界觀門弟子智嚴尊者傳其教

崔瓘題名　大中七年三月刻行書在華嶽廟

宰相世系表華字汝器官至吏部尚書
定慧禪師宗密碑　大中九年十月立裴休撰文并正書在鄠縣草堂寺
宗密姓何氏果州西充縣人嘗登進士二十五歲時于遂州涪江西岸遇道圓禪師問法契
心遂受圓教文云自迦葉至達摩廿八世達摩傳可可傳璨璨傳信信傳忍忍爲五祖忍傳能
爲六祖忍又傳秀爲北宗能傳會爲荷澤宗又傳讓讓傳馬爲江西宗荷澤傳磁州如如傳
荆南張張傳遂州圓張又傳東京照圓傳之師師于荷澤爲五世可即惠可信即道信忍即
宏忍宏忍與道信並居蘄州雙峰山東山寺故謂其法爲東山法門贊寧高僧傳稱宏忍七
歲至雙峰道信密付法衣號爲東山法門者是也六祖本住寶林寺後刺史韋據命出大梵
寺辭住雙峰曹侯溪故六祖時亦稱爲雙峰和尚所謂曹溪宗者是也宏忍既傳能爲南宗
又傳秀爲北宗其弟又各以其師爲六祖秀之弟子普寂爲七祖王縉大證禪師碑叙達摩
歷傳及大通大通傳大照大通即秀大照即寂也後能宗寖而秀宗盛惟會以能門高弟直
入東都與北宗相抗獨孤及三祖碑所謂曹溪頓門孤行嶺南秀公師弟兩京法主三帝門
師帝王分坐后妃臨席惟荷澤會公致普寂之門盈而復虛能祖宗風于斯不振者以此秀
宗盛于開元會乃復于天寶至貞元十二年勅以會爲七祖北宗自是遂無所聞矣會亦稱

神會如即法如如之弟子爲惟忠惟忠即荆南張也文又云師初謁遂州繼謁荆南謁東京
後謁華巖觀觀即澄觀唐時所稱清涼國師我
朝雍正十二年特封妙正眞象禪師者也師本不識觀後遣人持書以門人禮通之觀答書有
云伯牙絕弦仲尼傾蓋別乎不面而傳意猶吾心其自作圓覺經論序有云叨沐猶吾之納
謬當眞子之印者即指其事文裴休撰其圓覺經論書前亦有休序傳次師事與此略同有
沙門如山注云休先世名許元度因建越州塔木終後託梁武帝之孫蕭誓訪曇彦禪師爲
入定觀明其宿因師云許元度來何暮昔日浮屠今如故後衆請師起龍興大殿師云并吾
所爲三百年後當有非衣功德主來至唐三生爲休改宋沈仁寀祇園寺舍利塔記文云云
與此相合說雖近誕然相傳有其事用以博異聞焉也可
尊勝陀羅尼經幢　大中十載四月立薛志顒建正書在扶風
崔彦昭題名　大中十一年五月刻正書
彦昭傳宗相
李植題名　大中十一年十一月刻正書並在華嶽廟
郎官題名柱　大中十二年十一月立不題書人姓名在西安府學
柱八面面爲三段或四段有左司郎中左司員外郎吏部郎中吏部員外郎司封郎中司封
員外郎司勳郎中司勳員外郎考功郎中考功員外郎戶部郎中戶部員外郎度支郎中度
支員外郎金部郎中金部員外郎倉部郎中倉部員外郎禮部郎中禮部員外郎祠部郎中
祠部員外郎膳部郎中膳部員外郎主客郎中主客員外郎等官官各百餘人
張權題名　大中□□年四月刻行書
李□新等題名　咸通元年十二月刻正書並在華嶽廟
大悲心陀羅尼　咸通二年孟春立正書在咸寧臥龍寺
温璋題名　咸通五年六月刻正書在華嶽廟
窣堵塔銘　咸通五年八月立高墉撰文并正書在咸陽龍華寺
王夫人墓志　乾符三年立正書在長安崇聖寺
夫人中官強瓊妻也瓊名見梁守謙功德頌後銘後刻佛頂尊勝經
修武安君廟記　乾符五年十二月立正書在咸陽縣東廟內
陀羅尼經幢　乾符六年二月立沙門詞浩正書在咸寧牛頭寺
尊勝經幢　乾符元年□月女弟子陳氏建在咸寧臥龍寺

寺于隋爲福應禪院唐名觀音寺宋大宗更名臥龍寺以僧惟果居此故也
內侍吳承泌墓志　乾符二年十一月立裴廷裕撰文行書不辨姓名董瓌篆蓋在咸寧田家灣
司空圖題裴晉公題名詩殘字　正書在華嶽廟
唐摭言云裴晉公赴敵淮西題名岳廟之闕門大順中戶部侍郎司空圖以一絕紀之曰嶽
前大隊赴淮西從此中原息戰鼙石闕莫教苔蘚上分明認取晉公題今此詩只存首二句
作嶽前大旆討淮西則有二字異矣圖書世所罕見則此十四字可寶也
濟安侯廟記　光化二年四月立李巨川撰文柳懷素正書在華州城隍廟
濟安侯華州城隍神也爲唐昭宗所封文稱許國公者韓建也懷素字知白河東人見宰相世系表
秦王重修法門寺塔廟記　天祐十九年二月立薛昌序撰文王仁恭正書篆額
天祐十九年即梁主瑱之龍德二年也秦王即李茂貞唐亡梁稱帝改元開平而茂貞與李
克用並襲天祐蜀王建稱天復七年以明年改元武成吳楊渥稱天祐十五年以明年改元
武義並是也茂貞據有鳳翔等二十州于梁主瑱貞明乙亥丙子之間鳳翔爲蜀所克史不
言復爲茂貞所有據碑可見其脫誤碑又稱天復十二年十九年二十年天復之十二年即
天祐九年其十九二十年則天祐十六十七兩年也是茂貞稱天復天祐號年之限克用專

稱天祐茂貞兼用天復天祐此其所異者也茂貞本姓宋僖宗賜姓爲李氏或云茂貞封秦王在同光初天祐十九年不得有是稱案天祐十九年卽梁亡之年明年則爲同光元年也豈茂貞自稱爲秦王莊宗因是封之耶蓋不獨武都楊盛不改義熙年號比志于陶靖節矣

劉源李彥鍧等重立秦王碑題名　天祐二十年癸未四月立正書並在扶風法門寺刻秦王重修法門寺塔廟記之側

是爲後唐同光元年是年四月己巳存勗稱制改元己巳當是二十五日此云四月二十九日是存勗已立五日矣

爾朱達墓碣　號年缺程彥年撰文正書無姓名在郃陽朱家河

府君名達字正道其先河南郡人祖澤官于馮翊因家爲起家自懷州軍事押衙授山南東道節度散兵馬使改東都留守押衙以檢校太子賓客兼監察御史終焉年三十有九卒于江陵府無競里葬于澄城縣武安鄉號年殘泐不可得其可見者如是朱家河本名大谷河世傳爾朱之後改爲朱氏居于河濱因建墓廟砌此碣于廟內近世陝人某作彼縣志卽名此爲廟碑誤矣

大悲心陀羅尼尊勝陀羅尼經幢　大朝丙午仲夏立正書在慈恩寺

西明寺尊勝陀羅尼經幢　號年泐正書在三原縣東北田村

重興寺石柱經　號年缺正書在同官

石鼓尊勝經　無號年及書人姓名在醴泉昭陵

鼓下作石山山上作天王鬼神以戴之斧鑿甚工

淨慈寺釋迦牟尼并賢劫象銘　號年缺分書在西安府

今世佛寺每造千佛閣者卽賢劫象也水經注據釋氏西域記言放弓仗塔國王有千子勇健無比來伐一國先是一國王有小夫人生肉胎大夫人妒之卽盛以木函弃之恒水國王游觀開函見千小兒端正殊好取歸養之後伐父國父大恐小夫人曰勿愁但于城西作高樓賊來置我樓上賊來小夫人令千子張口以兩手捋乳乳作五百道俱墮千子口中賊知是母卽放弓仗後于其處立塔者卽其事矣象爲裝行純造

三階大德禪師碑額　正書在咸寧爲福寺

此不知何碑之額今存寺中碑猶存半截却無一字可見

李益等題名　無號年正書並在華嶽廟

唐有兩李益一宰相撰族官至禮部尚書一爲太子庶子此未知孰是廟內凡爲唐人題名而無號年可見者又有盧舒韓解劉承□李賞李成允崔恭蔣羅漢韋彪等共八石攷宰相世系表韓解官至太子中允崔恭至汾州刺史韋彪至唐州刺史餘皆不得其人蔣羅漢則內侍省官也廟中舊碣極多向爲明人修五鳳樓用作今適柱礎予以乾隆四十三年奉勑重修乃始易以瓦石既于舊址加甃亦使古物不墜于地後來者其寶之也

梁

寄邊衣詩　乾化四年刻唐裴說撰釋彥修艸書在西安府學

說唐末登進士終禮部員外郎此詩一云說作一云裴羽仙作羽仙說妻也

折勑史嗣祚神道碑　號年撰書人並缺在府谷西北李家注

文云有子五人三曰從遠從遠卽從阮以後唐莊宗鎮太原時領府州刺史文內又有當今晉王感公有大忠云云則是碑梁時所建也　文云大魏之苗裔宇文之別緒又云爰因忠烈爲唐裔隴西氏子克行碑云折出河西折屈五代史從阮父嗣倫與此異

後唐

揚凝式題名　清泰乙未□月刻行書

王應麟云華岳題名自開元迄清泰所稱清泰蓋卽此是也黃庭堅云見顏魯公書刲郄歐虞褚薛未入右軍之室見楊少師書然後知徐沈有塵埃氣少師筆札重于一時得片紙寸書者寶逾共貝而此題名竟埋湮于殘題斷砌之間數百年莫有問之者予以見採錄之功爲不小也

晉

張希崇題名　清泰二年十月刻正書並在華嶽廟

廣慈院東北兩莊地土牒　天福六年八月立正書在咸寧香城寺

牒爲晉天福時給其刻石則在宋淳化三年六月

移文宣王廟記　開運三年正月立馮道撰文楊思進行書在同州府學

文清簡有法行書亦精整可傳

周

樂安公祭告題名　廣順癸丑六月刻□遜正書在華嶽廟

關中金石記卷弟四終

關中金石記卷弟五　　鎭洋畢沅撰

宋

王彦超修文宣王廟記　建隆三年八月立劉從乂撰文□昭吉行書并篆額

宋史文苑傳有劉從義善爲文章嘗纂長安碑文爲遺風集者當即其人

篆書千字文　乾德三年十二月立釋夢英書

夢英字皆作英惟此碑作瑛與他碑異　夢英以篆法自名而體多閒架筆趨便易不若少温之安詳端雅也且多繆體字如宙字應從由而作宙往字應從㞷而作徃土字應從土中斜近上爲三畫正均帝王字乃金玉字而作閏嚴字應從厂而作嚴匡字應從𡿨而作匩頓字應從屯而作𩑈嫡字應從啇而作𢏚出字應從屮而作𡳿克字應從㐭而作亯列字應作𠛱而作𠛱殷字應作殷而作𣪊丞字應作𠄞而作𢀜穀字應作穀而作穀教字應作敎而作𢼂觴字應作觴而作觴䍻字應作嗥而作嗥䀌字應從血而作䀌或省或增或改變皆非正體又古無藏字只用臧古無崑字只用昆古無㴱字只用𥥛古無懸字只用縣古無塗字只用涂古無貽字實用詒古無妙字實用玅古無悅字實用說此亦並用俗字拯其故蓋因玉出昆岡昆池碣石女慕貞絜紈扇員絜等字本重疊故也又逍遥古只用消摇藝古只用埶此

竟作逍遥與藝律呂調陽本爲律名隋智永唐歐褚所書皆然今則作呂吏徵謬陋矣英書已傳數百年然不能免後人之譏如此擬管者可不知所取法耶

三體陰符經　乾德四年四月立郭忠恕書

此刻唐懷惲禪師碑之陰三體者以篆爲正而以古隸分注于下也蠢字本從䖵從𧖴而省爲蠢最謬者則烈字之作𤇾耳其所用古文多無所本宋史稱忠恕有古文尚書并釋文行世今其所作汗簡中採錄甚多字體亦正俗參半乃博覽之家非求精之學也篆體既變少監舊法又加之筆畫謬戾何以示後

夢英千字文序　乾德五年九月立陶穀撰文皇甫儼正書

江淹擬休上人怨别詩　乾德五年立釋夢英十八體篆書注解分書贈詩正書並袁允中書贈詩共十二人馬去非宋白賈黃中陳摶趙逢李頌盧多遜許道寧何承矩呂端僧承矛元寶與咸平元年刻者惟賈黃中呂端二詩相同此題端爲太常丞當是太祖定國初所贈然則咸平刻云特進太子太保致仕者爲追錄無疑也米芾書史曰夢英諸家篆皆非古失實一時又從而贈尚使人媿笑

摩利支天經　乾德六年十月立袁正己正書前有摩利支天像李承珪繪書史會要正己汝南人

陰符經　乾德六年十一月立袁正己正書前有李筌遇驪山老母圖象翟守素繪

張仲荀抄高僧傳序　無號年陶穀文釋夢英正書並在西安府學

修周武王廟碑　開寶六年十月立盧多遜撰文孫崇望行書

崇望書宋時謂之院體蓋用集聖教序筆意而加豐潤者趙崡謂出于吳通微恐未必然宋史禮志廣南平遣司農少卿李繼芳祭南海除去劉鋹所封僞號及宮名又命李昉盧多遜王祐扈蒙等分撰嶽瀆祠及歷代帝王碑遣翰林待詔孫崇望等分詣諸廟書于石即其事

修周康王廟碑　開寶六年十月立黃遜浮撰文孫崇望行書並在咸陽廟內

文有云我應天廣運聖文神武明道至德仁孝皇帝宋史本紀乾德元年十一月百官上尊號曰應天廣運仁聖文武至德皇帝開寶元年十一月上尊號曰應天廣運大聖神武明道至德仁孝皇帝與此云聖文者異

修唐太宗廟碑　開寶六年十月立李瑩撰文孫崇望正書在醴泉廟內

修龍興寺塔記　開寶八年四月立正書在同州

碑無撰書人姓名文內有岵也德行無取文學甚虛之言當是撰文者名而姓無攷

蒼頡廟碑并陰　開寶八年大呂月立韓從訓撰文韓文正行書在白水

碑字甚拙其陰列孔子弟子姓名書冉耕字百牛攷漢啟母廟石闕銘百川栢鯀義作伯漢碑陰又有出錢幾伯之文是古百伯栢三字通用也書公冶長字子之范甯曰公冶長名芝字子長以芝爲名非也古芝與之同字書漆雕開字子修樊遲字子緩又分樊須爲二人則非是

法門寺浴器靈異記　太平興國三年四月立正書無撰書人姓名在扶風

保寧等寺額牒　太平興國三年四月立正書在興平

牒云興平縣清梵寺宜賜保寧之寺爲額西禪院宜賜净相禪院爲額志公塔院宜賜多寶院爲額法花院宜賜惠安之院爲額後有中書侍郎平章事盧者盧多遜也右僕射兼門下侍郎平章事左僕射兼門下侍郎平章事者當是沈義倫薛居正兩人

使帖　太平興國三年六月立正書

中書右贊善大夫通判軍州事楊而不及名劉敞等漢書刊誤曰楊氏世有兩族出赤泉侯者從木子雲當從手吳仁傑正之曰子雲先世食我食采于楊而得姓字亦應從木案魏志

楊修字從木而自稱爲修家子雲知兩字古本通也後有武功郡王宋史宗室列傳云太祖
子德昭太平興國元年鎮永興封武功郡王
縣帖　太平興國三年六月立正書此與使帖並刻牒文下
太上老君常清淨經太上昇元消災護命經太上天尊說生天得道經　太平興國五年閏三
月立麗仁顯正書前有老君像白廷璨繪在西安府學
廣慈禪院新修瑞象記　雍熙二年三月立希夷先生陳摶撰文楊從乂正書并篆額在咸寧
香城寺
周約謁祠記　雍熙二年八月刻正書在華嶽廟
新譯三藏聖教序　端拱元年立太宗御製文釋雲勝隸書在西安府學
香城寺牒　淳化二年四月立正書刻香城寺地土碑下方在咸寧
呂文仲題名　淳化四年三月刻正書
文仲時以左諫議大夫與陳堯叟爲關西巡撫使見宋史本傳
王著題名　無號年正書刻唐定慧禪師碑陰在鄠縣
著以攻書事太宗爲侍書傳以爲與呂文仲同時人故附于此

崔承業題名　淳化四年十一月刻正書在唐大智禪師碑之陰
侯建中謁詞記　淳化五年春仲刻正書在華嶽廟
贈夢英大師詩　咸平元年正月立釋正蒙正書
共三十二人陶穀楊昭儉趙逢王著蘇德祥趙文度郭從義何承裕楊徽之范杲李建中張
洎呂端賈玭李鑄師頏李若拙宋白賈黃中趙昌言鄭起許仲宣馬去非韓溥臧丙蘇易簡
王承衍陳文顥裙贊郭忠恕陳摶宋溫舒叙次官職往往與史傳合唯李若拙范杲臧丙爲
左諫議大夫鄭起爲左拾遺史並作右爲非耳又楊徽之不及爲翰林侍讀學士亦其脫略
攷碑作咸平元年刻石而史載徽之以二年爲兵部侍郎兼秘書監師頏以三年爲翰林學
士呂端以太子太保致仕亦在眞宗立後一二年並在刻石後者疑碑追刻歲月實非元年
所製也碑書諸人官職皆舉其後且顯者故有不合耳詩並言某人上或無上字唯范杲作
狂筆言甚粗鄙不足法也夢英一沙門耳其欲動朝士不必皆如詩所云云或好事者依托
爲之以張大其教耶然非所攷矣諸詩亦俱無可觀王著題云翰林學士中書舍人知制誥
當是單州人以開寶二年卒無書名與太宗時爲侍書者是兩人
說文偏旁字原并自序及郭忠恕荅書　咸平二年六月立字原篆書自序荅書正書並釋夢
英書並在西安府學
英書多繆體如晉字作[illegible]叟字作[illegible]字作[illegible]字作[illegible]胃字作[illegible]兆字作[illegible]瓦字作[illegible]皆
不合于六書之正者也英公書法與郭恕先如出一手故每相標榜恕先荅英公書亦頗稱
之而自序直云自李監之後惟洛陽郭忠恕共余深得其妙未免太自詡矣　字原于每字
下各著一音皆自爲音切不本前人所製合之紐弄之例猶無所誤其最謬者有三如音自
爲方木反攷自字古有兩音一音香一音皮及反從無方木之音音辨爲陌包反辨字從屮
卉聲毳字從卉毛卉是誤以卉爲毳字音甾爲方九反說文曰楚東名缶爲甾本音側詞反
又誤以甾爲缶字是英公非但不識字亦並不知音　顏元孫干祿字書無當于古人之正
字也然習之可以無無來歷之字賈昌朝羣經音辯無當于古人之正音也然習之可以無
無來歷之音當合此兩書刊布于時以爲初學者法式　說文切音乃徐鉉等以唐韻附入
者其廣韻爲宋人增删已非唐本今陸德明經典釋文李善及五臣文選注張守節史記正
義顏師古漢書注章懷太子後漢書注張湛列子注史崇及僧元應兩一切經音義楊齊宣
晉書音義顏師古急就章注等書具在世多讀書好古之士而卒無一人採錄諸家之說
以復唐韻之舊者何也夫由唐韻以之周合沈更由周沈以合之漢魏上溯三代音

之古今正變可概矣而後人乃指吳棫之書爲古音之正取以証詩騷漢賦何其謬
歟
修文宣王廟記　咸平三年八月立王漢撰文薦資隸書并題額在臨潼縣學
保寧寺浴室院鐘欵　咸平三年十二月建正書在興平保寧寺
欵內稱府主者知京兆府事者也內品者內侍官也所謂把門內品後苑內品及內品矣鎮
將及副鎮則鎮砦官耳
梁顥李易直安撫巴峽謁祠記　咸平三年刻正書
宋史顥本傳是年冬王均平命顥爲峽路安撫使題稱右司諫知制誥梁顥傳不及爲右司
諫者略也通鑑長編命翰林學士王欽若知制誥梁顥分爲西川及峽路安撫使國子博士
李及甫秘書丞李易直副之所至錄問繫囚自死罪以下得第降之上諭欽若等曰朕以觀
省風俗尤難其人數日思之無易卿等各宜宣布德澤使遠方知朕勤卹之意
江仲甫謁祠記　咸平四年閏十二月刻何淑正書並在華嶽廟
臥龍寺鐘欵　咸平六年十二月造正書在咸寧
勅賜西嶽廟乳香記　咸平六年九月立韓見素撰文□□正書並泊篆額在華嶽廟

後題名內有宣德郎守右司諫直史館知華州軍州事輕車都尉高紳江少虞皇朝事實類
苑曰紳江東人善篆文與李無惑同時齊名
重眞寺買田莊記　咸平六年□月立挹書人缺在扶風
修造靈寶三錄壇記　景德二年冬十一月刻龐李題正書
□仲卿祭告記　景德二載□月刻正書
廣部郎中淳于廣謁廟記　祥符建號弌載季秋刻分書並在華嶽廟
御製文宣王贊　大中祥符元年十月立正書篆額
元聖文宣王贊並加封號詔　大中祥符元年十一月立眞宗御製并正書
宋史禮志是年十一月幸曲阜備禮謁廟本紀加謚孔子爲元聖文宣王遣官祭以太牢給
便近十戶奉塋廟
承天觀碑　大中祥符二年二月立李維撰文尹熙古行書并篆額在正寧
觀唐天寶元年建明皇夢肇仙使求之得石象二十七因置此也唐書地理志云縣本名羅
川以獲玉正人像改名正寧

修文宣王廟大門記　大中祥符二年六月立孫僅撰文冉宗閔正書張格篆額並在西安府
學
宋史禮志是年以國諱改元聖文宣王爲至聖文宣王五月通封十哲爲公七十二弟子爲
侯先儒爲伯
晉國大長公主祈福記　大中祥符己酉十月立賈得升題並正書在華嶽廟
大長公主卽延慶公主下嫁石保吉以淳化元年改封卽以是年十二月薨逝悟眞大師賈
得升陳希夷弟子文內又有張德□應是張德昇見龐房報祀記
□□禪師偈　大中祥符三年正月立沙門靜己行書省中篆額在西安府學
此刻唐栖先塋記後額已失禪師泐其名
李瓊謁廟記　大中祥符三年二月刻正書
韓國長公主祈福記　大中祥符三年三月立賈得升題並正書
宋史本傳楊國大長公主至道二年封宣慈長公主咸平五年進魯國下嫁柴宗慶歷徙韓
魏徐福四國仁宗立進鄧國大長公主以眞宗本紀攷之封韓國後應是衛國非魏國也本
紀是年閏三月帝幸第視疾卽指此事案太宗七女惟此歷封韓國爲長公主若雍國大長
公主亦改封韓非此人

韓國長公主禱謝記　大中祥符三年四月立賈得升題正書並在華嶽廟
重書唐旌儒碑　大中祥符三年五月立唐賈至撰文張紳重書并篆額在臨潼縣學
文云天寶中改坑儒鄉爲旌儒鄉冊府元龜云天寶元年改麗山爲會昌山仍于坑儒之處
立祠以祀遭難諸儒
龐房謁祠記　大中祥符季秋刻正書
宋垂遠等謁祠記　大中祥符庚戌季秋立張紳隸書並在華嶽廟
文云閤門祇候宋垂遠奉命提點京西刑獄公事詣闕給假迎侍北堂與弟秘書省正字寧
遠知邑蘇丞師仲宰知京兆昭應縣張紳進士龐房同告謁嶽祠案宋史宋璫傳子明遠都
官員外郎次子垂遠閤門祇候不及寧遠名龐房報祀記云師仲宰以大理寺丞知華陰縣
事
普濟禪院記　大中祥符三年十一月立閻仲卿撰文沙門善僞習王右軍行書在汧陽龍泉
山
善僞自署爲廣慈禪院文學沙門廣慈禪院者卽府城之香城寺也爲晉天福時改名古有
集書無稱習書者習書應是依仿爲之此碑筆畫雖近却甚拙陋如閻字作門內臽右軍時

必無此體尤爲無所據矣
何昌齡謁廟記　大中祥符四年二月刻正書在華嶽廟
重修元聖文宣王記　大中祥符四年皇帝祀汾陰之月立董儲撰文僧嗣端隸書在藍田
陳繼昌謁廟記　聖宋祀汾陰歲仲春月刻弟十孫陳知新正書在華嶽廟
奉寧宮牒　大中祥符四年三月立正書在渭南今名后土廟
任中正謁祠記　大中祥符四年十一月刻正書
題云樞密院直學士知□州迴路由名嶽者時代張詠知益州也中正字慶之官終禮部尚
書
盛亮奉勅御書記　皇帝祀汾陰明年三月立正書姓名泐並在華嶽廟
賜陳堯咨疏龍首渠勅　大中祥符七年九月立堯咨行書在西安布政司廨
堯咨自署龍圖閣直學士尚書工部郎中知永興軍府與史本傳合傳云長安地斥鹵無甘
泉堯咨疏龍首渠注城中民利之卽指其事堯咨字嘉謨堯叟之弟
張懷彬投龍記　天書九載孟春立孫可久題正書
懷彬官入內供奉可久官入內高班又有李懷凝官入內高品並中人也宋史眞宗本紀大

中祥符元年春正月乙丑有黃帛曳左承天門南鴟尾上守門卒塗榮告有司以聞上召羣
臣拜迎于朝元殿啟封號稱天書
蔡汶祭告董王懷珪嶽廟設醮記　大中祥符九年六月刻張綽正書
薛田魏野謁嶽祠記　大中祥符□年正月立正書
宋史魏野傳魏野字仲先陝州陝人隱居州之東郊祀汾陰之歲與李瀆並被薦不赴案此
題云徵君魏野當是被薦之後薛田字希稷
□知常建醮記　大中祥符□年六月立正書並在華嶽廟
知常亦中人官入內高品
保寧寺浴室院建鐘樓碑　天禧二年六月立冉會撰文并行書冉商篆額在興平
文甚華贍足傳行書亦整健商自署官爲三班借職監商稅者三班借職武臣之初階監商
稅隸太府寺都提舉所謂諸州易務雜買務雜買場者是也
許文德題名　天禧三年十月刻正書在華嶽廟
大宋敎興頌　無號年盧儀先生撰文唐英篆額在西安府學
此刻廣永興大子廣堂碑後碑題皇帝嗣明離之三葉歲在未月建午日丁卯宋自太祖至

眞宗有天下者三世眞宗卽位之後歲在未是爲天禧三年也宋史文苑傳有馬應自稱先
生于開寶初倣元結中興頌體作敎興頌以述太祖下荆湖之功碑序所稱文表起戎保權
告難頌所稱洞庭漣漣巴陵遷遷皆荆湖間事此稱盧儀先生而不詳姓名當卽其人
鄧保□送御書神述碑石記　天禧四年十月立正書
文有云巳後午前丙時監之所稱丙時卽二十四路法也其法出之淮南子天文訓子午卯
酉爲二繩丑寅辰巳未申戌亥爲四鉤東北爲報德之維西南爲背陽之維東南爲常羊之
維西北爲號通之維所謂四維者乾巽坤艮四路也故下又有斗指子則冬至指癸則小寒
指丑則大寒指報德之維則立春指寅則雨水指甲則驚蟄指卯則春分指乙則淸明指辰
則穀雨指常羊之維而立夏指巳則小滿指丙則芒種指午則夏至指丁則小暑指未則大
暑指背羊之維而立秋指申則處暑指庚則白露指酉則秋分指辛則寒露指戌則霜降指
號通之維而立冬指亥則小雪指壬則大雪等說道家傳黃帝宅經多有其法世蓋襲用之
而不知其出於淮南矣
鄧保□監立神述碑石記　天禧四年十月立正書
題云神述碑一斤玉篇有斤字云斤也又有廳字云客廚此蓋以斤爲廳紫聽事之所爲廳
古無斤廳二字是卽用聽字矣
劉錯謁祠記　天禧庚申歲刻正書
段徵明建醮記　乾興元年二月刻正書
題云奉宣差入內內侍省內侍高品段徵明往慶成軍太寧宮太寧廟開啟道場慶成軍卽
河中府榮河縣以大中祥符中陞爲軍太寧宮卽后土祠禮志曰大中祥符四年改奉祇曰
太寧宮
范雍謁祠記　乾興壬戌四月刻正書
題云陝西轉運使尚書兵部員外郎賜紫金魚袋以傳攷之當由京東轉運副使歷河北轉
運使及陝西也史不及兵部員外郎是其缺略
上官沖謁祠記　乾興元年五月刻正書
范雍再謁祠記　天聖癸亥九月刻正書
題云今歲自三司度支副使遷此官復爲本路轉運使以傳合之蓋由陝西轉運使入爲三
司戶部副使又徙度支以尚書工部郎中爲龍圖閣待制陝西都轉運使耳
宋漢臣祭禱記　乙丑歲乙酉月刻正書

文稱壬戌歲乙巳月又稱甲子歲丁丑月又稱乙丑歲戊寅月又稱當歲壬午月乙酉月壬
戌當是乾興元年甲子爲天聖二年乙丑則三年也攷文安公牡丹詩爲漢臣所刻是漢臣
其時人
劉近恭謁聖容記　天聖三年□月刻正書並在華嶽廟
浴室院鐘樓記碑陰　天聖四年五月僧思詮正書在興平
勤愼刑文并箴　天聖六年五月立晁迥撰文盧經正書在西安府學
迥判西京時年已八十餘矣其爲殿中丞嘗失入死囚奪官二秩故晚年津津愼刑若此於
此可見古人悔過之亟
棲禪寺修水磨記　天聖八年八月立沙門志陞撰文并行書在鄠縣艸堂寺
文云寺之東南隅曰高觀之谷長安志作高冠在林谷之東去縣三十里水磨之法置車輪
於水中軸高丈餘設板使軸上出以置磑磑石兩層上層四周縶縣之使不復動水從高下
卸激輪則下磑旋轉如風能濟千人食明徐光啟農政書有其遺製乃秦西龍尾等車法之
祖也今秦地人猶用之
文安公牡丹詩　天聖九年五月立劉孟堅序行書篆額無姓名在咸寧香城寺

永興軍牒　景祐二年二月立　僧惟悟書

此刻唐郊國公功德銘之陰時范雍以戶部侍郎知永興軍請以府城隙地立學舍并乞國子監九經書籍故給此牒牒以元年正月下至二年二月始昔上石也上有門下侍郎兼吏部尚書平章事呂者呂夷簡也工部尚書平章事李者李迪也戶部侍郎參知政事王者王曙也刑部侍郎參知政事宋者宋綬也下皇叔行雍州鳳翔牧荊王者周恭肅王元儼也攷史本紀及諸傳並合

中書劄子　景祐二年十一月立　正書並在西安府學

陳執中謁祠記　景祐四年十月刻　正書在華嶽廟

宋史本傳執中字昭譽明道中安撫京東進天章閣待制使還知應天府徙江寧府再遷工部郎中改龍圖閣直學士知永興軍案此云陳執中自天章待制除龍圖閣直學士知永興軍府與史傳合

興元府修文宣王廟記　慶歷二年正月立　竇充撰文并正書篆額姓名闕在褒城

興慶池禊宴詩并序　慶歷壬午歲上巳日立序張子定撰詩共十八人范雍張奎劉渙張子定張掞王揚庭李諷尹仲舒陶詢趙濟宋宏雷簡夫楊初平史瑜董士廉文彥若趙寅王冲正書隸額在西安府學

四六序典雅清麗詩並卓卓可傳子定高平幕下士也可想見一時之盛

王堯口謁祠記　慶歷壬午仲冬刻　正書在華嶽廟

題云被詔綏撫涇原又云經畫西事以史攷之即王堯臣也堯臣以翰林學士知審官院陝西用兵爲體量安撫使韓琦徙秦州范仲淹徙耀州堯臣言二人不當置之散地又薦种世衡狄青有將帥才慶歷二年九月趙元昊自鎮戎軍原州入寇乘勝掠平凉關中震恐仁宗思其言復以琦仲淹爲招討使使堯臣再撫涇原其所論沿邊城砦設險阨要賊徑通屬及備禦輕重之策動關利害故史節載其文以仁宗本紀攷之是年十月甲寅有遣使安撫涇原路之文而不署姓氏夫堯臣能識韓范於旣敗之後舉种狄於未用之先所見已爲卓然又經略西兵朝廷多從其計至以疏請諸事付之各鎮用取爲法是堯臣之出爲當時重有關係之人本紀反略之宋史之採撫失當於此可見

浴室院建鐘樓碑陰記　慶歷癸未五月刻　正書在興平

普通塔記　慶歷五年二月立　盧觀撰文沙門可度正書在扶風

法門寺重修九子母記　慶歷五年閏五月立　張夷撰文魏戩正書在扶風法門寺

程琳謁祠記　丁亥六月立　正書

題云推誠報德功臣宣徽北院使武昌軍節度鄂州管內觀察處置等使光祿大夫檢校太傅使持節都督鄂州諸軍事行鄂州刺史兼御史大夫充陝西路安撫使兼鄜延路經略使馬步軍都部署判延州軍事管內勸農使上柱國安定郡開國公食邑三千九百戶食實封七百戶程琳案宋史本傳云琳字天球永寧軍博野人累官太常博士權三司戶部判官大中祥符中修起居注提舉在京諸司庫務知制誥判吏部流內銓權三司使改樞密直學士知益州遷給事中權知開封府再遷工部侍郎龍圖閣直學士復爲御史中丞不拜以翰林侍讀學士兼龍圖閣直學士再知開封府改三司使遷吏部侍郎參知政事遷尚書左丞尋爲戶部侍郎知天雄軍又以左丞爲資政殿學士遷工部尚書加大學士河北安撫使改武昌軍節度使知永興軍陝西安撫使以宣徽北院使判延州仍爲陝西安撫使拜同中書門下平章事判大名府

施昌言修廟記　慶歷七年秋立　隸書

題云天章閣待制知華州事施昌言宋史本傳昌言字正臣通州靜海人累官屯田員外郎知太平府入爲殿中侍御史開封府判官安撫淮南還以禮部員外郎兼侍御史遷三司度

支副使除天章閣待制河北轉運副使降知華州

田況謁祠記　慶歷丁亥仲冬立　正書並在華嶽廟

云樞密直學士田況宋史本傳況字元均趙元昊反夏竦經略陝西辟爲判官後遷陝西宣撫副使

禮法門寺眞身塔詩　慶歷戊子暮春立　張問作王宗元行書在秦王重修法門寺塔廟記之陰

葉清臣謁祠石幢　慶歷八年四月立　正書在華嶽廟

題云翰林侍讀學士尚書戶部郎中知永興軍府事本路安撫使兵馬都部署吳興郡侯葉清臣宋史本傳清臣字道卿蘇州長洲人歷官太常丞直史館以左正言知制誥判國子監陝西用兵擢起居舍人龍圖閣直學士權三司使爲呂夷簡所惡出知江寧府踰年入翰林爲學士以父憂服滿除翰林侍讀學士知邠州改澶州進尚書戶部郎中知青州徙永興軍仁宗御天章閣名公卿出手詔問當世急務清臣聞之爲條對復爲翰林學士權三司使案此內有慶歷丁亥秋赴官明年四月蒙恩名還云云當是復爲翰林學士時事

王元等題名　慶歷八年九月刻　正書

慈恩寺塔枕石上多作佛象皆唐筆也凡宋元人題名並在空處明人則大書佛像之上致
歷代名畫記云塔內面東西間尹琳畫塔下南門及西壁千鉢文殊尉遲畫南北兩間及兩
門吳畫唐寺多畫壁故記云爾其稱南門及南北兩間當即是枕石所刻筆畫精整有法猶
可寳也

雷簡夫題名　慶歷年月缺隸書並在慈恩寺

程琳再謁祠記　皇祐己丑四月立正書在華嶽廟
內有云太常博士蔡挺即工部尚書蔡敏肅公也字子政史但載從王堯臣范仲淹兩次宣
撫陝西不及程琳并不及爲太常博士俱是缺略

重修李太尉祠堂記　皇祐元年六月立王哲撰文張大中正書廖山甫題額在富平覓子店
太尉唐李光弼也其地有赤眉廟皆爲縣令改爲祠堂至今尚存

王宗元題名　皇祐己丑尚署之月刻宗元行書在秦王重修法門寺塔廟記之陰

重修扶風縣學記　皇祐元年九月立姚嗣宗撰文正書在扶風

李杞謁祠記　皇祐辛卯仲冬刻正書在華嶽廟
蘇軾有臘月遊孤山訪惠勤惠思二僧詩又有李杞寺丞見和前篇復用元韻答之詩疑即
其人

復惟識廨院記　皇祐三年立黃庶撰文□□元正書在西安府學
此刻隋皇甫君碑後唯識廨院者藍田故龍泉寺也有洪集者與姚氏共復之而爲之碑碑
書或正或行或艸或兼篆籀分隸奇怪適偉莫名一器余所見隋開皇時曹永恪修陳思王
廟碑亦如是後世無人敢效之矣

李叅毋沆等題名　皇祐甲午上巳日刻行書在鄠縣艸堂寺
此即至和元年是年四月改元叅字清臣知興元府時又有李清臣字邦直非此人

京兆府小學規　至和元年四月立裴衿正書在西安府學

遊藥水寺詩　至和三年立劉異撰正書在略陽
寺在縣南七里嘉陵江之藥水巖方輿勝覽稱去河州城七里南有二石洞洞有泉能療疾
者此也異詩自注云山上有石乳洞昔人采石乳入此洞中約行半日忽見天氣清朗奇花
異木非凡境所有爲白鹿所觸驚迷而返後再遊則有大石塞其門矣今洞又在藥水巖之
上五里云洞口石尚存

封濟民侯牒　嘉祐二年二月立正書隸額無姓名後有金正大三年二月蔡□題名在郿縣
太白廟
案牒以至和二年七月給後叙四人給事中叅知政事程者程戡也戶部侍郎平章事富者
富弼也兵部侍郎平章事劉者劉沆也吏部尚書平章事文者文彥博也濟民侯太白湫神
也是時李昭遘知鳳翔府事以所雨感應請於朝因得以封之也昭遘稱山有祠宇不知建
置之始唐貞元中詔京兆尹韓皐重修據柳宗元集有碑具載感應後唐清泰中復加繕葺
國朝祥符二年專遣使修完春秋邑令致祭列在祀典臣兼聞慶歷七年河南府王屋縣析
城山聖水泉特封爲潤德侯其例未遠可舉而行牒奉勑宜特封濟民侯攷太白神唐天寶
八載封爲神應公十四載爲靈應公而宗元碑不載宋眞宗已封通泉廟爲靈派侯而昭遘
亦不及宋志王屋縣熙寧五年屬孟州則是時猶屬河南也碑爲縣令賈番立石書法仿顏
平原疑即所書

白水路記　嘉祐二年二月立雷簡夫撰文并正書篆額在略陽
文云至和元年冬利州路轉運使李虞卿以入蜀青泥舊路高峻請開白水路以便公私之
行具上未報先預畫材費以待其可又請知興安軍劉拱總督工作命僉署興安判官李良
祐權知長舉縣令商應案視險易因知河池縣令王令圖首建路議即移文令圖通幹其事

明年七月詔可十二月畢工初路未成李先遷東川路新轉運使田諒至審其積狀以嘉祐
二年三月奏上且曰虞卿以至和二年仲春興役仲夏移去其經營建樹之狀與令圖同願
朝廷旌虞卿令圖之勞用勸來者朝廷依其請其略如此案白水路因江爲名白水江水經
注所稱濁水者是也青泥亦水名太平寰宇記有左溪水入嘉陵江者即是水經注漢水又
東南于槃頭郡南與濁水合水出濁城東流與丁令溪水會又東逕武街城南故下辨縣治
也又東宏休水注之又東逕白石縣南又東南泥陽水注之又東南與仇鳩水合又東南與
河池水合又東南兩當水注之即故道水又南注漢水

張恭禮建醮記　嘉祐四年三月立正書在華嶽廟
恭禮中人也官入內內侍省內侍高品

呂大忠等題名　嘉祐庚子三月刻正書在白水蒼頡廟碑之上方

种諤題名　嘉祐庚子四月刻正書在華嶽廟
諤字子正种世衡之子題云大理寺丞知縣者蓋以棘丞出知華陰縣事也本傳不及之

張遲題名　嘉祐六年四月刻正書在秦王重修法門寺塔廟記之側

嘉祐殘字　嘉祐壬寅五月刻正書在慈恩寺

程遵路謁祠記　嘉祐七年三月刻隷書在華嶽廟
石林亭詩　嘉祐七年十二月立劉敞蘇軾倡和作李邰正書篆額在麟遊
石本唐苑中物原父購得之爲此亭與東坡倡和王彖之云亭在麟遊縣治東
韓愈五箴　嘉祐八年二月立李寂篆書在西安府學
寂於宋不甚著名筆格方整可觀惜其有譌體處書家所不避也
妙德禪院明覺殿記　嘉祐八年六月立雷簡夫撰文劉戡正書在耀州
章惇題名記　甲辰正月立行書在鄠縣艸堂寺
文云惇自長安率蘇君旦安君師孟至終南謁蘇君軾者宋史惇傳惇舉甲科調商洛令與
蘇軾遊南山抵仙遊潭潭下臨絕壁萬仞橫木其上惇揖軾書壁軾懼不敢書惇平步過之
乘索挽樹攝衣而下以漆墨濡筆大書石壁曰蘇軾章惇來既還神彩不動即其時事也今
仙游寺題名已失所存者惟此耳
題太史公廟詩　治平元年閏五月刻李奎作正書在韓城
盧盛等題名　治平甲辰六月刻正書在慈恩寺
留題玉華山詩　治平三年四月刻宋球張道宗作冀上之正書

宮在縣西三十五里唐書地理志貞觀二十年置玉華宮宮在縣北四里鳳皇谷永徽二年
廢爲寺舊云縣有玉華山宮以山名據此知山實以宮名也金於此置玉華鎭書史會要冀
上之字冠卿西河人楷書師歐陽率更
玉華山詩　治平丙午五月立張峋作冀上之正書並在宜君玉華宮
史炤謁祠記　治平三年十月刻正書在華嶽廟
唐張說溫泉箴　治平丁未孟冬立楊方平正書在臨潼

關中金石記卷弟五終

關中金石記卷弟六

宋　鎭洋畢沅撰

孫永范純仁等題名　熙寧元年三月刻正書在慈恩寺
王諫題名　熙寧戊申三月刻行書在麟遊萬年宮碑額之陰
閻詢謁祠記　戊申重陽日刻正書
宋史詢傳詢知商州神宗初轉右諫議大夫改邠同二州提舉上淸太平宮使此詢自署諫
議大夫是從商州還朝道經於此留題耳
楊遂題名　熙寧庚戌七月刻正書並在華嶽廟
題云宋馬軍都使容州觀察使新環慶副都總管楊遂宋史本傳遂作燧云開封人累遷榮
州團練使京城左箱巡檢英宗即位以爲邠州防禦使步軍都虞候歷環慶涇原鄜延二路
副都總管至馬軍副都指揮使由容州觀察使拜寧遠軍節度殿前副都指揮使卒謚莊敏
地理志容州屬廣南路
陳繹題名　熙寧三年九月刻行書
王疇題名　熙寧庚戌中冬刻行書並在渭南唐王忠嗣碑之陰

陳繹謁祠記　熙寧三年十二月刻正書
題云熙寧二年九月守彰化十一月移本路轉運副使制置解鹽使明年十一月移京東轉
運使案宋史本傳繹字和叔開封人神宗立爲陝西轉運副使入直舍人院修起居注知制
誥拜翰林學士以侍講學士知鄧州史不及爲京東轉運使者缺也
劉忱謁祠記　熙寧辛亥孟夏刻正書
忱即議遣河東疆界者見宋史神宗本紀
呂蕡謁祠記　熙寧四年五月刻正書並在華嶽廟
題內有大忠大鈞大臨大觀名范育呂大鈞墓表云考蕡比部郎中贈左諫議大夫六子五
子相繼登科知名當世其季賢而早死君其弟三子也攷宋史呂大防傳云兄大忠弟大鈞
故大鈞爲弟三子文云蕡自京師□□安當是自京師至延安時大防知延州蕡至其任所
也
范育等題名　熙寧四年六月刻正書在同州聖教序記之陰
育字損之范祥之子官終給事中戶部侍郎
張孝孫謁祠記　熙寧辛亥中元日刻正書

林顏題名　熙寧辛亥中冬刻正書
蔡延慶謁祠記　熙寧六年正月刻正書
云治平丁未夏領本路提點刑獄謁祠下後六年蒙恩除天章閣待制秦鳳等路都轉運使
過祠下恭謁金天帝宋史本傳延慶齊從子字仲遠歷官福建路轉運副使提點京東陝西
刑獄神宗初以集賢校理爲開府推官加直史館知河中府同修起居注直舍人院判流内
銓拜天章閣待制秦鳳等路都轉運使
劉航等謁祠記　熙寧癸丑仲秋刻正書
盧訥祈雪記　熙寧癸丑仲冬刻王讜正書並在華嶽廟
宋史神宗本紀熙寧六年十一月丙寅大雪案是歲八月壬申朔此云仲冬十九日祈雪當
猶在丙寅之前也
吳中復題名　熙寧七年二月刻中復隸書在慈恩寺
陳紘謁祠記　熙寧七年二月刻正書在華嶽廟
趙并皮公弼等題名　熙寧七年仲冬刻吳中復隸書在慈恩寺
王欽臣謁祠記　熙寧十年三月刻正書

欽臣王洙之子字仲至欽臣曾爲陝西轉運副使此云權發遣鞏牧判官公事當在爲副使
之前史不及之也
張叔卿謁祠記　熙寧十年三月刻正書並在華嶽廟
梵書唵字賛　熙寧丁巳八月立太宗御製賛沙門顯俊正書在咸寧臥龍寺
蔡確謁祠記　熙寧□□六月刻正書在華嶽廟
題云直集賢院温陵蔡確以宋史本傳攷之確直集賢院正在其時故附於此
海公壽塔記　元豐改元九月立釋慧觀撰文王賾正書在咸寧
此刻香城寺地士牒碑後
俞次皐謁祠記　元豐元年十月刻次皐正書
題云出帥華池者知慶州也華池以熙寧四年改名合水此存舊稱
薛昌朝題名　元豐戊午中冬刻正書
孫迥謁祠記　元豐戊午□月刻迥正書並在華嶽廟
渾王廟記　元豐二年三月立馬唐民撰文郭仲益正書在宜川
廟在鳳翅山上在今縣之東南五里文云廟直丹州之東二里在兩岸間者唐舊治也舊誤

爲閏王廟以閏渾聲近後左藏庫副使知丹州事高漁爲之改正唐民撰文以紀其事
蔣之奇題名　元豐己未六月刻正書
題不署官職攷之奇于神宗初爲殿中侍御史因誣劾歐陽修貶監道州酒稅改監宣州是
時正在退貶之時故不及之耳
蔡延慶再謁祠記　元豐己未夏刻正書並在華嶽廟
云自龍圖閣直學士涇原路經略使赴名者本傳延慶以應辦熙河軍須功進龍圖閣直學
士王韶入朝攝熙帥不及爲涇原經略使者略也
封忠武王廟勅　元豐二年八月立前載中書門下牒後載加封勅側載中書劄子並郭仲益
正書馬唐民題額在宜川
内有右諫議大夫叅知政事蔡者蔡確也云渾王瑊生有助勞歿而英顯伏望朝廷特沛殊
恩別加徽稱仰勅封爲忠武王攷瑊在唐時已謚忠武王此亦因其故封耳時高漁知丹州
軍事以祈雨感應請于朝故有應期得雨澗深一赤云云赤與尺古字通碑後有崇寧元年
九月王碩跋
天馬賦　元豐三年正月米芾行書在西安府學

此是明人以墨本鉤摹者後有魏應龍黃公望諸人跋
謁太史公冢祠記　元豐庚申季春刻王景修正書在韓城
王璞題名　元豐庚申初夏刻正書在麟遊唐九成宫碑之側
□□祠堂後記　元豐庚申立馬唐民撰文郭仲益正書在宜川
此碑相傳以爲渾瑊廟後記案其文云□□在三堡原唐高宗永徽辛亥遷于丹陽川之口
昭宗景□刺史王公惜其德施於人而名晦不顯因訪舊得使君舊塋於西嶺構屋而祠之
則非渾瑊矣史傳莫可攷証姑志之以俟知者
孫眞人祠記　元豐四年六月立王囖撰文後有金重刻祠記跋係大定九年七月米孝思撰
文並正書在耀州五臺山
文云華原本京兆屬邑後建爲別郡曰耀其城之東有沮水水東二三里有山曰五臺爲孫
眞人舊隱之地案今沮水在州城之西是城亦非華原舊築矣五臺山本名風孔山長安志
云風孔山在華原縣東五里今山在城東猶二三里稍以道里以長安志爲是碑云在水東
二三里者恐非也碑又云有昆明池龍胡僧利其寶貨取去求救於眞人眞人因得其方書
此事出酉陽雜俎云胡僧利其腦非寶貨也續仙傳云千金方以救龍子得之與此說異今

千金方書前有眞人自敘惟言集古方書卻此說近誕用以博異聞焉可耳
集陶潛歸去來詞詩　元豐四年九月立蘇軾撰并行書在西安府學
劉陶謁祠記　元豐五年正月刻正書
趙諒謁祠記　元豐五年孟秋月刻正書並在華嶽廟
諒自署爲文思副使者武階也有文思使又有副使東染院使應轉洛苑使有戰功得轉文
思使東染院副使應轉洛院副使有戰功得轉文思副使其敘遷之例如是
雙皇英行　元豐五年七月立陳叔度作子正舉隸書并跋在臨潼温泉
吳鞏等題名　元豐五年季秋日刻張覲正書在麟遊唐九成宮碑之側
歐陽修昭仁寺跋尾　元豐五年十一月刻張浮正書在長武唐昭仁寺碑之陰
謝卿材題名　元豐癸亥三月刻正書在朝邑饒益寺
蘇軾天和寺詩　元豐癸亥六月軾行書陳雄跋正書在扶風
薛紹彭題名　元豐六年六月刻正書
王顗謁祠記　元豐六年九月刻正書並在華嶽廟
張琰等題名　元豐癸亥仲冬刻陳琳正書在麟遊唐九成宮碑之側

陳康民謁祠記　元豐七年八月刻正書
王子文建醮記　元豐乙丑戊寅月刻正書並在華嶽廟
張琬等題名　元祐元年閏三月刻正書在慈恩寺
薛俅祭奠記　元祐元年十一月刻正書在華嶽廟
范□題名　元祐二年四月刻正書在慈恩寺
上清宮詞　元祐二年六月刻蘇軾作并行書在盩厔縣學
玉海有神降於盩厔民張守眞家守眞爲道士即所居剏北帝宮太宗嗣位眞君降言有忠
孝加福愛民治國之語詔于終南山下築宮凡二年宮成中有通明殿題曰上清太平宮祀
神之夕上望拜宋史禮志太祖神御之殿鳳翔上清太平宮
薛紹彭題名　元祐□年□月刻正書在鄠縣唐定慧禪師碑之側
此應是元祐二年時與蘇軾等同遊鄠杜故題名於此
游師雄祭告記　元祐三年正月刻正書在華嶽廟
游玉華宮記　元祐三年四月立游師雄撰文並正書在宜君
杜純挈家謁祠記　元祐戊辰閏四月刻男開奉命書在華嶽廟

題云轉運使濮陽杜純本傳云元祐元年范純仁韓維王存孫永交薦之除河北轉運判官
歷徙陝西轉運使
游師雄仇伯玉等題名　元祐三年五月刻正書在同州聖教序記之陰
王漢卿題名　元祐三年八月刻正書在慈恩寺
呂義山等題名　元祐戊辰十二月刻行書在温泉
李英公神道碑陰記　元祐四年二月刻游師雄撰文黎持正書
李衛公神道碑陰記　元祐四年二月刻游師雄撰文并正書
昭陵六馬圖并游師雄記　元祐四年端午日立刁玠正書蔡安時篆額並在醴泉
師雄記曰六馬像贊歐陽詢書高宗時勅殷仲容別題于石坐歐書今不復見而仲容之字
尚存如寫白蹄贊云平薛仁杲時乘盜知唐史誤以杲爲果致吳縝新唐書糾繆亦有其說
蓋果杲字形相近致誤也
刻李義山題渾忠武王祠堂詩　元祐四年重陽日刻游師雄跋并正書後有五年仇伯玉張
舜民題名
祠爲奉天令錢景逢建師雄跋云公有大恩於斯民宜乎百世血食然而廟貌闕如常與邑

宰錢君語及君因圖亭葺爲祠堂既圖公之像并刻李商隱詩以附焉今像不存
渾忠武王祠堂記　元祐五年清明日立辛有撰文安宜之正書并篆額並在乾州
謁太史公祠記　元祐五年夏四月立郤䜌題正書在韓城芝山
是不著書人姓名字體瘦勁與游師雄墓志略同應即郤書無疑郤字仲恭丹陽人嘗授筆
法於蔡元長元長教以學沈傳師者文云元祐五年春不雨夏四月丁酉詔書委所在長史
躬禱境內名山大川將以戊午有事于禹廟者宋紀是年二月辛丑罷修黃河癸卯禱雨嶽
瀆罷後京城濠丁未減天下囚罪杖以下釋之四月甲辰呂大防等求退不允丁巳詔避殿
減膳諸所書皆以旱故也攷是年至五月始得雨紀于二月書禱雨岳瀆而是題四月猶有
事禹廟則其往復遣官禱祭情事可知攷史是年正月丁卯朔二月有丁酉不言朔當是二
日則辛丑爲六日癸卯爲八日丁未爲十二日也四月丁酉應是三日甲辰爲十日丁巳則
二十三日也史于三月亦著丙申朔合大小餘之例亦無誤
京兆府新移石經記　元祐五年九月立黎持撰文安宜之正書篆額在西安府學
轉運使杜孝錫題名　元祐庚午十月刻行書在鄠縣唐定慧禪師碑之側
孝錫即杜純此以字行與前書名者異

九成宮六言詩　元祐五年十二月立游師雄作下有閣上功跋正書
刻唐凌烟閣功臣畫像并贊
只存王珪魏徵李勣侯君集四人上有像贊並正書亦元祐五年游師雄所刻並在麟遊
摹吳道子觀音二像　元祐辛未仲夏刻下有呂由聖贊并跋並正書在西安布政使司廨
張保源游高驪潭記　元祐壬申刻正書
高驪潭卽高觀谷水所滙者也驪觀亦字通
劉銅等十八宿紫閣題名　元祐壬申秋社後一日刻正書並在鄠縣唐定慧禪師碑之陰
重修郃陽縣學記　元祐癸酉正月立時彥撰文王寔正書并隸額在郃陽
時彥字邦美開封人官終吏部尚書史有傳
游師雄題名　元祐八年正月刻正書在華陰玉泉院
右在山蓀亭下字徑一尺五六寸景叔書莫大於此
坊州刺史盛南仲遊玉華宮記　元祐癸酉二月立王績正書在宜君
杜牧阿房宮賦　元祐八年六月安宜之正書後有游師雄記亦宜之書在西安府學
游安民祈晴記　元祐癸酉仲秋刻正書在華嶽廟

王詵題名　元祐癸酉刻行書在慈恩寺
游師雄章楶等題名　元祐甲戌中和節後一日刻正書在同州聖教序記之陰
趙光輔觀音變相畫壁跋　紹聖元年四月立游師雄作并正書在耀州
宣和畫譜光輔官大理評事善畫番馬時人稱趙評事番馬圖繪寶鑑光輔耀州人太宗朝
爲畫院學士工畫佛道人物兼精番馬
王濟叔白耘叟題名　紹聖元年仲夏刻隸書在鄠縣唐定慧禪師碑之陰
昭陵圖并說　紹聖元年端午日立楊安繪游師雄撰文并正書在醴泉唐太宗廟
右圖太宗昭陵并附肅宗建陵在今縣北五十里陵寢記以爲在縣東三十里者唐縣也并
附陪葬諸臣一百六十五人姓名攷新舊唐書唐會要及文獻通攷所載互有不同唐書七
十四人通攷百五十五人會要一百六十七人攷昭陵陪葬例子孫願從其祖父者聽如姜
遐爲行本之子行本在陪葬諸臣之例遐得從其父葬又陸先妃葬于麟德中特請陪葬此
皆在常例之外者故諸家互有不同也惟是當時各家皆有穹碑夾以蒼松翠栢巨槐長楊
下宮寢殿與表裏山河共成形勢一時君臣際會之隆號稱極盛自朱梁盜發而後再歷千
年金虎石麟淪没榛莽不但基址荒蕪卽金石文字亦漸剥蝕無存余以乙未春季閱視涇

陽龍洞渠道出醴泉瞻拜元宮周覽封域因飭地方官重加修葺並爲釐正疆界建立碑亭
庶使樵牧牛羊知所禁辟而遺徵先烈得以垂諸永久云
張重威昭仁寺碑陰記　紹聖元年七月刻正書
曹調鼎昭仁寺碑陰記　紹聖元年八月刻正書並在長武
胡宗回謁祠記　紹聖元年季秋刻正書在華嶽廟
宋史本傳宗回字醇夫官陝西轉運使吏部郎中紹聖初以直龍圖閣知桂林此題云自陝
西轉運使被命移帥桂林與傳皆合
朱先奇王普題名　紹聖二年三月刻正書在鄠縣唐定慧禪師碑之陰
李行之題名　紹聖二年四月刻行書在扶風唐宏農先賢積慶碑後
游玉華宮記　紹聖二禩五月立錢景允撰文隸書在宜君
李章游艸堂寺詩并子百堅跋　紹聖二年九月立百堅正書
薛嗣昌詩　紹聖二年季秋月立正書並在鄠縣艸堂寺
嗣昌紹彭之弟
關山月關山雪詩　紹聖丙子朱構作並正書在隴州大佛寺

朝請郎柴公玉華寺詩　紹聖四年九月立胡投正書在宜君
游師雄墓志　紹聖四年十月立張舜民撰文邵龢正書在西安府學
師雄橫渠弟子治平元年舉進士爲儀州司曹參軍自治平迄元祐二十餘年皆在邊帥幕
府始因范忠宣薦韓魏公委督築熙寧塞糧餉後歷蔡挺韓絳劉琯趙卨諸幕而在卨幕最
久元祐以後屢經遷轉十餘年始徙知陝州而公已殁矣神哲二宗知之未爲不深也而卒
不得大用此識者所以有用不盡才之恨歟宋史西夏傳載秉常嗣國後二十年中凡屬戰
守之事得失具見合此志攷之大略出之師雄者居多余集陝省金石目録見留遺筆跡幾
至廿種其才略風槪瑰偉卓犖宋世少其儔匹採録之餘令人企慕久之
敕賜重興戒香寺公據　紹聖四年十月立僧文才正書在郃陽百里社
游玉華宮記　紹聖年月缺錢景廸撰文並正書在宜君
瞿伯宗題名　元符己卯三月刻正書在鄠縣
陳知存謁祠記　元符己卯季春刻正書在華嶽廟
王正臣李援題名　元符己卯仲夏刻正書在鄠縣
白雲山主得利塔記　元符二年十月立趙宗輔撰文僧道雅正書并題額在高

陵
文云師初居鄠縣白雲山淨居禪院後居縣之隆昌寺淨居在白雲山下唐舊寺也隆昌寺在毘
沙鎮金史地理志云縣有毘沙鎮者是也寺爲宋太宗賜額宗輔鎔之子官至西京左藏庫副使
李援蘇昞等題名　元符三年二月刻隸書
修鳩摩羅什塔亭記　元符三年六月立甯祖武撰文隸書無姓名並在鄠縣
程懿叔遇雪詩　元符三年十月刻正書在臨潼溫泉
李常等題名　建中靖國元年三月刻正書
路允蹈宿逍遙寺記　建中靖國改元四月正書刻定慧禪師碑之陰
孫諫孫竑等題名　建中靖國元年五月刻正書並在鄠縣
張景修等題名　崇寧元年二月刻正書在同州聖教序記之陰
梅澤過艸堂望終南山經樊川懷杜牧之行役述懷諸詩　崇寧改元三月刻崔珙正書在鄠
縣艸堂寺
淨相寺橙軒詩　崇寧壬午九月刻彭廸明作正書在興平
王碩題忠武王廟碑記　崇寧改元九月立正書在宜川元豐二年勅封忠武王記之上方

靜應廟記　崇寧二年三月立王允中撰文東長孺正書并題額在五臺山
廟於唐爲靜明寺是時勅賜靜應廟額爲孫眞人祠
終南山雜咏　崇寧二年六月刻李騊作崔珙行書在鄠縣艸堂寺
靜應廟勅并封妙應眞人告詞　崇寧二年八月立王悊正書并題額在五臺山
中有中書侍郎趙挺之又有尚書左僕射兼門下侍郎京蔡京也門下侍郎將許將也尚書
右丞居厚吳居厚也吏部尚書執中何執中也吏部侍郎洵仁鄧洵仁也
重修縣學記　崇寧二年立蘇時撰文謝□正書□敏篆額在褒城
鮮于侁游靈巖詩　號年缺隸書在略陽
案侁又有游靈巖詩序云崇寧三年秋行部與太守某等游此云云則此爲崇寧三年作也
侁字子駿閬中人官終集賢修撰知陳州
乾陵無字碑題字　崇寧癸未季冬刻士正叔正書在乾州
唐遵棲禪寺詩　崇寧甲申冬至前二日刻正書在鄠縣
□擇仁謁祠記　崇寧四年五月刻分書在華嶽廟
景興宗題名　崇寧四年仲秋刻正書在鄠縣定慧禪師碑之陰

淨安寺鐘欵　崇寧四年十月造正書在朝邑
寺故址在渭水濱元至正元年没于渭明改建于王林村欵云同州朝邑縣魯苑鄉金史有
鎮名四而無魯苑之名亦可以補地志之缺
五臺山唱和詩　崇寧四年十二月立于舜王允中尚佐均王壽張勳張介夫高鈞何貴等作
正書并題額在耀州
前有舜上允中敘云拜呈知府屯田攷宋制諸府州縣皆以京朝幕等官攝之故有以某官
知某府事知某州事知某縣事之稱或不帶京朝幕官等銜亦云某府知府某州知州某縣
知縣至明則竟改稱知府知州知縣近人作碑刻有用宋時舊例云知某府事等稱者亦始
於明世有意好古之徒通人所無有也
建安黃公詩　崇寧丙戌三月立東長孺正書有跋在咸陽縣署
黃公不詳其名
王仲孚題名　崇寧丙戌孟秋刻篆書在鄠縣定慧禪寺碑之陰
張舜民等題名　崇寧丙戌重九日刻正書在慈恩寺
長興萬壽寺文殊閣圖并記　大觀元年七月立闞朱催撰文楊時中正書在同州

大觀聖作之碑　大觀二年四月立徽宗行書蔡京題額李時雍摹寫在興平縣學
此刻脩賀若誼碑之陰京以大觀元年五月爲尚書左僕射兼門下侍郎二年正月進太師
碑題太師尚書左僕射與史傳合
御製學校八行八刑條　大觀二年十月奉御筆建行書
八行者善父母爲孝善兄弟爲弟善內親爲睦善外親爲婣信于朋友爲任仁于州里爲恤
知君臣之義爲忠辨義利之分爲和也孝弟忠和爲上睦婣爲中任恤爲下士有全備八行
者貢入太學爲太學上舍全備上四行或不全一行而兼中等二行爲州縣上舍上等之選
不全上二行而兼中二行爲上舍中等之選不全上三行而兼中一行或兼下行爲上舍下
等之選反之者加以八刑有犯不忠不孝不弟不和終身不齒不得入學不睦十年不婣八
年不任五年不恤三年有能改過自新不犯罪而有三行之實聽入學在監一年又不犯弟
三等罪聽齒于諸生之列其例如此
修蓋嶽祠記　大觀己丑季春刻正書在華嶽廟
薛絅題名　己丑歲中元日刻正書
此刻定慧禪師碑之側云河東薛絅遊諸山獲觀先公題字則絅爲紹彭之子此題稍已磨

泐前有後二十二年字據元祐後二十二年當己丑應是大觀三年故置於此
孫籠詩　大觀己丑九月刻正書並在鄠縣艸堂寺
梁慶祖謁祠記　大觀四年九月刻行書
李傳謁祠記　大觀四年十月刻正書並在華嶽廟
過臨潼三絕句　大觀四年十二月刻李授作子熙民正書并跋在臨潼溫泉
乾陵無字碑題字　政和元年天祺節後一日刻范致明正書在乾州
徐處仁等題名　政和改元孟夏刻正書在慈恩寺
處仁字擇之時以資政殿學士出知永興軍與史傳合
提舉魯公甫題遠愛亭詩　辛卯八年刻魯百能作正書在扶風
辛卯當是政和元年
張智周等題名　政和改元孟冬刻正書在同州聖教序記之陰
張智周題名　政和元年十月刻正書在鄠縣艸堂寺
張智周題名　正書在慈恩寺
右無號年故附置於此

勅修河瀆靈源王廟碑　政和二年正月立陳振撰文王悊正書并篆額在韓城東王村
文稱河自大觀以來變濁爲清者三乾寧保平率以累日惟二年冬見於同州之韓城郃陽其袤百里其久彌月攷徽宗本紀自大觀至政和凡三書河淸並在同州惟大觀三年兼有陝州保平軍卽陝州也又于二年云以乾寧軍爲淸州改乾寧爲淸應卽以河淸之故而史不及之疑是略矣河自三代以來皆有崇祀故公羊傳以太山河海爲三望望者謂不能親詣所在就其近郊祭之之義也其置祠實自秦始史記封禪書云河祠臨晉漢志云臨晉故大荔秦獲之更名有河水祠今同州府朝邑縣是其地蓋略王作河橋於此卽因而祭之耳郊祀志高祖置祠祀官女巫令河巫祠河於臨晉又宣帝詔五嶽四瀆皆有常禮河於臨晉使者持節侍祠歲五祠太平寰宇記西魏文帝大統十三年于漢祠更加營造周武帝天和四年太宰宇文護于祠西建碑一所靈帝大象元年江淮濟各從本所祠惟河一祠依舊不改每歲發使致璧加牲以祠焉文獻通考唐武德貞觀四瀆年別一祭祭西瀆大河于同州歷代相傳並因而不改至明皇開元十五年始以有司言改祠于河中府在今山西之榮河縣而同州之祠廢矣攷唐自明皇以後嶽瀆之制互有輕重然猶封河神爲靈源公眞宗封禪進號爲顯聖靈源公仁宗康定封爲靈源王金章宗明昌爲顯聖靈源王元太祖至元爲靈源宏濟王順帝至元爲靈源神佑宏濟王明則革去前號改稱西瀆大河之神亦並存河中府之舊此唐以前宋以後祠祀異地之大較也攷唐王延昌撰廟碑云安祿山反其將崔乾祐守蒲坂時郭子儀軍渭汭與之相持子儀夢神告曰永豐倉側將有急變姑以避之比軍退賊騎雲集子儀賴以獲全後請于朝而修祠此猶是同州之舊其建于韓城者乃當時別祠如宋時檀州河南亦得置河廟者是也文所云詔遣尚書郎張勸致祭旣極其野訪故祠得破屋一區傾圮殆甚還請修建詔可之此宋世修建之事念陝省爲全河之襟帶而祀典闕如今雖不能復臨晉之故而韓城舊址不應委棄榛蕪過而弗問此守土之責也余將請於
朝鼎新廟貌修復祀典以妥神庥而慶安瀾焉
席旦謁祠記　政和壬辰二月刻正書在華嶽廟
宋史本傳旦以顯謨閣直學士知成都府徙鄭州黜知滁州復知成都府徙永興軍後加述古殿直學士命復知成都府未赴卒此題云再守成都史不詳時月則據碑可攷
李逸老自百塔游琴微諸勝題名　政和壬辰上巳後一日刻正書在鄠縣定慧禪師碑之陰
謝□謁祠記　政和壬辰三月刻正書

宋達謁祠記　政和二年重五日刻正書並在華嶽廟
呂湘題名　政和二年六月刻正書在鄠縣定慧禪師碑之陰
楊可世謁祠記　政和四年二月刻□督正書
可世卽與郭藥師高世宣襲燕者又有可韓可昇可輔可弼可晟當並爲可世之弟俱郃陽人書字人不著姓
張子定謁祠記　政和四年二月刻行書並在華嶽廟
司馬朴等題名　政和四年四月刻行書在慈恩寺
朴字文季范純仁之甥也後留于金
遊驪山詩　政和四年七月刻孫漸作正書在臨潼溫泉
乾陵無字碑題字二　一政和甲午仲秋刻一十月刻並宋孝先正書在乾州
宋雲從謁祠記　政和甲午刻正書在華嶽廟
重建周西明寺圓測法師碑　政和五年四月立宋復撰文并正書在咸寧興教寺
王千謁祠記　政和乙未仲冬刻正書在華嶽廟
賈淵題名　政和乙未刻正書在鄠縣定慧禪師碑之陰

謝彦詩　政和丙申三月刻行書在臨潼温泉

重修薦福寺塔記　政和六年五月立李壄撰文正書篆額無姓名在咸寧薦福寺

趙耘老題名　政和丙申七月刻行書在慈恩寺

光濟寺碑　政和丙申歲八月立張鑑撰文僧洪禧正書篆額無姓名在郃陽

折武恭公克行神道　號年缺毛友撰文宇文虚中正書在府谷孤山堡南

文云武恭公既葬八年其子可求請立隧道之碑克行以大觀二年卒既葬八年當是政和六年也可求降金者故克行本傳不及其名

折氏世系

嗣祚五代時麟州刺史史作嗣倫

從阮本名從遠避漢高祖名改漢為永安武勝軍節度使周為宣義保義靜難三鎮贈中書令

德扆周永安軍節度使宋乾德二年卒贈侍中

德愿

御勳太寧軍節度使

御卿永安軍節度使贈太師燕國公

惟正洛苑使知府州事

惟昌興州刺史

惟忠麟州團練使贈崇信軍節度使

惟信惟忠之兄

繼宣左監門衛將軍楚州都監

繼閔宮苑使果州團練使鄜府路駐泊兵馬鈐轄贈太尉

繼祖成州團練使

繼世忠州刺史果州團練使

廣孝

克行秦州觀察使贈武安軍節度使

克柔史並稱繼祖子碑稱為克行之兄

克懃

可大榮州團練使知府州

可求康州刺史知府州歸金

碑敘次克行家世官爵大略與史並合惟御卿贈太師燕國公惟忠贈崇信軍節度使史不及之耳世以此碑為折太君碑攷折太君德扆之女楊業之妻也墓在保德州折窩村非此也金史張奕傳云天眷三年夏人侵界詔奕往征還奏曰折氏世守麟府以抗夏人本朝有其地遂以與夏夏夷折氏墳壠而戮其屍折氏怨入骨髓而不得報今復守晉寧故激怒夏人欲開邊釁以雪私讎朝廷遂移折氏守青州據此則折氏之祖墳在府州者多為夏人所夷今此及嗣祚兩塋石嵬然歷千年而不毀當是折氏世篤忠貞之報今因以五代宋書三史及碑敘其世系綴古者庶有所攷焉

折武恭公神道碑之陰

陰並列所統各寨主姓名史稱折氏自從阮於唐莊宗時起家府州至宋高宗建炎二年可求以地降金凡七世父子兄弟相繼扞禦邊境者歷二百餘年而嗣祚碑有自武德中詔府谷鎮遏使之語遏使者唐鎮官名是折起于唐初迄于宋金之際也幾歷五百餘年簪纓不替其勋業彪炳史冊卓絕千古覩此碑陰益見其控禦邊陲鈐轄蕃漢之遺制焉

趙伾謁祠記　政和丁酉孟冬刻正書在華嶽廟

寶雲寺石碣　政和八年閏正月立上官革命吏題正書在隴州

乾陵無字碑題字　政和戊戌孟夏刻暨唐裔正書在乾州

崇祐觀牒　政和八年九月立行書在朝邑東嶽廟

後題云通議大夫守左丞王押者王黼也起復少傅太宰押者鄭居中也居中以六年為少保太宰七年八月以母憂去十一月起復八年進少傅少宰少保押者余深也深以七年十一月為特進少宰八年七月為少保太師魯國公不押者蔡京也以本紀列傳攷之皆合

圓相觀音菩薩瑞像頌　政和八年孟冬立僧彦泯作頌麻應神作跋仇章正書在扶風法門寺

石上作像頌跋並書其下像為無為子楊傑所傳

提舉顯謨湯公和胡仲文詩　正書在隴州大佛寺

此不著號年碑後有權汧源縣尉高𢔶主簿張正功立石字樣攷寶雲寺石碣後亦有尉高𢔶名當是一時之作因附於此

乾陵無字碑題字　宣和改元仲春刻李士觀正書在乾州

暨尹卿等題名　宣和辛丑清明前二日刻行書在同州聖教序記之陰

登太清閣詩　宣和三年四月刻宋□作行書在高陵

向子干題名　宣和辛丑孟夏刻正書在臨潼温泉
郃子文等題名　宣和辛丑夏五月刻王正叔行書在慈恩寺
子文名伯温康節之子伯温以大觀時監華州西嶽廟後除知興元府不赴擢提點成都路
刑獄石卽其時所題也
暨唐裔淸輝閣題記　宣和辛丑七月立行書在韓城北寺
梁鼇謁祠記　宣和辛丑九月刻正書
梁激謁祠記　宣和辛丑重九後二日刻行書並在華嶽廟
黎獻民等題名　宣和辛□刻正書在慈恩寺
王雲等題名　宣和四年春刻行書在西安府學唐大智禪詩碑之陰
暨唐裔等題名　宣和壬寅上巳後三日刻行書在同州聖教序記之陰
范智聞詩　宣和四年八月刻行書在慈恩寺
乾陵無字碑詩　宣和五年三月刻宋京作正書
乾陵無字碑詩　宣和五年仲夏刻張子剛正書並在乾州
宋光奭題名　宣和五年十一月刻行書在慈恩寺

乾陵無字碑題字　宣和癸卯刻劉錫正書在乾州
賈炎饒益寺題名二　一政和三年五月一政和五年六月并行書炎子公傑于宣和六年四
月刻在朝邑
先題云顯謨閣待制提舉南京鴻慶宮賈炎政和三年五月蒙恩罷延帥奉母歸居潁昌後
題云炎自鄜延帥移守南陽侍親道饒益寺顯謨閣待制新知鄧州兼京南路安撫使賈炎
題攷宋史炎昌朝之子歷官工部侍郎政和中以顯謨閣待制知應天府徙知延安求內郡
以養母乃命爲潁州未行復留改河陽又改鄧州加直學士知永興入對留爲工部侍郎卒
贈銀青光祿大夫前後奉母過饒益寺者始則由延帥之潁州再則由河陽改鄧州也傳文
敘次不甚明白不如碑之詳著也又公傑題此云先考成正公留題傳亦不及其謚其缺略
如此南京卽應天府唐之宋州也鴻慶宮太祖神御殿名
解益王佐郃伯温題名　宣和六年七月刻隸書在鄠縣定慧禪師碑之側
漏溪眞常游記　宣和甲辰夏刻正書在慈恩寺
碑不題姓名疑黄冠者流也
于眞庵記　號年缺徽宗御製任諒集歐虞褚薛顏柳諸家書集李陽冰篆額在三原縣

學
此爲道士于元隱所作也諒字子諒眉山人常以宣和中知京兆府此當卽其時所爲故附
于此
新修太史公廟記　靖康改元四月立尹陽撰文焦丙正書在韓城芝山南嶺
顏魯公奉命帖及畫象跋　靖康元年七月立唐重撰并正書在同州府學
重字聖任自署爲朝散郎秘閣修撰知同州軍州事攷重以右諫議大夫疏斬蔡京父子遷
中書舍人言宰輔當先補外爲宰相所惡落職知同州傳不載其爲秘閣修撰當是略也是
年金兵破晉絳重度不能守閉門縱州人使出自以殘兵數百守城金兵疑其有備不渡河
而返尋擢天章閣待制卽其時事矣後爲京兆府路經略制置使爲金將婁室所攻城陷殉
節攷欽宗本紀金破晉絳乃是年九十兩月事也婁室破永興軍乃高宗建炎二年正月事
也重在同州繪公遺像刻畱祠堂是其忠義之氣根于天性覩此圖者不特使眞卿英靈千
載不沫重之氣節亦於是乎可見矣
拱極觀記　靖康元年八月薛存撰文紹興九年中元日立雷道之跋權詵正書篆額在華嶽
廟

中有云杍應如響者卽丕應也杍與丕通
王賓劉雍題名　靖康丁未四月刻正書在鄠縣唐定慧禪師碑陰
此卽高宗建炎元年是年四月欽宗北遷五月高宗卽位改元
李若水奉命觀稼謁祠記　無號年正書
題云直史館李若水若水以靖康元年爲太學博士改著作佐郎此應其時所刻也傳不著
其直史館當是略耳
潘浹謁祠記　建炎改元刻正書並在華嶽廟
金龍寺龍骨塔銘　紹興甲子三月立僧修信撰文正書無姓氏游圖佐題額在褒城
漢中府新修□記　乾道元年刻正書在褒城東三里烏龍江上
此是修棧中道路所立今俗名蝦界石又有嘉定七年刻者亡
楊從義神道碑　乾道五年三月立袁勃撰文李昌謌正書王楫篆額在城固
從義字子和以靖康丙午歲應募起隸吳忠烈玠麾下云建炎二年八月破賊于同州者謂
金將婁室亦作婁宿同取下邽九月破同州事也時公在關中云四年九月我師不利於富平者
謂金太子宗輔爲副元帥督師陝西九月敗張浚五路兵於富平也云紹興改元十月金四

太子必欲取和上原先遣兵攻神坌以譬我師忠烈遣公擊之者謂是年十月玠保和上原金將没立自鳳翔烏嚕折合自階成出散關約日會和上原折合先期至陳北山索戰玠命諸將堅陣待之更戰迭休金兵潰散没立方攻箭括關玠復遣將擊退之會婁室死兀朮復會諸道兵十餘萬造浮梁跨渭自寶雞連結諸營與玠兵相拒玠復命諸將以勁弓強弩却之先設伏兵於神坌以待金兵至大亂縱擊破之是也云三年二月四太子擁大軍由商于侵饒風關再攻和上原玠遣公引擊者謂金撒離喝分兵攻關統制郭仲敗走金兵入興元經略使劉子羽棄城走三泉玠退保仙人關金兵深入既由褒斜谷還興元玠子羽追擊之是也饒風關在今石泉縣西五十里云四年二月金兵入殺金平自元帥以下盡室而來示無返意者謂吳璘守和上原饋餉不繼玠謂其地去蜀遠命棄之于仙人關右殺金平剏築一壘移兵守之至是兀朮撒離喝及劉夔等二十萬騎入侵玠與璘及金人轉戰數晝夜不息是也云九年金歸我河南侵疆者謂金以陝西地來歸遣使王倫受地是也云十年五月金背盟撒離喝侵陝右公與諸軍會於涇州何山原七月金據鳳翔八月與金戰于蒲坂河者謂是年金兵犯石壁及吳璘與金鶻眼郎君戰撒離喝入邠州胡世將遣公及王彥分道摧敗之撒離喝退屯鳳翔九月楊政遣公夜襲金兵至十一月又襲之寶雞是也至是公隸

楊政軍云十一年七月與金戰於陳倉撒離喝再犯和尚原又戰却之者謂是年春正月公既敗金兵於渭南攻克隴州與戰於寶雞擒金通檢李董是也宋史高宗紀作十月與此小異是時和議已成朝廷名政還以商秦之半畀金公亦移守鳳州復退保仙人關垂二十年無所事者皆公之力也云三十一年金主完顏亮違背盟好者謂是年九月金兵攻黃牛堡為吳璘所敗也云三十二年閏二月公乘勢出攻金兵宵遁者謂璘遣公攻拔大散關分兵據和上原金人走寶雞是也蓋是時始以功眞拜和州防禦使賜爵安康郡侯而弃三路之議起璘於是乎班師公於是乎可歸矣公以乾元五年二月卒有子八人女十人子及聟並為郎官宋史不立公傳其詳並見高宗本紀及璘玠政等傳因疎出之並見碑刻之為功於史者不小也

開石門碑陰記　紹熙甲寅四月立晏袤撰文并隸書

碑叙漢鄐君及楊孟文開石門之事文醇雅可觀字亦深得漢人法意宋人隸書中出色者袤臨淄人時為南鄭縣令

郭公緒題名　嘉定庚午清明前一日刻正書

鮮于申之題名　嘉定三年二月刻隸書並在石門

文曰昕巘山河浜褒水登石門者即山河堰也本蕭河所開曹參繼之以灌溉南鄭褒城兩縣田後誤蕭河為山河其地有曹參廟宋政和中勑修賜為山河惠遠侯廟

靈巖敘別記　嘉定戊寅六月刻李耆壽撰文並正書在略陽

其文云嘉定丁丑十二月二十有三日金兵入寇關表明年正月四川制置使寶謨閣學士臨川董公居誼進益昌督師利川路安撫節制軍馬直徽猷閣古汴楊公九鼎進屯河池以三月十七日斬其元帥一統軍七俘獲甚衆後十日金以忿兵自天水犯西和董公進沔陽不戰而退尋犯大散關暨岷州皆以敗去由是關表按堵如故楊公還駐沔陽董公復駐益昌以六月十有四日叙別於靈巖寺幕下士眉山任處厚揚師復祥符李耆壽臨川過梓年李劉晏大正從行會稽虞剛簡眉山成申之資城楊恢同谷李榮仲俱不及舉酒而別者壽以承乏郡寄謹書刻之巖石云案宋史寧宗記嘉定十年四月金人分兵闖棗陽光化軍節江淮制置使李珏京湖制置使趙方措置調遣仍聽便宜行事命四川制置使董居誼酌量緩急便宜行事十二月金鳳翔副都統軍完顏贇以步騎萬人犯四川迫湫池堡破天水軍攻白環堡廹黃牛堡統制劉雄弃大散關遁金人據之十一年二月金人焚大散關而去三月利州統制王逸等率忠義人復皂郊金完顏贇包長壽遁去沔州軍郭雄斬贇首包長壽

合長安鳳翔之衆復攻皂郊趨西和州沔州都統劉昌祖焚西和州遁金人破西和州復犯大散關即其事也是時金源多難元運方興諸兵出没無常故勝負亦無定讀是記具見當時彊埸景狀且於以見金之不振焉

星羅寺鐘銘　嘉定甲申二月造兩截上截篆書有四神立像下截銘及題名正書在興安州城南純陽宮

哲宗御書忠清粹德之碑額　紹定三年三月立田克忞上石隸題額在略陽

額係元祐戊辰哲宗於崇慶殿篆書蓋司馬光神道碑首也詳見宋史本傳克忞摹刻於沔州公廨耳篆法精整宋時所少見者

光祿主簿蘇舜欽奉禮郎杜読題名　號年缺正書

王韶詩　號年缺正書並在華嶽廟

韶字子純此作子淳與宋史異案米南宮蕭閑堂記亦作純此外又有蔡挺題名只姓名二字雙鈎刻之又范宗傑題名又長子益恭次子益昌等題名亦未識何人之子又游端兄弟題名又崔䨾題名又龐温舒題名又王嘉欽題名又得閑居士祁晟題名又孫昌夏題名皆無年月可攷又有韓庶二字小篆書筆法挺勁似是宋人題呂黎事者又有澤山二字古篆

亦似舊人所書附誌於此
強至等題名　□□丁未十一月刻紀號缺行書
杜常等題名　號年泐隸書並在慈恩寺
常字正甫衛州人昭憲皇后之族孫官至龍圖閣直學士知河陽軍此外又有章䛕題名李諷題名李遷題名並正書亦無號年附誌於此
范埴題名　丁丑仲夏刻上瘞正書在鄠縣定慧禪師碑之陰
此外又有堅之正叔公亮集之題名正書無號年並不詳其人
乾陵無字碑題字　丁亥清明日刻范埴正書在乾州

關中金石記卷第六終

關中金石記卷第七　鎮洋畢沅撰

金

皇弟都統經略郎君行記　天會十二年仲冬立前爲女直書後正書譯之篆額在乾州乾
此刻乾陵無字碑上文曰大金皇弟都統經略郎君𦫿以疆埸無事獵于梁山之陽至唐乾陵殿廡頽然一無所睹爰命有司鳩工修飭今復謁陵下繪像一新迴廊四起不勝欣然與醴陽太守酣飲而歸攷天會九年金以陝西地賜齊則其時地猶屬劉豫劉豫帝齊惟撻懶（宋史作撻辣）以左監軍鎮撫之撻懶穆宗子也爲太宗之弟文稱皇弟而不著名合之史當即撻懶無疑
京兆重修學記　正隆二年十一月立李粟撰文淄師雄正書錢義方題額在西安府學
學爲府尹完顏胡女修建文云舊學在府城之坤維地前宋崇寧二年命郡縣建府帥樞密直學士虞策改築于此據之則宋金時學非復唐國子監舊址也
重立泰寧宮記　正隆四年十月立裔逢辰撰文王仲成正書在渭南南門外
創修朝元洞碑　泰定二年下元日立井道泉撰文李暉正書楊演篆額在華陰朝元洞
仙源圖　年月同上李元覽正書此載長春眞人以下門徒法孫等姓氏刻前碑後

鄭彥文等題名　大定甲申六月刻正書在同州聖教序記之陰
後有中奉大夫禮部尚書翰林學士承旨知制誥修國史王者王競也競字無競彰德人以二年從太傅張浩朝京師進禮部尚書
靈泉觀牒　大定三年九月行書在同官
戒師誠公塔銘　大定五年八月立僧師倖撰文正書僧有晦篆額在興平
中叙述塔家放光一節襲用嚴挺之大智禪師塔銘文弟子神奇其師每有此等異說不足重也
觀音院碑　大定丙戌九月立李□撰文李居仁正書王從裔題額在隴州
惠濟院牒　大定七年十月立正書在郿縣槐北寺
碑題王競爲通奉大夫與前題異者金制通奉從三品中其下爲中奉也文稱本院自來別無名額已納訖合著錢乙伯五十貫乞立惠濟院名額案金世賣僧道尼女冠度牒紫褐衣師號寺觀名額之例乃世宗大定五年所罷此額給于四年猶七年所刻石也
忠政堂記　大定辛卯十二月立鄭彥文撰文并正書崔良弼篆額在乾州署內
文有云乾本漢池陽縣至唐改奉天後置爲州梁乾化中升威勝軍後唐同光年復今名以

唐志合之改縣爲州乃乾寧二年也太平寰宇記云李茂貞建後軍王出鎮爲威勝軍文又
云距京兆不越數舍寰宇記東至長安一百八十里

靈泉觀主凝眞大師成道碑　大定丙申四月立王鎬撰文李輔正書篆額在臨潼温
泉

碑三乘上刻成道圖中刻記下刻本觀山林水磨田土地基

重修太史公墓碣　大定己亥清明後二日立趙振撰文正書不著姓名在韓城

水經注陶渠水又東南逕司馬子長墓北墓前有廟廟前有碑永嘉四年漢陽太守殷濟瞻
印遺文大其功德遂建石室立碑樹桓太史公自序曰遷生龍門是其墳墟所在矣攷陶渠
即芝川水今墓在水南俗說云漢武帝于此得芝艸改名也

馬炬題名　大定十八年八月刻正書在西安府學刻唐大智禪師碑之陰

李成詵謁祠記　大定十九年刻正書在華嶽廟

許沂題名　大定庚子刻正書在慈恩寺

鑄九陽神鐘銘　大定二十一年四月造宋元豐中柴震撰文正書在臨潼靈泉觀

修城記　靳康侯撰文并正書在鄠縣

案碑不書紀元惟云皇帝即位十有六年又云越二十二年攷金惟世宗大定二十九年餘
皆不及數則碑爲大定時立文有彭城劉公以壽州酒使來鄠金制京都及眞定置都麴使
司他處置酒使司劉公蓋以監壽州酒務爲其縣令者而不傳其名

棲雲老人題名　大定壬寅仲冬刻隸書在臨潼温泉

建濟安侯廟碑　大定二十四年十月立張建撰文蔚□正書并篆額在華州

濟安侯華州城隍神也昭宗光化元年所封文云光化元年以華州爲興德府封城隍神爲
濟安侯今攷唐志改興德府在乾寧四年志誤也昭宗以乾寧五年八月改元光化始陞州
爲府不得在四年也

靈泉觀記　大定二十五年重陽日立楊峻撰文劉光正書劉利賓篆額在同官

右碑兩截上截即刻三年牒文下截刻此記文楷華贍字法亦似楮虞金人碑刻之最佳者

仙蛻塋碣　大定二十七年八月立范若水撰文孫冑堂正書徐安上篆額有陰亦正書在華
陰雲臺觀

棲閑居士張中偉墓表　明昌改元立撰書人缺篆額在鄠縣北大歷寺東南

中偉爲中孚中彥之弟其二兄史並有傳碑云父諱逵贈太師靖康末以守吉州死援太原
之難中孚以宋之鎮戎軍安撫使降金爲鎮洮軍節度使知渭州兼涇原路經略安撫使後
封原國公中彥以宋之涇原副將知德順軍降金代李彥琦爲秦鳳經略使後封宗國公咸
與碑說合金載劉河南陜西畀宋中孚中彥入宋被留臨安中彥又爲宋之龍神衛四廂都
指揮清遠軍承宣使提舉佑神觀靖海軍節度皇統初金復河南中孚中彥又北歸故文又
有宗公解印恒山對君清話云云中孚中彥以宋忠臣之子仕於宋仕於金仕於齊地還宋
載仕於宋地還金載仕於金恬然無所耻倖而中偉不事仕進消遙終身此宋之遺民逹之
孝子矣碑題翰林侍講學士奉政大夫知制誥兼同修國史護軍馮翊郡開國侯撰文資政
大夫參知政事柱國安定郡開國公書而泐其名

崇教禪院鐘欵　明昌壬子二月造正書在咸寧薦福寺

崇教禪院本在武功于金爲武亭縣是鐘于康熙中出自河畔時巡撫某公方修薦福寺因
載歸爲鐘後有尚書禮部牒文

觀京兆府學古碑詩　明昌五年二月刻劉仲游撰并艸書在西安府學

驪山有感詩　承安屠維協洽書雲後七日刻移剌霖撰孫極之正書在臨潼温泉

移剌即耶律金史有移剌履元好問集作耶律履是其証商挺增修華清宮記有太傅移剌

公疑即其人後有跋自署晉陽舊部吏而無姓名

左□遠題名幢　承安庚申秋三日刻行書在華嶽廟

重修州學之碑　泰和改元正月立正書篆額撰書人姓名並缺在綏德州

碑後有綏德州義合寨主簿郇□知臨洮府康樂寨事劉完金史地里志云綏德州有義合
寨置弟二將臨洮府有康樂縣康樂當是先爲寨後升爲縣也又有知軍州事天水縣子同
知軍州事廣平郡侯兩銜文中稱秦君守正以通儒來守高君□□以名進士爲軍州判官
當即兩人姓名

宋雄飛詩　泰和改元三月刻行書在鄠縣觀村老君庵

孫鑄題名　泰和四禩冬十月刻正書在同州聖教序記之陰

此碑云稽河南聖教序在州龍興寺宋政和中吉觀國任通判日移置公署蓋是碑初移于
通判署至明正統間乃移于金塔寺也

處用康史公奕等題名　泰和五年春四十日刻正書在慈恩寺

歸潛志云史公奕字宏父大名人工書自號歲寒堂主人

泰寧宮鑄鐘記　泰和六年上元日造正書無撰文人姓名在渭南

田畯謁祠記　泰和七年四月刻正書在華嶽廟
權綱等題名　泰和丁卯重九日刻正書在同州聖教序記之陰
遊艸堂寺諸詩　大安元年二月刻行艸書前爲雪岩老人後爲東原田曦作在鄠縣艸堂
寺
趙門白氏題名　大安二年四月刻正書在興平　關忠義廟
法門寺眞身寶塔詩　大安二年中元日刻僧師偉作朱景祐正書在扶風法門寺
大安二年鐘欵　大安二年□月造正書在郿縣東嶽廟
鐘不知所從來舊在縣治形家言不利于長官以數十牛舁置于廟欵云重一萬八千斤題
內有以明威將軍攝軍資兼軍器庫使定遠大將軍攝縣簿尉者此以武階四五品攝八九
品官者也有以徵仕郎行縣令者此以文階八品攝七品官者也金制中縣罷簿尉下縣不
置尉郿有簿尉是在金爲中縣矣
孔朝散詩　貞祐二年七夕日刻行書在郿縣觀村老君庵
碑題積石太守孔朝散當是以朝散大夫出知河州者也碑不著其名楊奐射虎記又有孔
臨洮或亦卽其人

楊振碑　貞祐四年正月立元好問撰文張□正書王元禮篆額在乾州
唐書宰相世系表載鄭國公侑子行基行基子棨棨子溫溫子幼言自幼言以下不及之碑
云幼言生顒顒生皐皐生免免生珍珍生光贇光贇生懷順懷順官金紫仕至西臺御史襲
封至五代漢國始除此可以補唐史之缺又云西臺公有子十二人長曰公候次公神公晳
公賢公洪公素公石公祚公亶公通公演公伏號十二楊村公候子舜靖舜靖子信信子禹
禹子言言子宗宗子懋懋子超道公爲超道之次子孜唐以奉天之地四百頃賜楊氏故子
孫遂爲縣人好問作楊奐碑文云譜系之詳見君自叙然則此卽本奐所叙述矣奐卽振子
元禮華陰人見奐碑
長安令□公二等題名　貞祐五年春上丁刻行書在西安府學刻唐大智禪師碑之陰
乾陵無字碑題字　興定五年四月刻張秀華行書在乾州
甯曲重修食水記　興定五年冬下元日立高褒撰文張待舉正書康節篆額
甯曲食水碑陰記　年月仝上正書上有圖並在郿縣
甯曲水卽金渠之上流其源自赤谷來者自甯曲以上爲居民食水以下則灌田爲金渠葢
因其地多砂不能鑿井故引山水以資用迄今猶然碑稱爲齊相甯戚所開無所依據不足

信也
印公開堂疏　元光二年二月立行書在鄠縣艸堂寺
文後云內族昭武大將軍宣權統軍使兼知府事完顏者完顏阿打也
射虎記　元光二年十月立楊奐撰文謝良□正書張待舉篆額在鄠縣東門外
乾陵無字碑題字　正大改元夏刻鄭□邠正書在乾州
唐太宗贊姚秦三藏羅什法師詩　正大乙酉仲冬刻釋義金正書在鄠縣艸堂寺
改建題名之碑　正大乙酉十二月立孔叔利撰文吳聽正書盧元篆額
府學教養之碑　正大二年十二月立劉渭撰文楊煥正書張邦彥篆額在西安府學
遊艸堂寺詩　正大三年立秋日刻趙閑閑作并行書後有方亨跋在鄠縣艸堂寺
風流子詞　正大三年刻僕散汝弼作正書在臨潼湯池
僕散希魯跋云宋元至今刻石甚多殆難勝紀而當以此爲弟一其詞幽麗悽惋字畫勁峭
有如拱璧因砌而珍之
唐太宗慈德寺詩刻　正大丁亥刻李文本跋並正書在武功
仙游觀永陽園詩并序　甲子正月立閻世一正書并篆額在麟遊

雲房二大字　移刺松齡艸書在臨潼縣城東門內
松齡森之子自紀云雲房鍾離子別號此葢擬鍾離書法爲之者
饒益寺藏春塢記　阜昌癸丑九月立趙扑撰文正書在朝邑
扑自署爲新市監金史地里志朝邑縣有新市鎭是也寺在鎭之西梁天監中建唐貞觀二
年起浮圖以明嘉靖地震圮文稱自唐宋以來名人賢士經由往返莫不於此題名往僧勒
之于石案今題名惟宋政和中賈炎謝卿材二石尙存唐人名跡皆無之矣自此以下五種
並劉豫時刻故附置金後
勅祭渾忠武王文并尙書禮部牒　阜昌六年八月立正書
勅祭渾忠武王記　阜昌七年正月立王蔚撰文王寵正書孟醇篆額並在宜川
碑爲僞知丹州軍事安撫使劉議立議以渾忠武王謚犯徽祖廟諱抗章請避徽祖者豫之
祖也李心傳繫年要錄稱紹興二年四月庚寅豫遷都汴奉祖考于宋太廟尊其祖忠曰毅
文皇帝廟號徽祖宋史以爲四月丙寅非庚寅者誤也是月壬戌朔庚寅月之廿九日也史
又云豫名迪功郎王寵不至此記爲寵所書不至之說恐未必是孟醇趙宗室王蔚字叔文
史有傳

禹蹟圖　阜昌七年四月立正書

圖劉豫時刻攷豫以宋紹興元年爲金所立則是年當丁巳亦金天會之十五年也每折地方百里所載山川多與古合唐宋以來地圖之存惟此而已攷宋毛晃禹貢指南稱先儒所刻禹蹟圖黑水在雍州西北而西南流至雲南之西南乃有黑水口東南流而入南海中間地里濶遠今此圖黑水與毛說合是爲宋以前相傳之舊也唐書稱賈耽繪海內華夷圖廣三丈縱三丈三尺以寸爲百里中國本之禹貢外夷本班固漢書古郡國題以墨今州郡題以朱豈此圖之權輿與圖象之學自古重之山海經前五篇乃益經也其後十二篇爲周秦以來釋圖之言故往往雜以後代郡縣今案其文有云在其東或在其北云捕魚水中云兩手各操一蛇云右手指青邱北之屬皆據形言之耳山海經本有圖故陶潛以之入詩張駿郭璞以之作讚始知班固藝文志入之形家有以也不知者乃以爲域外之言堪輿之學非聖經矣又史記言蕭何收秦圖書大宛傳言昆侖天子案古圖書三王世家有御史奏輿地圖漢書言李陵圖所過山川地形元帝示後宮人單于圖明帝賜王景禹貢圖又班固案秦地圖虞喜志林薛瓚注漢書皆案漢輿地圖晉書言裴秀自製禹貢地域圖十八篇李吉甫元和郡縣圖志言起京兆府盡隴右凡四十七鎭每鎭皆圖在篇首今俱不存則此圖之傳艮足寶矣地理之學古今互異試條其得失附以鄙証爲讀禹貢者有所採也

案圖嶓冢山在秦州東南深合自漢以來相傳之說攷水經禹貢山水澤地所在言嶓冢在隴西氐道班固地理志言在隴西西縣漢氐道及西縣治皆在今秦州自魏收地形志以嶓冢山爲在華陽郡嶓冢縣括地志元和郡縣志並承其誤山乃移今之寧羌州矣然唐人猶兩存其說據魏收以駁班固自胡渭禹貢錐指始

案圖西漢水出秦州南至涪州入江東漢水出興元府東至漢陽入江亦合于班固地理志之說其圖西漢水不通于東漢則不合于古何則余嘗謂禹貢言嶓冢導漾是言水之在今甘肅秦州者也東流爲漢是言水之在今陝西漢中府者也又東爲滄浪之水則言水之在今湖北省者也西漢至寧羌州西北有水通于東漢班固所云東漢水首受氐道水郭璞爾雅音義謂之潛水水經注謂之通谷水括地志謂之復水云出利州綿谷縣龍門山今俗以爲燕子河也其水于圖當自興元府南承東漢水流至利州北合于西漢而缺未之及今四川廣元縣是唐宋利州治寧羌州是其東北境龍門山在州北百五十里即李吉甫所云利州東北有龍門山者也樂史又云龍門山下有燕子谷或水之所以名矣郭璞既稱舊云即禹貢沱潛缺之非也

案圖黑水是三危之黑水黑水實有二余攷華陽黑水惟梁州孔安國言東據華山之南西距黑水張守節史記正義案括地志黑水源出梁州城固縣西北太山以此釋梁州黑水較長酈道元案諸葛亮牋稱朝發南鄭暮宿黑水即此諸家解書以二黑水爲一非也今水在漢中府城固縣西北五里案圖漆沮之洛至同州南入于河古說皆入渭是洛自宋金時改流入河也近韓邦靖著朝邑縣志云洛水明成化改流入河不察之至矣

案圖無漆沮益洛即漆沮孔安國書傳水經（見史記注晉灼所引今本無之）闞駰皆言是也李季卿三墳記石刻亦云漆沮泛溢馮翊昏墊是唐人猶存其說矣漢人言漆縣西有漆水入渭在今麟遊縣合雍入渭者爲詩自土沮漆之漆是古但有兩漆水耳水經注洛水下又有漆水又遁甲開山圖長安西有漆渠俱非禹貢之漆然自樂史宋敏求以來所在多漆水矣

華夷圖　阜昌七年十一月立正書並在西安府學

關中金石記卷第七終

關中金石記卷弟八　　鎮洋畢沅撰

元

皇太子修艸堂寺令旨　癸卯年五月乙未年十一月丁未年四月又十月立並正書篆額在鄠縣

右碑分四格上一格爲皇太子令旨教修艸堂寺者弟三格則爲修寺不蘭奚并匠人等覷當衣食弟四格則恐缺少修寺不蘭奚人等補數皆令旨也皇太子名𤅟端太宗之弟二子是時未立號年所稱癸卯蓋當宋理宗之淳祐三年丁未則七年也其弟二格稱乙未當爲乙巳之誤是淳祐五年就令旨上下來歷覩之自見不然則乙未爲端平二年前淳祐癸卯更八年與修寺事何涉此則刊字時之誤也

孫眞人祝文　丙午歲二月立皇太子𤅟端撰正書在五臺山

劉處士墓碣　己酉孟夏立楊英撰文張薇隸書李微題額在西安府學

處士字希文名章又名九嚨又名淵又名於菟字則不易也金以天興三年甲午之歲亡而元自世祖始以中統紀號是年歲在己酉當是定宗未即位之前馬眞太后臨朝稱制之日也

重陽宮聖旨碑　虎兒年七月立上蒙古字下正書釋之在盩厔

孫眞人福壽論　丙辰九月立楊聰正書

題孫碑二眞人詩　丙辰歲重九日刻楊聰作并行書

唐太宗賜孫眞人頌　丙辰重九日立後有邳邦用跋並楊聰正書

與李素舟張志和書　無號年楊聰行書並在五臺山

唐通微道訣碑　唐乾元二年六月明皇製文元戊午歲八日本觀道士楊思聰重立行書在三原大化觀

戊午憲宗八年

長春眞人述　大朝癸未重九日刻正書在咸寧牛頭寺

輟耕錄邱處機號長春子登州棲霞人金大定丁亥謁重陽眞君于寧海請爲弟子戊申名見闕下隨還終南山金主名不起宋使來召亦不起太祖遣近侍劉仲祿持手詔致聘至行在所命掌天下道教至燕居太極宮仲祿元史處機傳作仲福祖庭眞仙傳亦作仲祿

陀羅尼經幢　釋海覺唐梵二體書在咸寧開元寺

幢內梵書與同文韻統所載番相阿努所製西番字母相同爲元代所建無疑

建文宣王廟記　中統二年五月立王處厚撰文馮慶正書并篆額在高陵縣學

楊奐碑　中統五年建巳月立元好問撰文姚燧正書并篆額在乾川

碑文往往與史合惟作萬言策未及上歸教授鄉里後安撫使辟經歷官京兆行尚書省以便宜署君隴州經歷皆辭不赴應參乾恒二州軍事庚寅春試授館張公信甫之門等事史不及之耳又史言著還山集六十卷大興近鑑三卷碑云還山集一百二十卷紀正大以來朝政號近鑑三十卷亦異燧奐之弟三女壻

修宣聖廟記　至元三年四月立張鼎撰文正書在高陵

鼎自稱卞人爲不知者加點水于旁作汴志書因之不可不知其誤文有云舍宇無丹楹刻桷之美無山節藻棁之麗此本鄭康成禮記注不用朱子藏龜之室之解者也字亦精整可愛

馮時貢詩　至元戊寅春三月刻正書在鄠縣觀村老君庵

聽學田記　至元六年正月立賈仁撰文雷孜正書在西安府學

勅賜開福寺額記　至元六年十月立沙門志清撰文正書無姓名在同官

誠明眞人道行碑　至元九年九月立王盤撰文賈庭臣正書在盩厔樓觀

重修唐清涼國師妙覺塔記　至元九年九月立沙門印撰文或正書

國師即澄觀字大休俗姓夏侯氏會稽人初居本州寶林寺後居五臺閣錫于華嚴寺十年死賜謚清涼國師塔曰妙覺

本朝雍正十二年十月十五日奉

旨清涼觀著封妙正眞乘禪師仍著該地方官致祭一次清涼山志載師示寂後有梵僧至闕表稱于葱嶺見二使者凌空而過以呪止而問之答曰北印度文殊堂神也東取華嚴菩薩大牙歸國供養有旨啟塔果失一牙唯二十九存焉遂闍維舍利光明瑩徹舌如紅蓮色仍賜謚清涼國師攷師以唐開成三年三月死先未死時文宗已號爲僧統清涼國師矣故志云仍賜謚師以天寶二年出家大曆二年代宗令同人澄正三藏譯華嚴經爲潤文大德後辭入五臺著經疏貞元十二年特召入京與罽賓般若三藏譯烏荼國所進華嚴後分梵夾成賜號教授和尚後加僧統國師爲華嚴六祖

題唐清涼國師塔頌　至元九年重陽日立正書並在咸寧華嚴寺

天眞觀鐵方壺　至元十一年四月造正書在郿縣

款云郿州大慶宮下院天眞觀者考宋史大中祥符七年鳳翔府大慶觀什絡降宮名仿于

宋時也方贊世亦謂之雲版雲仙雜記以爲磬之遺制但磬以石雲版以金爲之耳

建極宮篆古字聖旨　至元十二年二月立上篆古字下正書在韓城龍門

王鶚建極宮記曰禹門舊有神祠因兵而毁今道者姜善信河東趙城人師蓮峰靳貞陽陜右兵亂士大夫避地者皆依之一日語及禹門神祀因兵而毁公即有濳復之志即抵其所因其舊制而葺之上即信徵聘陛辭勅賜宮曰建極殿曰明德閣曰臨思命大司農姚樞大書其額以示歸榮據之則建極宮亦禹廟也世祖本紀至元元年七月龍門禹廟成在今縣東北之六十里

重陽仙跡記　至元丙子中秋日立劉祖謙撰文姚燧正書并題額在盩厔重陽宮

祖謙之文以金哀宗天興元年作至是始刻于石耳唐順之左編重陽姓王名嚞咸陽人

重修宣聖廟記　至元十三年九月立徐琰撰文正書篆額無姓名

府學公據　至元十三年十二月立正書隸額

皇子安西王盛德之碑　至元十四年正月立孟文昌撰文駱天驤正書篆額並在西安府學

寶慶寺記　至元十五年八月立商挺撰文并正書在平凉府空同山

碑云至元九年十一月分封皇子安西王案元史世祖本紀至元九年十月丙戌封皇子忙哥剌爲安西王與此微異商挺傳至元九年忙阿剌爲安西王以挺爲王相

玉清萬壽宮碑　至元十五年上春立姚燧撰文王元輔正書篆額在汧陽

天貞觀四至題字　至元十六年正月立正書在鄠縣

題云京兆鄠縣東關天慶宮下院天貞觀以前十一年方響攷之即鄠州也前云州此云縣是改州爲縣當在十一年之後十六年之前矣史云至元元年省鄠州爲鄠縣恐非又史稱十六年改京兆爲安西路總管府此猶稱京兆則在未改之前可知

樓雲王眞人開澇水記・至元十六年中元日立薛友諒撰文孫德彧正書在盩厔樓觀

何太古題名　至元十七年仲夏刻飛白書在慈恩寺

崇靈廟記　至元十七年十月立王博文撰文僕散祖英正書駱天驤篆額在渭南尹村

崇靈廟者土人祠周孝侯處設也碑只載處與氐人齊萬年戰歿事謂秦人思而祠之措詞得正明人因之乃謂孝侯即渭南人且指到獸山爲孝侯殺白額虎地附會縣東之赤水橋爲即長橋穿鑿可笑碑云崇靈金大定間賜額

蔡孝子順碑陰記　至元十七年十月立鄒任志撰文正書在渭南鄉賢祠

吳山寺地土執照　至元二十年四月僧本輝立正書在乾州

馬宗師道行碑　至元癸未歲重五日立王利用撰文孫德彧正書李紀篆額在盩厔重陽宮

靈應宮鐘款　至元二十一年二月造正書在朝邑

陳巠大慶宮詩　至元甲申春二月刻正書在鄠縣觀村

重修說經臺碑　至元二十一年立李道謙撰文李志宗正書在盩厔樓觀

道謙字和甫汴梁人初事洞眞眞人至元十四年安西王開府陜西署提點五路道教兼領重陽萬壽宮事元貞元年賜號天樂眞人

李道謙詩　至元乙酉春三月刻正書

沁園春詞　至元乙酉夏刻李如堅撰正書

冉德明詩　至元乙酉孟冬刻正書並在鄠縣觀村

上重陽仙跡記　至元己丑七月立劉祖謙撰文劉汾正書并題額在咸陽

李眞人門下記　至元二十七年三月立正書在鄠縣觀村

古文道德經　至元辛卯立高翻書古文未有記篆文李道謙跋隸書在盩厔說經臺

經爲翻所書云出古文韻海宋史藝文志無此書字體奇詭失實非古人之遺也唐太史令

傅奕校定道德經古本字字有據如號而不嗄見玉篇今本譌作嗄如春登臺見易州所刻唐明皇注本今作如登春臺儼乎其若客與下句釋字爲韻而王弼本作若容此類甚多惟傅本不誤惜翻不依此作篆而僅依俗本專輒造字未免爲識者所笑耳翻以憲宗乙卯歲書至元時刻石

薛文曜重修宣聖廟記　至元三十年三月立劉忠撰文齊大祥正書并題額在澄城

陳大中墓塔銘　至元三十年仲夏立郭汝弼撰文并正書在韓城

大中字子正韓城縣人初仕韓城尹至元二年改楨州判官四年移乾州七年爲澄城尹加敦武校尉復調韓城二十九年卒葬縣之東南陳莊

重修文廟記　元貞建元十月立韓擇撰文并正書在臨潼

擇字從善元史傳附蕭𣄍後

鍾都尉墓碑　大德四年立正書在同官神水鄉

碑僅存上截無撰書人姓名

甘澍之記　大德九年重九日立顏守淪正書并篆額在華嶽廟

西鎮祀香碑　大德十一年七月立梁□□撰文正書姓名漫漶明德篆額在隴州

文有云皇帝以大德十一年五月二十二日誕膺寶位合之元史則武帝以是月二十一日
卽位于上都也小異
加聖號詔　大德十一年七月立正書一在西安府學一在韓城縣學
元史武宗紀大德十一年武宗卽位七月加封至聖文宣王爲大成至聖文宣王
張洵重修縣學講堂記　皇慶元年年季秋立岳松撰文劉堯澤正書篆額在澄城
加封至聖文宣王碑　皇慶二年正月立趙世延撰文并正書
世延以至大四年爲陝西行臺侍御史是年陞浙江行省參知政事尋名拜侍御史
加聖號詔跋　皇慶二年五月立趙世延撰文正書篆額並在西安府學
華巖世界海圖　皇慶癸丑七月立釋圓覺正書在咸寧開元寺
修太白廟記　延祐元年四月立李昶撰文文禮愷正書郃從禮篆額在郿縣
世祖時有東平須城李昶與此是兩人
修太白廟助緣功德主名　年月仝上正書刻前碑陰
題名中里社內有柿林社者卽廢柿林縣也元志舊於郿州添置柿林縣至元元年省一統
志柿林廢縣在郿縣東四十里

藏御服碑　延祐二年三月立趙世延撰文趙孟頫正書李□□篆額在盩厔重陽宮
玉泉觀記　延祐乙卯四月立潘汝劼撰文并正書題額在澄城玉泉
觀爲和陽子棲眞之所其徒純靜大師王永謙所造也汝劼時爲陝西諸道行臺御史
淸涼院碑　延祐三年褚月立長老垠撰文蒲忠孝正書蒲明德篆額在隴州
郝巨卿墓碣　延祐四年十月立岳崧撰文曾孫惟賢正書段□□篆額在韓城柳村
文云天興壬辰大中書丞相耶律公爲董軍國事適汴張晏以待四方之士者卽耶律楚材
也天興壬辰當元太宗之三年是年八月太宗幸雲中始立中書省改侍從官名以楚材爲
中書令是歲元兵克鳳翔還攻洛陽河中諸城盡下之此其事也岳崧字景山郃陽人延祐
中三聘不起解禽鳥語常讀書于臥龍岡與蕭㪺友善
祀西嶽文　延祐四年臘月立正書篆額無姓名在華嶽廟
祀西鎭碑　延祐四年十二月立莫勝撰文賈幹魯思台正書并題額在隴州
文云延祐丁酉秋泰山摧裂小民震駭者成宗本紀是年七月成紀縣山崩土石潰徙壞田
稼廬舍壓死居民十月遣御史大夫伯忽參知政事王桂祭陝西嶽鎭名山賑卹秦州被灾
之民卽其事也又稱伯忽爲開府儀同三司太傅御史大夫王桂爲中奉大夫中書省參知

政事與史略同
贈安定郡伯蒙天祐新阡表　延祐五年九月立蕭㪺撰文并隸書篆額姓名缺在大荔
碑題云知船橋兵馬都總管萬戶府與魯千戶贈朝列大夫同知晉寧路總管府事騎都尉
安定郡伯蒙君諱天祐字祐之益蒙君官至總管府萬戶以子懷□貴得贈官如之也子封
安定郡伯職亦不卑而史傳莫可攷特以惟斗文傳之耳碑甚磨泐不可讀
唐開元寺興致　延祐六年正月立正書篆額在咸寧開元寺
碑序開元二十八年明皇與勝光法師論佛功德令天下州府各置開元寺故上方繪明皇
及法師像攷鄠縣重雲寺有吳思溫唐太宗與元奘對譚畫壁卽此等事也碑具載上石勅
字人名不及書及篆額者當時人之艸率可見
光國寺聖旨勅　延祐六年八月立上蒙古字下正書釋之在郃陽
勅稱馬兒年四月應是延祐五年
橫渠祠堂記　延祐七年正月立文禮愷撰文楊粹正書并隸額在郿縣
文有云先生之書有覆瓿之譏又云天相斯文無往不復是當時尤有未信其學者攷西銘
初成楊時致書伊川曰西銘言體不及用恐其流至于兼愛伊川答云橫渠立言誠有過者

乃在正蒙西銘爲書推理以存義與孟子性善養氣之論同功豈墨氏之比朱子跋太極西
銘二書曰始余作太極西銘二解未常敢出以示人近見儒者多議兩書之失或未通其文
義而妄肆詆訶余竊悼焉由是言之宋時之議橫渠者不少得程朱表章久而論定程朱之
爲功于橫渠大矣
加封師眞人勅　延祐七年重陽日立陳德定正書并篆額在五臺山
右共四勅並以至大三年二月下第一勅加贈東華帝君爲東華紫府輔元立極大帝君弟
二勅加贈鍾離眞君爲正陽開悟傳道垂教帝君呂眞君爲純陽演正警化孚佑帝君劉眞
君爲海蟾明悟宏道純佑帝君王眞君爲重陽全眞開化輔極帝君弟三勅加贈邱處機爲
長春全德神化明應眞君弟四勅加贈馬鈺爲丹陽抱一無爲普化眞君譚處端爲長眞凝
神元靜蘊德眞君劉處元爲長生輔化宗元明德眞君王處一爲玉陽體元廣慈普度眞君
郝大通爲廣寧通元妙極太古眞君孫不二爲淸淨淵眞元虛順化元君勅並付元門演道
大宗師掌教凝和持正明素眞人苗道一收執案元史邱處機傳處機與馬鈺譚處端劉處
元王處一郝大通孫不二同師重陽王眞人金末之亂但遣使召不赴歲己卯太祖自乃蠻
命近臣札八兒劉仲祿持詔求之處機與弟子十八人同彼見此加贈處機勅內有云逮乏

綸之叠降躡雲烏以來從率英賢凡十八人言宗社非一二事者與之合馬鈺寧海人本名
從義字宜甫譚處端本名玉並重陽改名全眞學者稱鍾呂劉爲三祖又以重陽爲祖師然
重陽之教皆長春張大之者也劉字元英名哲自號海蟾子五代時人處機弟子十八人今
可攷者共四人勅贈清和妙道廣化眞人尹志平勅贈眞常上德宣教眞人李志常勅贈元
通宏教披雲眞人宋德芳賜號元門宏教白雲眞人綦志遠並見祖庭仙眞內傳

重修香城院記　至治二年五月立孛术魯翀撰文正書在咸寧香城寺

泰寧宮包砌坤柔殿基記　至治三年八月立同恕撰文并正書篆額在渭南

祀西鎭吳嶽廟祝文　一泰定四年五月一泰定五年四月立並馮道安正書在隴州廟內
碑後題云馮道安立石而碑實鎔鐵爲之余集陝西諸金石得鐘欵十有一件鐵碑則一而
已又爲陰識字體精整尤可愛也

王氏世德序　泰定四年七月立歐陽元功撰文巙巙正書并篆額在朝邑
此碑明時所刻巙巙即康里子山也

默庵記　泰定四年立趙良弼撰文并集唐顔眞卿正書在咸寧楊萬坡
元有兩趙良弼皆非此人韓國文正公字輔之卒於世祖至元二十三年又有一人字君卿

東平人爲嘉興路史遷杭州亦能書出鍾嗣成錄鬼簿

西臺御史謙齊朶爻忽都魯別題名記　至順二年九月立正書在興平縣治前

孫德彧道行碑　元統三年九月立鄧文原撰文趙孟頫正書在盩厔重陽宮
文原字善之一字匪石綿州人以天歷元年卒當是子昂追書其文也

祀妙應眞人記　至元二年上元日立周德洽撰文後刻完者台皇后祭文並正書在五臺山
完者台皇后即順帝弟二皇后奇氏

巙巙與王由義書　至正元年四月刻艸書在朝邑

御香記　至正二年上元日立高獻撰文李拱正書王道淸篆額在五臺山

孔子廟制詞　至正三年九月立正書篆額在鄠縣
內加封啟聖王制爲至順二年九月加封大成至聖文宣王制爲大德十一年七月加封大
成至聖文宣王夫人制爲至順二年六月并刻於至正三年也以亓官爲并官與漢韓勅碑
宋大中祥符封鄆國夫人詔宋鄧名世姓氏書辯証王伯厚姓氏急就章諸書合

贍學地畝及題名　年月仝上正書刻前碑陰

重修宣聖廟記　至正四年四月立任惟孝撰文白好義正書篆額在宜川

馬嵬詩　至正六年六月立張洵正書在興平貴妃墓上

奉元路重修廟學記　至正六年十月立虞集撰文王守誠正書蘇天爵篆額在西安府學
守誠字君寔著經世大典成拜陝西行臺監察御史字法近虞世南合以虞文蘇額可稱三
絕

奉元二瑞之記　至正九年七月立何恭撰文傅夢臣正書并篆額在西安府
碑上層爲二瑞圖下刻記二瑞者嘉禾岐麥也圖刻甚工惜文與字俱不佳恐不足以傳遠
耳

艸堂寺詩　至正壬辰四月刻釋溥光作并行書在鄠縣
雪庵詩石凡二又一石爲艸堂値雪詩行書前書衛尉副使輿屯公畨題名不可辯書史會
要溥光字元暉號雪庵俗姓李氏特封昭文館大學士賜號元悟大師

重修后土廟記　至正十一年七月立余闕撰文李成正書泰不花篆額有陰在渭南南門外

雷祥廟碑　至正十二年十一月立潘懇撰文并正書篆額在白水
祥善醫能陶所造磁器甚工時人謂之雷公器殁爲彭衙土神常顯靈異蝗不爲害寇盗不
至境內里人祠之文稱天朝加封致祀銘又有擬周班爵明王之封等語而不明著其號又

不載祥爲何代人是所缺略

重立泰寧宮記　至正十三年八月立王璞撰文并正書篆額在渭南南門外
碑上方刻宋大中祥符牒右刻金正隆四年記此刻於左其陰刻當時縣尹丞尉簿史姓名
是碑蓋磨去唐渭南縣令李君淸德頌而重刻者內陰陰有文云渭南令李君云聖歷二年
攷趙明誠金石錄作元年疑誤

王德成題名　至正十三年九月刻行書在慈恩寺

修忠惠王廟碑并陰　至正甲午仲夏立黃理仙撰文正書篆額姓名缺碑陰亦正書篆額在
興安州牛山
忠惠王者唐刺史崔堯封也或曰堯封名偉中和三年黃巢亂有太白山人獻計于偉曰一
發牛山巢滅掘之得黃裘獸面劍其上斬之巢敗偉由是得道至宋封爲忠惠王至正十一
年總兵官月魯帖木兒擊破紅巾賊劉福通重新此廟理仙時爲興安學正命爲文以紀之
碑甚豐偉

修禹廟碑　至正十四年仲夏立李克敏撰文裴時鄯行書百嘉納篆額在韓城

郭鈞遺愛碑　至正十五年正月立常視遠撰文李琇正書養安處篆額在鄠縣

義門王氏先塋碑　至正十五年戊子月立歐陽元撰文危素正書趙期頤篆額在蒲城
書史會要期頤字子奇汴梁人官至陝西行臺治書工于篆六研齋筆記期頤篆迹渾樸高
古以禹碑周鼓爲宗無一筆似陽冰
瓊公道行碑　至正二十二年四月立釋□洪撰文朶羅台正書在咸寧開元寺
朶羅台唐兀氏積官昭信校尉芍陂屯田千戸所達魯花赤元史有傳
官家石洞碑　至正二十二年十一月立正書在三水東北洞內
文有云居士蕭元義任御史見居斯窟顯清縣尹雕恭娘子張氏達魯花赤秀堅帖木兒夫
人周氏趙氏亦居此處時至正十九年六月初六日後二十二年壬寅十一月黃鐘吉日立
石
東嶽廟碑　至正二十三年九月立孔克任撰文并正書篆額在長武
文並正書唯前題孔克任名及後號年二行篆書
周公廟潤德泉記　至正二十五年三月立孔克任撰文并正書篆額在岐山
碑李思齊所建文及書體並雅令但以崔珙碑誤指爲宋則甚可笑其叙思齊官爲銀青光
祿大夫邠國公陝西等處行中書省平章政事兼知四川等處行樞密院事皇太子詹事致

元史本紀則是年正月封思齊爲許國公至五月始加銀青光祿大夫邠國公及樞密詹事
等官也碑立于三月已有是稱疑史誤
渾忠武王感應碑　至正二十五年三月立魏志遠撰文王克明正書崔安平篆額在宜川
文有云至正二十二年冬十月總兵官太保中書右丞相孛羅帖木耳特奉聖旨爲守禦延
安分命中奉大夫河南江北等處行中書省參知政事朱希哲守禦宜川攷元史叛臣傳是
年八月孛羅帖木耳據延安欲東渡以奪晉甯十月乃南侵擴廓帖木耳所守之地是時孛
羅跋扈與擴廓李思齊等相持彼此跋鶩故文又有亂兵使我疆場殺我良民云云再三公
表孛羅以至正二十年爲太保此著其稱于二十二年下者當是追書文體卑靡不足道篆
額亦甚戾
重修宣聖廟記並陰　至正二十六年三月立董立撰文張冲隸書在西安府學
雍大記董立字植夫以明經中經元隱居教授徵拜翰林修撰輔導儲副遷司業以積著累
擢陝西行臺侍御史卒謚文定
移落星石題字　至正二十八年刻米克明記正書在興平縣治
右刻在唐太和中陳元錫題名之後石即晉昇平元年所隕者也詳見元錫記及晉書本在

縣東北田間克明昇之縣署因有此題
也先帖木兒殘碑　號年缺正書在華嶽廟
也先帖木兒脫脫之弟曾爲御史大夫陝西行臺監察御史此碑當即其時所立
道德經　正書無號年及書人姓名在盩厔說經臺
石墨鐫華云此碑似出杜道堅李志宗輩而不著姓氏
蔡孝子順墓碑　田遠撰文正書在渭南縣東十里孝子村
天冠山詩　無號年趙子昂作并行書在西安府學
此是明刻末有文待詔徵明跋

關中金石記卷第八終

關中金石記書後三首

彝鼎之顯由二漢則許汶長言之矣志碑之著由二魏則酈中尉詳之矣皆以金石刻覈攷古事古言用資洽聞然或代易物湮始存終軼往往不可得徵老沙勒之猶不能久寧論易珍耶唐史載乾元中京師壞鐘像私鑄小錢會昌中李郁彥以鐘鐸納巡院充鼓鑄用宋史載姜遵知永興軍太后詔營浮圖遵毀漢唐碑碣以代磚甓摧敗之事豈特前世後或甚之矣巡撫公監茲放失欲承其傳講政之暇日採集焉又用眞知條證肆攷傳合別否務得故實取其片羽可用爲儀蓋剴然于洪薛歐趙之上矣令坫校字得審觀爲點次卷目謹識其尾時乾隆重光赤奮若歲相月後學錢坫撰

魏酈道元撰水經注四十卷凡引漢碑百魏碑二十晉及宋魏稱是竊嘗謂金石之學惟道元能見其大今讀其注如華陰載祠堂碑鉅鹿載神壇碑則祀典可定也滎陽石門之銘沛郡石坡之頌則水利可興也洛陽南界冀州北界之石則區域可正也由江瀧中碑新城大石山碑則幽遠可通也魏收倣之故撰魏書地形志于郡縣下每引漢魏以來石刻巡撫畢公再涖陝西前又兩攝蘭州之節凡自潼關以西玉門以東其道路險易川渠通塞及郡縣之興廢祠廟之存否莫不畫然若指諸掌今記中所散見是也夫歐趙洪薛之撰集金石僅藉以考古而公

則因以興灌溉之利通山谷之遂修明疆界釐正祀典既非若道元之注託之空言又非若歐陽諸書僅資博識則所得實多焉公既嘗以案部至咸陽讀周文公廟諸石刻爲守墓之裔請於

朝增置五經博士近又欲考定臨晉河伯之祠郃陽子夏之墓皆公經世之務之獲於稽古者也讀是記者可以觀其槩焉後學洪亮吉跋尾

雍涼之域實曰神皋吉金樂石之所萃也爾乃竹書紀異昆侖樹王母之眉韓非著書華嶽勒天神之字休與貌哉其詳軼矣若其列侯尸祀銘業乎奇器漢將揚武紀威乎絕域西京崇秩望之儀蜀魏盛開鑿之蹟固亦有焉是以岐陽石鼓厥貢於上京裴岑紀功揚光于昭代暨乎唐葉作都渭陽宮室陵寢此焉是集移山壽績壓岫標奇巘攝負文而疑神螭虬挾篆而欻走亦越宋元彌工題唱鐫名百仞之翠沈字九回之淵莫不比重昆瓊方珍華玉自是厥後廢興忽然頹紙書落則偉額潛埋野燎宵飛則貞趺渙碎承平以來廱居愈卑削員珉而代甓臥方闕以治縣或乃因文昌之小辭劇皇象之逸製若古之士者其閔矣隱斷之候營其恒歟今陝西巡撫畢公江左之望蔚矣儒風漢庭之才褒然舉首逮乎爲政其學益敷開府乎威林攝節乎涼肅外傳有云夕而序業周公之美讀書百篇公其體之斯爲大矣時則鄭白之沃互有泛塞公斷渠所及則有隨便子谷造象得于長安唐爾朱造墓碣得于郃陽朱孝誠碑得于三原臨洮之垣亘以河朔公案部所次則有唐婁行本勒石得于塞外梁折刺史嗣祚碑得于府谷寶室寺鐘銘得于鄜州漢鄐君開道石刻魏李苞題名得于褒城公又奏修嶽祀而華陰廟題名及唐華山銘始出焉公釋奠學校而開成石經及儒學碑林復立焉自餘創見多後哲之未窺前賢之求錄公受之以藏是云敦素獲之有道乃惟賢勞其知者曰可以觀政矣重光之歲月移且相武橐有緘嘉禾告瑞公始從容晨暮校理舊文考厥興同編諸章冊且夫歐趙之書徒訂其條目洪都之著弟詳其年代公証古之學奄有征南博聞之才通知荀勖此之造述力越前修談經則馬鄭之微辨字則楊杜之正論史則知幾之遂察地則道元之神芻及九章淵通內典承天譜系之學神珙字母之傳固已齊安石之碎金驚君苗以焚硯君子多乎于公末也公既理其打本藏諸名山刊其嘉言詒之來學謬承校錄略悉源流若公惠政之列

國勳之章方與往刻共不朽焉非所及也後學孫星衍撰

(K−2898.01)

責任編輯：范鵬偉

封面設計：黄華斌

科學出版社互聯網入口

歷史分社：010−64011837　銷售：010−64031535

E−mail：yangjing@mail.sciencep.com

銷售分類建議：歷史／古籍

www.sciencep.com

ISBN 978-7-03-058816-6

定　價：389.00 元